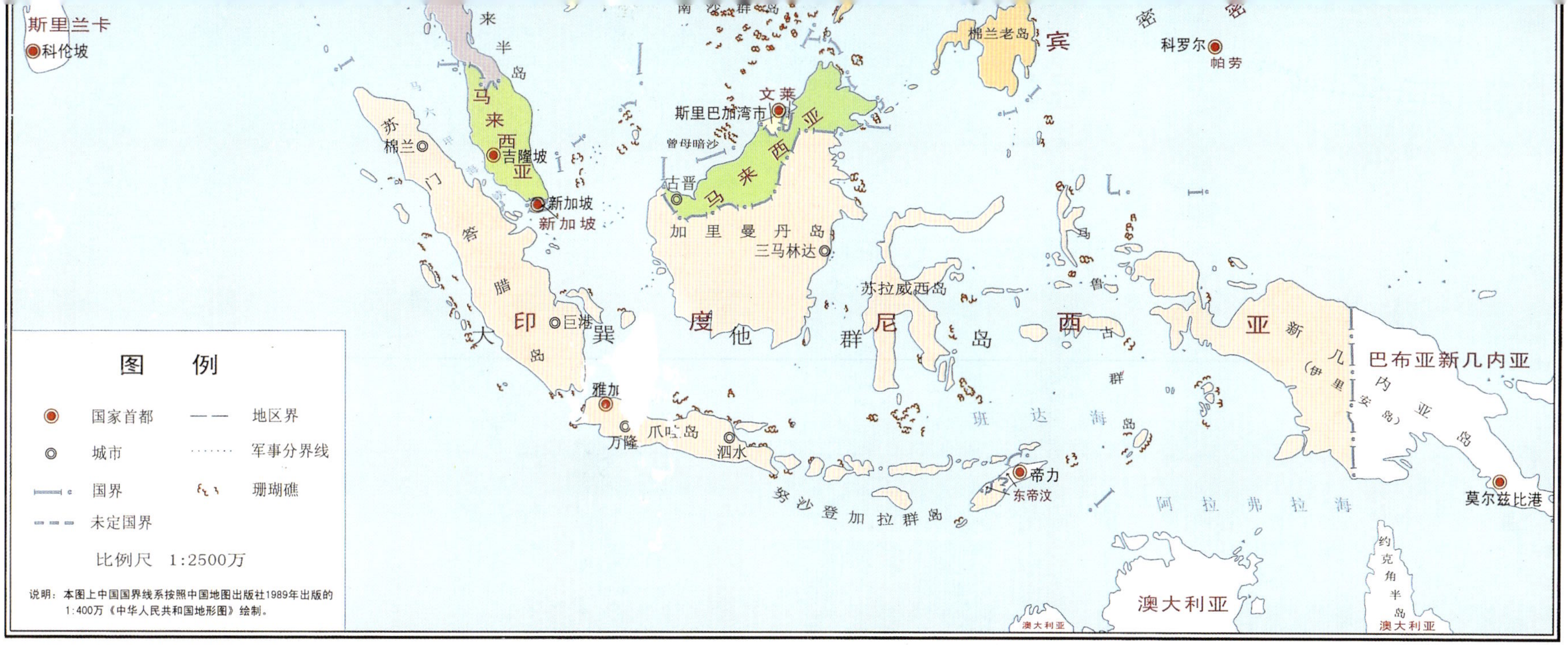

斯里兰卡
科伦坡
马来西亚
吉隆坡
新加坡
文莱
斯里巴加湾市
古晋
曾母暗沙
加里曼丹岛
三马林达
苏门答腊岛
棉兰
巨港
雅加达
万隆
爪哇岛
泗水
印度尼西亚
苏拉威西岛
努沙登加拉群岛
帝力
东帝汶
巴布亚新几内亚
新几内亚岛
莫尔兹比港
澳大利亚
约克角半岛
阿拉弗拉海
班达海
棉兰老岛
帕劳
科罗尔

图　例

●	国家首都	——	地区界
◎	城市	······	军事分界线
	国界		珊瑚礁
	未定国界		

比例尺　1:2500万

说明：本图上中国国界线系按照中国地图出版社1989年出版的1:400万《中华人民共和国地形图》绘制。

广西壮族自治区测绘局

国家测绘局地图图形审核批准号：（2004）325号

2004年5月

中国和东盟各国国旗及东盟旗

中国 China	文莱 Brunei	柬埔寨 Cambodia	印度尼西亚 Indonesia	老挝 Laos	马来西亚 Malaysia
缅甸 Myanmar	菲律宾 Philippines	新加坡 Singapore	泰国 Thailand	越南 Viet Nam	东盟 ASEAN

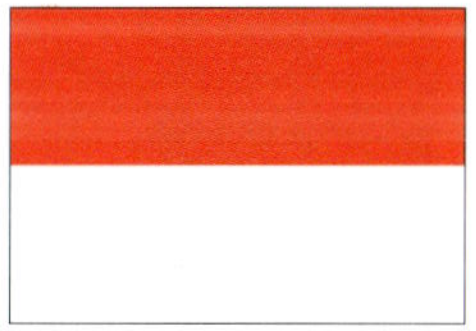

中国—东盟商务与投资峰会
CHINA-ASEAN BUSINESS & INVESTMENT SUMMIT

第8届中国—东盟商务与投资峰会

2011年10月21日，第8届中国—东盟商务与投资峰会在南宁人民会堂举行。峰会由中国商务部、中国贸促会和广西壮族自治区人民政府主办，东盟秘书处、中国—东盟商务理事会协办。峰会以“深化区域合作，实现共同繁荣”为主题。中共中央政治局常委、国务院总理温家宝，马来西亚政府总理纳吉布，柬埔寨首相洪森，缅甸副总统吴丁昂敏乌，老挝政府副总理宋萨瓦，泰国政府副总理吉滴叻，越南政府副总理阮春福，文莱工业和初级资源部部长叶海亚，新加坡贸工部部长林勋强，菲律宾贸工部副部长马拉雅，印度尼西亚贸易部部长助理穆赫达塔尔，东盟秘书长素林，中国贸促会会长万季飞，中国广西壮族自治区主席马飚，中国商务部国际贸易谈判代表兼副部长高虎城等出席开幕式。中国财政部部长谢旭人、人力资源和社会保障部部长尹蔚民、住房和城乡建设部部长姜伟新、卫生部部长陈竺、国务院研究室主任谢伏瞻、国家质检总局局长支树平、中华全国供销总社理事会主任杨传堂，国务院副秘书长兼总理办公室主任项兆伦，东盟各国代表团主要成员，外交使节，中国政府有关部门和各省、自治区、直辖市的领导，中国和东盟各国商协组织的负责人，以及中国和东盟企业界代表、专家学者和媒体记者等共1000多人参加开幕式。

中共中央政治局常委、国务院总理温家宝在开幕式上发表主旨演讲。温家宝指出，全球经济格局正在发生深刻变化，亚洲的地位和作用日益重要。中国和东盟都是最具活力的经济体，都处在发展转型的关键时期。要抓住难得的历史机遇，

推动经济持续平稳较快发展，就要进一步加强区域合作。为了推动双方经贸合作再上水平，当前要重点办好几件大事：一是共同建设好自贸区。中国—东盟自贸区的建成，使中国和东盟经济在更大范围、更高层次上实现优势互补。中方愿意继续扩大东盟国家优势产品的进口，在南宁建设中国—东盟商品交易中心，作为双方产品的展示交易平台和商贸物流基地。二是大力推进互联互通。我们将与东盟方面密切合作，加强对中国与东盟有关国家互联互通的投入，为促进本地区商品、资本、信息的自由流通、人员往来和经济社会发展创造更好条件。三是扩大双方投资合作。中国政府欢迎东盟各国企业来中国投资兴业，特别是到中西部投资。中方也鼓励本国优秀企业扩大对东盟的投资。四是深化区域经济合作。中方将鼓励企业参与东盟东部增长区、大湄公河、泛北部湾等次区域合作，给予金融、技术、市场等方面的有力支持，推动形成若干经济增长极。中方愿与东盟密切合作，进一步深化现有各项区域财政、金融合作，进一步增强本地区应对国际金融风险的能力。五是拓展人文领域交流。以办好“中国—东盟友好交流年”为契机，继续加强文化、教育、旅游、青年等领域的交流与合作，努力实现 2015 年双方人员往来达到 1500 万人次的目标。温家宝强调，巩固同东盟面向和平与繁荣的战略伙伴关系，推进互利互惠的全方位合作，是中国政府坚定不移的外交政策。中国的发展将给东盟带来机遇，东盟的繁荣也符合中国的利益。我们愿与东盟各国一道，努力开创中国—东盟互利合作、共同繁荣的美好明天。

柬埔寨首相洪森在开幕式上发表演讲。洪森表示，中国经济持续高速增长为区域经济复苏作出重大贡献，有助于东盟早于其他地区率先走出国际金融危机影响。洪森就进一步加强区域合作，促进可持续发展，应对未来的挑战，提出三点建议：一是要完成东盟—中国全面经济合作框架协议的所有必要的技术性工作，来确保中国—东盟自贸区的顺利实施。二是要加强互联互通的合作，以缩小区域内的发展差距。三是要继续支持和推动私营部门参与农业生产，增加投资用于现代技术、培育良种、提高农业生产力，增加农民的收入。洪森总理还希望中国向东盟欠发达的成员国转让绿色科技以增加农业产量，加强双方经济贸易和投资的合作，实现互利共赢。

中国贸促会会长万季飞在开幕式上致词。他说，在中国与东盟各国政府、商协会等组织的大力支持和企业的积极参与下，峰会经过 7 年的成功实践，不断创新会议内容和办会形式，在为中国和东盟之间开展部门和行业合作构建新的载体和机制，促进中国—东盟自由贸易区的如期建成，加强中国与东盟的战略合作伙伴关系中，发挥不可替代的作用。中国贸促会愿意与中国以及东盟各国工商界一起为深化中国—东盟务实合作，不断提供更为有效的服务。

中共广西壮族自治区委员会书记郭声琨主持开幕式并致欢迎词，对出席峰会的中国和东盟国家领导人以及嘉宾表示热烈欢迎和衷心感谢。郭声琨说，由中国和东盟各国领导人共同确定的中国—东盟商务与投资峰会，自 2004 年在广西南宁举办以来，在中国和东盟各国的共同努力下，在东盟秘书处的大力支持下，峰会紧扣中国—东盟自贸区建设主题，突出区域经济合作特色，秉持互利共赢理念，不断创新内容与形式，取得互惠共利的显著成效，收获了务实合作的丰硕果实，成为中国与东盟开展高层对话、深化区域经贸合作、实现共同发展繁荣的重要平台，在推动中国—东盟自由贸易区建设中发挥重要作用。广西南宁作为峰会的举办地，我们将继续努力为各方深化友好交流合作做好服务、提供便利。

峰会期间还举办马来西亚领导人与中国企业 CEO 圆桌对话会、商务早餐会、中国—东盟商品交易中心启动仪式、中国—东盟商会领袖论坛、中国—东盟电信高峰论坛以及国际商务书画展等。

① 中国国务院总理温家宝在峰会开幕式上发表主旨演讲
② 柬埔寨首相洪森在开幕式上发表演讲
③ 中国贸促会会长万季飞在开幕式上致词
④ 中共广西壮族自治区委员会书记、自治区人大常委会主任郭声琨主持开幕式并致欢迎词
⑤ 温家宝会见柬埔寨首相洪森
⑥ 温家宝会见老挝政府副总理宋沙瓦
⑦ 温家宝会见缅甸副总统吴丁昂敏乌
⑧ 温家宝会见泰国政府副总理吉迪拉
⑨ 温家宝会见越南政府副总理阮春福
⑩ 第 8 届中国—东盟商务与投资峰会会场
⑪ 马来西亚领导人与中国企业 CEO 圆桌对话会
⑫ 中国—东盟电信高峰论坛
⑬ 中国—东盟商品交易中心启动仪式暨中国—东盟商会领袖论坛
⑭ 商务早餐会

⑪

⑫

⑬

⑭

第13届南宁国际民歌艺术节

南宁国际民歌艺术节开幕晚会 2011年10月21日晚,"大地飞歌·2011"第13届南宁国际民歌艺术节暨第8届中国—东盟博览会开幕晚会在广西体育中心上演。出席晚会的有中共中央和国家机关有关部门负责人，东盟各国代表团，各省、自治区、直辖市代表团以及参加"两会一节"的部分代表、重要客商、参展商。

1800平方米的巨型LED显示屏上，一幅幅气势磅礴的画面，给观众带来极具冲击力的视觉感受,"大地飞歌"四个字在流光溢彩的灯光里熠熠生辉，分外醒目。晚会以水从天上来、水之美、水之情、水之梦、奔流向大海5个篇章，串起一条流淌着歌的河流，充分展现中国与东盟以水相连、壮乡以水为家、北部湾开放开发以水为媒以及南宁构建"中国水城"的丰富内涵。

在欢快的乐曲声中，中国与东盟各国青少年共同完成象征东盟10国和中国永恒友谊的"共汇一江水"、"共浇一株苗"、"共享一棵树"3个交接仪式:11个天真烂漫的孩子，作为东盟10国和中国的送水使者，代表各自的国家，手捧着有各国文化符号、装着取自家乡河流圣水的器皿，缓缓向舞台正中走来，将手中承载自己国家与人民友情的容器缓缓倾斜，淙淙流水，注入中心水区。孩子们从飞流而下的瀑布下盛水，并依次向树苗走去，为友谊之树浇灌和谐、和平、合作与发展的美好愿景。

和着磅礴的乐曲声，近300位身着白色羽衣的舞蹈演员涌上舞台翩翩起舞，华美璀璨的舞台瞬间如梦如幻。一曲荡气回肠的"天下黄河九十九道弯"拉开晚会序幕。极具西部民族风格的歌曲"自由行走的花"充满神秘色彩,"山歌好比春江水"、"洪湖水"、"万泉河水"一组联唱歌曲生动悠扬，唱出"水"的风情万种。"我唱刘三姐的歌"、"什么结子高又高"、"站在这坡望那坡"绚丽多彩;"巴黎圣母院"选段"艾斯美拉达"，唱出外国艺术家对民歌的眷恋，对广西山水和绿城南宁的喜爱;"亮出精彩"欢快大气;"月亮之上"、"海阔天空"曲调明亮;"好久不见"、"爱情转移"、"远得要命的爱情"情真意切;"童话"美丽传神;重新配编的经典民歌"康定情歌"演绎出浓浓的时尚;本届民歌艺术节主打歌曲"左爱右爱"巧妙地融合了中法两国的音乐元素，温馨浪漫。当用5种语言演绎的结束曲"大地飞歌"再次唱响，满天的礼花腾空绽放，好似歌声激情四溢，祝福中国—东盟友好和平的美好心愿充盈在天地之间。

外国艺术家专场晚会 10月22日晚在南宁人民会堂举行。来自14个国家的艺术家们同台献艺，传统舞蹈、乐队表演、芭蕾舞蹈、民歌演唱、乐器演奏等节目精彩不断。马来西亚大鼓打击表演"鼓典"、俄罗斯歌曲"喀秋莎"、泰国歌舞"天堂般的泰国"、奥地利民族器乐演奏"农夫之乐"、保加利亚弦乐四重奏"自由探戈"、美国芭蕾舞"壮乡梦缘"、新加坡舞蹈"非常新加坡"、美国女高音歌手演唱的"青藏高原"均博得观众的阵阵掌声。

绿城歌台演出活动 10月22日，南宁国际民歌艺术节中最能体现国际性、民族性和节日欢乐的绿城歌台广场文化活动在广西南宁市各县区、校园、社区举行。青秀区金湖广场、邕宁、江南区江滨休闲广场、兴宁区朝阳广场、西乡塘区、民歌湖广场、良庆、普罗旺斯等8个绿城歌台同时搭台献艺，有近百名外国艺术家参加演出。精彩的演出，为观众们呈现了一场场视觉与听觉的盛宴，"天下民歌眷念的地方"成了一个以歌台为中心的欢乐海洋。

①②③⑤⑥⑦⑨⑩⑪⑬~⑰ 南宁国际民歌艺术节暨第8届中国—东盟博览会开幕晚会演出场景
④⑧⑫ 外国艺术家专场晚会演出场景
⑱⑲⑳ 绿城歌台演出场景

①

2
3
4
5
中国
6
7
8
9
10
11
12
13
14
15
16
17
2011南宁国际民歌艺术节“绿城歌台”邕宁歌台文艺演出
暨邕宁壮族八音文化艺术节开幕式
激情八音 魅力邕宁
18
2011南宁国际民歌艺术节“绿城歌台”
暨西乡塘区香蕉文化旅游美食节开幕式
西乡塘区歌台
19
2011’南宁国际民歌艺术节——“天昌投资”
民歌湖歌台
南宁国际民歌艺术节组委会
南宁市群众艺术馆
20

广西农业

2011年是五谷丰登、六畜兴旺之年，是农民顺心、农村祥和之年。广西农业钱粮双增，成绩喜人。全自治区农民人均纯收入5231元，比上年增加688元，是改革开放以来农民增收额最多的一年。2011年广西农业发展有十大亮点：

粮食生产平稳增长，水稻单产创历史新高 2011年粮食生产实现面积、良种、单产、总产4项增长。超级稻推广面积82.13万公顷，比上年增加13.47万公顷；灌阳县杂交稻创下单季亩产869.6千克的高产记录，示范片平均亩产850千克，刷新广西杂交稻单产纪录。全自治区粮食播种面积307.28万公顷，总产量1429.9万吨，比上年增长1.23%；平均亩产310千克，比上年增加2.6千克。

优势产业齐步推进，面积产量效益全面增长 全年进厂原料蔗6000万吨，比上年略增；木薯产量180万吨，增长4.47%；蚕茧产量27.5万吨，增长3.77%，连续7年居全国第一位；水果产量943.8万吨，增长12.13%；蔬菜产量2460万吨，增长2.59%。食用菌、中药材等优势产业稳步增长，茶园面积增至6.67万公顷。

良种良法推广有力，科教兴农成效显著 全年引进试验示范农作物新品种556个，看禾选种、看菜选种等得到各方赞扬。全年推广“三免”、“三避”技术面积280万公顷；推广间套种面积69.33万公顷，比上年增加13.33万公顷；推广测土配方施肥技术386.13万公顷，增加6万公顷；农作物病虫草鼠害综合防治面积1660万公顷次，占发生面积的103.7%。绿色植保、生态栽培、园艺标准化生产等技术推广应用成效显著。

转变发展方式见成效，龙头带动能力增强 大力实施自治区农业产业化“339”工程和农户“万元增收工程”，2011年全自治区新增市级以上农业龙头企业约200家，累计达到871家；龙头企业带动农户650多万户，实现加工、销售订单额350多亿元，助农增收100多亿元。新发展农民专业合作社1024个，全自治区农民专业合作社增至8100多个。

教育培训规模扩大，干部农民素质明显提高 充分发挥自治区主席农业院士顾问团和“百名顶尖人才支撑工程”作用，全年组织干部1700多人次。到清华大学、中国农业大学培训，还组织100名大学生村官和骨干农民到台湾培训。农业职业教育扎实推进，厅属院校招生2.14万人。全自治区培训农民230万人次。

各方重视生产管理，质量安全保持稳定 累计推广应用生态农业模式13.33万公顷，增收节支3亿多元。无公害、绿色、有机农产品认证管理进一步加强，农药使用、重大动物疫情等监管有力有效。全自治区蔬菜、畜禽和水产品监测合格率均在95%以上，全年没有发生重大农产品安全质量事故和区域性重大动物疫情。

既抓生产又抓流通，产销对接有效突破 成功组织举办第4届广西春茶节、首届广西名特优农产品交易会、广西名特优新农产品上海展销会和荔枝节、龙眼节、沙糖橘节等一批重大交易会和节庆活动，促销农产品8.4万吨，金额63.28亿元。全年举办网上名特优农产品节12次，促进农产品成交38.31万吨，金额1.45亿元。

科 教 兴 农 钱 粮 双 增
创 新 发 展 富 民 强 桂

来宾市中山村农民在喜收超级稻

恭城红岩村的柿子熟了游人醉了

玉林市供港蔬菜基地的员工在采摘直供香港的蔬菜

广西大力推行避雨栽培、一年两收栽培等技术，促进葡萄产业又好又快发展

休闲农业特色明显，全国推广广西经验 创新开展“休闲农业推进年”活动，组织广西休闲农业“三个十佳”评选和2011年休闲农业摄影大奖赛，成功举办全国休闲农业创新发展大会。全年休闲农业园（点）接待游客550万人次，农户旅游业收入12亿多元，旅游点农民人均增收500元以上。

对外开放不断深入，合作发展领域拓宽 成功组织中国—东盟博览会农业展。加强与东盟、非洲各国以及以色列、日本等国的农业合作。积极推动自治区与中国农科院、海南省政府、中国农业发展集团等签署农业合作协议，推动桂台、桂粤、桂琼等农业合作。全自治区新增外来投资农林牧渔业项目8个，合同外资额超过3亿美元，实际利用外资超过1亿美元。南北农业合作对接活动签订一批合作项目，签约总额206亿元。

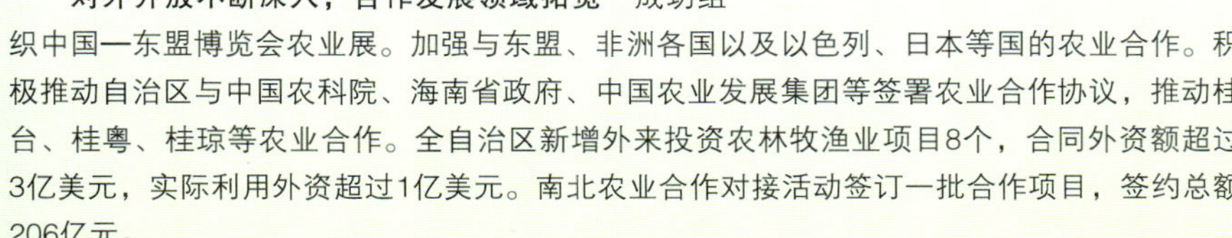

创新“三农”发展措施，改革建设扎实推进 高度重视“三农”创新发展，大力抓好新农村“百村示范”建设和城乡风貌改造，在全自治区102个村屯开展示范建设。稳妥推进基层农技改革和土地流转，加强依法治农及农业执法建设。全自治区有280个乡镇推广服务机构列入国家建设投资计划；农户土地流转面积28.67万公顷，比上年新增2万公顷。

畜牧水产业平稳发展 全自治区肉类产量394.03万吨，禽蛋产量21.55万吨，水产品产量288.85万吨，分别比上年增长1.6%、4.59%和5%。农机事业稳步推进，农业区划工作成绩喜人，服务水平进一步提高。

① 袁隆平院士在桂林指导超级稻栽培
② 宜州板围村桑园
③ 广西看禾苗选种助农增收大型科技活动现场
④ 桂花树下套种马铃薯
⑤ 阳朔县“三避”金橘园
⑥ 宜州刘三姐乡农民新居

④

③

⑤

⑥

广西科技

提高自主创新能力

2011年4月20日，中共广西壮族自治区委员会、自治区人民政府在南宁举行广西壮族自治区主席院士顾问聘请仪式。图为自治区主席马飚向院士颁发聘书

2011年是“十二五”规划开局之年，广西科技工作按照“强基础、提能力、促发展、惠民生”的科技工作总体思路，着力创新体制机制，夯实创新基础，集聚创新资源，优化创新环境，强化产业创新，科技进步与创新取得新进展，为加快“富民强桂”新跨越提供了有效的支撑。

一、科学谋划“十二五”科技发展大局

“十二五”是广西科技发展追赶跨越的重要时期，关系到能否在2020年建成创新型广西。为做好今后科技工作的顶层设计和战略部署，在建设创新型国家的大背景下，广西围绕自治区党委、政府“富民强桂”新跨越的战略部署，深入研究今后一个时期经济社会发展对科技的重大需求，进一步理清思路，制定出台《广西壮族自治区科学技术发展“十二五”规划》和《广西创新计划（2011～2015年）》，明确今后5年广西科技发展的指导思想、发展目标和主要任务。总体目标是：到2015年，广西科技进步将达到全国中等水平，科技进步对经济增长的贡献率达到48%，每万人口发明专利拥有量达到3件，全社会研究与试验发展经费支出占地区生产总值的比例达到2.2%。

二、实施重大科技专项，加快产业创新发展

围绕汽车、机械、有色金属等千亿元产业发展，整合优化创新资源，组织实施千亿元产业“350”重大科技攻关工程，加大科技攻关力度，千亿元产业创新取得显著成效。2011年，玉柴机器股份有限公司在国内率先研发出中国首台满足欧Ⅵ排放标准的车用柴油机，填补国内高效清洁柴油机的空白。木薯非粮燃料乙醇成套技术及工程应用项目成功开发木薯非粮燃料乙醇成套技术，推进中国生物质能源领域技术进步，获2011年国家科技进步二等奖。全自治区建设农业良种培育中心35个，培育农作物新品种44个，其中籼型三系杂交水稻特优“582”被确认为超级稻品种。科技进步与创新驱动广西特色优势产业加快发展。

三、加强科技基础建设，增强创新发展后劲

科技基础是科技进步与创新的基本前提。2011年，广西继续加大人才培养和引进力度，加强科技基础平台建设，夯实科技创新基础，不断增强科技发展后劲。国家级创新平台建设取得新进展。2011年3月，科技部批准广西大学和华南农业大学联合建设亚热带农业生物资源保护与利用国家重点实验室，实现广西依托高校建设国家重点实验室零的突破，标志着广西基础研究工作步入新的发展阶段，将为中国特别是亚热带农业的可持续发展提供有力的资源、科技和人才支撑。高层次人才培养和引进取得新成效。新聘请53位自治区主席院士顾问，累计达到66位。首次聘请27名八桂学者（自然科学类）和31名特聘专家。自治区主席院士顾问、八桂学者和特聘专家确立了广西高层次人才开发的崭新格局，有效地解决了制约广西发展的高层次人才“短板”问题。

四、多措并举，推动全民发明创造

强化政府组织领导、完善政策措施，优化专利事业发展环境。修订《广西壮族自治区专利保护条例》，出台《广西壮

广西首款中型轿车“宝骏 630”在 2011 年广西科技活动周亮相

2011 年 5 月 17 日，广西携 35 个项目亮相第 14 届北京科博会

加快富民强桂新跨越步伐

族自治区人民政府关于开展全民发明创造活动的决定》，制定《广西发明专利倍增计划（2011~2015年）》。同时，强化各级政府对专利工作的绩效考核，加大对发明专利申请的鼓励资助力度。这些新举措有力地推动了全自治区发明创造工作，全年发明专利申请量和授权量分别比上年增长75%和48%，分别高于全国平均水平33个百分点和8个百分点，一举扭转“十一五”时期增长率低于全国平均水平的被动局面，在发明专利追赶跨越中迈出坚实的第一步。

五、搭建平台，深化科技交流合作

2011年，广西充分发挥面向东盟桥头堡和前沿阵地优势，加强4个国际科技合作基地和中国—东盟科技合作与技术转移服务平台等载体建设，进一步加强与东盟的科技交流合作，更好地融入中国—东盟自由贸易区建设。第8届中国—东盟博览会农村先进适用技术暨高新技术展成功举办，共展出农村先进适用技术和高新技术388项，中国国务院总理温家宝和东盟各国领导人、贵宾参观了专题展并给予充分肯定。同时，广西紧紧抓住国家实施新一轮西部大开发战略和北部湾经济区开放开发不断加快等重大机遇，加强国内交流合作，先后与中国工程院、北京大学、清华大学、上海交大和同济大学等国内大院大所、著名高校签署战略合作协议，建立战略合作关系。

六、完善政策法规，推动自主创新

2011年以来，广西根据新形势的需要，重新修订三大法规，不断优化科技政策环境。其中，新修订的《广西壮族自治区高新技术产业开发区条例》已颁布实施，《广西壮族自治区科学技术进步条例》和《广西壮族自治区专利条例》提请自治区人大审议。为加快创新型广西建设，组织起草《关于提高自主创新能力 加快建设创新型广西的若干意见》、《关于开展全民发明创造活动的决定》和《关于加快高新技术产业开发区发展的若干意见》等文件，提交自治区人民政府审议，其中《关于开展全民发明创造活动的决定》已经自治区人民政府批准印发。

七、完善计划管理，提高工作效率和水平

为解决广西科技计划管理中存在的计划体系不够完善、资源配置不够优化、效率不够高等一些与发展要求不相适应的问题，加强与国家科技计划的衔接，建立和完善定位清晰、目标明确、科学高效的符合广西实际的科技计划体系和运行机制，2011年，广西先后出台《科技厅党组关于深化自治区科技计划管理改革的意见》、《关于加强广西科技计划项目全过程管理的若干意见》、《广西科技重大专项管理暂行办法》等文件，全面推进科技计划管理改革，积极构建有利于自主创新的科技计划体系，推动广西科技计划统筹部署、科技资源优化配置，提高科技管理效率，提升科技对经济社会发展的支撑和引领作用。

① 2011 年 10 月 21 日，中共中央政治局常委、国务院总理温家宝参观第 8 届中国—东盟博览会农业先进适用技术暨高新技术专题展区

② 2011 年 5 月 5 日，广西壮族自治区人民政府与中国工程院在南宁举行科技合作协议书签字仪式。双方共同签署《中国工程院与广西壮族自治区人民政府科技合作协议》

③ 2011 年 5 月 15 日，2011 年全国科技活动周广西活动开幕式暨绿城科普广场活动在南宁举行

④ 广西壮族自治区主席院士顾问聘请仪式现场

⑤ 2011 年 1 月 7 日上午，2011 年广西科技活动周开幕式暨科技表彰奖励大会在南宁举行

⑥ 2011 年 6 月 1 日起，新修订的《广西壮族自治区高新技术产业开发区条例》正式施行。图为新闻发布会现场

GUANGXI WENHUA

广西文化

建设民族文化

进入“十二五”时期以来，深入贯彻落实党的十七届六中全会、自治区第十次党代会精神，以高度文化自觉和文化自信，大力弘扬广西精神，发挥特色文化优势，深化文化体制改革，繁荣文化事业，壮大文化产业，推动民族文化强省（自治区）建设迈出坚实步伐。

大部署 中共广西壮族自治区第十届委员会第二次全体会议通过《中共广西壮族自治区委员会关于贯彻落实党的十七届六中全会精神深化文化体制改革 推动文化大发展大繁荣 建设民族文化强区的若干意见》。《广西壮族自治区民族文化强区建设规划纲要》编制工作基本完成。

大活动 成功举办首府各界庆祝中国共产党成立90周年文艺晚会《旗帜颂》，广西各地庆祝建党90周年文化活动异彩纷呈。组织举办广西各族群众庆祝中国共产党成立90周年山歌会等系列群众文化活动，全自治区庆祝建党90周年、迎接党的十八大群众文化活动蓬勃开展。

大改革 广西国有文艺院团体制改革基本完成，组建广西演艺集团有限责任公司、广西戏剧院。经营性文化单位转企改制积极推进。文化市场综合执法改革全面完成。公益性文化单位改革不断深化，公共服务水平不断提高。全自治区公共图书馆、群众艺术馆、文化馆、文化站全部向社会免费开放。自治区免费开放博物馆纪念馆增至45个。

大创作 一批好歌好舞好剧相继亮相全国舞台，向全国人民展示广西文化的独特魅力。壮剧《天上恋曲》入选2009～2010年度国家舞台艺术精品工程重点资助剧目，桂剧《七步吟》入选2010～2011年度国家舞台艺术精品工程年度资助剧目。音乐剧《桂花雨》获第4届全国少数民族文艺会演剧目金奖，群舞《成人礼·上刀山》、双人舞《连就连》、独舞《我俩》获第9届全国舞蹈比赛三等奖，小品《夫妻应聘》获第8届中央电视台电视小品大赛三等奖，木偶音乐剧《拇指姑娘》获第21届国际木偶联会大会暨国际木偶艺术节优秀剧目奖。

大建设 公共文化服务体系建设取得重要进展。广西铜鼓博物馆、广西美术馆、广西北部湾博物馆等文化设施建设加快推进。全自治区新建村级公共服务中心800个。实施文化信息资源共享工程，新建县级支中心9个、乡镇基层服务点192个和村级服务点4447个。来宾市被列为第一批创建国家公共文化服务体系示范区。全自治区有12个县乡被命名为2011～2013年度中国民间文化艺术之乡。现代文化产业体系建设加速推进。广西文化产业城等10个重点文化产业园区建设积极推进。建成自治区文化产业示范基地28个、国家文化产业示范基地5个。南宁国际民歌艺术节、大型实景演出《印象·刘三姐》等文化产业品牌享誉中外。现代文化市场体系建设积极推进。坚持一手抓繁荣，一手抓管理，由娱乐、演出、音像、网络文化、艺术品等市场组成的统一、开放、竞争、有序的文化市场体系已经形成，以综合行政执法、社会监督、行业自律、技术监控为主要内容的文化市场监管体系初步建立。优秀传统文化传承体系建设有力推进。全面完成第三次文物普查，调查登记不可移动文物1.05万处。左江岩画、兴安灵渠、北海海上丝绸之路、三江侗族村寨申报世界文化遗产工作有序推进。开展花山岩画等20多处文物保护维修。桂林甑皮岩国家考古遗址公园、桂林靖江王陵国家考古遗址公园启动建设。9个项目新入选国家级非物质文化遗产名录。公布第三批自治区级非物质文化遗产项目代表性传承人121名。新建自治区级非物质文化遗产传习基地18个。壮族织锦技艺被列为首批国家级生产性保护示范基地。

大交流 对外文化交流规模大，效果好。2011中国—东盟文化产业论坛、台湾·广西少数民族艺术节、2012韩国·广西文化年活动等成功举办。广西艺术团赴泰国参加2011年“欢乐春节”演出活动、赴新加坡参加“春到河畔”迎新春活动，广西北海海丝情缘艺术团携大型历史舞剧《碧海丝路》赴东盟国家访问演出、庆祝中国文莱建交20周年“魅力广西”文艺晚会等一系列文化交流活动，影响广泛，备受赞誉。

大保障 文化经费投入稳步增长。2011年，全自治区文化文物

①

2011台湾·广西少数民族艺术节演出场景

壮剧《天上恋曲》入选2009~2010年度国家舞台艺术精品工程重点资助剧目

强 省（自 治 区）

事业财政拨款达到16.36亿元。同时争取到国家和自治区一次性追加专项经费 3.3亿元，为历年之最。艺术创作经费增加1000万元，文物保护经费增加1000万元，广西图书馆购书经费增加到1000万元。文化队伍建设稳步推进。基层文化队伍培训力度不断加大，两个自治区人才小高地建设取得重要成果。

① 中共广西壮族自治区委员会书记、自治区人大常委会主任郭声琨（左一），自治区主席马飚（左二）听取自治区文化厅厅长余益中（右一）有关广西文化产业城规划建设工作汇报

② 2012年6月21日，中国共产党广西壮族自治区第十届委员会第二次全体会议在南宁召开，会议通过《中共广西壮族自治区委员会关于贯彻党的十七届六中全会精神深化文化体制改革　推动文化大发展大繁荣　建设民族文化强区的若干意见》

③ 武宣县黄茆镇根村村级公共服务中心综合楼

④ 桂剧《七步吟》入选2010~2011年度国家舞台艺术精品工程年度资助剧目

⑤ 自治区首府各界庆祝建党90周年文艺晚会《旗帜颂》谢幕后，自治区领导与演职人员合影

⑥ 2012年在韩国举办“广西文化年”活动

国家文化产业示范基地——桂林广维文华旅游文化产业有限公司项目“印象·刘三姐”演出场景

③

④

⑤

⑥

GUANGXI FUPIN KAIFA

广西扶贫开发

打好新一轮扶贫开发攻坚战

①

②

按照国家新的扶贫标准，经过测算，广西2010年的农村贫困人口约为1012万人，贫困人口分布在全区有农村的105个县（市、区）。

广西“十二五”扶贫开发规划由总体规划和边境地区扶贫开发、大石山区扶贫开发、整村推进扶贫开发及产业化扶贫开发等四个专项规划构成。围绕到2020年绝对贫困现象基本消除的总体目标，确定广西“十二五”扶贫开发的工作目标、重点和措施。

工作目标 开展“五三五”扶贫攻坚战，即到2015年，用5年时间，对3000个贫困村实施“整村推进”扶贫开发，实现贫困村农民人均纯收入达到5000元。

重点区域 一是大石山区、高寒山区、边境地区，这些地区集中在少数民族地区和革命老区。二是扶贫开发工作重点县和贫困村。

重点工作 对特殊类型地区实施综合治理，连片开发，加快整体脱贫步伐；“整村推进”完善工作；创新扶贫移民方式；加快贫困地区农户的危房改造；实施“雨露计划”，从单纯的技能培训转向全方位就业促进；贫困农户特色优势产业的布局和覆盖；探索城乡统筹扶贫开发。

保障措施 建立自治区负总责、市重协调、县（市、区）抓落实、乡（镇）推进的管理体制，建立片为重点、工作到村、扶贫到户的工作机制，实行党政一把手负总责的扶贫开发工作责任制；完善扶贫投入、管理、使用和分配机制；实现扶贫与低保两项制度有效衔接；明确行业扶贫任务，把任务落实到行业；大力动员机关、社会等力量帮扶到村到户；加大扶贫培训力度，提高贫困地区贫困农户劳动力的综合能力；大力推行参与式扶贫；加强扶贫领导机构和自身系统建设。

2011年，广西按照国务院扶贫开发领导小组的部署要求，对国家和自治区扶贫开发工作重点县进行调整，调整后有国家扶贫开发工作重点县28个，即罗城仫佬族自治县、那坡县、凌云县、东兰县、凤山县、乐业县、巴马瑶族自治县、靖西县、都安瑶族自治县、融水苗族自治县、西林县、大化瑶族自治县、金秀瑶族自治县、隆林各族自治县、三江侗族自治县、德保县、田林县、马山县、天等县、环江毛南族自治县、龙胜各族自治县、上林县、富川瑶族自治县、昭平县、忻城县、隆安县、龙州县和田东县。自治区扶贫开发工作重点县（市、区）21个，即金城江区、蒙山县、宁明县、钟山县、武宣县、灌阳县、资源县、天峨县、田阳县、博白县、苍梧县、融安县、藤县、桂平市、兴业县、右江区、八步区、邕宁区、大新县、上思县、陆川县。此外还有1个享受国家扶贫开发工作重点县待遇的合山市。

按照中央扶贫开发工作会议精神，中央把集中连片特殊困难地区作为新阶段扶贫开发工作重点，作为扶

③

贫攻坚的主战场。广西有29个县列入全国集中连片的特殊困难地区——滇桂黔石漠化区：龙胜各族自治县、资源县、三江侗族自治县、融水苗族自治县、融安县、忻城县、罗城仫佬族自治县、环江毛南族自治县、东兰县、凤山县、巴马瑶族自治县、都安瑶族自治县、大化瑶族自治县、隆林各族自治县、西林县、田林县、乐业县、凌云县、田阳县、德保县、靖西县、那坡县、上林县、马山县、隆安县、天等县、龙州县、大新县、宁明县。

中共广西壮族自治区委员会、自治区人民政府历来高度重视扶贫开发工作,把扶贫开发作为“富民强桂”和广西实现全面小康社会奋斗目标的重中之重，作为最大的民生摆在突出位置，自治区第十次党代会对扶贫开发工作进行重点部署。2011年12月26日召开全自治区扶贫开发工作会议，对实施新一轮扶贫开发攻坚战进行全面部署，并相继出台《关于加强“十二五”时期社会扶贫工作的意见》、《关于实施新一轮扶贫开发攻坚战的决定》及28个配套文件，吹响了打好新一轮扶贫开发攻坚战的号角。这些文件包括以下12个方面的内容：一是明确广西新一轮扶贫开发攻坚战的总体要求和目标任务；二是把扶贫开发与社会保障有效衔接，加强农村养老工作；三是开展劳动力培训教育，加快劳动力转移就业；四是加快农村义务教育布局调整和寄宿制学校建设，提高农村教育水平；五是发展贫困地区医疗卫生事业，提高公共卫生和人口服务管理水平；六是加强贫困地区基础设施建设，进一步改善生产生活条件；七是发展贫困地区特色优势产业，夯实群众增收致富的产业基础；八是集中力量推进重点贫困区域开发，加快脱贫致富步伐；九是实施贫困地区“易地搬迁、无土安置”与农民工公寓建设，帮助贫困群众建设易地脱贫的新家园；十是大力加强贫困地区生态建设和环境保护，努力实现可持续发展。十一是明确实施新一轮扶贫开发攻坚战的保障措施；十二是明确扶贫开发工作责任要求，强化扶贫开发工作的领导。

这些文件还明确广西新一轮扶贫开发攻坚战的总体要求：以邓小平理论和“三个代表”重要思想为指导，深入贯彻落实科学发展观，提高扶贫标准，加大投入力度，把连片特困地区和贫困村作为主战场，以增加贫困人口收入、尽快实现脱贫致富作为首要任务，坚持政府主导，坚持开发式扶贫，坚持统筹发展，坚持专项扶贫、行业扶贫、社会扶贫共同推进，更加注重培育发展特色优势产业，更加注重提高扶贫对象自我发展能力，更加注重基本公共服务均等化，更加注重扶贫开发和社会保障制度有效衔接，更加注重创新体制机制解决制约发展的突出问题，促进贫困地区经济社会更好更快发展。到2020年，全自治区稳定实现扶贫对象不愁吃、不愁穿，保障其义务教育、基本医疗和住房，贫困地区农民人均纯收入增长幅度高于全区平均水平，基本公共服务主要领域指标达到全区平均水平，逐步缩小发展差距。

① 2012年2月21日上午，中共广西壮族自治区委员会书记、自治区人大常委会主任郭声琨出席田东县新一轮扶贫开发攻坚战项目启动仪式并与群众一起劳动

② 2012年2月22日上午，广西壮族自治区主席马飚在都安瑶族自治县大兴乡弄模村九香瑶族新村，出席该县新一轮扶贫攻坚战启动仪式并与群众一起劳动

③ 2011年12月26日全区扶贫开发工作会议现场

④ 2011年10月19-20日广西基础设施建设大会战经验暨连片特困地区扶贫攻坚战略研讨会在百色举行

⑤ 天等县进远乡新农村——岩造屯

⑥ 扶贫培训

⑦ 2012年4月25日吴宇雄主任（左二）在远旺公司菌种基地了解云耳培育和销售情况

⑧ 建设中的隆安都结乡陇选村道路

⑨ 农户饲养巴马香猪

GUANGXICHURUJING JIANYAN JIANYIJU

广西出入境检验检疫局

充分发挥职能作用

广西出入境检验检疫局是国家质量监督检验检疫总局直属的涉外行政执法机构，负责广西所辖区内的出入境检验检疫、认证、鉴定和监管工作。广西出入境检验检疫局按照国家质检总局、中共广西壮族自治区委员会和自治区人民政府的部署要求，针对广西作为通往东盟国家桥头堡的区位优势，做好“服务泛北、对接东盟”工作，加强与东盟国家检验检疫合作，切实服务中国—东盟自由贸易区，严把国门，服务经济，保护人民生命健康和农林牧渔业生产安全，努力在“质量兴桂”、“富民强桂”新跨越中有新的作为，作出新的贡献。

广西出入境检验检疫局落实国家质检总局与广西壮族自治区人民政府签署的《关于推动北部湾经济区开放开发促进广西经济社会发展合作备忘录》，先后与南宁市、北海市、钦州市、梧州市、防城港市政府和自治区有关厅局签署合作备忘录，还先后与深圳、贵州、重庆、四川、山西、河北、陕西、新疆、西藏等直属局签署《加强协作把关　共促食品农产品扩大出口合作备忘录》等，确保经广西口岸进出口的产品质量，共促产品扩大出口。

2011年9月，广西出入境检验检疫局牵头会同自治区质监局，邀请自治区教育厅、工信委、住建厅、国资委等20个厅局举行广西2011年“质量月”活动启动仪式。为推进中国—东盟在质检领域的实质合作，该局举全局之力，总结好服务历届中国—东盟博览会的成功经验，服务好第8届中国—东盟博览会，连续8届保持服务博览会零投诉；还承办好国家质检总局与东盟秘书处在南宁联合主办的第一届中国—东盟TBT合作部长会议。经过争取和积极协调，中国国际果蔬、加工技术及物流展览会2011年首次在南宁举办，来自东盟、美国、澳大利亚等10余个国家的60多家企业和国内15个省份的100多家企业参展，规模为历届之最。2012年9月在第9届中国—东盟博览会期间将承办第3届中国—东盟（SPS合作）质检部长会议。

检验检疫能力建设得到加强。2011年，钦州保税港区检验检疫局、梧州局进口再生资源加工园区办事处、广西局南宁保税物流中心办事处相继成立开检。广西检验检疫系统18个综合实验室全部达到国家二合一认证认可资质管理的要求，到2012年8月，获准建设的国家重点实验室达到10个，并有6个通过总局验收，其中北海国家烟花爆竹检测重点实验室是中国中西部地区第一个通过验收的国家重点实验室，也是全国检验检疫系统烟花爆竹行业第一个通过核查验收的国家重点实验室；广西国家灵长类实验动物检测重点实验室为目前国内第一个，也是唯一的一个国家灵长类实验动物检测重点实验室；广西钦州国家石油化工品检测重点实验室为中国西南地区第一家国家石油化工品检测重点实验室。广西检验检疫局机关、防城港检验检疫局继续保持全国文明单位称号；凭祥、桂林检验检疫局获第三批全国文明单位称号。

2012年，广西出入境检验检疫局以深入开展“人民质检、为民服务，以质取胜、创先争优”活动为契机，按照国家质检总局抓质量要上新水平、保安全要加新力度、促发展要有新作为、强

广西检验检疫局驻会展中心现场办对截获的有害生物进行鉴定

广西检验检疫局工作人员对入境参展食品进行检查

广西检验检疫局局长卢厚林（中）接受自治区领导机关颁发的扶持县城科学发展先进单位奖牌

促 进 地 方 经 济 发 展

质检要树新形象的总体要求，深入开展质量安全风险排查整治和道德领域突出问题专项教育治理活动。加强进出境食品安全监管，应对食品安全突发事件；加强进出境动植物检疫查验，严防有毒有害物质和有害生物进出国门；加强进出口商品检验监管，妥善处置“问题汽油”、“问题汽车”和“问题麻醉系统”事件。同时，围绕转变发展方式主线，改变监管模式，支持广西支柱产业和重大项目建设，努力服务地方经济发展。局机关出台支持广西扩大开放促进对外贸易平衡发展10项措施，得到中共广西壮族自治区委员会、自治区人民政府的充分肯定。2012年上半年，共检验检疫出入境货物7.1万批、货值136亿美元，其中检出不合格货物413批次、货值16.6亿美元，检验检疫货值增幅居全国各直属局第三位；检验检疫进口货值增长54%，达112亿美元，半年首超百亿美元，检验检疫货值继续位居西部12省（直辖市、自治区）第一位，检验检疫批次列西部省、自治区、直辖市第二位。

① 国家质检总局局长支树平（左四）到广西检验检疫局驻会展中心现场调研
② 广西检验检疫局局长卢厚林（右一）陪同自治区主席马飚（前中）到广西检验检疫局南宁保税物流中心办事处调研
③ 广西检验检疫局承办的2011年中国国际果蔬、加工技术及物流展览会在南宁举行
④ 广西检验检疫局承办中国—东盟TBT合作部长会议在南宁举行
⑤ 广西检验检疫局党组领导深入会展中心检查指导工作
⑥ 广西检验检疫局举行实验室开放日等活动，邀请自治区人大代表、政协委员、新闻媒体和市民代表参观指导
⑦ 广西检验检疫局局长卢厚林（前左）与越南代表团成员签署会谈纪要

③

④

⑤

⑥

②

⑦

GUANGXI ZHUANGZU ZIZHIQU GAOJI

广西壮族自治区

坚持能动司法服务好中国

①

中国特色社会主义法律体系形成后，人民群众对人民法院确保法律正确实施、维护社会公平正义的期待更加迫切。在新形势下，广西壮族自治区高级人民法院坚持把法院工作摆到党委、政府工作大局中来谋划，融入经济社会发展全局中来推进，始终坚持能动司法，狠抓执法办案第一要务，积极主动为经济社会发展提供有力的司法保障，服务大局更有力；始终坚持机制创新，积极探索广西边疆民族地区审判工作新路子，完善矛盾纠纷调处机制，全力促进社会和谐稳定模范区建设，矛盾化解更有效；始终坚持“阳光司法”，大力推行司法公开，不断增强司法透明度，切实规范司法行为，提高司法公信力，审判执行更规范；始终坚持民生为重，坚持审判工作的群众路线，维民权、解民忧、护民利，积极回应人民群众的司法需求，为民司法更务实；始终坚持强基固本，把队伍建设作为法院的根本工作来抓，大力提高队伍的综合素质，为审判执行工作提供强有力的组织保障，队伍建设更过硬；始终坚持依法履职，进一步增强接受监督意识，完善接受监督的措施，接受监督更主动，确保司法公正。据统计，2011年自治区各级法院共受理各类案件242379件，办结230844件，审判执行工作实现当事人服判息诉、自动履行义务增多，申请执行案件、立案再审案件、申诉和申请再审案件、涉诉信访全面下降（降幅分别为37.42%、6.7%、6.11%和56.14%）。法院系统25项审判质效指标综合考评大部分优于全国平均水平。自治区高级法院党组书记、院长罗殿龙在广西壮族自治区第十一届人民代表大会第五次会议上所做的工作报告首次以92.45%的满意率获得高票通过，得到人大代表和社会各界的普遍好评。

为大局服务能动司法，是自治区高级法院近年来审判执行工作的一大亮点。自2008年国务院批准实施《广西北部湾经济区发展规划》和2010年发布实施《关于进一步促进广西经济社会发展的若干意见》以来，自治区高级人民法院继两次成功举办东盟法官研讨会，率先在全国省级法院开展国际性司法交流活动后，2011年进一步加大力度从司法层面推动中国—东盟自由贸易区建设。主动服务保障北部湾开放开发战略实施和“两区一带”建设，优化投资法治环境。扩大海事司法服务范围，开展北部湾

②

⑥

⑦

RENMIN FAYUAN

高级人民法院

——东盟自由贸易区建设

海洋经济和西江黄金水道建设法律问题调研，促进“科技兴海”和航运经济健康发展。2011年审结316件涉外民商事及海商海事案件，其中涉东盟海事海商纠纷连续两年全部调解结案。在边境地区设立驻边调解室，及时化解边贸纠纷。开展港澳台司法协助，办理、协调涉港澳台送达、取证等司法事务529件，审结涉港澳台民商事纠纷226件，促进了两岸四地经贸文化交流。

① 广西高院党组书记、院长罗殿龙为获表彰的先进个人和集体颁奖
② 2008年10月，广西高院举办中国—东盟自由贸易区地方法官论坛。图为院长罗殿龙会见泰国与会嘉宾
③ 广西高院坚持机制创新，积极拓展联动司法网络。图为广西高院与自治区司法厅沟通会商机制签字仪式现场
④ 2011年7月26日下午，自治区人大常委会领导和部分常委会委员参观广西法院文化展
⑤ 2011年6月28日，广西法院纪念建党90周年先进表彰大会在南宁举行
⑥ 法院干警向百色起义革命先烈敬献花圈
⑦ 在广西高院党组书记、院长罗殿龙的领誓下，干警们重温入党誓词
⑧ 2010年，广西高院成功举办亚太地区国家法官研讨会，图为研讨会会场
⑨ 中国广西与越南地方法院法官研讨会于 2009 年 10 月在广西凭祥举行
⑩ 广西高院个案处理首次公开征求公众意见
⑪ 庭审现场有条不紊
⑫ 自治区高级法院院长、国家二级大法官罗殿龙（中）亲自担任减刑案件审判长
⑬ 广西高院首次公开开庭审理减刑案件。图为设在广西女子监狱的庭审现场

⑪

⑫

⑬

④

⑤

⑧

⑨

⑩

LIUZHOU SHI

柳州市

山清水秀

柳州，又称龙城，位于广西中北部，是以工业为主、综合发展的区域性中心城市和交通枢纽，也是山水景观独特的历史文化名城。全市辖六县四区，总面积1.86万平方千米。常住人口376万，其中市区常住人口144万。

西南工业重镇 柳州工业经济总量约占广西的1/4，已形成以汽车、机械、冶金为支柱，化工、制糖、造纸、制药、建材、日化等产业并存的工业体系。至2011年，全市工业产值超亿元企业325家，大型工业企业10家，规模以上工业企业743家。柳钢主营业务收入超过550亿元，上汽通用五菱销售收入突破450亿元，柳工突破200亿元，东风柳汽、五菱集团突破100亿元，柳化突破50亿元。上市企业5家（桂柳工、柳化、两面针、优联和柳钢），中国名牌产品3个（两面针牙膏、柳工装载机、网山白砂糖），驰名商标4个（两面针、金嗓子、花红、柳工）。

西南交通枢纽 柳州是沟通西南与中南、华东、华南地区的铁路中枢，也是中国45个公路主枢纽城市之一，4条铁路干线、3条高速公路和3条国道在柳州交汇，形成集水陆空于一体的立体化现代交通网络。

西南商贸物流中心 柳州素有“桂中商埠”之称，自古以来就是周边省区的重要商品集散地。今已形成汽车及零部件、钢材、建材、农副产品、日用消费品等大型批发市场。

国家历史文化名城和中国优秀旅游城市 柳州是中国南方人类的发祥地。5万多年前，柳江人、白莲洞人就在这里繁衍生息。柳州正式建置于西汉王朝，距今已有2100多年的历史。柳宗元曾任柳州刺史，柳州是其最后居留地。

柳州市区青山环绕，水抱城流，享有“世界第一天然大盆景”的美誉。柳宗元诗中“岭树重遮千里目，江流曲似九回肠”，徐霞客笔下“千峰环野立，一水抱城流”，便是柳州城市风貌最为形象的写照。“柳州奇石甲天下”，被誉为“中华石都”。柳州是歌仙刘三姐的传歌胜地。柳州的民族风情独具神韵，“壮歌、瑶舞、苗节、侗楼”，堪称“四绝”，三江程阳风雨桥和鼓楼等民族建筑闻名海内外。

柳州在生态宜居建设方面成果显著。温家宝总理在2006年到柳州考察时，称赞柳州“山清水秀地干净”，认为“柳江河就是广西最大的品牌，在全国找不到第二条”，这是对柳州人居和生态环境的最大肯定。2009年，柳州获得中国经济科学发展十佳城市、中国最具创新力十佳城市、国家园林城市、中国人居范例奖等荣誉称号。2010年，柳州成为全国唯一独揽2010中国最具创新力城市、2010中国经济转型示范城市和中国最具竞争力特色经济市3项称号的城市。2011年，获得2011中国十大美丽城市、中国最具投资吸引力城市、2011年度最具成长力自主创新型城市、第9批中国金融生态城市、中国最具竞争力特色经济市等称号。

回首2011年，勤劳智慧的柳州人民创造了令人瞩目的辉煌成就。面对错综复杂国际国内发展形势，在用电及资金异常紧缺、原燃料价格

①

②

③

④

的 工 业 名 城

不断上涨等极其不利的情况下，柳州有效保持经济社会持续健康稳定发展。全市实现地区生产总值1543亿元，比上年增长11.0%；工业总产值3150亿元，增长20.1%；全社会固定资产投资1305.55亿元，增长31.5%；财政收入229.6亿元，增长14.13%，实现“十二五”的良好开局。

展望未来，柳州科学发展的宏伟蓝图已经绘就。柳州将深入实施“二次创业、升级转型，聚集人气、做大城市，建设更加美好柳州”的发展战略，努力建设先进制造业基地，现代商贸物流中心，具有国际水平的广西柳州汽车城，国内综合交通运输枢纽，西江经济带龙头城市，建设工业名城、历史名城、文化名城和旅游名城，把柳州建设成为以工业为主、全面发展的中心城市，努力实现“五美五好”柳州（“山水美、环境美、形象美、气质美、和谐美”和“人人都有好发展、家家都有好保障、个个都有好身体、天天都有好心情、户户都有好生活”）的发展夙愿！

① 柳州全景
② 柳州——山清水秀地干净
③ 2011狂欢节开幕式
④ 市区夜景
⑤ 花园城市
⑥ 柳东新貌
⑦ 柳工生产的挖掘机
⑧ 东风柳汽生产的小汽车
⑨ 大型祭孔活动
⑩ 柳钢轧钢生产车间
⑪ 喷泉广场夜景
⑫ 八桂大歌
⑬ 融水苗族坡会被列为国家级非物质文化遗产
⑭ 晚霞中的柳州城

QINZHOU SHI

钦州市

建大港　兴产业

钦州市是一座新兴的港口工业城市，位于中国西南沿海、广西北部湾经济区中心位置。辖灵山县、浦北县、钦南区、钦北区、钦州港经济技术开发区和三娘湾旅游管理区。全市陆地面积1.08万平方千米，海岸线长562千米，人口390万，居住有汉、壮、苗、瑶等21个民族。物产丰富，是全国闻名的荔枝之乡、奶水牛之乡、香蕉之乡和大蚝之乡。

岭南古城　钦州建置有1400多年的历史，文化历史底蕴丰厚。早在两千多年前的汉代，钦州就是中国通往东南亚的古代海上丝绸之路的始发港之一，特别是钦州的三娘湾、乌雷岭一带，一直是对外通商的开放口岸，与东南亚国家保持着密切的友好往来。

英雄故里　在中国近代史上，唯一一场没有割地赔款的反侵略战争就是中法战争，这场战争就是由钦州的两位民族英雄刘永福和冯子材领导的。他们是钦州人民的杰出代表和骄傲。他们的故居现在是全国爱国主义教育基地。

坭兴陶都　钦州坭兴陶有1300多年的悠久历史，与江苏宜兴紫砂陶、四川荣昌陶和云南建水陶同被誉为中国四大名陶，是中国工艺美术百花园中一支奇葩，也是钦州的城市名片。钦州坭兴陶曾多次在国际上荣获金奖。1915年参加巴拿马国际博览会和茅台酒同时获得巴拿马国际博览会金奖。2006年获联合国杰出手工艺品徽章认证。2008年坭兴陶烧制技术被国务院列入非物质文化遗产保护目录和国家地理标志保护产品。2009年，作品“硕果”被第6届中国—东盟博览会选定为国礼。2010年，坭兴陶以其独特的品质入选上海世博会特许商品。

海豚之乡　钦州是中国优秀旅游城市，是中国唯一能看到多种颜色、被誉为“海上大熊猫”的野生白海豚的地方，被誉为中华白海豚之乡。在钦州的三娘湾海域栖息着大约130多只野生中华白海豚，族群非常健康。国家著名野生动物保护专家潘文石教授和他的博士生正在进行野生中华白海豚的研究和保护工作。

机遇之城　钦州区位优越，地处中国华南经济圈、西南经济圈和东盟经济圈的结合部，是中国与东盟合作的重要枢纽。随着中国—东盟自由贸易区的建成，钦州与东盟的合作日益密切，2011年钦州与东盟的贸易额达到10.9亿美元。近年来，钦州在享受西部大开发优惠政策的同时，还面临千载难逢的历史机遇和多重叠加的发展优势：一是国家批准实施《广西北部湾经济区发展规划》，北部湾经济区上升为国家发展战略。二是国家批准设立钦州保税港区，并建成一期工程开港运营。三是钦州保税港区被列为整车进口口岸，并于2011年10月通过国家验收、正式对外开放，成为全国第5个沿海整车进口口岸。四是中国与马来西亚两国政府合作的第一个产业园区——中马钦州产业园区落户钦州，2012年4月1日，中马钦州产业园正式开园，国务院总理温家宝和马来西亚总理纳吉布共同为开园仪式揭幕。五是钦州港经济开发区升级为国家级经济技术开发区，钦州成为广西目前两个拥有国家级经济技术开发区的城市之一。六是钦州港口岸扩大开放范围获得国务院批准，新增对外开放岸线28.8千米，泊位98个。七是国家批准设立钦州台湾农民创业园，成为广西唯一的国家级台湾农民创业园。八是茅尾海获准成为全国第一批7个国家级海洋公园之一。

北部湾港口工业新城　钦州交通基础设施日臻完善，基本形成陆、海、空立体交通网络。有3条高铁、5条铁路和5条高速公路在钦州交汇。2012年下半年，广西第一条高速铁路——南宁至钦州高速铁路将建

①

⑤

钦州新城一角

白暨豚

火龙果基地

成运营。钦州港是天然深水良港。孙中山先生在《建国方略》中将钦州港规划为“中国南方大港”。目前，钦州港已建成10万吨级航道和一批10万吨级码头，30万吨级航道和30万吨级码头即将建成。到2012年底，港口吞吐能力将超过亿吨。钦州正大力实施千百亿产业崛起工程，全力打造石化、装备制造等两大产值超千亿元产业，以及造纸、电子、能源、粮油、冶金、物流等六大产值超百亿元产业，构建“2+6”产业体系。中石油1000万吨炼油、420万立方米原油储备库、金桂百万吨造纸、国投120万千瓦发电、中粮120万吨粮油加工等一批重大产业项目竣工投产。

“十一五”期间，钦州经济发展迈上一个大台阶。2010年，全市生产总值突破500亿元，达到520.6亿元，5年年均增长16.1%；财政收入突破50亿元，达到58.4亿元，年均增长32.8%；工业总产值突破500亿元，达到593.6亿元，年均增长27%；港口吞吐量突破3000万吨，达到3022万吨，年均增长42%，其中集装箱吞吐量突破25万标准箱，达到25.1万标准箱，年均增长58.6%；固定资产投资5年累计突破千亿元大关，达到1359亿元，年均增长38.1%。

2011年，五大经济指标高速增长，高居广西首位，四大经济指标跃居广西前列，综合实力在“十一五”基础上实现重大跨越。生产总值突破700亿元，达到734.4亿元，比上年增长22.5%，总量由2010年广西第8位升至第6位；工业总产值突破1000亿元，达到1093亿元，增长116.7%，成为广西少数几个（第6个）工业产值超千亿元的城市；财政收入突破100亿元，达到123.1亿元，增长110.9%，成为广西第4个财政收入超百亿元城市；外贸进出口总额实现29.8亿美元，增长127.5%，总量跃居广西第3位。

钦州市牢牢把握北部湾经济区开放开发上升为国家战略的历史机遇，紧紧围绕“富民强桂”新战略和“构筑新高地、打造新一极”的战略要求，以科学发展为主题，以“建大港、兴产业、造新城、强科教、惠民生”为发展方略，以“五年跨越、十年巨变”为奋斗目标，努力把钦州建设成为区域性国际航运物流枢纽、产业合作枢纽、市场交易枢纽和宜商宜居海湾新城。

① 繁忙的港口
② 新城夜景
③ 林浆纸厂区一角
④ 中石油钦州炼油厂夜景
⑤ 钦州国际集装箱码头
⑥ 装卸码头
⑦ 万吨级码头夜景
⑧ 钦州燃煤电厂夜景
⑨ 钦州火电厂吊装发电机组

钦州新貌

③

④

⑦

⑧

⑨

FANGCHENG GANG SHI

防城港市

依托大港口

防城港市是一座年轻、美丽、充满希望与活力的港口城市、边关城市、海湾城市，地处广西北部湾经济区的核心区域，在中国—东盟自由贸易区和泛北部湾区域合作中具有得天独厚的比较优势。1968年建港，1993年建市，辖港口区、防城区、上思县和东兴市。行政区域面积6222平方千米（其中市区面积2818平方千米），城市建成区面积48.97平方千米。2011年末人口91.39万，其中市区人口54.17万。有汉、壮、瑶、京等24个民族，东兴市江平镇为中国京族唯一聚居地。

国家重点支持发展的新兴城市　建市近20年来，防城港市作为西部地区最重要的港口工业城市，在国家和自治区的重点支持下，得到快速发展。2008年1月，国务院批准实施《广西北部湾经济区发展规划》，作为广西北部湾经济区的核心城市，国家先后在这里布局总投资超过2000亿元的钢铁、核电、铜镍等一批重大项目，同时加大产业发展基础设施建设的支持力度。防城港成为同时享受国家沿海地区、西部地区、边境地区、民族地区、广西北部湾经济区、国家沿边重点开发开放试验区等多重优惠政策相互叠加的投资洼地。

2011年，防城港市以“项目建设提速年”、“开放突破年”、“全民创业年”、“民生改善年”为主题，以“建特区、上产业、造新城、强大港、拓开放、统城乡、旺旅游、兴文化、惠民生、促和谐”为主攻方向，团结拼搏，开拓奋进，经济社会保持持续快速发展的良好势头。全年地区生产总值419.84亿元，比上年增长15.6%；财政收入44.35亿元，增长26.3%；全社会固定资产投资490.75亿元，增长31.7%；规模以上工业总产值达635.32亿元，增长38.2%。港口货物吞吐量突破9000万吨，海关税收超120亿元，农民人均纯收入6585元。据中国社科院2011年发布的《中国城市竞争力蓝皮书》，防城港市综合增长竞争力在全国294个城市中排名第七，是西南地区唯一上榜城市。

全面开放合作的特区城市　防城港市地处华南、西南与东盟经济圈的结合部，是中国唯一与越南海陆河相连的城市，是中国内陆腹地进入东盟最便捷的大通道、主门户、桥头堡和中国对外开放的前沿、窗口。拥有海岸线580多千米，陆地边境线100多千米，有5个国家级口岸，与147个国家和地区实现贸易往来。

随着中国—东盟自由贸易区的建立，防城港加快边民互市贸易区建设，扩大多区域交流合作，开放带动效应日益凸显，外贸进出口总额和边贸成交额位居广西前列，对东盟贸易总额占广西总量约1/4，海关税收占广西关税总额的六成多和中国西部地区的近1/6。东兴口岸每年出入境人数超过400万人次，成为仅次于深圳罗浮、珠海拱北的中国陆域第三大出入境口岸。

防城港举全市之力加快推进东兴国家重点开发开放试验区建设，全方位扩大开放合作，努力把试验区建设成为中国—东盟战略合作先行区、沿边地区经济增长极、国际通道重要枢纽和睦邻安邻富邻示范区，构建“边

②

防城港海湾城市美景

防城港市是中国白鹭之乡

东兴口岸前景规划图

发 展 大 产 业

境特区”、“西部深圳”。

布局大产业的港口城市 防城港是中国西部最大的深水良港，也是中国沿海12个主枢纽港之一，是中国通往东盟和马六甲海峡距离最近、物流成本最低、最便捷的海港，拥有万吨至20万吨级码头泊位27个，可以同时靠泊5艘好望角型船舶。拥有广西首个电子口岸海运物流服务平台，铁路和高速公路与全国干线连网，已开通集装箱海铁联运五定班列和东北亚、东南亚、东非集装箱直达航线，与100多个国家和地区的250多个港口实现通航，成为对接东盟联通世界的重要国际门户。2011年吞吐量突破9000吨，预计2012年可突破1亿吨，约占广西沿海港口货物吞吐量六成。

防城港依托大港口、大交通大力发展大产业、大物流，现已形成冶金、能源、有色金属、粮油等千百亿元特色支柱产业，建成华南重要的粮油加工基地和磷酸加工出口基地，在建钢铁精品基地、能源化工基地、有色金属加工基地。今后5年，防城港将以钢铁、核电、金川铜镍三大项目为龙头，加快培育钢铁、有色金属、能源化工3个千亿元产业集群，建设新兴港口工业城市。

生态宜居的海湾城市 防城港市海岸线长、海湾多、海岛多，海域面积4万多平方千米，“三岛三湾”的地貌特征赋予防城港市得天独厚的海景资源，是北部湾畔唯一一座“海在城中、城在海中”的全海景生态海湾城市。这里气候好，空气好，生态好、人长寿，森林覆盖率达57.81%，拥有世界唯一的国家级金花茶自然保护区和中国第一、全球四大GEF红树林国际示范区，是中国白鹭之乡、中国长寿之乡、中国金花茶之乡、中国玉桂八角之乡、中国氧都。

随着新一轮西部大开发和广西北部湾经济区建设深入推进，中国—东盟自由贸易区合作不断深化，东兴试验区建设加快推进，防城港市进入工业化、城镇化、国际化迅速发展的新“黄金期”，发展前景将十分广阔。

① 市长莫恭明（前右）会见越南广宁省下龙市人民委员会主席陶春丹（前左）
② 20万吨级船舶停靠防城港码头
③ 东兴互市贸易区揭牌仪式
④ 建设中的红沙核电站
⑤ 防城港海景房
⑥ 防城港集装箱码头
⑦ 海湾城市防城港
⑧ 防城港行政中心区
⑨ 防城港界河边贸

⑨

③

④

⑤

⑥ ⑦

⑧

HECHISHI

河池市

富民强市新跨越

河池市位于广西西北部，辖9县1市1区，总面积3.35万平方千米，总人口409万，有壮、汉、瑶、仫佬、毛南、苗、侗、水、土家等9个民族，其中少数民族人口占总人口的84%。是大革命时期广西农民运动发祥地、百色起义策源地、红七军故乡。也是著名的有色金属之乡、水电之乡、长寿之乡、铜鼓之乡、刘三姐故乡。温家宝总理称之为：山青水秀生态美，人杰地灵气象新。

“十一五”时期以来，河池市立足资源优势，走以资源换产业的新型工业化道路，构筑新型产业基地，建设生态民族文化名城，各项改革与建设事业加快推进，经济持续较快发展，胜利完成“十一五”规划确定的目标任务，实现地区生产总值、人均生产总值、财政收入、人均财政收入、工业增加值、服务业增加值、规模以上工业企业利润总额、全社会固定资产投资、社会消费品零售总额、进出口总额、实际利用外资、金融机构存款余额、金融机构贷款余额、城镇居民可支配收入等“14个翻番”。人均生产总值及人均财政收入分别突破1万元和1千元。产业结构不断优化。农业产业化水平明显提高；工业主导地位凸显，有色金属行业产值突破百亿元大关，水电装机容量达800万千瓦，化工、建材、绿色长寿食品、桑蚕茧丝绸等优势产业日益壮大；以旅游业为重点的第三产业快速发展，世界长寿之乡旅游品牌在国内外打响，凤山地质公园成为广西首个世界地质公园并通过国家4A级景区评定。发展后劲日益增强。“十一五”时期5年累计固定资产投资是“十五”时期的3.4倍，高等级公路通车里程达991千米，城镇化率提高11个百分点，能源、水利、通信等公共基础设施进一步改善。生态文明建设成效显著。森林覆盖率达到68%，森林蓄积量达到0.5亿立方米，“山青水秀生态美”成为河池优势和品牌。人民生活显著改善。“十一五”时期城镇居民人均可支配收入年均增长15.6%，总量比“十五”时期翻一番；农民人均纯收入年均增长13.7%；5年累计有20万贫困人口脱贫，全市贫困人口占农村人口的比例降至21%以下。全市经济发展，民族团结，社会稳定，人民安居乐业。

“十二五”时期，是河池市加快转变经济发展方式，加快“富民强市新跨越”进程，全面建设小康社会的关键时期。河池将紧紧围绕实现“富民强市新跨越、建设幸福河池”的目标，以科学发展为主题，以加快转变经济发展方式为主线，以实施产业增量提质工程、民生保障提升工程、开发扶贫攻坚工程、城乡新貌新风工程、执行力提升工程等“五大工程”为抓手，以推进工业化城镇化为主导，以改革创新和开放合作为动力，以保障和改善民生为根本目的，加快建设黔桂走廊经济带和红水河流域经济带，构筑新型产业基地，打造生态民族文化名城，建设社会和谐稳定模范市、民族团结模范市和生态文明模范市，推动经济社会又好又快发展。加快以交通为重点的

广西广维化工有限责任公司VAE乳液产品

广西江缘茧丝绸有限公司缫丝车间

建设幸福河池市

基础设施建设，竣工在建高速公路项目，推进已规划项目实施，力争实现县县通高速公路，推进通达周边省市的铁路建设和红水河黄金水道建设，竣工河池机场，构建桂西北交通枢纽。高水平发展黔桂走廊经济带，高起点建设红水河流域经济带。实施产业增量提质工程，开展以环境倒逼机制推动产业转型升级攻坚战为契机，加大环境风险排查整治工作，不断优化经济社会发展环境，进一步发挥资源富集区优势，发展特色优势产业，打造一批百亿产业、百亿工业园区、百亿工业产值县（市、区），形成新型有色金属、清洁能源、生物质化工、绿色长寿食品、茧丝绸产业、生态旅游等六大新型产业基地。实施民生保障提升工程，发展特色效益农业，全面推进新阶段开发扶贫攻坚战，全面推进社会主义新农村建设。实施城乡新貌新风工程，加快推进特色城镇化进程，建设生态民族文化名城。实施执行力提升工程，加强党的建设，不断提高各级党委领导科学发展的能力和水平。

“十二五”时期，河池市力争经济综合实力处于全自治区中上水平，全面建设小康社会的基础更加牢固。具体目标：（1）保持经济快速发展。全市地区生产总值年均增长13%，财政收入年均增长15%，全社会固定资产投资年均增长18%，规模以上工业增加值年均增长15%，全社会消费品零售总额年均增长18%，旅游总收入年均增长18%，力争实现地区生产总值、财政收入、全社会固定资产投资、规模以上工业增加值、全社会消费品零售总额、旅游总收入比2010年翻一番。（2）经济结构调整取得重大进展。基础设施支撑能力较大提升，工业化城镇化水平明显提高，传统产业优化升级明显加快，特色优势产业和新兴产业不断壮大，第三产业所占比重较大提高。（3）人民生活显著改善。城乡居民收入与经济同步增长，城乡社会保障体系更加完善、保障水平更高，居住条件进一步改善，贫困人口大幅减少，人民生活质量稳步提高。（4）社会建设明显加强。各项社会事业取得新成就，民主法制建设和精神文明建设取得新进展，和谐社会建设取得新进步，民族团结进步事业加快发展，社会秩序良好，人民安居乐业。（5）生态环境更加优美。生态文明建设成效显著，全市森林覆盖率不断提高，环境质量持续改善，“山青水秀生态美”优势进一步显现。（6）改革开放不断深化。重点领域和关键环节改革取得突破，要素市场进一步完善，投资环境更加优化，创业创新形成新局面，全方位开放合作水平进一步提高。河池这片热土热忱欢迎客商投资置业。

① 中共河池市委书记、市人大常委会主任黄世勇主持河池市三届人大二次会议
② 中共河池市委副书记、市长何辛幸在河池市三届人大二次会议上作政府工作报告
③ 2012年4月8日中共广西壮族自治区委员会书记、自治区人大常委会主任郭声琨（左三）在河池市调研
④ 2012年2月22日，广西壮族自治区主席马飚（前排左三）在都安瑶族自治县参加河池市新一轮扶贫开发攻坚战项目启动仪式，并与群众座谈
⑤ 中共河池市委书记、市人大常委会主任黄世勇（右三）在河池机场建设工地检查航站楼施工情况
⑥ 第8届中国—东盟博览会河池专场项目签约仪式现场
⑦ 2012年7月9日上午，六寨至河池、宜州至河池高速公路通车仪式在宜州市举行。自治区领导和河池市领导为高速公路通车剪彩
⑧ 建设中的河池机场航站楼
⑨ 拥有三个“世界之最”的龙滩水电站库区
⑩ 建设中的南方公司循环经济重点项目——综合二车间亚洲最大回转窑

⑦

⑧

⑨

⑩

NANNINGSHI QINGXIUQU

南宁市青秀区

奋力争当科学发展排头兵

南宁市青秀区是广西、南宁市的行政中心所在地，是广西县（区）经济快速发展的缩影，是南宁市建设区域性国际城市的窗口。城区辖4个镇5个街道1个省级经济开发区，面积872平方千米，2011年户籍人口70.97万人。在实施“十二五”规划开局之年，青秀区经济保持快速平稳发展的良好态势，各项事业迈上新台阶。

经济总量效益进一步提升 2011年，青秀区完成地区生产总值155.47亿元，比上年增长14.1%；财政收入72.85亿元，增长25.71%，总量位居广西各县（区）第一；社会消费品零售总额227.82亿元，创历史新高，增幅继续居南宁市各县（区）前列；固定资产投资383.68亿元，增长40.09%，总量位居全自治区各县（区）之首。

现代服务业发展迅猛 青秀区有广西购物天堂之称，梦之岛、航洋国际、巴黎春天等大型商厦林立，商贸、住宿、餐饮等传统服务业持续繁荣。2011年新增年销售额超亿元的商贸企业11家，继LV、香奈儿、雅诗兰黛等全球顶级品牌进驻梦之岛百货后，又有几十个国际知名品牌企业将进驻华润·万象城。通过加强对战略性新兴产业的规划引导和政策引领，着力发展总部经济、金融、保险、会展、电子商务等新兴服务业，南宁市几乎所有的银行、保险、证券等金融机构均在区内设总部，区内金融、证券总部及分支机构达到525家。会展旅游、中介、电子商务快速发展，成功承办（协办）第2届国际（南宁）时尚博览会、第4届北部湾（南宁）汽车展等一系列重大会展活动；南宁（中国—东盟）商品交易所、星湖路电子一条街已成名、成规模。其中，南宁电科广场成为全国第6个、广西首个国家五星级电子专业广场。

工业发展取得新突破 扎实推进仙葫东区、伶俐工业集中区建设，一批企业纷纷谋划入园发展。其中，投资3.1亿元的广西国泰粮油搬迁技改项目一期工程建成投产，投资3亿元、年产值21亿元的广西物宝技改项目进驻伶俐工业集中区。年内新增规模以上工业企业6家。全部工业总产值33.06亿元，比上年增长24.8%，其中规模以上工业总产值16.68亿元，增长32.92%。

特色农业有新发展 投入2697.5万元实施82项水利基础设施项目，农村、农业生产生活条件进一步改善。双季葡萄、台湾子姜、大棚甜瓜、红龙果、香芋等“一村一品”特色农业，已成为南宁市现代农业发展的新亮点。刘圩镇千亩有机优质稻标准化栽培示范基地，成为广西首个通过“有机食品”鉴证的示范基地。特色养殖与传统养殖成为农民增收的支柱项目，投资近2000万元的刘圩镇梅花鹿养殖基地等一批特色养殖项目先后投产。

①

②

③

④

青秀区民歌湖新貌

现代宜居城市品位进一步提升 全力配合南宁市做好城市规划建设、功能布局和城市管理工作。中国水城、绿满南宁、一江两湖城市景观带建设如火如荼，城乡清洁工程深入实施，市区环境空气质量全年保持优良以上，为南宁市蝉联全国文明城市称号并首获国家卫生城市、国家森林城市作出突出贡献。

科技教育文化事业欣欣向荣 全年本级财政投入1.4亿元，实施98个学校基建项目，办学条件进一步改善，基础教育广西第一强区地位进一步巩固。充分展示青秀区绚丽多姿的民族文化、旅游资源和优越的投资环境，打造青秀文化强区新名片，成功举办2011年南宁国际民歌节青秀歌台、青秀区第2届乡村社区和谐文艺大展演。长塘镇芭蕉香火龙舞在第10届中国（宁波）民族文艺山花奖舞龙大赛上获得金奖。科技引领作用明显，连续4年获全国科技进步先进县（区）称号。

改革开放拓展提升 长塘镇、伶俐镇被列为南宁市统筹城乡发展试点单位，集体林权制度改革、医改、城乡居民社会养老保险试点等工作扎实推进。开放合作取得新成效，实际到位内资61.3亿元，比上年增长23.52%，实际利用外贸3605万美元，增长25.92%。

民生持续改善 积极发展促进群众增收的各项产业，城镇居民人均可支配收入25236元，位居广西各县（区）第一；农民人均纯收入6805元，高于南宁市平均水平957元。积极开展就业创业工作，有6个社区被评为南宁市充分就业示范社区。社会保障水平进一步提高，实现应保尽保。城乡居民养老保险基础养老金每月100元，高于国家标准45元，覆盖率100%。新农合参合率94.39%。

社会保持和谐稳定 推进社会管理创新，社会矛盾纠纷调处机制进一步完善，领导干部大接访活动深入开展，信访办结率100%。安全生产和应急管理扎实有效，安全生产事故同比下降78%。以“创先争优”活动为抓手，进一步密切党群、干部关系，圆满完成区、镇、村（社区）三级领导班子换届选举工作。先后获自治区人口计生模范县（区）、自治区双拥模范城区等称号。

① 2011年9月30日，自治区党委常委、南宁市委书记陈武（右四）在青秀区委书记赵禹鹏（左一）、区长钱健（右二）的陪同下到青秀区调研

② 2012年1月14日，南宁市市长周红波（前排左二）在青秀区委书记赵禹鹏（前排左三）、区长钱健（前排左一）的陪同下到刘圩镇调研

③ 2011年6月27日，青秀区委书记赵禹鹏（右二）慰问老党员

④ 2011年9月6日，青秀区区长钱健（中）到翡翠园小学慰问

青秀区埌东夜景

青秀区四通八达的立交桥

YUENANYANGXINGWUYEYOUXIANGONGSI

越南阳星钨业有限公司

越南阳星钨业有限公司是从事钨产品开发的综合性企业，由中国广西籍民营企业家黄明星先生于2008年在越南广宁省投资建厂并投入生产，产品销往欧美市场。公司每年都从广西有关学院招收应届毕业生到企业工作，不断聚集人才，壮大企业。公司不但为所在国带来了劳动力就业机会，同时也给两国民间交流创造更多的机会。

① 公司董事长黄明星
② 公司董事长与公司管理团队
③ 公司大门
④ 公司厂区
⑤ 公司运输车队
⑥ 公司生产车间

中国—东盟年鉴

CHINA – ASEAN YEARBOOK

2012

主　　编　吕余生　王士威

执行主编　许家康

线装书局

图书在版编目(CIP)数据

中国—东盟年鉴.2012/吕余生,王士威主编.—北京:线装书局,2012.9
ISBN 978-7-5120-0615-7

Ⅰ.①中… Ⅱ.①吕…②王… Ⅲ.①自由贸易区—东南亚、中国—2012—年鉴 Ⅳ.①F752.733-54

中国版本图书馆CIP数据核字(2012)第202171号

中国—东盟年鉴
2012

主　　办:广西社会科学院　广西社会科学界联合会
承　　办:广西东南亚研究会
主　　编:吕余生　王士威
责任编辑:高晓彬

出版发行:线装书局
地址:北京市西城区鼓楼西大街41号
邮编:100009
网址:www.xzhbc.com
经　　销:新华书店发行
印　　刷:广西民族印刷包装集团有限公司

开　　本:890×1240　1/16
印　　张:32.75
字　　数:1255千字
版　　次:2012年9月第1版　2012年9月第1次印刷
印　　数:0001—2000册

广告经营许可证号:京西工商广字第8011号(1—1)

定　　价:230.00元

编 辑 说 明

一、《中国—东盟年鉴》是一部国际综合性年鉴，着重收载中国和东盟各国的基本资料及区域内各国政治、外交、经济、文化、社会等方面的重要信息，旨在为海内外各界人士了解中国和东盟各国（包括国际组织）的基本情况及中国—东盟自由贸易区的建设进程提供一个窗口，以促进国际间的相互了解和交流合作。《中国—东盟年鉴》面向国内外广大读者，面向中国—东盟博览会，为国内外读者和中国—东盟博览会与会人士提供相关资讯。

二、《中国—东盟年鉴》的编辑，坚持实事求是的科学精神，客观地反映有关各国情况，追求年鉴的科学性、权威性和实用性。

三、本年鉴从2004年起逐年编纂出版，2012卷为第9卷。本卷年鉴着重记述2011年发生的事情并收入相关资料，其中部分内容为保持资料的完整性适当追溯历史，并收录一些历时性资料。为提高年鉴的时效，卷中大事记除记述2011年大事外，还记述2012年1~6月的大事。

四、本卷年鉴的主要栏目有：概况、动态、发展报告、东南亚国家联盟、中国—东盟自由贸易区、区域经济合作、中国和东盟及各成员国交往与合作、重要节会、新闻人物、大事记、文献、投资贸易指南、统计资料、附录等。年鉴中的概况和动态信息一般作条目化处理，发展报告、中国和东盟及各成员国交往与合作、某些附属资料则采用文章体。东盟各国资料的编排，依国际惯例按国名的英文字母顺序排列；一国之内发生的事情，在同一栏目中一般按时序编排。

五、本年鉴由广西社会科学院、广西社会科学界联合会联合主办，广西东南亚研究会承办。供稿者均为专事东南亚研究的社会科学工作者，文献资料主要来自国内权威机关、传媒或网站，具有一定的权威性和较高的参考价值。

六、作为资料性工具书，本年鉴内容资料的选题选材和编排、条目的内容要素和记述程序等，都依年鉴的体例予以规范。为方便读者阅读、检索，本年鉴配备双重检索系统：书前刊有详细目录，书后备有索引。

七、由于资料采集艰辛和成书时间仓促，本卷年鉴难免有所疏漏和不足，欢迎国内外各界读者批评指正，我们将在今后的编纂工作中努力改进。

本年鉴在策划和编纂过程中，得到有关领导机关和社会各界人士的大力支持和帮助，谨表示衷心感谢！

《中国—东盟年鉴·2012》主创单位及人员

目　　录

概　　况

动 态

经济 …… 58

发 展 报 告

东南亚国家联盟

中国—东盟自由贸易区

区 域 合 作

中国和东盟及各成员国交往与合作

重要节会

新 闻 人 物

大　事　记

文　　献

投资贸易指南

统 计 资 料

附 录

索 引

彩 图 插 页

China – ASEAN Yearbook · 2012
Contents

概　　况

中　　国

国　名

中华人民共和国(The People's Republic of China)，简称中国、中或华。

国　旗

中华人民共和国国旗为五星红旗。长方形，长宽比为3:2。旗面为红色，象征革命。旗面左上方的五颗黄色五角星，象征中国共产党领导下的革命人民大团结。五角星用黄色表示红色大地上呈现光明。四颗小五角星各有一个尖角正对大五角星的中心点，表示围绕着一个中心而团结，在形式上也显得紧凑美观。

地　理

位　置　中国位于亚洲东部。地处东经73°～135°、北纬4°～53°之间。东部和南部濒临太平洋，西靠中亚大陆，西南与中南半岛和南亚次大陆相接，北面紧邻蒙古高原和西伯利亚。疆域东起黑龙江和乌苏里江交汇处，西到帕米尔高原；北起漠河附近的黑龙江上，南至南海经的曾母暗沙。

面　积　中国陆地面积960万平方千米，约占全球陆地面积的1/15。

疆界和邻国　陆上边界漫长，从东北与朝鲜交界的鸭绿江口起，经北面、西面，到西南与越南交界的北仑河口，全长1万多千米，依次与朝鲜、俄罗斯、蒙古、哈萨克斯坦、吉尔吉斯斯坦、塔吉克斯坦、阿富汗、巴基斯坦、印度、尼泊尔、不丹、缅甸、老挝、越南等14个国家为邻。领海宽广，东面与韩国、日本隔黄海、东海相望，东南面和南面隔南海与菲律宾、马来西亚、新加坡、文莱、印度尼西亚等国相望。

地形地貌　地形复杂多样，地球陆地上的山地、丘陵、高原、平原和盆地等5种基本类型都有分布。山地、丘陵和比较崎岖的高原约占陆地面积的2/3。地势东低西高，呈阶梯状分布：第一级是东部的平原、低山和丘陵，海拔一般在500米以下；第二级是中部、西部的高原和盆地，海拔大多在1000～2000米之间；第三级是青藏高原，平均海拔超过4000米。第一级阶梯的东面和东南面是浅海大陆架，坡度平缓。主要山脉和山系有：东西走向的南岭山脉、昆仑山脉、秦岭山脉、天山山脉和阴山山脉，东北—西南走向的台湾山脉、长白山脉、武夷山脉、大兴安岭山脉、太行山脉、巫山山脉和雪峰山脉，西南—东南走向的祁连山脉和阿尔泰山脉，南北走向的贺兰山脉和横断山脉，以及唐古拉山、图库斯山和喜马拉雅山等弧形山系。弧形山系中的喜马拉雅山脉是全球最高大、最雄伟的山脉，高峰林立，其中中国与尼泊尔边界上的珠穆朗玛峰海拔8844.43米，为世界第一高峰。丘陵主要分布于华东、华南和东北，有东南丘陵、两广丘陵、山东丘陵和辽东丘陵等。高原分布于华北、西北和西南，主要有黄土高原、内蒙古高原、云贵高原和青藏高原，其中面积最大的是青藏高原，约占全国面积的1/4。平原主要分布于东部和中部，有东北平原、华北平原、长江中下游平原三大平原以及珠江三角洲平原、成都平原、汾渭平原、台湾西部平原等，是主要农耕区。盆地主要分布于西北部和中部，主要有四川盆地、塔里木盆地、准噶尔盆地、柴达木盆地、吐鲁番盆地，其中塔里木盆地面积最大，该盆地中的塔克拉玛干沙漠是中国面积最大的沙漠；吐鲁番盆地地势最低，最低点低于海平面155米，是中国陆地上最低的地方。

江河湖泊 江河众多，其中流域面积超过1000平方千米的河流有1500多条。属太平洋水系的河流主要有黑龙江、辽河、海河、黄河、长江、钱塘江、闽江、珠江、澜沧江等，其中长江是中国第一大河、世界第三大河，干流长6300千米。属印度洋水系的河流有怒江和雅鲁藏布江。属北冰洋水系的有额尔齐斯河。此外还有一些内流河，其中最长的是新疆南部的塔里木河，全长2179千米。湖泊有2.48万个，其中面积超过1平方千米的天然湖泊2800多个。主要湖泊有青海湖、洞庭湖、鄱阳湖、太湖、洪泽湖等。青海湖是中国第一大湖和最大的咸水湖。

海岸海岛 大陆东部和南部濒临渤海、黄海、东海和南海，其中渤海是内海，黄海、东海和南海是边海。大陆海岸线长1.8万千米。沿海岛屿有5000多个，其中面积超过700平方千米的有台湾岛、海南岛、崇明岛、舟山岛、东山岛、海坛岛和长兴岛；台湾岛和海南岛分别是中国第一、第二大岛。较大的群岛有舟山群岛、东沙群岛、南沙群岛、西沙群岛和中沙群岛。较大的半岛有辽东半岛、山东半岛和雷州半岛。

气　候 大部分地区属东亚季风气候区。全国冬季寒冷干燥，南北温差大；夏季普遍高温，降水较多。各地年平均降水量差异大，东南沿海可高达1500毫米以上，西北部一些地方低于50毫米。

风景名胜 重要的风景名胜有：长城，北京故宫、颐和园、天坛、明清皇室陵寝、周口店猿人遗址，北戴河，承德避暑山庄和外八庙，沈阳故宫，山东曲阜孔庙、孔府、孔林和泰山风景名胜区，陕西秦始皇陵、兵马俑，甘肃敦煌莫高窟，河南洛阳龙门石窟和白马寺、登封少林寺，江苏苏州古典园林，安徽黄山风景名胜区，江西庐山风景名胜区，广西桂林漓江风景名胜区，四川九寨沟风景名胜区和峨眉山—乐山风景名胜区，西藏布达拉宫，台湾日月潭，等等。

国　民

人　口 2011年末全国人口134735万人（不含香港、澳门两个特别行政区和台湾省人口）。按性别分，男性69068万人，女性65667万人；按城乡分，城镇69079万人，乡村65656万人。东部人口稠密，西部人

中国名胜组图：①中国历史文化名城——新疆伊犁特克斯八卦城；②中国“五岳”之首——泰山；③万里长城

（百度网）

口稀少。

民　族　有56个民族，即汉、蒙古、回、藏、维吾尔、苗、彝、壮、布衣、朝鲜、满、侗、瑶、白、土家、哈尼、哈萨克、傣、黎、傈僳、佤、畲、高山、拉祜、水、东乡、纳西、景颇、柯尔克孜、土、达斡尔、仫佬、羌、布朗、撒拉、毛南、仡佬、锡伯、阿昌、普米、塔吉克、怒、乌兹别克、俄罗斯、鄂温克、德昂、保安、裕固、京、塔塔尔、独龙、鄂伦春、赫哲、门巴、珞巴、基诺等族。

语　言　汉族和回族使用汉语，其他54个民族使用本民族语言。现代汉语的共同语言是普通话。

宗　教　宪法规定公民享有宗教信仰自由。国民信仰的宗教有佛教、道教、伊斯兰教、基督教、天主教。

资源物产

土地资源　中国耕地面积12172万公顷(《中国统计年鉴·2011》数据)，分布不匀，人均土地资源占有量较少。

水资源　水能资源蕴藏量6.8亿千瓦，居世界首位。人均径流量约2200立方米，仅为世界人均径流量的24.7%。在各流域中，珠江流域人均水资源最丰富。水资源分布南方多北方少，水土资源配合欠佳。

生物资源　生物资源种类多、数量大。几乎拥有北半球的全部植被类型，有种子植物300科、2980属、2.4万种，其中被子植物2946属，占全球被子植物总属数的23.6%。有陆栖脊椎动物2070种，占全球陆栖脊椎动物种类的9.8%，其中兽类420种，鸟类约1170种，两栖类184种。海鱼约有1500种，淡水鱼约500种。

矿产资源　已发现矿种171种，其中探明储量的158种，包括能源矿产10种，金属矿产54种，非金属矿产91种，水气矿产3种。重要矿产资源有煤、石油、油页岩、天然气、铁、锰、钼、钒、钛、汞、磷、铜、钨、锑、锡、铬、铅锌、铝土、镍、稀土、银、金、菱镁、普通萤石、硫铁、钾、盐、硭硝、重晶石、石墨、玻璃硅原料、清石、高岭土等。其中钨、锑、稀土、钼、钒、钛的探明储量在世界各国中居首位，煤、铁、铅锌、铜、银、汞、锡、镍、磷灰石、石棉等位居前列。

物　产　有谷物(小麦、稻谷)、棉花、油料(油菜籽、花生、油茶籽、芝麻)、麻类、糖料(甘蔗、甜菜)、大豆、茶叶、烟叶、水果(苹果、柑橘、香蕉、葡萄、西瓜)、

①云南西双版纳泼水节；②多彩的藏族服饰；③藏族传统舞蹈锅庄舞　(百度网)

大牲畜、肉类（猪肉、牛肉、羊肉）、奶类、羊毛（绵羊毛、山羊毛）、水产品（海水产品、淡水产品）等。其中谷物、棉花、花生、油菜籽、水果、肉类产量在世界各国中居首位，大豆、甘蔗、茶叶产量位居前列。此外，还有松脂、中药材、桐油、生丝、漆、灵香草、八角、茴油、肉桂、荔枝、龙眼等特产。

国体政体

国　体　中华人民共和国是工人阶级领导的、以工农联盟为基础的人民民主专政的社会主义国家。社会主义是国家的根本制度。国家的一切权力属于人民，实行人民代表制度。

全国人民代表大会　国家的最高权力机关。常设机构是全国人民代表大会常务委员会。全国人民代表大会和全国人民代表大会常务委员会行使国家立法权。

国务院　即中央人民政府，最高权力机关的执行机关，最高国家行政机关。

中央军事委员会　全国武装力量领导机关。实行主席负责制度，对全国人民代表大会及其常务委员会负责。

最高人民法院　国家的最高审判机关。

最高人民检察院　国家的最高检察机关。

中国人民政治协商会议　由各党派、各阶层组成。宪法规定，中国共产党领导的多党合作和政治协商制度将长期存在和发展。

党　派　中国内地现有9个党派：中国共产党、中国国民党革命委员会、中国民主同盟、中国民主建国会、中国民主促进会、中国农工民主党、中国致公党、九三学社和台湾民主自治同盟。其中，中国共产党是执政党，其他8个民主党派是参政党。

国家领导人

国家主席　胡锦涛，2008年3月当选。

全国人民代表大会常务委员会委员长　吴邦国，2008年3月当选。

国务院总理　温家宝，2008年3月任职。

中国人民政治协商会议全国委员会主席　贾庆林，2008年3月当选。

国家中央军事委员会主席　胡锦涛，2008年3月当选。

行政区划

一级行政区划　中国行政区划为34个省、自治区、直辖市和特别行政区。即黑龙江、吉林、辽宁、河北、山西、山东、江苏、浙江、安徽、江西、福建、台湾、河南、湖北、湖南、广东、海南、云南、贵州、四川、陕西、甘肃、青海等23个省，广西、西藏、新疆、内蒙古、宁夏等5个自治区，北京、天津、上海、重庆等4个直辖市，香港、澳门2个特别行政区。

主要城市　首都北京市，位于华北平原西北端，周围被河北省和天津市所包围，是中国政治、经济、文化和国际交流中心，综合性产业城市，著名古都，重要航空港。行政区域面积1043.5平方千米。2011年末全市户籍人口1277.9万，常住人口2018.6万。其他重要城市有上海、天津、重庆、哈尔滨、长春、沈阳、大连、呼和浩特、太原、石家庄、济南、青岛、南京、苏州、杭州、合肥、福州、厦门、南昌、郑州、武汉、长沙、广州、深圳、南宁、桂林、海口、昆明、贵阳、成都、拉萨、乌鲁木齐、兰州、西安、西宁、银川、香港、澳门、台北、高雄等。

经　济

国内生产总值　中国2011年国内生产总值471564亿元，比上年增长9.2%。

产　业　第一产业包括农业、林业、畜牧业和渔业。种植业是农业的支柱，主要包括粮食作物种植业和经济作物种植业。粮食种植业主要种植小麦、水稻、玉米、薯类等作物，2011年粮食产量57121万吨，比上年增加2473万吨，增长4.5%。经济作物种植业主要种植棉花、油料（花生、油菜、芝麻、油茶）、麻类、糖料（甘蔗、甜菜）、豆类、茶叶、水果等作物。2011年第一产业产值占国内生产总值的10.1%。第二产业包括工业和建筑业。工业门类齐全，主要有矿产采选、金属冶炼及压延加工、金属制品、机械制造、化学原料及制品、医药、纺织及服装制造、家具制造、食品加工和制造等行业。第二产业在国民经济中占主导地位，2011年第二产业增加值占国内生产总值的46.8%。第三产业包括地质勘查和水利管理、交通运输仓储邮电通信、批发和零售贸易、金融保险、房地产、社会财务、卫生体育和社会福利、教育文化艺术、广播电影电视、科学研究和综合技术服务等行业。第三产业在国民经济中的地位不断上升，2011年第三产业增加值占国内生产总值的43.1%。

财　政　2011年全国财政收入103740亿元，比上年增加20639亿元，增长24.8%。

金　融　主要银行有中国人民银行、中国建设银行、中国工商银行、中国农业银行、中国银行、中国农业发展银行、中国进出口银行、国家开发银行、交通银行、中国光大银行、中信实业银行等，其中中国人民银行是国家中央银行。主要保险公司有中国人民财产保险股份有限公司、中国人寿保险股份有限公司、中国太平洋财产保险股份有限公司、中国太平洋人寿保险股份有限公司、中国平安财产保险股份有限公司、中国平安人寿保险股份有限公司、新华人寿保险股份有限公司等。证券交易所有上海证券交易所和深圳证券交易所。货币名称为人民币，单位为元。2011年末国家外汇储备31811亿美元，比上年末增加3338亿美元。年末人民币汇率为1美元兑6.3009元人民币，比上年末升值5.1%。

进出口贸易　2011年货物进出口总额36421亿美元，比上年增长22.5%。其中，货物出口18986亿美元，增长20.3%；货物进口17435亿美元，增长24.9%。进出口差额(出口减进口)1551亿美元，比上年减少264亿美元。

交通通信

2011年全国货物运输总量369亿吨，比上年增长13.7%。旅客运输总量352亿人次，增长7.6%。年末全国民用汽车保有量10578万辆(包括三轮汽车和低速货车1228万辆)，增长16.4%，其中私人汽车保有量7872万辆，增长20.4%。民用轿车保有量4962万辆，增长23.2%，其中私人轿车4322万辆，增长25.5%。

沿海港口主要有大连港、营口港、秦皇岛港、天津新港、烟台港、威海港、连云港、上海港、宁波港、温州港、马尾港、厦门港、汕头港、黄埔港、湛江港、北海港、钦州港、防城港、海口港、香港、基隆港、高雄港等。内河港口主要有宜宾港、重庆港、万州港、宜昌港、武汉港、九江港、芜湖港、南京港、镇江港、张家港、南通港、上海港、广州港、梧州港、贵港等。

主要机场有北京首都机场、广州花都机场、上海浦东机场、上海虹桥机场、深圳宝安机场、昆明巫家坝机场、成都双流机场、西安咸阳机场、厦门高崎机场、桂林两江机场、重庆江北机场、大连周水子机场、天津滨海机场、杭州萧山机场、青岛流亭机场、南京禄口机场、武汉天河机场、南宁吴圩机场、长沙黄花机场、乌鲁木齐地窝铺机场、拉萨贡嘎机场、香港机场、台北桃园机场等。

2011年末全国固定电话用户28512万户。其中，城市电话用户19110万户，农村电话用户9402万户。移动电话用户98265万户。年末全国固定及移动电话用户总数为127137万户，比上年末增加11802万户。电话普及率达到94.9部/百人。互联网上网人数5.13亿。

教　育

中国实行9年制义务教育。现行学制为初小4年，高小2年；初中3年，高中3年；高等专科教育2~3年，本科教育4~6年。

2011年全国在校生数：普通小学9926.4万人，初中5066.8万人，普通高中2454.8万人，各类中等职业教育2196.6万人，普通高等教育专科、本科2308.5万人，在学研究生164.6万人。著名大学有北京大学、清华大学、复旦大学、浙江大学、南京大学、南开大学、中国科技大学、华中科技大学、上海交通大学、武汉大学、吉林大学、中山大学等。

传　媒

中国官方新闻社为新华社。主要报纸有《人民日报》、《光明日报》、《解放军报》、《中国日报》、《参考消息》、《经济日报》、《中国青年报》、《工人日报》、《中国文化报》、《中国体育报》、《中国妇女报》、《经济参考报》、《中国政协报》、《科学时报》、《健康报》、《中国商报》等。主要电视台有中央电视台、中国教育台等。主要广播电台有中央人民广播电台、中国对外广播电台等。

文化体育

2011年末全国文化系统共有艺术表演团体2481个，文化馆3276个，公共图书馆2925个，博物馆2571个，档案馆4107个。广播电台197座，电视台213座，广播电视台2153座，教育电视台44个。有线电视用户20152万户，有线数字电视用户11455万户。年末广播节目综合人口覆盖率97.1%；电视节目综合人口覆盖率97.8%。出版各类报纸467亿份，各类期刊33亿册，图书77亿册。

2011年全国运动员在24个项目中共获得138个世界冠军，共有4人1队8次创8项世界纪录。

医疗卫生

2011年末全国有医疗卫生机构95.34万个，其中医院2.16万个，乡镇卫生院3.74万个，社区卫生服务中心(站)3.28万个，诊所(卫生所、医务室)17.77万个，村卫生室65.96万个，疾病预防控制中心3499个，卫生监督所(中心)3005个。卫生技术人员620万人，其中执业医师和执业助理医师251万人，注册护士224万人。医疗卫生机构床位515万张，其中医院368万张，乡镇卫生院103万张。城镇基本医疗保险参保人数47291万人，比上年增加4028万人。

科　技

中国主要科学研究机构有中国科学院和中国社会科学院。2011年全国研究与试验发展(R&D)经费支出8610亿元，比上年增长21.9%，占国内生产总值的1.83%，其中基础研究经费396亿元。共安排952项科技支撑计划课题，524项“863”计划课题。累计建设国家工程研究中心130个，国家工程实验室119个。受理境内外专利申请163.3万件，其中境内申请147.9万件，占90.5%。受理境内外发明专利申请52.6万件，其中境内申请40.4万件，占76.7%。授予专利权96.1万件，其中境内授权86.4万件，占89.9%。授予发明专利权17.2万件，其中境内授权10.6万件，占61.5%。截至2011年底，有效专利274.0万件，其中境内有效专利220.2万件，占80.4%；有效发明专利69.7万件，其中境内有效发明专利31.8万件，占45.7%。全年签订技术合同25.6万项，技术合同成交金额4763.6亿元，比上年增长21.9%。

2011年末全国有产品检测实验室25669个，其中国家检测中心476个。有产品质量、体系认证机构174个，法定计量技术机构3740个。制定、修订国家标准1993项，其中新制定1559项。有地震台站1480个，地震监测台网32个，海洋观测站74个。测绘地理信息部门公开出版地图2103种。

历　史

中国是世界文明古国，有5000年文字记载的历史。

原始社会晚期，中原一带出现部落，其中黄河流域以黄帝、炎帝和蚩尤为首的三个部落比较强大。后来华夏民族尊黄帝和炎帝为共同祖先。

公元前2070年，夏王朝建立，是为中国奴隶社会的开端。

公元前1600年左右，商王朝取代夏王朝。商代，青铜冶炼和青铜器铸造技术水平较高，还出现了甲骨文。

公元前1046年，周王朝取代商王朝。自此到公元前476年，中国经历了西周（公元前1046年至公元前771年）、春秋（公元前770年至公元前476年）两个时期。

公元前475年，进入战国时期，封建社会逐步确立。此时诸侯争霸，社会不安；在思想领域出现百家争鸣的繁荣局面，形成儒、法、道、墨、名、农、杂等以后长期影响中国社会的学派。

公元前221年，秦始皇嬴政统一中原，建立秦王朝。后又统一西南、东南地区，形成统一的多民族的中央集权国家。秦始皇实行统一文字和度量衡等措施，对后世影响极大。

公元前206年，刘邦建立汉王朝取代秦王朝。汉代社会经济发展较快，科学文化事业繁荣，特别是汉武帝时进入鼎盛阶段，所开辟通往西域的丝绸之路，促进了中西经济文化交流。

公元220～589年，历经三国、两晋和十六国、南北朝三个时期。这三个时期的特点是国家分裂和中华民族大融合。

581年，隋王朝建立。当时，大运河凿通，促进了南北交通和经济文化交流；设立六部官制，实行科举考试制度，对此后中国政治、教育产生深远影响。

618年，唐王朝取代隋王朝。唐代经济社会全面发展。商业繁荣，形成长安、扬州、广州等商业中心。文化发达，出现李白、杜甫等一批伟大诗人。科学进步，发明火药、雕版印刷术、天文钟等，对世界文化和科学技术的发展作出卓越贡献。

907年，唐王朝灭亡，中国出现封建割据局面，从907到960年，史称五代十国时期。

960年，宋王朝建立。宋代（分北宋、南宋两个时期），农业和工业技术都有所发展，尤其是造船技术和指南针的发明与应用，促进了海外贸易事业的繁荣。同时，中国北方先后建立辽、金、西夏、元等政权。

1279年，统一了北方的元消灭南宋，统一中国。元代，经济、文化继续发展。当时实行的行省制度一直沿袭至今。

1368年，明王朝建立。明代，江南出现资本主义萌芽，朝廷派郑和率船队七下西洋，西方传教士开始进入中国传教并传播西方科学技术。

1644年，清王朝取代明王朝。清代前期，国家强盛，经济、文化、科学技术发展；后期，朝廷腐败，国力衰弱。

1840年，英国发动侵略中国的鸦片战争，清王朝屈服，中国开始沦为半封建半殖民地社会。

1911年，辛亥革命爆发，清王朝被推翻。1912年，中华民国建立。

1921年，中国共产党在上海成立。中国共产党领导中国人民开展土地革命战争、抗日战争和解放战争，推翻压在中国人民头上的“三座大山”，取得新民主主义革命的胜利。1949年10月1日，中华人民共和国建立。

中华人民共和国建立后，历经清匪反霸，土地改革，抗美援朝，镇压反革命，“三反”、“五反”，农业、手工业和资本主义工商业的社会主义改造，“大跃进”，人民公社化，社会主义教育（“四清”），“文化大革命”等运动。1978年中共十一届三中全会后，实行改革开放，致力经济建设，经济快速发展，国力不断加强，社会稳定，人民生活水平不断提高。

文　莱

国　名

文莱达鲁萨兰国（Brunei Darussalam），简称文莱。

国　旗

文莱国旗呈横长方形，长宽比为2∶1。由黄、白、黑、红四色组成。黄色的旗地上横斜着黑、白宽条。黄色是该国传统颜色，代表苏丹至高无上，黑、白斜条是纪念两位有功的亲王。国旗中央绘有国徽。国徽呈红色，一弯新月环抱着一根棕榈树干，其上为展开的双翼，双翼之上为一顶华盖和一面旗帜，象征文莱信奉伊斯兰教和苏丹至高无上。在新月中央用马来文写着“遵照真主的旨意行事。”中心图案两侧有两只手臂，表示人民向真主祈求，人民对苏丹和政府的拥护。国徽底部的饰带上写着“和平之邦——文莱”。

地　理

位　置　文莱位于亚洲东南部的加里曼丹岛（旧称婆罗洲）的西北部。地处北纬 4°2′～5°3′、东经 114°4′～115°22′之间。北面濒临南中国海和文莱湾。

面　积　陆地面积 5765 平方千米。

疆界和邻国　东、南、西三面与马来西亚的沙捞越州接壤，并被沙捞越州的林梦分隔为不相连的东、西两部分。北面隔海与菲律宾、中国和越南相望。

地形地貌　陆地海拔在 300～500 米之间，地势东高西低。北部是平原，南部是丘陵，东部多为沼泽地，西部沿海为狭长平原。东南部与马来西亚沙捞越交界的阿干山海拔 1808 米，为全国最高峰。

江　河　主要河流有马来奕河、都东河、淡布隆河和文莱河。这些河流发源于南部山区，由南向北流入大海。马来奕河为全国最大河流，全长 32 千米。

海岸海岛　岸线长约 161 千米。有 33 个岛屿，总面积 79.39 平方千米。大部分岛屿分布在文莱河下游或河口地区。靠近海边的地带是长满红树林的淡水沼泽，约占陆地总面积的 10%。近海海底平缓，海水较浅，海面平静，素有“少女海”之称。

气　候　属热带雨林气候区。终年炎热多雨，没有明显的干旱季节。各地年平均降雨量在 2500 毫米以上。年平均气温 28℃，各月温差不大。空气湿度较大，达到 67%～91%。

风景名胜　首都斯里巴加湾市有历史悠久的水村——Kam Pong Ayer，东南亚最堂皇的清真寺——奥玛尔·阿里赛夫丁和苏丹文物纪念馆、文莱博物馆、苏丹皇宫、水晶公园等，马来奕区有陆上油井石油生产纪念碑和其他与石油生产有关的景观。

国　民

人　口　据文莱经济策划与发展局 2012 年 4 月 24 日公布的第五次全国调查初步结果，2011 年文莱人口 39.76 万，年增长率 1.7%。其中：男性 20.27 万人，占 51.5%；女性 19.49 万人，占 48.5%。有 71.2% 的人口居住在文莱—穆阿拉区，15.4% 在马来奕区，11.2% 在都东区，2.3% 在淡布隆区。

民　族　主要民族有 20 个。马来人（七大土著合称，包括文莱马来人、都东人、克达岩人、马来奕人、比沙雅人、姆鲁人和杜顺人）人口 26.94 万，占总人口的 64.6%；华人人口 4.74 万（1997 年），约占总人口的 10.7%；其他种族约占 24.7%。

语　言　主要语言是马来语，为国语。英语使用广泛。华语主要在华人中使用（多数讲闽南话，少数讲粤语）。

宗　教　宪法规定伊斯兰教为国教。大部分居民信奉伊斯兰教，少数信奉佛教、基督教等。

资源物产

文莱的矿产资源主要有石油和天然气。据官方公布的数据，石油蕴藏量 14 亿桶，天然气储量约 3900 亿立方米，是东南亚主要产油国和世界主要液化天然气生产国，产油量在东南亚仅次于印度尼西亚和马来西亚。探明储量较大、具有经济价值的矿产资源还有金、煤、汞、锑、铅、矾土和硅。

耕地面积占国土面积的 5%，土壤较贫瘠。主要农产品有稻米、咖啡、橡胶、椰子、西谷米、胡椒、甘蔗、花生、玉米、日罗东胶（口香糖的主要原料）、蔬菜、香蕉、菠萝等。森林面积 46.9 万公顷，有 11 个森林保护区，多数森林保护区为原始森林。植物资源丰富，其中以木本植物居多，有 5000 多种。领海有丰富的海洋生物资源，主要河流盛产鱼、虾等水产品。陆栖野生动物有象、犀牛、野牛、猿、猴、野猪、鹿、鳄鱼、巨蟒、眼镜蛇、狐蝠、松鼠、蜥蜴、犀鸟、雨燕等。

国体政体

国　体　文莱是伊斯兰教绝对君主制国家。君主（苏丹）拥有行政、立法、司法全部权力，同时也是宗教领袖。设宗教、枢密、内阁、立法、世袭等 5 个委员会协助苏丹理政。

议　会　称立法委员会。1984 年 2 月，现任苏丹宣布终止立法会，立法以苏丹圣训方式颁布。2004 年 7 月，苏丹宣布重开立法会；9 月，立法会恢复运作，由议长卡马鲁丁和 21 名议员（其中当然议员 6 人，高官议员 5 人，委任议员 10 人）组成，均由苏丹任命。2005 年 9 月，苏丹解散立法会，重新任命 30 名新议员，卡马鲁丁为议长。2011 年 2 月新任议长伊萨。

政　府　本届政府于 2005 年 5 月由苏丹宣布组成。设首相署，国防部，财政部，外交与贸易部，司法部，教育部，交通部，宗教事务部，文化、青年和体育部，内政部，发展部，卫生部，首相署能源部，工业与初级资源部等机构。2008 年 8 月，苏丹对内阁略作调整。2010 年 5 月，苏丹重组内阁。

司　法　司法体制以英国习惯法为基础。中央设有司法会议，其主要职能是代表苏丹执行司法权力，各级法院的法官都由苏丹任命。审判机关实行审判独立原则，由最高法院、高等法院、上诉法院及地方法院组成。另设宗教法院，负责审理有关伊斯兰教的案件。

党　派　1985 年 5 月 30 日，文莱苏丹宣布允许政党注册，随后出现文莱国家民主党和文莱国家团结党。1988 年文莱政府取缔国家民主党，现仅存文莱国家团结党；另有国民觉醒党和国民进步党两个党派，均不参政。

国家元首和政府首脑

文莱国家元首是苏丹·哈吉·哈桑纳尔·博尔基亚·穆伊扎丁·瓦达乌拉，1967 年 10 月 5 日继位。兼任首相、国防大臣和财政大臣。

行政区划

一级行政区划　文莱划分为文莱—穆阿拉、马来奕、都东、淡布隆等 4 个区。

主要城市　首都斯里巴加湾市，位于文莱河畔，是文莱的政治、经济、文化、交通中心，人口约 6 万；曾被列为亚洲十佳生活城市之一。其他重要城市有马来奕、诗里亚、都东和邦加。

经　济

国内生产总值　2011 年文莱国内生产总值 207 亿文莱元（约合 151.11 亿美元），比 2010 年增长 2.1%，人均国内生产总值 3.6521 万美元。

产　业　主要产业是石油和天然气开采业，2010 年石油和天然气开采业增加值约占国内生产总值的 51.9%。全年日均原油产量 18 万～20 万桶，天然气日产量 3440.52 万立方米，与 2009 年的日均产量持平。文莱实行经济多元化战略，以减少对油气产业的依靠，重点发展重工业和轻工业、制造业、科技、电子、运输通信、餐饮业、旅游业、游乐设施、社会福利等九大项目。

财　政　财政收入的主要来源是公司税和政府财政收益（即政府在国内和国外投资所获得的收益），这两项财源历年占财政总收入的比例均在 95% 以上。财政支出主要有固定支出、经常支出、开发基金 3 项，其中经常支出约占财政总支出的 76%。2011/2012 财年（2011 年 4 月 1 日至 2012 年 3 月 31 日）预算收入 117.75 亿文莱元，支出 51.3 亿文莱元（约合 40.71 亿美元）。

金　融　不设国家中央银行，在财政部设货币局

文莱组图：①幸福的母女；②“机器人模型”优胜组成员与获奖作品合影；③朋友；④马背上休闲享受的女孩（百度网）

和金融局负责金融管理。全国有8家银行,5家金融公司,26家保险公司和1家证券交易公司(2006年)。银行总资产134.95亿文莱元(2003年)。货币名称为文莱元,与新加坡元实行1:1汇率挂钩。2011年4~5月文莱元与美元平均汇率比价为1.23:1。2010年官方外汇储备约408亿美元,黄金储备30亿美元。

进出口贸易　主要出口原油、石油产品和液化天然气,进口机器、运输设备、食物、药品等。主要贸易对象是日本、英国、新加坡、泰国、马来西亚和美国。2011年文莱进出口贸易总额161.82亿文莱元,其中出口106.82亿文莱元,进口55亿文莱元,贸易顺差51.82亿文莱元。

外国投资　至2006年9月,外商在文莱投资约65亿美元,主要来自英国、荷兰、日本和美国。外资主要投向石油勘探和开采、天然气液化工程、电力等领域。

对外投资　长期以来,文莱依靠出口石油和天然气积累大量外汇,逐年增加对外投资。至2004年年底,文莱在海外的投资累计达到500亿美元,年盈利约20亿美元。

交通通信

公路交通　文莱公路总长3773.74千米(2007年)。至2009年4月,全国约有汽车32.59万辆。

水　运　水运是重要的运输方式。主要港口有穆阿拉深水港,此外还有斯里巴加湾市港、马来奕港、卢穆港等,主要供出口石油和液化天然气使用。各港口与新加坡、马来西亚、中国香港、泰国、菲律宾、印度尼西亚和中国台湾有定期货运航班。2007年有各类注册船只262艘,各港口共装卸货物104.05万吨。2008年1~6月装卸货物48.12万吨。

民用航空　首都斯里巴加湾市有国际机场。文莱皇家航空公司拥有10架客机,辟有26条国际航线。2007年客运量118.41万人次,货运量2.08万吨;空运邮件量306.8吨。2008年1~6月客运量61.05万人次,货运量1万吨;空运邮件量148.6吨。

电　信　邮电通信业比较发达。建有卫星地面站3个。拥有全国性的数字交换网络,95%以上的家庭有固定电话,互联网用户2万户,移动电话用户39.70万户。全国设有6个邮政局和1个邮电代理处。

教　育

文莱实行免费教育,国民享有11年(小学至高中)免费教育待遇。政府还资助出国留学。大多数学校由政府设立,另有少数教会学校和私立学校。文莱实行马来文和英文双语教育政策。2008年有各级各类学校240多所,学生10多万人。其中政府设立的学校160多所,学生7.6万人;非政府设立的学校70多所,学生3.65万人。全国有教师1万多人,其中政府设立学校教师和非政府设立学校教师分别为8051人和2031人。全国9岁以上人口识字率为95%。

教育制度主要是按英国模式建立,并使用英国的教学大纲进行教学。小学学制6年,初级中学3年,中级中学2年,高级中学或大学预科2年。只有修完13年学业的青年,才有资格进入高等学校继续深造。

传　媒

文莱新闻社是官方新闻机构,创建于1959年。主要报纸:《婆罗洲公报》,日报(英文、马来文),创办于1953年,日发行量7万份;《文莱灯塔》,周报(马来文),创办于1956年,由政府的文化、青年和体育部新闻局主办,每周三出版,期发行量4.5万份;《文莱时报》,2006年7月1日创刊。

文莱广播电视台由政府主办,创建于1957年5月,是全国唯一的广播电视台。文莱电台拥有两个广播网,一个用马来语和方言广播,一个用英语、华语和廓尔喀语广播,每天播音超过30小时。电视台从1975年起开设彩色电视频道,播放马来语和英语节目。

医疗卫生

文莱国家财政每年拨出巨额资金用于医疗卫生事业,公民享受免费医疗保健服务。据文莱卫生部2009年1月19日提供的数据,2008年全国有医院6所,卫生服务中心16个,妇产科及儿科诊所14个;医院有病床1048张。全国有医生393人,牙医81人,药剂师42人,护士1915人。2007年婴儿死亡率9.5‰,产妇死亡率15.8‰。男性人均寿命74.1岁,女性人均寿命77.7岁。

科　技

文莱约有科技人员7000人(2008年)。由于科技人才有限,国内没有独立的研究机构,主要是通过与发达国家合作研究取得科技成果。

历　史

文莱建国于公元4世纪,有着悠久的历史。

从4世纪到9世纪,为独立王国时期,历400余年。这一时期,文莱国土辽阔,国力强盛,物产丰富,民众殷实。与中国的封建王朝常有往来,中国史籍称其为“婆罗国”或“浡泥”。

从9世纪中叶到10世纪后期,为室利佛逝王朝占领时期,约150年。文莱经济和社会遭到严重破坏,对外交往受到影响。

从10世纪到14世纪30年代,为恢复时期,有

300余年。当时的文莱幅员广阔，人口众多，物产丰富，重视商业，崇尚佛教，对外贸易发达，国际交往频繁。

从14世纪中叶到15世纪初，为麻诺巴歇（又译满者伯夷）帝国占领时期，50年左右。这一时期，文莱丧失大部分领土，成为麻诺巴歇的附属国。

15世纪初，文莱国王逻旺·阿拉克·贝塔塔尔投向马来半岛南端信奉伊斯兰教的满剌加国。1414年，他娶满剌加国苏丹的女儿为妻，被该国苏丹授予穆罕默德称号，因而皈依伊斯兰教，并将文莱改为苏丹国，从而成为文莱的第一世苏丹。以后的文莱君主都使用“苏丹”这一头衔。伊斯兰教从此传入文莱。

从15世纪末到17世纪初，即第五世苏丹博尔基亚到第九世苏丹哈桑在位的100多年，文莱国力强盛，成为当时东南亚较有影响的国家。

进入17世纪后半期，文莱苏丹国进入长期衰弱时期，相继被葡萄牙、西班牙、荷兰、英国侵入。文莱苏丹对边远地区的统治名存实亡。

1847年5月，英国迫使文莱签订不平等的《英国和文莱友好通商条约》，文莱由一个独立的主权国家沦为受英国支配的半殖民地。

1888年9月，文莱沦为英国的保护国。

1941年12月至1945年6月，文莱被日本占领。

1946年，英国恢复对文莱的控制。1959年，英国同意文莱自治。

1984年1月1日，英国放弃其掌管的文莱外交和国防权力，文莱完全独立。

1984年1月7日，文莱加入东南亚国家联盟。

1993年12月9日，文莱加入世界贸易组织。

文莱独立后，政治社会稳定，经济持续发展，人民生活富裕。在外交方面，奉行不结盟和同各国友好的政策，至2010年，已与148个国家建立外交关系。

柬 埔 寨

国 名

柬埔寨王国（The Kingdom of Cambodia），简称柬埔寨。

国 旗

柬埔寨国旗呈长方形，长宽比为3:2。由三个平行的横长方形相连构成，中间是红色宽面，上下均为蓝色长条。红色象征吉祥和喜庆，蓝色象征光明和自由。红色宽面中间有白底深红线条构绘的吴哥图案；吴哥是著名的婆罗门教建筑，象征柬埔寨悠久的历史和古老的文化。

地 理

位 置 柬埔寨位于中南半岛南部。地处北纬10°20′～14°32′、东经102°18′～107°37′之间。西南濒临暹罗湾。

面 积 陆地面积18.10万平方千米。

疆界和邻国 东部、东南部与越南接壤，东北部与老挝相邻，西北部与泰国交界。陆地边界线长约2050千米。

地形地貌 东、北、西三面地势高，中部和南部低缓。东部、北部、西部为高原，山地环绕。中部和南部是湄公河及其支流的冲积平原。平原、高原、山地分别占陆地面积的46%、29%和25%。西南地区的豆蔻山山脉有全国最高峰奥拉山，海拔1813米。

江河湖泊 河流纵横密布。东南亚最大河流湄公河在境内流长约500千米，接纳境内绝大多数河流。连接洞里萨湖的洞里萨河是第二大河流，长155千米。洞里萨湖（又称大湖、金边湖）是中南半岛第一大湖，也是东南亚地区最大的天然淡水湖，湖面在旱季时约2500平方千米，雨季时约1万平方千米。

海岸海岛 海岸线长约460千米，岸线曲折、多岬角。沿海有不少岛屿和海港。戈公岛是最大的岛屿。

气 候 属热带季风气候区。各地年平均降雨量在1000～1800毫米之间，年平均气温27℃。每年5～11月是雨季，降雨量约占全年的80%以上；12月至次年4月是旱季，旱季又分凉、热两季。

名胜古迹 首都金边市有王城、塔仔山、国家博物馆等。暹粒市有列入世界文化遗产名录的吴哥古迹群。西哈努克市是著名的旅游、避暑胜地。

国 民

人 口 2011年柬埔寨人口1470万。人口密度为每平方千米81人。城市人口约占总人口的20%，农村人口约占80%。

民 族 有20多个民族。高棉族人口最多，约占总人口的85%。人口较多的民族还有华族、占族、卜农族、老族、泰族、马来族、斯丁族、越族等。

语　言　各民族的通用语是高棉语(官方语言)。

宗　教　小乘佛教是国教。高棉族人绝大部分信奉小乘佛教。占族人大多数信奉伊斯兰教。

资源物产

柬埔寨的矿产资源主要有金、磷酸盐、宝石和石油。土地肥沃,盛产稻谷、橡胶、胡椒、糖棕、腰果、烟草及各种热带水果。橡胶是主要出口产品。所产林木200余种,柚木、铁木、紫檀、黑檀、白卯、观丹木等热带林木较为有名。渔业资源丰富,洞里萨湖是东南亚最大的天然淡水渔场。西南沿海渔场经济鱼类也较多。近年来,因生态环境失衡和过度捕捞,水产资源减少。

国体政体

国　体　柬埔寨是君主立宪制国家。实行民主多党制。立法、行政、司法三权分立。国王是终身国家元首、国家军队最高司令、国家统一和延续的象征,有权宣布大赦,根据首相的提议并征得国民议会主席同意后宣布解散国民议会。

议　会　由国民议会和参议院组成。国民议会是国家最高权力机关和立法机关,每届任期5年。本届国民议会成立于2008年9月,由123名议员组成。参议院是国家立法机关,有权审议国会通过的法案,每届任期6年。本届参议院成立于2006年3月20日,由61名参议员组成。

政　府　设有首相府、农业部、商业部、工业部、文化部、内政部、国防部、教育部、外交部、财经部、计划部、旅游部等部门。本届政府于2008年9月25日成立。

司　法　法院分初级法院、上诉法院和最高法院三级。各级法院设检察官,行使检察职能。

党　派　主要有柬埔寨人民党、桑兰西党、人权党、诺罗敦·拉那烈党、奉辛比克党等。2008年大选时有11个政党参选。

国家元首和政府首脑

国　王　诺罗敦·西哈莫尼,2004年10月29日登基。

首　相　洪森,2008年9月25日当选连任。

行政区划

一级行政区划　柬埔寨有20个省和4个直辖市。分别是:马德望省、贡布省、干丹省、磅湛省、磅清扬省、磅士卑省、磅同省、桔井省、波罗勉省、班迭棉吉省、暹粒省、上丁省、茶胶省、柴桢省、蒙多基里省、柏威夏省、戈公省、奥多棉吉省、菩萨省、腊塔纳基里省和金边市、西哈努克市、白马市、拜林市。

主要城市　首都金边市,位于柬埔寨南部,湄公河西岸,面积290平方千米,人口120万,是全国政治、经济、文化中心。其他重要城市有暹粒、西哈努克、白马、拜林等。

经　济

国内生产总值　2011年柬埔寨国内生产总值522540亿瑞尔,约合129.37亿美元,比上年增长6.9%。人均国内生产总值909美元。

产　业　以农业为主,农业人口占全国从业人口的80%以上。2011年水稻种植面积321.9万公顷,稻谷总产量841.7万吨,比上年增长5.3%;除满足国内需求外,有剩余可供出口。天然橡胶种植面积18.1万公顷,总产量约4.9万吨,比上年增长6.5%。工业行业主要有纺织、制衣、建筑、电力、采矿等,其中制衣业和建筑业是工业的两大支柱产业。2011年制衣制鞋业产品出口额42.4亿美元,比上年增长42.8%。建筑业复苏加快。2011年新批建筑项目2129个,投资额17.34亿美元。旅游业持续增长。2011年接待外国游客288万人次,比上年增长15.2%。前五大外国游客来源国分别是越南(61.4万)、韩国(34.3万)、中国(24.7万)、日本(16.2万)、美国(15.4万);旅游业收入18亿美元,比上年增长5.9%。

财　政　2011年财政收入71750亿瑞尔,财政支出100040亿瑞尔。

金　融　国家中央银行是柬埔寨国家银行。最大的银行是加华银行。货币名称为瑞尔。瑞尔对外币的汇率自由浮动。2011年瑞尔与美元平均比价为4050:1,同比升值3.2%。年末官方外汇储备30亿美元。通货膨

女王宫是吴哥古迹中重要的建筑群　　(百度网)

胀率为 5.5%。

进出口贸易　2011 年进出口贸易总额 114.7 亿美元，其中出口额 48.7 亿美元，进口额 66 亿美元。主要出口商品为成衣(42.4 亿美元)、橡胶(4.6 万吨、2 亿美元)和大米(17.3 万吨、1 亿美元)，主要进口商品为成衣原辅料(26 亿美元)、燃油(13.8 亿美元)、建材(5.5 亿美元)和交通工具(3.6 亿美元)。

外国投资　2011 年投资总额 70.1 亿美元，比上年增长 170%。其中，国内投资额 19.3 亿美元，增长 25.2%，主要集中在橡胶种植与加工、建筑、电信、酒店、旅游、矿产开发、服装加工、啤酒和饮料生产等领域。外国直接投资 50.8 亿美元，增长 72.6%。排名前 3 位的外资来源国为英国、中国和越南。

交通通信

铁路交通　柬埔寨有两条窄轨铁路，一条由金边经马德望省通往柬泰边界的波贝，与泰国境内的铁路连接，全长 385 千米；另一条从金边通往西哈努克港，全长 270 千米。这两条铁路由于年久失修，运输能力低下。2007 年柬埔寨着手这两条铁路的修复工作，预计将于 2013 年竣工。

公路交通　已经修复建成 15 条对外联系的陆路通道：通往柬越边界的 1 号、2 号、3 号、21 号、72 号、74 号和 78 号等 7 条国道，通往泰国的 5 号、48 号、57 号、62 号、67 号和 68 号等 6 条国道，通往老挝的 7 号国道，通往西哈努克港的 4 号公路。公路网以首都金边为中心。全国拥有汽车 28 万多辆。

水　运　以湄公河、洞里萨湖的航运为主。流经金边的湄公河，向北可通航老挝、泰国，向南经越南出海。有西哈努克港、金边港两个国际港口。西哈努克港是主要对外海港，可以停靠万吨级远洋货轮。金边港是最大的内河港口。

民用航空　柬埔寨主要航空公司有暹粒航空公司和吴哥航空公司。主要民用机场有金边国际机场(原名波成东机场)和吴哥机场(原名暹粒机场)。此外，西哈努克市、马德望省、腊塔那基里省、蒙多基里省、上丁省和戈公省也建有简易机场。

电　信　2010 年，全国有 9 家移动通信公司。移动电话用户约 950 万户。主要互联网网站有柬埔寨电信 camnet.com.kh(柬埔寨邮电部开设)和 online.com.kh。

教　育

柬埔寨小学学制 6 年，中学学制 6 年(初中、高中各 3 年)。全国有幼儿园 2772 所，在园儿童 13.8 万人；小学 6476 所，在校生 232.6 万人；中学 1321 所，在校生 89.9 万人；大学 63 所(其中公立大学 18 所，私立大学 45 所)，在校生 11 万多人。金边皇家大学是柬埔寨著名的综合性大学。

传　媒

发行量较大的报纸有：《柬埔寨之光报》(柬文，日报)，《人民报》(人民党党报，柬文)，《和平岛报》(柬文，日报)，《柬埔寨日报》(英文、柬文)，《金边邮报》(英文，双周报)，《柬埔寨时报》(英文、柬文，周报)等。影响较大的中文报纸有《华商日报》、《柬华日报》和《星洲日报》，较有影响的英文报刊有 3 家，法文报刊 1 家。

柬新社(AKP)为官方通讯社，成立于 1980 年。全国有广播电台 69 家，其中 FM103 台属国家广播电台，每天播音 18 小时。国家电视台(TVK)建于 1984 年，以柬语节目为主。

医疗卫生

2010 年柬埔寨有医院 89 家，卫生中心 117 个，诊所 997 家。农村医疗设施较差。2010 年国民平均寿命 61 岁，其中男性 59 岁，女性 63 岁。

历　史

柬埔寨是历史悠久的文明古国。建国于公元 1 世纪。在古代，历经扶南、真腊两个时期，其中 9 世纪至 15 世纪初叶的吴哥王朝国力强盛，创造了举世闻名的吴哥文明。从 16 世纪末叶开始，真腊走向衰落。至 18 世纪末，基本上处于强邻暹罗的控制之下，成为暹罗的属国。

1863 年 8 月，法国采取炮舰政策，强迫柬埔寨签订不平等的《法柬条约》，柬埔寨沦为法国的保护国。1884 年 6 月，法国以逼宫方式获得柬埔寨的全部政治权利，柬埔寨沦为法国的殖民地。1940 ~ 1945 年，柬埔寨被日本占领。日本战败后，法国重新控制柬埔寨。

1953 年 11 月 9 日，柬埔寨获得独立。独立后的柬埔寨奉行积极的中立政策，经济发展迅速，成为当时东南亚较富庶的国家。

1970 年 3 月 18 日，朗诺—施里玛达集团在美国支持下发动政变，推翻西哈努克亲王领导的王国政府，建立高棉共和国。同年 3 月 23 日，西哈努克亲王在中国北京宣布成立柬埔寨民族统一阵线；5 月 5 日，成立以宾努亲王为首相、乔森潘为副首相的柬埔寨王国民族团结政府，致力于打倒朗诺政权。1975 年 4 月 17 日，红色高棉攻占金边，高棉共和国垮台。

1976 年 1 月，柬埔寨王国民族团结政府颁布新宪法，改国名为民主柬埔寨。民主柬埔寨政府大力推行合作社，取消货币，禁止商品交换，在对外事务方面，也执行一系列不适合国情的路线、政策。

1978 年 12 月 25 日，越南出兵柬埔寨，扶持以韩桑林为首的金边政权。1982 年 7 月，西哈努克亲王、乔森潘、宋双三派抵抗力量实现联合，组成民主柬埔寨联合政府。柬埔寨境内出现两个政权并立的局面。

1990 年 9 月，柬埔寨抵抗力量三方同金边政权的代表在印度尼西亚雅加达会晤，宣布组成柬埔寨全国最高委员会。1991 年 10 月 23 日，柬埔寨问题国际会议在法国巴黎举行，与会各方签署《柬埔寨冲突全面政治解决协定》。1993 年 5 月 23 ~ 28 日，柬埔寨在联合国的监督下举行制宪会议大选。大选后，组成柬埔寨王国联合政府，恢复柬埔寨国名、国旗和国歌，恢复君主立宪制度，建立民主多党的政治制度和开放的市场经济制度，诺罗敦·西哈努克重新登上王位。

2004 年 10 月 29 日，诺罗敦·西哈莫尼登基，接替诺罗敦·西哈努克成为柬埔寨国王。

柬埔寨于 1999 年 4 月 30 日加入东南亚国家联盟。

印度尼西亚

国　名

印度尼西亚共和国(The Republic of Indonesia)，简称印度尼西亚或印尼。素有万岛之国、千岛之国、水中岛国、赤道翡翠、火山之国等别称。

国　旗

印度尼西亚国旗旗面由上红下白两个相等的横长方形构成，长宽比为 3:2。红色象征勇敢和正义，还象征印度尼西亚独立以后的繁荣昌盛；白色象征自由、公正、纯洁，还表达印度尼西亚人民反对侵略、爱好和平的美好愿望。

地　理

位　置　印度尼西亚位于亚洲东南部。国土横跨赤道。地处北纬 6°至南纬 11°、东经 141° ~ 95°之间。

面　积　陆地国土面积 190.44 万平方千米，居东南亚国家首位。

疆界和邻国　疆域辽阔，东西跨度 5110 千米，南北跨度 1888 千米。与其接壤的国家有巴布亚新几内亚、东帝汶、马来西亚，陆地边界线总长 2830 千米。隔海相邻的国家有澳大利亚、新加坡、泰国、中国、菲律宾等。

地形地貌　国土由 17508 个岛屿组成。岛屿较为分散，主要有加里曼丹岛、苏门答腊岛、伊里安岛、苏拉威西岛和爪哇岛。各岛内多崎岖山地和丘陵，沿海有狭长的平原和沼泽，并有浅海和珊瑚礁环绕。加里曼丹岛，山地从中部向四面伸展，沿海平原广阔，南部多沼泽。苏门答腊岛，山脉自西北向东南斜贯，山脉东北侧为丘陵和较宽阔的沿海冲积平原，平原东部多沼泽。苏拉威西岛，大多为山地，沿海有狭窄平原。爪哇岛，北部是平原，南部是熔岩高原和山地，山间有宽广的盆地。伊里安岛，西部高山横亘，有全国最高峰查亚峰，海拔 5030 米；南部平原较宽广。由于地处亚欧大陆与太平洋板块的接触带，火山活跃，地震频繁。境内有火山 400 多座，其中活火山 120 多座，约占世界活火山总数的 1/6。爪哇岛火山最多，地震最为频繁。

江河湖泊　河流众多，水量丰沛，但都比较短小。较大的河流有爪哇岛的梭罗河以及加里曼丹岛的巴里托河、卡普阿斯河、马哈坎河，其中梭罗河全长 560 千米。较大的湖泊有多巴湖、马宁焦湖、车卡拉湖、坦佩湖、托武帝湖、帕尼艾湖等，其中苏门答腊岛的多巴湖为全国第一大湖。

海岸海岛　海岸线约 5.47 万千米(世界银行数据)。岛屿之间构成许多海峡与内海，主要有巽他海峡、马六甲海峡、龙目海峡和爪哇海、苏拉威西海、弗洛勒斯海、阿拉弗拉海、班达海等。内海中，除爪哇海、阿拉弗拉海为浅海外，其余多为深海，其中班达海最深处达 7000 多米。海中珊瑚礁分布甚广，总面积 2 万平方千米。主要群岛有大巽他群岛、努沙登加拉群岛(又称小巽他群岛)、马鲁古群岛和伊里安查雅群岛。

气　候　大部分地区属热带雨林气候(努沙登加拉群岛上的平原、谷地属热带草原气候)，终年高温多雨，湿度大。年平均气温 25℃ ~ 27℃，温差很小，无寒暑季节变化。年平均降水量在 2000 毫米以上。爪哇岛是世界上雷雨最多的地区，有“雷都”之称。每年分旱、雨两季，一般 4 ~ 9 月为旱季，10 月至次年 3 月为雨季，但各地不完全一致。

风景名胜　在首都雅加达，有雅加达博物馆、印度尼西亚缩影公园、茂物大植物园、查雅安佐尔寻梦公园、拉古南动物园、波格尔植物园、独立纪念碑、独立广场等。在日惹，有婆罗浮屠佛塔、普兰班南寺庙群、日惹苏丹王宫、恩藏高原等。在巴厘岛，有古打海滩、海神庙、金巴兰海滩、努瓦角海滩、爬行动物公园等。此外，还有北苏门答腊的多巴湖及湖心岛，西伊里安的查亚维查亚山，小班他群岛，爪哇的苏腊卡尔塔、喀拉喀托火山、乌绒库伦自然保护区、三宝垄、巴淡岛等。

国　民

人　口　印度尼西亚人口2.3亿。人口分布极不均衡，绝大多数居住在5个主要岛屿和30个较小的群岛上。全国人口密度为每平方千米121人。人口自然增长率14.5‰。

民　族　有100多个民族。人口较多的民族是爪哇族、巽他族、马都拉族和马来族，其中爪哇族、巽他族分别占总人口的47%和14%，马都拉族和马来族各占7%。

语　言　各民族语言有200多种。官方语言为印尼语。通用英语。

宗　教　国民中，约87.2%信奉伊斯兰教，是世界上穆斯林人口最多的国家；6.1%信奉基督教新教；3.6%信奉天主教；2%信奉印度教；1%信奉佛教。

资源物产

印度尼西亚的石油和锡在世界上占有重要地位，是东南亚石油储量和产量最大的国家。石油储量估计为1200亿桶，已探明的天然气储量为4.8万亿～5.1万亿立方米。非油气资源锡、煤、镍、金、银等矿产产量居世界各国前列。其中，煤炭资源储量580亿吨，探明储量70亿吨；镍矿资源储量13亿吨，探明储量6亿吨；铜矿储量6600万吨，探明储量4100万吨；锡矿储量146万吨，探明储量46万吨。

森林面积1.37亿公顷(2007年)，森林覆盖率超过60%。动植物种类繁多，其中包括苏门答腊虎、象、犀牛、巨蜥、黑猩、人猿、天堂鸟、袋貂、袋鼠、食火鸡、鹦鹉、鹿、倭水牛等珍稀物种。盛产各种香料、热带林木及热带经济作物。胡椒、木棉、金鸡纳霜产量居世界各国首位，天然橡胶、棕榈油产量居世界第二位，丁香、椰子、咖啡等产量居世界前列。加里曼丹和苏门答腊的铁木，努沙登加拉的檀木，爪哇和苏拉威西的乌木、柚木驰名于世。海域、江河、湖泊盛产鱼类、贝类、海参、珍珠等。

国体政体

国　体　印度尼西亚是单一的共和制国家。立法、行政、司法三权分立。实行总统内阁制。总统任期5年。自2004年起，总统和副总统由人民直选产生。总统任命内阁，但需征得国会同意。

人民协商会议　国家最高权力机构。由人民代表会议和地方代表理事会共同组成。负责制定、修改和颁布宪法及国家大政方针，并对总统进行监督。本届人民协商会议于2009年10月1日产生，成员692名(包括560名国会议员和132名地方代表理事会议员)。

人民代表会议　即国会。国家立法机构。行使除修宪和制定国家大政方针之外的一般立法权。人民代表会议无权解除总统职务，总统也不能宣布解散人民代表会议；但如总统违犯宪法，人民代表会议有权建议人民协商会议追究总统责任。本届人民代表会议于2009年10月1日举行就职仪式。有议员560名，兼任人协成员，任期5年。设议长1名，副议长4名。

政　府　设有政治法律安全统筹部、经济统筹部、人民福利统筹部、内政部、外交部、国防部、司法与人权部、财政部、能源和矿产资源部、工业部、贸易部、农业部、林业部、交通部、海洋和渔业部、劳工和移民部、公共工程部、卫生部、国民教育部、社会部、宗教部、文化旅游国务部、研究技术国务部、合作社与中小企业国务部、环境国务部、妇女事务国务部、提高国家机构效率国务部、落后地区发展国务部、国家建设规划国务部、国营企业国务部、通信和信息国务部、人民住房国务部、青年和体育国务部等部门。本届内阁于2009年10月22日组成，有阁员37人。

司　法　最高法院和最高检察院独立于立法和行政机关之外。最高法院正副院长由人民代表会议提名，总统任命。最高检察长由总统任免。

党　派　党派众多，主要有专业集团党、斗争民主党、建设团结党、民主党、民族觉醒党、国民使命党、福利公正党等。

国家元首和政府首脑

总　统　苏西洛·班邦·尤多约诺，2009年7月当选连任。

人民协商会议主席　陶菲克，2009年10月1日当选。

人民代表会议议长　马尔祖基，2009年10月1日当选。

地方理事会主席　伊尔曼，2009年10月1日当选。

行政区划

一级行政区　印度尼西亚行政区划为3个特区和30个省，分别是雅加达首都特区和日惹、亚齐达鲁萨兰地方特区，以及北苏门答腊、西苏门答腊、廖内、占碑、南苏门答腊、朋古鲁、楠榜、西爪哇、中爪哇、东爪哇、巴厘、西努沙登加拉、东努沙登加拉、北马鲁古、南马鲁古、巴布亚、北苏拉威西、中苏拉威西、东南苏拉威西、南苏拉威西、东伊里安查亚、中伊里安查亚、西伊里安查亚、邦加—勿里洞、万丹、哥伦打洛、东加里曼丹、中加里曼丹、南加里曼丹、西加里曼丹省。

主要城市　首都雅加达，位于爪哇岛西部，面积650.4平方千米，人口916万，是全国政治、经济、文化中心，别称"椰城"。其他重要城市有泗水、万隆、棉兰、三宝垄、日惹等。

经　济

国内生产总值　2011年印度尼西亚国内生产总值7427.1万亿印尼盾（按当年价格计算。按2000年可比价格计算为2463.2万亿印尼盾），比上年增长6.5%。人均国内生产总值3543美元。

产　业　农业以种植业为主，是世界主要热带经济作物生产国。2011年第三季度，印尼稻米产量6539万吨，比上年同期增长10.14%。橡胶和胡椒产量分别为308.8万吨和8万吨，咖啡产量64万吨，可可产量71万吨。2008年油棕种植面积700万公顷，棕榈油产量1920万吨，为世界第一大棕榈油生产国。

采矿业为工业支柱产业，2011年印尼采矿业创收108.22兆印尼盾（约合117.9亿美元），其中石油、天然气开采占主导地位。

服务业在国民经济中的比重逐年提高。截至2011年底，印尼约有1.2万家小型超市。旅游业是印尼第三大外汇来源。2011年印尼接待外国游客800万人次，旅游业收入约87亿美元。

外国投资　2011年印尼外国直接投资总额192.8亿美元，比上年增长18.4%。新加坡为印尼第一大外资投资国，投资金额51亿美元。全年吸收外资达275亿美元。

财　政　2011年财政收入872.6万亿印尼盾，支出878.7万亿印尼盾。全国预算赤字占国内生产总值的1.27%。

金　融　货币名称为印尼盾。2011年12月31日最后一个交易日印尼盾与美元比价8991:1。全国外汇储备总额达到1245亿美元，再创新高。2010年银行业呆账率3%，比上年下降0.3个百分点，为历年最低。年底外债1803.49万亿印尼盾。

2011年印尼证交所综合股指上涨3.2%，为全球表现最好的三大股指之一。全年通货膨胀率为3.79%，为亚太地区最低。

进出口贸易　对外贸易在国民经济中占有重要地位。2011年进出口总额3809.2亿美元，贸易盈余263.2亿美元。其中，出口额2036.2亿美元，进口额1773亿美元。主要进口贸易伙伴：日本、中国、美国、新加坡、马来西亚等；主要出口贸易伙伴：中国、日本、新加坡、美国、泰国等。

交通通信

铁路交通　印度尼西亚铁路总长6458千米，75%在爪哇岛。其中，1～1.067米轨道5961千米（电气化线路125千米，复线250千米），0.75～1米轨道497千米。2008年客运发送量1.79亿人次，货运发送量1782万吨。

公路交通　全国公路总长43.78万千米（2009年），其中高速公路约1000千米（2007年）。拥有轿车886.5万辆，货车4846万辆，公交车210万辆。公路客运量、货运量分别占全国总量的90%和50%。公路交通网集中在爪哇岛和苏门答腊岛。

水　运　全国水运航道21579千米，有各类港口670个，其中主要港口25个。河运、海运船只近6600艘。国际货运量2961.2万吨（2007年），国内货运量3461.5万吨。2008年雅加达丹绒不碌国际港、泗水丹绒佩拉和棉兰勿老湾等5个主要港口卸货量4712万吨，装货量3293万吨，国内客运量179万人次。

民用航空　有民用机场196个，其中国际机场29个。雅加达附近的苏加诺—哈达机场为国内最大机场。拥有各型号飞机702架。主要航空公司有鹰记、鸽记、狮航、曼达拉、辛巴迪等。2008年雅加达、泗水、巴厘岛等5个主要空港国内客运量2101万人次，货运量21.5万吨；国际客运量662万人次，货运量15.6万吨。

电　信　2011年全国有移动电话用户1.6亿户。信息和电信营业额360兆盾。

教　育

印度尼西亚实行九年制义务教育。学制为小学6年，初中、高中各3年，大学3～7年。全国有小学约15万所，在校学生约2597.6万人；中学3万余所，在校学生约1000万人；职业学校和大学5000所。著名大学有雅加达的印度尼西亚大学，日惹的加查马达大学，泗水的艾尔朗卡大学、泗水工学院、阿伊兰卡大学，万隆的班查查兰大学等。2009年教育预算开支224万亿印尼盾，占财政总预算的20%。2008年小学入学率97.68%，初中入学率84.13%，高中入学率54.81%，15岁以上人口文盲率7.81%。

印尼国家大学　（百度网）

传 媒

印度尼西亚有报刊1687种。主要印尼文报纸有《罗盘报》、《专业之声报》、《印尼媒体报》、《共和国日报》、《革新之声报》、《印尼商报》等,英文报纸有《雅加达邮报》、《印尼观察家报》等,中文报纸有《印度尼西亚日报》、《国际日报》、《世界日报》、《华文邮报》(中文和印尼文互译)、《商报》、《新生日报》、《千岛日报》等。

通讯社有国营的安塔拉通讯社和私营的印尼民族通讯社。有地方电视台54座,国家电视网络11个。其中影响较大的有印度尼西亚共和国电视台、教育电视台、美都电视台等。官办的印度尼西亚共和国电视台有12个分台,覆盖印尼全境。主要广播电台有印度尼西亚共和国广播电台。

医疗卫生

印度尼西亚卫生预算开支19.3万亿印尼盾(2009年),全国有医院1156所,妇产医院3426所,公共卫生中心8570个,卫生所23163个。婴儿死亡率为2%(2006年),人均寿命69.8岁。

科 技

印度尼西亚从事科技活动的主要是国家各部委的直属研究机构、非部级中央直属研究机构、各大学和国有企业以及私营企业的研究开发机构等。中央直属研究机构由总统直接领导,从事战略性、交叉和多学科的研究与开发,科技活动由研究与技术国务部部长统筹与协调;非部级中央直属研究机构有印度尼西亚科学院、国家核能机构、技术评价与应用署、国家航空航天研究机构等。全国拥有科技人员约5万人。科技经费主要来自财政拨款。

历 史

印度尼西亚历史悠久。古代,长期处于封建割据状态,先后分为印度教王国、佛教王国两个时期。公元1世纪,佛教传入,印尼进入印度宗教文化影响时期。5世纪,出现最早的王国——加里曼丹东部的古戴王国和西爪哇的达鲁玛王国。7世纪,在苏门答腊的巨港出现强大的海上王国室利佛逝。13世纪末,拉登威查雅在爪哇建立强大的麻喏巴歇王国,统一印尼。自13世纪起,伊斯兰教逐步传入印尼。16世纪,伊斯兰教王国淡目灭掉麻喏巴歇,印尼进入伊斯兰王国鼎盛时期。

1511年,葡萄牙人为掠夺香料侵入印尼东部的马鲁古群岛。西班牙人也接踵而来。1596年,荷兰侵入。1602年,荷兰在印尼建立具有政府职能的东印度公司。1799年12月,荷属东印度公司宣布破产。1800年,殖民政府取而代之,通称"荷印政府"。1811~1816年,英国取代荷兰在印尼建立殖民政府。1816年后,荷兰逐渐恢复对印尼的殖民统治,至1903年征服亚齐,完全占有整个印尼。其间,印尼各地从未间断反抗荷兰的斗争,其中最著名的有1816~1818年马鲁古反荷起义、1825~1830年爪哇人民大起义、西苏门答腊反荷战争、1873~1903年亚齐战争等。

20世纪初,印尼出现民族觉醒运动。1927年,苏加诺等组建印尼民族党,采取与荷兰不合作政策,争取民族独立。1942年,日本侵占印尼。1945年日本投降后,印尼爆发"八月革命"。

1945年8月17日,印度尼西亚共和国建立。1947年7月和1948年12月,荷军先后两次在印尼发动殖民战争。1949年11月,印荷双方签订《圆桌会议协定》,印尼成为联邦共和国,加入荷印联邦。1950年8月,统一的印度尼西亚共和国成立。同年8月27日,印尼加入联合国。

1954年8月,印尼宣布脱离荷印联邦。1950~1959年,印尼实行议会制;1959年起实行总统制。

1999年6月,印尼举行独立后的第一次民主选举。

2004年7月,印尼开始首次民主直选。10月8日,选举产生新一任总统。

印度尼西亚是东南亚国家联盟创始成员国。

老 挝

国 名

老挝人民民主共和国(The Lao People's Democratic Republic),简称老挝。

国 旗

老挝国旗旗面中间平行长方形为蓝色,占旗地一半,上下为红色长方形,各占旗地的1/4。蓝色部分中间为白色圆轮,轮的直径为蓝色部分宽度的4/5。蓝色象征老挝民族热爱和平、康宁和独立的精神,红色象征革命烈士的鲜血,白色圆月象征老挝人民纯洁的爱国之心。

地　理

位　置　地处中南半岛北部，北回归线以南，北纬13°52′～22°05′和东经100°10′～107°30′之间。

面　积　国土面积23.68万平方千米。

疆界和邻国　东邻越南，南接柬埔寨，西与泰国、缅甸交界，北同中国云南省接壤。边界线长5119千米。

地形地貌　东南亚唯一的内陆国。疆域南北宽、东西窄，南北最长处1050千米，东西最宽处500千米。80%的国土为山地和高原，平原限于湄公河谷地。地势北高南低，由西北向东南倾斜。北部海拔500～1500米，局部地区超过2000米，号称“印度支那屋脊”；大多为山地且起伏大，湄公河沿岸狭谷陡峻。有会芬高原、川圹高原、查尔平原、班班平原、康开谷地等，其中川圹高原海拔2000～2800米。全国最高峰普比亚山，海拔2817米，屹立于川圹高原南部。中部、南部地区的东半部是长山山脉西坡的一系列中山和低山，地势和缓。山脉拥有一系列东西走向的山口和隘道，如骄诺山口、穆嘉关山口、老保山口等，为老挝与越南之间的交通要冲。山脉西侧南、北各有一片高原，北为甘蒙高原，南为波罗芬高原。中部、南部地区的西半部，即万象以南的湄公河沿岸，主要有万象平原、沙湾拿吉平原和巴色低地。

江　河　有流程在200千米以上的河流20多条。湄公河干流纵贯国境，在境内流长1877千米(其中1100千米为界河)，水流湍急，多险滩；有南塔河、南乌江、南俄河、南吞河、宾非河、色贡河、宾汉河、色顿河、南卡定河、南坎河等13条支流，大多由东向西汇入干流。全国93%以上的地域属湄公河流域。

老挝川圹省和平寺僧侣早餐会　　(《占芭》)

气　候　属热带季风气候区。各地年平均气温20℃～30℃，最凉月(12月)平均气温21℃左右，最热月(4月)平均气温29℃左右。最高气温可达38℃。高原地区最低气温可降至零下。分旱季(11月至次年4月)和雨季(5～10月)。年平均降雨量1600～1800毫米，高原和高山地区降水较多，季节差别大。

风景名胜　首都万象市有塔銮、玉佛寺，琅勃拉邦省有国家博物馆、香通寺、迈佛寺、维春寺、光西瀑布，占巴塞省有孔埠瀑布和以瓦普神庙建筑群为主体的占巴塞文化景区。琅勃拉邦古城、占巴塞文化景区被联合国教科文组织列入世界文化遗产名录。

国　民

人　口　2010年老挝人口626万。全国人口平均密度为每平方千米26人。人口自然增长率约2.2%，妇女人均生育率为3.7个。2007年人均预期寿命为62.5岁。

民　族　按历史、语言、文化和地理分布状况，旧时通常分为老龙(意即低地老挝人)、老松(坡地老挝人)、老听(山顶老挝人)三大族系。2008年11月，老挝第六届国会六次会议确认老挝只有“老挝民族”，不再有“老龙族”、“老听族”和“老松族”的称谓。老挝民族包括49个民族。实行各民族平等政策。

语　言　分属老泰语族系、孟—高棉语族系、苗—瑶语族系、汉—藏语族系。官方语言是老挝语。部分国民也使用泰语、华语。老挝语和泰语大致可以相通。

宗　教　佛教是老挝的国教。全国佛教徒有400多万人，约占全国总人口70%；寺庙4900多座，其中大乘佛教寺庙8座。信仰原始宗教的约120万人。耶稣基督教、天主教徒约12万人，教堂550多座。此外，还有部分穆斯林教徒、巴莱教信徒。

资源物产

老挝的矿产资源主要有锡、铅、钾、铜、铁、金、石膏、煤、盐等。水力资源丰富，可开发装机容量1300万千瓦。2011年森林面积1230万公顷，森林覆盖率52%。北部和南部出产柚木、紫檀、红木等珍贵木材。全国农业用地面积约470万公顷，主要农产品有稻谷、玉米、木薯、红薯、豆类、咖啡、橡胶、烟叶、花生、水果、棉花等，咖啡出口量较大。

国体政体

国　体　老挝宪法规定：老挝人民民主共和国是人民民主国家，全部权力属于人民，各族人民在老挝人民革命党领导下行使当家作主的权力。

国　会　国家最高权力机构和立法机构，负责制定宪法和法律。

政　府　本届政府于2006年6月组成。2011年6月七届国会对新一届政府机构设置进行调整，共设18个部，分别是：计划与投资部、外交部、公安部、国防部、教育和体育部、劳动社会福利部、公共工程与运输部、财政部、工业贸易部、新闻文化旅游部、农业与林业部、能源矿产部、卫生部、司法部、内务部、科技部、自然资源和环境部及邮电通讯部。

司　法　最高人民法院为国家最高审判机关。最高人民检察院是国家最高检察机关。

老挝人民革命党　老挝人民民主共和国的执政党，也是老挝唯一的政党，成立于1955年，原名为老挝人民党，1972年在第二次代表大会上改为现名。2011年有基层党支部1.4万多个，党员19.2万人。本届（第九届）中央委员会于2011年3月产生，由61名中央委员组成。中央委员会总书记朱马利・赛雅贡。

老挝建国阵线　老挝人民革命党领导下的民族统一战线组织。主席西沙瓦・乔本潘。

国家领导人

国家主席　朱马利·赛雅贡。2011年6月当选连任。
国会主席　巴妮·亚托杜（女）。2010年12月当选。
政府总理　通辛·坦马冯。2010年12月任职。

行政区划

一级行政区划　老挝行政区划为16个省、1个直辖市和1个行政特区，分别是：丰沙里省、琅南塔省、博乔省、乌多姆赛省、琅勃拉邦省、华潘省、沙耶武里省、川圹省、万象省、波里坎赛省、甘蒙省、沙湾拿吉省、沙拉湾省、色贡（公河）省、占巴塞省、阿速坡省，万象直辖市，赛宋本行政特区。

主要城市　首都万象市，位于中部万象平原南端、湄公河左岸，面积约3920平方千米，2010年人口76.9万，是全国政治、经济、文化中心，也是历史古城和佛教圣地。其他重要城市有琅勃拉邦、沙湾拿吉和巴色。

经　济

国内生产总值　2011财年国内生产总值62万亿基普（约77.4亿美元），比上年增长8.3%，成为东南亚经济增长最快的国家。其中：农林业增加值比上年增长2.8%，占GDP的27.7%；工业增长18%，占GDP的27.6%；第三产业增长6.3%，占GDP的38.7%。2011财年人均国内生产总值约1203美元。根据老挝新的贫困线标准，全国已有87个县宣布脱贫，占全国143个县的60.84%。2011年度贫困家庭占全国家庭总数的18.86%。贫困村主要集中在北部丰沙里、华潘、乌多姆塞和南塔4省以及南部阿速坡、色贡和沙拉湾3省。老挝计划在2015年前实现脱贫目标。

产　业　农业在国民经济中仍占较大比重。老挝79%的劳动力从事农业，工业（含矿产、水电等）从业人员仅占劳动力总数的4.8%。2010年稻谷种植面积约85.5万公顷，稻谷产量321万吨，其中糯稻占85%。粮食实现自给并略有剩余出口。工业主要有电力、采矿、有色金属冶炼、水泥、森工、服装、食品、制药、编织等行业。老挝实行“以资源换资金”的资源开发政策，水力资源和矿产资源是外商进入老挝投资的重点领域，水力发电和矿产开发成为拉动经济增长的两大产业。截至2011年底，已建成发电的水电站有27座，总装机256.11万千瓦，有80多万户家庭和70%的人口用上电。旅游是重点发展的第三产业。2011年接待外国游客295万人次，比上年增长45%，其中亚太地区旅游者占90%，其余为欧美和非洲地区游客。

财　政　2011财年财政收入13.2万亿基普（合16.44亿美元），财政支出16万亿基普（合19.98亿美元），财政赤字2.8万亿基普（合3.54亿美元），占国内生产总值的4.6%。

金　融　国家中央银行是老挝国家银行。货币名称为基普。2011财年通货膨胀率7.42%，高于上年水平。通货膨胀率居高不下主要是受国际油价上涨及国内市场供需矛盾等因素影响，国内油价涨幅达20%，带动相关行业价格上涨，尤其食品、饮料等商品及交通运输业等受影响最大。2011财年，基普对美元升值2%，对泰铢贬值0.4%。截至2011年9月，外汇储备7.18亿美元，比上年增长35%。2011年1月，老挝证券交易市场开盘，首轮上市2只股票。

进出口贸易　2011财年进出口总额43.02亿美元，比上年增长24.3%。其中：出口19.77亿美元，增长10.5%；进口23.25亿美元，增长39.1%。贸易逆差3.48亿美元。前三大贸易伙伴分别是泰国、中国和越南。泰国是老挝第一大贸易伙伴，贸易额18.32亿美元。

外国投资　2011财年老挝政府共批准国内外投资项目389个，协议金额19.2亿美元，比上年增长18%。至2011年对老挝投资居前三名的国家依次是中国、泰国和越南。外国投资的领域主要是电力，其次是矿业、农林业等。另外，2011财年，老挝共获得国际援助6.3亿美元，实施项目520个。其中：无偿援助4.77亿美元，项目475个；贷款1.53亿美元，项目45个。亚洲开发银行、世界银行、欧盟和联合国仍是向老提供官方发展援助与贷款最多的4个国际（金融）组织。亚行和世行年内对老援助总额分别为1.15亿美元和1.21亿美元。欧盟2011财年向老挝提供500万欧元援助。联合国年内向老挝提供无偿援助合计2122万美元。

交通通信

公路交通　交通运输以公路运输为主。2011年公路总长4万多千米,其中土路和砂石公路3.3万千米。公路网以大致南北行的1500千米的13号公路为主干,连接各支线,沟通国内主要城镇。2008年3月,昆曼公路老挝境内247千米路段建成通车。2011年11月,连接老挝他曲和泰国那空拍侬的老泰第三友谊大桥建成。

铁路交通　老挝第一条铁路(老泰友谊大桥到万象市塔那棱桥,全长3.5千米)于2008年2月20日同泰国铁路接轨,同年7月开始营运。这段铁路的建成,结束老挝没有铁路的历史。

水　运　内河航道总长4600千米,其中湄公河老挝境内河段通航里程1600千米,是全国水运干道;除万象到沙湾拿吉河段可全年通航外,其余河段因水流湍急、多瀑布险滩,须分段航行。

民用航空　国际机场有万象瓦岱机场、琅勃拉邦机场、沙湾那吉省色诺机场和巴色机场。开通万象—中国昆明、万象—中国南宁、万象—泰国曼谷等多条国际航线。

电　信　老挝的电信产业运营商主要有LTC电信、ETL电信、STAR电信、Milicon电信、SKY电信。LTC电信是国有企业,主要从事移动和固网通信业务的运营;ETL电信是老挝与泰国合资企业,从事移动和固网通信业务的运营;STAR电信是老挝与越南合资企业,从事移动业务;Milicon电信是私营企业,从事手机业务;SKY电信是私营企业,从事移动和固网业务。至2011年6月,全国17个省(市)共有邮局128个。通信、互联网已同国际接轨。全国有通信光缆4.1万千米,已登记的电话用户540.2万户,平均每100人有电话机88部。互联网用户2.6万个,网民近50万人。全国有手机信号基站4644座,覆盖全国农村的70%。老挝国营通讯公司(ETL)电话和手机网络已覆盖全国143个县5800个村。3G网络已覆盖2000个自然村。

教　育

老挝的旧式教育以佛寺为中心,佛寺是学校,住持即校长,僧侣为教师。寺庙除举办佛事活动外,普遍开展教学活动。僧人在寺庙里不仅学习经文,还学习数学、历史等。僧侣教育由国家支持,分小学、中学、佛学院(相当于高中)三级。后者由教育部主管,毕业生被授予“马哈”的尊称。

老挝普通教育为12年,国民教育的学制小学6年,初中、高中各3年。2009年,全国有幼儿园1123所,幼儿教师3920名,在校幼儿8.5万人;小学到高中的学校共9996所,教师4.66万人,在校生133.1万人,其中高中生15.7万人。高等院校增至100所,其中大学4所,在校大学生10.3万人,大学教师5000多人。老挝国立大学是老挝最高学府,有8个学院,2011年度毕业生6607人。职业教育有所发展。2010～2011学年,全国从属于老挝教育部职业教育局管辖的职业教育学校(机构)有22所。同时,老挝政府鼓励发展私立学校。截至2011年9月,全国各类私立学校可容纳初高中生55.48万人。私立学校从2012学年始开办大专学院、设本科课程并培养学士。

传　媒

主要老挝文报纸有《人民报》(老挝人民革命党中央机关报)、《万象时报》、《新万象报》、《人民军报》、《青年报》等。外文报纸有英文报《VIENTIANE TIMES》和法文报《LE RENOVATEUR》。巴特寮通讯社是官方通讯社,出版老挝文《巴特寮》日报及英、法文《每日消息》。这些报纸的电子媒体发展迅速。

广播电台有35座。广播电视基本覆盖全国城乡,17个省会城市基本普及有线电视。老挝国家广播电台对内用老挝语广播,对外用越、柬、法、英、泰等5种语言广播。还有老挝人民军广播电台和14个省级广播电台。电视台有老挝国家电视台、老挝卫视和各省(直辖市)电视台。2011年,老挝新闻媒体工作者近2000人。

越南、法国和中国在老挝设有广播节目转播站。

医疗卫生

老挝主要城市卫生条件较好,但广大农村特别是山区医疗条件较差。国家重视医疗卫生事业,国家职工和普通居民均享受免费医疗。2009年底,全国有公立医院147所,卫生所823所,私人诊所222所。全国有病床6425张,每万人拥有医生12.2人。采取政府提供一定补助、建立社会医疗保险基金等办法,在中央和省级机关公务员与军警部门中逐步推行社会医疗保险。2011财年老挝用于实行社会保险政策的资金达2500多亿基普。

科　技

老挝科技主要侧重于农业先进技术的研究开发、应用与推广,以及科技国际合作。全国建有10多个农业研究所。2011年新设立科技部,负责国家科技规划和管理工作。老挝社会科学院是老挝政府的智库。老挝科技基础薄弱,重视开展科技国际合作和高科技引进应用,与中国、越南等国开展科技合作较多。

历　史

老挝有悠久的历史。从公元1世纪到14世纪中叶,在今老挝疆域内曾先后出现过3个古国,即科达蒙、文单(或称陆真腊)和澜沧(亦译南掌,意为万象之邦)。1353年,孟骚(今琅勃拉邦,澜沧的政治中心)的统治者法昂统一今老挝全境,建立澜沧王国,形成老挝历史上第一个多民族的封建国家。

18世纪初叶，澜沧王国解体，分裂成为琅勃拉邦、万象、川圹、占巴塞等4个王国。从18世纪末叶到19世纪中叶，这些王国相继为暹罗所统治。1893年，老挝成为法国保护国，法国取代暹罗的统治。1907年，法国、暹罗签订《法暹条约》，规定老挝边界。1940年9月，老挝被日本占领。

1945年日本投降后，老挝开展独立运动，建立以佩差拉亲王为首的政府，并于10月12日宣布独立。

1946年，法国再次入侵。1954年7月，根据关于恢复印度支那和平的日内瓦协议，法国开始从老挝撤军。不久，美国入侵。1962年，老挝成立以富马亲王为首相、苏发努冯亲王为副首相的联合政府。1964年，美国支持亲美势力破坏联合政府，进攻解放区。

1973年2月，老挝各方签署关于在老挝恢复和平与民族和睦的协定。1974年4月，成立以富马为首相的新联合政府和以苏发努冯为主席的政治联合委员会。

1975年12月，老挝人民民主共和国成立，宣布废除君主制。

1997年7月，老挝加入东南亚国家联盟。

马来西亚

国　名

马来西亚联邦（Union of Malaysia），简称马来西亚。

国　旗

马来西亚国旗呈横长方形，长宽比为2∶1。主体部分由14道红白相间、宽度相等的横条组成。左上方有一深蓝色的长方形，上有一弯黄色新月和一颗14个尖角的黄色星。14道红白横条和14角星象征马来西亚的13个州和联邦政府。蓝色象征人民的团结，黄色象征王室，新月象征马来西亚的国教伊斯兰教。

地　理

位　置　马来西亚位于北纬1°～7°、东经97°～120°之间。国土被南中国海分隔成东、西两部分。西马位于马来半岛南部，东临南中国海，西濒马六甲海峡；东马位于加里曼丹岛北部。

面　积　陆地国土面积33.02万平方千米。

疆界和邻国　陆上疆界2669千米。西马北与泰国接壤，南与新加坡海相望。东马则与印度尼西亚、菲律宾、文莱相邻。

地形地貌　西马地势南低北高，东西两侧沿岸为冲积平原，中部为山地。大汉山海拔2185米，为西马最高峰。东马沙巴州西部为沿海平原，内部为山地，克罗克山脉纵贯南北，其主峰基纳巴卢山海拔4101米，为全国最高峰，也是东南亚地区最高峰。沙捞越州沿海为冲积平原，内地为丘陵和山地。

江　河　境内河流密布，但大河很少。位于东马的拉让河是全国第一大河，卢帕河是全国最宽的河流。

海岸海岛　海岸线曲折，总长4192千米。西马西南部是著名的马六甲海峡，水道狭长，是连接太平洋与印度洋之间的重要海上通道。岛屿众多，有1007个岛屿，但大部分面积较小。著名岛屿有兰卡威岛、刁曼岛、乐浪岛、邦咯岛等。

气　候　属热带海洋性气候。内地山区年均气温22℃～28℃，沿海平原25℃～30℃。马来半岛西岸每年9～12月为雨季，西马东岸、沙巴、沙捞越等地雨季为每年10月至翌年2月。

风景名胜　吉隆坡市内主要景点有世界著名的高楼——双峰塔、苏丹亚都沙末大厦、独立广场、苏丹王宫、国家清真寺、杰姆清真寺、湖滨公园、胡姬花公园、国家博物馆、国家动物馆、天后宫、黑风洞等。槟城有圣乔治教堂、康华利斯堡、大会堂、钟楼、龙山堂、极乐寺、蛇庙、郑和庙、卧佛寺、马里安曼寺、雅哲清真寺、甲必丹武吉清真寺等。马六甲有荷兰红屋、三保山、三保庙、三保井、圣保罗教堂、古城门、葡萄牙村、马六甲文化博物馆等。此外，还有兰卡威岛、刁曼岛、乐浪岛、邦咯岛、大汉山国家公园、京那巴鲁公园、尼亚国家公园、姆鲁国家公园、金马伦高原、云顶高原等旅游景区。

国　民

人　口　2010年马来西亚人口2854.14万，人口平均密度为每平方千米86人。

民　族　有30多个民族。马来人、华人、印度人人口较多，分别占总人口的68.3%、23.8%、7.1%。少数民族主要有尼格列多族（又称矮黑人）、塞诺伊族、原古马来族、海达雅克族（又称伊班族）、陆达雅克族（又称比达育族）、米兰诺族、卡达山族、穆鲁特族、巴查乌族、印度尼西亚族等。

语　言　马来语为国语，通用英语，华语使用也较广泛。

宗　教　国民信奉的宗教主要有伊斯兰教、佛教、印度教和基督教等。伊斯兰教为国教。

资源物产

马来西亚自然资源丰富。锡矿品位高，储藏量居世界各国第二位。沿海蕴藏着丰富的石油和天然气，石油储藏量40亿桶（截至2009年1月探明），天然气储量2.27万亿立方米（1998年探明）。铁矿品位也较高，含铁量超过50%，储藏量1亿多吨。此外，还有铜、金、钨、煤、铝土、锰等矿产。

动植物种类繁多，被列为世界12个最大生物多样化国家之一。森林覆盖率59.5%，盛产热带硬木。是橡胶、油棕、胡椒、可可、椰子等热带经济作物的重要产地，橡胶、棕油、胡椒的产量和出口量居世界前列，其中棕油产量居世界首位。

国体政体

政　体　马来西亚政体为君主立宪联邦制。最高元首和州的苏丹分别是国家和州的立宪君主。宪法规定，马来西亚设最高元首作为国家权力即君主的象征。最高元首还是伊斯兰教领袖兼武装部队统帅。正、副最高元首由统治者会议从9个世袭苏丹中轮流选举产生，任期5年，轮流执政，不能连任。

统治者会议　由柔佛、彭亨、雪兰莪、森美兰、霹雳、丁加奴、吉兰丹、吉打、玻璃市9个州的世袭苏丹和马六甲、槟州、沙捞越、沙巴4个州的州元首组成，其职能是在9个世袭苏丹中轮流选举产生最高元首和副最高元首（4个州的州长没有选举权和被选举权），并对国家的政策、法律和宗教问题进行审议。

联邦议会　也称国会，是国家最高立法机构。由上议院（参议院）和下议院（众议院）组成，上议院议员任期3年，有70个议席；下议院议员任期5年，有222个议席。本届国会于2008年3月全国大选后组成。

内　阁　联邦政府采用责任内阁制，内阁是马来西亚最高行政机关，由选举中得票占半数以上的政党组成。政府首脑为总理，由最高元首任命。本届内阁于2009年4月9日宣誓就职，设有25个部门。

各州国家机关　各州设有州政府，享有内政独立的自主权。君主立宪制原则适用于9个有世袭苏丹的州。槟榔屿州、马六甲州、沙巴州、沙捞越州等4州州长由联邦政府任命。

司法机关　最高司法机关为联邦法院。西马、东马分别设有马来亚高级法院和婆罗洲高级法院。各州设有地方法院和推事庭。此外，还有特别军事法庭、伊斯兰教法庭和审理苏丹刑事、民事案件的特别法庭。

政　党　马来西亚注册政党有40多个，多党联盟执政一直是马来西亚政党政治的特点。现执政的国民阵线由马来民族统一机构（又称巫统）、马来西亚华人公会、马来西亚印度人国大党、人民运动党、马来西亚人民进步党、沙捞越土著保守统一党、沙捞越人民联合党、沙捞越国民党、沙捞越达雅克族党、沙巴自由民主党、沙巴进步党、沙巴人民团结党、沙巴民主党、沙巴团结党等14个政党组成。其他政党均为反对党，主要有伊斯兰教党、民主行动党等。

国家元首和政府首脑

最高元首　阿卜杜勒·哈利姆·穆阿扎姆·沙阿，2011年12月13日当选最高元首，2012年4月26日登基。

政府总理　达图·斯里·纳吉布·敦·拉扎克，2009年4月3日就任马来西亚第六任总理。是国民阵线主席、巫统主席。

行政区划

一级行政区　马来西亚行政区划为13个州和3个直辖区。其中西马有柔佛州、吉打州、吉兰丹州、马六甲州、森美兰州、彭亨州、槟榔屿州、霹雳州、玻璃市州、雪兰莪州、丁加奴州、吉隆坡直辖区和布特拉加亚直辖区，东马有沙巴州、沙捞越州和纳闽联邦直辖区。

主要城市　首都吉隆坡，位于马来半岛南部，西濒马六甲海峡，面积243.65平方千米，人口约172.25万，是全国政治、经济、文化、交通中心。其他重要城市有马六甲、槟城、古晋、怡保、新山、巴生、山打根等。

经　济

国内生产总值　2011年马来西亚国内生产总值8527.34亿林吉特，比上年增加5.1%。人均国内生产总值9782美元。

产　业　农业以种植业为主，渔业也有一定规模。农业从业人员123.1万，增加值811亿林吉特。工业主要有电子、汽车、钢铁、石油化工、纺织和采矿等行业，从业人员498.67万，增加值3249.23亿林吉特。制造业发展较快，在国民经济中占有重要地位。服务业发达，从业人员650万，增加值3739.77亿林吉特。其中，旅游业是国民经济的重要支柱。2011年外国游客2471.14万人次，旅游业收入约583亿林吉特。

财　政　2011年财政收入1870亿林吉特，财政支出2288亿林吉特。

金　融　有商业银行35家，外资银行办事处36个，证券银行12家，伊斯兰银行8家，金融公司25家。中央银行是Bank Negara Malaysia。货币名称为林吉特。2011年林吉特与美元平均汇率为3.02:1。2011年底，国家外汇储备1202.2亿美元。

进出口贸易　2011年进出口总额1.27万亿林吉特，其中出口额6945.5亿林吉特，进口额5742.3亿林吉特，贸易盈余1203.1亿林吉特。主要贸易对象是中国、新加坡、日本和美国，主要出口产品有电子电器产品、棕油、石油、化工产品、液化天然气，进口产品有机械运输设备、食品、烟草、燃料等。

交通通信

铁路运输　铁路干线贯穿马来半岛南北，主要铁路线有国际线和东海岸铁路线。铁路总长2418千米，年客运量540万人次。

公路运输　拥有良好的公路网。连接马来半岛南北的高速公路（亦称南北大道）和穿越中央山脉的东西高速公路是马来半岛交通的主动脉。公路总长7.59万千米。2009年，马来西亚每千人汽车拥有量为273辆，其中绝大部分为私人拥有。

水　运　有商务航运船4700艘，其中1000艘为国际贸易用途。全国船只注册总吨位300万吨。有港口33个，主要有巴生港、槟城港、关丹港、新山港、马六甲港、古晋港、纳闽港等，其中巴生港和槟城港是最繁忙的港口。内河运输主要集中在东马地区。2010年，马来西亚港口集装箱吞吐量1840.79万标箱。

民用航空　有机场37个，其中国际机场5个，分别是吉隆坡国际机场、槟城机场、兰卡威机场、哥打基那巴鲁机场和古晋机场。马来西亚航空公司是国内最大的航空公司，拥有飞机100余架，辟有116条国际航线。2005年民航客运量4160万人次。

电　信　2011年互联网用户超过1750万户，其中500万户使用宽频，250万户使用无线宽频，1000万户使用3G宽频服务，全国宽频普及率60%。到2010年9月止，马来西亚手机用户超过3325万户，手机普及率116.3%。

教　育

马来西亚教育法令规定政府中小学实行11年义务教育，不分种族，提供免费教育。小学学制6年，初中学制3年；高中学制4年，其中含2年大学预科；大学学制4～5年。全国有小学7084所，在校学生283万人，每18名小学生配备1名教师，小学适龄儿童入学率98.5%；中学1538所，在校生172万人，每16名中学生配备1名教师；公立高等院校10所，私立学院662所。著名大学有马来亚大学、马来西亚理工大学、马来西亚博特拉大学（农业大学）、马来西亚理科大学、国际伊斯兰大学、马来西亚北方大学、国民大学等。

国家财政教育经费支出占国民生产总值的6.2%。10岁以上人口识字率95%。

全国有470多个公共图书馆，藏书总量1130万册。

传　媒

马来西亚国家新闻社（简称马新社）是半官方性质的新闻机构，成立于1968年，在亚太地区设有33家分社。

全国约有50种报纸和杂志，用8种文字出版。主要马来文报纸有《马来先锋报》、《马来西亚使者报》、《每日新闻》和《祖国报》；主要英文报纸有《新海峡时报》、《太阳报》、《星报》和《马来邮报》；主要华文报纸有《南洋商报》、《星洲日报》和《中国报》。

主要广播电台有马来西亚广播电台和马来西亚之声。其中，马来西亚广播电台为官办，建于1946年，拥有6个广播网，用马来语、英语、华语和泰米尔语广播；马来西亚之声建于1963年，用马来语、阿拉伯语、英语、印尼语、缅甸语、他加禄语、泰语等8种语言对外广播。主要电视台有马来西亚电视台、第三电视台、城市电视、国民电视、第七电视台、美佳电视台、寰宇电视台，有169个电视频道可供选择。其中马来西亚电视台（包括第一电视台和第二电视台）为官办，建于1963年，播放马来语、英语、华语和泰米尔语节目。

医疗卫生

马来西亚有公立医院128所（2006年，下同），病床3.09万张；县、乡级医务所2726个。2008年马来西亚人口与医生的平均比例为每1105名居民拥有1名医生。有医护人员15万人。2007年人均寿命男性71.9岁，女性76.4岁；婴儿死亡率4.4‰；人口自然增长率17.42‰。

马来西亚尊孔独立中学前身为1906年创办的尊孔学堂　（百度网）

科　技

马来西亚科技体系分政府机构、高等教育研究机构和私人机构三种。内阁科学技术委员会为马来西亚科学技术政策的最高决策机构，由总理兼任主席，成员包括科学技术与环境部、国际贸易与工业部、教育部、财政部和人力资源部的部长。科学技术与环境部下属科研机构主要有环境局、化工局、气象局、野生保护和国家公园、核技术研究所、微电子系统研究所、原子能许可委员会、马来西亚标准研究所、太空研究局和国家生物工艺学委员会。高等教育研究机构设在各大学中，博特拉大学（原农业大学）、科学大学、技术大学、马来亚大学、国民大学等高等院校均设有科研机构。马来西亚国家科学研究与开发理事会为协调机构，也是马来西亚政府科学技术方面的全国性顾问组织。

历 史

距今1万年前的旧石器时代，马来半岛已有人类居住。

公元之初，马来半岛出现羯荼、狼牙修等古国。15世纪初以马六甲为中心的满剌加王国统一马来半岛的大部分，伊斯兰教也因此传播开来。

16世纪开始先后被葡萄牙、荷兰、英国占领。20世纪初完全沦为英国殖民地。沙捞越、沙巴历史上属文莱，1888年两地沦为英国保护地。第二次世界大战中，马来亚、沙捞越、沙巴被日本占领。战后英国恢复殖民统治。

1957年8月31日，马来亚联合邦宣布独立。1963年9月16日，马来亚联合邦同新加坡、沙捞越、沙巴合并组成马来西亚联邦（新加坡于1965年8月9日退出）。

马来西亚是东南亚国家联盟创始成员国。

缅 甸

国 名

缅甸联邦共和国（Republic of the Union of Myanmar），简称缅甸。

国 旗

2010年缅甸政府根据2008年通过的《缅甸联邦共和国宪法》有关国家标志的规定，修改国旗图案。2010年10月21日正式启用新国旗。国旗样式为长方形，比例为5:9。由自上而下宽度相同的黄、绿、红三色横条组成，国旗正中是一颗白色大五角星，覆盖三色横带并指向上方。黄色代表统一、智慧、欢乐和各民族亲密团结，绿色代表土地肥沃、和谐、安宁、苍翠的国家，红色代表勇敢、果决，白色代表纯洁、正直、友善和力量。白色五角星代表联邦永久长存。

地 理

位 置　缅甸位于中南半岛西部。地处东经92°20′～101°11′、北纬9°58′～28°31′之间。西南濒临孟加拉湾和安达曼海。

面 积　陆地国土面积67.6578万平方千米。

疆界和邻国　东北与中国毗邻，西北与印度、孟加拉国接壤，东南与老挝、泰国交界。陆地边界线长5876千米。

地形地貌　地势大体上是两边高，中间低，北边高，南边低。东面是掸邦高原，西面为西部山地，中部是伊洛瓦底江谷地。伊洛瓦底江的中下游地区为平原，称为中央大平原，是缅甸经济较发达的地区。大部分国土是山地和高原。

江 河　大多为南北走向。主要河流有伊洛瓦底江和萨尔温江。伊洛瓦底江发源于中国的青藏高原，纵贯缅甸南北，全长2150千米，注入印度洋的安达曼海，流域面积占全国陆地面积的60%。东部的萨尔温江与伊洛瓦底江大致平行，发源于中国的唐古拉山脉，它的上游是中国的怒江。萨尔温江在缅甸境内流长1600千米，是缅甸第二大河，流域面积20万平方千米。钦敦江是缅甸第三大河。

海岸海岛　海岸线长3200千米，均在南部。可划分为三段：北段是阿尔干海湾，中段是伊洛瓦底江三角洲，南段是丹那沙林海岸。面积最大的岛屿为兰里岛。

气 候　属热带季风气候区。分热、雨、凉三季。3～5月为热季，6～9月为雨季，10月到次年2月为凉季。年平均气温27℃，年平均降雨量3000～5000毫米。平原和丘陵地区炎热潮湿，山区比较凉爽。

风景名胜　主要有仰光大金塔、曼德勒山、蒲甘佛塔群（有4000座佛塔）、波巴山、茵哚基湖风景区、茵莱湖风景区、额不里海滩等。

国 民

人 口　2011年缅甸人口6038万。劳动力约占人口总数的2/3。

民 族　有135个民族。缅族是主体民族，约占全国人口的65%。人口较多的民族还有掸族、克钦族、钦族、克伦族、孟族、若开族、勃欧族、佤族、克耶族等。华侨华人约250万，占全国人口总数的4%。印度人后裔也比较多。缅族大多居住在平原，华人主要居住在仰光一带，其他民族大多居住在山区。

语　言　各民族都有自己的语言,缅甸语为国语。缅族、克钦族、克伦族、掸族、孟族等民族有自己的文字。英语在城市常用。

宗　教　近90%的国民信仰佛教(小乘佛教)。男性青少年都要出家为僧一段时间。各地佛塔林立,号称“万塔之国”。佛教文化是缅甸文化的重要组成部分,佛教教义规范着缅甸人民的社会生活。另有部分国民信奉伊斯兰教、基督教、泛灵论、印度教等。

资源物产

缅甸是著名的“稻米之国”和“森林之国”。稻谷盛产于伊洛瓦底江三角洲和锡唐河河谷一带。全国森林覆盖率41%,拥有林地3412万公顷,出产柚木、花梨木、丁纹木、鸡翅木、黑檀木、铁木等名贵木材和竹子、藤类。矿产资源主要有石油、天然气、宝石、玉石、锡、钨、锌、铝、铜、锑、锰、金、银等,煤炭储量2.7亿吨。水力资源蕴藏量1800万千瓦。近年不断发现新的石油和天然气资源,在果敢地区发现金矿,在东北部发现铅锌矿。已耕种土地只占可耕种土地的1/3强。生物物种资源十分丰富。自然保护区占全国面积的7%。

国体政体

国　体　缅甸是联邦制国家。

联邦议院　分为人民院和民族院。

联邦政府　国家最高行政机关。设有国防部、内务部、外交部、商务部等部门。

司法机关　法院、检察院均分为4级,第一级是最高法院和最高检察院(分别为国家最高司法机关和国家最高检察机关)。省邦、县和镇区这三级也设有法院和检察院。

党　派　全国有37个党派,主要有联邦巩固与发展党、若开民族发展党、民族团结党、掸族民主党、勃欧民族组织、谬族(克密族)团结协会、拉祜族发展党、克伦族人民党、全国民主力量党、果敢民主团结党。最大的政党是联邦巩固与发展党,党员多达1800万人。

魅力仰光　(《吉祥》)

国家元首和政府首脑

国家元首　总统吴登盛,2011年3月30日就职。

行政区划

一级行政区划　缅甸行政区划为7个省和7个少数民族邦以及联邦区。7个省和7个少数民族邦分别是:德林达依省、仰光省、勃固省、曼德勒省、实结省、马圭省、伊洛瓦底省,克伦邦、克钦邦、克耶邦、掸邦、孟邦、钦邦和若开邦;联邦区是内比都。

主要城市　首都内比都,面积725平方千米,人口92.36万。仰光市,位于缅甸南部,市区面积696.71平方千米,人口约530万(2004年),是全国经济、文化中心。其他重要城市有曼德勒(缅甸古都)、毛淡棉、勃生、蒲甘等。仰光、曼德勒、蒲甘、茵莱湖是四大古城。

经　济

国内生产总值　2011年缅甸国内生产总值529.6亿美元,比上年增长近6%。人均国内生产总值877美元。

产　业　农业在国民经济中占较大比重(增加值约占国内生产总值的40%),农业劳动力1890多万人,约占全国劳动力总数的70%。以种植业为主。除水稻外,还种植小麦、甘蔗、玉米、花生、芝麻、棉花、豆类、油棕、烟草、黄麻等。耕地面积1052.16万公顷,其中水稻种植面积806.89万公顷。2009/2010财年稻谷产量3160万吨。渔业较发达,水产品出口数十个国家和地区。热带水果品种较多。畜牧业有牛、羊、猪、鸡、鸭养殖等。工业增加值占国内生产总值的26%,主要行业有农产品加工、油气开采、小型机械制造、纺织印染、木材加工、制糖、造纸、化肥、制药、电力、采矿业等。企业超过10万家,职工500万人。全国有18个工业区,职工170多万人,仰光莱达雅工业区是最大的工业园区,也是缅外合资的工业区。国有工业企业将逐步转交给私人经营。陆地油田有18个(其中蒲甘、宫达臣、坦德宾为三大油田),海上、陆地天然气田3个。年发电量60亿千瓦时,65%为天然气发电。第三产业发展较快,增加值占国内生产总值的30%以上。旅游资源丰富,2011年接待外国游客近40万人次。旅游业每年创汇上亿美元。缅甸旅游公司是国有企业。2011年,缅甸被评为世界第3最佳旅游目的地。

金　融　国有银行5家,私人银行19家。货币名称为缅甸币,单位为元。官方汇价为5.5缅元兑换1美元,市场汇率为780缅元兑换

1美元(2011年)。允许私营企业和外资进入金融领域,并已开设16个外国银行办事处开展信用卡业务(一些高档酒店已开始使用信用卡)。外汇储备约40.41亿美元,外债67亿美元。有缅甸东乡等6家银行可经营外汇业务。

进出口贸易　2011财年外贸进出口总额181.5亿美元,其中出口90.9亿美元,进口90.53亿美元。主要贸易伙伴是泰国、新加坡、中国、印度、日本和马来西亚。主要出口商品有天然气、服装、水产品、橡胶、皮革、虾类、柚木、硬木、矿产品、粮食、宝石等。2011年大米出口约100万吨,天然气出口额25亿美元。进口商品有燃油、工业原料、机械及运输设备、精炼矿物油、纺织品、一般金属及金属制品、棕榈油、电子设备及电器、塑料、药品、消费品等。

外国投资　对外来投资实行税收等方面的优惠政策。历年累计外国投资总额约404亿美元,其中2010/2011财年逾190亿美元。电力行业约占40%,油气开采占38%强。主要投资领域是水电、采矿、油气工业和房地产、制造业、旅游业等。中国对缅投资约158亿美元,为第一大投资国,在缅共有70多个投资项目。2010年12月,中国一次性向缅甸提供贷款24亿美元,支持缅甸能源基础设施建设。2011年元月,缅甸政府颁布《经济特区法》。

交通通信

公路交通　缅甸有公路515条,总里程22.21万千米。毛淡棉—仰光—南坎的公路为主干道,路况较好。全国机动车保有量95万辆(2004年),其中摩托车60多万辆,私人小轿车18.5万辆。仰光—内比都—曼德勒之间正在建设高速公路。主要出境公路联通中国的瑞丽、泰国的湄赛和仁廊。

铁路交通　铁路总里程5800多千米,在建铁路近3000千米,主要是窄轨铁路。拥有内燃机车270台。纵贯南北的仰光—密支那线是铁路主干线,但火车速度较慢;仅仰光至曼德勒有客运特快列车。

水　运　内河航道总里程1.47万千米,其中正常通航的8000千米。主要航线在伊洛瓦底江。蒲甘和曼德勒是重要的水上旅游航线。沿江各大城市都有班轮运输。拥有各种船只500多艘。可供远洋货轮停靠的港口主要有仰光港、勃生港、实兑港、若开港、毛淡棉港等28个港口,其中仰光港是最大的海港。全国仅有缅甸五星级轮船公司经营远洋运输。远洋货轮25艘,集装箱码头有3个。

民用航空　有机场69个,其中主要有仰光机场、内比都机场、曼德勒机场、黑河机场、蒲甘机场和丹兑机场。仰光机场和曼德勒机场为国际机场。主要航空公司有缅甸国际航空公司、仰光航空公司、曼德勒航空公司和蒲甘航空公司(后三家航空公司属私营公司)。国际直达航线联系18个国家和地区,有航班通往中国的北京、昆明和广州等地。国内航线有18条,大城市和主要旅游景点均已通航。仰光机场2011年旅客吞吐量超过240万人次。

管道运输　石油管道110多千米,天然气管道2200多千米。中缅油气管道已开工建设,该管道从缅甸沿海港口皎漂经瑞丽进入中国云南。

电　信　2011年电话用户300多万户,其中固定电话逾100万户。2008年开通3G网络,国内电信网处于快速发展之中。仰光的中央电话和电报局及邮政总局是办理国际通信的主要机构。全国移动电话用户300万户。

教　育

缅甸基础教育学制为10年,实行小学义务教育制度。全国有小学(1～4年级)3.5万所,在校学生约500万人,教师15万人;初级中学(5～8年级)3000多所,在校学生200万人,教师5万多人;高级中学(9～10年级)1800多所,在校学生约65万人,教师1.6万人。高等院校有100多所,主要大学有仰光大学、曼德勒大学和毛淡棉大学。全民识字率94.75%。除学校教育外,还有寺庙教育,并逐步开展远程教育。

传　媒

缅甸通讯社是国家通讯社。

报纸均为政府所办。主要报刊有英文版的《缅甸新光报》,缅文版的《缅甸之光》、《镜报》和《缅》等。《首都报》、《曼德勒日报》是著名的地方报纸。杂志和期刊有140多种。较著名的杂志是《妙瓦底》(缅文)、《保卫》(英文)。

全国有7家广播电台,5家电视台,109个电视转播台。境内大部分地区都能收看到电视节目。

医疗卫生

缅甸有医院839所(不含14所中医医院),其中拥有300张以上病床的医院114所。最好的医院是仰光的亚洲皇家医院和仰光市总医院。此外,还有农村卫生所1468所。全国有医生2万多人。药品高度依赖进口。

缅甸传统的民族医药是缅医和缅药。政府提倡缅医与西医相结合。

科　技

缅甸有科研机构12个。另有科技大学3所、技术学院26所、计算机学院2所、航空工程和海事学院2所,这些高等学院也从事科学研究。近年来,信息技术发展较快。

联邦政府科技部负责管理全国的科学技术工作。

农业科学和应用科学在国家科技事业中占有重要地位，重视推广先进的种植技术。工业领域不断改进技术，开发新产品。

历　史

缅甸于公元1044年形成统一的多民族国家。历经蒲甘、东坞、贡榜3个封建王朝。

19世纪，英国殖民主义者以武力占领缅甸，并将缅甸划为英属印度的一个省。1937年，实行印缅分治，由英国直接统辖缅甸。缅甸人民从1920年开始争取民族解放斗争。1932年，我缅人党成立，开展大规模的反英运动。1942年5月，日军占领缅甸，缅甸人民开展抗日斗争。1945年3月举行全国总起义，缅甸光复。不久，仍被英国控制。缅甸人民继续开展民族独立运动。

1948年1月4日，缅甸独立，成立缅甸联邦，组成以吴努为首的政府，实行多党议会制。

1962年，奈温将军发动政变，推翻吴努政府，成立革命委员会执政。1974年1月，将国名改为缅甸联邦社会主义共和国，并颁布新宪法，成立人民议会，组建以奈温为主席的社会主义纲领党。1988年7月，因经济恶化，爆发全国性游行示威，奈温和吴山友（总统）辞职。

1988年9月18日，时任国防部长的苏貌将军率军队接管政权，成立国家恢复法律和秩序委员会，并宣布废除宪法，解散人民议会和政府机构。同年9月23日，军政府将国名改为缅甸联邦。1990年5月，在全国举行大选。1993年1月，缅甸政府召开制宪国民大会。

1997年11月15日，国家恢复法律和秩序委员会改名为国家和平与发展委员会。此后10多年来，缅甸政府奉行民族和解与合作政策，实行民族自治，国内民族矛盾逐渐缓和。2008年5月，全国举行宪法公投通过新宪法。2011年3月，国家和发委将权力移交给新的国家机构，并更改国名为“缅甸联邦共和国”。

1997年，缅甸联邦加入东南亚国家联盟。

菲　律　宾

国　名

菲律宾共和国（The Republic of the Philippines），简称菲律宾。

国　旗

菲律宾国旗呈横长方形，长宽比为2∶1。靠旗杆一侧为白色等边三角形，中间是放射着八束光芒的黄色太阳，三颗黄色的五角星分别在三角形的三个角上。旗面右边是红蓝两色的直角梯形，两色的上下位置可以调换。平时蓝色在上，战时红色在上。太阳和光芒图案象征自由；八道较长的光束代表最初起义争取民族解放和独立的八个省，其余光芒表示其他省。三颗五角星代表菲律宾的三大地区：吕宋、萨马和棉兰老。蓝色象征忠诚、正直，红色象征英勇、胆量，白色象征和平、纯洁。

地　理

位　置　菲律宾位于亚洲东南部。地处北纬4°35′~21°08′、东经116°55′~126°37′之间。西濒南中国海，东临太平洋。

面　积　陆地面积29.97万平方千米。

疆界和邻国　疆域从北到南跨度达1000千米。北面、西面与中国隔海相望，南面与印度尼西亚、马来西亚隔海相望。

地形地貌　陆地国土由7107个岛屿组成，素有“千岛之国”之称。按照地形和岛屿排列情况，菲律宾群岛通常分为吕宋岛（第一大岛，面积4.08万平方千米）、维萨亚群岛、棉兰老岛（第二大岛，面积3.69万平方千米）、巴拉湾群岛、苏禄群岛五大部分。地貌复杂多样，山地面积占陆地总面积的2/3。群岛上横亘7座山脉，其中谢拉马德雷山脉最长，从北到南纵贯吕宋岛东部。最高峰是铜阜山（休眠火山），海拔2955米，位于棉兰老岛。最有名的平原是吕宋平原，有“菲律宾粮仓”之称。海拔最高的地区是吕宋岛北部的奔贵高原。海岸线蜿蜒曲折，总长1.85万千米，颇多天然良港。马尼拉湾是世界上最好的港湾之一，水域达770平方千米。位于棉兰老岛东面海域的菲律宾海沟深达10540米，为世界最深的海沟。由于地处太平洋边缘的火山地震带，常发生地震。境内有火山50多座，其中活火山11座。吕宋岛上的活火山马荣火山在1616~1968年间共喷发30余次。

江河湖泊　群岛河流遍布，最长的河流是卡拉延河。吕宋岛的内湖是最大的淡水湖。

气　候　属热带海洋性气候区。分干、湿两季：5~10月为湿季，高温多雨；11月至次年4月为干季，炎热干燥。由于国土南北跨度大和东西有山脉分隔，南部与北部、东海岸与西海岸的气候有较大差别。全国年平均气温26.6℃。年降水量2000～3000毫米。东面海域是台风发源地，境内常受台风影响。

风景名胜　主要旅游景点有百胜滩、蓝色港湾、碧瑶市、马荣火山、伊富高省原始梯田等。

国　民

人　口　菲律宾人口10377.5万(2011年7月)。

民　族　有80多个民族。其中，马来族(包括他加禄人、伊洛戈人、邦班牙人、比萨亚人、比戈尔人等)约占全国人口的85%，华人(约150万)、印度尼西亚人、阿拉伯人、印度人、西班牙人、美国人等族群约占5%。还有为数不多的原住民。

语　言　有175种语言。通用语是以他加禄语为基础的菲律宾语。官方语言为英语。西班牙语也较流行。

宗　教　约82.9%的国民信奉天主教，5%信奉伊斯兰教，少数人信奉独立教和基督教新教。华人多信奉佛教。原住民多信奉原始宗教。

资源物产

菲律宾探明储量的金属矿有13种，非金属矿29种。储量较大的金属矿有铜、金、银、铁、铬、镍和铝土，其中铜矿储量37.16亿吨，镍矿1.27亿吨、金矿1.36亿吨。非金属矿主要有石灰石、大理石等。地热资源丰富，估计有相当于20.9亿桶原油的热能资源。巴拉望岛西北部海域石油储量约3.5亿桶。

菲律宾有可耕地1400万公顷，占土地总面积的46.9%。粮食作物主要是水稻和玉米。经济作物主要有椰子、甘蔗、蕉麻、烟草、香蕉、菠萝、橡胶、咖啡、杧果、木薯等，其中椰子产量和出口量均占世界的60%以上。森林面积1250万公顷，森林覆盖率41%，有红木、樟木等名贵木材。经济鱼类有2400多种，金枪鱼资源居世界各国前列。开发的海水、淡水鱼场面积2080平方千米。

国体政体

国　体　菲律宾是共和制国家。立法、行政、司法三权分立。实行总统内阁制。总统由人民直接选举产生，任期6年。

国　会　国家最高立法机构。由参、众两院组成。参议院议员24名，由全国直接选举产生，任期6年，每3年改选1/2，可连任两届。众议院议员250名，其中200名由各省、市按人口比例分配，从全国各选区选出；25名由参选获胜政党委派；另外25名由总统任命。众议员任期3年，可连任三届。本届国会于2010年7月选举产生。

政　府　由总统、副总统和内阁成员组成。设住房和城市发展协调委员会、执行部、外交部、财政部、司法部、农业部、国防部、贸易与工业部、公共工程与公路部、教育文化与体育部、劳工与就业部、社会经济计划部、卫生部、土地改革部、警察总监、内务与地方政务部、环境与自然资源部、交通与运输部、社会福利部、预算与管理部、科技部、旅游部、能源部等部门。本届总统、副总统于2010年5月选举产生，内阁于同年6月组成。

司法机构　司法权属最高法院和各级法院。最高法院拥有最高司法权，有1名首席法官和14名陪审法官，均由总统任命。下设上诉法院、地方法院和市镇法院。检察工作由司法部检察长办公室负责。

政　党　有政党100余个，大多数为地方性小党。主要政党有基督教穆斯林民主力量党(简称拉卡斯，最大政党，现执政党)、民族主义人民联盟、摩洛民族解放阵线、摩洛伊斯兰解放阵线、共产党、自由党、民主行动党、地方发展优先党、改革党、民主战斗党、民族党等。

国家元首和政府首脑

总统是国家元首、政府首脑兼武装部队总司令。现任总统贝尼尼奥·阿基诺三世，2010年6月当选。

行政区划

一级行政区划　菲律宾划分为吕宋、维萨亚、棉兰老三大部分，行政区划为首都地区、科迪勒拉行政区和棉兰老穆斯林自治区，以及伊罗戈区、卡加延谷区、中吕宋区、南塔加罗格区、比克尔区、西维萨亚区、中维萨亚区、东维萨亚区、西棉兰老区、北棉兰老区、南棉兰老区、中棉兰老区、卡拉加区等13个地区。下设79个省和116个市。

主要城市　首都大马尼拉市，位于吕宋岛南部，人口约2000万(2009年)，是全国政治、经济、文化、交通中心。其他重要城市有马尼拉、奎松、达澳、宿务、卡洛奥坎、三宝颜、帕萨伊、巴戈洛德、伊洛伊洛、卡加延德奥罗等。

经　济

国内生产总值　2011年菲律宾国内生产总值3898亿美元，比上年增长3.7%。人均国内生产总值4100美元。

产　业　农业以种植业为主。工业以农、林产品加工业为主，制造业发展迅速。服务业在国民经济中占较大比重，从业人员约1894.5万人(2009年)，约占全国就业人数的51%。

财　政　2011年财政收入136亿美元。

金　融　主要银行有首都银行、商业银行等。货币名称为比索。2010年比索与美元平均比价约为43.44:1。国家外汇及黄金储备636亿美元(2011年12月31日估值)，2010年外债总额624.1亿美元。

对外贸易　菲律宾与150个国家和地区有贸易往来。2011年出口额483.05亿美元，进口额604.96亿美元。出口商品主要有电子产品、服装、木制工艺品及家具、椰子油、铜制品、金属配件、石油产品、水果，进口商品主要有电子产品、矿物燃料、运输设备、机械设备、有机/无机化工产品、塑料制品、谷物、钢铁、电信设备及电子机械、医药制品。

交通通信

民用航空　菲律宾航空业比较发达。全国有机场247个。主要机场有尼诺·阿基诺国际机场、宿务麦克坦国际机场、达澳国际机场、苏比克国际机场、克拉克国际机场和拉瓦格国际机场，其中马尼拉的尼诺·阿基诺国际机场是全国最大的航空港。国内航线通达40多个城市。国际航线较多，与30多个国家签有国际航运协定。

铁路交通　铁路总里程995千米，集中在吕宋岛。铁路网以马尼拉为中心，北达圣费尔南多，南到黎牙实比。

公路交通　公路总里程21.3万千米。注册机动车辆55.52万辆(2009年)。

水　运　航道总长3219千米。全国有港口数百个，商船千余艘。主要港口有马尼拉、宿务、怡朗、达沃、卡加延、三宝颜等。

教　育

菲律宾的学前教育可自由选择。初等教育(即小学教育)为义务教育，学制6年(一些私立学校为7年)。中等教育(即中学教育)学制4年，免费教育但非义务教育。学位制高等教育学制一般为4年(工程学、法律、医学等专业需要至少5年的在校教育)。鼓励私人办学。全国成人识字率92.5%。

全国有小学42152所，适龄儿童入学率85%(2009~2010学年)；中学88455所，入学率65%(2006~2007学年)。高等教育主要由私人举办。有高等院校2060所，其中公立537所，私立1523所(2006~2007学年)；在校生总数243万人，年毕业生约50万人。著名高等院校有菲律宾大学、阿特尼奥大学、东方大学、远东大学、圣托玛斯大学等。

传　媒

菲律宾通讯社为官方通讯社。新闻出版组织有菲律宾全国新闻记者俱乐部、菲律宾新闻摄影家协会、菲律宾出版者协会等。全国有出版机构257家。广播电台1024家，电视台1160家。在菲律宾广播电台、电视台中，除人民电视台为官办外，其余均为私人举办；所播节目主要是英语、他加禄语、华语节目。主要英文报纸有《马尼拉公报》、《菲律宾星报》、《菲律宾询问日报》、《自由报》、《马尼拉时报》和《马尼拉纪事报》，主要菲文报纸有《消息报》和《菲律宾快报》，主要华文报纸有《世界日报》、《商报》、《菲华时报》、《联合日报》和《环球日报》。

医疗卫生

菲律宾有医院1708所(其中公立640所，私立1068所，2001年数据)，医师9.04万人，牙医4.32万人，护士48万人(2006年)，助产士1.66万人；村镇医疗站1.51万个，农村医疗单位1879个(2001年)。2011年人均寿命71.94岁，人口出生率24.98‰，死亡率4.98‰(2011年7月估值)。

历　史

菲律宾是一个历史悠久的国家。最早生活在菲律宾群岛上的居民是尼格列多人。西班牙入侵之前，菲律宾存在许多土著部落和马来族移民建立的割据王国，其中最著名的是14世纪70年代兴起的海上强国苏禄王国。

1521年，麦哲伦率领西班牙远征队到达菲律宾群岛。

1531年，西班牙远征队在比萨亚群岛(现名宿务港)登陆，宣布占领该群岛。1543年，入侵的西班牙军队以其国王菲律浦二世名字命名该群岛，这是“菲律宾”称呼的由来。

1565年，西班牙占领菲律宾全境，并对其实行长达300多年的殖民统治。

1898年6月12日，菲律宾起义者借美(国)西(班牙)战争之机，宣告独立，成立菲律宾历史上第一个共

菲律宾宿务港　　(百度网)

和国。同年12月，美国通过美西战争后签订的《巴黎条约》占领菲律宾，菲律宾又沦为美国的殖民地。

1935年11月，菲律宾成立自治政府。

1941年12月8日，日本入侵菲律宾。

1945年，美国恢复对菲律宾的殖民统治。

1946年7月4日，菲律宾宣告独立。菲律宾独立后，自由党和国民党轮流执政。

1965年，马科斯就任二战后第六任总统，并三次连任。

1983年8月，反对党领导人贝尼格诺·阿基诺被谋杀，导致政局动荡。1986年2月7日，提前举行总统选举，贝尼格诺·阿基诺的夫人科拉松·阿基诺在民众、天主教会和军队的支持下出任总统。

1992年6月，拉莫斯按宪制当选为菲律宾总统。

1994年6月，埃斯特拉达当选菲律宾总统。

1996年9月2日，菲律宾政府与最大的反政府组织摩洛民族解放阵线签署和平协议，其南部长达24年的战乱局面结束。

2001年1月，埃斯特拉达因受贿丑闻被迫下台，副总统阿罗约继任总统。

2004年6月，阿罗约总统获得连任。

2010年5月，菲律宾举行大选，贝尼尼奥·阿基诺三世当选菲律宾总统。

菲律宾是东南亚国家联盟创始成员国。

新　加　坡

国　名

新加坡共和国（The Republic of Singapore），简称新加坡。

国　旗

新加坡国旗由上红下白两个相等的横长方形组成，长与宽之比为3:2。左上角有一弯白色新月和五颗白色五角星。红色代表人类的平等，白色象征纯洁和美德；新月象征国家，五颗星代表国家建立民主、和平、进步、公正和平等的思想。新月和五颗星的组合紧密而有序，象征着新加坡人民的团结和互助的精神。

地　理

位　置　新加坡位于亚洲东南部的马来半岛南端。地处北纬1°09′～1°29′、东经103°36′～104°25′之间。南面为太平洋与印度洋之间的航运重要通道——马六甲海峡的东部出入口。

面　积　陆地面积712.4平方千米（2010年）。

邻　国　北隔柔佛海峡与马来西亚为邻，南隔新加坡海峡与印度尼西亚相望。

地形地貌　陆地国土由新加坡岛和63个小岛组成。大部分土地为低地，这些低地已开发为市区和工业区。海岸平缓，沿岸大多经过人工改造。新加坡岛占全国陆地面积的88.5%。新加坡本岛以外的其他岛屿，较大的有大德光岛（24.4平方千米）、乌敏岛（10.2平方千米）和圣陶沙岛（3.5平方千米），其中圣陶沙岛和乌敏岛是旅游景点，大德光岛是工业基地。

气　候　属热带海洋性气候。常年高温、潮湿、多雨。年平均气温24℃～27℃，日平均气温26.8℃。年平均降水量2345毫米。年平均湿度84.3%。

风景名胜　主要有牛车水、小印度、鱼尾狮公园、裕廊飞禽公园、新加坡植物园、花柏山、圣淘沙岛、乌敏岛等。

国　民

人　口　公民和永久居民377万，常住人口507.6万（2010年）。按常住人口计算，人口密度为每平方千米7555人。

民　族　种族多元，民族众多。在国民中，75.2%是华人，13.6%是马来人，8.8%是印度人，其他种族占2.4%。

语　言　马来语是国语。英语、华语、马来语和泰米尔语均为官方语言。英语是行政语言，使用最为广泛。大多数新加坡人都会讲母语、英语两种语言。

宗　教　佛教、道教、基督教、伊斯兰教在新加坡均有较大影响。各类宗教信徒约占全国10岁以上人口的86%。华人大多信奉佛教，马来人多信奉伊斯兰教，印度人多信奉印度教。

资源物产

新加坡自然资源匮乏。除在本岛中部、北部及大、小德光岛等几个岛屿有花岗石外，至今尚未发现有其他矿藏。虽然四面环海，但渔业并不发达，年产量仅1万余吨。

植物资源比较丰富，品种有2000多种，多属热带低地常绿植物。普遍种植热带观赏花卉胡姬花（即兰花），品种繁多，娇美艳丽，四季盛放。所产胡姬花大量出口欧洲各国及美国、日本等国家和地区。

国体政体

国　体　新加坡是议会制国家。宪法规定，总统为国家元首，原经议会产生，1992年国会颁布民选总统法案，规定从1993年起总统由全民选举产生，任期由4年改为6年。

国　会　国家的立法机构。由议会和总统组成。实行一院制，任期5年。国会可提前解散，大选须在国会解散后3个月内举行。年满21岁的新加坡公民都有投票权。国会议员分为民选议员、非选区议员和官委议员。其中民选议员从全国9个单选区和14个集选区中由公民选举产生。集选区候选人以3～6人一组参选，其中至少1人是马来族、印度族或其他少数种族。同组候选人必须同属一个政党，或均为无党派者，并作为一个整体竞选。非选区议员从得票率最高的反对党未当选候选人中任命，最多不超过6名，从而确保国会中有非执政党的代表。官委议员由总统根据国会特别遴选委员会的推荐任命，任期两年半，以反映独立和无党派人士意见。本届国会2011年5月7日选举产生，有87名民选议员，其中人民行动党82人，工人党5人。

政　府　内阁是国家行政权力机关。由总理、副总理、各部部长组成。总统委任国会中多数党领袖为总理。根据总理提名，总统任命内阁部长。总理、部长都必须是国会议员。设有国防及安全统筹部、律政部、内政部、外交部、国防部、交通部、贸工部、新闻通讯及艺术部、教育部。本届内阁于2011年5月21日就职。

司　法　设最高法院和总检察署。最高法院由最高法庭和上诉庭组成。最高法院大法官由总理推荐、总统委任。总检察长公署下设立法处、刑事处、民事处3个部门。总统根据总理建议任命总检察长。

政　党　注册的政党有24个。主要有人民行动党、工人党、新加坡民主党等。人民行动党从1959年至今一直保持执政党地位。李光耀长期任该党秘书长，1991年吴作栋接任。2004年12月，李显龙接替吴作栋出任该党秘书长。

国家元首和政府首脑

总　统　陈庆炎。2011年9月1日就职。

政府总理　李显龙。2004年8月12日任职。2006年5月、2011年5月分别连任。

行政区划

新加坡是一个城市国家。在地理上分为中央区、内市区、外市区、新镇、内郊区、外郊区等6个地区。选举时分为75个选区。不设区政权机构，由中央各部直接管理各项事务。设有公民咨询委员会、民众联络所、人民协会等社区组织，担负起准地方政府的任务，作为沟通政府与居民之间的桥梁。

首　都　新加坡市，位于新加坡岛东南，南临新加坡海峡。是东南亚最大的海港、重要商业城市和转口贸易中心，也是国际金融中心、航空中心。市容整洁美观，到处树木葱茏，浓荫密布，绿草如茵，百花娇艳，香飘四季，被誉为“世界花园城市”。

经　济

国内生产总值　2011年新加坡国内生产总值2381亿美元，比上年增长4.9%。人均国内生产总值50123美元。

产　业　农业在经济中所占比重很小，产值不足经济总量的0.1%。2009年农业总产值1.08亿新元。工业化程度较高，主要行业是制造业和建筑业，2011年产值924.4亿新元，占国内生产总值的25.1%。制造业产品包括电子产品、化学与化工产品、生物医药、精密机械、交通设备、石油产品、炼油等，是世界第3大炼油中心。服务业发达。2011年服务业产值1564.4亿新元，占国内生产总值的57.6%。包括零售与批发贸易、旅游、交通与电信、金融服务、商业服务等行业。旅游业兴旺发达，被誉为“亚洲旅游王国”。2011年接待外国游客1320万人次，比上年增长20%；旅游业收入222亿新元。

对外贸易　2011年进出口贸易总额9744亿新元，比上年增长8%。其中，进口4597亿新元，出口5147亿新元，贸易顺差550亿新元。马来西亚、欧盟和中国是新加坡的三大贸易

新加坡城生长的香灰莉树为城市增色　（百度网）

伙伴，2010 年三者对新加坡贸易额分别为 781.8 亿、729.1 亿和 699 亿美元，分别占新加坡对外贸易总额的 11.8%、11% 和 10.6%。主要出口电子真空管、加工石油产品、办公及数据处理机零件、数据处理机和电讯设备等，进口电子真空管、原油、加工石油产品、办公及数据处理机零件等。

财　政　2011 年财政收入 510 亿新元，支出 468 亿新元，财政盈余 42 亿新元。

金　融　由金融管理局负责制定和实施各项金融政策，负责监督与管理商业银行及其他金融机构的经营活动，实际上执行着中央银行的职能，但不发行货币。拥有 1000 多家金融机构。货币名称为新加坡元。2011 年新加坡元与美元平均比价为 1.2573∶1。至 2011 年 12 月，国家外汇储备 2451.7 亿美元。

外国投资　吸引外资是新加坡的基本国策。至 2010 年底，新加坡累计吸引海外直接投资 6186 亿新元，外资相对集中在金融服务业、制造业和批发零售业。排名前 5 位的直接投资来源国为荷兰、美国、日本、英国和挪威。

对外投资　至 2009 年底，新加坡对外直接投资总额 3399.8 亿新元，主要集中在金融服务业和制造业。排名前 5 位的直接投资对象国为中国、英国、马来西亚、印度尼西亚和澳大利亚。至 2010 年 3 月，新加坡累计对华实际投资 426.6 亿美元。两国间重要合作项目有苏州工业园区、天津生态城、无锡工业园和大连港集装箱码头等。

交　通

铁路交通　新加坡的铁路交通以地铁为主，全长 109.4 千米，有地铁站 65 个。1999 年 11 月建成轻轨铁路，全长 28.8 千米，与地铁相连，设 31 站。

公路交通　形成以 8 条快速公路为主线，众多普通道路为支线的公路网络，覆盖全岛每个角落。2007 年新加坡公路里程 3297 千米，其中高速公路 153 千米，一级公路 613 千米。2010 年底，车辆总数 94.6 万辆，其中私人轿车 58.4 万辆，货车 15.8 万辆。

水　运　新加坡港是世界最繁忙的港口和亚洲主要转口枢纽，也是世界最大燃油供应港口。有 200 多条航线连接世界 600 多个港口。有 4 个集装箱处理码头，集装箱船泊位 54 个，年集装箱处理能力 3500 万个标准箱。2010 年有商船 3978 艘，总吨位 4878.3 万吨，港口处理货运总量 5.03 亿吨，集装箱吞吐量 2843.1 万箱。

民用航空　新加坡是亚洲地区重要的航空运输枢纽。主要有新加坡航空公司及其子公司胜安航空公司。新加坡樟宜机场连续多年被评为世界最佳机场，已开通至 60 个国家 188 个城市的航线，各国 81 家航空公司平均每周提供约 4400 班次的定期飞行服务。2011 年航班起降 15.5 万架次，客运量 4650 万人次；货运量 181.6 万吨。

通　信

电　话　新加坡固定电话用户数 185.9 万户，固定电话普及率 40.7%。移动电话用户数 561.9 万户，移动电话普及率 123%。

互联网　新加坡政府高度重视网络基础设施建设，并将其纳入提升国家知识型经济层次和国际竞争力的发展战略。新加坡宽带用户数 326.5 万户，宽带互联网业务普及率 52%。

邮　政　新加坡邮政网络有 66 处邮局，26 处投递站，32 处邮务代办所，遍布全岛各主要区域，以国内和国际快捷邮件业务为邮政业务重点。

教　育

新加坡教育发展大致经历两个阶段。第一阶段从 1959 年到 1979 年，偏重于普及性和职业教育，为工业化初级阶段的经济发展培养熟练劳动力。第二阶段从 1979 年至今，重点发展高等普通教育和高等职业技术教育，培养高层次专业技术人才。

实行精英教育。青少年一般必须接受 10 年正规教育，其中小学 6 年，中学 4 年。强调识字、识数、双语、体育、道德教育，创新和独立思考能力并重。要求学生除了学习英文，还要兼通母语。政府还推行资讯科技教育，促使学生掌握电脑知识。全国有小学 173 所，中学 156 所，初级学院 14 所。大学主要有新加坡国立大学、南洋理工大学和新加坡管理大学。此外，还有 4 所理工学院和 33 所技术/商业训练学院。

新加坡商业区　（背包旅游网）

传　媒

新加坡主要有两大媒体集团:新加坡报业控股和新传媒。报业控股是私营上市公司,旗下有4种语言出版的15家报纸,其中英文的《海峡时报》(The Straits Times)和中文的《联合早报》在新加坡深具影响力。新传媒是一家官营公司,旗下有新传媒电视、新传媒电台、新传媒新闻网、新传媒报业、新传媒出版、新传媒制作、新传媒互动等7个集团。新加坡电视台有6个频道,并开通有线电视网和卫星电视。

医疗卫生

新加坡政府通过财政投入建立完善的社区医疗卫生中心,社区医疗服务覆盖所有居民。医疗机构分两种,一种是个人出资兴办的营利性综合全科医院,一种是政府和慈善机构建立的非营利性医院。政府推行"三重安全保健网"(即保健储蓄计划、保健双全计划、保健基金),以确保国民都有求医受诊的能力和机会。

2007年底,新加坡有7所医院、6个专业中心、18个医疗中心和3所特殊医疗研究机构。新生儿死亡率2.9‰(2003年)。国民平均寿命82岁。

科　技

新加坡在重要领域具备科研能力的机构有13家。这13家研究机构由两个研究理事会直接管理,其中生物医药研究理事会管理5家从事生物和医药研究领域的研究所,科学与工程研究理事会管理其他8家研究所。科学技术研究局、经济发展局、资讯通信管理局、国际企业发展局、标准及生产力与创新局等政府机构在科研体系中发挥重要作用。科学技术研究局的工作以科研院(中心)、大学、医院等公共科研机构为工作对象,着眼发展公共科研机构的科研人力资源,并为他们提供科研资金;经济发展局以公司为工作对象,负责支援公司的研究和创新项目,并为新的起步公司提供资金。国家财政科研经费支出约占国内生产总值的2%。

历　史

新加坡古称单马锡,公元8世纪建国,属印度尼西亚的室利佛逝王朝。10世纪前后,已成为繁荣的港口。13世纪中叶,随着室利佛逝王朝的衰落,单马锡改称信诃补罗。到14世纪中期,信诃补罗成为连接东西方的一个著名国际贸易港口。1350年后,屡遭爪哇的麻喏巴歇王朝和暹罗的大城王朝侵略,于14世纪末灭亡并变成暹罗的属地。18~19世纪,是马来西亚柔佛王国的一部分。

1819年,英国殖民地开拓者莱佛士登陆新加坡。1826年新加坡沦为英国殖民地。英国一直把新加坡作为远东转口贸易的重要商埠和在东南亚的主要军事基地。第二次世界大战期间,新加坡被日本占领。1945年日本投降后,英国恢复其在新加坡的殖民统治。随后,新加坡人民展开各种形式的斗争,迫使英国殖民当局改变统治方式。1954年2月,英国发表《伦德尔宪调查报告书》,提出在新加坡成立一个有32个席位的立法议会(7席由官方委任,25席由民众选举产生),并在此基础上成立民选政府。1955年,内阁式的政府成立,但重要的部长职位仍属于殖民当局。1956年3月12~18日,新加坡爆发要求结束殖民统治的"独立运动周",20多万新加坡居民在独立意见书上签字。在此形势下,英国政府3次邀请新加坡各派政治力量到伦敦谈判,讨论新加坡政治地位问题。

1958年4月18日,英、新代表签订《关于新加坡自治宪法草案》,英国同意新加坡成立自治邦,实行内部自治,但保留国防、外交、修宪和颁布紧急法令权,并驻有军队。1959年5月30日,举行新立法议会选举,人民行动党获胜。1959年6月,新加坡成立自治邦,实行内部自治,英国保留国防、外交权利。

1963年,新加坡与马来西亚、沙捞越和沙巴组成马来西亚联邦。1965年8月9日退出联邦,成立新加坡共和国。

新加坡共和国是东南亚国家联盟创始成员国。

泰　国

国　名

泰王国(The Kingdom of Thailand),简称泰国。

国　旗

泰国国旗呈长方形,长宽比为3:2,由红、白、蓝三色的五个横长方形平行排列构成,上下方为红色,蓝色居中,蓝色上下方为白色,蓝色宽度相等于两个红色或两个白色长方形的宽度,红色代表民族和象征各族人

民的力量与献身精神。泰国90%以上人口信奉佛教，白色代表宗教，象征宗教的纯洁。泰国是君主立宪制国家，国王至高无上，蓝色代表王室。蓝色居中象征王室在各族人民和纯洁的宗教之中。

地 理

位 置 泰国位于中南半岛中南部。地处北纬5°37′~20°27′、东经97°22′~105°37′之间。东南濒临泰国湾，西南面向印度洋的安达曼海。

面 积 陆地国土面积51.31万平方千米。

疆界和邻国 东与柬埔寨毗邻，东北与老挝交界，西面和北面与缅甸为邻，南与马来西亚联邦接壤。陆地边界线长3400千米。

地形地貌 地势北高南低，由西北向东南倾斜。地形复杂，全国大体分为5个地形区：(1)北部和西部内陆山区。北部山区山脉、河流众多，是湄南河的发源地。主要山脉有登劳山、坤丹山、匹邦南山和琅勃拉邦山，平均海拔1600米，是全国地势最高的地区。清迈的因他暖峰海拔2576米，是全国最高峰。西部山区多为山岭、峡谷。(2)东北部高原。也称柯叻高原，包括东北部17个府的广大地区。整个高原由西向东南方向倾斜，构成柯叻、沙功那空两个盆地。(3)中部流域平原。该区域包括湄南河流域以及夜功河、他真河和挽巴功河流域的中、下游地区，是泰国最大的冲积平原和水稻主产区，素有“泰国粮仓”之称。(4)东南沿海地区。包括巴真武里、差春骚、春武里、罗勇、占他武里和达叻6个府的狭小地区。(5)南部半岛。包括马来半岛的一部分以及连接半岛和大陆的克拉地峡。

海岸海岛 海岸线长2616.4千米。东南沿海海岸线曲折，近海有阁昌、阁谷、阁锡昌等岛屿。南部半岛地区西海岸为下沉海岸，大陆架狭窄，海岸线曲折破碎且多为岩岸，主要岛屿有普吉岛(全国最大岛屿，面积500多平方千米)、象岛、苏梅岛、PP岛、沙美岛、道岛和希美兰岛等；东海岸平直开阔，多沙滩，少海湾。

江河湖泊 境内河流纵横。主要河流有湄南河和湄公河。湄南河注入泰国湾，河谷宽阔，倾斜度很小，雨季常形成水患。湄公河在境内流长930千米，部分河段水深流急，礁石起伏，交通不便。南部半岛的宋卡湖是全国最大湖泊。其他湖泊有波拉碧湖、农汉湖、公博哇丕湖、农雅湖等。

气 候 大部分地区属于热带季风气候区，全年分为热、雨、凉三季。2月中旬到5月中旬为热季，5月到10月中旬为雨季，11月、12月和次年1月、2月中旬为凉季。凉季和热季少雨，因此也合称干季或旱季。南部半岛地区属热带雨林气候区，终年炎热多雨。全国年平均降水量约1550毫米，年平均气温24℃~30℃。由于地形不同，各地的降水、气温又有所差别。

风景名胜 主要风景名胜区有曼谷、清迈、芭堤雅、普吉岛、象岛、苏梅岛、沙美岛、道岛和希美兰岛等。

国 民

人 口 2011年泰国人口6408万。约1/3的人口生活在城市。人口密度为每平方千米131人。

民 族 有30多个民族。泰族是主体民族，占总人口的52%。人口较多的民族还有老龙族、马来族和高棉族，分别占总人口的35%、3.5%和2%。

语 言 泰语为国语。分为中部方言、南部方言、北部方言、东北部方言4种方言，其中中部方言为全国通用的标准泰语。

宗 教 90%以上的国民信仰佛教，少数信奉伊斯兰教(马来族)、基督教新教、天主教和印度教。佛教为国教，对泰国的文化影响甚深。按照传统，上至国王下至百姓，一生皆得出家一次，时间不等，以取得社会尊重。

资源物产

泰国的主要矿产资源有钾盐、锡、褐煤、油页岩、天然气、铅锌、钨、铁、锑、铬、重晶石、宝石、石油等。其中，钾盐储量4070万吨，居世界各国首位；锡矿储量占全世界的12%。

全国耕地面积2070万公顷，占土地总面积的38%。主要农产品有稻米、玉米、木薯、橡胶、甘蔗、绿豆、麻、烟叶、咖啡豆、棉花、棕榈油等，是世界大米主产国和第一出口国。水产品产量大，虾产量居世界各国首位。盛产各类热带水果，主要有榴莲、山竹、荔枝、龙眼、椰子等。

泰国泰南洛坤府黄山国家公园一景 (《源》)

国体政体

国　体　泰国是君主立宪制国家。宪法规定：实行以国王为元首的民主政治制度；国王为国家元首和王家武装部队最高统帅，神圣不可冒犯，任何人不得指责或控告国王。国王通过国会、内阁和法院分别行使立法、行政和司法权。

国　会　由上议院、下议院组成。负责立法、审议政府施政方针和国家预算、对政府工作进行监督等职能。议员均直接来自民选。上议院议员不得隶属任何政党，不得担任阁员。下议院议员担任内阁职务须辞去议员职务。

内　阁　国家最高行政机关。政府总理来自下议院，由国会主席兼下议院院长提名，经下议院表决并获半数以上票数通过，由国会主席呈报国王任命。总理在解散议会前须得到内阁同意并报国王审批，在不信任案期间不得解散议会。设有总理府、国防部、财政部、外交部、旅游与体育部、社会发展和人类安全部、农业和合作社部、交通部、自然资源与环境部、信息技术和通讯部、能源部、商业部、内政部、司法部、劳工部、文化部、科技部、教育部、卫生部等部门。

司　法　最高司法机构为司法委员会，由8名委员组成。司法系统由宪法法院、司法法院、行政法院和军事法院构成。检察机关实行垂直领导，分为最高检察院、区域检察院、府级检察院。

国家元首和政府首脑

国　王　普密蓬·阿杜德。1946年即位，1950年5月5日加冕。

政府总理　英拉·西那瓦。2011年7月3日，泰国举行国会下议院选举，以英拉为首的为泰党获得265个议席，赢得大选胜利。5日，国会下议院举行会议，经投票表决，批准为泰党总理候选人英拉·西那瓦出任泰国第28任总理，也是泰国首位女总理。

行政区划

一级行政区划　泰国行政区划为76个府(府级直辖市是曼谷)。各府分别是：素可泰、彭世洛、甘烹碧、披集、碧差汶、那空沙旺、素攀、北榄、龙仔厝、夜功、那空那育、曼谷、暖武里、巴吞他尼、阿育陀耶、北标、华富里、红统、信武里、猜纳、乌泰他尼、佛统、清迈、清莱、夜丰颂、程逸、帕夭、喃邦、喃奔、难、帕、孔敬、那空帕农、乌汶、也梭吞、庵纳乍仑、呵叻、廊开、莫拉限、吗哈沙拉堪、沙功那空、莱、黎逸、廊磨喃普、胶拉信、四色菊、素辇、猜也奔、武里喃、乌隆、春武里、罗勇、哒叻、尖竹汶、巴真武里、北柳、沙缴、来兴、北碧、佛丕、叻丕、巴蜀、惹拉、沙敦、普吉、甲米、攀牙、拉农、董里、宋卡、陶公、素叻他尼、洛坤、春蓬、博他仑、北大年。

主要城市　首都曼谷，位于泰国中部，是全国政治、经济、文化、交通中心，人口约800万，市区面积1568平方千米。其他重要城市有清迈、清莱、大城、普吉等。

经　济

国内生产总值　2011年泰国国内生产总值105394亿铢，比上年增长4.3%，人均国内生产总值150314.8铢。

产　业　农业较发达，农产品出口是外汇收入的重要来源。制造业在国民经济中占较大比重，主要工业行业有采矿、纺织、电子、塑料、食品加工、玩具、汽车装配、建材、石油化工等。旅游业发展较快，设施完善，服务质量较高。2011年外国游客到泰旅游人数为1923万人次，比上年增长20.67%。

金　融　平均汇率为30.49泰铢兑1美元。国家外汇储备1751亿美元。政府未清偿债务总额41392亿铢。

进出口贸易　据泰国海关统计，2011年泰国货物进出口总额4560.5亿美元，比上年增长20.1%。其中：出口2270.1亿美元，增长16.2%；进口2290.4亿美元，增长24.1%。贸易逆差20.3亿美元。

日本、中国和美国是泰国的三大贸易伙伴，2011年泰国对三国分别出口242.4亿美元、271.3亿美元和216.4亿美元，分别增长18.7%、26.4%和7.1%，合计占泰国出口总额的32.2%；自三国分别进口422.7亿美元、306.6亿美元和133.4亿美元，分别增长10.3%、25%和23.5%，合计占泰国进口总额的37.7%。

交　通

铁路交通　全国铁路总长4451千米，主要是窄轨铁路。

公路交通　公路总长16万千米，其中国道1.79万千米。公路四通八达，各府、县都有公路相连。

水　运　湄公河、湄南河为泰国两大水路运输干线。曼谷是最重要的港口，承担全国95%的出口和几乎全部进口商品的吞吐。此外还有廉差邦港、梭桃邑港、宋卡港和普吉港等。海运线可达中国、日本、美国、欧洲和新加坡。

民用航空　2006年下半年投入使用的曼谷素旺那普国际机场每天进出旅客超过10万人次，是东南亚地区重要的航空枢纽，国际航线可通达欧洲、美洲、亚洲和大洋洲的40多个城市。国际机场还有清迈机场、普吉机场和合艾机场。

教　育

泰国的中小学教育学制为12年，即小学6年、初中3年、高中3年。中等专科职业学校为3年制。大学一般为4年制,医科大学为5年制。

2010年全国各级各类在校学生1403.84万人,其中学前教育177.63万人,小学500.94万人,初中276.80万人,高中202.44万人,高等学校246.03万人(学士及大专223.65万人,硕士及以上22.38万人)。教师总数85.58万人。2008年泰国有公立大学78所,私立大学(含学院)69所,社区学院19所。著名的学府有朱拉隆功大学、农业大学、玛希顿大学、法政大学、清迈大学、孔敬大学、宋卡王子大学、易三仓大学、亚洲理工学院等。

传　媒

泰国的主要泰文报纸有《泰叻报》、《民意报》、《每日新闻》、《国家报》、《沙炎叻报》、《经理报》等,主要华文报纸有《新中原报》、《中华日报》、《星暹日报》、《亚洲日报》、《世界日报》和《京华中原日报》等,主要英文报纸有《曼谷邮报》、《民族报》等。广播电台有230多家,其中由政府民众联络厅掌管的59家。泰国国家广播电台为官方电台,设有国际部,用泰、英、法、华、马来、越、老、柬、缅、日等语言广播。电视台主要有6家,都设在曼谷。

历　史

泰国历史上曾经称"暹罗"。公元1238年建立素可泰王朝,是泰国历史上第一个王朝。之后,经历泰国历史上持续时间最长的王朝——阿瑜陀耶王朝和短暂的吞武里王朝以及延续至今的曼谷王朝。

从16世纪起,泰国先后遭到葡萄牙、荷兰、英国、法国的入侵。19世纪末,曼谷王朝五世王大量吸收西方经验进行社会改革。1896年,英国、法国签订条约,规定暹罗为英属缅甸和法属印度支那之间的缓冲国,暹罗成为东南亚唯一没有沦为殖民地的国家。

1932年6月,民党发动政变,建立君主立宪政体。1938年,銮披汶执政,1939年6月改称泰国,意为"自由之地"。1941年泰国被日本占领,泰国宣布加入轴心国。

1945年,恢复暹罗国名。1949年5月又改称泰国。

泰国是东南亚国家联盟创始成员国。

越　南

国　名

越南社会主义共和国(The Socialist Republic of Viet Nam),简称越南。

国　旗

越南国旗为长方形,长与宽之比为3:2。国旗旗地为红色,旗中心有一枚五角金星。红色象征革命和胜利,五角金星象征越南共产党对国家的领导,五星的五个角分别代表工人、农民、士兵、知识分子和青年。

地　理

位　置　越南位于中南半岛东部。地处北纬8°30′~23°22′、东经102°~109°29′之间。东和东南濒临南中国海。

面　积　陆地面积32.9万平方千米。

疆界和邻国　北、东、东南与中国为邻,西与老挝交界,西南与柬埔寨接壤,南面隔海与马来西亚相望。陆地边界线长3927千米。

地形地貌　地形狭长,呈S形。南北最长处约1640千米;东西最宽处约600千米,最窄处仅48千米。地势是西北高、东南低。山地和高原占全国陆地面积的3/4。有红河三角洲、湄公河三角洲两大平原,面积分别为2万平方千米和5万平方千米,是主要农业区。

江　河　河流密布,其中长度在10千米以上的有2860条。较大的河流有红河、湄公河(九龙江)、沱江(黑水河)、泸江、太平河等。

海岸海岛　海岸线长3260千米。沿海有岛屿2000多个,其中面积在10平方千米以上的20多个。较大的岛屿有盖宝岛、吉婆岛、昆仑岛、富国岛等。

气　候　属热带季风气候区。北部四季分明,多数地区年平均气温23℃~25℃。南部分为旱季(10月至次年3月)和雨季(4~9月),多数地区年平均气温26℃~27℃。空气湿润,雨量充沛,全国年平均降雨量1500~2000毫米。

风景名胜　在北方,首都河内有还剑湖、西湖、巴亭广场、胡志明陵、文庙、二征夫人庙、三岛山等,海防市有涂山海滨风景区,广宁省有被称为"海上桂林"、列入世界自然遗产名录的下龙湾,老街省有著名的避暑胜地沙巴。在中部,有被列入世界文化遗产名录的古都顺化,列入世界自然遗产名录的风雅洞,

以及会安古城、美山占婆文化遗址等。在南方，胡志明市有旧总统府、古芝地道等。其他地区有芽庄海滩、大叻避暑风景区、滨海旅游胜地头顿、天涯海角名城河仙等。

国　民

人　口　2011年越南人口8692.77万，其中城市人口2622.44万，占30.17%，农村人口6070.33万，占69.83%；男性4299.07万，占49.46%，女性4393.7万，占50.54%。人口自然增长率为10.9‰。人口密度为每平方千米263人。

民　族　有54个民族，其中人口在50万以上的有京族（也称越族）、岱依族、傣族、华族（即华人）、高棉族、芒族和侬族。主体民族京族占总人口的80%以上。

语　言　各民族的通用语言是越南语。英语和华语广泛使用。

宗　教　国民受儒家思想影响较深。部分人信奉佛教、天主教、和好教、高台教等。祖先神灵崇拜在国民生活中占有重要地位。每年中国农历三月初十是祭雄王日。民间传说，雄王是越南的国祖。许多家庭都立有祖先的牌位，每逢初一、十五进香祭拜。

资源物产

矿产资源　越南发现矿种90多种，其中探明储量40多种。重要矿产资源有煤、石油、天然气、铁、锰、铬、钛、锆、铝、铜、镍、铅锌、锡、铍、金、稀土、磷灰石、石墨、瓷土、膨润土、重晶石、宝石等，其中煤储量65亿吨，铝土储量4.5亿吨。

生物资源　动植物种类繁多。有爬行动物约300种，禽类1000多种，鱼类1000多种。陆栖野生动物主要有象、犀牛、虎、豹、熊、鹿、猴、白眉猿、孔雀、翡翠鸟、金丝鸟等。2011年，种植林面积达到54.7万公顷，比上年增长3.7%；再生林面积94.2万公顷，增长4.2%；分散林种植达到1.69亿棵，增长0.4%。

物　产　主要粮食作物有水稻、小麦、玉米、高粱、薯类等。经济作物有茶、橡胶、咖啡、可可、槟榔、油桐、胡椒、八角、烟草、棉花、花生、甘蔗、麻类等。药材有党参、何首乌、通草、苍耳、砂仁、桂皮、三七、巴戟、黄连等。盛产菠萝、香蕉、椰子、杧果、菠萝蜜、柚子、荔枝等热带水果和格木、柚木、楠木等名贵木材。

国体政体

国　体　越南社会主义共和国宪法规定：越南是社会主义国家，越南共产党是领导国家和社会的力量，国家一切权力属于人民，实行人民代表制度。

国　会　国家最高权力机关，行使国家立法权。国会代表以普选制投票产生。

政　府　设有国防部、公安部、文化体育旅游部、内务部、国家银行、劳动荣军与社会部、司法部、建设部、政府办公厅、工贸部、财政部、教育培训部、外交部、农业与农村发展部、国家民族委员会、资源环境部、科学技术部、通信新闻部、交通运输部、卫生部、监察部、计划投资部等机构。

最高人民法院　国家最高审判机关。

最高人民检察院　国家最高检察机关。

越南共产党　越南社会主义共和国的执政党，也是越南唯一的政党。中央委员会总书记阮富仲，2011年1月当选。

越南祖国阵线　由各阶层组成，参政议政。

国家领导人

国会主席　阮生雄，2011年8月当选。

国家主席　国家元首，统帅武装力量，由国会选举产生。现任国家主席张晋创，2011年8月当选。

政府总理　阮晋勇，2011年8月连任。

越南祖国阵线中央委员会主席　黄担，2008年当选。

行政区划

一级行政区划　越南设5个直辖市和58个省，并按地域划分为6个大区：(1)红河平原11省(市)，分别是河内、海防、永福、北宁、广宁、海阳、兴安、河南、南定、太平和宁平，面积21063.1平方千米，人口1977万(2010年，下同)；(2)北部丘陵和山区14省，分别是河江、高平、老街、北浒、谅山、宣光、安沛、太原、富寿、北江、莱州、奠边、山罗和和平，面积95338.8平方千米，人口1116.93万；(3)中部14省(市)，分别是清化、义安、河静、广平、广治、承天(顺化)、岘港、广南、广义、平定、富安、庆和、宁顺和平顺，面积95885.1平方千米，人口1893.55万；(4)西原5省，分别是昆嵩、嘉莱、多乐、多农和林同，面积54640.6平方千米，人口521.42万；(5)南部东区6省(市)，分别是胡志明、平福、西宁、平阳、同奈和巴地(头顿)，面积23605.2平方千米，人口1456.65万；(6)湄公河平原13省(市)，分别是隆安、同塔、安江、前江、永隆、槟椥、坚江、芹苴、后江、茶荣、朔庄、薄寮和金瓯，面积40518.5平方千米，人口1727.22万。

主要城市　首都河内市，位于红河三角洲平原中部，2010年面积扩至3344.6平方千米，人口656.19万。是全国政治、文化中心，面积第一大城市。其他重要城市有胡志明、海防、岘港、芹苴、下龙、太原、越池、南定、顺化、头顿、大叻、芽庄、河仙等。其中，胡志明市面积2095.5平方千米，2010年人口739.65万，是全国人口最多的城市，也是最大的工商业中心；海防市是北方重要工业、港口城市，全国第三大城市；岘港市是中部港口、工业城市；下龙市是重要煤炭基地和著名旅游胜地。

经　济

国内生产总值　2011年越南国内生产总值比上年增长5.89%，达2507万亿越盾（约合1207亿美元），人均国内生产总值约1374美元。三次产业的比重是20.9∶41.1∶38.1。

产　业　农业以种植业为主。2011年粮食产量4700万吨，比上年增产230万吨；水产品产量543.29万吨。工业主要有能源、机械、化工、建筑材料、钢铁、纺织、鞋类加工、食品等行业。旅游业发展迅速，全年接待入境游客601.4万人次，比上年增长19.1%。

财　政　2011年财政收入674.5万亿越盾（包括外国援助收入）。

金　融　货币名称为越南盾。2011年末越南盾与美元比价为21000∶1。主要银行有越南国家银行（亦称中央银行）、越南工商银行、越南农业和农村发展银行、越南投资发展银行、越南外贸银行、越南国际贸易股份银行等。

进出口贸易　2011年进出口总额2036.6亿美元，比上年增长29.7%。其中：出口额969.1亿美元，增长34.2%；进口金额1067.5亿美元，增长25.8%；贸易逆差98.4亿美元，占出口总额的10.2%。

纺织服装出口金额140.4亿美元，比上年增长25.3%。美国、欧盟、日本是三大纺织服装出口市场，向上述三大市场出口总额为110.8亿美元，占同类出口总额的79.4%。其中美国市场68.8亿美元，增长12.5%；欧盟25.1亿美元，增长33.6%；日本16.9亿美元，增长46.4%。主要出口商品还有：原油（72.4亿美元），各种电话和零件（68.9亿美元），鞋类（65.5亿美元），水产品（61.1亿美元），电子、电脑（42亿美元），机械设备、用具、配件（41亿美元），木器及其产品（39亿美元），大米（36.6亿美元），橡胶（32.2亿美元），咖啡（27.5亿美元），宝石、贵重金属及其产品（27亿美元），运输工具及配件（24亿美元），汽油（21亿美元），煤炭（16.3亿美元），钢铁（11.4亿美元）。美国是越南最大的出口市场，也是最大的贸易顺差来源国。越南对美国贸易顺差123亿美元。

机械设备、用具、配件是主要进口商品，2011年进口机械设备、用具、配件153.4亿美元，比上年增长13%。这些商品主要从以下国家和地区进口：中国大陆（51.8亿美元，增长15.7%）、日本（28亿美元，增长9.9%）、欧盟（24.2亿美元，增长10.8%）、韩国（12.6亿美元，增长13.8%）、中国台湾（8.89亿美元，增长10.9%）、美国（8.48亿美元，增长4.1%）。主要进口商品还有：纺织服装、皮革、鞋类生产原材料和辅助材料（122.7亿美元）、各类汽油（99亿美元）、各种钢铁（64.3亿美元）、化肥（17.8亿美元）、原装汽车（10亿美元）、家用电器和零件（6.75亿美元）。中国是越南最大的贸易伙伴国，也是最大的进口来源国。2011年越南从中国进口商品总值290.92亿美元，增长25.9%。

外国投资　2011年越南吸引53个国家和地区的外商直接投资合同金额146.96亿美元。越南外商直接投资排名前10位的国家和地区：中国香港、日本、新加坡、韩国、中国大陆、中国台湾、英属维尔京群岛、马来西亚、卢森堡、荷兰。工业和建筑业仍然是外资企业投资的重点领域。

交通通信

铁路交通　越南铁路总长2530千米，主要是窄轨铁路（2128千米），有7条干线。铁路运输量占全国客货运输总量的7%左右。

公路交通　2009年公路总长18.05万千米，其中柏油和水泥路面公路8.79万千米；国道1.51万千米，省道3.62万千米，县道12.93万千米。

水　运　内河运输主要集中于湄公河三角洲、红河三角洲平原地区，有营运货船2130艘、客船1600艘。能够停靠万吨级以上轮船的港口有鸿基港、盖邻港、海防港、鸿罗港、岘港、归仁港、头顿港、西贡港等，全国有海轮1081艘，总吨位310万吨。

民用航空　有内排、新山一、岘港3个国际机场。拥有民航客机49架。2009年民航机场旅客吞吐量1096.5万人次，货物运输量13.97万吨。

电　信　2011年全国电话用户1.33亿户，比上

越南顺化皇城　（百度网）

年增长3.9%。其中:固定电话用户1550万户,增长0.1%;移动电话用户1.18亿户,增长4.4%。全国电脑宽带网用户约420万户,增长16.1%。使用电脑宽带网人数达3260万人,增长22%。2011年邮政、通信纯营业总收入167.1万亿越盾,增长19.3%。

教　育

越南拥有完善的教育体系。基础教育学制12年,其中小学5年,初中4年,高中3年。在高中教育阶段,还有中等职业教育。大学教育学制3~6年。大学后教育,分为硕士研究生、博士研究生两个阶段。2000年宣布完成扫盲和普及小学义务教育,2001年开始普及9年义务教育。

2010~2011学年,全国有幼儿园12678所,幼儿教师15.75万人,在园幼儿306.13万人。小学校15242所,在校生704.33万人,小学教师36.58万人。初中10143所,在校生494.52万人,初中教师31.62万人。高中2288所,在校生280.43万人,高中教师14.89万人。2010年全国有高等院校414所,其中公立334所,私立80所,在校生216.21万人,大学教师246万人。中专学校290所,其中公立199所,私立91所,在校生68.62万人,中专教师1.81万人。越南著名高等院校有河内国家大学、国民经济大学、百科大学、胡志明市国家大学等。

传　媒

越南有定期出版物563种,报社约150家。主要报刊有《人民报》(越共中央机关报)、《人民军队报》(越南人民军总政治局机关报)、《大团结报》(祖国阵线中央机关报)、《西贡解放报》(越共胡志明市委机关报)、《共产主义》(越共中央政治理论月刊)、《全民国防》(越南人民军理论月刊)等。2010年出版发行报纸、杂志10.6亿份,出版发行图书2.78亿册。

国家通讯社为越南通讯社,1945年创立,在全国各省(市)均设有分社,驻外分社有16个。国家广播电台为越南之声广播电台,成立于1954年,对内广播用越南语及多种少数民族语言播音,对外广播用中国普通话、中国广东话、俄语、英语、法语、西班牙语、日语、泰语、老挝语、柬埔寨语、印尼语、马来语等播音。越南中央电视台成立于1971年,可同时播送4套节目。

医疗卫生

2010年越南有医疗机构13467个(不包括私人医疗单位),其中医院1030家,病床17.66万张,医生6.14万人,医士5.22万人,护士8.23万人,助产士10.7万人,高级药剂师5600人,中级药剂师1.79万人,司药员7200人。全国平均每万人有医生7.1人。

科　技

越南有科学研究和技术发展组织1150多个,直接从事科研工作的人员约2.2万人。全国具有大专以上文化程度的人口200多万,其中博士1.4万人,硕士1.6万人。2008年,国家财政科技事业经费预算3805亿越盾。

2010年全国有图书馆717个,其中国家图书馆1个,省级图书馆63个,市县级图书馆637个,少儿图书馆16个,共有藏书2279.5万册。

历　史

越南是一个历史悠久的国家。境内发现多处旧石器时代、新石器时代文化遗址。主体民族越族的直接祖先,是起源于古代居住在从中国南方一直到红河三角洲地区的百越族群的一个分支——雒越。雒越人在公元前3世纪之前的很长时间里,就居住在今越南北部红河流域的中下游地区。有关越南的古籍中有“文郎国”、“瓯雒国”的记载,反映古代雒越人原始部落社会的一些情况。

从公元前214年至公元10世纪初,今越南北部一直在中国封建王朝的管辖之下。939年,安南人(当时中国人对越南居民的泛称)吴权赶走中国官吏,自立为王。吴权死后,安南地区出现“十二使君”(即12个封建主)割据纷争局面。968年,安南人丁部领削平“十二使君”,统一安南,建立大瞿越国,随后派遣使者向中国北宋王朝请封,宋太祖封丁部领为检校太尉、交趾郡王。学术界一般将丁部领建大瞿越国作为越南建立自主封建国家的开始。

此后,越南先后经历前黎朝(980~1009)、李朝(1010~1225)、陈朝(1225~1400)、胡朝(1400~1407)、后黎朝(1428~1784)、西山朝(1788~1802)、阮朝(1802~1945)等封建朝代。1802年,越南最后一个封建王朝的开国皇帝阮福映依惯例向中国清王朝请封。清王朝于次年封阮福映为越南国王。这是“越南”作为国名的开始。

19世纪下半叶,越南沦为法国的殖民地。

1945年,越南人民取得“八月革命”胜利。同年9月2日,越南宣告独立,越南民主共和国诞生。

越南独立不久,法国人卷土重来,重新占领越南。越南人民开始抗法战争。1954年5月7日,越南人民赢得奠边府战役胜利,法国军队撤离越南,越南开始南北分治。20世纪50~60年代,美国人支持南越政权,越南人民展开抗美战争。1973年美国军队撤离越南。1975年,越南南北统一。

1976年,越南民主共和国改称越南社会主义共和国。

1995年,越南社会主义共和国加入东南亚国家联盟。

动　　态

政　　治

中国歼 20 新一代战斗机成功首飞

2011 年 1 月 11 日，中国自行研制的、被外界称为歼 20 的新一代隐形战斗机在四川成都成功首飞。这是中国军用航空界继 1998 年歼 10 首飞之后又一里程碑事件，标志着继美国和俄罗斯之后，中国成为世界上第三个能够自主研制第四代战机的国家。

中国批准“十二五”发展规划纲要

2011 年 3 月 3～14 日，中国全国政协十一届四次会议和十一届全国人大四次会议分别在北京举行。14 日，十一届全国人大四次会议批准《中华人民共和国国民经济和社会发展第十二个五年规划纲要》，明确“十二五”时期的主要目标和任务是：推动经济发展再上新台阶，今后 5 年国民经济增长预期目标是在明显提高质量和效益的基础上年均增长 7%；加快转变经济发展方式和调整经济结构。

中国共产党庆祝建党 90 周年

2011 年 7 月 1 日，庆祝中国共产党成立 90 周年大会在北京人民大会堂举行。中共中央总书记胡锦涛在会上发表重要讲话。他说，90 年来，中国共产党团结带领人民完成和推进了三件大事：完成新民主主义革命，实现民族独立、人民解放；完成社会主义革命，确立社会主义基本制度；进行改革开放新的伟大革命，开创、坚持、发展了中国特色社会主义。中国面貌焕然一新，民族复兴展现光明前景。截至 2010 年底，中共有党员 8026.9 万名。

中国西藏和平解放 60 周年庆祝大会在拉萨举行

2011 年 7 月 19 日，西藏和平解放 60 周年庆祝大会在拉萨举行。中共中央总书记、国家主席、中央军委主席胡锦涛题写“祝贺西藏和平解放 60 周年”贺匾。中共中央政治局常委、国家副主席、中央军委副主席、中央代表团团长习近平出席庆祝大会并发表重要讲话。习近平强调，中央殷切希望西藏各族干部群众围绕建设团结、民主、富裕、文明、和谐的社会主义新西藏宏伟目标，推进跨越式发展和长治久安，全面建成小康社会，创造更加幸福美好的新生活。

中国建造航空母舰

2011 年 7 月 27 日，中国国防部宣布，中国目前正利用一艘废旧的航空母舰平台进行改造，用于科研试验和训练。8 月 10 日，中国第一艘航母“瓦良格”号从大连港起航，进行为期 5 天的试水，引起全世界的关注。这也成为中国军事现代化进程中又一代表性事件。该航母是在前苏联废旧航母“瓦良格”号基础上改造而成的，主要用于科研试验和训练，距真正形成战

改造中的中国航空母舰　　（新华社）

斗力还有很长时间。11 月 29 日和 12 月 20 日，该航母又先后两次出海，开展相关科研试验。中国在建设一支“蓝水”海军的道路上开始跨出坚实的一步。

中国国务院新闻办公室发表《中国的和平发展》白皮书

2011 年 9 月 6 日发表。白皮书全面阐释中国和平发展道路的开辟、中国和平发展的总体目标、中国和平发展的对外方针政策、中国和平发展是历史的必然选择以及中国和平发展的世界意义等内容。白皮书重申，中国将坚定不移沿着和平发展道路走下去。

纪念辛亥革命 100 周年大会在北京举行

2011 年 10 月 9 日，纪念辛亥革命 100 周年大会在北京人民大会堂举行。中共中央总书记、国家主席、中央军委主席胡锦涛出席大会并发表重要讲话。他说，100 年前，以孙中山先生为代表的革命党人发动震惊世界的辛亥革命，推翻清王朝统治，结束了统治中国几千年的君主专制制度，传播了民主共和的理念，开启了中国前所未有的社会变革。中国共产党人是孙中山先生开创的革命事业最坚定的支持者、最亲密的合作者、最忠实的继承者。缅怀辛亥革命先驱历史功勋，就是要学习和弘扬他们为振兴中华而矢志不渝的崇高精神，为实现中华民族伟大复兴而共同奋斗。

文莱派遣 20 名武装人员赴黎巴嫩执行维和任务

2011 年 1 月 11 日，文莱承诺执行联合国交付的维和使命，将第 5 次派遣 20 名武装部队人员，参加联合国维和活动，前往黎巴嫩执行监督维和与安全任务。12 日上午在文莱陵巴空军基地举行送行仪式，由文莱国防部副部长拿督哈芝慕斯达化向赴黎人员团队队长哈芝阿都卡迪尔授文莱国旗。文莱所派遣的这支临时部队，将先与马来西亚临时部队会合，然后一同启程前往黎巴嫩。

纪念辛亥革命 100 周年大会在北京举行（新华网）

文莱苏丹强调解决民生问题以保持社会稳定

2011 年 3 月 1 日，文莱苏丹在文莱第 7 届立法会议开幕式讲话中说，希望国人配合政府实施各项政策措施，营造有利于生产经营的环境，使国家有能力应对各种挑战，不断进步，而不应该自满和固步自封。他说，前段时间发生的国际金融动荡，使一些国家物价飞涨，造成人民生活困难，社会治安恶化。而文莱，却仍能保持社会和谐与稳定，政府依旧维持各种日用必需品的价格稳定和各种福利津贴，这是值得文莱骄傲的。他强调，政府要着力解决民生问题，继续保持社会稳定。他要求立法会所有议员要继续加倍努力，关心和想办法解决民生问题，他还强调，必须妥善管理国家财富。他还谈到提升国民竞争力的重要性，以及在经济全球化发展的形势下，政府和企业对国家发展所具有的同等作用；政府应该给各单位和机构适当拨款，推动各项事业稳步发展，为人民创造更多的就业机会。为此，苏丹批准设立利商委员会，以提升青年的知识和技艺水平，推动国家经济发展。

文莱庆祝武装部队成立 50 周年

2011 年 5 月 31 日是文莱武装部队成立 50 周年纪念日，文莱政府开展一系列庆祝活动。(1)5 月 31 日，在首都斯里巴加湾市巴拉卡斯军营举行庆祝大会，文莱苏丹、王储比拉、阿都阿津王子、阿都玛立王子和驻文莱的外国使节及武官等出席，并开放军营让民众参观，希望让民众更多地了解军旅生活和文莱武装部队的装备水平，也增加人们对武装部队保卫国家能力的信心，吸引优秀青年加入武装部队。(2)6 月 1 日晚，文莱军乐表演，文莱苏丹与 5000 多名民众到场观看。包括文莱和来自阿曼、澳大利亚、巴基斯坦等 12 个国家的军乐队参加同场表演。(3)7 月 28 日上午，文莱皇家武装部队第 5 届军官学校学生毕业操步典礼在双溪阿卡军营军官学校操步广场举行，文莱苏丹出席典礼并发表讲话。他指出，文莱皇家武装部队至今已走过 50 年，已经发展壮大，提高了战斗力。针对当前复杂的国际形势，我们的军队要有奉献精神。

文莱“一站式”政府办公网站开启

2011 年 7 月 13 日，文莱首相署高级部长、王储比拉为文莱政府推出的“一站式”办公网站揭幕。新的网站将以往功能分散、职能重合的各部门网站综合为一个门户，将向公众提供如水电费缴纳、驾照更新、上缴税款等所有文莱政府网上办公服务。文莱首相署副常秘 Azhar 表示，新网站的建成标志着文莱2009～2014年政府电子政务发展规划的核心目标已圆满完成。据文莱《文莱时报》2012年3月13日报道，联合国2012年电子政务调查结果显示，2011年，文莱排名较2010年上升14位至第54位，在东盟国家中仅次于新加坡和马来西亚。

柬埔寨励行官员财产申报制度

为打击日益猖獗的腐败问题，柬埔寨政府2010年年底通过的反腐败法规定：从2011年1月开始，政府33个部门官员须申报个人财产，申报内容包括在国内外的存款、不动产、机动车、机械、珍贵物品、有价证券及债务等。公务员上任或离任都必须申报个人资产，民航国务秘书处、公共事务国务秘书处、妇女事务部、国家审计和宪法理事会官员成为首批申报者，接下来是教育部、总理府、国防部、财经部和内政部、外交部官员，再到全国所有公务员。该法规定柬埔寨全国20万公务员必须在2011年1月完成财产申报，3月的第一个星期，是洪森首相以及非政府部门的政府高层官员、反贪机构和王宫部门官员的申报时间。财产申报工作将每两年进行一次。政府官员在下一次申报财产时需要说明新增财产的来源，而所有公务员的财产数据被列为机密档案。柬埔寨反腐败机构主席翁仁典表示，根据新的反腐败法，包括首相洪森在内的政府官员都要将其个人收入、汽车、房产、经营资产、股票等进行申报，此举对柬埔寨反腐而言具有历史意义。

·链接资料·

柬埔寨反腐肃贪

2011年柬埔寨查处国家肃毒机构前秘书长兼内政部禁毒局局长蒙达拉涉毒大案，该案涉及38宗案件。2012年1月5日，卜迭棉芷省法院裁决蒙达拉及其同伙多宗毒品和贿赂案罪名成立，判处蒙达拉终身监禁，罚款22.54万美元，赔偿政府10万美元，银行存款8万美元以及名下所有房地产也一律充公。此案还牵扯出担任卜迭棉芷省警察局局长的洪森侄子洪贤，他与卜迭棉芷省警察局副局长乾顺、国家禁毒委员会反洗钱办公室主任谢林都是蒙达拉案中的主要犯罪嫌疑人。2011年9月，金边初级法院判决柬埔寨参议院主席谢辛前任礼宾司长彭坤塔柏莉的欺诈罪名成立并处4年有期徒刑，彭坤塔柏莉3名同谋则被判处3年有期徒刑，他们分别为谢辛前顾问章古索、奔洛胡以及乔柏拉。柬埔寨官场腐败一直很严重，2010年"透明国际"公布的世界各国廉洁程度排行榜，柬埔寨在180多个国家和地区中排名154位。

柬埔寨奉辛比克党领导层改选

2011年4月2日，柬埔寨奉辛比克党在金边召开代表大会，全国各地的2000多名党代表出席会议。大会选举拉斯梅、卢莱斯伦和涅本蔡组成新的最高领导班子。根据修改后的党章，与会者一致推选拉斯梅为党领袖（主席），卢莱斯伦为名誉主席，涅本蔡担任执行主席，负责党的日常工作。拉斯梅指出奉辛比克党将加强民主监督机制，进行深入改革，赢得更多民众的支持，争取在未来大选中获得更多席位。奉辛比克党的前身是西哈努克创建于1981年的争取柬埔寨独立、中立、和平与合作民族团结阵线。1992年2月改名为奉辛比克党，并召开党的第一次全国代表大会，选举拉那烈为党主席。目前，奉辛比克党是柬主要执政党人民党的合作伙伴。

柬埔寨—美国"2011年吴哥哨兵"演习

2011年5月16～27日在柬埔寨实居省多国维和部队训练学院举行。柬副总理兼国防部长狄班、美太平洋陆军副司令官亚历山大·柯兹洛夫出席开幕仪式。参演人员包括300名柬武装部队成员和200名美军，另有来自蒙古、尼泊尔以及印度尼西亚的军人。柬埔寨国防部发言人聪速杰中将说："演习目的是为了让柬埔寨与美国在维和行动与人道活动方面，进一步加强合作。"演习内容除了指挥所和人道援救演习外，还包括工程演习，例如建设学校和医院等。吴哥哨兵多国军演是全球和平行动倡议（GPOI）的项目之一。2010年吴哥哨兵演习于2010年7月17日举行。与上年多边维和演习所不同的是，2011年吴哥哨兵演习重点是柬、美双边军演，实现了从多边向双边转向。

柬埔寨审判红色高棉领导人

2011年6月27日，柬埔寨开始历史上最为复杂的红色高棉审判，西方媒体也称之为新的"纽伦堡审判"。联合国人权事务高级专员皮莱发布声明，欢迎受到联合国支持的柬埔寨法院特别法庭开庭审理前红色高棉领导人农谢、乔森潘和英萨利的案件，3人被指控犯有灭绝种族罪、危害人类罪、严重违反《日内瓦公约》以及违反1956年柬埔寨刑法谋杀、酷刑和宗教迫害等多项罪行。4名被告中最年轻的英蒂迪已79岁。由于健康原因，英蒂迪2011年11月初被法庭认定无法出庭受审。

·链接资料·

审判红色高棉特别法庭

红色高棉在1975～1979年当政时期被指实行血腥统治，导致近200万人死亡。农谢时任红色高棉中央委员会副书记和人民代表大会委员长，乔森潘担任国家主席，英萨利时任外交部长，英萨利妻子英蒂迪担任社会事务部部长。柬埔寨在1997年向联合国请求协助该国审理红色高棉时期的案件。根据双方在2003年签署的协议，2006年2月，联合国工作组进驻

柬埔寨，开始组建审判红色高棉法庭班子。2006年5月8日，柬埔寨国王西哈努克亲王签署王令，批准由柬埔寨最高法官理事会提出的审判红色高棉特别法庭的29名法官和检察官名单。柬埔寨法院特别法庭由柬埔寨本国法官和国际法官共同组成。其中17人来自柬埔寨；其余12人由联合国提出，分别来自澳大利亚、奥地利、加拿大、法国、日本、荷兰、新西兰、波兰、斯里兰卡和美国10个国家。柬埔寨审判红色高棉特别法庭的组成，标志着审判红色高棉准备阶段工作的结束，审判红色高棉从此进入法庭取证、指控和审判的实质阶段。2007年6月12日，特别法庭通过内部规则，标志着法庭开始运作。2009年2月，法庭正式开庭对前红色高棉成员进行审判。2010年7月26日，柬埔寨法院特别法庭以战争罪判处红色高棉前监狱长康克由35年徒刑，是红色高棉第一个被判刑的领导人。特别法庭的运作成本之高，远远超出组织者意料，特别法庭最初预算为5300万美元，计划在3年时间内审理完毕，但审理期限已经延长到5年，预算也飙升至1.7亿美元。

印度尼西亚肃贪牵动政坛神经

2011年1月28日，印度尼西亚最高反贪机构——印尼肃贪委员会逮捕19名在1999～2004年期间任职的国会议员，理由是他们涉嫌在2004年印尼央行副总裁选举时收受贿赂。这次被收押的议员包括7名专业集团党人、10名民主斗争党人以及2名联合发展党人，他们涉嫌受贿的金额从1.5亿印尼盾到14亿印尼盾不等（1美元约合8900印尼盾）。在2004年印尼央行副总裁选举中，目前仍在位的米兰达当选。有媒体猜测，当时她向议员的行贿总额约为270万美元。肃贪委员会经过3年侦查后，把25名前议员列为嫌疑人，其中1人已去世，其他5名嫌疑人由于健康原因没有被收押，但肃贪委员会将同医院一起检查这几个人的健康状况。在遭收押的官员当中，最受关注的是民主斗争党副主席潘达·纳巴班。此外还有一位来自专业集团党的巴斯卡·苏塞达，他曾担任国民建设规划部长及国会财政委员会主席。此次逮捕行动受到多方关注。有反对派人士指出，这是一次政治行为，是执政党对下一届大选提前展开了争夺。巴斯卡·苏塞达在被捕后称，“这是一个政治案件。”还有被收押议员对为何不将受贿“元凶”米兰达列为嫌疑人提出强烈质疑。专业集团党是总统苏西洛所领导的民主党执政联盟的盟友。对此次引发政坛极大震动的逮捕事件及执政党与在野党间错综复杂的党派斗争，有当地媒体认为，大批专业集团党与民主斗争党干部遭到逮捕，将为民主党提供更多政治上讨价还价的资本。

印度尼西亚共和国成立66周年庆祝活动举行

2011年8月17日，印度尼西亚举行盛大仪式，庆祝独立66周年。印尼首都雅加达随处可见红白两色印尼国旗。总统府独立宫的庆祝活动上午10点开始，印尼总统苏西洛和夫人，印尼政府官员、前政要和各国驻印尼使节出席。庆祝仪式包括升旗仪式、阅兵式、鸣礼炮、飞行表演和歌舞演出等。总统苏西洛在庆祝仪式上将国旗交给一名学生。印尼空军战斗机参加独立日庆祝仪式。二战期间，当时作为荷兰殖民地的印尼被日军占领。1945年日本投降之后，印尼领导人苏加诺和穆罕默德·哈达于当年8月17日宣布独立。

印度尼西亚内阁部分改组

2011年10月18日，印度尼西亚总统苏西洛宣布对内阁进行部分改组，以提高政府部门工作效率，提升民众支持率。此次改组涉及12个职位，包括贸易部、国有企业部、能源和矿产资源部等重要部门职位。苏西洛表示，希望通过改组推动印尼贸易发展，实现能源安全，改革官僚机构。据悉，贸易部长由投资统筹机构主任吉塔·维亚万出任，贸易部原部长冯慧兰改任文化旅游部长，文化旅游部原部长耶罗·瓦芝改任能源和矿产资源部长，国有企业国务部长则由国电公司总裁达兰·余世甘出任。这是苏西洛2009年连任总统组建内阁以来的首次改组。尽管当前印尼经济表现良好，但最近的民调显示，内阁支持率由2010年1月的52.3%降至2011年的37.7%，其主要原因就是政府工作效率低下、数名部长腐败丑闻缠身等。

老挝人民革命党第九次全国代表大会

2011年3月17～21日在老挝首都万象举行。代表全党191780名党员和14269个基层党支部的576名

老挝人民革命党第九次全国代表大会在万象举行　　（百度网）

代表与会。通辛·坦马冯主持开幕式并致词，朱马利·赛雅贡代表第八届中央会员会作“政治报告”，宋沙瓦·凌沙瓦代表政府作“政府第七个五年经济社会发展计划主要方针任务”的报告，本通·吉马尼作九大代表资格的审查报告和党章修改报告。3月20日下午，老党九大采取无记名投票差额选举产生新一届中央委员会。21日上午，老党九届一中全会选举产生中央政治局委员、书记处书记和中央纪委书记。朱马利·赛雅贡再次被推举为总书记。本杨·沃拉吉再次当选书记处党务书记。本通·吉马尼当选中央纪委书记。

老挝七届国会议员全国选举，七届国会一次会议产生新一届国会、国家、政府领导人

2011年4月30日，老挝举行5年一度的七届国会议员全国选举投票。全国有选举权的选民共计3244312人（其中女性1617157人），实际参加投票3233241人，投票率99.65%，为老挝人民民主共和国1975年建立以来参加国会议员选举投票人数最高纪录。在5月9日公布的选举结果中，从全国各省和中央有关部门推举的190名候选人中，正式选举产生132名七届国会议员。

6月15～24日，老挝七届国会一次会议举行。会议选举产生了新一届国会、国家、政府领导人。巴妮·亚陶都当选国会主席，赛松潘·丰威汉、宋潘·平坎米当选国会副主席；朱马利·赛雅贡当选国家主席，本杨·沃拉吉当选国家副主席；通辛·坦马冯当选政府总理，阿桑·老李、通伦·西苏里、东斋·披吉、宋沙瓦·凌沙瓦当选副总理。会议还任命了27名部长。

同上届相比，七届政府内阁新增内务部、科技部、自然资源与环境部和邮电通讯部4个部。同时，将原来的土地机关、水资源与环境机关和地质局业务并入新成立的自然资源与环境部；将邮电通讯机关业务并入新成立的邮电通讯部；将旅游机关业务并入新闻文化和旅游部；将国家体育委员会并入教育和体育部；将原科技机关业务并入新成立的科技部。各省相关部门亦按此要求进行相应合并。

七届国会一次会议审议通过“七五”社会经济计划、2011～2012年度政府预算和新修订的税法，对国会法等提出修改意见。还确定七届国会2011～2015年六大工作计划和20项重点工作；决定在“七五”期间出台和修订各类法律90部，其中新出台48部，修订42部，以适应老挝社会经济发展、东盟共同体建设及老挝加入世贸组织的需要。

老挝七届国会二次会议修订9部法律并通过3部新法律

2011年12月7～21日，老挝七届国会二次会议在万象市举行。会议重点审议并通过对保险法、税法、关税法、卫生防疫和健康法、药品及医疗产品法、通讯法、知识产权法、矿产法和电力法9部原有法律进行的修订，同时对新制订的律师协会法、图书馆法和中小企业促进法进行审议。此外，还审议通过国家审计机关提交的2009～2010年度政府预算执行决算报告，听取政府组织执行解决洪涝灾害影响措施及促进旱季生产的报告、未来5年（2011～2015）教育改革战略等。

老挝新一届政府确定工作重点并有新举措

老挝新一届政府成立后强调：一要增强政府管理的权威性和对社会行政管理的有效性；二要在执行党的九大提出的“四突破”和带领国家到2020年摆脱欠发展及到2015年实现千年发展目标（MDGs）方面迈出坚实步伐；三要重点实现“七五”国民经济社会发展计划。为达到上述目标确定了重点抓好的六大项工作：（1）重点解决人民贫困和抓好农村发展，努力为实现千年发展基本目标（MDGs）而奋斗。（2）集中精力抓好以经济发展为中心的经济发展。（3）重点抓好文化—社会领域工作，坚持把经济发展与文化社会发展、将物质文明、住好吃好建设与老挝人精神文明建设的协调和永续发展作为指针。（4）按照精简、合理、高效的方针整顿政府行政管理机关，以符合国家管理战略。（5）重视协调国防治安工作与经济社会发展、对外合作联系之间的和谐，重视维护社会安宁、安全和秩序，集中力量克服各种社会消极现象。（6）积极执行党和政府自始至终的外交政策，为经济社会发展、保卫国家、执行与地区和国际经济联通政策创造坚实的外部环境。政府还提出到2011年底要抓好的六方面工作重点：继续重视抓好国防和治安工作；促进经济持续、稳定增长，确保宏观经济稳定；积极贯彻党的九大决议和七届国会一次会议决议；年底前完成对各部、各政府机关、地方机关特别是新成立机构的组织、制度和工作方法的整顿；尽快解决不久前各省因洪涝造成的各种损失问题，尽快恢复正常状态；做好各种筹备工作，主办好2012年亚欧峰会。

老挝中央、省、县各级群众组织相继换届

老挝群众组织主要指建国阵线、工会、妇联和青年团四大组织。这四大组织在中央、省、县、村4级均有设置，村级及以上单位均形成党、建阵、工会、妇联和青年团“五套班子”。四大群众组织业已成为老党执政的重要辅助力量。在2010年完成中央各部委和省、县、村三级建阵、工会、妇联和青年团选举换届的基础上，这四大中央机构亦相继完成了换届工作。

老党中央全国第三次政治基层建设和农村全面发展工作会议

2011年12月29日在老挝首都万象召开。政治基

层建设和农村全面发展是老党"七大"、"八大"制定的一项长远战略，也是老党和政府工作的优先重点，旨在不断加强农村基层政权建设，防止敌对势力的渗透破坏，捍卫老党执政安全并带领人民尽快摆脱贫困。老党中央政治局和老挝政府为此先后颁布过政治局第9号、第13号、第36号命令和第285号总理令，明确提出政治基层建设和农村全面发展的指针和组织落实措施。

马来西亚政府宣布废除1960年内部安全法令和1959年驱逐出境法令

2011年9月15日晚，马来西亚总理纳吉布宣布，政府直接废除1960年内部安全法令和1959年驱逐出境法令。马来西亚内部安全法令（Internal Security Act，简称ISA），是于1960年根据联邦宪法第149条文拟立，至2011年已经有51年。这项法令前身为1948年紧急条例（Emergency Regulations），法令最具争议性的是其"未审先扣"的条文，该法令赋权内政部长，可在未经审讯的情况下扣留任何被视为对国家安全构成威胁的人士60天，过后如果认为有关威胁仍未解除，可进一步扣留两年。之后，如有必要，可以在没有期限的情况下更新扣留期，每次两年。除了内安法令，马来西亚另有5项可"未审先扣"法令，即1969年紧急法令、1985年危险毒品法令、1933年限制居留法令、1959年防范罪案法令及1959年驱逐出境法令，这次废除了两项。当晚，纳吉布总理还宣布政府将根据宪法第149条的精神草拟两项新法令，以保障国内的安定、和谐、安宁、和睦。新法令将大幅减少警方扣留可疑人士的期限，规定只有在法庭允许下，才可以延长扣留，但是涉及暴力的法令除外，有关权力还是隶属内政部长。同时，纳吉布总理宣布1984年印刷及出版法令每年更新出版准证的条例将会废除，取而代之的是只需申请一次，直至撤销为止。纳吉布总理还宣布，政府将根据宪法第150（3）条文，向国会下议院及上议院提呈结束3个紧急状态的动议。

马来西亚宣布废除三项紧急状态

2011年9月15日纳吉布总理宣布向国会提呈结束三个紧急状态的动议。12月20日，马来西亚国会上议院经过二读和三读及辩论后，通过解除三项紧急状态动议，同时一并废除所有配合紧急状态颁布的法令，解除令将在2012年生效。此次解除的三项紧急状态包括：1966年9月14日国家元首为解决沙巴州政治问题而宣布的紧急状态，1969年5月15日国家元首针对"513"种族冲突事件而宣布的紧急状态，1977年11月8日国家元首基于吉兰丹州政治纠纷而宣布的紧急状态。

马来西亚政府宣布修改1971年大专法令

2011年11月24日，马来西亚政府宣布将修改1971年大专法令第15条文，以允许达21岁法定年龄的大专生参政。为了避免大专生被从政者利用，马来西亚政府于1975年修改1971年大专法令，并纳入禁止学生参政条文。马来西亚许多朝野议员以及学运组织一直批评这项法令限制年轻人的自由。2010年4月，马来西亚4名国大学生参与乌雪补选助选活动时被警方逮捕。他们4人随后上告法庭，起诉政府、高教部和国大校方，要求高级法庭宣判大专法令第15（5）（a）条文抵触宪法，以及国大在该条文下采取的纪律行动不合法。2011年11月1日，上诉庭对此案作出标志性判决，宣判1971年大专法令15（5）（a）条文违宪及违反言论自由。此案直接引发政府修改大专法令。

马来西亚第14任最高元首上任

2011年12月13日，马来西亚吉打州苏丹阿卜杜勒·哈利姆·穆阿扎姆·沙阿在国家皇宫举行的马来西亚统治者会议上宣誓就任马来西亚第14任最高元首。这是吉打苏丹第二次出任最高元首，他之前是马来西亚第五任最高元首，任期从1970年1月21日至1975年9月20日，他成为马来西亚成立以来首位两次担任这一职务者。吉兰丹州苏丹穆罕默德五世同时就任马来西亚新任副最高元首。马来西亚9个州的统治者或代表、总理纳吉布、副总理穆希丁以及前总理马哈蒂尔和巴达维出席会议。新任国家元首的登基大典则将在2012年4月举行。第13任最高元首端古·米詹·扎因·阿比丁于2011年12月12日期满卸任。

2011年12月13日，在马来西亚吉隆坡，马来西亚内阁成员向马来西亚第14任最高元首阿卜杜勒·哈利姆·穆阿扎姆·沙阿致意 （新华社）

马来西亚国会通过2011年和平集会法案

2011年12月20日，马来西亚国会上议院通过2011年和平集会法案，新法案将在2012年生效。和平集会法案废除1967年警察法令第27条，使人民在政府颁布为和平集会区享有自由集会的基本权利。若集会主办者要在官方指定为和平集会区以外的非和平集会地点展开集会，则必须通知警方，以便警方征求有关方面是否对集会有意见。和平集会法案规定，若要在非指定地区举办集会，须提前10天通知警方；而在指定地区举办集会，则只须提前24小时通知。法案反对街头示威，对涉及街头示威、非马来西亚公民举办或参与集会、在禁区或离禁区50米内举办集会、由未满21岁者举办集会以及携带15岁以下儿童参与集会者的罚款额最高为1万～2万林吉特。

缅甸新联邦议会和政府顺利组建

2011年1月31日至3月23日，缅甸联邦议会第一次会议在首都内比都召开。2月1日议会选举军政府第三号人物吴瑞曼（三军原总参谋长）为人民院议长，吴钦昂敏（文化原部部长）为民族院议长，两人轮流担任联邦议会议长。2月3日，联邦议会3个选举团（人民院选举团、民族院选举团、国防军总司令提名产生的两院军人选举团）分别提名吴登盛和赛茂康、吴丁昂敏乌为总统和副总统人选。2月4日，联邦议会进行总统投票选举，吴登盛以408票当选缅甸总统，丁昂敏乌以171票当选缅甸第一副总统，赛茂康以75票当选第二副总统。

2月8日，总统吴登盛向联邦议会提出新政府设立34个部的议案，由于部分人员兼任部长，因此吴登盛只向联邦议会提交了30名部长候选人。其中国防部长、内务部长、边境事务部部长按2008年宪法是由三军总司令丹瑞大将直接提名。2月9日，丹瑞提名哥哥中将为内政部长，拉敏为国防部长，提名军械部原部长登泰为边境事务部部长。2月10日，联邦议会表决通过政府部门的设置和30名部长人选。在30名部长中，现任和退役的军官26名，文人4名，其中担任军队高官和军政府副部长以上人员超过70%。2月21日，吴登盛提名前陆军少将伦貌（Lun Maung）为联盟总审计长，前陆军准将觉杜（Kyaw Thu）为联邦公务员委员会主席。同时，地方议会当选议员举行会议，各省（邦）议会选举产生各省（邦）的首席部长和部门负责人。3月30日，丹瑞签署命令，宣布自即日起解散国家和平与发展委员会（SPDC，1997年11月以前为国家恢复法律与秩序委员会，SLORC），正式向新政府移交权力。同日，吴登盛和两位副总统宣誓就职，随即吴登盛总统签发命令，任命联邦政府各部部长和各省邦行政长官，宣告新政府正式成立。

缅甸特赦囚犯

2011年5月16日，吴登盛总统签署减刑令和大赦令，规定凡是被判处死刑的犯人都被减为终身监禁，其他犯人减一年服刑期。10月12日，吴登盛总统再次颁布大赦令，释放6000多名犯人，其中包括近200名政治犯（包括一些知名反对党领导人）。

缅甸克钦独立军与政府军爆发冲突

2011年6月9日，克钦独立军与缅政府军在八莫靠近中缅边境太平江两个电站附近的两个村子爆发军事冲突，100多名中国工程师和工人被迫先后撤离。冲突迅速蔓延至克钦邦的其他地方，使得整个缅北局势陷入严重动荡。冲突的原因主要是政府实施民地武改编政策导致矛盾升级以及双方争夺太平江流域中国大唐集团投资建设的两座水电站地盘控制权。

昂山素季宣布参加缅甸议会补选

2011年8月19日，缅甸总统吴登盛在首都内比都与昂山素季进行会晤。次日，昂山素季参加在内比都国家会展中心举行的经济发展研讨会，并与边境与少数民族事务部登铁少将、社会福利与救济安置部长兼劳工部长吴昂基等人交谈。11月21日，昂山素季表示，准备在缅甸议会补选中竞选议员。这是昂山素季获释后首度明确表示有意参加议会选举。缅甸总统吴登盛对民盟参选表示欢迎，称民盟参政是缅甸政治的积极转变，并愿意与昂山素季进行会谈。

缅甸政府放松对媒体和出版的控制

从2011年9月开始，缅甸政府解除对国外网络和媒体的封锁，Facebook、Twitter、BBC、Youtube、缅甸民主之声和美国之音等国外网站都能上网浏览。12月9日缅甸政府公布新法规，共计54种商业期刊、杂志和书籍无须在出版之前经过政府审查，并且在通过新的媒体法律前，教育及宗教刊物也将转为“自我审查”制度。宣传部长吴觉山同时表示，政府将放宽对电影和录像的审查，不过新闻媒体还必须继续接受严格的审查。有官员透露政府不久后也会放宽新闻审查。

缅甸议会通过法案允许公民举行和平示威

2011年11月2日，缅甸议会通过《和平集会游行法》，规定工人可以组织工会并有罢工的权利。罢工组织者要提前14天向当局提出申请，说明参加人、时间和地点，并避免涉及水、电、消防、卫生和通讯等公共设施，这是缅甸1962年以来首次允许罢工。缅甸民族院议员、若开民族发展党主席埃貌说：“僧侣也是公民，所以他们也可以参加集会和游行。”

缅甸克伦民主佛教军与政府达成停火协议

2011年11月3日，缅甸大选后与政府军冲突不断的克伦民主佛教军第5旅与政府进行邦级初步会谈。12月11日，双方代表团再次在克伦邦巴安进行会谈。由苏拉培率领的克伦民主佛教军第5旅代表团同由吴昂当率领的中央政府级别的缅甸政府代表团签署一份6点协议。根据协议，克伦民主佛教军第5旅不寻求从缅甸分裂搞独立，将在妙瓦底设立一个临时基地安置相关人员。

菲律宾前总统阿罗约面临腐败指控

菲律宾前总统阿罗约自从2010年卸任以后，面临腐败指控日益增多。菲律宾总统阿基诺三世誓言追查阿罗约不法行为，阿罗约面临终身软禁的命运。阿罗约面对诸多的控告，包括2004年总统大选期间作弊的电话录音丑闻、3.29亿美元的中兴全菲宽带网络合约、7.28亿比索（约1.7亿美元）肥料基金被转移和2004年总统竞选费等。2011年她请求政府允许她出国接受治疗。但是菲律宾司法部长莱拉·德利玛表示，阿罗约完全可在菲律宾治疗，并认为她很可能为逃避指控而一去不返。德利玛还指出，阿罗约想要前往的国家中，许多都没有与菲律宾签署引渡协议，因而认为她企图逃避罪嫌。阿罗约提出诉讼，称政府针对自己的出国禁令违反宪法。11月15日，菲律宾最高法院以8比5的表决结果裁定政府对阿罗约及其丈夫的出境禁令违宪，理由是他们还没有受到任何正式的犯罪指控。但由于阿罗约正在接受关于选举舞弊的调查，法院要求她交纳200万比索作为担保费用，并要求她在抵达就医国家后，向当地的菲律宾使馆报到。菲律宾最高法院下达判决，允许阿罗约出国治病。但菲律宾司法部不同意阿罗约出国治疗，在阿罗约一行到机场准备赴新加坡治病时被德利玛强行下令拦截下来，爆发了行政当局与立法机构的矛盾与紧张关系，引起"宪政危机"。阿罗约离境受阻后住进马尼拉一家医院。11月18日下午，警方持着地方法庭发出的拘捕令到医院将她逮捕。同时拘捕涉及与阿罗约舞弊的马京达瑙省前省长老安帕图安和现被囚在军营的马京达瑙省选举署总监 Lintang Bedol。

李光耀和吴作栋宣布不在新内阁中任职

2011年5月14日，新加坡内阁资政李光耀和国务资政吴作栋发表联合声明，宣布他们不会在新一届内阁中担任职位，以便总理李显龙组阁时可以任命更年轻的部长。声明说，两人是在本月举行的新一届国会选举之后作出这一决定的。李光耀自1959年担任新加坡第一任总理直至1990年，执政30年间带领新加坡走向政治独立和经济繁荣，使之成为经济发展水平位于发展中国家前列的亚洲"四小龙"之一。1990年吴作栋接任总理，并任命李光耀担任国务资政。2004年李显龙任总理，委任吴作栋为国务资政，李光耀则任内阁资政。这两个职位仍是内阁成员。

新加坡举行总统选举

2011年8月27日上午8时，新加坡总统选举投票开始，200多万选民陆续前往各投票站投票。参加此次新加坡总统竞选的候选人共有4名，其中现年71岁的陈庆炎获胜呼声最高，他曾先后担任新加坡政府部长、副总理、华侨银行主席、新加坡报业控股主席等职务。在其他3名候选人中，陈清木是一名医生，曾担任议员20多年；陈钦亮曾任总英康保险合作社总裁；陈如斯曾任高级公务员，代表反对党参加国会选举。8月27日晚开箱计票的结果显示，两名领先的候选人陈庆炎和陈清木得票率相差不足两个百分点，根据规定进行的重新计票结果于8月28日凌晨4时30分公布。陈庆炎最终仅以较小优势领先，当选为新加坡第七任总统。9月1日，陈庆炎宣誓就职，任期6年。

英拉·西那瓦胜选，出任泰国第28任总理

2011年，泰国议会选举新一任总理。5月16日，英拉被为泰党推举为党魁正式走上前台，并在7月3日的泰国议会选举中击败前任总理阿披实。下院共500个席位，为泰党获得265席，而民主党只获得159席。8月5日，泰国总理投票选举结果出炉，在全部500票的议会选举中，唯一候选人英拉获得500票中的296票支持，仅有3人反对，其他人投了弃权票，其中包括英拉投给自己的一票弃权票，成功当选为泰王国历史上的第28任总理，成为泰国历史上首位女总理，也是西那瓦家族近10年的第3位总理。当选总理后，英拉对泰国内阁进行重组，并表示将兑现竞选时的惠民政策承诺。泰国国王批准由36人组成的新内阁中包括总理英拉、5名副总理以及30名内阁部长及部长助理。在新内阁中，为泰党党首永育担任第一副总理，同时兼任内政部长；泰国发展党党首春蓬被任命为第四副总理，继续兼任旅游与体育部长一职。

泰国朝野政党就2007年宪法存废议题再起纷争

英拉上台执政以来，针对是否修订宪法以及修改宪法哪些条款问题，各政党与民众团体仍各执己见，互不相让。红衫军极力推动恢复颁行1997年宪法。2011年11月30日反独裁联盟（红衫军）主席提姐举行记者会，宣布该组织将联署要求推动废除2007年宪法，并重新启用1997年版本宪法的行动。提姐表示，目前泰国社会矛盾的主要原因都是来自军政府时期所

通过的宪法,2007 年的宪法是在军人政变后出台的,有悖民主制度原则。12 月 22 日,国会议长颂萨表示,为泰党实际并没有讨论修宪问题,但有可能在 2012 年召集专门委员会进行审议,或是先修改宪法第 291 条款为成立宪法起草委员会铺平道路。12 月 24 日,副总理察霖警上尉表示,在是否修宪议题上,为泰党内部应该先达成一致共识。他不反对举行修宪公投,但不赞同现在进行修宪,政府当前目标应该是为民多做工作,把更多的精力用于解决包括毒品、互联网管理、打击贪污以及民生问题方面,等为泰党执政满 9 个月之后再考虑修宪之事。自豪党发言人素帕猜表示该党认为目前局势不适宜修订宪法,自豪党不赞同变更与维护王权有关的刑法第 112 条款。爱泰党党魁初逸则表示坚决反对修订宪法,并宣称为泰党的目的是借修宪的方式来削弱社会独立机构的权力,并进而对国家体制造成严重伤害。民盟协调人素立亚赛抨击称,为泰党与执政党协调委员会建议先修订宪法第 291 条款,其做法是在与红杉衫军遥相呼应,借修宪来为他信个人谋求私利。推动修宪是为泰党大选前的重要拉票承诺。当时为泰党宣布一旦胜选,将通过修改宪法第 291 条以便成立修宪委员会,并在 240 天内完成修宪草案的起草工作,之后再就修宪征求民意,以便确定是否接受修宪内容。

越南共产党第十一次全国代表大会

2011 年 1 月 12 ~ 19 日在越南首都河内举行。来自越南各地的 1327 名代表与会。大会的主题是:继续提高党的执政能力和战斗力,发扬全民族力量,全面推进革新,为到 2020 年将国家基本建成现代化工业国奠定基础。大会通过《社会主义过渡时期国家建设纲领(2011 年修订版)》、《2011 ~ 2020 年经济社会发展战略》、《越共第十届中央委员会在第十一次全国代表大会上的政治报告》、《共产党章程(修订)》等文件。大会选举产生越共十一届中央委员会,新一届中央委员会由 175 名正式委员和 25 名候补委员组成,分别比上届增加 15 名和 4 名。阮富仲当选为越共中央总书记。

越共十一大会场 (新华社)

越南第十三届国会和省(市)、县(郡)、乡(坊)人民议会代表选举

2011 年 5 月 22 日,越南第十三届国会和 2011 ~ 2016 年任期省(市)、县(郡)、乡(坊)人民议会代表选举同时在全国各地举行。这是越南首次在同一天举行国会代表选举和各级人民议会代表选举。全国有 827 人参选第十三届国会代表,各地选民将从中选出 500 名国会代表,选举差额为 60%。全国共有近 6200 万选民参加选举,投票率 99%。选举产生了 500 名国会代表。14 名越共中央政治局委员均以较高票数当选为第十三届国会代表,其中总书记阮富仲获得 85.63% 的选票,总理阮晋勇获得 95.38% 的选票,书记处常务书记张晋创获得 80.19% 的选票,常务副总理阮生雄获得 95.51% 的选票。在 500 名当选代表中,党外人士 42 名,占代表总数的 8.4%。15 名自荐参选的候选人有 4 名当选,占代表总数的 0.8%,为历届最高。中央推荐的 182 名代表,有 167 人当选,15 人落选。

2011 年 7 月 21 日,越南第十三届国会第一次会议在河内开幕。会议选举产生越南新一届国会、国家和政府领导机构。阮生雄当选国会主席,张晋创当选国家主席,阮晋勇当选连任政府总理。

越南新的征兵条令颁行

2011 年 6 月 13 日,越南政府总理阮晋勇签署《关于战时属于履行军事义务对象的公民免征入伍规定的决定》,对战时符合征兵条件的公民免征入伍的情况作出规定。根据规定,战时属于履行军事义务对象的公民在下列情况免征入伍:一是正在地方和中央的国家机关、越共组织、政治—社会组织,或使用劳动力多,对国家一个区域、一个部门、一个经济领域有着重大影响的经济组织担任关键角色的公民,若该公民入伍将直接导致该机关、组织减少、间断或停止活动,直接影响到维持社会管理和活动以及国家经济活动;二是属于保障战时国防活动计划的公民;三是正在特别重要岗位工作的公民如国家重点工程,机要部门,画、印制纸币,水文气象站,海灯、灯标工作,部级、国家级、国际研究项目主任以及其他特别行业的重要岗位;四是在机关、组织工作的公民正在政府确定经济社会特别困难的地域如边境乡、海岛、边远地区、少数民族地区工作；五是职能部门认定具有高级专业、业务水平并且正在享受该高级专业、业务工资的公民；六是能维持战时大型机关、组织运行的技能高、经验丰富的公民；七是科学研究水平高或作为发展国家才干源泉的公民；八是作为独生子女或烈士唯一儿子的公民。1982年5月6日，越南政府曾出台此类规定——《颁行下达动员令时免征入伍属于履行军事义务对象人员的职务和职业表的决定》。

外　　交

中国国家主席胡锦涛对美国进行国事访问

2011年1月18～21日，中国国家主席胡锦涛对美国进行国事访问。胡锦涛主席这次访问是在中美重新打开交往大门40周年之际和21世纪第2个10年伊始进行的一次重要访问，也是中国外交在"十二五"规划开局之年的开篇之作。胡锦涛主席这次访问，明确了中美关系今后的发展方向，增进了中美战略互信，推动了两国各领域务实合作，扩大了两国人文交流，促进了两国地方政府间的合作，加强了在重大国际和地区事务上的沟通协调，达到了增进互信，加强友谊，深化合作，建设相互尊重、互利共赢的中美合作伙伴关系的目的。

2011年1月19日，美国总统奥巴马在华盛顿白宫举行隆重仪式，欢迎中国国家主席胡锦涛对美国进行国事访问

（新华社）

东盟国家外长集体考察昆曼公路

2011年1月下旬，东盟国家外长集体考察昆曼公路，并在中国云南昆明举行中国—东盟外长会议，启动中国与东盟建立对话关系20周年纪念活动。2011年也是"中国—东盟友好交流年"，双方开展了一系列促进合作的活动。

金砖国家领导人第3次会晤在中国海南三亚举行

2011年4月14日，金砖国家领导人第3次会晤在中国海南省三亚市举行。中国国家主席胡锦涛、巴西总统迪尔玛·罗塞夫、俄罗斯总统梅德韦杰夫、印度总理辛格、南非总统祖马出席。胡锦涛发表题为"展望未来共享繁荣"的重要讲话。他强调，在进入21世纪第2个10年的历史时刻，各国需要大力维护世界和平稳定，大力推动各国共同发展，大力促进国际交流合作，大力加强金砖国家共同发展的伙伴关系。金砖国家领导人在会晤后发表《三亚宣言》。

中国国家主席胡锦涛出席博鳌亚洲论坛2011年年会

2011年4月15日，中国国家主席胡锦涛出席博鳌亚洲论坛2011年年会并发表题为"推动共同发展共建和谐亚洲"的主旨演讲。胡锦涛主席指出，推动共同发展，共建和谐亚洲，是时代赋予亚洲人民的共同使命。中国将坚定不移走和平发展道路，坚定不移奉行互利共赢的开放战略，始终把亚洲放在对外政策的首要位置，坚持与邻为善、以邻为伴的周边外交方针，积极发展同亚洲各国的睦邻友好和互利合作，不断增进相互理解和信任，永远做亚洲各国的好邻居、好朋友、好伙伴，努力维护有利于亚洲和平与发展的地区环境。

中国与东盟国家就落实《南海各方行为宣言》后续行动指针达成一致

2011年7月20日，在印度尼西亚巴厘岛举行的落实《南海各方行为宣言》高官会上，中国与东盟国家就落实《南海各方行为宣言》后续行动指针案文达成一致，并由7月21日举行的中国—东盟外长会通过。指针问题的解决为推动落实《南海各方行为宣言》进程、推进南海务实合作铺平了道路。

中越就解决海上问题达成基本原则协议

2011年10月11～15日，应中共中央总书记、国家主席胡锦涛的邀请，越共中央总书记阮富仲对中国进行正式访问。其间，双方就海上问题坦诚交换意见，强调通过友好协商与谈判解决争议、维护南海和平稳定的政治意愿和决心。10月11日，中、越两国签署《关于指导解决中越海上问题基本原则协议》。

文莱与英国教育合作继续加强

文莱教育部长丕显拿督哈芝阿布巴卡2011年1月9～12日到英国伦敦出席2011年世界教育论坛，在9日拜访英国大学科学部长大卫·威勒时双方讨论了文莱与英国教育合作事项。两国教育部长就改进学生交换计划或年度海外计划以及高等研究领域中的意愿进行交流，表示将进一步加强两国长期存在的教育关系与合作。

2011年11月20日，中国国务院总理温家宝在斯里巴加湾市参观文莱大学并与师生交流。图为温家宝向校方赠送图书　（新华社）

文莱与中国举行纪念两国建交20周年系列活动

2011年是中国和文莱建立外交关系20周年，为庆祝建交20周年，两国政府确定2011年为“中国—文莱友好年”，为此，两国开展一系列丰富多彩的庆祝活动。2月4日，文莱驻中国大使馆在北京举行文莱建国27周年国庆招待会，中国外交部主要领导应邀出席，双方代表各自政府宣布正式启动友好年活动。中国驻文莱大使闵永年于3月6日在文莱举行中文建交20周年暨“中国—文莱友好年”新闻发布会，正式在文莱举办一系列纪念活动。中国大使馆、文中友协和华人作协于4～7月联合举办“中文友好杯”华语征文比赛。活动得到文莱各界华人朋友的积极响应。8月19日，闵永年大使在大使官邸举行“中文友好杯”华语征文比赛颁奖仪式。文莱—中国友好协会、文莱华人作家协会、比赛获奖人员、媒体记者等约40人参加活动。作为庆祝中文建交20周年的重要庆祝活动之一，文莱于9月22～25日在首都斯里巴加湾市举办中国商品展，内容涵盖贸易、文化、旅游和科技等多个方面；展会期间还推出书法表演、风筝创意制作、包粽子比赛和茶艺、舞狮、武术表演等一系列有中国特色的活动，吸引很多民众参与。

2011年11月20日，中国国务院总理温家宝访问文莱，受到文莱苏丹的欢迎
（中国驻文莱大使馆经济商务参赞处网站）

文莱欢迎中国国务院总理温家宝访问文莱

2011年是文莱与中国建交20周年，为纪念两国建交20周年，中国国务院总理温家宝于11月20～21日访问文莱，这是两国建交以来中国总理首次正式访问文莱，是文中建交20周年暨“文中友好年”庆祝活动最重要的部分。对中国总理的访问，文莱政府表示热烈欢迎。访问期间，文莱苏丹同温家宝总理在文莱王宫举行会谈；两国领导人共同出席涵盖能源、卫生、友好城市等领域的多个合作文件的签署仪式。温家宝总理还参观文莱大学并发表讲话，与学生进行互动，向学校捐赠书籍，在校园内种下“文中友谊树”。温家宝总理在访问文莱时高度评价中文关系，温家宝说，中、文是传统友好邻邦，建交20年来，两国

始终相互尊重，平等相待，友好相处，为双边关系发展不断注入动力和活力，共同致力于促进地区和平、稳定与繁荣。中文关系是大小国家和谐共处、共同发展的典范。温家宝表示，中方愿与文方保持高层交往，就重大问题加强沟通协调，增进政治互信，推动双边关系取得新进展；中方支持文莱推进经济多元化发展的努力，双方要利用经贸磋商机制，加强贸易和投资合作。中方愿积极参与文方基础设施建设，推动两国在能源领域合作从油气贸易向上下游产业合作方向发展，扩大在农业、渔业、新能源、可再生能源等领域合作。双方要以"中文友好年"为契机，弘扬传统友谊，进一步密切在教育、旅游、新闻媒体、青年等领域交流合作。

柬埔寨与泰国因柏威夏领土争端发生交火事件

从2011年2月上旬开始，柬埔寨与泰国两国军队在柏威夏寺附近地区多次交火，4月22日升级为边境武装冲突，双方均使用了轻、重型武器，一直持续到4月底。冲突开始以来，双方至少有12名士兵死亡、数十人受伤，大约2万名居住在交火区域附近的泰国民众前往16处营地避难；柬埔寨一侧，1.7万居民疏散。7月，国际刑事法院进行干预，海牙国际法庭于7月18日就柬泰边境纠纷作出裁决，将柏威夏寺附近17平方千米边境争议地区划定为临时非军事区，要求柬、泰两国军队撤出这一地区，并临时部署来自印尼的军事观察员。12月22日举行双边边境委员会联席会议，两国同意从争议地区撤军；但由于两国均遭受洪灾，使这一计划一度搁浅。

泰国总理英拉访问柬埔寨

2011年9月15日，为改善两国此前因边境冲突而变得紧张的关系，泰国新任总理英拉·西那瓦首次对柬埔寨进行为期一天的正式访问。当天下午，柬埔寨首相洪森在金边和平大厦举行仪式，欢迎泰国总理英拉来访。之后双方进行一个半小时的会谈，内容涉及恢复两国经贸交流合作关系、加强边境省级合作、从非军事区撤军以及重叠海域等问题并达成共识。关于边境纠纷，洪森首相和英拉总理赞同推动两国边境军部频繁会面，创造良好的交流气氛。双方还决定执行国际法庭的裁决，从非军事区撤军（调整兵力），由印尼监察员进行监督，等待国际法庭对1962年判决书作出解释。英拉表示赞同执行非军事区的裁决和印尼的监督。关于边境合作，洪森首相建议进行边境省级会谈，并且由两国内政部长主持召开两国边境省份会议，讨论加强边境省份合作，打击边境贩卖人口、贩卖毒品等犯罪活动。关于海域重叠区，洪森首相建议两国政府依《2001年备忘录》和原有的机制进行公开谈判。洪森首相还建议两国开设新关口，尤其是在斯登布开放新口岸，作为货物往来的关口；而波比关口则作为旅游关口。英拉总理对此表示赞同。关于ACMECS（柬泰老缅越）五国单一签证问题，英拉提议柬泰两国执行ACMECS单一签证，即在柬埔寨或泰国一方签证，就可通行柬泰两国，为游客在柬泰旅游提供便利。柬埔寨外交部发言人称英拉"此次访问将使两国在各个领域的合作关系得以恢复"，并表示两国关系正在"正常化"。柬埔寨副首相兼外交部长贺南洪接受媒体采访时也表示，泰国总理此次访问取得了成功，开启两国合作共赢新篇章。

2011年9月15日，柬埔寨首相洪森（右）在金边与到访的泰国政府总理英拉·西那瓦举行会谈
（新华社）

柬埔寨首相洪森访问中国并参加中国—东盟博览会

2011年10月21～26日，柬埔寨首相洪森率领高层官员及商务代表团赴中国广西南宁参加第8届中国—东盟博览会、第8届中国—东盟商务与投资峰会。这是洪森首相第6次出席中国—东盟博览会。随同洪森首相访华的政府官员包括柬埔寨商业部长占比塞、发展理事会秘书长索占达等，代表团成员还有来自75家公司的代表250人。访华期间洪森首相与中国国务院总理温家宝举行会谈并会见中国发展银行及广西壮族自治区代表等。此届博览会柬埔寨有90个展位，参展的商品包括大米、酒、丝绸以及其他工农业产品。洪森在开幕式上表示，中国与东盟应促进私营领域密切联系，进一步加强区域合作，促进可持续发展，应对

未来的挑战。洪森指出，中国—东盟投资协议的签订，中国—东盟中心以及中国—东盟自贸商务门户网站的建立，将不仅有助于促进教育、文化等领域的合作，也将鼓励这些国家的私营部门积极参与到区域复苏中来。他表示，中国的稳定和经济发展，对于整个区域的经济增长都至关重要，柬埔寨会致力于加强柬埔寨与中国，以及东盟与中国的关系，以成为真正的经济、贸易、投资、政治、安全领域的战略伙伴。

2011 年 10 月 21～26 日，柬埔寨首相洪森访问中国并参加中国—东盟博览会，图为洪森巡视展馆
（广西新闻网）

柬埔寨举办第 11 届《渥太华禁雷公约》缔约国会议

2011 年 11 月 28 日，第 11 届《渥太华禁雷公约》（以下简称《公约》）缔约国会议正式会议在柬埔寨首都金边召开，150 多个缔约国和相关国际组织、非政府组织的 1000 多名代表与会，中国以观察员身份派代表团与会。会议由柬埔寨首相洪森和联合国开发计划署署长海伦·克拉克主持。本次缔约国会议为期 6 天，与会者就柬埔寨 20 年排雷行动、全球排雷问题以及地雷受害者社会保障等议题展开讨论。与会者总结《公约》执行情况，号召各方继续推进相关禁雷规定，呼吁国际社会在禁雷方面积极采取各种形式的努力，进一步开展国际合作与援助，对排雷及扶助因地雷致残人士等工作给予更多支持。克拉克在致词中指出，30 年来，全世界共有 100 多万人因地雷和未爆炸物死亡或残疾，其中 71% 为平民，2% 为儿童。柬埔寨是世界上地雷和战争遗留爆炸物最多的国家之一。自 1979 年以来，地雷和战争遗留爆炸物造成柬境内63000 多人伤亡，其中 1/3 为儿童。至 2011 年，柬埔寨境内还有近 650 平方千米的雷区。柬政府此前表示，要完成雷区的完全清理工作，须花费 4 亿美元、约 10 年时间。此次会议上芬兰正式宣布加入《渥太华禁雷公约》从而成为公约第 159 个缔约国。会议主办方还举办青年论坛、《公约》缔约国扫雷成就展、组织与会者视察柬边境雷区等活动。

柬埔寨—美国联合海上军演

2011 年 11 月 30 日至 12 月 9 日举行。美军参演单位包括太平洋司令部所属驻冲绳考特尼营地第三海军陆战师的 23 名将校军官。演习分两个阶段，11 月 29 日开始柬埔寨军警与美国海军陆战队举行的联合演习。第二阶段从 2011 年 12 月 2 日开始，柬王家陆军与美国海军陆战队在金边举行人道主义救援与救灾联合演习。此外，演习活动还包括美太平洋舰队第十一海军陆战队远征部队及珍珠港级和新奥尔良级导弹巡洋舰第五航空中队军官同柬埔寨陆军交流人道主义救援和救灾经验。两军官方宣称演习目的是为加强两军交流。

印度尼西亚总统苏西洛对印度进行国事访问

2011 年 1 月 24 日，印度尼西亚总统苏西洛及夫人在 10 位部长陪同下，率领由 140 家企业代表等组成的 325 人庞大代表团，前往印度进行为期 3 天的国事访问，并参加印度国庆典礼。苏西洛总统出发前在机场贵宾厅召开的记者会上说，通过此次访问，印尼与印度两国政府将举行双边会议，提升两国战略合作关系，同时签署 16 项包括政治、经济、教育、文化和科技等领域的合作建设协议，以及在基建、生产加工业、天然气开发和服务业等方面的投资协议，投资总额约 150 亿美元。按照计划，苏西洛总统除参加国庆典礼之外，还与辛格总理共同主持印尼与印度双边会谈，出席经济论坛，并与大约 500 名印度企业家会晤。2005 年印尼与印度的双边贸易额为 40 亿美元，2010 年上升至 120 亿美元。

印度尼西亚派救援部队前往海地协助震后重建

2011 年 1 月 29 日，印度尼西亚国防部长布尔诺莫·尤斯奇安多罗在总统府说：“近日救援部队就要起程。”他说，联合国的代表已经来到印尼，并确认印尼参与海地灾后恢复工作，印尼部队已整装待命。他说：“我们派去的是工兵部队和医疗部队。”这两支部队将帮助灾后重建工作。海地 2010 年 1 月 12 日发生里氏 7 级地震。据海地政府宣布，地震造成 31.6 万人死亡，30 万人受伤，约 100 万人无家可归。

印度尼西亚国防部副部长访华并会见中国国防部长

2011 年 2 月 18 日，访华的印尼国防部副部长沙夫里·沙姆苏丁在北京会见中国国务委员兼国防部长梁光烈。沙夫里表示，近年来，印尼同中国防务领域合作发展迅速。印尼愿与中方共同努力，推进两国在防务和地区安全事务中的合作，为深化两国战略伙伴关系，维护地区和平稳定作出积极努力。梁光烈说，中国非常重视同印尼发展友好关系，愿从战略高度和长远角度推动中国印尼战略伙伴关系实现更大发展。梁光烈积极评价两国防务合作。他说，中国印尼两军关系近年来取得长足发展。两军在双边和多边安全领域开展了良好的交流与合作，希望双方进一步挖掘潜力，加强合作，推动两军关系不断向前发展，为本地区和平与发展作出新的贡献。

印度尼西亚和日本举行首次部长级战略对话

2011 年 2 月 18 日，印度尼西亚和日本在东京举行第一次部长级战略对话。双方表示将加强首脑对话、部长级经济磋商等各级别对话，以深化战略伙伴关系。据日本外务省发布的新闻公报，日本外相前原诚司和印尼外长马蒂·纳塔莱加瓦当晚出席对话会。前原说，为了提升两国关系，日方愿与印尼加强各级别对话，并在安全保障和经济等领域与印尼加强合作。马蒂说，此次部长级战略对话在进一步加强两国关系上具有意义，印尼方愿与日方就加强政治、经济和安全保障等领域合作交换意见。前原和马蒂还表示，两国将在应对地区和全球问题方面进行合作。当天早些时候，马蒂与日本首相菅直人举行会谈，双方确认将为扩大两国在地区的共同利益而加强战略关系。

印度尼西亚受邀向泰柬边境争议地区派遣观察员

2011 年 2 月 22 日，印度尼西亚外长马蒂·纳塔莱加瓦在雅加达举行的东盟外长非正式会议后表示，印尼作为东盟轮值主席国决定接受泰国和柬埔寨邀请，向两国边境有争议的柏威夏寺附近地区派遣观察员。马蒂说，印尼将把派出的观察员分别部署到泰柬边界两侧，观察两国此前签署的停火协议的执行情况。他说，此次派遣行动并非代替两国发挥作用和担负责任，而只是向双方提供帮助和支持。一旦当地出现违反停火协议的情况，观察员将通过印尼政府向各方提供公正、准确的调查报告。

印度尼西亚万人按掌印声援日本

2011 年 3 月 27 日上午 6～10 时，印度尼西亚首都雅加达上万民众来到日本驻印尼大使馆门前，在一块宣传板上按下手掌印，声援日本地震及海啸受灾民众。宣传板不久将运至日本。活动由民间组织亚齐—尼亚斯重建和复苏机构发起，这家 2004 年成立的机构的宗旨是帮助灾区重建。机构前主席昆托罗·蒙库苏布罗托说：“组织这一活动目的是向日本民众表达我们的同情和支持……过去 4 年来，日本始终支持亚齐和尼亚斯重建，使得这些地区能更快复苏。”日本驻印尼大使盐尻孝次郎说：“这些支持让我相当感动。正如印尼人所愿，我们将尽快重建。”此前，印尼一些民间组织曾在全国各地举行一系列活动声援日本。一些曾在日本留学的印尼学生 26 日晚举办演唱会并出售相关纪念品，所得大约 2.3 万美元将捐赠给日本红十字会。

老挝完成加入世界贸易组织的第 7 轮谈判

老挝自 1997 年 7 月申请加入世界贸易组织至今，已经走过 14 年漫长的谈判历程。继 2010 年完成与中国、日本两国入世谈判后，2011 年 3～6 月，又先后与韩国、加拿大、澳大利亚、中国台湾达成入世协议。6 月 29 日，老挝入世工作组结束在日内瓦的第 7 轮谈判，2011 年 12 月 16 日正式与欧盟签订结束入世谈判协议；另同美国驻世贸组织代表签订结束老、美双边入世谈判的原则性意向。除乌拉圭一国外，所有提出同老挝进行入世谈判的国家均已结束同老挝的入世谈判。

外国非政府组织对老挝援助增加

截至 2011 年 8 月，在老挝登记注册的外国非政府组织达 188 个。2001 年 1 月至 2011 年 6 月，有 180 个非政府组织向老挝提供 603 个项目援助，援助总金额 3.03 亿美元。年内，50 多个非政府组织及非盈利组织出资 1500 万美元与老挝教育部在老挝 17 个省发展国民教育。2011 财年头 6 个月外国非政府组织对老援助总金额达 2200 万美元。

老挝国家领导人多次出访外国，参加地区性会议

2011 年，老挝国家领导人出访的国家有：老挝国家主席朱马利分别出访越南（8 月 8～10 日）、中国（9 月 18～21 日）、朝鲜（9 月 21～23 日）和俄罗斯（10 月 12～16 日）；老挝总理通邢分别出访越南（2 月 28 日至 3 月 2 日）、柬埔寨（3 月 7～8 日）、印度尼西亚（5 月 9～10 日）和缅甸（7 月 11～13 日），通辛还分别于 5 月 7～8 日和 11 月 16 日两赴印尼出席第 18 和 19 次东盟峰会，12 月 19～20 日再赴缅甸内比都出席第 4 次大湄公河次区域（GMS）领导人会议；老挝国会主席巴妮分别访问越南（8 月 24～27 日）和柬埔寨（9 月 1～4 日），巴妮还于 9 月 19～24 日再赴柬埔寨出席第 32 届东盟国家议会会议。

外国政要相继访问老挝

2011 年外国政要相继访问老挝。访老的外国政要主要有（按时间顺序）：泰国陆军司令巴育上将（4 月 21～22 日），越共中央总书记阮富仲（6 月 20～22 日），泰国军队最高司令宋吉迪上将（8 月 30 日），越南政府总理阮晋勇（9 月 9～10 日），中共中央政治局常委、中央政法委书记周永康（8 月 18～19 日），泰国政府总理英拉

(9月16日),泰国议长宋萨(10月7~8日),泰国上议院议长提拉迭·米片上将(10月24~25日),印度总参谋长维斋·古马星上将(12月8~11日)。此外,泰国诗琳通公主和泰国总理英拉还于11月11日共同出席泰国援建的泰那空帕农府—老挝甘蒙省他曲第三座跨湄公河大桥开通典礼仪式。

老挝成为联合国国际条约缔约国

至2011年底,老挝已同50多个国家签订300份国际条约。在2011年9月召开的联大第66次大会上,老挝正式签署成为联合国国际条约缔约国的文件。同年9月27日,老挝又签署"关于设立无海岸发展中国家国际智库的多方协定"。

马来西亚政府总理纳吉布访问韩国、日本、哈萨克斯坦

2011年4月5日、5月25日和6月13日,马来西亚政府总理纳吉布先后访问韩国、日本和哈萨克斯坦。访韩期间,纳吉布和韩国总统李明博进行会谈。双方就经商、科技、能源等领域,以及国际舞台上两国的实质合作进行深入讨论。访日期间,纳吉布在第17届日经新闻国际大会发表主要演说,表达对日本灾民的鼓励及支持;与日本工商界领袖进行对话,与马日经济协会举行圆桌会议,向日本工商界推介马来西亚经济转型计划中所提供的商机。访哈期间,纳吉布同哈方签署涵盖回教银行、石油及天然气、畜牧、电力和酒店建造五项计划的备忘录。在金融领域,哈方原则同意马在该国一家回教银行进行投资;在油气领域,哈方希望马国油公司到该国投资,该国的石油公司也有意参与马国油公司在其他国家的投资计划;在农业领域,双方共同投资养牛业,产品出口到其他国家,使马成为清真食品中心;在电力生产,马云顶集团旗下公司已与当地能源生产商洽谈,在当地生产200兆瓦电力。

马中两国政府签署关于扩大和深化双边经贸合作的协定

2011年4月27日,中国国务院总理温家宝开始对马来西亚进行正式访问。28日,马来西亚政府总理纳吉布与温家宝举行会谈。双方就加强马中战略性合作以及共同关心的国际和地区问题全面、深入交换意见,达成广泛共识。会后,马来西亚国际贸工部长慕斯达法与中国商务部长陈德铭签署《中华人民共和国政府和马来西亚政府关于扩大和深化经济贸易合作的协定》。温家宝总理在吉隆坡还分别会见马来西亚前总理马哈蒂尔和巴达维。访问期间,温家宝参观了马来亚大学,出席中马经贸合作论坛,同各界友好人士进行广泛接触,并见证两国多项合作协议的签署。双方就加快推进重点领域和大型项目合作、两国银行在对方国家互设分行、增加本币在贸易结算中的比重等达成一系列共识,并签署总额约30亿美元的商业协议。

马中经贸投资合作论坛

2011年4月28日在马来西亚首都吉隆坡举行。由马来西亚国际贸易和工业部与中华人民共和国商务部共同主办。马来西亚政府总理纳吉布和中国国务院总理温家宝共同出席并分别致词。马中政府高级官员和经济界人士代表共700人出席。

第2届马泰五边政策峰会

2011年6月2日,马来西亚与泰国举行了第2届马泰五边政策峰会,马来西亚国际贸易及工业部副部长慕克力与泰国国际贸易及工业部副部长阿隆功率领两国代表团举行对话。会议结束后宣布马来西亚与泰国拟在近期推行一种具消费优惠及简化入境手续作用的"商务通行卡",该通行卡可让马来西亚与泰国毗邻的槟城、吉打、霹雳、吉兰丹、玻璃市等州与泰国南部那拉提亚、宋卡、亚拉、北大年及沙敦的商人们自由通行。这种建议中的通行卡也将具备消费优惠功能,让两地商人在酒店及交通上获得折扣。

2011马中经贸投资国际大会

2011年9月9日,由马中经贸总商会举办的2011马中经贸投资国际大会在马来西亚首都吉隆坡举行。大会主题为"联手开拓19亿人口的市场",大会开幕式由马来西亚贸工部长慕斯达法主持并发表主题演讲。马来西亚总理署部长许子根博士、联昌国际银行

中国国务院总理温家宝与马来西亚政府总理纳吉布共同出席中马经贸投资合作论坛并致词（新华社）

总裁纳希尔、槟州首席部长林冠英、中国外交大学副校长江瑞平教授、中国东协商务理事会主务中方秘书处常务副秘书长许宁宁教授、中国云南大学国际关系学院院长刘稚教授和该院东南亚研究所副所长卢光盛教授等嘉宾在会上作主题发言。马来西亚5个经济走廊的负责人在会上分别介绍马来西亚经济走廊投资机会与优惠政策。来自世界各地的1000多名企业负责人出席大会,其中中国企业家约400人。

马新国防部长会晤

2011年9月29日,马来西亚国防部长阿末扎希与到访的新加坡国防部长黄永宏举行会晤。双方重申马来西亚武装部队和新加坡武装部队之间的良好合作关系,并讨论区域安全形势和加强双边关系的重要性。新加坡国防部长黄永宏在马期间,还分别同马来西亚内政部长希山慕丁、总理署部长许子根举行了会晤。

马来西亚政府总理纳吉布率团出席第8届中国—东盟博览会

2011年10月21~26日,马来西亚政府总理纳吉布率团访问中国,出席在广西南宁举行的第8届中国—东盟博览会和第8届中国—东盟商务与投资峰会。作为第8届中国—东盟博览会主题国,马来西亚国际贸易与工业部长慕斯达法与东盟秘书长素林共同主持博览会开幕式,纳吉布总理在开幕式上作主旨演讲。开幕式后,纳吉布总理会见中国国务院总理温家宝,两国领导人出席马来西亚魅力之城馆开幕式、第8届中国—东盟商务与投资峰会、中马钦州产业园区签约仪式并揭牌等活动。纳吉布总理还参加中国企业界总执行长举办的圆桌对话会。此次博览会,马来西亚有132家公司、16个政府机构及3个商会参加,成交额超过2亿林吉特,创历史新高。主要成交产品涉及生态服务业、保健业(燕窝)和饮料食品业等。在博览会上,在马来西亚贸工部长慕斯达法见证下,马中客商签署榴莲分销备忘录。

马美协商落实跨太平洋战略经济伙伴关系(TPP)协定

2011年马来西亚与美国就加入跨太平洋战略经济伙伴关系协定进行协商。跨太平洋战略经济伙伴关系协定也称为跨太平洋伙伴关系协议,是一项多边自由贸易协定,旨在创建一个平台,在亚洲和太平洋地区促进各国间经济一体化。2010年,马来西亚作为跨太平洋战略经济伙伴关系协定的谈判成员国,与美国开展谈判。美国已就制定跨太平洋战略经济伙伴关系协定,与澳大利亚、新西兰、马来西亚、文莱、新加坡、越南、智利和秘鲁谈判。11月13日,美国总统奥巴马在亚太经济合作会议(APEC)上说,他当天和9个国家领导人已经就跨太平洋战略经济伙伴关系协定达成基础框架协议。基础框架指出跨太平洋战略经济伙伴关系协定核心议题包括贸易协定、工业产品、农业、纺织、知识产权、技术性贸易壁垒、劳工和环境。马来西亚与美国的TPP谈判在经济领域进展较为顺利,但在劳工、环境及知识产权等方面的议题仍需进一步磋商。

马来西亚和印度尼西亚两国就解决渔民越境捕鱼问题达成协议

2011年11月19日,马来西亚总理纳吉布宣布,马来西亚和印尼双方同意从2012年1月起,不扣押对方闯入两国有争议水域的渔民,而是扣押渔船,释放渔民。2012年1月28日,两国在印尼巴厘岛正式签署“渔民待遇联合指南备忘录”,规定从2012年1月28日起,马来西亚和印尼海事执法局不再逮捕在未划定界线的海域捕鱼的两国渔民,只是劝他们离开有关海域。两国执法机构将向渔民宣传,提醒他们勿侵入邻国海域。2011年10月、11月,马来西亚总理纳吉布在龙目岛和巴厘岛出席东盟峰会时,与印尼总统苏西洛两度会面,达成上述协议的共识草案。

泰国政府总理英拉访问缅甸

2011年10月5日,泰国总理英拉率团访问缅甸,与吴登盛总统为首的缅甸代表团举行会谈,双方就加强两国投资贸易合作、边境联合禁毒、边境贸易发展、印度—缅甸—泰国高速公路建设项目、伊洛瓦底江—湄南河—湄公河经济合作战略机制等事宜交换意见。

缅甸总统吴登盛访问印度

2011年10月12~15日,缅甸总统吴登盛前往印度访问。其间,吴登盛总统与印度总理辛格举行会谈。15日,双方发表包含44项内容的《联合声明》。在声明中,双方承诺强化在水利、水电和石油天然气等能源开发领域的合作,规划公路、铁路和港口开发等领域的合作。印度承诺延长3亿美元对缅特殊项目贷款期限,并提供5亿美元的新贷款。双方细化《印缅2012~2015年度科技合作规划》,还同意增设、增开边贸机构。吴登盛总统邀请印度总统和总理访问缅甸,印方表示感谢并予以接受。

缅甸三军总司令敏昂莱访问中国

2011年11月27日至12月2日,缅军三军总司令敏昂莱上将率团访华。访华期间,敏昂上将先后与中国人民解放军总参谋长陈炳德、国家副主席习近平、中国中央军委副主席徐才厚会见,就双方国防、军事战略合作等问题交换意见。

美国国务卿希拉里访问缅甸

2011 年 11 月 30 日，美国国务卿希拉里在助理国务卿坎贝尔，民主、人权、劳工事务助理国务卿波斯纳和缅甸特使与政策协调员米德伟的陪同下抵达缅甸首都内比都。12 月 1 日，吴登盛总统、人民院吴瑞曼议长和民族院吴钦貌敏议长分别会见希拉里一行，吴登盛与希拉里举行双边会谈。希拉里表示认可缅甸新政府的改革措施，美国愿意在禁毒方面与缅甸开展合作，与联合国开发计划署合作促进缅甸农村地区的发展，在清除地雷、发展小额贷款和教育事业方面向缅甸提供帮助，并邀请缅甸代表团于 2012 年访问美国。12 月 2 日，希拉里一行参观仰光大金塔，分别会见昂山素季、反对党派和少数民族代表，并与昂山素季在美国使馆内举行新闻发布会。

昂山素季和中国大使首次会面

2011 年 12 月 15 日，中国外交部证实，中国驻缅甸大使李军华与昂山素季在仰光首次会面，中国驻缅大使“听取了她的想法”，这是对昂山素季的要求作出的回应，但并未透露会面的时间和交谈的具体内容。这是 20 年来中国与缅甸反对派最高层的首次接触。

日本外相访问缅甸

2011 年 12 月 25 ~ 26 日，日本外务大臣玄叶光一郎率团访问缅甸。其间，吴登盛总统接见日本代表团，玄叶光一郎与缅甸外长吴温那貌伦举行双边会谈。玄叶光一郎表示对缅甸民主进程的认可，宣布双方启动双边投资协定谈判，日本将恢复向缅甸提供政府开发援助。玄叶光一郎表示，日本与缅甸的经济合作将惠及民众利益，将重视消除贫困、教育和卫生等问题。玄叶光一郎在访问期间拜会昂山素季，并邀请昂山素季访问日本。

全球变局下的中国机会论坛在新加坡举行

2011 年 1 月 6 日，由中国中央电视台主办的全球变局下的中国机会论坛在新加坡举行，中国、新加坡和美国的政商学专家参加，共商中新发展大计。新加坡贸易和工业部政务部长兼人力部政务部长李奕贤在受访时表示，中国是新加坡向外投资的首选地，新加坡的优势在于集合软硬件综合发展，2010 年新加坡在中国各地投资总额 400 亿美元。北京大学光华管理学院经济学教授张维迎在受访时表示，新加坡采取各种政策吸引全球的优秀人才帮助新加坡发展，中国也需要更多地从全球吸引人才，并用各种政策使优秀人才到中国后能发挥作用。

新加坡首次与印度尼西亚设立双边商业合作框架

中国驻新加坡大使馆商务处 2011 年 5 月 13 日报道，新加坡与印尼近日首次设立双边商业合作框架，以利用新加坡在资金、科技、管理等方面的优势和印尼在市场规模方面的优势，促进两国企业界的合作，吸引更多新加坡企业到印尼投资。双方将举办商业考察、贸易展销等活动，并成立咨询委员会为双边企业合作提供商业手续及流程等建议。该框架涉及的双方机构包括新加坡国际企业发展局、新加坡工商联合总会以及印尼投资统筹机构和印尼工商总会。印尼是新加坡最大贸易伙伴，而新加坡则是印尼 2011 年第一季度的最大投资国。印尼政府数据显示，若要实现 2014 年前每年经济增长 7% 的目标，该国需吸引 1200 亿美元的外国投资来发展其基础设施。

中国海事巡视船首次访问新加坡

2011 年 6 月 19 日，中国海事巡视船“海巡 31”号抵达新加坡邮轮中心码头，开始对新加坡进行为期 5 天的访问交流。这是中国海事巡视船第一次访问新加坡。新加坡海事及港务管理局港务处处长穆罕默德·西格在码头举行的欢迎仪式上说，“海巡 31”号抵新加坡访问，显示新加坡海事及港务管理局和中国交通运输部海事局之间良好的双边关系。“海巡 31”号访新期间，新中双方官员将开展一系列活动，互动交流，加强相互了解。中国广东海事局局长梁建伟说，中国海事巡视船首次访问新加坡，是为了增进互信，加深友谊，深化合作，寻求互利共赢。希望中新进一步探讨海事管理难题，交流经验，沟通信息，深化双方多层面的交流合作，共同提高海上安全服务管理能力和水平。

2011 年 6 月 19 日，中国海事巡视船“海巡 31”号驶向新加坡邮轮中心码头
（新华社）

中新双边合作联委会第 8 次会议在新加坡召开

2011 年 7 月 27 日，中国新加坡双边合作联合委员会第 8 次会议在新加坡召开，中国副总理王岐山和新加坡副总理张志贤出席。会议回顾最近一年中新双边关系以及双方在经济、金融以及人员往来等方面的合作情况，并就地区及国际经济、金融问题交换意见。会后，中国商务部部长陈德铭和新加坡贸工部部长林勋强分别代表两国政府签署关于修改中新自由贸易协议的议定书，对原产地和服务贸易的相关规定进行了修改。两国副总理还出席同期在新加坡召开的中国—新加坡苏州工业园区联合协调理事会第 13 次会议和中国—新加坡天津生态城联合协调理事会第 4 次会议。

新加坡及印度尼西亚财团投资发展新加坡茅台新城项目

中国驻新加坡大使馆商务处 2011 年 12 月 5 日报道，由新加坡及印度尼西亚财团投资发展的新加坡茅台新城项目被中国贵州省政府列入省级重点项目。由新加坡裕廊国际编制完成的新加坡茅台新城控制性规划方案已经获得中国贵州省住房建设厅组织的专家审查通过。该项目位于贵州省仁怀市，总投资约 15 亿美元，投资总规划的范围达到 13.6 平方千米。

这个新城将是一个以仓储、物流为主体、现代制造业为主导产业，集休闲、商住于一体的新型国际化的绿色生态环保新城。新型城市内，新加坡茅台新城是首先启动的项目。新加坡茅台新城运作模式将采取“独立开发，联合招商”的方式运作，主要吸引来自印度尼西亚、新加坡、马来西亚以及其他东南亚国家和地区的汽车零部件制造业、食品与保健品、电子和通讯设备制造业、生物工程与制药业投资商，以及商贸物流、金融保险、教育科研、居住娱乐业的投资商。

泰国与印度尼西亚举行联合军演

2011 年 7 月 25 日，代号为“2011 海神鹰（SEA GARUDA 2011）”的泰国、印尼海军联合军演在泰国湾展开，参演双方为泰国海军第一驱逐舰队与印度尼西亚海军，具体由泰国海军第一驱逐舰队司令杜沙迪少将指挥。演习目的是为了增加两国海军实战经验，交换舰船操作方面的知识，提高专业能力，以及增强在执行国际任务时的竞争力，同时还将促进两国海军的友好关系。“海神鹰”联合军事演习每两年举办一次，由泰国及印度尼西亚轮流举办，此次为第 16 届，由泰国军方举办。

泰柬两国就从边境争议地区撤军和肃毒合作达成共识

2011 年 8 月 24 日，泰国与柬埔寨地方边界委员会（JBC）会议在泰国呵叻府举行。会议讨论包括从边境争议地区撤军在内的 15 个议题。会议由泰国陆军第二军军长塔瓦猜与柬埔寨第四军军长共同主持。塔瓦猜表示，本次会议的召开表明泰柬两国之间将继续开展良好合作关系，也为今后解决边境纠纷释出善意。柬方代表对泰国大选产生新政府表示欢迎，表示将依照本次会议主旨来改善泰柬关系，共同维护泰柬边界地区的稳定，加强各领域合作，发展边境地区、保护边境地区自然资源、加强旅游合作，改善两国边民关系，保证两国人民财产和生命安全。塔瓦猜中将表示，由于泰国政府还没有完成施政纲领报告，因而此次协商会议没有签署任何文件。举行联合新闻发布会的目的是为了鼓舞双方警察和军人的信心，加强合作以维护边境地区的稳定局势，并通过合作来提高两国边民的生活质量。双方还一致同意加强在肃毒领域的合作，彻底消灭越境贩毒问题。

美国务卿希拉里访问泰国

美国国务卿希拉里于 2011 年 11 月 16～17 日访问泰国，分别与泰国总理英拉、外长素拉蓬举行会晤，主要就双边关系、泰国水灾和东南亚局势交换意见，并讨论应对各种自然灾害的中长期合作计划。

泰国入选国际海事组织 C 类理事国

2011 年 11 月 21～30 日，第 27 届国际海事组织（IMO）大会会议在伦敦召开。全部国际海事组织 170 个成员国以及签订合作协议的政府间国际组织和处于

2011 年 7 月 27 日，中国新加坡双边合作联合委员会第 8 次会议在新加坡举行，会后两国政府签署关于修改中新自由贸易协议的议定书，图为签字仪式现场
（中国商务部网站）

国际海事组织资商地位的非政府间国际组织有权参加会议。泰国驻伦敦大使吉迪率领由泰国交通部副次长信拉芭猜、码头厅副厅长芭里差、泰国码头局负责人察霖猜以及其他相关人员所组成的委员小组与会。会议进行该组织的理事会成员选举，泰国被推选成为能在国际海上运输或航行方面代表世界大部分地区利益的C类理事国，而其他C类理事国包括澳大利亚、巴哈马群岛、比利时、智利、塞浦路斯、丹麦、埃及、印度尼西亚、牙买加、肯尼亚、利比里亚、马来西亚、马耳他、墨西哥、摩洛哥、菲律宾、新加坡、南非和土耳其。此次大会所选举的其他类型理事国包括，中国、希腊、意大利、日本、挪威、巴拿马、韩国、俄罗斯联邦、英国和美国等10个国际航运最大利益国作为A类理事国，阿根廷、孟加拉国、巴西、加拿大、法国、德国、印度、荷兰、西班牙和瑞典等10个国际海上贸易量最大的国家作为B类理事国。

泰国内阁批准泰中签署的5个合作备忘录

2011年12月19日，泰国举行内阁会议，决议批准泰国外交部与中国签署的4份发展合作备忘录，以加强泰中在高铁、水资源管理、县级替代能源、教育与人才资源开发等领域的合作。12月23日，泰国内阁还批准泰国文化部与中国文化部签署的第3份文化合作备忘录，根据这份备忘录，两国文化部门将在2011～2013年间开展一系列合作，以增进现代文学、音乐、电影和影视等文艺领域合作，增进传统文化交流以促进两国人民之间相互理解。

越南将在利比亚工作的1万多名劳工接回国内

2011年年初，利比亚政治局势动荡。当时有约10400名越南籍劳工在利比亚的各建筑工地务工。越南政府决定成立解决在中东和北非的越南公民问题的指导委员会，由副总理兼外交部长范家谦任主任，疏散越南劳工离开利比亚回国。2月23日至4月4日，8728名越南劳工分别乘坐9趟专机回国，另外1000多名劳工通过水路离开利比亚回国。这是越南前所未有规模最大的劳动者撤离行动。

越南实施到2020年文化外交战略

2011年2月14日，越南政府总理签发《关于批准“到2020年文化外交战略”的决定》，颁布实施到2020年文化外交战略。该战略指出，文化外交、经济外交和政治外交是越南全面和现代外交的三大支柱。这三大支柱相互联系，相互推动，为实现党和国家的对外路线作出贡献。政治外交在对外活动中具有定向作用，经济外交是对外活动的物质基础，文化外交是对外活动的精神基础。文化外交不是一个单独领域，没有单独的组织机构，而是在越南国家统一管理下的各级党组织、国家机关、各企业、地方、每个民众和旅居国外越南侨胞共同的活动和任务。越南实施到2020年文化外交的目标是，大力开展文化外交活动，使世界更加了解越南的风土人情和文化，加强与世界各国建立信心，把越南与各合作伙伴的关系引向深入、稳定和可持续发展，由此提高越南在国际舞台上的地位，为经济社会发展创造有利条件。10月，越南首次组织永福省、市、县各级党委和政府部门以及企业领导和干部的文化外交培训班。广平、安江、河江、富寿、太原、薄辽、安沛、南定等各省市也相继开展了文化外交知识培训。

越南就美国对越冷冻虾类实施反倾销税措施向世贸组织提起诉讼获胜

2011年7月11日，越南就美国对越冷冻虾类实施反倾销税措施提起诉讼一案见分晓。世贸组织审查小组认为美国“对《反倾销协定》和《关贸总协定》条款的行动缺乏一贯性”。因此，审查小组作出判决，支持越南3项起诉基本内容中的2项。其中审查小组认为，美国采用“归零法则”来计算反倾销税违背了世贸组织的规定。这是越南提起诉讼的重点。该方法夸大产品倾销幅度，使得税率被抬高，对越南的虾类出口企业造成损失。而在2011年3月，美国国际贸易委员会投票通过继续对来自越南的虾类产品征收5年期关税。

越共中央总书记阮富仲访华

2011年10月11～15日，越南共产党中央委员会总书记阮富仲对中国进行正式访问。中共中央总书记、国家主席胡锦涛同阮富仲总书记举行会谈。中共中央政治局常委、全国人大常委会委员长吴邦国，

2011年10月11日，中共中央总书记、中国国家主席胡锦涛在北京人民大会堂与到访的越南共产党中央总书记阮富仲举行会谈。图为会谈后胡锦涛和阮富仲共同出席有关双边合作文件的签字仪式　　（新华社）

中共中央政治局常委、国务院总理温家宝和中共中央政治局常委、全国政协主席贾庆林分别会见阮富仲总书记。访问期间，双方签署《中国共产党和越南共产党合作计划(2011～2015年)》、《中华人民共和国政府—越南社会主义共和国政府2012～2016年经贸合作五年发展规划》、《中华人民共和国教育部与越南社会主义共和国教育培训部2011～2015年教育交流协议》、《中华人民共和国政府和越南社会主义共和国政府关于修改中越两国政府汽车运输协定的议定书》、《中华人民共和国政府和越南社会主义共和国政府关于实施中越两国政府汽车运输协定的议定书》、《关于指导解决中华人民共和国和越南社会主义共和国海上问题基本原则协议》。其中关于指导解决中越海上问题基本原则协议明确了处理和解决海上问题的6项原则，指明在尊重法理依据、历史因素和照顾有关各方利益的基础上和平解决海上争议问题。

经　济

中国发布《反价格垄断规定》

2011年1月4日，中国国家发改委发布《反价格垄断规定》和《反价格垄断行政执法程序规定》，并宣布新规定从2011年2月1日起实施，以加强反价格垄断执法，培育市场竞争文化，促使相关企业和市场主体自觉规范经营行为，维护社会主义市场经济秩序。

中国下调部分产品进口关税税率

2011年1月27日，中国国务院关税税则委员会发出通知，决定下调部分产品进口关税税率，税率下调幅度高达50%。为促进国际收支平衡，中国政府将出台一揽子扩大进口政策。

中国鼓励外资以参股、并购等方式参与国内企业改组兼并

2011年2月12日，中国国务院办公厅印发《关于建立外国投资者并购境内企业安全审查制度的通知》。建立外资并购安全审查制度有利于规范和促进外资并购持续健康发展，鼓励外资以参股、并购等方式参与国内企业改组改造和兼并重组。

中国经济总量跃居世界第二位

2011年2月14日，日本公布2010年名义国内生产总值(GDP)为54742亿美元，低于中国1月公布的58786亿美元，中国正式超越日本成为仅次于美国的世界第二经济大国。但在人均GDP方面，日本仍是中国的约10倍。

中国海南成为全球第4个离岛免税区

2011年4月20日，中国海南岛离岛免税政策在三亚免税店试点实施。至此，海南正式成为全球第4个离岛免税区。自4月20日起，国内外游客和海南本岛居民在离开海南岛前，凭有效身份证件并提供从三亚机场离岛的日期和航班信息，就可以在免税店内购买免税商品。

中国原油对外依存度首超美国

2011年8月13日，中国工业和信息化部公布的数据显示，2011年1～5月，中国原油对外依存度达到55.2%，超过全球第一大能源消费国美国(53.5%)。专家认为，中国原油对外依存度持续攀升，成为石油对外依存度高、石油进口绝对量大的国家，这将对中国能源安全带来一系列影响。

中国超级杂交稻平均亩产首破900千克

2011年9月19日，中国农业部专家组组长、中国水稻所所长程式华正式宣布，由袁隆平指导的“Y两优2号”百亩试验田平均亩产为926.6千克，创下世界杂交水稻较大面积亩产最高纪录。这是中国超级杂交稻种植获得的重大突破。

中国国家发改委、商务部发布《外商投资产业指导目录(2011年修订)》

2011年12月29日，中国国家发展和改革委、商务部全文发布《外商投资产业指导目录(2011年修订)》。该修订目录主要围绕两个方面：一是进一步扩大对外开放，放宽外资限制；二是引导外资投向调整，即鼓励外商投资高端制造业、战略性新兴产业、现代服务业，鼓励外资投向中西部地区。

文莱成立金融管理局

文莱苏丹在2011年元旦献辞中宣布，为保持国家繁荣和经济稳定，政府将在2011年1月1日正式设立国家金融管理局，负责执行国家货币政策及监督金融体制运作。他还宣布，将继续维持文莱与新加坡之间货币挂钩制度。1月4日，文莱财政部宣布，文莱苏丹委任首相署高级部长、皇储比拉担任新成立的文莱金融管理局主席，副主席由发展部长苏约依担任。

文莱旅游局在中国4市设办事处

文莱易华网2011年3月1日报道，文莱旅游局近日在北京、上海、深圳和南宁4市设立代表处，全面推广文莱旅游，并指定北京隆天国际旅行社为其在中国地区的代表处，这是文莱旅游局首次在境外设立办事处。文莱旅游局新闻官朱凯里表示，之所以将代表处设在北京隆

天国际旅行社，是因为其在出境旅游业中具有丰富的推广经验，隆天国旅与文莱皇家航空公司合作多年，对文莱较为了解，知道如何在中国市场开拓文莱旅游。2010年，赴文莱旅游的中国游客人数达到2.2万人次。文莱旅游局目标是在2011年将中国入境人数提升20%。

文莱发现大型油气田

2011年3月16日，文莱壳牌石油公司(BSP)宣布在第三深海区发现一个大型油气田，储量达数亿桶。该油气田距离文海岸线约100千米，水深约1千米。

文莱将与日本续约20年液化天然气贸易合同

《文莱时报》2011年6月23日报道，文莱能源部长亚斯敏当日表示，文莱和日本将在两三个月内续约为期20年的液化天然气贸易合同。他还表示，如果东京电力公司因火力发电需要而希望增加液化天然气供应，新合同签订后文莱也将最大限度地提高对日出口量。目前，日本约一成的液化天然气从文莱进口。根据文莱与日本签订的液化天然气采购合同，日本自1973年每年从文莱进口403万吨液化石油气，之后双方成功续约20年，即从1993至2013年。

文莱大力扶持国内水果生产

文莱《经济日报》2011年8月11日报道，文莱本地生产水果仅满足国内43%的自给率，另外57%需进口。文莱民众喜食水果，每年人均水果消费量高达55千克，在东南亚国家中名列前茅。为尽快实现水果自给自足目标并带动农业多元发展，文莱政府将以每公顷25文莱元(约合126元人民币)的超低价把土地租给农民，并为农药、肥料、种苗和水利灌溉等生产性支出提供高达50%的补贴，以此鼓励当地农民发展水果产业。文莱政府希望2013年全国农耕地可达到6162公顷，水果产量增加到24649吨。

文莱寻求同俄罗斯建立天然气合资企业

据《文莱时报》2011年8月29日报道，文莱能源部长亚斯敏透露，文莱国家石油公司正寻求在俄罗斯开展天然气贸易并建立合资公司，从而将文莱油气产业拓展至国外。为落实文莱苏丹2009年访俄成果，亚斯敏于2011年8月初访问俄罗斯，分别会见俄罗斯能源部长以及GASPROM等俄世界级油气企业代表。

文莱国际机场扩建项目结束招标开工建设

2011年10月11日，文莱苏丹正式将文莱国际机场机场扩建项目授予马来西亚Trans－Resource公司与文莱Swee公司联合建设。据文莱经济发展委员会董事长拿督阿里称，耗资1.3亿文莱元的机场扩建项目可将文莱机场年客流量由现在的150万人次提高到2014年的300万人次，除对文莱建设区域航运中心起到决定性作用以外，还将大力促进文莱旅游业和对外贸易的发展。马来西亚Trans－Resource公司之前承建了瓜拉丁加奴机场、宿务机场、纳闽岛机场等机场扩建项目，是马来西亚A级承包商，Swee公司是文莱本地具备6级承包资质的承包商。

文莱要求参与文莱油气开发企业本地员工占比不低于50%

2011年12月13日，文莱能源部长亚思敏表示，未来参与文莱油气项目招标的企业，本地员工占比必须超过50%。此规定将于2012年年初随即颁布的《本地商业开发框架条例》一并推出，并规定在此规定推出后的5年后，将这一比例进一步提升至70%，而最终目标是实现在油气板块内本地人就业比例达到80%。

柬埔寨四大海滩城市跻身世界顶级海滩俱乐部行列

2011年4月25日，世界最美海湾俱乐部在塞内加尔举行第7次会议，正式批准柬埔寨西哈努克省、戈公省、贡不省、白马省总长440千米的海滨地区加入世界最美海湾俱乐部，成为“世界最美海滩之一”，为柬埔寨发展海滨旅游业创造了更好的条件。海滨地区将是继首都金边之后成为柬埔寨第二个经济发展区，并且同国家政治经济中心的金边、文化古迹旅游胜地的暹粒省连接起来，成为国家的三大旅游景区之一。世界最美海滩俱乐部于1997年在德国柏林成立，有27个国家为其成员(包括

柬埔寨西哈努克市的奥克提尔海滩沙质细腻，纯净洁白　　（新浪网）

柬埔寨),有33片海滩注册为其承认的世界最美海滩。

柬埔寨证券交易所开张

2011年7月中旬,目前世界规模最小的证券交易所——柬埔寨证券交易所正式开张,将于2012年初正式开盘交易。柬政府已批准柬埔寨电信公司、金边自来水公司和西哈努克港为首批上市公司。此外,还有多家私营企业提出上市申请,柬埔寨政府有关部门正在审核中。柬政府已先后批准成立15家证券公司。2011年12月22日,金运(柬埔寨)证券公司开业仪式在柬埔寨首都金边举行,这是首家由柬埔寨和中国投资者合作成立的证券公司。

柬埔寨首家人寿保险公司成立

2011年8月16日,柬埔寨财经部与中国、泰国、印度尼西亚等外国公司签署协议书,合作成立柬埔寨首家小型人寿保险公司(PKMI),并于2012年2月正式运作,PKMI公司是GP(Groupe Prevoir)集团的子公司,Groupe Prevoir(GP)集团是法国独立的保险公司,专门提供人寿保险服务,于1910年成立,至今已在5个国家设立分公司。

柬埔寨甘寨水电站竣工发电

2011年12月7日,位于柬埔寨贡布省甘寨县、由中国水电建设集团投资建设的柬埔寨国内最大水电站——甘寨水电站BOT项目竣工庆典暨PH1电站首台机组投产发电庆祝仪式举行,柬埔寨首相洪森、中国驻柬大使潘广学、中国水电股份公司总经理孙洪水出席仪式。洪森对中国水电建设集团给予高度评价和充分肯定,对中国水电投资建设甘寨水电站表示感谢。他称甘寨项目对于柬埔寨意义重大,不仅可以缓解柬埔寨当前电力匮乏的局面,推动电网改造,提供就业岗位,培养相关技术人员,更直接的作用在于减轻了电站下游雨季洪灾。

·链接资料·

柬埔寨甘寨水电站BOT项目

柬埔寨政府工业矿产和能源部以国际竞标和BOT方式、由中国水电建设集团承建的第一个境外水电站项目,总投资2.8亿美元。项目融资期1年,特许运营期44年,其中施工期4年,商业运行期40年。甘寨水电站位于柬埔寨贡布省省会城市上游约15千米的甘寨河干流上,距柬埔寨首都金边约150千米。2006年2月,中国水电建设集团国际工程有限公司在多家国际知名公司的竞标中胜出。2006年4月8日,中国国务院总理温家宝和柬埔寨首相洪森在金边出席柬埔寨甘寨水电站象征性开工仪式并为项目揭碑,2007年9月18日主体工程破土动工,2009年9月26日首台机组发电,2011年4月1日下闸蓄水。甘寨水电站主要建筑物有拦河大坝、引水发电系统和下游反调节堰等。甘寨水电站大坝为碾压混凝土坝,最大坝高114米,库容7.173亿立方米,电站总装机194.1兆瓦,坝顶长568米,发电系统由PH1引水发电系统、反调节堰PH2发电厂房和坝后PH3厂房组成,其中PH1主厂房安装3台单机容量60兆瓦的竖轴混流式水轮机,电站年平均发电量4.98亿千瓦时。甘寨电站建成后将使柬埔寨的电力供应翻番,对柬埔寨调整国家电力及能源结构、缓解供需矛盾、促进基础设施建设和人口就业、交通旅游等方面产生深远影响。工程计划于2012年4月1日全部完工。

柬埔寨成衣出口强劲增长

据柬埔寨商业部统计,2011年柬埔寨全年成衣出口总额42.46亿美元美元,比上年增长28%。出口增长主要得益于柬埔寨国内政治稳定,劳动力价格低廉以及欧洲市场对柬埔寨税收减免优惠政策。另据柬埔寨联合工会主席索安提供的数据,截至2011年底,柬埔寨约有550家成衣厂和制鞋厂,创造大约45万个就业机会。2011年柬埔寨新增50家新厂都是来自中国。柬埔寨制衣商会会长文舒扬表示,预计2012年柬埔寨将承接30多家从中国转移的制衣厂。

印度尼西亚力促创意经济发展

中国经济网《经济日报》2011年11月28日报道,印尼政府在最新的内阁改组中,首次设立旅游与创意经济部,并由经贸经验丰富、思想活跃的贸易部前部长冯慧兰博士担任首任部长。冯部长认为,全球经济发展到目前,创意经济已经在市场竞争中崭露头角,有没有新颖的创意和深厚的文化底蕴,是现代产品打入国际市场的重要条件之一。印尼别无选择,只有迎头赶上。在其带领下,印尼旅游与创意经济部开始了富有成效的工作,其中有关特色旅游的宣传和传统文化的推介这两项工作搞得有声有色。印尼旅游资源丰富,产业发展顺利,但印尼旅游部另辟蹊径,提出大力开发农村旅游的理念。印尼有13487个岛屿,100多个民族,几乎每个岛屿都有美不胜收的自然风光,尤其是各民族的传统文化和原始风俗在广大农村得到很好保护,这些都是发展农村旅游得天独厚的优势。

印度尼西亚中小企业成为经济主力军

印尼工业部中小企业总署的数据显示,20年来,印尼新成立的中小企业超过380万家,吸收劳动力达790万人。根据预测,20年中小企业对国内生产总值的贡献达到32%。印尼政府官员最近多次强调指出,包括印尼在内的东盟国家经济建设之所以取得世界瞩目的成就,中小企业的作用有目共睹。如今的中小企业,已成为印尼国民经济建设的主力军,并将在2015年东盟共同体建成后继续发挥重要作用。印尼工业部官员还表示,今后将关注中小企业在全国的整体布局和均衡发展,因为目前印尼中小企业主要集中在爪哇岛和巴厘岛,其比例高达75%。

印度尼西亚国内生产总值增长6.5%

印尼2011年第四季度国内生产总值(GDP)增长6.5%,由于头三个季度也保持6.5%的增速,印尼去年完成经济增长6.5%的目标。总统苏西洛说,去年印尼出口额突破2000亿美元大关,传统产品出口受全球经济低迷影响不大。印尼中央统计局和贸易投资机构数据显示,印尼去年全年通货膨胀率为3.79%,低于4.5%的预期。全年吸收的投资额有望达到275亿美元,高于264亿美元的目标。印尼中央银行预计,2012年印尼经济增长率将在6.2%至6.7%之间。央行表示,将加大货币和债券市场干预力度,支持政府的经济刺激措施以防范经济增速下滑。印尼议会2011年12月通过征地法案以及国际评级公司惠誉上调印尼主权评级至投资级,都被认为是促进2012年基础设施建设和吸引更多投资的利好消息。

印度尼西亚希望延长与中国货币互换协议

为期3年的中国—印尼货币互换协议将于2012年3月23日结束。印尼经济专家和印尼央行高层均表示,考虑到该协议给印尼经贸界带来了实实在在的好处,有关部门正在积极考虑延长该协议。印尼经济专家认为,印尼与中国货币互换协议对印尼企业有好处,因为在商品出口到中国或其他与中国有金融合作关系的市场,就不必像美元作为中介货币那样增加费用开支。2009年3月23日,中国人民银行与印尼央行签署为期3年的货币互换协议,允许双方货币最大互换额为1000亿元人民币或175万亿印尼盾。

老挝争取到大量国际援助

至2010年,老挝自1985年起的25年中,共争取到外国和国际组织提供的发展援助(ODA)80.44亿美元,年均3.2176亿美元。特别是过去5年(2006~2010年),共争取到国际援助34.6亿美元,年均达6.92亿美元(其中无偿援助24.21亿美元,贷款10.39亿美元)。上述援助与贷款用于2551个建设项目,几乎囊括老挝各个行业,对老挝经济社会持续发展特别是保持经济较高增长发挥了重要作用。

老挝股市正式挂牌交易

2011年1月11日,老挝股市正式挂牌交易。首日上市交易的第一只股票为“老挝大众外贸银行”,注册资本金6828.88亿基普(折合人民币约5.69亿元),流通股13657.76万股;上市发行价5000基普/股。翌日上市交易的第二只股票为“老挝大众电力公司”,注册资本金34743.88亿基普(约折合人民币28.95亿元),流通股86859.70万股,上市发行价4000基普/股。至4月30日共融资6.2亿美元,老挝股市全年只有上述两只股票交易。此外,老挝ETL电讯公司已于2011年底首次发行占总股本30%的股票2357.2万股。老挝“印度支那大众集团公司”亦于同年11月11日在证券市场申请小范围销售占总股本5%的股票给两家公司。

老挝民航开始拥有大型飞机并新增航线

2011年8月,老挝民航在政府支持下,贷款9100万美元购买2架150座空客A320飞机,计划2014年再购2架190座空客A-321飞机,力争到2015年动用2亿多美元引进数架150~200座喷气飞机。2011年底,老挝民航新增万象—新加坡、万象—东京和万象—广州航线。

老挝全国开通“一站式”投资审批服务窗口

2011年10月10日,老挝计划与投资部、工业与贸易部和财政部三部门联手开通“一站式”投资管理办公室并分别在中央和省级投资促进部门、工贸部门和经济特区管理部门设立。属于申办特许权项目的到投资促进部门办理,申办一般经营项目的到工贸部门办理,申办在已获准的经济特区内投资项目的在经济特区管理部门办理。根据投资促进法第45条规定,“一站式”投资服务要实行六原则,即:投资者在哪里提出申请在那里得到答复;给投资者的答复期限要按照“一站式”投资管理办公室公告规定时间;投资申请可以是投资者本人或通过合法代表;服务要确保提供资料信息并解决与投资者发生的各种问题;手续费和服务费用要公开并张贴在“一站式”投资服务窗口;服务要按简洁、快捷、创造性、透明公开、可查验的规章进行,决定各项投资须通过“一站式”投资服务办公室会议讨论。

老挝国内生产总值增长8.1%

据亚行预测及老挝计划与投资部初步统计:2011财年老挝国内生产总值(GDP)增长8.1%,达613000亿基普(按老官方汇率1美元兑8100基普计,折合75.68亿美元)。其中:农林业增长3%,占GDP的27.7%;工业增长19%,占27.6%;服务业增长6.5%,占38.7%(不含进口税);进口关税占6%。全年完成税收50106.4亿基普,为年度计划的111.7%。全年进出口总额达24.79亿美元。其中,出口12.30亿美元,进口12.49亿美元,外贸逆差1940万美元。全年政府预算收入占 GDP 的 20.8%（其中国内收入占 GDP 的 15.55%），支出占 GDP 的 24.29%。全年通胀率 8.5%。

老挝电力建设进入快速发展时期

老挝“六五”期间（2006～2010 年）同外国签订 40 个水电站开发项目，吸引外国投资 30 亿美元，其中 2007～2010 年吸引投资项目 5 个，投资额 18 亿美元。截至 2011 年底，全国已建成发电的水电站有 27 座，总装机 256.11 万千瓦。未来 4 年（2012～2015 年），老挝计划完成总装机 501.5 万千瓦的 10 个大型水电站建设，投资高达 112 亿美元。这 10 个水电站装机容量相当于现有装机容量的 1.96 倍。除水电站外，老挝还注意发展火力发电。2011 年 11 月 18 日，由泰国公司投资 37 亿美元、装机 187.8 万千瓦的沙耶武里省洪沙火力发电厂举行开工典礼，是迄今外国投资建设的最大发电厂。老挝政府提出，到 2020 年要成为东盟第一大电力输出国。

马来西亚政府取消 300 种名牌商品进口关税

马来西亚政府从 2011 年 1 月 1 日起取消 300 种受游客欢迎名牌商品的进口关税，其中包括服饰、化妆品、纺织品、珠宝和体育用品等。之前这些商品售价含有 5%～30% 不等的关税。政府希望通过此举吸引更多游客赴马旅游和消费，使赴马外国游客可以尽情享受免税购物的乐趣，使购物收入占旅游总收入比重从 28% 提高至 35%。

马来西亚推出多项发展计划

2011 年 1 月 11 日，马来西亚政府总理纳吉布宣布经济转型计划下新一轮 19 项发展计划，总额高达 670 亿林吉特。计划希望在未来 10 年创造 360 亿林吉特国民总收入，提供 3.5 万个就业岗位。这 19 项计划包括油气和能源、商讯服务、旅游业、交通和医药领域，其中以石油、天然气和能源领域下的 4 项旗舰计划为主。这 4 项旗舰计划的投资额超过 200 亿林吉特。3 月 16 日，纳吉布公布经济转型执行方案下的额外 9 项新启动计划，这些计划投资额达 22.68 亿林吉特，将在未来创造 117.1 亿林吉特国民总收入。这些计划包括提升邦咯岛的旅游设施、加强水利灌溉、提高稻米产量及农民的收入、培植香米、保健计划、上游增值棕油产品、再生能源包括沼气和太阳能发电设施建设计划等。6 月 15 日，纳吉布再次宣布经济转型计划中的第六批 15 个投资项目，其中包括 9 项新启动计划及 6 项原有计划的最新进展，这 15 项计划投资总额为 633.8 亿林吉特，将带来 663.1 林吉特的亿国民总收入以及 6.35 万个就业岗位。其中国油公司负责的炼油化工一体化开发（RAPID）是最大投资额的启动计划，投资额高达 600 亿林吉特，是亚太区域最大的全新投资，开发计划地点位于柔佛边加兰，以满足区域需求中心、国际船运航线及深海港口设施需求。这项计划将在 2020 年创造 450 亿林吉特国民总收入，带来 2 万个就业岗位。9 月 28 日，纳吉布又宣布在经济转型计划下的新一轮 11 项计划，其中包括大马多媒体超级走廊 MyProCert 计划、国家人才培育方案、土著中小型企业高绩效方案等。此外，纳吉布总理还公布 8 项新计划，包括棕油衍生产品开发计划、通讯与传播、航空工程服务、农业发展、电子电器和零售领域的投资项目。计划投资总额 14.3 亿林吉特，将创造 84 亿林吉特的国民总收入。

马来西亚推出多项措施促进中小企业发展

2011 年 3 月 30 日，马来西亚信贷担保机构推出名为“快速增强”的新信贷保证计划，放出 5 万～10 万林吉特的贷款，专门帮助批发和零售领域的小型企业。6 月 13 日，马来西亚进一步推出针对创新型中小企业的奖励计划，规定凡是获得“一个创新认证证书”的中小型企业可享受五项“绿色通道政策”奖励：一是每年向金融机构贷款不超过 20 万林吉特或 5 年贷款不超过 100 万林吉特的中小企业，可享受 2% 的贷款利息折扣，该项折扣最多可持续 5 年；二是该贷款合同免印花税；三是申请“一个创新认证证书”过程中所发生的现场审计、认证以及物流成本等费用可免税；四是在网上登记电子采购时可享受更快捷的程序，所需时间从 7 天缩短为 1 天；五是在政府及财政部旗下公司的采购项目上享有优先权。11 月 23 日，总理纳吉布宣布推出 2012～2020 年中小企业发展蓝图，采取 6 项措施推动中小企业发展。6 项措施分别是：简化中小企业注册程序，提供整套商业化的技术支持，为中小型企业提供融资服务，协助中小企业开拓国际市场，为中小企业成长提供催化服务，为创新提供支持。

马来西亚实施种稻改革计划

2011 年 4 月 11 日，马来西亚农业部宣布政府将开展种稻改革计划，实行国内稻米种植业园丘化管理，以提高稻米产量。农业部将与各州密切合作，适时公布各州耕地面积，并考虑交由政府关联公司及私人合作开发总面积达 1.5 万公顷的废置稻田，拨出 50 亿林吉特支持翻新，有效扩大耕种面积。吉打州是马来西亚的稻米主要种植地，农业部将斥资 1 亿林吉特，把吉打州 5000 公顷的可耕种土地发展为园丘式稻田，实施规模化种植经营。政府实行国内的稻田种植业园丘化管理后，能集中管理所有稻田，包括提供稻田区灌溉系统等，增加粮食供给，减少依赖进口，同时将有助提高稻农的收入，使稻农的月收入从 1400 林吉特增至 2800 林吉特。

马来西亚冷冻榴莲出口中国

2011年4月，中国国务院总理温家宝访问马来西亚时宣布中国同意进口马来西亚冷冻榴莲，受到马来西亚政府和企业的欢迎。5月11日，中国国家质检总局致函马来西亚，同意马来西亚冷冻榴莲正式出口中国。马来西亚有关部门对出口到中国的马来西亚冷冻榴莲作出规范：种植业者需获得农业部颁发的良好农耕农场鉴定证书，才有资格向中国出口冷冻榴莲。果农可自行使用本身的设备对榴莲进行冷冻处理，但有关设施须取得卫生部发出的合格作业规范认证。如果果农缺乏冷冻技术，则可使用马来西亚农业局位于霹雳州巴都古楼的新鲜水果处理中心进行处理。产量不多的榴莲果农，可选择将榴莲卖给联邦农业销售局，让该局代为销售。冷冻榴莲需在采摘新鲜榴莲后取出果肉，在零下30度冷冻3小时后，进行真空包装并注入氮气保持新鲜，冷冻处理后的榴莲保鲜期长达1年。

马来西亚央行放宽投资海外资金及贸易融资管制

马来西亚国家银行从2011年6月1日起放宽国内企业的海外直接投资、内部融资和贸易融资的资金管制，以提高企业资金使用效率和竞争力。拟放宽的三大限制是：一是为扶持私人界扩大海外直接投资和方便在国外运营，企业将允许进行任何数额的对外直接投资，不再局限于外汇资产低于5000万林吉特的额度；二是企业能够从海外相关公司、包括联营和姊妹公司进行以外汇为主的融资，以及向海外非银行相关公司进行以马币为主的融资，以进一步提高管理层在内部的金融资源效率，提供更具弹性的融资条件；三是取消企业向海外企业只能获得500万林吉特以内的外汇贸易融资限制。此外，同一集团下的企业能够进行总共1亿林吉特的贸易融资，而单一公司则可进行1000万林吉特的融资。

2011年马来西亚产业展销会

2011年10月5日，由马来西亚房地产发展商会主办的2011年马来西亚产业展销会启动，其中的巴生谷站展销会于10月21～23日在谷中城广场展览馆举办。本届展销会的主题是“拥有房屋·拥有未来”。马来西亚产业展销会是一个全国性的年度盛会，每年在全国各州举办近20场，其中3场在巴生谷。举办这项活动是为了配合政府推出的“居者有其屋计划”，帮助更多马来西亚公民拥有自己的居所。2011年马来西亚产业展销会吸引50多个发展商参加，展出100多个房屋发展计划，范围遍布雪兰莪、吉隆坡、柔佛、马六甲、森美兰、彭亨、霹雳等州和直辖市。同时，金融机构、公积金局、政府等相关单位也参加展销会，使展销会成为一站式服务中心。

马来西亚政府公布土著经济转型路线图

2011年11月28日，马来西亚政府总理纳吉布公布土著经济转型路线图，以帮助占当地人口多数的土著族群改变长期以来经济落后的状况。根据土著经济转型路线图，马来西亚政府要打造一个更加广泛的土著经济生态系统，让大规模的国有企业协助更多的土著公司发展。为此，政府要求国有企业主动让出一些非核心业务，以让其他土著公司拥有更多的商机。同时鼓励当地土著企业家与外国公司及非土著公司维持合作关系，通过扩大市场、获取新科技及资本，进一步开拓业务。这一计划包括发行“血汗股权”，推行高绩效土著公司计划，以及在所有的经济走廊区设立一站式服务中心等措施。该路线图按照依靠市场、根据需要、绩效、投票、鼓励成长、竞争力持续发展等六项原则，希望在加强土著经济的同时，保证其与国家的主要发展趋势相一致。

第5届马来西亚国际贸易博览会

由马来西亚对外贸易发展局主办的第5届马来西亚国际贸易博览会于2011年11月22～24日在马来西亚外贸促进局会展中心举行。博览会的活动宗旨是为了提升马来西亚本地企业产品和服务的知名度，让参与的企业家和投资者能够进入全球市场参与竞争，搭建平台并了解全球商业前景和商机，同时加强联络以建立合作关系。重点参展领域包括汽车、电子、饮食、纪念礼品、手工品和珠宝、家具和室内设计、信息和通讯科技、机械和设备、保健、药剂、化妆品和私人用品、专业和商业服务以及木制产品。除了马来西亚本地的企业参展外，还有日本、印度、巴基斯坦等14个国

出口中国的马来西亚冷冻榴莲　　（百度网）

家参展，国内外参展摊位有410个，1万名当地群众参观了博览会。

马来西亚五大经济走廊引资成效显著

自2006年推行经济走廊计划以来，到2011年底，马来西亚五大经济走廊共吸引投资264.5亿林吉特，创造13.2万个工作岗位。其中：伊斯干达特区吸引投资额最高，达83.4亿林吉特，创造5.6万个工作岗位；北部经济走廊吸引投资68.9亿林吉特，创造2.6万个工作岗位；东海岸经济区吸引投资51.4亿林吉特，创造2.7万个工作岗位；沙巴发展走廊吸引投资54.2亿林吉特，创造1万个工作岗位；沙捞越再生能源走廊吸引投资额8.3亿林吉特，创造1.3万个工作岗位。

缅甸颁布《缅甸经济特区法》

2011年1月27日，缅甸和发委颁布《缅甸经济特区法》，以刺激和鼓励外国在缅甸的投资，特别是加大对制造业、加工业、信息技术产业的投资。2月，缅甸政府又颁布《土瓦经济特区法》，指定政府机构、团体相关人员组建土瓦特区管委会，管委会主席由国家部级官员担任，土瓦特区事务由总统府部长直接对总统负责。

缅甸降低贸易税率

2011年7月1日，政府宣布将以美元上缴的出口税率由8%降为5%；从8月15日开始，又将原规定以缅币结算的与中国、印度、泰国边境贸易中以缅币上缴的8%的出口贸易税也降至5%，对大米、豆类、橡胶、淡（海）水产品、动物及动物产品等7类商品自2011年8月15日至2012年2月14日免除出口贸易税。

缅甸私有化改售为租

2011年8月19日，缅甸一工部兼二工部部长吴梭登在缅甸经济发展改革会议上说，缅甸国营工厂普遍亏损，为顺应形势将逐步向私营过渡，未来5年国营工厂将逐步减少，私营企业将逐步增加，最终将全部私有化。至2011年6月30日，缅甸私营工厂、作坊已有9421家。但是2011年私有化进程中也出现了新情况，由于国有企业出售所需要的资金量太大，国内私人投资者无力承担，政府开始改出售为转租方式，租借期限分别为5年、10年、15年和30年。9月1日开始转租的项目包括饮料厂两家，此外，还有造纸厂、糖厂、服装厂、制伞厂等。

缅甸吸引数目巨大的外国投资

截至2011年9月底，外国对缅投资额分别如下：中国96.03亿美元，泰国95.68亿美元，中国香港63.08亿美元，韩国29.38亿美元。对缅甸投资最多的领域是水电业、石油与天然气业、矿业和工业。

缅甸佐迪嘎天然气开发项目开始实施

2011年11月23日，泰国PTTEP公司分别与印度Larsen & Turbo Ltd（L & T）公司和中石油管道局签署2亿美元和1.8亿美元的合同，共同在佐迪嘎天然气田M－9和M－11区块进行项目建设。该项目将修建海底管道230千米，陆上管道70千米，天然气的80%将输往泰国，日输气量2.45亿立方英尺，国内用气量6000万立方英尺。佐迪嘎天然气田的天然气储量约为14万亿立方英尺。

缅甸颁布《缅甸小型金融业法》

2011年11月30日，缅甸通过《缅甸小型金融业法》，支持民间成立小型金融企业，农民无须提供物资担保就可得到贷款，以减少基层民众的贫困，扶持小型经济企业发展。

缅甸外国银行办事处增至16家

2011年12月2日，缅甸财税部长吴拉吞说，在缅甸开设的外国银行办事处增至16家。有9个国家的银行在缅开设办事处，分别是：新加坡4家，孟加拉、马来西亚、日本各2家，柬埔寨、泰国、文莱、越南、中国各1家。上述外国银行办事处的开设，将对缅甸的经济、通讯、金融等领域发挥重要作用。

缅中边境木姐口岸贸易额将突破20亿美元

2010/2011财年，通过木姐105码的边贸额为15亿美元，2011/2012财年自4月至10月底的贸易额已达13亿美元，估计整个财年可突破20亿美元。贸易额增长的主要原因是出口贸易税降到2%，出口额达8.37亿美元。农产品出口形势较好，仅玉米就出口60多万吨，而上一财年仅出口约40万吨。木姐105码边贸口岸的贸易额占全缅边境贸易额的70%以上。

缅甸再次降低银行存贷款利息

2011年12月23日，缅甸财税部部长吴拉吞在第135届银行监管委员会和银行协会执行委员会会议上讲话时说：为了鼓励投资和加速国家经济发展的速度，自2012年1月1日开始，央行利息将从12%下调至10%。存款利息将保持在不低于8%和不高于10%的范围，贷款利息根据贷款的类别以不得高于13%的标准进行降息。原来的贷款利息最高为15%，贷款利息降至13%对准备扩大经营投资的企业家无疑是利好消息。

菲律宾经济在创下24年新高之后陷入低迷

2010年菲律宾经济增长率高达7.3%，创下24年来的新高，而在2011年大幅下滑，增幅仅为3.7%，低于官方设定的增长目标下限。阿基诺三世政府原先把2011年全年经济增长目标设定在7%～8%，之后历经两次下调，把增长目标改为4.5%～5.5%，但最终还是没有达到预期目标。菲律宾官方把经济增长率下降归咎于政府开支减少、欧元区债务危机以及美国经济复苏缓慢等原因。尽管菲律宾经济大幅下降，但未达到负增长的程度，其主要原因：一是农业增长2.34%；二是海外工人汇款创新高，全年菲律宾海外汇款201.17亿美元，比上年增长7.2%；三是入境游客量增长11.28%，较政府年度目标370万人增长4.6%；四是政府税收增长13.1%；五是通货膨胀率得到有效控制，全年通胀率稳定为4.5%；六是财政赤字状况有所改善，全年财政赤字低于政府预计的3250亿比索。

菲律宾投资大幅增长

2011年，菲律宾官方11家投资促进机构注册投资额总计7630亿比索，较2010年增长37.57%。其中：外资2739亿比索，占比35.9%，本国投资4891亿比索，占比64.1%，总计1402个投资项目，预计将产生约19.56万个就业岗位。2011年菲律宾能源部批准6个地热发电项目，还批准6家公司的7个太阳能项目，总发电量达到19万千瓦。此外，菲律宾政府还推出10个公私合作（PPP）项目、工程，总造价约为30亿美元。

新加坡设部长级委员会支持天津生态城建设

中国经济网新加坡2011年1月25日报道，为了加强各政府部门之间对中新天津生态城建设和发展工作的协调及支持，新加坡政府近日宣布成立一个跨部门的部长级委员会，委员会由6名部长、高级政务部长和政务部长组成，主席为国家发展部部长马宝山，成员包括总理公署部长、财政部兼交通部第二部长陈惠华，国家发展部兼教育部高级政务部长傅海燕，外交部高级政务部长再诺，贸工部兼人力部政务部长李奕贤以及环境及水源部政务部长许连碹。这是新加坡首次为中新国家级合作项目成立国内部长级工作机制。该委员会工作涉及的范围包括城市规划、财政、住房、交通、教育、外交、贸工、以及环境及水资源等，全面涵盖了天津生态城建设和发展的方方面面。

·链接资料·

天津生态城

天津生态城是中国与新加坡继苏州工业园区后又一个国家级合作项目。天津生态城有意借鉴新加坡的经验，在中国探索经济蓬勃、社会和谐、资源节约的城市发展模式。以“能复制、能实行、能推广”为目标，天津生态城希望成为中国未来可持续发展的城市楷模。根据总体规划，天津生态城坐落在天津滨海新区，总面积*30*平方千米，计划*10*至*15*年基本建成，人口规模约*35*万。中新双方财团在中新天津生态城投资开发有限公司各持股*50%*，新方领军企业为吉宝集团，中方则以天津泰达控股有限公司为主。

新加坡资信局首次联手企业开拓中国市场

2011年3月16日，新加坡资讯通信中心与中国重庆市经济和信息化委员会、重庆市北碚新区管理委员会签署战略合作备忘录，借助新加坡经验在重庆打造一个软件和信息服务业聚集区。2011年上半年已有太平洋电信、宇博信息科技、蔼柏系软件科技和新宇软件等新加坡企业率先落户重庆北碚新区，未来5年新加坡资讯通信中心还将协助引进10～15家新加坡资讯科技企业落户重庆。新加坡资讯通信中心由新加坡资讯通信发展管理局和新加坡信息通讯协会合作成立。此次与重庆的合作是新加坡资信局首次联手新加坡资信企业以抱团形式同中国地方政府开展中长期合作，其目的是为企业争取更多优惠政策，同时也促进新加坡企业之间的合作。考虑到中国沿海市场已经饱和，新方表示下一步会继续采取这种抱团形式开拓中国二三线城市的市场。

新加坡提高外籍员工门槛

从2011年7月起，新加坡人力部进一步提高雇用外籍劳工的门槛。（1）本地工人的底薪从目前的650新元提高到850新元。（2）相应提高近年来抢手的专业人员、经理、执行员和技师的工资：调高S准证和就业准证申请者的底薪，拥有中级技能水平的S准证持有人，其底薪将从目前的1800新元提高到2000新元；熟练工人和技师（即Q1准证持有人）的底薪从2500新元提高到2800新元；拥有专业资格的P1和P2准证持有人，底薪则分别增加到4000新元和8000新元。薪金要求调整后，一方面减少低薪外籍工人对雇主的吸引力，另一方面也间接提高了对外籍工人素质的要求。

中石化投资1.1亿新元在新加坡设立润滑油脂厂

2011年7月28日，世界第五大企业——中国石油化工公司（Sinopec）投资5.8亿人民币（1.1亿新元）在新加坡设立的润滑油脂工厂举行奠基仪式，这是中国石化炼化业务第一个在海外直接投资建设的项目。工厂建成营运后，将成为中国石化润滑油在亚太地区的重要基地，打造成面向亚太地区客户的生产中心、服务中心和物流中心，由此将进一步增强中国石化润滑油的国际竞争力,并提升中国石化在海外市场的知名度和影响力。

新加坡竞争力全球排名第二

2011年9月7日出炉的世界经济论坛《2011/2012年全球竞争力报告》指出,新加坡清廉及高效的政府,使它在全球最具竞争力经济体的排名中跃进一位,超越瑞典排名第二,仅次于瑞士。新加坡的廉洁、政府的效能以及货物市场效率和劳动力市场效率等项指标都居全球榜首。金融市场的成熟度则排第二,基础设施如陆路交通、海港和机场也都属于世界级,全球排名第三。报告说,新加坡的竞争力因其高度重视教育,提供充足的技能培训以应付全球经济快速转变的需要而进一步加强。但新加坡在新科技应用和企业经营成熟度方面则表现一般,得分分别只有5.9(排第十)和5.1(排第15)。世界经济论坛是根据12项竞争力要素对世界142个经济体的竞争力进行评估的,这些要素包括基础设施、宏观经济稳定性、卫生与基本教育、高等教育与培训、创新能力等。

新加坡连续6年居世界银行评选的最佳经商地榜首

中国国际贸易促进委员会2011年10月21日报道,总部设于美国华盛顿的世界银行《全球经商调查》指出,新加坡连续第6年被世界银行选为全球最佳经商地点,排第二至第五名的依次是中国香港、新西兰、美国以及丹麦。

世界银行的《全球经商调查》涵盖183个国家和地区,它根据11个条件对有关地区进行排名:设立业务、申请建筑准证、取得电力、注册房地产、取得信贷、保护投资者、缴税、越境贸易、执行合约、处理清盘以及雇用员工。该项调查收集了许多法律、行政程序以及开设或扩展业务所面对的技术障碍等方面的信息。世界银行也借助政府机构、大学、法律专家及企业家来评价各地的贸易条件。

新加坡实施更优惠税收政策

中国驻新加坡大使馆商务处2001年12月5日报道,新加坡国会通过所得税、消费税及印花税修正法案。根据修正的所得税法案,政府将给企业一次性20%公司所得税缴税回扣,顶限为1万新元;或对中小企业给予最高5000新元的现金补贴。实施改进生产力及创新优惠计划的企业在六大项目的开支可获得的税额扣减,将从开支的250%提高至400%,每个开支项目的顶限也从30万新元提高至40万新元。此外,企业可得到的现金补助顶限从每年2.1万新元提高为3万新元。消费税(修正)法案条文包括允许政府推出新的特准海事顾客计划,让特准海事顾客可购买或租用享有零消费税率的产品,以使用或安装在国际航行的商船上。印花税(修正)法案主要是删除多种印花税。私人公司转为有限责任合伙公司,也可豁免缴付印花税。可让私人公司重组时有更大的灵活性。

新加坡力促劳资政三方互信

中国经济网新加坡2011年12月8日讯,在近日召开的新加坡全国职工总会全国代表大会上,总理李显龙将劳、资、政三方彼此互信的关系比作国家无形的宝藏,并强调这不仅有利于提高新加坡在国际上的竞争力,而且是在国家面对困难时促使全民上下一心克服挑战的核心价值所在。李显龙强调,新加坡政府将不惜一切代价维护这份来之不易的信任。李显龙说,在2008年全球金融危机中,正是因为劳、资、政三方在“保住工作”的问题上达成共识,才使新加坡度过难关。当时,工人愿意减薪并接受技能培训,雇主与职总配合降低运作成本以尽量避免裁员,政府则破天荒地动用国家储备基金制定包括雇佣补贴计划的振兴配套措施。李显龙强调必须确保在下次金融危机中,仍然能够一致并有效地作出反应。李显龙在展望未来时指出,新加坡今后将继续面对许多非常困难的决定,无论是经济决策、社会政策的抉择,还是由于世界各种变化而对新加坡带来的各种冲击,都将影响到所有的人。而应对这些挑战的最佳方式就是劳、资、政三方能够对彼此坦诚,了解彼此的关切,相信对方,对彼此有信心。李显龙认为,政府必须创造稳定的社会政治环境,实施健全的利民政策;职总则必须照顾工人利益,说服他们支持最终对他们有利的政策;而雇主则必须把生意做好,以确保员工的利益得到可靠的保障。

新加坡港口业务增长强劲

2011年新加坡港口业务强劲增长,头11个月在该国海港停靠的船只总吨数比上年同期增长10.2%,并于12月13日突破20亿吨,使新加坡继续保持全球最繁忙海港地位。2004年,该国抵港船只吨位首次突破10亿吨,7年后翻了一番。

新加坡航空客运量创历史新高

2011年新加坡樟宜机场客运量创历史新高,达到4650万人次,比上年增长10.7%;货运量则恢复到2008年的水平,达187万吨,增长2.8%。东南亚和东北亚是新加坡航空旅客的主要增长源,旅客人数排名前五位的城市分别是雅加达、香港、吉隆坡、曼谷和马尼拉。廉价航空的快速发展是新航空客运量创新高的一个重要推动力,2011年新加坡廉价航班占比约30%,客运量同比增长26.3%。

泰国国民收入跨入中上等级

泰国《世界日报》2011 年 8 月 20 日消息，世界银行（WB）通过 3 年汇率平均方法评定泰国的人均国民收入，将泰国的收入等级从中下等级提高至中上等级。中上等收入国家的定义为每年人均国民收入为 3976～12275 美元，折合约 11.86 万～36.63 万铢。泰国的人均国民收入为 4210 美元，相当于 12.57 万铢。世界银行经济学家迪丽达表示，此次泰国收入等级的提升，说明泰国 10 年来的经济获得成功，民众人均收入提高将近 2 倍，同时贫困率也大幅降低。这也说明泰国能较好地对国家经济基础进行宏观调控，财政基础较强，公债及通膨率较低；投资环境良好，新兴工业发展迅速；产业转型较为成功，出口市场多元化战略收效显著。

泰中两国央行签署双边本币互换协议

2011 年 12 月 22 日，泰国中央银行与中国人民银行在曼谷签署泰中双边本币互换协议。根据协议，本币互换规模为 700 亿元人民币/3200 亿铢，有效期 3 年，经双方同意可以延期。泰中货币互换协议旨在加强双边金融合作，促进两国贸易和投资，共同维护地区金融稳定。

泰国政府财政赤字大幅增加

12 月 31 日来自泰国财政部财经办消息：2011 财政年度（2010 年 10 月至 2011 年 9 月）财政赤字达 2075.69 亿铢，与 2010 财年（2009 年 10 月至 2010 年 9 月）的 527.26 亿铢相比，增加 1548.44 亿铢，符合政府加大开支刺激经济增长的政策。2011 年财年的第 4 季度（2011 年 7～9 月），财政盈余 420.5 亿铢，低于上年同期的 636.98 亿铢。该季收入 7490.63 亿铢，同比减少 150.71 亿铢，主因是预算体系外的基金收入减少；而官方开支 7070.13 亿铢，同比提高 65.76 亿铢。2011 财政年，官方收入共计 28226.94 亿铢，相当于国内生产总值（GDP）的 26.5%，比上一个财年增加 2223.25 亿铢，升幅 8.5%；官方支出共计 30302.64 亿铢，比上一个财年提高 3771.69 亿铢，升幅 14.2%。官方开支大幅增加，原因是政府透过加大官方及预算体系外基金的开支力度，以推动经济发展。

泰国跻身全球五大珠宝出口国行列

2011 年 12 月 31 日，泰国国内 7 个珠宝和装饰品业协会签订合作协议。协议的主要目的是为 7 个社团扩大贸易，解决阻碍国内外珠宝贸易的法律法规问题，使泰国发展成为东盟经济共同体（AEC）认可的珠宝贸易中心。泰国水灾及国际经济发展放缓对全球珠宝贸易造成一定的冲击，但 2011 年泰国珠宝和饰品的出口总值仍然超过 125 亿美元，增长率超过 7%。2012 年泰国珠宝出口增幅预计将提高至 10%，外销总额将达 137.5 亿美元。泰国珠宝和装饰品的出口已跻身全球五大出口国行列，年均出口价值 3000 亿铢，全国珠宝关联企业共计 90 万家。

泰国大米出口超过 1000 万吨

据泰国外贸厅统计数据：2011 年泰国大米出口总量突破 1000 万吨大关，达到 1050 万吨，创历史新高；其中 1～11 月大米出口总量超过 1004 万吨，总值 60 亿美元，折合约 2000 亿铢，同比分别增长 30%、31% 及 33%。泰国大米出口激增的原因：一是过去多个大米出口国家遭受自然灾难，部分国家出台措施禁止大米外销；主要大米进口国家也增加输入大米补充减少的库存；泰国大米具有价格优势，促使进口国家增加从泰国进口。二是泰国商业部，推动泰国以政府对政府（G2G）的形式向印度及孟加拉国出口 30 多万吨大米，拓展了大米出口市场。

泰国旅游业收入创新高

据泰国旅游和体育部旅游厅统计，尽管泰国 2011 年遭受特大洪灾，致使旅游业在 2011 年 10～11 月陷入低谷，但全年泰国旅游业收入仍达到 7345.9 亿泰铢（约合 230.8 亿美元），同比增长 23.92%，创历史新高。旅游厅秘书长素蓬表示，2011 年泰国接待游客 1909 万人次，比上年增长 19.8%。其中：来自马来西亚的游客最多，为 247 万人次；其次为来自中国、日本、俄罗斯的游客。素蓬认为，随着中国、印度、韩国等亚洲国家经济持续增长，这些国家来泰旅游人数还会继续上升。

越南通货膨胀率超过 18%

2010 年底越南国会通过将 2011 年消费者物价指数（CPI）控制在 7% 以下的目标，但是 2011 年头 3 个月通货膨胀率大幅上涨已接近 6.5%。2 月 24 日，越南政府出台旨在集中抑制通货膨胀、稳定宏观经济和保障社会民生的 11 号决议，提出 6 组措施，其中包括：政府控制 2011 年信贷增长速度在 20% 以下，控制货币投放量增速在 15%～16%；信贷资金优先用于生产经营、农业、农村、出口、辅助工业和中小企业等方面，延缓和减少对非生产领域尤其是房地产和证券的投入；削减公共投资和公务行政开支 10%；各部委和地方政府暂停购置新的汽车、空调和办公设备，最大程度减少水、电、电话、办公用品和燃油等支出，减少会议和国内外出差费用，取消不必要开支。2011 年后几个月，抑制通胀的措施开始起作用，从 8 月起，通货膨胀率每月涨幅均低于 1%。但即便如此，2011 年越南通货膨胀率仍达 18. 13%。

越南股市深度下挫

2011 年 2 月 24 日越南政府出台 11 号决议之后，由于央行要求金融机构在年内限制非生产领域贷款占总贷款的最高比例为 16%，因此各商业银行停止或缩小对证券、房地产等非生产领域的贷款。很快，证券、房地产市场资金匮乏，面临钱荒。年内，股市深度下挫。其中，越南综指从年初的 450 点降至约 356. 21 点，河内综指从年初的 80 点降至约 58. 03 点。超过 90% 的上市公司出现亏损，在河内市证券交易所上市的股票甚至出现 1000 越盾（约 0. 3 元人民币）以下的股票，11 月 22 日交易时该股票只有 700 越盾。更令股市恐慌的是，许多证券公司深陷无清偿能力困境。2011 年被视为越南证券市场成立 11 年来最黑暗的一年。与此同时，房地产市场也进入冰冻期。商品房价格下降 20% ~50% 仍难出售。许多房地产企业濒临破产边缘。

越南黄金市场动荡

2011 年，越南黄金市场动荡，金条价格 9 月 6 日上涨至 4800 万越盾/两（1 两 =37. 5 克），创历史新高。金价提高主要是受国际市场影响，尤其是欧洲债务危机、美国政府信用评级首次被下调。而金价不断变动而且变动幅度大则在很大程度上是投机者的推动。越南最大国营宝石公司西贡珠宝（SJC）的黄金商号占市场份额超过 90%，其出售价格有时比国际金价昂贵 500 万越盾/两。国际金价的变化难测以及投资者的操纵降低了市场解救政策的效力，导致很多人以 4900 万越盾/两的价格买进然后几天之后以 4500 万越盾/两的价格卖出。越南国家银行出手干预，除短期性的措施如发放黄金进口配额，出售黄金平稳价格外，还制定一系列新政策以重新建立黄金市场的法度，其中计划把西贡珠宝公司（SJC）变成国家黄金商号，进而禁止西贡珠宝公司（SJC）以外的其他企业生产金条。越南国家银行行长阮文平表示，今后条件允许时，金条上的“SJC”商标将改成“SBV”，SBV 是越南国家银行的英文缩写。

越南国会通过决议保护 381. 2 万公顷耕地

在越南各地热衷于占用土地建造高尔夫球场和工业区的背景下，2011 年 11 月 22 日，越南国会通过《关于到 2020 年国家土地利用规划暨五年土地利用计划（2011 ~2015 年）的决议》，其中要求到 2020 年要保护越南全国耕地面积 381. 2 万公顷（其中水稻耕种面积 322. 2 万公顷），以保障粮食安全。该决议同时要求中央政府、地方政府确定界限，公开需要严格保护的耕地、防护林地、特种用途林地的面积。

越南地下信贷崩盘蔓延

2011 年，受房地产、黄金和证券市场强烈波动和急速衰退的影响，越南地下信贷崩盘蔓延。有的地下信贷链条崩盘后的坏账达到上万亿越盾。从河内、广宁、北江、义安，到河静、广治、广南、胡志明市，在几乎所有的地方，都爆发了地下信贷崩盘事件。在河内，至少有 20 例地下信贷崩盘案件，涉案金额上万亿越盾。其中，不少人从银行贷款，然后借贷给地下信贷以享受最高为 170%/年的差额利率。据报道，几乎所有的债务人都因投资证券、黄金和房地产亏损而破产，负债上万亿越盾后潜逃，甚至有人请求入狱以保全性命，避免被债权人雇佣黑社会追杀。

2011 年越南国内生产总值增长 5. 89%

2011 年，越南经济在困难的形势下仍保持较高增长，国内生产总值比上年增长 5. 89%，产值主要集中于农林渔业、工业建筑业和服务业。其中，农林渔业增长 4%，产值为 558 万亿越盾（约合 265. 7 亿美元）；工业与建筑业增长 5. 53%，产值为 1020 万亿越盾（约合 485. 7 亿美元）；服务业增长 6. 99%，产值为 956. 3 万亿越盾（约合 455 亿美元）。

2011 年越南贸易逆差为近 5 年以来最低水平

2011 年，越南进出口贸易总额达到 2036. 6 亿美元，比上年增长 29. 7%。出口贸易额为 969. 1 亿美元，增长 34. 2%。其中，内资企业出口 418 亿美元，增长 26. 1%；外资企业出口 545 亿美元（包括原油），增长 39. 3%。进口贸易额 1067. 5 亿美元，增长 25. 8%。其中，内资企业进口 580 亿美元，增长 21. 2%；外资企业进口 478 亿美元，增长 29. 2%。2011 年，越南的贸易逆差额为 98. 4 亿美元，是近 5 年以来逆差最低的一年。2011 年贸易逆差占出口额的比重为 10. 2%，是自 2002 年以来占出口额比重最低的一年。

文　化

中国国家科学技术奖励大会在北京举行

2011 年 1 月 14 日，2010 年度中国国家科学技术奖励大会在北京举行。中共中央总书记、国家主席、中央军委主席胡锦涛首先向获得 2010 年度国家最高科学技术奖的中国科学院院士、中国工程院院士、国家自然科学基金委员会特邀顾问、中国科学院金属研究所名誉所长、著名材料科学家师昌绪，中国工程院院士、上海交通大学医学院附属瑞金医院终身教授、著名血液学专家王振义颁发奖励证书。胡锦涛等党和国家领导人向获得国家自然科学奖、国家技术发明奖、国家科学技术进步奖和中华人民共和国国际科学技术合作奖的代表颁奖。2010年度国家科学技术奖励共授奖356项(人)，其中国家最高科学技术奖获得者2人；国家自然科学奖授奖项目30项，其中一等奖空缺，二等奖30项；国家技术发明奖授奖项目46项，其中一等奖2项，二等奖44项；国家科学技术进步奖授奖项目273项，其中特等奖3项，一等奖31项，二等奖239项；授予5名外籍科学家中华人民共和国国际科学技术合作奖。

中共中央总书记、国家主席、中央军委主席胡锦涛向获得2010年度国家最高科学技术奖的科学家颁奖　（新华社）

中国“三馆”免费开放

2011年2月10日，中国文化部、财政部出台《关于推进全国美术馆、公共图书馆、文化馆(站)免费开放工作的意见》，明确2011年底之前国家级、省级美术馆全部向公众免费开放；全国所有公共图书馆、文化馆(站)实现无障碍、零门槛进入，公共空间设施场地全部免费开放，所提供的基本服务项目全部免费。

中国《富春山居图》实现合璧

2011年5月11日，作为中国浙江省博物馆“十大镇馆之宝”之一的《富春山居图》之剩山图运抵北京，5月20日安抵台北故宫博物院；6月1日，与存于台北故宫博物院的无用师卷一起出现在“山水合璧——黄公望与《富春山居图》特展”上。至此，黄公望的名卷在云水相隔360余年后，首次在公众面前展现全貌。

中国大陆刊物《读者》在台湾发行

2010年8月，中国大陆刊物《读者》获得台湾当局新闻主管部门核准，成为第一种获准在台发行的大陆期刊。《读者》于2011年1月正式“登台”发行。《读者》杂志获准进入台湾后，改以繁体版印刷。《读者》单月平均发行量800万册，在大陆综合类期刊中排名第一，世界排名第四。2004年以来，《读者》积极开拓海外市场，在北美、欧洲和澳大利亚市场发行。

第26届世界大学生夏季运动会在中国深圳举办

2011年8月12日，第26届世界大学生夏季运动会在深圳开幕。在为期12天的赛程中，152个国家和地区的近万名大学生在24个大项、306个小项的比赛中展开角逐。中国大学生体育代表团以取得75枚金牌、145枚奖牌的成绩，居金牌榜和奖牌榜首位。

2011年8月12日，第26届世界大学生夏季运动会在深圳开幕。图为各代表团成员进入会场　（大运会官方图片社）

屠呦呦获2011年拉斯克临床医学奖

2011年9月13日，2011年度拉斯克奖基金会将临床医学研究奖授予中国中医科学院研究员屠呦呦，以表彰她及其青蒿素研究团队在青蒿素研究方面作出的杰出贡献。1971年，屠呦呦和她的科研团队开始致力于抗疟新药研发，通过不懈努力，成功地从青蒿中提取出具有明显抗疟效果的青蒿素。这一成果为青蒿素系列产品研发奠定基础，挽救了全球数百万疟疾病人的生命，对国际疟疾防控发挥了重要作用。

"2011 中国文化聚焦"走进东非

作为"2011 中国文化聚焦"的重要活动之一，"风从敦煌来"——中国甘肃艺术团在肯尼亚和厄立特里亚进行访问演出。2011 年 9 月 8 日，艺术团在肯尼亚内罗毕大学礼堂举行此次非洲之行的首场演出。艺术团精心准备了富有中国特色和甘肃特点的舞蹈、民乐、杂技、魔术、独唱等精彩节目，并将首次应邀参加在南非约翰内斯堡举行的国际活力艺术节。

中国天宫一号与神舟八号太空交会对接成功

2011 年 9 月 29 日和 11 月 1 日，中国天宫一号目标飞行器和神舟八号飞船分别在中国酒泉卫星发射中心成功发射，准确入轨。11 月 3 日和 11 月 14 日，天宫一号目标飞行器和神舟八号飞船两次空间交会对接成功。11 月 17 日，神舟八号飞船降落预定落点。18 日，天宫一号目标飞行器变轨、转入长期运营模式，等待来年与神舟九号、神舟十号飞船进行交会对接。

中国共产党十七届六中全会作出文化强国新部署

2011 年 10 月 15～18 日在北京举行的中国共产党第十七届中央委员会第六次全体会议审议通过《中共中央关于深化文化体制改革、推动社会主义文化大发展大繁荣若干重大问题的决定》，提出坚持中国特色社会主义文化发展道路，发展面向现代化、面向世界、面向未来的，民族的科学的大众的社会主义文化，培养高度的文化自觉和文化自信，推进社会主义核心价值体系建设，提高全民族文明素质，增强国家文化软实力，弘扬中华文化，努力建设社会主义文化强国。举国上下兴起文化建设新高潮。

中国台北市获 2017 年世界大学生运动会主办权

2011 年 11 月 30 日，中国台北市击败强劲对手巴西城市巴西利亚，获选举办 2017 年夏季世界大学生运动会。这是台湾地区有史以来主办最大的国际运动赛事。

文莱政府支持发展绘画艺术

2011 年 3 月 19 日，文莱文化、青年与体育部在文莱博物馆举办为期半月的"2011 绘画万花筒"画展，文化、青年与体育部长哈吉·阿卜杜拉在画展开幕式上表示，文化、青年与体育部大力支持绘画艺术的发展。绘画是文莱文化和民族遗产，也是民族精神和物质发展水准的体现。画展集 16 名文莱画坛元老的最新作品于一堂，让人们了解文莱近 60 年来绘画艺术的发展历程和绘画风格的变化过程。

中国"神舟八号"飞船发射成功组图：①"神舟八号"飞船整装待发；② 科研人员在调试"神舟八号"飞船轨道舱；③ 2011年 11 月 17 日，"神舟八号"飞船顺利返回地面 （新华社）

文莱举行国庆日赛跑

文莱于2011年3月27日上午在全国各区同步举行国庆日赛跑活动。文莱王室成员出席在首都斯里巴加湾市举行的这项活动。举行此项活动,除庆祝文莱国庆节外,也含有通过赛跑活动来带动全民健康活动和增进各界青年友好联系、促进各界青年之间融合,以及鼓励社会团体持续开展各项体育活动,以养成健康生活方式等目的。

文莱苏丹呼吁文莱留学生回国服务

2011年5月2日。文莱苏丹在英国伦敦希尔顿公园园店接见留英文莱学生时呼吁留学海外的文莱学生饮水思源,感恩图报,将来学成后返国服务,回报国家栽培之恩。他对一些学生学成后不愿返国服务感到遗憾,认为这种态度不但有违爱国精神,也可被视为对国家不忠。他认为,不论不愿回国服务的理由是什么,这种偏差思想及行为必须纠正。为了培养人才以满足国家各领域发展需求,政府不惜花费大笔资金作为奖学金资助学业优良的文莱学生赴海外深造。他一再提醒留学海外的文莱学生,一切应以国家利益为重,勿将个人利益置于国家利益之上。他认为,青年是国家未来的宝贵资产,青年的素质及表现将影响国家在将来是否继续取得进步。国家目前需要大量学有专长的本地青年投身各领域服务,留学海外的文莱学生在学成后,应该返国服务。

文莱政府同微软合作推出首个“微软学院”

2011年6月3日,文莱国家电子政府中心与微软合作共同推出本地区首个“微软学院”,为各政府部门的信息与通讯科技官员提供培训。文莱政府希望通过有关培训课程,提升政府在信息与通讯工艺领域的人力资源,加快实现国家电子化政府目标,以及塑造一个可永续发展和运作的信息与通讯工艺系统。这是微软首次与一个国家合作,为公共信息与通讯科技官员开办培训课程。

文莱成立电子政府创新学院

为了实现文莱电子政府的目标,文莱大学在文莱首相署和韩国先进科学与技术学院的支持下,成立文莱电子政府创新学院。文莱王室阿都阿津王子2011年6月4日上午为设在文莱大学的文莱电子政府创新学院主持启用仪式。文莱政府建立该学院的目的是,通过文莱电子政府创新学院的设立和将提供的研究、训练课程与论坛等方式来提升文莱在该领域的人才普及化水平,促进政府官员对信息科技的应用。

文莱苏丹呼吁国人养成阅读风气

2011年7月26日上午,文莱苏丹在为文莱2011年知识大会主持开幕时呼吁国人树立良好的读书风气。他说,有鉴于知识的重要性,包括阅读在内的追求知识努力应成为国家发展计划的重要组成部分。他希望在普及知识方面,知识分子和教育工作者应多加一把力。他认为今年知识大会主题“教育建立民族认同”是非常恰当的,希望国人养成并坚持阅读习惯,这也是可兰经里所强调和推崇的。

文莱苏丹强调维护伊斯兰文明

2011年8月17日晚,1432年可兰经启示纪念日庆典在文莱首都斯里巴加湾市举行。文莱苏丹在发表讲话时重申可兰经的崇高地位,要求伊斯兰教徒维护伊斯兰教文明的辉煌历史。他强调,伊斯兰教的启示不限于虔诚行为和社区生活方面,也涉及到食品的来源,应确保穆斯林购买的食品为清真食品。为此,政府要求有关部门在处理食品问题时更为严格和谨慎,尤其应对进口食品的来源进行严格审查和检测,以免引起社会问题。

文莱体育代表团参加第4届婆罗洲运动会获得好成绩

2011年12月4~11日,文莱体育代表团参加在印度尼西亚加里曼丹省沙马林达市举行的第4届婆罗洲运动会。在本届婆罗洲运动会上,文莱体育健儿取得8枚金牌、6枚银牌和5枚铜牌,共19枚奖牌。在马来武术、日本少林寺拳法、足球、藤球、室内足球、网球、陀螺、田径等项目均有奖牌入账。文莱婆罗洲运动会代表团长玛莉莲表示,文莱队在藤球赛中一共赢取了两枚金牌,创造历史记录。

柬埔寨制订体育发展中期目标

2012年2月14~15日,柬埔寨国家奥林匹克委员会举行年度总结大会。大会在对柬埔寨2011年参加东南亚运动会取得的突出成绩进行总结的同时,通过“2012~2016年体育战略发展计划”。计划要求:在2013年和2015年的东南亚运动会上,柬埔寨争取夺得至少10枚金牌;在2014年韩国举行的亚运会上,争取夺得至少1枚金牌;而最高目标是,取得2016年巴西里约热内卢奥运会参赛资格。2011年11月柬埔寨派出一个230人的代表团参加第26届东南亚运动会,其中运动员163名,分别参加20个项目的比赛,主要参赛项目是网球、摔跤、跆拳道等,共获得8枚金牌、17枚银牌和26枚铜牌。

柬埔寨举办比萨宝蕉节纪念活动

2011年5月17日,柬埔寨在金边钻石岛举行佛祖成道2600年—佛历2555年比萨宝蕉节纪念活动,参加活动的有柬埔寨政府副总理棉森婉、任财利,僧王峦艾,2600名僧侣和佛教信众,以及政府公务员等近1万人。参加活动人员排成队伍,从波东瓦黛佛寺游行前往钻石岛举行纪念活动。棉森婉副总理在仪式上发表讲话说,举行这样的盛大佛祖成道2600年纪念活动具有重要意义,反映柬埔寨佛教僧侣和信徒团结一致,组成柬埔寨这样一个和平的大家庭,参与消除社会不良的现象和暴力,共同促进柬埔寨社会经济稳定发展。柬埔寨宗教事务部部长孟肯表示,举行这样盛大的纪念活动,旨在提高柬埔寨广大佛教信众对佛教的认识。为庆祝比萨宝蕉节,柬埔寨国王西哈莫尼国王签署《特赦令》,特赦172名囚犯,另有19人获赦免徒刑,153人获减轻徒刑。

柬埔寨举办第2届世界高棉歌曲比赛

2011年10月3日,第2届世界高棉歌曲大赛在柬埔寨首都金边举行,国内24个省市及国外的柬埔寨人参加比赛,参赛者主唱20世纪五六十年代的歌曲。决赛阶段比赛于12月11日在金边钻石岛中心举行,国内24个省市的48名选手以及澳大利亚、美国、加拿大等国家的16名柬裔选手入围这个阶段比赛。举办国际高棉歌曲比赛,旨在保护及弘扬高棉文化艺术,鼓励包括定居国外的高棉后裔现代及古典音乐家参加发展和传承高棉歌曲,将柬埔寨文化艺术推向国际舞台。

柬埔寨举办第16届吴哥国际半程马拉松赛

2011年12月4日,第16届吴哥国际半程马拉松赛在柬埔寨旅游胜地暹粒吴哥举行,柬埔寨、英国、美国、澳大利亚、新加坡、日本等58个国家(地区)近5200名马拉松选手和长跑爱好者参加比赛。瑞典的亨里克以1小时13分5秒获得21公里男子半程马拉松赛冠军,瑞典的森尼·隆格伦以1小时25分22秒获得21千米女子半程马拉松赛冠军。当天在吴哥还分别举行男、女10千米跑和家庭3千米跑。2011年吴哥国际半程马拉松赛参赛人数比上年增长27%,其中外国参赛者3070人,增长42%。吴哥国际半程马拉松赛自1996年开始举办。

柬埔寨举办首届亚洲佛教文化节

2011年12月15~17日,由柬埔寨王国政府宗教部、文化部主办,中国广东四会六祖寺参与发起并支持的2011(首届)亚洲佛教文化节在柬埔寨首都金边和世界文化圣地吴哥窟举行。文化节主题是“祈祷世界和平,弘扬佛教文化”。柬埔寨王国政府副总理涅文才、宗教事务部长孟肯、两派僧王布格里和狄旺出席,中国广东四会六祖寺方丈大愿法师、广东对外友好协会荣誉主席唐国忠率中国广东友好代表团出席并在开幕式上致词。参加活动的还有韩国、泰国、斯里兰卡、越南、缅甸、老挝、印度尼西亚、马来西亚、蒙古、美国、法国等15个国家和地区的佛教高僧、艺术家、文化界人士,以及各国驻柬埔寨使节、相关国家友好代表团等。在12月16日晚举行的亚洲佛教文化节颁奖仪式上,涅文才副总理代表柬埔寨国王、政府授予中国广东四会六祖寺方丈释大愿大和尚王家互爱功德增长勋章,以表彰他对成功举办亚洲佛教文化节、促进中柬两国及亚洲各国人民友谊的卓越贡献。亚洲佛教文化节每两年举办一次。

印度尼西亚和中国加强华文图书交流

新华网雅加达2011年10月25日电,正在印度尼西亚访问的中国新闻出版总署代表团25日与印尼华人文化界举行华人图书读者交流会,双方希望通过政府和出版公司之间的合作,扩大华文图书在印尼的传播。在交流会上,印尼华人代表表示,目前印尼三语学校、大学华文教育、华文补习班蓬勃发展,华文图书推广前景良好,希望中国政府继续关注印尼这个拥有约2000万华人的华文图书市场,举办更多的中国图书展览,让当地读者了解中国的传统和现代文化。中国新闻出版总署与印尼雅加达联通书局联办了2011年全球百家华文书店中国图书联展印尼站活动,中国提供1000多种、4000多册较新的华文图书。据联通书局总裁杨兆骥介绍,成立于2001年的联通书局已经从单纯的书店发展成为出版社兼营书店。在中国国家汉办和海外交流协会的支持下,联通出版社出版了《华语》、《汉语》以及《千岛娃娃学华语》等教材。出版社成立

2011年12月21日,各国高僧前往西哈莫尼佛教大学,参加慧能禅学院开学典礼
(菩萨在线)

翻译部,将《三国演义》、《西游记》等翻译成印尼文出版,在印尼150多家书店发行。

印度尼西亚将与中国合作保护巴厘岛长冠八哥

2011年12月12日,印度尼西亚林业部与中国科技部在雅加达签署联合声明,承诺两国将在保护巴厘岛长冠八哥方面开展全面深入合作。代表中方签署联合声明的中国科技部副部长曹健林表示,中国愿意与印尼分享在保护濒危动物领域的经验和成果。双方将支持两国科学家就巴厘岛长冠八哥的保护开展合作研究,鼓励相关研究人员和管理人员的交流互访与短期培训,举办学术交流研讨会。曹健林说,中国与印尼开展巴厘岛长冠八哥的保护工作,对于恢复长冠八哥野生种群数量、改善生存状态、维护巴厘岛生物多样性具有重要意义,对于推动两国在珍稀濒危鸟类保护领域的全面深入合作具有重要促进作用。巴厘岛长冠八哥是印尼巴厘岛的独有鸟类,它们最引人注目的特点是头部长有丝带状羽冠,因其美丽夺目的外表在家养鸟类交易中极受欢迎,这也导致其成为偷猎者偷猎的重要目标。现在长冠八哥野生种群数量已不足30只,是一种极度濒危的稀有雀鸟。

印度尼西亚3.2万个村庄将通网络

印度尼西亚通信与信息部宣布,建设资金来自手机运营商、涵盖全国的通用电信工程将于2011年年底竣工,其中,村村通电话网和镇区互联网服务中心两个子工程年底完工后,全国5748个镇区的3.2万多个乡村将实现村村通电话,广大农民同时也能享受到互联网服务。印尼通信与信息部有关官员表示,该工程竣工后,广大农村地区的电话和互联网服务将更加简便快捷,地方网吧年增长率可达10%至15%,工程也为有志到农村拓展商机的企业提供发展业务机会,预计该工程将使有关地区的经济增长1个百分点。

老挝国家教育改革委员会第5次会议召开

2011年4月20日,老挝国家教育改革委员会第5次会议在万象召开。老党中央政治局委员、副总理兼老挝国家教育改革委员会主席宋沙瓦·凌沙瓦,老党中央政治局委员、老挝教育部部长潘坎·维帕文博士以及教育部副部长、各省(市)主管教育的副省(市)长出席。会议总结第一阶段(2006~2010年)国民教育体系改革经验与成就,着手研订第二阶段(2011~2015年)国民教育系统改革战略计划;明确提出要按照老党九大"四个突破"要求,在人才培养方面注重质量并能满足"七五"(2011~2015)经济社会发展的需要。老挝教育改革方向坚持民族性、现代先进性和大众性"三性",并坚持德、智、艺、体、劳"五育"相结合。老挝政府鼓励发展私立学校,截至2011年9月统计,老挝全国各类私立学校可容纳初、高中生55.48万人。私立学校拟从2012学年始开办大专学院,设本科课程并培养学士。

老挝举行第4届全国中学生运动会和第9届全国运动会

老挝第4届全国中学生运动会于2011年4月1~9日在沙湾拿吉省举行。中学生运动会设田径、藤球、排球(室内和沙滩)、掷铁球、篮球、乒乓球、羽毛球、陀螺、射弩和跆拳道11项比赛项目。设金、银牌各260枚,铜牌280枚。

老挝第9届全国运动会于2011年12月13~21日在琅勃拉帮举办。共设25类295种比赛项目,设金、银牌各722枚,铜牌930枚。参赛运动员6084人(女运动员1570人)。第10届全国运动会将于2014年在老挝乌多姆赛省勐赛县举行。

老挝扫盲工作继续取得成效

2011年老挝有万象市和占巴塞省两个省市和95个县宣布普及小学5年教育程度。占巴塞省6月宣布:全省人民已普及小学教育水平。该省2011学年在校生人数达13.4万。老挝教育部部长9月宣布:2010~2011年度,全国完成扫盲48540人(女23934人)。其中:6~14岁8663人,15~24岁11026人,25~40岁13787人,41岁以上人群10834人;原文盲人群现达到小学二年级水平的有34656人,达到三年级水平的有40174人。

老挝国立大学2011年度毕业生达6607人

老挝国立大学是老挝最高学府,自1996年11月5日成立至2011年11月的15年间,已累计培养毕业生54388人。在2011年度的6607名毕业生中,有女生2403人。毕业生人数最多为教育学专业学士生,计有902人(女生391人),其次为法学和政治学学士毕业生,计有815人(女生329人);硕士43人(女生10人)。

马来西亚大学投巨资建设医学城

2011年1月12日,马来西亚大学宣布将投资12.5亿林吉特建设一座医学城,目标是提升相关领域的质量,以达到世界一流水平。这项计划以哈佛大学的朗伍德医疗中心和斯坦福大学的BIO-X中心为指标建造。到2020年马大医学城完全建成后,预计可为马来西亚带来9.86亿林吉特的国民总收入,提供1.04万个医药保健和支援部门方面的就业岗位,其中4400个是医药人员职位。此外,马大医学城将通过创新人才引进策略、税务奖励和世界级基础设施来吸引全球医药专才。

马来西亚与中国共同举办纪念辛亥革命100周年系列活动

2011年是中国辛亥革命100周年,作为孙中山先生筹备辛亥革命重要的活动地，马来西亚与中国共同举办多种纪念活动。3月12日，中国驻马来西亚大使馆在马来西亚槟城州举办辛亥革命100周年暨孙中山先生逝世86周年纪念大会。马来西亚总理府代表，槟城州首席部长林冠英，中华大会堂、中华总商会、华人文化协会、马中经贸总商会等社团和马来西亚台商联合总会代表100余人出席。中国驻马大使柴玺、马来西亚总理府代表、林冠英首席部长、中华大会堂总会署理会长钟来福分别向孙中山先生雕像敬献花篮并致词。8月15日，中国驻古晋总领馆联合广东省海外交流协会、马来西亚晋汉省华人社团联合总会在古晋中华第一中学举办“世纪回眸——纪念辛亥革命100周年”图片展，中国驻古晋总领事李树钢出席开幕仪式并致词。图片展在古晋展出之后，还在沙捞越州其他城市和沙巴州、首都吉隆坡陆续展出。9月28日，中国国务院侨务办公室组派的“文化中国·辛亥百年”艺术团在吉隆坡双峰塔会议中心演出大厅举行演出，马来西亚卫生部长廖中莱、中国驻马来西亚大使柴玺在演出前致词。之后“文化中国·辛亥百年”艺术团先后赴槟城、古晋演出。

马中文化艺术协会在马来西亚成立

2011年6月9日，马中文化艺术协会成立及第1届理事就职仪式在吉隆坡举行。中国驻马来西亚大使馆临时代办陈德海、马来西亚高等教育部副部长何国忠、马中友好协会会长马吉德等共同出席。马中文化艺术协会是马来西亚文化艺术界人士共同组织成立的民间社团，其宗旨是促进马来西亚多元社会的文化融合和民族团结，加深马中两国在文化艺术领域的交流与合作，推动马中友好事业的发展。该协会首任会长由马中友好协会秘书长陈凯希兼任。仪式结束后，与会嘉宾和千余名观众共同欣赏了由北京八大锤打击乐团和马来西亚手集团联袂演出《日月杵音》演奏会。

马来西亚政府决定扩展卫星发展计划

2011年9月11日，马来西亚政府宣布决定扩展卫星发展计划，批准拨款2亿林吉特给科学、工艺及革新部，以推行为期5年的人造卫星拉萨二号计划。此项计划由马来西亚国家太空署和航天技术有限公司共同推动发展。拉萨二号计划将延续2009年7月14日推行的拉萨(RazakSAT)计划，拉萨卫星是全球首个发射进入近赤道轨道的遥感卫星。

马来西亚向袁隆平颁发2011年度马哈蒂尔科学奖

2011年10月9日，中国工程院袁隆平院士收到马来西亚科学院通知：该院向他颁发2011年度马哈蒂尔科学奖，以褒奖他对热带农业发展作出的杰出贡献。2004年设立的马哈蒂尔科学奖，是马来西亚热带科学最权威的奖项。该奖项主要授予在世界范围内，通过科学技术为解决热带各种问题作出杰出贡献和有所革新的科学家、研究学术性机构及组织，奖金为10万林吉特(约合20万元人民币)。2012年1月31日，马来西亚前总理马哈蒂尔在吉隆坡城中城国际会展中心为杂交水稻之父袁隆平颁发马哈蒂尔科学奖。这是马哈蒂尔科学奖基金会首次将该奖项颁发给中国科学家。颁奖仪式之前，马来西亚前总理马哈蒂尔会晤了袁隆平院士。马哈蒂尔高度评价袁隆平院士领衔研发的杂交水稻为世界粮食安全作出的重要贡献，希望中国杂交水稻成果能早日惠及马来西亚。袁隆平回应，愿提供技术援助，帮助马来西亚实现粮食自给。由袁隆平院士主持研发的一批杂交水稻品种，在位于马来西亚水稻主产区吉达州的试验田完成两季杂交稻收割，试种结果显示，在当地产量最高达每公顷近10吨，比当地常规水稻增产1倍。

马来西亚推出“品牌篮子”计划保护知识产权

2011年10月28日，马来西亚国内贸易、合作社及消费部推出“品牌篮子”(Basket of Brand)计划。参与该计划的品牌将受到主动保护，即执法人员一旦发现该品牌被仿冒，将主动采取执法行动，不必等品牌所有者投诉，而品牌持有人也有义务在7天内到该部确认是否仿冒。马贸消部希望此计划可以增强执法的主动

2012年1月31日，在马来西亚吉隆坡，马来西亚前总理马哈蒂尔(右二)为袁隆平(左一)颁发2011年“马哈蒂尔科学奖”　(新华社)

性，进一步加大打击盗版的力度。年内有76个品牌参与该计划。

马来西亚沈慕羽教师奖和林连玉精神奖先后颁奖

2011年11月20日，马来西亚"教师总会60周年会庆午宴暨第3届沈慕羽教师奖颁奖典礼"在吉隆坡冼都王岳海大礼堂举行。2011年度第3届沈慕羽教师奖4名得主分别是槟城退休校长杨万荣、沙捞越退休校长邓万秋、吉隆坡州立华小校长彭忠良和柔佛居銮中华中学教师廖国平。12月1日，马来西亚第24届林连玉精神奖出炉，有3位得奖人，分别是教育部课程发展司语文处处长何慧贞、已故著名华乐指导黄诗桄和前国会议员谢太宝。林连玉精神奖主要表彰推动华文教育和对文化有显著贡献的人士。12月18日，在吉隆坡尊孔独中礼堂举行林连玉精神奖颁奖典礼。

马来西亚首次推出2011年度汉字——转

2011年，马来西亚首次举办2011年马来西亚年度汉字评选活动。12月1日，2011年马来西亚年度汉字的10个最热门的候选字出炉：涨、乱、安、一、贪、转、争、惊、忍、迷。举办年度汉字评选活动获得马来西亚民众热烈响应，共有283位人士提出评选汉字。2011年马来西亚年度汉字评选工委会评委从推荐的1183个汉字当中，选出上述10大候选年度汉字。最后从10个候选字中选出年度汉字"转"。"转"这个年度汉字代表着全球气候变化，也代表着国际局势，国家的政、经、文教，人民的思维、生活体验发生转变以及对未来的理想。

"汉语桥"世界中文比赛缅甸仰光赛区决赛举行

2011年5月28日，由中国驻缅甸大使馆文化处和缅甸福星孔子课堂承办的"汉语桥"世界中文比赛缅甸赛区仰光决赛在使馆文化处举行，经过预赛产生的14名选手分中学生组和大学生组两个组别进行仰光赛区决赛。进入决赛的选手不仅有华侨华人子弟，还有缅甸学生。经过激烈角逐，卢爱珍等选手获胜，并代表缅甸前往中国参加比赛。中国驻缅甸大使馆文化参赞高华以及缅甸福星孔子课堂董事长、理事长和中方校长等华校负责人在现场观看比赛。

缅甸曼德勒华人筹办新世纪国际高级学校

2011年9月23日，由缅甸曼德勒华人社会筹资兴办的曼德勒新世纪国际高级学校大礼堂迎来来自曼德勒华人社会各界500多名嘉宾，隆重举行学校建校落成暨开学典礼。新世纪学校校长张继代表学校致词，详细介绍新世纪"传播优秀文化，服务缅华社会"办学理念。学校中文、英文、缅文三语整合教学，招收学生近800名。学校将引入中国模式的新世纪基础教育（学前至中学），为缅华社会培养"适应未来社会发展的精英人才"奠定基础。

中国佛牙舍利被恭迎至缅甸供朝拜

2011年11月6～24日，中国佛牙舍利先后被恭送至缅甸内比都、仰光和曼德勒供朝拜，缅甸宗教事务部长陪同护送佛牙，缅甸总统、副总统等现任领导人以及前领导人丹瑞参加朝拜。佛牙舍利在缅甸期间所得功德将用于在中国洛阳的白马寺建一座形似大金塔的佛塔。

"通商中国奖"打造新加坡双语双文化楷模

2011年1月10日晚，首届通商中国奖（Business China Awards）揭晓得奖名单，欣光集团创办人陶欣伯获通商中国成就奖，中国—新加坡苏州工业园区获通商中国企业奖，新加坡知名艺人孙燕姿则获通商中国青年奖。3位获奖人在通商中国奖晚宴上从通商中国奖赞助人、新加坡内阁资政李光耀手中接获奖状。通商中国奖评委会主席林子安说：该奖项旨在肯定得奖者为加强新中友好关系所作的巨大贡献，通商中国奖的得主不仅在中国取得骄人成就，他们也将是新加坡人双语双文化的楷模。通商中国奖由通商中国主办，联合呈献机构为华侨银行，支持媒体是《联合早报》和《商业时报》。

马来西亚舞蹈演员展示年度汉字"转"　　（百度网）

新加坡孙中山南洋纪念馆重新开放

2011年10月8日，在纪念辛亥革命100周年之际，新加坡孙中山南洋纪念馆——晚晴园经过一年的修整翻新后于当日正式揭幕并向公众开放。新加坡政府副总理兼国家安全统筹部长及内政部长张志贤等为新加坡孙中山南洋纪念馆揭幕。前来新加坡参加第11届世界华商大会的中国全国政协副主席黄孟复、中国驻新加坡大使魏苇以及各界人士600多人出席揭幕仪式。晚晴园始建于19世纪，是一座凸字形的两层楼建筑，原是南洋富商张永福供养其母安享晚年的别墅，后转赠革命先行者孙中山用于革命活动，是新加坡珍贵的国家级古迹之一。从1900年7月至1911年12月，孙中山曾先后8次造访新加坡。

《辉煌新加坡》在新加坡首演

2011年10月8日晚，中国云南文投集团与新加坡共同打造的大型情景歌舞史诗《辉煌新加坡》在新加坡嘉龙剧院首演。《辉煌新加坡》是新中两国艺术家共同策划、运作和编排的结晶。该剧以发现新加坡、历史新加坡、成长新加坡、美好新加坡和辉煌新加坡5个篇章，表现新加坡的历史和传说，展现新加坡的变迁和文化，反映新加坡人民不屈不挠的抗争精神和现代新加坡的美好画卷。通过精彩的舞蹈和精湛的杂技技巧，以及绚丽的舞美设计和灯光、LED电子大屏幕效果，展现出一台气势磅礴、结构紧密、表现细腻的新加坡多元文化底蕴和地域特色的晚会。新加坡传媒艺术部、新中友协、中国驻新加坡大使馆有关负责人，出席世界华商大会的部分代表，新加坡工商、文化、教育、新闻界等26家单位的代表，以及在新的马来西亚、印度尼西亚工商界人士等共1000多人观看演出。新加坡《联合早报》、《新明日报》等媒体对该剧的首演进行报道。

新加坡举办辛亥革命主题文化节

2011年10月9～30日，新加坡在孙中山南洋纪念馆（晚晴园）举办以辛亥革命为主题的名为“文化飨宴艺晚晴”的文化节。新加坡总理公署部长林瑞生和中国驻新加坡大使魏苇出席9日晚的文化节开幕式。文化节开幕式在最近开辟的中山公园举行，当地的演员和中国海外交流协会组织的演出艺术团一起，举行舞蹈、歌曲、二胡、魔术和大合唱等多种形式的精彩表演。“文化飨宴艺晚晴”文化节的安排包括围棋、灯谜、书法、绘画、剪纸、戏曲、太极拳等多种形式的文化活动，其中穿插一些以辛亥革命为主题的讲座，并在10月30日以一场赞扬伟大革命先行者孙中山的演出结束。

新加坡科技研究局成功转型为全方位科研中心

据新加坡科技研究局（简称新科研）于2011年11月29日推出的介绍新加坡科研发展史的新书——《新科研，新加坡20年的科学和技术》介绍，新加坡科研人员数量在过去20年从5000人增至26000多人，增长4倍；拥有博士学位者从970人增至6751人。1990年，新加坡每10000名劳动人口中只有科研人员28人，到2009年，每10000名劳动人口中科研人员已增至88人。同时，新科研也造就了许多世界第一的科研成果，譬如完成河豚基因组的排列工程，使新加坡成为世界基因组研究界中的重要成员；研发出只有一根头发直径十万分之一的分子齿轮，创下《健力士世界纪录大全》中最小可旋转齿轮的世界纪录。新加坡的科研领域也从开始单纯研究制造业产品，发展到覆盖生物医学、化工、能源、制造和电子等方面的综合型科研中心。新科研已成功转型成为全方位的科研中心。

泰国学生选手参加国际奥林匹克化学竞赛取得佳绩

2011年7月9～18日，第43届国际奥林匹克化学竞赛在土耳其首都安卡拉市举行，约有70个国家的学生选手参赛，泰国有4名选手出赛，夺得2枚金牌和2枚银牌。

泰国电视剧在中国受热捧

中国新闻社2011年7月25日报道，2011年泰国电视剧在中国继续升温，以纠结动人的剧情，俊男美女组成的演员阵容，以及旖旎的东南亚风景，成为中国荧幕上惹人注目的外来黑马。2003年中央电视台播出的《俏女佣》是中国正式引进的第一部泰剧，培育出中国第一批“泰米”。此后，央视陆续推出《凤凰血》、《卧底警花》等泰剧。2009年、2010年，安徽卫视先后播出《天使之争》和《明天依然爱你》两部泰剧，成为泰剧在中国走红的起点。泰剧《天使之争》，收视率多次跻身全国前十。随着泰剧的知名度和美誉度飙升，多部泰剧接连亮相中国各大省级卫视、视频网站，大量泰剧论坛、字幕组也应运而生，在荧屏内外掀起一轮又一轮“泰风潮”。和韩剧有三宝：“车祸、癌症、治不好”一样，泰剧也拥有三样吸引观众的制胜法宝：“绑架、虐待、女配凶”。它们的共同特点都是：虐恋情深。相对日韩剧的含蓄、拖沓冗长，泰剧最大的优势是以曲折离奇的情节扣人心弦，对感情的描写更直接。

泰国鱼皮保护膜研究人员获优秀科学家奖

2011年8月4日，2011年优秀科学家奖及新秀科学家奖新闻发布会在曼谷举行。主办主席阿玛烈教授宣布，2011年优秀科学家奖授予宋卡纳卡琳大学工业学院食品科技系的素他瓦教授，其获奖研究项目为改善海鲜食品质量及海鲜加工工业得出的附加产品。2011年新秀科学家奖由多人共享，包括泰国国家纳米科技中心的卡宗萨教授，其研究项目为生物燃料；朱拉隆功大学药剂学院的比迪副教授，其研究项目为分解泰国人癌症细胞；清迈大学科学院的庸育副教授，其研究项目为金属表面的涂层技术；朱拉隆功大学金属及材料研究中心的育他楠博士，其研究项目为电子结构，也分别获奖。优秀科学家奖获奖者将得到40万泰铢奖金，新秀科学家奖获得者将得到10万泰铢奖金，并获诗琳通公主殿下赐予的奖状。

泰南孔子学院庆祝成立5周年

2011年11月26日，泰国宋卡王子大学孔子学院在泰南宋卡府合艾市举行成立5周年庆祝大会，泰国和中国两国政府官员、汉语教学人士等300多人出席。合艾市市长派·帕塔诺、合艾侨团联合会主席方志雄、中国驻宋卡总领事馆张惠勋领事、中国国家汉办驻泰国代表庞利等参加庆祝大会。宋卡王子大学孔子学院由中国广西师范大学和泰国宋卡王子大学于2006年12月联合创立。成立以来，孔子学院先后举办各类汉语培训班、汉语教学研讨和汉语文化比赛，吸引众多泰国人士学习汉语，推动了泰南汉语言文化事业发展。

泰国定2012年为“说英语年”

2011年12月20日，泰国教育部将2012年定为泰国“说英语年”，以提高泰国学生与民众的英文能力，迎接2015年东盟共同体（ASEAN Community）到来。泰国教育部长沃拉瓦表示，东盟共同体形成后，英文是很重要的沟通工具，泰国教育部将在学校实施英语培训和推广计划，加强学生英语沟通能力。根据泰国教育部规划，2012年将在各级学校开展各项英语活动，规定每周1天，师生必须参加使用英语沟通的活动，例如“英文角”或训练课程。另外，泰国教育部还将训练全国教师，增强教学沟通的英语技能，并邀请外国大使馆、组织、英文教育机构代表参与训练泰国教师。

泰国卧佛寺庆祝入选世界文化记忆遗产

为庆祝卧佛寺被评为世界文化记忆遗产，以金卧佛闻名于世的卧佛寺于2011年12月24日至2012年1月2日举行了一系列庆祝活动。活动期间每天都有一系列表演，包括展现叻达纳哥信王朝时代的各项传统仪式、新年诵经仪式等。卧佛寺的古壁画拥有数百年历史，其内容全面介绍泰国多方面的传统医术，因此卧佛寺又被称为泰国第一所大学。

越南胡朝古城和喧歌被联合国教科文组织列入世界文化遗产名录

2011年6月27日，在法国巴黎，越南清化省永禄县胡朝古城遗迹被联合国教科文组织列入世界文化遗产名录。作为胡朝的京都，胡朝城建于1397年，当时称为西都以区别于东都（河内升龙），建成后，胡季犛从升龙迁都到西都。但胡朝只存在7年（1400～1407）。胡朝古城于1962年被越南认定为国家遗迹，于2006年着手建立向联合国教科文组织提交的申请卷宗。11月24日，在印度尼西亚巴厘岛，富寿省喧歌被联合国教科文组织列入亟需保护的世界非物质文化遗产名录。喧歌是包含音乐、唱歌、舞蹈等艺术要素的风俗礼仪民歌，常在初春时节表演。至此，越南共有16个文化和自然景观被联合国教科文组织列入世界文化或自然遗产名录。

《邓垂簪日记》世界语版问世

2011年7月14日，越南友好组织联合会和越南世界语协会联合举行《邓垂簪日记》世界语版发行的新闻发布会。自该部日记被发现并在越南出版至今，《邓垂簪日记》已被翻译成19种语言。世界语界将可通过世界语版了解邓垂簪医生的日记。日记的翻译工作由12名越南世界语专家和1名中国世界语专家负责，并由澳大利亚、德国、比利时籍等3名世界语专家负责校对。翻译工作历时6年。

越南胡朝城南正门高8米、宽5.8米，侧门高7.8米，宽5米　　（越通社）

·链接资料·

邓垂簪

邓垂簪是一位越南战地女医生。1942年11月26日出生于一个知识分子家庭，1966年医科大学毕业时，正值越美战争升级。1967年邓垂簪来到中部广义省德普县医院工作，主要负责救治伤病员。1970年6月22日，她在从波丝山区返回平原地区途中遭敌人伏击，壮烈牺牲。邓垂簪在牺牲前的3年时间里

写下两本日记，其中记载了她在广义省德普县医院冒着枪林弹雨工作的场面和感受，字里行间表现出她的爱国情怀、顽强意志和忘我的牺牲精神。

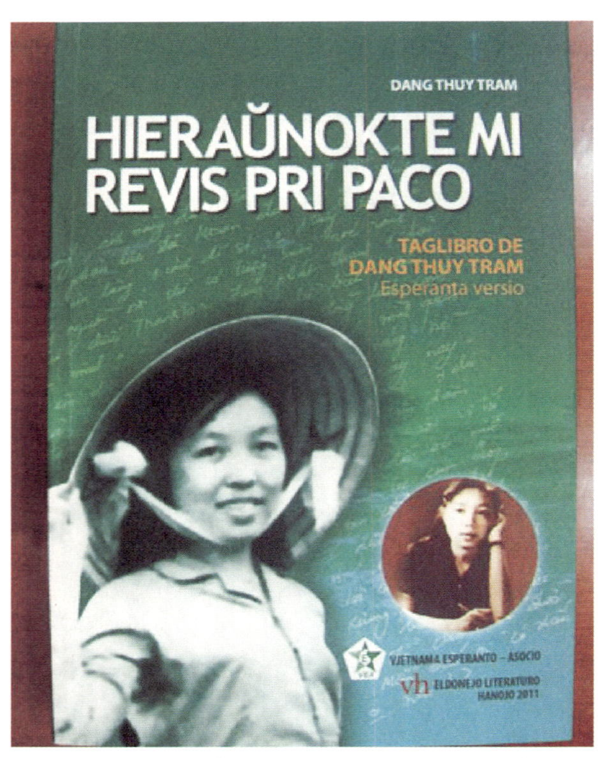

《邓垂簪日记》世界语译本　　　　　（越南青年网）

越南注意培养和发展原子能领域的人力资源

2010年8月18日，越南政府批准《培养和发展原子能领域的人力资源提案》，对2010～2020年越南核电领域人才培养和发展计划作出规定。根据该提案，到2020年，培养数量足质量好的人力资源服务于原子能领域的管理、应用和保障安全，保证有能力接收技术转让、运行、维修、保养、管理核电站，进而逐步实现技术自主。具体要求：一是培养服务于核电站的人力资源。每年培养学士技师240人，硕士、博士35人（其中在国外培养的学士技师20人，硕士、博士15人）。到2020年共培养核电专业的学士技师2400人，硕士、博士350人（其中在国外培养的学士技师200人，硕士、博士150人）。二是培养服务于原子能领域研究、应用和保障安全的人力资源。每年培养学士技师65人，硕士、博士35人（其中在国外培养的学士技师30人，硕士、博士17人）。到2020年共培养原子能领域管理、应用和保障安全专业的学士技师650人，硕士、博士250人（其中在国外培养的学士技师150人，硕士、博士100人）。三是服务于培训、教学的人力资源。新培养在培养基地从事教学工作的硕士和博士100人。四是派500人次管理者、科学家到发达国家进行关于原子能的考察、经验学习和参加短期培训、实习。该提案指定参与培养原子能领域的人力资源是5所大学（属于河内国家大学的自然科学大学、河内百科大学，属于胡志明市国家大学的自然科学大学、大叻大学、电力大学）和越南原子能研究院的核子研究中心。

根据越南与俄罗斯达成的协议，越南2010年、2011年分别选派29名、48名大学生赴俄罗斯进行“核电站设计、建设和运行”专业的学习。

足球的革命——越南专业足球股份公司成立

苦于越南职业足球联赛中的吹“歪哨”现象，2011年9月28日，在足球赛事总结会议上，越南ACB河内足球队主席阮德坚动员成立越南专业足球股份公司。该公司将以建设干净、强大和专业的越南足球为宗旨，取代越南足球协会组织管理越南职业足球联赛、国家一等赛、国家杯等球赛。阮德坚的想法得到越南28个最强大俱乐部的拥护。越南足球协会、越南体育总局和文化—体育与旅游部先后同意成立专业足球股份公司。12月14日，越南专业足球股份公司（VPF）在河内正式成立。越南专业足球股份公司按照日本专业足球锦标的模式运作，力求发展专业、干净、有质量、有利润的足球，促进提高越南球员的水平。成立伊始，专业足球股份公司就推出一系列新举措，如逐步减少外国球员，扩大引进越裔球员，让各俱乐部集中建立培养年轻人的制度并在专业球赛中更多地用U21球员等。

越南南定省等地不选用非公立高校本科和在职教育本科毕业生当公职人员引发社会热议

2011年10月16日，越南南定省在进行2011年公职人员录用考试时，该省人民委员会主席阮文俊表示，南定省不主张选用那些毕业于民办、私立大学和在职教育的毕业生当公职人员。那些应考的民办、私立大学和在职教育毕业生在档案筛选环节就被刷了下来。南定省的这一做法引发社会热议。根据越南教育法的规定，公立和非公立大学的文凭具有同等价值。但是一些用人单位不想选用非公立和在职大学生有其原因，舆论批评由于过多地开办非公立高等专科、本科院校，由于师资缺乏和生源差，导致教育质量低下。之前的2010年12月1～3日，在岘港市第7届人民代表会议召开的第17次会议上，岘港市内务厅提交了行政事业编制计划。这项计划旨在提高干部队伍质量并已获市委通过。根据该计划，从2011年起，岘港市将不再选用在职教育毕业大学生进入岘港市的国家机关工作。这消息一经公布立刻引起社会各阶层的关注和教育界的热烈讨论。围绕岘港市的这一决定主要存在两种意见：一种意见是拥护和欢迎岘港这项勇敢的决定；另一种认为这是歧视在职教育毕业大学生，重要的是在于学习者的能力而不是文凭。总的来看，各种意见一致认为要有严格的能力测试制度以便能录用有能力的人。

社 会

中国持续调控房地产市场

2011年1月,中国国务院办公厅发布《关于进一步做好房地产市场调控工作有关问题的通知》,即“国八条”,其中最核心的规定就是“限购令”,另外一个杀手锏就是限贷。3月,国家发改委又出台《商品房销售明码标价规定》,被解读为“一房一价”,显示从中央到地方,从官员到百姓对房地产市场的极度关注。

中国《促进就业规划(2011~2015)》发布实施

2011年1月24日,中国国务院常务会议通过由人力资源社会保障部、发展改革委、教育部、工业和信息化部、财政部、农业部、商务部制定的《促进就业规划(2011~2015)》。规划明确提出“十二五”时期就业工作的主要目标:城镇新增就业4500万人,农业富余劳动力转移就业4000万人,城镇登记失业率控制在5%以内,社会保障制度覆盖所有劳动者,就业稳定性明显提高。规划还提出促进就业的重要举措:提高经济发展对就业的拉动能力,实施更加积极的就业政策,统筹做好城乡和重点群体的就业工作,完善面向全体劳动者的职业培训制度,健全统一规范灵活的人力资源市场,健全完善劳动关系协调机制和分配制度。

中国总人口为1370536875人

2011年4月28日,中国国家统计局发布的第6次全国人口普查公报显示,中国总人口为1370536875人。2000年以来,人口年均增长0.57%,处于低生育水平阶段。其中60岁及以上人口占13.26%,比2000年上升2.93个百分点,表明中国老龄化进程逐步加快。男性人口占51.27%,女性人口占48.73%。居住在城镇的人口占总人口49.68%,比2000年上升13.46个百分点。居住地与户口登记地所在乡镇街道不一致且离开户口登记地半年以上的人口为26139万人,比2000年增长81.03%。

中国城镇居民养老保险试点工作启动

2011年6月13日,中国国务院发布《关于开展城镇居民社会养老保险试点的指导意见》,决定从2011年7月1日起正式启动城镇居民养老保险试点工作。指导意见指出,城镇居民养老保险试点实施范围与新型农村社会养老保险试点基本一致,2012年基本实现城镇居民养老保险制度全覆盖。年满16周岁(不含在校学生)、不符合职工基本养老保险参保条件的城镇非从业居民,可以在户籍地自愿参加城镇居民养老保险。城镇居民养老保险基金主要由个人缴费和政府补贴构成。缴费标准目前设为每年100元、200元、300元、400元、500元、600元、700元、800元、900元、1000元10个档次。参保人自主选择档次缴费,多缴多得。地方人民政府对参保人员缴费给予补贴,补贴标准不低于每人每年30元。对城镇重度残疾人等缴费困难群体,地方人民政府为其代缴部分或全部最低标准的养老保险费。国家为每个参保人员建立终身记录的养老保险个人账户。养老金待遇由基础养老金和个人账户养老金构成,支付终身。中央确定的基础养老金标准为每人每月55元。

中国公益慈善组织快速发展

2011年7月15日,中国民政部发布《中国慈善事业发展指导纲要(2011~2015年)》。纲要指出,截至2010年底,在中国民政部门依法登记的各类社会组织数量由2005年底的31万个增加到44万个,其中基金会数量从975个增加到2200个;已建立3.1万个经常性社会捐助工作站(点)和慈善超市,初步形成多种类型、分工协作的社会捐赠网络。公益慈善组织已成为吸纳就业、服务社会的重要平台。未来5年,中国公益慈善组织将得到稳步发展,资源募集使用能力和社会公信力明显提高,布局合理、类型齐全、分工明确、管理完善、公开透明、自主高效的现代公益慈善组织体系初步形成,慈善服务网点全面覆盖城乡社区。

中国居民身份证登记将增加指纹信息

2011年10月29日,中国第十一届全国人大常委会第二十三次会议表决通过《全国人民代表大会常务委员会关于修改〈中华人民共和国居民身份证法〉的决定》。修改后的居民身份证法在居民身份证登记项目中增加指纹信息,并加大对泄露公民个人信息行为的惩罚力度。

第3届中国西藏发展论坛在希腊首都雅典举办

为期两天的第3届中国西藏发展论坛于2011年11月10日在希腊首都雅典开幕。与会者就西藏经济社会发展、文化传承、环境保护、教育、旅游业发展以及外国在西藏投资等议题展开探讨。前两届中国西藏发展论坛分别于2007年在奥地利首都维也纳和2009年在意大利首都罗马举办。

中国农村扶贫标准提高

2011年11月16日,中国国务院新闻办公室发表的《中国农村扶贫开发的新进展》白皮书指出,10年来,中国农村居民的生存和温饱问题得到基本解决,贫困人口的生产生活条件明显改善,贫困地区基础设施不断完善,社会发展水平进一步提升,生态恶化趋势得到初步遏制。全国农村扶贫标准,从2000年的865元提高到2010年的1274元。以此标准衡量的农村贫困人口数量,从2000年底的9422万人减少到2010年底的2688万人;农村贫困人口占农村人口的比重从2000年的10.2%下降到2010年的2.8%。11月29日,中央扶贫开发工作会议又决定将农民人均纯收入2300元(2010年不变价)作为新的国家扶贫标准。这个标准比2009年提高92%。按照这一新标准,中国至少有上亿低收入人口享受到国家的扶贫优惠政策。

中国《社会养老服务体系建设规划(2011~2015年)》发布实施

2011年12月16日,中国国务院办公厅授权发布《社会养老服务体系建设规划(2011~2015年)》。规划指出,中国是世界上唯一一个老年人口超过1亿的国家,且正在以每年3%以上的速度快速增长,是同期人口增速的5倍多。预计到2015年,老年人口将达到2.21亿,约占总人口的16%;2020年达到2.43亿,约占总人口的18%。随着人口老龄化、高龄化的加剧,失能、半失能老年人的数量还将持续增长,照料和护理问题日益突出,人民群众的养老服务需求日益增长,加快社会养老服务体系建设刻不容缓。中国的社会养老服务体系主要由居家养老、社区养老和机构养老等三个有机部分组成。规划要求,到2015年,中国基本形成制度完善、组织健全、规模适度、运营良好、服务优良、监管到位、可持续发展的社会养老服务体系。每千名老年人拥有养老床位数达到30张。居家养老和社区养老服务网络基本健全。

文莱政府废除居留签证费

2011年3月3日,文莱内政部长丕显拿督哈芝巴达鲁汀在第7届国家立法议会上发言时说,2010年,立法会议员吴景进提出要求政府废除文莱永久居民须缴付居留签证费50文莱元及居留准证费10文莱元的提案,已获文莱苏丹批准,立即废除文莱永久居民须缴付的居留签证费。

文莱民众对政府服务满意度达到68%

据文莱《婆罗洲公报》2012年3月9日报道,文莱第二财长拉赫曼8日在第8届立法会会议上表示,根据最新调查显示,2011年文莱民众对政府服务满意度已达到68%,高于2006年的65%,更高于2002年的49%。

文莱社会关注青年生活方式

2011年5月5日上午,文莱卫生部在斯里巴加湾市帝国酒店主办一个健康论坛,主题为"促进青年健康生活方式的挑战"。健康论坛设4个专题讲座,包括"青年一群的主要健康问题"、"从伊斯兰教观点看的健康生活方式"、"在青年中培养健康的生活方式"及"青年持有健康生活方式的挑战"。健康论坛吸引卫生部官员、教师、学生和社会团体与非政府组织代表以及各界群众等600多人出席旁听。

文莱政府实行系列扶贫计划

文莱是一个富裕的国家,贫困人口不多,但政府还是积极实行系列扶贫计划,拟实现零贫苦目标。文莱文化、青年与体育部代理部长拿汀哈嘉阿蒂娜5月16日在为国际家庭日讨论会主持开幕式时强调:必须正视贫穷问题,避免贫穷削弱国人的传统家庭观念。为了有效消除贫穷,建立和谐社会,政府正加强对贫穷社群的援助,协助贫穷者改善生活,摆脱贫困。政府希望通过推行一系列有效的扶贫计划,协助国家实现零贫穷目标。政府将采取多管齐下的措施,以提高人民生活素质。目前的措施,包括政府每月为特困者、残疾者、老年人及缺乏能力者提供福利金。文化、青年与体育部属下青年发展中心也为待业青年主办技能培训课程。包括首相署、发展部、回教理事会、文化、青年与体育部、苏丹基金局及私人工商机构等在内的多个公私团体,也合作为需要援助的穷人建设住房,使特困者有栖身之所。

文莱失业率居高不下

文莱《联合日报》2011年8月3日报道,虽然近年来文莱政府积极推行各项发展计划,大力引进外资,为本地人创造更多就业机会,但文莱失业率仍居高不下,失业者中不乏拥有高等教育文凭的大学生。目前,向劳工局登记的失业者大约6000名,但调查发现,许多登记者并非失业,本地人对工作的挑剔态度是导致失业的原因。本地人自我优越感强,认为应获得更好待遇,挑三拣四,在私人企业服务的大部分本地人往往工作一段时期后便辞职。调查显示,私人企业雇工约72%为外地人,仅28%为本地人。政府希望,不愿意在私人企业谋职的现象应该改变,否则,国家失业情况将无法改善。

文莱重视防治艾滋病问题

文莱易华网2011年12月17日报道,由于文莱重视艾滋病的防治工作,在文莱艾滋病的发案率非常低,自1986年以来,文莱一共记录了70宗感染艾滋病的本地个案,其中2011年有9宗。在70宗个案中,有 23 人已死亡。这些个案是通过多项检查措施,包括对接受体检的人士、患上肺痨的病人、孕妇以及透过性交感染的检查而发现的。最新诊断显示,感染艾滋病的病人年纪最轻的 18 岁,最大的 70 岁,而感染艾滋病的男女比率几乎相同。虽然艾滋病病例数量不多,但文莱政府仍将继续重视艾滋病防治工作,文莱苏丹已经指示卫生部给予公民和永久居民免费测试艾滋病。

柬埔寨遭遇特大洪涝灾害

2011 年,由于 7 月以来湄公河水位不断上涨,并迅速淹没洞里萨湖周边省份,使柬埔寨湄公河和洞里萨河流域的暹粒、磅同、磅湛等 24 个省市中有 19 个省市发生不同程度的洪涝灾害,其中磅同省和暹粒省灾情最为严重。根据柬埔寨国家救灾委员会统计数字:洪水使得约 250 人死亡,25 万余人流离失所,160 万人受直接影响,全国至少 10% 的稻田被毁坏,近 20 万间民房和 1130 多所学校被洪水淹没,约 2500 千米道路不同程度受损,直接经济损失超过 1.6 亿美元。在洪灾影响下,柬埔寨政府下调当年经济增长指标。柬埔寨首相、国家救灾委员会主席洪森要求政府各部门立即行动起来,开展抗洪救灾,确保灾区人民生命财产安全,将洪灾造成的损失降到最低。国会于 11 月 24 日审议通过总值 26.2 亿美元的《2012 年国家财政预算案》,批准政府 2012 年借款 7 亿特别提款权(约 10.9 亿美元),用于灾后重建和发展经济。但由于洪灾损害程度严重,某些省份村庄重建工作需要 2 ~ 3 年才能完成,而包括道路、桥梁和学校的基础设施修复工作至少需要 2 亿美元以上资金,资金无着将是柬埔寨政府灾后重建的主要难题。

柬埔寨公布《国家对贫民和弱势群体社会保障战略》

2011 年 12 月 5 日,柬埔寨首相洪森签署并公布实施《国家对贫民和弱势群体社会保障战略》。根据这一战略,柬埔寨将于 2015 年实现将全国贫困率降低到 19.5% 的联合国千年发展目标。该战略的基本措施是加强对弱势群体的能力建设,创造就业机会,加大扶贫力度,使他们摆脱贫困,保障儿童和妇女的基本权利,重点提出弱势群体基本医疗健康照顾等措施。最近 10 年来,柬埔寨在扶贫方面成效显著:2004 年全国贫困率为 34.7% ,2007 年下降到 30.1% ,2010 年下降到 25.8% ,年均脱贫率 1.2% 。尽管贫困率有所下降,但柬埔寨贫富差距和城乡二元失衡问题依然严峻。为有效实施上述战略,洪森要求从中央到地方各有关部门,要加强对贫困和弱势群体的帮扶工作,加强对贫困弱势群体现状和对粮食、卫生、饮用水、住宿等有关社会保障项目的实施情况进行评估和规划,提高扶贫政策效率。联合国发展规划署驻柬埔寨办事处官员道格拉斯·布洛德里克表示,柬埔寨王国政府及时颁布《国家对贫民和弱势群体社会保障战略》,对于保护弱势群体尤其是给予处境艰难的妇女儿童的社会保障极为重要。他强调,联合国支持柬埔寨实现到 2015 年的千年发展目标,并愿意继续同柬埔寨在减贫工作上加强密切合作。

柬埔寨万谷湖土地纠纷事件平息

2011 年 8 月 11 日柬埔寨首相洪森签署一项法令,将金边市隆边区沙拉佐分区万谷湖范围内的 12.44 公顷地划分给当地居民自由处理,其余 114.41 公顷由万谷湖开发公司进行投资开发。法令还规定,这两部分土地均由总理府部长、内政部长、财经部长、国土规划和建设部长、水源气象部长和有关部门部长、国务秘书以及金边市政府负责安排和办理有关法律文件的手续。久拖不决的万谷湖开发项目终于开始进入实质性开发阶段,一场持续多年的搬迁风波宣告平息。万谷湖位于金边市中心,是金边市最大的淡水湖。最近十多年来,由于金边市城区不断扩张,不少人在湖边自盖房屋,湖水面积逐渐变小,周边环境也变得脏乱不堪。2006 年,柬埔寨政府计划将万谷湖填平造地,建设成金边市 5 个卫星城之一。2007 年,金边市政府与参议院柬埔寨人民党党籍议员刘明勤勋爵设立的苏卡库公司公司签署一份将投资开发万谷湖生态卫星城的计划协议书,租赁开发合同为期 99 年。但因该投资发展项目牵涉当地 4000 多户居民,引发当地居民举行多次示威活动,使投资开发项目的进程受到影响。

雅加达将限制城市人口

截至 2010 年底,雅加达登记的常住人口超过 890 万,加上每天超过 250 万的流动人口,雅加达人口总量已超过 1200 万,人口密度达到每平方千米 18126.8 人。按照雅加达政府的长远规划,2030 年首都城市人口的指标为 1250 万人。雅加达工商行政管理局负责人表示,雅加达的城市人口已接近饱和,必须尽快采取措施,遏制这一令人担忧的增长势头。政府有关部门及专家学者一致认为,政府应该在常住人口户籍审批、劝阻外地人口涌入首都、重视地方经济发展及财富分配的合理性、创造更多的就业岗位、提高外地工资水平等领域作出更多努力。

印度尼西亚苏门答腊附近海域发生两次较大地震

当地时间 2011 年 1 月 18 日凌晨 2 时 20 分左右,印度尼西亚苏门答腊岛附近海域发生里氏 5.8 级地震,当局没有发布海啸预警。据报道,此次地震的震源深度为 34 千米,震中位于苏门答腊岛明古鲁市(Bengkulu)东南方向 158 千米处。

8月4日早上7时16分(北京时间8时16分),苏门答腊岛附近海域再次发生里氏6.0级地震。震中位于明古鲁省穆科—穆科地区西南方向37千米处海域,震源深度为28千米。印尼气象、气候和地球物理局未针对此次地震发布海啸预警。

印度尼西亚政府努力降低失业率

2011年8月16日,为纪念第66个独立日,印尼总统苏西洛在国会发表演讲指出,政府目前正采取稳健、持续、以高质量经济发展为基础的方针,实行经济改革。经济的发展能够创造就业机会,降低失业率。2011年初,全国失业人口下降至810万,占全国总人口的6.8%;贫困人口下降为3000万,占全国总人口的12.5%。苏西洛说,政府会继续努力,争取将失业率降至6.4%~6.6%,贫困人口降到10.5%~11.5%。印尼央行2011年年终盘点认为,除投资增长率达到6.1%、经济增长率达到6.5%、通胀率控制在4%之外,年内印尼经济还有一个新亮点,就是失业率继续下降。根据印尼央行的统计数据,截至2011年8月底,印尼的失业率降为6.6%,而上年同期则为7.1%。印尼央行还认为,失业率下降的主要原因是工业发展顺利并创造了更多的就业机会。

印度尼西亚计划10年削减80万公务员

中国经济网雅加达2011年11月25日报道,印尼发挥公务员效能与机构改革国务部长日前表示,目前印尼各级公务员总人数已达470万人,实在太多了。因此政府在精简机构、消减人员等方面将采取新的措施,初步计划是每年削减8万人,10年后削减80万人。为此,政府将加强对新公务员招收标准的监管措施,招收素质较高公务员,保证政府机构的办事效率。

印度尼西亚首都雅加达全面推行电子身份证

为了提升工作效率,更好地为民服务,印尼内政部决定率先在首都雅加达全面推行电子身份证。按照计划,2011年8月启动的此项工作将于12月14日完成。从反馈情况看,工作进展顺利,其中雅加达西区截至11月15日已发放78.3万个电子身份证,占该区总人口的49.12%。根据印尼中央统计局资料,截至2010年年底,雅加达常住人口890万,加上250万流动人口及其他人口,雅加达总人口已超过1200万,人口密度每平方千米18126.8人。

老挝在万象市集中销毁一批毒品

2011年6月24日,在国际禁毒日之前,老挝政府总理兼中央禁毒指导运动委员会主席通邢出席在万象市塔銮广场举行的集中销毁毒品仪式,以彰显老挝政府禁毒决心。此次销毁警方缴获的毒品计有:摇头丸186.35千克,海洛因859克,布料染鸦片7.7千克,大麻2224千克,古柯250.3千克,含冰毒成分化学制剂203千克。近年来,老挝境内冰毒和摇头丸等新型毒品走私活动较为猖獗,毒品多来自缅甸,老挝已成为东南亚贩毒集团走私重要通道。南塔省警方2011年4月4日破获一起冰毒走私案大案,缴获冰毒78.5千克,抓获贩毒分子7人。12月,乌多姆赛省警方又破获一起走私冰毒11千克的大案。

老挝开通妇女儿童问题电话热线

2011年11月25日,老挝开通1362妇女问题24小时电话热线。该热线的开通由老挝国家妇女进步促进委员会和老挝中央妇联促成,由国内一些公司赞助,旨在为全国受虐待和遭受暴力的妇女和儿童提供免费法律咨询服务并受理各种投诉。

老挝国家主席发布大赦令

根据老挝宪法第5章第67条11款关于赦免罪行的规定,根据国会常委会2011年12月5日第168号文关于提请为全国监狱服刑罪犯中表现进步并在改造中成效明显的人员减刑的建议书,老挝国家主席发布大赦令:决定对665名罪犯给予释放或减刑(女性109人,外国籍25人)。其中释放119人(女性22人,泰国籍3人);减刑538人(女性85人,缅甸籍1人,越南籍7人,泰国籍10人,中国籍3人,美国籍1人)。

老挝可望在2015年前实现联合国千年发展目标

2011年老挝政府对全国各省、县贫困状况进行评估。按全国人均、农村和城镇人口三种月收入标准确定贫困线:一是全国人均月收入192000基普(折合人民币153.6元);二是农村地区人均月收入180000基普(折合人民币144元);三是城区人均月收入240000基普(折合人民币192元)。低于上述收入标准的,无论男女老幼均列为贫困人口。根据2011年年中召开的老挝全国第一次消除贫困和发展经验总结评估大会报告,老挝贫困人口已由1990年占全国总人口的48%下降到2010年的25.6%,贫困家庭亦由2002~2003年度的占全国家庭的27.7%下降到2009~2010年度占18.77%,2011年度贫困家庭又下降1.2%。根据新的贫困线标准,全国已有87个县宣布脱贫,占全国143个县的60.84%。老挝政府2011年年中宣布:老挝可望在2015年前实现解决贫困的联合国千年发展目标。

老挝在城乡推广社会医疗保险

老挝政府在大力争取外援的同时,采取政府提供一定补助、建立社会医疗保险基金等办法,在中央和省级机关公务员和军警部门逐步推行社会医疗保险,并向城乡推广，计划到2015年使社会医疗保险体系覆盖全国人口的50%。2011财年老挝用于实行社会保险政策的资金达2500多亿基普。

老挝努力构建稳定和谐社会

老党九大在坚持以经济发展为中心的同时，强调要坚持“物质文明与精神文明两手抓”。在全党范围内广泛开展“建设懂得全面领导的坚强党支部评比活动”，并确定坚强、中等和软弱三个等级，分别给予表彰、提醒和限期整改等不同处理方法。在农村，按照党中央政治局“关于加强农村和村庄集群建设”第9号决议所确定的“四内容、四目标”要求，开展文化村、卫生村、发展村、文明村、无毒村、无案件村建设和“三好县”评选，形成县界之间、村村寨寨和社区街道个个争当文明、卫生和发展光荣称号的浓厚氛围。在机关、军队、警察、企业和城市，也开展“爱国发展”竞赛活动。在社会上普遍倡导“三好家庭”和“争当好公民”活动等。万象市还开展“安宁、卫生、绿色、明亮、文明、健康”6项竞赛活动。2011年有3406个农村党支部被评为坚强党支部，占全国农村党支部的39.36%；有1615个村获文化村称号，占全国农村数量的18.66%；有2118个村获卫生村称号，占全国农村数量的24.47%；有2777个村获卫生榜样村称号，占全国农村数量的32%。全国创建无案件村1417个，无案件家庭180250个。

老挝销毁未爆炸弹130多万枚

老挝是世界上受集束炸弹危害最严重的国家。在印支战争期间，美国空军共向老挝境内投掷各类炸弹300万吨，至今仍有近9000多万枚未爆炸弹（亦称哑弹）。哑弹在老挝14个省、98个县（全国有143个县）中有分布。每年因误踩哑弹被炸死约300人。在国际社会的援助下，从1996年至2011年，老挝共清除未爆炸弹面积3万多公顷，销毁未爆炸弹130多万枚，其中2011年清除未爆炸弹6万余枚。平均22人每月清理1公顷哑弹面积。日本年内援助老挝一台先进的哑弹清除机器。老挝政府决定从2012年开始使用该机器在哑弹较集中的川圹省试验5个月后，再扩展到其他地区，今后计划每年清理哑弹面积2万公顷。

马来西亚华人占比下降

根据2010年马来西亚人口及房屋普查报告，华人人口有640万，虽然人口数量比10年前增加70余万，但在人口占比方面却下滑1.43%。印度人占比率也下降0.37%；而马来人口却增加328万，占比上升2.3%。2011年马来西亚华人占比降低至25%。以每5年华人占比下降1%计算，到2025年，华族人口占比将为20%。

马来西亚出台政策规范燕窝产业

2011年1月26日，马来西亚政府推出2010年引燕业发展指南，规定从事引燕业者必须在3年内分别向兽医局和地方政府申请经营执照，违反规定者将视为非法经营，将受到包括罚款、拆除燕屋以及禁止其燕窝出口等严厉惩罚。据估计，当前马来西亚出口燕窝总价值约13亿林吉特，共有5万名引燕业者，其中登机注册的人不足10%。马政府希望通过规范燕窝产业、提供资金扶持等措施，促进燕窝产量从2008年的250吨提高到2020年的500吨。8月19日，马来西亚农业部与卫生部合作制定《可食用燕窝规范》，明确马来西亚燕窝的规范，以规范该国燕窝的生产及出口。根据该规范，没有加工、清洗过的燕窝，要确保亚硝酸盐含量小于70毫克/千克；加工过的燕窝则要求亚硝酸盐含量小于30毫克/千克。该规范将从燕窝所含微生物、湿润度、蛋白质含量、重金属成分、矿物质成分、杂质含量来衡量未加工燕窝是否合乎标准。

马来西亚政府决定提高居民生活必需品补贴

2011年5月23日，马来西亚政府副总理穆希丁宣布，由于物价上涨，政府2011年承担的各项居民生活必需品补贴支出将比2010年上升1倍，从2010年的103亿林吉特增至206亿林吉特。马来西亚政府对白糖、面粉、食油、液化石油气、95号汽油和柴油等统制品采取补贴措施，其中燃油产品的补贴最高，占政府补贴支出的80%以上。由于2011年油价飙升，导致政府燃油补贴支出将由2010年的80亿林吉特猛增至180亿林吉特。政府显然不能够长期承担及维持现有补贴，将会分阶段及在特定时间内减少补贴。

马来西亚政府宣布调升电价

自2011年6月1日起，马来西亚政府将西马半岛的电费从每千瓦时0.3131林吉特调高至0.3354林吉特，平均涨幅7.12%。这次电价调整的主要对象为高耗能阶层，即月用电量高于300千瓦时的用户，需承担涨幅最高达10%的电费，而74.5%即442万家月用电量低于300千瓦时的用户则不受此次电价调整的影响。电价调整以多用电、多付费为原则：月用电量低于200度的用户电费保持在每千瓦时0.218林吉特，这批用户约有330万家，占总用户的55.4%；月用电量在201～300千瓦时的用户电费保持在每千瓦时0.334林吉特的水平，这批用户约有110万家，占总用户的19.1%；至于用电量介于301～1000千瓦时的用户须承担涨幅介于0.1%～10%的电费。此外，马来西亚政府将支出1.22亿林吉特继续辅助那些月使用电费低于20林吉特的超低收入家庭，以让他们免缴电费，此项措施估计有90万户家庭受惠。

马来西亚逐步强制推行食品安全标志认证

2011年6月17日马来西亚卫生部长宣布,国内中小型食品业者今后将必须取得一个马来西亚食品安全标志(SK1M)认证才能经营食品。该认证由马来西亚卫生部于2010年11月推出,免费供业者申请,以帮助企业达到2009年食品清洁条例的规定。一个马来西亚食品安全标志认证包括三个部分:食品安全检查、一个马来西亚良好作业规范认证(GMP)和一个马来西亚危害分析与关键管制点认证(HACCP),企业可向马卫生部食品安全与品质组申请,政府将根据食品制造商的守法情况决定是否予以认证。

马来西亚政府推出"一个马来西亚房屋发展计划"

2011年7月,马来西亚政府推出"一个马来西亚房屋发展计划",通过兴建优惠住宅和提供房屋贷款等优惠措施帮助首次购房的中等收入人群安家置业。根据该计划,马来西亚政府将在首都吉隆坡附近城市的20个地点兴建4.2万套优惠住房,首期560套住房于2011年年底开工,整个工程历时9年。新建住房每套建筑面积在74~130平方米,售价介于15万~30万林吉特(约5万~10万美元)。马政府将为该计划提供土地和资金支持。计划主要针对家庭月收入在2500~6000林吉特(约合833~2000美元)之间的首次购房者,而符合条件的购房者将可从指定金融机构获得30年期额度高达105%的购房贷款,其中5%的贷款用于支付保险、律师费及房屋买卖合约等相关费用。为防止炒房现象,该计划要求购房者10年内不得转卖所购房屋。马来西亚政府总理纳吉布7月4日出席该计划启动仪式。

马来西亚政府推行外籍劳工6P计划

为了解决非法外籍劳工问题,由马来西亚内政部主导的6P(登记、漂白、特赦、监督、执法及驱逐)计划于2011年7月11日正式启动。按此计划,雇主可亲自到移民局,免费处理非法外劳登记及漂白手续,若委任中介负责,则须缴付35林吉特登记费和300林吉特漂白费。通过6P计划,马内政部总共登记230万名外劳,其中100万名合法,130万名属非法。12月27日,6P漂白计划监管机构大幅放宽条例,增加21个领域的非法外劳申请漂白。至今已有37万名非法外劳通过6P漂白计划成为合法外劳。6P漂白计划结束后,政府将对未参与6P漂白计划的非法外劳展开联合取缔行动。

马来西亚选出2011年度十大杰出青年

2011年9月10日,在马来西亚双威会展中心举行2011年马来西亚十大杰出青年颁奖典礼。本届十大杰出青年奖中的道德及环境领导才干奖由ECLIMO有限公司主席蔡德尼斯获得,对儿童、世界和平或人群贡献奖由诺丽(独立人士)获得,个人发展成就奖由Beyond康复保健中心主席蔡志远获得,人道及自愿服务成就奖由马来西亚AKASHA友谊学习协会总执行长林润松、美门残障中心艺术表演组主任谢灵霖获得,科学及工艺成就奖由北京清华大学教授纪家葵获得,商业、经济或企业成就奖由丹绒玛苏瑞(Tanjong mahsuri)有限公司执行董事钟汶熹、余合(YEE HUP)食物控股公司执行董事余裕清获得,文化成就奖由马来西亚著名女艺人戴佩妮、马来西亚电影导演王凯旋获得,本届十大杰出青年获奖者将同2010年得奖者和来自全球125个国家的十大杰出青年角逐在比利时举行的2011年世界十大杰出青年奖。

马来西亚首都吉隆坡推出"女性出租车"

2011年11月27日,为了更好地保护女性免受暴力侵害,马来西亚首都吉隆坡推出50辆只搭载女性的"女性出租车"。这些出租车的挡风玻璃顶端标有"女性出租车"字样,司机也是女性。政府希望将"女性出租车"数量增加到400辆左右。此举受到当地女性的欢迎。马来西亚此前还曾推出粉红色女性专用火车车厢、只载女乘客的女性专用公交车,以免女性受到性骚扰等伤害。墨西哥、埃及、伊朗等国也曾推出女性专用出租车。

缅甸发生7.2级地震

2011年3月24日,缅甸东北部边境地区发生里氏7.2级强烈地震,造成至少150人死亡。震中附近4个村镇计有390座房屋、14座寺庙和9座政府办公楼受损。其中距离大其力市8千米的孟林村损失较重,29人遇难,16人受伤。联合国在当地参与紧急救援的工作人员说,多条道路严重扭曲、开裂,一所小型医院建筑受损。

缅甸老挝举行第2次部长级联合禁毒会议

2011年10月4日,第2次缅甸老挝部长级联合禁毒会议在缅甸首都内比都举行。缅甸中央禁毒委主席、内政部长哥哥和老挝国家禁毒委主席Soubanh出席会议,双方讨论边境地区和湄公河沿岸禁毒合作问题。

缅甸密支那发生爆炸事件

2011年11月13日晚,缅甸克钦邦首府密支那迪达街区一间房屋发生爆炸,邻近3间房屋因爆炸而起火,造成至少10人死亡,23人受伤,其中3人伤势严重。当局初步勘察认为,爆炸是炸弹制造者在制作炸弹过程中发生的。爆炸事件发生后,当局立即组织抢救受伤人员，并着手开展相关调查。

缅甸获中石油援助600万美元建医院

2011年12月18日，中、缅油气管道项目沿线医院和卫生所建设合同签字仪式在缅甸首都内比都举行。缅甸能源部部长吴丹田、教育部部长妙埃博士、卫生部部长吴佩德钦博士和中石油东南亚管道公司总经理张加林等出席签字仪式。这是中石油600万美元对缅援助计划中的首批医疗卫生援助部分，援建项目价值约75万美元，共19所卫生所。为了提高若开邦、马圭省、曼德勒省和掸邦的油气管道沿线群众的教育和医疗水平，中石油决定捐款600万美元用于修建学校、医院等基础设施，并将每年从石油和天然气管道项目中分别捐款100万美元用于管道沿线地区的民生项目。

台风成为菲律宾人民生活安定的主要威胁

2011年9月，吹袭吕宋岛低洼农田的台风“纳沙”夺走了82条人命，5天后降临的台风“尼格”则导致19人丧生。12月16日，热带风暴“天鹰”在菲律宾南苏里高以每小时80千米的风力登陆，造成严重的洪涝灾害。菲律宾防灾部门称，“天鹰”覆盖周边低洼地区，突发洪水夺去1453人的生命，基础设施也遭到严重破坏。在棉兰老和米沙鄢群岛受灾最严重的省份，整个村庄被夷为平地，供水管网被毁，食品和饮用水紧缺，13个省份64万多人受灾，31万人接受政府救济，4万多人滞留在避难中心。菲律宾总统阿基诺三世为此正式签署第303号总统公告，宣布全国进入“灾难状态”，以便集全国之力推进救灾。世界银行向菲律宾发放5亿美元援助资金，以支持菲政府开展灾后自救和重建工作，并加强该国应对未来自然灾害的能力。外国政府和国际组织向菲律宾提供2860万美元的救灾援助，用于筹集清洁饮用水、食品以及搭建临时安置场所，其中中国提供100万美元的人道主义援助。

菲律宾犯罪案件大幅减少

菲律宾警方统计数据显示，2011年菲律宾全国犯罪案件数量较2010年大幅降低超过两成。菲律宾国家警察部队称，2011年菲律宾全国犯罪案件数量约24.8万件，与2010年的32.4万件相比减少23%，不足2009年(50多万件)的一半。菲律宾国家警察部队发言人克鲁兹认为，犯罪数量大幅减少应归功于警方在全国严格实施的一项综合巡逻制度。菲律宾政府执行部长奥楚亚发表声明，对犯罪案件数量减少表示欢迎，要求14万名菲律宾警员不要出现自满情绪，而要继续采取措施防范和打击违法犯罪，确保公众安全，维护国内和平与秩序。

新加坡成人人均财富近36万新元

瑞信研究院根据2010年1月至2011年6月的信息计算出的《全球财富报告》显示，由于新加坡的储蓄率上升及资产价格增长，加上新元走势强劲(2010年1月至2011年6月，新元兑美元的汇率上涨12.5%)，在过去一年半时间内，新加坡成人人均财富增长32.1%，达到28.5万美元(35.9万新元)，在全球排名第5。这个排名在亚太区则仅次于澳大利亚，澳大利亚的人均财富为39.67万美元。该报告还显示，新加坡400万成人人均财富中位数为10.33万美元，在全球排名第8。瑞信研究院指出，新加坡财富分布大致平均，贫富差距不大，只有0.3%的成人个人财富在1000美元以下，而52.4%的成人财富超过10万美元。比较之下，全球只有8.8%的成人财富超过10万美元。新加坡人所拥有的金融资产和房地产价值相差不远，这反映了政府鼓励国民储蓄和居者有其屋。新加坡人的平均负债仅为4.4万美元，占总资产的13%，这个比例在富裕国家当中相对较低。

新加坡人婚姻越来越全球化

新加坡统计局9月发表的2011年人口趋势报告显示，该国公民与非公民之间的婚姻有增加的趋势，这类婚姻在2010年所有涉及公民的婚姻中就约占4成，比10年前的32.1%增加8.5个百分点。其中，公民新郎和非公民新娘的婚姻更为普遍，比率高达77%。这些数字背后意味着新加坡人的家庭里外来媳妇或女婿的数量不断增加。家里增加了不同文化背景、不同生活习惯的新成员。

第11届世界华商大会在新加坡开幕

2011年10月6日，第11届世界华商大会在新加坡新达城会议中心开幕。新加坡政府总理李显龙、中国全国政协副主席兼中华全国工商业联合会主席黄孟复、世界华商大会召集人组织代表和世界32个国家和地区的4000多名华商领袖与企业家出席。会议主题是“新格局、新华商、新动力”。李显龙总理在开幕致词中分析了当前国际经济形势，并呼吁世界华商透过加强全球的联系、革新企业的运作模式以及融入华商所在地的社群三个方面，发挥遍布五湖四海的华商的重要角色作用。李显龙指出，世界华裔商人应寻求改变传统上依赖关系和以家族企业为基础的经营模式，走向管理现代化和专业化，并采取海纳百川的人力资源政策，聘雇各地人才，以适应竞争日益激烈的新环球环境。中国全国政协副主席、中华全国工商联主席黄孟复在致词中肯定世界各地华商为中国经济所作的贡献，表示中国将以开放和包容的精神欢迎各地华商，与广大华商朋友们一道，共同为人类社会文明进步作出积极贡献。新加坡中华总商会会长张松声在致词中呼吁华商成功后不忘回馈社会,支持慈善和教育事业。

新加坡加收房产附加印花税

新加坡政府宣布从2011年12月8日起,在新加坡购买住宅需缴付额外的买方印花税(ABSD)。ABSD将高于目前的买方印花税,具体规定包括:外国人和非个人(法人实体)购买任何住宅物业,将支付10%的ABSD;拥有一套住宅的永久性居民在购买第二套及其后的住宅购买时需支付3%的ABSD;拥有两套住宅的新加坡公民在购买第三套及其后的住宅购买时也需支付3%的ABSD。

泰国焚毁毒品逾5吨

2011年6月24日,为迎接世界禁毒日,泰国卫生部食品与药物管理局、泰国最高警署、泰国肃毒警、泰国海军等部门在泰国大城府公开焚毁一批毒品,这批毒品总计5844千克,总价值高达74亿铢,这是泰国第39次公开焚毁毒品。本次销毁的毒品,包括疯药1997千克、海洛因248千克、冰毒23千克、E药8千克、古柯碱7千克、鸦片72千克和其他迷幻类药物12千克。另外还有3418千克干大麻。泰国多年来一直致力于打击毒品犯罪行动,已经连续多年焚毁大量毒品,累计高达940亿泰铢。泰国警方表示,泰国的毒品形势仍在有效的可控制范围之内。

曼谷再次获评世界最佳观光城市

2011年7月8日,泰国曼谷市长素坤攀亲王宣布:曼谷市再次获美国最畅销旅游杂志评为世界最佳观光城市。该项评比是由杂志读者投票选出,曼谷获得90.99%的读者评定最佳。素坤攀亲王说,曼谷市在2008年和2010年先后两次获美国《旅游和休闲》"Travel & Leisure"旅游杂志评为世界最佳旅游城市。2011年,该杂志90.99%的读者再次把票投给曼谷,显示曼谷市在旅游业管理方面成效显著,不论是景点的美观魅力、历史文化、市民的亲和度、美食,还是购物魅力、旅游开支的超值感等,均成为吸引众多游客造访曼谷的重要原因。排在第二位仅次于曼谷的热门旅游城市为意大利的佛罗伦萨,其次为意大利的罗马、美国纽约、土耳其的伊斯坦布尔、南非的开普敦、柬埔寨的暹粒、澳大利亚的悉尼、西班牙的巴塞罗纳以及法国巴黎。

专家预测泰国曼谷2030年有被海水淹没危险

2011年7月22日泰国《世界日报》援引美国媒体报道,受气候变化、海平面上升以及海岸侵蚀等因素影响,位于湄南河三角洲的最大城市、泰国首都曼谷,可能在2030年沉入水下。而更令人失望的是,泰国政府似乎也缺少措施阻止这种灾难的发生。科学家发现,曼谷正以每年1.5~5.3厘米的速度下沉,现在城市已经有一大部分处于海平面之下。随着海平面的上升,这里的1000万人口、100万栋建筑正受到威胁。另据中国"国际在线"网站报道,世界银行、亚洲开发银行以及日本国际协力机构联合公布的报告显示,曼谷已经被列入受气候变化威胁城市的名单中。尽管所有专家几乎都承认,曼谷未来几年的情况会更糟,但他们对造成曼谷下沉的原因存在分歧,世界银行专家简·博乔说,曼谷下沉的原因之一就是毫无节制地抽取地下水。泰国自然灾害预防中心负责人史密斯·哈马萨罗加预测,2100年曼谷将成为新的亚特兰蒂斯。20世纪90年代,他曾正确预测2004年大海啸。哈马萨罗加称,政府还没有决定是否采取措施阻止这种现象,如果什么也不做,曼谷2030年将被海水淹没,一种解决方案是沿着暹罗湾修建巨大海堤,这项工程成本可能达20亿欧元。但其他科学家则认为,此举没有作用,因为海滨地区每年遭侵蚀3~4厘米。

曼谷公共卫生中心引入针灸医疗

2011年7月29日泰国曼谷市政府公共卫生办事处处长蒙蒂拉透露,由该办事处管理下的68个公共卫

泰国曼谷街景　（百度网）

生服务中心开始引进中医针灸技术,从2011年7月底开始,为市民提供针灸医疗服务。设在翁沙旺路第19号的公共卫生服务中心,成为第一个可提供中医针灸医疗的市立公共卫生服务中心,并将在另外4个公共卫生服务中心增设针灸医疗服务。蒙蒂拉女士指出,中医针灸医疗可以治疗和缓解多种疾病,其疗效受到国际公认。市立公共卫生服务中心的针灸服务可以用于治疗关节痛、肌肉发炎、肩周炎、哮喘、过敏性哮喘、气管炎、胃酸逆流、中风偏瘫、头晕和偏头痛等类疾病。

泰国遭受特大洪灾

从2011年7月底起,泰国南部地区持续暴雨,某些地区的降雨量达120厘米。10月底,因暴雨引发的水灾灾情恶化,有包括董里、也拉、宋卡、博他仑等8个府65县的2000余个村庄受灾,有7座佛教寺庙和清真寺、30所学校及10个政府办事机构、783条道路、113座桥梁受损,10人在洪涝灾害中罹难。12月16日泰国内政部防灾减灾厅提供的数据显示,持续4个多月的洪涝灾害,造成泰国北部、东北部及中部地区共740人丧生,3人失踪。中部地区的曼谷、巴吞他尼、暖武里等9个府80个县的3652个村庄或小区受洪水困扰。洪水还对年产值1000亿泰铢的泰国虾出口业带来巨大冲击。在这次洪灾中,泰国76个行政区划中有50个受到洪水影响,其中洛坤府灾情最为严重,邻近地区也宣布进入紧急状态。受灾土地面积共16万公顷,全国糙米产量约减少350万吨。因洪灾关闭工厂200多家。泰国央行及政府初步预计水灾将导致1000亿泰铢损失,占全国GDP的1%以上,而灾后重建经费至少高达33亿美元。考虑到洪灾因素,泰国财政部已把2011年GDP增长预期从4%调低至3.7%。

泰女性领袖数量位居前茅

2011年8月16日,泰国女性发展经济及职业协会会长透露,正大联合会计师事务所(Grant Thornton)2011年3月调查结果显示,在39个国家中,泰国的女性在各领域的领导人数量最多,占45%,其次是格鲁吉亚(40%)、俄罗斯(36%)。在女性担任企业执行总裁(CEO)方面,泰国女性CEO人数占30%,中国女性CEO人数占19%。另据2007年与联合国开发计划署联合调查泰国老年社会的数据显示,泰国每100个老年人士中就有54名女性;而在40万个单独生活的老年人中,女性占2/3。女性平均寿命为75岁,男性平均寿命则为65岁,但女性患病率高于男性,比例约为18:14。另外,2011年泰国国家女性协会联合律实民调进行关于女性领导的调查结果显示,大部分受访者都认为男女在各方面的权力都应该平等,且女性可以胜任高级领导职位。2010年的调查显示,泰国女性接受外来文化的程度越来越高,泰国女性的社会地位越来越高,且具备各方面的知识以及具有当领导的能力。

泰国民众幸福指数普遍上升

2011年12月10~24日泰国ABAC大学分别在曼谷、北榄府、华富里、猜纳、沙缴、叻丕、春武里、清迈、乌隆、甘烹碧、碧差汶、武里喃、猜也奔、坤敬、那空帕农、呵叻、素叻他尼和春蓬府,对2520名18岁以上成年人进行国民幸福指数抽样调查。ABAC民调中心主任诺帕敦表示,此次抽样调查将幸福指数定为100点,虽然国民幸福指数均有所上升,但与之前预测的目标仍有差距,特别是在经济和政治幸福指数方面,民调的结果显示国民在这两方面的幸福指数没有达标。其中经济指数仅仅是从之前的93.1增加到93.4,家庭收入指数从之前的83.2上升到91.8,日常生活指数从75.6上升到83.9。在政治方面,政府政策指数从92.5上升到96.6,政府工作及解决水灾问题指数从91.2上升到99.3,警察保护国民人身及财产安全方面的工作虽然有大幅度的提升,但国民在这方面的幸福却依然没有达到100点。国民对公务员的工作、政治家,以及反对党的表现也同样没有达标,所以说国民在政治方面的幸福感依然缺乏。诺帕敦表示,民众对幸福指数比较满意的分别是爱戴王上陛下,指数从之前的162.7上升到175.4。在家庭和睦方面,幸福指数从过去的135上升到146.4。在身心健康幸福指数方面,从之前的117.6上升到134。

泰国被评为全球第九大慈善国

2011年12月21日,英国一家慈善机构根据调查结果公布,美国无论是在从事慈善的人数还是捐款数量方面都有大幅提升,从2010年排名第五上升为2011年的世界第一。紧跟其后的是爱尔兰、澳大利亚、新西兰、英国、荷兰、加拿大、斯里兰卡,泰国超过中国排名第九。该慈善机构同时还宣布:以从事慈善事业的人数与人口总数相比,泰国是比率最高的国家。这份调查报告是对153个国家15万人进行调查问卷后整理出的结果。调查问卷的问题包括是否曾经捐钱,参与志愿者活动、帮助过陌生人、捐款的次数和数量,等等。调查显示,美国2/3的人曾经参与捐款,43%的民众曾经花费时间参与慈善活动,73%的民众曾经对陌生人施以援手。但如果按百分比计算,泰国85%的民众曾经参与捐款,位居第一;英国则有79%的民众参与捐款,位列第二。此外,报告还表示,慈善与收入多少并没有很直接的关系。调查发现在全球前20慈善国家中,只有5个国家是世界上前20位发达国家。

越南首条河底隧道竣工并投入运营

越南胡志明市守添隧道和东西走廊大道掠影　　（越通社）

2011年10月20日，越南首座河底隧道——胡志明市守添隧道暨东西走廊大道全线正式通车。该河底隧道跨越西贡河，全长1.49千米，宽33米，6车道。这条隧道被越南媒体誉为东南亚最现代化的跨河隧道。东西走廊大道长22千米，设计为8～14条车道。据报道，由越南与日本（中标方）修建的这条隧道，投资金额从起初的98630亿越盾升至160000亿越盾，相当于7.62亿美元，其中65%是日本政府的低息贷款（ODA），35%是越南胡志明市财政的配套资金。

越南九龙江平原遭遇严重洪涝灾害

受气候变化影响，2011年10月至11月初，越南九龙江平原遭遇10年来最为严重的洪涝灾害，湄公河平原一片汪洋。洪灾导致85人死亡，经济损失达4万亿越盾。而在越南中部，10月中旬也遭受了严重的洪涝灾害，造成许多人员伤亡和大量财产损失。

越南政府将交通事故视为国难

越南每年因交通事故死亡11000多人。亚洲开发银行称，每年交通事故对越南经济造成9亿美金的损失，相当于其国内生产总值的1.64%。越南政府向第十三届国会第二次会议提交的报告称，交通事故正成为灾难而且可以视为国难。引发交通事故的主要原因是国家各级部门对于交通安全秩序的管理存在诸多问题，加上交通基础设施跟不上社会发展速度，交通工具数量快速增加，对违反交通安全行为处理不严厉，民众遵守交通法规的意识淡薄等。2011年，越南政府制定目标，从2012年起，每年将交通事故案件和交通事故死伤人数降低5%～10%，同时把2012年定为“交通安全年”。

越南通过应对气候变化的国家战略计划

2011年12月5日，越南政府总理阮晋勇签署《批准关于气候变化国家战略的决定》。决定指出，作为遭受气候变化影响最严重的国家之一，越南将应对气候变化视为攸关存亡意义的问题。根据该决定，越南应对气候变化的国家战略有四个具体目标：一是在气候变化的背景下，保障粮食安全、能源安全、水源安全、消饥减贫、性别平等、社会保障、保护自然资源等。二是低碳经济和绿色增长成为可持续发展的主导趋势。三是提高有关各方对于应对气候变化的认识、责任感和能力；发展科技潜力和人力资源的质量；完善体制和政策，大力发展和利用财政潜力促进提高越南经济竞争力和地位；充分利用气候变化带来的机会发展经济社会。四是与国际社会合作共同应对气候变化。到2015年，越南将建成气候变化和海水水位上升监测系统；到2020年，建成与发达国家相当的水文观测站网，并使其中90%以上的水文站实现自动化；争取到2020年把森林覆盖率提高到45%，等等。

越南隆安省的水灾景象　　（越通社）

手足口病蔓延越南全国63个省市

2011年，手足口病在越南所有的63个省市蔓延，共有9万多名患者，其中150多人死亡（大部分是幼儿），同2010年相比，患者数量和死亡率大幅上升，严重影响居民生活并引发社会忧虑。

发 展 报 告

中国：2011 年发展回顾与 2012 年展望

2011 年，是中国开始实施《中华人民共和国国民经济和社会发展第十二个五年规划》的第一年，工作重点是转变经济增长方式，大力发展新兴战略产业，扩大自主创新，追求经济可持续发展和社会和谐稳定。全国各族人民坚持以科学发展为主题、以加快转变经济发展方式为主线，全面贯彻落实加强和改善宏观调控的各项政策措施，对内遏制通货膨胀，保持适度增长，避免经济硬着陆；对外积极应对市场环境恶化所导致的出口需求下降，国民经济和社会发展呈现出增长平稳较快、物价逐步回落、结构有所优化、民生继续改善、社会不断进步的新局面，实现了“十二五”时期良好开局，使得中国这艘全球第二大经济巨轮继续保持稳健的速度前行。

一、经济社会发展回顾

（一）国民经济继续平稳较快增长，朝着宏观调控的预期方向发展

2011 年，面对严峻复杂的国内外形势，中国不断提高宏观调控的针对性、灵活性，增强有效性和前瞻性，正确处理保持经济平稳较快发展、调整经济结构和管理通胀预期的关系，国民经济逐渐从政策刺激型增长向内生自主增长的方向转变。全年国内生产总值达到 471564 亿元，比上年增长 9.2%，虽比 2010 年有所回落，但仍明显快于世界主要国家或地区，对世界经济增长的贡献率继续上升。根据国际货币基金组织公布的预测数据，2011 年世界经济增速为 3.8%，其中美国为 1.8%，欧元区为 1.6%；在新兴和发展中经济体中，俄罗斯为 4.1%，印度为 7.4%，巴西为 2.9%。

（二）宏观调控成效显著，物价过快上涨势头得到扭转

2011 年，中国把稳定物价总水平摆在宏观调控首要位置，坚持综合施策，合理运用货币政策工具，调节货币信贷增速，大力发展生产，保障供给，搞活流通，加强监管，价格上涨水平得到有效控制。居民消费价格上涨幅度自 2011 年 8 月开始连续 5 个月回落，12 月居民消费价格同比上涨 4.1%，比 7 月回落 2.4 个百分点。12 月工业生产者出厂价格和工业生产者购进价格同比分别上涨 1.7% 和 3.5%，分别比 7 月回落 5.8 和 7.5 个百分点。各类价格指数呈现高位回落态势。

2011 年，中国坚定不移地加强房地产市场调控，坚决抑制投机及投资性需求，确保调控政策落到实处、见到实效。12 月，全国 70 个大中城市中，新建商品住宅销售价格月环比下降的城市为 52 个，比 1 月增加 49 个，房地产价格快速上涨的势头得到有效遏制，特别是重点城市的房地产价格上涨幅度显著减缓，部分城市开始出现下跌，有些城市下跌幅度比较大。

（三）粮食生产再创历史新高，农业基础得到进一步加强

2011 年，中国始终将保障国家粮食安全作为发展农业的首要目标，全面落实强农、惠农、富农政策，加大农业生产补贴力度，稳步提高粮食最低收购价，加强以农田水利为重点的农业农村基础设施建设，开展农村土地整治，加强农业科技服务和抗灾减灾，中央财政“三农”支出超过 1 万亿元，比上年增加 1839 亿元。全年农业生产全面丰收，粮食总产量实现历史罕见的“八连增”，连续 5 年超万亿斤，标志着中国粮食综合生产能力稳定跃上新台阶。全年粮食总产量达到 57121 万吨，比上年增长 4.5%，创造历史最高水平。其中：夏粮产量 12627 万吨，增产 2.5%；早稻 3276 万吨，增产 4.5%；秋粮 41218 万吨，增产 5.1%。

（四）经济结构调整取得积极进展，内需动力进一步增强

2011 年，中国全年全社会固定资产投资 311022 亿元，比上年增长 23.6%。全年社会消费品零售总额 183919 亿元，增长 17.1%。全年货物进出口总额 36421 亿美元，其中出口 18986 亿美元，增长 20.3%；进口 17435 亿美元，增长 24.9%；进出口贸易顺差

1551 亿美元,减少 264 亿美元。

从投资、消费和净出口三大需求看,全年增速虽然有所减缓,但仍然处在平稳较快的增长区间。投资和消费主导的内需增长动力进一步增强,投资和消费对经济增长的贡献进一步提高,内需对经济增长的贡献率为 105.8%,其中最终消费对经济增长的贡献率为 51.6%,比上年提高 10.1 个百分点;资本形成总额对经济增长的贡献率为 54.2%,提高 1.4 个百分点。贸易顺差进一步缩小,在上年大幅收缩贸易顺差的同时,继续减少顺差 264 亿美元。经济增长内生动力的强化和对外依赖程度的减弱,有效促进了内外需增长的平衡发展。

从制造业内部看,2011 年高技术制造业增加值比上年增长 16.5%,高于规模以上工业增速 2.6 个百分点,而同期六大高耗能行业增加值增长 12.3%,低于规模以上工业增速 1.6 个百分点。

从区域发展协调性看,全年中西部地区的工业和投资增速均快于东部地区,其中中、西部地区规模以上工业增速分别快于东部地区 6.5 和 5.2 个百分点;固定资产投资(不含农户)增速分别快于东部地区 7.5 和 7.9 个百分点。

(五)城乡居民收入继续快速增长,惠民生取得积极进展

1. 就业形势保持稳定。2011 年全国城镇新增就业达到 1221 万人,是 2006 年以来新增就业最多的一年,年末城镇登记失业率 4.1%,继续维持在较低水平。全年农民工总量达到 25278 万人,比上年增长 4.4%,表明中国不仅经济快速增长,还促进了就业的稳定增加。

2. 城乡居民收入快速增长。全年农村居民人均纯收入 6977 元,比上年增长 17.9%,扣除价格因素,实际增长 11.4%。全年城镇居民人均可支配收入 21810 元,增长 14.1%,扣除价格因素,实际增长 8.4%。2011 年农村居民收入实际增速比城镇快 3 个百分点,城乡居民收入差距继续缩小。

3. 社会保障工作显著加强。全年救助城市医疗困难群众 711.4 万人次,救助农村医疗困难群众 1558.1 万人次,资助 1276.5 万城镇困难群众参加城镇医疗保险,资助 4544.3 万农村困难群众参加新型农村合作医疗。至 9 月底,全国新型农村合作医疗参合率达到 97.5%,新型农村合作医疗基金受益 8.4 亿人次。年内大幅提高农村扶贫标准,按照新的标准,年末人均纯收入低于 2300 元(2010 年不变价)的农村扶贫对象为 12238 万人,覆盖范围大面积增加,低收入群体的生活水平不断提高。

4. 保障房建设进度加快。全国各地落实并完善优惠政策,运用多种融资渠道,支持廉租住房建设,国有工矿、林区林场、垦区和中央下放煤矿棚户区改造,以及农村危房改造、游牧民定居工程,其中中央安排财政性资金 1713 亿元,是上年的 2.2 倍。年内大规模推进保障性安居工程建设,开工建设城镇保障性安居工程住房 1043 万套(户),基本建成 432 万套,均比上年有较大幅度增加。

(六)科技创新成就斐然,社会事业进步明显

1. 在科技方面。中央财政继续加大对公益性科研机构的支持力度,深化科研机构管理体制改革,支持重大科技专项的实施,着力推动建设各具特色的区域创新体系。2011 年研究与试验发展(R&D)经费支出 8610 亿元,比上年增长 21.9%,占国内生产总值的 1.83%。全年受理境内外专利申请在上年突破 100 万件的基础上继续大幅增加,达到 163.3 万件,其中境内申请 147.9 万件。签订技术合同 25.6 万项,技术合同成交额 4763.6 亿元,比上年增长 21.9%。全年成功发射卫星 19 次,天宫一号目标飞行器和神舟八号飞船成

和谐号客车生产线 (《湄公河》)

功发射并实现空中交会对接,成为中国载人航天发展史上新的里程碑。载人深潜器“蛟龙”号成功完成5000米海试。

2. 在教育方面。全国各地深入贯彻落实教育改革和发展规划纲要,经过25年坚持不懈的努力,全面实现“两基”目标。年内大力推进义务教育,注重普及与改革深化相结合,免除3000多万名农村寄宿制学生住宿费,其中1228万名中西部家庭经济困难学生享受生活补助。建立起完善的家庭经济困难学生资助体系。初步解决农民工随迁子女在城市接受义务教育的问题。

推动实施“学前教育三年行动计划”,提高幼儿入园率。大力发展职业教育。高等教育坚持稳定数量,提高质量。研究生继续扩招,2011年招生人数达到56万人,在学研究生164.6万人。普通高等教育本专科、各类中等职业教育和全国普通高中分别招生681.5万人、808.9万人和850.8万人。

3. 在医疗卫生方面。全国基本医疗保险覆盖范围继续扩大,13亿城乡居民参保,全民医保体系初步形成。各级财政对城镇居民医保和新农合的补助标准由每人每年120元提高到200元。基层医疗卫生服务体系基本建成,全年医疗服务机构继续快速增长,包括村卫生室在内的全国医疗卫生机构总计达到95.34万个,其中医院2.16万家,乡镇卫生院3.74万家,社区卫生服务中心(站)3.28万个。执业医师和执业助理医师251万人,比上年增加10万人;注册护士224万人,增加19万人。

4. 在节能环保方面。全年能源消费总量34.8亿吨标准煤,全国万元国内生产总值能耗下降2.01%。在七大水系的398个水质监测断面中Ⅰ-Ⅲ类水质断面比例占56.3%,比上年提高0.3个百分点;劣Ⅴ类水质断面比例占15.3%,下降2个百分点。在监测的330个城市中,有293个城市空气质量达到二级以上标准。

(七)改革进一步深化,开放进一步拓展

重点领域和关键环节改革迈出新步伐。年内,有25个省份基本完成集体林权制度改革任务,国有林场改革试点正式启动,水利建设管理体制改革顺利推进。国有企业改革继续深化,电网企业主辅分离改革取得实质性进展,三网融合试点扩大到各直辖市和各省(区)的省会城市及其他符合条件的城市。出台促进小型微型企业发展的扶持政策,非公有制经济发展的体制环境进一步改善。资源性产品价格改革稳步推进,煤炭电力价格综合调控方案和试行居民阶梯电价指导意见出台,天然气价格形成机制改革在部分地区试点,排污权有偿使用和交易试点以及水价改革有序推进。全民基本医保体系初步形成,国家基本药物制度在基层实现全覆盖,公立医院改革试点稳步推进。

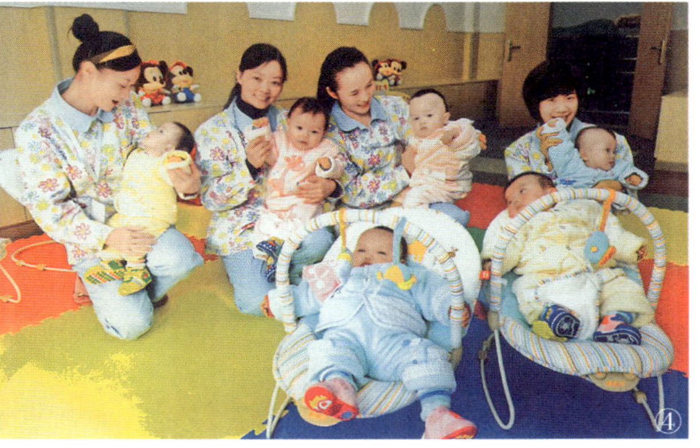

中国民生组图:①牧民领到养老金;②“新农合”医疗服务中心方便居民办理结报手续;③新落成的青岛河马石公共租赁住房;④孤残儿童在爱心庄园受到良好照顾

修订后的资源税暂行条例颁布施行,个人所得税改革方案出台实施。国有文艺院团转企改制取得实质性进展,非时政类报刊出版单位改革启动,教育体制改革试点工作顺利推进。综合配套改革试验取得积极进展。

开放型经济水平继续提升。全国进出口贸易趋向平衡,年内外贸进出口总额36421亿美元,比上年增长22.5%。其中:出口18986亿美元,增长20.3%;进口17435亿美元,增长24.9%;贸易顺差1551亿美元,减少264亿美元。利用外资结构继续优化。全年非金融领域实际使用外商直接投资1160亿美元,比上年增长9.7%,其中服务业使用外资增长20.5%。借用国外贷款252亿美元,增长23%。企业"走出去"稳步推进。全年非金融类境外直接投资601亿美元,与上年基本持平;对外承包工程业务完成营业额1034亿美元,增长12.2%。

二、经济社会发展因素分析

(一)国际因素

从国际整体形势看,2011年世界形势还处于国际金融和国际贸易恢复的阶段。主要表现在:一是金融危机造成的系统风险开始缓和,银行间的拆借风险溢价不断回落,已逐步趋于正常水平。二是主要发达国家的信贷仍然没有恢复活力。危机中美国、欧元区、英国的信贷规模大幅度跌落,2011年虽有所恢复,但距离危机前的规模水平还差得比较远,银行的活跃程度还远远没有恢复到危机前的水平。三是全球股市从危机中逐步回升。美国、欧洲、日本的股市以及拉丁美洲、亚洲、东欧国家的股市在危机前都达到了一个比较高的水平,在危机中跌落到很低的水平,2011年虽有所恢复,但都还没有达到危机前的水平。四是国际贸易正在缓慢复苏,基本上回升到危机前的水平。新兴经济体的国际贸易量已超过危机前水平,但发达国家仍然没有完全恢复。在危机前,新兴国家和发达国家没有什么差距,现在发达国家如欧美、日本与新兴国家如中国、俄罗斯、印度之间的差距拉大。五是石油和其他初级产品价格在波动中上升。能源、金属矿产的价格在危机过程中都有所下降,现在已经开始抬头。这些重要的大宗商品在世界市场的价格波动很大,对中国的经济发展产生比较大的影响。六是世界上主要国家的汇率还存在大幅度波动,美元兑日元汇率、美元兑欧元汇率的波动较大,新兴国家货币升值速度比较快。国内商品出口竞争力降低,出口量减少,就会影响国内生产,国内生产受到影响以后就会影响到社会就业。

(二)国内因素

2011年是中国"十二五"规划开局之年,同时也是发展压力非常大的一年。从宏观形势上看,主要表现在:

第一,通胀压力(即价格上升压力)比较大。主要原因有两个:一是中国国际收支近年一直是巨大的顺差,2011年顺差接近2.9万亿美元,顺差太大,必然导致央行的货币发行过多。二是2009年为了确保增长速度达到8%以上,中国实行宽松的货币政策。到年底时,中国货币供应量增长速度已经接近30%,新增贷款接近10万亿。所以,通胀的压力非常大,就提出要管理好通胀预期,把稳定物价总水平摆在宏观调控首要位置。

第二,增长速度下滑的压力比较大。2011年,中国发展增长速度下滑的趋势明显,主要原因:一是深层次的原因,既有中等收入陷阱问题,也有遇到刘易斯拐点问题,中国经济规模成为世界第二大经济体,中国也开始进入劳动力短缺的时期。二是地方政府的原因,2011年中国地方政府遇到了资金短缺问题,土地财政开始进入调整阶段,银行正在紧缩银根,同时又要增加民生的投入,资金供给不足,导致地方政府拉动经济力量萎缩。三是直接的原因,就是拉动中国经济增长的出口、投资、消费三驾马车,拉动力不足。首先是出口拉动力减弱。中国对美国和欧盟的出口占总额的80%以上,但2011年美国调整了战略,要增加就业机会,恢复美国实业,限制进口,必然要对中国反倾销,迫使人民币升值。欧盟实行萎缩型财政政策,增加财政收入减少财政赤字,对中国产品需求也在萎缩。其次是投资拉动力减弱。中国2009年新增4万亿投资,带动包括社会资本在内13万亿投资,但是这些投资到2011年已基本到期,新增投资难以接续,拉动增长力减弱。最后是消费拉动力减弱。在中国的主要消费品市场中,住房、汽车、家电三大核心消费占消费总额的70%~80%,但2011年这三大核心消费品都遇到形势、市场、政策的调整抑制,拉动力难以发挥。

第三,结构调整的压力比较大。首先是国家财政收入、企业利润和居民个人收入之间的结构失调,表现为居民收入偏低。这个结构失调,就导致第二个层次失调,就是出口、投资和消费失调,最后导致产业结构的失调,造成过剩和短缺并存。最终可能加剧通胀的压力和增长速度下滑的压力。

2011年是中国经济社会既困难又复杂的一年,围绕以上宏观形势的三大压力,就要相应提出"反通胀、保增长、调结构",寻找发展、稳定、改革的平衡点,破解三大压力难关。一是实行稳健的货币政策和积极的财政政策,不再增加货币供应量和新增贷款量,实施更加稳健和积极的步骤。二是转变增长方式。从原来的成本优势为特征的增长方式,转变成为以技术创新为特征的增长方式;从投资拉动型的增长方式,转变成为消费支撑的增长方式。三是调整结构。实行制造业产业转移、战略性新兴产业、服务业结构调整等措施。四是深化改革。2011年深化改革的重点放在反垄断和放松政府管制上。因为只有反垄断和放松政府管制，才能给社会资本、民营资本找到新的出路。

三、2012年发展展望

2012年，中国经济将呈现小幅放缓的态势。主要表现在：

第一，经济政策不会大幅放松，但更有针对性。由于中国以防通胀为中心的一系列政策，导致股市、债市低迷，实体经济间接、直接融资能力明显下降，金融体系流动性明显收紧，资金利率持续上扬。虽然高通胀被遏制，但中小企业深陷融资难窘境，民间借贷风险凸显，经济增长压力加大。因此，2012年经济政策将出现微调，但受通胀依然高位的影响，政策调整幅度不大，但更有针对性。中小企业方面将采取宽松的经济政策，但总体上货币政策继续紧缩。准备金率可能会下调，基准利率将会基本维持不变。

第二，出口增长将会小幅回落。2012年，发达经济体虽将维持宽松的货币政策，财政政策则着眼于中长期调整，即便不爆发深度危机，增长也将处于2%以

2011年中国主要工农业产品产量及其增长速度

产品名称	单位	产　量	比上年增长%	产品名称	单位	产　量	比上年增长%
一、工业产品				小型拖拉机	万台	237.5	5.1
天然原油*	亿吨	2.04	0.3	大气污染防治设备	台	85998.9	7.6
铁矿石原矿	万吨	132694.2	27.2	铁路机车	辆	2530	5.3
磷矿石	万吨	8122.3	33.2	汽车*	万辆	1841.6	0.8
原盐	万吨	6429.4	11.4	民用钢质船舶	万载重吨	9215.2	25.4
成品糖*	万吨	1187.4	6.3	发电设备	万千瓦	14738.8	14
软饮料	万吨	11762.2	22	交流电动机	万千瓦	25188.3	6.2
纱*	万吨	2900	6.7	家用洗衣机	万台	6671.2	11.5
布*	亿米	837	4.6	家用电冰箱*	万台	8699.2	19.2
蚕丝及交织机织物	万米	61797.7	-1	家用冷柜	万台	1872.8	12.4
机制纸及纸板	万吨	11034.3	13.2	房间空气调节器*	万台	13912.5	27.8
新闻纸	万吨	368.6	-8.4	程控交换机*	万线	3034	-3.3
汽油	万吨	8141.1	6.1	传真机	万部	184	4
煤油	万吨	1879.8	10.1	移动通信基站设备	万信道	6962.9	5.2
柴油	万吨	16676.1	5.4	移动通信手持机*	万台	113257.6	13.5
焦炭	万吨	42778.9	11.8	电子计算机整机	万台	35016.9	40.7
硫酸*	万吨	7466.4	5.3	微型计算机设备*	万台	32036.7	30.3
烧碱(折100%)*	万吨	2466.2	10.7	集成电路*	亿块	719.6	10.3
纯碱(碳酸钠)*	万吨	2308.2	13.4	彩色电视机*	万台	12231.4	3.4
农用氮、磷、钾化肥(折纯)*	万吨	6217.2	-1.9	电工仪器仪表	万台	12693.7	16.9
化学农药原药	万吨	264.8	21.4	复印和胶版印制设备	万台	654.8	6.1
乙烯*	万吨	1527.5	7.5	发电量*	亿千瓦小时	47000.7	11.7
初级形态的塑料	万吨	4798.3	9.3	火力发电量*	亿千瓦小时	38253.2	14.8
合成洗涤剂	万吨	850.8	18.9	水力发电量*	亿千瓦小时	6940.4	-3.9
化学纤维*	万吨	3390	9.7	二、农业产品			
塑料制品	万吨	5474.4	22.4	粮食	万吨	57121	4.5
水泥*	亿吨	20.9	10.8	夏粮	万吨	12627	2.5
平板玻璃	万重量箱	73788.7	15.8	早稻	万吨	3276	4.5
生铁	万吨	62969.3	8.4	秋粮	万吨	41218	5.1
粗钢*	万吨	68388.3	7.3	棉花	万吨	660	10.7
钢材*	万吨	88258.2	9.9	油料	万吨	3279	1.5
十种有色金属*	万吨	3434	10	糖料	万吨	12520	4.3
氧化铝*	万吨	3417.2	18.1	烤烟	万吨	287	5.1
铜材	万吨	1110.6	18.6	茶叶	万吨	162	9.9
铝材	万吨	2742.7	26.8	肉类	万吨	7957	0.4
工业锅炉	蒸发量吨	413328.6	28.9	猪肉	万吨	5053	-0.4
发动机	万千瓦	136966.6	-1.7	牛肉	万吨	648	-0.9
金属切削机床	万台	86	15.3	羊肉	万吨	393	-1.4
电动手提式工具	万台	23641.4	8.9	禽蛋	万吨	2811	1.8
金属冶炼设备	吨	635689.7	20	牛奶	万吨	3656	2.2
水泥专用设备	吨	853466.7	-23.6	水产品	万吨	5600	4.2
饲料生产专用设备	台	398770.1	78.3	养殖水产品	万吨	4026	5.2
包装专用设备	台	70816.2	6.8	捕捞水产品	万吨	1574	1.9
大中型拖拉机*	万台	40.2	19.3	木材	万立方米	7272	-10.1

注：加*的产品为公报数据，其余产品为快报数据

下。新兴经济体经济增长虽然好于发达国家，但由于国际市场动荡，出口条件恶化，资本流动的冲击正在加大，增长将受到一定程度的影响。但是由于发达国家的刚性需求，必需品无法替代，而且加入世贸组织以来中国在全球产业链中地位提升、出口结构优化和竞争力提高等因素，预计2012年出口增长15%左右，增速放缓。

第三，消费增长面临较大压力，但将稳中有升。由于农产品价格高企，2011年食品类消费价格明显高于近年平均水平。受汽车限购、油价上涨等因素影响，汽车类销售将大幅下降，比新世纪以来平均增速低22个百分点。考虑到汽车消费自身的更新置换周期，增速将有所提高。在收入差距较大的特定发展阶段，部分高收入群体奢侈性、炫耀性消费将持续扩张。同时，部分保障房建成入住和农村居民收入增长，家电类消费增速也有望小幅回升。预计2012年社会消费品零售总额增长17%左右，增幅略微放大。

第四，固定资产投资增速将有所回落。2012年受出口增速回落的影响，制造业固定资产投资将有所回落。从房地产投资看，紧缩政策将会持续，房地产开发企业待售房面积处于历史同期最高水平，且资金链趋紧，融资难度加大，未来一段时间商品房投资进度将会放缓。2012年保障房投资新开工面积有较大下降，公租房和廉租房融资难的问题尚未根本解决，投资增速也可能回落。从有利因素看，受既定项目开工和需求缺口推动，电力、水利、交通等基础设施投资增速有望明显回升，这三项占投资比重接近25%；随着劳动力成本上升，“机器替代劳动”推动的设备更新改造，对投资增长也会形成一定支撑；在五年规划周期中，第二年往往是规划项目落地开工较集中的年份。综合上述因素，预计2012年固定资产投资增长20%左右，增速放缓4个百分点左右。

从拉动经济增长三驾马车的发展趋势看：在消费方面，既有人民收入水平较大提高的影响，又有缺乏消费热点的限制，预计2012年会保持在15%左右的增长，对经济增长的贡献与2010年、2011年相差不大。在外贸进出口方面，由于中国正在对贸易结构进行调整和国际形势的发展，预计全年进出口总额的增长可能会下降至20%以下，贸易顺差将继续下降，可能在1000亿美元左右，对经济增长的贡献与2010年、2011年一样是负值。在投资方面，由于中国仍处于以投资为主的拉动经济增长阶段，而且消费和净出口对经济增长的贡献变化不大，2012年的经济增长变化主要取决于投资增长的变化。如果2012年继续坚持现行的货币政策和房地产业调控政策，投资对经济增长的贡献率将比2011年有所下降。

由于物价上涨翘尾因素的下降，预计上年留下的翘尾因素将低于2%，全年物价上涨的压力比2011年低，其他涨价因素也有较大的减缓，全社会消费品价格的增长压力不会如2011年的那么大，即使国家有计划地提高资源和一些服务业产品的价格，把全社会消费品价格的增长控制在4.0%左右的目标是比较容易实现的。

（周明钧）

文莱：2011年发展回顾与2012年展望

2011年，文莱政治社会继续保持稳定，经济持续增长，外交延续既定对外政策，积极参加本地区及国际的一些外交活动。

一、政治社会继续保持稳定

2011年，在国际形势复杂多变，全球经济增长疲弱，国际金融市场剧烈动荡的背景下，文莱政府根据本国的具体情况继续采取措施来保持政治社会稳定。

（一）文莱政府领导人强调用伊斯兰教价值观来维护国家的稳定

文莱苏丹亲力亲为，宣传伊斯兰教价值观，遵守伊斯兰教的教规，以维护国家的稳定。文莱苏丹在2011年元旦致辞、2月23日庆祝文莱国庆27周年的讲话中都强调伊斯兰教价值观问题。他特别指出在当今世界大潮流影响下要十分关注对青年的教育，呼吁青年必须对马来伊斯兰教君主制度有更多的了解。10月7日，他在文莱国际会议中心主持第五届东盟可兰经诵读比赛闭幕式时指出，时下一些青年受到了涉及道德及社会问题的不良活动影响，他敦促青年作出改变，成为具有良好道德品质的好青年。

（二）继续开展反贪污腐败活动，以安定民心

2011年，文莱继续加强反贪污腐败宣传活动。文莱反贪污局特别调查官员莫哈末尤苏夫在3月3日举行的“良好行为的公务员如何处理礼品”座谈会上表示，该活动是特别为公务员举办的，让公务员了解如何处理来自民众的礼品程序，以保住清廉名声。这项活动获得全国各地政府部门的支持。4月6日，该局举办有48名政府官员参加的铲除贪污巡回讲座，文莱反贪污局总监彭基哈芝玛达山出席并担任主讲，他要求全国民众与当局共同合作铲除贪污，使文莱成为一个清廉的国家。

（三）文莱苏丹强调要着力解决民生问题，以保持社会稳定

2011年3月3日，文莱苏丹在文莱第7届立法会议上强调，政府要着力解决民生问题，以保持社会稳定。苏丹在会议上指出：目前，国际经济和金融动荡，一些国家物价高涨，以致人民生活困苦，更导致社会治

安问题。在这非常时期，所有立法会议员都要继续加倍努力，关注国家所有民众的问题，无论是居住在城市或偏僻地方的居民，都要以正确的方式去讨论和解决问题，以保持社会和谐与稳定。年内，文莱政府采取如下措施解决民生问题：一是继续维持医疗保健、教育、道路、日常必需品、房屋、水电、燃油、大米和白糖等各项民生必需品稳定的价格津贴福利，妥善解决拖欠水、电费问题。二是采取措施，有效减低天灾对人们生活和经济发展的破坏力。2010 年以来，文莱一些地方发生严重水灾，文莱苏丹多次带领政府官员下乡巡访解决灾民生活问题。2011 年 3 月 17 日上午，文莱苏丹在文莱穆阿拉区甘榜孟迪里国民房屋区拿督哈芝莫哈末耶辛小学，给 164 户人家分发新建国民房屋的钥匙。之后，他到甘榜林巴国民房屋区和双溪伯布洛无地土著公民房屋区巡视，并在当地一些家庭作客，近距离了解民情及生活。三是实行一系列扶贫计划，努力实现零贫困目标。文莱贫困人口不多，但政府希望通过推行一系列有效的扶贫计划，协助国家实现零贫困目标。

二、经济持续增长

2011 年，尽管受到世界经济复杂多变的影响，但由于文莱经济以石油天然气为支柱产业，得益于亚洲地区对石油天然气的需求增加，而且价格上涨，文莱经济从年初开始就一直保持增长，据文莱经济规划发展局公布的数据，2011 年一至四季度国内生产总值（GDP）分别为 50 亿、49 亿、53 亿和 55 亿文莱元，全年 GDP 达到 207 亿文莱元（约合 151.11 亿美元。从行业发展速度看，非油气产业增长 5.1%（农林渔业增长 15.5%），工业下降 2.6%，建筑业增长 6.7%，服务业增长 5%，运输通讯业增长 6.7%，房地产业增长 5.7%。文莱《联合日报》2012 年 2 月 22 日报道，文莱 2011 年人均 GDP 达 3.6521 万美元，在亚洲地区排名第四。全年通货膨胀率为 2%，处于较低水平。

2011 年文莱经济有如下几个亮点：

（一）经济社会发展投资增加

文莱第 7 届立法会批准总额 51.3 亿文莱元（约合 40.71 亿美元）的 2011 ~ 2012 财年财政预算，比上一财年的财政预算多出 1.45 亿文莱元，政府增加拨款主要是为了促进经济增长。其中，10.5 亿文莱元为国家发展计划拨款，将集中用于政府推行国家发展计划的九大领域，即社会服务（3.27 亿文莱元）、工业与经贸（2.37 亿文莱元）、民事服务（1.58 亿文莱元）、运输及民航（1.15 亿文莱元）、综合项目（6030 万文莱元）、国家安全（5890 万文莱元）、公共建筑物（4640 万文莱元）、资讯科技（3920 万文莱元）、科学技术（1080 万文莱元）。到 2011 年 3 月，在文莱国家发展计划推行的 1040 个发展项目中，有 30% 的项目如期完成，48% 的项目已经开工，6% 的项目处在招标阶段，其余项目处在策划阶段。以上财政支出为文莱 2011 年经济社会发展作出了重要贡献。

（二）投资环境优良，出口和国际储备增加

1. 投资环境优良，外国投资一直保持高增长。文莱苏丹在庆祝第 27 个国庆日通过国家电台和电视台发表献词时认为，文莱的优势在于安定的社会、稳定的政治环境和坚固的经济基础，这些都是吸引更多外来投资者的重要资产，需要大家加以重视和维护，共同捍卫这一珍贵的国家资产。亚洲开发银行 2011 年 4 月 9 日发表的发展展望报告中预测文莱 2011 年将吸引更多外资进入文莱。该行认为，文莱的大摩拉岛计划、国际机场扩建计划与东马的电缆工程等都是能带动文莱经济发展的重要工程。另外，文莱与马来西亚的水域问题顺利解决、陆上探油工作的顺利开始等，也让亚洲开发银行对文莱能源经济前景充满信心。年内，外国对文莱的投资一直保持高增长，第三季度外国投资增至 4.84 亿文莱元，第二季度为 2.73 亿文莱元，按季增长 76.8%。英国为文莱最主要的外国投资来源（2.97 亿文莱元），占 61.4%；日本排名第二（1.11 亿文莱元），占 22.9%；荷兰排名第三（7198 万文莱元），占 14.8%；美国排名第四（148 万文莱元），占 0.3%。制造业为外国注资最多的领域，外资增长 220.1%；第二位为矿石开采，外资增长 144.3%。

2011 年 2 月 23 日，文莱举行庆祝国庆 27 周年活动　（中国驻文莱大使馆）

2. 进出口增长，国际储备增加。据亚洲开发银行报告，2011 年文莱的国家财政情况与 2009 年的情况完全不同，并将从石油及液化天然气出口活动中赚得显著的盈余。2011 年第一季度文莱进出口总额比

上年增长18.3%,其中进口和出口分别增长20.7%和8.5%。第二季度,进出口总额同比增幅达到19.1%,出口同比飙升26.4%。第三季度商品贸易额增至52.34亿文莱元,增长20.8%;原油出口增加5.9%,液化天然气出口增加36.8%,甲醇出口增加76.2%。在成衣业出口增长2.1%及冷冻食品出口增长49%的带动下,非石油产品贸易额微幅上升。第三季度进口贸易额达10.68亿文莱元,增长24%。日本为文莱最主要出口市场,占全年文莱出口贸易额的46.8%;其次为韩国,占14.6%;东盟国家占13.4%;澳大利亚占10.4%;印度占6.3%。据文莱《波罗洲公报》报道,2011年,文莱出口额106.82亿文莱元,比上年下降17.5%;进口额55亿文莱元,增长17.4%。

(三)农业生产开始取得成效

文莱政府重视农业生产,2011年开始取得明显效果。据文莱《婆罗洲公报》2012年3月5日报道,文莱2011年全国稻谷产量达到2143吨,比上年增长30%,产量为历史最高。文莱每年大米需求量约3.2万吨,绝大部分仍需进口。

(四)汽车销售量稳定增加

2011年,文莱汽车销售量继续增加,全年销售各类汽车1.46万辆,比上年增长7.1%。中、低端汽车主导市场,日本汽车最受文莱消费者喜爱。至2012年6月15日,文莱注册轿车有20万辆,平均每年约有1.5万辆新车注册。以文莱约有6万户居民计算,平均每户家庭拥有3辆轿车。

三、延续既定的对外政策,开展对外交往与合作

2011年,文莱延续既定的对外政策,参加东盟举办的系列会议;与世界主要大国保持密切关系,庆祝文莱与中国建交20周年活动成为年度对外交往的亮点;主持举办一些国际会议;力所能及地参加一些对外活动。

(一)文莱苏丹和政府各部长出席东盟举办的年度系列会议

2011年5月7~8日,文莱苏丹出席在雅加达举办的第18届东盟峰会;11月17~19日,出席在印尼巴厘岛举行的第19届东盟领导人会议、第14次中国—东盟10+1领导人会议暨中国—东盟建立对话关系20周年纪念峰会、第十四次东盟与中日韩10+3领导人会议、第6届东亚峰会等东盟领导人系列会议。此外,文莱苏丹还参加了一些国际会议,如11月13日出席在美国夏威夷州首府檀香山举行的亚太经合组织第19次领导人非正式会议,并决定文莱参加美国推行的泛太平洋战略经济伙伴关系协定(Trans-Pacific Strategic Economic Partnership,简称TPP)。

文莱各部部长参加东盟举办的系列会议和活动,主要有:第44届东盟外长会议,东盟与中国10+1外长会议,东盟与中日韩10+3外长会议,东亚峰会外长磋商和第18届东盟地区论坛(7月19~23日),第11届东盟电讯及资讯技术部长级会议(1月13~14日),第14届东盟旅游部长会议,第14届东盟与中日韩10+3财长会议(5月4日),第5届东盟国防部长会议(5月19日),第8届中国—东盟博览会高官会议(6月2~3日),第8届中国—东盟博览会和第8届中国—东盟商务与投资峰会(10月21~26日)等。

(二)主持举办一些国际会议

2011年,受东盟和国际组织的委托,文莱主持举办的国际会议有:第46届亚洲教育部长会议和第6届东盟教育部长会议(1月26~27日),东盟东部成长区部长会议(3月8日),东亚能源部长峰会(8月20日),第5次东盟社会林业网年会(6月23日),第29届东盟能源部长会议(9月19~23日)等。

(三)与东盟各国友好交往与合作

由于历史和地缘原因,文莱与东盟东部经济成长区国家(马来西亚、菲律宾、印度尼西亚、新加坡)交往较为密切。

1. 与马来西亚的交往与合作。2011年,马来西亚总理纳吉布、副总理穆希丁、马来西亚武装部队首长阿兹占阿里芬上将分别访问文莱。两国领袖建立了常年双边磋商会议机制。在纳吉布访问文莱时,两国领导人分别率领各自国家内阁部长参加第15次年度双边磋商会议。双方在会后签署关于经济与科技、投资、油气开发3项谅解备忘录,并签署关于合作建设连接文莱淡布隆区与马来西亚林梦地区桥梁的协议。马来西亚国家石油公司在当日启动位于文莱与马来西亚争议海域的CA2板块的石油开采。马来西亚计划在文莱投资16亿美元兴建石化基地,由马来西亚国家石油公司与化工巨头巴斯夫公司合作,在文莱投资建设综合性石油化工厂。此外,两国还讨论在贸易与投资、科学与工艺、生物科技、水产业、农业、船运、金融、资讯与传播、人力资源、国防、保安及旅游业等领域的新合作可行性方案。文莱人最喜欢到马来西亚旅游,马来西亚旅游局的数字显示,2011年到马来西亚旅游的文莱人达到123.94万人次,比上年增长10.2%。在马来西亚的国际游客当中,文莱游客居第5位。

2. 与菲律宾的交往与合作。菲律宾武装部队参谋长里卡多上将于2011年1月25~26日对文莱进行访问。文莱文化、青年与体育部长哈吉·阿卜杜拉3月30日访问菲律宾,签署两国体育交流合作备忘录,双方计划增加体育活动、运动员、教练和信息的交流。菲律宾在篮球、垒球、田径和体育科学等项目帮助文莱训练,而文莱则可在马来武术、藤球和传统赛船等项目帮助菲律宾训练。菲律宾总统阿基诺三世于5月31日至6月3日对文莱进行访问,阿基诺此次访问的主要目的是为了进一步加强两国的友好关系,双方签署粮食安全和农业合作协议,以在生产和销售清真食

品方面建立伙伴关系。文莱将在菲律宾南部的棉兰佬岛投资，把拥有丰富天然资源的棉兰佬岛发展成为东盟东部成长区的粮仓。菲律宾希望棉兰佬岛生产的清真产品能取得文莱清真认证。近年来，两国经济贸易合作密切，文莱与菲律宾的双边贸易2010年达800多万文莱元，其中文莱从菲律宾进口590万文莱元，向菲律宾出口243万文莱元。但合作程度还较低，两国表示要进一步提高合作水平。

3. 与印度尼西亚的交往与合作。文莱和印尼两国外长2011年7月18日在印尼巴厘岛举行联合委员会会议，会后发表联合声明称，印尼将向文莱派遣农业专家，培训当地人员，同时，印尼表示愿意向文莱派遣林业专家在林业管理领域提供援助。两国还表示将进一步促进双边贸易和投资。印尼高级官员表示，2011年两国双边贸易增长迅速，1～5月，双边贸易额达5.05亿美元，同比增长46.5%。到年底，双边贸易额有望突破10亿美元。

4. 与其他东盟国家的关系。2011年3月28～30日，越南国防部副部长阮辉孝访问文莱。2011年越南与文莱双边贸易额达2亿美元，比上年增长近10倍。文莱与泰国注重卫生合作，10月4～5日，文莱卫生部与泰国卫生部首次在文莱召开第一届健康合作技术工作小组会议，此次会议是继两国在2010年3月29日签署谅解备忘录后的一个合作项目。在会议中两国代表一致同意加强与提升各方面的合作，包括开展护士护理人力建设、疾病资讯、医药品质保证、饮食安全等方面的合作。文莱对2011年泰国和柬埔寨遭受百年不遇的大水灾给予帮助，12月15日，文莱苏丹基金拨款10万文莱元作为对泰国与柬埔寨遭受水灾的援助资金。

（四）与大国和域外国家的交往与合作

1. 与英国的交往与合作。文莱仍然保持与其传统关系国——英国的密切关系。文莱苏丹于2011年5月3日访问英国，与英国首相卡梅伦会谈，表示将进一步加强双边关系。在教育、卫生、防务及环境保护等领域，两国通过经常的部长级会面不断加强合作。与英国加强教育合作是文莱与英国合作的重点。文莱教育部长本·哈吉·阿朋于1月9～12日到英国伦敦出席2011年世界教育论坛时顺访英国大学，拜访英国大学科学部长大卫·威勒，讨论文莱与英国教育合作事宜，两国教育部长就改进学生交换计划和年度海外计划以及高等研究领域中的合作进行交流。文莱文化、青年体育部长应英国政府的邀请于12月16日对英国进行访问，与英国讨论如何加强对文莱留学生的教育问题。

2. 与美国的交往与合作。2011年，新任美国驻文莱大使丹尼尔希尔兹在向文莱苏丹递交到任国书时表示，希望加强两国在教育、军事和商业等领域的交流和合作，如在全球安全方面合作、增加学生交流和建立新的商业立足点。他鼓励文莱人多到美国进行商业和休闲旅游，文莱是获得美国给予90天免签证待遇的国家之一。7月6日，美国舰艇在文莱参加国际海上阅兵式，并于9日与日本、澳大利亚在文莱近海海域举行联合军事演习。

3. 与日本的交往与合作。日本外务大臣政务官菊田真纪子于2011年5月7～8日对文莱进行访问。文莱能源部长亚斯敏·本·哈吉·乌玛尔于12月13～20日访问日本。能源合作是文莱与日本合作的重点。文莱《婆罗洲公报》2011年8月30日报道，文莱苏丹批准日本三井集团在文莱投资28亿美元建设天然气下游综合产业基地。该产业基地选址在双溪岭工业园区内，将建立包括生产氨、尿素、二铵磷酸盐、硫酸铵、三聚氰胺和己内酰胺的6家工厂，生产制造化肥、纺织品和塑料原料。

4. 与俄罗斯的交往与合作。文莱能源部长亚斯敏·本·哈吉·乌玛尔于2011年8月初访问俄罗斯，分别会见俄罗斯能源部长以及GASPROM等俄罗斯大型油气企业，商讨能源合作问题。他向媒体表示，文莱国家石油公司正寻求在俄罗斯开展天然气贸易并建立合资公司，以将文莱油气产业拓展至国外。

5. 与印度的交往与合作。2011年9月26日，印度外交事务部国务部长阿哈马德访问文莱，文莱苏丹在会见阿哈马德时表示要进一步加强文莱与印度的双边关系和各个领域的合作。

（五）与中国的交往与合作

2011年是中国和文莱建立外交关系20周年，两国政府决定将2011年确定为中国—文莱友好年，并举行一系列庆祝活动。一是中国高层领导频繁访问文莱。根据中国驻文莱大使馆提供的情况，年内中国有5个副总理级以上代表团访问文莱。11月20～21日，中国国务院总理温家宝对文莱进行正式访问，使两国庆祝建交20周年活动画上圆满句号。二是两国特别是大使馆组织一系列纪念活动。2月4日，文莱驻中国大使馆在北京举行文莱27周年国庆招待会，中国外交部主要领导应邀出席，双方代表各自政府宣布正式启动友好年活动。中国驻文莱大使闵永年于3月6日在文莱举行中文建交20周年暨“中文友好年”新闻发布会，在文莱开始举办一系列纪念活动。三是经济贸易合作再创新高。据中国海关统计，2011年中国与文莱双边贸易额13.1亿美元，比上年增长27.1%。其中：中国对文莱出口7.4亿美元，增长102.5%；中国自文莱进口5.7亿美元，增长14.7%。

四、2012年展望

展望2012年，文莱政治社会将继续保持稳定，对外交往仍然遵照既定政策。在经济方面，由于世界石油价格上升，以石油、天然气为支柱产业的文莱经济将继续增长。文莱《婆罗洲公报》2012 年 3 月 7 日报道,文莱第二财长拉赫曼 6 日在第 8 届国家立法会会议表示,由于政府将扩大投资,私营企业踊跃开发新项目,加之世界能源需求居高不下,文莱 2012/2013 财年经济增长有望达到 2.6%。（马　静　马金案）

资料来源:

1. 中国驻文莱大使馆网站、中国驻文莱大使馆经济商务参赞处网站。

2. 文莱易华网。

柬埔寨:2011 年发展回顾与 2012 年展望

2011 年第 3 届柬埔寨王国政府继续执行以"四角战略"为内核的经济施政纲领,宏观经济运行情况进一步改善,经济保持较快增长,服装、旅游、农业和建筑业表现突出,出口成为拉动经济增长的引擎;在欧美深陷债务危机的大背景下,柬埔寨吸收外国直接投资逆势上扬;民生逐步改善;国内政局保持稳定,对外关系平衡发展,正在努力缩小同其他东盟国家经济社会发展的差距,加速融入东盟。

一、经济:加快追赶步伐,融入东盟经济

(一)宏观经济运行基本稳定,经济实现较快增长

据柬埔寨财经部数据,2011 年国内生产总值(GDP)比上年增长 6.9%,高于国际预测(IMF 预计低于 6%,WB 为 6%,ADB 为 6.8%),全年 GDP 总量约为 129.37 亿美元;人均 GDP 约 909 美元,增长 7.1%。出口导向型的制造业是经济增长主要原动力,农业、旅游、纺织服装和建筑业是经济增长的 4 个轮子。农业增长 3.3%,受水灾影响增幅同比下降 0.4%;工业增长 14.3%,工业中的制衣业增长 20.2%,服务业增长 5%。截至 2011 年 7 月,柬埔寨外汇储备为 30 亿美元,可以维持 4 个月进口。欧美债务危机对柬埔寨直接冲击不大,主权债务处在较为合理的范围之内,截至 2011 年 10 月柬埔寨外债余额 70 亿美元(欠中国债务 40 亿美元),外债与 2010 年国内生产总值之比为 35%,负债水平居全球第 72 位,处于可控状态。柬埔寨国会通过的《2012 年财政预算案》,允许政府新借外债总额为 11 亿美元。2011 年税收总额约 8.02 亿美元,同比增长 14%;国家银行维持本币锁定美元的固定汇率制,瑞尔维持对美元汇率稳定,全年汇率浮动区间保持在 0.05% 以内,年均通货膨胀率维持在 5.5% 左右。

(二)三次产业发展情况

1. 工业。工业总体增长 8.5%,增幅同比下降 4.9%。(1)纺织服装业增长 11.2%。全行业创造近 45 万个就业岗位。受益于全球金融危机后中国生产成本增加推动产业转移,新增的 50 间工厂均来自中国。(2)建筑和房地产业逐渐复苏。建筑业全年批准项目 2129 个,投资总额 17.34 亿美元,同比增长 107%。主要外资来自中国、马来西亚、韩国、日本、越南等国家。

2. 农业。(1)水产与海产品。捕捞和养殖总量为 60 万吨,同比增长 10%。(2)橡胶种植。支撑整个农业领域取得 3.3% 增长率。2011 年橡胶种植面积 18.1 万公顷,橡胶产量 4.9 万吨,同比增长 6.5%。(3)粮食。以稻谷、玉米、豆类、薯类等为主的粮食产量达到 840 万吨,比上午增长 15 万吨。

3. 服务业。(1)旅游业。全年接待游客约 288 万人次,旅游收入 20 亿美元,同比增长 15%,是带动柬埔寨服务业发展的主要助推器。最大客源国分别是越南(61.4 万人次)、韩国(34.3 万人次)、中国(24.7 万人次)、日本(16.2 万人次)。(2)金融业。银行系统储蓄额同比增长 17%,贷款总额增长 32%;呆账坏账率减至 2.7%,同比减少 0.3%。三大商业银行利润、放贷量显著增加,不良贷款率明显下降。(3)证券业。7 月 11 日,韩国交易所和柬埔寨财经部合资在金边加华银行大厦挂牌成立柬埔寨证券交易所,双方持股比例为 45% 和 55%,原计划年底开盘,但因准备不足,数次延期直到 2012 年 1 月 12 日才完成首次模拟证券交易,按计划金边水务局等 3 家国有企业将在 2012 年陆续上市。(4)广告服务业。全年广告业营业额 1760 万美元,广告收入主要来自啤酒、电信、食品等行业。

(三)对外贸易

2011 年柬埔寨进出口总额 114.78 亿美元,同比增长 38%。其中:进口额 66.22 亿美元,增长 37.8%;出口额 48.76 亿美元,增长 37.2%;贸易逆差 17.46 亿美元,与 2010 年基本持平。

1. 主要出口商品构成。主要出口商品为纺织服装、橡胶、水产品、大米。(1)成衣。出口总额 42.46 亿美元,同比增长 28%,占出口总额的 94%。主要出口市场是美国、欧盟、加拿大、日本等,市场份额分别是 49%、30.3% 和 20.7%。(2)大米。出口量 17.77 万吨,出口值 1.38 亿美元,同比增长 300%。(3)水产品。出口量 3 万吨,同比减少 14%;但因国际市场价格高企,出口金额同比逆势增长 50%,达 6000 万美元;主要出口澳大利亚、俄罗斯、美国、越南、中国、韩国、泰国和日本市场。(4)橡胶和其他农产品。出口额 2.856 亿美元,同比增长 123%。橡胶出口量 4.67 万吨,增长 55%,出口值 2.09 亿美元,增长 131%。(5)乳胶。出口量 4.67 万吨,出口值 2.15 亿美元,增长 132%。(6)木薯。种植面积约 37 万公顷,

比上年增加18万公顷。全年木薯出口量27.7万吨，增长111%。

2. 进口商品构成。主要进口商品为成衣及原料、燃油、建材、交通工具、食品和饮料、药品和化学原料等,其中成衣和汽油进口占全国进口总值的60.3%,许多进口商品虽然数量明显减少,但因通货膨胀,进口值反而有较大幅度增加。(1)成衣原料进口量55.68万吨,总值26.12亿美元,占进口额的39.4%。(2)汽油进口量140万吨,总值13.82亿美元,占进口总额的20.9%。(3)建筑材料进口额5.54亿美元。(4)交通工具进口额3.64亿美元。(5)其他商品进口额12.77亿美元,其中食品和饮料进口额1.58亿美元,药品1.23亿美元,化妆品1641万美元,化学原料2790万美元。

(四)外国直接投资大幅增长

2011年新增外国直接投资项目164个,投资总额70.1亿美元,同比增长170%。主要集中在橡胶种植与加工、啤酒和饮料生产等行业。外商直接投资排名前3位的来源国为英国、中国和越南。中国新增投资11.6亿美元,越南新增投资2.46亿美元。另据柬方统计,1994~2011年11月,对柬埔寨投资居前4位的国家分别是:中国(88亿美元)、韩国(40亿美元)、马来西亚(26亿美元)、越南(21亿美元)。

二、政治与民主平衡发展

(一)稳定政局,人民党执政基础稳固

柬埔寨人民党执政基础日渐强大,政治格局呈现明显由人民党独立执政的趋势。党派论争在国家利益前表现出团结一致,拉那烈党、桑兰西党和人权党在柬泰领土争端问题上发表声明支持执政的人民党。面对新一轮大选,柬埔寨人民党显得胸有成竹。而奉辛比克党一方面着力聚集民意,加强群众基础,为国会选举未雨绸缪;另一方面也在加紧党内权力洗牌,试图东山再起。2011年4月,奉辛比克党选举高布列斯梅、杨来盛、涅文才为党内新一届最高领袖。虽然桑兰西党党魁桑兰西流落法国,但影响力并未式微,桑兰西在加强政党革新的同时,也在利用舆论造势,为其2013年重归故里作铺垫并加入新一轮权力博弈。人权党宣布弃权参议院选举,而致力于加强内部建设,修改其政党章程强调为人民服务以博取民意支持。拉那烈于年初宣布重返政坛,但由于拉那烈党在2008年大选中败北,短时间内东山再起可能性不大。2013年大选在即,如果这些小党不能实现小党结盟,洪森领导的人民党胜选应是预料之中的事。

(二)加强法制建设,扩大社会民主

《柬埔寨刑法》于2011年终获国会通过。这对于加强政治稳定、维护社会治安、打击刑事犯罪具有重要意义。为加强政府对工会管理,2011年10月劳工部修改《工会法》部分内容,同时颁布《2012~2015年基层民主改革发展计划》。费时多年的新《民事法》于2011年12月正式实施,该法案包括《民事诉讼条例》和《民事诉讼法》,民事诉讼案解决和社会管理方式将以新《民事法》为基础,为维护社会公正、完善国家社会管理发挥重要作用。

(三)整顿吏治,反腐肃贪,取信于民

1. 完善反腐机制,培育廉政意识。(1)2011年4月1日《反腐败法》修改草案在柬埔寨国会高票通过并于当日开始实施,使反腐有法可依。为防止土地开发滋生腐败,反腐机构举办培训班向官员传授土地管理专业知识;为加强政府廉政意识和法律意识,举办国家反腐论坛,听取社会各界对反腐工作的评介。(2)实行官员《财产申报制度》。首次公务员申报财产工作于4月7日结束。(3)为加强应急灾害管理,对玩忽职守的公务员予以法律制裁,柬埔寨政府对《灾害管理草案》部分内容进行修订。

2. 加大审查力度,严惩贪渎行为。2011年,柬埔寨国家反腐机构不断加大审查力度,审查对象涉及多名王国政要及权贵至亲。12月,金边市初级法院对前驻文莱大使南西贪污案进行缺席审判,判处其有期徒刑4年,没收其侵吞的43万美元公款。此外,金边市原副市长涉嫌贩毒也被逮捕移送司法机关。2012年1月,卜迭棉芷省初级法院以贪污及涉毒罪案开庭,审理国家肃毒机构前秘书长蒙达拉、警察厅长谢龙,并判处两人终身监禁。反腐风暴还波及柬埔寨军界和佛教界。佛教法院开庭审理杜占西利瓦腐败案。洪森公开痛斥军官腐败行为,要求加强反腐败斗争,提高军队战斗力。

三、对外关系的多元与平衡

2011年,柬埔寨仍坚持以东盟为依托,奉行独立、和平、永久中立和不结盟的外交政策;推行多元外交,积极融入国际社会、争取外援发展经济;发展与泰国、越南睦邻关系;注重平衡发展同中国、美国的关系。在对外关系中,中国、美国是对柬埔寨具有重要影响的两个大国,泰国、越南也是其重要的外交战略考量。

(一)柬埔寨与中国的交往与合作

2011年,柬埔寨与中国在深化战略伙伴关系推进全方位合作的方针指导下,两国政治关系平稳发展,领导人接触经常化。在东盟峰会期间,洪森首相与中国国务院总理温家宝举行会晤;中共中央政治局常委周永康访柬;在大湄公河次区域(GMS)第4次会议期间,洪森与中国国务委员戴秉国举行会晤;12月5日,柬埔寨国会主席韩桑林访华。两国在全球和地区问题上持有共同点,双方支持东盟互联互通规划以加快中国—东盟经济合作。柬埔寨在南中国海争端中始终保持中立。中国坚定支持柬埔寨独立自主外交政策和经济上加速融入东盟,缩小同东盟其他国家差距的发展计划,继续给予柬埔寨经济重建巨大支持。2011年,中柬双边贸易额为25亿美元,同比增长73.5%。中国成为柬埔寨最大外商直接投资国,也是柬埔寨最大贷款提供者和无偿援助国。中国援助柬埔寨和投资主要涉及道路、桥梁、水电站、农业等基础设施项目。年内,中国援建的大型水电项目甘再水电站关闸蓄水,斯登沃代水电站破土动工,横跨金边南的百色河达克茂大桥开建,中海油集团柬埔寨西南海域921号钻井平台搭建等,成为柬埔寨与中国经贸合作的新亮点。

(二)柬埔寨与美国的关系

柬美军事安全合作是2011年双边关系引人注目的事件。年内,柬美两军进行了4次多边及双边联合军演,柬埔寨多次接待美国军舰及高层军官访问并开展军事交流活动。5月16~27日,美柬国防部合作在柬埔寨实居省多国维和部队训练学院举行"2011年吴哥哨兵"军事演习,柬方约300名士兵参演。9月,柬埔寨、美国、澳大利亚在金边郊区和西哈努克省举行代号为"ELLIPSE CHARLIE"的三边联合演习。美国太平洋司令部参与协调,通过技术援助、提供意见和评估柬应对危机能力。柬美"卡拉特"双边军演2011年10月在西哈努克省远海域进行,600名美国海军士兵和数百名柬埔寨海军士兵参加演习。除军演和军事交流合作之外,美国政府及企业或非政府组织还向柬埔寨提供约3300万美元无偿援助用于打击贩卖人口、海关安检设备、排雷、救灾、医疗卫生等。年内的柬美关系也并非一帆风顺。4月发生美国医生性侵柬少年案,7月维基解密公开一份美国外交文件称柬现任外长贺南洪是前红色高棉政府监狱长一事,都引起柬埔寨政府强烈抗议。美国对柬埔寨人权和内政问题的诸多干涉也对双方关系有不利影响。

(三)柬埔寨与泰国的关系

政治外交关系。2011年初,联合国教科文组织《世界遗产公约》委员会决定。进一步考虑柬埔寨提出的千年古寺柏威夏管理计划后,泰国立即宣布退出该委员会以示抗议,柏威夏争端持续升级最后兵戎相见、柬泰劳工冲突及年底柬埔寨发生泰国"间谍门事件"等一度使双边关系降至低点。但随着12月初柬泰第8届边境联合委员会在金边顺利召开,确定了进一步加强两国边界安全,共同打击边境犯罪,以及实施国际海牙法院双方撤军要求,建立柏威夏非军事区等系列举措,继而12月底泰国外长素拉蓬和总理英拉访问柬埔寨,两国领导人握手言和。分析人士认为随着英拉访柬,双方关系正在开启一个新的时代。

经济关系。2011年两国贸易额增长10%。经济合作计划稳步推进,双方正在以2001年备忘录为谈判基础,协商泰国湾主权重叠区的油气资源开发问题。泰国对柬埔寨投资小幅增加。两国投资商合资2100万美元,在柬埔寨马德望省宋宝伦县建设一家大型面粉厂。

(四)柬埔寨与越南的关系

2011年,柬越两国高层互访频繁,两国政府、国会、外交和国防、公安等部门保持定期互访:越南政府总理阮晋勇、国会主席阮生雄访问柬埔寨;柬埔寨首相洪森及柬埔寨人民党主席、参议院主席谢辛访问越南;两国军队、警察、边界省份就加强军队交流与培训、联合打击毒品等跨境犯罪保持密切合作与交流。双边经贸合作进一步加强。2011年双边贸易额达到28.29亿美元,同比增长54.75%。其中:柬埔寨对越南出口4.29亿美元,增长55%;进口24亿美元,增长54.63%。进口商品包括海产品、蔬菜、咖啡、糖果、塑料制品、服装、鞋、玻璃制品、计算机及配件、交通工具及移动电话;柬对越出口商品包括水产品、大米、玉米、烟草、橡胶、木材及废铁。柬埔寨吸收越南投资有所扩大。2011年4月,越南总理阮晋勇访问柬埔寨并参加第二届柬越投资大会,双方决定加强经济合作,争取日本的经济援助,共同打造柬老越"金三角"经济区,并签署将近10亿美元的投资项目,使越南对柬埔寨投资总额达到21亿美元,排名第二,主要投资领域包括邮电业、农业、橡胶业、金融业、银行业等。

柬埔寨首相洪森(右)在第19届东盟峰会闭幕式上接过象征东盟主席国资格的标志物 (新华社)

四、机遇与挑战并存的2012年

(一)高增长预期与内外部压力

世界银行2012年1月17日发布最新一期《全球经济展望》报告

称,2012 年柬埔寨国内生产总值(GDP)增长率预计达到6.5%。投资和出口这两驾马车对柬埔寨经济增长的拉动是最大的利好因素。2012 年是柬埔寨基础设施建设高潮年。能源领域:2011 年6月柬埔寨与中国签署价值达6亿美元、炼油能力500万吨的柬埔寨炼油厂建造合同,预计2012年底正式投产。电力行业:柬埔寨正在中国的帮助下修建7个大型水电站以缓解电力紧张局面,拉动经济增长。工业领域:柬埔寨吉曼集团与泰国暹粒水泥厂签署年产百万吨水泥谅解备忘录,价值1.5亿美元,将于2012年建设,2014年投产。交通基础设施:利用中国和亚行贷款拟建从泛亚铁路间的金边至越南禄宁的长200千米铁路线,价值7亿美元,由中国设计建造,2012年开工。在出口方面,纺织服装仍将维持强势增长;随着外资大举进入,农业潜力将进一步挖掘出来;2012年访柬游客预计突破300万人次,旅游收入将保持近10%的增长速度。但内源与外源性风险不容忽视:一是经济固有问题继续制约其经济快速发展。这些问题主要是工业基础薄弱,经济结构单一,可持续发展能力差,投资严重不足,基础设施、教育科技落后,人才匮乏。二是经济的高度外向性,意味着其抗风险能力差。柬埔寨国内市场狭小,内需对经济拉动作用不大,服装出口对美、欧、加、日市场严重依赖的局面短时间内无法改观,加上欧美经济的不确定性,国内灾后重建资金无着的影响,2012年经济前景存在不确定因素。

(二)国内政治与东盟组织治理的内外兼修

国内政治。2012年是柬埔寨大选筹备年,各政治派别都在紧锣密鼓作准备。从政治格局来看,人民党胜选并担纲组阁几无悬念,唯一问题是票选差别,这会直接影响权力分配。国内维稳仍是柬埔寨政府的重要议题。毒品走私盛行、城乡治安情况堪忧、土地纠纷问题突出等社会问题的治理也是政府必须直面的问题。

对外关系。2012年柬埔寨作为东盟轮值主席国,将主办东盟外长会议,东盟政治、安全、经济、文化等一系列专业会议,东盟峰会及东盟与对话伙伴国会议,在为柬埔寨发展和提升形象提供契机的同时,也对柬埔寨主办大型会议和国家领导人引领东盟组织的能力提出挑战。因此,新的一年柬埔寨对外关系的着眼点仍会放在东盟,同时注重发展与中、美两个大国及其他国际组织之间的友好与合作关系,进一步深化对越南传统伙伴关系。在与泰国关系发展中,尽快执行因泰国洪灾而迁延的海牙国际法庭撤军裁决,使边界恢复正常化,从而开启双边关系的新时代。 (蒋玉山)

资料来源:

1. *Phnom Penh Post, Friday, January 27th, 2012.*

2. 柬埔寨国家统计所官网:*http://www.nis.gov.kh/*。

3.《柬华日报》,《金边晚报》,《星洲报》,《华商报》等。

4. 中国驻柬埔寨大使馆经商处,*2012* 年 *1* 月 *20* 日信息。

5. *Siam Daily News, November 30th, 2011.*

6. *The Associated Press, August 12th, 2011.*

7. *the Economist Intelligence Unit, October 28th, 2011, http://viewswire.eiu.com/.*

印度尼西亚:2011年发展回顾与2012年展望

一、政治与社会:总体稳定

2011年,印尼的政局承接上一年的局势惯性发展,总体保持稳定。以民主党为首、由6个政党组成的执政联盟在国会拥有约75%的议席,是总统苏西洛组建内阁和施行政纲的重要依靠力量。该联盟内部纷争曾于年初表面化,一些中小政党不满联盟秘书处的运作模式,公正繁荣党甚至声称要退出。3月,为维护执政联盟的团结,苏西洛与执政联盟秘书处执行主席巴克利就完善内部磋商和沟通机制达成一致,随后各政党重签联盟协议。一年来虽偶有波澜,但印尼政局未出现大的动荡,政府施政纲领推行大体顺利,苏西洛的领导能力得到社会肯定。《千岛日报》2011年10月25日报道称,调查显示多数民众对苏西洛总统近两年来的领导业绩表示满意。苏西洛改组内阁,更换34个部门中10个部长的职位,其中有7位部长为首次入阁。

尽管距离2014年大选还有相当一段时间,但相关筹备和各政党的博弈已经开局,印尼政治从年中开始持续升温。各派势力就选举法的修订问题展开争论,热点之一是国会门槛问题。2009年政党进入国会的门槛是在普选中获2.5%以上选票,最终9个政党在国会占有议席。有观点认为政党数目过多使国会的效率受到影响,为此,主张提高国会门槛至选票总数的4%~5%,使进入国会的政党减至3~4个。中小政党表示反对并酝酿联合成立"中间轴心"来抵制。军队和警察的选举权问题也一度被提上台面讨论。在选战背景下,政治精英的贪腐案件更受关注。世纪银行注资案自2009年发酵,至今未有定论,印尼民主党前财政主管纳沙鲁丁涉嫌贪污巨港运动员村建设工程资金案和前警察副总长之妻努嫩向30多名国会议员行贿的"旅行支票案"又先后曝光,在不同程度上对民主党、公正繁荣党和民主斗争党等党派的形象造成负面影响。上述案件成为舆论焦点固然有政治因素作用,同时也反映出反贪在印尼越来越受重视。苏西洛曾指出印尼的财政预算支出有103万亿盾遭贪污,并用"抢劫"一词强烈谴责贪腐分子的行为。印尼政府的反腐措施更加有力，对腐败分子的惩处力度加大。备受瞩目的反贪委员会新领导层获国会批准产生，新主席阿伯拉罕·萨马特与4位副手走马上任。反贪委员会年内受理贪污案5742件。

印尼实行区域自治制度以来，省、县和市政府首长选举是各地民主政治生活的重头戏。年内，印尼有69个地区的政府首长届满，换届选举工作较为有序，选举争议比往年明显减少。但两个特别自治区即亚齐和巴布亚的地方选举进展不顺。亚齐原定于10月举行的选举因连发暴力事件以及出现独立候选人资格纷争而一再推迟。巴布亚亦因选举造成不同派别的民众冲突，另有独立分子在10月公然召开大会，被警方镇压。这些事件引发印尼各界关于特别自治政策的思考。在反恐方面，印尼继续加强国际合作，以铁腕打击恐怖分子。4月，井里汶一清真寺内发生自杀式爆炸案，印尼特种部队逮捕或击毙涉案的嫌犯近20人。巴厘岛爆炸案重要嫌疑人奥马尔被从巴基斯坦引渡回印尼。

二、经济：增速居东盟各国之首

2011年，欧美金融危机的持续深化和蔓延给全球经济发展蒙上阴影。许多国家的经济形势一片愁云惨雾，但印尼受到的冲击并不明显，经济平稳较快增长。

（一）经济增长率达6.5%

印尼中央统计局数据显示，2011年印尼国内生产总值（GDP）按现行价格计算达7427.1万亿盾，如按不变价格计算为2463.2万亿盾，同比增长6.5%，为东盟各国之首。除矿业以外的所有产业领域都实现较高速度的增长，交通运输业增速最快，达10.7%；商贸、酒店和餐饮业，金融和地产业以及建筑业次之，增长率分别是9.2%、6.8%和6.7%。

与经济的强劲势头形成鲜明对比的是，全年通货膨胀率仅为3.79%，远在预计的5.65%之下，在亚太地区最低。正因为如此，其3个月短期国库票据的利率能大致维持在4.84%的水平，低于预期的5.60%。至8月底，印尼外汇储备1246.4亿美元，创下历史新高，随后由于印尼央行积极干预市场，到12月31日减至1101.2亿美元。印尼盾汇率基本保持稳定，与美元的平均兑换率为8776∶1。原油价格平均为每桶111.5美元，高于国家收支预算案确定的每桶95美元。印尼每天生产原油89.8万桶，产量略低于预期。印尼证券交易所综合股价指数正向反映了经济的发展情况。2011年12月30日收盘指数为3821.9点，比上年同期增长3.2%。这一增幅仅次于美国道琼斯指数和菲律宾证券交易所指数的涨幅，全球排名第三。

印尼财政部长阿古斯在2012年年初的一次经济形势报告会上说，2011年度该国收支预算的落实情况较好。全年国家财政实际支出为预算的97.6%；国家收入随着经济发展水涨船高，首次突破1000万亿盾，达到1199.5万亿盾，是预算目标的102.5%，比2010年增长20.5%。财政收入的大部分来源于税收，由于宏观经济形势向好和税务征管水平提高等原因，2011年印尼税收达到872.6万亿盾，比上年增长20.6%。税收总量与国内生产总值之比为12.3%，比上年上升1个百分点，说明印尼的宏观税负还处于较轻的水平。

（二）“三驾马车”齐发力，消费对经济发展贡献率高

2011年印尼国内外实际投资共251.3万亿盾，同比增长20.5%。全年进出口总额3809.2亿美元，其中出口额2036.2亿美元，实现贸易盈余263.2亿美元。虽然消费增速有限（居民消费增长4.7%，政府消费增长3.2%），但在GDP结构中所占比重达63.6%。调查显示，印尼消费者的信心指数自4月起一直保持在142点以上；80%的民众相信未来12个月内国家财政状况将保持良好状态，88%的人认为未来5年印尼经济将持续走强。在多种因素的推动下，印尼房地产、商品零售和机动车销售均实现较大幅度增长。以电子产品为例，2011年1～11月销售总额22.65万亿盾，比上年同期增长27%；机动车全年销售89.3万辆，增长16.83%，创下历史新纪录。

2011年印尼人均国民收入升至3542美元，消费仍成为当之无愧的经济增长火车头。旅游业的发展在涉及消费的诸行业中引人注目，国内游客1.23亿人次，消费114万亿盾；入境游客770万人次，比上年增长8.5%，创汇突破85亿美元，增长11.8%。独特的自然风景和人文景观以及稳定的国内形势是印尼旅游业迅速发展的前提。印尼政府重视挖掘旅游行业的潜力，特别是2011年10月内阁重组后，印尼旅游与创意经济部着力推动各地提高旅游景区吸引力、交通便利程度和宾馆接待能力，大力开发生态、文化旅游和特色旅游项目，促进旅游业

印度尼西亚雅加达的本哲是旅游度假圣地　　（《占芭》）

发展。2011 年印尼旅游业竞争力在 133 个国家中的排名从第 81 位升至第 74 位。

（三）主权信用评级上升，外国投资增长

继信用评级机构穆迪和标准普尔分别于 2011 年 1 月和 4 月提高印尼的信用级别后，惠誉又在 11 月 15 日将印尼主权债信贷评级重新调升为投资级。惠誉亚太主权评级集团称，惠誉对印尼评级上升是基于印尼经济强劲增长，债务比率持续走低，外部流动性增强以及宏观经济政策稳健等事实。各评级机构对印尼的积极评价助推更多的外国投资流入印尼，对经济增长产生积极影响。2011 年，印尼外国投资额达到 175.3 万亿盾，约占国内外投资总额的 69.8%。新加坡、日本、美国和韩国是印尼最大的投资来源国。外资流入最多的行业依次是交通运输、仓储和电信业（19.51%），矿业（18.58%），电气和自来水行业（9.58%），五金电器（8.5%）和化工制药行业（7.51%）。流入制造业和橡胶种植园的外国资金增速最快。投资项目主要集中在雅加达、西爪哇、万丹、巴布亚和东爪哇地区。

（四）经济可持续发展问题受到关注

2011 年 5 月，印尼政府宣布实施《加速与扩大印尼经济建设总体规划》，其内容反映出经济可持续发展问题受到印尼政府、企业和社会公众的高度关注。规划要求以快速、包容、公平和可持续发展为目标推动经济转型，至 2025 年，把印尼建设成为“自立、发达、公正和繁荣的国家”。在具体措施方面，规划提出要完善法制，营造良好的投资环境；重点发展六大经济走廊，实现各岛经济均衡增长；而未来印尼国家财政支出相应地将向基础设施建设投入、改善公共服务和救助弱势群体等方面倾斜。

根据建设规划，2011 ~ 2015 年的主要任务包括制定行动计划，推动已确定的基建项目尽快开工等。从实施情况看，在基础设施建设方面已取得重大进展。筹备和争论长达 10 年的《征地法》终于在 2011 年 12 月获国会审议通过，为解决基建问题扫清了一大障碍，诸多因土地问题搁置多年的项目得以重燃复工希望。投入基建的财政资金达到 51 万亿盾，是历年来数额最大的一年，政府还宣布将 2011 年预算剩余资金中的 12 万亿盾用于基建项目。2012 年至少有 4 项大手笔的基础设施建设工程即将开工，即雅加达地铁第 1 期和第 2 期建设工程、苏加诺哈达国际机场第 3 候机楼扩建工程、雅加达市内至机场的轻轨工程及雅加达北区汽车站等工程，总投资达 65.7 万亿盾。

印尼未来经济发展将继续受益于其区位、人口与市场以及自然资源这三大优势，同时也面临诸多困难与挑战。制约印尼经济可持续发展的不利因素主要有：

1. 投资环境仍需改善。印尼在全球 183 个国家和地区中的商业便利度排名第 129 位，显示出企业在开办、获取建筑准证、进行跨界贸易、寻求贷款、纳税及办理破产等方面需要付出时间和经济成本偏高。例如，在印尼开办一家新企业平均须要办理 8 道手续，耗时 45 天。此外，基础设施欠完善是长期以来影响印尼国内外投资的最主要问题之一。印尼高速公路只有 760 千米，普通公路数量不少但路况不尽如人意；在长达 95181 千米的海岸线上只有不足 100 个港口。其他公共设施如铁路、桥梁、机场、水电煤气设施等也存在较严重的不完善问题，导致经济运行效率偏低，企业经营成本偏高。世界银行的研究结果显示，交通问题导致印尼企业营业额损失 4%，能源问题引发营业额损失 6%。

2. 产业内部结构欠合理，地区发展不均衡。印尼农业基础设施薄弱、生产效率低的状况多年得不到改善，至今仍不能实现大米自给自足，给粮食安全蒙上一层阴影。第二产业过于偏重对自然资源的开发和利用，商品增加值不高，结构升级慢。在地区发展方面，经济重心长期以来过分集中于东部。爪哇和苏门答腊岛的经济总量占全国 GDP 的比重为 81.3%，其中以雅加达、东爪哇和西爪哇等 3 省市为主的爪哇岛占 57%，而马鲁古和巴布亚岛相加只占 2.1%。在扶贫工作连年取得新突破的大背景下，经济发展缓慢的巴布亚和西巴布亚省仍有近 32% 的居民属于贫困人口。

3. 社会发展滞后于经济建设。印尼卫生部公布的“社区卫生发展指数”报告称，全国 33 个省中，有 27 个有只能提供低或极低水平的公共医疗卫生服务；在排名靠后的东努沙登加拉、哥伦塔洛、马鲁古、亚齐和西巴布亚等 10 个省中，有近 50% 的县、市面临严重公共卫生问题。虽然国家财政中用于扶贫、教育和卫生的支出有所增加，但印尼人类发展指数在全球 128 个国家和地区中的排名不升反降（列第 124 位），说明印尼的相关财政投入数量和使用质量都亟待提高。以居民受教育程度为例，印尼在全球的排名比 2010 年下降 4 位。印尼政府相关统计显示，49.53% 的劳动力受教育水平在小学程度以下，大学毕业的只有 4.98%。

三、外交：积极自信

（一）多边外交活跃

随着综合国力的恢复发展，印尼在国际舞台上的重要性不断提高。2011 年，印尼坚持多边主义原则，参与国际经济治理机制改革，维护发展中国家利益，尤其是在可持续发展、国际防务、救灾减灾和人权等重大国际问题上发挥积极作用。

在达沃斯世界经济论坛、东亚世界经济论坛、20 国集团会议和亚太经合组织会议等重要多边外交场合，苏西洛总统多次强调印尼经济外交的主张，即恢复全球经济平衡，提高经济增长率，改善经贸与投资环境和推动可持续的经济增长。在国际防务方面，印尼坚持促进裁减军备和防止核扩散。2011 年 12 月 6 日批准《全面禁止核试验公约》，成为此公约的第 156 个签署者，受到国际社会好评。印尼国防部主办的首届雅加达国际防务对话会获各国积极回应，共有来自30多个国家的国防部长和军队参谋长与会共商当前世界安全形势以及加强反恐、救灾、维和等领域合作的具体措施。印尼和日本联合主办的2011东盟区域论坛救灾演练成功举行。印尼副总统布迪约诺表示，面对亚太地区自然灾害频发带来的挑战，论坛成员国应合作提高快速反应能力。因减灾成效显著，印尼总统在日内瓦举行的联合国第三届减灾会议上获全球减少灾害风险贡献奖。在利比亚问题上，印尼呼吁联合国及国际社会尽快实现利比亚停火及寻求和平解决方案，注重参与相关维和行动，并对利比亚人民提供人道主义援助。在选举2011～2014年联合国人权委员会成员的投票表决中，印尼获得最高票184票。

区域外交是印尼外交的重要支柱。2011年担任东盟轮值主席国为印尼更好地发挥区域大国的作用提供了条件。作为东盟主要成员国之一，印尼提出2011年东盟的3项要务是：在一体化进程方面取得显著进展，创造有利于发展的区域形势，提高东盟在国际事务中的话语权。印尼外长马迪认为，在印尼的领导下本年度东南亚地区更加安全、和平、稳定和繁荣。具体表现包括相关国家签署旨在发生大规模灾害时相互支援的《东盟10+3紧急大米储备协议》，并在2011年泰国发生水灾期间首次付诸实践。为协调成员国的抗灾救灾合作，印尼作为东盟轮值主席国积极推动成立东盟灾害管理人道主义救援协调中心。在政治和安全领域，东盟内部协调能力提高，泰柬边界冲突问题得以化解，这是历史上东盟首次完全依靠自身力量解决其成员国之间的冲突。在核武器安全方面，东盟完成与5个拥有核武器国家关于《东南亚无核武器区条约》议定书的谈判。在南海争端问题上，东盟与中国就落实《南海各方行为宣言》指导方针达成一致。在民主和人权领域，印尼始终关注并促进缅甸的民主进程。在经济合作层面，印尼推动东盟各国就签署经济均衡发展框架协议达成一致。《巴厘第三协约宣言》为提升东盟作为地区组织在国际事务中的地位确定了发展方向。与这一系列成就相对应的是，第18届和第19届东盟峰会以及国防、外交、经济等层面的东盟部长级系列会议、东盟贸易与投资峰会等先后在雅加达和巴厘等地顺利召开。2011年11月，在巴厘召开的第6届东亚峰会还通过关于互惠关系原则与东盟互联互通的两项宣言，印尼在其中发挥了重要作用。随着东盟影响力的提高，2011年又有16个国家向雅加达派出常驻东盟代表，至2011年年底，已有61个国家派出驻东盟代表。

（二）重视发展双边关系

作为具有战略区位优势的东南亚国家，印尼注重在友好和平等互利原则基础上拓展与大国、周边国家和发展中国家的双边合作。

1. 广交新朋友，完善和深化与邦交国的合作机制。印尼与毛里塔尼亚、黑山共和国、萨尔瓦多、多米尼克、尼日尔、圣多美和普林西比、安提瓜和巴布达、不丹、圣马力诺等9个国家建立外交关系，联合国中尚未与印尼建交的国家只剩下12个。根据印尼总统的指示，印尼外交部还积极与全面战略合作伙伴商讨实施年度重点合作领域项目。2011年印尼共签署146份国际协议，其中131份是双边合作协议。

2. 与东南亚国家的双边合作不断加强。印尼与几乎所有东盟成员国都保持着密切的合作，与泰国、新加坡和越南等国的友好关系进展尤其显著。泰国总理英拉正式访问印尼，双方同意扩大在贸易、渔业、农业、能源和军事领域的合作。泰国印尼贸易额达到120亿美元，比2010年增长34%。新加坡与印尼首次确立双边商业合作框架，以利用新加坡在资金、科技、管理等方面的优势和印尼广阔的市场，促进两国企业界的商贸和投资合作。印尼是新加坡最大的贸易伙伴，而新加坡则是印尼最大的投资来源国。2011年是印尼与越南建交55周年，越南政府总理阮晋勇访问印尼，两国领导人一致同意在政治、国防安全、经贸投资和农业等领域继续密切合作，使两国关系向战略伙伴关系发展。

3. 外交服务于经济建设的特点突出。支持国民经济建设，不断提高本国人民生活水平是印尼外交的重点任务，为此，印尼致力于加强与友好国家的经济、贸易和投资往来。在2011年印尼签署的国际协议中60%是有关经济和金融合作的。印尼明确要求其驻外机构通过举办商品展、为企业家互访牵线搭桥、举行商贸投资论坛及推介会等方式支持经济发展。2011年印尼与所有邦交国家的贸易额都比2010年有所增长，与战略合作伙伴国的贸易额平均增长50%。

4. 与中国、美国和日本等大国的关系有新发展。中国国务院总理温家宝于2011年4月底对印尼进行正式访问，双方就进一步加强双边关系及共同关心的国际和地区问题交换意见并发表《中华人民共和国政府和印度尼西亚共和国政府关于进一步加强战略伙伴关系的联合公报》。两国已建立副总理级对话、经贸联委会、科技联委会、防务磋商、领事磋商、海上合作技术委员会等多种机制，并签署战略伙伴关系行动计划。中国—印尼海上合作技术委员会第6次会议在印尼巴厘岛召开，双方同意进一步完善两国海上合作机制建设，加强合作规划，拓展合作领域，提高合作水平。两国经贸合作成果丰硕，中国继续保持印尼第二大贸易伙伴地位，同时也是印尼第二大出口市场和第二大进口来源地。各领域合作全方位发展，两国军队保持密切交往，海洋、航天科技交流日益深入，人文和青年交流活跃。

在与美国的关系方面，双方希望加强在经济和安全领域的合作。尽管美国深受债务危机和经济衰退预期的影响，但并未减少对印尼的投资。美国政府通过美国国际开发总署向印尼提供5亿美元的援助金，用于减少温室碳气排放量，保护森林，生产绿色能源以及为民众提供相关教育基金等。美国总统奥巴马推崇印尼批准全面禁止核试验公约的做法，赞扬印尼在国际防止核扩散努力中的"积极带头典范作用"。为了落实美国印尼防务领域双边合作，两国海军在印尼巽达海峡举行陆战队联合演习。

在与日本的关系方面，苏西洛总统访日期间双方就定期召开外交、防务和经济三大领域的部长级会议事项达成协议。2011年日本对印尼投资15亿美元，是2010年的2倍多，日本对印尼投资规模排名从2010年的第4位上升到第2位。

四、展望

各政党为筹备下届大选而展开的角逐以及雅加达、亚齐等地的地方选举将继续推高印尼的政治气温，但随着竞选规则的不断完善，稳定的政局和社会形势可望维持。普遍认为，2012年印尼经济面临的外部环境会好于2011年，投资和出口形势看好，政府对基础设施投入力度加大，预计经济增速可达6.7%左右。

（杨晓强　陈　程）

老挝：2011年发展回顾与2012年展望

一、党政换届有序进行，执政能力进一步加强

（一）老挝人民革命党选举产生新一届中央委员会

2011年3月17～21日，老挝人民革命党第九次全国代表大会在老挝首都万象召开。经过5天会议，代表全党19.18万名党员和1.43万个基层党支部的576名代表选举产生由61名委员组成的第九届中央委员会。朱马利·赛雅贡再次当选总书记。朱马利·赛雅贡、通辛·坦马冯、本杨·沃拉吉、巴妮·亚托杜（女）、阿桑·劳里、通伦·西苏里博士、隆占·皮吉、宋沙瓦·凌沙瓦继任中央政治局委员；本通·吉马尼博士、本班·布达纳翁博士、潘坎·维帕文博士首次进入中央政治局。中央书记处由政治局委员朱马利·赛雅贡、本杨·沃拉吉、本通·吉马尼博士、本班·布达纳翁博士及中央委员通班·盛阿潘博士、占西·坡西坎、苏甘·玛哈腊、盛暖·赛雅腊少将、征·宋本9人组成。本杨·沃拉吉再次当选书记处常务书记。政治局委员、书记处书记本通·吉马尼博士当选中央纪委书记。

加快发展成为老挝人民革命党"九大"政治报告主题。"九大"政治报告历经两年准备，在党内外广泛征求意见并多次修改。报告提出"思想解放、人才发展、管理制度和消除贫困"的口号，并提出"七五"（2011～2015年）期间国内生产总值年均增长8%以上，实现"政治稳定和社会安宁、国民经济持续稳定增长、2015年贫困家庭占全国家庭10%以下和与国际及地区经济相融合"四大目标。5月16～20日和11月14～18日，老挝人民革命党分别召开九届二中全会和三中全会。二中全会研究确定国会、政府换届事宜及政府机构调整方案，制订九届中央委员会工作方法和分工新规定，并提出2011年度经济社会计划调整意见。三中全会研究部署灾后恢复重建并通过政治局《关于将省建设为战略单位、将县建设为全面坚强单位和将村建设为发展单位与中央各部门转变宏观管理职能相结合的决议》。

（二）第七届国会选举产生新一届国会、国家和政府领导人

2011年4月30日，老挝举行第七届国会议员选举。全国选民324.43万人（其中女性161.72万人），实际投票323.32万人，投票率达99.65%。5月9日公布选举结果，从190名候选人中产生132名国会议员。

七届国会一次会议于6月15～24日举行。会议产生七届国会、国家和政府领导人。巴妮·亚托杜继任国会主席，赛宋蓬·丰威汉和宋潘·平坎米被任命为国会副主席；朱马利·赛雅贡和本杨·沃拉吉再次当选国家主席和副主席；通辛·坦马冯继任政府总理，

2011年3月17～21日，老挝人民革命党第九次全国代表大会在万象举行。图为大会会场

（《占芭》）

阿桑·劳里、通伦·西苏里、隆占·皮吉和宋沙瓦·凌沙瓦继任副总理;本通·吉马尼被任命为政府监察机关主席兼反贪污腐败机关主任;同时还任命27名部长。本届政府新增内务部、科技部、自然资源与环境部和邮电通讯部。

七届国会一次会议审议通过老挝"七五"经济社会计划、2011～2012年度政府预算和新修订的《税法》,并对《国会法》提出修改意见。确定七届国会2011～2015年六大工作计划和20项重点工作。决定在"七五"期间出台和修订各类法律90部,以适应老挝经济社会发展、加入世贸组织及东盟共同体建设的需要。

12月7～21日,七届国会二次会议审议《保险法》、《税法》、《关税法》、《卫生防疫和健康法》、《药品及医疗产品法》、《通讯法》、《知识产权法》、《矿产法》和《电力法》9部原有法律的修订案,通过《律师协会法》、《图书馆法》和《中小企业促进法》3部新法律以及国家审计机关提交的2009～2010年度政府预算执行决算报告,听取《政府组织执行解决洪涝灾害影响措施及促进旱季生产的报告》以及《未来5年教育改革战略》等。

(三)中央、省、县群众组织相继进行换届

继2010年12月15～16日老挝人民革命党中央委员坎拉·罗兰西当选老挝工会联合会第六届中央主席后,2011年,建国阵线、妇联、青年团中央和佛教联合会亦相继完成换届选举工作。老挝人民革命党中央委员潘冬吉·翁沙博士首次出任第九届老挝建国阵线中央委员会主席,老挝人民革命党中央委员西赛·李蒂门再次出任第六届老挝全国妇女联合会中央主席,维莱翁·布达坎博士首次当选第六届青年团中央委员会书记,马哈庞·沙马乐大师当选第六届老挝全国佛教联合会主席。

二、经济继续增长,以消除贫困为中心的各项社会事业取得重要成果

据亚洲开发银行预测及老挝计划与投资部初步统计,2011财年,老挝国内生产总值(GDP)61.3万亿基普(按当年官方汇率1美元兑8100基普计,折合75.68亿美元),比上年增长8.1%。其中:农林业增长3%,占GDP的27.7%;工业手工业增长19%,占GDP的27.6%;服务业增长6.5%,占GDP的38.7%(不含进口税);进口关税占GDP的6%。全年完成税收5.01万亿基普,为年度计划的111.7%。全年进出口总额24.79亿美元,其中出口12.30亿美元,进口12.49亿美元,外贸逆差1940万美元。政府预算收入占GDP的20.8%(其中国内收入占GDP的15.55%),支出占GDP的24.29%,财政赤字占GDP的3.49%。全年通胀率7.58%(亚行评估为8.5%)。

上述数据表明,老挝2011财年宏观经济运行总体向好:一是工业和服务业占GDP的比重继续增大,经济结构正朝着工业和现代化方向转变;二是外贸逆差较小;三是财政赤字在可控范围内;四是通胀得到有效遏制,分别由本财年6月最高的10%降至12月的7.7%。这些成绩是在遭遇较严重风灾洪涝情况下取得的,来之不易。年内,老挝有12个省96个县1790个村的8.25万个家庭受灾,因灾死亡42人,经济损失高达1.76万亿基普(约合2.2亿美元)。

(一)消除贫困取得重大进展

2011年,老挝开展各省、县贫困状况评估,并于年中召开老挝全国第一次消除贫困和发展经验总结评估大会。2011财年,全国已有87个县宣布脱贫,占全国143个县的60.84%。尚有贫困户19.87万户(比上年下降1.2%),占全国总户数105.34万户的18.86%;仍有贫困村3175个,占全国8424个村庄的37.69%。贫困村主要集中在北部丰沙里、华潘、乌多姆塞和南塔4省以及南部阿速坡、色贡和沙拉湾3省。为此,老挝政府确定2011～2015年期间重点帮扶的54个扶贫点,拟在"七五"期间实施扶贫项目1033个,投入资金26158.6亿基普,惠及17个省市52个县。老挝政府决心在2015年前实现消除贫困的目标。

(二)物质建设与精神文明并举,社会和谐稳定

2011年12月28～30日,老挝人民革命党中央召开全国第三次基层政治和农村全面发展总结表彰大会。年内,全国共有3406个农村党支部被评为坚强党支部,占全国农村党支部的39.36%;1615个村获文化村称号;2118个村获卫生村称号;2777个村获卫生榜样村称号;无案件村1417个,无案件家庭18.03万户。

(三)重大能源、交通、通讯基础设施项目相继开工或建成

电力建设步伐加快。截至2011年,老挝已建成水电站27座,总装机256.11万千瓦。2012～2015年,老挝计划修建总装机501.5万千瓦的10个大型水电站,投资总额112亿美元。上述10个水电站装机容量相当于现有装机容量的1.96倍。11月18日,由泰国公司投资37亿美元兴建的沙耶武里省洪沙火力发电厂(装机187.8万千瓦)举行开工典礼,计划2015年建成。川圹—丰沙湾—桑怒170千米115千伏电网和色塞1号至沙拉湾25千米115千伏输电网年内建成,正在建设巴申—他曲—巴波全长284千米的115千伏输电网以及沙耶武里省香汉、洪沙县输电网。到2011年底,全国有80多万户家庭和70%的人口用上电。

开工建设8条公路。分别是:丰沙里省勐夸—越南国际口岸邦贺全长68.2千米的2E公路,沙拉湾省全长78.2千米的15A公路,万象市旺赛—450大道21千米三岔公路和T5公路,占巴塞省全长42.2千米的16号公路,沙耶武里省勐银县至香汉县43千米沥青

公路，万象省班江村—孟蔑县—沙那坎县全长164千米沥青公路和色贡省通往越南出海口的16B公路。

新增1座湄公河大桥，在建4座大桥。2011年11月11日，甘蒙省他曲县与泰国那空帕农府第三座湄公河大桥通车。在建4座桥梁分别是波乔省会晒与泰国清孔湄公河大桥、占巴塞省孟孔县湄公河大桥、阿速坡省色卡曼大桥、万象省省会万坎县南俄河大桥。

民航设施明显改善。2011年10月20日，扩建的琅勃拉邦机场投入使用。12月9日，万象市瓦岱国际机场举行扩建奠基仪式。老挝民航年内分别购进2架空客A320飞机和2架DHC－6－300型飞机。

通信、广播电视、互联网、IT服务业和电子政务已同国际接轨。至2011年6月底，全国已有手机信号站4644个，比上年增加834个，覆盖全国农村的70%。已有17个省2000个村能够使用3G手机。老挝国营通信公司（ETL）电话和手机网络覆盖全国143个县5800个村，2008～2011年3年间创收11720亿基普，上缴国家利税2890亿基普，成为纳税大户。广播电视基本覆盖全国城乡，"老挝之星"电视台5年来电视节目增至40套。17个省会城市基本普及有线电视。

（四）证券交易市场正式启动，市场融资功能开始发挥

老挝股票交易市场于2011年1月11日正式挂牌交易。首日上市交易的第一支股票为老挝大众外贸银行股票，上市企业注册资本金682.89亿基普（折合人民币约5.69亿元），流通股13657.76万股，上市发行价5000基普/股。翌日上市交易的第二支股票为老挝大众电力公司股票，上市企业注册资本金34743.88亿基普（约折合人民币28.95亿元），流通股86859.71万股，上市发行价4000基普/股。全年只有上述两支股票交易。

纵观老挝证券市场，其主要特点有：一是初步发挥证券市场融资功能并开创老挝资本市场从无到有的新纪元。二是作为新兴股市，吸引了近20个国家的投资者进场交易。三是受欧债危机及亚太股市持续低迷影响，全年股指走势出现短暂爆炒、多数时间下跌、交投冷清和呈熊市疲态等现象。

老挝证券交易所大楼外景　　（新华社）

三、实行多元化务实外交的基本国策，为争取外援、外资营造和平稳定的发展环境

2011年，老挝国家主席朱马利分别出访越南、中国、朝鲜、俄罗斯4国。老挝政府总理通辛·坦马冯分别出访越南、柬埔寨、印尼、缅甸4国，并分别于5月和11月两次赴印尼出席第18次东盟峰会和19次东盟峰会，12月再赴缅甸内比都出席第4次大湄公河次区域（GMS）领导人会议。国会主席巴妮·亚陶都分别出访越南、柬埔寨，并在柬埔寨出席第32届东盟国家议会会议。

越共中央总书记阮富仲和总理阮晋勇，中共中央政治局常委、中央政法委书记周永康，泰国总理英拉，泰国众议院议长宋萨和泰国上议院议长提拉迭·米片上将，柬埔寨人民党中央政治局常委辛加和柬埔寨副总理兼内务部部长索肯，缅甸前外长吴彦温、缅甸建设部部长吴钦貌敏等周边国家政要相继访问老挝。泰国诗琳通公主和泰国总理英拉还共同出席泰国援建泰那空帕农府—老挝甘蒙省他曲第三座跨湄公河大桥的开通仪式。

8月15～18日，老挝政府召开全国第11次外事工作会议，确定"七五"期间重点抓好的7方面工作，其核心就是大力开展以争取外援外资为主要目的的经济外交。

（一）国际外交成效显著

1. 多次主办地区性合作会议，积极寻求合作发展机遇。2011年是东盟成立44周年和老挝加入东盟14周年，为此，老挝举行纪念活动，并于8月8日前在老挝驻外使领馆统一悬挂东盟旗帜。年内，除积极参加东盟各种会议及东盟为主导的各种合作机制外，老挝还主办19个地区性合作会议，其中包括第17次东盟经济部长会议、第2次越老缅泰4国经济部长会议、第15次东盟—韩国高官会议、第3次大湄公河次区域（GMS）国家经济走廊发展论坛会议、湄公河下游国家公共卫生会议、东盟＋3紧急石油储备总体规划工作组第6次会议、欧亚协调国会议、第32次东盟禁毒高官会议、第2次老越柬运输工作会议、第11次老越柬禁毒会议和第7次老越柬发展三角协调

委员会部长级会议等。

2. 结束加入世界贸易组织(WTO)第7轮谈判,加入WTO已无大碍。2011年3~6月,老挝先后结束与韩国、加拿大、澳大利亚的相关谈判。6月29日,老挝加入WTO工作组结束了在日内瓦的第7轮谈判。同年12月16日,老挝正式与欧盟签订结束加入WTO谈判协议,并与美国驻世贸组织代表签订结束老美双边加入WTO谈判的原则性意向,为尽快与美国正式签署结束加入WTO谈判协议创造了条件。除乌拉圭之外,所有提出同老挝进行加入WTO谈判的国家均已同意老挝加入WTO。

3. 正式成为联合国国际条约缔约国,与国际接轨意识大为增强。老挝已同50多个国家签订300份国际条约。在2011年9月召开的第66届联大会议上,老挝正式成为联合国国际条约缔约国。9月27日,老挝又签订关于设立无海岸发展中国家国际智库的多方协定。

4. 突出经济外交,争取国际援助。2011年,老挝共争取到外援6.31亿美元(无偿援助5.52亿美元,贷款1.09亿美元),实施552个项目。引进投资项目389个,投资额19亿美元,比上年增长18%。累计有52个国家和地区在老挝投资。

据老挝《经济社会报》2011年5月22日报道,老挝在过去的25年中争取到外国和国际组织提供的政府开发援助(ODA)80.44亿美元,年均3.22亿美元。特别是过去5年(2006~2010年)中,共争取国际援助34.6亿美元(无偿援助24.21亿美元,贷款10.39亿美元),年均6.92亿美元。上述援助与贷款用于2551个项目建设,几乎囊括老挝各个行业,对老挝保持经济较高增长发挥关键作用。

(二)周边外交引人注目

1. 老中隆重庆祝建交50周年,全面战略合作硕果累累。2011年是老中建交50周年,两国领导人互致贺函并进行高层互访,双方围绕建交50周年举办一系列庆祝活动,老中全面战略合作关系成为中国与周边国家合作的典范。

一是建交50周年活动丰富多彩。老中双方分别在万象、北京、昆明、景洪等地举办一系列庆祝建交50周年活动。4月开展声势浩大的边境万名青年大联欢活动,170名老挝青年和70名中国青年企业家进行互访;庆祝中老建交50周年招待会分别在北京和万象隆重举行;老挝人民革命党中宣部和老挝国家政治行政学院分别于4月和6月举行老中建交50周年报告会和庆祝中共成立90周年研讨会,邀请中国驻老挝大使布建国作主旨演讲。此外,双方还联合在万象举办第2届中文歌曲比赛、老中建交图片展、中国电影周、魅力北京图片展、飞上太空图片展、中老友好光明行活动以及中国文化周活动等。

二是两国已完成边界密度立碑。老中两国3月23~28日顺利完成对边界的联合检查,4月11日首先在老中边界磨丁—磨憨设立首块界碑并选择在4月25日两国建交50周年之际正式启动边界全线密度立碑工作,到7月全部完成长达505千米老中边界104块界碑立碑任务。

三是继续保持高层和部门、省市互访,开展全方位互利合作。以老挝国家主席朱马利9月18~21日访华和中共中央政治局常委、中央政法委书记周永康8月18~19日访老为主要标志,老中双方继续保持高层互访良好势头。朱马利主席与中国国家主席胡锦涛举行会谈并与国务院总理温家宝和国家副主席习近平会见,老中两党、两国共签订9份合作文件,访问取得圆满成功。周永康访老期间与老挝国家副主席本扬进行会谈并共同出席《中老两国政府经济技术合作协定》等11项合作协定的签字仪式,同老挝国家主席朱马利进行会见,老方高度评价周永康访老取得的丰硕成果。

老挝国家副主席本杨、老挝副总理兼外长通伦、老挝副总理宋沙瓦、老挝副总理兼防长隆占和老党中央纪委书记本通等5位老挝人民革命党中央政治局委员年内相继访问中国。此外,老挝社会科学院院长坎培、老挝人民军参谋总局局长申雅哈·丰威汉少将、老挝计划和投资部部长宋迪·敦迪和老挝副外长本格分别率团赴中国进行工作或参观访问。老挝总理通辛12月19日在内比都出席第4次GMS领导人会议期间会见中国国务委员戴秉国,通辛邀请温家宝总理出席将于2012年11月初在万象举行的第9届亚欧领导人峰会,并感谢中方对老挝主办此次峰会所提供的场馆及其他硬件设施的援建。中共中央政治局委员、北京市委书记刘淇和中国国务委员、公安部部长孟建柱等26位中央和地方部门负责人分别访问老挝。北京市与万象市决定建立全面合作关系,昆明市和万象市决定加强两市旅游合作并缔结为姐妹城市。

四是中国的援助与投资成为促进老挝经济社会发展的强劲动力。老挝主流媒体在老中建交50周年之际纷纷发表社评,盛赞中国对老挝的无私援助和中老经贸投资合作为老挝经济社会发展作出了极为重要的贡献,并详列50多年来中国对老挝提供的援助。1989年两国关系正常化以来至2010年,中国向老挝提供各种无偿、无息和优贷合计53.9亿元人民币和10.43亿美元,共实施120个项目。2011年,中国政府向老挝政府提供6亿元人民币无偿援助,分别用于老挝国家会议中心(4.5亿元)及实施老中经济技术合作协定(1.5亿元)。此外,还提供5000万人民币无息贷款、捐赠价值人民币1000万元的禁毒器材及300万元的安保设备。援助1670万美元兴建万象瓦岱机场机库及维修培训中心项目,分别提供贷款2.06亿美元和

3768.49万美元用于色贡省会兰潘电站和瓦岱机场扩建，提供优惠贷款3.51亿元人民币用于沙湾拿吉省水利设施建设，提供贷款帮助建设甘蒙省样板学校和南塔省信息技术学校。云南省、中国红十字会、中国驻老挝大使馆及华为公司等亦向老挝提供不同数额的救灾捐款和物资。

五是中国商业银行提供贷款支持老挝重要基础设施建设。2011年，中国进出口银行分别向老挝提供4笔合计6.98亿美元贷款，分别用于建设占巴塞省孟孔县湄公河大桥（3200万美元）、川圹喷沙湾—桑怒115千伏电网（2800万美元）、南叶2号水电站（3.45亿美元）和琅勃拉邦省南坎2号水电站（2.93亿美元）。中国国家开发银行11月决定向老挝国家发展银行提供贷款5000万美元，以帮助老挝国家发展银行增强清算能力，还承诺向南乌江梯级电站提供贷款支持。中国—老挝本币跨境结算于6月9日正式启动，富滇银行老挝基普兑人民币汇率同时挂牌。11月底，中国工商银行万象分行挂牌成立。

六是中老经贸、科技、教育、人文和社科等领域合作逐步扩大。2011年老中贸易额超过13亿美元，比上年增长30%。在南宁举办的第8届中国—东盟博览会期间，老挝48家公司参展，展位87个。老挝印度支那木薯淀粉公司利用参展机会，与中国客户签订供货意向达30万吨。5月12日，中国苏州大学与老挝盛沙湾学院签订教学合作备忘录，开设中文课程。6月28日，中国昆明理工大学与老挝国立大学签订开设9个专业博士课程的协议。广西国际青年交流学院2002～2010年共为老挝培训青年干部200人，其中40人学成回国。老挝国立大学孔子学院2010年度向205名老挝学生颁发中文结业证书。中国国际广播电台和《占芭》杂志社驻老挝办事处正式设立，搭起中老文化交流的友谊桥梁。老中两国社会科学部门亦于年内签订协议，决定加强两国社会科学研究合作。

七是在中老缅泰四国湄公河联合巡逻执法安全合作中相互支持与配合。湄公河10·5惨案发生后，老方积极回应中方重大关切。10月30日，老挝副总理兼国防部长隆占·皮吉中将到北京出席中老缅泰4国湄公河流域执法安全合作会议并签署中老缅泰《湄公河流域执法安全合作会议联合声明》。老挝人民军参谋总局副局长波相准将出席11月25～26日在北京举行的中老缅泰湄公河联合巡逻执法部长级会议。在落实上述会议精神特别是确保4国湄公河联合巡逻执法首航成功方面，老方均给予积极支持与密切配合。12月10日，波相准将出席在西双版纳州关垒港举行的首航仪式并在致辞中表明老方的支持立场。

2. 老挝与越南特殊关系持续发展。老挝人民革命党九大和越共十一大均把发展两国特殊关系置于外交首要地位。越共中央总书记阮富仲、政府总理阮晋勇和老挝人民革命党总书记、国家主席朱马利、政府总理通辛和国会主席巴妮均把对方作为就职后首访的国家。阮富仲于6月20～22日访老期间，首开外国领导人在老挝国会演讲的先例。越南政要黎鸿英、黎清海、吴文谕、苏辉锐、丁世兄和从氏放等6名政治局委员，越南国会副主席阮德建、越南祖国统一阵线中央委员会主席、越共中央书记处书记、越南人民军总政治局局长吴春历少将和越南前国家副主席张美华相继访问老挝。30位越南部级负责人、15位省级负责人和8位军队负责人分别率团访老。老挝副总理通伦和阿桑先后访越。老挝中央书记处书记、万象市委书记苏甘，老挝建国阵线中央主席潘冬吉，阿速坡省委书记兼省长坎潘，琅勃拉邦省委书记兼省长坎平和老挝新闻文化旅游部长波盛坎亦相继访问越南。

老越两党领导人确定2012年为“老越、越老友好团结年”，以庆祝两国建交50周年和《老越友好合作条约》签订35周年。

老挝两国加强中长期战略规划合作。老越、越老合作委员会第33次会议4月在河内举行，签订《老越2011～2020年经济、文化、教育和科学技术合作战略》、《老越2011～2015年经济、文化、教育和科学技术合作协议》、《老越2011年度经济、文化、教育和科学技术合作协议》和《老越合作委员会第33次会议备忘录》4份文件。年内还签订《老越政府2011～2015年合作协议》、《老越政府2011～2020年合作战略决定》、《老越2011～2012年教育合作战略》、《老越两党中央纪律检查委员会2011～2015年合作计划》和《老越两党组织部2011～2015年合作备忘录》等文件。

老挝两国边界密度立碑取得重大进展。老越、越老边境委员会第21次会议于2011年12月底在河内举行。至此，老越共同确定边界密度立碑点631处，实际立碑497块。

年内，越南公司分别投资老挝南贡2号和3号水电站（1.35亿美元）、阿速坡糖厂（1亿美元，日产7000吨）和万象市三升泰5星级宾馆（越老合资7000万美元）等。至2011年底，越南在老挝投资项目累计达422个，投资总额35.7亿美元，居52个国家和地区在老挝投资的第3位。2011财年头6个月，越老贸易额3.50亿美元，同比增长65.8%。

越南政府还出资援建老挝国会办公大楼、沙湾那吉省凯山文化宫、老挝国立大学越语教学楼、老挝艺术音乐学校，并援助色贡省电视台一些设备。越南广宁省、胡志明市年内亦分别向老挝的华潘省、阿速坡省提供一些资金援助。

3. 发展与泰国、柬埔寨、缅甸的睦邻友好关系，推进与东盟各国的互利合作。一是保持与泰国的高层交往，发展老泰经贸技术合作，但双方在边界立碑问题上处于停滞状态。2011年，老方分别接待泰国总理英拉等8位政要来访。两国在禁毒、教育、农业、橡胶、银行、交通运输及商品展览等领域签订多项合作协议。二是重视与柬埔寨执政党间的关系,两国军警及边境省联手维护治安。年内,老挝总理通辛、国会主席巴妮和老党中央纪委书记本通相继访柬。柬埔寨人民党中央政治局常委辛加和柬埔寨政府副总理兼内务部部长索肯等6位政要相继访老。两国军警部门和边境省份决定加强合作,共同打击毒品走私、偷采自然资源、盗伐木材、偷猎野生动物和治理边民非法出入境问题,双方还决定加快边界勘探和立碑步伐。三是坚持与缅甸高层会晤机制,加强禁毒和边境务实合作。通辛总理7月11~13日率老挝政府高级代表团访缅,与吴登盛总统进行会谈,双方发表《老缅联合声明》。老挝国家禁毒委主任苏班10月率团访缅并与内政部长哥哥就加强禁毒合作进行会谈。缅甸前外长吴彦温、缅甸建设部部长吴钦貌敏等4位政要年内相继访老。老缅第10次合作委员会会议1月8~12日在老挝巴色举行,双方决定继续加强双方高层互访及两国省邦级边境委员会会议等合作机制。四是扩大与印尼、马来西亚、菲律宾、文莱的合作关系。老挝副总理通伦出席在印尼召开的印(尼)—老双边第3次合作会议,分别接待马来西亚外贸与工业部部长和科技部部长、菲律宾外长和文莱文化体育与青年部部长等访问老挝。老挝与马来西亚科技部签订IT合作协议并决定互相开放旅游业,老菲双方决定继续增加贸易合作,老挝与文莱决定加强两国新闻文化合作。

(三)老挝与美国关系有新变化

1. 老美两军增进在相关领域的合作。2011年8月22日,美国驻太平洋司令部(USPACOM)战略计划与政策动员办公室副主任沙丹列·奥瑟曼准将率28人组成的美方代表团与老挝国防部副秘书长安西·森苏准将率领的老军代表团在万象举行第6次双边会谈。美国国防部办公厅代表及美国驻老挝大使凯琳女士参加会谈。美方强调发展美老两军关系的重要性,认为两军关系已从美老两国关系发展中取得正面效应。双方同意继续增加美国驻太平洋司令部与老挝国防部在国防相关领域的合作。

2. 老挝承办第2次美—湄合作框架工作组协调会议。11月7日,老挝承办第二次美—湄合作框架工作组协调会议,会议由老挝外交部副部长本格主持,来自美国及老越柬泰代表共80人与会。会议回顾了美—湄在卫生、教育、环境和基础设施四个优先领域合作执行情况,对落实2011年7月巴里第4次美—湄外长会议文件精神和执行合作计划进行具体协商,以推动美—湄合作框架逐步成型。

3. 美国继续在教育、卫生、禁毒和清除未爆炸弹方面向老挝提供援助。美方向老挝提供教育、残疾人康复、疾病预防和艾滋病预防宣传手册等资金和援助物资合计364.98万美元,另提供10万欧元用于清除未爆炸弹并捐赠21辆摩托车用于禁毒。

4. 老美两国达成结束老挝入世谈判的原则性意向。12月中旬,老挝与美国驻世贸组织代表签订结束老美双边入世谈判的原则性意向书,为近期尽快与美方达成结束入世谈判铺平道路。9月5日,美国驻老挝大使率美国—东盟企业协会代表团访问老挝并会见主管经济工作的老挝副总理宋沙瓦,还分别与老挝工贸部、计划与投资部、卫生部和能源与矿产部进行工作会谈。

四、充满机遇、面临挑战的2012年

2012年是老挝实施"七五"经济社会发展计划的第二年,老挝人民革命党和政府面临发展、维稳和主办好第9届亚欧领导人峰会等一系列重大任务,既充满机遇和希望,又面临新的挑战。

在政治上,老挝人民革命党将召开九届四中全会和五中全会,按照"四突破"精神,加强对党、政府和国会的思想和组织领导,着力提高党的执政能力,推动老挝革新事业不断向前发展。国会亦将召开七届三次会议和四次会议,加快法制建设并加强对政府组织执行"七五"计划和预算的监督。政府将重点抓好以消除贫困为中心的各项经济社会文化工作。中央、地方以及军警各部门将全力做好国防治安和维稳工作,重点打击毒品泛滥等社会消极现象,全力维护社会治安秩序,严防敌对势力搞民族分裂和极端宗教渗透,积极做好亚欧峰会安保工作。

在经济上,老挝政府已确定2012财年国内生产总值(GDP)增长率达到8.3%的目标(亚行预测2012财年老挝经济增长7.6%,全年通胀6%)。为确保上述目标的实现,老挝政府计划在2012财年进一步加大投资拉动经济的力度,总投资将不少于23.3万亿基普(折合28.77亿美元),其中拟争取外国官方发展援助(ODA)57000亿基普(约折合7.13亿美元)。

在外交上,突出抓好老越团结友好年系列庆祝活动,积极筹备承办第9届亚欧领导人峰会。重点抓好峰会主会场、万象瓦岱国际机场扩建和52幢贵宾别墅等六大基础设施项目建设。12月23日,老挝外交部牵头成立峰会9个专业筹备委员会,老挝政府开通第9届亚欧峰会网站并公布此次峰会的会徽及"为了和平的朋友,为了幸福美满的合作伙伴"的峰会口号。

(陈定辉)

资料来源:

1. 老挝《经济社会报》在线2011年全年。

2. 老挝《人民报》在线2011年全年。

3. 老挝《新万象报》在线2011年全年。

4. 老挝《人民军队报》在线2011年全年。

5. 老挝《巴特寮新闻》在线2011年全年。

马来西亚：2011 年发展回顾与 2012 年展望

2011 年，世界经济复苏的不确定因素增加，如欧洲国家的债务危机、日本地震海啸、泰国洪水灾害等，对马来西亚经济的复苏产生一定影响。马来西亚政府大力推动政治、经济转型，扩大内需，积极开拓新兴市场，保证本国的稳定发展。

一、经济：稳步发展

2011 年，马来西亚经济发展的外部市场环境发生变化，给马来西亚的贸易市场和制造业生产带来一定冲击。马来西亚政府采取一系列措施应对国际经济挑战。

1. 继续推动经济转型计划的实施。1 月 11 日，马来西亚总理纳吉布宣布新一轮 19 项发展计划，总额高达670 亿林吉特；3 月 16 日公布经济转型执行方案下的额外 9 项新启动计划，投资额 22.68 亿林吉特；6 月 20 日又公布 9 项新启动计划及 6 项原有计划的最新进展，这 15 项计划投资总额为 633.8 亿林吉特；9 月 28 日公布马来西亚多媒体超级走廊 MyProCert 计划、国家人才培育方案（NTEP）、土著中小型企业高绩效方案（TERAS）三项经济转型计划以及其他 8 项新计划，总投资额 14.3 亿林吉特。马来西亚经济转型计划实施以来，共 131 项启动计划已落实 70 项，占 53%；投资额 1703 亿林吉特，实现国民收入 2202 亿林吉特，增加就业岗位 36.24 万个。

2. 不断改善投资环境，促进国内外投资增长。年内，为营造亲商环境，政府取消 300 种名牌商品的进口关税，使马来西亚成为继中国香港、新加坡之后的亚洲又一购物天堂。3 月 21 日，政府同意废除包括 57 种进口产品及 278 种出口产品在内共 335 项产品的进出口准证。4 月 12 日，政府公布资本市场第二大蓝图；12 月 23 日，马来西亚中央银行出台《2011 ~ 2020 年金融领域大蓝图》，进一步致力发展资本市场，以推动经济增长。政府从 6 月 1 日起放宽国内企业的海外直接投资、内部融资和贸易融资的资金管制，以提高企业资金使用效率和竞争力。为进一步刺激外资流入，10 月 19 日，政府进一步松绑外资持股率政策；从 2012 年起开放 17 个服务业分支领域，允许外资拥有 100%股权。

3. 努力控制通货膨胀，保证人民生活水平稳定。受国际市场石油等原料价格上升以及周边国家自然灾害的影响，马来西亚国内食糖、面粉、食油、液化天然气、汽油、电等多种商品涨价，全年消费者价格同比上涨 3.2%，民众生活开支增多。因此，政府决定提高生活必需品补贴，特别是对中低收入人群的补贴，并推出廉租屋和兴建更多的中价屋以满足中低收入人群的住房需求。

通过上述努力，2011 年马来西亚经济实现稳定增长，1 ~ 4 季度国内生产总值（GDP）增长速度依次为 4%、4.6%、5.8% 和 5.2%，全年国内生产总值（GDP）8527.34 亿林吉特（当年价），比上年增长 5.1%，人均国内生产总值约合 9782 美元。全年进出口总额为 1.27 万亿林吉特，增长 8.7%。其中：出口额 6945.5 亿林吉特，增长 8.7%；进口额 5742.3 亿林吉特，增长 8.6%；贸易顺差 1203.1 亿林吉特，连续 14 年取得盈余。主要出口市场依序为中国、新加坡、日本、美国、泰国；主要出口商品为石油及天然气等矿产品、棕油等农产品及电子电器等产品。2011 年 1 ~ 9 月马来西亚吸引外国直接投资额约 264 亿林吉特，同比增长 42%。伊斯干达特区、北部经济走廊、东海岸经济区、沙巴发展走廊、沙捞越再生能源走廊五大经济走廊获得外商青睐，全年吸引投资 264.5 亿林吉特，新增就业岗位 13.2 万个。全年财政收入 1870 亿林吉特（约 611 亿美元），财政支出 2288 亿林吉特。至 12 月 31 日，国家银行的国际储备 1336.42 亿美元，其中外汇储备 1202.21 亿美元，国际货币基金储备 8.43 亿美元，特别提款权 19.74 亿美元，黄金 18.38 亿美元，其他储备资产 87.66 亿美元。

（一）工业：面对挑战保增长

由于受美国经济疲弱和欧洲债务危机的影响，以出口导向型为主的马来西亚工业经济在 2011 年面临更多的挑战。政府重点对中小企业进行扶持。3 月 30 日，马来西亚信贷担保机构推出名为“快速增强”（Enhancer Express）的新信贷保证计划，放出 5 万 ~ 10 万林吉特的贷款，专门帮助批发和零售领域的小型企业。6 月，政府推出针对创新型中小企业的奖励计划，规定凡是获得“一个创新认证证书”（1 - InnoCERT 认证）的中小型企业可享受 5 项“绿色通道政策”奖励。11 月 30 日，政府宣布推出 2012 ~ 2020 年中小企业发展蓝图，采取简化中小企业注册程序、提供整套商业化的技术支持、为中小型企业提供融资服务、协助中小企业开拓国际市场、为中小企业成长提供催化服务、为技术创新提供支持等 6 项措施推动中小企业发展。2011 年1 ~ 3 季度，马来西亚制造业依次取得 5.4%、2.1%、5.1% 的增长，第四季度虽比第三季度有所下降，但仍实现增长。在制造业中，电子电器制造、汽车制造等产业在需求减少、供应链断裂的情况下增速下降；而以多媒体网络产品开发、软件外包等为主的高科技创意工业，以太阳能、生物能源等为主的新能源产业发展迅速。1 ~ 6 月多媒体出口额 42.5 亿林吉特，同比增长 19%。

(二)服务业仍是助推经济发展最重要的力量

2011 年,马来西亚政府进一步放开服务业限制,营造更有利的经商环境。服务业成为马来西亚经济增长最快的产业,全年增幅为 6.8%,对经济增长的贡献率达到 58.4%。1~8 月,全国批发与零售贸易业增长率达到 7.1%,金融与保险附属领域也实现 6.3% 的增长。股市表现不俗,市值从 2010 年底的 1.27 万亿林吉特升至 1.34 万亿林吉特。旅游业稳定发展,特别是医疗旅游休闲业发展迅速。2011 年入境游客达到 2471.14 万人次,旅游收入 583 亿林吉特。

(三)农业:在政府大力扶持下获得发展

面对国际粮价上升以及国内白糖、面粉等产品价格持续上涨的情况,政府重视粮食生产等农业发展,进一步加强产业结构调整。2011 年 4 月,马来西亚政府开展种稻改革计划,实行国内水稻种植业园丘化管理,以提高稻谷产量。7 月,马来西亚农业部向内阁提呈国家粮食农业政策,在发展油棕、橡胶等热带经济作物的基础上,大规模发展粮食作物,以确保本国粮食安全,使粮食农业成为具有竞争力的领域;鼓励多元化耕种,发展蔬菜、水果、畜牧、草药、水产和农产品加工等高附加值农业,提高农民收入。在政府的重视和扶持下,2011 年马来西亚农业产值除了第一季度受洪水影响有所下降外,其他 3 个季度都实现增长,全年农业增速为 5.6%。随着价格上升及亚非市场需求趋旺,2011 年马来西亚油棕、橡胶的产量和出口量都大幅增加。全年油棕种植面积约 506.8 万公顷,产量约 1830 万吨;棕油出口额 804 亿林吉特,比上年增长 33%,创历年新高。2011 年上半年马来西亚橡胶产量 48 万吨,全年产量约 100 万吨,橡胶制品出口额 144 亿林吉特,增长 11%。

(四)人民生活:通货膨胀逐渐被抑制,人民生活得到保障

2011 年 6 月 1 日,马来西亚政府宣布削减柴油和天然气补贴,并且规定国内每月用电超过 300 千瓦时的用户,电费每千瓦时调涨 2.23 分,即从每千瓦时 31.31 分调涨至 33.54 分,平均涨幅 7.12%;白糖、面粉、食油、液化石油气、95 号汽油等商品的价格也随之上涨。全年消费者价格指数(CPI)增长 3.2%,其中食品与非酒精饮料类增长 4.8%,交通类增长 4.4%,房屋、水电、天然气和其他燃料类增长 1.8%。为了平抑物价、抑制通货膨胀,保证人民生活质量,政府决定提高生活必需品补贴,从 2010 年的 103 亿林吉特增至 2011 年的 206 亿林吉特,其中燃油产品的补贴最高,达 180 亿林吉特。此外,政府还推出房屋发展计划,在首都吉隆坡附近城市的 20 个地点兴建 4.2 万套优惠住房,通过兴建优惠住宅和提供房屋贷款等优惠措施帮助首次购房的中等收入人群安家置业。由于采取以上措施,马来西亚的通胀率 6 月以后逐渐缓和,全年的通胀率控制在预期之内。

二、政治:保稳定,谋大选

2011 年,马来西亚在面对经济发展不确定因素增加挑战的同时,政治上也同样面临转型期所带来的挑战。政府通过政治改革,加快执政党转型,确保稳定。

(一)马来西亚第 14 任最高元首上任

2011 年马来西亚最高元首更迭。12 月 12 日,马来西亚第 13 任最高元首端古·米詹·扎因·阿比丁期满卸任。12 月 13 日,吉打州苏丹阿卜杜勒·哈利姆·穆阿扎姆·沙阿在国家皇宫宣誓就职,正式出任马来西亚第 14 任最高元首。阿卜杜勒·哈利姆也是马来西亚历史上首位两度出任最高元首的苏丹。阿卜杜勒·哈利姆曾于 1970 年 9 月 21 日至 1975 年 9 月 20 日出任大马第 5 任最高元首。新任最高元首的登基大典在 2012 年 4 月举行。

(二)废除内安法,加大政治改革力度,加快政治转型

马来西亚政府推行政治转型计划,加快执政党转型。2011 年,政府改革力度加大,于 9 月 15 日宣布废除 1960 年内部安全法令和 1959 年驱逐出境法令,提出结束 3 项紧急状态,并检讨 1984 年印刷及出版法令和 1933 年限制居留法令,展现政治改革决心。接着,总理纳吉布在 11 月 24 日进一步宣布政府将修改 1971 年大专法令,允许达 21 岁法定年龄的大专生参政。此外,政府还继续打击贪污犯罪,年内有 357 人因行贿受贿而被逮捕。

(三)准备大选

面对 2012 年将举行的第 13 届

马来西亚推出"一个马来西亚"的旅游标志　　(《占芭》)

全国选举,2011 年,执政党联盟——国民阵线(简称国阵)和反对党联盟——人民联盟(简称民联)都积极准备选举。国阵各成员党都要求党员团结一致,应对全国大选的挑战。民联各成员党也在积极进行内部整合,商定选举策略。不论是国阵还是民联,均已启动大选机制,相关的准备、训练已经展开,一些政党还在部分地区进行模拟选举。年内,国阵和民联的交锋不断,双方在全国 16 场补选中平分秋色,各胜 8 场。7 月 9 日,马来西亚"干净和公平选举联盟"(净选盟)成员和支持者在吉隆坡市中心国家清真寺附近等多个地点举行大规模集会示威,要求改革现行选举制度。警方封锁通往首都吉隆坡的主要道路,并施放催泪弹驱散示威人群。马来西亚总理纳吉布 10 日发表讲话,称集会"是非法的",他呼吁民众"不要把街头示威变成马来西亚文化的一部分",马来西亚首都吉隆坡的局势迅速恢复正常。

三、外交:在重视东盟与传统大国关系的基础上,拓展与新兴市场国家的交往与合作

(一)与东盟国家的交往与合作

作为东盟的重要成员国,马来西亚非常重视东盟的发展和东盟地区的合作。2011 年,马来西亚参加了东盟有关的各种会议,呼吁加强东盟内部投资,建立东盟自己独立的通信网络,加强成员国间的相互交流。9 月,东盟成立总规模近 5 亿美元的东盟基建基金,马来西亚出资 1.5 亿美元,是最大出资国。

1. 与新加坡的交往与合作。马来西亚与新加坡是唇齿相依的邻国,在 2010 年两国领导人会谈达成解决两国问题的重要协议后,两国关系进入良好发展的新阶段。2011 年,两国高层继续加强沟通与会谈,落实已经达成的双边协议。马来西亚—新加坡商务理事会恢复运作,使新加坡中小型企业参与在马来西亚投资等方面工作取得良好进展。马新同意加强合作,研究横跨两国的轻快铁路建设计划,整个工程预计将在 2018 年完成。马新还将共同参与马来西亚依斯干达特区的健康和保健中心城、健康和保健中心度假村等发展计划。2011 年 8 月 31 日,马新两国在 1961 年 9 月1 日签署的为期 50 年供水协议届满,所有新加坡国家水务机构公用事业局在马建设的水处理及供水设施移交给马来西亚柔佛州政府。马新双方在供水方面合作良好,供水协议到期不会影响原有水源供应。对于一些双方争议不下的问题,双方也能采取克制的态度,通过会谈、协商等方式解决。如双方同意将《马来亚铁道公司在新加坡土地发展协议要点》涉及的交换土地计划下的其中三块土地发展收费争议,交由国际法庭处理。

2. 与泰国的交往与合作。2011 年,泰国发生特大洪水灾害,作为与之接壤的邻国,马来西亚的团体和明星组织义演活动,筹集善款帮助泰国灾民。两国加强边境合作,举行第 2 届马泰五边政策峰会、第 96 届马泰边境理事会议等会议,通过成立联合工作队,加强边境防守工作,严打走私及非法入境等犯罪活动。两国还加强金融领域的合作,马来西亚银行投资泰国金融市场;两国于 2011 年底落实股票跨境交易,为东盟 5 国跨境股市建设迈出重要的一步。这项机制落实后,马来西亚股民可以直接投资泰国股市,泰国的投资者也同样可以直接买卖马来西亚上市公司的股票。

3. 与印度尼西亚的交往与合作。马来西亚与印尼在 2011 年加强经济等方面的合作,并对一些双方长期关注的重要事项进行沟通协商,就一些事项达成协议。10 月,马来西亚与印尼举行第 11 次双边合作委员会会议,探讨双方签署的 15 份谅解备忘录及协议的后续行动。10 月 13 日,马来西亚科技发展机构与印尼投资机构合作设立区域基金,满足区域内科技型公司日益增长的融资需求。11 月,两国警方签署合作协议,合力打击两国跨境犯罪活动。此外,两国还继续商讨解决烟霾问题,并加强双方在棕油产业领域的协调与合作。对于两国关注的印尼女佣问题,双方签署谅解备忘录,于 2012 年 1 月开始重新引入印尼女佣。

(二)重视与大国的交往与合作

美、日等国是马来西亚重要的出口市场,虽然近年来美、日等国受到经济危机影响,经济发展相对缓慢,但是马来西亚仍然非常重视与他们的交往与合作。同时,马来西亚也扩大和加强与发展中的新兴大国中国、印度的交流与合作。

1. 与中国的交流与合作。首先,马中两国总理实现互访,政治互信不断加深。其次,马中经济合作进一步深化。双方贸易投资不断扩大,相互投资不断增加。中马钦州产业园区、彭亨州关丹市综合性工业区建设项目等重大经济合作项目得到落实建设,有更多中国企业赴马投资,马来西亚成为中国重要的对外投资地。第三,双方金融、旅游等服务业合作得到加强。两国银行签署人民币贸易结算账户协议。2011 年,到马来西亚旅游的中国游客达到 125.54 万人次。第四,马中文化、教育合作全面拓展。6 月 9 日,马中文化艺术协会在吉隆坡成立。8 月,马来西亚留学教育培训基地在北京建立。10 月,中国水稻育种专家袁隆平院士获得马来西亚热带科学最权威奖项——2011 年度马哈蒂尔科学奖。

2. 与美国的交往与合作。2011 年,马美两国加强高层访问。1 月 9 ~ 14 日,马来西亚副总理穆希丁对美国进行工作访问,与美国副总统拜登及国务卿希拉里举行会谈。5 月,马来西亚总理纳吉布对美国开展工作访问,并出席 2011 纽约投资大马日系列活动。6 月,副总理穆希丁再次赴美进行工作访问,参加在华盛顿展览中心举行的生物科技国际大会。2011 年马

美加强经济合作，两国对落实跨太平洋战略经济伙伴关系(TPP)协定进行协商。马来西亚的经济转型计划吸引美国多家公司参与合作，包括摩托罗拉公司在内的数家美资跨国公司将在两三年内在马来西亚投资50亿~60亿林吉特，发展高技术电子业、再生能源、石油与天然气、资讯通信科技、保健设备、医药及服务业。马美还将合作投资20亿林吉特，在霹雳州建设马来西亚第4家私人原油提炼厂。马来西亚政府工业高科技集团也将在纽约设立办事处。两国在文化教育领域的合作不断加强。年内，马美两国扩展美国学生赴马协助教导英语计划，提升马来西亚学生的英语水平。马来西亚多媒体大学与美国南加州大学电影艺术学院合作，联合在马来西亚依斯干达特区教育城推出电影艺术学士课程，计划5年内招收学生500名。在军事合作方面，2011年9月，马来西亚与美国军方在马六甲州德林达军营联合展开代号“短剑战斗15/2011”的军事演习。

3. 与日本的交往与合作。2011年日本发生大地震引发海啸，并引发核安全危机，对马来西亚与日本的贸易产生短期影响。日本是马来西亚重要的工业原料进口和制成品出口市场，因灾后供应链断裂，马来西亚部分厂商和行业受到一定影响。核泄露也引起马来西亚国内对日本食品和一些日本产品安全的担忧。灾后，马来西亚民众捐款120万林吉特救助日本灾民。马日双方的交流与合作继续得到加强。一是马日高层访问加强。2011年5月，马来西亚总理纳吉布对日本进行正式访问，加强了两国的双边关系。10月，日本外长玄叶光一郎访马，与马来西亚外长阿尼法举行会谈。二是双方的经贸合作继续深化。马来西亚推行的经济转型计划吸引日本参与投资合作。2011~2012年日本将在马各领域投资36亿林吉特。日本东洋橡胶工业株式会社投资约200亿日元(约合2.46亿美元)在马兴建汽车轮胎厂，预计2013年正式启用，设计年产轮胎600万条。在长期投资方面，日本已确定在2013~2015年投资52.2亿林吉特，在马来西亚发展电子电器、金属、生物技术等产业。日本政府捐赠的14节“蓝色列车”于2011年10月在马来西亚东海岸铁路线提供服务。尽管受到日本地震影响，2011年马来西亚对日本的出口额仍达799.7亿林吉特，比上年增长19.8%。三是双方文化教育合作继续扩大。耗资7.5亿林吉特的马来西亚日本国际科技学院校舍于2011年9月竣工，日本22所大学将与该学院合作，在年内派遣6~7名日本教授前来执教。四是双方军事安全合作持续深化。2011年3月，日本政府移交总值1000万林吉特的海事保安器材和装备给马来西亚皇家警察水警部队，进一步加强和保障往返马六甲海峡商船的安全。4月，日本海上自卫队第14护卫队的“滨雪”号和“滨雾”号导弹驱逐舰抵达马来西亚巴生港进行为期5天的访问。

(三)拓展与新兴市场国家的交往与合作

马来西亚积极拓展与新兴市场国家的交往与合作，以期扩大海外市场空间，帮助国内企业复苏，促进经济发展。在亚洲，全方位拓展合作关系。2011年2月，马来西亚与印度召开马印联合委员会会议，会上签订《马印全面经济合作协议》，修订《避免双重征税协议》，建议签署《航空服务协议》和《刑事法互助事务》，签署《海关互助事务》、《健康与医药合作》及《新能源与再生能源合作》谅解备忘录。《马印全面经济合作协议》已于2011年7月1日正式实施，双方希望双边贸易额在2015年达到150亿美元。2011年两国双边贸易额为110亿美元。2011年4月，纳吉布总理访问韩国，之后，国家元首米占·阿比丁也于7月访问韩国，促进了双方的交流与合作。马韩从5月起探讨双边自由贸易协定的可行性。包括三星公司在内的韩国企业在马来西亚的投资额为40亿美元。2011年6月，马来西亚签署大孟加拉湾海产生态系统策略行动计划，与马尔代夫、斯里兰卡、印度、孟加拉、缅甸、泰国、印尼7国共同规划发展孟加拉湾渔业。10月，马来西亚同孟加拉国签署基础设施项目合作备忘录。根据该备忘录，马来西亚将参与孟加拉国基础设施项目建设。2011年6月，纳吉布总理访问哈萨克斯坦，双方签署涵盖伊斯兰教银行、石油及天然气、畜牧、电力和酒店建设5项计划的备忘录，并同意成立双边经商理事会。2011年12月，纳吉布总理与到访的卡塔尔总理谢赫哈马德举行会谈，双方同意设立20亿美元的马来西亚—卡塔尔投资基金，在马来西亚和卡塔尔及本区域进行投资合作。此外，马来西亚还在2011年同土耳其达成自由贸易协议。马来西亚和智利自由贸易协定也于2012年1月1日开始生效。

四、2012年展望

(一)经济增长继续放缓

2012年，马来西亚经济发展将面临更大的挑战，外围经济形势不容乐观，但国内经济仍有发展的有利因素。马来西亚经济将主要由国内推动，全年经济增长可达4%~5%，通货膨胀也将会继续缓和。

(二)迎接新一轮大选

2012年马来西亚将举行第13届全国大选，国内各政党参选的各种准备纷纷展开。马来西亚执政党联盟——国阵近年来一直推动政治转型和各项经济转型计划，以获得国内民众的继续支持。这次大选国阵的目标是力争多数议席，再次当选执政。保持经济持续稳定增长，将使执政联盟在议会选举中处于有利地位。反对党联盟——民联的选举最高目标将是当选执政，次级目标是争取赢得更多州署的执政权。据多项民意调查结果反映，两大阵营所获的平均支持率差距不大，最后的结果仍有待观察。

（三）继续扩大与新兴市场国家的交往与合作

在外交上，2012 年马来西亚将以更加开放和积极的态度扩大与新兴市场国家的交往与合作，与中国、印度、韩国以及东盟国家的政治、经济合作将会进一步增强；与美、日等国的合作将进一步深化；非洲、南美洲、大洋洲将是马来西亚拓展交流合作的重点领域。

（韦朝晖）

参考资料来源：

1.《南洋商报》2011 年相关报道。
2.《星洲日报》2011 年相关报道。
3.《光华日报》2011 年相关报道。
4.《中国报》2011 年相关报道。
5. 马来西亚统计局网站资料。
6. 马来西亚银行网站资料。
7. 南洋网站资料。
8. 人民网相关资料。
9. 新华网相关资料。
10. 中国驻马来西亚大使馆网站资料。
11. 中国商务部网站相关资料。
12. 中国外交部网站相关资料。

缅甸：2011 年发展回顾与 2012 年展望

2011 年，缅甸以改革为核心，继续朝着多党议会民主制、宏观调控的市场经济和全国和解的方向大步迈进。

一、政治上，新的议会和政府顺利成立，同时继续积极推动政治改革

（一）新联邦议会和政府顺利组建

2011 年 1 月 31 日至 3 月 23 日，缅甸联邦议会第一次会议在首都内比都召开。2 月 1 日，议会选举原政府第三号人物吴瑞曼（原三军总参谋长）为人民院议长，吴钦昂敏（原文化部部长）为民族院议长，两人轮流担任联邦议会议长。2 月 3 日，联邦议会 3 个选举团（即人民院选举团、民族院选举团、国防军总司令提名产生的两院军人选举团）分别同时提名时任总理吴登盛、赛茂康（掸族人，内科医生，掸邦文化艺术协会主席）和时任国家和平与发展委员会第一秘书长吴丁昂敏乌为总统和副总统人选。2 月 4 日，联邦议会进行总统投票选举，吴登盛以 408 票当选缅甸总统，吴丁昂敏乌以 171 票当选缅甸第一副总统，赛茂康以 75 票当选第二副总统。

2 月 8 日，总统吴登盛向联邦议会提出新政府设立 34 个部的议案，由于部分人员兼任部长，因此，吴登盛只向联邦议会提交了 30 名部长候选人。2 月10 日，联邦议会表决通过政府部门的设置和 30 名部长人选。在 30 名部长中，现任和退役的军官 26 名，文人 4 名，且其中担任军队高官和原政府副部长以上人员超过 70%。2 月 21 日，吴登盛提名前陆军少将伦貌为联盟总审计长，提名前陆军准将觉杜为联邦公务员委员会主席。与此同时，地方议会当选议员举行会议，各省（邦）议会选举产生各省（邦）的首席部长和部门负责人。3 月 30 日，丹瑞签署命令，宣布自即日起解散国家和平与发展委员会，正式向新政府移交权力。同日，吴登盛和两位副总统宣誓就职，随即吴登盛总统签发命令，任命联邦政府各部部长和各省邦行政长官，宣告新政府正式成立。

（二）新政府大力推行政治改革

4 月 1 日，新政府正式开始履行职责。从年内一系列施政措施来看，新政府的变革决心和步伐都很大。加大政治开放力度、扩大对外开放、加快工业和私营企业的发展、消除贫困是缅甸新政府在 2011 年的四大着力点。

缅甸新政府主动减少在政治领域和社会层面的控制。8 月 17 日，政府公开呼吁流亡国外的民主人士回国帮助重建经济，政府将与这些人士合作，而不是追究罪责。政府还重新批准国际红十字会人员到缅甸监狱进行探视。仰光等省邦对赌博、违法 KTV、路边设摊、学校乱收费等情况进行了整顿。9 月 5 日，缅甸成立国家人权委员会（NHRC），由 15 名退休的官员和学者组成。政府表示该组织将独立运作，该委员会已经给吴登盛总统写了一封公开信，呼吁释放所有被关押的政治犯，并于 12 月对克钦邦难民进行调查，号召冲突各方恢复当地安全和稳定。

政府放松出版审查，提高新闻媒体的自由度；减少对私营媒体的控制，公开议会会议过程，允许外国记者旁听和采访议会的一些会议和报道反对党活动；允许议员和媒体批评政府的政策和做法，允许外国媒体在缅甸设立记者站以及昂山素季的图片出现在报纸的首页。2011 年 6 月，缅甸解除对体育、娱乐和彩票等期刊的审查。10 月 8 日，国家新闻审查与登记署长丁瑞在接受自由亚洲电台采访时表示：缅甸的审查机制与民主实践是不相容的，应该解散这一机构。据《缅甸时报》报道，缅甸政府于 12 月 9 日公布新法规，共计 54 种商业期刊、杂志和书籍无需在出版之前经过政府审查，并且在通过新的媒体法律前，教育及宗教刊物也将实行“自我审查”制度，但新闻媒体仍须继续接受严格的审查。政府还解除对国外网络和媒体的封锁，从 2011 年 9 月开始，Facebook、Twitter、BBC、Youtube、缅甸民主之声和美国之音等国外网站都能上网浏览。

吴登盛总统 5 月 16 日签署减刑令和大赦令，规定

凡是被判处死刑的犯人都被减为终身监禁，其他犯人减一年服刑期。5月17日，1.46万名犯人获释。10月12日，吴登盛总统再次颁布大赦令，释放6000多名犯人，其中包括近200名政治犯，有一些是知名的反对党领导人。11月15日，曼德勒5名僧侣为抗议当局继续关押余下的政治犯而举行示威活动，得到几百名当地民众的支持，政府也没有对这次僧侣的抗议进行镇压。

缅甸还于10月11日通过《劳工组织法》，规定工人可以组织工会并有罢工的权利。罢工组织者要提前14天向当局申请，告知参加人、时间和地点，并避免涉及水、电、消防、卫生和通信等公共设施，这也是缅甸1962年以来首次允许罢工。

12月2日，缅甸通过《和平集会游行法》。该法共8章24条款，规定示威者可以手持旗帜和政党标志在政府大楼、学校、医院和大使馆以外的地方进行示威、游行和集会，但要求参与游行示威者，在活动前5天向政府提出申请并获得政府部门的同意。

（三）各级议会按照民主法制规定正常运转

2011年1月31日，联邦议会第一次会议召开。除了选举正副议长、总统和法官外，议员还讨论征地、救灾、新闻审查制度、军队强制劳役、地区产品在国内流通、民族歧视、对掸族政治犯大赦等敏感问题，并向政府提出质询。这在以前是不可想象的。人民院和民族院议长对于议员的讨论采取开放和自由的态度。人民院和民族院两院都设立财政委员会、公共事务委员会、权利委员会，在这些委员会中，除巩发党议员参加之外，还包括1/3的反对党议员，却没有1名军人议员。

2011年8月22日，联邦议会第二次会议在内比都开幕。会议不仅审议通过多项法律修正案，涉及经济、教育、税收等领域，议员们还就经济改革、民族和解等议题进行讨论。吴登盛总统在会议上作新政府工作报告，人民院议长吴瑞曼表示议员应为了人民和国家利益提交议案，审议修改法律，要听取全体人民及国际社会建议和意见。会上，人民院与民族院就一项议案发生争议。这是2008年缅甸宪法运行以来议会中第一次重要交锋，最后联邦议会全体会议撤消了民族院的动议。但是，军人利益仍然是不可触动的红线。8月30日，人民院一独立议员提出取消国家紧急状态法的议案，遭到人民院的否决。

（四）新政府与昂山素季建立合作关系

新政府成立后，增大了昂山素季的自由度，不仅允许她频频与国际政要会晤，还同意她去蒲甘等地礼佛和巡视勃固，邀请她参加纪念她父亲昂山将军的烈士节活动，也没有禁止她出席8月8日的民主运动23周年纪念日大会。与此同时，昂山素季频繁与政府政要接触。8月12日，昂山素季与劳工部长吴昂季经过会谈之后达成4点协议，核心内容是为了国家的安定和发展，民盟将与政府在政治、经济和社会领域加强合作。8月19日，昂山素季首次与吴登盛总统在内比都举行会晤。次日，昂山素季还参加在内比都国家会展中心举行的经济发展研讨会，并与边境与少数民族事务部登铁少将、社会福利与救济安置部长兼劳工部长吴昂季等人交谈。9月30日，昂山素季与吴昂季再次会见，吴昂季表示欢迎民盟依法进行登记。12月23日，人民院议长杜雅吴瑞曼和民族院议长吴钦昂敏分别在内比都议会大厦内接见昂山素季。

11月4日，缅甸总统吴登盛批准修改现行《政党注册法》，取消对政党注册以及参选人背景的诸多限制，为民盟重新合法注册和昂山素季参与政治扫除了法律障碍。11月25日，民盟按照新修改的《政党注册法》正式向缅甸联邦选举委员会提交政党重新注册申请。11月30日，昂山素季正式对外表示她将参加议会补选。

（五）新政府与少数民族地方武装停火，与克钦独立军冲突加剧

2011年，缅甸新政府一方面与主要少数民族地方武装（以下简称“民地武”，包括从未与政府签订停火协议的南掸邦军、克伦民族联盟）进行和谈或达成和平协议，一方面与克钦独立军矛盾激化，双方发生大规模武装冲突。

1. 与多数“民地武”组织实现停火。2009年以来，由于强制推行边境警卫部队改编政策，缅甸政府与主要“民地武”组织关系持续紧张。进入2011年上半年，掸邦、若开邦、克伦邦、克耶邦、克钦邦等几个“民地武”较多的邦基本处于战争状态。从2011年下半年开始，新政府释放出和解善意。吴登盛政府8月18日发表与缅甸各少数民族建立和平关系的宣言，向各“民地武”组织提出停战谈判的邀请。11月24日，联邦议会组建以吴昂当为首的和谈小组，12月14日，吴登盛总统组建由吴昂敏为首的和谈小组，两个和谈小组在与“民地武”谈判方面发挥重要作用。吴昂丹12月16日举行新闻发布会说，政府计划用4年多时间完全解决永久和平问题，和谈的原则是尽可能避免军事行动，有别于过去历届政府的做法，将采取搁置争议、求同存异的方法进行谈判。

经过一年的努力，新政府向民族和解方向迈进了一大步，与全国主要“民地武”组织开始和谈或者达成新的和平协议。

2. 克钦邦局势紧张。2011年6月9日，克钦独立军与缅政府军在八莫靠近中缅边境太平江两座电站附近的两个村子首先爆发军事冲突，100多名中国工程师和工人被迫先后撤离。冲突迅速蔓延至克钦邦的其他地方，使得整个缅北局势严重动荡。这次冲突的原因主要是政府实施“民地武”改编政策导致矛盾升级以及双方争夺太平江流域中国投资建设的两座水电站

地盘控制权。自从克钦邦爆发冲突以来,冲突双方虽然有过短暂的谈判,但由于分歧巨大,谈判很快就被更激烈的战斗所代替,双方都遭受巨大伤亡。克钦邦的冲突影响了中缅边境的稳定。缅甸政府封锁了边境贸易口岸,禁止中国商人在克钦邦投资栽种的20万亩香蕉运回中国销售,给中国投资者造成巨大损失。约有1000多人通过各种途径进入中国境内避险。联合国救援团队于12月13日访问克钦难民营,缅甸政府也提出向难民赠送援助物资,但克钦独立军拒绝了来自缅甸政府的援助。

二、2011年的缅甸经济

缅甸新政府实行大刀阔斧的经济改革,以改善外商投资环境、支持基础设施建设、统一汇率、发展金融部门等为中心,营造良好的经济环境。

(一)经济政策的调整

1. 设定新的经济发展目标。新政府实行国家宏观调控的市场经济政策。根据缅甸新政府制定的第五个经济发展五年短期规划,2011/2012财年起年均经济增长率计划达到10.5%。吴登盛总统在就职演讲中说,所谓宏观调控并不是控制市场的独立性,而是防止一些不良企业主操纵市场,同时也考虑到缩小贫富和城乡差距,维持公平的市场经济体制需要。

新政府修正缅甸国民经济发展目标。吴登盛在2011年8月20日召开的国家经济发展改革会议上提出:缅甸的经济发展目标已由“以农业为基础全面发展其他领域经济”转变为“进一步发展农业、建立现代化工业国家、全面发展其他领域的经济”。在12月初召开的工业发展委员会会议上,国家计划与经济发展部部长表示,截至2011年底,国民生产总值中工业占26%,按照计划这一比值应增长到34%,为此,工业生产总值每年需要增长8%。

2. 扩大对外开放,完善法律。继2011年1月27日颁布《经济特区法》后,缅甸政府又于2月颁布《土瓦经济特区法》,指定政府机构、团体相关人员组建土瓦特区管委会,管委会主席将由国家部级官员担任,土瓦特区事务由总统府部长直接对总统负责。缅甸已与泰国的意泰公司签约,力图在土瓦地区合作建设缅甸第一个较大规模的经济特区。

在2011年8月19~21日首次召开的国家经济发展改革会议上,缅甸政府宣布将修订1988年颁布的《外国投资法》及其实施细则。国家计划与经济发展部副司长吴昂奈吴在9月1日的报告中说,新投资法准许外国投资者以本国公民名义作为股份投资方。新投资法还允许外国人占有土地。这一投资法修正案通过后,将对缅甸经济发展产生深远影响。

对于缅甸构建投资市场和股市非常重要的《证券交易法》,已由缅甸财税部下属证券交易法制委员会在8月初起草完毕。该法经联邦检察院审查和联邦议会投票通过后将生效。

新政府对汇率制度作出政策调整。7月18日,财税部召开银监委及银行协会执委会第130次会议,部长吴拉吞在会议上强调要建立符合时代要求的税务制度,为了国家利益要稳定缅币值和对外汇率。总统顾问组和国内外学者就包括汇率和银行利率在内的财政金融改革进行探讨,并邀请国际货币基金组织(IMF)于10月底对缅甸进行访问,探讨缅甸外汇兑换制度和缅甸接受IMF章程第8章中的义务问题。

11月30日,缅甸通过《缅甸小型金融业法》,支持民间成立小型金融企业,以减少基层民众的贫困,扶持小型企业发展。

3. 加快经济体制改革。为了加强决策的科学性,2011年4月11日,吴登盛总统批准成立政治、经济、法律3个顾问组,共由9人组成。这些顾问在新政府出台各项政策和宣传执政理念方面起到积极作用。

缅甸新政府成立后,取消在出口贸易方面权力很大的贸易委员会(TC),将进出口许可证审批权转移至商务部负责。商务部加快贸易许可证审批,对公司注册、延期手续提供一站式服务。新政府还重组缅甸投资委员会(MIC)。12月2日,吴登盛又签署命令,将第一工业部和第二工业部合并为工业部。调整后的政府机构提高了工作效率,减少了审批环节和时间。

新政府降低贸易税率。2011年7月1日,政府宣布将以美元上缴的出口税率由8%降为5%。从8月15日开始,又将原规定以缅币结算的与中国、印度、泰国边境贸易中以缅币上缴的8%的出口贸易税也降至

缅甸服装厂工人在加工出口服装 (新华社)

5%,对大米、豆类、橡胶、淡水、海水产品、动物及动物产品等7类商品自2011年8月15日至2012年2月14日免除出口贸易税。

新政府还将部分投资项目审批权下放到省邦一级。2011年9月,缅甸政府召开工业发展委员会会议,国家计划与经济发展部部长宣布,为了促进贸易投资,一些投资项目无须上报到联邦政府,各省邦可视情况自行审批和开展。

4. 重视民营经济,推行私有化。2011年,新政府继续推进私有化。8月19日,缅甸第一工业部兼第二工业部部长吴梭登在缅甸经济发展改革会议上表示,缅甸国有工厂普遍亏损,为顺应形势将逐步向私营过渡。未来5年国有工厂将逐步减少,私营企业将越来越多,最终将全部私有化。至2011年6月30日,缅甸私营工厂、作坊已有9421家。但是2011年私有化进程中也出现了新情况,由于国有企业出售所需要的资金量太大,国内私人投资者无力承担,政府开始改出售为转租方式,租借期限分别为5年、10年、15年和30年。9月1日开始转租的项目包括饮料厂、造纸厂、糖厂、服装厂、制伞厂等。

新政府向私营企业开放更多的经济领域。自2011年4月底开始,更多民营公司被允许经营以前只允许特许公司经营的棕榈油。在能源产业方面,从7月开始缅甸政府允许包括环球能源、亚洲世界、缅甸联邦经济控股公司等在内的4家私营企业从事液化天然气进口及分销。此前,该项业务完全由政府及国有企业控制。7月20日,缅甸政府正式对外宣布仰光市环城铁路拟移交私企运营。

(二)宏观经济形势

政府的一系列经济改革措施收到明显效果。据《缅甸国家报告》估计,2011年,缅甸国内生产总值(GDP)增长率为3.2%。失业率由2004/2005财年的2%降至2010/2011财年的1.7%,其中城市的失业率比农村高3倍,若开邦的失业率最高,达6.7%,仰光省为4.4%。

虽然缅甸经济发展势头良好,国际投资热情高涨,但也存在一些值得关注的问题。

首先,缅币在2011年内升值约30%,升值速度创亚洲之最。缅币的急剧升值重创了缅甸以出口为导向的生产企业以及出口商,也使得缅甸国内的食品和燃料价格上扬。有的分析家甚至认为缅甸出现了货币危机。究其原因主要有:(1)对缅元的强劲需求(由于大规模私有化以及玉石拍卖);(2)来自东南亚地区和中东投机者的资金注入(由于缅甸银行利率大约为12%);(3)外汇收入(来自于政府天然气收入)。缅甸商界大力游说政府解决这一问题,政府采取3项措施应对:一是自7月1日起将出口税由10%降低至7%,某些出口商品完全免税;二是准备将中央银行从财税部独立出来,赋予其制定货币政策的权力;三是请IMF协助缅甸政府统一汇率制度。

其次,缅甸新政府的预算大幅度减少。缅甸副总统赛貌坎在6月21日召开的2011/2012财政预算会议上说,新政府第一个财年的国家预算比上一年度大幅减少,国家重点项目和各部委所需资金比预算减少5532亿缅币,各部委所批资金比预算减少20%~70%。8月19日,在政府召开的首次经济改革研讨会上,缅甸财税部预算司副司长林昂博士称,2011/2012财年财政赤字将达2.2万亿缅币。因此,在内比都,除了为2014年东盟首脑会议准备的国宾馆以及为2013年东南亚运动会准备的场馆等工程仍在继续施工外,包括国家博物馆、档案馆等在内的大部分建筑工程已经停工。

(三)产业经济形势

1. 投资。截至2011年7月底,有31个国家在缅投资454个项目,投资总额360亿美元。其中:电力投资居第一位,占投资总额的40%;油气投资居第二位,占投资总额的38%。投资国别排名为中国第一,占外国对缅投资总额的44.11%,其中中国内地占

缅甸内比都火车站外景 (《吉祥》)

26.62%，中国香港占17.49%；泰国居第二位，占投资总额的26.53%。2010/2011财年，外资在多个领域投资总额逾190亿美元。此外，至7月31日，缅甸国民投资总额为21.9亿美元(1.42万亿缅币)。缅甸公民投资最多的领域为工业、房地产业、交通运输及建筑业等。

2. 对外贸易。由于政府放松进口限制，2011年4～12月，缅甸对外贸易额已近120亿美元。2010/2011财年，缅甸进口关税收入近540亿缅币，比上财年增收84亿缅币。在边境贸易方面，据《缅甸时报》周刊报道：木姐边境口岸的贸易额在2011/2012财年头8个月内达到16.5亿美元，同比增长10%，占全国边贸额的70%，成为缅甸与各邻国最大的边贸口岸。

3. 金融。IMF官员访问缅甸之后，政府允许缅甸经济控股有限公司的茵瓦底银行、缅甸经济有限公司的茵瓦银行、缅甸工业发展银行、缅甸东部银行、甘波扎银行及合作社银行等6家私人银行从事外汇交易，到2012年缅甸有望建立起稳定单一的流通体系。2011年10月25日，上述6家银行获准开具进出口业务的信用证(LC)。至2011年12月，有9个国家的金融机构在缅开设办事处，其中新加坡4家，孟加拉、马来西亚、日本各2家，柬埔寨、泰国、文莱、越南、中国各1家。

4. 农业。据缅甸农业灌溉部2011年12月发布的数据，缅甸共有农用闲置土地566.56万公顷，已经批准6387位私营业主开垦经营。2010年，缅甸出口大米约50万吨，出口额1.85亿美元。随着世界大米市场需求增加以及越南和泰国大米价格上涨，海外买家对缅甸大米的需求量增加，2011年缅甸大米出口量达到100万吨。缅甸逐年扩大橡胶种植面积，2011/2012财年种植面积达到48.58万公顷。缅甸的橡胶原料主要出口到中国，2010/2011财年出口9.135万吨，创汇3.03亿美元。2011年，缅甸养殖业外国投资企业有25家，投资金额3.24亿美元。缅甸国内企业在水产养殖业的投资额153.53亿缅币，占国内投资总额的1.18%。

5. 旅游。2011年1月1日至11月30日，缅甸入境游客34.37万人次，比上年同期增长26%，其中欧洲游客占23%。新加坡、马来西亚、日本、英国等国家也更看好缅甸的旅游业市场。至8月底，新加坡以6亿美元投资高居投资缅甸宾馆业国家和地区的榜首。

6. 电力。截至2011年年底，缅甸在建电站有65个，其中电力部执行的电站项目有13个，国内民营企业执行的8个，外国投资或合作的电站44个。累计建成水电站17个、煤电站1个、燃气电站15个，装机总容量336万千瓦。

三、2011年的缅甸外交

2011年，缅甸在外交方面成果显著，在巩固与中国、印度、东盟等关系的同时，与西方国家关系的僵局逐步化解。

（一）与中国的交往与合作

1. 缅中两国高层互访不断。2011年4月2～5日，中国全国政协主席贾庆林应邀对缅甸进行正式访问，这是缅甸新政府在3月30日成立后接待到访的第一位外国领导人，得到缅方的高度重视。5月12日，中国中央军委副主席徐才厚访问缅甸，双方讨论了中缅边境地区局势，并就两军交往和合作提出增进战略互信、加强沟通协调、推进务实合作交流的建议。5月26～28日，缅甸总统吴登盛访华，双方签署《中缅两国关于建立全面战略合作伙伴关系的联合声明》，中国成为缅甸的第一个全面战略合作伙伴，双方签署有关能源、基础设施、采矿等17项协议或备忘录。6月1～4日，中共中央政治局委员、中组部部长李源潮率中共代表团对缅甸进行友好访问，与副总统吴丁昂敏乌出席两国有关经贸合作协议的签字仪式，并签署《中国共产党与缅甸联邦巩固与发展党交流合作备忘录》。11月28日，缅甸三军总司令敏昂莱访问中国，就双方国防、军事战略合作交换意见。12月19日，中国国务委员戴秉国赴内比都参加大湄公河次区域(GMS)经济合作第4次领导人会议，与缅甸副总统吴丁昂敏乌就制定《中缅经贸合作规划》、落实好大项目合作和维护中缅边境地区稳定交换看法。

随着双方高层互访不断，缅甸执政党、地方和民间代表团也应邀访问中国，以加强各自领域的经验交流。7月5日，第9届中缅禁毒合作双边会议在云南昆明召开，缅甸中央肃毒委员会秘书长、内政部副部长兼警察总监觉觉吞率领缅甸代表团参加会议，中缅双方达成建立三级禁毒联络机制、中方向缅方提供必要禁毒设备援助等一系列共识。

2011年双方最重要的宗教交流是中国佛牙舍利第4次恭迎至缅甸。11月6～24日，中国佛牙先后被恭送至内比都、仰光和曼德勒供朝拜，缅甸总统、副总统等现任领导人以及前领导人丹瑞参加朝拜。佛牙在缅甸期间所得功德将用于在洛阳的白马寺建一座型似大金塔的佛塔。

2. 中国大使与昂山素季会晤。昂山素季在2010年底解除软禁后，曾在不同的场合表达希望与中国友好合作的愿望。11月14日，昂山素季在解除软禁一周年召开的记者招待会上，再次对中国表达善意：中缅两国应该克服彼此关系存在的问题，希望与中国建立直接良好关系。12月，中国外交部发言人证实昂山素季同中国大使李军华举行了会晤。

3. 密松电站停建对中缅关系造成较大冲击。2011年9月30日，缅甸人民院议长吴瑞曼代表总统吴登盛在联邦议会宣布，在吴登盛总统任期内，缅甸政府将搁置密松水电站建设。密松水电站建设被搁置对中缅关系造成较大负面影响，但事后缅甸政府采取继续维护中缅关系的措施。吴登盛总统在宣布暂停密松水电站建设的同时也表示，缅甸政府将与中国政府协商，以避免损伤中缅两国的双边关系和友谊。事后，缅甸外长吴温纳貌伦作为总统特使，专程赴北京解释缅甸政府的决定。10月中旬，出席第8届中国—东盟博览会的缅甸副总统吴丁昂敏乌在中国南宁与中国国务院总理温家宝会晤时，也就此事向中方作了说明。此外，缅甸官方报纸《缅甸新光报》连发4篇社论，强调谁也不能破坏缅中关系。从这个角度看，尽管面临各方面的挑战，缅中友好合作的大局并不会因为密松水电站事件发生改变。

（二）与美国和其他西方国家关系

以美国为首的西方国家在2011年继续调整对缅政策，不断派出高级官员频繁访问缅甸，并明确表示将放松对缅甸的制裁。与西方关系的改善是缅甸2011年外交的重大突破。

1. 缅甸与美国的关系。美国与缅甸交往频繁。2011年5月18～20日，美国助理国务卿帮办约瑟夫·云再次访问缅甸；先后会见外长吴温纳貌伦、巩发党总书记吴铁乌以及部分政党、非政府组织代表和反对派领袖。此后，奥巴马提名国防部分管亚太事务的首席副部长助理米德伟为缅甸特使，以加强与缅甸新政府的对话。6月1～3日，美国共和党参议员麦凯恩访问缅甸，缅方给予高规格接待。9月9～14日和10月24～25日，米德伟两次访缅，敦促缅甸政府释放政治犯，并会见多名政府高官以及昂山素季等人，表示只要缅甸新政府推行"真正与实质"的改革，美国政府将会作出积极的回应。10月末，美国国际开发署一名高级代表专门就支持缅甸发展小额贷款和农业贷款事宜与缅方进行磋商。11月17日，美国总统奥巴马就缅甸局势发表谈话，表明对于改善美缅关系的立场和要求，他还与昂山素季通电话，就缅甸政府的改革和民主化进程交换意见。11月30日，希拉里抵达内比都进行为期3天的访问，这也是继杜勒斯1955年访缅后，首位访问缅甸的美国国务卿。希拉里会晤缅甸总统吴登盛、民族院议长吴钦昂敏和人民院议长吴瑞曼、外交部长吴温纳貌伦等缅甸政要，以及当地非政府组织及少数民族领导人。12月2日，希拉里与昂山素季共进晚餐，并会见反对党派和少数民族代表。希拉里宣布将向缅甸提供120万美元民间社会组织和医疗援助，同时表示美国将逐步取消对缅甸的制裁措施，恢复大使级外交关系。缅甸外长吴温纳貌伦9月27日访问美国，成为1988年以来应邀访问美国的首位缅甸外长。

2. 缅甸与欧盟的关系。2011年4月，欧盟取消4位缅甸部长和18位副部长的签证和资产限制。2011年9月9日，欧盟国际合作与人道主义援助专员克里斯蒂勒娜·乔治娃访问缅甸，会晤多名政府部长和昂山素季。

3. 缅甸与日本的关系。2011年6月，日本政府派遣外务政务官菊田真纪子出访缅甸，这是日本政府3年来首次有政府高官访问缅甸。9月13日，缅甸农业灌溉部与日本国际合作组织将在伊洛瓦底省拉布达地区合作开展一项优良稻谷品种开发的5年计划。12月26日，日本外务大臣玄叶光一郎访问缅甸，与缅甸政府达成协议，启动双边投资协定谈判，宣布日本将恢复向缅甸提供政府开发援助。截至2011年12月，日本对缅投资额约为2.1亿美元。

（三）与东盟及其成员国关系

东盟在2011年继续支持缅甸的民主化进程。11月17日，在第19届东盟峰会上，东盟领导人一致同意给予缅甸2014年轮值主席国地位。12月20日，大湄公河次区域（GMS）经济合作第4次领导人会议在缅甸首都内比都召开，与会6国领导人共同签署《内比都宣言》，批准《大湄公河次区域经济合作新10年战略框架》。12月8日，第11届东盟信息通信部长会议在内比都召开，与会人员讨论美国东盟工商理事会与该会议对话等议题。

在双边关系方面，缅甸与泰国、老挝等国关系发展迅速。6月8日，泰国武装部队总司令颂吉滴上将率领泰国军方代表团访问缅甸，与缅方就泰缅边境地区局势进行深入交流。泰国新总理英拉上台后，第一站出访的国家就是缅甸。10月5日，英拉会见缅甸总统吴登盛，双方就边境事务、缅籍工人和重开妙瓦底口岸问题进行讨论。英拉出席第4次大湄公河次区域领导人会议期间，在仰光会见昂山素季。年内，泰国继续增加在缅甸的电力投资。据《曼谷邮报》报道，泰国GUNKUL Engineering Public公司于11月与缅甸电力部签署关于建设缅甸首个风力发电站的备忘录，该电站装机容量100万千瓦，投资600亿泰铢。12月5日，泰国和缅甸方面重新开放了妙瓦底—湄索大桥。

2011年7月11日，老挝总理通辛访问缅甸，双方就减少贫困、湄公河安全合作等事宜进行洽谈。10月31日，印度尼西亚外长马蒂访问缅甸，以评估是否让缅甸担任2014年东盟轮值主席国。12月2日，新加坡外长尚穆根访问缅甸，向2008年遭受强热带风暴袭击的仰光地区25个村庄捐赠管井。在2010/2011财年，缅甸与新加坡双边贸易额20.74亿美元。其中，缅甸对新加坡出口4.46亿美元，从新加坡进口16.28亿美元。11月14日，缅甸三军总司令敏昂兰访问越南，双方签署军事合作协议。12月19～21日，越南政府总理阮晋勇到缅甸首都内比都参加GMS第4次领导人会议。2011年1～10月，缅越双边贸易额1.4亿美元，同比增长20%。

（四）与印度及其他南亚国家关系

6月20～22日，印度外长克里希纳对缅甸进行访问，与吴登盛总统就能源、经贸与国防合作进行会谈，双方就防范印度少数民族武装利用印缅边境为基地和偷运武器签署安全协议。缅甸承诺配合印度打击缅印边境的印度非法武装和恐怖组织。8月23日，印度海军司令访问缅甸，与缅甸政府和军方高层会晤，讨论双方军事合作事宜。10月12～15日，吴登盛总统访问印度，与印度总理辛格举行会谈，共同发表包含44项内容的《联合声明》。在声明中，双方承诺强化水利水电和石油天然气等领域的合作，规划了公路、铁路和港口开发等领域的合作。印度承诺延长3亿美元的对缅特殊项目贷款，并提供5亿美元的新贷款。双方细化《印缅2012～2015年度科技合作规划》，双方还同意增设、增开边贸机构。12月11～17日，由缅甸人民院议长吴瑞曼率领的官方代表团前往印度，在印度议会进行为期7天的学习。

3月2日，孟加拉—缅甸铁路开始动工，孟加拉总理出席铁路开工典礼。12月5日，孟加拉总理哈西娜率团赴缅进行友好访问，吴登盛总统与哈西娜举行会谈，双方就提升边境贸易和一般贸易水平、拓宽合作领域及孟向缅甸购买天然气等达成共识。12月12日，缅甸海军司令年吞访问孟加拉，与孟加拉海军参谋长艾哈迈德（Z. U. Ahmed）进行会晤，讨论双方海洋划界问题。

（五）与联合国的关系

2011年5月11～13日，联合国特使南威哲对缅甸进行访问，并与缅甸新政府高层和昂山素季等进行广泛接触。应缅甸政府邀请，联合国缅甸人权问题特别报告员昆塔纳从8月21日起对缅甸进行为期5天的访问。9月16日，昆塔纳在联合国第16届大会上所作的《缅甸人权状态报告》肯定了缅甸人权状态的改善。9月18日，联合国秘书长潘基文与缅甸外长吴温纳貌伦进行会谈，表示支持缅甸的政治改革，重申释放政治犯的要求。10月31日，联合国特使南威哲再次对缅甸进行为期5天的访问，会见多位政府部长、政党和社会组织的代表，鼓励缅甸释放政治犯、促进民族和解。

四、2012年缅甸形势展望

新的一年里，缅甸将继续与国内民主派和“民地武”组织实行和解，对外则追求彻底摆脱孤立，加快融入国际社会。随着缅甸国内政治改革的进一步推进，缅甸外交环境将继续得到改善，将能够吸引外国投资，经济也将稳步发展，这为缅甸将于2014年担任东盟轮值主席国打下良好基础。

（祝湘辉　李晨阳）

菲律宾：2011年发展回顾与2012年展望

2011年是贝尼尼奥·阿基诺三世当选菲律宾总统的第二年。虽然阿基诺总统一再强调不会“铁腕治国”，但由于措施得力，菲律宾社会治安比较安定，犯罪案件明显减少。除了3次台风造成严重灾害外，人民基本上安居乐业。经济增长速度2010年达到7.6%，为24年来的最高增长记录，2011年却骤降至3.7%。注重大国之间的平衡外交，在保持与美国、日本、欧洲国家紧密关系的同时，进一步加强与中国的关系，两国在南海问题上主张通过外交方式解决。

一、政治社会：总体安定

（一）菲律宾前总统阿罗约面临腐败指控

菲律宾前总统阿罗约自从2010年卸任以后，面临腐败指控日益增多。菲律宾总统阿基诺三世誓言追查阿罗约不法事件，阿罗约面临终身软禁的命运。

菲律宾马尼拉景色　　（《占芭》）

阿罗约也曾打起反腐大旗，对其前任总统埃斯特拉达发起腐败指控，如今历史重演，相同的一幕发生在她身上。

阿罗约面对诸多的控告，包括2004年总统大选期间作弊的电话录音丑闻，3.29亿美元的中兴全菲宽带网络合约，7.28亿比索（约1.7亿美元）肥料基金被转移等。2011年阿罗约请求政府允许她出国接受治疗。但是菲律宾司法部长莱拉·德利玛表示，阿罗约完全可以在菲律宾治疗，并认为她很可能为逃避指控而一去不返。德利玛还指出，阿罗约想要前往的国家中，许多都没有与菲律宾签署引渡协议，因而认为她企图逃避罪嫌。阿罗约提出诉讼，称政府针对自己的出国禁令违反宪法。11月15日，菲律宾最高法院裁定政府对阿罗约及其丈夫的出境禁令违宪，理由是他们还没有受到任何正式的犯罪指控。但由于阿罗约正在接受关于选举舞弊的调查，法院要求她交纳200万比索作为担保费用，并要求她在抵达就医国家后，向当地的菲律宾使馆报到。菲律宾最高法院下达判决，允许阿罗约出国治病。但菲律宾司法部不同意阿罗约出国治疗，在阿罗约一行到机场准备赴新加坡治病时被德利玛强行下令拦截，爆发了行政当局与立法机构的矛盾与紧张关系，引发“宪政危机”。阿罗约离境受阻后住进马尼拉一家医院。11月18日下午，警方持地方法庭发出的拘捕令到医院将阿罗约逮捕。同时拘捕涉及与阿罗约舞弊的马京达瑙省前省长老安帕图安和现被囚在军营的马京达瑙省选举署总监 Lintang Bedol。地方法院正式指控后，阿罗约显然已出国无望，她可能面临与埃斯特拉达终身软禁的同样命运。执政9年来，阿罗约在改善经济方面颇有建树，但腐败嫌疑缠身，后来被曝试图影响选举，多次面临弹劾。拘捕阿罗约事件发生后，阿基诺三世的发言人卡兰丹表示，发出对阿罗约的逮捕令是菲律宾当局“恪守承诺”的表现。

（二）2011年犯罪案件数量同比降逾两成

菲律宾警方统计数据显示，2011年菲律宾全国犯罪案件数量比2010年大幅降低超过两成。菲律宾国家警察部队称，2011年菲律宾全国犯罪案件24.8万件，与2010年32.4万件相比降幅达23%，不足2009年（50多万件）的一半。菲律宾国家警察部队发言人克鲁兹认为，犯罪数量大幅降低应归功于警方在全国严格实施的一项综合巡逻制度。菲律宾政府执行部长奥楚亚发表声明对犯罪案件数量降低表示欢迎，要求14万名菲律宾警员不要出现自满情绪，继续采取措施防范和打击违法犯罪，确保公众安全，维护国内和平与秩序。

（三）社会治安总体稳定，不安全因素偶有发生

2011年，菲律宾政治社会总体稳定，但不安全情况也偶有发生。1月25日下午，马卡蒂市一辆大客车发生爆炸，造成5人死亡、10余人受伤。据警方初步报告，出事客车内被人安放了利用手机引爆的爆炸装置。马卡蒂市长比奈宣布1月28日为该市哀悼日，并在爆炸地点举行悼念活动。1月28日，菲律宾总统贝尼尼奥·阿基诺三世宣布，悬赏100万比索（2.2万美元）征集大马尼拉地区马卡蒂市汽车爆炸案破案线索，以早日将嫌犯缉拿归案。

3月10日，菲律宾政府军在南部地区对阿布沙耶夫反政府武装实施空中打击。当日早晨，菲律宾政府军多架武装直升机向南部城市三宝颜附近一个岛屿上的阿布沙耶夫武装人员据点发射至少7枚火箭弹。阿布沙耶夫武装通常在巴西兰和苏禄两个岛屿省份活动，此次空袭是由于有阿布沙耶夫武装人员在三宝颜市附近出现，引起军方警觉。阿布沙耶夫武装成立于20世纪90年代初，是活跃在菲律宾南部的一支极端武装力量，曾参与制造一系列恐怖袭击和绑架活动。近年来，在菲律宾政府军围剿下，这一组织势力大大削弱，目前成员不足400人。

4月30日，菲律宾中部萨马尔省卡尔巴约格市市长雷纳尔多·黄（华裔）遭枪击后不治身亡。总统阿基诺三世十分震怒，认为案件涉及“政治因素”，下令警方迅速彻查，把凶手及幕后主使者绳之以法。市长雷纳尔多·黄是总统阿基诺所属的自由党成员。菲律宾总统阿基诺在证实雷纳尔多·黄遇害消息后，称自由党失去了一位“亲密盟友”。

“毒骡”是菲律宾新的社会隐患。在2011年国际贩毒管控策略报告中，美国国务院国际贩毒执法局将菲律宾列入“首要关注的司法权”，即被指参与高额贩毒资金洗钱活动的国家名单。报告指出，菲律宾不是一个地区金融中心，但该国一直被洗钱犯罪组织利用洗钱，须在毒品制造、毒品走私和国内毒品消耗方面严加防范。菲律宾毒品执法署最新数据显示，截至2011年，海外各地共有689名菲律宾人因贩运毒品被关押，其中大多数是妇女，有不少菲籍毒贩被外国判处死刑。

（四）台风成为人民生活安定的主要威胁

2011年9月，袭击吕宋岛低洼农田的台风“纳沙”造成82人死亡，5天后降临的台风“尼格”导致19人丧生。12月16日，热带风暴“天鹰”在菲律宾南苏里高以每小时80千米的风力登陆，造成严重的洪涝灾害，给菲律宾带来巨大的生命与财产损失。菲律宾防灾部门称，热带风暴“天鹰”蔓延覆盖了周边的低洼地区，突发洪水最终夺去1453人的生命，该地区的基础设施也遭到严重破坏。在棉兰老和米沙鄢群岛受灾最严重的省份，整个村庄被夷为平地，供水管网被毁，食品和水成为最迫切的需求，13个省份64万多人受灾，31万人接受政府救济，4万多人滞留在避难中心。菲律宾总统阿基诺签署第303号总统公告，宣布全国进

入"灾难状态",以便集全国之力推进救灾。

世界银行向菲律宾发放5亿美元援助资金,以支持菲政府开展灾后自救和重建工作,并加强该国应对未来自然灾害的能力。外国政府和国际组织向菲律宾提供2860万美元的救灾援助,其中中国提供100万美元的人道主义援助。

二、经济:有降有升

(一)经济出现低迷

2010年,菲律宾经济增长率高达7.3%,2011年却大幅下滑至3.7%,低于官方设定的增长目标下限。阿基诺政府将2011年经济增长目标设定在7%~8%,之后历经两次下调,将增长目标改为4.5%~5.5%,但最终还是没有达到。菲律宾官方把经济增长率下降归咎于政府开支减少、欧元区债务危机以及美国经济复苏缓慢等。

尽管菲律宾经济大幅下降,但未出现负增长,这主要归功于以下几个原因:

1. 农业稳定增长。据菲律宾农业部信息,2011年,菲律宾农业增长率为2.34%。全年稻谷产量1668万吨,比上年增长5.8%;玉米产量697万吨,增长9.3%;畜牧业增长1.99%,家禽业增长4.5%。

2. 海外劳工汇款创新高。菲律宾央行宣布,2011年菲律宾海外汇款创下新记录,达201.17亿美元,比2010年增长7.2%。菲律宾央行官员将汇款增长归功于海外菲律宾工人工作目的地和技能的多样化、银行和非银行机构提供的服务网络,以及汇款市场提供的新金融产品和汇款服务。截至2011年底,提供汇款服务的商业银行、汇款中心、通汇银行、分支和代表处达到4723家,比上年增加3.1%。汇款主要来源地包括美国、加拿大、沙特阿拉伯、英国、日本、阿联酋、新加坡、意大利、德国和挪威。

3. 入境游客增多。菲律宾旅游部统计数据显示,2011年入境外国游客391.7万人,同比增长11.28%。韩国游客数量居首,达92.52万人,同比增长24.92%,占23.62%;美国游客62.45万人,占15.94%;日本游客37.55万人,占9.59%;中国游客24.31万人,占6.21%。

4. 政府税收增长。截至2011年11月底,菲律宾政府两大主要税收机构——税务局和海关总署税收收入合计为1.25万亿比索,同比增长13.1%。菲律宾财政部长普里西马表示,这是在没有增加新税种和出售政府资产,仅凭增加税收效率的情况下取得的,创下10多年来的最高水平。

5. 通货膨胀率得到有效控制。菲律宾国家统计局数据显示,2011年1~11月平均通货膨胀率为4.5%。虽然受到12月中旬热带风暴"天鹰"的影响,但菲律宾全年通胀率仍稳定为4.525%,符合菲律宾中央银行设定的3%~5%的目标区间。

6. 财政赤字状况有所改善。2009年菲律宾政府财政赤字创历史最高记录,为2985亿比索,占当年国内生产总值的3.9%。2010年再创历史新高,达到3144亿比索(1美元约合43.3比索),占当年国内生产总值的3.7%。2011年全年的财政赤字低于政府预计的3250亿比索。在政府支出方面,2011年开支1.5万亿比索,比上年增加7.1%,少于政府预计的1.6万亿比索。

(二)投资活跃

2011年,菲律宾官方11家投资促进机构注册投资额总计7630亿比索,比上年增长37.57%。其中,外资2739亿比索,占35.9%;本国投资4891亿比索,占64.1%。总计1402个投资项目预计将产生约19.56万个就业岗位。

《马尼拉今日标准报》报道,2011年菲律宾能源部批准6个地热发电项目。菲律宾是世界第二大地热电力生产国,仅次于美国,2010年地热发电量占发电总量的14.7%。

菲律宾马尼拉购物中心　　(《源》)

菲律宾《商业镜报》报道,2011年菲律宾能源部批准6家公司的7个太阳能项目,发电总量达到19万千瓦。这些项目分别是:菲律宾Enfinity可再生能源公司在克拉克和甲美地的项目,Energy Logics公司在北伊洛克斯的项目,Youil菲律宾公司在西内格罗斯省的项目,菲律宾新能源公司在达沃的项目、ATN菲律宾太阳能公司和JS建筑发展公司在里萨尔的项目。

此外,菲律宾政府2011年推出

10个公私合作(PPP)项目、工程,总造价约为30亿美元。菲律宾公造部部长辛松则表示,菲律宾政府将在2012年实行1493项基建计划,投资总额12.9亿美元,计划将在全国16个行政区实行。

三、外交

(一)菲律宾与中国的关系:共同致力于向良好的方向发展

随着南海局势的复杂化,菲中关系蒙上一层阴影,但由于两国领导和人民的共同努力,两国关系总体向好。

两国贸易额平稳增长。菲律宾官方数据显示,2011年双边贸易额达到322.54亿美元,比上年增长22%,超越2007年创下的最高记录,人员往来也超过100万人次,创历史新高。中国已成为菲律宾第三大贸易伙伴。

两国外交关系朝着健康的方向发展。2011年7月7~9日,应中国外交部长杨洁篪邀请,菲律宾外交部长阿尔韦特·德尔罗萨里奥对中国进行访问。访问期间,中国国家副主席习近平会见德尔罗萨里奥外长,中国外交部长杨洁篪与德尔罗萨里奥外长举行会谈。双方积极评价中菲建交36年来取得的进展,包括两国政府各部门和社会各界之间的广泛合作。双方同意继续加强贸易投资,并加强文化与人员交流,包括在友好城市、旅游、教育和媒体等方面的合作。两国外长就海上争议交换意见,认为海上争议不应影响两国友好合作大局。双方重申尊重和遵守中国与东盟国家于2002年签署的《南海各方行为宣言》。

两国首脑会晤并签署联合声明。2011年8月30日至9月3日,应中华人民共和国主席胡锦涛的邀请,菲律宾总统贝尼尼奥·阿基诺对中国进行国事访问。中国国家主席胡锦涛、中国全国人大常委会委员长吴邦国和国务院总理温家宝分别会见阿基诺总统。两国领导人积极评价中菲建交36年来双边关系取得的进展。双方重申将在相互尊重、平等互利的基础上,共同致力于推动中菲战略性合作关系长期稳定发展。双方同意以2009年10月29日签署的《战略性合作共同行动计划》继续指导双方各领域合作。菲律宾重申坚持一个中国政策。两国领导人认为《中菲经贸合作5年发展规划(2012~2016)》为两国开展合作勾画了蓝图,同意进一步扩大双边贸易额,并提出到2016年将双边贸易额提高到600亿美元的目标。两国领导人同意将2012~2013年定为中菲友好交流年。两国领导人就海上争议交换意见,认为不应让海上争议影响到两国友好合作大局。两国领导人重申将通过和平对话处理争议,继续维护地区和平、安全与稳定以及营造良好的经济增长环境。

(二)菲律宾与美国的关系:倚重美国,但对美国的信赖度有所下降

2011年6月28日至7月8日,菲美两国海军在巴拉望省首府普林塞萨港市以东的苏禄海水域举行2011年度海上联合战备训练演习(CARAT)。美国海军派“钟云号”导弹驱逐舰、“霍华德号”导弹驱逐舰和海上救护舰参与。菲方则有4艘战舰参演。

菲律宾海军公共事务办公室主任托塞伊称,这次演习的主要目的是通过两国海军在海上通航、海军作业,尤其是海上防御、港口安全、资源保护和灾害响应等领域交流,加强菲美两国海军的联系,提升合作水平。菲律宾武装部队西部司令部司令萨班重申,这次双边演习与南海争议无关。托塞伊则强调演习是根据1951年菲美防御条约举行的,类似演习已连续举办10年。演习的目标是为进一步增强菲美两国海军在阻遏洲际和跨境犯罪、打击海盗和海上恐怖主义等方面的合作,与南沙群岛争议无关。

显然,菲律宾为了借重强权力量,争取在南海问题上占主动,比较倚重美国,但对于美国的信任度却逐渐下降。据菲律宾ABS-CBN电视台6月13日报道,针对与中国在南沙群岛上持续升级的紧张关系,菲律宾参议院多数党领袖苏维里和参议院议长胡安·庞塞·恩里莱要求菲律宾与中国对话,认真对待两国争端。苏维里表示,菲律宾政府应该坚持使用外交手段防止局势升级。曾于5月初表示希望美军能在菲律宾驻军帮助牵制中国的苏维里,如今放低姿态表示“菲政府还不能太确信会受到美国盟友的支持。”而对于菲律宾阿尔贝省行政长官萨尔希达此前提出的“抵制进口中国产品”的说法,菲律宾参议院议长恩里莱予以否定,称“我宁愿放低浮夸的言语,也不能让我们与中国已经建立起来的微妙的关系再恶化下去。要记住:我们同中国的贸易关系还很健康。他们是我们的邻居。”

(三)菲律宾与日本的关系:为了海洋利益走到一起,但不会太紧密

2011年9月27日,访问日本的菲律宾总统阿基诺三世与日本首相野田佳彦举行会晤,双方在会后发表的联合声明中就加强南海安全合作达成一致。声明称:“阿基诺三世再次在日本重申南海各方行为宣言,强调遵守国际海洋法公约等规则,解决争端,促进合作,日菲两国都希望尽早制定一个具有法律约束力的南海行为准则。日菲两国都认为,连接世界和亚太地区的南海的和平与稳定至为重要,需要保障南海的自由通行。”南海问题被认为是日菲两国首脑会晤的焦点。阿基诺三世将得到野田佳彦在南海主权争议问题上对己方支持作为此行重点,菲方还为此提前做了大量外交努力。而这一结果正是在对待中国的问题上,菲日两国寻求到了国家利益的

某个共同点的产物。

日菲两国联合声明从日本关心的联合国改革问题到菲律宾国家利益的棉南老岛问题等诸多方面都有所涉及,彰显所谓“存在特殊纽带的两个邻国之间的友谊”,目的就是要提升两国全方位的、以民主主义等共同价值观为基础的战略伙伴关系。

日菲两国在联合声明中表示,两国要召开多层次的政策对话。利用区域和多边会议机会,经常性举行高级别对话。将副部长级政策对话升级为副部长级战略对话,对话涉及海洋问题、打击恐怖主义和国际有组织犯罪、联合国改革、裁军和核不扩散、环境与气候变化等。两国决定在2012年上半年在菲律宾举行第5次日菲政治与军事对话,以及两军对话。声明还提出两国将作为美国的同盟国在11月的印度尼西亚东亚峰会上密切合作。

四、2012年展望

菲律宾预算和管理部长弗洛伦西奥·阿瓦德表示:菲律宾政府将从2012年国家预算中拨出4388亿比索(约合100亿美元),以促进该国经济2012年实现快速、包容性和可持续性发展,2012年菲律宾经济将因为政府的灵活调控、该国对外经贸关系的发展和对财政赤字、通货膨胀的控制而有所回暖,但不会有太大增长。南海问题会因为美国“重返亚洲”、日本介入等多重因素而更加复杂化,但南海局势总体上不会影响菲中两国友好关系的正常发展。

(黄耀东)

资料来源:

1. 中华人民共和国驻菲律宾共和国大使馆网站。
2. 菲律宾共和国驻中华人民共和国大使馆网站。
3. 中国网络电视台。
4. 中华人民共和国驻宿务领事馆经商室。
5. 中华人民共和国财政部。
6. 中华人民共和国驻菲律宾大使馆经商处。
7. *Agricultural Development and Commercial Corporation*(农业发展与商业合作)。
8. 中华人民共和国商务部网站。
9. 全球分析网、食品产业网。
10. 菲律宾《星报》。
11. 中国畜牧网。
12. 中国情报网。
13. 凤凰网。
14. 菲华网。
15. 环球网。
16. 南博网。
17. 中新社。
18. 新华社。
19. 中华网。

新加坡:2011年发展回顾与2012年展望

一、2011年政治社会动态

2011年,新加坡政治社会稳定,执政的人民行动党在5月大选中保持压倒性优势;政府推出系列措施,解决高房价、物价上涨、外来移民等问题。

(一)全民分享经济增长硕果

新加坡经济在走出2008年和2009年的全球金融危机后,2010年表现特佳,取得罕见的14.5%增长率。为了让全民分享经济增长的硕果,新加坡政府在2011年财政预算案中,与国民分享高达66亿新元(约53亿美元)的财政盈余,其中包括总额32亿新元的一次性“增长共享”配套。所有成年新加坡人通过这项配套获派100~900新元的增长分红。一般家庭在这次预算案中能获得3000新元,相当于全年收入的5%。如果把政府已宣布的援助计划,包括就业补助计划、托儿补助金、水电费和组屋杂费回扣等计算在内,一般家庭获得的补助金额高达8500新元。

(二)人民行动党在大选中保持压倒性优势

新加坡总统纳丹2011年4月19日宣布解散国会,确定在5月7日举行大选。各个党派即投入紧张备选,为竞争国会议席而竭尽所能。李显龙总理推介执政党——人民行动党的全国大选政纲,打出“风雨同舟、共创未来”的竞选口号,人民行动党推出24名新候选人。选民比较关注的热点话题有二:一是通胀压力加大,住房和生活成本不断上升;二是外来劳工涌入,影响本地人就业。反对党在多种场合炮轰日渐攀高的房价、物价和生活费。执政的人民行动党以国际能源、粮食价格上涨等因素向选民解释物价上涨的原因,并广泛宣传政府推出的系列应对措施,包括春节后颁布财政预算案与民众分享财政盈余66亿新元所带来的各种好处。

在2011年的大选中,出现新媒体这个元素。在以往的选举中,根据新加坡选举法律规定,候选人是不能通过网络进行拉票的。但是新加坡在2010年通过宪法和选举法修正案,明确网络竞选活动合法化。各政党候选人只要向政府申报后,就可以使用社交网站、博客等网络平台参与竞选。各种新媒体纷纷成为各政党抒发政见的新渠道。在200多万选民中,有25%以上的选民的年龄介于21~34岁之间。年轻选民对于新媒体的热衷使得不少候选人都加大力度拉拢这一群体。很多年轻选民甚至主动为自己的支持者设立网站、转发文章、表达意见、拍照上网,等等。

花园城市新加坡　　（《吉祥》）

新一届国会选举结果5月8日揭晓，人民行动党获得87个议席中的81席，继续保持压倒性优势。该党在14个集选区和11个单选区赢得胜利。反对党工人党获得6席，其中包括反对党首次赢得的一个集选区，打破了集选区自1988年建立以来一直由人民行动党包揽的局面。新加坡总理李显龙在选后记者会上感谢选民让人民行动党再度蝉联执政，呼吁人民修复裂痕、恢复团结。李显龙说，这次大选是历史的分水岭，“许多民众希望政府改变执政风格和方式，希望看到国会有更多反对派的声音以监督人民行动党政府。”李显龙表示，人民行动党政府已经听到人民的心声，今后将加强与人民沟通，改进政策。

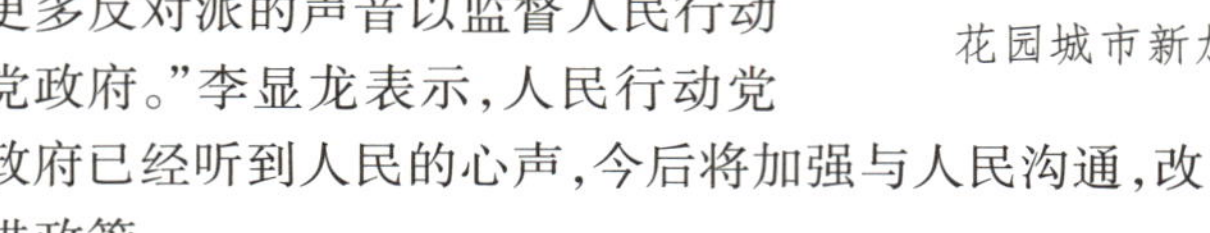

（三）李光耀和吴作栋宣布不在新内阁中任职

在5月新加坡新一届国会选举之后，新加坡内阁资政李光耀和国务资政吴作栋于5月14日发表联合声明，宣布他们不会在新一届内阁中担任职位，以便总理李显龙组阁时可以任命更年轻的部长。李光耀和吴作栋在联合声明中说，他们已慎重研究了新的政治局面，也思考了将如何影响新加坡前途，他们已为新加坡发展作出自己的贡献，现在是让李显龙总理和他的年轻一代领导团队有全新阵容的时候了。李光耀自1965年新加坡独立后担任总理；1990年吴作栋接任总理，并任命李光耀为国务资政；2004年李显龙任总理，委任吴作栋为国务资政，李光耀则任顾问性质的内阁资政。这两个职位仍是内阁成员。

（四）陈庆炎当选新加坡新总统

新加坡总统选举于2011年8月27日举行，200多万选民前往各投票站投票。参加此次新加坡总统竞选的候选人共有4名，8月27日晚开箱计票的结果显示，两名领先的候选人陈庆炎和陈清木得票率相差不足两个百分点，根据规定进行的重新计票结果于28日凌晨公布。前副总理陈庆炎以较小优势获胜，当选为新加坡第7任总统。9月1日，陈庆炎宣誓就职，任期6年。新加坡实行内阁制，总统是名义上的国家元首，自1993年以来通过选举产生，掌握国家储备的第二把钥匙，也对一些重要人事任命有否决权。

（五）新加坡成人人均财富近36万新元

瑞信研究院发布的《全球财富报告》，根据2010年1月至2011年6月的信息计算的数据，由于新加坡的储蓄率上升及资产价格增长，加上新元走势强劲（2010年1月至2011年6月，新元兑美元的汇率上涨12.5%），过去一年半内，新加坡成人人均财富增长32.1%，达28.5万美元（35.9万新元），在全球排名第五。这个排名在亚太区仅次于澳大利亚（39.67万新元）。新加坡的百万富翁人数达到18.3万名。

瑞信研究院指出，新加坡的财富分布大致平均，贫富差距不大，只有0.3%的成人个人财富在1000美元以下，而52.4%的成人个人财富超过10万美元。相比之下，全球只有8.8%的成人财富超过10万美元。新加坡人所拥有的金融资产和房地产价值相差不远，这反映了政府鼓励国人储蓄和居者有其屋。新加坡人的平均负债仅为4.4万美元，占总资产的13%，这个比例在富裕国家中相对较低。

二、经济

（一）经济表现

新加坡经济在经历2008～2009年国际金融危机后强劲反弹，2010年取得14.8%的高增长率。但是，新加坡经济从复苏到持续增长的过渡却不顺利。从2011年第二季度开始，由于受外部经济环境恶化的影响，新加坡电子产品出口急剧下滑，给投资造成很大影响，从而使经济增长减速。新加坡贸工部2012年2月16日发布的宏观经济运行数据显示，新加坡经济2011年增长4.9%，远低于2010年14.8%的增长率。

2011年新加坡国内生产总值（GDP）增长情况

单位：%

行业	第一季度	第二季度	第三季度	第四季度	全年
整体	9.1	0.9	5.9	3.6	4.9
制造业	15.8	-6.0	13.4	6.5	6.9
建筑业	2.4	1.4	0.5	1.7	1.5
服务业	7.7	4.0	3.7	3.2	4.6

资料来源：新加坡《联合早报》2012年1月4日，2月14日

1. 对外贸易增长明显放缓。2011 年新加坡对外贸易总额有所增长，但增速放缓。新加坡国际企业发展局 2012 年 2 月 16 日公布的数据显示，该国 2011 年外贸进出口总额 9740 亿新元（约合 7792 亿美元），比上年增长 8%，低于 2010 年 21% 的增长率。其中，非石油类本地出口额增长 2.2%，远低于 2010 年 23% 的增速。2011 年出口增速放缓的主要原因是电子类产品外需不振，出口额同比减少 13%，而非电子类则增长 11%。电子类产品出口额占非石油国内出口总额的 32%，大部分产品出口都有所下滑，尤其是磁盘驱动器（-49%）、集成电路部件（-39%）与个人电脑零件（-14%）。增长 11% 的非电子产品出口则主要由增幅强劲的船只结构（116%）、专门机器（28%）与药剂（19%）所带动。

2. 游客量创新高，中国游客增幅最大。多元化的娱乐和观光设施吸引大批外国游客到新加坡消费，大大推动该国旅游业的发展。据新加坡旅游局发布的报告，该国 2011 年接待外国游客 1320 万人次，创历史新高，同比增长 13.4%；外国游客消费额 222 亿新元，刷新历史记录，同比增长 17%。其中，中国游客 158 万人次，同比增长 35%。增幅最大。

3. 航空客运量创历史新高。新加坡樟宜机场 2011 年客运量达到 4650 万人次，同比增长 10.7%，创历史新高。货运量则恢复到 2008 年的水平，达 187 万吨，同比增长 2.8%。东南亚和东北亚是新加坡航空旅客的主要增长源，旅客人数排名前 5 位的城市分别是雅加达、中国香港、吉隆坡、曼谷和马尼拉。廉价航空的快速发展是新航空客运量创新高的一个重要推动力，2011 年新加坡廉价航空航班约占 30%，客运量同比增长 26.3%。

4. 港口业务增长强劲。2011 年 1～11 月在新加坡海港停靠的船只总吨数比 2010 年同期增长 10.2%，并于 12 月 13 日突破 20 亿吨，新加坡继续保持全球最繁忙海港的地位。2004 年，该国抵港船只吨位首次突破 10 亿吨，到 2011 年翻了一番。1～11 月，新加坡港口集装箱吞吐量同比增长 4.8%。作为全球最大的供油枢纽，全年销售燃油超过 4090 万吨。

5. 千强企业营业额创新高。据新加坡 DP 资讯集团发布的报告，2011 年新加坡 1000 企业（S1000）总营业额创 1.98 万亿新元的新高，比 2008 年金融危机爆发前上扬 26%，这显示出新加坡企业已逐步走出金融危机的影响。同时，DP 资讯集团根据企业的国际业务统计出新加坡国际 100 企业（SI100），2011 年的 SI100 企业营业总额比 2010 年增长 29.4%，中国是其最大海外市场，占其营业收入的 1/3。

6. 失业率降至 14 年来新低。新加坡政府人力部就业情况数字显示，2011 年新加坡全年平均失业率只有 2%，为近 14 年来的最低水平；但第四季度企业裁员人数则明显增加，几乎比第三季度增加 1 倍。全年就业人数增加 12.13 万人。劳动队伍的增长主要是来自于外国人。这是因为新加坡本地公共建设工程的不断增加和扩大，2011 年仅建筑业就业人数与 2010 年相比就增长 5 倍多，从 3400 人猛增至 2.22 万人。另据新加坡人力部报告显示，新加坡劳动队伍 2011 年达到 324 万人，比上年增长 3.2%，其中 208 万人是新加坡公民和永久居民，其余的 116 万人为外国人。

（二）经济措施

1. 大力推动科研开发领域发展，鼓励科研机构与私人企业紧密合作。为了把新加坡经济转化为具有活力的知识型经济体，给国民创造更多良好的就业机会，新加坡政府大力推动科技发展。政府对科技领域的投资从 1991 年占国内生产总值（GDP）的 0.97%（约 7.6 亿新元）增加到 2009 年的 2.28%（约 60 亿新元）。新加坡政府计划到 2015 年将这一比例提高到 3.5%，达到与其他注重研发的国家相近的水平。新加坡政府还鼓励私人企业参与研究与发展领域。新加坡研究开发总开支中有 60% 来自私人业者，政府希望私人业者的投资比例能有所提高。新加坡政府已经实行多项计划鼓励私人业者投资于科研领域。

2. 营造优良的投资环境。2011 年新加坡实施更优惠的税收政策，以营造优良的投资环境，帮助企业发展生产，促进经济发展。2011 年 12 月，新加坡国会通过了所得税、消费税及印花税修正法案。根据修正的所得税法案，政府将给企业一次性 20% 公司所得税缴税回扣，顶限为 1 万新元，或对中小企业给予最高达 5000 新元的现金补贴。改进生产力及创新优惠计划，企业在六大项目开支可获得的税额扣减将从开支的 250% 提高至 400%，每个开支项目的顶限也从 30 万新元提高至 40 万新元。企业可得到的现金补助顶限从每年 2.1 万新元提高为 3 万新元。消费税（修正）法案条文包括允许政府推出新的“特准海事顾客计划”（Approved Marine Customer Scheme），让特准海事顾客可购买或租用享有零消费税率的产品，以使用或安装在国际航行的商船上。印花税（修正）法案主要是删除多种印花税。私人公司转为有限责任合伙公司也可豁免缴付印花税。可让私人公司重组时有更大的灵活性。

在世界经济论坛《2011/2012 年全球竞争力报告》中，新加坡竞争力排名全球第二位。新加坡的政府廉洁、效能以及货物市场效率和劳动力市场效率等项目居全球榜首，金融市场的成熟度则排第二位，基础设施如陆路交通、海港和机场也都属于世界级，全球排名第三位。

世界银行涵盖 183 个国家地区的《全球经商调查》指出，新加坡连续第 6 年被世界银行评选为全球最佳经商地点。该报告根据 11 个条件来衡量排名：设立业务、申请建筑准证、取得电力、注册房地产、取得信贷、保护投资者、缴税、越境贸易、执行合约、处理清盘以及雇用员工。

3. 培育更多年营业额超过5亿新元的企业。新加坡统计局的数据显示,大公司对新加坡经济的贡献显著。2010年新加坡1000强企业占新加坡企业总营业收入超过80%。新加坡1000强企业显示了更高的名义增值增长率。为此,新加坡国际企业发展局表示要协助更多新加坡公司成为年营业额超过5亿新元的"具环球竞争力企业"(Globally Competitive Companies,GCC)。新加坡企发局局长张永昌表示,增加新加坡"具环球竞争力企业"的数量是该局的工作重点之一,因为"具环球竞争力企业"能带来更多商业活动、区域性工作,可提高行业的竞争力和创造新加坡品牌,以及增加未来的企业领袖,能为公司和股东创造更高的回报率、营业收入增长和利润率。这些将增加新加坡经济的弹性。企发局将在知识产权保护、品牌建设、全面的互联网战略以及探寻进行收购与合并、海外联系网络、政府宣传活动等方面与企业密切合作,协助企业进一步提高市场能力,落实国际化计划。新加坡约有100家新加坡公司营业额达到5亿新元(属于新加坡国际企业发展局定义的"具环球竞争力企业"),营业额在1亿~5亿新元的约有500家,1亿新元以下的有11.9万家。

三、外交

(一)加强与东盟各国的关系,积极参与东盟一体化进程

2011年,新加坡领导人出席、参与东盟主办的一系列会议和活动。新加坡总理李显龙在东盟峰会全体会议上宣布,新加坡将在"东盟一体化行动计划"2011年期满后,第三次延长技术培训计划至2015年。新加坡将拨出5000万新元,延长对柬埔寨、老挝、缅甸和越南的技术培训,重申该国致力于实现东盟共同体的承诺。"东盟一体化行动"计划主要为中南半岛发展较慢的4个东盟成员国提供技术培训方面的协助。在此框架下,较先进的东盟成员国协助柬、老、缅、越4个较落后的成员国发展,以缩小东盟成员国之间的发展差距,加强东盟作为一个整体的竞争力。

2011年,新加坡加强与东盟各国的交往与合作。

1. 新加坡与马来西亚关系进一步发展。2011年6月27日,新加坡和马来西亚发表联合声明,同意在2018年前开通快速运输系统。10月24日,马来西亚副总理穆希丁访问新加坡,与新加坡副总理兼国家安全统筹部长及内政部长张志贤会谈,内容包括新马两国人民的交流与货物的流动、移民、衔接两国的高速铁路计划,以及淡马锡控股公司与马来西亚国库控股(Khazanah)携手发展具有标志性意义大工程的进展等。年内,新加坡方面以相等价值的土地作交换,接管了地处新加坡但原属马来亚铁道的丹戎巴葛火车站,两国间20年悬而未决的问题和平解决。李显龙总理指出,这个20年悬而未决的问题能在不伤和气的氛围下解决,具有重大意义。

2. 新加坡与印度尼西亚的交往与合作。2011年5月,新加坡与印度尼西亚首次设立双边商业合作框架,以利用新加坡在资金、科技、管理等方面的优势和印尼在市场规模方面的优势,促进两国企业界的合作,吸引更多新加坡企业到印尼投资。双方将举办商业考察、贸易展销等活动,并成立咨询委员会为双边企业合作提供商业手续及流程服务等。该框架涉及的双方机构包括新加坡国际企业发展局、新加坡工商联合总会以及印尼投资统筹机构和印尼工商总会。印度尼西亚是新加坡的最大贸易伙伴,而新加坡则是印尼2011年第1季度的最大投资国。

(二)新加坡与中国的交往与合作

2011年,新加坡与中国关系不断发展,双方各领域合作不断深化。

1. 两国领导人保持密切往来,双方政治互信不断加深。5月21日,中国国务院总理温家宝致贺函给新加坡总理李显龙,对人民行动党再次赢得大选及李显龙连任新加坡总理表示祝贺。年内,中国国务院副总理王岐山,中国国务委员、公安部部长孟建柱,中国国务委员、国防部长梁光烈等中国领导人访问新加坡。新加坡国务资政吴作栋、新加坡副总理兼国家安全统筹部长黄根成等新加坡领导人访问中国。两国领导人互访不断推动双边关系的发展。

在新加坡汉语文中心学习的幼童　　(《源》)

2. 两国经贸合作不断加强。根据新方统计，2011年新中双边贸易额达1014亿新元(约合805亿美元)，比上年增长6.4%。截至2011年10月，新加坡累计对华投资514亿美元，占中国实际利用外资的4.5%，新加坡为中国第六大外资来源地。

3. 两国教育交流与合作进入快速发展时期。在新加坡大学和中小学留学的中国学生超过5万人，在中国留学的新加坡学生约有3600人。

四、2012年展望

2012年新加坡政府将推出系列措施，多管齐下改善低薪家庭与年长者生活，如落实社区关怀计划、托儿津贴、幼儿园援助计划等，并改进各项保健、教育和住房计划，为低收入者提供更多援助，以建设更具包容性的社会。新加坡总理李显龙在2011年12月召开的新加坡职工总会全国代表大会上表示，政府将力促维护劳资政互信，创造稳定的社会政治环境，实施健全的利民政策。

2012年新加坡经济增长速度将放缓。因全球经济局势越来越不明朗，新加坡经济师大幅度调低对2012年经济增长的预测，新加坡金融管理局向经济师展开的调查显示，该国2012年的经济增长可能介于3.0%～3.9%之间。李显龙总理指出，新加坡经济在未来10年即使每年只取得3%或4%的增长，也是一个相当好的成绩。他强调要维持经济活力，以更好地改善人民的生活。国际货币基金组织最新报告指出，新加坡短期经济前景存在高度不确定性。受外部需求减弱以及全球金融波动影响，预计2012年的经济增长将大幅放缓。不过，报告认为新加坡有着巨大的政策空间和工具来缓冲外部冲击，并保持宏观经济稳定。

(罗　梅)

资料来源：

1. 新加坡《联合早报》2011年的有关报道。

2. 新加坡《联合早报》网站，http://www.zaobao.com 相关资料。

3. 中华人民共和国外交部网站，http://www.fmprc.gov.cn/chn 相关资料。

4. 中华人民共和国驻新加坡大使馆经济商务参赞处网站，http://sg.mof.com.gov.cn/index.shtml 2011年有关报道和资料。

5. 新华网，http://www.xinhua.net.com 有关报道和资料。

6. 人民网，http://www.people.com.cn 有关报道和资料。

7. 中国新闻社，2011年5月8日。

8.《东南亚2011～2012年形势回顾与展望——专家访谈录》，《东南亚纵横》2012年第1期。

泰国：2011年发展回顾与2012年展望

2011年，泰国顺利举行大选。新一轮政党更替为泰国政治和解提供了可能，泰国的经济与外交政策随着新政府上台也有所调整。

一、政治动态

(一)提前举行大选

2011年2月初，泰国总理阿披实宣布争取在上半年举行大选。2月11日，泰国国会通过对2007年宪法的修正案，为提前举行大选作准备。根据泰国2011年宪法修正案，泰国国会下议院任期4年，由500名议员组成。全国分为375个选区，每个选区拥有1个国会下议院议席，由选民直接投票产生，即选区制议员；其余125个议席按照政党所获直接投票议席数的比例分配，即比例代表制议员。选举结果公布后30天内，新国会下议院必须投票选举议长，60天内投票选举总理。

由阿披实担任主席的民主党在2010年中期选举执政联盟中有着良好的表现，修正后的宪法也对民主党有利。主要是把多席位选区改为单席位的做法，有助于与民主党结盟的小党制定选举目标和赢得较多席位。增加通过政党名单比例代表制选举的议员数量，也会减少从选票多和支持为泰党的东北部地区直接选举的议员人数，有利于在曼谷和南部实力雄厚的民主党。而且2010年泰国经济实现快速增长，增幅列东盟国家第2位。因此，民主党对赢得这次大选抱着较大的信心。

前总理他信最小的妹妹、45岁的英拉·西那瓦年初出任为泰党领导人。5月16日，英拉获得为泰党提名参选。英拉是泰国房地产公司SC资产公司执行主席，曾担任泰国电信公司臣那越集团移动电话部门主席，参选后支持率不断上升。英拉虽缺乏政治经历，但为泰党在竞选时打出“他信思考，为泰党行动”的口号，承诺一旦执政，将恢复和延续他信时代的多项政策，包括地铁建设、增加工资和一系列旨在降低物价的措施，吸引广大泰国农民和城市中下层居民。为泰党的支持率随着选举的临近而不断增高。

7月3日，泰国迎来第26次国会下议院选举。本轮选举有42个政党共3735名候选人参选。选民4700多万人，约占泰国总人口的70%。选举主要在英拉·西那瓦与此前执政的民主党主席阿披实·威差奇瓦之间展开。澳大利亚、孟加拉国、不丹、印度、韩国、马来西亚、马尔代夫、尼泊尔、瑞士、日本、美国等以观察员身份观察本次大选。结果为泰党以265票赢得了组阁权。虽然选举结果公布后，泰国选举委员会在确认合格议员问题上一度扑朔迷离，英拉最终还是登上泰国第28任总理的宝座，成为泰国历史上首位女总理。尽管为泰党在选举中获得超过半数选票的绝对优势，但还是遵循泰国的政治传统，与国家发展党、国家发展为国党、春武力量党及大众党4个小党组成联合政府，开始泰国新一轮的政党轮替。

（二）新政府组阁，推出施政纲领

8月初，由35名成员组成的英拉内阁出台，其中29位部长来自为泰党。在余下的6个部长职位中，联合党派占4个，另外两个由非党人士担任。5位副总理中没有联合党派的成员。8月30日，包括部长顾问、秘书长、秘书长助理、总理副秘书长、总理顾问、总理秘书处秘书长、内阁工作助理委员及泰国商会代表等63个职务在内阁会议中得到委任。多名红衫军成员也被委任为政务官员。

8月10日，英拉率内阁觐见国王并宣誓就职。23日，英拉总理向国会报告新政府的施政纲领。报告称，英拉政府将以促进国民团结和社会和谐为宗旨，以推动合作发展经济、社会、政治和行政管理，实现全国人民共享幸福为最终目标。施政纲领报告文件包括政府任期4年所要实施的八大政策和上任首年需要迫切实施的16项政策。其中，成立独立宪法起草委员会、提高劳工最低工资标准和公务员收入、提高农产品价格、降低个人所得税以及医疗教育惠民政策等，都在16项政策之列。

就任数月，英拉政府各项选前承诺逐步得到兑现。9月7日，泰国内阁成立国家稻米政策委员会，推动稻米抵押计划，以高于市价的价格向农民收购稻米。10月7日，收购稻米计划如期进行。自2012年2月1日起泰国公务员拥有学士、硕士和博士学位者获得加薪，拥有学士学位的公务员月薪起薪为15000铢，有硕士学位公务员月薪增加到至少17500铢，有博士学位公务员底薪提高到21000铢，中专技校毕业的公务员月薪分别从9300铢及7620铢增至10500铢和9000铢。据泰国财政部统计，共有34.64万名政府公务员从中受益。英拉政府还在2004年公务员制度管理条例的基础上，进一步提出8项完善公务员制度的措施。

英拉政府还因为2011年旷日持久的洪灾而经受

①泰国首位女总理——英拉·西那瓦(《吉祥》)；②8月8日下午，泰国国王普密蓬陛下签署御令，批准英拉为泰国第28任总理，这位外貌姣好的女性也由此而成为泰国首位女总理，英拉8日晚在完成恭迎御令仪式后，与等候在为泰党总部大厦的民众见面(中新社)；③8月8日，在泰国曼谷为泰党总部，泰国新当选总理英拉·西那瓦在泰国国王普密蓬·阿杜德的画像前致意(新华社)；④英拉与丈夫阿努索和儿子素帕思(百度网)

执政后最严峻的政治考验。当洪水开始进逼首都曼谷时，泰国中央政府与曼谷市政府抗灾意见不一，英拉的工作能力遭到质疑，救灾工作开展不力，灾民怨声载道，英拉最后被迫启用《自然灾害预防法》，要求泰国军警和所有公务员听命于中央政府，并宣布10月27～31日为“水灾特别假日”。随着抗灾工作的不断推进，灾情逐渐得到控制，英拉总理的领导能力也开始得到肯定。

（三）朝野围绕他信与红衫军的争论

从选举到英拉政府执政，前总理他信都毫无疑问地发挥着重要作用。尽管没有明显证据表明他信亲自指挥组阁，但不少部长曾是他信过去的亲信。他信的政治参与、围绕赦免他信的一系列举动以及调查红衫军，一直是选举后朝野争辩不休的问题。由于反对派的强烈抗议，在赦免他信问题上，为泰党宣称不放弃努力，但表示暂时不把赦免他信列为2011年的工作重点。他信本人也在国外声明不必很快回国，不想因回国制造麻烦。2011年泰国国王普密蓬・阿杜德生日当天赦免部分非重罪罪犯的特赦令中最终也没有他信的名字。尽管如此，反对派依然认为无论是他信还是红衫军都在新政府上台后获得了实惠。泰国外交部为他信2011年访问日本疏通渠道和10月26日为他信发还普通护照，司法部成立专门委员会为他信向皇室提交赦罪请求，以及他信前夫人的兄长飘攀警上将顺利担任国家警署总指挥等举动都遭到反对派的质询和指责。反对党还认为政府在组阁和比率制议员任命上也采取“政治报恩”，充分照顾了红衫军势力。

二、经济与社会发展

（一）经济转型和政策调整

国际金融危机爆发后，泰国与其他东南亚国家一道，调整中长期经济发展战略，实施经济重组和结构调整，加快经济转型和产业升级的步伐。2011年，泰国继续推行扩大内需与刺激经济的政策措施，抵御金融危机的冲击。继2010年7月、8月、12月3次上调利率后，泰国央行于2011年1月、3月和4月又连续上调利率，以应对国内通货膨胀和资产泡沫问题。不过，随着2011年下半年全球经济形势发生动荡，欧元区主权债务危机的蔓延，以及特大洪灾的影响，泰国经济增长速度呈现减缓的趋势。为防止国内经济的下滑，泰国适时调整宏观经济政策的方向。11月，泰国央行宣布下调基准利率0.25个百分点至3.35%，这也是泰国两年多来首次降息。

（二）50年一遇洪灾挑战泰国经济

从2011年7月起，泰国中部地区开始持续大范围降水，导致洪水、泥石流等灾害发生。这场50年来最严重的水灾持续了3个多月，并蔓延至全国大多数地区。泰国北部、中部30个府以及首都曼谷共270万人受灾，800多人因灾死亡，农业、工业、旅游等多个行业遭到重创。12月8日，英拉总理表示，这次洪灾给泰国造成约1.3万亿泰铢（约合422.4亿美元）的经济损失，约占国内生产总值的1%。

特大洪灾成为泰国2011年经济发展的主要障碍。年初，根据泰国国内外经济环境所呈现的各种利好态势，多家预测机构认为2011年泰国经济仍将保持良好增长态势，官方预计2011年经济增长率将达3.5%～4.5%。然而，这场50年一遇的特大洪灾使泰国经济遭受了严重打击，加之下半年全球经济形势动荡，欧元区主权债务危机蔓延，世界经济增长趋缓，导致2011年泰国经济增速明显放缓。泰国国家经济和社会发展委员会的数据显示，一至三季度泰国经济仍保持良好态势，同比分别增长3.2%、2.7%和3.7%。但由于遭受严重洪灾，第四季度则比上年同期萎缩9%，全年经济增长率仅为0.1%，与年初预估的

2011年下半年，泰国遭受50年一遇洪灾。10月21日下午，洪水进入曼谷市区，市民将财物向安全地方转移　（新华社）

3.5% ~4.5%或年中调整后的1.1%都相去甚远。

产业经济方面,洪灾影响了泰国多个产业的经济活动,民间消费和投资趋向萧条、工业生产萎缩和农业减产。据泰国工业经济委员会统计,2011年1~11月,泰国工业生产指数(MPI)同比下滑7.9%,产能利用率为58.6%。预计全年的MPI萎缩9% ~10%,产能利用率约为56% ~58%。纺织服装业是遭受特大洪灾影响的产业之一。根据泰国泰华农民研究中心11月29日的报告,2011年泰国纺织服装业陷入严重衰退,全年出口额有望达到79亿~81亿美元,比上年增长3% ~5%,但与2010年19.1%的增长率形成巨大反差。作为重要纺织品和服装生产基地的泰国中部地区遭到特大洪灾的肆虐,不仅当地厂商遭受损失,而且还给其中下游产业造成连带影响。遭受此次特大洪灾影响的纺织服装厂数量占泰国纺织服装厂总数的51.4%,其中服装业占比最大,其次分别为纺纱、纺织和家用纺织品业。另一难以计量的经济影响还包括商机和竞争能力的损失。

泰国外贸出口也受到洪灾的影响。2011年泰国出口额2288.25亿美元,比上年增长17.2%,超出商业部预定15%的成长目标;进口额2284.91亿美元,增长24.9%;外贸顺差4亿美元。但水灾导致11月出口额同比减少19.7%。12月,泰国主要工业产品出口额同比减少10.2%,其中电子产品出口额减少26.9%、汽车及其零配件减少20%,电器减少12.9%。泰国对主要市场的出口持续减少7.7%,其中欧盟市场减少15%、美国市场减少3.5%、日本市场萎缩4.6%。

2011年泰国旅游业收入7345.9亿泰铢(约合230.8亿美元),同比增长23.92%,创下历史新高。全年接待游客1909万人次,比2010年增长19.8%。但洪灾也使泰国旅游业在2011年10~11月陷入低谷。

三、外交关系

(一)与东盟成员国的关系

英拉组阁后,于2011年9月10日开始对各东盟成员国进行外交访问,依次为文莱、印度尼西亚、柬埔寨、老挝、缅甸、越南、新加坡。因水灾影响,英拉暂缓了对马来西亚、菲律宾的访问。

1. 泰柬边境冲突。2011年,泰柬边境冲突成为泰国重要的外交事件。2月和4月,泰柬两国在柏威夏寺附近有领土争议地区爆发2008年以来最严重的边境冲突,造成双方人员伤亡,数万居民被迫逃亡。4月,柬埔寨正式向海牙国际法院提出申诉,要求就其1962年有关柏威夏寺归属问题的判决进行解释。7月18日,国际法院裁决将柏威夏寺附近约17.3平方千米地区划为临时非军事区,要求柬泰两国军队立即撤出这一地区,同时双方应为东盟观察员到争议地区监督停火提供合作。但泰柬双方均未依据裁决立即撤军。

英拉政府上台后,两国关系开始出现缓和趋向。9月15日,英拉访问柬埔寨,与柬埔寨首相洪森就解决边界争端深入交换意见。同时,双方同意加强基础建设合作,特别是柬埔寨国内交通等基础设施。并将共同推动开办亚兰巴特—沙登波口岸事务,以满足两国之间货物通关增长的需求。此外,双方还将在打击边境盗伐木材、刑事犯罪和禁毒等领域开展密切合作。

12月21日,泰柬联合边界委员会第8次会议在金边举行,双方一致同意遵守海牙国际法庭关于要求两国从柏威夏寺附近争议地区撤军的裁决,具体撤军时间由共同工作小组商议决定。双方还同意在军队撤出后,各自分别派出1000名边防巡警,派驻在17.3平方千米的非军事地区,这符合国际法庭规范。柬埔寨提议泰柬立即依照国际法庭判决划出的临时非军事区,让印度尼西亚观察员进入视察,也获得泰方同意。

英拉政府执政后,泰柬双方还就两国在泰国湾海底石油与天然气的主权争议重开谈判,期望程序性事务谈妥之后8~10年内合作开发石油和天然气。12月29日,泰国素拉蓬外长与能源部长披猜访问柬埔寨。两国外长一致认为,这为双方友好关系开创新纪元。能源部长披猜也表示,此次访问开启泰柬两国能源合作的序幕,双方就两国海上重叠区域的能源勘采问题进行初步磋商,并尝试依照2001年的合作备忘录来寻求解决途径。泰柬关系由对抗走向合作。

泰国芒果木手镯 (《湄公河》)

2. 泰缅关系得到发展。2011年10月5日,英拉总理访问缅甸并会见缅甸总统吴登盛,双方就边境事务、缅籍工人和重开妙瓦底口岸问题进行讨论。英拉12月赴缅甸出席大湄公河次区域第4次领导人会议期间，在仰光会见昂山素季。同时，泰国继续增加在缅甸的电力投资。9月，泰国国家电力总局重申，鉴于泰国严重缺乏能源，建设装机711万千瓦的塔山水电站战略部署绝不动摇。据《曼谷邮报》报道，泰国 GUNKUL Engineering Public 公司于11月与缅甸电力部签署关于建设缅甸首个风力发电站的备忘录，该电站装机100万千瓦，投资600亿泰铢。另外，泰缅两国就在缅甸南部土瓦地区建设经济特区签署框架协议。

（二）泰国与大国的关系

1. 泰国与中国的关系。泰中关系在2011年继续友好健康发展。一是两国经贸往来和人员交流更加频繁。2011年1~9月赴泰旅游的中国游客达130余万人次，占泰国入境游客总数的近10%，超过2010年中国赴泰游客的总和；赴中国经商、旅游的泰国公民也接近60万人次。二是两国金融合作得到加强。11月30日，中国银行与中国银联联合发行首张泰国银联双币信用卡。12月22日，中国人民银行与泰国银行在曼谷签署中泰双边本币互换协议，加强双边金融合作，促进两国贸易和投资，共同维护地区金融稳定。根据协议，本币互换规模为700亿元人民币/3200亿泰铢，有效期3年，经双方同意可以展期。三是两国高层互访不断。其中，9月22日，中国政府特使、外交部副部长张志军在曼谷分别会见泰国总理英拉、枢密院炳上将和外交部长素拉蓬。张志军向英拉总理转交中国国务院总理温家宝的亲笔贺信。温家宝总理希望英拉总理能在方便时到中国进行正式友好访问，并希望英拉总理出席10月21日在北京举行的中国—东盟合作峰会。英拉总理因抗灾取消了10月的访华计划。12月22日，中共中央政治局常委、国家副主席习近平对泰国进行正式访问。双方领导人会见并共同见证6项泰中政府文件的签署。其中包括：泰国接受中国水灾援助验收书，泰中4项永续发展合作备忘录（第一是合作开发曼谷—清迈高速铁路项目，第二是综合管理开发水资源合作，第三是清洁能源和替代能源研发合作，第四是教育和人才资源发展合作），泰中移交受司法判决人员协议，2011~2013年泰中文化合作行动方案，泰中海洋生态研究合作备忘录，泰国中央银行与中国人民银行签署中泰双边本币互换协议。

10月5日，两艘中国商船在连接中老缅泰柬越6国的湄公河金三角水域遭到劫持，13名中国船员全部遇难。惨案发生后，澜沧江—湄公河航运暂停，泰中两国警方合力侦查此案。10月28日，泰中两国警方举行联合新闻发布会，宣布湄公河中国船员遭枪杀案基本侦破。10月31日，中老缅泰4国发表《湄公河流域执法安全合作会议联合声明》，继续巩固和加强4国执法安全部门的务实合作，切实打击跨国犯罪，维护湄公河国际航运安全。12月9日，中老缅泰4国湄公河联合巡逻执法联合指挥部在中国云南省西双版纳关累港码头揭牌；10~13日，中老缅泰4国湄公河联合巡逻执法首航成功。澜沧江—湄公河恢复航运。

2. 泰国与印度的关系。2011年泰印实现高层互访，促进各领域合作。12月27日，泰国外交部长素拉蓬到访印度并主持泰国—印度联合委员会会议。这是4年来泰印两国联合委员会召开的首次联席会议，与会代表来自两国外交部、能源部、自然资源与环境部、商业部、劳工部及国家安全局等单位，主要就两国在经济贸易合作以及英拉总理2012年1月24~26日访问印度等事宜进行协商。会议还审议两国多项合作议题，涉及多个领域，其中包括泰方呼吁印度增开直航航线、增加商业航线，并设立泰国—印度联合基金等。

3. 泰国与日本的关系。日本是泰国的最大外来投资国，双方战略伙伴关系不断得到加强。2011年，多家在泰国设厂的日资公司遭受洪灾冲击。英拉总理在与多家大型日资公司负责人会面时表示，希望日资公司继续扩大在泰国的投资，并将对日本投资者提供更多税率优惠，计划2012年1月将营业税从30%降至23%，2013年1月再降至20%。泰国投资促进委员会也将免除受淹厂商的进口机器税。此外，应泰国总理英拉的请求，日本政府于2011年8月向他信颁发了签证，允许他信8月22~28日访问日本。泰国政府表示，这次访问会强化日本与泰国的双边关系。

4. 泰国与美国的关系。泰美两国在2011年保持友好关系。9月14日，美国助理国务卿威廉会见泰国国家警察总署代理总署长飘攀警上将，就预防打击毒品犯罪事宜进行协商。威廉表示，美国愿意在禁毒工作方面给予泰方支持和帮助，并准备派遣美国 DDA 工作人员协助泰国的禁毒工作。美国国务卿希拉里11月16~17日访问泰国，以进一步促进泰美关系，关注泰国水灾灾情，并转达美国政府愿意向泰国救灾及灾后重建提供援助的意愿。此外，双方还就泰美关系、美国与东盟关系等问题交换意见。11月19日，英拉总理在印度尼西亚出席东亚峰会期间与美国总统奥巴马进行双边会谈。

四、2012年展望

在政治上，2011年12月28日，泰国陆军总司令巴育上将表示，陆军在2012年的发展规划中将强调人力资源的开发，以适应当今局势变化的需要。强调军队服从宪法规定，并接受政府的指挥调度。政府与军队履行各自的职责。12月31日，民主党主席阿披实表示，2012年泰国政治方向掌握在执政党手中。作为获得多数选民支持的执政党，在议会中拥有多数席位，只要认真按照之前公布的施政纲领执行，就可以执政4年。敦促政府以国家利益和广大民众利益为重。显然，他信问题仍然是泰国政治的敏感话题。不过，2011 年大选前后泰国各方的让步和一些积极举措给政治和解带来可能，近年来持续动荡的政治局面有望得到缓和。

在经济上，随着抗灾逐渐取得成效，各大机构预计泰国 2012 年宏观经济形势向好。英拉总理近期在“解读 2012 经济增长率”研讨会上表示，政府 2012 年的经济复苏政策主要包括三方面：一是促进出口，将出口至欧美市场的风险分散到中东、印度、亚洲地区，以及与泰国已签订自由贸易协议的国家如中国、日本、澳大利亚以及新西兰等。二是加快发展和邻国相连的基础设施建设，将泰国发展成为东盟国家的贸易中心，以吸引外国投资者到泰国投资。此外，建设深水港口，连接廉差挽港口和印度的港口，连通安达曼海和泰国湾。为配合港口建设，政府还应加快其他基础设施建设，如高铁等。另将投资 3500 亿铢，以预防水灾，并促进就业和刺激经济发展。三是通过各项政策如乡村基金、发展女性权利基金等，促进家庭和中小型企业消费的增加乃至中小型企业销售额的提高。英拉总理期望全年国民经济增长率能达到 5%。有分析认为，推动泰国 2012 年经济成长的动力，上半年主要来自修复受灾固定资产的民间消费，以及官方和民企用于灾后重建而发放的各种信贷；下半年则需要依靠官方及外商的投资，其中包括与防洪治水有关的投资项目。2012 年泰国经济发展前景明朗，但是仍需要密切关注可能影响国民经济发展的国内外重大问题，包括影响国内政局稳定的不利因素等。

（陈红升　李　丹）

资料来源：

1. *Catharin Dalpino, "Thailand in 2011: High Tides and Political Tensions", Asian Survey, Vol. 52, No. 1 (January/February 2012), pp. 197.*

2. *"Economic Outlook in 2011and the Draft 11th National Economic and Social Development Plan", "Thai Economic Performance in Q4 2010 and Outlook for 2011", Office of the National Economic and Social Development Board (NESDB), http://www.nesdb.go.th/.*

3.《泰国去年出口成长 17.2%》，据泰国《世界日报》2012 年 1 月 21 日报道。*http://www.udnbkk.com/article/2012/0121/article_91945.html.*

4.《泰国 2011 年旅游业收入创新高》，*http://www.mofcom.gov.cn/aarticle/i/jyjl/j/201201/20120107928336.html.*

5. 英拉：《出口业应作灾后自我调整》，泰国《世界日报》2012 年 2 月 2 日报道，*http://www.udnbkk.com/article/2012/0202/article_92211.html.*

6.《泰国经济走出困境求复苏，2012 年宏观经济形势向好》，*http://news.ifeng.com/gundong/detail_2012_02/09/1239727 5_0.shtml.*

越南：2011 年发展回顾与 2012 年展望

2011 年的越南，政治稳定，经济发展，外交活跃。

一、政治上：实现党和国家领导班子的平稳交接

（一）召开越南共产党第十一次全国代表大会，选举产生新一届党的领导班子

2011 年 1 月 12 ~ 19 日，越南共产党第十一次全国代表大会（以下简称“十一大”）在河内召开，出席会议的代表 1377 人，代表 370 万党员。其中，178 名代表是越共“十大”中央委员，1188 名代表从各省、直辖市、中央直属党委中选举产生，11 名代表是由中央根据党章规定指定的驻国外机构党委代表；女党员代表 149 名，占出席会议代表总数 10.82%；少数民族党员代表 167 名，占 12.13%。越共“十一大”是越南共产党历史上的一次重要会议，会议选举产生新一届党的领导班子和中央委员，实现了党内新老领导班子的平稳交接，描绘了国家未来的发展蓝图。会议的主要内容有以下两点：

1. 选举产生越共新一届领导班子和中央委员。会议选举阮富仲为越南共产党第十一届中央委员会总书记，选举产生中央政治局委员 14 名（比“十大”少 1 名），中央委员 200 名（比“十大”多 19 名），其中正式中央委员 175 名（比“十大”多 15 名），候补中央委员 25 名（比“十大”多 4 名）。

2. 讨论通过若干重要文件。会议讨论通过《政治报告》、《社会主义过渡时期国家建设纲领 20 年实施总结报告》和《社会主义过渡时期国家建设纲领》（2011 年补充完善）、《2001 ~ 2010 年经济社会发展战略实施总结报告》、《2011 ~ 2020 年经济社会发展战略》以及《越南共产党章程》（补充、修改）等重要文件。

越共第十一次代表大会高度评价完成第十届任期内（2006 ~ 2010 年）的各项指标，提出第十一届任期内（2011 ~ 2015 年）的努力方向和任务。

（二）召开第十三届国会，选举产生新一届国家领导人

2011 年 7 月下旬至 8 月上旬，越南第十三届国会第一次会议在河内召开。会议选举阮生雄为第十三届国会主席（任期 2011 ~ 2016 年），汪朱刘、黄玉山、阮氏金银（女）、丛氏放（女）为副主席；张晋创为新一届国家主席，阮氏缘为副主席；阮晋勇为新一届政府总理，阮春福、黄忠海、阮善仁、武文宁为副总理；会议选举张和平为最高人民法院院长，阮和平为最高人民检察院院长。此外，根据总理提名，会议还选举 22 位部长、主

任、行长。

二、经济在高通胀中发展

2011年越南通货膨胀率高达18.58%，越南政府在加强宏观调控、抑制通货膨胀方面采取一系列措施，使经济保持稳定发展，但增长速度低于2010年。

（一）国内生产总值增长速度放缓

2011年越南国内生产总值（GDP）比2010年增长5.89%。其中：第一季度增长5.57%，第二季度5.68%，第三季度6.07%，第四季度6.10%；农林和水产部门增长4%，工业和建筑业增长5.53%，服务部门增长6.99%。越南计划投资部在12月29日新闻发布会上认为，2011年GDP增长速度虽然低于2010年的6.78%的水平，但是在生产条件很困难和全国集中优先抑制通货膨胀，稳定宏观经济的情况下能获得上述增长水平已经是了不起的成绩。

（二）财政收入超额完成计划

2011年越南国家财政预算总收入674.5万亿越盾，完成年预算的113.4%，比上年增长20.6%（政府第十一号决议提出的目标是增长7%～8%）；国家财政预算总支出796万亿越盾。国家财政预算赤字相当于GDP的4.9%（计划是5.3%）。

（三）农林业和水产业生产情况

2011年农林和水产部门产值比上年增长5.2%，其中农业增长4.8%，林业增长5.7%，水产业增长6.1%。

1. 农业。2011年全国稻谷产量4230万吨，比上年增产230万吨，是10年来稻谷产量最多的一年。其中早稻产量1980万吨，增产56.15万吨；中稻1330万吨，增产160万吨；晚稻920万吨，增产10.24万吨。加上460万吨玉米，2011年全国粮食总产量达到4700万吨，比上年增产230万吨。

长年经济作物和水果生产继续发展。2011年茶叶产量比上年增长6.5%，咖啡增长5%，橡胶增长8%，胡椒增长3.8%，椰子增长2.3%，菠萝增长4%，香蕉增长2%，芒果增长2.7%，柚子增长4.3%，龙眼增长7.4%，荔枝和山荔枝增长33.4%。

到2011年10月1日，全国生猪存栏2710万头，比上年同期下降1.2%；水牛存栏271.2万头，下降5.7%；黄牛存栏543.66万头，下降6.4%（其中奶牛14.27万头，增加1.4万头）；家禽3.226亿羽，增长7.3%。2011年肉类产量417万吨，比上年增长3.7%。其中，水牛肉增长5%，黄牛肉增长3%，猪肉增长2.1%，家禽肉增长13.1%。

2. 林业。2011年越南有人工林54.7万公顷，比上年增长3.7%；再生林94.2万公顷，增长4.2%；分散林存树1.69亿株，增长0.4%。木材开采量469.2万立方米，增长17%（其中造纸原料木材开采量220万立方米）。2011年森林火灾和乱砍滥伐总面积3515公顷，其中火灾面积1598公顷，乱砍滥伐面积1917公顷。

3. 水产业。2011年越南水产品产量543.29万吨，比上年增长5.6%。其中：鱼产量405.05万吨，增长5.6%；虾产量63.29万吨，增长6.8%。2011年养殖水产品产量293.04万吨，比上年增长7.2%。捕捞水产品产量250.25万吨，增长3.6%。其中：海产品捕捞230万吨，增长3.6%。内河捕捞20.25万吨，增长4.2%。大洋鲐鱼产量达到1.05万吨，增长12.5%。

（四）工业生产

2011年越南工业生产比上年增长6.8%。其中，矿石开采业下降0.1%，加工工业增长9.5%，电、煤气、自来水生产增长10%。

产量增长较多的工业部门有：非耐火陶器、瓷器生产（建设用陶瓷器除外）增长139.3%，食糖生产增长33.7%，造船和修理业增长28.4%，摩托车生产增长19.6%，啤酒生产增长16.4%，奶油、奶产品生产增长15.8%，服装生产（除兽皮毛衣服外）增长13.3%，棉纱和棉织布生产增长11.6%，水产品加工、保管和水产品制品增长11.3%，饲料生产增长10.9%，电生产与分配增长10.3%，化肥增长9.5%，烟叶增长9.3%，鞋类增长8.3%。

（五）服务业

1. 商品零售和消费服务业。2011年越南商品零售和消费服务营业收入总额2004.4万亿越盾，比上年

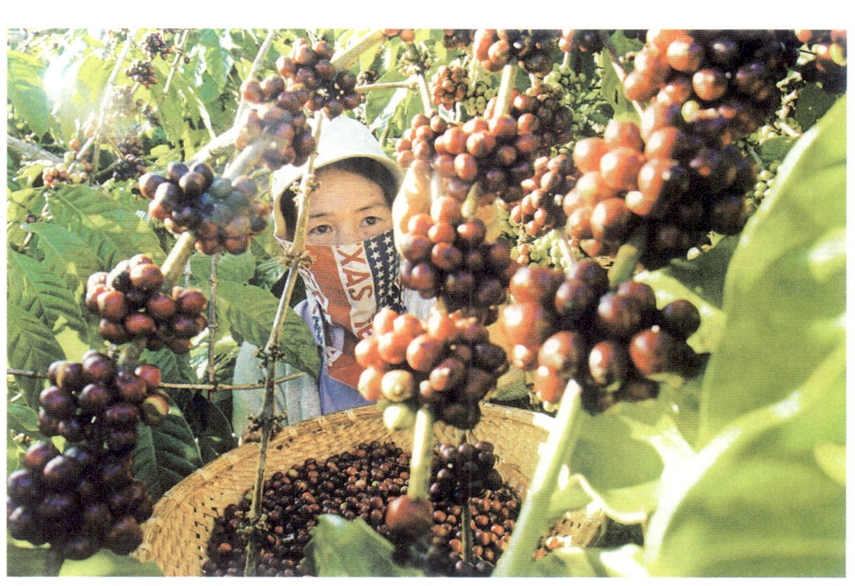

越南咖啡园一角　（新华社）

增长24.2%，剔除价格因素增长4.7%。在商品零售和消费服务营业收入总额中，商业经营1578.2万亿越盾，占总额78.8%，比上年增长24.1%；宾馆、饭店227万亿越盾，占11.3%，增长27.4%；服务181万亿越盾，占9%，增长22.1%；旅游18.2万亿越盾，占0.9%，增长12.2%。

2. 旅客和商品运输业。2011年越南商品运输量比上年增长12.1%。其中：国内商品运输量增长12.7%，国外商品运输量增长4.3%；公路商品运输量增长13%，内陆水路运输量增长12.2%，海上运输量增长5%，铁路运输量下降8.2%。

3. 邮政通信业。2011年越南电话新用户1180万户，比上年下降12.9%。其中：固定电话用户4.96万户，下降76.1%；移动电话用户1175.04万户，下降11.9%。至年底，全国电话用户达到1.33亿户，比上年同期增长3.9%。其中：固定电话用户1550万户，增长0.1%；移动电话用户1.176亿户，增长4.4%。

全国电脑宽带网用户420万户，比上年增长16.1%；使用电脑宽带网人数3260万人，增长22%。全年邮政、通信纯营业总收入167.1万亿越盾，比上年增长19.3%。

4. 旅游业。2011年越南接待国际游客601.4万人次，比上年增长19.1%。其中，以旅游、休养为目的的游客365.13万人次，增长17.4%。10大客源国和地区分别是：中国大陆141.68万人次，增长56.5%；韩国53.64万人次，增长8.2%；日本48.15万人次，增长8.9%；美国43.99万人次，增长2.1%；柬埔寨42.34万人次，增长66.3%；中国台湾36.11万人次，增长8.1%；澳大利亚28.98万人次，增长4.2%；马来西亚23.31万人次，增长10.3%；法国21.14万人次，增长6.1%；泰国14.39万人次，增长12.8%。

（六）投资发展

2011年越南全国投资额676.4万亿越盾。其中，国有企业投资额119.6万亿越盾，非国有企业529.4万亿越盾，外资企业27.4万亿越盾。

2011年国家财政预算投资资金到位178万亿越盾，比上年增长6.7%。其中：中央管理资金42万亿越盾，增长7.1%；地方管理资金136万亿越盾，增长6.5%。

2011年越南吸引53个国家和地区的外商直接投资合同金额146.96亿美元，相当于2010年的74%。其中：新增投资项目1091个，合同金额115.59亿美元，相当于2010年的65%；374个项目追加投资金额31.37亿美元，同比增长65%。

据越南计划投资部公布的资料，截至2011年12月15日，越南外国投资项目存量为13667个，合同总金额1980亿美元，其中投资工业和建筑领域的项目占54%。新加坡以240亿美元投资合同金额位居对越南直接投资榜首，其后依次为韩国、日本、中国台湾。胡志明市吸引外资最多，达326.7亿美元，其后依次为巴地(头顿)省、河内市、同奈省、平阳省。

（七）对外贸易

进出口贸易增幅大是2011年越南经济发展的一大亮点。据越南海关统计数字，越南全年进出口总额达到2036.6亿美元，比上年同期增长29.7%。其中：出口额969.1亿美元，增长34.2%；进口额1067.5亿美元，增长25.8%；贸易逆差98.4亿美元。年内，越南进出口贸易具有以下特点：

1. 外资企业对进出口增长作出重大贡献。据越南海关统计，2011年外资企业进出口总额967.1亿美元，比上年增长36%。其中：出口额478.7亿美元，增长40.3%，占越南全国出口总额的49.4%；进口额488.4亿美元，增长32.1%，占全国进口总额的45.7%。国内企业出口490.3亿美元，增长28.7%；进口579.1亿美元，增长21%。

2. 纺织服装是越南出口额最大的商品。2011年越南纺织服装出口140.4亿美元，比上年增长25.3%。美国、欧盟、日本是越南三大纺织服装出口市场，向上述三大市场出口总额110.8亿美元，占同类商品出口总额的79.4%。其中：出口美国市场68.8亿美元，增长12.5%；欧盟25.1亿美元，增长33.6%；日本16.9亿美元，增长46.4%。

此外，越南主要出口商品还有：原油(72.4亿美元)，各种电话和零件(68.9亿美元)，鞋类(65.5亿美元)，水产品(61.1亿美元)，电子、电脑(42

越南胡志明市举行首届太阳能车大赛　（新华社）

亿美元),机械设备、用具、配件(41 亿美元),木器及其产品(39 亿美元),大米(36.6 亿美元),橡胶(32.2 亿美元),咖啡(27.5 亿美元),宝石、贵重金属及其产品(27 亿美元),运输工具及配件(24 亿美元),汽油(21 亿美元),煤炭(16.3 亿美元),钢铁(11.4 亿美元)等。

3. 机械设备、用具、配件是越南进口的主要商品。2011 年越南进口机械设备、用具、配件 153.4 亿美元,比上年增长 13%。这些商品主要从以下国家和地区进口:中国大陆(51.8 亿美元,比 2010 年增长 15.7%)、日本(28 亿美元,增长 9.9%)、欧盟(24.2 亿美元,增长 10.8%)、韩国(12.6 亿美元,增长 13.8%)、中国台湾(8.89 亿美元,增长 10.9%)、美国(8.48 亿美元,增长 4.1%)等。

此外,越南主要进口商品还有:纺织服装、皮革、鞋类生产原材料和辅助材料(122.7 亿美元),各类汽油(99 亿美元),各种钢铁(64.3 亿美元),化肥(17.8 亿美元),原装汽车(10 亿美元),家用电器和零件(6.75 亿美元)等。

4. 中国是越南最大的贸易伙伴国,也是最大的进口来源国

据中国商务部统计,2011 年中国和越南双边贸易额 402.07 亿美元,占越南进出口总额的 19.7%,比上年增长 33.6%。其中:中国向越南出口 290.92 亿美元,增长 25.9%;从越南进口 111.16 亿美元,增长 59.1%。越南对华贸易逆差 179.76 亿美元。

据越南海关统计,越南从中国进口的主要商品包括:机械设备与零配件(52 亿美元,增长 17%),布料(28 亿美元,增长 23%),笔记本电脑、电子产品及零配件(24 亿美元,增长 41%),电话及零配件(17 亿美元,增长 54%),成品油(13 亿美元,增长 22%)。

中国是越南最大的橡胶出口市场。2011 年越南对华出口橡胶 50.2 万吨,比上年增长 8%,占越南橡胶出口总量的 61.4%。中国是越南最大的机械设备、用具、零配件进口来源国。2011 年越南从中国进口上述商品 51.8 亿美元,占同类进口商品总额的 33.7%。

2011 年越南服务贸易出口额 88.79 亿美元,比上年增长 19%;服务贸易进口额 118.59 亿美元,增长 19.5%。

(八)价格指数

1. 消费价格指数。2011 年 12 月越南消费价格指数比上月上涨 0.53%(低于 2009 年和 2010 年同期的 1.3% 和 1.98%)。其中,价格指数高于平均水平的商品和服务有:服装、帽子、鞋类上涨 0.86%,食品和饮食服务上涨 0.69%(粮食上涨 1.4%,食品上涨 0.49%),设备和家庭用具增长 0.68%。价格指数上涨低于平均上涨水平的商品和服务有:房屋和建筑材料上涨 0.51%,饮料和烟叶上涨 0.49%,文化、娱乐和旅游上涨 0.35%,药品和卫生服务上涨 0.24%,交通上涨 0.16%,教育上涨 0.05%,邮政通信下降 0.09%。2011 年 12 月价格指数比 2010 年 12 月上涨 18.13%。2011 年平均价格指数比 2010 年增长 18.58%。

2. 生产价格指数和进出口商品价格指数

2011 年越南农、林和水产品的销售价格指数比 2010 年上涨 31.8%,工业品价格指数上涨 18.43%,生产原料、燃料和物料价格指数上涨 21.27%,运输价格上涨 18.52%。2011 年进出口商品价格比 2010 年上涨 19.62%,进口商品价格上涨 20.18%。

(九)面临的困难

2011 年越南经济遇到的最大困难和挑战是通货膨胀,贸易逆差大,国际收支失衡,外汇储备下降,黄金价格波动大,原材料价格上涨,企业生产经营困难。据河内市计划投资局副局长阮文四透露,2011 年河内市有 3200 家企业申请破产。

三、外交活跃

2011 年越南党和国家领导人密集出访亚欧国家,显示越南主动、积极融入世界的姿态。年内,党和国家领导人先后出访老挝、柬埔寨、新加坡、马来西亚、菲律宾、印度尼西亚、荷兰、乌兹别克斯坦、乌克兰、中国、印度、斯里兰卡、韩国、日本、美国等,密切同各国的关系,为越南争取更多的发展机会。

这一年,越南外交活动不论是双边关系,还是多边关系都非常活跃,对外交往与合作频繁。以下就越中关系和越美关系作一些分析。

(一)越南与中国的交往与合作

1. 阮富仲应邀访华。2011 年是越中关系发展取得重大成就的一年,双方高层领导互访频繁。

应中国共产党中央委员会总书记、中华人民共和国主席胡锦涛的邀请,越南共产党中央委员会总书记阮富仲于 2011 年 10 月 11 ~ 15 日对中华人民共和国进行正式访问。访问期间,胡锦涛同阮富仲举行会谈。中共中央政治局常委、全国人大常委会委员长吴邦国,中共中央政治局常委、国务院总理温家宝和中共中央政治局常委、全国政协主席贾庆林分别会见阮富仲。中共中央政治局常委、国家副主席习近平,中共中央政治局常委、国务院副总理李克强分别出席有关活动。在友好、坦诚的气氛中,双方相互通报各自党和国家的情况,就新形势下进一步加强中越两党两国关系及共同关心的国际和地区问题深入交换意见,达成广泛共识。双方签署《中国共产党和越南共产党合作计划(2011 ~ 2015 年)》、《中华人民共和国政府—越南社会主义共和国政府 2012 ~ 2016 年经贸合作 5 年发展规划》、《中华人民共和国教育部与越南社会主义共和国教育培训部 2011 ~ 2015 年教育交流协议》、《中华人民共和国政府和越南社会主义共和国政府关于修改中越两国政府汽车运输协定的议定书》、《中华人民共和国

政府和越南社会主义共和国政府关于实施中越两国政府汽车运输协定的议定书》、《关于指导解决中华人民共和国和越南社会主义共和国海上问题基本原则协议》等。

中越双方对阮富仲的访问给予高度评价，一致认为，阮富仲对中国的圆满成功访问有力推动中越两党两国关系稳定健康深入发展，也将对促进本地区和世界的和平、稳定、合作与发展产生积极影响。

2. 习近平应邀访越。应越南共产党中央委员会、越南社会主义共和国国家副主席阮氏缘的邀请，中共中央政治局常委、中华人民共和国副主席习近平于2011年12月20～22日对越南进行正式友好访问。12月21日，习近平同越共中央书记处常务书记黎鸿英和国家副主席阮氏缘举行会谈。在会谈中，习近平就推动两国全面战略合作伙伴关系的发展提出五点意见：第一，加强战略沟通，增进政治互信。中方愿同越方保持高层交往，及时就深化中越关系和互利合作以及重大国际和地区问题交换意见，增进战略互信并及时指导解决双边关系中出现的问题。第二，密切党际交往，相互学习借鉴。双方要落实好两党5年合作计划，扩大干部培训合作；深化治党治国经验交流，就两党两国发展面临的重大理论和实践问题加强研究；推进两党对口部门合作，为两国关系发展营造良好氛围。第三，深化务实合作，实现互利共赢。双方要发挥中越双边合作指导委员会的宏观指导作用，统筹协调和推进各领域互利合作。双方要采取有效措施，提高经贸合作水平，落实好《经贸合作5年发展规划》，在平等互利、互通有无基础上，逐步实现双边贸易平衡发展，争取2015年双边贸易额达到600亿美元。第四，扩大人文交流，促进中越友好。欢迎越方2012年派团来华参加第二届中越青年大联欢。希望双方进一步加强科技、教育、文化、卫生、人才培训等领域合作，并尽快在越南建立孔子学院。第五，加强多边合作，建设和谐世界。中越同为发展中国家，有着广泛的共同利益，在很多问题上看法相近、立场相似，中方愿同越方加强在东亚合作、大湄公河次区域经济合作等框架内的沟通和协调，共同维护发展中国家利益。黎鸿英表示，越方高度重视和热烈欢迎习近平副主席到访，完全赞同习近平副主席对发展两国两党关系的主张，相信此次访问将为落实两党总书记重要共识，推动越中全面战略合作伙伴关系发展作出贡献。会谈结束后，双方共同出席两国有关经贸、卫生、新闻等领域合作文件的签字仪式。在访问期间，习近平先后会见越共中央总书记阮富仲、越南国家主席张晋创、国会主席阮生雄和政府总理阮晋勇。

（二）越南与美国的关系

1. 2011年11月10日，越南国家主席张晋创出席在美国夏威夷举行的第19次亚太经合组织会议并顺访美国。会议期间，张晋创会见美国国务卿希拉里·克林顿，张晋创说，越南高度重视与美国的关系，把美国视为具有战略意义的首要伙伴，并高度评价希拉里过去对发展越美关系所作出的贡献。欢迎美国企业到越南投资；希望美国尽早承认越南市场经济地位，并得到美国贸易优惠关税待遇。

2. 越美第四次政治、安全、国防对话会议在华盛顿举行。由越南外交部部长范平明率领的外交部、国防部、公安部官员组成的代表团于2011年6月17日在美国华盛顿与美国外交部、国防部和其他部门官员组成的代表团举行政治、安全、国防对话会议。据越南《人民军队报》2011年6月17日报道，美国外交部高级官员说，这次对话会议的目的是更进一步加强越美双方关系，讨论共同保证亚太地区的和平、稳定、繁荣和安全的措施。此外，双方还讨论互利问题，如地区安全、海上安全、天灾救助、海上搜救、排雷、寻找战争遗骸等问题。在这次会议上，美国和越南第一次商谈提升两国战略伙伴关系的具体措施。

3. 美国重视与越南的关系。2011年12月13～14日，美国副国务卿伯恩斯访问越南；13日，越南政府总理阮晋勇会见伯恩斯。阮晋勇说，越南高度评价过去越美关系在政治、经济、贸易、投资、科学技术、教育培训、人道主义合作以及推动多边论坛的合作所取得的积极成果。伯恩斯重申，美国重视与越南发展关系，希望推进与越南的多方面合作，把两国关系提高到战略伙伴关系。越南政府副总理阮春福、国防部副部长阮志咏上将、公安部副部长苏林中将分别会见伯恩斯。

四、2012年经济展望

2012年，越南加入世界贸易组织后，受全球经济影响程度加大。全球经济发展还存在许多不确定的因素。美国是越南最大的出口市场，其次是欧盟。美国和欧盟经济增长缓慢，给越南商品出口带来一定困难。国内物价高企，房地产和证券市场也较为平静。抑制通货膨胀，稳定宏观经济，减少贸易逆差仍然是2012年越南经济工作的重点。因此，越南将继续实行从紧、灵活、慎重的货币政策和财政政策，努力实现2012年经济增长6%～6.5%的目标。（农立夫）

资料来源：

1. 越南共产党网站、越南政府网站、越南《共产主义》杂志电子版、越南计划投资部网站、越南统计总局网站、越南之声广播电台网站、越南海关网站、越南旅游总局网站。

2. 越南《共产主义》、《越南人民报》、《人民军队报》、《财政》、《经济与预测》、《商贸》、《工业》等报刊杂志。

3. 中国商务部网站、中国驻越南大使馆经济商务参赞处网站。

东南亚国家联盟

东南亚国家联盟简况

东南亚国家联盟(简称东盟)是亚太地区重要的地区组织,包括印度尼西亚、马来西亚、菲律宾、新加坡、泰国、文莱、越南、老挝、缅甸、柬埔寨10个国家,东帝汶为观察员。秘书处设在印度尼西亚首都雅加达。东盟10国总面积450多万平方千米,2010年人口6亿,人均地区生产总值3093美元,对外贸易总额2.04亿美元。东盟的宗旨是促进本地区的繁荣与稳定。在1997年签署的《东盟2020年远景》中宣称:要将东盟建设成为一个充满关爱的社会,一个不分性别、种族、宗教、语言及社会和文化背景,所有人都享有平等的机会发展权的社会;东盟将成为亚太地区乃至世界上一个有效维护和平公正和现代化的组织。2008年1月7日,素林接任东盟秘书长,任期5年。

东盟的前身是马来西亚、泰国和菲律宾于1961年7月31日在泰国曼谷成立的东南亚联盟。1967年8月6~8日,印度尼西亚、马来西亚、新加坡、菲律宾、泰国5国发表《东南亚联盟成立宣言》即《曼谷宣言》,宣告东盟成立。1976年,上述5国在印尼巴厘岛举行东盟第1次首脑会议,签署《东南亚友好合作条约》和《东南亚国家联盟协调一致宣言》(合称《巴厘第一协约》),确定东盟的宗旨和原则。1984年文莱加入东南亚联盟,联盟成员国增至6个(这些国家被称为原东盟成员国或东盟老成员国)。之后,越南于1995年7月、缅甸和老挝于1997年7月、柬埔寨于1999年4月先后加入东盟,东盟在组织上实现1994年5月提出建立"东南亚10国共同体"的目标。2006年东帝汶申请加入,至今只作为观察员参与东盟的相关会议。2003年10月,第9次东盟领导人会议通过标志东盟在政治、经济、安全、社会与文化全面合作进入历史新阶段的《巴厘第二协约》,提出在2020年建立类似于欧盟的"东盟共同体",包括政治安全共同体、经济共同体和社会文化共同体。2004年11月,第10次东盟领导人会议通过《万象行动纲领》等一系列文件,提出进一步缩小成员国间的发展差距,在2020年将东盟建成一个对外开放、充满活力与关爱的共同体的目标。由于东盟缺乏一部统一的法律文件,其发展在很大程度上受到限制。2005年12月,第11次东盟领导人会议通过《吉隆坡宣言》并决定制订《东盟宪章》,以法律的形式确定东盟所有的准则、规定和价值观,搭建一个法律和机构框架,以加快实现东盟共同体的目标。2007年1月,第12次东盟领导人会议通过《到2015年建成东盟共同体宣言》,计划提前5年即到2015年建成东盟共同体。会议还通过《东盟宪章蓝图宿务宣言》,为东盟解决内部分歧提供法律依据,为东盟共同体的建设指明方向。2008年12月15日,《东盟宪章》正式生效,东盟各国的合作将更加制度化。2009年2~3月和10月东盟分别举行第14次和第15次领导人会议,签订《东盟共同体2009~2015年路线图宣言》等系列协定,强调东盟将于2015年如期建成"人民的共同体"。2010年4月和10月,东盟分别举行第16次和第17次领导人会议,首次明确一年举行两次东盟领导人会议。其中,第一次是东盟成员国领导人会议,主要讨论东盟共同体建设事务;第二次是东盟与对话伙伴领导人会议,主要讨论东盟与对话伙伴以及区域合作问题。2011年5月和11月,东盟分别举行了第18次和第19次领导人会议,签署《巴厘第三协约宣言》等协定,强调以"全球共同体中的东盟共同体"为纲领,在推动2015年建成东盟共同体的进程中,带领东盟进一步放眼全球。

东盟建立有一系列的组织机构来加强内部以及东盟与世界各国的合作,主要有:东盟领导人会议,东盟外长会议和东盟地区论坛,以及农业和林业、经济、能源、环境、财政、通信与信息、投资、劳工、健康、法律、农村发展和减少贫困、科学与技术、社会福利与发展、打击跨境犯罪、交通、旅游、青年、国防、教育、文化艺术、跨境烟雾、东盟投资区理事会、东盟自由贸易区理事会、东盟外长扩大会议、东盟经济共同体理事会议等部长级会议。部长会议下还设有高官委员会、理事会和技术工作小组。为处理东盟的对外关系,东盟在布鲁塞尔、伦敦、巴黎、华盛顿、东京、堪培拉、渥太华、威灵顿、日内瓦、汉城、新德里、纽约、北京、莫斯科、伊斯兰堡等地设立有外交机构，处理外交关系。

2008 年《东盟宪章》生效后，东盟 10 国均向东盟秘书处派任了大使，东盟外的国家也陆续向东盟秘书处派驻大使。至 2012 年 3 月，共有 74 个国家或组织向东盟派驻了大使，主要有澳大利亚、奥地利、比利时、保加利亚、加拿大、中国、捷克、丹麦、欧盟、芬兰、法国、德国、希腊、匈牙利、印度、意大利、日本、韩国、利比亚、卢森堡、摩洛哥、新西兰、挪威、巴基斯坦、秘鲁、葡萄牙、罗马尼亚、俄罗斯、斯洛伐克、西班牙、瑞士、英国、美国、南非、朝鲜、西班牙、土耳其、埃及、东帝汶、智利、尼日利亚、伊朗、也门、科威特、巴林、津巴布韦、苏丹、爱尔兰、阿根廷等。

东盟政治安全合作不断加强

东盟成员国国内政局基本稳定 2011 年可以说是东盟成员国领导人的选举之年，几个成员国的国家领导人选举如期举行。(1)越南，1 月，越共"十一大"召开，阮富仲当选越共中央总书记，确定 2011 年至 2020 年越南经济社会 10 年发展战略；5 月越南国会选举及 7 月越南国会会议，产生新一届国家领导班子，张晋创任国家主席，阮生雄为国会主席，现任政府总理阮晋勇获连任。(2)缅甸，3 月组建新政府，新总统吴登盛就职。(3)新加坡，5 月国会选举，人民行动党以占据 81 个议席的绝对优势蝉联执政；8 月，陈庆炎当选总统。(4)老挝，4 月国会选举和 6 月老挝国会会议，选举朱马利·赛雅贡为国家主席，巴妮·亚托杜为国会主席，通辛·坦马冯出任政府总理。(5)泰国，8 月大选，为泰党候选人、前总理他信的妹妹英拉成为泰国首位女总理。上述几国领导层更迭均能做到平稳过渡。对于成员国国内政治派别之间的争端，东盟继续秉承不干涉内政原则，呼吁各方以和平方式解决问题。东盟成员国间的政治合作继续推进。2011 年 1 月，第 5 届东盟地区论坛专家及杰出人士会议就东盟地区论坛从建立相互信任向预防性外交方向迈进达成共识。2 月 4 日，柬埔寨和泰国在印度教柏威夏寺地区边境发生暴力冲突，东盟各方积极斡旋、调解，最后双方达成协议，局势暂时得到控制。

坚持东盟在区域合作中的主导地位 2011 年，在第 18 届和第 19 届东盟领导人会议、东盟经济部长会议、东盟外长会议等系列会议上，东盟一再强调加强与本地区国家以及与对话伙伴的合作，提升东盟 10 + 1、东盟 10 + 3、东亚峰会及东盟地区论坛等合作机制的作用，坚持东盟在地区合作架构中的主导地位，而东盟的对话伙伴也申明继续支持东盟在地区合作中的主导地位。2011 年巴西签署《东南亚友好合作条约》，泰国、中国、美国及法国签署该条约第三修改议定书，伊朗在 6 月也表示希望加入《东南亚友好合作条约》。

东盟成员国国内政局基本稳定。①越南 *2011* 年 *7* 月国会会议产生新一届国家领导班子(搜狐网)；②缅甸 *3* 月组建新政府，新总统吴登盛就职(搜狐网)；③泰国 *8* 月大选，英拉成为首位女总理(搜狐网)；④老挝 *4* 月国会选举和 *6* 月国会会议，朱马利·赛雅贡当选为国家主席(*ASIA*)；⑤新加坡 *5* 月国会选举，人民行动党获胜；*8* 月，陈庆炎当选总统(新华网)

在东盟的系列会议上，东盟还表示支持东帝汶申请成为东盟成员国。

传统安全合作继续加强　2011年5月，第5届东盟国防部长会议通过《2011～2013年东盟国防部长会议三年工作计划》，制定未来东盟的国防合作方针。11月，中国、美国、俄罗斯、英国和法国5个有核武器国家和东盟就《东南亚无核武器区条约》议定书问题举行磋商并最终达成共识。根据议定书有关规定，5个有核国将在签署议定书后，承担不对条约缔约国使用或威胁使用核武器的义务。另外，东盟继续通过东盟地区论坛等机制推动裁军及防止核扩散，加强海、陆、空传统安全合作。

非传统安全合作不断深化　一是深化灾害管理和救助合作。2011年5月，第5届东盟国防部长会议强调应对跨国非传统安全挑战，就建立东盟维和中心网络达成共识。7月，第44届东盟外长会议表示，加速防灾减灾合作，建立东盟和平与和解机构，增强东盟解决内部纠纷能力，以维护本地区和平、经济发展与繁荣。7月，第18届东盟地区论坛确定灾害救助作为区域合作的重点之一；该论坛在3月举行灾害救助演习，以加强灾害救助中的军民合作与互信。11月，在第19届东盟领导人会议上，东盟外长签署《建立东盟人道主义援助灾害管理协调中心协定》，东盟人道主义援助中心正式启动。二是在打击跨国犯罪方面加强司法合作。第18届东盟地区论坛、第8届东盟打击跨国犯罪部长级会议、第2届东盟10+1打击跨国犯罪部长级会议、第5届东盟10+3打击跨国犯罪部长级会议讨论反恐、打击人口贩运、打击非法贩运毒品、打击洗钱、打击海盗、打击武器走私、打击国际经济犯罪、打击网络犯罪等8个优先领域的合作进展与新问题，决定在这些方面深化成员国之间以及与对话伙伴的合作。第8届东盟司法部长会议就研究制定共同法律、成立东盟政府司法机构、加强东盟法律官员交流等法律议题进行讨论，并在民事、刑事和商务等领域加强执法合作。此外，《东盟反恐公约》也于5月27日生效，为东盟反恐和反对极端主义增添新的动力。

东盟经济共同体建设进展顺利

东盟自由贸易区和投资区建设　自2010年1月东盟自由贸易区建立以来，东盟成员国决定加快到2015年建成东盟经济共同体和单一生产基地的步伐。至2011年7月，东盟完成《东盟经济共同体蓝图》第一、第二阶段计划71.95%的内容。2010年东盟整体出口和国内需求同比提高7.5%，货物贸易从1.54万亿美元升至2.04万亿美元，增长32.9%。中国、欧盟、日本排前位的三大贸易伙伴，贸易额分别占11.3%、10.2%和10.0%，中国—东盟双边贸易额更是高达2927.8亿美元，比上年增长37.5%。2010年流入东盟的外国直接投资（FDI）达到758亿美元，是上年的2倍，一举超越2007年全球金融危机前757亿美元的高峰。其中，欧盟占22.4%，美国占11.3%，日本占11.1%，东盟内投资占16.1%。2011年6月发布的首份《东盟国家竞争力2010年报告》显示，东盟国家环球平均竞争力排名第57位，意味着东盟在提升竞争力方面还有广阔的发展空间。

为加快经济共同体建设，东盟充分利用其竞争优势，贯彻落实经济一体化计划。一是促进贸易和投资便利化。2011年6月，《2012年东盟协调关税目录》获得通过，并将于2012年1月1日起实施。8月，第43届东盟经济部长系列会议决定进一步加强贸易便利化、东盟单一窗口、服务贸易、投资、中小企业发展、知识产权、公私领域合作、东盟对外经济关系、技术援助和能力建设等领域的合作。首届东盟贸易便捷化论坛也讨论了建立电子通关体系、制定统一标准和评定程序、简化海关和物流手续等便捷化措施。9月，第4届东盟单一窗口法律事务研讨会、第13届东盟单一窗口法律监管事务工作组会议，就制定《东盟单一窗口法律框架协议》达成共识。11月，东盟共同体统计系统委员会启动，东盟数据统计合作进入新时代。二是继续加强金融合作。年内，老挝、柬埔寨首个证券交易所成立。4月，东盟整合成员国的6个股票交易所资源，成立并启动东盟交易所。在第15届东盟财长会议上，与会各国财长决定通过新成立的宏观经济和金融监测办公室加强东盟金融方面的监管，全面落实7亿美元区域信用担保与投资基金。5月，第14届东盟10+3财长会议通过《清迈协议》多边化操作指南，宣布东盟10+3宏观经济研究办公室正式成立。9月，东盟各成员国正式签署《东盟基础设施建设基金股东协定》，期望以此带动总额超过130亿美元的基础建设投资。

东盟互联互通建设　2011年东盟重点推进成员国间交通、通讯等领域的互联互通建设，为2015年建成东盟共同体奠定基础。一方面，继续加强旅游及通讯领域的联通。1月，第14届东盟旅游部长会议和东盟旅游论坛通过《2011～2015年东盟旅游战略规划》，继续推动落实东盟内部"开放天空"政策，确定东盟旅游市场及产品开发、优质旅游、通讯等领域的政策方案和计划。第10届东盟电信及信息科技部长会议通过《2015年东盟信息通讯技术总体规划》，以缩小成员国之间的数字鸿沟，加强东盟互联互通。另一方面，继续推进交通运输领域的连接。4月召开的首届东盟互联互通协调委员会会议、11月召开的东盟互联互通研讨会等，均强调要协调和监督落实《东盟互联互通总体规划》。东盟互联互通协调委员会积极实施东盟高速公路网络计划、新加坡—昆明铁路连接计划等15个优先项目，其中新加坡—昆明铁路连接计划是东盟交通合作的优先项目，长7000千米的铁路将连接柬埔寨、老挝、缅甸、越南和泰国的首都。12 月，在第 17 届东盟交通部长会议上，东盟各国交通部长签署东盟《铁路边界和换乘车站第6议定书》，提议建立东盟单一船运市场。

次区域合作扩大，成员国间的发展差距缩小　从 1992 年起，大湄公河次区域 6 国在亚行及其他发展伙伴的帮助下，在交通、能源、人力资源开发、环境、贸易、投资、旅游和农业等领域的合作成效显著。截至 2011 年 7 月，在 51 个东盟—湄公河流域开发合作项目中，有 37 项完成，余下的 14 项需 2.725 亿美元资金支持。在 8 月的大湄公河次区域（GMS）经济合作第 17 次部长级会议、12 月的 GMS 经济合作第 4 次领导人会议上，中国、缅甸、老挝、泰国、柬埔寨、越南的部长级官员及亚行代表等审议了旅游合作战略、信息高速公路谅解备忘录、核心环境项目二期框架文件和行动计划、设立 GMS 铁路协调办公室行动计划及交通与贸易便利化等多项文件，通过《2012～2022 年大湄公河次区域经济合作新十年战略框架》，推动 GMS 合作深入发展。同时，东盟也在努力缩小成员国之间以及成员国城乡之间的发展差距。2011 年 9 月，首届东盟乡村教育和发展互联互通会议提出，创新科技是改善湄公河下游地区和整个东盟农村社区教育和卫生服务的核心。11 月，第 7 届东盟农村发展和消除贫困部长级会议、第 8 届东盟农村发展和消除贫困高官会议和第 4 届东盟 10＋3 农村发展和消除贫困高官会议通过《2011～2015 年东盟农村发展和消除贫困行动框架计划》，落实一批优先合作项目，以逐步实现东盟零贫困的目标。

越、老、柬、缅 4 个东盟新成员国在加强与东盟老成员国加强合作的同时，也加强次区域合作。自 2004 年起，上述 4 国每年举行领导人会议，在投资、贸易、农业、工业、能源、交通、信息技术、电信、旅游和人力资源开发等领域的合作已经取得成效。

东盟社会文化共同体建设

深化文教体育合作，扩大民间交往　2011 年东盟继续加强成员国之间的教育和青年合作，夯实建设东盟共同体的群众基础。7 月，首届东亚峰会教育部长非正式会议表示，要加快订立《东盟 10＋3 教育行动计划》，落实东盟《2010～2015 年教育行动计划》。8 月，东盟大学网络计划于 2012 年在大学开设有关东盟的课程，让学生深入了解东盟。10 月，350 多名青年参加第 38 届东南亚青年船计划，到东盟各国进行交流活动。东盟的旅游合作也取得成效。2010 年到访东盟的游客超过 6500 万人次，其中 45% 来自东盟区域。

东盟还积极组织有关文化艺术等民间活动，以加深东盟各国人民的传统友谊和联系。2011 年 4 月，第 3 届东盟—韩国多媒体竞赛举行，900 多名东盟成员国及韩国的学生与艺术家参加，通过媒体从多方面展现对东盟的印象。5 月，东盟民间社会会议及东盟人民论坛举行，东盟国家民间友好组织 1300 多名代表就加强东盟政府和民间关系、东盟民间友好往来等展开交流。年内，东盟继续组织最佳表演艺术系列年度推展活动，举办东盟文化节、东盟摇滚音乐节、东盟单车节、东盟黄包车竞赛、东盟美食节等，还举办展现独特文化的蜡染展览。10 月，东盟制作介绍东盟风土人情的新节目“今日东盟”，以增强成员国民众的东盟意识。11 月，第 26 届东南亚运动会成功举行。

建设绿色东盟　2011 年东盟各成员国加强合作，建设可持续发展的绿色新东盟。一是在控制和防止森林火灾方面取得进展。在 2 月举行的第 11 届跨境烟雾污染次区域部长级指导委员会会议、首届湄公河次区域跨境烟雾污染次区域部长级指导委员会会议，在 9 月举行的第 12 届跨界烟雾污染次区域部长级指导委员会会议和在 10 月举行的第 7 届东盟跨境烟雾污染协定签约方会议，就建立东盟火险评级系统和预警/监测系统、加强烟霾控制管理、加强灭火能力建设及可持续泥炭地管理等达成共识，通过《次区域部长级指导委员会计划和行动战略审视》。二是应对气候变化，进一步奠定绿色东盟基础。2011 年 10 月，在第 33 届东盟农林业部长级会议上，东盟各国与会部长决定加强森林管理，减少毁林和森林退化造成的碳排放，启动《东盟—德国应对气候变化项目：农业、林业和相关部门》。第 13 届东盟环境部长非正式会议及第 7 届东盟跨境烟雾污染协定签约方会议，讨论东盟领导人气候变化声明的草案，

越南青年代表参加 2011 年第 38 届东南亚青年船计划活动　（搜狐网）

原则同意《东盟气候变化行动计划》，通过《东盟生态学校指导方针》。三是加强环境教育，保护生态资源。5月，第7届文莱—印度尼西亚—马来西亚—菲律宾东盟东部增长区峰会，制定区域保护环境、可持续森林和海洋资源管理、保护濒危物种等方面的战略。10月，第10届东盟10+3环境部长会议讨论生物多样性、水资源管理、环境教育等议题。东盟环境可持续发展电影节也于10月举行。11月，第2届东盟环境可持续发展城市奖颁发多个奖项。东盟还举行活动纪念2011东盟和国际森林年，设立东盟生态学校奖。四是促进粮食安全及能源开发。5月，第18届东盟领导人会议决定，东盟将在再生能源和替代能源领域加强合作，并成立研究中心开发区域的再生能源。6月，东盟—东南亚渔业发展中心部长级会议通过《为至2020年东盟区域粮食安全实现渔业可持续发展解决方案》。9月，第29届东盟能源部长会议决定加快建设东亚能源共同体，落实东盟10+3《粮食安全与生物能源发展全面战略》及《粮食和能源安全战略行动计划》。10月，第33届东盟农林业部长会议的与会部长决定落实《东盟一体化粮食安全框架》，第11届东盟10+3农林业部长会议则签署《东盟10+3紧急大米储备协议》，以确保长期的粮食安全。

关注人的权利与安全　东盟共同体是东盟人民的共同体，2011年东盟持续关注人的权利与安全合作。一是继续改善人权状况。东盟政府间人权委员会举行4次会议，通过《东盟政府间人权委员会行动指导方针》、《2013～2015年东盟政府间人权委员会工作计划》、《2012年东盟政府间人权委员会优先项目》，并成立一个小组起草东盟人权宣言。2月，东盟推动和保护妇女儿童权益委员会首次会议举行，标志东盟保护和推动妇女儿童人权和基本自由又向前迈进了一步；9月，东盟保护和推动妇女儿童权益委员会第3次会议确定《东盟保护和推动妇女儿童权益五年工作计划》优先项目，包括消除对妇女儿童实施暴力、打击拐卖妇女儿童、建立保护妇女儿童权益机构等。二是保障人民福利与促进社会发展。2011年9月，第7届东盟社会福利和发展高官会议、第6届东盟10+3社会福利和发展会议，关注提升区域弱势群体福利和发展，通过《2011～2015年东盟社会福利和发展战略框架》、《关于加强东盟共同体残疾人作用及参与的巴厘岛宣言》、《东盟残疾人士十年（2011～2020）计划》及《2011～2014年东盟社会工作协会工作计划》。年内，东盟人道主义援助灾害管理协调中心先后协助柬埔寨、老挝、缅甸、菲律宾、越南、泰国等国应对水灾及其他灾害工作。三是加强在动物和人类健康方面的合作。2011年10月，第33届东盟农林业部长级会议强调加快建立动物健康和传染病应对机制，在高致病性流感方面加强合作，通过世界动物卫生组织东盟地区动物卫生信息系统谅解备忘录、东盟商用家禽养殖生物安全手册、制定禽流感疫苗标准等系列标准和文件。第11届东盟10+3农林业部长会议制定《东盟10+3战略合作框架》，加强包括动物健康和疾病防控在内的多个领域合作，确保本地区动物和人类可持续性、健康发展。从2011年起，每年6月15日被定为“东盟登革热预防日”，以提高民众登革热防控意识。4月，东盟艾滋病专责小组确定《2011～2015年第4个东盟HIV/AIDS工作方案》，积极推进HIV预防、护理与治疗。3月，东盟流行病防备及应对技术工作组与联合国及其他组织制定新的《东盟流行病预防五年计划》，以确保在卫生健康紧急情况下公共服务的及时、有效。

东盟的对外合作

2011年东盟不断扩大与对话伙伴、国际组织的合作，以增强东盟在区域合作中的地位和影响。

东亚合作加入新成员　东盟从20世纪90年代中期起就一直推行大国平衡外交政策，以期在区域合作中赢得更多利益。在深化东盟10+1和10+3合作的同时，东盟拉美国与俄罗斯加入，积极构建东盟10+8地区合作机制。在2010年10月东盟建立10+8防长会议机制后，2011年东盟将东亚峰会10+6机制扩充为10+8机制。11月第6届东亚峰会除东盟10国与

柬埔寨开展预防登革热宣传活动　（搜狐网）

中国、印度、澳大利亚、新西兰、日本、韩国首脑与会外，美、俄首脑也加入峰会。东盟和对话伙伴重申，扩大后的峰会东盟将继续保持主导地位。东盟邀请美俄参加东亚峰会，将进一步改变东亚峰会的架构，使东亚合作机制存在更多变数。

东盟与中国合作逐步深化　2011年东盟与中国继续在各领域加强合作，并取得成效。(1)政治安全以合作为主。2011年是中国与老挝建交50周年、与文莱建交20周年，更是与东盟建立对话关系20周年暨中国—东盟友好交流年。东盟和中国举行系列活动，以深化合作、促进友邻关系。11月，第14次中国—东盟领导人会议，通过《落实中国—东盟面向和平与繁荣的战略伙伴关系联合宣言的行动计划(2011～2015)》，进一步推进面向和平与繁荣的战略伙伴关系；双方于7月通过落实《南海各方行为宣言》指导方针，将对南海和平与稳定产生重要作用。10月，中国、老挝、缅甸和泰国湄公河流域执法安全合作会议在北京举行，发表《关于湄公河流域执法安全合作的联合声明》，以加强四国执法部门在湄公河流域的执法安全合作。12月，中老缅泰湄公河联合巡逻执法联合指挥部成立，中老缅泰湄公河联合巡逻执法首航圆满成功，开创了中国与周边国家执法安全合作的新模式。(2)经济合作不断扩大。一是双边贸易投资快速增长。2011年中国与东盟双边贸易总值3628.5亿美元，比上年增长23.9%。其中：中国对东盟出口1700.8亿美元，增长23.1%；自东盟进口1927.7亿美元，增长24.6%，东盟成为中国第三大贸易伙伴。中国提出2015年双边贸易额5000亿美元的目标有望提前实现。截至2011年第三季度，东盟国家来华直接投资累计673亿美元，中国企业对东盟投资累计135亿美元。中国2011年对东盟非金融类直接投资25.4亿美元，比上年增长13.1%。中国与东盟服务贸易也迅猛发展。2010年双边服务贸易总额为268亿美元，2011年上半年达到174亿美元，同比增长34.9%。2011年11月，第14次中国—东盟领导人峰会签署《关于实施中国—东盟自贸区〈服务贸易协议〉第二批具体承诺的议定书》，并将于2012年1月1日起生效。2011年10月，中国—东盟商品交易中心在中国南宁启动，第8届中国—东盟博览会及中国—东盟商务与投资峰会也如期举行。12月，东盟—中国中心在北京成立，将促进双方贸易、投资、发展中小企业等领域的合作。二是能源环境合作加强。5月，中国—东盟环境合作中心在北京启动，双方决定在能源、减排、清洁技术、粮食安全、生物多样性、气候变化等方面加强合作。三是区域合作不断发展。东盟各国与中国各省份的合作在不断扩大。中国与东盟建立中国—东盟现代农业科技合作园区，马来西亚与广西建立中马钦州产业园区，新加坡与四川合建创新科技园等。中国也积极参与东盟互联互通计划。11月，第14次中国—东盟领导人会议决定成立双边互联互通合作委员会，中国政府总理温家宝宣布将对东盟国家信贷规模增加100亿美元。(3)文教合作加强，民间交往频繁。中国与东盟继续开展文化、教育、新闻媒体、人员交流等领域合作，加深双方人民互信与理解，努力实现2015年双方人员往来达到1500万人次的目标。截至2011年，有超过6000名汉语志愿者在东盟各国的40所孔子学院和课堂里工作；双方互派留学生超过13万人；中国首站赴东盟国家旅游人数从2003年191万人次增至2010年541万人次；东盟国家游客赴华旅游也日益增多，2011年新加坡、马来西亚、泰国、菲律宾、印度尼西亚等5国有442万民众到访中国。

欢迎美国高调"重返"东南亚　奥巴马上任以来，美国政府开始调整亚洲战略并宣布"重返东南亚"，高调参加东盟系列会议。2011年11月，美国首次出席第6届东亚峰会。第3届东盟—美国领导人会议通过《2011～2015年落实东盟—美国加强伙伴关系实现持久和平与繁荣行动计划》，决定建立东盟—美国名人小组，宣布推出美国与东盟新的1000万美元粮食安全合作项目，尽快完成《东盟—美国贸易投资框架协定》的拟订与签署。第2届美国—湄公河下游国家框架合作全体会议和工作组会议，决定在"美国—湄公河下游倡议"下继续加强美国、老挝、柬埔寨、泰国和越南等框架合作成员国在环境、卫生、教育和基础设施领域的合作。东盟与美国经济合作持续增长。2010年美国与东盟分别为

2011年10月，中国—东盟商品交易中心在中国广西南宁启动　（中新网）

对方的第四大贸易伙伴，双方贸易总额从2009年1496亿美元升至2010年1861亿美元，增长24.4%。美国对东盟直接投资从2009年41亿美元增至2010年84亿美元，成为东盟第三大投资国。美国与东盟加强合作，显露其恢复和加强对东南亚地区影响的意图；而东盟出于自身利益考量，欲借美国来平衡中国的影响，继续发挥其在东亚地区合作中的主导作用。

加强与其他对话伙伴的合作　2011年，东盟与俄罗斯、澳大利亚、新西兰、印度、韩国、日本等亚太国家在各领域继续进行合作，同时加强与欧盟、联合国、亚太经合组织、海湾阿拉伯国家合作委员会、南方共同市场等国际、地区组织的合作。欧盟自1997年以来成为东盟的对话伙伴，不仅是东盟第二大贸易伙伴，还是东盟最大的投资来源地，东盟则是欧盟第五大贸易伙伴。东盟与欧盟双边贸易额在过去20年增长10倍。双方2011年3月还启动《东盟—欧盟区域一体化支持项目》第三阶段合作计划，东盟获得欧盟1500万欧元的资金援助。在双边经贸关系发展的同时，人文交流也取得进步，每年约有700万欧洲游客访问东盟国家。

印度尼西亚接任东盟常任代表委员会主席

2011年1月12日，东盟常任代表委员会（CPR）在东盟秘书处举行主席交接仪式。在东盟秘书长素林的见证下，印度尼西亚常任代表史瓦加亚从越南副常任代表阮德胜手中接过象征主席权力的火炬及木槌，正式接任CPR主席职务。同日，主要提供CPR成员与东盟秘书处人员线上分享相关文件的平台系统启用。

第10届东盟电信与信息技术部长会议

2011年1月13～14日在马来西亚吉隆坡举行。东盟各国电信及信息技术部长出席会议。会议回顾过去10年各成员国在电信及信息技术方面的合作成果，通过《2015年东盟信息通讯技术总体规划》，以实现信息通讯技术作为东盟成员国经济增长的发动机、使东盟成为全球性的信息通讯技术中心、改善东盟人民的生活质量、促进东盟四个一体化目标。会议还发表以信息通讯技术定位东盟未来的联合声明。期间，东盟还分别与中国、日本、韩国3国的官员及行业代表举行相关会议。

东盟大力推动旅游业发展

2011年1月17～18日，第14届东盟旅游部长会议及第10届东盟与中、日、韩旅游部长会议先后在柬埔寨金边举行。东盟10国与中国、日本、韩国的旅游部长或代表与会。会议指出：2010年东盟吸引超过6500万人次游客，同比增长12%，其中东盟内游客占45%，旅游业发展前景看好。会议通过《2011～2015年东盟旅游战略规划》，强调继续推动落实东盟内部“开放天空”政策，提高东盟旅游业专业人才素质，确定提升东盟旅游品质、旅游业营销及推广、旅游市场产品开发等领域的政策方案和计划，并就地区旅游互联互通、人力资源培训及投资等领域的合作议题交换意见。期间，还举办主题为“东盟—奇迹和多元的世界”的东盟旅游论坛。论坛附设512个展位，吸引442名国际采购者和380多名促销人员参加。

东盟—中国外长会议

2011年1月25日在中国昆明举行。出席会议的中国和东盟10国外长及高官围绕“东盟—中国战略合作”的主题，就建立对话关系20周年、中国—东盟自由贸易区建设、东亚合作等议题交换意见。中国外交部部长杨洁篪对东盟国家外长和高官亲自考察昆曼公路并前来出席会议表示欢迎。会前，双方代表共同出席中国—东盟友好交流年启动仪式。

东盟人权保护工作持续推进

2011年11月28日至12月1日，东盟政府间人权委员会（AICHR）在印度尼西亚巴厘岛举行第7次会议，东盟10国的人权机构代表、东盟秘书长素林和联合国人权事务高级专员纳瓦尼特姆·皮莱等出席。会议通过《2013～2015年AICHR工作计划》及2012年AICHR工作优先项目，确定委员会今后几年的工作重点。此次会议首次邀请联合国人权事务高级专员参加，大大提升外界对亚洲唯一人权机构AICHR的认同。

东盟重视保护妇女儿童权益

2011年2月16～18日，东盟推动和保护妇女儿童权益委员会首次会议在印度尼西亚雅加达举行，标志着东盟保护和促进妇女儿童人权和基本自由工作向前迈进一步。会议讨论委员会的议事规则及工作计划等问题。9月6～8日，委员会在印度尼西亚梭罗举行第3次会议，确定《东盟推动和保护妇女儿童权益五年工作计划》的优先项目，包括消除对妇女儿童实施暴力、打击拐卖妇女儿童、建立保护妇女儿童权益机构、平等教育、赋予妇女儿童权利等，计划积极参与联合国人权机制。

东盟加强合作解决跨境烟雾污染问题

2011年2月17日，东盟跨境烟雾污染次区域部长级指导委员会第11次会议在新加坡举行。文莱、马来西亚、新加坡、印度尼西亚、泰国的环境部长或代表，以及主管社会文化共同体事务的东盟副秘书长出席会议。会议通过《次区域部长级指导委员会计划和行动的战略审视》，就加强烟霾控制管理、建立东盟火险评级系统和预警/监测系统、加强灭火能力建设及可持续泥炭地管理、建立区域烟霾培训网络、加强区域合作、建立论坛等达成共识。2月25日，东盟在泰国甲米举行首届湄公河次区域跨境烟雾污染次区域部长级指导委员会会议。与会的泰国、柬埔寨、老挝、缅甸、越南的环境部长等讨论了各种减少土地和森林火灾及控制烟雾污染的措施，决定减少火灾燃点，确定到2011年不超过7.5万个燃点和到2015年不超过5万个燃点的目标；落实东盟泥炭地森林项目及加强森林管理，以减少火灾风险和烟雾污染。

东盟外长非正式会议关注泰柬边境冲突

2011年2月22日东盟外长非正式会议在印度尼西亚雅加达举行。东盟各成员国的外交部长或代表，以及东盟秘书长素林参加会议。会议就区域及国际的近期发展情况交流意见，讨论泰国和柬埔寨2月4日发生的边界冲突问题。泰柬两国对边界冲突问题表示已相互达成协议，避免进一步冲突。东盟也决定派遣观察员到双方受影响地区进行协调，东盟各方积极协助泰、柬磋商，寻求方法解决争议。

东盟—印度经贸交流加强

2011年3月2～6日，印度—东盟商展及商务会议、第2届东盟—印度商会会议和第3届新德里对话在印度新德里举行。商展及商务会议由印度商工部和最大的工商团体印度工商联合会共同举办，500多名东盟和印度的企业领袖及厂商代表参加。双方在交流经营实务与企业发展经验的同时，还对服务贸易与投资等协定展开讨论。印度商工部部长夏尔马表示，印度将致力融入东盟经济整合之中，期望双方贸易额能在2012年达到700亿美元。在商会会议上，双方重要经贸部门代表与企业人士皆对未来东盟、印度在经济领域的合作表示乐观。夏尔马特别提议商会着重于六大产业的发展，包括咨询通信科技、农作物多元化、基础设施、中小企业发展合作、粮食安全、创新和培训等。商会则强调与东盟经济部长、经济官员进行磋商的重要性，同意由东盟秘书处居中协调办理相关会议，并特别表达与东盟海关总署署长接触的意愿。第3届新德里对话以“东盟与印度交流20年未来展望”为主题，邀请著名学者、智库代表和企业领袖，以及三位前任东盟秘书长参加。对话的主要议题包括东盟—印度伙伴关系前景、促进东盟与印度互联互通、强化非传统安全合作、东亚峰会区域机制扩充（东盟10+8）、东盟国防部长与对话伙伴会议，以及象征亚洲文化复兴的印度那烂陀大学重建计划等。东盟秘书长素林表示，东盟与印度是最理想的伙伴，双方的合作将使彼此企业和人民从一个大规模市场中获益。

第10届东盟数字广播会议

2011年3月16～17日在菲律宾奎松举行，东盟各成员国相关部门官员及产业代表参加会议。会上，与会国更新各自实施数字电视的情况并制定《东盟数字开关》指引，强调加强成员国间以及与对话伙伴间的信息共享和培训，一致同意发展具有预警功能的接收器等设备，以提供更先进的数字服务。

东帝汶政府总理访问东盟秘书处

2011年3月23日，东帝汶政府总理古斯茂在外交部部长达科斯塔、经济兼发展部长龚卡维、驻印度尼西亚大使曼努埃尔·塞拉诺的陪同下，拜会东盟秘书处并与秘书长素林就东帝汶的近期发展交换意见，讨论东帝汶早前申请加入东盟一事。古斯茂强调，东帝汶正尽力准备争取成为东盟成员国，其国内政治局势已趋稳定。古斯茂邀请素林于2012年5月参加东帝汶独立建国10周年庆典。

第4届巴厘进程区域部长级会议

2011年3月29～30日在印度尼西亚巴厘岛举行。会议由印度尼西亚和澳大利亚外交部长共同主持，巴厘进程相关国家、区域伙伴、国际组织的部长及高官出席。会议就打击人口贩卖、关注人口贩卖受害者尤其是受害妇女及儿童、建立区域合作框架等议题进行讨论。2010年10月，东盟发布《东盟国际合作打击人口贩卖案例手册》，以帮助东盟成员国调查人员、执法和司法机构应对人口贩卖问题。澳大利亚外交部长陆克文在此届会议上，称赞该手册实用，并建议东盟共同体建设通过编制类似的手册，以促进信息共享和能力建设的合作。

东盟—日本部长级特别会议

2011年4月9日在东盟秘书处举行，以回应日本3·11地震海啸灾难及研讨区域其他灾害问题。东盟和日本的外交部长、相关官员及东盟秘书长等出席会议。东盟和日本重申双方深厚的友谊及关系，讨论进一步加强在灾害预防和管理以及减灾行动等领域的合作。会议决定于6月3～5日由志愿者等组成的“东盟善心车队”在东盟秘书长带领下赴日协助赈灾。会议还探讨东盟人道主义援助中心在灾害管理和救助方面的作用，并就东盟与日本战略伙伴关系宣言草案及2011～2015年行动计划等其他议题交换意见。

东盟继续推进金融一体化

2011年4月7～8日，东盟在印度尼西亚巴厘岛举行第15届财政部长会议，东盟各国财政部长或代表，亚洲发展银行、世界银行、国际货币基金组织的代表等出席。会议表示：东盟各国将在资本市场开发、金融服务自由化和资本账目自由化、区域整合、保险、海关事务、关税一体化等方面加强合作；通过新成立的宏观经济和金融监测办公室加强监督，全面落实7亿美元区域信用担保与投资基金,并建立东盟基础设施基金以支持区域基础设施建设的融资。5 月 4 日,第 14 届东盟与中、日、韩 10 + 3 财政部长会议在越南河内举行,会议通过《清迈倡议》多边化操作指南,以加快《清迈倡议》多边化进程;宣布东盟 10 + 3 宏观经济研究办公室正式成立,以加强区域经济监测,进一步提高《清迈倡议》多边化的有效性,深化亚洲债券市场发展合作;要求区域信用担保与投资基金尽早开始运作,以促进本币债券的发行。各国财长还探讨了未来重点合作领域,指示在区域基础设施融资、灾害保险、区域贸易中使用本币等三个领域开展研究。

东盟交易所开张

2011 年 4 月 11 日正式开张,成为东盟经济一体化建设进程中的重要里程碑。东盟交易所是整合东盟国家的 6 个股票交易所(马来西亚布尔萨·河内交易所、胡志明市证券交易所、印度尼西亚证券交易所、新加坡证券交易所、菲律宾证券交易所、泰国证券交易所)的资源建设起来的,第一阶段交易所预计有约 3000 家企业上市。在此基础上,东盟还希望吸引其余东盟股票交易所加入。年内,老挝、柬埔寨分别于 1 月和 7 月成立首个证券交易所,两国金融业发展从此进入新时期。

《东盟反恐公约》生效

2011 年 5 月 27 日正式生效,为东盟反恐和反对极端主义增添新动力。该公约于 2007 年 1 月 13 日在菲律宾宿雾签署。公约条款规定,新加坡、泰国、菲律宾、柬埔寨、越南、文莱 6 个成员国批准后 30 天生效。东盟秘书长素林为此强调,公约是提升区域反恐能力,深化反恐合作的基石,将有力提升区域在全球反恐中的战略作用。素林呼吁其余国家加快各自的批准程序,尽快加入该公约。

首届东盟—欧盟商务峰会

2011 年 5 月 5 日在印度尼西亚雅加达举行。旨在推进两地区间的商务往来及推动双边企业与政府的对话,为双方公私部门之间交流意见提供平台。双方 100 多名领导人和商业领袖与会并共同探讨东盟与欧盟的贸易关系。基础设施、农产品、医疗、汽车和服务业成为此次会议讨论的重点领域。

第 18 届东盟领导人会议

2011 年 5 月 7 ~ 8 日在印度尼西亚雅加达举行。东盟各成员国领导人在会上围绕“全球共同体中的东盟共同体”的主题达成三项共识:在国际社会中树立东盟共同体及其声望,成立东盟和平和解机构,在东盟区域加强打击贩卖人口的活动。2011 年度东盟轮值主席国印度尼西亚总统苏西洛提出三大主要任务,包括确保 2015 年东盟共同体实践过程中的相关进展,增进与重要对话伙伴的互动关系并维持东盟的中心地位,以及展开“东盟 2015 年后”的愿景讨论,以定位东盟共同体在全球共同体中的角色。会议发表的《全球共同体中的东盟共同体联合声明》表示,东盟不仅将致力使东盟在 2020 年全球共同体时代来临之时成为一个共同的平台,还将增强回应全球重大议题的能力,以维护该地区国家和人民的整体利益。

第 7 届东盟东部增长区峰会

2011 年 5 月 8 日在印度尼西亚雅加达举行,文莱、印度尼西亚、马来西亚、菲律宾 4 国领导人与会。4 国领导人就加强落实“食物篮子”政策框架、确保地区粮食安全,加强基础设施建设、促进东部增长区互联互通,建立东部增长区生态旅游发展计划试点,制定保护环境、可持续森林和海洋资源管理、保护濒危物种及缓解气候变化战略,拟定 2012 ~ 2016 年落实蓝图等问题达成共识,还决定设立东盟东部增长区建设指导中心以协调和监督落实各项目。

第 5 届东盟国防部长会议

2011 年 5 月 18 ~ 21 日在印度尼西亚雅加达举行,东盟各国国防部长或代表出席。会议通过建立《东盟维和中心网络》与《推动东盟国防产业合作》两项新计划以及《2011 ~ 2013 年东盟国防部长会议三年工作计划》。在建立东盟维护网络方面,东盟各国将经由制定计划、训练和经验交流等方式,促进维护和平的工作。在东盟国防产业合作方面,则以弹性、自主、非强制参与为原则,增加东盟内部国防产品与服务的贸易比重。《2011 ~ 2013 年东盟国防部长会议三年工作计划》是以对东盟各国军队的能力建设、训练及互动为主轴,涉及人道援助、赈灾、维和等议题,制定未来东盟的国防合作方针。此外,与会部长们呼吁和平解决泰国和柬埔寨的边界冲突问题,关注南海问题。在南海问题上,针对《南海各方行为宣言》将于 2012 年届满 10 周年之际,各国防长重申支持东盟将其扩大为《区域行为准则》的努力,以进一步保障南海和平稳定。

第 31 届东盟国家警察首长会议

2011 年 5 月 31 日至 6 月 2 日在老挝万象举行,东盟 10 国及中国、日本、韩国、澳大利亚、新西兰等 5 个对话伙伴国的代表,以及国际刑警组织、东盟秘书处等机构的代表共 200 多人出席。与会各方就合作打击贩毒、恐怖主义、武器走私、贩卖人口、海事诈骗、商业犯罪、网络犯罪等跨国犯罪进行磋商。会议还讨论东盟警察组织电子数据库建设、刑事司法互助、东盟国家执法人员互访等问题。东盟国家警察首长会议始于 1981 年,其宗旨是加强东盟成员国警察组织及机构之间的信息交流和执法合作。

第 8 届东盟—加拿大对话

2011 年 6 月 8 日在加拿大温哥华举行。会议讨论纪念 2012 年双方建立关系 35 周年的活动及加快实施《2010～2015 年东盟—加拿大提升伙伴关系》,同时就区域结构、减少灾害风险、人道主义援助、反恐和跨国犯罪、粮食和能源安全以及全球经济和金融危机等议题交换意见。

第 20 届东盟海关署长会议

2011 年 6 月 6～9 日在缅甸内比都举行。会议检讨海关协调委员会等 5 个主要工作组的工作情况,审视《海关发展战略计划》、国家单一窗口及东盟单一窗口、东盟海关过境系统和东盟自我认证试点项目等的落实进展,并为今后工作提供政策和战略指导。与会的东盟各国部长同意《2012 年东盟协调关税目录》从 2012 年 1 月 1 日起开始实施,从而取代 2007 年的旧版目录。此外,东盟还分别与中国、日本、韩国等就海关合作事宜举行磋商会议,决定与中国签署合作备忘录,进一步促进双方在海关事务等相关领域的战略合作伙伴关系。

东盟“预防登革热日”设立

2011 年 6 月 15 日,东盟“预防登革热日”设立活动在印度尼西亚雅加达启动。启动仪式上,东盟与世界卫生组织号召社会各部门团结起来,共同对抗登革热疾病。东盟“预防登革热日”由东盟 10 国卫生部长在 2010 年确定,以每年的 6 月 15 日为活动日,通过举办相关活动以提高人民的登革热防控意识。

东盟—东南亚渔业发展中心部长级会议

2011 年 6 月 17 日在泰国曼谷举行。该会议机制是为到 2020 年粮食安全实现渔业可持续发展而设立的。会议通过《为至 2020 年东盟区域粮食安全实现渔业可持续发展解决方案》。与会部长认为,渔业部门不断面临着渔业资源和栖息地退化、贸易及市场措施快速变化、气候变化所带来的不利影响等挑战,需要各国密切合作,加强部门应对能力。6 月 16 日,东盟还与中、日、韩各国先期举行相关高官会,东盟各国和中国、日本及韩国的部长和官员,主管东盟经济共同体事务的副秘书长孙达姆等出席会议。

东盟秘书处与亚太经济合作组织秘书处加强合作

2011 年 6 月 28 日,亚太经济合作组织(APEC)秘书处执行长努尔大使率团访问东盟秘书处并会晤东盟秘书长素林。双方同意在互惠互利领域加强秘书处之间的合作。努尔表示,APEC 持续朝着实现《茂物目标》而努力,工作进展普遍良好。努尔此行还拜会了主管东盟经济共同体事务的副秘书长孙达姆,双方在会谈后表示就法规改革、互联互通、竞争政策、中小企业发展、灾害管理及食品安全等多个领域进行合作。在 APEC 的愿景规划中,期望使亚太地区的工业化经济体在 2010 年完成贸易与投资的自由和开放,发展经济体则预计在 2020 年完成。

第 4 届东盟秘书长与东盟日本商工联合会对话会议

2011 年 7 月 8 日在马来西亚吉隆坡举行,东盟秘书长素林、东盟各国经济部长及东盟日本商工联合会代表等出席会议。素林表示,此次会议是对《东盟经济共同体蓝图》运作情况的总结,主要倾听企业人士对贸易便捷化、标准化与一致化、使东盟中小企业更融入东盟经济共同体等议题的回应。由 4444 家在东盟 10 国营运的日本企业组成的东盟日本商工联合会在东盟经济中十分活跃。联合会主席日比隆在会上提出值得探讨的三个问题:第一,基础设施,包括软件基础设施(如知识产权保护、人力资源开发)与硬件基础设施(公路、铁路、海运、空运);第二,持续调降进口关税,消除非关税壁垒,简化海关通关流程;第三,环境与自然资源的管理。与会东盟经济部长同意在 2012 年赴日举行宣传活动,以促进东盟与日本中小企业之间的商务与知识交流。

东盟—中国部长级会议

2011 年 7 月 21 日在印度尼西亚巴厘岛举行,东盟各国和中国的外交部长或代表出席。东盟秘书长素林在会上表示,双方就落实《南海各方行为宣言》指导方针取得共识,指导方针的通过将对南海和平与稳定产生重要作用。中国外交部长杨洁篪也以“千里之行始于足下”来强调,这是东盟与中国非常重要的第一步,中国将主动与东盟合作,研拟相关行为准则,迈向实际合作,建立信任机制。与会各国部长表示要增强合作,以加快实施东盟—中国行动计划和东盟—中国互联互通计划的行动。

第 44 届东盟外长会议

2011 年 7 月 19 日在印度尼西亚巴厘岛举行,东盟各成员国外交部长或代表与会。会后发表的联合声明称,东盟将继续推动区域一体化建设,建立东盟和平与和解机构,加强东盟解决内部纠纷能力,确保东盟一体化进程在 2011 年内取得重大进展,维护本地区的和平、经济发展和繁荣,推动 2015 年东盟共同体建立后的发展。7 月 21～22 日,东盟分别与中、日、韩外长举行会议,还举行东亚峰会外长磋商会等系列会议。中国外交部长杨洁篪、美国国务卿希拉里·克林顿等东盟对话伙伴国代表参加了相关会议。

东盟与俄罗斯部长后续会议

2011 年 7 月 22 日在印度尼西亚巴厘岛举行，东盟各成员国与俄罗斯外交部长或代表与会，借此纪念东盟与俄罗斯建立对话伙伴关系 15 周年。东盟与俄罗斯自 1996 年建立全面对话伙伴关系以来，双方在各领域的合作均取得进展。会上，俄方申明继续支持东盟在地区合作机制中的主导地位，东盟也期待与俄罗斯拓展互惠互利的对话伙伴关系。双方还举行相关纪念活动，以提升双边关系至更高层次。

第 18 届东盟地区论坛

2011 年 7 月 23 日在印度尼西亚巴厘岛举行，东盟各成员国外交部长或代表、东盟秘书长等出席。论坛就南海问题、泰柬边境争端问题、朝鲜半岛核问题、缅甸的发展情况、东盟无核区、灾害管理、打击跨国犯罪、建设东盟和平与和解机构等议题进行讨论。会后发表的主席声明指出，东盟地区论坛在讨论区域政治与安全议题方面具有重要作用，强调东盟在此机制中的主导地位，并就东盟地区论坛从建立相互信任向预防性外交方向迈进达成共识。

首届东盟规章改革对话

2011 年 7 月 27 日在印度尼西亚雅加达举行，东盟各国代表、主管东盟经济共同体事务的副秘书长孙达姆、世界银行及亚太经济合作组织秘书处的专家等出席。会议就东盟规章改革力度和政策措施、各成员国改革进展与加强区域合作等达成共识。代表们提出，规章作为政府治理的基本工具和经济良好运作不可分割的一部分，其改革是多方面的，需要政府管理部门、企业及民众在各个层面开展合作。

第 43 届东盟经济部长会议

2011 年 8 月 10～11 日在印度尼西亚万鸦老举行，东盟 10 国及中国、日本、韩国、澳大利亚、新西兰、印度、美国、俄罗斯等 8 个对话伙伴国的经济部长和代表出席。与会部长们表示，东盟各国将在贸易便利化、相互认证、建立标准化体制、东盟单一窗口、服务贸易、投资、中小企业发展、知识产权、东盟数据统计系统、公私领域合作、东盟对外经济关系、技术援助和能力建设等领域加强合作。会议期间还举行第 25 届东盟自由贸易区理事会和第 14 届东盟投资区理事会会议，就东盟自贸区和投资区的相关事宜交换意见。会后，东盟分别与中国、日本、韩国、印度、澳大利亚、新西兰、俄罗斯、美国等对话伙伴举行磋商会议，以巩固和加强东盟与伙伴国之间的经济合作。

东亚峰会经济部长非正式磋商会议

2011 年 8 月 13 日在印度尼西亚万鸦老举行，东盟 10 国和中国、日本、韩国、印度、澳大利亚、新西兰等伙伴国的经济部长出席。与会部长们就中国和日本提出的加快“东亚自由贸易区”和“东亚全面经济伙伴关系”的联合提案、东盟和东亚经济研究中心活动进展、地区和国际经贸事务等议题交换意见并达成共识，重申希望世贸组织多哈回合谈判尽快达成早期收获协议，特别是针对欠发达国家的早期收获协议。紧随磋商会议的举办，第 14 届东盟和中、日、韩经济部长会议如期举行。会议积极评价 2010 年东盟与中、日、韩之间的贸易和投资合作进展，规划双方未来的合作方向。

第 3 届柬老缅越经济部长会议

2011 年 8 月 14 日在印度尼西亚万鸦老举行。柬埔寨、老挝、缅甸、越南（CLMV）4 国经贸部长与会。会议对《2011 年 CLMV 行动计划》的落实进展表示满意，鼓励发展伙伴和国际捐助机构继续参与计划的实施；讨论《2012 年 CLMV 行动计划》相关制订工作，将计划扩大至涵盖经贸活动、人力资源开发、协调机制完善等领域；强调进一步提升 CLMV4 国内部经贸联系，以加强相互的协调与合作，缩减与东盟其余 6 国的发展差距。

东盟常任代表委员会官员访问中国

2011 年 8 月 21～27 日，东盟常任代表委员会和主管政治共同体事务的东盟副秘书长塞亚甘・西苏冯，受中国驻东盟大使佟晓玲邀请，率团到中国展开为期 1 周的访问。作为纪念东盟与中国对话关系 20 周年

2011 年 7 月 23 日出席第 18 届东盟地区论坛的各国代表合影　（新华网）

系列活动之一，代表团造访了北京、天津、杭州、义乌等城市，并与有关政府官员及学者进行会晤，就区域及国际关注的问题交换意见。

第 24 届东盟—澳大利亚论坛

2011 年 9 月 6 日在澳大利亚堪培拉举行，澳大利亚、东盟成员国及东盟秘书处代表出席。论坛就东盟共同体建设、缩小地区差距、打击跨国犯罪、灾害管理、人权等议题交换意见，并就 2014 年东盟与澳大利亚建立对话关系 40 周年的相关事宜及未来合作计划展开讨论，达成相关共识。东盟感谢澳大利亚通过《东盟—澳大利亚开发合作项目第二阶段计划》和《东盟—澳新自由贸易协定》等框架，加强与东盟的经济合作，有力地促进了东盟经济一体化。

第 32 届东盟议会联盟大会

2011 年 9 月 20 ~ 23 日在柬埔寨金边举行，东盟议会联盟各成员国的议长或代表出席，中国、日本、韩国、美国、印度、新西兰、俄罗斯等 11 个国家的议会代表作为观察员列席。与会者就推动东盟完善立法协调机制、消除地区紧张局势、打击恐怖活动以及各种跨境犯罪行为等议题展开讨论，批准缅甸联邦议会成为东盟议会联盟的正式成员。东盟议会联盟由印度尼西亚、马来西亚、菲律宾、泰国、新加坡 5 个东盟国家始创于 1977 年，1978 年在新加坡举行首届会议。之后，越南、老挝、柬埔寨和文莱先后加入。

东盟推进能源合作

2011 年 9 月 20 日，东盟在文莱哲鲁东举行第 29 届能源部长会议，讨论《2010 ~ 2015 年东盟能源合作行动计划》的落实进展、核能安全及能源可持续发展、发展清洁能源技术、加强能源部门互联互通、促进能源投资活动、加强与伙伴国合作以建设东亚能源共同体等议题。会上，东盟与国际能源机构签署合作备忘录，同时展示东盟与对话伙伴和国际组织之前达成项目的建设成果。会议期间，东盟还举行第 8 届东盟—中日韩能源部长会议和第 5 届东亚峰会能源部长会议，与中国、日本、韩国、澳大利亚、新西兰、印度、俄罗斯、美国的部长或代表，就能源安全尤其是核能安全、天然气和石油价格波动、可再生能源及能源效率和保护等议题展开讨论，达成相关共识。

第 9 届东亚论坛

2011 年 9 月 15 ~ 17 日在中国成都举行，近 100 位东盟、中、日、韩 13 国的官产学代表和东盟秘书处官员代表与会。代表们围绕“推进区域一体化建设：东亚增长内生动力”的主题，就区域市场、互联互通基础设施、产业匹配决策和产业转移等议题进行广泛讨论，为东盟与中日韩探讨议题、树立共识、推进合作、集思广益、落实倡议提供了平台。

第 7 届东盟社会福利和发展高官会

2011 年 9 月 21 ~ 22 日在泰国曼谷举行，东盟各国社会福利和发展部门官员出席。会议围绕建立东盟社会福利和发展保护平台的主题，讨论落实《东盟社会文化共同体蓝图》的战略及政策。会议通过《关于加强东盟共同体残疾人作用及参与的巴厘岛宣言》和《2011 ~ 2020 年东盟残疾人士 10 年计划》，以提升区域弱势群体的福利并促进残疾人事业发展。会议还通过《2011 ~ 2015 年东盟社会福利和发展战略框架》和《2011 ~ 2014 年东盟社会工作协会工作计划》，进一步推动东盟社会的发展。与会各方还就继续加强合作，深入探讨促进地区社会福利和发展等相关问题。

首届东盟乡村教育和发展互联互通会议

2011 年 9 月 21 ~ 23 日在越南河内举行，200 多名东盟各国政府、企业、国际组织、乡村社区的代表与会。代表们共同就东盟乡村互联互通的议题和相关解决方案进行讨论，提出创新科技是改善湄公河下游地区和整个东盟农村社区教育和卫生服务的核心。代表们期望会议能够成为加强公私部门在乡村互联互通方面合作的新平台。

东盟基础设施基金成立

2011 年 9 月 30 日，东盟秘书长素林、东盟各成员国财长、亚洲发展银行总裁黑田东彦等，在美国华盛顿签订《东盟基础设施建设基金股东协定》，期望以此带动总额超过 130 亿美元的基础建设投资。东盟基础设施基金是由东盟成员国和亚行共同出资成立的合作机制，由亚行负责基金的实际工作，并确保各金融计划中有关预防措施和实质审查的设计和执行。基金会将以有限责任公司的方式设在马来西亚，创始资金为 4.85 亿美元（其中东盟负责 3.35 亿美元，其余由亚行出资）。它的建立主要是期望推动区域内储蓄存款的使用，以促进区域基础设施的发展，同时帮助《东盟互联互通总体规划》的落实。由 2012 年起每年预计投入执行 6 项计划，至 2020 年资金可望达到 40 亿美元。该基金将对优质的公私部门合作计划进行注资，期望吸引更多的外资流入本区域。

第 15 届东盟移民局长和外交部领事局长会议

2011 年 10 月 3 ~ 5 日在新加坡举行，东盟成员国移民局长和外交部领事局长、东盟秘书处官员以及澳大利亚的代表等约 70 人参加。会议回顾《东盟移民事务行动计划》的实施情况，探讨出入境管制、基础设施和技术发展、信息共享、免签证安排、出入境部门人员的能力建设等议题，更新《东盟免签证框架协定》的落实进展。会议期间，东盟还举办第7届移民事务情报论坛、东盟移民局长和外交部领事局长与澳大利亚磋商会议等，鼓励各国在移民事务领域加强区域和国际合作。

在印尼巴厘岛上举行的反恐演习　（搜狐网）

东盟及与中日韩农林业部长级会议

2011年10月6～7日，第33届东盟农林业部长级会议、第11届东盟与中日韩农林业部长级会议分别在印度尼西亚雅加达举行。东盟各国农林业部长或代表，中国、日本、韩国的农林业部长，主管经济共同体事务的东盟副秘书长孙达姆等参加会议。会议签署《东盟—世界动物卫生组织协议》，形成一套具体程序和指南的动物健康管理机制。东盟各成员国部长们还就《东盟一体化粮食安全框架》和《东盟粮食安全战略行动计划》的落实进展、农林部门合作、应对气候变化问题等议题进行讨论，支持举行主题为“森林为民”的特别活动并作为“2011年国际森林年”活动之一。第11届东盟与中日韩农林业部长级会议签署《东盟与中日韩大米紧急储备协议》，就提高大米储量达成共识，同意实施2012年后东盟粮食安全信息系统计划，以建立东盟粮食安全信息系统网络中心。

首届东盟—印度农业部长会议

2011年10月8日在印度尼西亚雅加达举行。出席会议的东盟各国农业部长或代表、印度农业部长、东盟副秘书长孙达姆等，就加强东盟与印度农林业合作交换意见，通过《2011～2015年东盟—印度农业合作中期行动计划》。与会部长们表示，要在提高农产品生产力和迎接粮食安全挑战、促进东盟各国和印度有关部门合作、加强能力建设和技术开发以及信息共享等方面深化合作。

东盟加强打击跨国犯罪

2011年10月11日，东盟在印度尼西亚巴厘岛举行第8届打击跨国犯罪部长级会议，东盟各国相关部门部长、东盟秘书长素林等出席。会议着重讨论反恐、打击人口贩运、打击非法贩运毒品、打击洗钱、打击海盗、打击武器走私、打击国际经济犯罪、打击网络犯罪等8个优先领域的合作进展及出现的新问题，决定在上述方面深化成员国间以及与对话伙伴的合作；加快订立《东盟打击贩卖人口公约》，以加强合作打击东南亚的人口贩卖活动。10月12日，东盟与中日韩举行第5届打击跨国犯罪部长级会议和第2届东盟—中国打击跨国犯罪部长级会议。东盟各国与中国、日本、韩国的部长在会上表示加强落实《东盟与中日韩工作计划》和《东盟—中国工作计划》，通过《东盟与中国在非传统安全领域合作备忘录行动计划》，希望以此加强各国在非传统安全领域的合作。

东盟积极应对洪灾

2011年10月16日，东盟发表主席声明，向遭受洪灾的东南亚各国政府及人民表达深切慰问。在此之前的2～3个月内，东南亚地区持续暴雨，在柬埔寨、老挝、菲律宾、泰国、越南等国形成洪灾，造成大量人员伤亡及财产损失；泰国3/4地区受灾，灾情最为严重。主席声明强调，要团结一致协助各国救灾和开展灾后重建，强调建立东盟人道主义援助中心应对灾害的必要性。

东盟环保合作持续加强

2011年10月18日，第13届东盟环境部长非正式会议、第7届东盟跨境烟雾污染协定签约方会议、东盟与中日韩环境部长级会议相继在柬埔寨金边举行，东盟各成员国环境部长或代表出席。与会部长和代表肯定《落实东盟跨境烟雾污染协定工作计划》取得的进展，一起讨论东盟领导人关于气候变化的声明草案，原则同意《东盟关于气候变化的行动计划》，决定新增“新加坡武吉知马自然保护区”和“菲律宾马林当区域自然公园”两个东盟遗产公园；通过《东盟生态学校指导方针》，并借2012年开展东盟环境年活动之机设立东盟生态学校奖，以提高东盟人民的环保意识。会议授予东盟10个城市东盟环境可持续城市奖。代表们还参加东盟环境可持续发展电影节开幕式。在东盟与中日韩环境部长级会议上，与会部长们就生物多样性、气候变化、环境教育、水资源管理、环境无害技术、清洁生产、环境可持续城市等多项议题交换了意见。

第7届东盟农村发展和消除贫困部长级会议

2011年11月2日在文莱斯里巴加湾市举行，东盟农村发展和消除贫困部门部长或代表、主管社会文化共同体事务的东盟副秘书长等出席。会议以“协调性干预战略：迈向零贫困”为主题，通过《2011～2015年东盟农村发展和消除贫困行动框架计划》，制定可持续农村发展和农村经济增长、气候变化中的粮食安全和粮食主权、建立社会保护和安全网络、基础设施建设和开发农村人力资源、农村发展和消除贫困建设、监测和评估区域减贫等六大优先合作领域的战略重点和具体行动。会议强调，东盟要加强与中、日、韩3国的合作，共同促进农村发展和消除贫困。

首次东盟共同体统计系统委员会会议

2011年11月2～3日在印度尼西亚雅加达举行，东盟各国统计局局长及委员会成员、东盟副秘书长孙达姆、欧盟东盟关系特别顾问布兰克等出席。会上确定东盟统计优先事项、促进更广泛区域统计数据使用、改善数据统计基础设施、开发人力资源和加强机构能力建设、加强与国际统计机构间的制度联系等任务。与会人士表示将致力落实《2012～2013年东盟共同体统计系统委员会年度工作计划》，加强东盟共同体的统计合作。

第8届东盟司法部长会议

2011年11月4～5日在柬埔寨金边举行。东盟各国司法部长或代表等与会并就制定共同法律、成立东盟政府司法机构、加强东盟法律官员交流、分享法律信息，加强在民事、刑事、商业等司法领域的合作等议题进行探讨。柬埔寨首相洪森到会并讲话。他表示，44年来，东盟逐渐发展成为成熟的区域组织，并沿着正确的道路走向共同体建设，司法合作对共同体的建设发挥重要作用。

第26届东南亚运动会

2011年11月11日在印尼巨港开幕。印度尼西亚总统苏西洛和东南亚各国官员出席开幕式。苏西洛在开幕式致词中说，各国运动员应视彼此为兄弟，团结拼搏，公平竞争，尽力打破世界纪录，为东盟赢得骄傲。运动会持续到11月22日，共设竞赛项目44个，11个东南亚国家的数千名运动员角逐542枚金牌。印度尼西亚代表团以182金、151银和143铜位居奖牌榜首位，泰国和越南分列奖牌榜第二、第三位。

第19届东盟领导人会议

2011年11月17～19日在印度尼西亚巴厘岛举行。会议以“全球共同体中的东盟共同体”为纲领，发表《巴厘第三协约宣言》，决定在推动2015年东盟共同体的进程中，带领东盟进一步放眼全球。印度尼西亚总统苏西洛对东盟的未来发展提出五项愿景：强化东盟共同体的三大支柱（政治、经济和社会文化）及相关行动计划，促进东南亚地区经济成长以应对全球经济变局，巩固东盟在地区机制的主导地位、确保东南亚及东亚地区安全和稳定以及加强东盟在全球共同体中的作用。鉴于缅甸自2010年新政府上台以来发展民主、推行改革等取得明显成效，东盟各国领袖表示支持缅甸于2014年担任东盟轮值主席。会议宣布下届东盟领导人会议于2012年4月在柬埔寨举行，苏西洛将象征轮值主席的木槌交给柬埔寨首相洪森。

第14次东盟与中日韩领导人会议

2011年11月18日在印度尼西亚巴厘岛举行，东盟各国与中国、日本、韩国领导人参加。中国国务院总理温家宝出席会议并在会议发言中表示，下一阶段东盟与中日韩10+3国家要加强合作，加快推进本地区贸易自由化和便利化，进一步提升区域财经合作水平，加大对东亚互联互通建设的投入，加强科技、新能源、节约能源和环境保护、粮食安全、医疗卫生等领域合作，促进地区经济发展方式转变和可持续发展。坚持东盟主导，突出发展、互利、共赢的主题，继续以10+3为主渠道推进东亚一体化建设，符合各国的共同利益。各国领导人表示，2012年是东盟10+3合作进程启动15周年，各方要以此为契机，推动10+3合作达到更高水平。

参加26届东南亚运动会的各国优秀运动员　（搜狐网）

第 3 届东盟—美国领导人会议

2011 年 11 月 18 日在印度尼西亚巴厘岛举行，东盟各国和美国领导人参加。会议通过《2011～2015 年落实东盟—美国加强伙伴关系实现持久和平与繁荣行动计划》，决定成立东盟—美国名人小组，以提升双方伙伴关系。东盟与美国还宣布推出新的 1000 万美元粮食安全合作项目，以提升东盟确保粮食安全的能力；希望尽快完成《东盟—美国贸易投资框架协定》的拟订与签署，同时继续在“美国—湄公河下游倡议”框架下，加强在环境、卫生、教育和基础设施等领域的合作。

第 4 届东盟—联合国峰会

2011 年 11 月 19 日在印度尼西亚巴厘岛举行，东盟 10 国领导人、东盟秘书长素林、联合国秘书长潘基文等出席。素林在会上表示，东盟与联合国自 2000 年起展开高峰会谈，如今是提升合作层级，由双方秘书处推动更广泛而全面的合作，以回应共同挑战的时候。东盟与联合国的合作议题涵盖甚广，包括金融、气候变化、粮食及能源安全、千禧年发展目标、人权、灾害管理等。会议发表《东盟与联合国全面伙伴关系联合声明》，表示继续加强各领域的合作。

第 6 届东亚峰会

2011 年 11 月 19 日在印度尼西亚巴厘岛举行，东盟 10 国及中国、日本、韩国、澳大利亚、新西兰、印度、美国、俄罗斯等国领导人与会。会议就加强财经、能源、教育、传染病和灾害管理等领域的合作进行讨论，强调东亚峰会要继续坚持以领导人引领的战略论坛性质，坚持以东盟为主导，以10＋1、10＋3 为合作主渠道，指出面对当前世界经济复苏乏力以及存在的不确定性，应保持东亚经济发展的良好势头。会议通过的《东亚峰会互惠关系原则宣言》和《东亚峰会关于东盟互联互通的宣言》两个成果文件，将作为推动和维护地区和平、稳定与繁荣的行为指南。

2011 年 11 月 19 日，第 6 届东亚峰会在印度尼西亚巴厘岛举行。图为各国领导人合影　（新华网）

第 14 届东盟科学和技术部长级会议

2011 年 11 月 26 日在越南胡志明市举行，东盟各成员国科学和技术官员等出席。与会者一致赞成着手实施“面向充满竞争力、可持续发展和融入世界的东盟开展科技创新”倡议，表示将加强在数字经济、大众媒体和社交网络工具、绿色科技、粮食安全、能源安全、水资源管理、生物多样性等领域的合作。会议通过《2012～2017 年东盟科技发展行动计划》。

用 600 亿美元打造“东盟连接”

中国经济网 2011 年 11 月 30 日报道，不久前在印尼巴厘岛举行的“东盟连接”研讨会上，东盟国家一致同意投入 600 亿美元巨资，用于交通、科技信息和人力资源等基础设施的建设和发展，加速打造“东盟连接”。“东盟连接”将重点发展交通领域的基础设施建设，同时辅之以科技信息和人力资源等方面的发展，以期达到东南亚区域内人员、物品交流及沟通的方便快捷，缩小成员国之间的经济发展差距，最终实现东盟整体经济的共同发展。按照规划，投资 600 亿美元的“东盟连接”工程包括 15 个重要基建项目，其中公路、铁路和海运基建项目将于 2012 年开始实施。

首届东盟体育部长级会议

2011 年 12 月 14 日在印度尼西亚日惹举行。与会的东盟 10 国体育部长或代表，就制定有关使 2013 年成为东盟体育产业年的详细计划、东盟申办 2030 年足球世界杯的相关事宜，以及与体育运动相关的人力资源开发、提高在运动科学和运动医学等方面的管理、改善体育基础设施和运动员生活及体育相关活动的就业前景、与相关商业部门合作发起各项体育赛事等议题展开讨论，以共同促进和发展充满活力的体育产业。

第 17 届东盟交通部长会议

2011 年 12 月 15～16 日在柬埔寨金边举行。东盟各国交通运输部长及代表等与会并商讨在陆、海、空及交通设施等 4 个方面的合作，强调提高东盟竞争力和吸引力应给予交通方面的支持。与会部长或代表签署《东盟铁路边界和换乘车站第六议定书》，以便利跨境货物运输；提议建立东盟单一船运市场，改善海运连接；欢迎进行滚装船网络及短途船运可行性研究以建立多式联运系统。会议肯定落实 2010 年 11 月签署的《2011～2015 年东盟交通发展蓝图文莱行动计划》及相关协议取得的进展。

（林　雯）

中国—东盟自由贸易区

中国—东盟自由贸易区的发展历程

1991 年,中国与东盟开始正式对话。当年 7 月,中国外长钱其琛出席第 24 次东盟外长会议开幕式,标志着中国开始成为东盟的磋商伙伴。1996 年 3 月,中国明确提出希望成为东盟全面对话国,此倡议得到东盟各国的积极响应。同年 7 月,东盟外长一致同意中国为东盟的全面对话伙伴国,中国首次出席东盟与对话伙伴国会议。1997 年 12 月,中国国家主席江泽民出席首次东盟与中国 10 + 1 领导人会议。会议期间,双方领导人发表联合宣言,确定东盟与中国面向 21 世纪的睦邻互信伙伴关系。2002 年 11 月,在第 6 次中国—东盟领导人会议上,双方签署《中国与东盟全面经济合作框架协议》,确定 2010 年建成中国—东盟自由贸易区的目标。2003 年 10 月,第 7 次中国—东盟领导人会议期间,双方领导人签署《中国与东盟面向和平与繁荣的战略伙伴关系联合宣言》,中国正式加入《东南亚友好合作条约》。2004 年,中国国务院总理温家宝出席第 8 次中国—东盟领导人会议,提出加强双方合作的 10 点新倡议。会议期间,双方签署《中国与东盟全面经济合作框架协议货物贸易协议》和《中国与东盟争端解决机制协议》,中国—东盟自由贸易区进入实质性建设阶段。2005 年 7 月,中国—东盟自由贸易区《货物贸易协议》开始实施,双方 7000 余种商品开始全面降税,双边贸易额持续增长。2007 年 1 月 14 日,中国与东盟国家领导人在菲律宾宿务签署中国—东盟自由贸易区《服务贸易协议》。协议的签署为中国—东盟自由贸易区如期全面建成奠定坚实基础。2009 年 8 月,中国与东盟国家领导人共同签署中国—东盟自由贸易区《投资协议》。

2010 年 1 月 1 日,经过 10 年努力,涵盖 19 亿人口、6 万亿美元国民生产总值、4.5 万亿美元贸易额的中国—东盟自由贸易区如期建成。中国—东盟自由贸易区是中国对外商谈的第一个自由贸易区,也是由发展中国家建立的世界上最大的自由贸易区。同年,中国—东盟自由贸易区《投资协议》开始实施。10 月 29 日,在第 13 次中国—东盟领导人会议上,双方领导人签署《落实中国—东盟面向和平与繁荣的战略伙伴关系联合宣言的第二个五年行动计划(2011 ~ 2015)》和《〈中国—东盟全面经济合作框架协议货物贸易协议〉第二议定书》。

2011 年是中国—东盟建立对话关系 20 周年,也是中国—东盟自由贸易区如期建成的第二年,双方进一步推进各领域的合作。1 月 1 日,《〈中国—东盟全面经济合作框架协议货物贸易协定〉第二议定书》开始生效;11 月 18 日,中国与东盟国家领导人签署《关于实施中国—东盟自由贸易区〈服务协议〉第二批具体承诺的议定书》,促进中国—东盟自由贸易区的全面发展。

中国—东盟自由贸易区制度建设不断完善

签订合作协定。在中国—东盟自由贸易区《货物贸易协议》、《服务贸易协议》和《投资协议》三大框架性协议的指导下,2011 年,中国—东盟自由贸易区又相继签订多项具体合作协议和谅解备忘录,为中国—东盟自由贸易区的发展提供制度支持。2011 年 1 月 1 日,中国与东盟于 2010 年 10 月签署的《〈中国—东盟全面经济合作框架协议货物贸易协定〉第二议定书》开始生效实施,新议定书对中国—东盟自由贸易区原产地规则签证操作程序进行修改,允许使用第三方发票,以推动本地区经济一体化进程。11 月 18 日,在第 14 次中国—东盟领导人会议上,中国与东盟签署《关于实施中国—东盟自由贸易区〈服务协议〉第二批具体承诺的议定书》,该议定书在各国完成国内法律审批程序后于 2012 年 1 月 1 日正式生效。2011 年,中国—东盟商务理事会(CABC)与中国农机协会、中国印染协会、中国石材协会、中国渔业协会签订合作协议,将携手开展一系列工作,以协助中国企业发展与东盟经贸关系。根据 CABC 与中国渔业协会签署的框架协议,双方将在信息共享、项目合作、调研合作、培训合作、成立行业对接机制和开展商务咨询等方面积极开展工作,共同构建中国—东盟渔业合作平台。

同年，中国—东盟中心正式运行，成为“一站式”信息和活动平台，为企业与民众提供介绍中国与东盟10国产品、投资机会、旅游资源和教育文化等信息，支持各国中小企业发展，并支持有助于缩小东盟成员国之间发展差距的项目。

推进法律合作。2011年9月，出席第5次中国—东盟法律合作与发展论坛的代表就中国与东盟之间包括条约纠纷、中国与东盟自由贸易区内仲裁中心的机遇与挑战、中国与东盟自由贸易区货物、服务和投资贸易现况及未来发展趋势等议题开展讨论并达成相关共识。10月，中国—东盟法律培训基地研修班在南宁开班，10个东盟国家的19名政府官员、法官、检察官和律师参加，研究中国—东盟自由贸易区经贸投资领域里出现的重点、难点、热点法律问题，提出对策建议。

知识产权保护。2011年3月，中国—东盟知识产权高层研讨会在文莱遮鲁东举行，与会代表建议东盟国家与中国就当前知识产权问题开展对话。11月，中国—东盟知识产权圆桌会议在北京举行，会议就中国知识产权保护自动化技术现状、传统知识保护、中国专利无效程序、东盟联合审查系统、专利审查高速公路和中国—东盟文献交换情况等多个议题进行沟通与交流。

举办一系列会议与论坛。2011年4月，中国—东盟贸易发展高端论坛在云南大理举行，与会代表就中国—东盟贸易发展趋势进行深入探讨并达成相关共识。5月，中国—东盟机械行业合作论坛在南宁举行。6月，第2次中国（广东）—东盟战略合作论坛在广州举行。7月，第2次中国—东盟行业合作会议在昆明举行，中国—东盟合作论坛在印度尼西亚首都雅加达举行。8月，第10次东盟—中国10+1经贸部长会议在印度尼西亚万鸦老举行，会议就中国与东盟的经贸问题进行交流磋商，一致同意将中国—东盟贸易谈判委员会改名为中国—东盟自由贸易区联合委员会。同月，中国—东盟互联互通战略研讨会在北京举行。9月，第5次中国—东盟区域航空服务工作会议在中国浙江宁波举行。10月，第8次中国—东盟物流论坛、第3次中国—东盟金融合作与发展领袖论坛、第4次中国—东盟智库战略对话论坛分别在南宁举行。11月，中国—东盟旅游促进减贫研讨会在南宁举行。12月，中国—东盟北京经济论坛在北京举行，中国—东盟建立对话关系20周年研讨会在老挝万象举行，中国—东盟经贸论坛在曼谷举行，上述3个论坛和会议着重分析中国—东盟合作中可能出现的挑战和机遇，就中国与东盟经济合作的路线和前景提出的建议。

中国与东盟双边贸易创新高

2011年中国继续成为东盟的最大贸易伙伴，东盟则超过日本成为中国第三大贸易伙伴。全年中国与东盟双边贸易额3628亿美元，同比增长23.9%。其中：中国出口东盟1700.83亿美元，增长23.1%；从东盟进口1927.71亿美元，增长24.7%。中国对东盟的贸易逆差为163.62亿美元，比上年减少。

中国与东盟双边投资增长

2011年东盟成为中国内地对外投资的主要目的地，地位仅次于中国香港。2011年中国内地对东盟非金融类直接投资25.4亿美元，同比增长13.1%。截至2011年8月，中国和东盟双向投资累计近900亿美元。其中，东盟对华直接投资673亿美元，中国对东盟投资223亿美元。东盟对华投资广泛分布于中国的房地产业、制造业、交通运输、宾馆、饭店、住宅、金融、零售、石油化工、旅游、矿产资源开发等各个行业；中国对东盟的投资也从传统的建筑业、商贸业等拓展到电力、煤气及水的生产供应业、批发和零售业、制造业、租赁和商务服务业、采矿业、建筑业等多个领域。新加坡、文莱、马来西亚、菲律宾等东盟成员国是东盟对华投资的主要国家，而中国对东盟投资则分布于新加坡、缅甸、印度尼西亚、柬埔寨、泰国、越南、老挝等东盟新老成员国。

2011年4月，中国—东盟贸易发展高峰论坛在中国云南大理举行

（搜房网）

中国与东盟服务贸易领域不断拓宽

2011年1月1日，《〈中国—东盟全面经济合作框架协议货物贸易协定〉第二议定书》开始生效。东盟是中国第五大服务贸易出口市场和进口来源地。东盟在海运、航运、金融服务、建筑工程服务等领域的对华合作，已成为中国服务贸易进口的重要组成部分。

金融服务合作取得进展。2011年5月，在越南河内举行的第14次东盟与中日韩财政部长会议通过《清迈倡议》多边化操作指南，宣布东盟与中日韩10+3宏观经济研究办公室正式成立。《清迈协议》要求区域信用担保与投资基金尽早开始运作，以促进本币债券的发行；同意在区域基础设施融资、灾害保险、区域贸易中使用本币。同月，中国—东盟银行联合体理事会首次会议暨业务研讨会在北京举行，与会代表达成如下共识：应借助中国—东盟银联体平台，进一步增进各国金融机构、知名企业的全面交流和沟通，互相创造便利条件，加强信息交流共享，不断提高合作的水平和层次。中国—东盟银联体首批成员行包括：文莱伊斯兰银行、柬埔寨加华银行、印度尼西亚曼迪利银行、老挝开发银行、马来西亚联昌国际银行、缅甸外贸银行、菲律宾BDO银行、新加坡星展银行、泰国泰华农民银行（大众）有限公司、越南投资发展银行和中国国家开发银行。中国与东盟地区各金融机构表示将探讨促进区域经济金融合作的新方式和新途径，以深化中国与东盟的经贸合作，实现共同发展。6月，中国工商银行中国—东盟人民币跨境清算中心（南宁）在中国广西南宁挂牌成立。该中心为企业客户在跨境贸易过程中提供完善的人民币结算、银行间清算及配套金融服务。

中国与东盟交通合作不断发展。2011年12月，第10次中国—东盟交通部长会议在柬埔寨金边举行，会议发表联合声明表示，双方将在陆路、海事、航空等领域加强合作，实现跨境国际交通运输便利化，同时还讨论《东盟—中国交通战略总规划》，以建立东盟—中国运输走廊。中国与东盟在交通运输领域实施大量务实合作项目，互联互通基础设施得到进一步完善，海运和航空运输更加便利，海上安全进一步增强。年内，中国与东盟的交通合作项目取得成效。4月，中国与老挝交通部部长签署关于发展基础设施建设合作谅解备忘录，启动互联互通工程相关重点项目。5月，由中国政府贷款援助建设的柬埔寨41号公路项目开工。泛亚铁路国内段全长141千米玉蒙铁路年底完工。

繁忙的中国磨憨口岸　（《占芭》）

中国与东盟旅游合作发展较快。中国与东盟都拥有丰富的旅游资源，双方互为重要旅游目的地国。据中国旅游局统计，2011年东盟国家到中国旅游人数分别为：菲律宾89.43万人次，比上年增长7.97%；泰国60.80万人次；新加坡106.30万人次，增长5.91%；印度尼西亚60.87万人次，增长6.15%；马来西亚124.51万人次。中国—东盟博览会的定期举行促进广西与东盟的旅游合作，2011年，广西接待东盟国家旅游者84.9万人次，比上年增长31.6%，占广西接待外国人总数的49.5%。

中国各省与东盟加强经贸合作

自中国—东盟自由贸易区建立以后，中国各省份与东盟各国展开了多方面的合作，其中以广东、广西和云南3个省份表现得尤为突出。

自从广东省制订加强与东盟经贸合作的战略以来，广东省与东盟各国的经贸合作不断发展。2011年广东省与东盟进出口贸易总额931.5亿美元，比上年增长15.5%。东盟成为广东省第四大贸易伙伴，占同期广东省进出口总值的10.2%。而广东省在中国对东盟进出口贸易总额占的比例超过4成。其中：广东省对东盟出口379亿美元，比上年增长21%；自东盟进口552.5亿美元，增长12.1%；贸易逆差为173.6亿美元。按贸易分类来看，年内广东省以一般贸易方式对东盟进出口440.6亿美元，比上年增长21%，占同期广东省对东盟进出口总值的47.3%；以加工贸易方式进出口375.5亿美元，增长7.1%，占广东省对东盟进出口总值的40.3%；此外，保税监管场所进出境货物进出口72.6亿美元，增长45.4%，占广东省对东盟进出口总值的7.8%。2011年，马来西亚、泰国和新加坡位列广东省对东盟进出口贸易的前3位，分别为234.3亿美元、197.3亿美元和175.4亿美元，分别比上年增长11.8%、15.6%和1%。对越南、缅甸、柬埔寨和老挝的贸易也迅速增长，进出口额分别为76.8亿美元、12.5亿美元、5.5亿美元和2亿美元，分别增长31.7%、1.9%、64.7%和87.9%。

随着中国—东盟自由贸易区的建成，以及泛北部湾、大湄公河、中越“两廊一圈”等次区域合作及南宁—新加坡经济走廊建设的加快推进，广西壮族自治区作为中国对接东盟的桥头堡其与东盟国家双边贸易发展较快。2011年广西与东盟进出口总值95.6亿美元，比上年增长46.6%，占广西外贸进出口总值的41%。其中：广西对东盟出口68.3亿美元，增长49%；自东盟进口27.3亿美元，增长41%。1999～2011年，东盟连续12年成为广西第一大贸易伙伴。

2011 年云南省对东盟贸易创新高,云南省与东盟实现外贸进出口总额 59.5 亿美元,比上年增长 30.2%。其中:云南省对东盟出口 35.5 亿美元,增长 22.4%;从东盟进口 24.1 亿美元,增长 43.9%。双边贸易表现出以下特点:商品结构优势互补和多元化发展明显。云南省农产品出口东盟创新高,贸易额达 9.2 亿美元,比上年增长 43.6%。云南省从东盟国家进口商品种类累计达 600 余项,其中零关税商品种类 300 余项。在云南省与东盟贸易中,云南省对东盟以一般贸易方式进出口 35.6 亿美元,比上年增长 46.3%。与缅甸、越南和老挝以边境小额贸易方式进出口 20 亿美元,增长 15.8%;对外承包出口 9885 万美元,增长 1.1 倍;加工贸易 1.6 亿美元,减少 15.8%。2011 年云南省有 1606 家企业和东盟国家有外贸进出口业务,比上年增加 297 家。其中:国有企业对东盟进出口 12.6 亿美元,增长 19.1%,占全省对东盟贸易总额的 21.2%;民营企业进出口 45.4 亿美元,增长 31.2%。

中国与东盟的文教合作不断深入

2011 年中国与东盟文化、教育等方面的交流与合作继续深化。

教育交流不断扩大。东盟各国在中国的留学生 4 万多人,中国在东盟的留学生 7 万多人,中国高校开齐了所有东盟成员国语言专业。中国向东盟派遣汉语教师和志愿者近 5000 人,为东盟培训汉语老师近万人次;中国在东盟国家建立 18 所孔子学院和 14 个孔子课堂。年内,中国举办汉语桥——2011 年东盟中学生夏令营活动,旨在向东盟的年轻人宣传中国文化,增进他们对中国的了解。自 2008 年至 2011 年 8 月,中国—东盟教育交流周已经连续举行 4 次,前 3 次交流周取得显著成效,共有 31 所东盟国家大学和 47 所中国大学签署 135 份合作协议。

文化交流不断增多。2011 年 3 月,为庆祝中国—东盟友好交流年,第 3 次中泰友谊歌会在广西南宁举行。7 月,以“和谐、友谊、交流、共享、繁荣”为口号的第 9 次中国—东盟青少年艺术盛典在广西南宁举行,选拔一批优秀才艺青年参加“走进东盟”文化艺术交流。11 月,中国人民对外友好协会主办的中国—东盟友好文化艺术之旅的艺术访问团出访越南、老挝、马来西亚、文莱 4 国。此外,还举行首次中国—东盟国际象棋青少年精英赛、中国—东盟礼仪形象大使大赛、中国—东盟青年创新大赛和中国—东盟国际汽车拉力赛等纪念中国—东盟对话 20 周年的各种交流活动。

参加中国—东盟友好文化艺术之旅开幕式的嘉宾合影　（国际在线）

东盟—中国经贸促进会成立

2011 年 1 月 18 日在泰国曼谷成立。促进会由泰国、中国以及东盟国家社会与商界人士联合筹建并在泰国商务部登记注册,总部设在曼谷。协会成立旨在促进和加深东盟与中国之间的经济贸易合作与交流。当日举行的首次东盟—中国经贸合作论坛以“东盟 10+1 自由贸易区商贸合作前景”为主题,吸引了多国官员、专家和企业代表参加。

中国—东盟外长会议

2011 年 1 月 25 日在中国云南昆明举行。会议以“中国—东盟战略合作”为主题,双方就建立对话关系 20 周年、中国—东盟自由贸易区建设、东亚合作等议题交换意见。东盟秘书长素林强调,通过加强双方人员互动往来促进相互了解,加强与中国尤其是边境省份的接触与合作。中国外交部部长杨洁篪表示,中国将坚定不移地走和平发展道路,坚持互利共赢的开放战略,坚持与邻为善、以邻为伴的周边外交政策。中国愿与东盟共同努力,全面落实战略伙伴关系第二个五年行动计划,把双方关系维护好,发展好,建设好。

中国—东盟卫生检疫学术交流会

2011 年 2 月 28 日在中国广西凭祥举行。中国国家质检总局卫生司,中国检验检疫科学研究院,越南卫生部,中国广西、云南、北京、天津、河北、新疆等省、自治区、直辖市检验检疫局有关领导和专家参加会议。中国检验检疫科学研究院,广西、云南检验检疫局代表分别介绍与东盟国家进行口岸卫生检疫、媒介监测等合作情况;越南卫生部卫生预防局代表介绍越南检验检疫机构职能以及开展口岸卫生检疫、传染病监测情况。

首次东盟国家口腔医疗技术培训班

2011 年 3 月 2 日在中国广东广州举行开班仪式。由中国科学技术部国际合作司主办，广东省口腔医院和省对外科技交流中心承办。来自印度尼西亚、缅甸、菲律宾的18名口腔医生接受为期15天的培训，除理论学习外，承办单位还组织学员参观华南国际口腔展，到生产基地和医疗机构进行实际操作训练。

第8次中国—东盟商务与投资峰会联络官会议

2011年3月27日在文莱首都斯里巴加湾举行。会议讨论并同意中国—东盟商务与投资峰会秘书处提出的2011年第8次峰会的总体工作方案。会议认为，在区域合作新的形势下，峰会要继续保持其政治、外交规格，进一步发挥峰会作为推进区域经贸合作的重要平台作用，突出务实合作。峰会筹备工作要按照“务实、创新、可持续发展”的思路，把增进共识与多出成果结合起来，把企业展示项目推介、合作洽谈、贸易成交融入到各专题活动中去，重点推进区域行业合作，为深化中国—东盟战略合作关系作出新的贡献。

中国湖南—印度尼西亚投资合作推介会

2011年4月21日在印度尼西亚首都雅加达举行。中共湖南省委副书记梅克保、中国驻印度尼西亚大使章启月、印度尼西亚警察总署杜睿将军、印度尼西亚投资协调署负责人阿丽娜、东盟秘书处高级官员佩婵、印度尼西亚中华总商会常务理事主席林松石以及印度尼西亚农业部、能矿部和教育部等相关政府部门高级官员出席。湖南省商务厅和印尼投资协调署负责人分别介绍双方的投资贸易情况。现场签约一批项目，其中包括：隆平高科印尼公司与印尼阿尔加公司联合发展杂交水稻项目，湖南天建投资公司与湖南地质矿产勘查开发局402队、印尼企业家谢伟民合资设立华夏矿业勘查开发（印尼）有限公司，湖南天建投资公司与印尼巴硕尼公司合作开采、经营万隆金矿项目等。

首次中泰橡胶产业合作论坛

2011年4月21～23日在中国广西南宁举行。主题为“中泰橡胶互利合作和可持续发展”。与会代表围绕中泰橡胶产业发展合作、橡胶贸易物流体系建立、橡胶加工、双边投资等问题开展交流。论坛举办期间，泰国天然橡胶种植、原料贸易和产业加工等企业设置展区，开展中泰企业项目洽谈、参观考察等活动。

第6次中国机械电子产品展览会

2011年5月19日在印度尼西亚雅加达举行。中国机电产品进出口商会副会长王贵清、印度尼西亚工业部总司长布迪·达玛蒂及印度尼西亚工商界人士约200人参加开幕仪式。本次展览会吸引了近400家中国企业参展，主要展品涵盖电力能源、电子消费品、家用电器、汽车配件、工程机械及五金、建材、卫浴等。

中国—东盟环境保护合作中心启动

2011年5月24日，在中国北京正式启动。该中心是为了落实中国国务院总理温家宝在2007年第11次中国—东盟领导人会议上的倡议，由中国政府批准成立。该中心将成为落实中国—东盟环境保护合作战略及相关合作项目的主要实施机构和技术支撑力量，成为中国环境保护对外交流合作的重要平台和窗口。中心从2010年试行阶段起，不断推动双方在环境教育、环保技术、环境标志与清洁生产领域的合作；中心启动后也将推动在保护生物多样性、环境管理能力建设、环境产品和服务、全球环境问题等新领域的合作。

中国—东盟矿业高官会议

2011年5月30日在中国广西南宁举行。中国和东盟矿业政商要员与会。与会人士就新形势下中国—东盟矿业合作的共同目标和发展方向进行广泛而富有成效的探讨和交流，取得多项共识，中国—东盟各方共同发表《南宁宣言》。宣言表示要加强矿业主管部门之间、矿业商会之间、矿业企业之间互访，并且积极为地区间矿业合作提供便利，推动矿业大联合。宣言还表示，将通过中国—东盟矿业合作论坛这一平台，持续在南宁举行每年一次的会议。

东盟—中国中小企业会议

2011年6月8～9日在马来西亚吉隆坡举行。会议围绕“在中国—东盟自由贸易区框架下实现贸易最大化”主题进行讨论，目的是为东盟与中国的中小企业树立中国—东盟自由贸易区意识以及提供相关信息。会议也为东盟与中国探索商务合作和市场机会提

2011年5月24日中国—东盟环境保护合作中心启动活动现场

（百度网）

供平台。会议指出，中小企业是区域经济发展的基石，东盟中小企业为东盟成员国的 GDP 作出 30% ~53% 的贡献，而中国的中小企业为中国的 GDP 也作出 60% 的贡献。东盟中小企业关注来自中国企业的竞争，中方表示将继续和东盟成为好邻居和商业伙伴。中国倡议建立两种融资协助方式：一种是中国—东盟投资合作基金，将为主要投资合作项目提供 100 亿美元资金协助；另一种是提供 150 亿美元的信贷，以加强东盟—中国经济合作及深化东盟一体化。中小企业同时也面临着包括融资限制、技术和市场限制、缺乏管理技能和市场信息等挑战，东盟领导人同意加强落实《2010 ~2015 年东盟中小企业发展战略行动计划》，鼓励和支持中小企业参与东盟经济共同体建设，进一步支持东盟经济共同体建设，以进一步促进中小企业发展、竞争和改革。

中国（河南）—东盟合作交流会

2011 年 6 月 28 日在中国河南郑州举行。本次会议以“开放、交流、合作、发展”为主题，以项目对接、高层论坛、专场推介为主要内容。交流会期间共有 127 个项目签约，合同金额 52 亿美元。其中：引进外资项目 75 个，合同资金 24.6 亿美元；对外贸易项目 46 个，成交总额 20.8 亿美元；对外投资项目 6 个，合同资金 6.9 亿美元。

第 2 次中国—东盟战略合作论坛

2011 年 6 月 28 日在中国广东广州举行。主题为“泰国营商环境与中国对泰投资”，旨在落实《珠江三角洲地区改革发展规划纲要（2008 ~2020）》有关广东构建新的开放经济的计划，就中国广东与泰国在商贸、投资领域的合作展开深入探讨，以解决广东企业赴泰投资和开展经贸活动的问题，实现双方合作共赢。中国和泰国政产学各界代表 150 人参加本次论坛。与会者表示，将落实《关于深化与东盟合作的指导意见》，推进广东企业走进泰国。

第 2 次中国—东盟行业合作会议

2011 年 7 月 3 日在中国云南昆明举行。由中国—东盟商务理事会中方秘书处与昆明市政府共同主办。会议围绕“中国—东盟自由贸易区：打造行业间的互联互通”的主题，探讨双方行业对接与合作，促进双方企业互利共赢。东盟秘书处市场一体化司官员及越南、泰国、马来西亚、老挝等国驻华参赞和中国商务部相关领导参加会议。

中国—东盟合作论坛

2011 年 7 月 6 日在印度尼西亚首都雅加达举行。由中国人民外交学会和印度尼西亚世界事务理事会主办。中国国务院新闻办公室副主任王仲伟、中国驻东盟和驻印度尼西亚大使、东盟政治安全事务秘书长赛亚甘等官员使节、专家学者共 200 多人出席。论坛以“中国—东盟关系的回顾与展望”为主题，着重回顾双方关系的发展历程，总结经验，展望未来 10 年中国与东盟及东盟国家间“互联互通，互利共赢”的合作前景，旨在进一步深化双方战略互信与合作共识。

第 4 届中国—东盟教育交流周

2011 年 8 月 17 日在中国贵州贵阳举行。由中国教育部、贵州省人民政府联合主办。主题是“走向更加务实有效的中国—东盟高等教育合作，打造开放创新的交流平台，推动贵州高校率先扩大对外开放”。旨在进一步推进中国和东盟国家在教育领域的务实合作，促进“双十万学生流动计划”的开展，疏通合作渠道，开辟新的合作领域，推动区域文化的交流与发展。从 2008 年到 2011 年，交流周已连续在贵州举办 3 届，共有 31 所东盟国家大学和 47 所中国大学签署 135 份合作协议。

第 6 次中国—东盟民间友好组织年会

2011 年 8 月 18 ~19 日在泰国曼谷举行。由泰国泰中友好协会主办。来自中国和泰国、印度尼西亚、菲律宾、越南、老挝、柬埔寨、文莱、新加坡、缅甸、马来西亚等东盟 10 国的民间友好组织代表与会。年会期间，签署《第 6 次中国—东盟民间友好组织大会行动计划》。同时，中国—东盟商品展在曼谷世界购物中心举行。

中国—东盟互联互通战略研讨会

2011 年 8 月 23 日在中国北京举行。由中国外交部和广西壮族自治区人民政府主办，北京外交学院与中国—东盟博览会秘书处承办。中国和东盟 10 国政

2011 年 8 月 17 日，第 4 届中国—东盟教育交流周在中国贵阳举行
（新华网）

府、企业、银行、智库以及东盟秘书处的140多位代表与会。与会者围绕中国—东盟互联互通与制度建设、产业对接、地方动议等议题，深入探讨中国—东盟互联互通合作和未来发展方向。

中国—东盟商务理事会中方秘书处与中国有关行业协会和地方政府签订战略合作协议

2011年，中国—东盟商务理事会（CABC）中方秘书处分别与中国农机协会（2月）、中国印染行业协会（3月8日）、中国渔业协会（3月10日）、中国石材协会（3月10日）、中国轻工工艺品进出口商会（9月7日）、广东省湛江市人民政府（1月16日）、广西崇左市人民政府（4月17日）、贵州省商务厅（5月12日）等签订战略合作协议，开展一系列合作，内容包括信息共享、开发东盟市场、建立行业对接机制和人才培训等，携手推进中国与东盟经贸合作深入发展。

中国—东盟旅游促进减贫研讨会

2011年11月1～2日在中国广西南宁举行。由中国工商联、大湄公河次区域（GMS）工商论坛主办，广西壮族自治区工商联承办。中外知名专家学者、大湄公河次区域各国相关政府部门高官、旅游业商会和旅游企业代表以及相关省工商联领导等120多人与会。研讨会主题为“旅游让生活更美好”，旨在通过研讨，搭建沟通交流平台，探讨推动中国—东盟区域内民间资本进入旅游业、发挥商会作用推进旅游减贫工作、开发区域内旅游资源促进减贫工作等相关问题，凝聚政府与企业的合力，推动更多的民间资本参与区域内旅游资源的开发利用，促进中国—东盟区域人口减贫、经济发展。

中国—东盟（南宁）渔业文化周暨广西渔牧名特优产品展示交易会

2011年11月8～14日在中国广西南宁举行。以“合作交流，创意农业，垂钓文化，产业链条”为主题，旨在推动中国—东盟现代渔业的交流合作。中国多家企业共签署海世通金鲳鱼产业化发展项目、北海星都湾五星级酒店商务群项目合作框架协议书、广西优质三黄鸡购销协议、扶绥大正花园等35项合作协议，签约金额达310.46亿元，其中签约金额超过10亿元的项目有5个。此次渔业文化周和交易会还举办海洋渔业发展论坛暨第8次全国罗非鱼产业发展论坛、全国钓鱼锦标赛、全国休闲渔业垂钓比赛、全国龟鳖大赛、广西渔牧名特优产品展示交易会、2011年生猪产业发展大会、专题文艺晚会等活动。

第14次中国与东盟领导人会议暨中国—东盟建立对话关系20周年纪念峰会

2011年11月18日在印度尼西亚巴里岛举行。中国和东盟各国领导人出席。中国国务院总理温家宝在会上发表讲话，就深化中国—东盟务实合作提出6点倡议，即扩大贸易和投资合作，把互联互通等基础设施建设放在突出位置，深化金融领域合作，开拓海上务实合作，深化科技和可持续发展领域的合作，更加重视社会和民生领域的合作。东盟国家领导人表示，东盟各国愿与中国继续相互支持，密切配合，深化战略互信，抓住机遇，全面提升务实合作水平，共同为促进本地区和世界和平、稳定与繁荣作出贡献。会议发表《纪念峰会联合声明》，声明肯定中国与东盟建立对话关系以来取得的成就，并表示将继续在政治安全、经济、社会文化以及地区与国际合作方面保持合作，并就合作的内容提出具体意见和要求。

中国与东盟签署《关于实施中国—东盟自由贸易区〈服务协议〉第二批具体承诺的议定书》

2011年11月18日，中国商务部部长陈德铭代表中国政府与东盟签署《关于实施中国—东盟自由贸易区〈服务协议〉第二批具体承诺的议定书》。该议定书在各国完成国内法律审批程序后，于2012年1月1日正式生效。该议定书的签署，是中国—东盟自由贸易区建成后取得的又一重要成果。此举将有效提升中国—东盟自由贸易区自由化水平，进一步促进中国与东盟各国经济的融合，推动双方服务贸易互利共赢发展。

中国—东盟中心成立仪式

2011年11月18日在印度尼西亚巴厘岛举行成立仪式。12月26日，在北京举行成立招待会，中国相关部委代表、东盟各国驻华使节以及来自中国和东盟各

2011年11月18日，参加第14次中国与东盟领导人会议暨中国—东盟建立对话关系20周年纪念峰会的领导人集体合影（新华网）

国的近500位嘉宾出席。该中心的建立，将有助于促进中国—东盟在贸易、投资、教育、文化和旅游等领域的合作。作为政府间的国际组织，中心将成为“一站式”信息和活动平台，为企业与民众提供介绍中国与东盟10国产品、投资机会、旅游资源和教育文化等信息，支持各国中小企业发展，并支持有助于缩小东盟成员国之间发展差距的项目。

中国—东盟中心成立揭牌仪式　（新华网）

东盟（曼谷）中国进出口商品博览会

2011年12月1～3日在泰国曼谷举行。来自中国的300多家企业参展，展场面积1.5万平方米，展出各类机械机电、建筑建材、农业和食品、化工和塑料等产品。博览会期间还推出洽谈会、产品推介会、行业论坛等，为参展企业开发泰国和东盟市场提供全方位服务。

中国广东（缅甸仰光）商品展览会

2011年12月1日在缅甸仰光开幕。仰光省行政长官出席开幕式。中国广州、珠海、佛山、东莞、中山和江门的64家企业参展，展品有农业机械及车辆、建材、电子家电、日用消费品等。

中国—东盟传统医药展

2011年12月9日在中国南宁广西药用植物园举行。作为2011中国—东盟传统医药高峰论坛的一项活动，本次展览免费向公众开放，邀请市民探寻悠久的传统医药文化，体验药线点灸、拔罐等传统医技。展览以图文展示、实物展示、现场演示、现场体验、信息发布、洽谈咨询等方式，展示和交流各国传统医药在医疗、保健、教育、科技、文化、产业等领域的优秀成果。

第19次中越商品交易会暨中国—东盟（凭祥）红木文化节

2011年12月11～13日在中国广西凭祥举行。由广西壮族自治区商务厅、崇左市人民政府主办，中共凭祥市委员会、凭祥市人民政府承办。国内知名红木营销专家、红木经销商以及越南、老挝、柬埔寨等国的红木供应商汇聚凭祥，围绕红木文化与生活主题，探寻红木产业发展商机。其间，承办方还举办中国华艺书画院当代书画名家作品展、中越传统风味小吃展示、中国—东盟凭祥红木国际商城开业、广西红木产品质量监督检验中心揭牌、中国—东盟红木文化交流与发展营销峰会暨凭祥红木家具精品大赛、文艺晚会等活动。

第10次中国—东盟交通部长会议

2011年12月16日在柬埔寨首都金边举行。会议通过《第10次中国—东盟运输部长联合声明》，双方表示加强在陆路、海事、航空等领域的交通运输合作，实现跨境的国际交通运输便利化。双方讨论《东盟—中国交通战略总规划》，承诺进一步提高跨境和国际运输便利化，推动建立东盟—中国运输走廊。

中国北京—东盟经济论坛

2011年12月22日在北京举行。由北京市人民政府、东盟秘书处和中国—东盟中心共同主办。来自东盟10国及中国北京、江苏、浙江、福建的金融业、制造业、旅游业、高科技文化创意行业的企业家近200人参加论坛。本次论坛旨在为中国与东盟企业，特别是北京市与东盟国家企业搭建一个交流合作的平台。

中国—东盟建立对话关系20周年研讨会

2011年12月22日在老挝首都万象举行。由中国驻老挝大使馆和老挝外交部主办。老挝外交部和中国驻老挝大使馆官员，东盟事务高官及老挝政府各部委代表、专家学者等150余人出席。中国驻老挝大使布建国在研讨会上回顾中国—东盟对话关系发展历程和取得的重要成果，并就如何发展中老在中国—东盟自由贸易区框架下的合作、推动中国—东盟关系发展提出具体建议。老挝外交部、卫生部、财政部等部委官员及专家学者先后发言，积极评价中国—东盟框架下老中在政治安全、经济贸易、社会文化和区域合作等领域取得的合作成果。

2011年中国—东盟经贸论坛

2011年12月27日在泰国首都曼谷举行。由泰中友好协会、泰中商务理事会以及东盟商界杂志社联合举办。主题为世界变局中，中国—东盟自由贸易区的机遇与挑战。来自泰国旅游、食品、法律事务、电器工程等多个行业的人士与会，就中国与东盟各领域的合作各抒己见，交流经验，共同探讨中国—东盟经济合作路线与前景，并就未来合作方向提出积极建议。

区 域 合 作

大湄公河次区域经济合作

大湄公河次区域合作发展历程

湄公河(中国境内称澜沧江)是亚洲一条重要的国际河流,发源于中国青藏高原唐古拉山,自北向南流经中国青海、西藏、云南3省(自治区)和缅甸、老挝、泰国、柬埔寨、越南5国,于越南胡志明市附近注入南中国海,全长4880千米。大湄公河次区域处于东南亚、南亚和中国大西南的结合部,该次区域涉及中国云南、广西两省(自治区)以及缅甸、老挝、泰国、柬埔寨和越南5个国家,面积256.86万平方千米,总人口约3.29亿。

大湄公河次区域(GMS)合作始于1992年,当年10月,首届GMS合作会议在菲律宾马尼拉亚洲开发银行总部召开,会议确立GMS合作的总体框架。会议文件将大湄公河次区域界定为柬埔寨、老挝、缅甸、泰国、越南和中国云南省(2005年确定广西为中国参与GMS合作的第二个省份)。会议决定每年召开一次6国部长级会议,并确定8个主要合作领域,即交通、能源、环境和自然资源管理、人力资源开发、贸易和投资、旅游、通信、禁毒等。

自1992年至2011年,大湄公河次区域合作已走过20个年头,经历3个发展阶段。

第一阶段(1992～1996年)为建立互信,构建合作框架阶段　主要就GMS合作的基本问题进行可行性研究及广泛磋商,建立合作框架,形成合作机制。1994年第3次GMS部长级会议确立后来成为GMS合作蓝图的项目计划,形成《大湄公河次区域经济合作——由倡议走向实施》的会议文件。1995年11月召开的第5届GMS部长级会议进一步扩充合作领域,筛选出103项优选合作项目。1995年4月,湄公河下游泰国、老挝、柬埔寨和越南4国在泰国清莱签署《湄公河流域可持续发展合作协定》。4国决定在湄公河流域开发和管理的一切领域,包括河流资源、河上航运、洪水控制、渔业、农业、发电及环境保护等所有可能产生跨越国界影响的领域进行合作。依照协定建立的新湄公河委员会取代原来的湄公河临委会,新湄公河委员会自成立之日起就邀请上游的两个国家中国和缅甸加入该组织,并于1996年开始与两国定期举行对话。

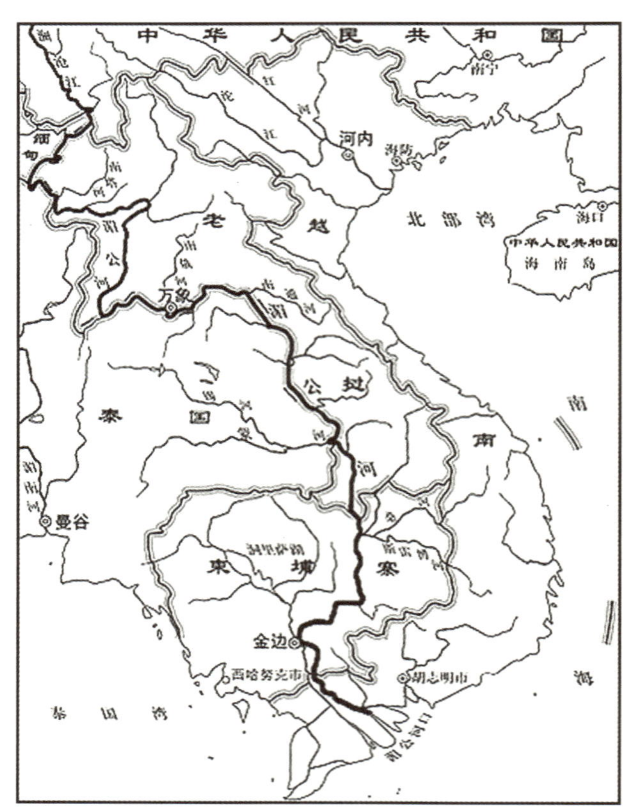

大湄公河次区域图　(搜狐网)

第二阶段(1997～2001年)为建立战略框架和优选项目阶段　确定GMS合作优先领域,批准一批重点项目,全面展开项目可行性研究,实施优先项目。2010年11月召开的第10次GMS经济合作部长级会议确定今后10年GMS合作的5个战略重点,即加强基础设施联网,便利跨境贸易与投资,扩大私营部门的参与和竞争,开发人力资源和提高技能水平,加强环境保护和促进自然资源的可持续利用。会议确定的11个旗舰项目包括南部经济走廊、东西经济走廊、南北经济走廊、电信骨干网、电力网、便利跨境贸易与投资、私营参与和增强竞争力、人力资源开发、环保战略框架、洪水控制和水资源管理、旅游等。

第三阶段(2002～2011年)为提升和全面发展阶段 在建立首脑会议机制和召开部长级会议方面取得新进展。大湄公河次区域6国分别于2002年11月(柬埔寨金边)、2005年7月(中国昆明)、2008年3月(老挝万象)和2011年12月(缅甸内比都)举行4次领导人会议,分别通过《次区域发展未来10年战略框架》、《大湄公河次区域经济合作新10年战略框架》等重要文件,为次区域合作指明方向。2002～2011年,先后召开11次部长级会议,审议通过多项开发规划和贸易协定,推动GMS合作向深度和广度发展。

2011年大湄公河次区域合作取得新进展

大湄公河次区域(GMS)首脑会议、部长会议年内如期举行,重点合作领域取得新进展。

成功举行第4次首脑会议 12月20～21日,大湄公河次区域经济合作第4次领导人会议在缅甸首都内比都举行。会议主题是"超越2012:建立新10年大湄公河次区域经济合作战略发展伙伴关系"。会议通过《内比都宣言》和《大湄公河次区域经济合作新10年战略框架》,为次区域未来10年合作发展确定了大方向,规划了新蓝图。

部长级会议取得新进展 8月4日,大湄公河次区域(GMS)经济合作第17次部长级会议在柬埔寨首都金边举行。会议回顾自第16次部长会议以来GMS合作取得的进展,审议GMS新10年(2012～2022年)战略框架、旅游合作战略、信息高速公路谅解备忘录、核心环境项目二期框架文件和行动计划、设立GMS铁路协调办公室行动计划及交通与贸易便利化成果文件,并就新10年战略框架的实施进行深入讨论。会后发表《部长联合声明》。

重点合作领域有新突破 交通、农业、电力、环境保护、卫生、旅游、教育、科技、贸易等领域的合作取得可喜成果。

(1)交通领域合作。连接老挝和泰国的湄公河第三座友谊大桥(老挝他曲/泰国那空帕农沙口岸)于2011年11月11日正式通车,昆曼公路会晒—清孔湄公河大桥建设加紧推进。中国昆明至河口高速公路石林至蒙自段进入后期施工阶段,新建的玉溪—蒙自—河口铁路相继进入尾声,越南老街—内排和内排—海防高速公路建设进展顺利,中国防城—东兴、钦州—崇左、崇左—靖西、靖西—龙邦、百色(田阳那坡镇)—靖西—那坡高速公路建设加快推进。湄公河国际航运、红河国际航运项目等也取得新进展。

(2)农业领域合作。中国与次区域各国之间的农业合作与交流进入快速发展阶段。中国继续推进与GMS国家合作开展的优质高产农作物示范田建设,加强农业生产实用技术、农村生物质能源、农业可持续发展、农作物高产栽培技术等各类培训工作;继续实施中越、中缅、中老跨境动植物疫病防控合作项目,进一步加强和完善GMS农业信息网软硬件建设,加强与GMS国家开展农村户用沼气技术试验示范项目,橡胶苗木生产、加工示范项目,种猪示范推广项目,杂交玉米试种基地以及农业科技园区合作、果蔬新品种试种基地和蔬菜种植开发等合作。中老缅禽流感防控技术与交流、跨境动物疫病防控合作等项目建设取得新进展。中国与越南合作建设甘蔗种植加工和剑麻种植基地加快推进。中国云南—老挝乌多姆赛农业科技示范园建设进一步加快。中国与GMS成员国的农业投资与贸易合作发展势头良好。

(3)电力领域合作。中国电力企业与越南、泰国、老挝、缅甸等国家的电力合作取得初步成果。年内,中国大唐集团公司以BOT方式投资建设的缅甸太平江一级水电站(24万千瓦)建成投产,中国大唐集团公司在柬埔寨投资的斯登沃代水电项目(12万千瓦)完成46%的工程量,中国水利电力对外公司以BOT方式投资的老挝南俄5号水电站、南椰河2号水电站项目相继开工建设。

(4)信息通信领域合作。2011年6月,首届GMS

缅甸太平江一级水电站建成投产 (搜狐网)

信息通信部长级会议在中国陕西西安举办，会议就新的 GMS IS 谅解备忘录的文本达成一致意见，并通过《大湄公河次区域信息通信发展战略》及《大湄公河次区域信息通信部长联合声明》。

(5)环境领域合作。中国政府积极落实《大湄公河次区域核心环境计划和生物多样性保护走廊规划(CEP－BCI)》项目，推进云南省西双版纳和香格里拉德钦地区、广西靖西等几个项目执行的重点区域的建设。7 月，在柬埔寨举行的第 3 次大湄公河次区域环境部长会议上，与会部长就《大湄公河次区域核心环境项目生物多样性保护走廊计划二期框架文件(2012～2016)》达成原则一致，为次区域环境和生物多样性走廊项目的进一步实施作好启动准备。

(6)卫生领域合作。GMS 国家的传染病防控能力进一步增强。2010 年以来，中国启动中缅、中老、中越边境地区登革热防控项目，为 GMS 5 国培训一批疟疾防治、人感染高致病性禽流感和甲型 H1N1 流感监测方面的官员、专家以及跨境卫生合作项目方面的专业管理人才。

(7)旅游领域合作。建立中国公民参团赴越南边境旅游办理出入境通行证即时受理，当天办结工作制；中国山水实景剧《印象・刘三姐》移植越南下龙湾项目取得进展，北部湾沿海—越南下龙湾海上航线恢复通航。中国积极参与旅游人才培训合作。2011 年 9 月，中国桂林市举办大湄公河次区域各国高级旅游管理人才培训班。

(8)教育和人力资源领域合作。教育合作稳步推进。中国云南、广西各高校加强与 GMS 成员国合作建立人才培养基地，不断扩大招收留学生规模和领域。中国与 GMS 各国合作积极开展汉语推广工作，在各成员国建立 30 多所孔子学院与孔子学堂，在教育、人才培养合作方面也开辟多个领域，通过高层专题研讨会、干部培训班、进行友好交流等方式加强交流和合作。

(9)科技领域合作。根据各成员国的需求，以共同支持开展科技交流合作项目、举办培训班、召开学术研讨会、捐赠科研设备等方式，加强双边和多边科技合作。

(10)贸易投资领域合作。GMS 各国经济走廊建设研讨频繁，逐步形成各国地方政府和企业参与合作、交流对话与信息分享的平台。2011 年中国与 GMS 国家进出口总额 1152.49 亿美元，占同期中国对东盟国家贸易总额的 29.95%，比上年提高 5.02 个百分点。中国与 GMS 国家双向投资逐步增多。中国云南、广西两省、自治区与次区域国家经贸成绩显著。

大湄公河次区域交通领域合作

经过各成员国的努力，截至 2011 年，东西、南北和南部三大交通走廊建设已经取得重大进展。三大交通走廊的互联互通基础设施的建成有效提高区域内的联系性和通达性，降低成员国间贸易、人员往来的成本，推动次区域经济网络的形成和发展。

公路建设　东西交通走廊东起越南岘港、东河，经老挝南部沙湾那吉、泰国东北部穆达汉、孔敬，至缅甸毛淡棉港(又有方案延伸至缅甸曼德勒)，全长 1450 千米。由于该走廊所经过的老挝下寮地区靠近柬埔寨东北部，因此柬埔寨东北部也加入其中，走廊的参与者由此包含中南半岛 5 个国家。该走廊可连贯印度洋和太平洋，从印度洋到达太平洋可以减少 14 天时间。东西交通走廊公路于 2009 年全线通车。

南北交通走廊分为东线、中线和西线。

东线分为南宁—河内—曼谷和昆明—河内—海防公路。其中，南宁—河内—曼谷有 4 条线路。(1)南宁—河内—和平—邦富—桑怒—万象—曼谷，全长 1568 千米。该通道基本形成，中国、泰国境内的路段均为高速公路，越南河内至北宁已有约 36 千米高速公路，但河内至老挝境内的邦富、桑怒段大多为山区三四级油路和砂石路面，行车时速三四十千米。(2)南宁—河内—东河—老保—沙湾拿吉—穆达汉—曼谷，全长 1934 千米。这条公路中国、泰国的路段均为高速公路，河内至东河段 580 千米(在河内近郊约有 20 多千米高速公路)，东河至越老边境的老保口岸 75 千米，越南老保/老挝沙湾那吉沙湾拿吉口岸均已建成二级公路。(3)南宁—河内—荣市—吊桥/南保—他曲—那空帕农—曼谷—新加坡，全长 1765 千米。其中，越南境内同登至河内 180 千米为二级公路(北江至河内约有 36 千米高速公路)，河内至荣市 291 千米为二级公路，荣市至吊桥/老挝南保口岸 104 千米为山区三级油路，老挝南保—他曲 233 千米为山区和平原二三级油路，泰国那空帕农至孔敬 298 千米、孔敬至曼谷 449 千米均为高等级公路。2011 年 11 月 11 日，连接泰国和老挝的湄公河第三座友谊大桥正式启用。(4)南宁—东兴—芒街—海防—河内—胡志明—金边—曼谷，全长约 3098 千米。其中，中国南宁至防城港段 153 千米早已建成高速公路；全长 54.68 千米的防城港至东兴高速公路已于 2010 年 4 月 28 日动工兴建，将与规划中的中越北仑河二桥引道相连，预计 2013 年可建成通车。连接中国东兴和越南芒街的中越北仑河公路二桥项目，有望在 2012 年下半年开工建设。越南境内。海防至河内高速公路长 105.5 千米，其中，EX－5 标段(15.3 千米)工程于 2011 年 9 月 5 日开工建设。越南河内—胡志明 1730 千米为二级公路，胡志明—金边 230 千米(一号公路)为二三级油路，金边—曼谷 653 千米为高等级公路。

昆明—河内—海防公路是南北交通走廊东线的另一重要通道。昆明至河口全长 407 千米，分段建设高速公路。昆明至石林早年已建成高速公路；新街至河口高速公路全长 56 千米，于 2008 年 2 月 26 日全线通车;新街至蒙自高速公路全长85千米,于2009年8月6日建成通车;连接昆明至河口公路与越南老街至河内公路的中越红河公路大桥,于2009年9月1日建成通车。全长186.5千米的石林至蒙自高速公路在建,预计2012年底建成通车,届时昆明—南宁—友谊关将全线建成高速公路。越南境内老街—河内段高速公路在建。

中线(昆明—曼谷公路)于2008年3月31日建成通车,全长1880千米。其中,小勐养至磨憨段、磨憨/磨丁至老挝会晒口岸、清孔至清莱为二级公路,其余为高速公路。昆曼公路会晒—清孔湄公河大桥由中、泰两国政府各提供一半资金共同建设,于2010年2月开工,预计2012年9月竣工。清孔至清莱(100多千米)、小勐养至磨憨段(156.57千米)正在改造为高速公路。

西线,分为北部交通走廊和南部交通走廊。北部交通走廊(昆明—大理—瑞丽—缅甸)公路通道全长820千米,中国昆明—缅甸公路有3条已基本建成高速通道:(1)昆明经保山、腾冲、猴桥通往缅甸密支那公路。云南境内段698千米,已有570千米建成高速公路,其余为二级公路,缅甸境内105千米路段已于2007年4月建成通车。(2)昆明经保山、瑞丽通往缅甸曼德勒公路。云南境内全长731千米,已有577千米建成高速公路,待龙陵至瑞丽公路改造完工后,全线将提升为高速公路。(3)昆明经思茅、景洪、打洛通往缅甸东枝、曼德勒公路。云南境内全长672千米,已有508千米建成高速公路,其余路段为二级以上高等级公路。

南部交通走廊分为A线和B线。A线为泰国曼谷—柬埔寨金边—越南胡志明—头顿;B线为泰国曼谷—柬埔寨暹粒—上丁—拉达纳基里—越南波来古—归仁。经过多年的努力,南部交通走廊公路网初见雏形。该走廊泰国境内的公路基础条件较好。2002年,戈帕河(Kah Bpow River)上连通泰国和柬埔寨的长1.9千米的桥梁建成通车。柬埔寨境内的公路条件也得到改善和升级。2008年,在亚行和澳大利亚政府的资助下,一条连接柬埔寨和越南的15千米的公路路况得到改善。同年4月,连接老挝和柬埔寨的最后一段长8千米的公路最终竣工。日本援建的跨湄公河大桥——河良大桥于2011年2月12日动工兴建,预计2015年建成通车。

铁路建设　南北走廊泛亚铁路建设进展顺利。泛亚铁路东、中、西3线都已全面启动并迅速推进。

泛亚铁路东线,即新加坡—吉隆坡—曼谷—金边—胡志明—河内—河口—昆明,全长5513千米,其中中国境外恢复和新建438千米(其中需新建诗梳风—波贝48千米、禄宁—巴登257千米、胡志明市—禄宁133千米)。中国境内改造扩能和新建330千米。新建玉溪—蒙自铁路于2005年开工建设,2011年进入收尾阶段;蒙自—河口铁路于2009年底开工建设,计划2013年建成;昆明—玉溪铁路扩能工程于2010年开工建设,预计2014年完工。预计泛亚铁路东线中国境内段将于2014年全线贯通。柬埔寨诗梳风—波贝48千米长的铁路于2010年11月开工,预计2013年建成。

泛亚铁路中线,即新加坡—吉隆坡—曼谷—廊开—万象—波登—磨憨—昆明,全长3875千米,其中新建约958千米(泰国境内30千米、老挝境内421千米,中国云南境内507千米)。中国境内段昆明—玉溪铁路扩能工程(48.7千米)于2010年开工建设,预计2014年完工。自昆玉铁路玉溪南站接轨经思茅、景洪、尚勇至磨憨口岸进入老挝,需新建玉溪—磨憨段506.659千米,正在开展可行性研究;老挝境内新建磨憨/磨丁—万象段421.24千米,预计2013年开工。泰国计划建设由泰国廊开府经过老挝与中国铁路网连接的高速铁路。该线路是泰国加速推进的铁路项目之一,并与泰国国内的北线、东北线和南线高速铁路相连,届时将形成GMS邻国、东盟与中国为一体的交通网络。

泛亚铁路西线,即新加坡—吉隆坡—曼谷—三塔山口—耶城—勃固—仰光—曼德勒—内比都—腊戌—瑞丽—昆明,全长4080千米。其中,长99千米的昆明—广通段铁路扩能工程于2007年开工,计划2013年竣工;长175千米的广通—大理段铁路扩能工程于2010年9月10日开工,预计2014年竣工;长133.6千米的大理—保山段于2008年6月30日开工建设,预计2014年2月建成;保山—瑞丽段长195.74千米,于2011年5月30日在瑞丽奠基。中国云南瑞丽至缅甸腊戌145千米,尚无铁路,需要新建;自腊戌可接缅甸铁路网达仰光;仰光—耶城已有铁路,需新建耶城—泰国三塔山口—班塔通纳铁路即可通达曼谷,连接新加坡。

水运航道建设　南北交通走廊水运航道建设,主要包括澜沧江—湄公河国际航道、红河国际航道和中缅国际航道。

(1)澜沧江—湄公河国际航运合作。中国云南与东盟联系的国际水路大通道主要是澜沧江—湄公河航道。按照中、缅、老、泰4国通航协定,4国商船通航范围为中国思茅港至老挝琅勃拉邦,全长786千米,开放港口、码头共14个。其中,景洪港至清盛港约265千米。近3年来,中国云南省共投入9000多万元全面建成澜沧江五级航道体系,通航时间也由过去的半年提升到全年通航,运输船舶最大载重吨位从80吨发展到380吨。至2011年,湄公河从中国云南的思茅港和景洪港直至老挝北部的琅勃拉邦都可以通航,但从琅勃拉邦至万象的航行受到季节限制。据统计,2010年湄公河国际航行船舶进出港3060航次,实现货运量24万吨,运输旅客10万人次。2011年秋,澜沧江—湄公河国际航线因故一度受到影响,2011年12月10日恢复通航后,澜沧江—湄公河国际航运情况正常。(2)红河国际航道。红河全长1280千米，由中国云南河口出境进入越南后汇入北部湾。2008年底，《红河航运发展规划报告》通过中国交通运输部规划司、云南省发改委等有关部门的评审。2011年11月，中国云南省交通厅代表和越南老街省交通运输厅代表在越南老街就红河航运合作开发事宜进行会谈，并签署《红河航运合作备忘录》。(3)中缅国际航道。中缅陆水联运通道是沟通中国与东盟、南亚等国的重要贸易通道，由中国云南瑞丽口岸出境，沿着瑞丽至缅甸八莫的公路，从八莫下水伊洛瓦底江直达仰光、印度洋。中缅陆水联运通道建设具有投资少、见效快的优势。早在1996年，中缅双方就达成合作建设陆水联运通道的共识，但因在一些问题上存在分歧而进展缓慢。2010年6月中国国务院总理温家宝访问缅甸时，双方进一步探讨开展中缅陆水联运合作的可能性。2011年5月30日，云南龙陵至瑞丽高速公路在云南瑞丽奠基，项目全长128千米，起点连接保山至龙陵高速公路，止点连接中缅交界处瑞丽至缅甸八莫公路，预计2015年建成通车。作为中缅陆水联运国际大通道的重要路段，随着龙瑞高速公路等项目的顺利推进，中缅陆水联运将指日可待。

经过整治，澜沧江通航能力大大加强　　（搜狐网）

湄公河区域交通便利化建设　中国加入《大湄公河次区域便利货物及人员跨境运输协定》(以下简称《便运协定》)，至2011年，完成《便运协定》全部17个附件和3个议定书的谈判和签署工作。中国与越南分别签署《中越关于在河口—老街实施便运协定的谅解备忘录》和《中越关于在友谊关—友谊出入境站点及昆明—百色—南宁—友谊关—友谊—谅山—河内路线列入协定议定书的谅解备忘录》。中国与老挝签署《中老关于在磨憨—磨丁实施便运协定的谅解备忘录》，开通13条国际客货运输线路。中国还与老、泰两国就昆曼公路交通运输权益问题达成一致。中、老、泰三国正在履行国内法律程序，力争尽早实现昆曼公路的便利化运输。关于中缅运输协定，双方商定于2012年在中国举行谈判，力争早日达成一致并签署协定，为中缅两国的跨境运输提供制度保障和便利安排。至2011年，中国云南开通至GMS成员国的国际道路客货运输线路17条，中国广西也开通10条国际客货运输线路。

航空通道建设　中国进一步完善现有机场功能，扩大航线网络，与中南半岛国家机场互联互通，形成空港群体，促进GMS区域内空中运输协同发展。中国云南昆明新国际机场—长水机场将于2012年6月28日全面实行转场运营和正式通航。至2011年底，云南已开通至东南亚的国际航线29条。总投资68.8亿元的南宁机场航站区扩建工程已进入全面施工阶段，新航站楼主体工程将于2012年底前竣工。至2011年底，南宁机场已开通至曼谷、新加坡、吉隆坡、雅加达、万象、仰光、胡志明市、金边等东盟国家航线，实现与大湄公河次区域经济合作全部国家的通航。为改善区域内的航空条件，泰国政府延长了给老挝政府的贷款期限，用于老挝国内机场条件的改善。老挝沙湾拿吉机场扩建工程在建，预计2012年竣工。

大湄公河次区域能源领域合作

电力联网和电力交易　截至2011年，中国云南电网公司和南方电网公司已分别与越南北部、老挝北部和缅甸实现电力联网。中国通过3条220千伏、4条110千伏送电通道向越南北部8省送电，2010年向越南北部8省送电55.3亿千瓦时，同比增长24.9%。至2011年8月底，累计向越南送电209亿千瓦时，向老挝北部4省供电1.36亿千瓦时。2010年中国南方电网公司从缅甸瑞丽江一级水电站和太平江水电站进口电力17.2亿千瓦时。截至2011年8月底，累计向缅甸购电48.68亿千瓦时。

GMS电力项目合作与开发　中国电力企业广泛开展与越南、泰国、老挝、缅甸等国家的电力合作，参与电站投资和建设工程承包、输变电线路工程承包，取得初步成果。(1)中国与缅甸的电力合作。2010年11月，中国华能公司与缅方共同签署瑞丽江二级水电项目协议备忘录。该项目是华能在缅甸瑞丽江流域规划建设的第二个水电项目，项目装机容量52万千瓦，由中缅双方以BOT形式投资开发。2011年1月，中国大唐公司以BOT方式投资建设的缅甸太平江一级(24万千瓦)水电站建成投产，该电站90%以上的电量回送中国南方电网。2011年9月，云南电网公司与老挝国家电力公司签订《关于老挝北部电网项目相关问题谅解备忘录》,进一步明确双方合作项目范围、合作方式等。(2)中国与柬埔寨电力合作。2010 年 11 月,中国国电公司与柬埔寨签署柬埔寨柴阿润和松博两个水电项目的谅解备忘录,取得这两个水电项目共 270.8 万千瓦的开发权。2010 年 12 月,由中国华电集团公司投资建设的柬埔寨戈公省额勒赛下游水电项目成功实现截流,预计将于 2014 年建成。截至 2011 年 12 月底,中国大唐集团公司在柬投资的斯登沃代(12 万千瓦)水电项目工程已完成 46% 的工程量,相关配套的金边—菩萨—马德望输变电线路项目在建,预计于 2013 年 5 月建成发电。(3)中国与老挝电力合作。2010 年 8 月,中国水利电力对外公司以 BOOT(拥有部分所有权)方式投资的老挝南立河 10 万千瓦 1－2 号水电站竣工投产。中国水电建设集团以 BOT 方式投资的南俄 10 万千瓦 5 号水电站项目在建,预计 2012 年底投产发电。中国水电建设集团以同样方式投资建设的南椰河 2 号(18 万千瓦)水电站项目于 2011 年 10 月开工,预计 2015 年竣工投产。

在不断取得合作成果的同时,也遭受到一定的挫折。2011 年 9 月,缅甸总统吴登盛向国会发表声明称,根据人民意愿在本届政府任内搁置兴建中缅合建的密松电站项目,突然单方叫停该项目,使中方企业遭受巨大经济损失。密松电站属于中电投资集团投资兴建的缅甸伊洛瓦底江上游干流流域 7 个梯级电站中的第一座电站,于 2009 年 12 月开工建设,装机容量 600 万千瓦。伊洛瓦底江上游梯级电站项目开发权由中电投资取得,预计投资总额 2000 亿元,工程项目总装机容量 2500 万千瓦,建设周期 15 年。

大湄公河次区域信息通信领域合作

信息高速公路建设进展顺利。GMS 信息高速公路项目一期工程于 2009 年基本完成。此后,大湄公河次区域信息高速公路(GMS IS)实施小组和指导小组先后分别在缅甸、泰国和柬埔寨举行 3 次会议,就 GMS IS 的运营维护、跨境段使用资费、二期工程建设及应用业务开展等议题进行充分交流,为提高 GMS IS 使用效率和业务合作奠定基础。

信息通信领域合作不断拓展。2010 年 9 月,GMS 信息通信高官会在中国上海举行。2011 年 6 月,首届 GMS 信息通信部长级会议在中国西安举办。会议就新的 GMS IS 谅解备忘录的文本达成一致意见,并通过《大湄公河次区域信息通信发展战略》及《大湄公河次区域信息通信部长联合声明》。中国工业和信息化部与老挝邮政电信署还在会议期间签署关于《继续开展农村通信适用技术示范项目的谅解备忘录》。

大湄公河次区域农业领域合作

大湄公河次区域各国在农业信息应用和农业科技交流、跨境动植物疫病防控、农业贸易、农村可再生能源等方面的合作不断深化,取得积极成果。

农业科技合作 (1)GMS 国家在推广良种和先进技术方面深入合作。在中越边境地区,中越两国开展桑蚕、杂交水稻、玉米、甘蔗、瓜菜等农业技术交流,促进中越边境地区农业产业的发展和农业经济水平的提高。至 2011 年,中越合作累计在越南建立水稻推广示范点 23 个,面积 981.7 公顷;甜瓜蔬菜推广种植示范点 16 个,瓜菜面积 300 公顷;举办农技人员和农民培训班 50 多期,培训 3000 多人次。中国、老挝、缅甸、柬埔寨、越南等国还建立跨境合作机构,设立农业科技示范园等,为农业技术交流提供平台。至 2011 年,先后成立东南亚保护农业协作组、中国云南—柬埔寨暹粒友好农业科技示范园、老挝北方农业科技示范培训中心、中越保山农业科技示范园、越中河内农业科技示范园、中老农业研发中心、中缅农业研发中心等跨境合作平台,为大湄公河次区域农业科技合作提供支持。选育的大豆、陆稻、小麦、杂交水稻、马铃薯、甘蔗、柠檬、茶叶、坚果、草果等作物品种已被柬埔寨、老挝、缅甸、泰国和越南等国家引进并示范推广。(2)示范基地建设。中国与越南、老挝、柬埔寨、缅甸合作建立农业技术示范基地,收到良好效果。中国与越南合作建设甘蔗种植加工和剑麻种植基地,取得初步成效。中国与老挝合作建设果蔬新品种试种基地和木薯种植示范基地、中国云南—老挝乌多姆赛农业科技示范园,在带动当地农业发展方面发挥了示范作用。中国和柬埔寨合作实施的种猪示范

老挝南椰河 2 号水电站导流洞全线贯通 (搜狐网)

项目取得较好效益，受到柬方好评。中国与柬埔寨合作在柬建设3个甘蔗高产示范区，并以示范区为平台，在柬埔寨开展技术服务和农业技术人员培训，带动当地提高甘蔗生产技术水平和生产效率。中国与缅甸农业技术示范活动深入推进，实施的木薯种植及深加工、剑麻种植示范、橡胶苗木生产和加工示范、水稻杂交品种试验示范基地、杂交玉米试种基地以及农业科技园区等合作项目均取得进展。

农业投资合作　中柬农业经贸投资合作发展迅速。投资方向涉及农业新技术新品种示范推广、合作投资开发农业资源等。中国广西东兴市京华实业有限公司与柬埔寨联合木业投资有限公司在柬埔寨合作开展年产10万吨木薯淀粉加工项目，配套建设1.5万公顷高产优质木薯原料生产基地。广西明阳生化集团与柬埔寨DP农业公司达成在柬埔寨拉达那基里省合作进行9000公顷木薯种植开发合作。广西国宏经济发展集团有限公司在柬埔寨投资成立国宏（柬埔寨）实业有限公司，从事农业与农产品加工贸易项目的投资和经营。广西兴桂农业机械展示交易有限公司与柬埔寨金森实业发展有限公司合作实施中柬农机购销合作项目。广西福沃得农业技术国际合作有限公司在柬埔寨实居省和桔井省分别开展标准化木薯、柑橘种植基地和香蕉、木薯标准化种植示范园建设，多种作物试验种植取得成功。

中老农业投资合作步伐坚实。中国与老挝两国之间形成援助与培训、园区项目与单个投资项目相互促进、共同发展的局面。截至2011年，中国政府向老挝政府提供多项无偿援助，其中包括提供设备如耕作机、养殖设备和玉米烘干机，以及援建老北农业示范中心项目等。中老缅禽流感防控技术与交流、跨境动物疫病防控合作等项目建设取得积极进展。两国地方政府间的农业合作交流也日益频繁。中国重庆市外经委与万象市农林厅合作兴建老挝重庆综合农业园，云南省与乌多姆赛省合作建设农业科技示范园，广西与占巴色省合作建设中国果蔬新品种试种基地。中国企业在老挝投资的农业项目也不断增多。据统计，经中国商务部批准在老挝开展农业合作的企业约50家，主要经营橡胶、中药材、木薯、大米、甘蔗、桉树、小油桐种植及仔猪养殖等。

农业贸易合作　2011年中国向越南出口的农产品主要有蒜头、中药材、柑橘、洋葱、苹果等，越南的木薯、龙眼、西瓜、火龙果等农产品通过广宁、谅山等边境省口岸源源不断出口到中国。2011年1～9月，仅中国广西与越南的农产品贸易总额就达6.56亿美元，同比增长24.3%。其中中国广西出口越南3.81亿美元，增长28.3%；从越南进口2.74亿美元，增长19%。中国陕西、山西等省每年通过广西凭祥口岸向越南出口苹果达20万吨。越南连续多年成为中国密切的农产品贸易伙伴之一。2011年中泰双边贸易总值达到586.35亿美元，泰国对华主要出口商品为农产品和农工业产品。其中，泰国水果对华出口额达到4.65亿美元，比上年增长117%。泰国已成为中国农产品第9大进口来源地和第10大出口市场。

跨境动植物疫病防控合作　2010年以来，中国、越南、缅甸、老挝跨境动植物疫病防控合作得到加强，提升了GMS跨境联防联控水平。中国广西兽医部门先后承担实施大湄公河次区域（GMS）跨境动物疫病防控技术合作、中越跨国动物疫病监测控制、中越边境禽流感防控技术培训、中越边境重大动物疫病防控试验站建设技术支持和中越边境重大动物疫病防控阻截带建设等项目，为越南兽医技术人员进行有关动物疫病快速诊断和动物疫病防控技术培训，帮助越南边境3省各建立1个重大动物疫病防控试验站，使越南动物疫病防控技术水平得到提高，有效防止重大动物疫病在中越边境地区发生、流行和蔓延。2010年，中国广西派出专家团赴柬埔寨马德望省和菩萨省帮助诊断柑橘黄龙病等病害情况，并向当地农业管理和技术人员传授柑橘黄龙病的识别和防控技术等知识。2011年9月，柬埔寨多个省份发生多起居民食用进口蔬菜农药中毒事件，中国广西农业厅积极响应柬农林渔业部发出的求援信，至当年11月分两批向柬方赠送46台有关农产品农药残留的检测设备，并派出专家对柬检测技术人员进行业务培训，使柬方农业管理系统具备了蔬菜农药残留快速检测能力。

2011年9月，次区域成员国组建大湄公河次区域农业有害生物防控工作组，共同搭建GMS重大农业外来有害生物预警与防控平台。针对大湄公河次区域重大有害生物的发生危害情况，区域内国家通过合作平台的交流与信息互换，开展有害生物的监测与预警，综合防控技术培训与示范，提高跨境地区病虫草害的综合防控技术水平，也为中国跨境地区粮食安全、生态安全和经济安全及农民增收致富提供技术支撑和保障。

9月，大湄公河次区域农业科技交流合作组第3届理事会在云南昆明举行，中国、老挝、缅甸、越南、泰国、柬埔寨6国的70多位农业专家及相关部门代表参加。与会者共同商讨区域间农业科技合作交流发展大计，并决定组建GMS重大农业外来有害生物预警与防控平台。中国云南—东南亚国际农业培训中心和中国云南省农业科学院与法国农业国际合作研究发展中心农业科技联合实验基地也于会议期间揭牌成立。

大湄公河次区域环境领域合作

中国政府积极落实“大湄公河次区域核心环境计划和生物多样性保护走廊规划（CEP－BCI）”项目，在推动项目合作机制建设的同时，将云南西双版纳和香格里拉德钦地区、广西靖西列为项目执行的重点区域。

2010～2011 年，广西利用亚行贷款推进越南曹邦—中国广西（靖西）跨境生物多样性保护廊道试点区建设，完成项目区社会经济调查、生物多样性调查，形成廊道地区土地利用评估报告和生物多样性保护廊道建设方案。2011 年 4 月，中国在云南成功举办大湄公河次区域核心环境项目——生物多样性保护走廊计划一期中方成果推介会，扩大了中国参与 GMS 环境合作和生物多样性保护走廊建设的积极影响。同年 7 月，在柬埔寨举行的第 3 次大湄公河次区域环境部长会议上，与会各国部长就《大湄公河次区域核心环境项目生物多样性保护走廊计划二期框架文件（2012～2016）》达成原则一致，并通过《第 3 次大湄公河次区域环境部长会议联合声明》，为次区域环境和生物多样性走廊项目的进一步实施作好准备。

大湄公河次区域卫生领域合作

大湄公河次区域各国加强疾病监测信息交流，传染病防控能力不断增强。2008～2010 年，中缅、中老、中越边境地区艾滋病和疟疾防控合作试点项目顺利实施，实现边境重点地区的跨境防控合作。2007 年 9 月至 2009 年 9 月，中越边境地区结核病防控合作项目成功开展。2010 年，中缅、中老、中越边境地区登革热防控项目启动。四年来，中国为 GMS 国家举办多期培训班，培训一批疟疾防治、人感染高致病性禽流感和甲型 H1N1 流感监测官员和专家以及跨境卫生合作项目方面的专业管理人才。

大湄公河次区域旅游领域合作

2011 年，大湄公河次区域各国继续实施《GMS 旅游发展战略》，在旅游培训项目、开展旅游规划研究、加强基础设施建设、推进 GMS 旅游项目等多个方面开展工作，取得进展。在旅游便利化方面，中国广西崇左市（凭祥）边境旅游实施异地办证试点，不断规范边境游出入境证件签发管理。2011 年 3 月，中国广西正式实施公民参团赴越南边境旅游办理出入境通行证即时受理，当天办结工作制。

旅游合作方面，中国云南省分别与越南、老挝等周边国家签订旅游合作协议或备忘录 14 份，编制完成《金四角旅游区跨国旅游线路规划》和《香格里拉—腾冲—密支那旅游区跨国旅游线路规划》，通过开辟多条旅游线路、开展边境旅游、举办旅游节活动、进行旅游项目投资、旅游管理人员培训等多方面的合作，促进跨国境旅游和边境旅游发展。中国广西与越南河内、广宁、谅山 3 省签署《中越边境旅游管理合作备忘录》，合作开拓越南北部至中国广西南部跨国旅游市场。2011 年 4 月 13 日，中国防城港—越南下龙湾海上航线恢复运营。

中国积极参与旅游人才培训合作。2011 年 9 月，中国桂林市举办大湄公河次区域各国高级旅游管理人才培训班。大湄公河次区域各国的旅游局官员围绕旅游业发展机遇及挑战、旅游景区规划及管理、大湄公河次区域旅游发展的重要问题、旅游项目的策划及实施 4 个主题开展为期 14 天的学习培训。

大湄公河次区域教育、人力资源开发和科技交流合作

教育合作稳步推进。中国云南、广西各高校加强与 GMS 成员国合作，建立人才培养基地，除开设东南亚语课程外，还不断扩大招收留学生规模。至 2011 年，云南省高校已建立越、老、缅、柬、泰 5 个小语种公共外语教研室，重点建设专业 11 门，现有小语种专业学生 3191 人，小语种在校学生突破 1.3 万人。云南已建立 11 个国际人才培养基地，每年在云南留学的人数超过 1.5 万人。2010 年，在广西就读的东盟留学生近 6000 人，其中越南留学生 4000 多人，广西派往东盟交流学习的高校学生有 5000 多人，是全国派往东盟交流学生人数最多的省份。中国与 GMS 各国合作积极开展汉语推广工作，在各成员国间建立 30 多所孔子学院与孔子学堂。自 2008 年以来，广西每年派出 100 多名汉语教师赴泰国教授汉语，广西民族大学和广西师范大学开办多期教师培训班，对来自次区域国家的 100 多名汉语教师进行培训。

教育、人才培养合作开辟多个领域。例如农业技术、卫生、法律等领域内的各种合作培训项目不断增加。广西民族大学每年都举办中国—东盟法律研修班，累计培训东盟 10 国法官和高级司法人员 80 多人。广西相关高校为越南、老挝、缅甸、菲律宾等国培训杂交水稻、玉米、甘蔗、果树嫁接及现代农业等方面的专业技术人员 900 多人。

人力资源开发与合作不断加强。根据各成员国的需求，通过举办高层专题研讨会、干部培训班、进行友好交流等方式，GMS 各成员国进行定期交流和合作。2008 年以来，在中国举办 3 次人力资源和社会保障领域高层专题研讨会，交流在经济结构调整过程中完善社会保障体系、促进人力资源开发和就业等方面的经验和做法。2008 年和 2009 年，设在广西南宁的中国—东盟妇女培训中心分别为老挝和缅甸培训 40 余名高级妇女干部。在老挝和泰国建立中老、中泰妇女培训中心，对当地妇女进行实用技术培训。2008～2010 年，每年在中国举办 GMS 国家青年干部培训班，共有 418 名来自老挝、越南、缅甸、柬埔寨和泰国的青年干部参加培训。中国与泰国合作组织 3 届澜沧江—湄公河青年交流活动，共有 199 名青年参加交流活动。2009 年以来，广西民族大学连续 3 年举办 28 期越南党政干部短期培训班，每期培训学员 20～30 名，时间为 14 天。其中，为河内市委

组织部举办22期党政干部短期培训班，共培训学员384名。同时，中国与GMS国家合作实施“金边培训计划”，柬埔寨、中国、缅甸、泰国、越南、老挝的470名中高级官员在中国云南省参加培训。

科技交流与合作不断拓展。在GMS各成员国双边和多边科技合作协定和谅解备忘录框架下，根据各成员国的需求，以共同支持开展科技交流合作项目、举办培训班、召开学术研讨会、捐赠科研设备等形式，加强GMS国家的双边和多边合作。2008年以来，中泰、中越科技主管部门共同支持执行短期交流项目37项，长期合作研究项目36项。2008～2010年，中国每年为GMS国家举办科技援外培训班，共有368名学员参加81个培训班，培训内容涉及农业、资源环境、信息技术、生物医药和工程与机械制造等多个领域。此外，中国科技部每年还为越南科技部举办科技管理干部培训班，2008～2011年共有113名越南中央及地方科技管理干部参加学习。近3年来，中国科技部每年与GMS国家举办一次科技领域专题研讨会，交流在技术转让、科技政策制定和科技发展战略等方面的经验。

大湄公河次区域贸易和投资合作

经贸论坛推动合作。以GMS经济走廊论坛、研讨会、活动周等形式促进各国地方政府和企业的经贸交流。2008年6月，首届GMS经济走廊论坛在中国昆明举办，会议达成《昆明共识》，通过《大湄公河次区域经济走廊论坛职权范围》及《南北经济走廊战略行动计划》等成果文件，为GMS经济走廊建设提供机制保证。2011年，关于GMS经济走廊建设的会议在各成员国间频繁举行，逐步形成各成员国地方政府和企业参与合作、交流对话和信息分享的平台。3月，GMS南北经济走廊发展研讨会在昆明举行，会议重点讨论《GMS南北经济走廊发展战略和行动计划》实施过程中出现的问题；6月，第3届GMS经济走廊活动周在昆明举办，本次活动以GMS的互联互通和新商机为主题，达成GMS商务理事会昆明共识；6月30日，第3届大湄公河次区域经济走廊论坛在老挝万象举行，重点研讨如何支持和推进次区域南北、东西、南部走廊战略及行动计划的执行，进一步讨论开展投资项目评估，促进环境友好型科技在农业、工业以及旅游业中的应用，减少污染和排放，加强资源使用效率，以及促进可再生能源利用，建设气候友好型生态能源项目，加强GMS国家间能源合作等问题。

贸易便利化水平不断提高。各成员国致力于提高区域间的贸易便利化水平，根据《大湄公河次区域贸易投资便利化战略行动框架》，于2005～2011年间实施一整套相互协调一致的贸易促进措施，包括简化和协调海关通关手续、发展贸易物流和相关设施、简化检查和检疫程序、方便次区域商务人员出入境等。中国政府落实GMS投资便利化战略行动框架，建立口岸信息平台，实行24小时预约通关服务等6项便利化措施，提高口岸通关效率；完善签证政策，简化签证办理手续，在云南、广西设立口岸签证点，为GMS国家商务人员来华提供便利。中越、中老和中泰相关口岸实施便利运输协定，中国、越南、老挝、泰国完成海关过境监管以及相关执法合作的谈判工作，为在上述口岸实现交通和贸易便利化奠定法律基础。在相关政策和措施的推动下，GMS区域内成员国之间贸易和投资增长较快。2006年中国与GMS国家的进出口总额为400.88亿美元，占同期中国对东盟国家贸易总额的24.93%；到2011年，中国与GMS国家的进出口总额增至1152.49亿美元，占同期中国对东盟国家贸易总额的29.95%，上升5.02个百分点。

投资合作刷新记录。GMS国家相互投资逐步增多。据中国商务部统计，截至2011年7月底，中国企业累计在老挝直接投资额9.7亿美元，其中2011年1～7月新增直接投资1.5亿美元；老挝累计对华实际投资额4349万美元，其中2011年1～7月新增直接投资588万美元。中国企业累计在柬埔寨非金融类直接投资额为12.0亿美元，其中2011年1～7月新增直接投资1.7亿美元；柬对华累计实际投资1.3亿美元，其中2011年1～7月新增对华实际投资1607万美元。中国企业在泰国直接投资额7.4亿美元，其中2011年

表1　2006～2011年中国与GMS 5国的进出口总额增长情况

单位：亿美元；%

年份	中越		中老		中柬		中泰		中缅	
	金额	增长率	金额	增长率	金额	增长率	金额	增长率	金额	增长率
2006	99.50	21.4	2.18	69.4	7.33	30.1	277.27	27.1	14.60	20.7
2007	151.15	51.9	2.49	14.2	9.33	27.3	346.38	24.9	20.60	41.1
2008	194.60	28.8	4.16	67.1	11.30	21.1	412.53	19.1	26.26	27.5
2009	210.00	7.9	7.44	78.8	9.44	-16.5	382.00	-7.5	29.07	10.7
2010	300.94	43.0	10.55	40.3	14.41	52.6	529.47	38.6	44.44	53.2
2011	402.07	33.6	13.06	20.4	24.99	73.5	647.37	22.3	65.00	46.3

资料来源：根据中国商务部网站资料整理

1~7月新增非金融类直接投资流量1.4亿美元；泰国累计对华实际投资33.8亿美元，其中2011年1~7月新增实际投资9111万美元。中国企业对越南累计直接投资10.7亿美元，其中2011年1~7月新增非金融类直接投资7943万美元；越南累计对华实际投资额1.2亿美元，其中2011年1~7月新增实际投资88万美元。中国企业在缅甸累计非金融类实际投资额15.9亿美元，其中2011年1~7月新增投资3.3亿美元；缅企业对华累计直接投资9490万美元，其中2011年1~7月新增投资518万美元。据缅方统计，截至2011年5月底，中国企业（包括港、澳企业）累计对缅协议投资额达159.2亿美元，占外国对缅投资总额的44.1%，为缅第一大外资来源地。

中国云南、广西与次区域国家经贸成绩显著。2010年，云南省与次区域国家的贸易总额达到33.80亿美元，是1992年的9.25倍。据初步统计，2011年，云南省与GMS国家的贸易总额39亿美元，比上年增长15%，占当年云南省与东盟贸易总额的66%；云南省对次区域国家投资总额13.7亿美元，次区域国家在云南省投资项目累计300个，合同外资3.55亿美元，实际利用外资1.28亿美元。同年，广西与次区域国家的贸易额79.27亿美元，比上年增长45%。其中出口61.91亿美元，增长47%，进口17.4亿美元，增长41.1%。与GMS的贸易额占广西与东盟贸易额的83%。截至2010年底，次区域国家在广西投资的三资企业有156家，合同外资金额4.08亿美元，实际到位外资金额2.86亿美元；广西对次区域各国投资项目158个，合同投资总额2.97亿美元，中方出资额2.31亿美元。

大湄公河次区域禁毒与替代种植合作

在大湄公河次区域禁毒合作机制（MOU）及双边禁毒谅解备忘录和协议框架下，GMS国家开展双边及多边禁毒合作，通过人员互访、年度禁毒合作双边会议、联合执法行动、提供禁毒人员培训和物资援助等多种形式，拓展双边禁毒交流与合作。中国分别与老挝、泰国、柬埔寨、越南、缅甸举行禁毒合作双边会议，推进双边禁毒合作，进一步密切和GMS国家的禁毒合作关系，为改善GMS毒情、维护社会稳定、改善人民生活作出贡献。

缅甸和老挝开展罂粟替代种植，发展替代产业。截至2010年，缅甸和老挝实施罂粟替代种植项目200多个，累计种植面积21万公顷（缅甸12万公顷，老挝9万公顷），替代种植的农作物品种有橡胶、甘蔗、水稻、玉米、水果等47个。替代种植项目为当地民众提供了就业机会，带动大批烟农弃种罂粟，同时逐步提高当地人民的生活水平。

大湄公河次区域南部经济走廊论坛

2011年3月9日在柬埔寨举行，柬埔寨、老挝、泰国、越南等国政府代表，次区域各成员国43个省份代表和私营企业代表，亚洲开发银行代表等200人参加。论坛会期两天，各国政府代表、省级代表、经济专家等就连接走廊的交通运输线、发展沿走廊地区的农业、商业、旅游业等问题进行讨论。亚行东南亚部副主任THOMAS COUCH表示，加强南部经济走廊的建设，必须考虑到基础设施建设，包括公路、港口、铁路、机场等，通过经济走廊的建设，将各国各地区连接起来。他表示，在GMS三大经济走廊中，南北经济走廊和东西经济走廊已基本建成，而南部经济走廊交通设施不完善，需要加快建设步伐。

大湄公河次区域核心环境规划与生物多样性保护走廊计划项目一期中方成果推介会

2011年4月19日在云南景洪举行。亚洲开发银行、老挝水资源与环境局、柬埔寨环境部、泰国国家公园局、越南自然资源部、中国环保部及广西环境保护科学研究院、云南省环境科学院有关负责人和专家出席。会期两天。与会人员围绕大湄公河次区域核心环境规划与生物多样性保护走廊示范项目进行经验总结和交流，并对项目面临的困难、挑战提出战略设想。

大湄公河民族医药发展论坛暨第4届湄公河次区域传统医药交流会

2011年5月18日在中国昆明举行。以“交流合作、传承发展”为主题。由中国云南省科协、云南中医学院和泰国清莱皇家大学联合主办。会期3天。泰国、老挝、缅甸、柬埔寨、越南5国的48位民族民间医

大湄公河民族医药发展论坛暨第4届湄公河次区域传统医药交流会现场

（云南科协网）

药工作者，以及中国云南、贵州、广西等省（自治区）相关高等院校、科研院所、医药企业的专家学者和民族民间医药工作者共计400余人出席。会议期间，除了围绕次区域药用植物及保护、次区域传统医学发展现状等进行学术交流外，还展示各国民族民间医药特色诊疗技术、器械、药物和成果。

湄公河次区域传统医药交流会是由中国、泰国、老挝、缅甸、柬埔寨、越南6国传统医学学术机构共同搭建的学术交流平台，2007～2010年先后在泰国和中国云南西双版纳举办3届，对于推动区域各国在传统医药领域的交流与合作发挥了重要作用。

泰国民族医术现场表演　　（云南科协网）

GMS南北经济走廊发展研讨会

2011年5月19日在中国昆明举行。中国、泰国、老挝、缅甸、柬埔寨、越南6国相关政府部门、经济走廊沿线省市政府官员，商务论坛代表，商会和工商界人士以及专家学者等共150余人出席。会议主题是挖掘南北经济走廊潜力，实现互利共赢。会期两天。由亚洲开发银行（ADB）主办，云南省商务厅受云南省人民政府委托承办。会议回顾GMS南北经济走廊的交通设施建设和贸易便利化进程，交流贸易物流发展和扩大跨境经济合作进展情况，分析影响经济走廊发展的障碍和制约因素，提出今后解决问题的措施意见。

会议提出，要加强地方政府和私营部门参与经济走廊建设与发展，特别是加强跨境经济合作，加强中央政府和地方政府之间、公共部门和私营部门之间的对话与协调，共同搭建合作网络平台。

会议还重点讨论《GMS南北经济走廊发展战略和行动计划》实施过程中出现的问题，提交6月在老挝召开的第3届大湄公河次区域经济走廊论坛讨论以便达成共识。

第3届GMS经济走廊活动周

2011年6月5日在中国昆明开幕。GMS国家和地区政府官员、商会、协会及工商界代表250余人参加活动。

本次活动周由中国云南省政府主办、云南省商务厅和GMS商务理事会承办。活动周以“GMS的互联互通和新商机”为主题，分别举办“服务桥头堡、走出去战略论坛”、GMS经济走廊招商引资项目推介会、中越跨境经济合作区建设协商会、中缅跨境经济合作区建设研讨会和GMS商务理事会第2次会议等活动。通过这些活动，GMS各国企业合作打破了长期以来机制较少、平台渠道单一的局面。

大湄公河次区域商务理事会第2次会议

2011年6月7日在中国昆明举行。会议由中国云南省商务厅和GMS商务理事会共同主办。主题是“GMS互联互通和新商机”。中国、柬埔寨、老挝、缅甸、泰国、越南等国的政府官员、专家及商界代表出席。

会议通过《GMS商务理事会—昆明共识》，赞同并呼吁GMS各国工商界继续加强在GMS经济合作和中国—东盟自贸区框架下的合作。会议建议：加快GMS经济走廊交通基础设施的互联互通，推动交通走廊向经济走廊转化；推动贸易投资政策和市场准入政策的互联互通，促进GMS贸易投资便利化，推进贸易结算便利化；加强GMS主要行业之间的密切联系，鼓励成立区域性的行业合作委员会。

会议发布《GMS商务合作报告》。报告对GMS合作现状、呈现商机、面临问题、合作方向、相关建议等作了全面系统的阐述。

会议确定今后每年在中国昆明进出口商品交易会期间，继续同期举办GMS商务理事会会议。理事会网站当天正式开通运行。

大湄公河次区域信息通信部长级会议

2011年6月10日在中国西安举行。由中国工业和信息化部主办。中国、缅甸、老挝、泰国、柬埔寨、越南6国的部级官员率代表团出席，亚洲开发银行及中国相关电信运营和设备制造企业的代表参加。会议就签署新的共同推进建设大湄公河次区域信息高速公路谅解备忘录达成一致意见，通过《大湄公河次区域信息通信发展战略》及《大湄公河次区域信息通信部长级联合声明》。

第 3 届大湄公河次区域经济走廊论坛

2011 年 6 月 30 日在老挝万象举行。中国商务部部长助理俞建华、柬埔寨国务兼商业大臣占蒲拉西、老挝政府办公厅部长肯萍·奔舍那、缅甸铁路运输部副部长吴当伦、泰国国家经济和社会发展委员会秘书长特姆·皮塔亚帕斯、越南投资计划部副部长阮世芳和亚洲开发银行副行长宾度·洛哈尼出席,中国商务部、外交部、财政部、海关总署、云南省商务厅、广西商务厅派员参加。

本届论坛以"加强大湄公河次区域持续发展之路"为主题,旨在讨论如何支持和推动次区域南北、东西、南部走廊战略及行动计划的执行,以进一步促进经济走廊的可持续发展。会议还就开展投资项目评估,促进环境友好型科技在农业、工业以及旅游业中的应用,减少污染和排放,加强资源使用效率,以及促进可再生能源利用,建设气候友好型生态能源项目,加强 GMS 国家间能源合作等问题进行讨论。

第 3 次大湄公河次区域环境部长会议

2011 年 7 月 28 日在柬埔寨金边举行。中国环境保护部对外合作中心、东盟中心和云南、广西环保部门代表,柬埔寨、老挝、缅甸、泰国和越南的环境部长或代表以及亚洲开发银行代表出席。柬埔寨首相洪森出席开幕式并致词。洪森对大湄公河次区域环境合作,特别是核心环境项目取得的进展表示肯定,并希望各国进一步加强合作,为促进次区域可持续发展作出贡献。中国环境保护部部长特别代表徐庆华在发言中简要介绍中国"十一五"期间所取得的重大环保成就和"十二五"时期的主要目标任务。与会各国代表就《大湄公河次区域核心环境项目生物多样性保护走廊计划二期框架文件(2012～2016)》达成原则一致,并通过《第 3 次大湄公河次区域环境部长会议联合声明》。联合声明高度评价保护生物多样性走廊倡议第一阶段计划的实施和亚行及发展伙伴对该项目的支持,鼓励在大湄公河次区域国家发展"绿色、全面、平衡的经济",希望亚行和发展伙伴继续支持次区域国家为实施环保计划、应对气候变化和减贫所作出的努力。

大湄公河次区域经济合作第 17 次部长级会议

2011 年 8 月 4 日在柬埔寨首都金边举行。中国、缅甸、老挝、泰国、柬埔寨、越南等国的部长级官员以及亚洲开发银行和国际组织的代表出席。会议期间,与会各国部长回顾自第 16 次部长会以来 GMS 合作取得的进展,审议 GMS 第 4 次领导人会议的成果文件准备情况,其中包括 GMS 新 10 年(2012～2022 年)战略框架、旅游合作战略、信息高速公路谅解备忘录、核心环境项目二期框架文件和行动计划、设立 GMS 铁路协调办公室行动计划及交通与贸易便利化成果文件,并就新 10 年战略框架的实施进行深入讨论。会后发表《部长联合声明》。

中国财政部副部长张少春在会议发言中充分肯定 GMS 合作取得的进展,并就未来合作阐述中方的立场和观点。他表示,参与合作各方应加强政策对话,推动理念创新,在继续关注基础设施互联互通的基础上,不断开拓新领域,探索新方式,推进交通与贸易便利化、社会发展等方面的合作,全面提高 GMS 合作的质量与效益。张少春积极评价亚行多年来对 GMS 合作所给予的支持,并希望亚行继续加大投入,积极拓宽融资渠道,为深化合作作出新的贡献。

柬埔寨国务兼商业部长占蒲拉西和亚行副行长洛哈尼在会议中称赞中国在大湄公河次区域建设发展中扮演的重要角色。占蒲拉西表示,中国在 GMS 的作用极为重要。作为主要发展伙伴,中国的资金援助在该区域建设中发挥重大作用。洛哈尼表示,中国是亚行的第三大股东,虽也向亚行借款,但也是援助大国,向亚行提供资金支持,为本区域合作提供技术援助,从而加快本区域的发展进程。

各国部长及亚行副行长在 *GMS* 经济合作第 *17* 次部长会议上合影

(搜狐网)

大湄公河次区域农业科技交流合作组第 3 届理事会

2011 年 9 月 8 日在中国昆明举行。中国云南省农业科学院主办。中国、老挝、缅甸、越南、泰国、柬埔寨 6 国的 70 多位农业专家及相关部门代表与会,共同商讨农业科技合作交流发展大计，并致力于搭建GMS重大农业外来有害生物预警与防控平台。

9月5~7日，有关各国代表以马铃薯、陆稻、大豆、甘蔗和植保工作组为单位，分别考察陆良、会泽马铃薯基地，砚山陆稻间种玉米示范样板、商品蔬菜基地、葡萄种植基地和杂交玉米生产基地，文山马关大豆基地，开远甘蔗研究所及展示基地，师宗植保科技示范基地等。

在9月8日的会议上，云南—东南亚国际农业培训中心和云南省农业科学院与法国农业国际合作研究发展中心农业科技联合实验基地正式揭牌成立。与会各位理事还对本国农业和农业科技现况作简要概述并提出加强区域合作的意见和建议，讨论通过合作组年度工作报告和工作计划。此外，本届理事会还组建大湄公河次区域农业有害生物防控工作组，共同搭建GMS重大农业外来有害生物预警与防控平台。

大湄公河次区域农业科技交流合作组自2008年成立以来，各国之间已相互交换品种资源262份，涉及陆稻、马铃薯、大豆和甘蔗。其中云南省农科院提供的29个品种，在越南等5个国家高产潜力明显。

大湄公河次区域高级旅游管理人才培训班

2011年9月19日在中国广西桂林举行开班典礼。大湄公河次区域6个国家的旅游局官员参加这次为期14天的学习、培训。

本次培训班由亚洲开发银行主办，桂林旅游高等专科学校承办。培训内容包括旅游业发展机遇及挑战、旅游景区规划及管理、大湄公河次区域旅游发展的重要问题、旅游项目的策划及实施等4个课题。其间还安排专家组成员到桂林市、阳朔县及龙胜龙脊梯田等相关景区进行考察，并开展相关实践教学活动。

中老缅泰湄公河流域执法安全合作会议

2011年10月31日在中国北京举行。会议针对湄公河流域严峻的安全形势，研究建立中老缅泰4国在本流域的执法安全合作机制，并进一步协调各方立场，彻底查清“10·5”案件案情。

中国国务委员、公安部部长孟建柱主持会议。老挝副总理兼国防部部长当喬、缅甸内政部部长哥哥、泰国副总理哥威率团出席会议。

会议认为，湄公河是沿岸各国友好交往和开展经贸、旅游活动的“黄金水道”，沿岸各国人民血脉相连、命运相通、利益相关。保障湄公河流域人民群众的生命财产安全，是各方的共同意愿。长期以来，中老缅泰四国执法部门相互尊重、相互理解，在反恐和防范打击贩毒、非法出入境、走私、拐卖妇女儿童等跨国犯罪中加强合作，为维护湄公河国际航运安全和本地区的稳定作出重要贡献。

会议还认为，近期湄公河流域的安全形势趋于严峻，过往商船遭遇非法武装人员抢劫、敲诈、枪击等事件时有发生，已严重威胁沿岸国家人民群众的生命财产安全，影响本地区的和平稳定。4国执法部门应肩负起责任，加强合作，建立机制，共同维护好湄公河流域的安全稳定。与会各方在平等互利、相互尊重主权的基础上，就各方加强配合、尽快查清“10·5”案件案情，建立湄公河流域执法安全合作机制，加强情报信息交流、开展联合巡逻执法、联合整治治安突出问题、联合打击跨国犯罪和共同应对突发事件等进行广泛深入的磋商、讨论。

会议达成广泛共识：一是同意进一步采取有力措施，加大联合办案力度，尽快彻底查清“10·5”案件案情，依法惩办凶手；二是为应对湄公河流域安全出现的新形势，同意建立中老缅泰湄公河流域执法安全合作机制，交流情报信息、联合巡逻执法、联合整治治安突出问题、联合打击跨国犯罪、共同应对突发事件；三是同意尽快通过联合办案、专项治理等方式，共同打击跨国犯罪特别是打击毒品犯罪团伙；四是尽快开展联合巡逻执法，为恢复湄公河航运创造安全条件，争取在12月大湄公河次区域经济合作领导人会议召开之前湄公河恢复通航。会议通过《湄公河流域执法安全合作会议纪要》，发表《关于湄公河流域执法安全合作的联合声明》。

中老缅泰湄公河联合执法部长级会议

2011年11月25~26日在中国北京举行。中国公安部副部长孟宏伟、老挝人民军副总参谋长波相、缅甸警察副总监佐温、泰国国家安全委员会秘书长威谦率团出席会议。

4国同意自2011年12月中旬开始，在湄公河流域开展联合执法，以共同维护和保障湄公河流域安全稳定、促进湄公河流域经济社会发展和人员友好往来。同意于12月15日前在中国关累港举行联合巡逻执法首航仪式。同意在中国关累港设立中老缅泰湄公河联合巡逻执法指挥部，4国派驻官员和联络官，根据本国司法管辖权和法律规定协调、交流情报信息，按照协商一致的原则统一协调各国执法船艇及执法人员开展联合执法工作。同意针对湄公河流域发生的突出治安问题，经4国协商一致，共同组织实施联合行动，打击危害流域安全的严重治安问题。会后发表《中老缅泰湄公河联合执法部长级会议联合声明》。

·链接资料·

两艘中国货船在湄公河缅甸水域遭遇武装劫持

2011年10月5日上午9时30分，两艘货船——中国籍的“华平号”和缅甸籍的“华鑫5号”在湄公河缅甸水域遭到武装劫持，两艘船上的13名船员都是中国籍公民。下午1时30分，当两艘船只行驶到泰国境内时，遭到泰国军方“特遣部队”的攻击。据泰国军方

说，击毙一名劫匪，其余全部逃脱。后来在泰国水域陆续找到 13 名中国籍船员的尸体。船员的死状甚惨，双手大多被反绑，而且人人都身中数枪，其中“华平号”炊事员李燕的舌头被割掉。

大湄公河次区域商务和投资会议

2011 年 12 月 19 日在缅甸首都内比都举行。缅甸工商联合总会和大湄公河次区域工商论坛共同主办。次区域 6 国约 200 名私营领域商界代表和次区域国家协调员办公室代表等出席。会议听取有关次区域运输商协会、多方式联运发展、中小型企业信用担保计划以及促进次区域内共同投资的报告，并就上述议题进行讨论。

大湄公河次区域经济合作第 4 次领导人会议

2011 年 12 月 20 ~ 21 日在缅甸首都内比都举行。中国国务委员戴秉国、柬埔寨首相洪森、老挝总理通辛、缅甸总统吴登盛、泰国总理英拉、越南总理阮晋勇和亚洲开发银行行长黑田东彦出席。会议认为，大湄公河次区域经济合作 20 年来取得丰富成果，有力促进了次区域各国经济社会发展和民生改善。面对当前复杂严峻的世界经济形势，大湄公河次区域国家要以大湄公河次区域经济合作新 10 年战略框架为指引，以促进可持续发展为重点，通过更强劲、更紧密的合作，采取针对性和创新性手段应对和战胜未来挑战。

中国国务委员戴秉国在会议讲话中就进一步加强次区域合作提出以下建议：第一，开展全方位、多层次的互联互通合作。加快推进交通走廊建设；编制《澜沧江—湄公河国际航运中长期发展规划方案》，进一步改善湄公河航道；促进次区域信息高速公路建设和应用；加强次区域电网互联。第二，推进运输贸易便利化和经济走廊发展。将建设工业园区作为未来经济走廊发展的重点领域。中国政府鼓励有实力的企业参与经贸合作区建设。第三，加强环保、农业、科技、人力资源培训合作。加快统一次区域农产品质量安全标准，进一步完善农业信息网。中方将把次区域国家作为中国—东盟科技合作伙伴计划支持重点，在新能源与可再生能源、农业等领域加大对次区域国家的技术转移力度，在未来 3 年培训各领域专业人才 1500 人次。第四，增强次区域合作的资源动员能力。充分发挥大湄公河次区域经济合作工商论坛作用，为私营部门特别是中小企业参与合作创造良好环境；进一步发挥亚行融资带头作用，积极拓宽融资渠道，动员更多发展伙伴提供支持。中方已捐资 2000 万美元在亚行续设中国减贫与区域合作基金。第五，鼓励地方政府和私营部门积极参与次区域合作。中国政府将一如既往支持云南省和广西壮族自治区参与大湄公河次区域经济合作。

与会各国感谢缅甸为此会的成功召开所作积极努力，并支持和期待缅甸能更多地参加到次区域的合作项目中来。各国均表示要结合次区域合作特点和自身发展特色，充分发挥互补优势，广泛动员各种资源，推进次区域互联互通建设，促进运输和贸易便利化，加快经济走廊建设，加强环保、农业、旅游、人力资源合作，充分发挥亚洲开发银行的协调作用，吸引更多发展伙伴，共同维护次区域的融合、繁荣与和谐。

会议通过《内比都宣言》和《大湄公河次区域经济合作新 10 年战略框架》。与会领导人接受 GMS 部长递交的成果文件，听取 GMS 工商论坛商业和投资会议的情况汇报，并出席 3 个合作备忘录的签字仪式。

首届澜沧江 · 湄公河流域国家文化艺术节

2011 年 12 月 26 日晚在中国云南西双版纳开幕。在 5 天的活动期间，先后举办一系列独具特色的文化艺术活动，充分展现各国丰富多彩的民族文化。本届文化艺术节由云南省委宣传部、云南省文化厅和西双版纳州共同举办。中国、老挝、缅甸、泰国等澜沧江—湄公河流域国家的 100 多名嘉宾，以及数百名文艺工作者参加东南亚少数民族服装秀、“鸾粘芭”选美大赛、中外摄影家邀请展、民族民间音乐会、电影展等 10 多项活动。（赵庆星）

2011 年 12 月 20 日，大湄公河次区域经济合作第 4 次领导人会议在缅甸首都内比都国际会议中心举行。图为出席会议的各国领导人合影（搜狐网）

中越"两廊一圈"区域合作

中越"两廊一圈"区域合作概况

"两廊一圈"的区域范围包括中国广西、云南、广东湛江市西部沿海地区、海南西部沿海地区以及越南的河内、海防、广宁、老街、谅山等10个省市。"两廊一圈"中的"两廊",是指分别从中国广西南宁和云南昆明为起点的两条经过越南首都河内通往越南海防、广宁的经济走廊。一条是东廊,由南宁—谅山—北江—北宁—河内—兴安—海阳—海防—广宁构成;一条是西廊,由昆明—老街—安沛—永富—河内—兴安—海阳—海防—广宁构成。"一圈"是指环北部湾经济圈,包括中国广西沿海地区、广东湛江及海南西部沿海地区和越南北方沿海地区(包括广宁、海防、太平、南定、宁平、清化、义安、河静、广平、广治10个省),主要港口有广西防城港、钦州、北海,海南海口、洋浦、三亚港,以及越南的鸿基、海防、炉门港等,是中越两国交往便捷的海上通道。两个经济走廊分别从中国南宁、昆明出发,汇集到包括越南海防在内的环北部湾经济圈,从而构成跨度14万平方千米,总人口3900万的"两廊一圈"跨国次区域经济合作区域。

中越"两廊一圈"区域合作始于2004年,是中国、越南两国提出的推动双方区域经济合作的一项战略措施,是中越经贸合作的重要组成部分,也是中国—东盟次区域合作的一个重要组成部分。

中越"两廊一圈"合作的目标是在两国边境省份间构筑一个平台,为双方企业及第三国企业开展经贸合作创造便利条件,形成推动两国经贸合作的新增长点。合作的重点领域包括双边贸易、农业、工业、旅游业、资源开发与加工、电力合作、基础设施建设、贸易自由化和流通便利化建设、环境保护及生态建设等。自2004年以来,中越双方依托"两廊一圈"平台,在交通、经贸、投资、跨境经济区、旅游、环保等方面开展合作,取得一定的成绩。

中越"两廊一圈"区域合作的提出

2004年5月20日,越南政府总理潘文凯访问中国期间,向温家宝总理提出中越两国建设"两廊一圈"的构想。该设想得到中国政府的积极响应。2004年10月6日,温家宝总理对越南进行正式友好访问。中越两国政府于10月8日发表《中越联合公报》。公报强调两国之间在"长期稳定,面向未来,睦邻友好,全面合作"方针的指引下,从全局和战略高度出发,拓展互利合作,不断推动中越关系迅速、全面和深入发展。公报中重点提到双方同意在两国政府经贸合作委员会框架下成立专家组,积极探讨"昆明—老街—河内—海防—广宁"、"南宁—谅山—河内—海防—广宁"经济走廊和环北部湾经济圈的可行性。至此,"两廊一圈"进入两国政府的合作构想。

"两廊一圈"概念的提出有如下背景:

第一,山水相连,民族同根。中越山水相依,有着密切的地理和历史渊源。中越"两廊一圈"范围,大体包括红河、左江、北仑河等沿河、沿边和北部湾沿海区域,居住着汉族、华族、京族、越族、壮族、岱族、侬族、苗族、瑶族、彝族等跨境民族,历史上是同根民族,文化同源相似,如今虽然跨境而居,但长期以来,两国跨境民族相互通婚,经济文化往来非常频繁,亲密无间。100多年来,中越边民共同抗法、抗美,保家卫国,建立了牢不可破的传统友谊。这些地理条件和人文基础,正是建立"两廊一圈"有利条件和重要因素,也是建立"两廊一圈"地缘和人文背景。

第二,边境经济文化相对落后。"两廊一圈"相当一部分是两国的沿边沿海边疆地区,地域较为边远和偏僻,交通闭塞、经济比较落后,贫困面比较大,各项基础设施比较差,文化教育很不发达,市场发育程度也不高,人们思想观念保守,文化素质与劳动技能比较低。因此,"两廊一圈"仍属于欠发展地区。在这样一个贫困落后的边疆地区,依靠当地人民自我发展,很难在短期内改变面貌,只有加强两国合作,依靠国家力量和国际力量参与区域合作,才能加快边疆发展,改变贫困落后的面貌。

第三,区域经济一体化推动"两廊一圈"的形成。中越"两廊一圈"建设是全球化背景下中国—东盟区域经济一体化过程中的次区域经济合作。中国—东盟全面经济合作框架协议促成中越"两廊一圈"合作议题的产生。从国际来看,在经济全球化的推动下,区域经济一体化进程加快,次区域经济合作方兴未艾。2000年启动中国—东盟自由贸易区,在短短的几年内发展迅猛,中国与东盟的全面合作取得历史性突破,中越关系自恢复正常化以来有了长足发展,为"两廊一圈"营造了良好的政治经济大环境。澜沧江—湄公河次区域开发合作加快,在交通、旅游、能源、环保、通信等方面取得初步进展,促使中越在参与大湄公河次区域合作背景下谋划加快中越边境发展。从国内看,2000年,中国实施西部大开发战略,使广西和云南获得千载难逢的发展机遇,区域合作和各项建设进程加快;2003年泛珠三角区域经济合作启动,加强了包括广西和云南在内的区域合作;进入新世纪以来,环北部湾经济圈开发再次成为区域经济发展热点。国内外多重区域合作的加快,催生了中越"两廊一圈"区域合作。

第四,两国经贸合作促使"两廊一圈"应运而生。近年来,中越两国的睦邻友好与全面合作关系在广度及深度上不断拓展。两国经贸合作进展迅猛,合作潜力很大，需要加紧开发。尤其是中国—东盟自由贸易区的启动与提速，使中越“两廊一圈”的发展与合作获得强劲的推动力。

中越“两廊一圈”区域合作发展历程

2005年3月25日，中越两国“两廊一圈”专家组第一次会议在越南河内举行，会议讨论“两廊一圈”合作的可行性和具体实施方案，同意共同编制关于“两廊一圈”合作的研究报告。此次会议标志着中越两国合作建设“两廊一圈”开始从设想走向实际操作。

2006年7月5日，中越经贸合作专家组第二次会议在中国云南蒙自举行。双方就《中国—越南经贸合作专家组关于“两廊一圈”合作的研究报告》内容深入细致地交换意见，对报告内容和双方下一步工作原则达成一致。通过此次会议，中越双方进一步明确“两廊一圈”合作的方向和领域。

2006年11月16日，中越两国领导人在河内签署《中华人民共和国政府和越南社会主义共和国政府关于开展“两廊一圈”合作的谅解备忘录》，双方同意在“两廊一圈”范围内重点合作领域包括基础设施、货物和旅客运输、资源开发与加工、农业、旅游业等9个方面。两国同意首先开展在“两廊一圈”范围内的交通运输、资源开发与加工、口岸建设和贸易投资便利化等领域的合作，实施条件成熟的项目，逐步带动其他领域共同发展，以实现在两国边境省份间构筑一个平台，为双方企业及第三国企业开展经贸合作创造便利条件，使“两廊一圈”成为两国经济新增长点的目标。中越备忘录的签署为全面开展“两廊一圈”合作奠定了基本的合作框架。

2008年，中越双方将“两廊一圈”合作项目纳入《中越经贸合作五年发展规划》。

2011年10月11～15日越南共产党中央委员会总书记阮富仲对中国进行正式访问。在此期间，双方领导人共同签署《中越2012～2016年经贸合作五年发展规划》等一系列协议，两国政府共同发表《中越联合声明》，声明强调：鼓励并为双方企业扩大长期互利合作、建设跨境合作区和“两廊一圈”合作创造有利条件。

中越两国建设“两廊一圈”不仅在两国中央政府有共识，在两国地方政府也有积极响应。自2004年以来，广西积极响应中央政府的决策，自治区的主要领导每年均出访越南，与越方领导人就扩大以“两廊一圈”合作为重要内容的“一轴两翼”、泛北部湾区域经济合作进行广泛的交流，并达成重要共识。2008年4月3日，中共广西壮族自治区委员会书记郭声琨访问越南，他在会见越南政府总理阮晋勇时表示，广西非常重视发挥与越南山水相连的优势，积极参与中越两国领导人确定的“两廊一圈”区域合作。为进一步推进中国与东盟的合作，中国广西提出以“两廊一圈”为起点和基点，共同推进以泛北湾合作为重点的“一轴两翼”合作。“一轴两翼”是“两廊一圈”的拓展和延伸。推动“两廊一圈”和“一轴两翼”建设，为中越两国在更大范围、更宽领域、更高层次参与国际经济合作创造了新的机遇。同日在河内举行的中国广西—越南经贸合作推介会上，郭声琨还提出中越双方将在交通基础设施、加工制造业、农业、港口物流、中越跨境经济合作区建设、贸易投资便利化六大重点合作领域开展“两廊一圈”合作，越方对此表示支持和赞同。

中越“两廊一圈”区域合作机制

中越“两廊一圈”区域合作已经从国家到地方建立起多层次的双边合作机制，主要包括中越领导人合作会谈、中越经济贸易合作联合委员会、中越五省市经济走廊合作会议（滇越合作机制）、中国云南与越南老街、河江、莱州、奠边联合工作组会议和中国广西与越南北部四省联合工作委员会会议等。此外，中国云南、广西与越南边境省的有关厅局长联席会，中越边境商贸、旅游博览会，中越边境商品交易会和中越国际旅游文化节等一系列地方性的交流活动也定期在云南、广西和越南边境省市举办。

中国云南与越南五省市经济合作协商机制 中国云南与越南河内—老街—海防—广宁经济合作协商会，是中国云南省与越南河内、老街、海防、广宁等省市之间建立的一个重要合作机制，也是昆河经济走廊建设的重要机制。该机制通过轮流在中越五省市之间举办会议的形式，共同协商这一区域重要合作事项，促进互利合作，实现共同繁荣。

第1次经济合作协商会于2004年9月3日在越南河内举行，中国云南省组成以徐荣凯省长为团长的代表团参会。会议期间，双方签署《会议纪要》，标志着云南与越南北部四省市经济协商会议制度建立。根据双方签署的会议纪要，与会代表一致同意共同建设昆明—老街—河内—海防—广宁经济走廊，使之成为发展中越经贸关系的富有活力的重要经济走廊。

第2次经济合作协商会于2006年6月12日在中国云南省红河州蒙自举行。中国云南省省长徐荣凯作《深化互利双赢合作，共建昆河经济走廊》的主旨演讲，回顾和总结中越五省市经济合作协商机制建立以来所取得的成果，并就进一步加强互利双赢合作提出加强交通运输合作、进一步拓展合作领域、推进昆河经济走廊建设、积极开展社会事业合作、不断改善贸易投资环境、加强生态环境保护与建设合作、进一步完善合作机制等7点建议。在五省市与会领导的共同见证下，中国云南省旅游局分别与越南海防市、广宁省签署《旅游合作备忘录》，中国云南省河口县与越南老街市签署缔结友好城市的协议书。本次会议经过充分讨论、磋商，就扩大双边贸易投资达成以下共识：（1）中越五省市商务部门分别向各自的中央政府建议，尽快签署"两廊一圈"合作协定，为昆（明）河（内）经济走廊建设提供法律框架基础，便于经济走廊区域内各省市主动开展双边合作。（2）在五省市经济协商合作框架下成立经贸合作工作小组，利用每年6月在昆举办的"昆交会"和12月轮流举办的"河口—老街边交会"举行定期或不定期会晤，及时磋商、解决贸易投资合作中存在的问题。（3）共同推动矿产资源开发及农业合作，特别是水稻种子的科技合作以及蔬菜、花卉种植的合作。（4）共同促进边境贸易，提升贸易发展水平。

第3次经济合作协商会于2007年11月19～23日在越南海防举行。中国云南省省长秦光荣率领云南省代表团出席会议，并访问考察越南海防、岘港、顺化、胡志明等省市。秦光荣在会上发表题为"全面深化互利合作，共创昆河走廊未来"的主旨演讲。越共中央政治局委员、副总理张永重出席会议，并会见秦光荣。海防市人民委员会主席郑光使、老街省人民委员会主席阮友万、河内市人民委员会副主席费太平、广宁省人民委员会副主席汝氏红莲率各省市代表团出席会议并发表演讲。中国驻越南大使胡乾文，越南外交部副部长阮文诗、交通部副部长陈尹寿以及计划投资部、文化体育和旅游部的官员在会上发表讲话。会议就加快推进昆明—河内经济走廊建设、进一步明确中越五省市合作的主题和重点等进行协商，形成共识，达成一致。越南交通部负责人在会上明确表示，将在2008年开工建设老街经河内至海防247千米的高速公路。此外，越南铁路总公司已成立工作组与中方研究将河内—老街及河内—谅山两条铁路由目前米轨改造成准轨铁路。

与会各方表示将努力实现昆明—老街—河内—海防—广宁经济走廊2010年双边贸易额在2005年基础上翻一番，2020年翻两番。努力把昆河经济走廊建设成为中国—东盟自由贸易区合作机制下早期收获的先行示范区。

第4次经济合作协商会于2008年11月18～20日在越南广宁省下龙湾举行。越南中央有关部门领导和中越五省市领导、中越专家学者以及数百名企业界人士参会。会议对第3次经济合作会议纪要所提出的工作目标进行评估，坦诚指出存在问题，明确发展方向，采取具体措施，共同促进广宁省—海防—河内—老街—云南经济走廊建设，实现合作共赢。会议还讨论资源开发、发展口岸建设和港口物流建设，促进进出口贸易，改革行政审批手续，大力发展交通业，为企业投资创造条件，提高企业竞争力等。

第5次经济合作协商会于2009年11月20日在越南河内举行。中国云南与越南河内、老街、海防、广宁五省市领导及工商企业界代表共商深化合作，共谋未来发展。越南政府副总理兼外交部部长范家谦，中国驻越南大使孙国祥出席并致词。云南省副省长顾朝曦，越南河内市、老街省、海防市和广宁省的负责人在会上作主旨发言。范家谦在致词中说，建设"中越两廊一圈"是2006年两国领导人达成的一项重要共识，其中合作建设昆明—老街—河内—海防—广宁经济走廊是一个具有长久战略的重要计划。希望这次会议寻求各种有效措施进一步促进越南各有关省市与云南省的关系，使昆明—老街—河内—海防—广宁经济合作走廊早日形成。顾朝曦在发言中就新形势下进一步推进双方合作提出6点建议：（1）建立健全合作机制。进一步丰富和完善中越五省市经济走廊沿线省、州、县政府以及部门间的联系机制，及时就合作的具体事宜开展交流、对话与磋商；建立健全企业间的合作机制，为企业参与走廊建设搭建平台。（2）切实加强基础设施建设。加快推进中国河口—越南老街跨境经济合作区建设；加快推进中越五省市经济走廊交通基础设施的改造和建设，开通昆明—宣光、昆明—莱州和文山—河江3条中越国际运输线路。（3）加快推进贸易投资便利化。（4）努力提升产业合作水平。加强农业、旅游和服务业等方面的合作；支持和促成双方大企业在钢铁、有色金属及其他矿产资源开发等方面的合作。（5）深入推进社会事业合作。进一步促进和推动双方在文化、教育等领域的交流与合作。（6）加快完善合作的保障措施。

第6次经济合作协商会于2010年11月25日在越南老街举行。中国云南与越南老街、河内、海防、广宁五省市领导及工商、学术界等代表出席。云南省副省长顾朝曦，越南外交部、工商部和老街省、河内市、海防市、广宁省的负责人在会上分别作主旨发言。顾朝曦就新形势下推进五省市经济合作提出5点建议：（1）进一步完善落实合作机制；（2）进一步密切双方人员往来；（3）进一步推动交通运输便利化，尽快实现双方高水平的互连互通，推进相互间客货运输直达直通；（4）进一步拓展合作领域，实现跨地区、跨部门、跨国境信息共享，促进区域经济一体化；（5）进一步推动跨境经济合作区建设。与会各方一致同意，今后将积极为推进经济走廊的贸易自由化和货物流通便利化创造机会，广泛开展旅游、文化交流、教育与人力资源培训、卫生防疫、农业农村发展等领域的合作，实现共同发展。

中国广西壮族自治区与越南边境省合作机制 2007年6月，中国广西壮族自治区与越南广宁、谅山、高平三省签署《关于成立广西与越南广宁、谅山、高平三省联合工作委员会的备忘录》，标志着中国广西与越北边境省联合工作委员会（简称"联工委"）成立，中国广西与越北三省合作机制开始形成。2007年6月8日，中国广西与越南高平、谅山、广宁三省签署成立联合工作委员会协议。根据协议，联工委在中越双边合作指导委员会的指导下开展工作。其主要职能是：（1）贯彻落实中越两国高层达成的协议和共识；（2）加强双方现有合作机制的宏观指导与协调，使双方各部门之间建立起来的合作机制发挥作用；(3)重点加强双方在经济、贸易、投资、旅游等领域的合作，及时协调解决双方合作关系中存在的重大问题，实现优势互补、互利共赢；(4)协商解决边境地区发生的问题，密切配合打击各种跨国犯罪活动，维护边境地区稳定；(5)加大对陆地勘界工作的指导力度，确保2008年完成全部勘界立碑工作。联工委每年举行一次会晤，轮流在中国广西或越南举行。

第1次联工委会议于2008年5月16日在越南广宁省下龙湾举行。越南副总理兼外长范家谦、中国驻越南大使胡乾文出席。中国广西壮族自治区副主席陈武率领代表团与越南北部三省的代表共同与会。会议的议题主要包括：在“两廊一圈”框架下加强双边合作，确定具体合作领域和项目；促进双方在贸易、旅游和投资方面的合作；落实2006年双方签订的有关通关便利化协议，为双方企业开展合作创造更有利条件；共同加快工作进度，以期在2008年完成中越陆地边界联合实地勘界立碑工作；共同打击跨境犯罪活动，维护边境地区的稳定和正常秩序；开展人力资源培养、培训合作，提高双方行政管理人员的中文和越文水平等。

第2次联工委会议于2009年5月15日在中国广西南宁举行。联工委广西方主席、中共广西壮族自治区委员会常委、自治区副主席陈武，越南广宁省代表团团长、省人委副主席汝氏红莲，谅山省代表团团长、省人委副主席杨时江，高平省代表团团长、省人委副主席李海候共同主持会议。越南驻华大使阮文诗、中国驻越南使馆政务参赞翟雷鸣、越南驻南宁总领事阮英勇以及中国广西壮族自治区发改委、公安厅、交通厅、商务厅、旅游局、广西军区司令部、广西公安边防总队、南宁海关和百色市政府、崇左市政府、防城港市政府等有关单位负责人参加会议。以越南河江省人委副主席黄庭真为团长的河江省代表团应邀出席会议。双方首先回顾了联工委第一次会晤共识落实情况，一致认为双方合作交流不断扩大、互信不断增强、合作内容不断增多，取得可喜成绩。同时，双方也认识到还存在一些不足之处，需要进一步加强合作。经过协商，双方就经贸合作、跨境经济合作区建设、边境口岸和互市点建设、旅游合作、交通基础设施建设、维护边境治安秩序合作、农业科技合作、边界管理合作、文化合作等具体议题达成广泛共识。陈武在会上作总结发言。阮文诗、翟雷鸣在会上就切实推进双方各领域务实合作提出指导意见。会上双方共同签署《中国广西与越南高平、谅山、广宁省联合工作委员会第二次会晤备忘录》。根据备忘录，双方同意继续落实第一次会晤有关共识，并将在经贸、跨境经济合作区、口岸和互市点建设、旅游、维护边境治安秩序、农业科技、边界管理、文化等领域进一步加强合作。双方同意越南河江省加入联工委，享有与原成员同样的权利和义务。会议期间，中共广西壮族自治区委员会书记郭声琨、副书记陈际瓦会见越南边境四省代表团，并见证备忘录签字仪式。

第3次联工委会议于2010年9月10日在越南河内举行。越南政府副总理阮善仁、越南谅山省人委主席韦文成、中国广西壮族自治区主席马飚分别致词，联工委越方轮值主席、越南谅山省人委副主席杨时江，联工委中方主席、广西壮族自治区副主席陈武分别讲话。

阮善仁在致词中说，中国已成为越南在经贸、旅游等多个合作领域的最大伙伴。北部湾划界和中越陆地边界勘界工作完成以后，两国迎来新的发展机遇。他希望广西与越南进一步加强在教育、旅游、科技等方面的合作，探讨越南同登—中国凭祥跨境经济合作区建设。马飚在致词中高度评价联工委合作机制，建议各方进一步推动联工委开展会晤以来所达成的各项协议的落实，进一步推动广西与越南边境四省经济贸易等全方位合作。希望联工委各方在边境口岸开放、边境旅游合作、凭祥—同登和东兴—芒街跨境经济合作区建设、边境交通基础设施建设、通关便利化、南宁—河内经济走廊等方面加强交流，增进了解，深化合作。陈武作主旨发言，就双方加强边境口岸基础设施、跨境经济合作区建设和边境管理合作等提出具体建议。

第4次联工委会议于2011年12月8日在中国广西南宁举行。越南高平省人委会主席阮黄英、谅山省人委会副主席苏雄科、广宁省人委会副主席武氏秋水、河江省人委会副主席谢亲里、越南驻华使馆参赞阮世雄，中国广西壮族自治区副主席蓝天立和自治区有关部门负责人出席会议。会议认为，自联工委第3次会晤以来，双方切实落实会议共识，积极开展各领域的交流与合作。地方区省和有关部门领导保持经常互访，推动了相互间的友好合作，经贸投资合作进一步加大，共建跨境经济合作区建设步伐明显提速，边境管理合作成效显著，教育交流合作规模进一步扩大，边境旅游合作进一步密切，边境口岸、互市点建设取得新突破。中国广西方提出建议：继续保持双方区省和市、县各级领导的互访，进一步强化双方现有合作机制作用，进一步加强贸易投资合作，积极推进跨境合作区建设，继续加强边境口岸、互市点开放和建设合作，加强陆地边界管理合作，加强边境交通基础设施建设合作，加强旅游合作，加强农业、林业、水产业科技合作，加强教育合作，加强双方缔结友城关系工作。

中越“两廊一圈”交通基础设施合作

围绕建设“两廊”，中越两国启动了昆明—河内—海防交通走廊、南宁—河内、南宁—东兴等交通走廊基础设施建设，建成南宁—友谊关高速公路、昆明—河口高速公路、中越红河大桥等项目。在建项目有昆明—玉溪、玉溪—蒙自、蒙自—河口铁路，南宁—崇左—靖西—龙邦、钦州—崇左—靖西—那坡高速公路等。

中越“两廊一圈”区域合作公路建设

至2011年，中越边境的公路网已经初步形成。西廊(昆明—河内—海防)中国境内段407千米已全部升级为高速公路，越南境内与昆(明)—河(口)高速公路对接的老街—河内265千米高速公路，在老街的一段已完成80%，预计全线2013年底完工。由中越两国政府共同出资建设的中越红河界河大桥于2009年9月1日建成。南北经济走廊东线(昆明—南宁—河内)公路通道全长1208千米，中国境内段已基本升级为高速公路，越南境内段为二级路，已列入高速公路升级改造计划，并正在组织实施。2010年底，中国广西通往越南所有一类口岸的公路全部改造成为二级以上公路。主要工程项目包括南宁—友谊关、百色—罗村口、南宁—百色、隆林—百色、崇左—钦州、崇左—靖西、靖西—龙邦、百色—靖西—那坡、防城—东兴、昆明—河口、老街—河内、河内—海防、海防—下龙—芒街高速公路。

中越“两廊一圈”区域合作铁路建设

昆明—河口铁路　中国境内昆明—玉溪铁路扩能工程、玉溪—蒙自铁路、蒙自—河口铁路均相继开工。其中：新建玉溪—蒙自铁路于2005年开工，预计2012年6月建成通车；蒙自—河口铁路于2009年底开工，计划2013年建成；昆明—玉溪铁路扩能工程于2010年开工，预计2014年完工。

南宁—防城铁路　西南出海通边铁路，已开通准轨铁路。为提高铁路运行能力，中国广西正在建设南宁—钦州快速铁路，该路全长98.79千米，总投资97.6亿元，按国家Ⅰ级双线电气化铁路建设，速度目标值为每小时250千米，牵引质量为4000吨，满足开行双层集装箱列车运输条件。2011年11月6日开始铺轨，预计2013年通车。建成后将成为广西首条高速铁路，也是中国首条通往东盟方向的高速铁路。

田东—靖西铁路　中国广西通往越南高平省的重要通道。全线分两段建设，其中田东—德保铁路为国家Ⅱ级单线电气化铁路，全长72.6千米，2007年10月开工，2010年5月通过验收营运。德保—靖西段正线全长44千米，设计时速为120千米的单线电气化Ⅱ级铁路，2011年12月2日开始铺轨，2012年7月建成通车。该铁路计划再延伸到龙邦口岸，构成中国广西与东盟间的另一条国际通道。

中越“两廊一圈”区域合作跨境经济区建设

中越“两廊一圈”区域合作实施以来，中国加大口岸经济合作区建设力度，先后启动凭祥—同登跨境合作区、东兴—芒街跨境合作实验区等项目，开展龙邦—茶灵跨境经济合作区前期研究工作，并加强水口—驮隆、朔江—平孟、硕龙—里板口岸经济区基础设施。中国广西实现通往越南所有一类口岸的公路达到二级以上的目标。云南省加紧建设滇越口岸，横跨红河并与越南老街金城工业商贸区相连接的公路桥以及云南北山口岸区建成投入使用。

中越边境跨境经济合作区是“两廊一圈”区域合作重要项目之一。2007年中国广西与越南谅山省、中国东兴市与越南芒街市分别签署共建中越凭祥—同登跨境经济合作区合作备忘录及共建东兴—芒街跨境经济合作区协议。2008年12月，作为跨境经济合作区的中方先行启动区—广西凭祥边境综合保税区获国家正式批准。为此，广西已投入3亿元人民币用于凭祥中越边境经济合作区前期建设，完成2.73平方千米的边境贸易区配套监管设施、5.77平方千米的凭祥国际物流园和友谊关电子口岸前置核放区及其他附属工程的建设。与此同时，越南政府也在积极推动边境口岸建设，2008年4月，越南政府批准设立同登口岸经济区规划，口岸经济区内设立非关税区作为与中方对接跨境的先行启动区。2009年上半年，凭祥—同登跨境经济合作区项目列入《中越经贸合作年发展规划》。2010年9月10日，在越南河内举行中国广西与越南边境四省联工委第三次会议，就共同推进跨境经济合作区建设的议题进行研讨，双方表示将这一项目上升到国家层面，越南谅山省已就此作出可行性报告，并希望这一构想能在双方共同努力下尽快成为现实。

凭祥—同登跨境经济合作区　规划中的中国凭祥—越南同登跨境经济合作区，位于中国凭祥与越南谅山同登交界处，建设总面积为17平方千米，中越双方各8.5平方千米。中方区域范围为：北至南山，南至16号界碑弄怀互市点，西至15号界碑浦寨互市点，东至南友高速公路友谊关沿线。17平方千米的跨境经济合作区分主体区和配套区两部分进行建设。主体区面积6平方千米(中越双方各3平方千米)，划分为国际贸易区、国际物流区、国际加工区和国际旅游区，由中越双方统一规划、共同运作；配套区面积12平方千米(中越双方各6平方千米)，由各方按照跨境经济合作要求进行规划建设。跨境经济合作区按照“两国一区、境内关外、自由贸易、封闭运作”的模式进行构建。2005年以来，由中国商务部国际贸易和经济合作研究院牵头组成的课题组开展中越跨境经济合作区可行性研究工作，完成《中越跨境经济合作区战略研究》、《中国凭祥—越南同登跨境经济合作区可行性研究》和《国外跨境区域合作模式比较研究》3个课题报告，其中可行性研究报告通过评审。中方建成广西凭祥综合保税区和其他基础设施。

广西凭祥综合保税区是跨境经济合作区配套项目，2008年12月3日开工建设，2011年9月30日正式封关运营。保税区范围为：东至板召屯，西至浦寨，南至弄怀，北至浦扣克山，规划控制面积8.5平方千米。

保税区为海关特殊监管区域，实施海关二线监管，封闭运作，其功能定位为国际贸易、保税加工和保税物流等。它是首个在中国陆地边境线上设立的综合保税区，是中国目前唯一与境外实现“贴边发展，互连互通，无缝对接”的综合保税区。发展定位是服务中国—东盟自贸区的贸易往来，集陆路边境口岸、国际贸易、保税物流、保税加工、国际配送等功能于一体的国际经济合作区域。保税区一期工程建设全面完成，高标准通过国家验收，并吸引首批 10 个项目入区，涵盖物流、贸易、加工等企业。

凭祥综合保税区管委会大楼　　（搜狐网）

此外，凭祥—同登跨境经济合作区还完成一批配套项目：(1)总投资 28.8 亿元、占地 233.33 公顷的凭祥物流园项目一期工程已经完成投资 3.5 亿元。(2)弄怀、浦寨贸易区作为中国与越南谷南、新清对接的主要区域，各项基础设施日趋完善，中越浦寨—新清、叫隘—那行、弄怀—谷南等口岸通道项目相继竣工通车。(3)占地 31.33 公顷的友谊关口岸区项目完成投资 2 亿元，成为广西通关效率最高的口岸。(4)占地 266.67 公顷的弄怀(浦寨)贸易区项目完成投资 6 亿元，初步建成中越边境线上最大的边境贸易城。

中国东兴—越南芒街跨境经济合作区　2011 年 3 月 21 日，作为中国新一轮实施西部大开发战略的国家重点开发开放试验区先行先试的项目——中国东兴—越南芒街跨境经济合作区启动建设。11 月，《东兴国家重点开发开放试验区发展规划》在北京通过专家评审。该跨境经济合作区在待建的中越北仑河二桥两侧各划出 5 平方千米土地，建设口岸管理区、金融商贸组团区、加工组团区等，建成后将成为服务中国—东盟自贸区、西部大开发和北部湾经济区的实体平台，成为中国面向东盟的边境进出口资源加工基地、商贸中心、现代物流中心和信息交流中心。

中国广西钦州保税港区开港运营

2011 年 2 月 16 日，中国广西钦州保税港区经过两年多的建设，正式开港运营。2008 年 5 月 26 日，中国国务院批准设立广西钦州保税港区，这是继上海洋山、天津东疆、大连大窑湾、海南洋浦、宁波梅山之后的全国第 6 个保税港区，也是中国中西部地区唯一的保税港区。钦州保税港区选址于钦州港金光工业园内，规划面积 10 平方千米，主要布局码头作业区、保税物流区、保税加工区和管理服务区 4 个功能区，深水岸线约 4.6 千米，规划建设集装箱泊位 10 个。保税港区分三期建设。

第一期为 2.5 平方千米，从 2008 年起全面开工建设，2011 年 2 月 16 日开港运营。一期投资项目基本落实。保税港区国际酒类交易中心、进口汽车检测线、恒湘物流仓储、集装箱拆装箱库、吉运物流仓储、中外运物流仓储等项目在建，部分项目于 2011 年内陆续竣工。3～8 号泊位基本建成并投入试运营，保税港区拥有 10 万吨级泊位 8 个。中石油原油储备库一期 420 万立方米库区建成并开始储油，第二期 580 万立方米库区启动建设；保税港区二、三期吹填工程全面完成，正式对外招商。

钦州保税港区的功能定位是：广西北部湾经济区开放开发的核心平台，中国—东盟合作以及面向国际开放开发的区域性国际航运中心、物流中心和出口加

繁忙的钦州保税港区码头　　（搜狐网）

工基地。

中国—越南(深圳—海防)经贸合作区

经中国商务部批准的国家级境外经贸合作区,也是中国广东在越南投资的最大项目。2008 年 10 月 22 日在北京签约,并于 2010 年启动基础设施建设。

合作区位于越南海防市安阳县内,占地 800 公顷。功能设置分为工业产业园区和综合配套服务园区,工业园区计划入驻企业为电子、服装为主的轻工产业,综合园区主要提供融资、研发、质检、法律咨询、报关、物流等配套服务。

合作区规划一期开发面积 209 公顷,建筑总面积 230 万平方米,基础设施和配套设施总投资 2 亿美元,计划用 4 年时间建设完成。一期建成后,计划引进入区企业 170 家以上,年产总值估计超过 250 亿元人民币,为当地创造 3 万个就业岗位。

中越“两廊一圈”贸易合作

贸易合作是中越“两廊一圈”合作的重要领域。自 2004 年开始建设中越“两廊一圈”以来,中越两国加强双边贸易合作,促进中越贸易快速发展。2004 年中国与越南进出口贸易额为 67.42 亿美元,占中国进出口贸易额的 0.58%,占越南进出口贸易额的 11.54%;2010 年中国与越南进出口贸易额为 254 亿美元,分别占中国和越南当年全国进口贸易额的 1.01% 和 16.54%。2011 年中越进出口贸易额 402.1 亿美元,比 2004 年增长 4.97 倍,分别占中越两国当年全国进出口贸易额的 1.10% 和 19.74%。

2004 ~2011 年中越贸易发展情况

单位:亿美元

年度	滇越贸易额		桂越贸易额		中越贸易额	
	贸易额	占中越贸易额比重(%)	贸易额	占中越贸易额比重(%)	贸易额	占全国进出口总额(%)
2004	3.39	5.78	7.53	11.17	67.42	0.58
2005	3.23	3.94	9.87	12.04	81.96	0.58
2006	5.07	5.09	14.67	14.74	99.50	0.57
2007	9.72	6.43	23.77	15.73	151.15	0.69
2008	6.45	3.31	31.25	16.05	194.64	0.78
2009	7.90	3.75	39.84	18.93	210.45	0.95
2010	9.50	3.15	51.28	17.04	300.86	1.01
2011	12.13	3.02	75.75	18.84	402.10	1.10

资料来源:根据 2005 ~2011 年《中国统计年鉴》、《广西统计年鉴》和中国云南省商务厅有关资料整理

在中越“两廊一圈”合作框架下,中国云南和广西依靠地缘优势、政策优势和人文优势,在对越贸易中发挥重要作用,促进双边贸易跨越发展。2004 年云南对越南贸易额为 3.39 亿美元,2011 年达 12.13 亿美元,首次突破 10 亿美元大关,比 2004 年增长 2.58 倍。2004 年广西对越贸易额为 7.53 亿美元,2011 年达 75.75 亿美元,比 2004 年增长 9.06 倍。

在中越贸易中,云南河口、广西凭祥和东兴 3 个口岸发挥龙头作用,大力发展边境贸易,贸易额连年刷新记录。2011 年,河口、凭祥、东兴对越边境贸易分别为 12.13 亿美元、44 亿美元和 22.6 亿美元,分别比 2004 年增长 10.35 倍、7.41 倍和 2.89 倍。

中越“两廊一圈”旅游合作

推进跨境旅游便利化 中越旅游的一个重要特点是双边游客多从陆路口岸出入境,少量从海上出境旅游。为了迎接新时期中越旅游日益增长的需要,中国积极推动边境旅游发展和旅游便利化。2008 年 3 月,中国广西与越南河内、广宁、谅山三省签署《中越边境旅游管理合作备忘录》,合作开拓越南北部至中国广西南部跨国旅游市场;已开通的中国北海至越南下龙、河内的海上旅游航线,成为国家唯一允许凭边境通行证出国旅游的线路。2009 年 2 月 28 日,国家批准凭祥正式恢复边境旅游异地办证试点工作,中越旅客出入境更为便捷。2009 年 8 月 25 日,中国国家旅游局批准允许双方游客使用本国护照或者具有国际效力、可以代替护照的旅游证件出入境。2011 年 3 月,中国广西正式实施公民参团赴越南边境旅游办理出入境通行证即时受理,当天办结工作制。

旅游营销走进东盟国家 东盟作为中国广西重要的旅游客源市场和公民出国旅游最重要的目的地一直备受重视。2004 年和 2007 年,中国广西两次组织“走进东盟—广西旅游国际大篷车大型宣传促销活动”。广西壮族自治区旅游局先后与东盟各国的近 20 家旅游机构签订旅游合作协议或合作备忘录。东盟各国也积极组织旅游部门到广西开展宣传促销活动,广泛宣传各自优势旅游产品和线路。中国云南红河州有针对性地开展对越旅游宣传促销活动。一是加强与越南业界的友好交流;二是到越南举办、参加专题宣传促销活动;三是开办红河旅游网越南语主页,利用互联网优势宣传红河旅游;四是编印越南语旅游宣传品,用于各种对越旅游宣传活动。

开展中越边境自驾车旅游活动 2011 年 1 月 20 日,首个中越跨国自驾游旅游团在中国凭祥友谊关口岸出境。该团由 20 辆车、78 人组成,旅游线路为中国南宁—越南河内—荣市—顺化—会安—广平—清化—河内—凭祥友谊关—南宁,全程约 2082 千米,行程 7 天。同年,中国云南河口旅游部门经与广西和西双版纳州旅游部门协商,联合广西华越旅行社共同推出从河口口岸出境到越南河内、海防、下龙湾、谅山后从广西友谊关口岸入境的自驾车旅游环线。

恢复和开辟海上旅游线路 2011 年 4 月 13 日,中

国防城港—越南下龙湾海上航线恢复运营并完成首航。至此,中国广西成功开通北海、防城港两条至下龙湾的海上跨国旅游航线。广西在完善传统旅游线路的基础上,还将开辟“中越跨国胡志明足迹之旅”、“中越边境探秘游”、“中越海上跨国之旅”、“越老柬神秘之旅”等多条跨国旅游线路。

共同培育中越旅游品牌　2006年,越南广宁省文化官员在中国桂林观看《印象·刘三姐》大型山水实景演出之后,认为具有“海上桂林”之称的广宁省下龙湾也可以开发一台实景演出,作为重点发展的旅游项目,越南同行看好它的市场前景,多次到桂林取经。中越双方达成协议,把中国的资本、创意、运营模式等和越南的民族风情相融合,共同开发下龙湾大型海上实景演出项目。2007年6月7日,越南高平省人民委员会和中国百色市人民政府签订全面合作框架协议,协议涉及双方促进开发从中国那坡百南河到越南保乐锦江的老虎跳跨国大峡谷漂流探险项目。当年9月28日,高平省和那坡县成功合作举办从中国那坡县百南乡到高平省保乐县古巴乡老虎跳跨国大峡谷漂流开漂仪式。

中越合作培训旅游人才　2008年3月,越南河内市旅游厅,谅山、广宁、高平各省经贸旅游厅与广西壮族自治区旅游局举行会谈并签署《中越边境旅游管理合作备忘录》,主要内容为:加强边境旅游管理与合作,联合宣传、建设旅游路线,提高旅游项目、旅游服务和导游队伍质量,确立合作宗旨,统一指定双方可以接待游客的旅行社。在5省合作项目框架内,2008~2010年,广西壮族自治区旅游局为来自越南4省市到广西南宁、柳州、桂林参加旅游业务学习培训班的学员提供所需全部费用。

中越“两廊一圈”产业合作

特色农业合作　重点在糖料蔗、特色果蔬、桑蚕等领域开展合作。

(1)糖料蔗种植合作。中国广西与越南合作种植制糖原料蔗项目始于2006年。在同年11月举办的第3届中国—东盟博览会上,广西龙州县与越南下琅县签订合作种植制糖原料蔗项目协议,双方计划在3~5年内合作种植制糖原料蔗1000公顷以上。项目实施以来,2008年龙州县与下琅县合作种植甘蔗667公顷,2009年至2011年又增加133公顷。合作方式是由越方提供土地及人力资源,中方提供良种、化肥、农药、农膜、农业机械等生产资料,并派专家指导当地边民种植,原料蔗由龙州县收购加工。2009年2月,首批中越合作种植的甘蔗入境广西。至2011年底,中国广西龙州、宁明、大新、防城等地与越南下琅、海河等县累计合作发展跨境甘蔗种植基地4333.3公顷。

(2)特色果蔬种植合作。中国广西田阳县三雷老韦物流有限责任公司与越南谅山企业达成协议,在越南谅山投资6000万元建立小番茄种植基地,2011年一期项目种植小番茄20公顷,产值600多万元;广西那坡、江州等县(区)也在越南边境省建立马铃薯生产加工基地。广西明阳生化集团、广西格霖农业科技等企业在越南边境省建立蔬菜生产加工基地1300多公顷。

(3)桑蚕生产合作。中国广西那坡县与越南高平省河广县开展桑蚕生产合作项目成果显著。自2009年那坡县与河广县实施种桑养蚕合作项目以来,那坡县累计无偿为越方提供桑苗1600多万株,扶持越方86个农户新辟桑园13公顷,在越南建立中越种桑养蚕合作项目生产基地。2011年,越南蚕农在中国平孟一类口岸销售鲜茧收入20多万元。

中越农业科技合作

中越农业科技合作的主要方式是建立科技研究基地、开展实用技术推广和普及等。

甘蔗种植科技合作　为了使中国龙州县与越南下琅县原料蔗生产合作顺利开展,2006年底,龙州县成立由糖业办、农业局等相关单位技术骨干组成的工作组,负责向越方提供技术服务。2006年底至2008年初,该工作组多次深入越南甘蔗基地免费为越方群众举办甘蔗技术培训班,系统、全面地传授甘蔗栽培管理技术,并到田间地头现场演示甘蔗种植技术,参加培训的越方人员500多人。2007年2月,越南下琅县代表团一行54人,到龙州县武德乡水田种蔗现场进行观摩、学习。2008年2月,越南下琅县参照龙州县武德乡水田种蔗现场会的做法,在越南瑞

2011年越中贸易和旅游国际展览会开幕剪彩仪式　(搜狐网)

华社举办甘蔗种植现场会，并邀请龙州糖业办技术员前往指导，为现场200多名越南蔗农传授甘蔗种植技术。龙州县为下琅县提供甘蔗种，在瑞华社建立连片百亩甘蔗高产示范片，通过示范片将各项科学种蔗技术向周边推广，带动面上甘蔗生产发展，提高甘蔗种植效益。

推广农业新品种 在越南新开发的桑园中，有10%的桑树是广西的“桂桑优62”和“桂桑优12”；而饲养的桑蚕中，有大约1/3是广西的“两广二号”。广西还依靠中越农业综合技术示范研究推广基地，开展杂交水稻组合和瓜菜品种的种植示范，并从中筛选出适应越南中北部种植的水稻组合17个、蔬菜品种16个。这些示范品种在越南广受欢迎。广西自主选育的杂交玉米种子HK4，2009年9月通过越南农业部品种审定委员会的审定，进入越南国家农作物品种名录；广西杂交水稻品种HKT99，也在2011年9月通过越南农业部的国家品种审定。广西万川种业每年出口越南杂交稻种2000吨，约占中国出口越南杂交稻种总量的18%；每年出口越南蔬菜种子300吨左右，占中国出口越南蔬菜种子总量的60%。

桂桑优12在越南推广种植　　（搜狐网）

动植物疫病防控合作 自2009年4月以来，中越双方农业科技部门用英文及时准确发布害虫监测信息400多期次。广西参考这些信息发布水稻害虫发生趋势预报近30期，指导粮食防治面积1000多万公顷。广西兽医部门先后承担实施中越跨国动物疫病监测控制、大湄公河次区域（GMS）跨境动物疫病防控技术合作、中越边境禽流感防控技术培训、中越边境重大动物疫病防控试验站建设技术支持和中越边境重大动物疫病防控阻截带建设等项目，对越南兽医技术人员进行有关动物疫病快速诊断和动物疫病防控技术培训，帮助较早参加联席会议的越南边境3省各建立1个重大动物疫病防控试验站，提高越南动物疫病防控技术水平，防止重大动物疫病在中越边境地区发生、流行和蔓延。

建立农业技术示范研究推广基地 2008年，由中国云南省和越南合作建设的中越河内新品种新技术示范基地在越南河内建立。3年来，云南先后为越南提供生长期短、成活率高、抗逆性强、产量高的热带花卉和蔬菜品种供越南进行试验推广。与此同时，还采取在昆明培训与在越南现场指导相结合的方式，为越方培养一批基地技术带头人。云南企业陆续走向越南开展合作。至2011年2月，已有近10家企业、科研单位在越南河内进行新品种技术试验和示范，基地的种植面积扩大到47公顷；云南花卉种苗、种球在越南的使用量不断增加，2011年总规模达到50万株（个）。生产的鲜切花除满足本地市场外还返销昆明等国际市场。

在农业示范基地建设方面，广西农科院在越南建立中越农业综合技术示范研究推广基地，开展杂交水稻组合和瓜菜品种的种植示范，分别试种中国和越南的水稻、瓜菜、蔬菜品种，并从中筛选出适应越南中北部种植的品种进行推广。累计在越南建立水稻推广示范点23个，面积981.7公顷；广西甜瓜蔬菜推广种植示范点16个，面积300公顷。为当地越南农技人员和农民举办培训班43期，培训学员3000多人次。

中越农产品贸易合作

据中国海关统计，2010年中国广西与东盟农产品贸易额9.37亿美元，其中广西与越南农产品贸易额7.66亿美元。越南已连续多年成为中国广西农产品进出口贸易第一大伙伴。2011年1~3季度，广西与东盟农产品贸易总额7.94亿美元，同比增长26.6%，其中广西与越南农产品贸易额6.56亿美元，同比增长24.3%。中国陕西、山西每年通过广西凭祥出口到越南的苹果、梨达20万吨，广西、江西的柑橘，广西、海南的热带农产品等，都热销越南。越南的木薯、龙眼、西瓜、火龙果等农产品，也源源不断出口到中国广西。越南已连续多年成为中国广西的农产品进出口贸易第一大伙伴。

中越能源合作

中越“两廊一圈”合作框架提出以来，两国能源合作有新突破。2006年初，中国广西与越南签订煤炭贸易战略性合作协议，为广西与越南开展包括煤炭等能源的合作打下良好基础。2008年4月，中国机械进出口公司与越南煤炭矿产集团签订《共同投资开发红河煤田协议》；2009年4月，双方进一步签订合作协议，明确年内完成合资细节谈判，签订合资有关手续与办理相关文件。

中越双方还开展电力联网和电力交易，并通过合资合作建设电站、承包建设电力工程项目、共建跨国输变电网等方式，进一步加强水电资源开发合作，以及边境地区电网建设和供电合作。自2004年9月云南河口至越南老街110千伏线路正式送电以来，中国南方电网以3条220千伏、4条110千伏送电通道向越南北部八省送电，2010年向越南北部八省送电55.3亿千瓦时，比上年增长24.9%。至2011年8月底，累计向越南送电209亿千瓦时。

2005年12月，广西电力工程建设公司承揽的越南海防火电厂1期项目开工。2007年10月，广西国电崇左发电有限公司与越南对外贸易运输总公司签署《投资合作建设崇左电厂协议书》，正式启动装机240万千瓦的中越合资崇左火电厂项目一期工程。该项目得到中越双方的重视，成为中越"两廊一圈"合作的重要项目。

2011年10月22日，由中国技术进出口总公司与天津电力建设公司组成的联合体在南宁与马来西亚捷硕集团签署越南海阳火电站项目总承包（EPC）合同，合同标的14.88亿美元。海阳火电站位于越南海阳省京门县，项目设计功率为120万千瓦，计划分两期执行，工期分别为42个月和48个月。预计第一台机组将于2016年第三季度发电，第二台机组将于2017年1月发电。2011年11月，中国浙富股份公司与中国水电科学研究院组成联营体共同参与越南Xekaman1电站项目No. III. 3.2号机电设备总成套投标，中标金额为3851.4万美元加99亿越南盾。

中越工业合作

中越工业合作项目主要有氧化铝、木薯淀粉生产线等。越南林同氧化铝厂建设项目是越南国家煤矿工业集团与中国中铝国际的合作项目，投资总额4.66亿美元，建设年产60万吨氧化铝厂。由广西华蓝设计（集团）有限公司与广西一安组成联合体负责该项目变电站的设计及建安工程总承包。

广西农垦越南归仁木薯产业项目是2008年4月中共广西壮族自治区委员会书记郭声琨率团出访越南时签约的项目。该项目已通过境外投资外汇资金来源审查并获得境外投资许可批复，开始在越南申请设立公司和筹措资金。占地20公顷、投资6800万美元的广西农垦越南归仁年产10万吨木薯干法变性淀粉及配套项目一期工程，于2011年7月动工建设，年底建成项目一期1万平方米厂房及基础设施，首条干法阳离子生产线安装并试投产。

第2届中国—越南工程、电力企业合作对接会

2011年4月26～28日在越南首都河内举行。会议期间，越南电力集团副总经理丁光之，越南煤炭矿产集团总经理黎明准，越南沱江建设集团副总经理李文周、副总经理金孟河分别向中国企业推介正在进行和准备实施的工程项目以及重大电力建设项目（包括火电厂、水电站、变电站、输配电线路等），并期望中国企业尽快参与这些项目建设。中国西电集团国际工程公司、中国水电顾问集团国际工程公司、北京住总集团、上海电气、东方电气等40多家企业与越南国家建设部、越南电力集团、越南煤炭矿产工业集团、越南沱江建设集团等60多个单位进行深入广泛的政策咨询及项目对接与合作。中越两国代表共200多人参加大会。

中国—越南两国12省份农业合作交流暨农业厅长联席会议

2012年1月4日在中国南宁举行。会议宣读通过《中越边境农业合作发展南宁共识》。中国广西、海南、山西、陕西、江西及越南广宁、谅山、高平、宣光、河江、义安、平定等12个省（自治区）的农业厅长及相关负责人参加会议。

会议回顾中越两国农业交流合作情况，研讨当前中越地方农业交流合作的机遇与挑战，交流跨国农业合作经验，就新形势下提升中越农业交流合作水平、维护区域农业产业安全和促进共同发展深入讨论。会上，广西农业企业分别与越南北部边境各省签订蔬菜产业开发合作、原料蔗种植收购、种桑养蚕产业开发合作协议。

中越两国边境农业合作厅长联席会议是由中国广西壮族自治区农业厅与越南广宁省农业厅于2008年在南宁共同发起倡议的，2011年是第4次举办。

越南广宁—中国广西投资发展合作论坛

2011年3月24日在中国南宁国际会展中心举行。由越南广宁省主办，越南广宁省计划投资厅与广西壮族自治区商务厅承办。有70多家企业、20多个项目寻求合作，既包括高速公路、机场等基础设施方面的建设，也包括对旅游胜地下龙湾的合作开发。对于两省企业有意合作的领域和项目，当地政府将给予税收等方面的优惠政策。会上还举行11个项目的签约仪式，涉及交通、旅游、教育等方面的合作。

中国—越南经贸合作委员会第7次会议

2011年4月19日在越南河内举行。越南工贸部官员和中国政府经贸代表团出席。会上，双方介绍各自国家的经贸情况，并回顾第6次会议以来双方经贸合作关系。双方就中越双边经贸合作、中国对越援助以及多边合作等问题进行广泛深入交流，就进一步促进两国经贸合作发展达成诸多共识。

第 8 次中越经济论坛

2011 年6 月7～8 日在越南河内举行。论坛演讲嘉宾集中讨论亚洲转型中的经济体的经济发展和社会转变、宏观经济稳定与亚洲新兴经济体的通胀控制、经济结构调整和国有企业重组等有关的问题。越南计划投资部副部长裴光荣在论坛致开幕词时表示，论坛是越南学习亚洲新兴经济体发展经验的机会。中国改革发展研究院院长迟福林在演讲时表示，中国随时愿意向亚洲转型中的经济体包括越南提供政策咨询和帮助。

中国—越南双边合作指导委员会第 5 次会议

2011 年 9 月 6 日在越南河内举行。中方主席、中国国务院国务委员戴秉国和越方主席、越南政府副总理阮善仁共同主持会议。戴秉国指出，中越关系有着坚实的历史基础、政治基础和现实基础。过去 20 年，中越双方共同努力，推动双边关系全面深入发展，以造福于两国人民，并促进了地区的和平、稳定、繁荣。中越双边合作指导委员会作为增进政治互信、促进务实合作的重要机制，为推动双边关系发展发挥了重要作用。戴秉国表示，新形势下，中越双方应坚持从战略高度和长远角度看待和发展两国关系，坚持相互尊重、平等相待、互利共赢、共同发展，始终把握好两国关系的大局，巩固传统友谊，深化互利合作，密切人文交流，增进相互了解，并高度重视和妥善处理好两国关系中的敏感问题，推动中越关系沿着正确轨道向前发展。阮善仁表示，越中两国有着许多共同利益，发展同中国的睦邻友好关系是越南对外政策的头等优先。越方愿同中方一道，在十六字方针和四好精神指导下，从两国关系大局出发，巩固传统友谊，发展睦邻友好关系，加强高层交往和各领域互利合作，推动解决两国关系中存在的问题，把越中全面战略合作伙伴关系推向新阶段。双方回顾了一年来各领域务实合作取得的进展，提出下一阶段推进合作的规划和设想，同意进一步加强党际交往、执法、经贸、农业、科教文卫、地方等各领域合作，推动中越全面战略合作伙伴关系不断发展。双方表示，要加强在地区事务中的沟通与协调，推动中国同东盟关系取得新的进展，促进地区和平、稳定与繁荣。关于南海问题，双方强调要从中越友好大局出发，加强深入沟通，有效管控分歧，妥善处理敏感问题，共同维护南海稳定。

中方外交部、中联部、国防部、发改委、公安部、安全部、财政部、商务部等部委及广东、广西、云南、海南等省区负责人，以及越方党政有关部门和军队、地方负责人出席会议。此前，委员会双方秘书长举行会晤，两国各相关部门和地方分别举行对口会谈。

中越双方签署经贸合作文件

2011 年 12 月 22 日，应越南共产党中央委员会和越南社会主义共和国副主席阮氏缘的邀请，中共中央政治局常委、国家副主席习近平于 12 月 20 日至 22 日对越南进行正式访问。12 月 21 日，双方金融机构和企业在两国领导人见证下分别签署 5 个经贸合作文件，即《中国进出口银行与越南财政部关于越南清化钢铁厂项目优惠出口买方信贷协议》、《国家开发银行与越南河内综合进出口股份公司贷款承诺书》、《国家开发银行与越南投资发展银行贷款承诺书》、《国家开发银行与越南外贸银行全面合作谅解备忘录》和《中国银行与越南安庆电力股份有限公司出口买方信贷协议》。

中铁六局承建河内轻轨暨车辆段项目开工

2011 年 10 月 10 日，由中铁六局承建的越南首都河内市轻轨吉灵—河东线暨车辆段项目开工典礼在河内举行。越南交通部部长丁罗胜、河内市市长阮世草和中国驻越南大使馆临时代办姜再冬等出席典礼并为工程奠基。

河内城市轨道吉灵—河东线是河内轨道交通线网中的主干线之一。线路全长 13.04 千米，共设置 12 个车站，项目总投资 5.53 亿美元。

中国广西田德铁路全线贯通

2011 年7 月23 日上午，从中国广西田东县到德保县的第一列列车从德保火车站驶出，宣告田德铁路正式开通运营，此举也标志着中国对接越南的中线铁路

2011 年 7 月 23 日，田德铁路开通运营（新华网）

雏形初现。田德铁路全长73.4千米,位于广西百色境内,由南昆铁路田东站引出,向南跨越右江,终点德保站,属国家二级单线、电气化铁路,设计时速为每小时120千米,以货运为主,兼顾客运功能。

田德铁路于2007年5月动工,2009年10月开始铺轨。

据中国铁建二十五局集团柳州铁路工程有限公司介绍,在未来几年的铁路规划中,田德铁路将与在建的德靖铁路、规划中的靖龙铁路对接,成为通向中越边境的中线铁路,有望纳入大湄公河次区域交通合作框架。

越南批准北部经济走廊基础设施发展规划

越南《经济时报》2011年3月1日报道,越南工贸部长日前批准"2020年并面向2025年谅山—河内—海防—广宁经济走廊贸易基础设施发展规划"。该规划的目标是为上述经济走廊沿线各省市的发展、沿线企业与第三国企业的贸易合作创造有利环境和条件,将经济走廊建成越南与中国经贸合作新的增长点,为推动中越"两廊一圈"建设,并在东盟与中国经贸合作中发挥重要贡献作用。按上述规划,2015年,越方将基本完成经济走廊沿线贸易基础设施体系的布局,2020年基本完成经济走廊沿线贸易基础设施各项工程的建设。规划主要集中于建设贸易区、交易中心、中转和仓储中心、商品交易所、农产品交易市场和采购中心等6类大型贸易基础设施。

越南运输代表赴北海考察国际运输线路

2011年11月26~30日,越南广宁省交通运输厅运输管理处带领广宁、河内、海防各大型车站、码头及运输企业的代表一行47人,专程赴中国广西北海市对恢复开行下龙至北海国际客运班线进行参观考察。越方此行主要考察下龙至北海客运线路路况、车况以及北海市交通规划现状、旅游资源开发具体情况以及商业发展状况等,为恢复越南下龙—中国北海国际客运班线作准备。

通过考察,中越双方一致认为恢复开行下龙至北海国际客运班线将大大推动中越两省旅游项目的资源互享和共同发展,双方运输企业要加快车辆对开进程,及时做好车辆报备、通关手续办理等各项工作,早日实现中国北海—越南下龙国际客运班线对开,带动中越两省两市的全面发展与繁荣。

第6次中越汽车运输事务级会议在南宁召开

2011年11月30日至12月1日,中国和越南两国交通运输代表在中国南宁举行第6次会议并签署会谈纪要。这次会谈的主要议题是中越两国国际汽车运输行车许可证制度协议草案、2012年度行车许可证交换数量以及新增中越客货运输线路开通时间等事宜。

中国交通运输代表团团长为中国交通运输部道路运输司司长李刚、越南代表团团长为越南交通运输部国家公路总局副局长阮文权。

中越双方在友好协商、真诚合作、共谋发展的气氛中进行会谈。双方一致同意,尽快完成《中越两国交通运输部关于建立行车许可证制度的协议》(草案)国内报批程序,待《中华人民共和国政府和越南社会主义共和国政府关于修改中越两国政府汽车运输协定的议定书》、《中华人民共和国政府和越南社会主义共和国政府关于实施中越两国政府汽车运输协定的议定书》生效后两个月内由中、越两国交通运输部长在越南签署协议;在协议正式签署后12个月内,陆续开通新增的中越10条客货运输线路。

(赵庆星　赵明龙)

泛北部湾区域经济合作

泛北部湾区域经济合作发展概况

泛北部湾区域经济合作范围　泛北部湾区域是指北部湾和南海海域周边国家和地区所共同构成的空间区域,涉及越南、柬埔寨、泰国、马来西亚、新加坡、印度尼西亚、菲律宾、菲律宾、文莱8个东南亚国家以及中国的海南省、广东省、广西壮族自治区、香港特别行政区和澳门特别行政区。

在2006年7月20日举行的首届环北部湾经济合作论坛上,提出构建泛北部湾经济合作区的构想,论坛形成的《环北部湾经济合作论坛主席声明》提出:"要围绕拓展和深化中国—东盟战略伙伴关系,站在面向东亚合作的高度上,构建泛北部湾经济合作区,将环北部湾经济合作延伸到隔海相望的马来西亚、新加坡、印度尼西亚、菲律宾、文莱等海上东盟国家。密切物流、产业、贸易与投资合作,共同促进本地区加快发展。"

2007年7月出版的《泛北部湾合作发展报告》将泛北部湾区域经济合作的国家增至9个,即中国、越南、柬埔寨、泰国、马来西亚、新加坡、印度尼西亚、菲律宾和文莱,明确中国的海南省广东省、广西壮族自治区、香港特别行政区、澳门特别行政区属于泛北部湾区域。

泛北部湾区域经济合作战略目标　推动泛北部湾区域经济合作,旨在通过重点加强港口物流合作,实现产业对接与分工,促进相互贸易与投资,大力发展临海工业,联合开发海上资源,加快临海城市发展,形成一批互补互利、相互促进、各具特色的港口群、产业群和城市群,形成中国—东盟经济合作框架下的次区域经济合作。

泛北部湾区域经济合作的主要领域 经济领域主要加强交通、港口、海运、航空、环保、信息等基础设施建设,加强物流、金融、旅游、渔业、农业、资源开发与保护、投资与贸易、环境保护等各方面的合作,促进临海工业和海洋产业的发展。社会发展领域主要加强人力资源开发与培训、科技、教育、文化、医疗卫生、防灾减灾等方面的合作。

泛北部湾经济合作机制主要有一年一度的泛北部湾区域经济合作论坛(简称泛北论坛)、泛北部湾区域经济合作市长论坛(简称泛北市长论坛)、泛北部湾区域经济合作联合专家组(简称泛北合作联合专家组)等。

2006~2011年,泛北论坛已成功举办6届,成为推动泛北部湾区域经济合作的重要平台和机制。参加论坛的主体,从以政府官员为主,逐步扩展到学术界、工商界等人士广泛参与。首届泛北论坛于2006年7月20日在广西南宁举行,时称“环北部湾经济合作论坛”。本次论坛提出泛北部湾经济合作构想,主要成果是《环北部湾经济合作论坛主席声明》。第2届泛北论坛于2007年7月26~27日在广西南宁举行,主要成果有《论坛主席声明》、《中国—东盟港口与发展合作联合声明》、《中国—东盟海运协定》和《中国—东盟航空合作框架》。第3届泛北论坛于2008年7月30~31日在广西北海举行,主要亮点是推动成立泛北部湾经济合作联合专家组。第4届泛北论坛于2009年8月6~7日在广西南宁举行。本届论坛对以南宁—新加坡经济走廊为重点务实推进泛北合作的认识进一步深化。第5届泛北论坛于2010年8月12~13日在广西南宁举行。本届论坛分析了中国—东盟自由贸易区建成为泛北合作带来的历史性机遇,对以南宁—新加坡经济通道建设为重点、推进泛北合作和如何通过加快产业发展和航运、港口、物流合作来深化泛北合作形成共识。第6届泛北部湾经济合作论坛于2011年8月18~19日在广西南宁举行。本届论坛对加强泛北各国区域联通与跨境合作、扩大跨境贸易和投资以及深化金融、旅游合作取得一系列共识。论坛发布《泛北部湾经济合作可行性研究报告》,形成《泛北部湾智库峰会宣言》,还签署一批合作协议。

泛北部湾经济合作市长论坛是泛北部湾经济合作的一个重要机制,一般每年举行一次。2007~2011年先后在广西北海举行4届。其特点主要是:(1)参加国家和地区的代表、专家人数较多,层次较高。第1~3届有6个国家17个城市的代表及专家参加。第4届有7个国家的29位市长或市长代表出席。(2)发表泛北市长论坛宣言或备忘录。(3)达成诸多共识。拓展了港口物流、旅游文化方面的合作,并期望在具体产业、具体项目上加强合作,用好中国提供给东盟的合作基金和贷款。

泛北合作联合专家组是泛北合作的重要机制之一。2008年1月4日泛北部湾经济合作中方专家组成立暨工作会议在北京举行。以后,又分别召开4次泛北部湾经济合作联合专家组会议。2008年7月30日,泛北合作联合专家组首次工作会议在广西北海举行。2008年10月24日,泛北合作联合专家组第2次工作会议在广西南宁召开。此次会议取得以下成果:一是东盟各方就泛北部湾经济合作如何开展进一步达成共识,二是确定联合专家组成员,三是通过《泛北部湾经济合作联合专家组行动计划》。2009年8月6日,泛北合作联合专家组第3次工作会议在广西南宁举行,会议讨论修改《泛北部湾经济合作可行性研究报告》,通过《关于加快泛北部湾经济合作的行动建议》。2011年6月2日,泛北合作联合专家组第4次会议在广西北海举行,会议通过《泛北部湾经济合作可行性研究报告》,完成泛北部湾经济合作前期研究工作,相关各方一致同意将该报告提交中国—东盟经济高官会讨论通过。

2011年8月18日上午,第6届泛北部湾经济合作论坛在南宁开幕

(广西新闻网)

泛北部湾区域交通基础设施互联互通建设合作

南新交通走廊建设是泛北部湾经济合作的重点领域。是中国与东盟国家海上交通合作的延伸。南新交通走廊包括公路和铁路建设两大部分。

公路建设 至2011年,南宁至新加坡的公路主要有:(1)南宁—河内—和平—邦富—桑怒—万象—曼谷—新加坡。这是南新交通走廊陆路通道里程最短的公路,全长3560千米(其中,南宁—曼谷1568千米,曼谷—新加坡1992千米),该通道基本建成。(2)南宁—河

内—东河—老保—沙湾拿吉—穆达汉—曼谷—新加坡。该通道为南新交通走廊陆路通道路面最好、最通畅的公路，全长3926千米（其中，南宁—曼谷1934千米，曼谷至新加坡1992千米），全线基本上为高等级公路。这条公路称为“东西走廊”。（3）南宁—河内—荣市—吊桥/老挝南包—他曲—那空帕农—曼谷—新加坡。是南新交通走廊陆路通道较通畅的公路，全长3758千米（其中，南宁—曼谷1765千米，曼谷—新加坡1992千米）。（4）南宁—东兴—芒街—海防—河内—胡志明—金边—曼谷—新加坡。该通道为南新交通走廊沿海陆路大通道里程最长的公路，全长约5090千米。其中，广西南宁至防城港段153千米已建成高速公路；防城港至东兴高速公路于2010年4月28日动工兴建，将与规划中的中越北仑河二桥引道相连，全长54.68千米，同步建设连接线12.8千米，预计2013年可建成通车。连接中国东兴和越南芒街的中越北仑河公路二桥项目，有望在2012年下半年开工建设。越南境内海防至河内高速公路在建，总长105.5千米，预计2015年竣工。越南、柬埔寨境内其他路段多为二三级公路，泰国境内基本为高等级公路。（5）南宁—新加坡公路辅线。一是南宁—龙邦—高平—河内—万象—曼谷—新加坡公路，全长约3788千米（其中，南宁—靖西—龙邦—高平—河内约600千米）。这条公路中国境内2005年12月28日已修通南宁—崇左高速公路（110千米），崇左至靖西高速公路（147千米）于2011年10月24日开工建设，靖西—龙邦高速公路（28.2千米）于2010年12月26日开工建设。龙邦/茶岭口岸—高平（37千米）—河内（281千米）高速公路待建。二是南宁—水口—高平—河内—万象—曼谷—新加坡公路，全长约3758千米（其中，南宁—水口—高平—河内约570千米）。这条公路部分路段为高速公路，其余为二至四级公路。三是南宁—硕龙—高平—河内—万象—曼谷—新加坡公路，全长3714千米，多为二至四级公路。

铁路建设　南新交通走廊铁路合作主要在中越两国间展开，重点建设三条线路：一是南宁—河内铁路。早在20世纪50年代，广西南宁至越南河内的铁路已经对接，并于2009年1月恢复开通南宁经凭祥至河内的国际旅客列车。南宁至越南河内的快速铁路项目已分别列入中国、越南两国铁路建设规划。二是南宁—龙邦铁路。根据《广西中长期铁路网规划》，广西正在建设经百色田东—德保—靖西直达中越边境龙邦口岸的铁路，该线路将成为广西与越南高平省对接的第二条铁路。2011年7月，田东至德保铁路开通运营，标志着中国对接越南的中线铁路初步形成。2011年12月，田德铁路延伸段——德保至靖西铁路土建工程完工，预计2012年建成通车。三是南宁—东兴铁路。广西已建成南宁至钦州、北海、防城港铁路，加紧推进沿海铁路建设以及扩能改造工程，正在建设高速铁路以及钦州至黎塘、钦州港至保税港区、钦州东站至三墩、钦州港进港铁路复线等多条铁路。其中，南宁至钦州高速铁路于2011年11月开始铺轨，2012年将可通车。广西沿海铁路钦州北至防城港段扩能改造工程（钦州北至防城高速铁路）2010年开工建设，预计2013年建成通车。防城至东兴铁路列入国家中长期铁路网规划。越南河内—芒街铁路建设也列入越南国家交通发展规划。

泛北部湾区域港口物流建设合作

泛北部湾是世界港口富集区之一，区域内东盟国家共有各类港口100多个，依靠港口、轮船和水路进行的物流运输活动是泛北部湾经济合作区物流运输的主要方式。在第2届泛北部湾经济合作论坛举办期间，中国与东盟国家签署《中国—东盟港口与发展合作联合声明》、《中国—东盟海运协定》。此后，中国与越南、印度尼西亚、菲律宾、马来西亚、新加坡等泛北国家相继签署经贸合作协议或专业合作协议。

广西　围绕建设中国—东盟区域性国际航运枢纽和港口物流中心，进一步推进泛北港口物流合作，广西不断加快港航基础设施建设。至2011年广西北部湾港已建成泊位227个，其中万吨级以上泊位56个，开辟有集装箱班轮航线30多条，每周50多个班次，与世界100多个国家和地区的200多个港口通航。年内，防城港区18～22号泊位工程投入试运营，403～407号泊位码头水工工程完成，20万吨级进港航道工程通过验收；北海港区的北海石步岭港区三期工程、北海邮轮码头工程进展顺利，建成后实际年通过能力将超过

钦州保税港区集装箱码头　（搜狐网）

1.7 亿吨。此外，投资 20 亿元的玉林“无水港”项目已启动，贺州“无水港”也已完成项目选址。广西北部湾港的大能力码头建设顺利推进，未来 3 年内将建成两个 30 万吨级和两个 10 万吨级原油码头、9 个 15 万吨级大型矿石和散货码头、8 个 10 万吨级集装箱专用码头。

航线方面，2011 年广西北部湾港开辟第一条集装箱远洋干线：防城港—南沙—马尼拉—路易斯港—蒙巴萨—纳卡拉—新加坡港，结束了北部湾港没有远洋干线的历史。北海至越南下龙湾的海上旅游航线正式复航。北部湾港还相继开通钦州—越南海防集装箱直航航线、北海—香港—海防外贸航线、防城港—香港—蛇口—海防集装箱班轮航线、防城港—巴生—新加坡—曼谷集装箱直航班轮航线，以及广西沿海港口至新加坡、马来西亚巴生港、泰国曼谷港、越南海防、胡志明港等航线。

从北部湾港通往周边地区的现代交通网络加快建设。广西北部湾经济区内的南宁六景—钦州、崇左—钦州、防城—东兴、玉林—北海铁山港等 4 条高速公路和南宁—钦州高速铁路、玉林—北海铁山港铁路等沿海交通项目建设进展顺利。南钦高速铁路铺轨工程基本完成，2012 年内将实现通车。广西通往越南、云南、贵州、湖南、广东的 6 条高速公路也已全部打通，通达广东、湖南、云南的高速铁路加快建设，通往云南、贵州的铁路扩能改造已经完成。在建的公路和铁路项目完成后，将形成南宁到北部湾经济区各城市 1 小时以内、到广西主要中心城市 2 小时左右到越南河内 3 小时左右的快速交通网络。

港口建设取得初步成果。2011 年，北部湾港完成货物吞吐量 1.53 亿吨，比上年增长 28.58%。完成集装箱吞吐量 73.8 万标箱，增长 30.92%。其中以煤炭吞吐量增长最为迅猛，成为全国第二大煤炭进口口岸和仅次于秦皇岛港的全国沿海港口第二大煤炭配送贸易集散中心。而钦州港区、防城港区则分别以实现锰矿进口 360 万吨、磷酸出口超过 26 万吨，成为全国最大的锰矿进口和磷酸出口基地。

广西北部湾国际港务集团与海南港航控股有限公司签订战略合作协议、与广州港集团签订开通内贸集装箱班轮航线合作协议、与中海集装箱运输股份有限公司签订集装箱班轮航线合作协议、与新加坡万邦航运公司签订开通东盟集装箱和散杂货不定期班轮航线合作协议、与泰国 RCL 宏海箱运公司签订开通东盟集装箱班轮航线合作协议、与柬埔寨西哈努克港签订缔结友好港协议、与新加坡裕廊港签订缔结友好港协议，根据有关协议，广西北部湾国际港务集团将与上述国家港口在班线开通、码头仓储、货物流通等方面展开合作，携手建设泛北区域的大物流体系，从而使泛北合作的务实行动迈出坚实的一步。至 2011 年，广西北部湾港已开通国际航线 23 条，其中开通东盟国家航线 6 条（直航 4 条、经东盟国家中转 2 条）。

海南 围绕“打造面向东南亚的航运枢纽、物流中心和出口加工基地”这一目标，开辟海上航线，发展港航物流业，基本形成北有海口港，西有洋浦港和八所港，南有三亚港，东有清澜港的“四方五港”布局，为港口物流业发展奠定基础。

港口基础设施建设成果显著。海南洋浦 30 万吨级原油码头为中国等级最高的原油码头，三亚凤凰岛国际邮轮港是全国最具吸引力的国际邮轮码头，全省沿海港口码头总泊位 143 个，其中万吨级以上深水泊位 34 个。2011 年开工建设项目主要包括：海口港马村港区扩建二期工程、八所新港区 DCC 项目码头配套扩改工程、洋浦港油品码头及配套储运设施工程、华信洋浦石油储备基地项目工程等。

2012 年 2 月，钦州保税港区整车进口口岸开始运营 （搜狐网）

海上航线凸显北部湾枢纽港地位。海南地处国际航运主航线，毗邻东南亚，连接北部湾，背靠华南腹地，处于东南亚至东北亚国际海运主航线中心位置，区位优势明显。2011 年，海南海运集装箱航线达到 37 条，初步建成内外贸齐头并进的北部湾区域枢纽港。海口港先后开通海口—防城、钦州、湛江等多条中转支线及海口—南沙精品快航班轮航线，为海上货物运输搭建多条快速通道。2011 年 1～11 月,该港集装箱吞吐量突破 72.1 万箱,稳居环北部湾各港之首,成为环北部湾地区中心枢纽港及集装箱中转中心。洋浦港航线开辟也有新突破。中远、中海、海南泛洋等公司陆续开通洋浦至香港、广州、宁波、上海、天津、越南胡志明市等 11 条集装箱班轮航线,航线不断加密,内外贸航线逐步覆盖沿海各大港口以及东南亚地区,海南泛洋航运公司组建集装箱船队,开通洋浦—澳大利亚、洋浦—美国西部等 6 条定期外贸班轮航线,形成连接华北、华东、华南、北部湾、东南亚、澳洲、美西、远东、中东的班轮航线网络,中转量实现大幅增长,为洋浦发展港口物流业提供广阔空间。

广东　至 2011 年底,广东全省拥有生产性泊位 2946 个,其中沿海 1806 个,内河 1140 个,沿海万吨级以上深水泊位 259 个,居全国第 2 位;内河 1000 吨级以上深水泊位 290 个。全省港口年综合通过能力达到 12.36 亿吨,集装箱年通过能力达到 4692 万标准箱,其中沿海港口年综合通过能力 10.48 亿吨,集装箱年通过能力 4020 万标准箱,内河港口年综合通过能力 1.88 亿吨,集装箱年通过能力 672 万标准箱。珠江三角洲地区港口年综合通过能力 9.86 亿吨,集装箱年通过能力 4571 万标准箱。

沿海主要港口都有较大发展。2011 年,广州港完成货物吞吐量 4.48 亿吨,比上年增长 5.41%,居全国第 4 位,集装箱吞吐量 1442 万标准箱,增长 13.54%,居全国第 4 位。深圳港货物吞吐量 2.23 亿吨,增长 0.9%;集装箱吞吐量 2257 万标准箱,增长 0.27%,居全国第 2 位。湛江港货物吞吐量 1.55 亿吨,增长 13.97%。珠海港货物吞吐量 7170 万吨,增长 18.43%。汕头港货物吞吐量 4005 万吨,增长 14.14%。截至 2011 年底,深圳港国际班轮航线有 218 条,其中欧洲航线 46 条,美洲航线 42 条;广州港国际班轮航线 38 条,国内航线 29 条,穿梭巴士班线 21 条。

广西加快北部湾保税物流体系建设

2008 年以来,国家先后批准设立钦州保税港区、凭祥综合保税区、南宁保税物流中心。2010 年 1 月,南宁保税物流中心揭牌,进入封关运作阶段,7 月投入运营。至 2011 年 9 月底,南宁保税物流中心共办理报关单 3200 票,货值 2.8 亿美元,监管进出口货物 39.1 万吨,保税物流业务量在北部湾经济区中独占鳌头。有 18 家企业在中心开展相关业务,20 多家企业与中心签订合作协议。

2008 年 5 月,广西钦州保税港区获国务院批准设立,成为中国第 6 个保税港区。自 2011 年 2 月全面开港运营以来,保税港区不断增强码头综合服务功能,发展海铁联运、多式联运,运输业务得到快速增长。2011 年 1～10 月,钦州保税港区实现内外贸产值 172 亿元;关税及进口环节税完成 4.92 亿元,进出口总额 4.9 亿美元。2012 年 2 月,钦州保税港区整车进口业务正式开启。由此,钦州保税港区成为继天津、大连、上海、广州黄埔之后中国第 5 个沿海整车进口口岸,也是全国唯一拥有保税港区功能的沿海整车进口口岸。

2008 年 12 月,广西凭祥综合保税区经国务院批准设立。这是中国第一个在陆地边境线上设立的综合保税区,成为中国与东盟合力构建交通物流无缝对接网络的重要节点。2011 年 6 月,凭祥综合保税区一期工程通过国务院联合验收组验收,9 月 30 日正式封关运营。首批总投资额 5.87 亿元的 10 个项目正式签约入区。保税区二期也在积极推进,规划面积 3 平方千米,将主要布局保税加工贸易型企业。

北海出口加工区自 2005 年 4 月正式运作以来,经过 7 年的快速发展,园区累计引进项目超过 40 个,项目投资总额超过 45 亿元人民币。其综合实绩在全国 61 个出口加工区中排名第 12 位。2011 年,北海出口加工区实现规模以上工业产值 108.3 亿元,是 2008 年的 24 倍;实现进出口值(含保税物流货值)16 亿美元,是 2008 年的 5 倍;实现税收 1.33 亿元,是 2008 年的 13 倍。

至 2011 年,广西北部湾经济区已初步形成一个以北海出口加工区、钦州保税港区、凭祥综合保税区等为沿海沿边节点,南宁保税物流中心为核心枢纽的服务和辐射西南地区乃至东盟国家的保税物流体系。这一体系成为泛北合作的重要平台,促进了广西对外经贸的快速增长。2011 年,广西加工贸易进出口额达到 30.65 亿美元,比上年增长 75.5%。其中,出口 18.12 亿美元,增长 49.5%。边境小额贸易进出口额 62.50 亿美元,增长 47.3%。其中,出口 50.86 亿美元,增长 53.2%。

满载出口货物的集装箱卡车通过钦州保税港区卡口　　（广西新闻网）

泛北部湾区域金融合作

金融合作是泛北贸易投资便利化的重要组成部分。日趋紧密的经贸联系促进人民币在东盟国家的流通，中国加快跨境人民币业务向纵深发展。2010 年 6 月 22 日，中国人民银行公布广西为中国跨境贸易人民币结算试点地区。2011 年 1 月，广西成为全国首批境外直接投资人民币结算试点地区。同年 6 月，中国工商银行中国—东盟人民币跨境清算（结算）中心在南宁挂牌成立，广西北部湾银行于当年 12 月在南宁挂牌成立中国—东盟跨境货币业务中心，该行人民币对越南盾汇率柜台挂牌交易正式启动。自成为中国跨境贸易人民币结算试点地区以来，广西跨境人民币结算业务指标持续在全国领先。2011 年广西跨境人民币结算量 386.57 亿元人民币，位居西部 12 省区、全国 8 个边境省区第一。广西境内已有中国农业银行、中国银行、建设银行等多家银行为东盟国家和港澳地区的 20 多家银行开立人民币往来账户。东盟成为广西第一大出口人民币结算市场。

泛北地区金融合作朝多元化发展。新加坡星展银行在南宁设立分行。中资银行金融机构在东盟国家也设立 8 家分行。广西银行业与东盟银行业的业务合作，由单一的国际结算业务，向信贷类、代理类和股权投资类等多元化发展。2010 年末，驻桂的中资银行机构与东盟各国银行建立的代理行、境外账户行关系达 94 家。2010 年 10 月 29 日，国家开发银行与东盟国家银行发起建立中国—东盟银行联合体，国家开发银行广西分行负责承担与越南、柬埔寨金融合作的具体推进工作。2010 年 12 月 13 日，国家开发银行广西分行与柬埔寨加华银行签订 3000 万美元的授信协议。2011 年 8 月在泛北部湾金融合作峰会上，中国多家金融机构与越南、泰国金融机构以及与企业签署战略合作协议。

泛北部湾区域贸易合作

2011 年，中国与泛北部湾区域国家双边贸易额 3550.47 亿美元，比上年增长 23.58%。其中：出口额 1647.84 亿美元，增长 22.80%；进口额 1902.64 亿美元，增长 24.26%。广西对东盟进出口总额 95.6 亿美元，比上年增长 46.6%，占广西外贸进出口总值的 41%，高出广西外贸平均增幅 14.1 个百分点。

泛北部湾区域经贸合作区建设

中国“走出去”建立经贸合作区　至 2011 年，中国在东盟 4 个国家建立 5 个经贸合作区，分别是柬埔寨西哈努克港经济特区、泰国泰中罗勇工业园、越南龙江工业园、越南中国（海防—深圳）经贸合作区、中国·印尼经贸合作区。其中，成效突出的是中国·印尼经贸合作区。

中国·印尼经贸合作区是中国在印尼设立的第一个集工业、仓储、物流、贸易于一体的国家级经贸合作区，也是广西壮族自治区承建的第一个国家级对外经济

中国“走出去”建立经贸合作区组图：①泰国泰中罗勇工业区厂房；②柬埔寨西哈努克港经济合作特区厂房；③繁忙的中国·印尼经贸合作区；④2011 年 9 月 27 日，中国驻越大使孔铉佑在越南海防考察海防—深圳经贸合作区项目；⑤越南龙江工业园位置图

（人民网、搜狐网）

贸易合作窗口园区。合作区总体规划面积500公顷，分二期规划建设。合作区主要引进汽车装配、机械制造、家用电器、精细化工、生物制药、农产品精深加工及新材料等产业项目。至2011年，合作区的基础设施建设和招商引资两大重点工作已取得重大进展，为合作区的发展奠定坚实基础。该合作区由广西农垦集团承建，从2010年11月到2011年8月，累计投资近5700万美元。

“引进来”的泛北合作标志性项目进展顺利　中马钦州产业园区是中国与马来西亚政府合作的第一个园区。2011年4月，中国国务院总理温家宝在访问马来西亚时，首次提出中马双方合作共建中马钦州产业园区，他指出：广西钦州中马产业园区是双方在中国西部地区合作的第一个工业园，具有示范意义。10月，温家宝总理和马来西亚纳吉布总理在南宁共同为中马钦州产业园区揭牌。

中马钦州产业园区紧邻国家级钦州港经济技术开发区，距离钦州中心城区约10千米，距钦州保税港区和整车进口口岸约5千米。园区规划总面积55平方千米。规划人口50万。分为工业区、科技研发区、配套服务区、居住区等功能分区。首期开发建设15平方千米，其中启动区7.87平方千米。一期为包含居住、产业、商业以及行政办公用地的综合区，总用地15.11平方千米，已于2011年8月1日动工。二期为生活性服务中心、产业区和居住区，总用地18.1平方千米。三期为智慧生态区以及产业区，总用地22.2平方千米。园区重点规划发展综合制造业、信息技术产业、现代服务业三类产业。

泛北部湾区域旅游合作

跨国旅游线路不断刷新　陆路开通南宁至越南河内、下龙、海防等地长途客车旅游线路；海运开通北海到越南下龙的海上旅游航线，防城港至下龙的海上航线也已恢复。中越两国四方旅游营销联盟2009年成立以来，共同推广香港—南宁—下龙—河内—香港或香港—河内—下龙—南宁—香港跨国旅游线路，并利用在世界各地举办的国际旅游展等平台向全球市场推广，重点开辟欧美等地的远程旅游市场。从2011年11月起，海南省丽星邮轮旗下宝瓶星号以三亚为母港，开通三亚至越南新航线。为加快泛北部湾经济区国家特色旅游合作，广西推出一批跨国特色精品旅游项目，主要包括：中越边关探秘游、滨海休闲体验游、越老柬神秘之旅、中越跨国胡志明足迹之旅、北部湾跨国自驾车游、北海至新加坡海上观光之旅等。

成立跨国旅游联盟　2009年1月，中国广西、香港和越南的河内、广宁（简称四方）旅游部门在广西南宁联合召开两国四地旅游市场营销国际合作会议并签署合作备忘录。四方在旅游产品建设、旅游市场营销方面加强合作，并形成区域旅游营销联盟关系。

签署旅游合作协议　在2011年泛北部湾旅游合作峰会上，有4个旅游合作项目举行签约仪式。分别是：亚太旅游协会与广西旅游局交换《旅游合作备忘录》，越南金莲国游与广西中国国际旅行社签订合作备忘录，印尼DEKS航空旅运有限公司与广西康辉国际旅行社有限公司签订旅游组团协议，海南省旅游委与广西旅游局签订旅游质监执法合作协议。

共建中越国际旅游合作区　根据中国《国务院关于进一步促进广西经济社会发展的若干意见》，广西依托德天—板约跨国瀑布景区、凭祥—同登友谊关景区和东兴—芒街景区，加快推进中越国际旅游合作区建设。按照有关规划，广西在中越边境旅游合作中，东兴旅游功能突出中越北部湾京族文化、沿海沿边长寿养生等特色；凭祥友谊关、德天景区旅游功能为中越边关历史文化、跨国喀斯特地貌山水田园风光和壮（岱、侬）族特色文化；北海至下龙湾为滨海旅游、世界遗产和海上丝绸之路等特色。至2011年，中越双方已就中越国际旅游合作区建设协议内容达成共识。根据该协议，游客可望在该区域内免签证跨国游。

2011年6月2日，泛北部湾经济合作联合专家组第4次会议在广西北海举行
（百度网）

泛北部湾经济合作联合专家组第4次会议

2011年6月2日在广西北海举行，中国和新加坡、泰国、印度尼西亚、文莱、柬埔寨、老挝、马来西亚、缅甸、菲律宾、越南以及东盟秘书处、亚洲开发银行官员和专家出席。会议讨论并通过纲领性文件《泛北部湾经济合作可行性研究报告》，正式完成泛北部湾经济合作前期研究工作，相关各方一致同意将这个报告提交中国—东盟经济高官会讨论通过。

会议通过的《泛北部湾经济合作可行性研究报告》分为泛北部湾

经济合作的背景、可行性分析、合作模式、合作优先领域和行动建议等五部分。报告认为，泛北部湾经济合作是可行的，开展泛北部湾次区域经济合作，将有助于推动中国与东盟战略伙伴关系的发展，有助于深化和拓展双边经贸合作关系，有助于发展和完善次区域经济合作，有助于进一步加快中国—东盟自由贸易区经济一体化建设步伐。

会议决定以《泛北部湾经济合作联合专家组致中国—东盟经济高官会函》的形式，将《泛北部湾经济合作可行性研究报告》作为联合专家组共同研究成果，提交中国—东盟经济高官会及中国—东盟经贸部长会议审核通过。

会议还通过《泛北部湾经济合作联合专家组第4次会议纪要》，就今后泛北部湾经济合作优先合作领域及措施建议等进行讨论，提出包括制订《泛北部湾经济合作行动路线图》等在内的一些行动建议。

第6届泛北部湾经济合作论坛

2011年8月18～19日在中国广西南宁举行，中国和泛北部湾国家政府部门官员，著名研究机构专家学者和知名企业代表、金融机构代表、国际组织代表，以及泛北部湾相关国家驻华机构官员等200多名中外嘉宾出席。

本届论坛秉承共建中国—东盟新增长极的宗旨，围绕中国—东盟自贸区建设与泛北部湾经济合作的主题，分设泛北部湾智库峰会、泛北部湾金融合作峰会、泛北部湾旅游合作峰会等3个专题论坛，共有66位嘉宾在论坛上致词、发表演讲。中国全国人大常委会副委员长华建敏、全国政协副主席陈宗兴出席论坛并致词。菲律宾前总统拉莫斯先生出席论坛并作主旨演讲和专题演讲。

华建敏致词说，2010年，中国—东盟自由贸易区正式建成，成为发展中国家之间最大的自贸区，揭开了中国与东盟合作新的一页。中国与东盟密切的经济合作，顺应了经济全球化和区域一体化的趋势，符合东盟各国的利益，符合中国的利益，也为亚洲经济乃至世界经济的稳定和繁荣作出重要贡献。中国政府高度重视并积极支持加快北部湾经济区的开放开发，希望使之成为中国—东盟合作新的增长极。

陈宗兴在致词中就加强泛北合作提出4点建议：一是创新泛北合作机制和形式，拓宽泛北合作路径；二是加快推进重点领域的合作，加快通关便利化，加快区域互通互联；三是加快经贸交流与合作，消除贸易投资障碍，扩大区内贸易合作规模；四是促进金融领域合作，加快制定投资合作计划，争取国际金融机构对泛北合作的金融支持。

在为期两天的会议中，与会代表总结了泛北合作开展5年多来取得的进展，对加强泛北各国区域联通与跨境合作、扩大跨境贸易和投资以及深化金融、旅游合作取得一系列共识。论坛发布《泛北部湾经济合作可行性研究报告》，形成《泛北部湾智库峰会宣言》，还签署一批合作协议。

泛北部湾智库峰会 中国、印度尼西亚、马来西亚、新加坡、泰国、菲律宾、越南等国10余家智库机构领导人出席。会议围绕区域联通与跨境合作这一主题进行研讨。菲律宾前总统拉莫斯出席峰会。广西壮族自治区副主席陈武在峰会上致词。与会专家们表示要充分利用泛北合作平台，把泛北部湾沿岸的国家联系在一起，携手合作，实现合作互利共赢。亚洲战略与领导研究院（马来西亚）首席执行官杨元庆代表峰会发布《2011泛北部湾智库峰会宣言》。

泛北部湾金融合作峰会 中国和东盟各国的金融专家、官员出席。广西壮族自治区副主席李金早出席峰会并致词。与会者就如何加强区域金融合作，携手抵御国际金融风险，倡议共同推动金融服务便利化和金融合作务实化等议题进行商讨。峰会还举行签约仪式，中国多家金融机构与越南、泰国金融机构及其他企业签署战略合作协议，签订的金融合作协议有14项，内容包括中外银行结算合作、贷款授信，以及银企结算业务、项目融资等。

泛北部湾旅游合作峰会 广西壮族自治区副主席梁胜利出席峰会并致词。中国国家旅游局党组成员、规划财务司司长、中国旅游协会副会长吴文学，世界旅游组织亚太部主任徐京，亚太旅游协会副首席执行官兼战略管理部总管张科德，以及柬埔寨、老挝、缅甸、泰国、越南驻南宁领事馆代表出席峰会。中国、越南、泰国、新加坡、马来西亚、菲律宾、印度尼西亚、文莱等国旅游专家在会上围绕泛北部湾旅游目的地的共建与市场营销合作和泛北部湾旅游信息平台建设发表演讲。

旅游合作第一次作为专题列入泛北论坛议程，让与会者感到振奋。加快开展旅游合作，推进构建海陆空立体便捷的泛北部湾旅游大通道，构建泛北部湾区域特色旅游路线，深度拓展泛北部湾区域旅游大市场，努力建设泛北部湾无障碍旅游区，完善泛北部湾区域城市旅游联盟运行机制，使旅游合作成为泛北合作的新亮点，成为本届旅游峰会与会各方的共识。

在峰会上，中国西部发展研究院秘书长王会甫和国际航空运输协会北亚商务营销总裁陈伟良都提出建设本地低成本航空公司的建议。他们提出，从旅游和经济角度来看，通过建立基地航空公司来降低成本，更好地促进旅游的发展。

峰会期间，广西壮族自治区旅游局与亚太旅游协会、越南金莲国际旅行社与广西中国国际旅行社、印度尼西亚DEKS航空公司与广西康辉国旅、海南省旅游委与广西区旅游局分别签订合作协议。（赵庆星）

中国和东盟及各成员国交往与合作

中国和东盟交往与合作

2011年是中国与东盟建立对话关系20周年，中国—东盟友好交流年，也是中国—东盟自由贸易区建成的第2年，尽管国际金融危机仍在漫延，世界经济仍未走出低迷局面，但是中国与东盟的关系仍然朝着互利友好的方向发展。在中国—东盟自由贸易区的框架下，各项法律程序如期启动，各类合作论坛与会议如火如荼地展开，人员往来也日益频繁，政治、安全、经贸、社会、文化等各领域的双边合作都有新的发展。

一、政治安全合作取得进展

中国一直本着“与邻为善，以邻为伴”的周边外交方针，积极与周边国家友好相处，为增进相互之间的政治互信不断努力。中国与东盟自建立对话关系以来，政治互信不断增强，从对话关系发展为战略伙伴关系。2011年是中国—东盟建立对话关系20周年，双方在政治、安全领域的合作又取得进展。

在政治互信方面。2011年11月，在印度尼西亚巴厘岛举行的第14次中国—东盟领导人会议通过的《落实中国—东盟面向和平与繁荣的战略伙伴关系联合宣言的行动计划(2011～2015)》，进一步推进中国—东盟面向和平与繁荣的战略伙伴关系。会议发表《纪念对华关系20周年第14次中国—东盟领导人会议联合声明》，肯定中国—东盟建立对话关系20年来所取得的成就，并对双方未来在政治、经济、社会文化等方面的合作充满信心。出席会议的中国国务院总理温家宝发表讲话，对发展中国—东盟关系提出几点原则和建议，其中包括加强战略沟通和战略互信、把促进经济发展和社会进步作为第一要务、坚持由东盟主导东亚合作进程、在多边领域维护共同利益等。2011年双方还就中国与东盟建立对话关系20周年举行一系列纪念活动。7月，在印尼雅加达举行主题为“中国—东盟关系的回顾与展望”的中国—东盟合作论坛，回顾双方关系发展历程，展望未来10年中国与东盟及东盟国家间的合作前景。12月，中国驻老挝大使馆和老挝外交部在万象举办纪念中国—东盟建立对话关系20年研讨会。年内，中国—东盟中心正式运行，将为中国与东盟各国的交流与合作提供更多有效的信息。

在安全合作方面。2003年中国正式加入《东南亚友好合作条约》，成为第一个加入该条约的域外大国。2011年8月，中国批准《东南亚友好合作条约第三修改议定书》。12月，主题为“中国与东盟：安全、互信与合作”的第2届中国—东盟防务与安全对话会在北京举行，与会代表围绕金融危机背景下亚太地区防务安全形势的新发展、中国与东盟安全互信机制化建设、中

2011年12月12日上午，第2届中国—东盟防务与安全对话会在北京开幕，中国、东盟各国的防务官员、研究人员及东盟秘书处官员30余人与会。图为对话会现场

（中国新闻网）

国与东盟有效开展非传统安全领域务实合作等议题进行研讨交流,并达成相关共识。

南海问题一直是影响中国与东盟关系的一个重要因素。如何处理南海地区的主权争端,关系到东南亚地区甚至整个亚洲地区的稳定。为了和平解决南海问题并且不影响到中国与东盟的友好合作关系,中国与东盟在2002年签署《南海各方行为宣言》,强调各方保持克制态度,并寻求以和平方式解决争端。2011年7月,中国与东盟国家在印尼巴厘岛举行落实《南海各方行为宣言》的高管会上,就落实宣言的指导方针达成一致。

在非传统安全方面。2011年10月5日的"湄公河惨案"(两艘搭载13名中国船员的船只在泰国境内被不明武装分子劫持,导致12人遇难、1人失踪)暴露出了湄公河区域的运输安全问题。10月31日,中国与湄公河流域相关国在北京举行中老缅泰湄公河流域执法安全合作会议,就加强联合巡逻执法、联合整治治安突出问题、联合打击跨国犯罪、共同应对突发事件等议题达成广泛共识。

随着中国与东盟民间交往的日益频繁,卫生、食品安全与禁毒等问题成为双方共同面对的问题。据中国卫生部门统计,与越南、老挝、缅甸等国接壤的云南和广西,艾滋病感染人数排在中国各省份的第1、第2位。而东盟目前约有150万人感染艾滋病毒。2011年4月,在泰国曼谷举行东盟艾滋病专责小组磋商会议,通过《2011~2015年第4个东盟HIV/AIDS工作方案》,以推进艾滋病预防、治疗及护理。在禁毒合作方面,早在1993年,中国、老挝、越南、缅甸、泰国、越南、柬埔寨和联合国禁毒署六国七方就签署《禁毒合作谅解备忘录》;2000年,第1届东盟和中国禁毒合作国际会议通过《曼谷宣言》和《东盟和中国禁毒合作行动计划》;2001年,中国、老挝、缅甸、泰国建立禁毒合作机制,签署双边和多边禁毒合作谅解备忘录,共同努力实现2015年东盟和中国无毒品的目标。

针对跨国犯罪,自2004年起东盟与中日韩打击跨国犯罪部长级会议定期举行。2011年3月,东盟第4届关于打击人口走私与跨国犯罪部长级会议在印尼巴厘岛举行,会议发表联合声明强调,东盟及本区域各国将继续关注人口贩卖问题及其受害者尤其是妇女及儿童的安全与健康问题,将建立区域合作框架,提供有效方式以减少非法活动及其所带来的伤害。10月,第2届东盟与中国和第5届东盟与中日韩打击跨国犯罪部长级会议在巴厘岛举行,会议发表《关于落实〈中国与东盟非传统安全领域合作谅解备忘录〉的行动计划》,将反恐、禁毒和打击国际经济犯罪等确定为重点合作领域,明确各领域的中长期目标。

二、经济合作成效显著

2010年中国—东盟自由贸易区(CAFTA)正式建成,有力推动了双边经贸合作的发展,2011年双边经贸合作成效显著。

在制度建设方面。中国与东盟各国于2010年签订的《〈中国—东盟全面经济合作框架协议货物贸易协定〉第二议定书》在2011年正式开始实施。年内,中国—东盟商务理事会(CABC)与中国农机协会、中国印染协会、中国石材协会、中国渔业协会等协会签订合作协议,将携手开展一系列工作,以协助中国企业发展与东盟各国的经贸关系。根据CABC与中国渔业协会签署的框架协议,双方将在信息共享、项目合作、调研合作、培训合作、成立行业对接机制和开展商务咨询等方面开展广泛工作,共同打造中国—东盟渔业合作平台。

中国与东盟继续举办各种类型的博览会,为双方企业创造更快捷、更方便的交流平台。2011年第8届中国—东盟博览会成效明显:总展位数4700个,参展企业2300家,比上届增长4.6%;参会客商50600人,增长3.26%;累计交易总额达18.07亿美元,比上届增长5.6%。2011年5月,在印尼雅加达举行的第6届中国机械电子产品展览会,集中展示中国电子机械产品;12月,在曼谷举行的东盟(曼谷)中国进出口商品博览会,为中国企业进一步走进泰国和东盟搭建平台;同月,在缅甸举办的中国广东(缅甸仰光)商品展览会,则是中国地方与东盟国家开展贸易活动的典型事例。

2011年在中国—东盟自由贸易区框架下,中国与东盟举办一系列经贸论坛、会议,签订各项经济合作协定。4月,中国—东盟贸易发展论坛在云南大理举行,与会代表就中国—东盟贸易发展的趋势进行深入探讨并达成相关共识。8月,以中国—东盟自由贸易区建设与泛北部湾经济合作为主题的第6届泛北部湾经济合作论坛,着重解决泛北部湾经济合作所面临的最紧迫问题,论坛发布《泛北部湾经济合作可行性研究报告》,形成《泛北部湾智库峰会宣言》。同月,第10次东盟—中国10+1经贸部长会议在印尼万鸦佬举行,会议就中国与东盟的经贸合作问题进行交流磋商,一致同意将中国—东盟贸易谈判委员会改名为中国—东盟自贸区联合委员会。10月,第4届中国—东盟智库战略对话论坛在南宁举行,探讨在当前国际形势下双方合作发展的前景。12月,在曼谷举行的中国—东盟经贸论坛,分析中国—东盟合作中可能出现的挑战和机遇,就中国与东盟经济合作的路线和前景提出建议。

在双边贸易方面。2011年中国继续成为东盟的最大贸易伙伴,东盟则超过日本成为中国第三大贸易伙伴。这一年,中国与东盟双边贸易额达3628亿美元,比上年增长23.9%。其中:中国出口东盟1700.83亿美元,增长23.1%;从东盟进口1927.71

亿美元,增长 24.7%。中国对东盟的贸易逆差为 163.62 亿美元,较上年减少。中国各省区与东盟的经贸关系也不断发展。2011 年 1 ~ 10 月,广西对东盟进出口 74.6 亿美元,同比增长 63.8%,占广西外贸进出口总值的 39.6%。其中:广西出口东盟 52.4 亿美元,同比增长 72.2%;广西从东盟进口 22.2 亿美元,增长 47%。

在直接投资方面。2011 年中国内地对东盟非金融类直接投资 25.4 亿美元,比上年增长 13.1%。截至 2011 年 8 月,中国和东盟双向投资累计近 900 亿美元。其中,东盟对华投资 673 亿美元,中国对东盟投资 223 亿美元。东盟对华投资广泛分布于中国的房地产业、制造业、交通运输、宾馆、金融、零售、石油化工、旅游、矿产资源开发等各个行业;中国对东盟的投资则从传统的建筑业、商贸业等拓展到电力、煤气及水的生产供应业、批发和零售业、制造业、租赁和商务服务业、采矿业、建筑业等多个领域。新加坡、文莱、马来西亚、菲律宾等东盟成员国是东盟对华投资的主要国家,而中国对东盟投资则分布于新加坡、缅甸、印尼、柬埔寨、泰国、越南、老挝等东盟新老成员国。

中国与东盟在金融服务业方面的合作也不断推进。2011 年 5 月,在越南河内举行的第 14 届东盟与中日韩财政部长会议通过《清迈协议》多边化操作指南,宣布东盟与中日韩 10 + 3 宏观经济研究办公室正式成立。《清迈协议》要求区域信用担保与投资基金尽早开始运作,以促进本币债券的发行;同意在区域基础设施融资、灾害保险、区域贸易中使用本币等 3 个领域进一步合作的研究工作。6 月,中国工商银行中国—东盟人民币跨境清算中心(南宁)在广西南宁挂牌成立,它将为中国和东盟各国的商业银行、企业客户在跨境贸易过程中提供完善的人民币结算、银行间清算及配套金融服务。

自 2004 年双方开始实施"早期收获计划"以来,中国与东盟在实现农产品零关税问题上取得巨大的进步。2011 年 10 月,中国—东盟现代农业发展论坛在广西百色举行,杂交水稻育种专家袁隆平院士出席并作题为"发展杂交水稻,保障粮食安全"的报告,他表示十分乐意帮助其他国家尤其是东盟各国发展杂交水稻。同月,中国—东盟城市森林论坛在广西南宁举行,通过《中国—东盟城市森林论坛南宁宣言》,呼吁高度重视城市森林、科学建设城市森林、充分利用城市森林,最大限度地让人民享受森林。

在旅游合作方面。中国与东盟都拥有丰富的旅游资源,双方互为重要的旅游目的地国。据中国旅游局统计,2011 年东盟国家到中国旅游人数分别为:菲律宾 89.43 万人次,比上年增长 7.97%;泰国 60.80 万人次;新加坡 106.30 万人次,增长 5.91%;印尼 60.87 万人次,增长 6.15%;马来西亚 124.51 万人次。在地区旅游合作方面,中国与越南共建的中国东兴—越南芒街跨境旅游合作区即将启动,这对双方实现互免旅游签证、人员自由来往、货物自由流通、货币自由兑换、车辆自由通行等有重要意义。中国—东盟博览会的定期举行也促进了广西与东盟的旅游合作。2011 年广西接待东盟国家旅游者 84.9 万人次,比上年增长 31.6%,占广西接待外国人总数的 49.5%。

三、社会文化合作不断深入

随着双边经济合作的深入发展,中国与东盟在文化教育领域的交流与合作也不断推进。2011 年中国与东盟在文化、教育、环保、知识产权等方面的交流与合作继续深化,并取得新成果。

(一)文化教育的交流与合作

自 2006 年以来,中国—东盟文化产业论坛每年举办一次,先后签署《南宁宣言》、《中国—东盟文化合作谅解备忘录》、《中国—东盟文化产业互动计划》等 3 个对中国和东盟文化产业发展起到积极推动作用的文件。该论坛已成为中国—东盟文化交流中整合文化资源、加强项目合作、促进文化繁荣、共谋产业发展的平台和品牌,为推动区域文化交流与合作以及深化中国与东盟关系作出积极贡献。2011 年 10 月,以博物馆运营管理与博物馆文化产品创意开发为主题的第 5 届中国—东盟文化产业论坛在广西南宁举行,就博物馆如何加强区域间合作进行探讨并达成相关共识。

除了举行各种文化论坛和会议外,中国与东盟还举行各种民间文化艺术活动,以增进双方的了解与互信。2011 年 11 月,中国人民对外友好协会主办的中国—东盟友好文化艺术之旅艺术访问团出访越南、老挝、马来西亚、文莱 4 国。同年 3 月,第 3 届中泰友谊歌会在广西南宁举行,庆祝中国—东盟友好交流年;7 月,以"和谐、友谊、交流、共享、繁荣"为口号的第 9 届中国—东盟青少年艺术盛典在广西南宁举行,选拔优秀才艺青年参加"走进东盟"文化艺术交流。此外,双方还举办首届中国—东盟国际象棋青少年精英赛、中国—东盟礼仪形象大使大赛、中国—东盟青年创新大赛和中国—东盟国际汽车拉力赛等纪念中国—东盟对话 20 周年的系列交流活动。

教育方面的合作进展较快。2011 年东盟在华留学生 4 万多人,中国在东盟的留学生达 7 万多人。中国高校开齐了所有东盟成员国语言专业,向东盟派遣汉语教师和志愿者近 5000 人,为东盟培训汉语老师近万人次;中国在东盟国家建立了 18 所孔子学院和 14 个孔子课堂,近千名东盟学生应邀来华参加夏令营活动。从 2008 年起,中国—东盟教育交流周每年举行一届，2011 年 8 月举行第 4 届，有 31 所东盟国家大学和 47 所中国大学签署 135 份合作协议。在与东盟国家的教育合作方面广西成效显著，2011 年在广西的东盟留学生超过 5000 人，广西成为东盟学生来华留学的重要选择地；而广西派往东盟国家高校的学生亦超过 5000 人。2011 年 10 月，中国—东盟青少年培训中心在广西南宁挂牌成立。

（二）环保方面的合作

中国与东盟诸国都属于新兴工业化国家，在发展经济的同时面临着严重的环境问题，推动区域经济社会环境相互协调融合，实现区域可持续发展，一直是中国、东盟对话与合作的重要议题。在 2007 年第 10 次中国—东盟领导人会议上，温家宝总理就提出将环境合作纳入中国—东盟合作的范畴。2011 年，中国—东盟环境保护合作中心在北京成立，成为落实中国—东盟环境保护合作战略及相关合作项目的主要实施机构和技术支撑力量。10 月，在南宁举行的 2011 年中国—东盟环保合作论坛，成为中国与东盟共同探索环保合作的重要渠道。此外，中国与东盟国家还加强次区域的环境合作。7 月，在柬埔寨金边举行的第 3 次大湄公河次区域环境部长会议上，相关各国就《大湄公河次区域核心环境项目生物多样性保护走廊计划二期框架文件（2012～2016）》达成共识，通过《第三次大湄公河次区域环境部长会议联合声明》。10 月，第 10 届东盟—中日韩环境部长会议在柬埔寨金边举行。

（三）知识产权方面的合作与交流

知识产权问题一直是各国经济交往过程中的一个重要问题，尤其是在中国—东盟区域经济发展过程中，处理好知识产权问题对双方来说都十分重要。2009 年，在第 4 届东亚峰会上，中国与东盟国家签署《中国—东盟知识产权领域合作谅解备忘录》。2011 年，中国—东盟知识产权高层研讨会、中国—东盟知识产权圆桌会议先后举行，中国与东盟各国就知识产权问题展开认真细致的讨论，决定在知识产权方面进一步加强合作，以为双边经贸合作做好基础工作。

总之，2011 年中国与东盟双方在政治安全、经济、社会文化等方面继续开展广泛合作，并取得显著成效。但是，中国与东盟关系仍然存在一些不稳定因素。例如：个别东盟国家在南海问题上不断挑起事端，使中国与个别国家的关系出现波动；随着中国经济的发展和综合国力的提升，“中国威胁论”又有所抬头；在中国与东盟各领域合作不断深化的同时，一些领域如跨境非传统安全合作问题也需加强；中国与东盟经济结构比较相似，在经贸与投资方面互补中有竞争，等等。这些因素都会影响到中国与东盟关系，双方需增进政治互信，继续拓展和深化各领域的合作，不断加强相关法制建设，从而不断推进双边互利友好关系的发展。展望 2012 年，中国与东盟在各领域的合作将继续深化，双方的联系也会越来越密切。

（暨南大学国际关系学院　郑　玲）

中国和文莱交往与合作

2011 年是中国和文莱建立外交关系 20 周年，两国政府确定 2011 年为“中国—文莱友好年”。为此，两国开展一系列庆祝活动。

一、两国建交 20 年来取得了丰硕成果

1984 年 1 月 1 日，在文莱摆脱英国殖民统治宣布独立时，中国国家主席李先念致电文莱苏丹，宣布中国政府承认文莱政府。同年 10 月，文莱外交大臣电贺中国国庆。1989 年，中国经贸代表团首次访问文莱。1991 年 9 月 30 日，中国外交部长钱其琛和文莱外交大臣穆罕默德·博尔基亚亲王在纽约联合国总部签署关于两国正式建交的联合公报，宣布两国即日起建立大使级外交关系，两国政府同意在和平共处五项原则和联合国宪章的基础上发展友好合作关系。中文建交后，双方友好和合作关系发展迅速。

在政治领域。建交 20 年来，双边关系稳步、快速、健康发展，各领域均取得显著成就。两国高层

2011 年 10 月 22 日，中国—东盟环保合作论坛在南宁举行　（百度网）

互访频繁，政治互信不断深化，建立了睦邻友好合作关系。至2011年，中国有20多个副总理级以上代表团访问文莱，仅2011年就有5个副总理级以上代表团访问文莱。文莱苏丹和王室主要成员也多次访华，与中国领导人建立良好的关系和友谊。中文两国在诸多国际和地区问题上相互理解，相互支持，保持协调与配合。

在经贸合作方面。中文两国经济互补性强，双方在经贸、能源、农渔业、清真产品、基础设施建设等领域的务实合作日益扩大。中国是文莱最大的纺织品进口来源地，中国也在这个领域对文莱进行投资，投资总额近60亿美元。除纺织品外，文莱从中国进口的主要产品还有电器设备、非金属矿物制品、通用工业机械设备及零件、蔬菜水果、服装、金属制品等。在文莱市场，中国商品随处可见，不少知名的中国品牌在文莱都相当受欢迎。而以石油为主要工业的文莱，向中国出口的产品主要是原油。文莱与中国还在多个领域进行合作，其中包括农业、渔业和旅游业等方面的合作。中国企业在文莱承建高速公路、水坝、住房等，越来越多的中国企业开始关注文莱市场。2010年中文双边贸易额达10.25亿美元，如期实现中国国家主席胡锦涛与文莱苏丹2005年设定的目标。

在人文等领域。两国在文化、教育、体育、卫生、民航、旅游、学术、司法等领域的交流合作不断深化。建交以来，两国相继在民航、卫生、文化、旅游、教育等领域签署一系列合作文件，对推动两国在人文等领域的合作起到了积极作用。

1993年11月，文莱国家元首对中国进行国事访问，两国签署《民用航空运输协定》。1996年两国签署《卫生合作谅解备忘录》。2000年11月，中国国家主席江泽民对文莱进行国事访问，两国签署《互相鼓励和保护投资协议》、《中国公民自费赴文旅游实施方案的谅解备忘录》和《钱皮恩原油长期合同》。1999年8月22～26日，应中国国家主席江泽民邀请，文莱国家元首苏丹对中国进行工作访问，两国签署《文化合作谅解备忘录》。2002年2月，中国最高人民检察院检察长韩杼滨访文莱，双方签署《中华人民共和国最高人民检察院与文莱总检察署合作协议》。2006年9月4～9日，文莱外交和贸易部长穆罕默德亲王对中国进行正式访问，两国签署《中华人民共和国政府和文莱达鲁萨兰国苏丹陛下政府旅游合作谅解录》。

2011年11月20日，中国国务院总理温家宝抵达文莱首都斯里巴加湾，开始对文莱进行正式访问
（新华社）

二、2011年友好交往与合作

（一）高层领导互访

2011年2月22日，中国全国人大常委会委员长吴邦国委托中国驻文莱大使闵永年转交致文莱立法会新任议长伊萨的贺电，赞赏伊萨议长在担任文莱苏丹特别顾问和内政部长期间对中文关系发展的关注和支持，希望伊萨议长继续推动两国议会间的友好交流与合作。全国人大常委会副委员长华建敏（3月26～28日）、全国政协副主席陈宗兴（5月29～31日）、全国政协副主席兼中国工商联主席黄孟复（10月9～12日）应邀对文莱进行正式友好访问。11月20～21日，中国国务院总理温家宝对文莱进行正式访问，使两国庆祝建交20周年活动画上圆满句号。访问期间，温家宝与文莱苏丹举行会谈，会见文莱王室成员，就深化双方各领域友好合作及其他共同关心的问题交换意见。两国领导人共同出席多个合作文件的签署仪式，这些合作文件涵盖能源、卫生、友好城市等领域。文莱苏丹热情接待中国领导人，他一再表示，文中两国有着悠久的交往史，建交以来，双方在各领域的友好务实合作进展顺利，文莱政府愿进一步同中方加强在政治、经贸、能源、旅游、文化等领域的交流与合作，推动文中关系不断取得新发展。

6月13～18日，文莱外交与贸易部无任所大使玛斯娜公主代表文莱政府对中国进行为期5天的友好访问，中国国务委员刘延东6月14日在北京会见玛斯娜。中国人民对外友好协会授予玛斯娜人民友好使者称号。人民友好使者称号设立于1990年，是中国人民对外友好协会向为中外友好作出突出贡献的国际友人授予的最高荣誉称号。至2011年，获得该称号的有国际奥委会终身名誉主席萨马兰奇、英国著名学者李约瑟、泰国公主诗琳通等。

（二）国家部级、地方政府和民间团体的友好交往与合作

年内，中国河南省政府外事侨务办公室副主任文荣征（3月10日）、中国商务部副部长姜增伟（4月22～24日）、中国广西壮族自治区主席马飚（5月11日）、中国国务院侨务办公室经济科技司司长庄荣文（5月27日）、中国国家林业局局长贾治邦（10月23日）等国家部和地方政府官员先后率团访问文莱。这些代表团主要是商讨与文莱在各个领域的合作。如在中国林业局局长贾治邦访问文莱时，文莱工业部提出与中国国家林业局在人力资源建设与技术转让（持续性森林管理、林业发展、研究与开拓以及旅游生态方面）进行合作。广西代表团与文莱工业和初级资源部举行会谈，双方达成广泛共识，一致认为应进一步推进广西和文莱在经贸、农业、渔业、旅游、文化、卫生、科技、教育、青年交流等方面的合作。此外，7月5～9日，中国人民解放军海军南海舰队蒋伟烈司令员以中国军队领导人代表身份，出席2011年文莱国际防务展（Bridex 2011）活动。中国海军南海舰队"武汉"号导弹驱逐舰和"玉林"号护卫舰访问文莱并参加文莱2011年国际海上阅兵活动。

2011年6月13日，文莱公主玛斯娜在北京获中国人民对外友好协会授予的人民友好使者称号。图为对外友协顾问、中国—东盟协会会长顾秀莲向玛斯娜颁发奖章及奖牌（新华社）

文莱方面也有多个政府部门的代表团访华。文莱旅游局代表团于2011年3月访问中国，并在北京、上海、深圳和南宁4市设立代表处，全面推广文莱旅游。2011年10月，文莱工业与初级资源部部长叶海亚率领文莱政府代表团到中国广西南宁参加第8届中国—东盟博览会和商务与投资峰会。文莱武术队一行9人于12月14日到南宁参加第1届中国与东盟国际武术节。

（三）开展一系列纪念中文两国建交20周年活动

2011年2月4日，文莱驻中国大使馆在北京举行文莱成立27周年国庆招待会，中国外交部主要领导应邀出席，双方代表各自政府宣布正式启动友好年活动。

中国驻文莱大使闵永年于2011年3月6日在文莱举行中文建交20周年暨中文友好年新闻发布会，宣布在文莱举办一系列纪念活动。中国大使馆、文中友协和华人作协于4～7月联合举办"中文友好杯"华语征文比赛。活动得到文莱各界华人朋友的响应，征得逾50篇优秀稿件。8月19日，闵永年大使在大使官邸举行"中文友好杯"华语征文比赛颁奖仪式。文莱—中国友好协会、文莱华人作家协会代表以及比赛获奖人员、媒体记者等约40人出席。

作为庆祝文中建交20周年的重要活动之一，文莱9月22～25日在首都斯里巴加湾市举办中国商品展。此次展会得到文莱外交与贸易部、工业与初级资源部、文化青年体育部和文中友好协会的大力支持，内容涵盖贸易、文化、旅游和科技等多个领域。

（四）经济贸易合作卓有成效

据中国海关统计，2011年中国与文莱双边贸易额13.1亿美元，比上年增长27.1%。其中：中国出口额7.4亿美元，增长102.5%；中国进口额5.7亿美元，增长14.7%。

在经济合作方面，2011年3月10日，文莱渔业局与广西水产畜牧兽医局签署一项关于生蚝养殖的渔业合作备忘录。4月26日，文莱佰都利银行（Baiduri Bank）与中国银联合作发行文莱第一张银联卡。中国德信无线通讯科技有限公司5月19日宣布将向文莱电信运营商Brunei Telecom提供WCDMA/GSM 3.5G安卓（Android）智能手机。文莱首相署副部长阿里于6月20日在第7届亚洲资产管理圆桌会议上提出，文莱将把投资人民币列入计划，以减少今后文莱资产受美元汇率波动的影响。文莱经济发展局7月3日宣布，文莱苏丹已批准中国大型民营企业浙江恒逸集团在文莱大摩拉岛建设大型炼化厂项目的一期工程。该工程投资约25亿美元，将部分使用文莱的原油和凝析油生产汽油、柴油和航油（日加工能力约13.5万桶，部分将供应文莱国内市场）以及纺织生产所需的化工原料二甲苯（PX）和苯。如一期工程执行效果满意，再经苏丹批准，浙江恒逸集团将增资35亿美元用于炼油厂二期扩建，生产塑料制品的原料——烯烃。炼化厂总占地260公顷，两期投资将达60亿美元，成为文中两国建交以来最大的合作项目。亚洲最大肉牛加工企业长春

皓月清真产业园区于8月中旬在文莱成立，并确定同10余家国外企业开展合作。中国国家开发银行11月21日同文莱最大的伊斯兰银行在文莱首都斯里巴加湾市签署《双边合作协议》，这是温家宝总理11月20~21日对文莱进行国事访问的重要成果之一。根据协议，双方将深入研究加强合作的领域，如提供信用设施、国际贸易结算、项目融资、人力资源培训及信息交换等。该协议也是双方在2010年10月20日签署"成立中国—东盟银行协会"框架协议后，展开的后续行动之一。据文莱《婆罗洲公报》2011年11月24日报道，文莱能源部部长表示，中国能源需求巨大，文莱愿意同中国加强能源合作，将来对华原油出口数量将从目前的每天1.3万桶增加到1.6万桶，并积极吸引中国能源企业到文莱投资设厂。（马　静　马金案）

中国和柬埔寨交往与合作

中国与柬埔寨全面战略合作伙伴关系的建立为两国关系进一步发展带来了新的机遇，在推进全方位合作方针指导下，2011年中柬政治关系平衡发展，除了定期高层会晤外，两国议会、军队、警务、新闻、卫生、文教、信息、水利、气象、建设、农业、文物保护等部门实现互访；经济、文化、教育、青年、体育、旅游等领域的交流与合作进一步拓展深化，双方在反恐、打击跨国犯罪等非传统安全领域的互利合作进一步加强；军事合作不断加强，在国际和地区问题上保持良好的协调，继续成为不同社会制度国家真诚合作的典范。

2011年10月20日，中国国务院总理温家宝在南宁会见前来出席第8届中国—东盟博览会、第8届中国—东盟商务与投资峰会的柬埔寨首相洪森（新华社）

一、中国—柬埔寨政治交往

（一）两国政党高层互访活动

2011年6月13~20日，奉辛比克党主席、柬埔寨副总理涅文才访华，与中国共产党进行互访交流活动。中共中央政治局常委周永康、中联部部长王家瑞分别会见涅本才，并就发展两党合作关系和国际问题交换意见。8月，中共中央政治局常委、中央政法委书记周永康访柬埔寨，与柬埔寨达成29项协议。8月20日下午，周永康在金边会见柬国王诺罗敦·西哈莫尼时，双方就进一步巩固和发展中柬全面战略合作伙伴关系，不断巩固发展两国和两国人民之间的友谊与合作交换了意见。2011年10月12日，柬埔寨人民党中央常委、中央日常工作小组组长、国会第二副主席赛宗率领人民党代表团访华，中共中央政治局常委、中央政法委书记周永康在人民大会堂接见赛宗一行并进行工作会谈。

（二）两国政府之间交流与互访

6月24~25日，中国全国政协副主席、中共中央统战部长杜青林访问柬埔寨并24日会晤洪森首相时，感谢柬方在涉及中国主权和核心利益问题上给予的坚定支持。洪森表示中国蓬勃发展不仅是中国的利益，同时也带动柬埔寨社会发展。10月20日，柬埔寨首相洪森率政府高级代表团启程访华并参加在广西南宁举行的第8届中国—东盟博览会。中国国务院总理温家宝在南宁会见洪森首相，洪森在21日举行的第8届中国—东盟商务与投资峰会开幕式上建议中国与东盟促进私营领域密切联系，进一步加强区域合作，促进可持续发展，应对未来的挑战。他表示致力于加强柬埔寨与中国，以及东盟与中国的关系，以成为真正的经济、贸易、投资、政治、安全领域的战略伙伴。

11月15~18日，中国全国人大华侨委员会副主任委员葛振峰率团访问柬埔寨，16日柬埔寨国会主席韩桑林在金边会见葛振峰，双方表示，要进一步推进两国全面战略合作伙伴关系。2011年12月4日，应中国全国人大常委会委员长吴邦国的邀请，柬埔寨国会主席韩桑林亲王对中国进行正式访问，12月6日中国国家副主席习近平会见韩桑林。习近平表示：中方重视发展对柬埔寨关系，珍视中柬传统友谊，愿同柬埔寨方共同努力，深化务实合作，促进共同繁荣，推动中柬全面战略合作伙伴关系长期健康发展。

11月17～21日,中国广西壮族自治区副主席杨道喜率团抵柬埔寨进行为期4天的友好访问,18日,柬埔寨副总理棉森婉会见杨道喜一行,广西壮族自治区向柬方赠予300部拖拉机(价值300万元人民币)。当日柬埔寨工业、矿物和能源部长瑞赛会见杨道喜一行,并对广西有色金属集团在柏威夏省投资铁矿项目的有关事宜交换了意见。

(三)两国在国际和地区积极推进多边合作

2011年8月第17次大湄公河次区域合作部长级会议在金边举行,柬埔寨商务部长占比塞赞扬中国在次区域建设发展中扮演的重要角色。2011年11月6日,柬埔寨副总理何南丰会见中国外长助理刘振民,强调遵守《南中国海各方行为宣言》,在南中国海问题上支持中国的主张,赞赏中国与争议国之间和平解决的途径。柬埔寨外交及国际合作部长贺南洪表示,南中国海地区冲突应在中国及相关各方加强交流与合作,和平解决争端。柬埔寨首相洪森在接任2012年东盟轮值主席国时表示将加快推进中国与东盟之间的“互联互通”规划,对此中国表示支持。2011年12月19日,大湄公河次区域合作第4次会议首脑峰会期间,洪森首相与中国国务委员戴秉国举行会晤。戴秉国表示:中国将与柬埔寨进一步加强高层往来,深化政治互信,按照“政府引导、企业为主、市场运作”原则,深化经贸合作,不断推进交通基础设施互联互通和水利基础设施建设等领域合作。

二、中国—柬埔寨经济贸易往来与合作

(一)中国—柬埔寨贸易关系

据中国海关统计,2011年,中柬双边贸易额为24.99亿美元,比上年增长73.5%。其中,中国对柬埔寨出口23.15亿美元,增长71.8%,主要商品包括纺织原辅料、机械设备等;自柬埔寨进口1.84亿美元,增长96.8%。主要商品包括天然橡胶、木材、针织服装等,提前1年实现双边贸易额达到25亿美元的计划。2011年,中国是柬埔寨出口贸易增长最快的国家。在两国政府有关部门的共同努力下,柬埔寨迫切关注的大米对中国直接出口已取得实质进展。2011年4月5日,中国国家发改委副主任张晓强访问柬埔寨并拜见洪森首相,双方就深化中柬全面战略合作伙伴关系、推进全方位合作交换意见。会见后张晓强与柬埔寨工矿能源部国务秘书依波朗举行会谈,双方重点就电站建设、矿产资源合作等问题交换意见。5月23～26日,中国贸促会会长、中国国际商会会长万季飞访问柬埔寨,与柬埔寨商业部大臣占蒲拉西举行会谈并签署双方合作谅解备忘录。8月24日,中柬两国在金边签署29项经贸合作协议,其中包括《中华人民共和国商务部和柬埔寨王国商业部关于双边大米贸易的协作谅解备忘录》、《云南海投集团与柬埔寨SOMA集团关于建设大米加工厂的合作协议》以及《中粮集团与柬埔寨晤哥米较公司大米采购合同》等有关两国大米贸易的协议,根据中粮集团与柬埔寨TTY有限公司所签协议,将出口20万吨大米到中国市场,根据该协议,TTY公司将2012年1月先出口1500吨大米到中国市场。中国首次从柬埔寨进口大米,为国内消费者提供又一全新选择,有利于缓解柬埔寨对欧洲市场的依赖,也为中柬两国经贸发展作出贡献。2011年8月20日至9月27日,中柬青年企业家投资贸易洽谈会在金边举行,探讨两国青年企业家加强交流与合作,共同推进中国南宁至新加坡经济走廊建设。

(二)中国—柬埔寨投资

中国—东盟自由贸易区正式启动以来,在大湄公河次区域经济合作框架下,柬埔寨农业、金融、固定资产、电力、旅游业、采矿业、技术服务、电信等领域吸引一大批来自中国的投资者,双方开展一系列基础设施建设合作。其主要特点一是投资合作均是中国对柬埔寨进行的单向性或成不对称型投资;二是中国对柬埔寨投资额增长很快,投资额较大,已经稳居柬埔寨外国直接投资国首位,主要的投资领域涉及农业、交通运输、通信、电力、能源、出口加工、旅游产业、矿产和能源开发等领域进行投资。

1. 中国对柬埔寨投资。柬埔寨发展理事会2011年9月6日公布的1994年以来各国和地区对柬埔寨投资情况报告显示,中国对柬埔寨投资为88.49亿美元,居对柬投资各国首位,占柬埔寨吸引外资总额的36.1%。据中国商务部统计,2011年中国企业对柬埔寨非金融类直接投资金额为3.13亿美元,比上年下降20.7%,截至2011年底,中国企业对柬埔寨非金融类直接投资累计14.28亿美元。

2. 中国在柬埔寨重大投资项目。据中国商务部统计,2011年,中国企业在柬埔寨新签承包工程合同81个,比上年增长11%;协议投资额11.9亿美元;合同总额5.04亿美元,下降62.4%;仅次于英国(22.4亿美元)成为柬埔寨第二大外资来源国,营业额8.25亿美元,增长27.3%;外派人数3433人,下降7%,截至2011年底,中国企业在柬埔寨承包工程累计合同额和营业额分别是52.13亿美元和28.81亿美元。中国在柬埔寨投资包括基础设施建设、水电站、房地产、矿产开发、加工厂、摩托车组装、碾米厂、制衣厂等领域。

(1)水电开发项目

达岱水电站项目成功截流。2011年1月12日,中国重型机械总公司以BOT方式在柬埔寨投资国公省东北部达岱水电站项目成功截流,进入项目主体施工阶段,水电站总装机24.6万千瓦,年均发电8.58亿千瓦时,工程总投资5.4亿美元,工期48个月,商业运营期37年,按计划首台机组将于2013年8月发电,全部工程将于2013年底竣工。

甘寨水电站正式发电。2011 年 12 月 7 日，由中国水电建设集团投资建设的迄今为止最大的柬埔寨贡布省甘寨水电站举行建成发电仪式，洪森在仪式上致词时感谢中国政府积极鼓励和支持中资企业在柬埔寨基础设施领域投资，促进柬埔寨经济社会快速发展。甘寨水电站位于柬埔寨贡布省省会上游约 15 千米的甘再河干流上，距金边约 150 千米。工程总投资 2.805 亿美元，于 2007 年 9 月动工兴建，电站总装机容量为 193.2 兆瓦，年均发电 4.98 亿千瓦时，项目特许经营期 44 年，其中施工期 4 年，商业运行期 40 年。

斯登沃代水电站完成二期截流。由中国大唐集团公司控股的云南东南亚经济技术投资实业有限公司以 BOT 投资建设的柬埔寨斯登沃代一级水电站完成二期截流工作。电站位于在额勒赛河上游支流——沃代河上，合同于 2010 年 4 月 27 日在北京签署。斯登沃代水电站为梯级电站，总装机容量为 120MW，一级电站的装机容量 2×10MW，二级电站装机 4×25MW。2011 年年底项目建设完成已过半，电站引水系统和发电厂房施工已完成总工程量的 52.3%，预计 2012 年 11 月发电，2013 年 5 月底全部投产发电。

(2) 石油勘探与开采合作

中国海洋石油总公司（“中海油”）于 2006 年 7 月与柬方达成海上勘探开采石油初步意向，2007 年获得柬海域 F 区块的石油开采权，2011 年 12 月，中国“中海油集团”在柬埔寨石油勘探开采工作业已展开 921 号钻井平台，该平台设于柬埔寨西南海域 F 区上，距离陆地最近处约 37 海里，预计 2012 年底开始产油，为柬埔寨经济提供新的增长点，也有利于中国能源进口市场多元化战略。

(3) 基础设施合作项目

布雷达马大桥通车。2011 年 1 月 24 日，柬埔寨王国政府利用中国优惠贷款建设的湄公河布雷达马大桥举行通车仪式。洪森首相在通车仪式的讲话中将该桥命名为中柬友谊湄公河大桥，这是继上丁省西公河大桥和洞里萨河布雷格丹大桥之后的第三座中柬友谊大桥。布雷达马大桥由上海建工集团承建，全长 1605 米，总投资金额 4350 万美元，项目于 2007 年底开工，提前 12 个月完工。

59 号公路项目。2011 年 2 月 15 日，柬埔寨政府使用中国援外优惠贷款资金建设的 59 号公路项目在班迭棉吉省举行开工典礼。柬首相洪森、中国驻柬埔寨大使潘广学、柬埔寨政府高官及当地民众等 8000 多人出席。59 号公路全长 144 千米，是柬泰边境上最长的国家公路。

57B 号公路破土动工。2011 年 3 月 21 日，由中国政府提供优惠贷款援建的柬埔寨 57B 号公路修建项目开工仪式在马德望省举行，57B 号公路位于柬埔寨西北边境地区，全长 176 千米，由中国路桥公司承建。与同样由中国政府提供贷款修建的 57 号公路和 59 号公路相互连接，构成了环马德望省、拜林省和班迭棉吉省的西北路网，是当地重要的交通枢纽，在上世纪 70 年代至 90 年代的战乱中遭到严重破坏，这条道路的修复对当地经济社会发展和改善民生有着重要的意义和作用。

达克茂大桥动工。2011 年 7 月 6 日，由中国政府援建的柬埔寨达克茂大桥及接线公路工程项目开工，这是中国援柬建设的第四座中柬友谊桥（又称大金欧大桥）。横跨巴萨河的达克茂大桥位于金边南郊约 10 千米。达克茂大桥连接柬埔寨 1 号公路和 2 号公路，建成后将为当地交通运输提供极大便利，并将成为连接泰国曼谷和越南胡志明市的东盟高速公路的重要通道。达克茂大桥由中国政府提供优惠贷款、由中国上海建工集团承建，桥长 855 米，宽 13.5 米，工期 42 个月。

科普奥斯跨海大桥建成通车。2011 年 7 月 12 日，由中国水电集团承建的柬埔寨第一座跨海大桥—西哈努克科普奥斯跨海大桥建成通车。洪森出席仪式正式宣布大桥命名为“洪森大桥”。科普奥斯跨海大桥位于柬埔寨西南沿海城市西哈努克港，由俄罗斯 KPIG 公司为开发科奥普斯岛而投资兴建，中国水电为 EPC 总承包商。大桥连接大陆和科奥普斯海岛，全长 900 米，桥面宽 8 米，在主跨跨径 200 米以上大跨径连续钢构桥中纵坡之大为世界之最，在东南亚国家中为单跨跨径最大的连续钢构桥。科普奥斯大桥总投资 1800 万美元，2008 年 6 月 7 日正式开工建设，2011 年 6 月 30 日全面竣工通车。

水净华新桥项目开工。2011 年 11 月 2 日，中国政府援建的中国援建的第五座大桥——柬埔寨金边水净

中国水电建设集团投资的柬埔寨甘寨水电站建成发电　（新华网）

华新桥项目开工。水净华新地区是金边的交通枢纽，也是出金边市前往柬埔寨北部和东北部地区的必经之路，水净华新桥的建设，将大大缓解金边市通往6号公路、7号公路的交通压力，打通金边东北部城市群的咽喉要道，带动水净华新桥东岸地区的经济发展和社区建设。桥长719米，宽13.5米，由中国路桥公司承建，工期38个月。

金边港集装箱码头。2011年3月9日，柬埔寨使用中国优惠出口买方信贷资金建设的金边港新建集装箱码头项目开工。新建金边港集装箱码头位于湄公河沿岸，距金边市区约21千米。工程总体建设规模为新建2个5000吨级集装箱泊位，设计年集装箱吞吐量为30万标箱。该项目系中国首次提供优惠出口买方信贷资金参与柬埔寨港口建设，总金额2822万美元，由上海建工集团承建，广州万安公司监理。

(4)金融业合作

中柬两国金融合作取得新进展。2011年5月7日，中国银行金边分行正式开业，中国银行与柬埔寨国家银行合作包括帮助柬埔寨国家银行建设人民币清算系统、美元清算系统、跨境贸易结算中心以及柬埔寨国内人民币清算中心等。继中国银行在金边开设分行后，2011年11月30日，中国工商银行金边分行开业，两家分行在柬埔寨的成立，有利于带动柬埔寨当地经济发展，有利于两国金融合作长期、稳定、持续发展。除了银行业合作外，中国信威公司，已经于2011年年底获得柬埔寨邮电部颁发许可证，正等待邮电部颁发文件，批准该公司在柬埔寨建立"电话塔"。预计2012年该公司可能将成为柬埔寨提供4G服务的第一家公司。

三、中国对柬埔寨经济援助

2011年2月17日，中国全国妇联举行援助柬埔寨妇女事务部办公物资交接仪式，这批物资包括面包车、电脑、打印机、相机等设备，总价值逾43万人民币。2011年6月21日，中国红十字会副会长郝林娜与柬埔寨红十字会会长文拉妮·洪森在金边共同签署《中柬埔寨两国红十字会5年合作协议》，中国红十字会还将通过非紧急援助项目的形式向柬埔寨红会捐赠价值20万美元的抽水机。

2011年9月柬埔寨遭受10多年来最大的洪灾，中国政府在第一时间向柬埔寨政府提供价值5000万元人民币的救灾物资和150万美元现汇援助，此外广西单独向柬埔寨援助50万美元。10月15日，首批中国援助抗洪救灾物资由中国南方航空公司包机运抵金边国际机场。2011年11月29日正式签署援助协议，根据该协议，中国政府将援助柬参议院建设造价4846万元人民币的办公楼，并提供价值100万元人民币的办公设备。

2011年10月16日，中国驻柬埔寨大使潘广学和柬埔寨副首相兼财经部长吉春出席签署协议，中国政府向柬埔寨政府无偿赠送17套安检设备的换文，用于2012年柬埔寨举行东亚系列峰会提供安全服务。2011年10月18日，为改善柬埔寨参议院工作条件，中国政府无偿援助柬埔寨参议院97台电脑和97台空调机。2011年10月，为提高柬埔寨农产品检验检疫能力，中国商务部与柬埔寨农林渔业部签署了援建农业实验楼项目的考察换文。

据柬埔寨官方统计，1992～2011年9月，中国向柬埔寨累计提供无偿援助、无息贷款、优惠贷款已达20.93亿美元。其中无偿援助1.25亿美元，无息贷款1.52亿美元，人民币优惠贷款5.56亿美元，美元优惠贷款12.6亿美元。

四、中国—柬埔寨军事交流与合作

2011年中国与柬埔寨传统友谊进一步得到巩固，互利合作进一步深化，两国全面合作伙伴关系的内涵不断丰富，两国两军关系向多领域、深层次和高水平的方向发展。

(一)两军高层往来

2011年6月20～26日，为促进同中国国防合作，柬埔寨国防部长狄班将军率团访华。访问期间，中国国家副主席习近平接见狄班。6月22日，国务委员兼国防部长梁光烈与来访的柬埔寨王国副首相兼国防大臣迪班举行会谈。梁光烈对两军关系发展提出四点建议：一是保持高层交往；二是加强人员培训交流；三是推进两军之间的务实合作；四是密切多边安全事务的协调与配合。迪班表示柬埔寨政府和军队将坚定奉行一个中国政策，柬埔寨重视发展柬中军事关系，愿不断增进互信，巩固友谊，推动两国两军关系不断向前发展。会谈结束后，两国国防部签署《合作协议》。

(二)中国对柬埔寨军事援助与装备升级

一直以来中国是柬埔寨军事援助大国之一。2011年5月，中国向柬埔寨赠送5万套军服，并承诺继续向柬埔寨王家军提供力所能及的帮助。据2011年8月22日公开的一项协议，为帮助柬埔寨升级落后的军事设备，组建直升机部队，中国同意向柬埔寨贷款1.95亿美元以供其进行采购中国直-9直升机。

(三)援柬军事医疗服务

2011年1月21日，埔寨王家军总医院举行仪式，授予5名中国援柬军事医疗专家友好合作勋章，以表彰他们为提高该院医疗技术水平作出的积极贡献。迄今为止中方共派遣5批军事医疗专家为王家军总医院培训医护人员，有效提高了医院整体医疗水平，进一步加深了柬中两军的合作与友谊。

(四)援建柬埔寨陆军学院基础设施

2011年9月19日，中国援建的柬埔寨陆军学院排水系统工程竣工，柬埔寨王家军总司令波沙伦亲自为中国专家颁发勋章。根据柬埔寨和中国两国国防部合作协议，自2000年起中国就开始援建柬埔寨陆军学院各种基础设施，在中国政府支持下，柬埔寨陆军学院建设取得丰硕成果，中国援建工程已经完成4期，此次属于第5期。根据中国国防部规划，中国还要援建柬埔寨陆军学院宿舍、食堂、会议中心及礼堂。适应学院未来现代化之需要。

五、中国—柬埔寨人文交流与合作

（一）体育交流与合作

2011年4月19～26日，中国国家体育总局局长、中国奥委会主席刘鹏率团对越南和柬埔寨进行友好访问，访问期间，刘鹏与柬埔寨体育部门和奥委会领导人就进一步加强双边体育交流与合作及其他共同关心的问题交换意见，并与柬埔寨奥委会商签《中国奥委会和柬埔寨奥委会体育合作谅解备忘录》，依据该协议中国承诺向柬埔寨提供该方面的帮助。

（二）中柬友谊广播电台开播

2011年10月25日，中柬友谊广播电台开播仪式在柬埔寨暹粒市举行。暹粒中柬友谊台（FM105）每日6～24时以柬埔寨语、中国普通话、潮州话和英语播出18个小时的节目，信号覆盖暹粒省及周边地区。11月，由中国国家新闻出版总署主办，广西新闻出版局承办，广西新华书店集团有限公司和柬埔寨和平书局协办的中国图书展销暨版权贸易洽谈会在柬首都金边举行。中国国内13个省份的51家新闻出版单位组成的中国代表团一行93人参加本次书展。书展展出近年来中国出版的优秀图书近5000册，涵盖各个门类，柬埔寨国家电视台对这一活动进行了全程播报。

（三）汉语培训与文化交流

2011年1月16日，中国驻柬埔寨大使潘广学邀请参加汉语言和中国文化培训班的柬埔寨学员在中国驻柬使馆座谈，交流参加培训班的体会和感想。来自柬埔寨内阁办公厅、外交部、王家研究院、文化艺术部、教育青年体育部及柬埔寨大学等部门40余名学员出席。6月26日，柬埔寨王家研究院孔子学院举行第4届“汉语桥”世界中学生中文比赛柬埔寨赛区复赛，30位选手参加当天的选拔赛。2011年8月8日，中国国家汉办派出第2批援柬汉语志愿者教师共58人，他们来自国内7所高校，包括在职大学教师、应届本科毕业生、在读研究生和曾在其他国家工作过的汉语志愿者，奔赴柬22所华校任教。8月20日，由中国海外交流协会主办，广西海外交流协会及广西华侨学校承办的2011越南、老挝、柬埔寨华文教师培训班在广西南宁圆满结束。

（四）人力资源培训和教育科研究合作

2011年共有204名柬埔寨学员赴华参加59期多双边援外培训项目。培训范围涉及开发区管理、农作物检验检疫、木薯种植、经济管理、农业发展、区域合作、政府贷款、地质矿产、信息通讯、气象环保、铁路建设、服务贸易、海关管理、疾病防治、物流管理、水资源开发、自贸区、警务合作、卫生检疫、妇女能力、汉语等诸多领域，生源来自柬埔寨政府各部门及社会团体。

2011年11月8～11日，以高全立副院长为团长的中国社会科学院代表团在金边与以克洛堤达院长为团长的柬埔寨王家研究院代表团举行会谈，双方就柬埔寨王家研究院和中国社会科学院之间开展合作、推动两国科技文化交流合作等议题交换意见。8月17日，柬埔寨王家研究院孔子学院柬埔寨历史文化研究所揭牌仪式暨首届《真腊风土记》中柬友好关系溯源国际研讨会在金边举行。2011年，中国向柬埔寨提供45名赴中国学习的奖学金名额。

（五）宗教交流

2011年12月15日至17日，由柬埔寨王国政府宗教部、文化部主办，中国广东四会六祖寺参与发起并支持的2011（首届）亚洲佛教文化节在柬埔寨王国举行。柬埔寨王国政府副总理涅文才，宗教事务部长孟肯，柬埔寨两派僧王布格里、狄旺，中国广东四会六祖寺方丈大愿法师，以及来自东亚、东南亚、南亚等15个国家和地区的佛教界诸山长老、艺术家、文化界人士，相关国家友好代表团、驻柬埔寨王国使节等出席活动。16日晚在著名古迹吴哥窟举行的亚洲佛教文化节颁奖仪式上，柬埔寨王国政府第一副首相涅文才，代表柬埔寨国王、政府授予广东四会六祖寺方丈释大愿大和尚以皇家互爱功德增长勋章勋章，以表彰他对成功举办亚洲佛教文化节、促进中柬两国及亚洲各国人民友谊的卓越贡献。

（蒋玉山）

中国和印度尼西亚交往与合作

2011年中国和印度尼西亚之间的关系发展良好，各领域交流合作不断增加，双边贸易额继续攀升。

一、两国高层往来频繁

2011年4月19日，印度尼西亚外长马尔迪访问中国，会见中国国务院总理温家宝。温家宝说，中国政府高度重视发展同印尼的战略伙伴关系。印尼是中国的好邻居、好伙伴，同印尼发展长期稳定的睦邻友好合作关系是中国外交的重要方向。马尔迪表示，印尼政府和人民热切期待温家宝总理来访。4月20日，中国全国人大常委会委员长吴邦国在北京会见印度尼西亚国会议长马尔祖基。吴邦国指出，印尼是充满活力的新兴经济体，也是东盟2011年的轮值主席国，中国愿进一步推动双方在经贸、人文、防灾减灾等领域的务实合作，从战略高度和长远角度促进双边关系实现更大发展。马尔祖基表示，当前是印尼与中国建交以来两国关系最密切的时期，双方政治关系良好，经贸合作快速发展，民族文化相互交融。希望与中国加强在基础设施、机电等领域务实合作，欢迎中资企业到印尼投资兴业。4月，国务院总理温家宝对印尼进行正式访问。4月29日，温家宝总理在雅加达与印尼总统苏西洛举行会谈，双方就进一步加强双边关系及共同关心的国际和地区问题交换意见，达成重要共识。6月，印尼总统苏希洛的特使、经济统筹部长哈达访问中国并会见中国总理温家宝。哈达介绍印尼《2011～2025年经济发展总体规划》，欢迎中方更多参与印尼经济建设，实现共同发展。温家宝表示，中国政府高度重视同印尼的战略伙伴关系，支持印尼实施宏伟的发展规划，愿与印尼在平等互利基础上推进经贸、人文、航天、海洋等各领域的务实合作，造福两国人民。11月17日，出席东亚领导人系列会议的中国国务院总理温家宝在印尼巴厘岛同印尼总统苏希洛举行会谈，双方就推动东亚合作和双边关系发展达成重要共识。温家宝说，此次东亚领导人系列会议要突出团结、发展、合作的主题，坚持东盟主导，增强东盟—中国10+1和东盟—中日韩10+3机制的凝聚力和发展动力，调动一切积极因素，排除各种干扰，沿着既定方向和目标加速前进。苏希洛完全赞同温家宝的意见。他表示，在全球经济困难的背景下，东亚要肩负起促进地区经济增长的重任，成为拉动世界经济增长的动力。东亚峰会各成员国要齐心协力，坚持东亚峰会的原则，维护和平、合作大局，确保峰会沿着正确方向继续前进。关于中国与印尼的关系，温家宝表示，中方高度重视参与印尼六大经济走廊的基础设施建设和产业发展，鼓励中国金融机构提供融资支持。两国能源领域合作潜力巨大，要进一步加强油气、煤炭、电力等传统领域以及新能源、可再生能源领域的合作。双方要尽早启动中国—印尼海上合作委员会，利用两国海上合作基金，加强务实合作。苏希洛表示，印尼感谢中国企业积极参与印尼六大经济走廊建设计划，愿与中方共同努力，推动双方能源、工业、防务领域和海上合作取得更多成果。

二、双方经贸合作实现多项突破

2011年4月30日，国务院总理温家宝在雅加达出席中国—印尼战略商务对话，会上温总理谈到他此次访问印度尼西亚，双方达成总额约100亿美元的经贸协议。这些年来，中国政府累计向印尼提供了28亿美元的优惠出口买方贷款，印尼成为使用中方这项贷款最多的国家。为支持印尼建设第一期1000万千瓦电站项目，中方银行就提供了约65亿美元的商业贷款。温家宝访问期间，双方签署两国政府关于扩大和深化经贸合作的协定，确立到2015年双边贸易额达到800亿美元的新目标。双方一致认为中国和印尼经济互补性强，又都处于经济快速发展的阶段，双方经贸合作具有坚实的政治基础和广阔的发展前景。中方支持中国企业通过多种方式，参与印尼道路、桥梁、港口、电站、通信等基础设施建设，包括已经启动的第二期1000万千瓦电站项目。中国政府决定向印尼新增10亿美元优惠出口买方信贷，同时鼓励金融机构为条件成熟的合作项目提供融资支持。中方愿加强两国政府主管部门沟通和协商，为印尼水果进入中国市场提供便利。中国政府欢迎印尼企业到中国投资兴业。

据印尼中央统计局统计，2011年印尼与中国双边贸易额491.5亿美元，比上年增长36.1%。其中：印尼对中国出口229.4亿美元，增长46.2%；印尼自中国进口262.1亿美元，增长28.3%；印尼方逆差32.7亿美元，减少30.9%。至年末，中国超过新加坡上升为印尼第一大进口来源地，同时继续保持为印尼第二大出口市场和第二大贸易伙伴，仅次于日本。

2011年4月30日，中国国务院总理温家宝在雅加达与印度尼西亚副总理布迪奥诺共同出席中国—印度尼西亚战略商务对话 （新华社）

矿产品、动植物油脂和塑料、橡胶是印尼对中国出口的前三大类商品，2011年对中国出口额分别为117.8亿美元、31亿美元和23亿美元，分别增长58.4%、26.8%和40.7%，分别占印尼对中国出口总额的51.3%、13.5%和10%。印尼自中国进口的主要商品为机电产品、贱金属及其制品和化工产品，2011年合计进口额173.4亿美元，占印尼自中国进口总额的66.1%。其余各类主要商品自中国进口均有不同幅度增长，尤其是纤维素浆、纸张进口增幅达到80.9%。中国在机电产品、贱金属及其制品、化工产品、纺织品及其原料和家具、玩具、杂项制品等产品的出口上具有优势,2011年上述各类产品分别居印尼自中国进口大类商品(HS类)的前4位和第10位,占印尼进口市场的27.6%、16.2%、16.3%、27%和53.8%。

三、两国军队交往逐渐加深

2011年两国为应对21世纪传统和非传统安全挑战,进一步加强战略防务合作。双方承诺,进一步加强包括联合演习、海上安全、国防工业在内的防务及其能力建设领域的合作,并加强在非传统安全领域的交流与合作。两国军事交流与合作进一步深化,高级将领互访频繁,进一步推进军事合作。

2011年3月,中国人民解放军副总参谋长马晓天率领中国军事代表团访问印尼,3月22日印度尼西亚国防部长普尔诺莫·尤斯吉安托罗在雅加达会见中国军事代表团。普尔诺莫说,印尼愿意与中方一道,进一步加强两军在各领域的合作,推动两国两军关系全面健康稳定发展。马晓天说,中国和印尼两国在政治、经贸、科技和国防等领域的合作成效显著,在重大国际和地区问题上沟通密切,两军各领域合作不断取得新的成果。中方重视发展两军关系,愿与印尼方共同努力,积极推进两军务实合作继续深入发展。马晓天23日应邀出席首届雅加达国际防务对话会,发表题为"深化互信合作,共创和谐亚太"的主旨演讲,并参观亚太安全防务展。此次对话会由印度尼西亚国防部主办,会期3天,旨在加强防务安全领域对话,促进地区和平与稳定。

4月19日,中国解放军副总参谋长孙建国中将在北京会见来访的印尼陆军副参谋长布迪曼中将。孙建国说,中国和印尼是友好近邻,两国关系发展势头良好,两军特别是两国陆军在高层互访、团组往来、人员培训、专业交流等领域的交流与合作不断取得新的成果。中方愿与印尼方一道,在高层互访与青年军官的交流、联合训练、人员培训等方面取得更多成果。布迪曼说,印尼与中国两国两军关系友好,两军高层领导和各级别团组互访频繁,印尼愿与中方加强合作,共同努力,推动两国两军关系获得更大的发展。

5月,中国务委员兼国防部长梁光烈应印度尼西亚国防部长普尔诺莫的邀请对印尼进行正式友好访问,19日在雅加达与印度尼西亚国防部长普尔诺莫举行会谈,就双边关系和其他共同关心的问题交换意见。5月20日,印度尼西亚副总统布迪约诺、政治法律安全统筹部长苏扬托在雅加达会见梁光烈。6月6~17日,中国人民解放军与印度尼西亚国民军"利刃—2011"特种部队联合训练在印尼万隆举行。这是两军首次联合训练,旨在进一步促进两军务实交流与合作,提高两国军队遂行反恐行动的能力,不针对第三方。中方派出69人参训。联训分为交流展示、混编同训和综合演练三个阶段,以应对恐怖组织通过挟持人质制造恐慌为背景,重点进行营救人质等反恐行动实兵演练。

7月28日,中国驻印度尼西亚武官许大壮上校在雅加达万豪酒店举办招待会,庆祝中国人民解放军建军84周年。印尼国防部长普尔诺莫、国防部总监古纳迪中将等印尼政军两界人士,各国驻印尼武官,印尼工商界代表,驻印尼中资机构代表,华人华侨代表,以及中国驻印尼大使馆华宁代办和外交官等共约300多人出席。招待会会场内外还设有图片展和多媒体资料展示等,宣传中国军队发展和中国印尼两国两军友好关系。

四、人文领域的交流与合作得到加强

2011年4月7日,由中宣部副部长申维辰率领的代表团抵达雅加达,开始对印尼进行友好访问,受到印尼—中国经济、社会与文化合作协会的热烈欢迎。该协会8日在雅加达举办中国中宣部代表团与印尼媒体负责人座谈会,印尼10余家媒体负责人及记者就深化两国战略伙伴关系、促进两国大众媒体间的交流合作等,与中方代表团进行广泛商谈。

4月18日,中国国务院扶贫办主任范小建会见到访的印度尼西亚国会第八委员会副主席贡多一行。范小建对客人表示热烈欢迎,对近年来两国在减贫与发展领域取得的进展表示赞赏,并向客人介绍中国扶贫机构的设置和职能、扶贫资金的安排和分配、扶贫立法的现状和发展、扶贫工作的对象和重点等。

4月29日,在印尼进行正式访问的中国国务院总理温家宝来到雅加达阿拉扎大学,与该校师生亲切交流。阿拉扎大学是一所综合性高等院校,与中国多所大学建立交流合作关系,于2010年创办汉语语言中心,开设汉语及中国文化课程。当温家宝步入校园时,身着民族服装的学生们载歌载舞,夹道欢迎。在学校礼堂,祖哈校长发表热情洋溢的欢迎词。学生们表演精彩的民族歌舞,并声情并茂地朗诵和演唱李白的诗歌《早发白帝城》。温家宝与学生们共同演唱印尼民歌《哎哟妈妈》,全场响起阵阵掌声。随后,温家宝与学生们进行交流,并回答他们提出的问题。温家宝说,任何国家都要尊重不同的民族和宗教,各个民族和宗教之间也要相互尊重。阿拉扎大学将传播伊斯兰教义与教授现代科学知识有机结合,培养出一大批符合时代发展需要的创新型人才,希望贵校继续秉持开放包容的精神,进一步加强与中国高校的交流合作,积极推动两国的文化交流。祖哈校长表示,该校将全力办好汉语语言中心,为推动两国的文化交流,增进两国人民之间相互理解和友谊发挥积极作用。

同日,温家宝总理还在雅加达会见曾来华参与中国四川汶川特大地震救援工作的印尼国际医疗队队员。温家宝代表中国政府和人民对为增进两国人民友好作出特殊贡献的印尼国际医疗队队员们表示敬意和感谢。

7月6日，“感知中国·印尼行”系列文化活动之一——中国电影周在印度尼西亚首都雅加达开幕，4部反映现实题材的中国优秀影片《唐山大地震》、《将爱情进行到底》、《海洋天堂》和《玩酷青春》分别在雅加达和泗水上映。开幕仪式由印度尼西亚著名影星克里斯汀·哈金主持。中国国务院新闻办公室副主任王仲伟、中国驻印尼大使章启月、印尼外交部东盟总司长乔哈里出席开幕仪式并讲话。中国国务院新闻办公室副主任王仲伟致词。中国驻印尼大使章启月透露，这次“感知中国·印尼行”不仅仅带来了中国的优秀电影作品，也会将优秀的印尼电影作品带回中国，让中国人民通过电影了解感知印尼。她表示相信，中国电影周的举办必将进一步加深中国印尼人民的相互了解和友谊。印尼外交部东盟总司长乔哈里希望印尼人民通过观看中国的优秀电影，用眼睛来认识中国，了解中国。同时他热切希望通过“感知中国·印尼行”这个平台，将印尼优秀的电影作品带进中国，让中国人民通过电影感知印尼多元瑰丽的文化。

7月17～19日，中国教育部副部长刘利民率团赴印尼出席由印尼教育部和东盟秘书处主办的东盟与中日韩教育部长非正式会议和东亚峰会教育部长非正式会议。这是东盟与中日韩、东亚峰会框架下教育领域首次部长级会议。举办上述两会是2010年东亚领导人系列峰会上各国领导人达成的一致意见，对推动教育交流合作有重要意义。两会分别回顾各框架下教育交流合作的主要情况，包括所取得的成绩和面临的挑战，并分别通过旨在加强区域合作，提高教育质量的联合媒体声明。刘利民出席并与文莱教育部长作为双主席共同主持东盟与中日韩教育部长非正式会议。随后，刘利民出席东亚峰会教育部长非正式会议，并在全体大会上发言。会议期间，刘利民代表中国教育部与印度尼西亚教育部签署两国教育部《关于推动印尼语言教学合作的联合公报》。刘利民还分别会见印度尼西亚、新加坡和澳大利亚教育部长，并就彼此关心的问题交换意见。（梁炳猛）

中国和老挝交往与合作

2011年是老中建交50周年，两国领导人互致贺函并进行高层互访，双方围绕建交50周年举办一系列庆祝活动，老中全面战略合作伙伴关系成为中国与周边国家合作的典范。

一、两国建交50周年活动丰富多彩

2011年4月13～19日，中国共青团中央、老挝青年团中央、中国云南省人民政府共同主办主题为“青春·友谊·合作·发展”的中老青年友好交流活动。170名老挝青年代表与中国青年在云南西双版纳、普洱、昆明等地开展一系列交流庆祝活动，两国青年共同发表《中老青年友好倡议书》。除了举行边境万名青年共庆傣历新年欢度泼水节活动外，中老两国青年还在普洱市共植友谊林，参观考察云南高校、企业、新农村建设示范点等。9月21日，中国青年企业家代表团一行70人访老，受到老挝副总理阿桑接见。4月22日晚，中国人民对外友好协会和老挝驻华大使馆在北京联合举办中老建交50周年庆祝招待会。4月25日，老挝外交部与中国大使馆在万象市联合举行庆祝老中建交50周年晚会，老挝总理通邢和副总理通伦、宋沙瓦出席。在老党中宣部4月18日举行的老中建交50周年报告会和老挝国家政治行政学院6月28日举行的庆祝中国共产党成立90周年研讨会上，均邀请布建国大使作主旨演讲。4月20日，老挝国会主席巴尼

“感知中国·印尼行”系列文化活动组图：①电影《唐山大地震》在印尼上映，图为宣传海报；②文艺演出（国际在线）

出席万象市举办的第二届中文歌曲比赛。4 月 21～27 日，老中建交图片展在万象国家文化宫展出，展出图片 130 余张，老党中央政治局委员、中央办公厅主任本班等到展馆观展。4 月 22～28 日，中国驻老大使馆与老挝新闻文化部联合在万象举行中国电影周。4 月 24～26 日，老挝副外长谢姆·蓬玛占率团到云南出席庆祝老中建交 50 周年活动。4 月 24 日，老挝投资政策与项目推介会在昆明举办。5 月 27 日，由老挝国家工商协会和中国国际贸易协会共同主办的老中商务论坛在万象召开。此外，老挝主席府、老挝国防部、老挝最高法院等单位以及沙耶武里、色贡等省亦在 4～5 月间举行庆祝老中建交 50 周年研讨会和报告会。中国中央歌舞团和中国残疾人艺术团 4 月和 10 月分别在琅勃拉邦和万象市进行访问演出。11 月 4～6 日，在老挝国家文化宫举行“魅力北京图片展”。11 月 24 日，中老友好光明行活动仪式在万象举行，北京同仁医院医生免费为近百名老挝青光眼患者提供手术服务。12 月 18 日，中国广西民族大学与老挝国立大学举行文艺演出，庆祝中国—东盟对话关系暨中老建交 50 周年。12 月 19 日，老挝国防部长隆斋出席中国军方在老挝国家文化宫举办的“飞上太空图片展”。12 月 24 日，老挝社科院与中国广西档案局在老挝举行南宁“6·7学校”老中友谊历史书籍首发仪式，当年南宁“6·7 学校”学生、现任老挝国会副主席赛松潘出席。12 月下旬，中国人民解放军歌舞团在万象市举办中国文化周活动，把老中建交 50 周年活动推向高潮。

老挝万象第 2 届中文歌曲大赛现场　　（《湄公河》）

二、两国已完成边界密度立碑

为使老中边界成为长期友好合作和稳定的边界，针对两国界碑年久失修和密度距离不尽合理等情况，老中两国政府决定重新更换旧界碑并适当增加立碑密度。双方 3 月 23～28 日顺利完成了对边界的联合检查，4 月 11 日首先在老中边界磨丁—磨憨设立首块界碑并选择在 2011 年 4 月 25 日两国建交 50 年之际正式启动边界全线立碑工作，到 7 月便全部完成长达 505 千米老中边界 104 块界碑立碑任务。中国成为老挝周边 5 国中率先完成与老挝密度立碑的第一个国家，也为老中建交 50 周年送上了一份厚礼。

三、双方继续保持高层和部门、省市互访，开展全方位互利合作

2011 年 8 月 18～19 日，中共中央政治局常委、中央政法委书记周永康对老挝进行友好访问。其间，周永康会见了老挝国家主席朱马利。此次访老是在老中建交 50 周年、中国共产党建党 90 周年以及老党成功召开九大并选举产生了新一届中央领导集体的背景下进行的，因此意义重大。访问的主要目的是落实两国最高领导人共识，就巩固和加强两国全面战略合作伙伴关系、各自国家社会主义建设和党的建设，以及共同关心的问题深入交换意见。9 月 18～21 日，应中国共产党中央委员会总书记、中华人民共和国主席胡锦涛的邀请，老挝人民革命党中央委员会总书记、老挝人民民主共和国主席朱马利·赛雅贡对中华人民共和国

9 月 19 日，中共中央总书记、国家主席胡锦涛和夫人在北京人民大会堂欢迎到访的老挝人民革命党中央总书记、国家主席朱马利·赛雅贡和夫人　　（新华社）

进行正式友好访问。朱马利访华期间，与胡锦涛主席举行会谈并会见温家宝总理和习近平副主席，访问取得圆满成功。老中双方发表具有重大政治和现实意义的两国联合新闻公报，进一步深化“老中全面战略合作伙伴关系”内涵。老中两党、两国共签订了9份合作文件。中国对老经济援助与合作力度进一步加大。

1月和8月，老挝副总理兼外长通伦先后在中国昆明和北京分别与杨洁篪外长进行工作会谈。6月和10月，老挝副总理宋沙瓦先后率团出席第19届昆明进出口商品交易会及第4届南亚国家商品展、第8届中国—东盟博览会暨中国—东盟贸易投资峰会，并会见中国国务院总理温家宝和国务委员戴秉国。7月15～22日，老挝副总理兼防长隆斋对华进行非正式访问，并于10月30日在北京出席中老缅泰4国湄公河流域执法合作联合声明签字仪式。老挝成为坚定支持中方主导的湄公河流域联合执法安全合作的缔约方。9月4～6日，老挝国家副主席本杨率老党代表团出席在广西南宁举行的亚洲政党会议并会见周永康。9月21～27日，老党中央纪委书记本通率老挝人民革命党中央纪委代表团访华，与中共中央书记处书记、中央纪委副书记何勇举行工作会谈并会见中共中央政治局常委、中央纪委书记贺国强。本通高度评价中国开展党风廉政建设和反腐败斗争取得的成效，表示希望老中两党纪律检查机关不断拓展合作领域、充实合作内涵，推动各自的事业向前发展。6月30日，由老挝社会科学院院长坎培率领的原“6·7学校”老挝学生访问南宁并与广西壮族自治区党委书记郭声琨进行了会见。7月24日，老挝人民军参谋总局局长汕雅哈·丰威汉准将率团访华并会见中央军委副主席郭伯雄上将。汕雅哈少将说，中国的发展壮大展示了中国特色社会主义的生命力，对老方是巨大鼓舞。老方真诚感谢中方长期以来给予老挝的大力支持和帮助。7月28日至8月3日，中国外交部邀请老挝前驻华使领馆官员一行共16人访华。8月22日，老挝副外长本格率团在中国湖南长沙举行的亚欧水资源开发与研究中心揭牌仪式。11月下旬，以中央委员、计划和投资部部长宋迪·敦迪为团长的老挝人民革命党考察团一行25人，分别考察了广西、北京和江苏一批扶贫开发、农业技术培训等项目。11月30日，宋迪在北京会见周永康时表示：“此次亲眼目睹了中国在经济建设、扶贫事业上取得的巨大成就，深受鼓舞。老方愿进一步加强两党两国间的交流合作，永做好邻居、好朋友、好同志、好伙伴。”此外，12月19日，老挝总理通邢在内比都出席第4次GMS领导人会议期间还会见了中国国务委员戴秉国，通邢邀请温家宝总理出席将于2012年11月在万象举行的第9届亚欧领导人峰会并感谢中方对老挝主办此次会议所提供的场馆及其他硬件设施的援建，戴秉国表示将支持老挝高铁建设。

中国中央和地方部门负责人访老的还有（按时间顺序）：中国国务委员、公安部部长孟建柱（2月16日），云南省外办主任周红（2月21～24日），中国商务部副部长钟山（2月25日），中国国家发展银行副行长刘克崮（2月28日），中国外事局副局长吴景光（3月21日），中国驻世贸组织副代表张向晨（3月25日），中国进出口银行董事长李俊（3月25日），中国发改委副主任张晓强（4月7日），中国国家开发银行党委副书记蒋超良（4月20日），最高法院院长王胜俊（4月21日），中国全国政协副主席陈宗兴（5月23日），西双版纳州州长刀荫林（6月17日），中国国防部外事办公厅副主任贾晓宁少将（7月6～10日），总参培训局外事局副局长范雅兵大校（7月7日），昆明市副市长阮凤斌（7月18～20日），广东省副省长赵玉芳（9月9日），中国法律家协会副主席胡中（9月23日），中国工商银行总行行长杨凯生（9月26日），中国记协外联局副局长（10月18日），中国国家开发银行云南分行副行长钟书俊（11月1日），北京市委书记刘淇（11月3～5日），中国社会科学院副院长高胜利（11月7日），全国人大财经委员会主任韩玉兴（11月25日），昆明市市长张祖林（12月5～6日），中国工信部副部长苏波（12月14日），中国经济联络中心主任陈经选（12月15日），中国进出口银行行长李若谷（12月23日）。在北京市委书记刘淇访老期间，北京市与万象市决定建立全面合作关系；昆明市和万象市两市则决定加强两市旅游合作并缔结成为“姐妹城市”。

四、中国对老挝援助与投资力度加大

中国对老援助力度进一步加大，以实际行动帮助老挝增强自主发展能力：1月20日，由中国援助1670万美元兴建的万象瓦岱机场机库及维修培训中心项目举行奠基仪式。2月16日，中国国务委员孟建柱访老，向老挝公安部提供无偿援助300万元人民币和一批专业设备。2月25日，中国商务部副部长钟山代表中国政府与老方签订“关于中国政府帮助老挝政府进行国际会议中心建设项目可行性研究的换文”、“关于中国政府帮助老挝政府加入世界贸易组织和为老中贸易组织培训人才项目的换文”、“领空检查与管理系统项目采购贷款协议”和“南孟3号水利项目贷款协议”4份合作文件。8月18～19日，周永康访老期间，中老双方又签署了《中华人民共和国政府和老挝人民民主共和国政府经济技术合作协定》等11项合作协定。此次中方又向老方提供6亿人民币无偿援助（其中：国家会议中心4.5亿人民币，老中经济技术合作协定提供1.5亿无偿援助）、5000万元无息贷款、禁毒器材1000万元人民币及300万元安保设备。中共高级代表团向老党中央相关部门无偿赠送一批物资器材。此外，还安排了水电站等项目的买方出口信贷等。5月5日，

由中国政府贷款2.06亿美元建设的色贡省会兰潘8.8万千瓦电站举行开工典礼。8月17日，由中国政府提供贷款3768万美元扩建的瓦岱机场项目举行开工仪式。扩建后将能停靠大中型飞机20架，并能起降波音747飞机，以便为2012年11月举行的第9届亚欧领导人峰会提供服务。

老挝国家主席朱马利·赛雅贡9月18～21日访华期间，老中两国签订如下涉及经济合作文件：(1)老中经济技术5年(2011～2015年)合作总体规划；(2)关于沙湾那吉省塔邦通县色萨拉龙河农业水利建设项目优惠贷款框架协议，涉及资金3.51亿元人民币；(3)关于沙湾那吉省塔邦通县色萨拉龙河农业水利建设项目贷款协议；(4)万象瓦岱机场改建项目优惠信贷协议；(5)卫星项目金融合作谅解备忘录；(6)沙湾那吉省色诺新国际机场建设项目商业合同；(7)沙湾拿吉省塔邦通至沙拉弯省东兰13号公路南线建设项目商业合同；(8)证券和期权交易管理合作谅解备忘录。朱马利主席此访提出的高铁、水电、矿产和水利4大优先项目，均得到中方的积极回应。鉴于老中高铁已完成整体设计方案，双方拟于近期完成合同、环评等文件和落实融资方案后尽快于2012年内动工兴建。

五、经贸、科技、教育、人文和社科等领域合作扩大深入

2010年老中两国贸易额首次突破10亿美元达到10.5亿美元，同比增长40.3%。据老挝工贸部预测，如老中高铁建成，老中贸易额将比现在贸易额增加十几倍或将超过百亿美元。中国现对老挝免征商品关税达329种，其中农产品111种，工业产品63种，制衣类产品108种，矿产品7种，电器机械类15种和家具类5种，有力地促进了老挝对中国的出口。2011年老中贸易额将接近13亿美元，较上年增长30%。

2011年10月21～26日，在南宁举办的第8届中国—东盟博览会期间，吸引了老挝48家公司参展，较2010年增加4家，参展摊位87个，商品价值增加140万美元。10月21日，老挝印度支那木薯淀粉公司在南宁签订代理处协议，分别在浙江杭州和南宁设立代理处，成为老挝为数不多的在中国设有代理处的公司。该公司已与中国客户签订供货30万吨的意向。

在科技合作方面：继2010年12月17日老挝政府与APT公司签订APSTAR－V卫星租赁合同后，万象市政府4月26日与华为公司签订协议，由华为公司对万象市数字化行政管理进行可行性研究，其中包括将万象市区电线转入地下的项目研究。

在教育、人文和体育合作方面：2002年至2010年5月，广西国际青年交流学院为老挝培训了200名青年干部，已有40名老挝青年干部学成回国。5月12日，苏州大学与老挝盛沙湾学院签订教学合作备忘录，开始教授中文。5月19日，老挝国立大学举行“中文桥”第六次讲中文比赛，该大学孔子学院10月1日举行新学期开学典礼，2010年度有205名学生获得中文学习证书。该学院设有26个高、中、初级中文班，在校生700余人，但仍无法满足众多老挝学子要求学习中文的愿望。6月28日，昆明理工大学与老挝国立大学在万象签订开设9个专业博士课程协议。8月5日，中国《占芭》杂志社老挝万象代表处在湄公酒店举行揭牌仪式。中老双方8月26日签订由中方帮助老挝铸造7位前领导人全身铜像备忘录。10月10日，中国国际电台驻老挝办事处举行落成仪式。11月7日，老中两国社会科学部门11月7日在万象签订合作协议，决定加强两国社会科学研究。

六、老中两国在4国湄公河联合巡逻执法安全合作中相互支持与配合

湄公河“10·5”惨案发生后，中老缅泰4国湄公河联合巡逻执法安全合作成为国际舆论关注的热点。老方按照“长期稳定、睦邻友好、彼此信赖和全面合作”方针和“好邻居、好朋友、好同志和好伙伴”的精神，积极回应中方重大关切。2011年10月30日，老挝副总理兼国防部长隆斋·披吉中将到北京出席中老缅泰4国湄公河流域执法安全合作会议，并于10月31日签署中老缅泰《湄公河流域执法安全合作会议联合声明》。11月25～26日，老方委派老挝人民军参谋总局副局长波相准将出席在中国北京举行的中老缅泰湄公河联合巡逻执法部长级会议。在落实中老缅泰《湄公河流域执法安全合作会议联合声明》精神特别是确保4国湄公河联合巡逻执法首航成功方面，老方都给予积极配合。除派波相准将12

2011年12月9日，湄公河联合巡逻执法誓师大会在云南西双版纳关垒港举行
（新华社）

月10日出席在西双版纳州关垒港举行的首航仪式外，老方在为期4天3夜的首航任务中，同其他3国巡逻执法人员密切协作，并肩作战，提供进入老挝水域便利并协助中方护送10艘中国商船如期安全抵达目的地。老方积极支持在中国关累港设立中老缅泰湄公河联合巡逻执法联合指挥部，完全赞同在4国湄公河流域执法安全合作机制框架下，加强与中缅泰3国在建立情报交流、联合巡逻执法、联合整治治安突出问题、联合打击跨国犯罪、共同应对突发事件合作机制方面的合作，以有效维护湄公河流域航运安全秩序，保护4国国籍船舶、人员的生命财产安全。（陈定辉）

中国和马来西亚交往与合作

2011年马来西亚在政治、经济、文化等方面全面加强与中国的合作，双方关系进一步加强。

一、高层互访频繁，政治互信不断加深

2011年2月，中国国务委员、公安部部长孟建柱访马。3月，中国全国人大常委会副委员长华建敏访马。4月，马来西亚副总理穆希丁和外长阿尼法访华；中国国务院总理温家宝应纳吉布总理邀请正式访马，中马签署《中华人民共和国政府和马来西亚政府关于扩大和深化经济贸易合作的协定》。9月，马来西亚外长阿尼法访华。10月，马来西亚总理纳吉布访问中国，出席第8届中国—东盟博览会。马来西亚是第8届中国—东盟博览会主题国，共有132家马来西亚公司、16个政府机构及3个商会参加第8届中国—东盟博览会，成交额超过2亿林吉特，创历史新高。11月，中国环境保护部副部长吴晓青、全国政协民族和宗教委员会副主任仲兆隆先后率团访问马来西亚。12月，马来西亚国防部长哈米迪访华。中马两国政府部门、各地方政府也广泛地进行交流。中国吉林、甘肃、河南、广西、广东、新疆、内蒙古等省、自治区都组团赴马开展交流活动；马来西亚贸易部、兽医局、中小企业部、文化旅游部、教育部以及各商团也组团来华进行交流。

2011年4月27日晚，中国国务院总理温家宝在吉隆坡与马来西亚总理纳吉布举行小范围会见（新华社）

二、各种经贸合作活动增加

2011年10月，马来西亚总理纳吉布委任黄家定担任处理中国事务的总理特使，并推荐他出任马来西亚中国商务理事会主席，加强中马经济合作。中国国务院总理温家宝访马后，马来西亚贸工部设立特别小组，加快落实中马双边协议。年内，马来西亚总理纳吉布宣布考虑把马来西亚打造成新丝绸之路的交汇点，连接中国、东盟、印度和中东。中马经贸投资合作论坛、2011马中经贸投资国际大会、第8届马来西亚中国进出口商品展览会暨投资洽谈会、2011年马中经贸总商会全国常年会员大会、中国—东盟中小企业大会、东盟—中国商务论坛、东盟—中国研讨会等与中国经济合作有关的会议和经贸活动先后在马来西亚举行。

（一）中马进出口贸易不断扩大

2011年中马双边贸易额900.3亿美元（约2880亿林吉特），其中马来西亚对华出口额912.5亿林吉特，增长13.9%。中国首次成为马来西亚最大的出口市场。马来西亚对华主要出口产品包括化学制品、橡胶制品、电子产品、加工食品和石油制品等。中国也是马来西亚最大的进口商品来源地。2011年4月底，中国国务院总理温家宝访问马来西亚时宣布中国同意进口马来西亚冷冻榴莲，受到马来西亚政府和企业的热烈欢迎。8月，第一批马来西亚冷冻榴莲出口到中国。10月，中马客商签署榴莲分销备忘录。

（二）双方相互投资不断增加

2011年，中马双方有两项重大投资园区建设项目。一个是马来西亚私营企业与中国广西钦州市政府合作成立中马合资公司，共同推动的中马钦州产业园区。这是马来西亚在中国设立的首个产业园区，总体规划面积50平方千米，是一个集工业、商业、居住三位一体的产业新城。其产业定位以装备制造业、电子信息业、新能源及新

材料、农副产品深加工、现代服务业为主导，起步初期以贸易物流和进出口加工制造为主导。计划用10～15年时间开发完毕。另一个是中国浙江温州市对外贸易经济合作局与马来西亚东海岸经济特区进行的总值9亿林吉特的彭亨州关丹市综合性工业区建设项目。年内，有更多中国企业赴马投资，马来西亚成为中国重要的对外投资地。中国首钢集团在马来西亚丁加奴州投资18亿林吉特建设钢铁厂；中国南车株洲电力机车有限公司生产的228辆最高时速140千米的动车出口马来西亚，成为以首都吉隆坡为中心的城际线运营主力，这是中国自主高技术城际动车首次批量出口；吉林长春皓月集团与马六甲投资机构签署投资合约，拟在马六甲清真食品中心园区内建立皓月清真食品加工区，占地约131英亩，投资总额3.5亿林吉特；中国航油（新加坡）股份有限公司将投资2900万林吉特（约1000万美元），以合资形式在邻近新加坡的马来西亚柔佛州丹戎浪沙港合资建设新的储罐项目。中国企业开始进军马来西亚的房地产业。中国河北的房地产企业——卓达集团与马来西亚伊斯堪达投资公司合作，共同开发位于马来西亚伊斯干达麦迪尼特区的住宅和商业项目，投资总额近40亿元人民币。马来西亚的企业也积极开拓中国市场。马来西亚政府在2011年7月派员到中国考察，寻找合适地点兴建“一个马来西亚”购物广场，集中销售马来西亚生产的商品；马来西亚家具工业总会于2011年10月在广州设立“一个马来西亚”家具展览馆，以此开拓家具市场，已有20家马来西亚家具企业计划入驻；马来西亚中小型工业公会组团到中国广东湛江，出席2011中国—东盟经贸合作系列活动，包括参与中国—东盟自由贸易区中小企业合作会议，以促进两国中小企业的合作交流等。

（三）双方金融合作得到加强

2011年中国工商银行马来西亚有限公司与马来西亚两家主要银行——丰隆银行和兴业银行签署人民币贸易结算账户协议。通过此次合作，中国工商银行及其马来西亚的合作伙伴将向马来西亚企业和商界人士推出全方位的人民币跨境贸易结算产品和服务，其中包括付款/汇款交易、进出口单据托收、银行保函和信用证，等等。5月25日，上海市金融服务办公室与香港财经事务及库务局在马来西亚首都吉隆坡举办题为“上海与香港：人民币市场国际化”的联合路演活动，这是沪、港两地首次联合组团到海外推介人民币国际结算业务。

（四）通过沟通合作解决双方出现的一些贸易问题

2011年马来西亚燕窝在华屡次被检出亚硝酸盐等有害物质，媒体报道燕窝造假严重，而且发生冒牌马来西亚官员在华召开记者会的事件，使马来西亚燕窝出口中国受阻，形象受损。马来西亚政府派出代表团赴华说明马燕窝相关标准，澄清有关事实，并与中方相关部门商讨对策。两国总理介入斡旋，双方针对燕窝风波达致共识，分别委任高官联手解决问题。为了增加消费者的信心，马来西亚制定全球首个燕窝行业标准，以规范燕窝的生产及出口；马兽医局宣布一系列措施，以重建中国消费者对马燕窝的信心。

（五）文化、教育、旅游合作进一步加强

2011年4月，中国人赴马签证一站式服务中心在北京、上海等中国一些主要城市正式运作。中国各航空公司提供旅游马来西亚的包机服务剧增400%。年内到马来西亚旅游的中国游客达到125.54万人次，比上年增长10.6%。

2011年6月9日，马中文化艺术协会在吉隆坡成立。该协会是马来西亚文化艺术界人士共同组成的民间社团，其宗旨是促进马来西亚多元社会的文化融合和民族团结，加深马中两国在文化艺术领域的交流与合作，推动马中友好事业的发展。2011年是中国辛亥革命100周年，作为孙中山先生筹备辛亥革命重要的活动地，马来西亚与中国共同举办多种纪念活动。如：辛亥革命100周年暨孙中山先生逝世86周年纪念大会，辛亥革命100周年纪念图片展，中国国务院侨务办公室组派的“文化中国·辛亥百年”艺术团在马来西亚吉隆坡、古晋等地举行演出等，众多马来西亚知名人士和民众参加相关纪念活动。此外，中国与马来西亚艺术家合作的2011版音乐剧《宝镜》、广西北海歌舞剧院的大型历史舞剧《碧海丝路》、“文化中国·魅力福建”艺术团等也于年内赴马演出。9月10日，马来

2011年10月3日晚，“文化中国·辛亥百年”艺术团在马来西亚古晋演出

（中国新闻网）

西亚旅游部和吉隆坡中华大会堂联合举办“一个马来西亚”中秋晚会，马来西亚总理纳吉布主持晚会开幕式。马来西亚还首次推出“2011年度汉字”。

2011年4月，中国新华通讯社与马来亚银行在吉隆坡共同开通“新华08”网站马来西亚频道，为中国投资者了解马来西亚及东盟金融与市场信息提供一个新平台。7月，中国中央电视台国际频道在马来西亚落地。

2011年8月，由马来西亚留学服务中心、北京华大研修学院、廊坊东方教育发展有限公司和河北现代职业培训学院共同组建的马来西亚留学教育培训基地在北京建立，目的是为留学马来西亚的学生做好出国前的语言培训和学历取得认证等服务。11月，由中国海外交流协会主办，马来西亚留华同学会承办的“走出去”华文师资培训班顺利举办，北京师范大学文学院过常宝教授、梁振华副教授随团前往马来西亚授课。12月，2011年海外华裔青少年“中国寻根之旅”马来西亚冬令营在福建永春举行，45名马来西亚华裔青少年参加此次冬令营活动。（韦朝晖）

中国和缅甸交往与合作

2011年中国与缅甸建立全面战略合作伙伴关系，双方加强在政治、经贸、社会、人文等各领域的互利合作。随着中缅油气管道、瑞丽江二级电站等大型项目顺利推进，民间交流互动也在增强。缅甸新政府虽然叫停了密松水电站建设，但中缅友好合作的大局并未发生改变。

中共中央政治局常委、全国政协主席贾庆林（左二）在内比都会见缅甸联邦共和国总统吴登盛（左一）（新华社）

一、双边政治关系

（一）中缅两国高层互访不断

2011年4月2～5日，中国全国政协主席贾庆林应邀对缅甸进行正式访问，这是缅甸新政府在3月30日成立后首位到访的外国领导人，得到缅甸政府高度重视。5月12日，中国中央军委副主席徐才厚访缅，不仅讨论中缅边境地区局势，而且就两军交往和合作提出增进战略互信、加强沟通协调、推进务实合作交流的建议。应中华人民共和国主席胡锦涛邀请，5月26～28日，缅甸总统吴登盛访华，双方签署《中缅两国关于建立全面战略合作伙伴关系的联合声明》和17个有关能源、基础设施、采矿业协议和备忘录，中国成为缅甸第一个全面战略合作伙伴。6月1～4日，中共中央政治局委员、中组部部长李源潮率中共代表团对缅甸进行友好访问，与副总统吴丁昂敏乌出席两国有关经贸合作协议签字仪式，并签署《中国共产党与缅甸联邦巩固与发展党交流合作备忘录》。11月28日，缅甸三军总司令敏昂莱访华，先后与中国人民解放军总参谋长陈炳德、中国国家副主席习近平、中国中央军委副主席徐才厚会晤，就双方国防、军事战略合作交换意见。12月19日，中国国务委员戴秉国赴内比都参加大湄公河次区域经济合作（GMS）第四次领导人会议，与缅甸副总统吴丁昂敏乌就制定《中缅经贸合作规划》、落实好大项目合作和维护中缅边境地区稳定交流看法。

（二）中国大使与昂山素季会晤

昂山素季在2010年底解除软禁后，曾在不同场合表达希望与中国友好合作的愿望。5月30日，昂山素季在香港大学百周年杰出学人讲座中与观众通过网络交流时透露民盟多次尝试与中国政府建立直接的沟通管道但没有得到任何回应。11月14日，昂山素季在解除软禁一周年召开的记者招待会上，再次对中国表达自己的善意：中缅两国应该克服彼此关系存在的问题，希望与中国建立直接良好关系。12月，中国外交部发言人证实昂山素季同中国大使李军华举行了历史性会晤。

二、双边经济关系

（一）双边贸易与投资

2011年中国成为缅甸最大的贸易伙伴国。据缅甸有关部门统计，2010～2011财年两国贸易额达到53亿美元，预计2011～2012财年可达60亿美元。中国也是缅甸最大投资国。截至2011年6月，中国在缅有72个投资项目，投资总额158亿美元。

在边境贸易方面，2010～2011财年通过木姐105码口岸的边贸额为15亿美元，2011～2012财年4～10月底的贸易额达13亿美元。贸易额增长的主要原因是出口贸易税降到2%，出口额达8.37亿美元。农产品出口形势好，仅玉米就出口60多万吨。木姐105码口岸的贸易额占全缅边境贸易额的70%以上。2011年4~10月，缅甸经木姐105码和清水河边境贸易区共向中国出口价值8100多万美元的橡胶2.03万吨。

（二）经济技术合作

1. 双边合作项目顺利开展。2011年3月1日，华能澜沧江水电有限公司开始修建瑞丽江二级水电站进场公路，工期为14个月。

9月20日，为满足伊江上游水电项目移交缅方后的运行管理需要，中电投云南国际电力投资公司与缅甸第一电力部有计划地开展合作，对缅甸水电工程技术人员开展免费培训。由缅甸第一电力部选派的首批共20名电站运行管理人员到中国开始接受为期3个月的系统培训。

截至2011年10月底，缅甸向中国南方电网累计出口电量51.6亿千瓦时，其中缅甸瑞丽江一级电站出口电量46.5亿千瓦时，缅甸太平江一级电站出口电量5.13亿千瓦时。

2011年12月，大唐海外投资公司缅甸太平江一期水电站清洁发展机制（CDM）项目获得中国国家发改委批准。该项目是缅甸第一个CDM项目，是中国境外回送国内电力的第一个CDM项目。该项目预计总减排量为447万吨二氧化碳，将有效提高项目经济性，为节能减排和环境保护作出积极贡献。

2011年1月3日，中缅原油管道配套项目的马德岛65万立方米水库工程开工，仅用4个月时间就实现水库主体工程竣工。8月1日，中缅石油管道（缅甸段）第一标B段主线路工程打火开焊。第一标B段部分起自马圭省萨谷市，途经马圭省和曼德勒省，到眉缪市止，线路长306.4千米。10月1日，中缅油气管道（缅甸段）第四标段线路工程在缅甸掸邦地泊镇开工。此外，第四标段内的三大控制性工程——米坦格河跨越工程、伊洛瓦底江穿越工程、卡拉巴及耶罔春海沟穿越工程均按照投产时间表稳步推进。

2011年1月，中石化集团在缅甸中部地区发现一个天然气储藏量多达9090亿立方英尺，石油储藏量多达716万桶的油气混合构造。2月，中石化又在缅甸西北部地区发现一个大型油气田，该油气田储藏量巨大。这些油气田的发现，使缅甸在国际能源市场上的地位进一步提高。

11月23日，中石油分别与泰国PTTEP公司和印度Larsen & Turbo Ltd（L & T）公司签署价值2亿美元和1.8亿美元的合同，上述三方将合作在缅甸近海佐迪嘎天然气M-9和M-11区块实施项目开发。

2011年9月，中国ATM厂商广电运通全资子公司运通国际与其缅甸代理商MIT公司签署独家协议，共同开发“缅甸银联”。该项目由缅甸财政部批准并由缅甸中央银行项目委员会带领实施，缅甸各银行将通过运通国际提供的跨行交易清算系统NPS（National Payment System），实现系统间互联互通，使缅甸银行卡得以跨银行、跨地区和跨境使用。11月1日，缅甸合作银行（CB Bank）在运通国际及其缅甸合作伙伴MIT公司的协助下，在仰光总行顺利发布第一台ATM机，面向公众开放使用。

2. 密松电站停建对中缅关系造成较大冲击。2011年9月30日，缅甸人民院议长吴瑞曼代表总统吴登盛在联邦议会宣布，在吴登盛的总统任期内，缅甸政府将搁置密松水电站建设。位于迈立开江和恩梅开江并流处的密松电站装机容量600万千瓦，年发电量308.6亿千瓦时，总投资36亿美元。电站采取BOT方式建设，工期8年，2017年建成后中电投负责运营50年，然后无偿移交给缅甸政府。特许经营期间，90%的电力输往中国，缅甸政府通过股权分利、免费电量和税收等方式获利。缅甸总统吴登盛在他提交给议会的信函中称，他担心密松电站项目可能会破坏密松的自然景观，破坏当地人民的生计，破坏民间资本经营的橡胶种植园和庄稼，气候变化造成的大坝坍塌也会损害电站附近和下游居民的生计。吴登盛还强调，目前的缅甸政府是民选政府，因此必须重视人民的意愿，并且有义务消除人民的担忧和顾虑。密松水电站在缅甸炒热是因为西方NGO长期的煽动，但是导致吴登盛政府作出最终决定的，主要还是国内因素在起作用。密松水电站被搁置确实对中缅关系造成了较大的负面影响，但这并不意味着缅甸要以牺牲中缅关系为代价迎合美国。吴登盛总统在宣布暂停密松水电站建设的同时也表示，缅甸政府将与中国政府协商，以避免损伤中缅两国的双边关系和友谊。事后，缅甸外长吴温纳貌伦作为总统特使，专程赴北京解释缅甸政府的决定。10月中旬，出席第8届中国—东盟博览会的缅甸副总统吴丁昂敏吴在南宁和温家宝总理会晤时，也就此事向中方作了说明。此外，缅甸官方报纸《缅甸新光报》连发4篇社论，强调谁也不能破坏中缅关系。从这个角度看，尽管面临各方面的挑战，中缅友好合作的大局并不会因为密松水电站事件发生改变。

三、双边文化及其他交流活动

（一）文化及其他交流活动

两国媒体互相开放和合作得到加强。10月23~30日，缅甸民营媒体记者团访问多家中国官方媒体。10月27日，中国中央电视台CCTV—4中文国际频道、CCTV—news英文台和CCTV—9记录频道3套节目在缅甸落地开播。

2011 年双方最重要的宗教交流是缅甸第 4 次恭迎中国佛牙舍利。11 月 6～24 日,中国佛牙先后被恭送至内比都、仰光和曼德勒供朝拜,缅甸总统、副总统等现任领导人以及前领导人丹瑞均参加朝拜。佛牙在缅甸期间所得功德将用于在洛阳的白马寺建一座形似大金塔的佛塔。

2011 年,中国佛牙舍利第 4 次恭迎至缅甸,中国佛教协会会长传印长老亲自护送佛牙舍利。11 月 8 日,缅甸总统吴登盛(左)及夫人到宾馆拜见传印(右)长老
(中国新闻网)

2011 年 10 月,中国国家人口计划生育委员会在广西南宁举办中国—东盟人口与家庭发展论坛,缅甸移民与人口部部长吴钦伊参加论坛活动。受中国的启发,吴钦伊部长回国后向缅甸总统建议,成立缅甸国家人口与发展委员会,负责制定和监督人口政策,与联合国相关机构和国际组织开展合作,在缅甸联邦政府的指导下开展人口普查工作等,该建议被采纳。

(二)双边禁毒交流活动

2011 年 7 月 5 日,第 9 届中缅禁毒合作双边会议在云南昆明召开,缅甸中央肃毒委员会秘书长、内政部副部长兼警察总监觉觉吞率领缅甸代表团参加会议,中缅双方达成建立三级禁毒联络机制、中方向缅方提供必要禁毒设备援助等在内的一系列共识。

11 月 1 日,中缅替代发展合作部长级会议在缅甸掸邦木姐县召开。中国国家禁毒委员会副主任、公安部副部长张新枫与缅甸内政部副部长觉山敏分别率团出席。会议回顾自 20 世纪 90 年代以来,特别是 2007 年中缅两国政府签署替代种植行动方案以来,两国替代发展合作情况及成效,交流对当前缅北地区罂粟种植的看法,探讨替代发展合作中面临的困难和问题,就进一步推进中缅替代发展合作深入交换意见,签署《中缅替代发展合作部长级会议纪要》。

截至 2011 年底,中国在缅建有替代企业 100 多家,投资 10 亿多元,替代作物涵盖橡胶、玉米、甘蔗和热带水果等 40 个品种,累计替代种植面积 200 多万亩,缅北受益人群超过 13 万,项目还带动改善了当地的道路、桥梁、房屋、饮水、学校、卫生所等基础设施,成效明显。

四、2012 年中缅关系展望

2012 年中缅双方将继续秉持友好的政策,加快各方面的合作。对于未来的中缅关系,双方领导人提出了构想,这主要体现在 2011 年 5 月 27 日签署的《关于建立全面战略合作伙伴关系的联合声明》中,主要包括以下 7 个方面:(1)保持两国高层密切交往,不断提升战略互信。进一步加强两国议会、政府、司法部门和政党之间的友好交流合作,促进双边关系全面、稳定、深入发展。(2)继续开展两国外交部门之间不定期磋商,及时就双边关系和国际、地区热点问题交换意见。利用双多边场合保持经常会晤,加强战略沟通。(3)本着平等互利、优势互补、注重实效的原则,进一步提升两国经贸合作规模和水平,逐步加强健康、稳定、可持续的经贸合作关系。共同为两国贸易、投资合作创造良好环境,依据两国经贸政策,深化彼此经贸往来。(4)在互惠互利基础上,进一步开展教育、文化、科技、卫生、农业、旅游等各领域友好合作。加强人文交流,扩大人员往来,不断增进两国人民的相互了解和友谊。(5)加强边境管理合作,及时就边境管理事务进行沟通,努力维护边境地区的和平、安宁和稳定。(6)中方重申尊重缅甸的独立、主权和领土完整,支持缅方走符合本国国情的发展道路。缅方重申继续奉行一个中国政策,承认中华人民共和国政府是代表全中国的唯一合法政府,台湾是中国领土不可分割的一部分,继续支持两岸关系和平发展和中国的和平统一大业。(7)进一步加强在联合国等多边场合中的协调配合,共同维护广大发展中国家的利益。加强在东盟与中日韩、东盟与中国及大湄公河次区域经济合作等机制中的合作,促进本地区共同发展和繁荣。

(祝湘辉)

中国和菲律宾交往与合作

2011 年中菲关系在总体良好之下因为南海问题而变得微妙。在经济上,菲律宾官方数据显示,2010 年菲中双边贸易额较 2009 年增长 35%,达到 277.64 亿美元;2011 年双边贸易额较 2010 年增长 22%,达到 322.54 亿美元,超越 2007 年创下的最高纪录,人员往来也超过100万人次，创下历史新高。中国目前已成为菲律宾第三大贸易伙伴。

一、阿基诺三世访华，中菲签署联合声明

2011年8月30日至9月3日，应中华人民共和国主席胡锦涛邀请，菲律宾总统贝尼尼奥·阿基诺三世对中国进行国事访问。除北京外，阿基诺三世还前往上海和福建访问。双方认为此访对中菲两国关系发展具有里程碑意义。

在京期间，胡锦涛主席和阿基诺三世总统举行富有成果的会谈。全国人大常委会委员长吴邦国和国务院总理温家宝分别会见阿基诺三世总统。两国领导人积极评价中菲建交36年来双边关系取得的发展。双方重申将在相互尊重、平等互利的基础上，共同致力于推动中菲战略性合作关系长期稳定发展。双方也同意2009年10月29日签署的《战略性合作共同行动计划》将继续指导双方各领域合作。菲律宾重申坚持一个中国政策。两国领导人对访问期间签署的各项协议表示欢迎，相信这些协议将进一步加强双方在贸易、经济技术、旅游、海上互联互通、媒体、体育、文化和信息等领域的合作。

两国领导人同意将2012～2013年定为中菲友好交流年。双方对两国人员往来突破100万人次表示满意，提出到2016年将人员往来翻一番，达到200万人次的目标。双方愿努力增加航空运力以推动实现这一目标。双方积极评价两国根据现有协议在司法和执法领域开展的良好交流与合作。双方将积极履行法律程序，推动《中菲刑事司法协助条约》尽快生效，愿探讨早日启动两国《移管被判刑人协定》的谈判，重申愿在打击包括贩毒和人口贩卖在内的跨国犯罪活动方面加强合作。两国领导人就海上争议交换了意见，认为不应让海上争议影响到两国友好合作大局。两国领导人重申将通过和平对话处理争议，继续维护地区和平、安全与稳定以及营造良好的经济增长环境。双方重申尊重和遵守中国与东盟国家于2002年签署的《南海各方行为宣言》。两国领导人对20年来中国—东盟关系取得的进展表示满意，重申在讨论亚洲未来地区架构的性质和形式时应坚持以东盟为主导的原则。双方同意进一步加强在联合国、亚太经合组织、亚欧会议、世界贸易组织、联合国气候变化会议及其他地区和多边组织的协调与配合。

二、2011中国—菲律宾经贸论坛举行

2011年8月31日，中国—菲律宾经贸论坛在北京举行，菲律宾总统阿基诺三世、中国国务院副总理王岐山出席并致辞。

王岐山代表中国政府对出席论坛的来宾表示热烈欢迎。他说，阿基诺三世总统亲自出席中国—菲律宾经贸论坛，充分体现了对中菲务实合作的高度重视。中菲建交36年来，在经贸、投资、能源、旅游等各领域合作成果丰硕。2010年，双边贸易额达277亿美元，同比增长35%，中国已成为菲律宾第三大贸易伙伴。双方应当认真落实即将签署的《中菲经贸合作五年发展规划》，进一步挖掘合作潜力，扩大贸易规模，优化进出口商品结构，争取2016年双边贸易额达到600亿美元。中方鼓励有实力的中国企业赴菲投资，参与菲律宾基础设施建设。希望双方继续加强在东盟10＋1、10＋3等多边平台的沟通协调，共同促进地区经济一体化建设。

阿基诺三世在致辞中表示，菲方对进一步发展两国伙伴关系和经贸合作充满期待。他说，2015年将建成东盟经济共同体，中国加大同菲律宾贸易合作意味着进一步打开通往该地区的北方门户。菲律宾经济高度对外开放，菲政府将采取措施，实行鼓励外商在菲投资政策，为外国企业注册提供便利，统一地方法规，创造稳定、透明、公平的商业环境，努力树立投资者信心。菲政府着眼长远，谋求持久繁荣，而中国企业家一贯具有长远的战略投资眼光。希望中国企业抓住机遇，扩大在菲投资，特别是对旅游、农业和基础设施等领域进行战略投资。

2011年8月31日晚，中国国家主席胡锦涛在北京人民大会堂欢迎菲律宾总统贝尼尼奥·阿基诺三世访华（新华社）

出席中菲经贸论坛前，王岐山与阿基诺三世总统举行简短会见。

三、南海局势紧张，中菲关系复杂化

中菲两国外交关系总体上朝着健康的方向发展，但因为南海问题的各自立场和菲律宾对南海的无理要求，两国关系变得微妙。

2011 年 7 月 7 ~ 9 日，应中国外交部长杨洁篪邀请，菲律宾外交部长阿尔韦特·德尔罗萨里奥对中国进行访问。访问期间，中国国家副主席习近平会见德尔罗萨里奥外长，中国外交部长杨洁篪与德尔罗萨里奥外长举行会谈。双方积极评价中菲建交 36 年来取得的进展，包括两国政府各部门和社会各界之间的广泛合作。双方同意继续加强贸易投资，并加强文化与人员交流，包括友好城市、旅游、教育和媒体合作。两国外长就海上争议交换了意见，认为海上争议不应影响两国友好合作大局。双方重申尊重和遵守中国与东盟国家于 2002 年签署的《南海各方行为宣言》。

但由于南海问题，两国关系并没有完全朝着既定的方向健康发展。菲律宾认定中国不敢用武力来解决南海主权争端，因而试图通过联合区域外大国的方式主动出击，迫使中国作出让步。2011 年 7 月 20 日，5 名菲律宾议员登上中国南沙群岛中业岛，并在岛上安插菲律宾国旗。对此，中国外交部发言人马朝旭 20 日在回答记者提问时表示，中方对菲律宾议员登上南沙群岛中业岛表示强烈抗议，菲方上述行动严重侵犯了中国的领土主权。2011 年菲律宾比以往变本加厉地侵犯中国在南海海域的主权。菲律宾政府一方面用强硬的言词和咄咄逼人的气势指责中国违背《南海各方行为宣言》的精神，表示出不惜用武力捍卫自己在南海的既得利益的态度；另一方面又利用一切可能的机会力图把南海问题国际化。3 月 3 日，菲律宾指责中国驱赶菲在南海礼乐滩的石油勘探船，并通过外交渠道向中国提出外交抗议。4 月 5 日，菲律宾上演了一出“闹剧”，向联合国提出照会，抗议中国 2009 年 5 月向联合国大陆架界限委员会提交的划界案。6 月，菲律宾再次向中国提出外交抗议，称一些中国船只在南海地区卸载建材、放置浮标、竖立标杆，欲在菲律宾 200 海里专属区域捕捞。

2011 年 9 月 23 日，菲律宾召开亚细安区域会议，讨论它针对南中国海争议所提出的解决方案。这是菲律宾首次召集这样的会议，邀请亚细安成员国海事与法律专家到会，目的是要争取以一个区域政策共同与中国抗衡。中国外交部就菲律宾召集这个两天的会议提出抗议。中方质问，多数的亚细安成员国并非南中国海权益的争执方，为什么要以整体形式处理这场争执。中国向来主张分别跟各个主权索讨国举行谈判。10 个亚细安国家当中，只有文莱、马来西亚、菲律宾以及越南这 4 个国家宣称对南海拥有主权。其中，表现最为强烈和积极的是菲律宾和越南。菲律宾副总统比奈在研讨会开幕致词时说，南中国海争议，可能需要“几个世纪”的时间才能解决。他说，南中国海是重要的国际航道，全球半数以上的超级油轮都必须经过这个海域，才能驶往目的地。但如今，该海域已成为“威胁安全、制造紧张局势的一个源头”。这次研讨会主要是探讨菲律宾的提议，即如何将南中国海地区“非军事化”，将该地区变成一个“和平、自由、友谊以及合作”区。菲律宾主张去除各个在这个区域宣称主权的国家所划定的分界线，并且撤出这个区内的驻军，改以警察之类的人员驻守，从而展开共同开发与研究计划。不过菲律宾强调，并非整个南中国海地区都是争议地区，只有南沙群岛才是各国都宣称拥有主权的地区。菲律宾也重申，位于南沙群岛以东约 150 公里的礼乐滩，在其 200 公里专属经济区内，因此属于它的主权管辖范围内。

四、2012 年中菲关系展望

（一）南海问题依然是中菲关系复杂化的重要因素，中国政府一贯坚持以外交途径妥善处理南海争端，但由于菲律宾方面的无理要求和挑衅，不排除南海局势有进一步恶化的可能性。

（二）尽管有南海问题干扰，双方的经济贸易往来并未中断。根据两国领导人签署的《中菲经贸合作五年发展规划（2012 ~ 2016）》，两国在农业和渔业、基础设施与公共工程、矿业、能源、信息通信技术、加工制造业、旅游业、工程服务和林业等领域的合作将会继续开展。

（三）若南海问题能够妥善解决，双方的贸易额会进一步扩大。双方在探索新能源、可再生能源、航运和港口等新的经济合作领域的合作有望进一步展开。

（黄耀东）

中国和新加坡交往与合作

2011 年中国与新加坡关系不断发展，双方各领域合作不断深化。

一、两国领导人保持密切往来，双方政治互信不断加深

2011 年 5 月 21 日，中国国务院总理温家宝发贺函给新加坡总理李显龙，对人民行动党再次赢得大选及李显龙连任新加坡总理表示祝贺。7 月 27 日，中国新加坡双边合作联合委员会第 8 次会议在新加坡召开，中国国务院副总理王岐山和新加坡副总理张志贤出席。会后，中国商务部部长陈德铭和新加坡贸工部部长林勋强分别代表两国政府签署关于修改中新自由贸

易协议的议定书，对原产地和服务贸易的相关规定进行修改。两国副总理还出席同期在新加坡召开的中国—新加坡苏州工业园区联合协调理事会第13次会议和中国—新加坡天津生态城联合协调理事会第4次会议。4月，新加坡国务资政吴作栋访问中国，出席博鳌亚洲论坛以及参观天津中新生态城，并与中国国务院总理温家宝会晤。4月15日，新加坡副总理兼国家安全统筹部长黄根成访问中国。11月19日，温家宝总理在印度尼西亚巴厘岛出席东亚领导人系列会议期间会见新加坡总理李显龙。两国领导人表示要共同努力，进一步加强两国在经贸、人文等领域的交流与合作，推动双边关系迈上新台阶。

二、中新防务关系及军事交流、执法部门合作和交流逐步深化

中国与新加坡在执法领域合作成效显著。中国国务委员、公安部部长孟建柱2月17日访问新加坡，两国签署《关于合作打击跨国犯罪的谅解备忘录》和有关协议。双方一致表示愿继续推动高层互访和业务团组往来，共同推进经济刑事犯罪侦查、反恐等执法合作，加大在国际刑警组织和东盟框架下打击跨国犯罪的力度。5月15日，中国国务委员兼国防部长梁光烈访问新加坡。5月17日，中国海军司令员吴胜利上将访问新加坡，参加在“亚洲国际海事防务展”框架下的第2届国际海上安全会议并作主题发言。7月29日，中国人民解放军副总参谋长章沁生上将访问新加坡并出席第7届太平洋陆军领导人会议。

三、中新天津生态城建设进展顺利

天津生态城是中国与新加坡继苏州工业园区后又一个国家级合作项目。天津生态城借鉴新加坡的经验，在中国探索经济蓬勃、社会和谐、资源节约的城市发展模式，并以“能复制、能实行、能推广”为目标，希望成为中国未来可持续发展的城市楷模。天津生态城位于天津滨海新区，规划面积30平方千米，计划10～15年基本建成，人口规模约35万。中新双方财团在中新天津生态城投资开发有限公司各持股50%，新方领军企业为吉宝集团，中方则以天津泰达控股有限公司为主。截至2011年6月，中新天津生态城投资开发有限公司（SSTEC）共为天津生态城项目引进30亿元人民币的工业项目投资，其中13亿元来自新加坡企业。

为了加强各政府部门之间对中新天津生态城建设和发展工作的协调及支持，新加坡政府成立一个跨部门的部长级委员会支持天津生态城建设，该委员会共由6名部长、高级政务部长和政务部长组成，这是新加坡首次为中新国家级合作项目成立国内部长级工作机制。该委员会工作涉及的范围包括城市规划、财政、住房、交通、教育、外交、贸工以及环境及水资源等，全面涵盖天津生态城建设和发展的方方面面。中新天津生态城于2008年9月破土动工，经过3年多的开发建设，8平方千米起步区已初具规模，注册企业超过600家。城内中国首个国家级动漫产业综合示范园已开园纳客，首批居民2011年年底入住。

四、两国经贸合作不断加强

1. 金融合作取得新进展。2010年7月，中国人民银行宣布与新加坡金融管理局成立双边货币互换机制，将提供高达1500亿元人民币（284亿新元）和300亿新元的流动性资金。2011年双方积极推动将新加坡发展成为继香港后的第二个人民币离岸金融中心。3月11日，中国工商银行新加坡分行人民币业务中心正式开业。工商银行新加坡分行的人民币产品涵盖公司客户结算、贸易融资、远期交易等，个人客户汇款、定活期存款等，代理行的清算、资金拆借等。该中心是中国工商银行第一个境外人民币业务中心，也是目前新加坡境内唯一一家人民币业务中心。

① *2011*年*12*月*1*日，中新天津生态城永定洲公交首末站基本建成（电动汽车充电站与公交车站合建项目），图为纯电动客车在永定洲公交首末站内进行充电；② *2011*年*11*月*6*日，中新天津生态城首批*569*套公屋于月底完成内部装修

（中国网）

2. 双边贸易额突破1000亿新元。根据新方统计,2011年中新双边贸易额达1014亿新元(约合805亿美元),比上年增长6.4%。新加坡是中国第六大外资来源地,至2011年10月累计对华投资514亿美元,占中国实际利用外资的4.5%。

3. 新加坡企业加快在华发展。2011年6月29日,新加坡腾飞集团宣布将开建其在中国的第4个综合科技园区项目——广州知识城综合科技园。中新广州知识城是中新两国政府大力支持的项目。广州知识城综合科技园项目计划总耗费23亿元人民币,将为高科技、软件开发和研发产业提供60万平方米高品质商务空间。腾飞集团将持有广州知识城综合科技园项目的52%股份,星桥国际新加坡私人有限公司(星桥国际)和广州开发区组成的合资公司将持有48%股份。星桥国际是新加坡淡马锡独资控股的子公司。新加坡奥德曼集团独资开发浙江舟山徐公岛及附近4个小岛,计划投资人民币40亿元将其打造为高端综合性休闲旅游度假区。

五、中新文化交流与合作

中国与新加坡教育交流与合作进入快速发展时期。两国曾先后签署《中新两国教育部关于教育交流与合作备忘录》等重要文件。1月,新加坡地区语言教育中心代表团访问中国暨南大学,就双方合作开展华文教学、英语语言培训等项目进行磋商并签署华文教学合作协议。根据协议内容,暨南大学将通过该中心在新加坡设立硕士教学点,授予学生汉语国际教育硕士专业学位。5月10日,2011中国教育展在新加坡国立大学举行。年内,新加坡宗乡总会决定设立中国深造奖学金,鼓励本地学生到中国的顶尖大学求学,目的是与中国顶尖大学合作培养更多对新中两国有较深认识的毕业生,打造两国通人才,为新加坡与中国的合作和交流服务。2011年在新加坡大学和中小学留学的中国学生超过5万人,在中国留学的新加坡学生约有3600人。

2011年6月24日至10月16日,新加坡亚洲文明博物馆与中国陕西省文物局在亚洲文明博物馆联合举办兵马俑与秦文化展览,这是秦始皇陵兵马俑首次在新加坡展出。陕西省文物局副局长郭宪曾表示,这次来新加坡展出的文物经过精心挑选,以秦文化为核心,向上回溯到春秋时期,向下延伸到东汉时期。除了秦代兵马俑,还包括汉代陶俑和青铜器等珍贵文物。新加坡新闻、通讯及艺术部高级政务部长傅海燕表示,新加坡和中国文物部门已合作推出多项重要展览,其中包括故宫文物展览。

为纪念辛亥革命100周年,2011年中国与新加坡合作举办系列纪念活动。10月8日,新加坡孙中山南洋纪念馆——晚晴园经过修整翻新后正式揭幕并向公众开放。新加坡副总理兼国家安全统筹部长及内政部长张志贤等为新加坡孙中山南洋纪念馆揭幕。前来新加坡参加第11届世界华商大会的中国全国政协副主席黄孟复、中国驻新加坡大使魏苇以及各界人士600多人出席揭幕仪式。10月8日晚,文化中国·辛亥百年艺术团在新加坡宗乡会馆联合总会大礼堂与当地社团的演员们进行新中文化交流演出,来自中国的艺术家们为新加坡观众奉献了多首风格各异的歌曲、极具少数民族风情的舞蹈、令人叹为观止的魔术和民族乐器二胡独奏等节目,新加坡方面的演员也精心准备了独唱、合唱、舞蹈等节目。10月9~30日,新加坡在孙中山南洋纪念馆(晚晴园)举办辛亥革命主题文化节,新加坡总理公署部长林瑞生和中国驻新加坡大使魏苇出席文化节开幕式。

六、中国部分省、自治区、直辖市加强与新加坡的交流与合作

1. 新加坡与广西壮族自治区经济联系加强。2011年10月21日,新加坡贸工部长林勋强等率领新加坡政府高层官员组成的代表团参加在中国广西南宁市举办的第8届中国—东盟博览会。新加坡工商联合总会(SBF)中国工商组副主席傅春安也率领由18家本地企业组成的代表团参加博览会。新加坡与广西的经济联系不断加强。2010年两地贸易额增长28.6%达到2.39亿美元;2011年上半年,新加坡在广西投资178个项目,投资总额5.25亿美元。

2. 江苏省与新加坡加大合作力度。2011年10月24日,江苏—新加坡合作理事会第5次会议在新加坡召开,江苏省省长李学勇和新加坡教育部部长王瑞杰首次以新加坡—江苏合作理事会联合主席的身份主持会议。双方近30家企业和机构签署17项谅解备忘录及商业协议,涉及投资额26亿美元。这是新加坡—江苏合作理事会自2007年成立以来,历届会议上签署合约涉及投资额最高的一次。江苏省是新加坡在华的第一大投资地,累计实际投资额占新加坡在华投资总额的1/3左右。2011年1~8月,两地贸易额79.2亿美元,同比增长28.8%。

3. 山东省与新加坡商定合作新领域。2011年4月13日,新加坡—山东经贸理事会第15次会议在新加坡召开。会议商讨并确定2011年双方合作的三大重点领域:一是推动基于山东黄河三角洲经济区、山东半岛蓝色经济区国家战略下双方在城市解决方案方面的合作;二是推动双方以旅游基础设施和船舶及海事为重点的产业合作;三是继续推进双方在曲阜文化生态城、日照海洋生态城、蓬莱山东半岛蓝色健康城和山东人力培训等现有重点项目上的合作。会议还安排推介山东省一批重点招商项目,并举行重大合作项目签约仪式。

4. 广东省加强与新加坡合作。2011 年 6 月 29 日,新加坡—广东合作理事会第 3 次会议在广州召开。双方达成一系列共识。广东省与新加坡的进出口贸易持续增长。2010 年两地进出口贸易总额 173.74 亿美元,比上年增长 8.94%。2011 年 1 ~ 5 月,两地进出口贸易总额 75.8 亿美元,同比增长 9.6%。截至 2011 年 5 月,广东省累计批准新加坡外商投资项目 2110 个,合同投资额 97 亿美元,实际利用新加坡资金 64.5 亿美元。

5. 浙江省与新加坡合作出现新商机。2011 年 11 月24 日,第 7 届新加坡—浙江经济贸易理事会在舟山召开,会议强调新加坡企业在浙江可在海洋经济、现代化服务及市区解决方案方面的投资机会。由 32 个新加坡商家组成的代表团参观了杭州、宁波及舟山,探讨潜在的投资机会。新加坡—浙江经济贸易理事会新方联合主席,新加坡新闻、通讯及艺术部兼环境及水资源部高级政务部长傅海燕表示,新浙经贸理事会将助推新加坡企业与浙江在海洋经济、信息科技、污水处理、大众运输、物流、电子商务、旅游等领域的合作。自 2003 年新加坡—浙江经济贸易理事会成立以来,两地的经济贸易往来愈加频繁。2010 年两地贸易总额 25.2 亿美元。2011 年 1 ~ 9 月,两地贸易额达到 30.9 亿美元,同比增长 73%。新加坡企业在浙江累计投资额从 2003 年的 7.4 亿美元增至 2011 年 9 月的 26.4 亿美元,年均增长 30%。

6. 四川省与新加坡加强贸易与投资合作。2011 年 9 月 14 日,新加坡企发局组织有 29 家本地公司代表参加的商贸考察团对四川成都进行考察,寻求商业机会。9 月 15 日,新加坡—四川贸易与投资委员会第 13 次会议在成都举行,双方签署 5 项企业协议,涉及领域包括酒店、城市发展和物流。新加坡—四川投资控股私人有限公司与成都高新区签署有关谅解备忘录。2011 年上半年,新加坡与四川省贸易额同比增长 54%,达 5.3 亿美元;新加坡在四川省的实际投资增长 1 倍强,达 4.6 亿美元。截至 2011 年6 月底,新加坡在四川省的投资项目达到 437 个,金额总计 22 亿美元。

7. 重庆市与新加坡合作。2011 年 3 月 16 日,新加坡资讯通信中心与重庆市经济和信息化委员会、重庆市北部新区管理委员会签署战略合作备忘录,借助新加坡经验在重庆打造一个软件和信息服务业聚集区。2011 年上半年已有太平洋电信、宇博信息科技、蔼柏系软件科技和新宇软件等新加坡企业率先落户重庆北部新区,未来 5 年新加坡资讯通信中心还将协助引进 10 ~ 15 家新加坡资讯科技企业落户重庆。2011 年 2 月 28 日,新加坡中华总商会与重庆两江新区签署战略合作协议,推动双方的本土企业向国外发展。中华总商会希望为新加坡中小型企业开启进军中国西部市场的门路,而重庆两江新区则希望引进新加坡企业的技术、管理和服务经验及理念,作为该区通往国际市场的路径。

2012 年,中国与新加坡将充分发挥双边合作联委会等机制的作用,加强统筹规划,实施好中新自由贸易区协定,积极稳妥推进金融合作,扩大教育、文化和社会领域交流,深化在地区事务中的协调配合,推动中新关系实现新的发展。 (罗　梅)

中国和泰国交往与合作

2011 年是中泰建交 36 周年。36 年来,两国关系展现了历久弥新的强大生命力,成为不同社会制度国家关系的典范。年内,在中国—东盟自贸区建成的条件下,双边贸易额不断扩大,投资合作领域不断拓宽。双方关系的发展也促进了本地区的稳定、发展与繁荣。中方视泰国为亲密的朋友和可信任的合作伙伴,双方继续深化在政治、经贸、军事、文化等多方面的合作,泰国继续成为中国在东南亚地区最亲密的合作伙伴之一。

一、两国保持高层密切交往,传统友谊继续巩固

2011 年 4 月 6 日,中国全国人大常委会委员长吴邦国在人民大会堂会见泰国公主诗琳通。吴邦国高度赞扬诗琳通公主为促进中泰两国人民的相互了解和传统友谊,推动中泰教育、文化、科技等领域的合作作出的积极贡献。诗琳通公主说,我对中国人民怀有深厚感情,对中国的语言、文化、艺术十分热爱,愿意通过自己的努力,增进泰中友好,促进互利合作。

4 月 21 日,泰国总理阿披实在曼谷会见到访的中国外交部副部长张志军。阿披实表示,今年双方将就续签战略性合作共同行动计划加紧沟通和协调。泰国王室、政府、议会及各党派都高度重视发展对华关系,泰中关系必将发展得越来越好。张志军表示,泰国是中国亲密的好邻居、好朋友、好伙伴。在当前国际形势不断变化的背景下,中方愿进一步加强同泰国的战略性合作,推动两国在政治、经济、人文、教育、旅游等领域的全方位合作,在重大国际和地区问题上加强沟通和协调,共同促进本地区和世界的和平、稳定与繁荣。

8 月 22 日,中国政府特使、外交部副部长张志军访问泰国。张志军在曼谷分别会见泰国总理英拉、枢密院主席炳・廷素拉暖和外交部长素拉蓬。张志军说,中泰是亲密友好邻邦,中国政府高度重视发展中泰关系,愿同泰方加强在政治、经济、人文、国际和地区问题上的密切合作。不断充实两国战略性合作内涵,推动中泰关系迈上更高台阶。英拉高度赞赏中国政府在

泰新政府成立伊始即派特使访泰。她表示,泰中两国人民传统友谊源远流长。泰国政府高度重视对华关系,愿同中方继续推进在政治、经贸、文化、教育、旅游等各领域的友好交流与互利合作,推动中泰关系全面深入发展。

10月29日,中国政府赴泰工作组在泰国清莱府应约会见泰国主管安全事务的副总理差林。中国政府工作组组长、外交部领事司副司长兼领事保护中心主任郭少春对中国船员在湄公河遇袭身亡事件处理进展和泰方所提供的协助予以充分肯定,希望泰方继续全力推进调查工作,加紧相关司法程序,依法严惩凶手,并配合中方妥善处理遇难船员善后事宜。差林表示,泰国政府重视泰中友好关系,高度关注此案调查处理。他此次前来清莱府,就是为了进一步推动调查工作,尽快查明具体案情并依法处理。

11月18日,中国国务院总理温家宝在印度尼西亚巴厘岛会见泰国总理英拉。温家宝说:中方珍惜与泰方的传统友谊,重视泰国在本地区的重要影响,愿与泰方保持高层互访势头,增进政治互信;加强对两国战略性合作的统筹规划,推进贸易、投资、基础设施、金融领域和海上合作,促进地区互联互通;加强安全执法合作,维护湄公河航运安全和秩序。中方愿继续为泰方抗洪救灾和灾后重建工作提供帮助。英拉说,中方及时向泰方提供大量的救灾援助,充分体现了中国人民的深情厚谊,增强了泰方抗洪救灾的信心和能力,泰方对此深表感谢,同时欢迎中国企业参与灾后重建。

12月22日,中国国家副主席习近平应邀正式访问泰国。在与泰国总理英拉会谈时,习近平表示,中方高度赞赏泰国始终坚定奉行一个中国政策,在台湾、涉藏、涉疆等问题上给予中国的宝贵支持。他说,中泰两国是好邻居、好亲戚、好朋友。建交以来,两国在经贸、科技、人文等领域的交流合作不断扩大,在重大国际和地区问题上始终保持着良好的协调和配合。他还就进一步发展中泰关系提出如下建议:一是提升两国战略性合作水平;二是加强高层交往;三是深化务实合作,为两国关系发展注入新动力。

英拉首先代表泰国政府和人民感谢中方在泰国洪灾期间提供的宝贵支援。并说,习副主席此次访问,有力地推动了两国关系的发展和泰国抗灾减灾和灾后的重建工作。泰方十分珍惜泰中传统友谊,愿与中方进一步发展战略伙伴关系。希望与中方进一步加强在交通基础设施建设、水利资源综合管理利用、清洁低价能源开发以及人力资源和教育等领域的合作,共同维护湄公河航运安全。英拉重申,泰国将坚定恪守一个中国原则,在台湾、涉藏等问题上支持中方立场。

2011年12月22日,泰国总理英拉与到访的中国国家副主席习近平在曼谷总理府前广场检阅仪仗队（新华社）

二、双边贸易额不断扩大,投资合作领域不断拓宽

2011年中泰两国按照双方签署的协议,促进双方的贸易、投资和经济合作,如就贸易规则、规定交换信息,举办展览会,在双方关注的农业、食品、能源、物流、旅游、餐饮业和SME等十大行业进行合作。在各种协议框架下,双方设立高官执行机制,共同执行签订的发展规划。为了取得具体成果,各行业合作项目进入实质性合作,消除企业在双边贸易中所遇到的障碍。

据泰国海关统计,2011年泰国与中国双边货物进出口额577.9亿美元,比上年增长25.7%。其中:泰国对中国出口271.3亿美元,增长26.4%,占泰国出口总额的12%,提高1个百分点;泰国自中国进口306.6亿美元,增长25%,占泰国进口总额的13.4%,提高0.1个百分点。泰方贸易逆差35.2亿美元,增长15.6%。中国仅次于日本是泰国的第二大贸易伙伴,中国是泰国第一大出口市场和第二大进口来源地。

机电产品、塑料橡胶是泰国对中国出口的主要商品。2011年泰国对中国出口塑料橡胶增长65%,出口额95.2亿美元,占泰国对中国出口总额的35.1%,是泰国对中国出口最多的产品。年内,泰国对中国出口机电产品下降5.9%,出口额由上年的81.6亿美元降至76.8亿美元,占泰国对中国出口总额的28.3%。化工产品、植物产品也是泰国对中国出口的重要商品,2011年出口额分别达到28.6亿美元和19.3亿美元,增长47%和28.9%,合计占泰国对中国出口总额的

17.7%。此外,对中国的矿产品出口也下降,出口额为11.9亿美元,下降21.6%。

机电产品占据泰国自中国进口总额的半壁江山,2011年进口157.5亿美元,比上年增长22.9%,占泰国自中国进口总额的51.4%。贱金属及制品、化工产品及纺织品与原料分居自中国进口的第二、第三和第四大类商品,2011年进口额分别为39.5亿美元、30亿美元和15.4亿美元,增长38.9%、31.4%和15.8%,合计占泰国自中国进口总额的27.7%。在上述产品上,日本、美国、澳大利亚和马来西亚等是中国的主要竞争对手。

三、科技、教育、文化、卫生及军事等领域的合作深入发展,合作成果显著

(一)科技、教育合作有新进展

中泰科技合作联委会是中泰两国根据1978年签署的中泰政府间科技协定而成立的一个副部长级合作机制,旨在通过定期商谈促进科技合作。在2011年举行的联委会会议上,泰国外交部、科技部、农业合作部、卫生部、教育部、工业部、商业部、能源部、财政部、国家安全委员会、国家经济和社会发展委员会等部门的代表,与中国科技代表团相聚一堂,总结上次会议以来合作项目的执行情况,并商讨今后两年的交流合作计划。中泰科技合作面越来越广,已经覆盖农业、地震遥感、天文气象、医药卫生、食品加工、生物技术、信息技术、卫星通信等众多领域。合作方式也得以拓展,从最初的一般性考察团组互访、资料交换发展到现在的合作研究、共同开发、人员培训、技术咨询和开发示范、种子苗木交换等多种形式并举。

越来越多的泰国学生选择到中国留学。至2011年,两国在对方国家的留学生均已超过1万名,成为两国青年交流、促进友好的一支生力军。12月23日,在泰国朱拉隆功大学成功举办的以泰国公主诗琳通名字命名的第3届“诗琳通杯”汉语演讲比赛,主题是“经济腾飞的中国”。

(二)双方文化交流方面增多

2011年9月15日,“中泰一家亲”中国文化体验活动在曼谷举行,曼松德昭帕亚皇家师范大学孔子学院汉语教师与百余名文官委员会中文学员一起参加活动:①练书法;②学剪纸 (中国国家汉办官网新闻中心)

2011年,曼谷中国文化中心建设进展顺利,“欢乐春节”文化精品活动和“中泰一家亲”音乐会受到两国人民的广泛欢迎。

8月6日,中国国家汉办驻泰代表处联合泰国朱拉隆功大学孔子学院在曼谷召开泰国孔子学院贯彻第6届孔子学院大会精神研讨会,中国驻泰国大使管木,国家汉办驻泰代表庞利,朱拉隆功大学校长披隆教授,泰国教育部项目官员,以及12所孔子学院、11家孔子课堂所在学校校长、校董等百余人出席。

9月15日,“中泰一家亲”中国文化体验活动在曼谷举行。中国国家汉办驻泰国代表庞利、泰国公务员委员会秘书长 Mr. Boonplook Chaiket、曼松德昭帕亚皇家师范大学孔子学院汉语教师与百余名文官委员会中文学员一起学剪纸、品美食、练书法,共唱《友谊地久天长》,共同体验中国文化。文官委员会是泰国选拔、考核、培训国家公务员及为公务员定职称级别的机构。泰国公务员委员会顾问 Mr. Wiscct 在致词中感谢国家汉办的大力支持。他在致词中说,随着中国经济的发展,汉语日益成为一门国际性的语言。泰国文官委员会组织公务员学习汉语,是适应时代的需求,也是培养公务员国际视野,提高公务员综合素质的需要。本次活动得到中国国家汉办驻泰国

代表处的大力支持，中国国家汉办驻泰代表庞利向泰国文官委员会赠送汉语书籍和精美纪念品，并鼓励各位公务员老师们以诗琳通公主为榜样，努力学习中国语言和文化，为中泰友谊作出更大的贡献。

（三）两国军方高层保持互访，在非传统安全领域的合作成果显著

2011 年 4 月，泰国国防部长巴维·翁素万访问中国，分别会见中共中央军委副主席郭伯雄、国务委员兼国防部长梁光烈。7 月，泰国武装部队最高司令宋吉滴·扎加巴访问中国并与中国人民解放军总参谋长陈炳德进行会谈，双方表示将继续加强军事交流与合作。

2011 年 8 月，由“温州”号、“马鞍山”号导弹护卫舰和“千岛湖”号综合补给舰组成的中国海军第八批护航编队结束亚丁湾、索马里护航任务后抵达泰国梭桃邑港，开始对泰国进行为期 5 天的友好访问。泰国海军在位于春武里府的梭桃邑港码头为中国海军护航编队的到访举行欢迎仪式。泰国海军官兵代表、中国驻泰国大使管木和部分使馆工作人员、当地华侨华人代表、中资机构人员等 600 余人欢迎护航编队的到访。访问期间，中泰双方就两国海军合作、反海盗护航等问题进行交流，还通过互相观摩、作战讨论、舰艇参观等方式加强两军之间的合作。当天的欢迎仪式结束后，部分华侨华人、中资机构人员和上百名当地民众参观了中国到访舰艇。

10 月 5 日，两艘中国货船在湄公河水域遭不明身份武装人员袭击，造成 13 名中国船员遇害。事件发生后，中国政府高度重视，要求尽快查明案情，缉拿凶手，保护中国人民生命财产安全。中国国务委员、公安部部长孟建柱 23 日在云南西双版纳召开会议，专题研究处理“10·5”中国货船遇袭事件有关事宜，部署湄公河航道安全工作。为加快案件查办进程，中国派出由公安部副部长张新枫率领的中国公安高级代表团，赶赴泰国开展工作。

10 月 30 日，为尽快彻底查清中方 13 名船员在湄公河水域遭枪杀案件，推动建立中老缅泰湄公河执法安全合作机制，有关各方在北京召开中老缅泰湄公河流域执法安全合作会议。中国国务委员、公安部部长孟建柱，泰国副总理哥威，老挝副总理兼国防部长当斋，缅甸内政部部长哥哥分别率团出席。会议就湄公河流域执法安全合作进行一系列双边和多边的磋商。当日，中国国务委员、公安部部长孟建柱在钓鱼台国宾馆会见参加中老缅泰湄公河流域执法安全合作会议的泰国副总理哥威。哥威表示，泰国政府十分重视与中国的友好合作，赞同中方的看法和建议，愿与中方共同努力，加强在湄公河流域的执法安全合作，联合巡逻执法，维护好湄公河流域的安全。 （梁炳猛）

中国和越南交往与合作

2011 年是中越关系正常化 20 周年，中越两国在各个领域的交往与合作继续稳定向前推进，其中有几点尤其值得注意：一是中越政治关系继续保持稳定，二是双边经贸合作继续保持良好势头，三是两国文化教育等领域的交流与合作日益深入发展，四是与越南相邻的广西、云南两省份与越南经贸文化关系继续保持良好发展势头。

一、两国政治关系继续保持稳定

2011 年，尽管由于南海问题使中越关系出现了一些不和谐的因素，但两国的政治关系依然经受住了考验，两国高层的互访和会晤为中越政治关系的继续稳定奠定了扎实的基础。越共中央总书记阮富仲访华、中国国家副主席习近平访越是 2011 年中越政治关系中的重大事件。

2011 年 10 月 11 ~ 15 日，应中国共产党中央委员会总书记、中华人民共和国主席胡锦涛的邀请，越共中央总书记阮富仲对中国进行正式访问。中共中央总书记、国家主席胡锦涛等与阮富仲举行会谈。

2011 年 10 月 11 日，中共中央总书记、国家主席胡锦涛在北京人民大会堂举行仪式欢迎越南共产党中央总书记阮富仲访华 （新华社）

双方重申，中越继续坚持“长期稳定、面向未来、睦邻友好、全面合作”的方针和“好邻居、好朋友、好同志、好伙伴”的精神，从战略高度和全局角度加强两国的友好交往，扩大各领域互利合作，珍视好、维护好、发展好中越两党两国关系，推动中越全面战略合作伙伴关系长期健康稳定发展。双方一致认为，在国际和地区形势复杂多变背景下，中越两党两国深化战略互信，密切全面合作，妥善处理两国间遗留或新出现的问题，符合两党两国和两国人民的根本利益和长远利益，有利于各自社会主义事业，有利于地区和世界的和平、稳定、合作与发展。双方签署《中国共产党和越南共产党合作计划（2011～2015年）》、《中华人民共和国政府—越南社会主义共和国政府2012～2016年经贸合作5年发展规划》、《中华人民共和国教育部与越南社会主义共和国教育培训部2011～2015年教育交流协议》、《中华人民共和国政府和越南社会主义共和国政府关于修改中越两国政府汽车运输协定的议定书》、《中华人民共和国政府和越南社会主义共和国政府关于实施中越两国政府汽车运输协定的议定书》、《关于指导解决中华人民共和国和越南社会主义共和国海上问题基本原则协议》。中越双方对阮富仲总书记的访问给予高度评价，一致认为，阮富仲总书记对中国的圆满成功访问有力地推动中越两党两国关系稳定健康深入发展，也将对促进本地区和世界的和平、稳定、合作与发展产生积极影响。

12月20～22日，中共中央政治局常委、国家副主席习近平应邀对越南进行正式访问，受到越南方面高度重视和欢迎。习近平副主席分别与越共中央总书记阮富仲、越南国家主席张晋创等主要领导人会见、会谈。习近平副主席在会见越南国家主席张晋创时说，中越关系正常化20年来，两国关系之所以能够不断向前发展，有三条重要原因：第一，相同的磨难遭遇为中越关系奠定了历史基础；第二，广泛的共同利益为中越关系奠定了政治基础；第三，共同的发展任务为中越关系奠定了合作基础。习近平强调，中国党和政府始终从战略高度和长远角度看待和把握中越关系，愿同越南党和政府一道努力，加强战略沟通，及时就双边关系和其他共同关心的重大问题深入交换意见；尽快制订落实中越全面战略合作伙伴关系行动计划，扩大各领域互利合作；妥善处理分歧，确保两国全面战略合作伙伴关系长期健康稳定发展。

二、双边经贸关系保持良好发展势头

中越双边经贸关系良好发展的明显特征，是双边贸易额快速增长和中国加大对越南投资力度。自1991年中越关系正常化以来，两国经贸关系发展迅速。1991年中越双边贸易额仅为3200万美元，至2011年已达到402亿美元，增长1000多倍。中国已经连续5年成为越南最大贸易伙伴。中国出口越南的商品中85%为机电设备，而越南出口到中国的主要是农产品和初加工产品，互补性较强。

中国对越南投资额也迅速增长。2011年，中国香港对越南投资在对越投资各国和地区中居首位，投资额达30.9亿美元，占协议投资额的21%；中国大陆对越南投资排第五，投资额7.47亿美元，占5.1%。

2011年10月，越共中央总书记阮富仲对中国进行正式访问期间，中越双方签署《中华人民共和国政府和越南社会主义共和国政府2012年至2016年经贸合作5年发展规划》等6个重要文件。这些文件的签署为中越两国未来5年经贸关系的进一步推进提供了政策支持。

12月22日，中国国家副主席习近平访问越南时，提出当前要重点做好三项工作以推动两国经贸合作向更高水平发展：一是加强政策规划，二是扩大贸易规模，三是突出合作重点。中方支持有实力的中国企业在越投资建设经贸合作区。

三、两国在其他领域的交流与合作得到发展

2011年中越两党关系得到进一步推进。这突出地表现在中越第7次两党理论研讨会的成功举行上。2011年11月，由中国共产党和越南共产党有关部门共同举办的以“新形势下做好群众工作的经验”为主题的第7次中越两党理论研讨会在江苏常州举行。中共中央政治局委员、中央书记处书记、中宣部部长刘云山和越共中央政治局委员、中央书记处书记、中央宣教部部长、中央理论委员会主席丁世兄参加会议。会议一致认为，加强治党理政经验的交流学习已经成为中越两党的共识，这对于推动各自国家社会主义事业发展、深化中越两党两国关系具有重要意义。

中越两军扩大交流与合作。2011年4月，应越共中央军委副书记、越南国防部长冯光青大将邀请，中共中央政治局委员、中央军委副主席郭伯雄上将对越南进行友好访问。访问结束时，中越双方发表联合公报，公报内容提到：双方同意继续加强两军高层往来；积极开展包括陆地边界联合巡逻在内的边防交往；建立两军学术交流和理论研究合作机制；继续安排越军中高级军官来华进行短期培训，做好互派军事留学生工作；加强多边领域人道主义救援合作，提升两军应对非传统安全威胁能力。双方原则同意就建立两国国防部直通电话进行技术磋商。

中越两国司法交流继续推进。2011年4月，应越南最高人民法院院长张和平邀请，中国最高人民法院院长王胜俊率团对越南进行工作访问。王胜俊分别会

见越南国家主席阮明哲、越南最高人民法院院长张和平和越南最高人民检察院副院长陈公繁、越南司法部常务副部长黄世连等。中越两国最高人民法院院长共同签署司法合作谅解备忘录。双方同意在信息交流、法官培训、审判经验交流、法律理论研究等方面开展多种形式的合作。

中越两国文化教育交流表现突出。2011 年 4 月，由中越两国文化部共同主办、中国对外文化集团公司承办的《越南磨漆画展》在北京工业大学举办。4 月 19 ~ 22 日，中国国家体育局局长刘鹏应邀访问越南。在中国举行的大型国际文化活动如第 3 届成都非物质文化遗产节和第 12 届亚洲艺术节等，越南均派出代表团和艺术团参加，越南文化体育旅游部部长黄俊英还亲率代表团参加在亚洲艺术节期间举办的中国—东盟文化部长会议。9 月，中国—东盟汽车拉力赛越南赛段成功举行。11 月 12 ~ 13 日，第 2 届中越同唱友谊歌总决赛在越南下龙成功举办。12 月 14 日，中国广西电视台与越南国家电视台在南宁和河内两地共同举行《友谊之约》大型联合直播晚会，重温两国人民在革命战争年代并肩战斗、经受战火考验的传统情谊。据越南政府发布的《2011 年全年经济社会统计》，2011 年中国仍是越南最大的旅游客源国，中国内地到越南的游客达 141.68 万人次，比上年增长 56.5%。年内，越南在华留学学生有 13549 人，居各国在华留学生数第 5 位。

虽然在南海问题上越南与中国关系出现一些不和谐的举动，越南境内外各种敌对势力也妄图利用南海问题挑拨两国关系，使两国关系一度出现波折，但这无碍两国关系发展的大局，中越友好的历史潮流不可逆转。即使在越南极少数人组织反华游行达到高潮的 6 月，两国海军仍然按惯例进行北部湾联合巡航，越南海军舰艇在巡航后还顺访了中国湛江海军基地。

2011 年 4 月 22 日，越南磨漆画展开幕式在北京工业大学视觉艺术馆开幕

（国际在线）

四、中国广西、云南两省（自治区）与越南经贸文化交流与合作发展迅速

与越南相邻的广西、云南两省（自治区）是中越经贸文化交流与合作的前沿，双边经贸文化交流与合作发展迅速。

2011 年广西对越南进出口 75.7 亿美元，比上年增长 47.7%，越南仍然是广西最大的贸易伙伴。值得一提的是，2011 年广西对越南贸易比重占广西对东盟进出口额近 80%。

年内，中越边境最大互市贸易区在广西东兴建成。东兴互市贸易区位于广西东兴市中越界河北仑河东岸，与越南广宁省芒街市隔河相望，规划用地 51.3 公顷，建筑面积约 100 万平方米，总投资约 20 亿元。

2011 年云南省对越南贸易总额 12 亿美元，比上年增长 27.5%，占云南省对东盟贸易总额的 21%。其中：云南省对越南出口 9.7 亿美元，增长 23.3%，占云南省对东盟出口总额的 27%；云南省从越南进口 2.4 亿美元，增长 48%，占云南省对东盟进口总额的 10%。

五、2012 年中越交流与合作展望

2011 年 12 月，中国国家副主席习近平访问越南时指出，面对复杂多变的国际形势，中越加强团结、深化合作，有利于巩固两党执政地位，有利于实现两国各自的稳定和发展，有利于巩固发展社会主义事业，也有利于地区和平与发展。习近平强调，我们应该拿出对历史负责，对人民负责，对建设和谐世界、和谐亚洲负责的政治智慧，巩固睦邻友好，深化务实合作。中方愿与越方一道努力，从以下五方面推动中越全面战略合作伙伴关系向前发展。第一，加强战略沟通，增进政治互信。第二，密切党际交往，相互学习借鉴。第三，深化务实合作，实现互利共赢。第四，扩大人文交流，促进中越友好。第五，加强多边合作，建设和谐世界。越共中央总书记阮富仲在会见习近平副主席时说，越共“十一大”文件明确指出，发展与中国的友好合作是越南对外战略方针，在越南对外关系中处于头等重要地位。在当前迅速多变的世界形势下，双方应从战略高度和长远角度出发，加强交流，增进互信，扩大合作，推动两国关系不断发展，让中越友好世代相传。

（马金案）

重 要 节 会

第8届中国—东盟博览会

第8届中国—东盟博览会招商招展

2011年4月3日，中共广西壮族自治区委员会书记、自治区人大常委会主任郭声琨率中国广西代表团对马来西亚进行为期5天的友好访问。3日下午郭声琨在吉隆坡会见中国驻马来西亚大使柴玺。4月4日，郭声琨在吉隆坡拜会马来西亚政府副总理兼教育部长丹斯里慕尤丁。郭声琨感谢丹斯里慕尤丁副总理会见广西代表团并邀请总理和副总理阁下出席第8届中国—东盟博览会。郭声琨表示，马来西亚是第8届中国—东盟博览会主题国。这届博览会恰逢中国—东盟建立对话关系20周年，又是中国—东盟自由贸易区如期建成和运行一周年，因此具有重大而特殊的意义。广西将按照中国—东盟博览会的会议机制，提供场地、创造条件、搞好服务，特别给予主题国8个方面的优惠安排。广西将大力支持中国—马来西亚钦州产业园项目建设。希望副总理阁下予以关注并积极支持这一项目建设。丹斯里慕尤丁表示，很高兴和郭声琨共同就马中两国共同关心的一些问题进行深入探讨。丹斯里慕尤丁感谢郭声琨对马来西亚国家领导人出席第8届中国—东盟博览会的盛情邀请。他说，中国—东盟博览会给马来西亚提供了一个很好的机会。通过博览会，马来西亚可以向全世界展现自己的经济社会发展状况、正在经历的转型和变化、产品和服务以及政策和合作的诚意。鉴于双方之间的交流日益频繁，商界之间的合作日益增多，马来西亚政府将对马来西亚在广西南宁设立领事机构事宜认真考虑。4月5日，中国广西与马来西亚霹雳州正式建立友好区州关系。中共广西壮族自治区委员会书记、自治区人大常委会主任郭声琨，马来西亚霹雳州州务大臣赞比里在霹雳州首府怡保市共同见证建立友好区州关系签字仪式，并一同出席随后召开的霹雳州—广西情况介绍会。签字仪式及情况介绍会前，郭声琨会见赞比里等当地主要官员，并在会后共同接受中马新闻媒体记者的采访。郭声琨表示，中马两国友好交往密切频繁，态势良好，今后不仅要在国家层面推进合作，也应在区州之间加大合作力度。2011年是中国—东盟友好交流年。这次广西与霹雳州签署建立友好区州关系协议书，标志着两区州友好关系翻开新的一页，迈上新的台阶，搭建起更好的平台。赞比里说，霹雳州与广西的接触和友好交往，从多年前就已经开始了。这次双方利用签字仪式的良好机会，进一步就共同关心的问题进行深入探讨。双方一致赞成，应在经贸、农业、传统医药、旅游、港口物流、港口贸易、海洋捕捞、海水养殖等多领域开展务实合作，尤其是人力资源培训合作方面。霹雳州政府将继续推动两州区合作交流，实现互利共赢。在情况介绍会上，广西和霹雳州代表分别介绍各自经济社会发展的基本情况。广西代表还重点介绍广西与马来西亚的合作情况以及中国—东盟博览会的有关情况，提出加强广西与霹雳州友好合作的具体建议；同时诚挚邀请霹雳州政府组团出席第8届中国—东盟博览会，欢迎霹雳州企业家积极参展参会。广西政府将积极鼓励和支持广西的企业到霹雳州投资创业，真诚欢迎霹雳州的企业家到广西投资兴业。当天，郭声琨还与马来西亚高等教育部副部长拿督何国忠博士共同出席广西国际教育展（吉隆坡）开幕式，一起见证两地高校签署合作协议并为开幕式剪彩。

4月6日，广西—马来西亚企业座谈会在吉隆坡举行。中共广西壮族自治区委员会书记、自治区人大常委会主任郭声琨向马来西亚企业家发出真诚邀请，并与大家一同见证建设中国—马来西亚钦州产业园合作协议的签署。郭声琨在热情洋溢的致词中介绍了广西的基本情况。他说，广西具有多重发展优势，特别是区位优势、资源优势、生态优势突出。近年来，广西经济社会发展取得了显著成就，保持了较快发展势头。从2011年开始，当地政府全面实施新的五年发展规划，加快把广西建设成为区域性现代商贸物流基地、先进制造业基地、特色农业基地和信息交流中心，构筑国际区域经济合作新高地，打造中国沿海经济发展新一极。今天的广西，已成为中国发展速度最快、活力最强、潜力最大、商机最多的地区之一。郭声琨表示，在经济全球化和区域经济一体化加速发展的大背景下，加强交流合作是大势所趋。广西历来高度重视加强与马来西亚的交流合作。近年来，双方交流合作领域不断拓展、层次不断提升，取得了显著成效，马来西亚已成为东盟国家在广西投资较多的国家，同时马来西亚也是广西在东盟的第四大贸易伙伴。2010 年，广西与马来西亚双边贸易额达 2.57 亿美元，马来西亚在广西投资项目数达 104 项，合同外资总额 7.04 亿美元，在投资广西的东盟国家中，马来西亚的合同外资总额排第 2 位，实际利用外资总额排第 4 位。在广西的马来西亚企业发展顺利，总体投资回报良好。广西与马来西亚各有优势，互补性强，深化合作具备良好条件和基础，我们对双方合作的美好前景充满信心。马中经贸总商会总会长拿督黄汉良在致词时表示，中国—东盟博览会的成功举办，为马来西亚企业提供了更加良好的合作平台，也加快了马来西亚与广西的经贸来往。2010 年，中国—东盟自贸区如期建成和运行，更促使马中贸易突飞猛进，使马来西亚与广西之间的交往合作更加广泛和紧密。2011 年是中国“十二五”开局之年，也是马来西亚“第十大马计划”的实施之年。两国的经济转型发展给双方企业进行双向投资提供了千载难逢的好机会。马来西亚为合作开发建设中国—马来西亚钦州产业园感到高兴，并将与钦州市一道，全力以赴宣传推介好产业园。总商会希望马来西亚的企业家们和商协会代表多到广西、到钦州去实地考察，寻找合作商机，共同珍惜和利用好难得的发展机遇。会上，中国—东盟博览会秘书处秘书长、广西博览局局长郑军健介绍第 8 届中国—东盟博览会及马来西亚主题国筹备情况。马来西亚对外贸易促进局官员介绍马来西亚方面参加第 8 届中国—东盟博览会及马来西亚主题国活动设想。钦州市委书记张晓钦介绍中马钦州产业园有关情况。随后，钦州市政府、马中经贸总商会、中国银行股份有限公司广西分行共同签署建设中国—马来西亚钦州产业园合作协议。钦州市政府将与马中经贸总商会共同宣传推介中马钦州产业园，中行广西分行将为产业园的建设及入园企业提供金融服务和金融支持。会上还举行广西钦州恒星锰业有限责任公司与马来西亚绿源矿业集团共同合作建设 10 万吨硅锰合金厂签约仪式。该厂将在马来西亚吉兰丹州建设，钦州恒星锰业有限责任公司为此投资 8000 多万美元。中国驻马来西亚大使馆商务参赞宣国兴，马来西亚贸工部经济贸易关系局局长王生福，广西代表团全体成员，马来西亚知名企业家代表和商协会代表，以及中马新闻媒体记者共 130 多人参加座谈会，并进行广泛而深入的互动交流。

4 月 8 日，第 8 届中国—东盟博览会筹备工作会议在桂林召开，中国商务部国际贸易谈判代表兼副部长高虎城强调，要进一步巩固好、发展好和利用好博览会平台，进一步发展与东盟的政治经贸合作，不断巩固和发展中国周边外交战略成果，推动区域经济一体化。高虎城指出，要抓住中国—东盟自贸区建成的机遇，把中国与东盟经贸合作提高到新的水平，尤其要加大对企业的宣传力度，提高自贸区政策的利用效率。一是落实自贸区《货物贸易协议》，进一步提高贸易规模，优化贸易结构。二是落实自贸区《投资协议》，进一步扩大相互投资，加快“走出去”步伐。三是落实自贸区《服务贸易协议》，提升与东盟服务贸易合作水平。中共广西壮族自治区委员会常委、自治区副主席陈武出席会议并致词。陈武表示，广西将努力把中国—东盟博览会越办越好，不断深化以东盟为重点的开放合作，继续推进广西北部湾经济区开放开发，为中国各省区市与东盟在各领域的合作提供更好的平台。至此，第 8 届中国—东盟博览会招展工作进展顺利，东盟已有 6 个国家确定包馆参展，国内预订展位数超过 1200 个。本届博览会将采用分会场的形式首次在南宁华南城举办轻工产品展。第 8 届中国—东盟博览会将加大创新力度，突出 4 个方面的工作，确保取得更好成效。(1)继续塑造政治外交品牌，促进中国—东盟战略伙伴关系。本届博览会将配合中国—东盟建立对话关系 20 周年、中国—东盟友好交流年以及自贸区建成 1 周年，举办一系列纪念活动。(2)紧扣自贸区发展进程，通过优化展览内容和展区设置，加大采购商邀请力度，提升展览服务水平，提高经贸实效，提升自贸区实施效果。(3)发挥平台作用，进一步扩大和深化多领域

2011 年 10 月 21 日，中国—马来西亚钦州产业园区签字仪式在中国南宁举行，中国国务院总理温家宝和马来西亚总理纳吉布见证签字并为产业园区揭牌 （《广西画报》）

合作。(4)加大宣传推介、开幕式、展会形象设计等方面的创新力度,提升品牌影响力。

4月16日,中共广西壮族自治区委员会书记、自治区人大常委会主任郭声琨在中国海南博鳌会见东盟秘书长素林。郭声琨对东盟秘书处及东盟秘书长素林一直以来对中国—东盟博览会的成功举办,以及对广西发展与东盟友好合作关系给予的极大关心和支持表示衷心感谢。郭声琨向素林介绍第8届中国—东盟博览会的筹备情况。博览会招展招商等各项筹备工作正紧张有序进行。广西衷心希望东盟秘书处为本届博览会的成功举办发挥更加积极有效的作用。郭声琨诚挚邀请素林秘书长出席第8届博览会,并继续推动东盟各国参展参会,特别是推动东盟国家高层领导人出席博览会。素林愉快地接受郭声琨的盛情邀请。他说,中国—东盟博览会在推动中国—东盟自贸区如期建成和运行方面发挥了巨大作用。东盟秘书处将以各种适当的方式,尽力邀请并积极推动更多东盟国家领导人及贵宾参展参会,充分运用好博览会这个平台,促进中国与东盟在各方面的交流合作。素林就举办好第8届中国—东盟博览会提出4点建议:(1)邀请更多东盟10国的新闻媒体参与博览会,通过媒体广泛宣传报道,让更多人了解博览会、参与博览会。(2)围绕2011年博览会“环保合作”的主题,邀请从事环保方面的专业机构和人士参加博览会,深入探讨环保合作相关问题。(3)充分利用博览会这一很好的合作机制和交流平台,邀请更多更高层次工商界人士参展参会,特别是有效整合中国国内资源,把中国中西部省区与东盟各国工商界人士集聚南宁,探讨合作领域,寻找互赢商机,这必将使博览会的价值得到更好体现,博览会对东盟国家的吸引力也将得到进一步提升。(4)建议加强中国与东盟在软实力特别是文化方面的交流合作,在本届博览会期间可以邀请主题国马来西亚文化艺术团体到南宁开展丰富的文化交流活动。郭声琨赞同素林提出的建议,表示要很好地研究这些建议,组织力量做好工作,把第8届博览会办得更好。

5月10～13日,中国广西壮族自治区主席马飚率团访问文莱。10日,马飚在斯里巴加湾会见中国驻文莱大使馆临时代办孙向阳。11日,马飚在斯里巴加湾拜会文莱苏丹哈桑纳尔·博尔基亚。马飚首先对苏丹陛下接见他和广西代表团表示感谢,对文莱取得的发展成就表示祝贺。马飚简要介绍广西代表团此行的主要目的。2011年10月在南宁举行的第8届中国—东盟博览会意义重大。苏丹陛下曾在2006年出席在南宁举行的中国—东盟建立对话关系15周年纪念峰会和第3届中国—东盟博览会,给广西人民留下了深刻印象。他热情邀请并衷心希望苏丹陛下能出席第8届中国—东盟博览会并再次访问广西。苏丹对马飚率团访问文莱表示欢迎,对马飚邀请他出席第8届中国—东盟博览会表示感谢。他说,他曾到访广西,在南宁受到广西人民热情友好的接待。文莱非常重视发展与中国的关系,也非常重视加强与广西的交流合作。很高兴得知这次文莱工业与初级资源部与广西代表团就加强交流合作交换意见。文莱政府有关部门此前已就加强农业、渔业、旅游等领域的合作与广西方面签订相关协议和备忘录,希望双方进一步推进各领域的合作,加强高层互访,加强两地青年之间的交流。当天,马飚在斯里巴加湾会见文莱工业与初级资源部部长叶海亚。马飚对叶海亚部长和文莱工业与初级资源部近几年来大力支持广西承办中国—东盟博览会、推动文莱与广西加强交流合作表示感谢,并邀请叶海亚出席第8届中国—东盟博览会。他就进一步加强双方交流合作提出三点建议:一是进一步加强广西与文莱在经贸、农业、旅游、文化、渔业等全方位的合作,进一步推动两地青年的交流。二是继续共同举办好中国—东盟博览会。三是继续共同举办好泛北部湾经济合作论坛,进一步推动泛北合作,推动泛北各方的经济社会发展。叶海亚对马飚率团到访表示欢迎,对马飚邀请他出席第8届中国—东盟博览会表示感谢,并表示,文莱一直积极支持中国—东盟博览会的举办,2011年将继续派团参加第8届中国—东盟博览会,并积极推动本国领导人率团出席博览会,共同庆祝中国和东盟建立对话关系20周年和中国—东盟自贸区建成一周年。12日,马飚来到文莱双溪岭工业园,考察园区建设和重点企业,就加强广西与文莱在石化产业方面的合作进行交流。13日,广西代表团圆满结束对文莱的访问。

6月2日,第8届中国—东盟博览会高官会在中国广西北海召开。中国商务部亚洲司副司长梁文洮表示,中方愿与东盟方一道,进一步巩固和发展中国—东盟博览会这一平台,使之更好地服务于中国—东盟经贸合作,促进中国—东盟自由贸易区建设,促进共同发展,共同繁荣。与会的东盟10国高官表示将与中方一道,进一步发展和完善已形成的博览会共办机制,全面、深入地推动各项筹备工作,确保第8届中国—东盟博览会取得圆满成功。博览会秘书处负责人表示,第8届中国—东盟博览会,将努力在促进双方经贸等多领域合作方面发挥更重要的作用。

7月5日,中国广西壮族自治区主席马飚在南宁会见印度尼西亚驻华大使易慕龙一行。马飚代表自治区人民政府对易慕龙大使到访广西表示欢迎,对他多年来积极推动广西与印度尼西亚开展友好交流与合作表示感谢,对印度尼西亚驻华使馆与南宁市人民政府在南宁举办旅游、文化、投资促进等系列活动表示祝贺,并预祝活动取得圆满成功。马飚说,印度尼西亚国家领导人每年都率团参加中国—东盟博览会,有力地推动了广西与印尼的交流合作。广西希望与印度尼西亚进一步发展在经贸、农业、旅游等全方位的交流合作。广西政府将继续积极支持广西农垦集团在印度尼西亚承建中国—印尼经贸合作区。印度尼西亚是2011年东盟轮值主席国，广西诚挚邀请印度尼西亚国家领导人率团参加第8届中国—东盟博览会，同时希望大使阁下和印度尼西亚驻华使馆关心、支持中国和印度尼西亚经贸合作区建设，并支持、推动广西与印尼东爪哇省建立友好省区关系。易慕龙对广西取得的发展成绩表示祝贺。他说，这次在南宁举办印度尼西亚旅游投资贸易促进会，相信能够进一步加强与广西在各领域的合作。易慕龙简要介绍了南宁印尼之家的筹建情况，希望广西方面积极支持印尼之家的建设。

7月26日，中国国务院新闻办公室举行中国—东盟建立对话关系20周年经贸关系成效暨第8届中国—东盟博览会、第8届中国—东盟商务与投资峰会新闻发布会。中国商务部国际贸易谈判代表兼副部长高虎城，中共广西壮族自治区委员会常委、自治区副主席陈武，中国贸促会副会长王锦珍出席并发布新闻。东盟国家驻华使馆商务参赞或代表，中国商务部、中国贸促会以及广西有关部门负责人出席新闻发布会。高虎城在新闻发布会上评价说，中国—东盟博览会在促进双方经贸合作中发挥了重要的作用，有力助推了自贸区建设，有效促进了多领域交流，提升了双方国际影响力。他表示，中国商务部将进一步加强与东盟各国的合作，把博览会办得更有特色、更有实效，为推动中国—东盟自贸区建设、深化双方全面合作作出新的更大贡献。

作为中国—东盟建立对话关系20周年系列纪念活动的重要组成部分，第8届中国—东盟博览会将亮点频现。一是展览规模持续扩大，采取“一会三馆”的形式，同时使用南宁国际会展中心、广西展览馆、南宁华南城展览中心三个展区，扩大展览规模，满足企业逐年增长的展位需求。二是“走出去”特色更突出。为加强与东盟各国投资促进部门、地方政府、产业园区的合作，完善合作机制，中国和东盟10国投资促进部门将首次举行投资促进会议及系列投资促进活动，为企业“走出去”做好服务。三是主题国活动丰富多彩。主题国马来西亚将举办魅力之城和商品馆开馆仪式、马来西亚投资论坛、马来西亚领导人与中国企业家座谈会、文艺演出等丰富多彩的活动，深化共办共赢。四是促进双方全方位、多层次、宽领域合作。第8届博览会以“环保合作”为重点主题，将举办中国—东盟环保合作论坛，围绕金融、质检等10多个领域举办系列会议、论坛和活动，并将举行中国—东盟友谊知识竞赛等20周年系列纪念活动。至此，第8届中国—东盟博览会各项筹备工作进展顺利。中国国内外企业申请展位已达4200多个，报名进度快于往届。东盟方预定展位1400多个，其中6个国家包馆。另已有9个国家初步确定“魅力之城”。采购商参会积极，除中国和东盟10国外，还有意大利、法国、德国、日本、韩国等国家和地区的采购商团组报名参会，专业采购商人数比上届更多。

8月16日，中国广西壮族自治区主席马飚在南宁会见新到任的越南驻南宁总领事范星梅。马飚代表中共广西壮族自治区委员会、自治区人民政府对范星梅就任越南驻南宁总领事表示欢迎。马飚简要介绍广西经济社会发展情况。希望双方进一步落实联工委会晤达成的一系列协议和备忘录并完善工作机制，继续共同办好中国—东盟博览会，继续共同推动南宁—河内经济走廊建设，共同推动跨境经济合作区建设，进一步深化在旅游、文化、教育等各方面的合作。范星梅说，他将在任期内尽最大努力继续推动越南与广西在经济、文化、旅游、教育等方面的全面合作，同时希望广西党委和政府继续支持越南驻南宁总领馆的各项工作。

8月24日，第8届中国—东盟博览会和中国—东盟商务与投资峰会组委会会议在北京召开。会议围绕进一步办好博览会、商务与投资峰会，为加强中国与东盟在多领域的合作搭好平台、做好服务进行研究部署。博览会组委会主任、中国商务部部长陈德铭，中共广西壮族自治区委员会书记、自治区人大常委会主任郭声琨，博览会组委会副主任、自治区主席马飚出席会议并分别讲话。博览会组委会副主任、中国商务部国际贸易谈判代表兼副部长高虎城主持会议。博览会组委会副主任兼秘书长、中共广西壮族自治区委员会常委、自治区副主席陈武，商务与投资峰会组委会副主任、自治区委员会常委、秘书长余远辉，中国外交部部长助理刘振民，中国国家旅游局副局长祝善忠，中国国家食品药品监督管理局副局长边振甲，中国公安部警卫局副局长张智文少将，中国贸促会副会长于平，以及中宣部、国务院办公厅、国家发展改革委、科技部、财政部、环保部、交通运输部、海关总署、质检总局、国务院新闻办等组委会成员单位和自治区有关部门负责人等出席会议。陈德铭说，中国—东盟博览会是唯一以中国为主、面对东盟、多国共办且永久落户中国的政治、外交、经贸多领域合作机制，担负着重要的政治外交使命，性质不同于一般展会。胡锦涛总书记对办好博览会曾作重要指示，温家宝、贾庆林、李克强、曾庆红以及王岐山、吴仪、曾培炎等中央领导曾先后出席历届博览会，对办好博览会分别作了重要指示。7届博览会共有38位中国和东盟国家领导人、1300多位部长级贵宾出席。7年来，组委会各成员单位齐心协力，积极创新，为确保历届博览会圆满成功发挥了重要作用。同时，博览会已逐步形成各部委支持办好博览会、博览会积极为各部委工作搭好平台的工作机制，为各部委和各省区市扩展与东盟的合作发挥了很好的作用，也确保了博览会长效发展，增进了中国与东盟国家友好互信，深化了双边互利合作。2011年是中国—东盟建立对话关系20周年、中国—东盟友好交流年、中国—东盟自贸区建成1周年,第8届博览会是中国—东盟建立对话关系20周年系列纪念活动的重要组成部分,意义重大。第8届博览会要充分展示20周年合作成果,深化共办共赢;加大创新力度,提高经贸实效;做好主题内容和活动的策划,不断形成新的亮点,确保本届博览会办得更有特色,更有实效,为深化中国—东盟战略伙伴关系,深入实施自贸区战略,推动以我为主的区域经济一体化提供示范,推动经济发展方式加快转变。郭声琨说,博览会、商务与投资峰会已经在广西成功举办了7届,有效地搭建了友好交流、经贸促进和多领域合作的平台,贯彻落实了中央"与邻为善、以邻为伴"的周边外交方针,推动了中国—东盟自由贸易区建设,促进了广西对外开放和经济社会发展。自治区党委、政府对承办好第8届博览会和峰会高度重视,自治区党委常委会专题研究有关事项,明确提出要继续举全区之力,全力以赴办好博览会和峰会,确保取得圆满成功。目前博览会和峰会各项筹备工作正在积极有效推进。希望中央各部委继续支持办好中国—东盟博览会和中国—东盟商务与投资峰会,确保长期举办下去,进一步办出特色、办出实效。同时,博览会和商务与投资峰会也要为各部委和兄弟省区市扩展与东盟的交流合作搭好平台,做好服务。马飚说,前7届博览会和商务与投资峰会成果丰硕,影响深远,搭建了友好交流和经贸合作的平台,形成了中国—东盟合作的"南宁渠道",带动广西全方位对外开放,有力促进广西经济社会加快发展。东盟已连续12年成为广西最大的贸易伙伴。在新形势下,广西将全力以赴做好第8届博览会和商务与投资峰会的各项筹备工作,加强统筹协调,创新展会形式和内容,突出经贸实效,加大宣传推介力度,营造良好氛围,做好保障工作。希望各部委更多地把部门主管的中国—东盟交流合作项目放在广西,拓宽中国—东盟博览会的合作平台,使博览会在中国与东盟的交流合作中发挥更大的作用。高虎城说,要抓住中国—东盟建立对话关系20周年的新机遇,办好博览会。博览会要在内容和形式上加大创新力度,推动企业"走出去"。希望各部委继续支持办好博览会,博览会也要积极为各部委扩大与东盟合作搭好平台。陈武通报了中国—东盟博览会、商务与投资峰会举办以来取得的成效,尤其是在推进中国与东盟各领域合作交流中发挥的作用,以及第8届博览会、商务与投资峰会的主要特点和亮点。于平介绍了第8届商务与投资峰会的主题和筹备情况。中国外交部介绍了东亚形势,环保部通报了中国—东盟环境合作论坛筹备工作情况,科技部介绍了关于将"科技合作"作为第9届博览会重点主题(含主题论坛)的提议和工作设想。组委会各成员单位在发言中表示,继续支持博览会、商务与投资峰会长远发展,并充分利用这一平台加强与东盟在各领域的交流合作,为促进中国—东盟全面合作作出新的贡献。

8月25日,中共广西壮族自治区委员会书记、自治区人大常委会主任郭声琨,自治区主席马飚在南宁会见老挝副总理兼外交部长、中联部长通伦·西苏里一行。郭声琨代表自治区党委、政府和人民对通伦率团访问广西表示热烈欢迎。郭声琨简要介绍了广西经济社会发展情况。他表示,中国与老挝两党、两国之间有着悠久的友好合作关系,两国人民有着深厚的传统友谊,广西与老挝的深厚友谊是中老友好关系的重要组成部分。近年来特别是自2004年在广西举办中国—东盟博览会以来,广西和老挝双方高层互访频繁,有力地推动了广西与老挝在各领域的交流合作。相信在新形势下,经过双方共同努力,广西与老挝的友好合作关系必将取得新的更大进步。郭声琨就进一步加强广西与老挝友好合作关系提出三点建议:一是继续共同支持和大力办好中国—东盟博览会,诚挚地邀请老挝党和国家领导人出席第8届中国—东盟博览会和商务与投资峰会,并通过这个良好的平台,加强双方在经贸、项目等方面合作。二是在过去的基础上继续加大双方在教育、文化、农业、旅游等领域的友好合作。中国与老挝友谊深厚,广西与老挝更是亲上加亲。广西是一个农业大省区,在农业种植方面有着独特优势,双方在电力和资源开发、深加工等方面也有着良好的合作基础,希望推动这些领域合作向更高层次、更宽领域发展,造福两国人民。三是推动广西与老挝友好省市交流,进一步深化广西与老挝人民的传统友谊。通伦赞同郭声琨提出的合作建议,对受邀出席第8届中国—东盟博览会和商务与投资峰会表示感谢。他表示前7届博览会和峰会不仅向东盟、更向世界展示了广西取得的巨大成就,也让大家看到了广西与老挝、广西与东盟的合作前景广阔,合作潜力巨大。老挝将借助博览会这个良好平台,推动双方全方位的合作,进一步巩固、深化兄弟般的友谊关系。

9月3日,中共广西壮族自治区委员会书记、自治区人大常委会主任郭声琨,自治区主席马飚在南宁会见出席亚洲政党专题会议的柬埔寨副总理索安。郭声琨代表中共广西壮族自治区委员会、政府对索安一行出席亚洲政党专题会议表示热烈欢迎。在简要介绍广西经济社会发展情况后,郭声琨说,中国与柬埔寨是亲兄弟、好邻居。双方交流合作源远流长。特别是2004~2008年,洪森首相连续5年出席中国—东盟博览会,为博览会增光添彩。近几年,广西壮族自治区党委和政府领导分别率团访问柬埔寨,进一步深化了双方在经贸、农业、工业、文化、教育等方面的务实合作,合作非常成功,前景非常广阔。就进一步加强双方友好合作,郭声琨提出继续加强双方各领域的合作、继续加强友城交流、继续共同支持和办好中国—东盟博览会的三点建议。索安十分赞同郭声琨提出的合作建议,对近年来柬埔寨与广西友好合作关系的发展给予高度评价。他说,前7届中国—东盟博览会的成功举办,促进了中国与东盟以及柬埔寨与东盟其他国家友好关系的发展。对柬埔寨来说,发展农业、旅游和交通、水电等基础设施建设非常重要,在这些方面柬埔寨和广西合作潜力巨大、合作前景良好。双方应进一步拓展合作领域、丰富合作内容、提升合作水平,努力取得更加良好的合作成效。

同日,中国广西壮族自治区主席马飚在南宁会见马来西亚华人公会总会长蔡细历一行。马飚代表自治区党委、政府对蔡细历总会长率团出席亚洲政党专题会议表示欢迎,对马华公会多年来积极增进中马友谊、推动马来西亚与广西开展交流合作表示感谢。他说,2011年第8届中国—东盟博览会主题国是马来西亚,希望马华公会积极推动本国领导人率团出席博览会。同时希望马华公会支持中马钦州产业园的建设,推动更多马来西亚企业、商人到钦州投资合作,推动马来西亚与广西在经贸、农业、工业、科技、文化、教育、卫生等各领域的合作。蔡细历说,当前马中关系越来越好,贸易总量也越来越大。马华公会将积极参与第8届中国—东盟博览会,进一步推动马来西亚与广西加强友好交流与务实合作。

9月4日,郭声琨、马飚在南宁会见前来出席亚洲政党专题会议的老挝国家副主席本扬。郭声琨代表中共广西壮族自治区委员会、自治区人民政府对本扬率团出席亚洲政党专题会议表示热烈欢迎。他说,副主席阁下是广西人民的老朋友和好朋友,两次率团出席中国—东盟博览会,为中老之间的交流合作特别是为广西和老挝的友好往来与合作作出了积极贡献。郭声琨就进一步加强双方友好合作关系提出三点建议:一是继续加强双方在农业、工业、文化、教育、旅游等领域的友好合作,二是继续共同支持和大力办好中国—东盟博览会,三是继续加强双方高层互访往来。本扬十分赞同郭声琨提出的合作建议,高度赞扬老挝与广西的友好合作关系。他说,老挝与中国交流合作不断加强,老挝非常重视与广西的合作,广西给老挝带来了很多先进的农业、工业技术,为老挝经济社会发展作出了重要贡献。特别是前7届中国—东盟博览会的成功举办,推动越来越多的广西企业在老挝投资兴业,并取得了长足发展,让大家看到了老挝与广西广阔的合作前景。希望双方进一步加强各领域合作,推动双方企业找到更多的合作商机,携手共进,实现共赢,把两国睦邻友好关系推向新的高度。

9月8日,作为第8届中国—东盟博览会亮点之一的"魅力之城"展区组展顺利,11个国家的"魅力之城"全部确定。这些"魅力之城"分别是:中国的海南省、文莱的斯里巴加湾市、柬埔寨的拉达那基里省、印尼的西巴布亚省、老挝的占巴塞省、马来西亚的柔佛州、缅甸的内比都市、菲律宾的普林塞萨港(又名公主港)市、新加坡的新加坡城、泰国的孔敬市和越南的会安市。"魅力之城"展区总展示面积1748平方米,比上届增加214平方米。本届博览会的重点主题是"环保合作"。围绕这一重点主题,中国与东盟各国的"魅力之城"将重点展示在环保领域的巨大合作商机和城市特色。届时,各国"魅力之城"主要行政官员将率代表团参会,主题国马来西亚将举办"魅力之城"和商品馆开馆仪式、马来西亚领导人与中国企业家座谈会、马来西亚投资论坛、文艺演出等丰富多彩的活动。部分"魅力之城"也将举办专场推介会以及商贸活动等,以促进各国城市间的交流与合作。

9月16日,第8届中国—东盟博览会、中国—东盟商务与投资峰会"携手共进35天"启动仪式在南宁国际会展中心举行。马飚等自治区领导和东盟国家驻南宁外交机构代表出席。参加启动仪式的还有自治区有关部门负责人、各界代表共300多人。中共广西壮族自治区委员会常委、自治区副主席陈武在仪式上讲话。他说,第8届中国—东盟博览会、商务与投资峰会作为20周年系列纪念活动的重要组成部分,是20年辉煌成就的体现,将展示双方合作的美好前景,意义重大。广西作为承办方,将发挥共办优势,加大创新力度,把本届博览会、商务与投资峰会办得更有特色、更有实效,并以此为平台,积极推进大湄公河次区域合作、泛北部湾经济合作、中越"两廊一圈"合作、南宁—新加坡经济走廊、跨境经济合作区建设,大力推进广西北

第8届中国—东盟博览会举办地——南宁国际会展中心外景　(《广西画报》)

部湾经济区开放开发，加快推进交通等基础设施的互联互通，为服务中国—东盟友好合作作出新的更大贡献。越南驻南宁总领事范星梅在仪式上发言说，经过7年的成功举办，中国—东盟博览会、中国—东盟商务与投资峰会已成为东盟与中国合作框架下的重要活动之一，为广西与东盟国家各个地方乃至东盟与中国发展全面合作关系起到了推动作用。东盟各国驻南宁总领事馆将一如既往地与承办方广西紧密合作，携手共进，为东盟—中国友谊和全面合作关系深入发展作出贡献。东盟参展参会企业代表也在仪式上发言。马飚宣布活动启动，标志着本届“两会”筹备工作进入最后冲刺阶段。

9月16日，中国—东盟博览会和中国—东盟商务与投资峰会广西指挥中心召开工作会议，听取“两会”有关筹备工作情况汇报，并对下一阶段工作作出部署。会议强调抓好以下各项工作：加强与国家部委和东盟方联系，跟踪和落实好各项工作；围绕重大活动安排，策划和组织好各场活动；做好采购商邀请工作，加强广西与东盟合作项目的组织，提高经贸成效；加强展览管理，营造良好洽谈交易环境；做好峰会各项工作；突出重点，提高水平，做好接待工作；确保安全，体现便利，做到安全保卫万无一失；加强宣传策划，结合中国—东盟建立对话关系20周年系列纪念活动，扩大影响；做好南宁市氛围营造和保障工作；做好“两会”市场开发工作，促进“两会”持续发展。

9月29日，中国—东盟博览会、中国—东盟商务与投资峰会广西领导小组在南宁召开会议，听取筹备工作进展汇报，研究部署有关工作。自治区主席、“两会”广西领导小组组长马飚主持会议并讲话。自治区领导、“两会”广西领导小组副组长李金早、沈北海、余远辉、梁胜利参加会议。马飚对“两会一节”筹备工作给予充分肯定。他说，中央对于办好2011年的“两会”非常重视，国家相关部委继续给予大力支持，东盟国家积极参与。在自治区有关部门的团结协作下，“两会一节”各项筹备工作正按预定方案有序推进，整个筹备工作扎实有效。

经过以上一系列工作，第8届中国—东明博览会筹备工作取得良好成效，招商招展取得新突破。本届博览会的展位供不应求。为解决供求矛盾，新增华南城展区，扩大规模，形成会展中心、广西展览馆、华南城的“一会三馆”格局。至2011年10月18日，国内外预订展位4943个，超出计划数23.6%。参展企业2300家，比上届增长4.6%。国内省区报名的规模和质量比上届明显提高。朗科集团、清华同方、西门子等知名企业纷纷报名。台北世界贸易中心首次组织台湾企业整体参展。东盟参展热情高涨。东盟国家企业重复参展率高，缅甸达71.9%，新加坡、柬埔寨均达55%。东盟10国及10+1以外国家和地区使用展位1204个，其中东盟10国使用展位1161个。代表中国国内各行各业高水平的品牌企业继续参展。电子电器展区展位缺口最大，共有348家企业报名，申请550个展位，超出能使用展位数194个。工程机械及运输车辆共有76家企业参展，重复参展率达90%。国内电力设备以及新能源参展企业75家，使用展位275个。东盟采购商报名热情空前高涨，有600多家东盟采购商报名参加博览会贸易配对活动，东盟采购商团组数比上届增加20%以上。意大利、法国、德国、瑞士、西班牙、英国、瑞典、卢森堡、阿尔巴尼亚、埃及、日本、韩国等区域外国家和地区的采购商积极报名参会。国内各省区市采购商报名参会十分踊跃，广东、上海、福建、厦门、山东、安徽等省市将组织采购团组及投引资企业参会。青岛有20多家企业将专门采购东盟国家橡胶，上海有50多家企业专门采购东盟轻工产品和包装食品。本届博览会将举办大型采购对接会，为东盟国家和国内各省区市采购团与博览会境内外参展企业进行对接，提供面对面的洽谈机会；根据行业特点举办专场小型对接会，为采购商和参展企业提供洽谈见面机会；与联合国采购机构合作举办联合国采购说明会。本届博览会展览洽谈环境将进一步优化，各项服务进一步机制化、体系化、常态化。会议期间将继续开通南宁往返东盟各国主要城市的直航包机，在会场与宾馆之间安排穿梭巴士，对中外宾客实行对口接待，宾馆服务更加规范。

第8届中国—东盟博览会开幕式

2011年10月21日，第8届中国—东盟博览会开幕式在南宁国际会展中心朱槿花厅举办。中共中央政治局常委、国务院总理温家宝，第8届中国—东盟博览会主题国马来西亚政府总理纳吉布，柬埔寨政府首相洪森，缅甸副总统吴丁昂敏乌，老挝政府副总理宋萨瓦，泰国政府副总理吉滴叻，越南政府副总理阮春福，文莱工业和初级资源部部长叶海亚，新加坡贸工部部长林勋强，菲律宾贸工部副部长马拉雅，印度尼西亚贸易部部长助理穆赫达塔尔，中共广西壮族自治区委员会书记、自治区人大常委会主任郭声琨，中国广西壮族自治区主席马飚，东盟秘书长素林出席开幕式并为开幕式剪彩。

第8届中国—东盟博览会在中国—东盟建立对话关系20周年、中国—东盟友好交流年、中国—东盟自贸区建成1周年的背景下举办，具有特殊而深远的意义。开幕式现场气势恢弘，大红的地毯、灯笼透着喜庆，主席台正上方“庆祝中国—东盟建立对话关系20周年”的横幅格外醒目；8棵象征博览会连续举办8届的“大树”枝叶相连，绿色背景不仅将会场环廊装点得绿意盎然，还体现了本届博览会“环保合作”的重点主题。

9 时，开幕式正式开始。开幕式由本届中国—东盟博览会主题国马来西亚国际贸易和工业部部长慕斯塔法、东盟秘书长素林共同主持。马来西亚政府总理纳吉布、中国广西壮族自治区主席马飚、中国商务部国际贸易谈判代表兼副部长高虎城分别致词。

2011 年 10 月 21 日，第 8 届中国—东盟博览会开幕式在南宁国际会展中心朱槿花厅举办。图为开幕式现场　　（《广西画报》）

纳吉布在致词中说，本届博览会因恰逢东盟与中国建立对话关系 20 周年而尤显重要，我们为马来西亚作为博览会的主题国深感荣幸。20 年来，在共同发展理念的指引下，双边关系蓬勃发展。马来西亚努力推进经济一体化进程，通过实施中国—东盟自贸区协议来促进区域合作及全球融合。协议让中国与东盟的商家从贸易中获得更大收益并扩展投资机会，从而在本地区、在世界其他地方产生更大影响。纳吉布在致词中还对中国提出将双边贸易额在 2015 年增至 5000 亿美元表示由衷赞赏，指出双方更应加强双方的沟通和相互理解。他认为，本届博览会将环保和可持续发展作为重点主题，意义也在于改变大家的行为方式，发展更清洁环保的技术，降低排放，确保子孙后代能从我们手里继承一个清洁、安全和健康的地球。

马飚在致词中说，8 年来，由中国和东盟 10 国共办的中国—东盟博览会常办常新，硕果累累，不仅搭建了双方友好交流、经贸合作和深化友谊的重要平台，形成了中国—东盟“南宁渠道”，还成为中国—东盟自贸区建设发展的助推器，成为中国与东盟友好合作的象征。5 年前，中国—东盟建立对话关系 15 周年纪念峰会在南宁与博览会同期举办。今天，第 8 届中国—东盟博览会作为中国—东盟建立对话关系 20 周年系列纪念活动的重要内容，将创造更多商机，将进一步提升友好合作水平，加深传统友谊，谱写共赢发展的新篇章。

高虎城在致词中说，中国和东盟建立对话关系 20 年来，各领域友好互利合作不断推进，经贸合作成效尤其显著。双方携手合作，实现了全面建成中国—东盟自由贸易区的目标。共同搭建的中国—东盟博览会平台，增进了企业间的交流与合作，促进了双边贸易和投资，为双方企业和人民带来实实在在的利益。此届博览会将充分反映 20 年来双方合作的辉煌成就，展示中国—东盟自贸区广阔商机和美好前景，为双方企业创造更多的合作机会。

致词结束后，会场的 LED 屏播放了回顾中国与东盟友好交往历史，展示中国与东盟友好合作丰硕成果的精彩短片。随着主席台上一幅印有中国与东盟 10 国标志性建筑和博览会会徽的大型画卷的缓缓展开，来自中国和东盟 10 国的青少年代表分别用母语介绍自己，同时送上对博览会的祝福。

9 时 30 分，中国国务院总理温家宝宣布第 8 届中国—东盟博览会开幕。14 位嘉宾在接受少年献花后，共同为博览会开幕剪彩，庆祝中国—东盟合作交往取得的成就。嘉宾们还共同为中国—东盟青少年交流活动中心揭牌，祝愿中国与东盟友好合作代代相传。

伴随着漫天飞舞飘扬的礼花、彩带和雷鸣般的掌声，第 8 届中国—东盟博览会正式拉开序幕。

第 8 届中国—东盟博览会展厅设置

第 8 届中国—东盟博览会共设商品贸易、投资合作、先进技术、服务贸易和“魅力之城”五大专题：

商品贸易专题　（1）南宁国际会展中心主会场。①工程机械展区。展示工程机械、建筑机械、矿山机械、运输车辆。②电力设备展区。展示电力设备、新能源设备。③食品加工与包装机械展区。展示食品加工机械、食品包装机械。④建筑材料展区。展示新型环保化学建材、室内装饰材料、门窗幕墙、卫浴洁具、铺装材料。⑤电子电器展区。展示信息通讯、家用电器。⑥综合展区。展示机械设备、电子电器、建筑材料。⑦品牌展品。展示东盟各国行业内领先、深受市场欢迎的知名品牌产品及形象。⑧食品农产品。展示食品、饮料、土畜产品、农业技术等。⑨家具家居。展示木质家具、藤制家具、其他家具、家具半成品及零配件、家居装饰等。⑩工艺品及珠宝饰品。展示特色工艺品、珠宝玉器、时尚饰品等。⑪日用消费品。展示清洁用品、洗浴用品、美容护理用品、餐厨用品、家用电器、家纺服装、皮具箱包、家庭用品等。⑫服务业产品。展示环保、体育与旅游休闲产品、教育、金融服务、商务咨询、人力资源、法律咨询、房地产等。⑬大宗原材料。

展示棕榈油、橡胶、矿产品及其他原材料等。(2)广西展览馆分会场农业展。展示农用生产资料、花果苗木、包装食品展。(3)南宁华南城轻工展。展示珠宝首饰、工艺品礼品、东盟特色商品、日用消费品。

投资合作专题 (1)国际经济合作展。展示国际工程承包、劳务合作、基础设施建设、资源开发、节能环保、园区招商等。(2)投资促进活动。①中国—东盟博览会投资促进圆桌会。②中国—东盟基础设施投融资合作论坛。③东盟10国投资推介会。④中国重点省市投资推介会。⑤中国—东盟博览会投融资项目对接会。⑥项目信息发布会。

先进技术专题 (1)农业先进技术展。展示农业种养殖、农产品深加工、现代农业装备、农业生物肥料、农村民生科技等。(2)高新技术展。展示节能环保技术、机电一体化、高新材料等。(3)中国与东盟国家技术项目发布会。

服务贸易专题 (1)金融服务展。展示个人理财、企业金融、金融信息咨询等。(2)文化教育服务展。展示国际教育合作、职业培训、留学咨询等。(3)旅游服务展。展示城市形象、旅游休闲产品等。

魅力之城专题 围绕"环保合作"的博览会主题,11个主办国选择在环保领域具有合作商机和发展潜力的城市作为本国"魅力之城"向公众展示,并举办相关主题及城市交流活动。11个"魅力之城"分别是:中国海南省,菲律宾公主港,老挝占巴塞省,柬埔寨拉达那基里省,缅甸内比都市,文莱斯里巴加湾市,马来西亚柔佛州,泰国孔敬市,越南会安市,新加坡新加坡城,印度尼西亚西巴布亚省。

第8届中国—东盟博览会国际合作项目集中签约仪式

2011年10月22日在南宁举行。中国广西壮族自治区领导陈际瓦、荣仕星、高雄出席集中签约仪式,见证签订国际经济合作项目63项,合同总额54.1亿美元。集中签约活动呈现出六大特点:一是国际合作成效显著。签订的合同总额比上届增长64%,增幅居历届博览会之首。项目涉及的产业行业有工业制造、基础设施、交通能源、农业及农产品加工、商贸物流、住宿和餐饮业等。二是中国—东盟经贸合作广泛性增强。中国与东盟9个国家有合作项目签约,签约合作项目32项,合同总额24.7亿美元,比上年增长1倍多。中国有10个省、自治区、直辖市和8家中央企业与东盟国家有合作项目签约,分别比上届增加6个省、自治区、直辖市和7家中央企业。三是中国—东盟博览会"走出去"平台作用凸显。此届博览会签约对外投资和承包工程项目24项,合同金额17.5亿美元,比上届增长3倍以上,项目涉及基础设施建设、建材制造、农业合作等。四是广西的前沿和窗口作用突显。承办地广西共签订国际合作项目51项,合同总额36.3亿美元,占集中签约总额的67%。五是主题国优势明显。本届博览会主题国马来西亚在集中签约活动中,与中国签订投资项目5项,合同投资额6亿多美元。六是金融机构积极参与投资合作。中国国家开发银行与中国建筑股份有限公司、中国技术进出口公司、中国路桥工程有限责任公司和海外柬华投资有限公司等国内外公司签订高达35亿美元的融资合作协议,对中国企业到东盟开展投资合作提供了重要保障。

第8届中国—东盟博览会国内合作项目集中签约仪式

2011年10月22日在南宁举行。中国广西壮族自治区领导陈际瓦、高雄等出席。与会单位、企业签订国内投资合作项目87项,合同总额691.3亿元。这些企业分别来自北京、山东、江苏、上海、浙江、福建、广东、湖北、湖南、四川、河北、云南、辽宁、黑龙江、安徽、新疆、广西等17个省、自治区、直辖市和中央直属企业,项目涉及制造业、基础设施、交通能源、农业及农产品加工和商贸物流仓储等。此次集中签约成果有四大特点:一是国内投资合作持续高涨。在上届博览会国内合作项目合同投资额增长9%的基础上,这届仍增长8.4%。二是北部湾经济区建设魅力不减。投资北部湾经济区建设的项目24项,合同投资额258亿元,比上届增长2.4倍;占全场签约项目投资总额的37%,比上届高出20个百分点。三是举办地南宁的区域性物流基地、商贸基地、加工制造基地建设投

第8届中国—东盟博览会签约仪式现场 (广西新闻网)

资吸引力增强。此次签约的制造业、商贸和物流项目合计47项,合同投资额385亿元,占签约项目投资总额的46.2%。四是投资合作趋于多样化。参与签约的国内省区市达17个,其中广西与广东、北京、山东、江苏、浙江、上海等11个东部省市签订合作项目77项,签约金额612亿元,分别占整场合作项目签约数和总投资额的88.5%。广西与湖南、安徽、湖北等3个中部省份签订合作项目5项,签约金额24.7亿元;与四川、云南、新疆等3个西部省区签订合作项目3项,签约金额36.5亿元。

·链接资料·

第8届中国—东盟博览会投资合作项目广西签约活动

2011年10月21~22日,中国广西各市借助中国—东盟博览会平台,充分开展经贸合作活动,投资合作成果明显。

南宁市 21日举行"两会一节"投资贸易洽谈会暨重大项目签约仪式,签约重大项目42项,合同投资总额482亿元。主要项目有:中国百盛集团与青秀区政府签订的百盛百货商场项目,香港宏高企业有限公司与广西威日矿业有限责任公司签订的横县年产50万吨钙芒硝矿开发项目,美国爱德华有限公司与青秀区政府签订的高新太阳能发电项目,天山发展(控股)有限公司与相思湖新区管理委员会签订的南宁市大型水上娱乐公司项目以及商贸、旅游、房地产等系列项目(一期)等。

桂林市 博览会期间与国内外客商签订项目39项,合同投资总额466.86亿元。项目涉及旅游、电子信息、光伏、生物制药等产业,其中旅游项目占签约半数以上。签约投资额最大的外资项目是飞虎通用航空产业基地项目(投资方为美国联邦航太控投集团),投资总额2.35亿美元。最大的内资合作项目是桂林国际医药、化妆品物流产业园项目,总投资额25亿元。

北海市 博览会期间签订合作项目11项,合同投资总额62.28亿元。在这些签约项目中,外资项目占4项,投资总额3.65亿美元;内资项目7项,投资总额38.95亿元。主要项目有涠洲岛旅游区管委会与新奥集团北部湾旅游开发公司签订的涠洲岛游客集散中心项目,合浦县政府与广州市畅成石油化工贸易有限公司签订的120万吨重质燃油综合利用加工项目等。

梧州市 博览会期间共签约合作项目7项,合同投资总额20.46亿元。签约项目涉及旅游、化工、设备制造、手机配套等行业。主要项目有:新加坡嘉华投资有限公司投资5亿元的梧州·新加坡印象项目、苍梧县圣绿鸿基科技有限公司投资1.1亿元的车用贮电材料生产项目、广西金茂钛白有限公司投资3.5亿元的年产10万吨金红钛白生产项目、佛山市南海万格士机械有限公司投资1亿元的陶瓷及铝型材设备制造项目、佛山精进能源有限公司投资7.16亿元的车用锂聚合物动力电池生产项目、广西梧州日月红实木科技股份有限公司投资1.5亿元的广西梧州日月红博物馆项目、中山市一龙电器有限公司投资1.2亿元的手机配套项目。

防城港市 21日在博览会防城港市专场签约仪式签订项目17项,合同投资总额243.86亿元。在22日博览会国际、国内合作项目自治区集中签约仪式上签订项目7项,其中外资项目4项(投资总额16657.2万美元),内资项目3项(投资总额20.7亿元)。项目涉及制造、仓储物流、光伏、生物能源加工和风电等产业。签约项目中,投资金额最大的是由北京吉阳控股集团公司投资60亿元的光伏产业园。

钦州市 10月21日,钦州中马产业园区签约暨揭牌仪式在南宁举行。中共中央政治局常委、国务院总理温家宝和马来西亚总理纳吉布见证签约并共同揭牌。23日在第8届中国—东盟博览会钦州商机座谈会暨项目签约仪式上,签订项目29项,合同投资总额309亿元,项目涵盖临港产业、基础设施、农业及农产品加工、新兴电子等产业。

来宾市 22日在博览会上签订项目8项,合同投资总额27亿多元。项目包括国际合作项目2项,投资总额3280万美元;国内合作项目6项,投资总额25.3亿元。国际合作项目分别有武宣县年产100万双鞋项目、象州县年产5万吨漂白蔗渣浆及年产5万吨生活用纸项目。国内合作项目有印象金秀综合项目、年产50万吨再生纤维功能材料项目、忻城县玉金丝绸综合加工项目、合山市中冠年产50万平方米石材项目、来宾市工业园区兴宾区园中园配套服务生活小区项目、来宾华侨投资区高新技术产业园功能配套建设项目等。

贺州市 22日在博览会国际、国内合作项目集中签约仪式和贺州专场项目签约会上,该市储备的25个合同项目全部成功签约,合同投资总额149.31亿元,比上届增长1倍多。项目涉及电力、林产、矿业、电子、新材料等五大支柱产业以及机械制造、商贸旅游、房地产开发等投资领域。

凭祥市 在19日举办2011年港澳台及海内外知名企业陆路东盟崇左行投资签约会,签订项目2项,分别是投资3亿元的中国—东盟(凭祥)农副产品大市场建设项目和投资5000万元的凭祥合作区恒标生物科技建设项目。22日,在博览会广西集中签约仪式上,该市与华夏空能机械科学研究院、东方空能投资集团有限公司(香港)签约投资6亿元的空能科技(凭祥)发电厂能源基地大项目。该项目落户凭祥边境经济合作区友谊关工业园,占地146.7公顷,投资总额约306亿元。

第8届中国—东盟博览会和商务与投资峰会闭幕式

2011年10月26日下午，第8届中国—东盟博览会、中国—东盟商务与投资峰会组委会在南宁举行闭幕式暨新闻发布会，对外通报“两会”成效，宣布“两会”闭幕。中共广西壮族自治区委员会常委、自治区副主席李金早，中国和东盟10国共办方代表，东盟秘书处代表及中外记者共200多人出席。

与往届相比，第8届“两会”更为凸显中国、东盟共办的特点。一是中国和东盟各国领导人率团高规格出席，表明在中国—东盟建立对话关系20周年的特殊历史背景下，面对复杂的世界经济形势，中国和东盟更加重视博览会和商务与投资峰会的平台作用，显现出进一步加强互利合作，继续共同推进自贸区建设，实现共同发展、共同繁荣的信心和决心。中国国务院总理温家宝、马来西亚政府总理纳吉布，柬埔寨政府首相洪森，缅甸副总统吴丁昂敏乌，老挝政府副总理宋萨瓦，泰国政府副总理吉滴叻，越南政府副总理阮春福，东盟秘书长素林，以及中国、东盟国家的商务、环保、质检、金融、电信等多个部门的部长出席本届盛会，其中部长级以上贵宾240人（中方141人，东盟和其他国家99人）。二是会议期间政商高端对接和多层次交流活动增多。既有东盟国家领导人与中国地方政府领导、企业家的会见或对话，也有中国有关部委领导、省区市领导与中外企业家的会见和交流，进一步促进政商互动，为企业创造更多商机。三是经贸成效提升，中国—东盟自贸区成果突出。博览会参展企业总数达到2300家，参展客商5.06万人，分别比上届增长4.6%和3.3%；累计交易总额18.07亿美元，增长5.6%；签订国际经济合作项目105项，合同投资总额74.2亿美元，增长10.9%。中国企业签订对外投资项目52项，投资总额26.5亿美元，增长37.8%；签订国内投资合作项目102项，合同投资总额731.1亿元，增长8.4%。举办地广西共签订国际合作项目69项，合同投资总额46.9亿美元，占国际合作项目合同金额的63.2%。四是系列会议和交流活动富有成效。本届博览会保持“展会结合”特色，先后共举办会议和交流活动14个，有效增加了更多的社会人文领域的会议和交流活动，促进全方位、多层次、宽领域合作。五是更多媒体关注博览会、商务与投资峰会。到会采访“两会”的媒体有275家1738名记者，分别增长38.2%和19.2%。

在会上，博览会组委会表彰各方的努力和成就，评出本届博览会的各个奖项。在闭幕式上，中国—东盟博览会组委会对中方和东盟方参会组织机构予以表彰。中共广西壮族自治区委员会常委、自治区人民政府副主席李金早和东盟秘书处代表蓬猜分别向东盟10国共办方、东盟秘书处和中国海南、福建、青岛等省、市颁发最佳参展商组织奖、最佳采购商组织奖、最佳行业组织奖、最佳品牌展示奖、最佳投资合作推介奖、最佳魅力之城展示奖、主题国纪念奖、重大贡献及支持奖。

此外，“两会”还进行“魅力之城”交接仪式主题国标志交接仪式，确定缅甸为下届主题国，公布第9届博

第8届中国—东盟博览会"魅力之城"中国海南省组图：①海南展馆前文艺表演；②海南国际旅游岛展馆；③天涯海角；④海底探幽；⑤美丽海滩

（广西新闻网）

览会各国“魅力之城”展区位置顺序。

第8届中国—东盟博览会“魅力之城”简介

中国海南省　中国热带岛屿省份。旅游资源丰富,生态环境保护完好,有天然大氧吧、健康岛、南海明珠的美誉,是理想的热带滨海旅游胜地。

展馆面积约300平方米,以一艘游轮的造型布展,蓝白相间的主色调使整个展馆谐调而清新。船头两旁的椰子树,装饰在洁白船体上的绚丽黎族织锦和七色彩虹,浓缩了海南独特的自然资源、生态环境和民族风情。展馆大屏幕循环播放着海岛风光和迷人热带风情宣传片,仿佛把人们带到碧海蓝天、椰林斜阳的“天涯海角”。展区通过若干主题,展示中国建设海南国际旅游岛的六大战略定位。通过生动的图文简介和影视专题,展现海南是博鳌论坛、“世界小姐”等国际经济合作和文化交流的重要平台,是中国旅游业改革创新试验区的特殊地位。

菲律宾公主港市　普林塞萨港的别称,菲律宾巴拉望岛中东部港口城市。以鳄鱼养殖、地下河流及潜水等特色旅游而闻名。有众多海洋、陆地动植物,不仅是菲律宾森林覆盖率最高的城市,也是生态环境保存最完好的地方。普林塞萨港市地下河被联合国教科文组织确认为世界自然遗产,是世界新七大奇迹之一。

展区呈圆拱形,白色外壁素雅明净。拱内饰以奇石岩壁、水晶及菲律宾的名胜景点等彩绘,一条条弧形圆拱环环相扣,相互交错,似洞穴,又似地下河道。从正面看,展区犹如千年洞穴,神秘而诱人深入。展厅摆设有水蝾螈化石、石阵、水晶、方解石及菲律宾“神圣家族”等特色物品,让人在赞叹普林塞萨港市地下河岩洞风光美妙、自然资源丰富的同时,也了解当地人文风俗。

老挝占巴塞省　位于老挝最南端,是老挝西南部的一个省份,与泰国、柬埔寨接壤。面积1.54万平方千米,人口约66.7万。以农业生产、工业服务、自然资源、旅游业为优势产业。作为古都,历史悠久的建筑、美丽的自然风光让占巴塞省拥有丰富的旅游资源。

展区的大门是极富特色的瓦普寺造型,门上翘起飞檐,门框雕琢精致图案,门的颜色和雕花较好呈现了老挝历史文化。展区中间,占巴塞省的风景招贴画和沙盘直接反映了其醉人的旅游主题:瓦普寺建筑群,历史可追溯到公元7世纪至12世纪;湄公河上的明珠——孔发瀑布,落差近15米,是东南亚水流量最大的瀑布。

柬埔寨拉达那基里省　位于首都金边北部,与越南、老挝接壤。地广人稀,茂密的丛林、奔腾的瀑布、丰富的矿产,开发前景广阔。这里有发育良好的岩溶地质地貌,每年都吸引众多游人前往观光游览。这里别具特色的民族村落也引人入胜,好客的少数民族不仅各自拥有独特的语言、传统和习俗,而且欢迎游客们到家里走走看看,租骑大象,欣赏美景。

展区被布置成一个微型“村落”:一派生机勃勃的绿色前,两只石象蹲着迎接访客。用竹子、茅草、树木编织搭建起来的亭子、棚屋和竹梯,加上那些编织精美的竹席,极富生活气息和本土特点。根据距离地面的高度不同,建有“未婚男孩之屋”和“未婚女孩之屋”。展区还展示了柬埔寨的大幅风景图,行走其中,仿佛置身于大自然之中。

缅甸内比都市　缅甸新首都。以农业和林业为支柱产业,以稻米、黄麻、柚木、水果等物产闻名。2005年建都后,基础设施尚未完善,交通、通信还相对不便,工业、运输业和旅游业发展刚起步。市区被山脉和森林环抱,是名副其实的绿色之都。

展区大门两侧伫立着一对集宗教、神话和艺术色彩于一身的金色人偶,称为“幸福仙子”。展区中间竖立着一根多边形立柱,立柱顶部有精美纹饰,立柱的每一凹面都是一幅图,分别介绍内比都农业、林业、渔业、工业、运输业、旅游业的发展成就。展区两侧墙壁张贴反映上述产业发展状况的图片,布置简洁而不失内涵。在鲜花簇拥中,几个象征幸福美满的“仙子”,以欢欣的舞蹈迎请游客进馆参观。

文莱斯里巴加湾市　原称文莱市,17世纪起即为文莱首都,1970年改为现名,意为“和平的市镇”。最初是文莱河入海处的一片沼泽地,后来马来人陆续定居,形成数十个水上村落,至今仍是世界上最大的水上村庄。城市分为新、旧城区。旧城区为“水村”,在水上立桩搭建木屋,加上颜色鲜艳的油漆,民俗风格独特;新城区街道整洁,树木繁盛,绿草如茵,风景如画。新区建筑多为二层楼房,医院、商行、政府办公楼、豪华公寓,一派现代化城市景象。名胜古迹有博尔基亚苏丹陵墓、丘吉尔纪念馆、国家博物馆等。

展区就像一座葱茏如画的乡间度假屋。屋前挂有2幅当地妇女图像,让整个度假屋顿现宁静祥和的氛围。展台边,LED大屏幕滚动播放该市经济、文化、旅游等方面的信息。展区在不失传统和特色的同时,紧扣博览会环保主题,展示了城市的民族风情以及旅游资源。

马来西亚柔佛州　位于马来半岛最南端,也是亚洲大陆最南端。这里是天赐的滨海旅游胜地:西边面向马六甲海峡,东边朝向南中国海,漫长的海岸线上处处都是黄金沙滩,清澈碧蓝的海水中散布着美丽迷人的岛屿,天然红树林景观十分壮观。柔佛州的另一旅游特色是热带雨林,跨越柔佛、彭亨两州的兴楼云冰国家公园就是一片苍翠繁茂的原始热带雨林,这里也是一些濒危动物的宝贵家园。

展区前是一座古色古香的老建筑,建筑墙上的壁雕和装饰石柱端庄唯美,具有浓郁的欧洲风格。在观众如织的魅力城里，笑意盈盈的演员们身着马来人、华人、印度人和当地土著的鲜艳服饰，伴着悦耳的音乐翩翩起舞。热烈活泼、充满民族风情的歌舞深深吸引观众，伴着笑声和掌声。整个展区彰显马来西亚文化的多姿多彩，洋溢着和谐友好。

泰国孔敬市 泰国东北部的政治、经济、文化中心。浓郁的民族风情、秀丽的自然风光和便捷的交通，加上境内出土的恐龙化石，使得孔敬市及周边地区拥有丰富的旅游资源和很大的发展潜力。

展区以绿色为主色调，分成三大区域，每个区域上方都盛开着一朵金黄色的鲜花，圆灯状的花蕊在花瓣中尽情绽放，每朵花有5片花瓣，就像一把大伞，既各自独立撑起一片区域，又相互连结成一片花圃，与葱郁的绿色背景相映成趣，体现了孔敬的绿色生机。这三朵大花是泰国孔敬市的市花，在街头随处可见。鲜花盛开的季节，串串黄灿灿的花朵缀满枝头。风儿轻吹，花瓣纷飞，画面十分美好。

越南会安市 位于越南中部，坐落在守崩河边。早在17世纪就成为国家贸易港口。会安古镇的房屋全是古建筑，古镇纵横只有四五条街道，中国式的建筑随处可见且都保存得很完整。步入古镇，仿佛走进中国江南古镇的一隅。古镇拥有会安古城、美山占婆国遗址群两个世界文化遗产。古镇街道现今基本辟为旅游工艺美术纪念品商铺、小餐馆、小酒吧和咖啡店，来此休闲度假、旅游观光的游客络绎不绝。

展区大门形似牌坊，门上悬挂着数十个彩色灯笼，门顶分别装饰有一个“世界文化遗产”的大标志和4个“会安城”的小标志，整体古色古香、金碧辉煌。走进展区，迎面是一座日本风格的带顶石廊桥。此桥建于1593年，1595年完工，取名“来远桥”，是一级文物保护单位。会安还是越南著名的沉香木之乡。闻名遐迩的古城如同沉香之木，沉香久久，香飘邈邈。

新加坡新加坡城 现代化的“花园城市”。以绿色作为主色调的新加坡魅力之城，以“绿色、环保、可持续”为主题。

展厅设计成一个巨大的“S”形。从侧面看，就像一道起伏的绿色水浪，充满流水的动态美，置身其中，仿佛感觉到水在静静流淌。展厅里的海报描述了水的知识，体现新加坡全民珍惜水资源、重视水处理的理念。展区主要是展示先进的水处理技术和与中国在生态环保方面的多个合作项目——与江苏合建的生态科技城低碳智慧岛等。

印度尼西亚西巴布亚省 位于印度尼西亚最东端，包括卫吉岛、米苏尔岛和拉贾安帕特群岛，面积11.5万平方千米。西巴布亚既是印度尼西亚的一个省名，也是一个少数民族名称。这里民风淳朴、风景秀丽、资源丰富。2006年辟为印度尼西亚的特别自治区，除国防和外交外，实行高度自治。

展区仿佛蓝色大海边的一座富有民族特色的木架结构茅草屋。屋边搭有木梯，屋外椰树挺立。屋内顶上悬挂着许多西巴布亚人捕鱼用的鱼篓，墙边摆设着各种各样西巴布亚人自制的手工艺品。随着西巴布亚民族音乐的响起，土著打扮的舞者在展厅内劲舞，引得观众驻足流连。

首届中国—东盟TBT合作部长会议

2011年10月22日在南宁召开。中国国家质检总局与东盟秘书处共同举办。中国国家质量监督检验检疫总局局长支树平、东盟秘书长、文莱工业与初级资源部部长、马来西亚科技创新部部长、缅甸科技部部长、新加坡贸工部政务部长、越南科技部副部长、老挝科技部副部长、菲律宾贸工部副部长、泰国工业部副常秘、中国国家质检总局副局长孙大伟，以及东盟其他国家和东盟秘书处负责TBT工作的主管官员，中国国家发改委、科技部、工信部、商务部、国家质检总局、国家食药局、国家认监委、国家标准委8个部门的代表和中国国家质检总局直属的泛珠江三角洲地区、与东盟贸易密切相关的各直属检验检疫局和广西壮族自治区质监局负责人共80余人参加会议。会议选举中国国家质检总局局长支树平和马来西亚科技创新部部长翁凯里为会议联合主席共同主持会议。支树平、东盟秘书长素林、中国广西壮族自治区政协主席马铁山分别代表中国、东盟和中国广西壮族自治区政府在会议开幕时致词。中国国家质检总局副局长、国家认监委主任孙大伟代表中方介绍了中国TBT管理的基本情况。

支树平在致词中高度评价加强中国—东盟质检合作对本地区经济社会发展的重要意义。他说，中国与东盟加强在质检领域的合作，是中国—东盟友好合作和战略伙伴关系的重要组成部分，是中国与东盟这一世界上最大的发展中国家间自贸区健康发展的重要保障。支树平充分肯定中国政府和东盟双方自2007年建立质检领域部长级会议机制以来，双方在加强在食品安全和防范有害生物跨境传播领域的合作所取得的丰硕成果。他指出，此次会议的召开，标志着中国和东盟在TBT和SPS两个领域部长级会议机制的正式建立，标志着2004年中国—东盟领导人所达成的关于加强检验检疫合作的共识即将从法律制度层面和部长级高层对话机制层面得到有效落实，也标志着中国与东盟在质检领域的合作将全面步入制度化和规范化轨道，对双方加强在产品质量与安全领域的合作，对全面开启中国—东盟在标准、技术法规、检验监管、认证认可等合格评定领域的合作具有重要的里程碑意义。支树平表示，中国政府高度重视并大力加强质量安全工作，坚定不移地走“质量强国”之路，为促进和深化中国与东盟在质量与安全领域的合作，中国愿与东盟各成员国一道，在七个方面加强合作：一是加强高层对话与互访，推进双方合作；二是加强信息与经验共享，促进共同提高；三是加强措施协调认可，便利双边贸易与投资；四是开展联合研究，促进关键问题解决；五是加强在国际规则和标准制定和修订方面的协调，维护共同利益；六是加强能力建设，缩小相互差距；七是加强管理，提高进出口产品质量安全水平。

素林对支树平的建议表示赞同。他说，此次会议是中国—东盟自贸区发展中的一个新章节，召开及时，意义重大，将对中国—东盟自贸区的良好发展、实现到2015年双边贸易额达到5000亿美元的目标产生深远的影响。他希望双方以正式建立TBT领域的部长级会议机制为契机，共同努力解决保证产品质量安全方面所面临的问题，促进本地区产品质量与安全水平的提高，为完善中国—东盟自贸区建设、促进中国—东盟经贸往来、积极服务中国—东盟区域经济发展作出新的更大的贡献。

马铁山代表中共广西壮族自治区委员会、自治区人民政府对此次会议的召开表示热烈的祝贺，对中国和东盟质检部门围绕中国—东盟自由贸易区的建立和发展、对广西与东盟之间的经贸往来给予的关注和支持表示感谢。他说，随着中国、东盟经济社会的发展，消费者对产品质量和安全的关注程度不断提高，对产品质量与安全实行严格管理所需要的技术法规和标准也得到进一步加强和完善。中国与东盟各成员国有必要就各自的技术法规、标准与合格评定程序进行交流与合作，推动中国—东盟自由贸易区的健康发展，提升中国—东盟战略伙伴关系，实现互利共赢。

围绕“产品质量与安全”这一主题，会议代表深入讨论各国在产品质量安全领域所面临的问题和挑战，并特别就加强中国—东盟在该领域合作的重要性和应该共同采取的措施进行深入讨论。

会议审议通过《中国—东盟关于加强产品质量安全合作的联合声明》，即《南宁联合声明》。会议还批准《TBT备忘录执行计划2012～2013》，明确今后两年在信息通报、人员互访、合作研究、能力建设和机制建设方面的重点工作、主要目标和完成时限。

第二届中国—东盟物流合作论坛

2011年10月22日在中国南宁举行。由中国—东盟商务理事会、中国广西壮族自治区人民政府、中国物流与采购联合会主办，广西发展与改革委员会、广西投资促进局、广西物流与采购联合会、广西物资集团有限责任公司共同承办。中国国内外物流专家、政府机构负责人、企业界代表及主办、协办单位代表等共400多人出席。广西壮族自治区政协副主席林国强出席论坛并致词。中国物流与采购联合会副会长蔡进，广西物资集团有限责任公司党委书记、董事长、广西物流与采购联合会会长张福利，中国信息产业商会执行会长张琪，中国铁路物资股份有限公司副总裁许强，广西防城港市市长莫恭明，北京交通大学物流研究院副院长王耀球，国家发改委综合运输研究所副所长、中国物流学会副会长汪鸣，中国—东盟商务理事会中方常务副秘书长许宁宁，新加坡物流管理学院中国区教务主任Ashley Yeo Hee Choon，英国利物浦大学博士、中新科技管理学院（英国斯泰福厦大学上海代表学院）首席讲师Wyndham James Jenkins，中国外运长航集团有限公司总裁助理秦伟，广西玉柴集团有限公司总裁古堂生等分别出席论坛并作主题演讲。广西物资集团有限责任公司副总经理、广西物流与采购联合会副会长林春平主持论坛。

本次论坛围绕中国—东盟自由贸易区内产业、物流与文化互动发展的主题进行深入探讨，寻找区域投资促进和自主创业的长久亮点；跳出物流看物流，以更广阔的视角俯视产业、物流、文化的互动布局，梳理三者互动发展的脉络，并理出现代物流在其中的关键作用。论坛还探讨了现代物流建设对推动中国—东盟各方深度合作的重大意义，以及物流发展对周边产业发展产生的推动作用等。

本次论坛在理念交流之外，也为与会各界代表提供区域内招商引资项目的对接平台和实地考察的机会。防城港市作为本次论坛的特别推荐单位，在论坛上介绍了该市建设现代物流的情况。在分论坛——防城港市物流项目招商投资推介会上，政、产、学、研、商的各界代表近100人对防城港市的物流发展作了深入交流和探讨。10月23～24日，本届论坛组成的考察团还赴防城港市进行实地考察交流。

第4届中国—东盟智库战略对话论坛

2011年10月17～18日在中国南宁举行。中国社会科学院国际研究学部、广西社会科学院、广西国际博览事务局、广西北部湾发展研究院联合主办。中国广西壮族自治区人大常委会副主任刘新文、柬埔寨皇家科学院副院长宋春奔、老挝社会科学院副院长坎飞、菲律宾企业领导人研究所总裁兼首席执行官约瑟思·艾思塔尼斯劳、中国社会科学院国际研究学部主任张蕴岭，以及中外智库专家、学者和嘉宾共100多人出席。

广西壮族自治区人大常委会副主任刘新文、柬埔寨皇家科学院副院长宋春奔（Sum Chhum Bun）、中国社会科学院国际研究学部主任张蕴岭、广西社会科学院、广西北部湾发展研究院院长吕余生以及广西国际博览事务局副局长宫起君等先后在开幕式上致词。广西社会科学院副院长黄志勇主持论坛开幕式。

刘新文在致词中说，中国—东盟建立对话关系20年来，中国与东盟国家本着相互尊重、互信互利的原则，以和平发展为主题，以友好合作为主线，在各个领域开展广泛而深入的交流合作，走过辉煌历程，取得前所未有的发展成果。中国—东盟友好交流的发展以及广西与东盟开放合作的成果，都有中国和东盟各国智库的智慧与推动，智库在中国—东盟交流合作中发挥着重要的作用。中匡—东盟合作的丰富实践为各国智库交流合作及研究提供了广阔空间，中国—东盟关系的进一步发展和交流合作的具体实践也迫切需要各国智库和专家学者的理论创新和献计献策。她建议，广西应再搭建更多的交流平台，丰富和完善合作机制；加强信息沟通交流，共促中国—东盟互联互通信息网络建设；充分发挥智库作用，推进中国—东盟各项合作的具体落实；促进各国智库人才交流合作，共同培养促进中国—东盟关系发展急需的高端人才四个方面加强与各国智库的合作。

东盟智库代表柬埔寨皇家科学院副院长宋春奔在致词中说，柬埔寨作为东盟成员国，一直以来都认可中国在东盟地区发展的各项倡议中所起的重要作用，包括东盟一体化倡议。东盟一体化的倡议旨在缩小东盟各个成员国之间的差距，提高东盟在地区及国际上的竞争力，相信第4届中国—东盟智库战略对话将有利于推动亚洲地区的经济发展和加强中国与东盟之间积极和友好的伙伴关系，尤其是有利于深化和加强柬埔寨和中国的长期友好合作关系。

张蕴岭在致词中说，2011年以来，东亚地区经济进一步走出金融危机的影响，继续保持强劲增长，成为全球经济发展最快、活力最强的地区。当前，东亚发展前景被各方看好，区域合作蓬勃发展，各种合作机制和框架日益成熟和完善。在东亚合作中，中国与东盟的合作是最务实、最有成效的，是中国参与东亚合作的基础。2011年是中国—东盟建立对话关系20周年。20年来，中国与东盟坚持睦邻友好，坚持互利共赢，共同应对危机和挑战，共同创造了经济发展的“东亚奇迹”。20年来，双方政治互信和互利合作水平不断提升，共同利益不断扩大。同时，我们也应看到，中国与东盟的一些成员国之间还存在着一些问题和争议，但我们应把握中国—东盟合作的大局，不让这些问题成为影响中国—东盟关系的友好发展。

吕余生在致词中说，面对当前世界经济大变革、大调整、大发展的新形势，我们愿与东盟各国智库一道通过加强对话与交流，共同谋求应对挑战之策，共同维护友好合作大局，共同推动各方获得更大发展和进步。中国—东盟智库战略对话论坛为中国与东盟各国共同参与合作、探讨合作、研究合作搭建了平台，最大地聚焦国际视野、聚集各国智慧、增进各方互信，推动中国—东盟合作步入“深水区”、驶上新航程。

宫起君在致词中说，即将于10月21日开幕的第8届中国—东盟博览会，被列为中国—东盟建立对话关系20周年系列纪念活动的重要组成部分，意义非凡，备受各方关注和期待。已经成功举办7届的中国—东盟博览会，搭建了中国—东盟友好交流、经贸促进和多领域合作的重要平台，成为中国—东盟自贸区具有广泛影响力的国际盛会，得到11国商界的广泛认可。

与会专家就论坛新形势下的中国—东盟合作主题以及中国—东盟建立对话关系20周年回顾与展望、中国—东盟自由贸易区建成后双边经贸合作的推进、广西在中国—东盟合作中的作用3个主要议题进行广泛而深入的研讨与交流。

中国—东盟环境合作论坛

2011年10月22日在南宁举行。中国广西壮族自治区人民政府与中国环境保护部共同主办。中国环境保护部副部长李干杰、广西壮族自治区政府副主席林念修、自治区政协副主席李彬、东盟副秘书长米斯然·卡尔梅、亚洲开发银行副行长宾度·洛哈尼、东盟各国高级代表、联合国机构高级代表以及中国国内外专家、学者、政府官员和国际组织代表200余人出席。李干杰代表中国环境保护部部长周生贤作主旨发言。

李干杰在主旨发言中说，中国与东盟各国山水相连，同属于发展中国家或新型工业化国家。在环境发展领域，面临许多共同的挑战，我们愿意携手东盟各国，加强在环保方面的合作和交流，探索出一条代价小、效益好、排放低、可持续的发展新道路，为实现绿色、繁荣的美好前景作出不懈努力。李干杰表示，推动区域经济社会环境相互协调融

2011年10月17～18日，第4届中国—东盟智库战略对话论坛在中国南宁举行。图为论坛会场（广西新闻网）

合,实现区域可持续发展,一直是中国—东盟对话与合作的主旋律。自2007年温家宝总理在第11次中国—东盟领导人会议上提出加强环保领域合作以来,中国—东盟环保合作取得了显著进展。2011年5月,中国—东盟环境保护合作中心正式启动,成为双方推动环境保护务实合作的重要平台与桥梁。为落实2009年制定的"中国—东盟环保合作战略",2011年又制定完成了《中国—东盟环境合作行动计划(2011~2013)》。此外,中国还计划通过设备捐助和培训,帮助东盟国家提高环境管理和治理能力。李干杰对中国—东盟环保合作提出三点建议和希望:第一,积极落实《中国—东盟环境保护合作战略》,实施好《中国—东盟环境合作行动计划》,共同促进绿色发展。第二,不断创新合作模式,丰富合作内涵。第三,完善环境合作机制,为绿色发展注入新的动力,进一步推动中国—东盟环境合作在区域环境合作中发挥更为积极的影响与示范作用。

林念修在论坛上致词并作主题发言。他说,广西愿意与东盟国家在绿色技术研究、技术交流和人员培训等方面加强合作,共同开展先进实用绿色技术和环保产品的研发和推广。开展双边生物多样性保护,同时充分利用中国—东盟自由贸易区和中国—东盟博览会这一重要平台,建立节能环保技术及节能环保产业的合作机制,共同开拓节能环保产业市场,进一步加强生态保护与减贫、跨境地区生物廊道建设等合作,构建自然保护区网络,共同保护好区域生态环境。

东盟副秘书长米斯然·卡尔梅指出,中国和东盟各国应该加强在区域环境问题上的对话与合作。在生物多样性保护、危险废物非法越境转移、大气污染物传输等领域,进一步增强沟通与合作。尤其是在生物多样性保护方面,中国与东盟国家生态环境相似,双方在该领域的合作大有可为。马来西亚自然资源与环境部副秘书长加里·特塞拉主张扎实推进在环境无害化技术、环境标志与清洁生产方面的合作,通过加强区域环境能力建设,搭建中国—东盟环境合作示范平台。亚洲开发银行副行长宾度·洛哈尼认为,绿色创新和产业合作很重要,应该推动可持续生产与消费领域对话,积极开展环境合作示范项目。

举办本次环保论坛,既是落实中国总理温家宝在中国—东盟领导人会议上提出的进一步加强中国和东盟环境保护对话与合作的有关倡议,推动中国—东盟环境保护合作战略的具体体现,也是中国—东盟博览会服务中国—东盟自由贸易区的重要举措。论坛嘉宾以"创新与绿色发展"为主题,围绕"创新与绿色发展的国家政策"、"绿色创新与产业合作"等议题展开讨论,共同探讨环保合作大计。

论坛还举行中国—东盟绿色使者计划启动仪式,李干杰、林念修、李彬及东盟各国代表团团长共同启动该计划。

第3届中国—东盟金融合作与发展领袖论坛

2011年10月22~23日在南宁举办。中国广西壮族自治区人民政府、中国人民银行、中国银行业监督管理委员会、中国证券监督管理委员会和中国保险监督管理委员会共同主办,广西壮族自治区人民政府承办。中国广西壮族自治区政协副主席彭钊出席论坛开幕式。中共广西壮族自治区委员会常委、自治区副主席李金早,中国人民银行行长助理金琦,中国银行业监督管理委员会副主席蔡鄂生,中国证券监督管理委员会主席助理姜洋,中国保险监督管理委员会纪委书记陈新权,马来亚银行大中华及东北亚行政总裁、香港分行总经理张贵兴,文莱佰都利银行首席执行官彼尔英豪,柬埔寨国家银行行长谢占多,柬埔寨加华银行执行总裁方侨生,柬埔寨联合商业银行首席执行官任瑞生,老挝证券交易所副主席兼首席运营官朴正皓,泰华农民银行高级副总裁、中国业务总监邱楚南,泰国盘谷银行(中国)有限公司首席执行官洪钦雄,越南河内证券交易所董事会副主席兼总裁阮文俊等来自中国和东盟国家金融、财政、税收等部门主管领导,中国和东盟国家及欧美亚太地区的国际金融、财会机构高层管理人员,国内外金融、财政、税收等领域知名专家学者,企业界代表、媒体记者等300余人参加论坛活动。

李金早在致词中充分肯定往届金融论坛在深化中国—东盟金融交流、推动合作机制不断完善、构建双方互利共赢金融发展新格局上的积极作用,认为前两届论坛对中国—东盟金融合作与发展的重点、路径等作了制度设计,使合作机制不断完善、合作成效日益显现。李金早就进一步深化中国—东盟金融合作提出三点建议:第一,共同创新合作方式。通过举办座谈会、推介会以及组织考察活动、开展人才培训等多种方式,把"走出去"和"请进来"有机结合起来,使交流合作逐步实现常态化、长效化。第二,共同拓宽合作领域。共同着力把合作范围扩大到金融业全领域,把合作重点从过去以机构互设、项目融资、企业上市为主拓展到全方位的资本合作、货币合作、金融一体化上来,使合作领域不断扩大、合作内容更加丰富、合作效果更加务实。第三,共同丰富合作层次。按照"政府引导,央行及监管部门指导,金融机构积极参与"的原则,进一步加强中国与东盟各国政府之间、中央银行之间、金融监管机构之间,以及金融机构和非金融企业之间的合作,不断丰富和提升合作层次,形成共同推动合作的合力。

中国银行业监督管理委员会副主任蔡鄂生,中国人民银行行长助理金琦,中国证券监督管理委员会主席助理姜洋,中国保险监督管理委员会纪委书记陈新权,马来亚银行大中华及东北亚行政总裁、香港分行总经理张贵兴等发表主旨演讲。他们表示,论坛的成功举办有利于发挥金融对维护自贸区平稳运行、提升自贸区实施效果、巩固自贸区发展势头的服务支撑作用,将务实推动中国及东盟各国政府间的金融合作。

论坛以“务实与创新,中国—东盟区域经济发展的金融合作及财政合作”为主题,紧密围绕区域内货币结算、区域经济发展的金融调控、金融财政合作与发展等问题进行研讨,达成广泛共识。

中国—东盟民间资本投资论坛

2011年10月20日在南宁举行。中国广西壮族自治区投资促进局、北京大学汇丰商学院共同主办。中国和东盟国家知名专家学者、东盟国家领事代表、知名企业家、北大PE各班长及同学会各会长、专业投资委员会负责人等近500人出席论坛以及相关活动。

论坛的内容包括为区域经济发展提供有力金融支撑,研讨民间资本投资的未来,紧密围绕区域内民间资本合作与发展等问题,构筑中国—东盟金融高层沟通平台,推进双方达成深入共识等。

论坛致力于搭建中国—东盟民间资本专业互动平台:一是通过中国—东盟民间资本合作智库对话,深入探讨双方民间资本合作的机制安排与实施途径,为区域合作发展谋划长远机制。二是由权威研究机构组织金融界著名专家学者共同研究发表中国—东盟金融合作研究成果,推出新理念新信息的平台或载体,为中国—东盟的商界和金融界开展务实交流和合作提供理论依据和参考指导。

中国—东盟文化产业论坛

2011年10月19日在南宁举行。中国文化部、国家文物局、中国广西壮族自治区人民政府主办,广西壮族自治区文化厅承办,中国博物馆协会、中国文化传媒集团、广西日报传媒集团协办。中国文化部、国家文物局及广西壮族自治区有关领导,东盟各国、东盟秘书处及中国各省区市博物馆的100多名专家、学者出席。

中国文化部党组成员、国家文物局局长单霁翔在主旨报告中指出,提高博物馆运营的专业化、科学化、规范化水平,推动博物馆建设从数量增长向质量提升转变,从馆舍天地走向大千世界,以迎接“广义博物馆时代”的到来。

广西壮族自治区副主席李康在开幕致词时表示,要充分发挥论坛的平台作用,把广西打造成中国与东盟文化交流合作的实验区,推动文化共同发展繁荣。

与会代表认为,在保护、发扬各国原有文化遗产与文化多样性的基础上,要以更有效的运营和更吸引人的文化产品带动博物馆的良性生存,体现区域文化发展的共同诉求,促进中国与东盟国家的文化合作与交流。

本届论坛以“博物馆运营管理及其文化产品创意开发”为主题,与会代表就全球化视野下的博物馆运营管理、博物馆文化产品的创意开发等议题展开讨论,探讨作为公共文化服务体系内的博物馆在免费开放和经济全球化、文化产业发展背景下,如何进行运营管理,从而更好地满足人民群众日益增长的文化需求。论坛期间还举行10+3文化人力资源开发与合作研讨班开班仪式、博物馆文化创意产品展等系列活动,并组织与会代表实地考察柳州工业博物馆等广西文化建设项目。

2011年10月19日,中国—东盟文化产业论坛在南宁举行 (广西新闻网)

第8届中国—东盟博览会投资合作圆桌会

2011年10月22日在南宁举行。中国商务部投资促进事务局主办,广西壮族自治区商务厅、广西壮族自治区投资促进会协办,中国—东盟博览会秘书处承办。中国商务部国际贸易谈判代表兼副部长高虎城出席并致词。广西壮族自治区副主席高雄,中国和东盟各国投资促进部门官员、企业代表约70人出席。

高虎城在致词中表示,中国政府鼓励有实力的中国企业对东盟投资,并为此提供各种支持。他说,近年来,中方设立了规模为100亿美元的中国—东盟投资合作基金,并向东盟国家提供150亿美元的信贷,为双方投资合作提供金融支持。中方愿与东盟国家一道,积极创造条件,争取在5年内与每个东盟成员国构建一个经贸合作区,为企业在东盟国家开展各类集群式生产性投资创建平台。高虎城还表示,随着中国—东盟自贸区《投资协议》深入实施,中国商务部愿与东盟各国投资机构一道,共同推动交通、通信等基础设施的互联互通,加强技术和标准合作,扩大

投资规模和领域，发挥中国—东盟博览会的平台作用，推动双方投资合作更加深入，更有成效。

中国商务部合作司、亚洲司、中国—东盟投资合作基金介绍中国与东盟合作的现状及鼓励投资的相关政策，东盟各国投资促进部门的官员介绍本国投资促进工作经验。双方就如何以中国—东盟博览会为平台，加强中国与东盟投资促进相关机构的联系，建立投资合作长效机制，进一步推动中国与东盟在投资领域的合作进行深入探讨。

会议以“凝聚共识，合作共赢”为主题，重点探讨如何以中国—东盟博览会为平台，加强中国与东盟投资促进相关机构的联系，建立投资合作长效机制，进一步推动中国与东盟在投资领域的合作。28 位中国企业家就各自企业在赴东盟投资过程中面临的问题和情况，与所在国官员进行面对面交流。东盟国家的投资促进部门官员表示，他们将致力创建一个稳固、安全的政治和社会环境，确保中国企业和企业家在该国的投资利益。

中国—东盟出版博览会数字出版论坛

2011 年 10 月 22 日在南宁举行。中国国家新闻出版总署、中国广西壮族自治区人民政府主办，广西新闻出版局、广西日报传媒集团、广西师范大学出版社集团、《出版广角》杂志共同承办。论坛主题为“数字时代的传统出版业走向”。广西壮族自治区 100 多家图书、音像电子、报社、期刊出版单位代表共 250 多人到会。论坛邀请北大方正、（清华）同方知网、中文在线、龙源数字传媒集团等国内数字出版龙头企业的负责人发表演讲。中国国家新闻出版总署科技与数字出版司司长张毅君对论坛的举办表示祝贺，并书面致词，认为此次论坛的举办具有战略意义。

广西日报传媒集团董事长李启瑞作为报业代表，在论坛上发表题为“让数字化成为产业持续增长的驱动力”的演讲。他指出，广西日报传媒集团把发展数字出版作为推动传统产业升级、转型、创新的突破口，整合集团优质网络资源，加快构建新媒体群落；进一步拓展网络多媒体、移动多媒体、户外多媒体业务，构建以网络为主体的涵盖手机报、手机杂志、手机电视、网络电视、户外大屏幕等立体传播体系。他还结合广西日报传媒集团发展新媒体的历程和现状，对传统纸媒体开展数字出版业务提出应用数字化技术积极推进机制、体制改革的发展思路。

广西新闻出版局副局长黄健站在行业管理者角度，发表题为“迈向移动传播的数字出版”的演讲。通过深入分析移动网络时代传媒发展规律，阐述移动网络对传统出版业的挑战及因此产生的机遇，探讨移动互联网时代出版业的发展模式，并结合移动传媒的发展趋势，提出传统出版单位数字化转型的方向。

在论坛上，演讲嘉宾各抒己见，分析和判断当前国内外数字出版的发展趋势，研讨传统出版单位数字化转型模式及路径，展示传统出版与数字出版并重发展的各种方案。演讲内容精彩纷呈，会场气氛热烈活跃。

中国—东盟药品安全合作论坛

2011 年 10 月 21 日在南宁召开，中国国家食品药品监督管理局和广西壮族自治区人民政府主办。中国国家食品药品监督管理局局长邵明立、广西壮族自治区副主席李康、中国西南 6 省（自治区、直辖市）以及文莱、柬埔寨、印尼等 8 个东盟国家的药品监管官员及企业代表 200 多人出席。中国国家食品药品监督管理局局长邵明立在论坛上介绍中国药品安全监管的体制、现状及任务，并希望中国与东盟各国能够进一步加强药品安全方面的合作，为维护区域药品安全作出应有贡献。邵明立表示，将积极促进与东盟各国的药品安全方面的合作，坚定不移地推进医药市场的对外开放，畅通合作渠道，拓宽合作领域，为双方医药经贸方面的往来营造更加便利、有序的环境，并且将继续推进与东盟各国在药品监管领域方面的交流，积极推进建立健全药品安全合作保障机制，为深化中国与东盟各国在监管执法方面的合作提供支持。

东盟各国药品监督管理局官员发表主旨演讲。老挝国家突发传染病协调办化验室副主任兰逢希望与中国在净化公共卫生安全的药品方面展开合作，她表示，不仅仅是对老挝人民，对全世界人民来说公共卫生健康都应当被重视，中国和老挝应该在药品监管、公共卫生控制加强合作。

广西壮族自治区副主席李康表示，广西一直高度重视药品安全监管和药品安全国际合作，不断加大药品安全基础设施建设投入。2011 年 6 月，国家食品药品监督管理局与自治区政府在南宁签署共建食品药品安全合作示范区备忘录，将加强中国—东盟药品安全合作作为重点内容，把广西推向了前沿。

论坛以“中国—东盟自贸区发展形势下的药品安全合作”为主题，针对各国药品法律体系和药品监管机制等议题进行交流。各方就建立中国—东盟药品监管机构之间的经常性联系、中国—东盟药品安全合作机制以及中国和东盟各国药用资源、产业发展、中药和传统药学基本情况及发展思路等相关问题展开交流与探讨。

中国—东盟城市森林论坛

2011 年 10 月 22 日在南宁举行。中国国家林业局、广西壮族自治区人民政府主办，南宁市人民政府、广西壮族自治区林业厅承办。缅甸环境保护及林业部部长温吞，中国国家林业局党组副书记、副局长赵树丛，中国国家林业局党组成员、中央纪委驻局纪检组组长陈述贤，中共广西壮族自治区委员会常委车荣福，自治区副主席陈章良，南宁市市长周红波，自治区林业厅厅长陈秋华及来自中国和东盟国家林业主管部门、国内各省市区的政府官员、专家学者 300 多人出席。周红波市长主持论坛开幕式。

赵树丛在论坛开幕式上致词时指出，打造绿色低碳城市，改善城市人居环境，是今后一个时期中国城市化进程中提高居民福祉、实现科学发展的必然选择。近年来，中国城市森林建设活动坚持科学发展、政府主导、依靠市民、典型带动，取得明显成效。全国城市建成区绿化覆盖率达到 38.22%，人均公园绿地面积达到 10.66 平方米。中国愿与世界各国城市一道共同推动城市森林建设，坚持不懈地把这项利国利民的事业推进下去。

车荣福在致词时指出，近年来，广西注重加快林业发展，不断完善林业改革发展的政策措施，切实加快生态建设、产业发展和生态文化建设，使广西的资源优势、生态优势、区位优势得到充分发挥，为发展现代林业、建设生态文明、推动科学发展作出了积极的贡献。

陈章良在致词时指出，让森林走向城市、让城市拥抱森林，建设生态型城市，已成为城市尤其是中心城市走以人为本、全面协调可持续的城市化发展道路的必然要求。本届中国—东盟城市森林论坛在南宁召开，必将有利于加强中国与东盟各国城市森林建设及应对全球气候变化的交流与合作，共享建设森林城市的成果和经验；必将为广西城市森林建设和生态文明建设注入强大动力。广西愿意继续与东盟各国一道，致力于生态保护和环境治理，致力于发展低碳经济和循环经济，推动绿色增长，共建生态文明，共创美好未来。

周红波代表南宁市委、市政府在论坛上发言。他说，近年来，南宁市以实施城市森林工程、农村森林工程、通道森林工程、水系森林工程、生物多样性森林工程等五项工程为重点，努力提高森林城市建设质量。通过全市人民的共同努力，南宁市获得联合国人居奖等多项荣誉称号，被誉为“中国绿城”。南宁作为后发展城市，将以这次论坛为新起点，继续推动森林城市和生态文明建设，让老百姓充分享受森林城市建设的成果。

缅甸环境保护及林业部部长温吞说，随着人口的不断增长和城市工业化水平的持续提高，自然生态环境面临着日益严峻的挑战。东盟国家城市化进程各不相同，但对清洁的水、空气和环境的需求是一致的。我们需要在环境可持续性保护和经济发展之间寻找到一个平衡点。

柬埔寨农林渔业部林业局总局长陈金顺说，目前中国—东盟之间需要在城市森林建设上加强合作，这将给各相关方面带来更多的利益——促进低碳城市和宜居城市发展，提高各国人民生活水平。

菲律宾环境与自然资源部助理部长瑞基德·M·里昂介绍了菲律宾在建设城市森林方面的经验：种植迷你森林，加强道路绿化，鼓励非政府组织和企业参与，努力使全社会各方面力量都加入到城市森林建设中来。

本次论坛主题为“中国—东盟共同推动森林城市、低碳城市、宜居城市建设”，宗旨为“让森林走进城市，让城市拥抱森林”。嘉宾们围绕加强中国与东盟国家林业应对气候变化的合作，交流建设城市森林的成果和经验，促进低碳城市和宜居城市建设，实现城市可持续发展 4 个议题进行交流并发表演讲，从不同角度充分发表各自的见解，展开深入探讨，表达谋求合作、共同应对全球气候变化的愿望，对下一步推进城市森林建设提供宝贵经验。

陈述贤在论坛上宣读《关于授予广西壮族自治区南宁市“国家森林城市”称号的决定》。论坛通过《中国—东盟城市森林论坛南宁宣言》。

中国—东盟人口与家庭发展论坛

2011 年 10 月 11 日在南宁举行。中国国家人口和计划生育委员会与广西壮族自治区人民政府主办。中国国家人口计生委主任李斌，中国广西壮族自治区主席马飚，中国国家人口计生委副主任崔丽，广西壮族自治区党委常委、宣传部部长、广西计生协会会长沈北海，广西壮族自治区副主席李康等主办方领导出席开

2011 年 10 月 11 日，中国—东盟人口与家庭发展论坛在南宁举行

（广西新闻网）

幕式。缅甸移民与人口部部长吴钦伊，印度尼西亚国家人口和计划生育委员会主任苏吉瑞·塞亚瑞夫，菲律宾人口委员会执行主任托马斯·欧塞斯，老挝卫生部副部长因拉文·凯博潘，柬埔寨卫生部副部长坦沃乘，国际计划生育联合会总干事特沃德斯·梅莱斯，人口与发展南南合作伙伴组织执行主任哈利·乔瑟里，联合国人口基金驻华代表处代理代表玛丽安等外宾参加开幕式。

李斌在开幕式上致词时指出，人口在经济社会发展中具有重要的基础性和战略性地位。作为世界上人口最多的发展中国家，中国高度重视人口问题，始终坚持人口与发展综合决策，实行计划生育基本国策，走出了一条有中国特色统筹解决人口问题的道路，有力促进了人的全面发展和国家的可持续发展，为世界人口与发展作出了重要贡献。在全面做好人口工作、促进人口长期均衡发展的进程中，中国政府将提高家庭发展能力纳入国家“十二五”规划的总体部署，强调要从优生优育、子女成才、抵御风险、生殖健康、家庭致富等方面加快建立完善提高家庭发展能力的政策体系，积极探索研究新形势下保护家庭传统功能和促进家庭发展的社会政策，取得初步成效。李斌强调，人口与家庭发展问题关系到世界各国人民的利益和整个人类社会的发展前途。中国与东盟各国已经在经济领域开展积极的合作，亚洲国家又普遍具有重视家庭的历史文化传统，为我们在人口与家庭发展领域的深入交流和区域合作奠定良好基础。让我们携起手来，相互鼓励，相互扶持，加强区域合作、南南合作、南北合作以及政府与非政府组织之间的合作，为实现国际人发大会目标、千年发展目标，促进人口、家庭与经济社会、资源环境的协调和可持续发展，增进每一个社会成员的福利水平和权利而共同努力。

马飚在致词中指出，人口与家庭发展问题，是各国共同面临、需要携手解决的重大问题，事关民众的切身利益，事关人口与经济社会、资源环境协调和可持续发展。近年来，广西积极探索人口与家庭发展新机制，加强人口与家庭发展的前瞻性研究，完善以增强养老保障功能、促进家庭发展能力、抵御突发风险为核心利益导向政策体系，构建针对家庭、针对全人群生命全过程的家庭健康公共服务体系，加强新型家庭人口文化建设，创新有利于家庭发展的诚信计生民主管理模式，促进人口工作的科学发展和家庭的和谐幸福，走出一条西部民族地区人口与经济社会和谐发展的新路子。期待通过本次论坛的成功举办，分享各地推动人口与家庭发展的新理念、新举措和成功经验。

吴钦伊在致词中表示，中国是世界上人口最多的国家，在稳定世界人口与发展方面扮演着重要角色。通过举办这次论坛让大家互相分享来自各国特别是中国在人口发展方面的实践和经验，具有重要意义。人口与家庭发展是全球都应该重视的一个战略问题，人口出生率、老龄化、人口移动以及城市化发展等已经给我们带来了许多的挑战。我们必须积极应对各种挑战，建立广泛有效的合作伙伴关系。缅甸愿继续与中国、东盟以及其他国家在促进人口与家庭发展方面开展务实的合作。相信本次论坛将进一步加强各方在人口与家庭发展领域的友好关系和联合行动。

苏吉瑞·塞亚瑞夫在致词中表示，人口问题的方方面面与绿色发展紧密相连，对经济社会发展将产生深远的影响，需要持续不断的努力。中国政府一直高度重视解决好人口和家庭发展问题；在此方面为东盟和世界各国提供了可供参照的做法和值得借鉴的经验。人口与家庭发展问题是改善人民生活条件的基本要素，人口动态应纳入到国家发展框架中。各国政府在此方面要有远景规划，采取全面、综合的做法，同时充分考虑当地社会文化传统。

论坛期间，来自中国和东盟国家政府部门、国际机构、非政府组织、驻华使领馆代表以及中国国内外专家、人口计生工作者共130多人，围绕“统筹解决人口问题与可持续发展”、“全球化城镇化背景下的家庭、健康与福利”、“增进人口与家庭发展领域的交流合作”等议题展开交流对话，并在广西进行实地考察。

第8届中国—东盟商务与投资峰会

第8届中国—东盟商务与投资峰会开幕式

2011年10月21日在南宁举行。峰会由中国商务部、中国贸促会和中国广西壮族自治区人民政府主办，东盟秘书处、中国—东盟商务理事会协办。以“深化区域合作　实现共同繁荣”为主题。中共中央政治局常委、国务院总理温家宝，马来西亚政府总理纳吉布，柬埔寨政府首相洪森，缅甸副总统吴丁昂敏乌，老挝政府副总理宋萨瓦，泰国政府副总理吉滴叻，越南政府副总理阮春福，文莱工业和初级资源部部长叶海亚，新加坡贸工部部长林勋强，菲律宾贸工部副部长马拉雅，印度尼西亚贸易部部长助理穆赫达塔尔，东盟秘书长素林，中国贸促会会长万季飞，中国广西壮族自治区主席马飚，中国商务部国际贸易谈判代表兼副部长高虎城等出席开幕式。中国财政部部长谢旭人、人力资源和社会保障部部长尹蔚民、住房和城乡建设部部长姜伟新、卫生部部长陈竺、国务院研究室主任谢伏瞻、国家质检总局局长支树平、中华全国供销总社理事会主任杨传堂、国务院副秘书长兼总理办公室主任项兆伦，东盟各国代表团主要成员、外交使节、中国政府有关部门和各省、自治区、直辖市的领导，中国和东盟各国商协组织负责人，以及中国和东盟企业界代表、专家学者和媒体记者等共1000多人参加开幕式。

中国国务院总理温家宝在开幕式上发表题为“深化合作　共同繁荣”的主旨演讲。温家宝表示，2011年是中国—东盟友好交流年，也是中国—东盟建立对话关系20周年。20年来，双方关系经历了从全面对话伙伴、睦邻互信伙伴到战略伙伴的历史性跨越。中国真心诚意地发展同东盟的关系，坚定支持东盟在东亚合作中发挥主导作用。中国致力于深化与东盟的务实合作。中国成为东盟第一大贸易伙伴，东盟也成为中国的第三大贸易伙伴。中国—东盟经贸合作正处于历史上最活跃、最富有成效的时期。温家宝指出，全球经济格局正在发生深刻变化，亚洲的地位和作用日益重要。中国和东盟都是最具活力的经济体，都处在发展转型的关键时期。要抓住难得的历史机遇，推动经济持续平稳较快发展，就要进一步加强区域合作。为了推动双方经贸合作再上水平，当前要重点办好几件大事：一是共同建设好自贸区。中国—东盟自贸区的建成，使中国和东盟经济在更大范围、更高层次上实现优势互补。中方愿意继续扩大东盟国家优势产品的进口，在南宁建设中国—东盟商品交易中心，作为双方产品的展示交易平台和商贸物流基地。二是大力推进互联互通。我们将与东盟方面密切合作，加强对中国与东盟有关国家互联互通的投入，为促进本地区商品、资本、信息的自由流通、人员往来和经济社会发展创造更好条件。三是扩大双方投资合作。中国政府欢迎东盟各国企业来中国投资兴业，特别是到中西部投资。中方也鼓励本国优秀企业扩大对东盟的投资。四是深化区域经济合作。中方将鼓励企业参与东盟东部增长区、大湄公河、泛北部湾等次区域合作，给予金融、技术、市场等方面的有力支持，推动形成若干经济增长极。中方愿与东盟密切合作，进一步深化现有各项区域财金合作，进一步增强本地区应对国际金融风险的能力。五是拓展人文领域交流。以办好“中国—东盟友好交流年”为契机，继续加强文化、教育、旅游、青年等领域的交流与合作，努力实现2015年双方人员往来达到1500万人次的目标。温家宝强调，巩固同东盟面向和平与繁荣的战略伙伴关系，推进互利互惠的全方位合作，是中国政府坚定不移的外交政策。中国的发展将给东盟带来机遇，东盟的繁荣也符合中国的利益。我们愿与东盟各国一道，努力开创中国—东盟互利合作、共同繁荣的美好明天。

柬埔寨首相洪森在开幕式上发表演讲。洪森表示，中国经济持续高速增长为区域经济复苏作出重大贡献，有助于东盟早于其他地区率先走出国际金融危机影响。洪森就进一步加强区域合作，促进可持续发展，应对未来的挑战，提出三点建议：一是要完成东盟—中国全面经济合作框架协议的所有必要的技术性工作，来确保中国—东盟自贸区的顺利实施，充分利用优惠政策，充分发挥各自优势，吸引更多来自中国的投资，促进中国与每一个东盟成员国之间的经贸合作。二是要加强互联互通的合作，以缩小区域内的发展差距。希望中国继续给予东盟基础设施、能源、资源、信息通讯等领域的资金和技术支持，实现本地区基础设施的互联互通。三是要继续支持和推动私营部门参与农业生产，增加投资用于现代技术、培育良种、提高农业生产力，增加产量，提高农产品加工水平，以增加农民的收入，减少农村地区的贫困，确保国家和地区的粮食安全。洪森还希望中国向东盟欠发达的成员国转让绿色科技以增加农业产量，加强双方经济贸易和投资的合作，实现互利共赢。

中国贸促会会长万季飞在开幕式上致词。他说，中国与东盟建立对话合作伙伴关系20年来，中国与东盟携手共进，互利共赢，经贸关系全面发展。在中国与东盟各国政府、商协会等组织的大力支持和企业的积极参与下，峰会经过7年的成功实践，不断创新会议内容和办会形式，在为中国和东盟之间开展部门和行业合作构建新的载体和机制，促进中国—东盟自由贸易区的如期建成，加强中国与东盟的战略合作伙伴关系中，发挥不可替代的作用。中国贸促会愿意与中国以及东盟各国工商界一起为深化中国—东盟务实合作，不断提供更为有效的服务。

中共广西壮族自治区委员会书记郭声琨主持开幕

2011年10月21日，第8届中国—东盟商务与投资峰会开幕式在南宁举行

（广西新闻网）

式并致欢迎词，对出席峰会的中国和东盟国家领导人以及嘉宾表示热烈欢迎和衷心感谢。郭声琨说，由中国和东盟各国领导人共同确定的中国—东盟商务与投资峰会，自2004年在广西南宁举办以来，在中国和东盟各国的共同努力下，在东盟秘书处的大力支持下，峰会紧扣中国—东盟自贸区建设主题，突出区域经济合作特色，秉持互利共赢理念，不断创新内容与形式，取得互惠共利的显著成效，收获了务实合作的丰硕果实，成为中国与东盟开展高层对话、深化区域经贸合作、实现共同发展繁荣的重要平台，在推动中国—东盟自由贸易区建设中发挥重要作用。广西南宁作为峰会的举办地，我们将继续努力为各方深化友好交流合作做好服务、提供便利。

马来西亚领导人与中国企业CEO圆桌对话会

2011年10月21日下午在南宁举行。马来西亚政府总理纳吉布与中国企业CEO以及马来西亚合作伙伴高层，围绕中马双边经贸合作展开热烈的建设性对话。中国—东盟商务与投资峰会组委会主任、中国贸促会会长万季飞，中国商务部国际贸易谈判代表兼副部长高虎城，中共广西壮族自治区委员会常委、宣传部部长沈北海，马来西亚国际贸易和工业部部长慕斯塔法、马来西亚能源绿色科技和水务部部长陈华贵、马来西亚驻华大使萨鲁汀出席对话会。来自中国的企业家有：中国机械进出口有限公司总裁王旭升、北京控股集团有限公司董事长王东、中国水利电力对外公司总经理王禹、华为有限公司高级副总裁郭俊峰、中国机械进出口设备总公司靳春生。慕斯塔法主持会议。

万季飞在开幕词中代表中国贸促会和中国—东盟商务与投资峰会组委会对纳吉布总理及马来西亚贵宾表示热烈欢迎。他说，目前中马双边的贸易投资、经济合作已形成多层次、多领域、多形式的互利合作局面。纳吉布总理与中国企业家进行面对面的交流沟通、开展建设性对话，对推动双边企业务实合作有着深远的意义，此次对话也必将对中马经贸合作产生巨大的推动作用。

对话开始前，纳吉布总理发表热情洋溢的开场白。他说，这次与中国的企业家，尤其是与在马来西亚已有投资和项目的企业家见面，感到非常高兴。现在世界经济处于非常不确定状态，这些不确定性使得马来西亚要进一步加强与中国合作，同时东盟也要进一步加强与中国合作，共同应对危机。马中之间有高度的互信，双方希望到2015年双边贸易额达到1000亿美元，为达到这个目标，双方将共同努力。马来西亚经济在未来将保持5%～6%的增速，这也为中国企业到马投资兴业提供更多机遇。希望中国企业更多地投资该国的高科技领域，包括电信、水利、污水处理、绿色技术、生物医药等重点领域。在上午，中马双方签订钦州产业园的合作协议。他认为，该项目将成为一个示范性产业园，马政府将全力支持产业园的发展，他也将再次来广西参加产业园的启动仪式。

沈北海在欢迎词中代表广西壮族自治区党委、政府以及广西各族人民，对纳吉布总理和各位嘉宾的到来表示感谢和欢迎。他表示，广西历来高度重视加强与马来西亚的交流合作，近年来双方交流合作领域不断拓展，层次不断提升，双方经贸合作日趋密切，成果也越来越显著。他认为，此次圆桌对话会将为下一步各国以及广大企业家、投资者创造务实合作注入新的动力，带来丰硕的成果。

在对话和交流时间，王旭升、王东、王禹等企业家就中马两国在能源、水电开发及污水处理等领域的合作展望向纳吉布总理提问。纳吉布回应说，在能源方面，中国在技术、价值链上都处于非常高端的位置，马来西亚最大的水利项目就是与中国水利电力总公司合作的。能源、水电以及污水处理是马来西亚长期发展和扶持的领域，期待与中国企业在这些领域继续加强合作。郭俊峰、靳春生两位企业家就中马两国在通信和林业领域的合作展望进行提问。纳吉布说，电信技术在农村地区的推广，对马来西亚的现代化进程至关重要，马来西亚将学习华为在中国的经验。近年来，中国的电信公司在马取得较大成功，希望继续深化合作。在林业领域，中马可以在林业技术和管理方面进行合作，尤其是在林业资源的可持续管理方面加强合

2011年10月21日，马来西亚领导人与中国企业CEO圆桌对话会在南宁举行
（广西新闻网）

作。对话结束后，中马双方企业举行 5 个合作项目的签约仪式。高虎城致闭幕词。

中国—东盟电信高峰论坛

2011 年 10 月 22 日下午南宁举行。论坛由中国商务部、中国国际贸易促进委员会、广西壮族自治区政府及中国联通共同主办。中国工业和信息化部副部长尚冰、广西壮族自治区副主席杨道喜、中国联通副总裁韩志刚和缅甸邮政电信总局董事长 Eaik Di Hla 等出席论坛。来自中国及东盟国家电信主管部门、电信运营企业、国际电信设备制造企业及国际电信内容服务企业的 200 多名代表参会。杨道喜在致词时表示，中国政府明确提出要把广西北部湾经济区建成中国—东盟信息交流中心。中国电信、中国移动、中国联通三大电信运营商进一步扩大在广西的投资与合作。其中，中国联通 3 年内将投资 5 亿元在广西南宁建设中国第四个国际通信业务出入口，并配套投资 30 亿元，建设国际信息服务外包中心、国际互联网数据储存中心、国际云计算中心及国际直达数据专用通道。这些项目的实施，对完善中国国际通信网络的总体布局，提升面向东盟的国际化信息提供能力，推动中国—东盟自贸区发展具有重要的支撑作用。广西将以本次论坛为契机，加快推动中国电信、中国移动、中国联通三大电信运营商与东盟各大电信运营企业合作，为中国与东盟经贸发展提供高效服务。论坛围绕“提升中国—东盟区域内信息领域合作，更好服务中国—东盟自贸区”的主题展开对话、演讲及探讨，共同促进、深化区域行业间的务实合作。为深化合作，论坛向各国通信企业提出四点建议：加强信息通信基础设施的互联互通；加强信息技术应用交流与合作，深入研究信息技术在电子商务、中小企业发展、防灾减灾，包括农村普遍服务方面的应用；加强新一代信息技术领域的交流与合作，携手推进下一代移动互联网、宽带网络、物联网、云计算等领域的技术进步；持续开展网络安全领域的合作，确保信息通信网络的安全运行。论坛期间，还举行中国联通南宁区域性国际通信业务出入口、中国联通南宁国际直达数据专用通道、中国联通东盟国际漫游创新平台启动仪式，中国联通还与老挝、越南等东盟国家电信运营企业签署合作协议。

中国—东盟商品交易中心启动仪式暨中国—东盟商会领袖论坛

2011 年 10 月 22 日上午，中国—东盟商品交易中心揭牌仪式、东盟商家入驻南宁华南城启动仪式、中国—东盟商会领袖论坛在南宁华南城举行。揭牌、启动仪式和领袖论坛由中国国际贸易促进委员会、中国国际商会、广西壮族自治区人民政府主办，中国—东盟商务与投资峰会秘书处和南宁华南城有限公司承办。中国贸促会会长万季飞，中共广西壮族自治区委员会常委、自治区副主席、南宁市委书记陈武，东盟秘书处秘书长素林等中国国家有关部委领导，广西壮族自治区、南宁市领导，主办、承办和协办单位负责人，东盟国家贸易主管部门负责人，东盟秘书处负责人，东盟国家驻华使领馆商务官员，东盟商协组织负责人，东盟华商组织负责人约 300 人出席。

在东盟商家落户南宁华南城签约启动仪式上，与会各位领导和东盟各国商会领袖、来宾共同见证来自东盟各国的 10 家商协组织机构和近百名东盟商家代表在落户南宁华南城协议书上郑重签字，这意味着中国—东盟商品交易中心践行为东盟 10 国提供共 5 万平方米、免租 5 年的优惠政策迈出实质性的第一大步。中国—东盟商务与投资峰会秘书处秘书长黄永强主持仪式。

启动仪式结束后，举行第 2 届中国—东盟商会领袖论坛。香港工业总会名誉会长孙启烈、文莱国家工商会副会长卡玛鲁丁、柬埔寨总商会会长陈丰明、老挝国家工商会副会长萨南、马来西亚国家工商会副会长钟廷森、新加坡中华总商会秘书长林三顺、菲华新联公会会长王书侯、越南工商会副会长范家足、中国钦州市市长肖莺子、中国—东盟商务理事会中方秘书处秘书长许宁宁等嘉宾，以及中国与东盟国家商协会、各行业协会负责人和东盟企业界人士约 200 人出席。马来西亚驻 WTO 总代表苏帕曼主持论坛。

与会者围绕以下议题进行交流和探讨：搭建行业合作平台，服务自贸区建设；凝聚行业合力，推进务实合作；合作共赢——共建中国—东盟商品交易中心；加强重点行业合作，提升双边经贸关系；商协组织在区域行业合作中的作用；利用自贸区平台，推进商协会务实合作；加强商贸物流合作，共建自贸区商贸物流体系；共建中国—东盟行业合作机制；加强中泰、中越行业合作；共建中马产业园。中国—东盟商品交易中心是中国—东盟自由贸易区建成之后第一个由政府和企业共同推动建设的重要商贸物流项目。它的建成和投入运营，是落实自贸区协议和深化中国—东盟经贸合作的具体举措，具有广阔的发展前景。建成后的中国—东盟商品交易中心，将成为中国和东盟企业双向贸易的重要平台。东盟企业可以通过这个中心，把本国优质产品带到中国市场，同时也可以通过这个交易平台采购中国的产品，以充分享受零关税时代带来的各项优惠政策，分享中国—东盟区域合作的机遇，分享华南城在中国的发展布局资源，体验区域广阔市场所带来的无限商机，共同推动中国和东盟的双边经贸，实现互利共赢。本届中国—东盟商会领袖论坛将推进中国与东盟国家行业协会合作机制形成，推动共建中国—东盟商品交易中心。

第13届南宁国际民歌艺术节

南宁国际民歌艺术节开幕晚会

2011年10月21日晚，“大地飞歌·2011”第13届南宁国际民歌艺术节暨第8届中国—东盟博览会开幕晚会在广西体育中心上演。出席晚会的有中共中央、国家机关有关部门负责人，东盟各国代表团，各省、自治区、直辖市代表团以及参加“两会一节”的部分代表、重要客商、参展商。

1800平方米的巨型LED显示屏上，一幅幅气势磅礴的画面，给观众带来极具冲击力的视觉感受，“大地飞歌”四个字在流光溢彩的灯光里熠熠生辉，分外醒目。晚会以水从天上来、水之美、水之情、水之梦、奔流向大海5个篇章，串起一条流淌着歌的河流，充分展现中国与东盟以水相连、壮乡以水为家、北部湾开放开发以水为媒以及南宁构建“中国水城”的丰富内涵。水的优美、灵动、浪漫透过舞台设计表现得淋漓尽致，整台晚会“水波荡漾”，观众沉浸在“水舞民歌”的主题意境中。

在欢快的乐曲声中，中国与东盟各国青少年共同完成象征东盟10国和中国永恒友谊的“共汇一江水”、“共浇一株苗”、“共享一棵树”三个交接仪式：11个天真烂漫的孩子，作为东盟10国和中国的送水使者，代表各自的国家，手捧着有各国文化符号、装着取自家乡河流圣水的水器皿，缓缓向舞台正中走来，将手中承载自己国家与人民友情的容器缓缓倾斜，淙淙流水，注入中心水区。东盟10国的水和中国的水，汇聚成永恒的友谊。在整个动作完成之前，舞台上的各处高低错落的真水瀑布一同开启，台口浅水区的灯光变幻出五彩的颜色。孩子们从飞流而下的瀑布下盛水，并依次向树苗走去，为友谊之树浇灌下和谐、和平、合作与发展的美好愿景。他们共同浇灌的友谊之树长高长壮了，成为友谊的森林，孩子们在树下在森林里尽情共享这收获的欢乐。

和着磅礴的乐曲声，近300位身着白色羽衣的舞蹈演员涌上舞台翩翩起舞，华美璀璨的舞台瞬间如梦如幻。一曲荡气回肠的“天下黄河九十九道弯”拉开晚会序幕。丛林、飞瀑、绿叶、水滴等实景元素，映衬着梦幻视频、超炫火焰，将舞台营造成天水瀑布人间仙境、璀璨玉树琉璃穹顶、水母浮游海底幻影等梦幻场景……整个舞台美轮美奂。

极具西部民族风格的歌曲“自由行走的花”充满神秘色彩，为其编配的伴舞精彩别致：一位女子在一面升到半空的透明铜鼓里翩翩起舞，飞在空中的男子围绕着铜鼓旋转、起舞、击鼓，数十位舞蹈演员在黄色纱笼下，舞出水波荡漾、花儿绽放等水的生命传情。

随着紫蓝色灯光的转换，舞台上呈现柔美的意境，“山歌好比春江水”、“洪湖水”、“万泉河水”，一组联唱歌曲生动悠扬，唱出水的风情万种。

“我唱刘三姐的歌”、“什么结子高又高”、“站在这坡望那坡”绚丽多彩；“巴黎圣母院”选段“艾斯美拉达”，唱出外国艺术家对民歌的眷恋，对广西山水和绿城南宁的喜爱；“亮出精彩”欢快大气；“月亮之上”、“海阔天空”曲调明亮；“好久不见”、“爱情转移”、“远得要命的爱情”情真意切；“童话”美丽传神；重新配编的经典民歌“康定情歌”演绎出浓浓的时尚；本届民歌艺术节主打歌曲“左爱右爱”巧妙地融合了中法两国的音乐元素，温馨浪漫。

一首首悦耳动听的歌曲，一段段欢腾奔放的舞蹈，在“天下民歌眷恋的地方”这个永不谢幕的大舞台上，为观众生动再现经典民歌的永恒魅力，让观众尽情领略世界民歌的无比美妙。

当用5种语言演绎的“大地飞歌”再次唱响，满天的礼花腾空绽放，好似歌声激情四溢，祝福中国—东盟友好和平的美好心愿充盈在天地之间。

绿城歌台演出活动

2011年10月22日，南宁国际民歌艺术节中最能体现国际性、民族性和节日欢乐的绿城歌台广场文化活动在广西南宁市各县区、校园、社区举行，8场绿城

2011年10月21日晚，“大地飞歌·2011”第13届南宁国际民歌艺术节暨第8届中国—东盟博览会开幕晚会在广西体育中心上演。图为晚会演出场景

（广西新闻网）

歌台在南宁市区内同时搭台献艺。其间,有近百名外国艺术家参加演出。精彩的演出,为观众们呈现了一场场视觉与听觉的盛宴,“天下民歌眷念的地方”成了一个以歌台为中心的欢乐海洋。

在青秀区金湖广场搭起的歌台上,中外艺术家们纵情歌舞,展现了各自精彩的民族风情。广西彩调团表演的歌舞在“和谐艳阳天”中拉开了演出序幕。那坡县老区艺术团身着黑衣壮独特民族服饰的演员们一亮嗓子,“黑山魂”悠远且富有穿透力的歌声,就把现场观众思绪拉到了大山深处,一幅极具民族特色的壮乡风情画慢慢展现。黑山羊艺术团的原创舞蹈“粽子飘香”,将舞蹈和壮乡的地方习俗融为一体,活泼的表现形式,让现场的国外演员看得着迷。文莱桑那东布达雅歌舞团的6名艺术家身着盛装,手持当地特有的竹篮“Tipa”,里面装着槟榔、棕儿茶,成双成对,载歌载舞,表达了年轻人欢度节日时的幸福喜悦。观众还从他们表演的《迎客歌舞》中感受到了真挚的好客之情。浓浓的东南亚风情通过舞台传递给现场的每一位观众。

邕宁歌台与2011年邕宁壮族八音文化艺术节开幕式同台举行,吸引不少观众,离正式演出还有将近一个小时,设在新兴广场的邕宁歌台已经被围得里三层外三层。在欢快激荡的锣鼓声中,两条身披银鳞金甲的长龙和8头威风凛凛的狮子也同时跃上舞台,开场节目“龙狮共舞迎宾客”立刻将观众们的热情调动起来。紧接着,在高亢、嘹亮的乐曲声中,一群身穿壮乡服饰的女子吹着手中的乐器走上台,这是邕宁区那路村女子八音队助兴来了。壮族八音历经100多年的发展演变,已深深扎根在壮族人民生活中,村民们举办婚嫁、祝寿、新居落成、迎宾等喜庆活动时,总不会忘记请八音班来演奏,增添喜气。独具地方特色的女子八音表演,为歌台增添一抹靓丽色彩,获得全场阵阵掌声。俄罗斯集市艺术团比较特别,这是一个家庭艺术团,妻子瓦列金娜·瓦罗宁娜是团长,其余两名团员是她的丈夫和女儿。瓦列金娜·瓦罗宁娜一句中文“你好,南宁”,拉近了与现场观众的距离。他们一曲经典的俄罗斯民歌“喀秋莎”,让熟悉中文版“喀秋莎”的观众领略了一回现场原版“喀秋莎”的美妙。泰国蓝莓乡村音乐组合4个青春靓丽姑娘的演出,风情万种,分外抢眼。“畅想八音”这个节目集合了此前所有参与过八音表演的演员,是名副其实的千人闹八音。演员们走到台下,站在观众席吹、打、弹、唱,舞台由台上延伸至台下,演员和观众都陶醉在壮族极富乡土气息的八音文化艺术的旋律中,每个人都成为其中一个美妙的音符。

南宁江滨休闲广场歌舞飞扬,2011年南宁国际民歌艺术节“绿城歌台·江南”在这里热烈举行,来自广西本土的文艺演员和国外友人的文艺演出团体齐聚一堂,以歌会友,用歌传情,唱响“绿城歌台”。江南歌台尚未开演,前来看表演、赶歌圩观众已经把舞台围得水泄不通,整个广场成了歌的海洋。“壮乡三月三,歌乡情海绣球飞……”一支极具广西民族特色的舞蹈拉开了歌台序幕。在观众的掌声中,来自保加利亚和新加坡的艺术家先后闪亮登场,火热激情的“命运”、现代动感的“非常新加坡”,让现场的观众感受到了浓浓的异国风情。广西第一支残疾人业余文艺团队——鸽子组合带来的歌曲“飞吧鸽子”、江南区新屋村的小朋友们带来的“环保时装秀”、HeRose组合带来的歌曲“追着山歌寻你来”充满本土魅力。音乐响起,歌声飞扬,场上的演员们和场下的观众进行了精彩的互动,不少观众跟着台上演员一起哼唱起来,现场掌声阵阵。

兴宁区朝阳广场沉浸在一片欢乐之中,舞蹈“美丽广西”拉开歌台序幕。在观众热情的欢呼声中,来自奥地利的艺术团演奏展现当地美景的民族乐曲“克拉根福好风光”,欢快喜悦的节奏瞬间把观众带到了那片富饶美丽的土地上。斯洛文尼亚的演员们献上了热情奔放的民族歌舞。魔术师的表演让歌台一时间充满了神秘色彩。广西少数民族服饰表演“大美壮乡”则在现场掀起了一阵小高潮。壮族、苗族、瑶族……模特儿走着猫步,独具特色的服饰让来自国外的演员们啧啧称赞,大呼看得过瘾。这场将魔术、歌舞、器乐演奏、时装秀融为一体的歌台演出,台上真情演出,台下热情互动,整个歌台气氛活跃,现场掌声、喝彩声连连不断。

西乡塘区歌台暨西乡塘区香蕉文化旅游美食节开幕式在民生广场举办,广西大学艺术学院舞蹈队的舞蹈“铜鼓敲响凤凰来”拉开歌台序幕。南宁市青少年活动中心的小演员们,身穿象征香蕉的服饰,化身“香蕉宝宝”,有模有样地为台下观众表演起“蕉香天下”的模特走秀。孩子们天真可爱、憨态可掬的表演让现场的观众开心不已。在石头、木棍、开山石和铜鼓浑厚、震撼的声响中,舞台上展现了一幕壮乡早春的场景:农家女用簸箕翻筛着大米、小伙子拿起了扁担准备劳作,农家的一天开始了……来自广西财经学院的56名非舞蹈专业的大学生,将石头、竹子、水、水缸、舂米石、簸箕、扁担、米、打棒、银铃等12种广西少数民族日常生活中的农用工具开发为打击乐器,配以簸箕舞和扁担舞,以及演员用苗语演唱的“民族大团结,和谐一家亲,携手兴八桂,共谱新篇章”,生动展现了广西各民族的日常劳作场景。原生态乐器演奏“八桂合音”原汁原味的音乐以及精彩的演出博得台下观众的阵阵掌声。第一次参加南宁国际民歌节的奥地利克拉根福民族音乐队,演员们手中的乐器外形非常独特,都是每人根据自己对音乐的理解手工制作的。他们风尘仆仆从兴宁区的歌台赶到西乡塘区歌台,为现场观众演唱音乐之乡欢快喜悦的民族乐曲“克拉根福好风光”。

民歌湖广场,烈日当空,观众热情如火。第一次到南宁的丹麦摩利尔德乐队，给大家带来了在丹麦流传2000余年的民歌。民歌湖上飘荡的歌声，时而高亢嘹亮，时而婉转低回，旋律从古老的琴弦上倾泻而出，女主角的声音如泣如诉，把听众带到了古老的月光下年轻人相爱的浪漫故事中。情到深处，乐手们走到前台，与观众对视演奏。观众被丹麦浪漫优美的音乐和悠远深情的琴声所感染，报以热烈的掌声和欢快的口哨声。来自柬埔寨的女歌手，一上台便用中文开腔，唱起了观众耳熟能详的中国民歌“茉莉花”，旋律悠扬，吐字清晰，在场的观众禁不住发出了赞叹声，纷纷同声齐唱，顿时台上台下汇成歌的海洋。

良庆歌台火暴热烈，精致编排的民族歌舞、杂技、独弦琴演奏等众多曲艺节目，在大沙田阳光新城一街区上演。热情奔放的舞蹈“美丽广西”一开场，现场气氛顿时热烈起来。观众们挥舞着手里的“小巴掌”，为精彩的表演鼓掌。动感十足的现代舞、节奏感强的“说唱脸谱”等节目，将现场不断引向高潮。阿根廷德拜丝乐队的演奏引来热烈的掌声。旋律优美的“我爱你”深情动人，展示了歌手的实力，而乐队演奏的另一首歌，配合两位舞蹈演员富有激情的探戈舞，更是让观众们惊声尖叫，将现场气氛燃到顶点。

由60名南宁市卫生学校的学生组成的天使合唱团用歌声拉开了普罗旺斯歌台的序幕。耳熟能详的“山歌好比春江水”、“只有山歌敬亲人”，很快引起了观众们亲切的共鸣。怀抱天琴，脚系铜铃，一身黑衣的壮族美女们，边弹拨琴弦，边轻启朱唇，伴随着天籁般的歌声，姑娘们轻轻晃起挂在脚上的铜铃。已经成为广西非物质文化遗产的龙州天琴表演，美妙的天籁之音和本色唯美的画面让观众陶醉其中。一名来自美国的女高音歌唱家在演唱了两首英文歌曲后，一曲市民们耳熟能详的中国民歌“茉莉花”，立刻赢得了观众的热烈掌声，不少人情不自禁地跟着哼起来。保加利亚艺术团的弦乐四重奏，与传统的演奏者规规矩矩坐在椅子上、安静地拉琴不同，不仅3名拉小提琴的姑娘动感十足，就连拉大提琴的姑娘也扛着琴满台走着演奏，激情的旋律在听众们耳边和心里久久回荡，让人感受到了乐符的舞动并留下深刻的印象。

南宁国际民歌艺术节外国艺术家专场晚会

2011年10月22日晚，第13届南宁国际民歌艺术节外国艺术家专场晚会在南宁人民会堂举行，来自14个国家的艺术家们同台献艺，传统舞蹈、乐队表演、芭蕾舞蹈、民歌演唱、乐器演奏等节目精彩不断。马来西亚5位华裔鼓手以南方狮鼓为主要乐器，一曲大鼓打击表演“鼓典”结合马来西亚多元文化的节奏、优美的肢体语言、震撼的视听觉演出形式，展现鼓手们的独特魅力。俄罗斯集市艺术团带来的歌曲“喀秋莎”一下子就拉近了与观众的距离。和着歌声的节奏，全场观众默契地打起了拍子，台上台下的互动将晚会推向了一个小高潮。泰国蓝莓乡村音乐组合表演的歌舞“天堂般的泰国”，是泰国歌舞由传统走向现代的缩影，让观众领略了不一样的泰国风情。奥地利克拉根福民族音乐队表演的“农夫之乐”“幸福的人们”，再现了奥地利克拉根福农民的劳作，以及人们尽情享受美好时光的幸福场景。保加利亚弦乐四重奏组合表演的“自由探戈”、“阿斯图里亚斯”，时而舒缓，时而激越，跌宕起伏的提琴声，配上极富穿透力的音乐，观众的心绪也随着音乐不断起伏。美国纽约芭蕾舞团将西方芭蕾与壮乡山歌完美呈现，表现壮族男女通过对歌、抛绣球等方式表达爱慕的传统习俗，这种美术、音乐与舞蹈的结合，使芭蕾舞《壮乡梦缘》广受欢迎。表现新加坡兼容并包、多民族文化融合的舞蹈“非常新加坡”给观众留下深刻印象。压轴出场的美国女高音歌手考特尼·霍夫曼用标准中文演唱的歌曲“青藏高原”博得观众的阵阵掌声，为晚会画上了圆满的句号。

举办地概况

广西壮族自治区

地处中国南部，南临北部湾，陆地周边从东到西分别与广东、湖南、贵州、云南等省接壤，西南与越南社会主义共和国毗邻。陆地疆界线长1020千米。行政区域面积23.67万平方千米，约为中国土地总面积的2.5%。设14个市109个县(市、区)。2011年末总人口5199万，常住人口4645万。世居的少数民族有壮、瑶、苗、侗、仫佬、毛南、回、京、彝、水、仡佬等11个，少数民族人口1973万，其中壮族人口1671万。

地势西北高，东南低，由西北向东南倾斜。中部和南部多为平地，四周山地环绕。在陆地面积中，山地和丘陵占陆地面积的70.8%，平原和台地占27.1%，水面占2%；耕地面积420多万公顷。内陆河流众多且水量丰富、落差大。沿北部湾海岸曲折多溺谷，沿岸有众多天然良港。沿海有岛屿697个，总面积66.9平方千米。属亚热带季风气候区，光照充足，雨量充沛，气候温暖。

资源丰富。在探明储量的97种矿藏中，有64种储量在中国各省份中居前10位，铝土矿、锰矿等12种居首位，是中国10大有色金属主产区之一，非金属矿中的石灰岩、高岭土、滑石、膨润土储量亦居中国各省份前列，但煤、石油等能源矿较贫乏。水资源丰富且水能蕴藏量大，是中国三大水电建设基地之一，河流水能理论蕴藏量2133万千瓦，可开发装机容量1751万千瓦。生物种类多样，发现有陆栖脊椎野生动物929种(含亚种)，野生植物有288科1717属8354种，陆栖脊椎野生动物种数约占中国的43.3%，野生植物种类在中国各省份中居第三位。旅游资源丰富，有众多的国家级风景名胜区、旅游度假区和历史文物保护单位。桂林是享誉世界的旅游城市，素有“山水甲天下”之美称。

物产丰饶。除盛产水稻、蔬菜、烟叶、木薯及各种热带和亚热带水果外，桑蚕、蔗糖等经济作物的产量名列中国各省份前茅，是世界十大产糖区之一。草食家畜、水产养殖有相当规模，奶水牛、山羊、经济鱼类的养殖产量在国内占较大份额。面临的北部湾是著名热带渔场，海洋捕捞鱼类500多种、虾蟹类220多种，特色、优质海产品养殖量大质优，是驰名中外的“南珠”产地。

在中国具有沿海、沿边、沿江的区位优势，是中国大陆东、中、西三大地带交汇点，不仅是中国唯一与东盟既有陆地接壤又有海上通道的省份，也是中国通往东盟最便捷的国际大通道和中国西南地区最便捷的出海口。交通通信状况较好，铁路运营总里程3237千米，二级以上公路总里程1.28万千米，其中高速公路2754千米；沿海港口泊位综合通过能力1.37亿吨；民用机场6个，开辟国内外航线182条，通达国内及日本、韩国、东盟主要国家的城市56个。电话、网络普及程度较高，第三代移动通信技术普遍运用。电话普及率每百人69.16部，互联网络用户总数442.9万户。

经济保持快速增长态势。2011年全自治区地区生产总值、工业总产值、规模以上工业总产值、规模以上工业主营业务收入、全社会固定资产投资、各项存款余额、各项贷款余额等7项指标突破1万亿元，地区生产总值增速达到12.3%。三次产业协调发展，其中第一产业实现增加值2047.3亿元，第二产业实现增加值5736.8亿元，第三产业实现增加值3930.3亿元，分别增长4.8%、17.1%和9.4%。

农业经济稳定发展。2011年全自治区粮食产量比上年增产1.2%，达到1429.9万吨，水果产量增长12.1%，油料产量增长9.2%，蔬菜产量增长5.2%，糖料蔗、蚕茧、木薯产量保持全国第一；林业实现增加值164.3亿元，比上年增长9.7%，木材产量增长15.0%并保持全国第一，林下经济实现产值230亿元；牧业增加值542.4亿元，增长1.1%，猪牛羊禽肉产量386.1万吨，增长0.7%，蚕茧产量29.5万吨，增长11.6%；渔业实现增加值208.2亿元，增长5.7%，水产品产量288.8万吨，增长5%，海水产品和淡水产品产量分别增长3.2%和7.3%。

工业主导地位增强。2011年全自治区重工业增长21.4%，轻工业增长19.4%，继食品、汽车和冶金产业之后，新增石化、机械2个千亿元产业。主要工业产品产量较快增长，其中汽车产量增至142.4万辆，氧化铝产量增至529.2万吨，钢材产量增至1759.3万吨，水泥产量增至8640.1万吨，发电量增至1013.8亿千瓦时，原油加工产量增至1108万吨。规模以上工业企业实现利润717.3亿元，增长29.3%。有23个产业园区工业产值超过100亿元，其中3个超500亿元，柳州汽车产业园工业产值超过1000亿元。南宁、桂林、柳州、北海4个高新技术产业开发区工业总产值超过2000亿元。

服务业稳步发展。桂林国家服务业综合改革试点、南宁中国—东盟商品交易中心建设正式启动，柳州鹧鸪江钢铁深加工及物流产业园加快建设，广西金融电子结算服务中心挂牌成立。南宁成为中国联通第四个区域性国际通信业务出入口，列为国家级电子商务示范城市以及“三网”（电信网、广播电视网、互联网）融合试点城市。53个大型商品交易市场项目年内开工建设。全社会客货运输周转量3748.3亿吨千米，比上年增长17.9%；民航旅客吞吐量超过1330万人次。金融机构各项存、贷款余额分别增长14.5%和18.6%。旅游总收入1277.8亿元，比上年增长34.1%。

“两区一带”发展格局有效拓展。北部湾经济区开发建设加快推进，经济区内11个重点产业园区工业总产值突破千亿元，地区生产总值增长15.9%，高于全自治区平均增速3.6个百分点；中国马来西亚钦州产业园区签约揭牌，成为全国第3个中外两国政府合作园区。西江经济带发展总体规划通过专家评审，西江黄金水道加快建设；桂东国家承接产业转移示范区建设加快推进；桂西地区优势资源开发进程加快，百色生态型铝产业示范基地实施方案获得国家批复。

内需增长动力增强。全社会固定资产投资10143.5亿元，比上年增长29.1%。分管理渠道看：更新改造投资3054.8亿元，增长37.9%，其中工业技改投资2540.5亿元，增长44.0%；基本建设投资4185.4亿元，增长20.3%；房地产开发投资1500.5亿元，增长24.4%。分产业看：第一产业投资345.2亿元，增长53%；第二产业投资3785.5亿元，增长35.3%，其中工

广西12个世居民族青年群貌　　（《广西年鉴·2011》）

业投资 3742.5 亿元，增长 35.1%；第三产业投资 5602.9 亿元，增长 24.6%。民间投资持续活跃，完成投资 5866.7 亿元，增长 43.6%，占全社会投资总额的 57.8%，成为拉动投资增长的主导力量。消费市场持续活跃，全自治区社会消费品零售总额 3860.7 亿元，比上年增长 18%。其中：城镇消费品零售额 3399 亿元，增长 18%；乡村消费品零售额 461.7 亿元，增长 17.9%。CPI 涨降幅由 5 月全国第1 位降至 12 月的倒数第 2 位。

开放合作不断深化。2011 年全自治区外贸进出口总额 233.3 亿美元，比上年增长 31.5%。一般贸易进出口总额 127.7 亿美元，增长 19.1%；边境小额贸易进出口总额 62.5 亿美元，增长 47.3%；加工贸易进出口总额 30.7 亿美元，增长 75.5%。与东盟双边贸易总额 95.6 亿美元，增长 46.6%，其中对东盟出口 68.3 亿美元，增长 49%。

城乡居民生活水平稳步提高，就业形势稳定。城镇居民家庭人均总收入 1.89 万元，比上年增长 10.5%；农村居民人均纯收入 5231 元，增长 15.1%。城镇新增就业人数 53.3 万人，农村劳动力转移就业新增 91.06 万人。年末城镇登记失业率 3.7%。各地企业最低工资标准普遍上调 20% 左右，一类地区提高到每月 1000 元。城镇居民基本医疗保险和新型农村合作医疗参保率均超过 96%。全自治区 380 万城乡最低生活保障人员和 31.9 万农村五保供养人员月人均补助水平分别达到 180 元和 70 元。农村地区产业扶贫加快推进，新建水库移民新村 564 个。保障性住房建设力度加大，开工建设保障性住房 32 万套，解决约 12 万户城镇中低收入家庭和 20 万户农村危房户的居住困难。

南宁市

位于广西南部，是广西政治、经济、文化中心，简称邕。辖 6 个区和 6 个县，行政区域面积 2.21 万平方千米，2011 年末总人口 711.49 万，其中市区人口 272.82 万。地处亚热带，受海洋气候调节，阳光充足，雨量充沛，干湿季节分明。邕江是南宁市的母亲河，年平均流量 410 亿立方米。建成区园林绿地面积 8143 公顷，人均公园绿地面积 12.97 平方米。是中国园林城市、绿化模范城市，获得联合国人居环境奖。

资源丰富，物产丰饶。探明储量的重要矿产资源主要有煤、铜、钨和耐火粘土。耕地面积 61.5 万公顷，园地面积 7.6 万公顷，林地面积 77.24 万公顷。盛产稻谷、花生、木薯、红麻、茶叶等农产品和香蕉、菠萝、柑、橙、荔枝、龙眼等亚热带水果。工业以食品、化工、机械、制糖、造纸、铝加工、电子信息产品制造为主，上述行业在广西占据重要地位。拥有国家级开发区 2 个，自治区级开发区 7 个，开发区经济在全市经济总量中所占比重逐年提高。旅游资源丰富，是中国优秀旅游城市。

2011 年，南宁市以转方式、调结构、扩内需、惠民生、促和谐为着眼点和着力点，深入开展“项目建设年”、“发展环境建设年”等活动，全力抓好工业经济振兴攻坚、五象新区开发攻坚、交通基础设施完善攻坚、产业园区建设攻坚、打造“中国水城”等经济建设攻坚，使城市发展内生动力得到新的增强，经济实现又好又快发展。全年实现生产总值 2211.51 亿元，比上年增长 13.5%，连续第 10 年保持增速超过两位数。其中：第一产业增加值 306.31 亿元，增长 5.7%；第二产业增加值 846.34 亿元，增长 19.7%；第三产业增加值 1058.85 亿元，增长 11.1%。

年内，南宁市强化以建设促宜居，城市品质得到新的提升。《南宁市城市总体规划（2011 ~ 2020）》获国务院批复，五象新区、“中国绿城”、“中国水城”建设规划及综合交通专项规划相继完成，城市环境改造、工业经济振兴、文化设施建设等规划不断完善落实。旧城改造、城中村改造和城乡风貌改造、农村危房改造稳步推进。数字化城市管理不断加强，个人住房信息系统覆盖 6 县并与住房和城乡建设部联网。推进“餐厨废弃物资源化利用和无害化处理试点城市”建设，加强城市空气和噪声、机动车尾气、工地扬尘等污染防治工作。开展“绿满南宁”造林绿化工程，全市森林覆盖率、建成区绿化覆盖率分别提高到 47.1% 和 40.5%，城市建成区新增绿地面积 438.2 公顷。全年市区环境空气优良率为 96.2%，空气质量为优的天数在全国省会城市中排名第三。邕江 5 个地表水源水质达标率为 100%。47 个工业污染治理项目全部完成，实现化学需氧量减排 1.22 万吨，二氧化硫减排 118 吨，氨氮减排 72 吨，氮氧化物减排 81 吨。万元地区生产总值能耗下降 2.7%，规模以上万元工业增加值能耗下降 6.8%。

经济发展的质量和效益提高。全年财政收入 363.52 亿元，比上年增收 62.65 亿元，增长 20.8%。其中：一般预算收入 186.29 亿元，比上年增收 30.2 亿元，增长 19.3%；上划中央税金收入 136.94 亿元，上划自治区税金收入 40.29 亿元，分别增长 24% 和 17.2%。在一般预算收入中，税金收入 133.51 亿元，增长 21.4%。其中：增值税收入 10.74 亿元，增长 12.9%；营业税收入 37.67 亿元，增长 12.61%；企业所得税收入 19.09 亿元，增长 46.9%。工业企业效益指数提高到 294.8%，提高了 19.93 个百分点；规模以上工业企业实现利润 98.4 亿元，增长 57.9%；在 35 个工业行业大类中有 30 个行业盈利，其中 16 个行业盈利增长超过 1 倍。

在五大“攻坚”任务的推动下，投资高位增长。全社会固定资产投资完成 2003.7 亿元，比上年增长

37.1%。工业经济振兴攻坚战完成工业投资524.0亿元,其中技改投资完成419.6亿元,分别增长48.2%和54.7%。产业园区建设攻坚战在18个工业园区的工业项目投资完成282亿元,基础设施投资89.2亿元,建设标准厂房51.7万平方米,储备工业用地695公顷。五象新区开发建设全年完成投资69.5亿元。“中国水城”建设完成投资35.8亿元,民歌湖—竹排江—南湖水系贯通,青秀湖公园、相思湖公园建成启用,“一江两湖”水上旅游正式开通。交通基础设施完善攻坚战完成投资238.1亿元,南宁铁路枢纽加快建设,南宁至钦州高速铁路进入铺轨阶段,城市轨道交通、吴圩国际机场新航站楼等重大项目开工建设。

区域合作有效推进。充分借助中国—东盟博览会、中国—东盟商务与投资峰会窗口和合作平台作用,扩大区域经贸合作。在中国—东盟博览会和商务与投资峰会举办期间,南宁市与外地共签约利用内外资项目106项,约定引进资金622.71亿元。积极落实与四川、海南、广东、福建等省的合作框架协议,扩大科技、旅游等领域的合作。推进总部企业经济,区域合作创新发展。以东盟国家为重点的对外开放合作前景广阔。除成功举办中国—东盟博览会和商务与投资峰会外,还举办中国—东盟城市森林论坛,缔结国际友好城市2个、国内友好城市2个。与港澳台、珠江三角洲、长江三角洲的地区经济合作得到深化,承接东部产业转移取得新进展。先后引进百威啤酒、沙伯特公司、三一重工等世界或国内500强企业项目,全年实际到位内资657.3亿元,增长25%。

社会发展协调推进。一是教育得到优先发展。全面实施学前教育三年行动计划,完成中小学校布局结构调整规划,全市学龄前三年毛入园率72.9%,九年义务教育巩固率93%,高中阶段毛入学率89%。中小学校舍安全工程继续实施,职业教育各项攻坚任务完成,邕江大学新校区投入使用。二是国家创新型试点城市和国家科技进步示范市建设全面铺开,国家、自治区和南宁市创新计划340个项目陆续实施,国家科技进步示范市10个重点示范项目建设扎实推进。实施民生科技发展计划项目54项,中药民族药资源保护和中药民族药新产品开发与产业化、食品安全公共安全防灾减灾环保关键技术研究开发等方面项目得到重点扶持。引进推广制糖、造纸、化工、金属加工、淀粉、酒精等行业应用节能减排新技术10项。三是以医药卫生体制改革为重点的医疗卫生事业有新发展,基本药物制度初步建立,城乡医药卫生服务体系不断完善,重点推进的新型农村合作医疗保险等7项为民办实事医疗卫生项目实施情况良好。四是文化建设加快发展。南宁孔庙及63个村级公共服务中心建成开放。“百戏下乡”、扶持百支村屯社区文艺队、农村电影放映工程等文化惠民工作广泛开展,乡村社区和谐文艺大展演等活动精彩纷呈。文艺精品创作出成果,新编大型粤剧《海棠亭》获第12届中国戏剧节优秀剧目奖和优秀演员奖。五是全民健身活动深入开展,竞技体育实力增强,体育产业化效益明显,第7届南宁国际龙舟邀请赛成功举办,2014年世界体操锦标赛申办成功。六是人口和计划生育综合改革稳步推进,流动人口基本公共服务均等化水平逐步提高。六是社会保障水平进一步提高。基本养老保险、基本医疗保险、工伤保险、失业保险、生育保险的参保人数分别达到62.21万、165.93万、42.92万、40.4万和41.02万。城镇基本医疗保险参保率、新型农村合作医疗保险参保率分别提高到97.8%和94.4%。七是就业人数稳定增长。城镇新增就业7.77万人,城镇登记失业率3.48%;城镇下岗和就业困难人员再就业2.4万人,农村劳动力转移就业新增9.6万人。八是扶贫开发工作往深处推进。贫困地区基础设施建设、以工代赈和易地扶贫搬迁等深入实施,一批村屯道路、小型集中供水工程相继完工,贫困地区生产生活条件进一步改善。产业扶贫取得成效,贫困地区先后增加中药材种植面积2000公顷、百香果种植333.33公顷、桑菇配套种植200公顷,建成5000头生猪养殖与10万羽家禽养殖示范基地4个,有效地促进了贫困地区产业发展和农民增收。

南宁民歌湖

(《广西年鉴·2011》)

新 闻 人 物

朱光亚

2011年2月26日因病在北京逝世，享年87岁。被中国中央电视台“感动中国”栏目组评为2011年度感动中国人物。杰出科学家，中国核科学事业的主要开拓者。中国科学院、中国工程院资深院士。中国科学技术协会名誉主席、原主席，中国工程院原院长、党组书记。中国人民政治协商会议第八届、九届全国委员会副主席。1924年12月25日出生于湖北宜昌，祖籍湖北武汉。

1941～1942年在重庆中央大学物理系学习。1942～1945年在西南联合大学物理系学习。1946～1950年美国密执安大学研究生院物理系原子核物理专业研究生，获博士学位。1950～1952年任北京大学物理系副教授。1952～1953年任朝鲜停战谈判志愿军代表团外文秘书。曾任国防科委副主任，国防科工委科学技术委员会副主任、主任，国防科工委党委常委，中国科协副主席。1991年任中国科协主席。1994年3月补选为第八届全国政协副主席。同年6月任中国工程院院长、党组书记，并当选中国工程院主席团执行主席。1995年任国务院学位委员会副主任委员。1996年5月被推举为中国科协名誉主席。1998年3月至2003年3月任第九届全国政协副主席。2004年12月，国际小行星中心和国际小行星命名委员会批准将国际编号10388号小行星正式命名为“朱光亚星”。主要代表作品有《原子能和原子武器》、《原子弹的突破和武器化》等。曾获“两弹一星”功勋奖章。

朱光亚　（百度网）

厉无畏

入选2011年度中国文化创意产业十大人物，被誉为“中国创意产业之父”。获中国创意产业杰出贡献奖，成为理论界获此奖励第一人。研究员，经济学家。中国国民党革命委员会成员。十一届全国政协副主席，全国人大常委会委员，民革中央副主席，上海市人大常委会副主任，民革上海市委主委，上海社会科学院部门经济研究所所长，东华大学旭日工商管理学院院长，上海市创意产业协会会长。1942年11月生。浙江东阳人。上海市社会科学院研究生部工业经济专业毕业，研究生学历，经济学硕士学位。主要从事产业经济、数量经济、创意产业和经济管理方面的研究，主编与合作编辑《创意产业：城市发展的新引擎》、《区域经济——战略规划与模型》、《企业实用现代管理方法》等书16种。在国内外报刊杂志上发表论文200余篇。获得省部级优秀成果奖9项。1990年获国家教委和国务院学位委员会授予的有突出贡献的中国硕士学位获得者称号。1992年受聘为上海市政府决策咨询专家。

厉无畏　（百度网）

柳传志

2011年12月12日获第12届中国经济年度人物终身成就奖。西安电子科技大学名誉教授，高级工程师。中国著名企业家，投资家。曾任联想控股有限公司董事长、联想集团有限公司董事局主席。1944年4月29日生，祖籍江苏镇江。1966年毕业于中国人民解放军军事电信工程学院(现西安电子科技大学)。1984年创办北京计算机新技术发展公司(联想集团前身),曾任总经理、总裁。1988年创建香港联想并出任主席。1997年北京联想与香港联想合并,柳传志出任联想集团主席。2011年11月2日,联想集团宣布柳传志卸任董事长一职,将担任联想集团名誉董事长及高级顾问。曾先后被评为第2届全国科技实业家创业奖金奖第1名、全国有突出贡献中青年专家、中国改革风云人物、全国劳动模范。2000年被《财富》杂志评选为亚洲最佳商业人士,被《商业周刊》评选为亚洲之星,还入选CCTV中国经济年度风云人物。2001年被美国《时代周刊》评为全球25位最有影响力的商界领袖之一。2005年被美中关系全国委员会(NCUSCR)评为推动美中关系杰出贡献个人,是该组织成立40年来第一次将此奖项颁发给非美籍人士。2009年获"时代领跑者——新中国成立以来最具影响的劳动模范"称号,并被评为CCTV中国经济年度人物中国经济十年商业领袖。

柳传志　　(百度网)

黄怒波

2011年6月向北京大学捐赠价值9亿元人民币的资产,计划注入北京大学中坤教育基金,以进一步推动北京大学人才培养和教学科研的发展。8月,以其为董事长的中坤集团拟斥资近10亿冰岛克朗(约880万美元)购买冰岛东北部一幅被称为"Grimsstadir a Fjollum"300平方千米土地,并计划投资100亿~200亿冰岛克朗(8800万~1.76亿美元)建设生态旅游渡假村。入选2011品牌中国十大年度人物。笔名骆英。1956年6月出生于中国甘肃兰州,祖籍河南新郑,先后毕业于北京大学、中欧国际工商学院,获EMBA学位。热心慈善事业,2007年以1.87亿元捐赠居2007胡润慈善榜第9位。2008年以1.96亿元捐赠居2008胡润慈善榜第12位。2008年3月在美国成立中坤国际青少年基金,旨在促进中美两国青少年的文化交流;4月15日,向北京大学捐赠价值1亿元人民币的大钟寺国际广场地产,设立北京大学中坤教育基金;12月1日,向西藏大学捐赠100万元人民币设立"中坤——情系藏大爱心奖学金"。2009年10月22日,由中坤集团捐资200万元建设的宁夏银川通贵乡中心幼儿园正式移交给通贵乡政府;同年,以3.03亿元捐赠居2009胡润慈善榜第9位。2008年,中国汶川大地震,中坤集团捐出4000万元,用于重建在汶川地震中受到重创的两个村子。诗人,中国诗歌学会理事,北京大学诗歌研究中心研究员,中国新诗研究所副所长,同济大学兼职教授,中国作家协会会员,中国网球协会副主席、中国登山协会副主席。北京中坤投资集团董事长。

黄怒波　　(百度网)

胡忠、谢晓君夫妇

被中国中央电视台"感动中国"栏目组评为2011年度感动中国人物。胡忠、谢晓君夫妇均为四川藏区福利学校志愿者,教师。在去藏区支教前,胡忠、谢晓君夫妇都是成都中学的老师。2000年,胡忠在晚报上看到一篇关于甘孜州康定县塔公乡一所孤儿学校急需教师的报道,动了支教的念头。他带着妻子到当地考察后,两人为当地的艰苦状况所震惊。胡忠下定到这所孤儿学校支教决心,妻子支持他的决定。这时候,他们的女儿刚刚出生不久。孤儿学校海拔3800米,是一所福利性质的民办公助寄宿制学校。这里是甘孜州13个县的汉、藏、彝、羌4个民族143名孤儿的校园,也是他们完全意义上的家。胡忠以志愿者身份来到塔公乡,300多元生活补助是他每月的收入。2003年,

胡忠、谢晓君夫妇　　(百度网)

在丈夫召唤下，妻子带着3岁的女儿也来到这里支教。谢晓君弹得一手好钢琴，可学校最需要的却不是音乐老师。她当过生物老师、数学老师、图书管理员和生活老师，在3年时间里，谢晓君尝试了多种角色位置，顶替离开了的志愿者和支教老师。2006年8月，一所位置更偏远、条件更艰苦的学校“木雅祖庆”创办了，谢晓君主动前往该校当起了藏族娃娃们的老师、家长甚至是保姆。2011年2月，她把工作关系转到康定县，并表示“一辈子呆在这儿。”

吴菊萍

被中国中央电视台“感动中国”栏目组评为2011年度感动中国人物。女，1980年生。浙江嘉兴人。2000年加入中国共产党。阿里巴巴诚信通客服部员工。

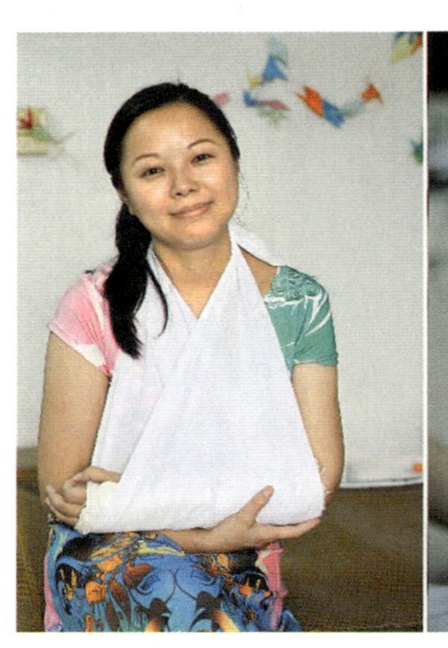

康复中的吴菊萍和被她双手救起的妞妞　　（百度网）

2011年7月2日下午1点30分，在杭州滨江区的一住宅小区，一个2岁女童突然从10楼坠落，在楼下的吴菊萍奋不顾身地冲过去用双手接住了孩子，女孩稚嫩的生命得救了，但吴菊萍的手臂瞬间被巨大的冲击力撞成粉碎性骨折。这一感人事迹在网络上热传，无数网民为之动容，称其为“最美妈妈”。吴菊萍说：“这是本能，是作为一个母亲应该做的事情。”2011年7月7日，吴菊萍被授予杭州市见义勇为积极分子和三八红旗手称号。7月8日，被杭州市总工会授予杭州市杰出职工荣誉称号。7月26日，被全国妇联授予全国三八红旗手称号。9月20日，在第三届全国道德模范评选中获全国见义勇为模范称号。

李娜

2011年6月4日获法国网球公开赛女子单打冠军。7月9日，获武汉市委、市政府授予的武汉功勋市民称号，并获奖金50万元。是中国乃至亚洲历史上第一个网球大满贯赛事冠军，同时世界排名追至第4位，追平日本选手伊达公子创造的亚洲女子网球最高排名。10月6日，成为中国首位获得WTA年终总决赛资格的球员。获2011年中国十佳劳伦斯冠军奖最佳女运动员奖。中国女子网球队运动员。1982年2月26日出生于湖北武汉。毕业于华中科技大学。6岁开始练习网球，1999年转为职业选手，从网球低级别赛事一路打到四大满贯。是第一个获得WTA巡回赛单打冠军的中国人，闯进2008年北京奥运会四强。

李娜　　（百度网）

姚明

2011年7月25日被中国奥委会授予中国奥林匹克金质奖章，获中国篮球协会授予的中国篮球杰出贡献奖和中国男篮终身荣誉队员称号。12月5日，当选上海公共外交协会副会长，兼任荣誉大使。12月21日担任上海市政协委员。中国篮球运动员。1980年9月12日出生于中国上海。中国男篮原主力中锋。2002年6月，以状元秀身份被美国NBA的休斯敦火箭队选中，是NBA历史上第一位外籍状元秀。2009年7月成为上海大鲨鱼俱乐部老板，是中国第一位拥有球员和老板双重身份的篮球运动员。2011年7月20日退役，进入上海交通大学学习本科课程。

姚明　　（百度网）

诺罗敦·西哈莫尼

2011年12月11日入选百度新闻人物。1953年5月14日生。为前国王西哈努克与其第六任妻子莫尼克公主（莫尼列公主）所生。1994年被封为亲王，继任国王之前任柬埔寨驻联合国教科文组织代表（大使）。2004年10月14日，柬埔寨王位委员会于金边举行会议，推选其继任柬埔寨新国王。高度重视对华关系，继任以来多次访问中国，一直表示柬埔寨将坚定不移地继承诺罗敦·西哈努克太王开创的对华友好路线，坚持“一个中国”政策不动摇，继续为推进柬中传统友好和全面合作伙伴关系向前发展作出努力。

杨来盛

2011年4月27日被柬埔寨奉辛比克党全国代表大会推选为该党名誉主席。又名吕来盛。第二代华人。祖籍广东普宁。生于柬埔寨磅士碑省速篙市。6岁时回中国汕头读书，15岁时重返柬埔寨。在柬埔寨大学毕业。后留学美国，毕业于美国加州大学。精通柬文、法文、英文。战乱年代流亡美国，创建公司。后回柬埔寨投入抗越卫国战争，在豆蔻山脉、扁担山脉同越南军队作战10余载。先后担任马德望省人民代表，国家财政部长。柬埔寨新政府成立后担任国务秘书和商业部部长、新闻部长。在担任新闻部长后，坚持不用国家配备的专车而使用自己的汽车，还把每月领到的薪水全部分给身边的工作人员。1998年在大选过后的政治危机中扮演调解人角色。2003年在大选过后的政治僵局中，再次为三大政党的沟通与和解而奔波。以刚正清廉及对政治局势的洞察力树立自己的威信。在2004年7月15日的柬埔寨国会全体会议上被任命为政府副总理，稍后又兼任农村发展部部长。

杨来盛　（新华社）

阿曼达·普尔诺莫·马尔基

阿曼达·普尔诺莫·马尔基是印度尼西亚最年轻的时装设计师，具有较高的知名度。2011年2月在雅加达展示的儿童时装秀作品，出于11岁的小设计师阿曼达·普尔诺莫·马尔基之手。自从阿曼达7岁首次作为小模特登上T台后，就深深地为时装设计着迷了。8岁生日的时候，阿曼达请求妈妈为自己办一场时装秀，同时邀请自己的小伙伴穿上自己设计的衣服表演。当年，阿曼达被媒体评为印尼最年轻的设计师。在随后的日子里，阿曼达的母亲诺妮越发感觉到女儿对设计的钟爱与热忱，而且女儿在这方面也确实具有天赋。于是诺妮给予了阿曼达大力的支持，带阿曼达走访巴黎等时尚之都，观看全球知名设计师的时装展。在印尼，阿曼达已经拥有了自己的服装品牌，她设计的服装大多采用印尼传统手工蜡染布料，受众都为儿童或稍大一些的未成年人。值得一提的是，阿曼达没有因为设计放弃学业，她和其他同龄人一样每天去学校读书，不过每个月她都会拿出10个设计作品。阿曼达有一个计划，即举办一场“亲子秀”，让妈妈与自己的孩子一同站在T台上，展示与时俱进的时尚与真挚深切的情感。

阿曼达·普尔诺莫·马尔基　（百度网）

通辛·坦马冯

在2011年3月举行的老挝人民革命党第九次代表大会上再次当选中央政治局委员；2011年6月再度被任命为老挝政府总理。1944年4月12日出生于老挝虎潘省万通县，早年从事教育工作。1976～1979年任老挝教育部组织局副局长、代局长。1982～1983年任老挝人民革命党中央候补委员、新闻委员会主席。1983～1988年任老挝文化部部长。1989～1991年任第二届最高人民议会副主席、党总支书记。1991～2006年分别当选老挝人民革命党第五届、六届、七届和八届中央政治局委员，其间历任党中央组织部部长、万象市委书记兼市长。2006年6月当选老挝国会主席。2010年12月在老挝六届国会十次会上被任命为政府总理。

通辛·坦马冯　（新华社）

阿桑·劳里

2011年3月在老挝人民革命党九大上当选中央政治局委员，在6月举行的老挝七届国会一次会议上被任命为政府副总理。1939年生于老挝丰沙里省。老听族（普固族）。具有高等学历。20世纪50年代初期在丰沙里参加革命。1975年12月老挝解放后一直从事治安保卫工作。在1986年老挝人民革命党四大上首次当选中央委员。1996年3月在老挝人民革命党六大上首次当选中央政治局委员。在2001年3月老挝人民革命党七大、2006年3月老挝人民革命党八大和老挝人民革命党九大上连续当选中央政治局委员。1986～2006年任老挝内务部(即现在的公安部,亦译为安宁保卫部)部长。2006年3月至2011年3月任老挝人民革命党八届中央纪委书记、政府监察委员会主席兼反贪污腐败机关主任。

阿桑·劳里　（百度网）

通伦·西苏里

2011年3月在老挝人民革命党九大上当选为中央政治局委员,在6月举行的老挝七届国会一次会议上被继续任命为政府副总理兼外交部长。1945年11月11日出生于老挝华潘省香科县。老龙族(红傣族)。1962年5月参加革命,1972年11月10日加入老挝人民革命党。1973～1978年赴苏联列宁格勒语言大学学习,获语言学硕士学位。1978～1979年任万象师范学院(现老挝国立大学)俄语系教员、系主任和学院外事办主任。1979～1981年任老挝政府副总理秘书、教育部外事办主任。1981～1984年再赴苏联莫斯科社会科学院学习国际政治和经济学,获国际政治学博士学位。1984～1986年任老挝人民革命党中央办公厅主任、政府部长会议办公厅秘书长。1986～1993年分别任党中央政治研究室主任、议会外事委员会副主任和外交部副部长。1993～1997年任劳动与社会福利部部长。1998年3月当选第四届最高人民议会议员、议会常务委员和议会外事委员会主任。是老挝五、六、七届国会议员。在1986年老挝人民革命党四大上首次当选中央委员,之后连续当选老挝人民革命党五届、六届、七届、八届和九届中央委员;2001年3月在老挝人民革命党七大上首次当选中央政治局委员,同年3月在老挝四届国会七次会议上被任命为政府副总理、国家计划委员会(现更名为计划与投资部)主任。2006年3月在老挝人民革命党八大上继续当选中央政治局委员,同年6月在六届国会一次会议上被任命为政府副总理、外交部部长和老挝人民革命党中央对外联络委员会主席。

通伦·西苏里　（姚大伟　摄）

隆再·皮吉

2011年3月在老挝人民革命党九大上当选中央政治局委员,6月在老挝七届国会一次会议上被继续任命为政府副总理、国防部长,并出任中央国防治安委员会副主席。1944年3月出生于老挝阿速坡省孟昆县。老龙族。具有高等学历。1962年12月参加革命。1967年5月31日加入老挝人民革命党。曾任连长、营长和团长。1985～1989年分别任老挝人民军第1、第2陆军步兵师师长。1990～1994年任老挝人民军参谋总局副局长。1996年3月在老挝人民革命党六大上当选中央委员。1999年1月20日晋升少将军衔并出任老挝国防部副部长。2001年3月在老挝人民革命党七大上当选中央政治局委员;同年3月任老挝国防部部长,授中将军衔(三星)。2006年3月在老挝人民革命党八大上继续当选中央政治局委员,同年6月在六届国会一次会议上被任命为政府副总理兼国防部长。先后多次获老挝人民革命党和政府授予的一级、二级和三级自由勋章,并被授予“国家英雄”称号。

隆再·皮吉　（新华社）

宋沙瓦·凌沙瓦

2011年3月在老挝人民革命党九大上当选中央政治局委员,6月在老挝七届国会一次会议上被继续任命为政府副总理。1946年出生于老挝琅勃拉邦省。老龙族。1964年参加革命;1970年加入老挝人民革命党。1975～1984年任老挝人民革命党总书记凯山·丰威汉机要秘书。1984～1988年先后任外交部副司长、老挝驻保加利亚大使、外交部司长。1989～1993年先后任总理府副部长,外交部副部长、常务副部长和部党委副书记。1991年3月在老挝人民革命党五大上当选中央候补委员。1994～1999年任外交部代理部长、部长。1996年3月在老挝人民革命党六大上当选中央委员;1998年3月任政府副总理兼外交部部长。

2001年3月在老挝人民革命党七大上再次当选中央委员并继续担任外交部部长。2006年3月在老挝人民革命党八大上首次当选中央政治局委员，同年6月在六届国会一次会议上被任命为主持政府日常事务的副总理。自2006年3月至今，宋沙瓦·凌沙瓦一直担任老中合作委员会主席和老越合作委员会主席，同时兼任老挝国家经济特区和经济专区管理委员会主席和老挝证券市场管理委员会主席等职务。

宋沙瓦·凌沙瓦　（百度网）

阿卜杜勒·哈利姆·穆阿扎姆·沙阿

2011年12月接替任期届满的第13任最高元首端古·米詹·扎因·阿比丁，再次担任最高元首，任期5年，成为马来西亚首位就任两次的最高元首。1927年11月28日出生于马来西亚吉打州，早年受马来文教育，后进入苏丹阿卜杜勒·哈米德大学读书，1949年至1952年在英国牛津大学深造。1958年7月起任吉打州苏丹。1965年9月至1970年9月任马来西亚副最高元首。1970年9月至1975年9月任马来西亚第5任最高元首。2006年12月起再次担任马来西亚副最高元首。

阿卜杜勒·哈利姆·穆阿扎姆·沙阿

东尼·费尔南德斯

2011年在英国伦敦获英国伊丽莎白二世大英帝国勋章，在日本入选由《日经商务》杂志评选的日本最具影响力100强人物，在美国获《CNBC》评选的年度最佳旅行商务领袖称号，并在英国《鹦鹉》第五届低成本航空公司年度评选活动中入选年度最佳CEO，以及入选美国商业杂志《Fast Company》评选的年度最具创意人物。马来西亚亚洲航空公司（简称亚航）创始人兼首席执行官（CEO）。1964年生。于伦敦埃普森大学经济管理专业毕业后在维珍通讯做了两年财务工作。之后，出任华纳唱片公司亚洲地区总裁。2001年与另外3位同伴一起成立图恩航空公司，还用1林吉特购得濒临倒闭的亚航的经营权。只用1年时间就将这家发源于马来西亚的小航空公司带上了持续盈利的道路。经过10年的经营，亚洲航空公司成为亚洲最大的低成本航空公司，现有飞往23个国家的140条航线、100架的飞机编队以及超过8000名员工。2007年，创立另一家低成本长途航空公司——AirAsia X亚洲航空长途公司，将精英专用的航空旅行变得大众化。打破传统行业的固有模式，将低成本商务理念引入生活的诸多方面，创办一系列低成本服务公司，如经济型图恩酒店、图恩金融、图恩电讯等。还创办图恩运动、图恩音乐、图恩影视以及吉隆坡教育城。吉隆坡教育城正在筹建英国著名寄宿学校埃普瑟姆学院的马来西亚分院。他还是F1汽车大赛莲花车队的总长，并组织举办东盟地区首届职业篮球联赛——东盟篮球联赛。2010年获在日本评出的亚洲杰出人物大奖，法国政府颁发的骑士荣誉勋章，以及福布斯2010亚洲杰出商务人士称号，是获此称号的首位马来西亚人。2011年6月23日与法国空中客车公司签署购买200架空中客车A320－neo型飞机协议，成为空客有史以来最大的顾客。亚洲航空也以375架空中客车A320订单总数而成为世界上最大的空中客车A320飞机运营商。

东尼·费尔南德斯

张晓卿

因在中国经商有道，2011年被马来西亚总理纳吉布钦点，负责领导马来西亚—中国钦州产业园项目开发建设工作。该项目完成后，将成为马来西亚与中国合作的第一个标志性项目。马来西亚常青集团执行主席，世界华文媒体有限公司主席，星洲媒体集团执行主席，世界中文报业协会会长，世界华文媒体合作联盟名誉主席，世界张氏总会会长。福州闽清籍华人。1935年生于马来西亚诗巫市。1975年创办常青公司，经营伐木和出口圆木生意。1985年投资兴建常青合板有限公司。1989年又投资兴建常丰合板有限公司，拥有7条生产线，成为马来西亚最大的胶合板生产商。至2011年，常青集团已拥有24条胶合板生产线，并拥有东马120公顷的森林采伐权，产品销往世界各地。常青集团还在巴布亚新几内亚、俄罗斯西伯利亚、巴西等地伐木建厂。1987年斥巨资拯救马来西亚有着悠久历史但又濒临破产的华文报《星洲日报》，并任社长，使《星洲日报》成为马来西亚第一大华文报纸。1991年应巴布亚新几内亚政府之邀，在该国创办言论中立、不受西方媒体控制的英文报《国民日报》。1992年购入马来西亚华文报《光明日报》，与《星洲日报》结为姐妹报。1994年应邀出任世界森林组织中心董事。1995年收购在香港和北美颇有影响的明报集团。2008年4月，世界华文媒体有限公司宣告成立，并在香港和马来西亚两地同时成功上市。该机构旗下媒体包括：总部设在香港的明报企业、马来西亚的星洲媒体、南洋报业控股以及约30份报刊杂志，其发行地包括中国香港、加拿大、美国、马来西亚和印度尼西亚。1990年出任世界福州十邑同乡会的创会会长。1994年创办每两年颁奖一次的世界华人文学奖——冰心文学奖。曾被马来西亚《马来西亚商业杂志》推举为马来西亚十大富豪之一，并于1985年被选为马来西亚国会上议员。

张晓卿　（百度网）

何慧贞

2011年2月出任马来西亚教育部课程发展司语文处处长，负责教育部所有语文科课程发展规划的编制。12月2日获马来西亚第24届林连玉精神奖。女。1955年生。1988年进入马来西亚教育部课程发展司，负责中小学华文科课程策划与编订，1994年任马来西亚教育部课程发展司华文科科长，以推广华文教育为己任。配合马来西亚教育部在1993年、2003年及2011年进行的教育改革，研究世界各国华文教育发展情况，不断推陈出新，为马来西亚政府学校华文教育发展作出最好规划。

何慧贞

吴登盛

2011年2月当选缅甸联邦共和国首任总统。1945年5月生。毕业于缅甸国防军事学院。1997年4月任三角军区司令。2001年12月任缅甸国防部军务署长。2003年8月出任国家和平与发展委员会第二秘书长，2004年10月升任国家和平与发展委员会第一秘书长。2007年5月18日被任命为代总理。2007年10月24日出任总理，同年11月晋升上将。2007年6月以国家和平与发展委员会第一秘书长身份访问中国。2008年8月率团出席北京奥运会开幕式，并于10月率团出席在中国南宁举行的第5届中国—东盟博览会。2010年4月退役，组建联邦巩固与发展党参加大选。2010年11月，在全国大选中当选为人民院议员。

吴登盛　（百度网）

吴丁昂敏乌

2011年2月当选缅甸联邦共和国副总统。1950年5月27日生。缅族。理学士。1970年起在军队任职，1989年被授予“迪哈都拉”称号。1998年11月晋升少将，任东北军区司令。2001年11月出任国防部军需署长。2002年9月晋升中将。2007年10月24日出任国家和平与发展委员会第一秘书长。2009年3月25日晋升上将。2010年8月退役。2009年10月率团出席在中国南宁举行的第6届中国—东盟博览会。2010年7月应邀率团访华。同年9月陪同国家和平与发展委员会主席丹瑞访问中国。2010年11月，在全国大选中当选为人民院议员。

吴丁昂敏乌　（百度网）

昂山素季

2011 年 8 月 19 日首次与缅甸总统吴登盛会晤。11 月中旬,表示将参加缅甸议会补选。12 月 2 日,与到访缅甸的美国国务卿希拉里会面,两人一致同意继续共同推进缅甸的民主进程。女。1945年生。1960 年随出任印度大使的母亲前往印度。1964 年在印度中学毕业后入英国牛津大学圣休学院学习,后到伦敦大学的亚非学院修读博士课程。1988 年 3 月回到仰光。1988 年 9 月 27 日组建全国民主联盟,并出任总书记。1989 年 7 月 20 日被军政府软禁,2010 年 11 月 13 日被军政府解除软禁。

昂山素季　（百度网）

赛茂康

2011 年 2 月当选缅甸联邦共和国副总统。掸族。1950 年出生于掸邦木姐镇。1968 年毕业于曼德勒医科大学。先后在滚弄、荷榜、腊戌等地医院行医,后开设玉丽卡私人诊所。长期担任掸邦中部地区文学与文化协会主席及消除肺结核协会腊戌分会负责人。2011 年 11 月作为联邦巩固与发展党的候选人参加全国大选,当选掸邦第三选区(腊戌地区)的民族院议员。

赛茂康　（百度网）

格洛丽亚・马卡帕加尔・阿罗约

由于菲律宾当局选举委员会指控前总统阿罗约在总统任内涉嫌“操控选举”,菲律宾帕赛市地方法院于 2011 年 11 月 18 日签发逮捕令。次日,警方在医院为阿罗约正式办理逮捕登记手续。1947 年 4 月 5 日生于菲律宾邦加锡南省,系已故总统马卡帕加尔之女。先后就读于美国华盛顿乔治城大学、菲律宾圣母神学院、马尼拉阿特尼奥大学和菲律宾大学,获金融学学士、经济学硕士和博士学位。毕业后在大学任教,先后任助理教授、高级讲师。1986 年从政,在阿基诺政府任贸工部部长助理、服装与纺织品出口局执行董事和贸工部副部长。1992 年当选参议员,1995 年连任。多次被评为杰出参议员,曾被《亚洲周刊》评为亚洲最有影响力的女性之一。1998 年 5 月,以绝对优势当选副总统,兼任社会福利与发展部长。2001 年 1 月,埃斯特拉达总统因受贿丑闻下台,阿罗约就任菲律宾第 14 任总统,并于 2004 年 6 月竞选成功,连任菲律宾总统,2010 年 6 月卸任。

陈庆炎

2011 年 8 月 27 日当选新加坡第七任总统。1940 年 2 月 7 日生于新加坡。早年在新加坡国立大学任教职,后来到华侨银行工作。1979 年进入政坛,当选国会议员并先后担任教育部、贸工部、财政部、卫生部部长等职。1991 年离开内阁,回到华侨银行,担任董事会主席和首席执行官。1995 年再次回到内阁,担任副总理和国防部长等职,2005 年从政府退休,担任新加坡政府投资公司执行董事和新加坡报业控股集团主席。2011 年 6 月 23 日宣布参选 2011 年新加坡总统职位。8 月 27 日当选新加坡第七任总统,9 月 1 日宣誓就职。

陈庆炎　（百度网）

李显龙

2011 年 5 月连任新加坡政府总理。1952 年生于新加坡。1974 年获英国剑桥大学数学一级荣誉学位和计算机优等文凭。1978 年在美国堪萨斯州参加陆军指挥和参谋培训。1979 年就读哈佛大学肯尼迪行政学院,获公共行政学硕士学位。后在新

李显龙　（百度网）

加坡武装部队服役13年,获准将军衔。1984年12月当选国会议员。曾任全国经济委员会主席、贸工部代部长、贸工部部长,先后兼任贸工部政务部长、国防部第二部长和金融管理局主席。1990年11月任副总理,2001年11月兼任财政部长。2004年8月任总理。同年12月当选人民行动党秘书长。

陶欣伯

2011年1月获由通商中国机构颁发的新加坡首届通商中国成就奖。新加坡企业家、慈善家。中国南京市荣誉市民,江苏省慈善总会名誉会长,上海世贸商城董事长。1916年12月生于中国江苏江宁。20岁离开中国,在越南和缅甸短期逗留后,于20世纪60年代初全家移民新加坡,从事船务、银行及地产业,是新加坡著名跨国企业家。1979年返回中国,投资经济建设,80年代出资兴建当时中国最高的饭店——南京金陵饭店。1993年,合资建设上海世贸商城,1999年正式落成。这是一个集展示、交易、办公、资信于一体的超级交易市场,也是亚洲最大的常年展示中心。致力于教育慈善事业,80高龄以后创立陶欣伯教育基金会,90高寿之际创立江苏陶欣伯助学基金会,对其他公益事业亦有多项捐赠。2006年被特聘为江苏省慈善总会名誉会长。

陶欣伯 (百度网)

孙燕姿

2011年1月获由通商中国机构颁发的新加坡首届通商中国青年奖。新加坡华语流行女歌手。1978年7月23日生于新加坡。毕业于新加坡南洋理工大学行销系。自2000年以来出版个人专辑10张,获各种音乐专业奖和人气奖200多项,代言18个慈善和公益活动(包含8次慈善探访);另获新加坡杰出青年奖2项。2008年受邀参与演唱北京奥组委推介的奥运会官方歌曲,并参与奥运会闭幕式演出。致力于包括慈善演出、捐款、认养贫困家庭儿童在内的慈善事业。2008年担任新加坡慈援组织爱心大使,探访中国四川汶川地震灾区并帮助筹款。还曾先后探访印度尼西亚海啸受灾地区、中国河北寄宿学校,以及印度、刚果、尼日尔的贫困地区。

英拉·西那瓦

2011年8月9日就任泰国政府总理,是泰国历史上首位女总理。为泰党议员,泰国前总理他信·西那瓦最小的妹妹,著名企业家。祖籍中国广东梅州,客家人后裔。1967年6月21日生于泰国清迈,父亲叻·西那瓦是第三代华裔,曾当选清迈议会议员;母亲茵滴则是清迈王室后裔。英拉自幼接受良好教育,在当地女子学校完成中学学业,1984年就读于泰国清迈大学,1988年获得清迈大学政治与公共管理学士学位。之后,她追随长兄他信的脚步,赴美国留学,在肯塔基州立大学获政治学硕士学位,归国后步入商界。先后在西那瓦家族企业AIS电信公司担任总裁和在一家房地产公司担任执行总裁。2011年5月在泰国政府宣布国会下议院选举日程后,被为泰党推举作为该党候选人参与总理职位的角逐,为泰党最终在泰国大选中胜出,赢得下议院多数席位。8月5日,作为泰国为泰党总理候选人在第24届国会下议院第二次会议上当选为泰国第28任总理,8月8日接受泰国国王普密蓬·阿杜德谕令,正式担任泰王国政府总理。

英拉·西那瓦 (百度网)

阮富仲

2011年1月在越共十一大上当选越共中央总书记。1944年4月14日出生于越南河内。1963～1967年就读于河内综合大学语言文学系。1967年12月加入越共。1973～1976年在阮爱国高级党校攻读政治经济学硕士学位。1980年9月至1981年8月在阮爱国高级党校学习俄文。1981年9月至1983年7月赴苏联社会科学院学习,获党建专业副博士学位。1967年12月至1996年8月在越共中央理论刊物

阮富仲 (百度网)

《共产主义》杂志社工作，历任编辑、副总编、总编等职。1994 年 1 月在越共七届四中全会上增补为中央委员。1996 年 6 月在越共八大上再次当选中央委员，8 月调任河内市委副书记。1997 年 12 月在越共八届四中全会上增补为中央政治局委员。1998 年 2 月至 2000 年 1 月负责党的思想、文化与科教工作。1998 年 3 月至 2001 年 11 月任中央理论委员会副主席。2000 年 1 月任河内市委书记。2001 年 11 月起兼任中央理论委员会主席。在越共九大和十大上连任中央政治局委员。2006 年 5 月在十一届国会第九次会议上当选越南国会主席。

阮生雄

2011 年 7 月在越南第十三届国会第一次会议上当选越南国会主席。1946 年 1 月 18 日生于越南义安。经济、财政会计学博士。1972 年 1 月参加工作。1977 年 5 月加入越共。1978 年 1 月至 1982 年 9 月赴保加利亚马克思经济大学攻读研究生课程。1982 年 10 月至 1986 年 10 月，相继担任财政部基本建设投资司综合处处长、副司长、司长。1986 年 10 月至 1990 年 1 月任财政部机关党委常委、办公厅主任，中央经济口党委委员。1990 年 2 月至 1992 年 9 月任财政部国家银库局局长。1992 年 10 月至 1996 年 11 月任财政部党组副书记、副部长。1996 年 11 月至 2006 年 6 月任财政部党组书记、部长。2006 年 7 月以后，任政府常务副总理、政府党组副书记、西南部指导委员会主任。当选越共第八届至第十一届中央委员，第十届、第十一届中央政治局委员，第十届至第十三届国会代表。

阮生雄　　（百度网）

张晋创

2011 年 7 月在越南第十三届国会第一次会议上当选越南国家主席。1949 年 1 月 21 日出生于越南隆安。1969 年 12 月加入越共。大学法律专业学历。早年从事越共地下工作。1973 年至 1975 年 4 月在中央统一委员会工作。1975 年 4 月至 1978 年 10 月任胡志明市新经济建设委员会副主任、市属农场及新经济区青年团书记。1979 年至 1983 年 8 月任胡志明市平政县范文二农场场长，市委候补委员。1983 ~ 1986 年任胡志明市林业厅厅长，市委委员。1986 ~ 1988 年任胡志明市市委常委、平政县县委书记。1988 ~ 1990 年在越共中央阮爱国高级党校学习。1990 ~ 1991 年任胡志明市市委常委，农业厅厅长。1991 ~ 1992 年任胡志明市市委常务副书记。1992 ~ 1996 年任胡志明市市委副书记，人民委员会副主席、主席。1996 年至 2000 年 1 月任胡志明市市委书记。2000 年 1 月至 2006 年任越共中央经济部部长。2006 年以后，任书记处常务书记。当选越共第七届至第十一届中央委员，第八届至第十一届中央政治局委员，第九届至第十一届、第十三届国会代表。

张晋创　　（百度网）

阮晋勇

2011 年 7 月在越南第十三届国会第一次会议上当选连任越南政府总理。1949 年 11 月 17 日出生于越南金瓯。1961 年 11 月参加越南南方解放武装力量，历任教导员、团政治处主任、坚江省军事指挥部干部处处长等职。1967 年 6 月加入越共。1981 年 10 月在越共中央阮爱国高级党校学习，曾任坚江省委组织部副部长、省委常委、省委常务副书记、省人委主席、省委书记。1986 年 12 月在越共六大上当选中央候补委员。1991 年 6 月在七大上当选中央委员。1995 年1 月任越南公安部副部长。1996 年 6 月任中央经济部部长。1996 年 6 月在越共八大上当选中央政治局委员，连任越共九大、十大和十一大中央政治局委员。1997 年 9 月在第十届国会第一次会议上被任命为政府常务副总理，先后兼任国家金融财政委员会主任、国家银行行长、中央国有企业改革指导委员会主任、国家重点项目建设指导委员会主任、中央预防和打击犯罪委员会主任等职。2006 年 7 月在越南第十一届国会第九次会议上当选政府总理。

阮晋勇　　（百度网）

大　事　记

2011 年

1 月

1 日　重新修订的《中华人民共和国工伤保险条例》开始实行。

2 日　中国《广西日报》报道，至 2010 年 12 月，中国南宁至越南河内（嘉林）国际列车开行 2 年，累计有 1.26 万人次游客从越南进入广西；中国北海至越南下龙湾跨国海上旅游线开航 13 年累计航行 1300 多班次，接待中外旅客近 50 万人次。

3 日　柬埔寨副首相兼国防部部长狄班根据王令，授予洪森首相长子洪玛内王家军中将衔。

4 日　中国人民网报道，以中国为起点，途经老挝、泰国、马来西亚，最终到达新加坡的高速铁路开工建设，项目计划年投资 7000 亿元人民币。

△中国国家发改委发布《反价格垄断规定》和《反价格垄断行政执法程序规定》，对价格垄断协议、滥用市场支配地位和滥用行政权力等价格垄断行为的表现形式、法律责任作出具体规定。这两个新规定均从 2 月 1 日起实施。

△中国国务院批复《山东半岛蓝色经济区发展规划》。

8 日　泰国皇太后大学授予中国全国人大常委会副委员长、全国妇联主席陈至立博士学位，以褒奖其为发展中泰友谊、促进中泰教育交流和推广汉语所作的贡献。

10 日　中国新华社报道，2010 年中国—东盟双边贸易总额达到 2927.8 亿美元，比上年增长 37.5%。

11 日　老挝证券交易所庆祝首个证券交易日。交易市场开市当日有 2 家公司股票上市交易。

12 日　中国人民网报道，中国—东盟自由贸易区的如期建成有益于中国广西进出口贸易规模的持续扩大，2010 年广西外贸进出口总值达到 177.1 亿美元，比上年增长 24.3%。东盟保持广西第一大贸易伙伴和最大出口市场地位，双边贸易总值达到 65.3 亿美元，增长 31.9%，其中出口东盟 45.9 亿美元，自东盟进口 19.4 亿美元，分别增长 27.1% 和 45.1%。

△中国国务院办公厅印发《关于开展国家教育体制改革试点的通知》，从专项改革、重点领域综合改革和省级政府教育统筹综合改革三个层面确定教育改革试点的十大任务。

△中国有关部门发布《关于做好建立草原生态保护补助奖励机制前期工作的通知》。从当年起，国家在内蒙古等 8 个草原牧区省（自治区）全面建立草原生态保护补助奖励机制，对牧民实行草原禁牧补助、草畜平衡奖励、牧业生产补贴等。

12～19 日　越共十一次全国代表大会选举阮富仲为中央总书记，张晋创、冯光青、阮晋勇、阮生雄、黎鸿英、黎青海、苏辉若、阮富仲、范光毅、陈大光、从氏放、吴文裕、丁世兄、阮春福等为中央政治局委员，选出由吴文裕任主任的越共中央检查委员会。

14 日　中共中央总书记、国家主席、中央军委主席胡锦涛向获得 2010 年度国家最高科学技术奖的中国科学院院士、中国工程院院士、国家自然科学基金委员会特邀顾问、中国科学院金属研究所名誉所长、著名材料科学家师昌绪，中国工程院院士、上海交通大学医学院附属瑞金医院终身教授、著名血液学专家王振义颁发奖励证书。此次共授奖 356 项（人）。

16～17 日　东盟外长非正式会议在印度尼西亚龙目岛召开。南海问题成为与会各方关注的焦点。

18 日　越南计划与投资部外资局公布 2010 年中国对越南投资情况：直接投资 3.6 亿美元，比上年增长 74.3%；新批中国直接投资项目 84 项，协议投资额 1.73 亿美元，增资项目 11 个，1.92 亿美元。中国对越南直接投资项目累计达到 749 项，协议投资金额 31.85 亿美元，到位资金 15.4 亿美元，在对越投资的 92 个国家和地区中排第 14 位。

19 日　第 14 届东盟旅游部长会议签署 2011～2015 年东盟旅游战略规划。根据规划，东盟地区旅游合作机制将调整成 3 个工作组和 2 个委员会。

△美国总统奥巴马在白宫欢迎对美国进行国事访问的中国国家主席胡锦涛。

25 日　中国—东盟外长会议在中国昆明举行。会议以中国—东盟战略合作为主题，双方就建立对话关系 20 周年、中国—东盟自由贸易区建设、东亚合作等充分交换意见，达成广泛共识。双方共同启动中国—东盟友好交流年活动。

27 日　第 46 届东南亚教育部长组织理事会会议暨第 6 届东南亚教育部长会议在文莱举行。

2 月

3 日　马来西亚总理纳吉布及夫人罗斯玛在吉隆坡通过中国新华社和新华网，向全球华人致以新春问候。

4 日　泰、柬两国军队在柬泰边境柏威夏寺地区爆发严重武装冲突。

△缅甸联邦议会选举总理吴登盛为总统，赛貌坎和吴丁昂敏乌为副总统。

6 日　中国媒体发布消息：中国南方地区的江西、湖南、重庆、四川、贵州等地 1 日起自北向南出现持续雨雪降温天气造成部分县市遭受寒潮冰雪灾害。至 4 日，共造成五省（直辖市）383.3 万人受灾，直接经济损失 13.5 亿元。

7～18 日　代号为“金色眼镜蛇”的东南亚地区最大规模联合军事演习在泰国清迈举行。泰国、美国、印度尼西亚、新加坡、日本、韩国、马来西亚的 1.1 万名军事人员参加包括反恐、人道主义救援、登陆、维和等内容的演习。

8 日　泰国政府在曼谷 7 个区县实施国内安全法，禁止任何示威者进入位于该地区内的总理府、国会等重要场所，以防示威者在集会中扰乱正常秩序。

10 日　中国相关部门出台文件，明确在年底之前免费向公众开放国家级、省级美术馆，所有公共图书馆、文化馆（站）实现无障碍、零门槛进入，公共空间设施场地全部免费开放，所提供的基本服务项目全部免费；2012 年底之前各级美术馆全部向公众免费开放。

11 日　泰国国会上、下院联席会议通过内容包括增加下议院席位，以及放开政府与外国签署国际协定的权力的两份宪法修正案。

△缅甸国会通过由总统吴登盛指定的 30 名内阁部长人选。

12 日　中国国务院办公厅发布《关于建立外国投资者并购境内企业安全审查制度的通知》。

14 日　联合国安理会本月轮值主席、巴西常驻联合国代表维奥蒂在联合国总部向媒体表示，安理会已敦促柬、泰两国保持最大限度克制，避免任何使局势恶化的行动，实现永久性停火。柬、泰两国同日表示愿意和平解决争端。

16 日　老挝国家主席朱马利·赛雅贡在万象会见到访的中国国务委员、公安部部长孟建柱。

△中国银监会发布推进改革发展加强风险防范的通知，警示地方融资平台风险、房地产信用风险、操作风险、市场风险、流动性风险以及代销保险六大风险，严控地方融资平台贷款与房贷。

△北京市出台包括限购升级、加快保障房建设、加强金融税收管理等极为严厉的楼市调控措施。至此，全国推出并实施限购令或升级版限购令的城市将近 30 个。

17 日　中国新华社消息称，河南、山西、河北、山东、江苏、安徽、陕西等地降水量与常年同期相比偏少二至九成，土壤失墒严重，部分冬麦区发生旱情。至 17 日，全国作物受旱面积 6039 万亩，其中重旱 898 万亩，全国有 220 万人、273 万头大牲畜因旱饮水困难。

18 日　中共中央总书记、国家主席胡锦涛在北京会见来访的越共中央总书记阮富仲特使、越共中央对外部部长黄平君册，对越共“十一大”成功召开、阮富仲当选越共中央总书记再次表示诚挚祝贺。

△中国国务委员兼国防部长梁光烈在北京会见来访的印度尼西亚国防部副部长沙夫里·沙姆苏丁。

△新加坡总统纳丹、副总理黄根成分别会见到访的中国国务委员、公安部部长孟建柱。双方当天签署《关于合作打击跨国犯罪的谅解备忘录》和有关协议。

22 日　东盟外长非正式会议在雅加达举行。印度尼西亚外长马蒂会后在新闻发布会上宣布，柬、泰两国均向东盟轮值主席国印尼发出向争端地区派遣观察员的邀请。

△中国大陆海协会与台湾海基会在台湾桃园举行两岸经济合作委员会第一次例会，充分肯定两岸投保协议商谈取得的积极进展，宣布启动货物贸易协议、服务贸易协议、争端解决协议等 3 个协议的商谈，全面启动两岸经济合作框架协议（ECFA）后续协商工作。

24 日　中国交通运输部选择天津、重庆、深圳、厦门、杭州、南昌、贵阳、保定、武汉、无锡等 10 个城市，作为首批开展低碳交通运输体系建设试点城市，建设低碳型交通基础设施，推广应用低碳型交通运输装备，优化交通运输组织模式及操作方法，建设智能交通工程，完善交通公众信息服务，建立健全交通运输碳排放管理体系。

28 日　中国计划在未来五年新建保障性住房 3600 万套，使全国城镇保障性住房覆盖率从 7%～8% 提高到“十二五”期末的 20% 以上，基本解决城镇低收入家庭住房困难问题。

3 月

1～4 日　10＋3 东亚自由贸易区研讨会及中国—东盟贸易谈判委员会会议在中国安徽马鞍山举行。

△中国国务院批复《浙江海洋经济发展示范区规划》。

根据这一规划，到2015年，浙江省海洋生产总值将突破7200亿元。

2日 第二届泰国—澳大利亚自由贸易协议联合委员会会议在澳大利亚堪培拉举行。两国曾于2005年1月签订过自由贸易协议。

3～14日 中国十一届人大、政协四次会议分别在北京召开。14日，十一届全国人大四次会议通过国民经济和社会发展第12个五年规划纲要，明确"十二五"时期的主要目标和任务是：推动经济发展再上新台阶，今后5年中国经济增长预期目标是在明显提高质量和效益的基础上年均增长7%；加快转变经济发展方式和调整经济结构。

4日 中国国务院批复《浙江省义乌市国际贸易综合改革试点总体方案》，提升义乌在国际贸易中的战略地位，使其成为转变外贸发展方式示范区、带动产业转型升级的重要基地、世界领先的国际小商品贸易中心和宜商宜居宜游的国际商贸名城。

5日 菲律宾总统阿基诺三世与美国驻菲律宾大使共同出席在菲律宾塔拉克省克洛山谷举行的废旧炮弹销毁仪式，见证销毁废旧炮弹180多吨。

△首艘俄罗斯猎豹级护卫舰在越南金兰湾交付越南海军，被命名为DINH TIEN HOANG号(越南语Dinh Tien Hoang丁先皇)。

6日 中国广东与澳门在北京签署《粤澳合作框架协议》，明确新形势下合作的定位、原则、目标，确立合作开发横琴、产业协同发展、基础设施与便利通关、社会公共服务、区域合作规划等合作重点，提出共建粤澳合作产业园区等系列举措，开启中国"一国两制"下区域合作新篇章。

8日 印度尼西亚总统苏西洛在雅加达会见到访的菲律宾总统贝尼尼奥·阿基诺三世。双方同意加强反恐合作，互相交换与恐怖组织相关的数据和信息，共同打击东南亚恐怖网络。

△以"针对婆罗洲之心和珊瑚三角区倡议"为主题的东东盟成长区部长会议在文莱举行。

10日 新加坡海军"坚决"号坦克登陆舰抵达中国青岛市，开始为期5天的友好访问。

△12时58分，中国云南省德宏傣族景颇族自治州盈江县发生里氏5.8级地震，震源深度约10千米，28万多人受灾，25人遇难，314人受伤。

11日 菲律宾总统贝尼尼奥·阿基诺三世访问新加坡，分别会晤新加坡总统纳丹和总理李显龙。

12日 泰国曼谷爆发万人大示威，反政府的"红衫军"集会纪念上年街头抗议活动1周年。

14日 中国有关部门联合行文，要求银行业金融机构自7月起免除人民币个人账户的11类34项服务收费。

15～19日 东盟地区论坛联合救灾演习在印度尼西亚万鸦老举行。

17～21日 老挝人民革命党举行第9次全国代表大会。朱马利·赛雅贡再度当选老挝人民革命党中央委员会总书记。

22日 印度尼西亚国防部长普尔诺莫·尤斯吉安托罗在雅加达会见由中国人民解放军副总参谋长马晓天率领的中国军事代表团。当日，马晓天与印度尼西亚国防部副部长沙夫里·沙姆苏丁共同主持第4届中国—印尼国防部防务安全磋商会议，双方就地区安全形势、两国防务领域合作以及其他共同关心的问题深入交换意见。

24日 中国外交部发言人姜瑜在主持例行的记者会回答记者提到菲律宾公司完成对中菲争议海域油田勘测并将开始开采时说：中国对南沙群岛及其附近海域拥有无可争辩的主权。任何国家或公司未经中国政府允许在中国管辖海域从事油气勘探开发活动，都侵犯了中国的主权和权益，是非法、无效的。

25日 中国国家主席胡锦涛就缅甸东北部发生强烈地震灾害，造成人员伤亡和财产损失，向缅甸总统吴登盛致慰问电。

27～28日 文莱苏丹、外交与贸易大臣穆罕默德亲王、国家立法会议长伊萨分别会见到访的中国全国人大常委会副委员长华建敏。

28日 日本《外交家》杂志网站报道越南国防部长冯光青在1月召开的越南共产党第十一次全国代表大会上说：2011年越南国防预算将增至52万亿越盾，比上年增长70%。

△中国有关部门启动为期一年的"瘦肉精"专项整治行动，严厉打击违法生产、销售和使用"瘦肉精"的犯罪行为，保障人民群众消费安全。

30日 缅甸当选总统吴登盛及其内阁宣誓就职，缅甸最高国家权力机构国家和平与发展委员会正式向新政府移交权力。标志着缅甸完成从军政府向民选政府的过渡。新政府共设34个部。

4月

1日 柬埔寨首相洪森向国家反贪机构申报个人财产。

2～5日 中国全国政协主席贾庆林应邀对缅甸进行正式友好访问。访问期间，贾庆林分别会见缅甸联邦共和国总统吴登盛和缅甸联邦议会议长兼民族院议长吴钦昂敏。贾庆林此行用专机为缅甸地震受灾民众送去药品等急需物资，并表示提供50万美元现汇援助，帮助缅甸人民抗震救灾，早日重建家园。

3～7日 以中国广西壮族自治区党委书记、自治区人大常委会主任郭声琨为团长的广西代表团访问马来西亚，与马来西亚贸工部就共同办好第8届中国—东盟博览会事项交换意见，并与马来西亚霹雳州签署建立友好区州关系协议书。

6日 中国全国人大常委会委员长吴邦国在北京会见到访的泰国公主诗琳通。

7日 菲律宾外交部称，菲律宾外长罗慕洛成功访问越南，并与越南政府总理阮晋勇举行会晤。

△越南国防部部长冯光青大将会见到访的美国海军中将、国防大学校长安·蓝道。

△马来西亚《南洋商报》报道，马来西亚率先推行“全球女性经济动力”（Global Women Economic Empowerment，简称GWEE）计划，以为国家培养更多女企业家。

8日 中国商务部国际贸易谈判代表兼副部长高虎城在第8届中国—东盟博览会筹备工作会议上透露：2010年东盟对华直接投资63.2亿美元，同比增长35.2%；中国对东盟直接投资25.7亿美元。中国对东盟累计直接投资突破100亿美元，仅2003～2009年，中国对东盟的实际年投资额从2.3亿美元增长到30亿美元。

12日 中国国务院副总理王岐山在北京会见菲律宾财政部部长塞萨尔·普里西马率领的菲律宾政府高级经贸代表团。

12～15日 应越南共产党中央军委副书记、国防部长冯光青大将邀请，中华人民共和国中央军委副主席郭伯雄上将对越南进行友好访问。访问结束时双方发表联合公报。

14日 菲律宾贸工部长格里高利·多明戈在上海表示，人民币在菲律宾“已可直接商业运作”，2010年中国在菲律宾的投资额为1亿美元。

△金砖国家领导人第3次会晤在中国海南三亚举行，中国国家主席胡锦涛、巴西总统迪尔玛·罗塞夫、俄罗斯总统梅德韦杰夫、印度总理辛格、南非总统祖马出席。胡锦涛发表题为“展望未来共享繁荣”的重要讲话。金砖国家领导人在会晤后发表《三亚宣言》。

△中国人民银行公布，至3月末，中国外汇储备余额为30447亿美元。

17～21日 应中国外交部部长杨洁篪邀请，马来西亚外交部部长阿尼法正式访问中国。

19日 中国国务院总理温家宝在北京会见到访的印度尼西亚外交部长马蒂。

19日 中国国务院副总理李克强在北京与到访的马来西亚副总理穆希丁举行会谈，提出发展中马合作关系5点建议。

20日 中国海南离岛免税政策在三亚免税店试点实施。海南成为全球第四个离岛免税区。

21日 中国经济网报道，马来西亚总理兼财政部部长纳吉布宣布再次推出7项新投资项目，以加强经济转型。

22～28日 泰国和柬埔寨军队在两国争议地区交火，造成15人死亡，数万民众逃离家园。28日，柬埔寨政府发言人表示两国战地指挥官已经通过会谈达成停火协议。

24日 第2届柬埔寨越南投资会议在金边举行，双方签署近10亿美元的投资合作协议。

△中国清华大学举行成立100周年庆祝大会。中共中央总书记、国家主席、中央军委主席胡锦涛在庆祝大会讲话中，给清华大学和全国青年学生提出三点希望：一是要把文化知识学习和思想品德修养紧密结合起来，二是要把创新思维和社会实践紧密结合起来，三是要把全面发展和个性发展紧密结合起来。

25日 中共中央总书记、国家主席胡锦涛，全国人大常委会委员长吴邦国，国务院总理温家宝分别与老挝人民革命党中央总书记、国家主席朱马利，国会主席巴妮，政府总理通辛互致贺电，热烈庆祝两国建交50周年。

△老挝计划投资部促进投资司副司长阿宗向媒体透露，老挝计划修建一条长1500千米，由北向南纵贯老挝的高速公路，结束老挝境内没有高速公路的历史。

△中国国家发展改革委修订并发布新的产业结构调整指导目录，成为引导政府投资方向，管理投资项目，制定和实施财税、金融、土地、进出口等政策的重要依据。

27～30日 中国国务院总理温家宝先后访问马来西亚和印度尼西亚。29日，中印（尼）两国在雅加达共同发表《中华人民共和国政府和印度尼西亚共和国政府关于进一步加强战略伙伴关系的联合公报》。30日，温家宝总理与印尼副总统布迪奥诺共同出席“中国—印尼战略商务对话”，发表题为“加强睦邻友好，深化互利合作”的演讲。

28日 中国国家统计局发布第6次全国人口普查公报：中国总人口为13.71亿，其中普查登记的大陆31个省、自治区、直辖市和现役军人的人口13.40亿，香港特别行政区人口709.76万，澳门特别行政区人口55.23万，台湾地区人口2316.21万。2000年以来人口年均增长0.57%，处于低生育水平阶段。

29日 中国国务委员兼国防部部长梁光烈在北京与到访的泰国国防部长巴维·翁素万举行会谈。

△为期4天的第10届中国—缅甸边境贸易交易会在缅甸掸邦木姐105码边贸站举行。双方成交现货总量1.85万吨，总值1.08亿元人民币。

5月

4日 第14届东盟与中日韩10+3财长会议在越南河内举行。会议就东亚区域宏观经济形势展开讨论。

5日 中国《人民日报》海外版报道，第一季度中国与东盟贸易中方逆差达65.9亿美元，仅次于与澳大利亚逆差额

104.5 亿美元。

△首届东盟—欧盟商务峰会在印度尼西亚首都雅加达举行。峰会旨在推进两个地区间商务往来及推动双边的企业与政府对话。

6～8 日 中国第 7 届海峡两岸经贸文化论坛在成都举行。两岸各界人士坦诚交流，达成 4 点共识：确保两岸关系稳定发展，切实为两岸同胞办实事、谋福祉，重视加强两岸青年交流，探索落实论坛共同建议的机制。

7～8 日 主题为“在全球共同体国家中的东盟共同体”的第 18 届东盟峰会在印度尼西亚雅加达举行。会议通过包括《在全球共同体国家中的东盟共同体联合声明》、《东盟和平与和解中心意向声明》以及《加强合作打击东南亚人口走私联合声明》等在内的一系列文件。

8 日 新加坡国会选举结果揭晓：人民行动党（PAP）再度蝉联执政，获得国会 87 个议席中的 81 席；反对党工人党获得6 席。

9 日 泰国政府发言人帕尼坦称，泰国国王普密蓬·阿杜德已签署解散国会下议院谕令，大选日期初定在 7 月 3 日。

10 日 中国外交部发言人姜瑜就越南在中国南沙群岛举行所谓“国会代表”选举一事答记者问时强调：中国对南沙群岛及其附近海域拥有无可争辩的主权；任何其他国家单方面对南沙群岛采取的行动都是对中国领土主权的侵犯，是非法和无效的，也不符合《南海各方行为宣言》的精神。

11 日 中国国务院常务会议讨论通过《中国残疾人事业“十二五”发展纲要》，强调“十二五”时期必须健全残疾人社会保障体系和服务体系，加强残疾人康复和残疾预防工作，力争到 2015 年使残疾人生活总体达到小康，参与和发展状况显著改善。

12 日 应缅甸联邦共和国国防军总司令敏昂兰的邀请，中国中央军委副主席徐才厚一行对缅甸进行正式友好访问。

13 日 中国发布《关于加快推进农村集体土地确权登记发证工作的通知》，力争到 2012 年底把全国范围内的农村集体土地所有权证确认到每个所有权的集体经济组织，做到农村集体土地确权登记发证全覆盖。

14 日 新加坡内阁资政李光耀和国务资政吴作栋联合声明不在新一届内阁中担任职位，以便总理李显龙组阁时可以任命更年轻的部长。

△菲律宾总统贝尼尼奥·阿基诺三世参观美国卡尔·文森号航母，并与菲裔美国军人合影留念。

15～22 日 中国人民解放军总参谋长陈炳德率军方高级代表团正式访问美国。双方就两国两军关系、国际和地区形势及其他双方关心的问题坦率深入地交换意见；陈炳德还参观美军指挥机构、部队和院校。

16 日 缅甸总统吴登盛签署减刑令，对凡是被判处死刑的犯人都被减刑为终身监禁，其他服刑人员减 1 年服刑期，释放服刑人员 1.46 万名。

16～25 日 应新加坡副总理兼国防部部长张志贤、印度尼西亚国防部长普尔诺莫·尤斯吉安托罗、菲律宾国防部部长加斯明的邀请，中国国务委员兼国防部部长梁光烈一行先后对上述国家进行正式友好访问。

19 日 第 5 届东盟国防部长会议在印度尼西亚雅加达召开。会议讨论 2011～2013 年工作计划、东盟维和中心网络的建立、国防工业的合作以及《联合声明》。

26 日 中国交通运输部发布《交通运输“十二五”发展规划》。规划透露：到“十二五”期末，全国高速公路网将基本建成，高速公路总里程达到 10.8 万千米，覆盖 90% 以上的20 万以上城镇人口城市；公路总里程 450 万千米，二级及以上公路里程达到 65 万千米，国道、省道总体技术状况达到良等水平，农村公路总里程达到 390 万千米。

26～28 日 应中国国家主席胡锦涛的邀请，缅甸总统吴登盛对中国进行国事访问。双方举行会谈并一致同意顺应形势发展需要，把两国关系提升为全面战略合作伙伴关系。双方签署经济技术合作协议。

28 日 中国外交部发言人姜瑜强调，中方反对越南在中国管辖海域开展油气作业活动，中方主管部门采取的行动完全是在中方管辖海域进行的正常海洋执法监察活动。

30 日 以“加强矿业合作，推进互利共赢”为主题的中国—东盟矿业合作论坛暨推介展示会在中国南宁举办。

△中共中央召开会议研究加强和创新社会管理问题，强调要加强和完善社会管理格局，加强社会管理制度建设，加强基层社会管理和服务，完善党和政府主导的维护群众权益机制，加强流动人口和特殊人群服务管理，加强非公有制经济组织、社会组织服务管理，加强公共安全体系建设，完善信息网络服务管理，营造良好社会环境。

6 月

1 日 中国国务院常务会议决定，从 7 月 1 日起启动城镇居民社会养老保险试点工作，年内试点范围覆盖全国 60% 的地区，2012 年基本实现全覆盖。

△马来西亚副总理毛希丁在出席第 25 届亚太圆桌会议时说，东盟与中国关系不断加强，中国经济强劲增长使东盟各国从中受益，对东盟地区发展产生了积极影响。

1～3 日 中共中央政治局委员、中央书记处书记、中央组织部部长李源潮访问缅甸。

2 日 泛北部湾经济合作联合专家组第 4 次会议讨论并通过纲领性文件《泛北部湾经济合作可行性研究报告》，完成泛北部湾经济合作前期研究工作。

△中国外交部回应菲律宾“认为中国企业将钻井平台运

到南海深水海域进行油气开发的行为不妥”的说法时表示：中国企业在中国管辖的海域进行经济活动是完全正常的。

2～3日 第8届中国—东盟博览会高官会议在中国广西北海召开。会议确定第8届中国—东盟博览会将继续发挥11国共办的特色和优势，举办中国—东盟建立对话关系20周年的相关纪念活动，邀请中国和东盟国家领导人、部长以及国际组织领导人出席，安排政商高端对话，增进政治互信，从而带动商家的务实合作和人文等多领域交流，形成全面合作的新格局。

3～5日 第10届亚洲安全会议在新加坡举行。中国国防部长梁光烈参加会议并作关于《中国的国际安全合作》的专题发言。

4～6日 中共中央政治局委员、中央书记处书记、中央组织部部长李源潮访问印度尼西亚。

5日 中国国务委员戴秉国在昆明会见来华出席第19届昆明进出口商品交易会及第4届南亚国家商品展的老挝副总理宋萨瓦·伦萨瓦。

△越南国防部部长冯光青在出席新加坡香格里拉对话会时，就越南从俄罗斯购买6艘K级常规柴油动力潜艇一事辩称是为“加强自我防御能力”。这份越俄军购合同签署于2009年，价值32亿美元。西方媒体报道称冯光青还表示越南2011年国防预算实际已达26亿美元，比上一年提高70%。

6日 中国人民解放军与印度尼西亚国民军“利刃—2011”特种部队联合训练在印尼万隆举行。这是两军的首次联合训练，中方派出69人参训。

8～9日 以越南祖国阵线副主席陈黄探为团长的越南祖国阵线代表团访问中国。中国全国政协副主席兼秘书长钱运录，中共中央政治局委员、全国政协副主席王刚先后在北京会见陈黄探一行。

14日 菲律宾海军发言人奥马尔·通赛称，菲律宾、美国、新加坡、马来西亚、泰国、印度尼西亚、文莱等7国海军当日起在马六甲海峡等海域举行为期10天、代号为“东南亚合作与训练”的联合军事演习。

△越南《首都安宁报》报道，政府总理阮晋勇13日签署颁布第44号决定，对战争时符合征兵条件的公民免入伍相应条件作出新的规定。

15日 中共中央政治局常委、中央政法委书记周永康在北京会见以柬埔寨奉辛比克党执行主席、政府副首相涅本蔡为团长的奉辛比克党访会华代表团。

16～18日 印度尼西亚总统苏西洛访问日本，与日本首相菅直人举行会谈并一致同意在马六甲海峡和南海等海域打击海盗和安保问题等领域进一步合作。

17日 美国和越南第4轮政治、安全和防务对话在美国华盛顿举行。对话会联合声明称南海纠纷需要通过合作的外交方式解决。

19日 中国海事巡视船海巡31号抵达新加坡，开始对新加坡进行为期5天的访问交流。

19～20日 越南海军HQ-375、376两艘导弹快艇与中国海军执行北部湾第11次联合巡逻任务。

22日 中国国务院总理温家宝在北京会见来访的印度尼西亚总统苏西洛的特使、经济统筹部部长哈达。哈达向温家宝介绍印尼《2011～2025年经济发展总体规划》，并表示印尼政府欢迎中方更多参与印尼经济建设，实现共同发展。

△中国国务院常务会议决定建立全科医生制度。会议要求到2012年，每个城市社区卫生服务机构和农村乡镇卫生院都有合格的全科医生；再经过几年努力，基本形成统一规范的全科医生培养模式和首诊在基层的服务模式，基本实现城乡每万名居民有2至3名合格的全科医生，更好地为群众提供连续协调、方便可及的基本医疗卫生服务。

23日 中共中央政治局常委、全国人大常委会委员长吴邦国在北京会见来访的菲律宾众议长、自由党联合主席贝尔蒙特。

25日 中国国务委员戴秉国在北京会见来访的越南领导人特使、越南外交部副部长胡春山。双方表示要积极落实两国领导人共识，通过谈判与友好协商和平解决两国间的海上争议；采取有效措施，共同维护南海和平稳定。

28日 中国工商银行中国—东盟人民币跨境清算（结算）中心在中国南宁成立。

△菲律宾—美国2011年度“海上联合战备训练演习”（CARAT）在菲律宾西南部巴拉望举行。演习共持续11天，菲方4艘舰艇与美军3艘舰艇参加。

29日 老挝人民革命党中央委员、国家社会科学院院长坎培·班玛莱通率六七学校校友代表团访问中国广西。

△中国发布的《人力资源和社会保障事业发展“十二五”规划纲要》提出：未来5年，中国最低工资标准年均将增长13%以上，绝大多数地区最低工资标准将达到当地城镇从业人员平均工资的40%以上；社会保险覆盖范围将进一步扩大，社会保障水平稳步提高，基本实现人人享有社会保险。

30日 越南共产党中央委员会、老挝人民革命党中央委员会分别致电中国共产党中央委员会，祝贺中国共产党建党90周年。

△世界上一次建成线路里程最长、技术标准最高的高速铁路——中国京沪高速铁路开通运行。

△中国全国人大常委会第21次会议表决通过《关于修改个人所得税法》的决定。新个人所得税法将工薪所得税率结构由9级缩减为7级，并将第1级税率由5%降到3%；个税起征点将从2000元提高到3500元。新个税法将于9月1日起施行。

7月

1日　庆祝中国共产党成立90周年大会在北京举行。中共中央总书记胡锦涛在会上发表重要讲话。讲话深入总结中国共产党90年的光辉历程和宝贵经验，深刻回答新形势下加强和改进党的建设的新课题，全面阐述坚持和发展中国特色社会主义的新要求。

3日　泰国举行国会下议院选举。为泰党以264票比160票的优势战胜民主党。泰国执政党民主党党首、看守政府总理阿披实当日晚承认选举失利，祝贺为泰党头号议员候选人英拉即将成为泰国历史上首位女总理。

5~9日　中国海军南海舰队司令员蒋伟烈以中国军队领导人代表的身份出席文莱国际防务展（Bridex 2011）活动。中国海军南海舰队武汉号导弹驱逐舰和玉林号护卫舰访问文莱并参加这次国际海上阅兵活动。

6日　老挝—中国两军合作协调委员会第1次会议在老挝万象举行。双方就两军合作具体事宜和共同关心的问题交换意见。

7~9日　应中国外交部部长杨洁篪的邀请，菲律宾外交部长阿尔韦特·德尔罗萨里奥访华。其间，中国国家副主席习近平会见德尔罗萨里奥。

9日　日本、美国、澳大利亚3国在文莱近海海域举行联合军事演习。演习内容包括战术队形航行和通讯等。

12日　中国国务院常务会议研究部署继续加强房地产调控工作。会议要求：严格落实地方政府房地产市场调控和住房保障职责；完善相关政策措施，加大政府投入和贷款支持力度，确保1000万套保障性住房11月底前全部开工建设；继续严格实施差别化住房信贷、税收政策和住房限购措施，遏制投机投资性购房，合理引导住房需求；认真落实住房用地供应计划，确保保障性住房用地，加快普通商品住房用地投放；规范住房租赁市场，抑制租金过快上涨。

13日　中国国家统计局发布数据显示，上半年全国国内生产总值为20.45万亿元，同比增长9.6%；社会消费品零售总额增长16.8%，回落1.4个百分点；固定资产投资（不含农村）增长25.6%；居民消费价格总水平（CPI）上涨5.4%。

14日　中国海关发布的数据显示，上半年中国与东盟双边贸易总值达1711.2亿美元，同比增长25.4%；中国对东盟出口800.8亿美元，进口910.3亿美元，分别增长24%和26.6%，累计贸易逆差109.5亿美元。

△菲律宾《商业世界报》报道，总统贝尼尼奥·阿基诺三世批准出口发展委员会提交的《2011~2013年出口发展计划》。

15日　美国海军第七舰队的钟云号驱逐舰、普雷贝尔号驱逐舰和一艘护卫舰抵达越南岘港，参加为期7天的美越南海联合军事训练。

△以“游中国·品文化”为主题的中国旅游宣传推广活动在新加坡举行。

19日　中国全国政协副主席李金华在北京会见以东帝汶国民议会卫生、教育和文化委员会主席维尔吉利奥·马萨尔为团长的访华代表团。

△中国西藏和平解放60周年庆祝大会在拉萨举行。

△日本《读卖新闻》消息：美国向驻东盟代表处增派海军高官，意在与东盟各国进行双边协同训练的同时，构筑军事方面与东盟各国的横向关系。

19~23日　东盟第44届东盟外长会议、东盟与中国10+1外长会、东盟与中日韩10+3外长会、东亚峰会外长磋商和第18届东盟地区论坛等东盟系列会议在印度尼西亚巴厘岛召开。

20日　落实《南海各方行为宣言》高官会就落实宣言达成一致和共识，为推动落实宣言进程、推进南海务实合作铺平了道路。

△针对5名菲律宾议员登上中国南沙群岛并安插菲律宾国旗一事，中国外交部发言人马朝旭强调：中国对南沙群岛及其附近海域拥有无可争辩的主权，菲方行动严重侵犯了中国的领土主权，中方对此表示强烈抗议。

22日　柬埔寨首相洪森表示：柬方希望与泰方共同执行海牙国际法院关于解决柏威夏寺地区争议的裁决，从柏威夏寺附近临时非军事区撤军，以避免因两国军队交火而破坏世界文化遗产。

23日　中国D301次列车在浙江永嘉至温州段的高架桥上与D3115次列车发生追尾，造成重大人员伤亡事故。

25~26日　越南第13届国会会议先后选举张晋创为越南国家主席，阮晋勇连任政府总理，现任国家副主席阮氏缘为新一届国家副主席，张和平为越南最高人民法院院长，阮和平为越南最高人民检察院院长。

26~29日　以“东盟海军合作促进海上和平与安全”为主题的第5届东盟海军司令会议在越南河内举行。东盟9个国家的海军司令和老挝驻越南使馆武官参会。

27日　中国和新加坡双边合作联委会第8次会议在新加坡举行。

28日　中国研制的深海载人潜水器蛟龙号成功潜至海面以下5188米开展科学考察和试验，标志着中国成功进入载人深潜技术全球先进国家行列。

8月

1日　美国驻越南大使馆声明，越南和美国的军方代表已就两国间建立正式军事医学伙伴关系达成协议。

△泰国泰华农民研究中心预测全国农产品和农产品加工业仍趋向持续增长,2011 年农产品出口额可望达到 290 亿美元,农产品加工业出口额达到 160 亿美元;2012 年农产品出口额将达到 350 亿美元,农产品加工业出口额将达到 192 亿美元。

2 日 泰国国王签署谕令,批准颂萨为泰国国会下议院主席,乍龙和威素为国会下议院第一和第二副主席。

△中共中央办公厅、国务院办公厅发布《关于深化政务公开加强政务服务的意见》。

3 日 越南外交部发言人阮芳雅就中越海上争议第 7 轮磋商发表声明:经过 7 轮磋商,中越双方已达成初步共识,同意在包括 1982 年《联合国海洋法公约》等国际法的基础上通过和平谈判的方式解决两国间的海上争议;同意在年末举行下次磋商。阮芳雅还补充道,双方将严格遵守《南海各方行为宣言》,避免出现损害两国人民友好和互信的言行。

5 日 泰国为泰党总理候选人英拉在国会下议院会议上成功当选泰国总理。8 日,英拉领国王普密蓬签署谕令,成为泰国第 28 任总理、历史上首位女总理。

8 日 东盟成立 44 周年纪念活动在印度尼西亚雅加达举行。东盟 10 国以及中、日、韩、印度、新西兰、澳大利亚、俄罗斯、美国、加拿大等国驻印尼大使馆的官员与代表和欧盟代表出席庆祝活动。

△新加坡总理李显龙在 45 周年国庆日献词中表示,新加坡经济已从衰退中强力反弹,政府预测当年经济增长率将达到 13% ~15% 。

12 日 第 26 届世界大学生夏季运动会在中国深圳开幕。国家主席胡锦涛出席开幕式并宣布大运会开幕。运动会共设包括田径、游泳、三大球等大项目 24 个,小项目 306 项。

13 日 中国工业和信息化部公布 1 ~5 月原油对外依存度达到 55.2% ,超过美国(53.5%)。

14 日 美国"乔治 · 华盛顿"号核动力航母抵达越南军港,第 2 次访问越南并邀请多位越南军方人士和政府官员登舰参观。

15 日 中国发布《关于鼓励和引导民营企业发展战略性新兴产业的实施意见》,要求有关部门、地区制定政策或采取措施,鼓励和引导民营企业发展战略性新兴产业。

16 ~19 日 第 4 届中国—东盟教育交流周在中国贵阳举行。交流周活动主要包括开幕式、中国—东盟高校国际交流论坛、中国—东盟跨文化交流论坛、中国—东盟"官、产、学"合作论坛、中国—东盟青年体育文化节等 5 项。

17 日 中国新华网报道,中国国务院总理温家宝与东盟轮值主席国印度尼西亚总统苏西洛互致贺电,庆祝中国—东盟建立对话关系 20 周年。

△中共中央政治局委员、中央书记处书记、中宣部部长刘云山在北京会见由总编辑顺友率领的越南人民报访华代表团。

18 日 中共中央政治局常委、中央政法委书记周永康访问老挝期间在万象同老挝人民革命党中央政治局委员、国家副主席本南举行会谈,出席《中华人民共和国政府和老挝人民民主共和国政府经济技术合作协定》等合作协定的签字仪式。

18 ~19 日 第 6 届泛北部湾经济合作论坛在中国南宁举行。论坛以"中国—东盟自贸区建设与泛北部湾经济合作"为主题,围绕"泛北智库峰会——区域联通与跨境合作"、"泛北部湾金融合作峰会——跨境贸易和投资"、"泛北部湾旅游合作峰会"等 3 个峰会专题深入研讨。论坛还发布《泛北部湾经济合作可行性研究报告》,形成《泛北部湾智库峰会宣言》。

20 ~21 日 中共中央政治局常委、中央政法委书记周永康访问柬埔寨,其间在金边分别会见柬埔寨国王诺罗敦 · 西哈莫尼,柬埔寨人民党名誉主席、国会主席韩桑林和奉辛比克党领袖盖博拉斯美,柬埔寨人民党副主席、政府首相洪森。

23 日 法新社报道,菲律宾从美国购买的巡逻舰驶抵马尼拉湾。

28 日 新加坡总统选举结果揭晓:前副总理陈庆炎当选第 7 任总统。

29 日 中国国务委员兼国防部部长梁光烈会见来华参加中越国防部第 5 次防务安全磋商的越南国防部副部长阮志咏。

30 ~31 日 应中国国家主席胡锦涛邀请,菲律宾总统阿基诺三世对中国进行国事访问。31 日,中菲两国元首举行会谈并出席有关双边合作文件的签字仪式。

9 月

1 日 中国全国人大常委会委员长吴邦国和国务院总理温家宝在北京分别会见到访的菲律宾总统阿基诺三世。同日,中华人民共和国与菲律宾共和国发表联合声明。

△新加坡新任总统陈庆炎宣誓就职,任期 6 年。

4 ~6 日 2011 亚洲政党专题会议在中国南宁举行。

5 ~9 日 应越南政府副总理阮善仁邀请,中国国务委员戴秉国访问越南并与阮善仁共同主持中越双边合作指导委员会第 5 次会议。

6 日 中国国务院新闻办公室发表《中国的和平发展》白皮书,全面阐释中国和平发展道路的开辟、总体目标、对外方针政策、历史的必然选择和世界意义等内容,重申中国将坚定不移地沿着和平发展道路走下去。

7 日　菲律宾《每日询问者报》报道称，菲律宾预算管理部部长阿瓦德说除正常国防预算开支以外，菲年内还将花费 1.18 亿美元购买一艘巡逻舰、4 架直升机以及各种军需用品。

△中国国务院印发《“十二五”节能减排综合性工作方案》，确定到 2015 年万元国内生产总值能耗下降到 0.869 吨标准煤。“十二五”期间将节约能源 6.7 亿吨标准煤。

△中国国务院常务会议研究部署加强环境保护重点工作，加强渤海环境保护，确保渤海生态安全和入海污染物排放总量下降，力争渤海近岸海域水质总体改善，实现人海和谐。

13 日　泰国政府副发言人阿努索称，泰国内阁批准一项行政法令，再度延长泰南地区的也拉、北大年、陶公 3 府紧急状态法令，实施时限自 9 月 20 日起，期限 90 天。

15 日　泰国总理英拉正式访问柬埔寨，旨在改善两国此前因边境冲突而变得紧张的关系。

16 日　中国国家副主席、中央军委副主席习近平在北京会见到访的越共中央书记处书记、中央军委常务委员、人民军总政治局主任吴春历一行。

17 日　泰国前总理他信访问柬埔寨。柬埔寨首相洪森会见他信及支持他信的泰国“红衫军”代表团。

18 日　第 9 届中国全国少数民族传统体育运动会在贵阳闭幕。运动会期间，34 个代表团的 6700 多名运动员参加独竹漂、花炮、珍珠球、民族式摔跤、武术等 16 个竞赛项目和 185 个表演项目的比赛。

18 ~21 日　应中共中央总书记、国家主席胡锦涛邀请，老挝人民革命党中央总书记、国家主席朱马利对中国进行正式友好访问。

19 日　中国青年企业家投资贸易推介会在越南首都河内举行。中国各地 78 名青年企业家与会并赴越南、老挝、缅甸、泰国、柬埔寨、马来西亚、新加坡等国考察交流，寻找商机。

△越南和美国在华盛顿举行第 2 次国防政策对话，越南国防部副部长阮志咏与美国国防部副助理部长罗伯特·谢尔共同签署有关推动两国国防合作的备忘录。

△由中国水稻专家袁隆平指导的“Y 两优 2 号”百亩试验田，实现平均亩产 926.6 千克，创下世界杂交水稻较大面积亩产最高记录。

22 日　中国工业和信息化部发布《“十二五”中小企业成长规划》。规划提出增强创业创新活力和吸纳就业能力、优化中小企业结构、提高“专精特新”和产业集群发展水平、提升企业管理水平、完善中小企业服务体系等 5 项主要任务。

△菲律宾召集东盟 10 国的海事专家开会，讨论该国解决南海争端问题的一个建议：将南海明确划分为无争议和有争议的区域。中国外交部发言人洪磊声明：中国对南沙群岛及其附近海域拥有无可争辩的主权，这一点为中国政府一直以来所坚持，解决争议最有效的途径是有关当事国通过直接谈判解决问题。

23 日　柬埔寨副首相兼国防大臣迪班和到访的泰国国防部长育他沙·沙西巴巴在金边表示，双方将遵守海牙国际法院的裁决，从柏威夏寺附近争议地区撤军。

△中国农业部公布第一批 76 个国家农业产业化示范基地名单。要求这些示范基地做好示范带动工作，带动农民增收致富，进一步推进现代农业建设，为“十二五”农业农村经济又好又快发展作出贡献。

27 日　菲律宾总统阿基诺三世访问日本，与日本首相野田佳彦会面并商议加强双方军事及安全联系等议题。

△中国国务院部署“十二五”时期节能减排工作，要求：着力调整优化产业结构，促进节能减排；坚持以科技创新和技术进步推动节能减排；完善节能减排长效机制；加强节能减排能力建设；推进重点领域节能减排。

28 日　日本政府举办与东南亚各国副防长级会议。会议包括“安全议题及资源议题”、“加强本地区海洋安全的努力”等多个分会议。

29 日　印度尼西亚总统苏西洛在主题为“印尼森林”的会议上演说时强调，政府已采取一系列措施，力争达成 2020 年排气降至 26% 的指标。

△中国成功将无人太空实验舱天宫一号送入低地球轨道，为建设永久载人空间站迈出关键一步。

30 日　文莱苏丹与中国国家主席胡锦涛互致贺电，庆祝两国建交 20 周年。

△缅甸下议院议员吴瑞曼在联邦议会上宣布总统吴登盛的决定：停止北部克钦邦伊洛瓦底江上游、耗资 36 亿美元、由中国承建的水力发电大坝的建设。

10 月

3 日　新华网缅甸内比都报道，中国石油天然气集团向缅甸捐赠 130 多万美元，用于中缅油气管道沿线 4 个省邦的 8 所学校（2 所中学和 6 所小学）建设。

3 ~5 日　东盟第 3 届粮食安全会议在印度尼西亚召开。

5 日　中国华平号和玉兴 8 号两艘货船在湄公河金三角水域遭遇枪击，13 名中国船员遇难。

△中国人民网转载缅甸《七日新闻》的报道称：截至 7 月底，有 31 个国家和地区在缅甸 12 个领域的 454 个项目上投资逾 360 亿美元。中国投资额占 44.1%，排名第一；泰国占 26.5%，排名第二。

6 日　第 11 届世界华商大会在新加坡开幕。

7 日　自 7 月下旬起，受台风和强降雨影响，泰国连降暴雨引发洪水,中部受灾尤其严重。

△中国驻泰国大使管木会见泰国总理英拉,通报中国政府向泰方提供紧急救灾援助的决定(提供100万美元现汇援助和价值1000万元人民币的物资)。

△中国国务院出台《关于支持河南省加快建设中原经济区的指导意见》,要求河南省积极探索不以牺牲农业和粮食、生态和环境为代价的工业化、城镇化、农业现代化协调发展的路子,促进中原经济区建设。

9日 中国纪念辛亥革命100周年大会在北京举行。中共中央总书记、国家主席、中央军委主席胡锦涛出席大会并发表重要讲话。

10日 过去两个月柬埔寨的洪水灾害严重,全国18个省市的150万人受灾,247人因灾死亡。

△中国政府决定向柬埔寨提供价值5000万元人民币的紧急人道主义物资援助,用于严重洪灾地区救助。

△中国国家副主席习近平在北京会见来访的缅甸总统特使、外交部部长吴温纳貌伦。

△中国国务院公布修订的《中华人民共和国资源税暂行条例》。修订后条例将石油、天然气的税额从从量计征改为从价计征,税率为销售额的5%至10%,其他5项税目仍从量计征,调整焦煤和稀土矿等资源税税额标准。

11日 中国—东盟人口与家庭发展论坛在中国南宁举行。

11~14日 日本外相玄叶光一郎先后访问新加坡、马来西亚及印度尼西亚,分别与到访国就深化海洋安全合作,构筑通过多边磋商解决国际争端的框架进行协商。日本媒体评论称这意味着日本准备全面介入南海问题。

11~15日 应中共中央总书记、国家主席胡锦涛邀请,越共中央总书记阮富仲对中国进行正式访问。11日,两国签署《关于指导解决中越海上问题基本原则协议》;15日,发表中越联合声明。

12日 中共中央政治局常委周永康在北京会见以柬埔寨人民党中央常委、中央日常工作小组组长、国会第二副主席赛宗为团长的柬埔寨人民党访华代表团。

12~14日 越南国家主席张晋创访问印度。期间,与印度总理辛格举行会谈并签署石油业合作协定和引渡条约,启动安全对话以扩展两国战略伙伴关系。

12~15日 缅甸总统吴登盛访问印度。

13日 中国国家食品安全风险评估中心在北京成立。

15~18日 中共第十七届中央委员会第六次全体会议在北京举行。全会审议通过《中共中央关于深化文化体制改革、推动社会主义文化大发展大繁荣若干重大问题的决定》,按照实现全面建设小康社会奋斗目标新要求,提出努力建设社会主义文化强国和到2020年文化改革发展的奋斗目标。

17日 数千名菲律宾、美国海军士兵在菲律宾多地同时举行两栖登陆演习(PHIBLEX)。

17~18日 由中国社会科学院国际研究学部、广西社会科学院、广西国际博览事务局和广西北部湾发展研究院共同主办的第4届中国—东盟智库战略对话论坛在南宁举行。

18日 印度尼西亚总统苏西洛宣布改组内阁并于次日举行就职仪式。此次内阁改组涉及包括贸易部、国有企业国务部、能源和矿产资源部等重要部门的12个职位。

20日 中国国务院批准上海市、浙江省、广东省、深圳市地方政府启动自行发债试点。

21~26日 第8届中国—东盟博览会和第8届中国—东盟商务与投资峰会在中国广西南宁举行。中国国务院总理温家宝、马来西亚总理纳吉布、柬埔寨首相洪森、泰国副总理吉迪拉、老挝副总理宋沙瓦·凌沙瓦、缅甸副总统丁昂敏乌、越南副总理阮春福等7国领导人和东盟秘书长素林以及中国和东盟各国商务、环保、质检、金融、电信等多个领域的部长出席本届盛会。

24日 日本防卫相一川保夫与到访的越南国防部部长冯光青在日本防卫省举行会谈,签署两国有关强化防卫合作与交流备忘录。

26日 越南国家主席张晋创访问菲律宾,与菲律宾总统阿基诺三世发表联合声明称:南海问题需通过"多边对话"机制解决。

29日 中国国务院总理温家宝致电泰国总理英拉,就泰国遭受罕见洪涝灾害代表中国政府和人民向泰国政府和人民表示诚挚慰问;同时要求泰方加紧审理中国船员在湄公河遇害案件,依法严惩凶手,希望中、泰、老、缅4国协商建立联合执法安全合作机制,共同维护湄公河航运秩序。

△中国全国人民代表大会常务委员会通过《关于修改〈中华人民共和国居民身份证法〉的决定》。修改后的居民身份证法在居民身份证登记项目中增加指纹信息,并加大对泄露公民个人信息行为的惩罚力度。

31日 中、老、缅、泰4国湄公河流域执法安全合作会议在北京召开。

11月

1日 中国成功发射自行研制的神舟八号飞船。神舟八号飞行期间,中国和德国将利用装载在飞船上的通用生物培养装置,合作开展17项空间生命科学实验。

△中国发布新修订的《国家自然灾害救助应急预案》。

△中国财政部、国家税务总局根据《中华人民共和国资源税暂行条例》修订资源税暂行条例实施细则并于11月1日

起施行。根据修订后的实施细则,原油、天然气资源税将进行从价计征,税率均为5%;煤炭资源税维持从量计征方式,其中焦煤税率为8元/吨,其他煤炭为2~4元/吨不等。

△中国《个体工商户条例》正式施行。条例取消向个体工商户征收管理费的规定,放宽个体工商户的经营范围,取消对个体工商户从业人员人数的限制。

1~3日 中国新闻网报道,越南政府总理阮晋勇于10月31日至11月3日访问日本并与日本首相野田佳彦举行会谈,双方就日本核电出口和稀土共同开发达成合作协议。

2日 由中、越两国国防部共同主办的东盟防长扩大会人道主义援助与救灾专家组首次会议在北京召开。会议谈及东盟防长扩大会机制下的人道主义援助与救灾领域合作问题。

3日 由马来西亚亚洲策略及领导研究所主办的第3届世界华人经济论坛在马来西亚首都吉隆坡举行。

4~5日 由越南外交学院与律师协会联合举办以"南海:为地区安全与发展而合作"为主题的第3次南海国际研讨会在河内召开。东盟各成员国、中国、澳大利亚、加拿大、印度、日本、韩国、美国和一些欧洲国家的学者出席研讨会。

10日 中国政府发布《国家中长期人才发展规划纲要(2010~2020年)》,提出并全面启动实施12项重大人才工程。

12日 中国国家主席胡锦涛在美国檀香山出席亚太经合组织第19次领导人非正式会议之前与越南国家主席张晋创会晤,就中越关系和其他共同关心的问题交换意见。

15日 东盟各国外长在印度尼西亚巴厘岛举行会议,就进一步推动东盟一体化建设、建立东盟和平与和解机构以及其他共同关心的区域与国际问题进行讨论。

△中国人力资源和社会保障部就《社会保险费申报缴纳管理规定(草案)》向社会公开征求意见。

16日 美国国务卿希拉里·克林顿与菲律宾外交部部长德尔·罗萨里奥在菲律宾马尼拉签署旨在加强菲美合作的《马尼拉宣言》和《菲美关于增长伙伴原则的联合声明》。

△中国国务院常务会议决定建立青海三江源国家生态保护综合试验区。

△《中国农村扶贫开发的新进展》白皮书发表。白皮书提及:全国农村扶贫标准由2000年的人均纯收入865元提高到2010年的1274元。以此标准衡量的农村贫困人口数量从2000年底的9422万减少到2010年底的2688万,农村贫困人口占农村人口的比重从10.2%下降到2.8%。

17日 菲律宾国防部部长加斯明称,美国同意再为菲海军提供一艘巡逻舰。

17~19日 第19届东盟领导人会议、第14次中国—东盟10+1领导人会议暨中国—东盟建立对话关系20周年纪念峰会、第14次东盟与中日韩10+3领导人会议、第6届东亚峰会先后在印度尼西亚巴厘岛举行。第19届东盟领导人会议发表《在全球国家共同体中的东盟共同体巴厘宣言》(又称《巴厘第三协约宣言》)。

20~21日 中国国务院总理温家宝访问文莱。温家宝与文莱苏丹举行会谈并共同出席多个合作文件的签署仪式。

21日 菲律宾总统阿基诺三世与到访的韩国总统李明博举行会晤。阿基诺向李明博提出包括军用飞机、舰船在内的军事装备采购要求,以增加菲律宾海军力量。

△第22届中美商贸联委会在中国成都举行。双方签署涉及知识产权、高技术、贸易统计、能源、企业合作对接等5个经贸合作文件。

23日 俄罗斯世界武器贸易分析中心网站报道,越南政府决定将2012年度国防预算提高至22.7亿美元(增长35%),达到国家预算支出总额的8%。

△中国国土资源部首次向公众发布油气资源年度动态评价成果:石油地质资源量881亿吨、可采资源量233亿吨,储量产量稳定增长,资源保障能力增强。

25日 缅甸反对派领袖昂山素季领导的全国民主联盟(民盟)正式申请重新登记,参加议会补选。这标志着昂山素季在解除软禁一年之后正式重返缅甸的政治舞台。

28日 中国国家副主席、中央军委副主席习近平在北京会见到访的缅甸国防军总司令敏昂兰。

△以"新形势下做好群众工作的经验"为主题的第7次中越两党理论研讨会在中国常州召开。

29日 中共中央召开扶贫开发工作会议,决定将农民人均纯收入2300元(2010年不变价)作为新的国家扶贫标准,把集中连片特殊困难地区作为主战场,把稳定解决扶贫对象温饱、尽快实现脱贫致富作为首要任务。新的国家扶贫标准比2009年提高92%。

30日 美国国务卿希拉里·克林顿对缅甸进行访问。这是50年来首位美国国务卿访问缅甸。

12月

4~10日 柬埔寨国会主席韩桑林访问中国。

5日 中国人民解放军副总参谋长蔡英挺中将率中国人民解放军代表团访问老挝。

9日 中国、老挝、缅甸、泰国湄公河联合巡逻执法联合指挥部在云南省西双版纳关累港成立。此举标志着中、老、缅、泰4国执法警务合作的新平台正式建立。

11日 中国加入世界贸易组织10周年高层论坛在北京举

行。据海关统计:加入世界贸易组织10年来,中国进出口总值由2001年的5096.51亿美元增至2010年的2.97万亿美元,成为世界第一大出口国和第二大进口国;海关税收由2492.3亿元增长至12518.3亿元。

12日 以"中国与东盟:安全、互信与合作"为主题的第2届中国—东盟防务与安全对话在北京举行。

13日 马来西亚吉打州苏丹阿卜杜勒·哈利姆·穆阿扎姆·沙阿就任马来西亚最高元首。

△《缅甸新光报》报道,缅甸联邦选举委员会正式批准昂山素季领导的全国民主联盟(民盟)重新注册为合法政党。

15日 中国商务部发布数据:1~11月,全国外商投资新设立企业25086家,实际使用外资金额1037.69亿美元。

15~16日 第17届东盟交通部长会议在柬埔寨金边举行。会议主要讨论航空服务和铁路货运方面的协议。

16日 第10次中国—东盟交通部长会议在柬埔寨金边举行。会议通过《第10届中国—东盟交通部长联合声明》并讨论《中国—东盟交通战略总规划》,承诺进一步提高跨境和国际运输便利化,推动建立中国—东盟交通运输走廊。

△中共中央、国务院和中央军委在北京举行会议,庆祝天宫一号与神舟八号交会对接任务圆满成功。

△人民币合格境外机构投资者(RQFII)正式启动。在试点的200亿元人民币中,8成资金可投向固定收益证券,2成资金则可支持A股。

20日 大湄公河次区域经济合作第4次领导人会议在缅甸内比都举行。会议以"超越2012:建立新10年大湄公河次区域经济合作战略发展伙伴关系"为主题。会议批准《大湄公河次区域经济合作新10年战略框架(2012~2022)》,以更好地指导区域经济和各领域合作。

△中国发布《国家环境保护"十二五"规划》。"十二五"期间,全社会环保投资需求约3.4万亿元。

20~22日 中共中央政治局常委、国家副主席习近平应邀访问越南。习近平分别与越共中央总书记阮富仲、国家主席张晋创、政府总理阮晋勇、国会主席阮生雄、越共中央书记处常务书记黎鸿英及国家副主席阮氏缘等越南新领导层举行一系列富有成效的会见会谈。此外,还与黎鸿英一起出席第12届中越青年友好会见活动。

22日 热带风暴"天鹰"在菲律宾造成特大灾害。菲南部死亡1010人,受伤1603人,失踪51人,13个省份64万多人受灾,有31万人在接受政府救济,4万多人滞留避难中心。总统阿基诺三世签署第303号总统公告,宣布全国进入"灾难状态"。

22~24日 中国国家副主席习近平访问泰国。访问期间,习近平会见诗琳通公主,与总理英拉举行双边会谈,还广泛接触政界、商界和青年学生代表;双方签署有关加强经贸、金融、司法及防灾减灾等领域的一系列文件。

26日 日本外相玄叶光一郎访问缅甸,与缅外长吴温纳貌伦举行会谈。双方一致同意启动双边投资协定谈判,重申日政府恢复向缅提供政府开发援助。

△中国国务院在北京举行全国粮食生产表彰奖励大会,对全国200个产粮大县、300名有突出贡献农业科技人员、300名种粮售粮大户和100名先进工作者给予表彰。

27日 2011中国—东盟经贸论坛在泰国首都曼谷举行。论坛是为庆祝中国—东盟建立对话关系20周年而举办的,以"世界变局中,中国—东盟自由贸易区的机遇与挑战"为主题,泰国旅游、食品、法律、电器工程等各行业人士就中国与东盟在各自领域的合作进行交流。

29日 中国发布《外商投资产业指导目录(2011年修订)》,进一步扩大对外开放,放宽外资限制,引导外资投向调整。

△中国国家文物局公布第3次全国文物普查成果数据。数据表明:大陆共登记不可移动文物总量76.67万处。其中,新发现登记53.6万处,登记消失约4.4万处。

△中国大庆和长庆两大油田2011年产量双双超过4000万吨。

2012年1~6月

1月

1日 中国在全国范围内实施火车票实名制。

△中国公安部决定在出入境领域施行包括开展全国联网查询本人出入境记录服务在内的12项便民服务措施。

2日 为庆祝缅甸独立,缅甸总统吴登盛签署减刑和大赦令,全国陆续释放犯人9000多名。

4日 新加坡政府委派的一个独立委员会通过内阁减薪方案。

△中国民政部出台《关于促进农民工融入城市社区的意见》,首次从国家层面描绘农民工参与社区生活的路线图,为维护其合法权益提供制度依据和保障。

4~8日 越南国会副主席丛氏放对中国进行为期5天的访问。

5日 马来西亚总理纳吉布与新加坡总理李显龙分别率代表团,在马来西亚布城进行双边第三轮会谈。双方在经贸、能源、通讯、交通、教育、文化等领域达成共识,会后发表《联合声明》。

△英国外交大臣黑格访问缅甸。

6日 中国工商行政管理总局在全国开展整治利用合同格式条款侵害消费者合法权益专项行动,遏制消费领域霸王条款现象，切实维护消费者合法权益。

8～10日 新加坡国防部常务秘书郑子富率新加坡国防部代表团出席在越南河内举行的第四次越南—新加坡防务政策对话。

9日 越南人民军队副总参谋长武文俊中将在河内会见到访的美国海军第七舰队司令斯威夫特。

△中国国务院总理温家宝主持会议，讨论通过《西部大开发“十二五”规划》和《东北振兴“十二五”规划》。

10日 中国海关总署公布的数据显示，2011年中国与东盟双边贸易总值达到3628.5亿美元，比2010年增长23.9%，高出同期全国进出口总体增速1.4个百分点。

△东盟—澳大利亚—新西兰自由贸易协定在印度尼西亚正式生效，印尼成为最后一个加入该自由贸易协定的东盟成员国。根据协定，澳、新两国将取消与印尼之间约90%的关税，印尼将对包括水果、蔬菜、肉类、鱼类、鸡蛋等1万项关税减免90%。

△中国成功用长征四号乙运载火箭将资源三号卫星送入太阳同步轨道。该卫星是中国首颗高精度民用立体测绘卫星，重约2650千克，设计寿命4年。

11日 东盟外长非正式会议在柬埔寨暹粒举行，东盟10国外长和东盟秘书长素林出席。与会者围绕“东盟一个共同体，一个命运”的会议主题和东盟2012年活动计划，进行深入和坦率讨论，表示东盟将在协调解决地区和有关国际问题上发挥积极作用。

12日 中国国家统计局发布的2011年12月经济运行数据显示：全国居民消费价格指数（CPI）同比上涨4.1%，为近15个月的新低，基本符合市场预期。

13日 美国国务卿希拉里·克林顿宣布，华盛顿将着手准备同缅甸互换大使。美国此举是在缅甸再次释放651名政治犯后作出的。

13～15日 中国和东盟10国落实《南海各方行为宣言》第4次高官会在北京举行，有关各国高官及东盟秘书处官员出席。会议就推动落实宣言进程，推进南海务实合作进行深入、坦诚交流，达成一系列共识。

14日 中国与菲律宾在北京举行第17次外交磋商，就双边关系、加强务实合作及共同关心问题交换意见。

△中国台湾地区领导人与民意代表两项选举结果揭晓，马英九以689万多票、51.6%的得票率获得连任。

16日 中国互联网络信息中心（CNNIC）发布的数据显示，2011年末中国网民规模突破5亿。

17日 中国国家统计局公布的宏观经济数据显示，2011年中国国内生产总值达到471564亿元，比上年增长9.2%，其中四季度增幅为8.9%，为近两年新低。

△新加坡《联合早报》援引越南传媒报道，越南在俄罗斯专家协助下，首艘国产军舰在海防正式列编服役。该巡逻舰长54米，以柴油驱动，时速32海里，活动距离2500海里（4600千米），装备导弹及76.2毫米口径火炮和30毫米口径机关炮。

18日 泰国总理英拉以及外交部部长素拉蓬等政府官员出席中国驻泰国大使馆迎新春活动。英拉总理通过中国媒体向中国人民拜年。

△缅甸全国民主联盟（民盟）领袖昂山素季正式递交参加议会补选报名表，开始竞选公职。

18～19日 美国参议员代表团在约翰·麦凯恩参议员率领下对越南进行为期两天的工作访问。

19日 为庆祝菲泰两国建交63周年，泰国总理英拉首次访问菲律宾，并与菲律宾总统贝尼尼奥·阿基诺三世举行会谈。

20日 中国驻老挝大使布建国代表中国政府，与老挝政府代表、老中合作委员会副主席、计划投资部部长助理维吉·辛达冯在万象签署《中国—老挝经济技术合作协定》及中国向老挝提供优惠贷款框架协议等3份协议。

25日 中国农业部、中海油、康菲中国公司及有关省政府就解决蓬莱19－3油田溢油事故渔业损失赔偿和补偿问题达成一致意见。

26～27日 美国和菲律宾第2次双边防务对话在美国华盛顿举行。

31日 东盟与中日韩10＋3宏观经济研究办公室（AMRO）在新加坡挂牌运行。该办公室是由东盟与中国、日本、韩国设立的区域内部经济监测机构，主要职责是为启动多边货币互换协议“多边清迈倡议”提供判断依据。

2月

1日 柬埔寨首相洪森在金边会见到访的中国进出口银行行长李若谷时表示，希望中国—东盟投资合作基金向柬埔寨基础设施建设项目提供资金支持。

△中国发布《关于加快推进农业科技创新持续增强农产品供给保障能力的若干意见》。

2日 缅甸“民主之声”网站报道，缅海军参与印度海军牵头的14国海军在孟加拉湾举行的联合演习。印度称此次演习的主要目标是打击海盗和恐怖主义，保护印度东部关键性战略海域的安全。

△中国卫生部公布《居民健康卡管理办法（试行）》，推动实现居民在各级各类医疗卫生机构就诊“一卡通”。

3日 中国广西新闻网报道，在南宁举行的中越两国12省农业厅长联席会议达成《南宁共识》，内容包括中国广西农业企业与越南边境各省签署的糖料蔗产业开发合作项目。

△中国国家电网公司以3.87亿欧元（约合32亿元人民币）成功收购葡萄牙国家能源网公司25%股份。这是中国企

业首次在欧洲收购国家级电网公司。

6 日　中国全国政协主席贾庆林在北京会见到访的柬埔寨副首相兼外交国际合作部大臣贺南洪。

△中国国防科工局发布 746 幅嫦娥二号月球探测器获得的 7 米分辨率、100% 覆盖全月球表面的全月图影像图，数据量约 800GB，还原月球表面真实地形地貌。

△老挝人民革命党中央政治局委员、书记处常务书记、国家副主席本南・沃拉芝在首都万象会见到访的中共中央委员、山西省委书记袁纯清率领的中共代表团。

△文莱、印度尼西亚、马来西亚、菲律宾东盟东部增长区（BIMP－EAGA）信息和通讯工作组公布 2012～2016 年实施蓝图，其中包括信息和通讯乡村通项目、海底电缆和智能清关识别 3 个项目。

△泰国《世界日报》报道，泰国商业部副部长诗里瓦透露，全国 1 月新增法人企业 5087 家，比上年同期增加 220 家，其中曼谷地区新增 1945 家，外府新增 3142 家，投资总额 174.46 亿铢。

7 日　第 31 次“金色眼镜蛇”军演在泰国举行。参加军演的国家有泰国、美国、新加坡、日本、韩国、印度尼西亚、马来西亚、澳大利亚、法国、加拿大、英国、孟加拉国、意大利、印度、尼泊尔、菲律宾、越南等多个受邀参与国。这是亚太地区迄今最大规模的多国军事演习，参与军人 1.3 万人。演习于 2 月 17 日结束。

△中国政府网公布由国家发改委等 17 部委共同制定的《“十二五”节能减排全民行动实施方案》。

8 日　中国国家行政学院电子政务研究中心发布的《2011 年中国政务微博客评估报告》称：中国政务微博客总数 2011 年底达到 5.06 万个，较年初增长 7.77 倍。

9～11 日　越南国家主席张晋创对老挝进行正式访问并启动“2012 年——越老友谊团结年”系列活动。这是张晋创任越南国家主席后首次访问老挝。

12～15 日　越南外交部部长范平明对中国进行正式访问。

14 日　第三届新加坡航展举行。

△中国财政部发布的数据显示，2011 年全国税收总收入达到 8.97 万亿元，比上年增加 1.65 万亿元，增长 22.6%。

△中国工业和信息化部发布《“十二五”物联网发展规划》。规划到 2015 年，中国要在物联网核心技术研发与产业化、关键标准研究与制定、产业链条建立与完善、重大应用示范与推广等方面取得显著成效，初步形成创新驱动、应用牵引、协同发展、安全可控的物联网发展格局。

△中国国家科学技术奖励大会在北京举行。中国科学院院士、中国粒子加速器事业的开拓者和奠基人之一、著名加速器物理学家谢家麟，中国科学院和中国工程院两院院士、著名建筑与城乡规划学家、新中国建筑教育奠基人之一、人居环境科学创建者吴良镛，获 2011 年度国家最高科学技术奖。

16 日　中国国务院发布《关于实行最严格水资源管理制度的意见》。提出加强水资源开发利用控制红线管理，严格实行用水总量控制，使 2015 年全国用水总量控制在 6350 亿立方米以内。

21 日　中国国务院副总理李克强在北京会见到访的印度尼西亚国防部部长普尔诺莫・尤斯吉安托罗。

23 日　中国全国政协主席贾庆林在北京会见到访的缅甸联邦议会人民院议长吴瑞曼。

27 日　菲律宾媒体报道，菲律宾能源部长阿尔门德拉斯称外资可以在巴拉望岛西北部的两个油气区块水域勘探油气资源。

28 日　中国外交部发言人洪磊针对菲律宾官员称外资可在南海争议水域勘探石油一事表示，任何国家或公司未经中国政府允许在中国管辖海域从事油气活动均属非法。

△中国—印度尼西亚副总理级对话机制第 3 次会议在北京举行。会议由中国国务委员戴秉国和印尼政治法律安全统筹部长苏扬托共同主持。双方就两国关系及重大国际和地区问题友好深入地交换意见。

△中国国务委员兼国防部长梁光烈在北京会见到访的泰国陆军司令巴育。

△中国文化部发布《“十二五”时期文化产业倍增计划》，提出要在“十二五”期间，文化部门管理的文化产业增加值年平均现价增长速度高于 20%，2015 年比 2010 年至少翻一番。

3 月

1 日　第 2 届东盟和中日韩 10＋3 新闻部长会议在马来西亚吉隆坡举行。东盟 10 国和中国、日本、韩国主管新闻事务的部长级官员出席会议并就进一步加强媒体合作、促进区域发展、扩大亚洲影响交换看法。

3 日　中国国家海洋局、民政部公布钓鱼岛及龙头鱼岛、鲳鱼岛等部分附属岛屿的标准名称。钓鱼岛标准名称为“钓鱼岛”，汉语拼音为“Diào yú Dǎo”，位置距温州市约 356 千米、距福州市约 385 千米、距基隆市约 190 千米。

3～14 日　中国第十一届全国人民代表大会第五次会议和中国全国政协十一届五次会议在北京举行。

4 日　柬埔寨副首相索安在金边会见到访的中共中央对外宣传办公室、国务院新闻办公室主任王晨。

△中方有关部门依法查处进入西沙群岛内水进行非法作业的 2 艘越南渔船和 21 名越南渔民。

6 日　泰国总理英拉称内阁会议通过一项 20 亿泰铢的预算案，作为所有在政治暴力冲突中受害者之赔偿金。

△2012 年胡润全球富豪榜出台。中国有 5 位富豪上榜，其中 4 位来自香港。84 岁的李嘉诚以 240 亿美元成为中国首富，67 岁的大陆企业家宗庆后以 105 亿美元成为中国内地首富。

8 日　即日起，中国广东省珠三角地区 17 个监测站点公布包括 PM2.5 在内的环境空气质量监测数据，成为中国第一个按照新《环境空气质量标准》公布监测指标并评价空气质量的城市群。

9 日 中国—东盟商务与投资峰会秘书处在柬埔寨金边召开联络官会议，商定 2012 年峰会时间调整至 9 月 21～22 日举行。

10 日 中国公安部宣称起草《居住证管理办法》，用以解决农民工进入城市最需要迫切的落户通道问题。

12 日 以“关注粮食安全和减少农村饥贫人口”为主题的第 31 届联合国粮农组织亚太区域会议在越南河内开幕。

13 日 马来西亚学术鉴定局宣布，从 4 月 28 日起，马来西亚学生从包括北京大学、清华大学、南京大学等 146 所中国大学获得的文凭都获得承认。此举是落实 2011 年 4 月 28 日中马两国签署的高等教育学位相互承认协议。

△菲律宾反贪法庭正式对卷入国家宽带网项目丑闻的前总统阿罗约及其丈夫发出逮捕令。

△中新网报道，缅甸海军两艘炮艇于 12 日访问越南岘港市。这是缅甸海军第一次派军舰访问越南。

15 日 中国工商行政管理总局出台《关于加强网络团购经营活动管理的意见》，以规范网络团购市场经营秩序，维护网络消费者和经营者的合法权益。

16 日 柬埔寨副首相兼经济和财政大臣吉春在金边会见到访的中国银行监事长李军。会见时吉春表示，柬埔寨欢迎更多的中资银行赴柬开设分行，积极参与柬经济领域的发展建设。

17 日 第 8 届柬埔寨—亚洲经济论坛在金边开幕。柬埔寨副首相兼经济和财政大臣吉春在开幕式上说，东盟必须加强参与合作解决全球性问题的能力，包括应对经济危机、气候变化、自然灾害，防治传染疾病以及打击跨境恐怖主义和犯罪活动。

△国际数据公司(IDC)发布报告称，中国将在年内取代美国，成为全球智能手机出货量最大的市场，到 2016 年，中美两国的差距将拉大，中国以 20.2% 的市场份额居首位，随后为美国、印度、巴西和英国，分别占 15.3%、9.3%、4.7% 和 3.7%。

19 日 中共中央政治局委员、全国政协副主席王刚在北京会见以老挝中央委员、国家社会科学院院长坎培·班马莱通为团长的老挝人民革命党代表团。

△中国国务委员兼国防部部长梁光烈在北京会见来访的文莱国防部副部长穆斯塔帕。

△文莱、印度尼西亚两国海军开始举行为期 5 天的联合军演，进一步完善两军联合行动准则、程序和战术。

21 日 马来西亚国家银行当天起推出人民币结算业务。

△中国国务院常务会议讨论通过《“十二五”综合交通运输体系规划》和《全国农村饮水安全工程“十二五”规划》。

22 日 中国外交部发言人洪磊在例行记者会上强调，中国对西沙群岛及其附近海域拥有无可争辩的主权，越南渔船渔民在西沙海域的捕捞活动侵犯了中方的主权和海洋权益。洪磊还就菲律宾将在南沙群岛中业岛修建简易港口码头回答记者提问时表示，中国对南沙群岛及其附近海域拥有无可争辩的主权。中方反对任何国家侵犯中国对南沙群岛行驶主权。

22～24 日 印度尼西亚共和国总统苏西洛·班邦·尤多约诺对中国进行国事访问。

25 日 57 岁的梁振英以 689 张有效票当选中国香港特别行政区第四任行政长官。

26 日 中国国务院批准设立中国—马来西亚钦州产业园区。中马钦州产业园区是中国和马来西亚两国政府合作项目，园区位于中国广西钦州市金鼓江地区，首期规划占地 15 平方千米，未来根据园区发展可扩大至 55 平方千米。

28 日 金砖国家领导人第四次会晤在印度新德里举行。

△中国国务院常务会议批准实施《浙江省温州市金融综合改革试验区总体方案》，决定设立温州市金融综合改革试验区。

29 日 《日本经济新闻》报道，日本国际协力机构(JICA)短期内与越南签署 8 项日元贷款协议，贷款支持越南港口、高速公路建设和高新产业园区基础设施建设。

30 日 中国国家主席胡锦涛开始对柬埔寨进行为期 3 天的国事访问。访柬期间，胡锦涛考察吴哥古迹保护修复项目，并与柬方共同发表《中华人民共和国和柬埔寨王国联合声明》。

4 月

1 日 中国国务院总理温家宝在中国南宁会见马来西亚总理纳吉布，并于会后共同出席中马钦州产业园区合资公司签约仪式和中马钦州产业园区开园仪式。

△缅甸新政府举行首次议会补选，17 个政党的 150 名候选人以及 7 名独立候选人竞选 37 个联邦议会人民院议席、6 个联邦议会民族院议席和 2 个省邦议席。

△中国高新技术发展及产业化工作会议透露：2011 年中国高新技术产业工业总产值超过 10 万亿元，工业增加值占同期全国第二产业增加值的 12.4%，创历史新高。

2 日 东盟外长会议、东盟外长和东盟联合政府人权委员会会议、东南亚无核区委员会会议、第 7 次东盟政治安全理事会会议、第 10 次东盟协调理事会会议等一系列东盟部长级会议陆续在柬埔寨金边举行，为第 20 届东盟峰会作准备。

3 日 主题为“变革世界中的亚洲：迈向健康与可持续发展”的博鳌亚洲论坛 2012 年年会在中国海南博鳌闭幕。

△缅甸联邦选举委员会公告议会补选结果：民盟赢得 43 个各级议会议席，民盟主席昂山素季当选联邦议会人民院议员。

3～4 日 第 20 届东盟峰会在柬埔寨金边举行。峰会讨论《东盟共同体路线图宣言(2009～2015)》，东盟安全共同体、东盟经济共同体和东盟社会文化共同体建设，实现地区互联互通，劳动力自由流动，自然灾害管理和粮食安全等问题；通过《东盟金边宣言：一个共同体，共同的命运》、《东盟共同体建设金边议程》、《2015年建立东盟无毒品区宣言》和《东盟全球温和派行动组织概念文件》等文件。

5日 中国全国政协主席贾庆林、国家副主席习近平在北京分别会见到访的泰国公主诗琳通。

6日 载有28名中国船员的“祥华门”号货轮被索马里海盗劫持并于9小时后被赶来营救的伊朗海军解救。

7日 中国媒体披露，2011年末中国大陆65岁及以上老人达到1.23亿，占总人口的9.1%，规模超过欧洲老年人口总和，老年人口数位居世界各国之首。

9日 第2届陆路东盟国际商务文化节在中国广西崇左开幕。

10日 中国公布《国家人口发展“十二五”规划》。规划在“十二五”时期，人口年均自然增长率控制在7.2‰以内，总人口控制在13.9亿以内；15岁以上国民平均受教育年限9.3年，新增劳动力平均受教育年限13.3年；出生人口性别比降至115以下。

11日 “中国之声”报道，菲律宾海军近日闯入中国黄岩岛海域，袭扰因避风停靠在黄岩岛的12艘中国渔船并试图逮捕2名中国渔民。中国海监75号、84号的及时解救使菲海军抓捕渔民的企图未能得逞，双方发生对峙。事发后，中国外交部发言人表示，黄岩岛是中国固有领土，中国对黄岩岛拥有无可争辩的主权。菲海军在黄岩岛海域的行为是对中国主权的侵犯。中方就此向菲方提出严正交涉。

△马来西亚阿卜杜勒·哈利姆宣誓就任马来西亚第15任最高元首。

11～13日 英国首相卡梅伦先后访问印度尼西亚、马来西亚和缅甸。

13日 中国国家副主席、中央军委副主席习近平在北京会见到访的越南人民军总参谋长杜伯巳一行。

△中国国家能源局透露，中国水电、风电装机容量分别突破2.3亿千瓦和4700万千瓦，双双跃居世界首位。

14日 中国人民银行宣布，自2012年4月16日起，银行间即期外汇市场人民币兑美元交易价浮动幅度由千分之五扩大至百分之一。

16日 第28次菲律宾与美国“肩并肩”联合军事演习开幕。4500名美军士兵和2300名菲律宾士兵参加军演。

17～19日 泰国总理英拉·西那瓦率团正式访问中国。17日，中国国务院总理温家宝与英拉·西那瓦举行会谈。18日中国国家主席胡锦涛、全国人大常委会委员长吴邦国、国家副主席习近平分别会见英拉总理。19日，中泰双方发表关于建立全面战略合作伙伴关系的联合声明。

18日 柬埔寨迎来首个股市交易日。

18～20日 中国全国政协主席贾庆林对文莱进行正式友好访问。19日，贾庆林在斯里巴加湾市分别会见文莱苏丹和立法会议长伊萨。

20日 中国深圳证券交易所发布《创业板股票上市规则》。

△中国航速最快、总体性能最先进、特种设备最齐全的渔政公务船——中国渔政310船抵达中国中沙群岛的黄岩岛海域，开展公务巡航。

20～25日 中国全国政协主席贾庆林对泰国进行正式友好访问。贾庆林分别会见泰国王御代表诗琳通公主、国会副主席兼上议长提拉德、总理英拉、国会主席兼下议长颂萨、枢密院主席炳·廷素拉暖等。贾庆林还出席泰国华侨华人公宴大会并发表讲话。

22日 法新社报道，美国和越南23日起在越南中部的岘港举行为期5天的“非战斗”海军交流活动。

△为期6天的“海上联合——2012”中俄海上联合军事演习在中国青岛开幕。双方以海上联合防御和保卫海上交通线作战为联演主题，进行包括联合护航、联合防空、联合反潜、联合反劫持、联合搜救、联合补给和对海、对潜、对空实弹射击等内容的演练。

23日 中国人民解放军海军“郑和”号远洋航海训练舰抵达越南西贡港，开始对越进行为期3天的友好访问。

△欧盟27国外长会议作出“实质性减少或全面取消对缅甸制裁”的决定。

26日 印度尼西亚总统、民主党指导委员会主席苏西洛在雅加达会见到访的中共中央政治局常委李长春。

△中国国务委员兼国防部长梁光烈在北京与到访的泰国国防部长素坤蓬·素旺那达举行会谈。

28日 欧盟在仰光设立驻缅甸办事处。

30日 菲律宾外交部长罗萨里奥和国防部长加斯明，在华盛顿同美国国务卿希拉里·克林顿和国防部部长帕内塔举行“2＋2”会议。

△中国成功用“长征三号乙”运载火箭顺利发射两颗北斗导航卫星并进入预定转移轨道。这是中国北斗卫星导航系统首次采用一箭双星方式发射导航卫星。

5月

1日 联合国秘书长潘基文在仰光会见缅甸全国民主联盟领导人昂山素季。

2日 缅甸全国民主联盟领导人昂山素季和其他33名民盟

成员宣誓就任缅甸国会议员。

△中国国务院发布《关于加强进口促进对外贸易平衡发展的指导意见》，通过财税、金融、管理等多方面促进对外贸易基本平衡，实现对外贸易可持续发展。

3 日 中国远洋航海训练舰“郑和”号与马来西亚海军“杰巴特”号护卫舰，在马六甲海峡靠马来西亚一侧海域进行编队运动和通信演练。

△《马尼拉公报》报道，菲律宾总统发言人埃德温—拉谢尔称菲律宾正式将黄岩岛称为“帕纳塔格礁”（Panatag Shoal）。

4 日 中国外交部发言人刘为民在例行记者会上回应中方在中国南海黄岩岛海域增派船只一事时表示，黄岩岛海域是中国渔民的传统渔场，中方强烈敦促菲（律宾）方回到外交解决的正确轨道上来。

5 日 柬埔寨首相洪森亲自驾驶推土机，启动中国向柬提供优惠贷款援建的上丁—柏威夏214号公路和湄公上丁中柬友谊桥项目建设。

6 日 菲律宾外交部向菲海岸警卫队下达指示，要求清除在黄岩岛上与菲律宾无关的标识物和建筑。

△越南中央防治腐败指导委员会在河内开通防治腐败综合信息网。

7 日 中国外交部副部长傅莹第三次就黄岩岛事件约见菲律宾驻华使馆临时代办蔡福炯，向菲方提出严正交涉，强调黄岩岛是中国固有领土，“希望菲方不要误判形势，不计后果地不断推动事态升级”。傅莹还表示中方已做好应对菲方扩大事态的各种准备。

△中国人力资源和社会保障部、财政部联合宣布：从7月1日起，在全国范围内启动城乡居民养老保险全覆盖工作，并计划在年底前完成。

△中国工业和信息化部发布《高端装备制造业“十二五”发展规划》。规划到2015年，高端装备制造业年销售收入超过6万亿元，比2010年增长2.75倍。

8 日 中国财政部、住房和城乡建设部联合对外发布《关于加快推动我国绿色建筑发展的实施意见》，通过建立财政激励机制、健全标准规范及评价标识体系、推进相关科技进步和产业发展等多种手段，力争在2020年绿色建筑占新建建筑比重超过30%。

△中共中央政治局常委、中央纪委书记贺国强在北京会见到访的柬埔寨奉辛比克党代表团。

△中共中央政治局常委、中央政法委书记周永康在北京会见到访的新加坡副总理兼国家安全统筹部部长、内政部部长张志贤。

10 日 被中、老警方联手抓获的湄公河流域“金三角”地区特大武装贩毒集团首犯糯康被依法移交给中国警方。

11 日 为期4天的“蓝色突击—2012”中泰海军陆战队联合训练在中国广东湛江市举行。

11～13 日 以“加强地质找矿，促进矿业发展”为主题的第3届中国—东盟矿业合作论坛暨推介展示会在中国南宁举行。

14～15 日 韩国总统李明博访问缅甸。

16 日 中国国务院常务会议决定，安排财政补贴265亿元启动推广符合节能标准的空调、平板电视、电冰箱、洗衣机、热水器等家用电器，节能灯具、LED灯，1.6升及以下排量节能汽车和高效电机。根据市场预计，此节能推广政策将带动近3000亿元的节能家电消费。

18 日 中国铁道部发布《关于鼓励和引导民间资本投资铁路的实施意见》，鼓励民间资本投资参与建设铁路干线、客运专线、城际铁路、煤运通道和地方铁路、铁路支线、专用铁路、企业专用线、铁路轮渡及其场站设施等项目。

20 日 中国国家主席胡锦涛与东帝汶总统鲁阿克互致贺电，祝贺东帝汶民主共和国独立10周年暨中国和东帝汶建交10周年。

20～22 日 东盟—美国对话会议在菲律宾马尼拉举行。

22 日 中国全国人大常委会副委员长严隽琪在北京会见由副主席赛颂蓬·丰威汉率领的老挝国会代表团。

△菲律宾国防部长加斯明表示，菲律宾正加速采购最新武器装备，用于未来5年“保卫领土”的装备现代化项目多达138项。

23 日 中国国务院召开常务会议，强调要把稳增长放在更加重要的位置，要根据形势变化加大预调微调力度，提高政策的针对性、灵活性和前瞻性，积极采取扩大需求的政策措施，为保持经济平稳较快发展创造良好政策环境。

25 日 中共中央政治局委员、中央书记处书记、中宣部部长刘云山在北京会见以中央纪委副书记通西·沃拉西为团长的老挝人民革命党干部考察团。

△中国国有资产管理委员会发布《关于国有企业改制重组中积极引入民间投资的指导意见》，鼓励和引导民间投资参与国有企业改制重组。

26 日 中国银行业监督管理委员会发布《关于鼓励和引导民间资本进入银行业的实施意见》，鼓励民营企业通过发起设立、认购新股、受让股权、并购重组等多种方式投资银行业金融机构。

27 日 柬埔寨国王西哈莫尼在金边王宫会见到访的中国全国人大常委会副委员长路甬祥。

27～29 日 中国国务委员兼国防部长梁光烈访问柬埔寨，并出席中国与东盟国防部长磋商会议。

△印度总理辛格访问缅甸并与缅甸总统吴登盛会谈。

双方同意加强两国多领域合作，共同推动双边关系发展。

28日 日本海上自卫队3艘训练舰抵达菲律宾。

28～29日 中国外交部部长杨洁篪对新加坡进行正式访问。

29日 第6届东盟国防部长会议在柬埔寨金边举行。东盟10国国防部长和东盟副秘书长与会，会议围绕增强东盟的整合，建设和谐与安全的共同体主题，就推动和平、发展与合作，推动东盟在2015年建成政治与安全共同体达成共识。

30日 中国全国政协副主席王志珍在北京会见来华进行工作访问并出席中国与东帝汶建交10周年庆祝活动的东帝汶外交部长达科斯塔。

△中国国务院常务会议讨论通过《"十二五"国家战略性新兴产业发展规划》，提出七大战略性新兴产业的重点发展方向和主要任务及20项重大工程。

6月

1日 2012中国—东盟礼仪形象大使选拔大赛在南宁启动。

1～3日 第11届香格里拉对话暨亚洲安全会议在新加坡举行。亚太地区27个国家的代表团、14位国防部长、众多政府官员及专家学者出席并就亚太地区安全问题进行广泛讨论和交流。

2日 新加坡国防部透露，新加坡已原则同意美国在境内部署4艘濒海战斗舰，其中第一艘将在2013年第二季度开始部署。

△《2012中国可持续发展国家报告》发布。报告阐述中国实施可持续发展战略付出的努力和取得的进展，分析存在的差距和面临的挑战，提出往后的战略举措和在2012年联合国可持续发展大会的原则立场。

3～4日 美国国防部长帕内塔访问越南。帕内塔一行重回美军越战时期所建的海空军基地。两国国防部代表团于4日进行会谈。

4日 新加坡总理李显龙会见率团到访的中共中央政治局委员、中共广东省委书记汪洋。

△菲律宾国防部次长奥诺里奥·阿斯库埃塔表示，只要提前获得政府许可，未来美国军队、战舰及战机可重新使用他们在苏比克湾、三描礼士省和克拉克的旧有军事设施。

5日 美国和印度尼西亚军队在爪哇岛进行名为"2012海上预备与训练合作"军事演习。美国海军出动830名海军陆战队队员和3艘海军战舰参加，印尼则派出1244名海军陆战队队员、3艘战舰以及战机和侦察机等参加。

△中国5位国家最高科技奖得主吴征镒、王忠诚、孙家栋、师昌绪和王振义获小行星命名。

6日 中国文物局公布，中国现存历代长城总长2.12万千米，分布在北京、天津、河北、山西、内蒙古、辽宁、吉林、黑龙江、山东、河南、陕西、甘肃、青海、宁夏、新疆等15个省（自治区、直辖市），包括墙体、壕堑、单体建筑、关堡和相关设施等长城遗产43721处。

6～7日 越共中央总书记阮富仲在河内会见赴越出席第8次中越两党理论研讨会的中共中央政治局委员、中央书记处书记、中宣部部长刘云山。

8日 上海合作组织成员国元首理事会第12次会议在中国北京举行。与会各国领导人就深化成员国间友好合作以及重大国际和地区问题深入交换意见，并对上海合作组织未来发展作出规划，达成新的重要共识。会议签署《上海合作组织成员国元首关于构建持久和平、共同繁荣地区的宣言》、《关于上海合作组织中期发展战略规划的决议》、《关于上海合作组织关于应对威胁本地区和平、安全与稳定事态的政治外交措施及机制条例的决议》、《关于上海合作组织成员国打击恐怖主义、分裂主义和极端主义2013年至2015年合作纲要的决议》等重要文件，发表《上海合作组织元首理事会会议新闻公报》。会议还决定2013年上海合作组织峰会在吉尔吉斯斯坦举行。

8～10日 菲律宾总统阿基诺三世访问美国并与美国总统奥巴马会谈，共同重申对加强双边关系的承诺。

9日 中国发展和改革委员会、公安部、财政部、国土资源部、交通运输部等部委联合公布《关于鼓励和引导民间投资进入物流领域的实施意见》，明确积极支持民间资本投资从事社会化物流服务，鼓励民间资本进入重点物流领域，鼓励民营企业和国家铁路企业开展物流合作，提高铁路物流运输服务水平。

9～14日 缅甸外交部长吴温纳貌伦对中国进行正式访问。

10日 缅甸国家电视台报道，吴登盛总统当天签署法令，宣布即日起在若开邦实行紧急状态，以控制若开邦孟都地区和布帝洞地区骚乱局势。

10～16日 中共中央政治局常委、中央纪委书记贺国强先后对老挝、柬埔寨、马来西亚进行正式友好访问。

12日 中国驻东盟大使在北京举行的外交官经济论坛上表示，中方将在高层战略沟通、互联互通建设、海上务实合作、各领域互利合作、社会人文交流等五大领域加强和东盟合作，提升双方战略伙伴关系。在建设陆路和航空互联互通的基础上，中方愿同东盟积极拓展海上互联互通，为此中方建立了30亿元的中国—东盟海上合作基金。

12～13日 以"和平解决南海问题的最新进展和影响"为主题的南海问题研讨会在吉隆坡举行。

13日 由中国广西出入境检验检疫局承担的"中国—东盟跨境动植物疫情防控监测信息平台"课题研究全面启动。

16日 菲律宾外交部宣布：由于天气状况日趋恶劣，阿基诺三世总统在 15 日晚下令两艘在黄岩岛海域的菲方船只撤离。

△缅甸反对派全国民主联盟领导人昂山素季抵达挪威，领取其在 1991 年获得的诺贝尔和平奖。

18 日 中共中央军委副主席徐才厚在北京会见到访的新加坡国防部部长黄永宏。

△中国—东盟履约执法对话会在中国南宁召开。对话会旨在为中国与东盟各国交流执法经验、合作打击走私濒危物种搭建良好的合作平台。

△中国国家主席胡锦涛出席在墨西哥举行的金砖国家领导人会晤，并同巴西总统罗塞夫、俄罗斯总统普京、印度总理辛格、南非总统祖马等，就金砖国家合作和 20 国集团洛斯卡沃斯峰会交换意见。

19 日 中国外交部发言人就越南空军 940 战斗机联队苏 - 27战斗机 18 日对中国南沙群岛部分岛礁“巡逻侦查”表示强烈不满，指出中国对南沙群岛及其附近海域拥有无可争辩的主权，越方有关行动严重侵犯了中国的主权。

20 日 中国国务院总理温家宝在巴西里约热内卢出席联合国可持续发展大会，并发表《共同谱写人类可持续发展新篇章》的演讲。

21 日 中国外交部副部长张志军召见越南驻华大使阮文诗，就越南国会当天审议通过侵犯中国领土主权的《越南海洋法》，向越方提出严正交涉，中方对此表示强烈抗议和坚决反对。外交部发言人洪磊主持例行记者会宣读《中华人民共和国外交部声明》，并重申西沙群岛和南沙群岛是中国领土，中国对这些群岛及其附近海域拥有无可争辩的主权，任何国家对西沙群岛和南沙群岛提出领土主权要求并依此采取的任何行动都是非法的、无效的。

24 日 中国载人航天飞船神舟九号航天员成功驾驶飞船与天宫一号目标飞行器对接，标志着中国成为世界上第三个完整掌握空间交会对接技术的国家。

24 ~ 28 日 第 3 届东盟与中、日、韩 10 + 3 武装部队非传统安全论坛在中国石家庄陆军指挥学院举办。论坛以武装部队抗震救灾应急行动为主题。中、日、韩和东盟 10 国的防务官员、部队指挥官，以及东盟秘书处官员等与会。

27 日 中国—东盟区域性信息交流中心暨中国联通南宁总部基地开工建设。

29 日 中国国家主席胡锦涛抵达香港，出席将于 7 月 1 日举行的庆祝香港回归祖国 15 周年大会暨香港特别行政区第四届政府就职典礼。

△中国载人航天飞船神舟九号返回舱顺利着陆，航天员景海鹏、刘旺、刘洋安全返回，天宫一号与神舟九号载人交会对接任务获得圆满成功。

30 日 中国载人深潜器蛟龙号在太平洋马里亚纳海沟成功进行第 6 次载人 7000 米级海试任务，下潜深度为 7035 米。

2012 年 6 月 29 日，中国载人航天飞船神舟九号返回舱顺利着陆，航天员景海鹏、刘旺、刘洋出舱后向欢迎人群致意

（新华社）

文　　献

重 要 文 件

纪念对话关系20周年
第14次中国—东盟领导人会议联合声明

进一步推进面向和平与繁荣的战略伙伴关系

我们，中华人民共和国和东南亚国家联盟成员国的国家元首/政府首脑，在第14次中国—东盟领导人会议并纪念中国—东盟对话关系20周年之际，于2011年11月18日相聚印尼巴厘岛；

对于不断加强的中国—东盟关系和1991年开启对话关系以来双方全面对话关系及各领域合作取得的重要进展和显著成果感到满意；

欢迎2003年签署的《落实中国—东盟面向和平与繁荣的战略伙伴关系联合宣言》第一份行动计划（2005～2010）的成功落实及新行动计划（2011～2015）的通过；

赞赏中国于2003年成为第一个正式加入《东南亚友好合作条约》的对话伙伴；

欢迎中国坚定、一贯支持东盟一体化和共同体建设进程，以及东盟在东亚合作和不断发展的地区架构中的核心作用；

认识到落实2002年签署的《南海各方行为宣言》取得的进展，包括近期通过落实《南海各方行为宣言》指针；

受到2010年1月1日以来落实中国—东盟自由贸易区取得的进展，中国—东盟贸易、投资联系和经济合作由此得到加强，为各国经济发展作出重大贡献的鼓舞；

欢迎在2011年为纪念中国—东盟建立对话关系20周年开展的各项有意义的活动；

忆及并致力于遵循1997年《中华人民共和国与东盟国家首脑会晤联合声明》，2003年《中国—东盟面向和平与繁荣的战略伙伴关系联合宣言》以及其他为中国—东盟睦邻友好及全面互利合作奠定基础的联合宣言和合作文件；

考虑到不断变化的国际和地区环境带来的挑战和机遇；

强调在这种情况下进一步推进和加强中国—东盟全面战略伙伴关系的重要性；

重申以《联合国宪章》的原则、《东盟宪章》、《东南亚友好合作条约》、和平共处五项原则及其他相关国际法、条约、公约继续引领中国—东盟对话关系及合作；

相信加强中国—东盟对话关系和全面合作以及增进双方互信与理解将极大造福双方人民，并为地区乃至世界的和平、稳定、繁荣和进步做出重要贡献；

特此通过以下内容：

一、我们决心永做好邻居、好朋友、好伙伴，推动双方在政治安全、经济、社会文化及国际和地区事务中的合作，将中国—东盟战略伙伴关系推向新的高度。

二、我们将努力合作，有效落实《落实中国—东盟面向和平与繁荣的战略伙伴关系联合宣言的行动计划（2011～2015）》。

三、中国将支持并与东盟密切合作，以在2015年实现由三个支柱组成的东盟共同体，即东盟政治安全共同体、东盟经济共同体和东盟社会文化共同体。

政治安全合作

四、我们致力于通过密切的高层接触和往来加深相互理解和友谊。我们将继续就共同关心的地区和国际问题加强不同层级的经常性双边和多边对话与磋商。

五、我们继续秉持《东南亚友好合作条约》及和平共处五项原则的精神，加强地区和平、安全、繁荣与互信。

六、我们重申根据国际法，相互尊重彼此独立、主权和领土完整及不干涉别国内政原则。我们致力于通过对话和协商和平解决争端，不诉诸武力或以武力相威胁。

七、我们将通过地区和国际机制与框架在裁军和不扩散领域密切合作。在这方面，中国重申坚定支持东盟为实现东南亚无核武器区所做的努力，愿早日签署《东南亚无核武器区条约》议定书。

八、我们将利用东盟防长扩大会、东盟地区论坛等现有双、多边框架和机制促进防务和军事交流与合作。

九、我们坚定致力于充分、有效落实《南海各方行为宣言》，并朝着在协商一致基础上最终制定南海行为准则而努力，从而进一步为本地区和平、安全、稳定与合作作出贡献。

十、我们将根据国际法，包括1982年《联合国海洋法公约》开展合作，加强海上安全，包括确保商贸自由、航行及海上交通安全。

十一、我们将通过《关于〈落实中国—东盟非传统安全领域合作谅解备忘录〉的行动计划》加强合作，应对非传统安全及跨国犯罪问题。

十二、我们将合作促进和保护人权和基本自由，并支持东盟政府间人权委员会工作。

经济合作

十三、我们致力于在经济全球化和区域一体化的背景下进一步深化和拓展互利经济合作，为地区和双方人民带来福祉。

十四、我们决心充分、有效落实中国—东盟自贸区相关协定，以给人民带来更大福祉，推动经济发展和实现2015年双方贸易额达到5000亿美元及提高中国对东盟直接投资的目标。

十五、我们将根据《中国—东盟全面经济合作框架协议》，继续努力提高市场准入水平、逐渐实现货物、服务贸易自由化和便利化，提升公众和企业界对自贸区效益的认识。我们也将致力于建立一个开放、有竞争力的投资体制，以在中国—东盟自贸区内根据《中国—东盟全面经济合作框架协议》推动并促进投资。

十六、我们将共同努力加强旅游合作，实现2015年双向游客1500万人次的目标。

十七、我们欢迎中国—东盟中心在北京成立，支持中心有效运转，这将为扩大中国—东盟自贸区框架下的贸易与投资以及增加中小企业、旅游、民间及文化交流作出贡献。

十八、我们将密切合作，加强一体化努力，通过支持落实《东盟互联互通总体规划》和中国—东盟互联互通项目，加强东盟内部以及中国与东盟之间的互联互通。我们决心合作，并充分利用一切可能的资源，包括金融和技术支持、投资、公私伙伴关系等，实现东盟内部以及中国与东盟之间的基础设施、规制、人员的互联互通。

十九、我们将共同努力，通过加强10+3框架下的宏观经济与金融合作，防止本地区再次发生金融和货币危机。

二十、我们将继续加强农业和粮食生产合作，确保粮食安全，加强能源安全合作，特别是可再生与替代能源合作。

二十一、我们致力于通过落实《东盟一体化倡议第二工作计划》，为东盟缩小发展差距和一体化努力提供帮助。

二十二、我们鼓励中国与东盟进一步合作，支持在东盟东部增长区、老柬缅、越老柬缅、印马泰成长三角、大湄公河次区域经济合作、东盟—湄公河流域开发合作等框架下的次区域开发。

社会文化合作

二十三、我们将通过增加文化、教育、青年、体育和学术交流，增进议会、媒体、社会团体、学术和二轨机构交往，加强社会文化合作，促进民间交往。

二十四、我们将加倍努力，分享经验，以应对气候变化、环境保护和可持续发展等挑战，并在国际气候变化谈判中加强对话与合作。

二十五、我们将共同努力，加强在湄公河可持续水资源管理和利用方面的合作，这对各国民生和粮食安全具有重要意义。

二十六、我们将在利用现有的东盟协定和机制的同时，进一步加强在灾害管理方面的务实合作，包括应急准备、减少风险、人道主义救援、重建和恢复。

二十七、我们将继续密切在公共卫生领域的合作，包括必要时，加强国家预防和反应能力，以应对突发传染病和其他公共卫生紧急事件的挑战。

二十八、我们将进一步加强在减贫与保护妇女、儿童和残疾人等弱势群体方面的合作。

地区与国际合作

二十九、我们将继续保持在国际、地区及次区域事务上的密切沟通，以及在各个国际、地区和次区域机制中的合作。

三十、我们重申致力于进一步加强东亚区域合作，建立一个公开、透明和包容的区域架构。中方重申，在不断演变的区域架构中，包括东盟与中日韩、东亚峰会、东盟地区论坛、东盟防长扩大会和其他区域合作进程中，继续支持东盟的主导地位。

三十一、我们重申由东盟主导的东盟与中日韩合作将继续作为建立东亚共同体这一长期目标的主渠道。我们期待东亚第二展望小组成果报告，作为我们努力的一部分，在2012年东盟与中日韩合作15周年之际为东亚合作和共同体建设做出新的展望。

三十二、我们重申致力于东亚峰会作为领导人引领、开放、透明和包容的论坛的目标和原则，就共同关心和关切的广泛的战略、政治、经济问题进行对话合作，以促进东亚和平、稳定与繁荣。我们欢迎东亚峰会合作不断取得进展和对这一进程的支持。

三十三、中国支持东盟决定建立应对全球性问题共同平台，提高其应对全球与区域重大问题的能力，支持东盟主席国定期参加20国集团峰会，并将与东盟在这方面保持协调。

三十四、东盟重申坚持一个中国的政策，并赞赏中国为促进本地区和平、稳定与发展作出的积极贡献。东盟支持中国致力于和平发展和稳定，这有利于本地区乃至更大范围的和平、稳定、合作与可持续发展。

2011年11月18日于印尼巴厘岛通过。一式两份，均为英文文本。

大湄公河次区域经济合作第3次领导人会议领导人宣言

（2008年3月31日）

我们，柬埔寨王国、中华人民共和国、老挝人民民主共和国、缅甸联邦、泰王国和越南社会主义共和国的政府首脑与亚洲开发银行行长齐聚老挝万象，举行大湄公河次区域经济合作（GMS）第3次领导人会议。

在柬埔寨金边和中国昆明举行的前两次领导人会议上，我们为大湄公河次区域规划了一个融合、和谐与繁荣的远景，通过了《次区域发展十年战略框架》，提出要加强联系性、提升竞争力和建设大家庭。我们重申了第2次领导人会议通过的GMS合作原则，强调GMS项目合作应灵活务实、注重实效。

我们注意到，全球化迅猛发展，科技进步日新月异，全球和区域贸易与投资自由化蓬勃发展，经济一体化加快，周边新兴市场崛起。这些为大湄公河次区域的发展提供了良好机遇。同时我们也认识到仍有很多挑战。在此形势下，我们要进一步集中力量、深化合作，抓住机遇、应对挑战。

我们应进一步深化合作，加快一体化建设，以充分利用GMS合作带来的机遇，以及应对上述挑战。

我们重申致力于实现融合、和谐与繁荣次区域的庄严承诺，决心继续携手努力、密切合作，改善次区域人民生活。

GMS经济合作的进展

1992年以来，次区域经济合作不断深化，成果具体实在。贸易投资与旅游日益拓展，人民之间的理解与互信明显增加、交通等基础设施显著改善，贫困人口数量大幅下降。GMS合作取得的成就让我们深受鼓舞。

我们特别注意到，次区域交通基础设施建设取得显著进展，东西、南北、南部三条交通走廊基本建成，《大湄公河次区域便利客货跨境运输协定》顺利实施，阻碍人员和货物跨境流动的壁垒大幅减少。次区域人员流动成本降低、时间缩短，跨境货物流量增大，经济发展机会增加，各国联系更为紧密。我们欢迎在中越、越老、老泰边境口岸初步实施《大湄公河次区域便利客货跨境运输协定》。

我们还注意到次区域各领域合作都取得了重大成果。在能源领域，我们正新建一些发电和输电设施，为次区域开展电力贸易和建设电力市场奠定基础；在电信领域，我们已建好次区域电信骨干网络，次区域信息高速公路建设进入新阶段；在旅游领域，我们正在制订一项具体的行动计划，推动在未来5年内把次区域建设成单一旅游目的地；在农业领域，我们执行一项促进农产品跨境贸易、确保食品安全、改善农民生活的项目；在人力资源开发领域，我们开展跨境传染病防控合作以及实施金边计划；在环境领域，我们实施应对次区域环境挑战的全面计划，开展生物多样性保护走廊的试点；在贸易投资领域，我们执行《大湄公河次区域贸易投资便利化战略行动框架》，显著改善了次区域商业环境。上述成就为我们进一步深化合作奠定了坚实的基础。

面临的机遇与挑战以及未来行动的方向

这些成就表明，GMS合作机制在促进次区域经济、社会发展方面成效显著。然而，我们仍面临着疾病蔓延、拐卖人口、毒品走私、环境污染、气候变化等威胁和挑战。同时，我们也拥有全球供应链扩展、自贸区涌现、地区一体化加速和亚太经济强劲增长等良好发展机遇。

《次区域发展未来十年战略框架》指导着GMS过去5年的合作。我们对该战略框架进行了审议，全面评估了我们面临的机遇和挑战。我们欢迎并批准了有关评估报告，同意战略框架仍具指导意义，可作为未来5年合作的可靠指南。同时我们也应对GMS合作内容进行微调，以更好地抓住经济全球化和区域一体化带来的机遇。

我们还决定进一步加强在基础设施建设方面的合作，并在以下方面加大合作力度：（一）将次区域的互联互通转化为竞争力；（二）改善民生，减少贫困；（三）应对传染病、非法劳工和环境恶化等跨境威胁。

为增强竞争力，加速经济社会发展，我们决定将改善和利用次区域的互联互通作为未来几年的合作重点。我们地处东亚中心，这使我们不仅能从区域一体化中受益，还能加速一体化进程。增强竞争力对于我们发挥潜力、将次区域打造成东亚经济发展的中心至关重要。

为突出竞争优势，我们决定将次区域各国的地理联系性转化为全面和可持续的连通，充分利用次区域基础设施，扩大贸易、投资和旅游。为确保安全、有效地使用基础设施，我们将实施一些必要的法律和法规。我们还将通过人力资源开发、可持续地管理自然资源与环境，逐步建设有利于增强竞争力的社会、环境基础设施。我们还将在上述领域促进地方、国家和区域政策的相互衔接与协调。我们还需梳理从基础设施建设到人力资源开发，从贸易投资到旅游推介等方面的合作项目和倡议，避免重复，加强合作的互补性、协调性和有效性。

我们赞赏启动运输与贸易便利化综合推进项目，整合、加快GMS《大湄公河次区域便利客货跨境运输协定》和《大湄公河次区域贸易投资便利化战略行动框架》的实施。我们敦促部长们加快实施《大湄公河次区域便利客货跨境运输协定》和《大湄公河次区域贸易投资便利化战略行动框架》地区和国别行动计划。

我们将努力为次区域贸易、投资与私营部门的发展营造有利和有竞争力的发展环境，将次区域交通走廊转变为经济走廊。我们将制订有效的经济政策，建立有效的法制和机制框架，进一步协调、优化、整合贸易投资制度。我们将促进公私部门间的合作，扩大经贸与投资，为次区域人民增加就业和收入。我们欢迎建立经济走廊论坛，促进GMS经济走廊的发展。

我们已采取多项措施强化GMS工商论坛的作用，并鼓励私营部门更积极地参与该论坛。3月30日，我们与GMS工商界代表的对话富有成效，我们指示部长们就工商界提出的扩大中小企业出口等建议采取后续行动。

我们高兴地看到，GMS青年论坛已成为此次领导人会议的组成部分。青年将成长为次区域未来的领导人、决策者、专业人士、工人和农民。我们应接近他们、注视他们、倾听他们，让他们参与次区域合作。我们欢迎举办“澜沧江—湄公河青年友好交流项目”，并期待着更多青年参与GMS活动。

2008年至2012年GMS发展行动计划

我们核准《2008年至2012年GMS发展万象行动计划》，并争取在以下领域取得进展：

交通：加速GMS走廊未完成路段的建设和改造，将GMS走廊扩展为包含泛亚铁路等在内的多式联运通道。

能源：建立可持续和有效的能源供应市场。

电信：进一步完善电信基础设施，通过使用GMS信息高速公路推广信息通信技术的应用，为GMS农村地区电信的发展投入更多资源，召开GMS电信部长会，促进次区域电信事业发展。

农业：落实GMS生物能源和农村可再生能源发展倡议，扩展GMS动物疫病防控项目，便利农村地区获得农业信息。

环境：减缓气候变化等环境挑战对次区域人民生活和发展的影响，呼吁加强森林保护合作。

旅游：加强自然和文化景点的可持续管理，联合对外推介次区域旅游，强化GMS旅游协调办公室的职能。

人力资源开发：执行新的教育、卫生、劳工及其他社会领域合作战略框架和行动计划，拓展和深化金边计划的合作领域，支持湄公学院发挥作用，强化边境地区传染病防控。

贸易便利化：协调和整合海关、移民、防疫等边境部门的规章和手续，便利通关过程，促进贸易物流的发展。

投资：振兴GMS投资合作，扩大工商论坛对GMS合作的参与。

我们指示部长、高官及其他政府官员通力合作，确保该行动计划及时、有效地执行。

我们认识到，有必要动员更广泛的支持和更多的财源来执行该行动计划。为此，我们将：（一）加强主人翁意识，扩大国内参与GMS合作的范围；（二）强化地方政府部门和私营部门在贸易、投资、旅游和其他经济社会领域的合作；（三）加大力度调动财源来实施GMS合作重点项目。我们还将强化机制建设来推进GMS合作进程。

我们认可并赞赏亚行作为协调人、咨询者和出资方在GMS合作中发挥的独特作用。亚行的参与对GMS合作取得成果功不可没。我们也感谢其他发展伙伴对GMS合作所作贡献。我们要求亚行及其他发展伙伴继续大力支持GMS合作，为GMS合作提供资源和智力支持，把次区域建设成亚太经济一体化的枢纽。

结束语

15年来，大湄公河次区域发生了翻天覆地的变化，各国经贸联系趋于密切，地理连通日益改善，人力资源和机制建设投入增多，大家庭意识上升，互利合作的愿望增强。这些变化使我们的国家和人民受益良多。在此过程中，GMS合作机制发挥了重要作用，作出了突出贡献。

我们承诺在巩固合作成果的基础上，谱写GMS合作的新篇章。次区域的未来掌握在我们手中，我们将深化合作，加强协调，团结一心，共同为实现一个融合、和谐与繁荣的次区域做出不懈努力。

内比都宣言
超越2012：面向新十年的战略发展伙伴关系

（GMS第4次领导人会议联合宣言）

我们，柬埔寨王国、中华人民共和国、老挝人民民主共和国、缅甸联邦共和国、泰王国和越南社会主义共和国的政府首脑，在大湄公河次区域经济合作第4次领导人会议之际：

见证大湄公河次区域经济合作20年来在加强次区域互联互通以及应对共同的社会和环境问题等方面所取得的巨大成就；

认识到这些成就是在首份《大湄公河次区域经济合作十年战略框架(2002～2012)》所设定的切实可行的原则、重点和项目的全面指引下，通过讲求实效、目标明确的共同行动取得的。这一框架2002年在金边大湄公河次区域经济合作首次领导人会议上通过，2005年7月在昆明第2次领导人会议上得到完善，2008年在万象第3次领导人会议时进行了总结和调整，进一步增强了有效性；

意识到本地区乃至世界目前面临着严峻挑战和风险，并对已经取得成绩的可持续性和通过合作可能取得的更多效益构成潜在威胁；

认识到大湄公河次区域经济合作项目从1992年启动以来，在汲取过往教训的基础上，对目标和要求进行了较大调整，并正在逐步走向成熟；

强调更强劲、更紧密的合作，采取针对性和创新性手段应对和战胜未来挑战，以及利用新的地区和全球形势变化产生的机遇的重要意义；

在此重申我们对大湄公河次区域经济合作的承诺和以新的战略框架为指引努力追求新的共同行动的决心。新战略框架的制订，旨在帮助次区域顺利度过充满挑战的新10年，推动实现建立一个融合、繁荣和和谐的次区域的愿景。

挑战中的不断进步

自3年前的上届领导人会议以来，地区和全球经济形势发生了巨大变化。近几十年来最严重的经济衰退所导致的不确定性仍然主导着全球经济。幸运的是，尽管前路依然崎岖、多变且充满风险，但我们的区域已率先走向复苏。同时，经济领域以外的严重问题，如环境的可持续性、气候变化、灾害风险、传染病，能源自给和粮食安全已成为对次区域生存和可持续发展的现实威胁。

尽管面临如此困难的背景，我们的合作项目依然持续取得成果。我们朝着实现和拓展次区域硬件互联互通的目标稳步前进。目前，次区域的主要道路走廊已基本建成，缺失部分正在填补，连接范围通过相连的次级道路进一步扩大。为实现多模式和高效率的总体目标，同时兼顾能源节约和环境保护，我们正在加大对铁路建设的关注力度。我们已经制订了一个全面、长期的连接各国铁路的战略规划，并计划共同设立次区域铁路建设协调办公室。在软件方面，我们已经建立并采纳了推动次区域运输和贸易便利化的综合计划，包括扩大道路通行权交换范围和改进海关通关系统。次区域货物运输商协会的建立，有助于运输业发展壮大并实现专业化，同时在设计和实施次区域运输和贸易便利化的有关措施时使私营部门的意见得到反映。一个用于监测经济走廊沿线运输和贸易便利化进展的系统已经建立并即将开始运作。

2010年更新的次区域电力发展总体规划，在规划和实施电站建设、跨境电网互联以及各国输电网系统改善等重点项目，实现建立次区域电力贸易安排的目标过程中发挥引导作用。建立次区域电力贸易协调中心的工作进展顺利，这将促进成员国在电力规划方面的信息交流。在更广泛的能源合作层面，次区域能源发展路线图致力于推广清洁和可再生能源，增强能源可获取性、利用效率、供应安全和公共—私营部门关系。在电信领域，《关于加快信息高速公路建设和次区域应用的合作谅解备忘录》已经签署，为普及次区域信息和通讯技术(ICT)应用提供了方向和标准。ICT的应用将加速次区域的发展，特别是满足产业界在电子商务领域的需求，填补城乡数字鸿沟，以绿色ICT技术提升能源利用效率。

在环境方面，我们支持GMS核心环境项目——生物多样性保护走廊倡议第二期框架。以2012年至2016年为时间范围的第二期框架，将巩固和加强第一期项目取得的成果，保护和利用好不可或缺的自然资源，以确保次区域的可持续发展。二期项目将包括加强发展规划的制订体系、方法和保障机制，改善保护区管理和当地民生，加强应对气候变化的能力和推广低碳发展，加强机构建设和推动环境管理可持续融资。

我们同样支持以2011年至2015年为时间范围的核心农业支持计划第二期所反映的全新目标和整体战略，欢迎为进一步扩大次区域农产品和粮食贸易、提升气候变化适应能力所采取的行动，包括使用气候友好和反映性别差异的生物能源技术，以保证可持续农业发展和粮食安全。我们很高兴地注意到通过建立健康和安全食品的无纸化交易平台，GMS农业信息服务网正在不断完善。

我们支持对次区域旅游发展战略和2011～2015年路线图所做的调整。该战略将通过改善旅游业经济效益分配和促进可持续发展、性别平等、生态和文化遗产的保护及减贫，进一步推动次区域旅游业可持续发展。旅游业的增长，是通过多国主题旅游线路设计、更具针对性的市场和产品开发、大力加强旅游从业人员的能力建设以及加快发展和落实向贫穷人口倾斜的可持续旅游业而实现的。我们还高兴地看到GMS人力资源发展战略框架和行动计划(2009～2012)取得的进展，例如为应对技术人才短缺和加强次区域竞争力而开展的次区域技术和职业资格互认试点项目的成功实施，正在实施的传染病防控二期项目，为保障劳动安全流动和打击人口拐卖而作出的持续努力，以及艾滋病防控干预，包括《关于降低人口流动导致的艾滋病易感性的合作谅解备忘录》。我们亦骄傲地看到在第1次GMS领导人会议上启动的、目前已进入第四阶段的“金边发展管理计划”依然保持活力，继续在提供次区域急需的技术能力方面发挥作用，为次区域培养了素质更高的公务员队伍并提升了当地学术研究机构的水平。

应对新10年的挑战

大湄公河次区域经济合作项目已经取得了丰富和扎实的成果。在取得成功、走向成熟的同时，GMS机制在自身需求和未来方向上正在进行内部调整。尽管GMS在地区和全球层面上面临着复杂外部环境，但其主要挑战仍然是如何在新形势下确保可持续性和有效性。我们重视和赞赏现有GMS战略框架。自2002年第1次领导人会议以来的十年中，这一战略框架引领GMS合作取得了巨大的成功，但是在GMS第3个10年里，显然需要有一套全新的方向和措施来引导GMS合作。

因此，我们高兴地支持GMS新10年(2012～2022)战略框架。该框架在保持讲求实效、可行性强、目标明确的现有特色的同时，提出了旨在推动GMS合作妥善应对未来挑战的总体变革方向。其中包括：

在继续关注基础设施硬件投资的同时，更加重视政策与机构层面、与知识相关的事项以及跨国协调等方面的软件建设；

无论是在领域间还是领域内，更加明确地划分关注的重点，同时更加有效地利用现有的资源和机构能力，从而全面增强GMS合作的有效性和影响力；

更多地关注多领域协作和跨领域联系，包括妥善地平衡发展与环保的关系；

在考虑组织能力及可能取得的切实成果的同时，适当关注区域发展的差异性，重新调整关注重点和资金投入，并扩大地方层面的利益相关方的参与程度，更重视改善对大湄公河次区域经济合作框架下项目影响的评估和监督；与更广泛的区域合作议程加强联系，优势互补，与其他区域倡议加强协同，形成合力，包括促进东盟共同体建设。

将精力和有限的资源集中到特定的战略地理区域，是取得显著和长期成果最具可操作性的方式。基于这一认识，以经济走廊形式促进次区域发展的模式将继续在以上倡议为基础的新战略框架中发挥中心作用。新框架下的经济走廊发展将强调通过加强跨领域联系，扩大和深化现有交通走廊的必要性，以发展边境城镇和走廊城镇，建立支线道路网络和整合区域发展等方式，扩大次区域合作成果在走廊沿线和周围的覆盖面；积极加速实施交通和贸易便利化措施，提升走廊沿线物流和投资；加强中小企业作用；给予社会和人力资源问题应有的关注，包括规范跨境人员流动，促进粮食和能源安全以及妥善应对气候变化。GMS新发展议程涉及多领域应对措施，跨领域协调，软件、政策及机制改革，复杂性和挑战显而易见，但我们确信GMS合作已经准备好在这些领域不断向前推进。经济走廊论坛将继续帮助协调经济走廊的全面发展，并鼓励当地利益相关方和私营部门发挥更积极的作用。

我们承认，虽然经过充分协商制订的新战略框架切实可行，反映了GMS成员国的集体智慧，但我们仍需经过深思熟虑，建立区域整体投资框架，形成一系列第二代合作项目，以转化为限定时间内的具体措施，从而确保战略框架的有效实施。因此我们指示GMS部长利用现有各层级的GMS机制，监督投资框架的建立。

在建立投资框架和通过投资框架实施新战略框架的过程中，必须特别关注下列关键因素：

在对当前合作模式和重点进行全面评估的基础上，与次区域和成员国的经济发展战略保持一致；

投资规划必须具有前瞻性、连续性、务实性和可行性；

考虑到第二代合作倡议面临的问题和挑战，以及为其解决所需采取措施的复杂性，有必要建立一个有效的知识平台，同时加强实施机构和人员的能力；

考虑到实施框架需要的大量资源，必须更加积极和创造性地调动资源；

在实施项目时，与发展伙伴、私营部门及其他利益相关方紧密互动。

我们认可并高度赞赏亚洲开发银行在GMS合作中所发挥的秘书处、协调人、咨询人、催化剂、融资方和首要发展伙伴的作用。我们亦感激其他发展伙伴给予的支持和对合作项目不断加大的参与力度。我们相信，亚洲开发银行和其他发展伙伴能够响应我们继续获得支持的要求，特别是通过实施雄心勃勃的新战略框架，把握现有机遇，应对未来挑战。

结语

我们为GMS合作在过去20年来所取得的成绩感到骄傲。我们已向世界展示，一个曾经饱受战乱困扰的地区能够走出困境，并且通过合作和善意建立一个和平、持续繁荣和富有活力的地区。我们认识到前路的困难，但我们坚信，带着在此前合作中建立的信任、吸取的教训和取得的成果，我们不仅能够经受住新10年中各种动荡和不确定因素的考验，而且能够将次区域合作成功带向新的高度。我们明白，只有通过更加紧密的合作、精心的准备和持续的艰苦工作，才能实现上述目标，而我们都将为此作出努力。

我们同意2014年在泰国举行大湄公河次区域经济合作第5次领导人会议。

2011年12月20日在缅甸内比都通过。

中老缅泰关于湄公河流域执法安全合作的联合声明

2011年10月31日，中华人民共和国、老挝人民民主共和国、缅甸联邦共和国、泰王国在中国首都北京举行了4国湄公河流域执法安全合作会议。中国国务委员孟建柱、老挝副总理兼国防部部长当斋、缅甸内政部部长哥哥和泰国副总理哥威率团出席会议。

会议在友好和信任的气氛中进行，并富有建设性。与会各方注意到，近年来湄公河流域走私毒品、武器弹药等犯罪活动突出，频繁发生四国国籍船舶在航行时遭武装人员敲诈勒索、抢劫、枪击等事件。特别是今年10月5日两艘货船在湄公河水域遭袭，造成13名中国船员遇害，对湄公河流域航运安全造成重大威胁；认为有必要加强四国执法部门在湄公河流域的执法安全合作，并采取有效措施打击危害本流域安全的跨国犯罪活动。

与会各方认为，四国执法部门一贯相互尊重和理解，在反恐、打击毒品犯罪、防范和打击非法出入境、打击贩卖武器弹药和拐卖妇女儿童等跨国犯罪活动中密切协作，维护了本地区的安全稳定，巩固和发展了四国人民之间的传统友谊。

为维护湄公河国际航运安全，保障四国经贸和人员的正常往来，与会各方在平等互利、互相尊重主权的基础上，相互通报了湄公河流域的安全形势，共同探讨了加强湄公河流域安全合作、打击跨国犯罪、维护国际航运安全的措施，达成以下共识：

一、同意进一步采取有力措施，加大联合办案力度，尽快彻底查清“10·5”案件案情，缉拿惩办凶手。

二、同意为应对湄公河流域安全出现的新形势，正式建立中老缅泰湄公河流域执法安全合作机制。

三、同意在四国湄公河流域执法安全合作机制框架下，具体建立情报交流、联合巡逻执法、联合整治治安突出问题、联合打击跨国犯罪、共同应对突发事件合作机制，以有效维护湄公河流域航运安全秩序，保护四国国籍船舶、人员的生命财产安全。采取专项统一行动，彻底摧毁长期危害本流域安全的犯罪集团。

四、同意各自采取有效措施，积极落实第三条合作共识，尽快开展联合巡逻执法，为恢复湄公河航运创造安全条件，争取在12月大湄公河次区域经济合作领导人会议召开之前恢复湄公河通航；尽快联合开展打击跨国毒品犯罪集团行动，防止危害本流域安全的活动发生。

五、同意在四国水上执法部门之间建立直接联络窗口，通过信函、电话、传真、电子邮件进行联络。

六、同意根据工作需要适时再次举办四国湄公河流域执法安全合作会议。遇紧急情况或个案，可随时举行工作会晤。

七、同意将在平等互利、相互尊重主权的基础上进一步加强合作，通过协商解决出现的问题和分歧。

八、同意尽快商签中老缅泰《湄公河流域执法安全合作协议》。

本《联合声明》于2011年10月31日在北京通过。

中老缅泰湄公河联合执法部长级会议联合声明

4方认为，中老缅泰四国执法安全部门根据本国司法管辖权和在相互尊重主权、平等互利的基础上，有责任维护湄公河安全稳定，4方应坚定不移地巩固和发展友好关系，加强团结，深化合作，坚持友好协商，不断增进战略伙伴关系和互信。

4方认识到，为有效解决湄公河流域突出的治安问题，各方在加大对本国水域执法力度的同时，应根据形势需要创建新的合作机制和模式，形成工作合力。

为继续巩固和加强与会各国执法安全部门的务实合作，切实打击跨国犯罪，维护湄公河国际航运安全，本着团结、友谊和合作的精神，按照2011年10月31日中老缅泰《湄公河流域执法安全合作会议联合声明》内容，4方就尽快开展湄公河联合巡逻执法工作达成以下共识：

一、同意在平等互利、相互尊重的基础上进一步加强维护湄公河国际航道安全、打击跨国有组织犯罪特别是贩毒和拐卖人口犯罪等领域合作，通过协商解决出现的问题和争议。

二、同意自2011年12月中旬开始，在湄公河流域开展联合执法，以共同维护和保障湄公河流域安全稳定、促进湄公河流域经济社会发展和人员友好往来。

三、同意于12月15日前在中国关累港举行联合巡逻执法首航仪式。

四、同意在中国关累港设立中老缅泰湄公河联合巡逻执法联合指挥部，四国派驻官员和联络官，根据本国司法管辖权和法律规定协调、交流情报信息，按照协商一致的原则统一协调各国执法船艇及执法人员开展联合执法工作。

五、同意中方在老方和缅方提出请求的情况下，派遣专家支援小组赴老挝、缅甸协助驾驶船艇并延伸操作培训。

六、老方和缅方同意为联合巡逻执法船艇及执法人员及联络小组提供安全保障和补给便利。泰方同意应请求并依据相关国内法提供安全保障和补给便利。

七、同意针对湄公河流域发生的突出治安问题，经四国协商一致，共同组织实施联合行动，打击危害流域安全的严重治安问题。

八、原则同意成立维护湄公河治安联合工作组，对突出治安问题进行实地调研，磋商、拟定合作改善流域治安状况的工作措施，报请4国执法安全部门批准后实施。

九、同意寻求合适方式推动湄公河沿岸社会经济发展，以提高湄公河沿岸可持续性发展和民众生活水平。

十、同意在联合指挥部协调下，立足实践，不断完善合作机制，以便推动早日签署湄公河流域执法安全合作协定。

十一、泰方将履行国内程序，落实本联合声明。

本《联合声明》于2011年11月26日在北京通过。

中华人民共和国与越南社会主义共和国联合声明

一、应中国共产党中央委员会总书记、中华人民共和国主席胡锦涛的邀请，越南共产党中央委员会总书记阮富仲于2011年10月11～15日对中华人民共和国进行正式访问。

访问期间，中共中央总书记、国家主席胡锦涛同阮富仲总书记举行了会谈。中共中央政治局常委、全国人大常委会委员长吴邦国，中共中央政治局常委、国务院总理温家宝和中共中央政治局常委、全国政协主席贾庆林分别会见了阮富仲总书记。中共中央政治局常委、国家副主席习近平，中共中央政治局常委、国务院副总理李克强分别出席了有关活动。在友好、坦诚的气氛中，双方相互通报了各自党和国家的情况，就新形势下进一步加强中越两党两国关系及共同关心的国际和地区问题深入交换了意见，达成广泛共识。除北京外，阮富仲总书记还前往广东省访问。

双方一致认为，阮富仲总书记对中国的圆满成功访问有力推动中越两党两国关系稳定健康深入发展，也将对促进本地区和世界的和平、稳定、合作与发展产生积极影响。

二、双方对两国人民在共产党的领导下，在各自国家社会主义建设事业以及中国改革开放事业、越南革新事业中取得的历史性成就感到高兴。中方祝贺越共十一大成功召开，坚信越南人民一定能胜利实现十一大提出的各项目标和任务，把越南建设成为民富、国强、民主、公平、文明的社会主义国家。越方热烈祝贺中国共产党成立90周年和中国“十二五”规划顺利开局，坚信中国共产党一定会紧密团结和带领中国人民胜利实现全面建设小康社会和加快推进社会主义现代化的宏伟目标。

三、双方回顾和总结了中越建交61年来,特别是两国关系正常化20年来,两党两国关系发展的历程及取得的巨大成就,一致认为,两国关系在各个领域取得快速、全面发展。双方强调,相互尊重、相互理解、相互支持、相互信任、相互合作是两国关系稳定健康发展的重要经验,重申中越世代友好是两党两国和两国人民共同的宝贵财富,应不断巩固和发展,世代相传。

双方重申,中越继续坚持"长期稳定、面向未来、睦邻友好、全面合作"的方针和"好邻居、好朋友、好同志、好伙伴"的精神,从战略高度和全局角度加强两国友好交往,扩大各领域互利合作,珍视好、维护好、发展好中越两党两国关系,推动中越全面战略合作伙伴关系长期健康稳定发展。

双方一致认为,在国际和地区形势深刻复杂变化背景下,中越两党两国深化战略互信,密切全面合作,妥善处理两国间遗留或新出现的问题,符合两党两国和两国人民的根本和长远利益,有利于各自社会主义事业,有利于地区和世界的和平、稳定、合作与发展。

四、双方一致同意,采取切实有效措施全面扩大和深化两国各领域友好合作:

(一)保持高层互访和接触的良好传统,通过双边互访、热线电话、多边场合会晤、互派特使等灵活多样的形式,就国际、地区形势和双边关系中的重大问题及时交换意见,加强战略沟通,为推动中越全面战略合作伙伴关系长期健康稳定发展把握好方向。访问期间,双方正式开通中越领导人热线。

(二)充分发挥中越双边合作指导委员会在深化务实合作、推动双边关系方面的重要作用,进一步加强对各领域合作的政策指导和规划,统筹推进合作,协调解决问题,推动各领域务实合作取得更加丰硕的成果,不断丰富两国全面战略合作伙伴关系内涵。

(三)密切两党交流合作,有效落实《中越两党合作计划(2011~2015年)》。办好两党理论研讨会,加强治党治国经验交流,扩大和深化党政干部培训合作,适时举行两党对外部门和宣传部门交流合作机制部长会晤。

(四)深化两军合作,加强两军高层接触,继续举行好国防部副部长级战略对话,推动建立两国国防部直通电话,加强人员培训和青年军官交往,适时开展陆地边界联合巡逻试点,继续举行两国海军北部湾联合巡逻,加强两军军舰互访等方面的合作。

(五)进一步深化两国执法和安全领域合作,组织筹备好中越两国公安部第三次合作打击犯罪会(部长级),推动开展边境地区打击非法出入境等联合行动,加强有效打击电信诈骗犯罪等新型犯罪领域的配合。增进双方法院、检察院、公安、司法行政等机关的交流和合作,共同预防和打击跨境违法犯罪活动,加强在维护各自国内稳定方面的相互配合与支持。

(六)根据平等互利、注重实效、优势互补、形式多样、共同发展原则,加强和扩大两国务实合作:

——充分发挥两国政府经贸合作委员会、科技合作联合委员会的作用,指导、统筹协调、督促落实两国在相关领域的务实合作。落实好此访期间签署的《中越经贸合作五年发展规划》。

——积极推进两国贸易、投资、财政、金融、农林、交通、电力、信息、矿产、能源、旅游等领域合作,加强促进双边贸易平衡,鼓励并为双方企业扩大长期互利合作、建设跨境经济合作区和"两廊一圈"合作创造有利条件。

——继续推进两国科技、教育、人力资源开发、文化、卫生、体育、新闻等领域合作。加强在环保、水资源管理以及应对气候变化领域的合作。落实好双方《2011~2015年教育交流协议》,扩大开放互派留学生数量。

——继续举办好各种人文交流活动,如中越人民论坛、中越青年友好会见,加大中越友好宣传,加强舆论引导和管理,增进两国人民的友好感情,维护中越两国友好关系大局,让中越友好后继有人,发扬光大。

——进一步扩大两国各地方,特别是中国广西、广东、云南、海南等与越南谅山、老街、高平、广宁、奠边、河江、莱州等两国沿边沿海省份的交流合作。

——继续落实好中越陆地边界有关文件,《北部湾划界协定》和《北部湾渔业合作协定》,积极探索北部湾共同渔区联合检查新模式,推动建立两国渔业部门联系热线。

——加快谈判进程,尽快签署《北仑河口地区自由航行协定》和《德天瀑布地区旅游资源共同开发和保护协定》,共同维护边境地区的稳定和发展。

访问期间,双方签署了《中国共产党和越南共产党合作计划(2011~2015年)》、《中华人民共和国政府—越南社会主义共和国政府2012~2016年经贸合作五年发展规划》、《中华人民共和国教育部与越南社会主义共和国教育培训部2011~2015年教育交流协议》、《中华人民共和国政府和越南社会主义共和国政府关于修改中越两国政府汽车运输协定的议定书》、《中华人民共和国政府和越南社会主义共和国政府关于实施中越两国政府汽车运输协定的议定书》、《关于指导解决中华人民共和国和越南社会主义共和国海上问题基本原则协议》。

五、双方就海上问题坦诚交换意见,强调通过友好协商与谈判解决争议、维护南海和平稳定的政治意愿和决心,认为这符合两国根本利益和两国人民的共同愿望,有利于本地区的和平、合作和发展。两党两国领导人将就中越海上问题保持经常性的沟通和对话,从政治和战略高度及时指导海上问题的妥善处理和解决。

双方积极评价两国签署《关于指导解决中越海上问题基本原则协议》,认为该协议的签署对妥善处理和解决海上问题具有重要的指导意义,将共同努力认真落实协议。

双方将根据两党两国领导人共识和《关于指导解决中越海上问题基本原则协议》,加大海上问题的谈判力度,寻求双方均能接受的基本和长久的解决办法,并积极探讨不影响各自立场和主张的过渡性、临时性解决办法,包括积极研究和商谈共同开发问题。

双方将稳步推进北部湾湾口外海域划界谈判,同时积极商谈该海域的共同开发问题。积极推进海洋环保、海洋科研、海上搜救、油气勘采、减灾防灾等领域的合作。

在海上争议最终解决前,双方共同维护南海和平稳定,保持冷静和克制,不采取使争端复杂化、扩大化的行动。不让任何敌对势力破坏两党两国关系,并本着建设性的态度处理出现的问题,不使其影响两党两国关系和南海的和平稳定。

六、越方重申坚定奉行一个中国政策，支持两岸关系和平发展与中国统一大业，坚决反对任何形式的“台独”分裂活动。越南不同台湾发展任何官方关系。中方对越方的上述立场表示赞赏。

七、双方重申，继续扩大两国外交部的交流合作，组织好两国外交部外交磋商，加强两国在联合国、世贸组织、亚太经合组织、亚欧会议、东盟地区论坛、中国—东盟、东盟—中日韩、东亚峰会、大湄公河次区域合作等国际和区域事务中的沟通、协调与合作，共同维护和促进本地区和世界的和平、稳定、合作、发展与繁荣。

八、越共中央总书记阮富仲对中共中央总书记、国家主席胡锦涛以及中国共产党、中国政府和人民给予的热情、友好的接待表示衷心感谢，邀请中共中央总书记、国家主席胡锦涛再次访问越南。中共中央总书记、国家主席胡锦涛对此表示感谢。

2011 年 10 月 15 日于北京

重要论文及研究报告

继往开来 求同存异 务实合作

——中国—东盟对话关系 20 年的经验总结

王士录

2011 年是中国与东盟正式建立对话关系的第 20 个年头。20 年来，中国与东盟的关系一直保持步步登高，不断巩固和发展的态势；在“相互尊重、睦邻友好；求同存异、和谐相处”的 16 字方针指导下，中国与东盟的关系更加理性和务实地发展，为全球化和区域一体化时代国家之间、国家与区域组织之间，以及区域组织之间关系的健康、稳定发展提供了可资借鉴的经验。

一、20 年来中国—东盟关系发展的基本经验

1991 年 7 月，时任中国外交部部长钱其琛应邀出席第 24 届东盟外长会议开幕式，标志着中国与东盟正式建立对话关系。随着政治交往的不断发展，中国于 1996 年 3 月明确提出希望成为东盟的全面对话国。中国的倡议得到东盟各国的积极响应。同年 7 月，东盟外长一致同意中国成为东盟的全面对话伙伴国。中国首次出席了当月举行的东盟与对话伙伴国会议。

中国与东盟建立对话关系 20 年来，双边关系健康、稳定地发展。这一点，至今仍然得到中国和东盟国家的公认。在 2010 年年底举行的中国—东盟领导人会议上，中国国务院总理温家宝和东盟各国领导人一致认为，中国同东盟的关系是最务实、最丰富、最全面、最具活力和最有成效的战略关系，一致同意继续以和平发展为主题，以友好合作为主线，更加重视经济可持续发展，更加重视全方位的互联互通，更加重视社会和人文交流，更加重视东亚一体化建设，进一步造福各自国家人民，为亚洲和平、稳定、发展与繁荣作出积极贡献。

中国与东盟的关系包括中国与东盟组织之间的关系，以及中国与东盟各成员国之间的关系两个层面。中国与东盟组织之间关系的发展，是中国与东盟各成员国之间双边关系发展的升华，而中国与东盟各成员国之间双边关系的健康稳定发展又为中国与东盟组织之间关系的发展奠定坚实基础。

近 20 年来，中国与东盟关系发展的基本特点，可以概括为 3 点：一是高层交往频繁，维护友好关系的活动形式多样；二是政治交往与经济交往互促互动，协调发展；三是社会文化交往与政治、经济交往齐头并进，合作领域进一步扩大。

1991 年中国与东盟所有国家实现关系正常化、与东盟组织建立对话关系。1992 年 7 月，中国成为东盟的“磋商伙伴”，1994 年开始参加东盟地区论坛，1996 年 7 月成为东盟的全面对话伙伴国。1997 年，中国与东盟相继建立 10 + 3、10 + 1 峰会机制，双方发表联合声明，决定努力建立面向 21 世纪的“睦邻互信伙伴关系”。

在地区安全合作方面，中国政府积极参加历次东盟地区论坛，近年又积极参加东盟国防部长会议，就双边的、多边的、区域性的、全球性的安全问题阐述自己的立场，展开对话，开展预防性外交，就有争议的问题寻求和平解决的办法，显示了作为一个负责任大国的形象。为处理好与一些东盟国家的关系，2002 年 11 月，中国与东盟签署《南海各方行为宣言》；2005 年 9 月，中国又签署加入《东南亚友好合作条约》，中国与东盟的互信关系稳定发展。近年来，中国与东盟在防务领域的交流与合作不断深化，形式丰富多样。在双边领域，中国不仅与一些东盟国家建立防务磋商机制，还和一些国家的军队举行联演联训。在多边框架下，中国在东盟地区论坛倡导下召开安全政策会，举办 10 + 3 武装部队救灾研讨会、10 + 3 武装部队非传统安全论坛等。在南海问题上，中国政府不回避矛盾，认为维护南海和平稳定，不将南海争议扩大化、复杂化、国际化，避免在本地区制造矛盾和紧张，符合中国和本地区国家的共同利益；主张由直接当事方通过双边谈判和平解决南海争议，在争议解决之前，可以“搁置争议，共同开发”。中国政府是这么说的，也是这么做的，2011 年年初以来，中国政府为缓和南海紧张局势所作的种种努力是有目共睹的。

中国与东盟之间政治互信的增强，为双方经贸关系的发展奠定重要基础，而经贸关系的发展又巩固了双方之间的政治互信。

在经济合作方面，自进入 21 世纪以来，中国和东盟鼎力推动自由贸易区建设，从 2002 年起，用不到 10 年的时间，就建成世界上第一个由发展中国家组成的、覆盖人口最多的自由贸易区，不断深化中国与东盟之间的经济合作。根据《中国—东盟全面经济合作框架协议》的时间框架，中国—东盟自由贸易区已经于 2010 年 1 月 1 日如期建成，一个由中国和东盟 10 国组成、接近 6 万亿美元 GDP、4.5 万亿美元贸易额的区域开始步入零关税时代。自由贸易区启动后，中国对东盟 6 个老成员国即文莱、印度尼西亚、马来西亚、菲律宾、新加坡、泰国的平均关税已经从 12.8% 降低到 0.6%，基本上实现零关税，而对 4 个新成员国即越南、老挝、柬埔寨和缅甸，将于 2015 年实现 90% 商品零关税的目标。随着中国—东盟自由贸易区建设进程的不断推进，中国与东盟之间的双边贸易额一年一个台阶，稳定地大幅度增长。2009 年，双边贸易额为 2130.11 亿美元，其中出口 1062.97 美元，进口 1067.14 亿美元；2010 年，双边贸易额达到 2927.76 亿美元，同比增长 37.5%，其中出口 1392.07 美元，增长 30.1%，进口 1545.69 美元，增长 44.8%。

中国有句老话，叫做“路遥知马力，日久见人心”。中国与

东盟的关系经历了时间的考验。1997～1998 年和 2008～2009 年，当金融风暴袭来，东盟国家遇到困难之际，中国政府慷慨解囊，出手相助，或者从精神上予以鼓励，提供智力支持；在中国—东盟自由贸易区建设进程中，中国政府以更高的姿态，从实际出发，决定部分免除一些欠发达的东盟国家的债务并推迟 5 年实施零关税计划，还与一些东盟国家优先实施农产品“早期收获计划”。事实表明，中国是东盟可信赖的朋友。

在人文社会交流与合作方面，中国政府倡导开放兼容的文明观，主张在充分尊重各国文化传统、社会制度、发展道路的基础上，大力推动同亚洲不同文化背景和政治制度国家间的社会人文交流，以不断增进中国与东盟国家人民之间的了解、友谊和互信，巩固中国与东盟国家友好关系的社会基础，双边人文交流空前活跃，合作领域不断拓宽，内容愈加丰富，规模持续扩大，人员往来日益密切。

中国与东盟的合作，不但强调相互尊重、睦邻友好；求同存异、和谐相处，而且强调“继往开来”，强调可持续发展。为了实现中国与东盟友好合作关系的可持续发展，在 2010 年 10 月 29 日于越南首都河内举行的第 13 次中国—东盟领导人会议签署并发表《中国和东盟领导人关于可持续发展的联合声明》，《声明》强调，将进一步重申双方促进本地区和国际社会和平、安全、繁荣及可持续发展的共同愿望和责任；强调维持经济增长和促进贸易投资联系、社会发展、减贫和环境保护的重要性。《声明》宣布从 13 个方面推动中国与东盟合作的可持续发展。《中国和东盟领导人关于可持续发展的联合声明》，为中国与东盟关系的持续、稳定发展作出规划，指明方向。

中国—东盟自由贸易区启动后顺利运行，中国与东南亚各国之间双边贸易、投资和经济技术合作出现空前活跃的态势，打消了一些东盟国家对中国与东盟之间实施贸易自由化的顾虑。中国与东盟各国的传统友谊、睦邻互信、互利合作和世代友好更加深入人心。

中国—东盟自由贸易区如期建成，有力地带动了中国与东盟关系的全面发展和不断深化。

中国—东盟合作的累累硕果来之不易，是双方共同努力的结果。回顾中国—东盟建立对话关系以来 20 年的历程，其成功的经验，我认为主要有以下 4 点：

第一，双边关系与多边关系齐头并进，协同发展。

第二，政治关系与经济关系互促互动，全面发展。

第三，长远目标与近期目标结合，大项目带动与常规举措并举，深化发展。

第四，在合作原则上，坚持互相尊重，求同存异，互利共赢原则，实现共同发展。

二、中国—东盟合作需要注意的几个问题

中国与东盟的合作，是迄今中国在对外区域合作中最成功的合作之一。实践证明，中国与东盟的合作是一种符合当今世界潮流的、非常务实的、可以实现共赢的合作，给各参与方都带来了实实在在的利益。中国与东盟区域合作的成功实践，也为世界其他国家和地区开展区域合作提供了示范。当然，在情况错综复杂，国际、地区及各国形势千变万化的今天，中国与东盟的合作要不断巩固和发展，仍然面临着各种各样的挑战，当前及今后一个时期，以下一些问题应予以注意。

（一）政治安全合作方面应注意的问题

20 世纪 90 年代以来，中国与东盟在政治安全合作方面做了许多工作，取得了积极进展，目前双边关系总体良好，但也存在一些隐忧。今后要不断巩固这种来之不易的合作成果，应注意以下几个方面的问题：

第一，应注意培育一种中国—东盟自由贸易区框架下的整体意识。这个自由贸易区既是中国与东盟的经济合作平台，也应是一个政治安全对话与合作的平台。要使中国与东盟的合作成为一种可持续合作，就应当在中国与东盟之间培育和形成一种整体意识。将中国和东盟视为一个“圈”，无疑可以增加政治互信，巩固合作成果。

第二，不把问题和矛盾扩大化，彼此照顾对方的利益和关切，一对一通过平等协商对话，和平解决争议。切忌将合作机制作为用来掣肘任何一方的工具。

第三，自己的事情自己做主。涉及本区域内相关各方之间的矛盾和争议，应由本区域内相关各方自行做主，通过平等协商，和平解决，切忌引入外力扩大事态。

只要能从上述立场出发，中国与东盟的政治安全合作必然会进一步深化，取得更大的成果。

（二）经济合作方面的问题

在经济合作方面，中国—东盟自由贸易区全面启动近两年来的良好运行已经初步证明中国与东盟的经济合作是成功的；相关各方已经感受到了中国—东盟合作的成果。但是，另一方面，我们也应关注合作中出现的新情况，共同采取措施解决新问题，呵护中国—东盟自由贸易区健康成长。目前存在的问题主要有：

1. 在中国和东盟 10 国内部，普遍缺乏对中国—东盟自由贸易区政策的了解。中国—东盟自由贸易区建设已近 10 年，全面启动也有近两年，但目前各成员国的政府官员、企业家、商会负责人仍然普遍不了解其相关政策，不会争取原产地关税优惠。

2. 行业合作的现状与市场开放的要求尚不适应。在面对市场开放，打造新的产业链方面，多数行业尚未对接，双方的产业之间缺乏足够了解，行业商会之间缺乏沟通，缺乏自由贸易区行业发展规划。

3. 服务贸易市场尚待进一步开放。目前，双方服务贸易市场方面开放力度不够，开放领域有限，这在一定程度上影响了双方的货物贸易和投资合作。

4. 双方企业缺乏走进对方市场的商务信息。企业不了解对方国家的产业政策、市场特点、经济体制，在选择贸易和投资合作伙伴方面缺乏商务渠道，缺乏人才。

（作者系中国云南省社会科学院研究员　原载《东南亚纵横》2011 年第 11 期）

中国—东盟合作的前景

约瑟思·艾思塔尼斯劳

依据近些年东亚尤其是中国和东盟关系的发展对未来 20 年的走向可能造成的影响作一些预测。

一、一些最值得关注的趋势

回顾今日东亚，最为引人注目的也可能是将对此区域造成巨大影响的第一个趋势是人口的老龄化。它将迅速发展并影响着未来的 20 年。我们所面临的人口老化趋势不只局限在亚洲东北部的日本等一些国家，东南亚国家也正朝着人口老龄化的趋势发展。人口老龄化所带来的长期后果是，一方面要扭转人口老龄的趋势相对较难；另一方面一旦人口出生率低于自然死亡率，人口的年龄便逐渐老化，最终导致人口数量减少。

第二个趋势是有关自然资源的问题。随着经济增长的速度持续保持在一个相对较高的水平，世界各地出现了为给工业机器和工厂提供原材料而疯狂掠夺自然资源的大潮。这在东亚尤为明显。这种疯狂掠夺的后果非常明显：商品价格上涨；经济繁荣，大力出口原材料；货币升值；国内企业在国内及国际市场的竞争难度加大。这种后果已经不仅仅影响到经济领域，致使那些唯经济利益至上的人们和那些因自然环境恶化而遭罪的人们之间的关系日益紧张；国家之间争先抢夺自然资源；那些储存有这些自然资源和没有自然资源储备国家间的不平等关系正逐步加深。当把这些紧张局势和问题因素放到全球范围来看，它们也同样存在于东亚。中国、日本、韩国还有印度都需要大量原材料，其中有些原材料需要从东南亚进口。在东南亚国家中，就如何在经济的快速增长（一些程度上允许短期的自然资源开采利用）和长远的环保需要这两者之间达到适度的平衡方面展开了激烈的辩论。

第三个趋势是科技。科技总是能够改变游戏的规则。科技能够改变一些问题，如提高生产效益和人们的生活水平，促进经济增长；改善和保护环境等。但科技需要足够长的时间才能最终促使成功。例如，在快速发展的新加坡，其对水资源的需求量很大，但是却不可能在短期内依靠发展科技使这一难题得到解决，最终的解决需要时间。技术不必要完全来自于本国，可以从别国引进技术。如今世界的联系已经逐步加强和扩大以及变得多元化，能满足众多需求的科技也可能是多国合作的结果。这也是全球化带给人类的一个恩惠。东亚众多的科研机构都有能力研发新技术，因引进世界上其他国家的一些先进科学技术从中获得了好处。

第四种趋势是相对开放和自由的贸易。如今，不仅在东亚各国之间，更为重要的是东亚同世界其他国家之间都能互通贸易，我们从更广阔的区域内获得利益，东亚的贸易正在以惊人的速度增长，并带来了各国经济交易量的持续增长。正因为如此，造就了中国的崛起，并能带动东亚其他国家的发展。更为开放和自由的贸易也面临一些挑战，例如来自东亚国家的一些重商主义思想就很难摒弃。为此，我们完全有必要建立一个规范的管理体制，如世界贸易组织，来保证自由贸易体制的正常运行，进而推动经济的更快速增长，向着更有活力、积极的经济体制转化，以获得更高的效率和效果。

第五个趋势是关于金融方面的问题。按照一般常规，金融的增长总是比经济的增长快得多。由于规范的金融环境以及由更广泛的经济合作所带来的众多机遇，金融市场亦趋成熟并进一步发展。随之而来的往往是金融的加倍式增长。由于市场规范不严谨，商家们大胆投机，他们借助新型金融工具轻易获取利润。全球金融市场一度达到鼎盛时期，但从那时起经济开始下滑，全球经济尤其是发达国家的经济进入大萧条时期，直至现在还未完全复苏。

全球金融市场的兴衰表明，各国的经济已变得如此地紧密相连。经济衰退，尤其是发达国家的经济衰退所带来的严重后果已经不可能仅仅影响到各自国家，这种影响之深远最终将席卷世界上大多数国家。而且，金融业在任何一个国家的经济结构中，无论是在全球或各个国家的经济中所占的重要地位都是不可以低估的。因此，金融业的困难就可能成为经济衰退的一个主要原因。对任何一个经济体来说，要使金融业得到复原并巩固，都需要付出极昂贵的代价，这是极度衰退的经济得到复苏的基本前提条件。对于任何一个国家来说，其金融业的复苏和巩固所需的资源都将是巨大的，以至于必须依靠国家间的支持和协作。在全球经济中占据最重要地位的那些经济体，如二十国集团，也要合作制定经济刺激计划和制定全球范围内的一些方案来加强金融监管，以及巩固银行和金融系统。国际货币基金组织也被赋予了更多的财力，目的是扮演好维护全球金融系统稳定的这样一个重要角色。东亚各国间的贸易交往增长迅速，贸易合作最终将导致金融合作，我们可以预测未来的几十年里东亚国家间的金融合作将更为紧密，更为广泛。

二、中国—东盟关系展望

东亚发展趋势远不止以上陈述的五种，仍还有其他一些相互联系的趋势。现在就以上五种趋势进行展望。

在如何应对老龄化这一显然无法改变的人口现象上有许多的选择方案。我们可以将这许多的解决方案放在一块综合考虑，根据欧洲和北美洲的经验，可以从这几个方面着手：改革养老金制度；允许劳工制度方面更大的弹性，逐渐推迟退休年龄；允许更大的劳工流动性，包括降低准入标准，至少在一个选择性基础上在全国范围内实行；逐渐改变思维模式，降低和最终消除仇外情绪。通过调查结果发现：无论在东亚还是世界上其他国家，人口老龄化速度加快发展。中国和东盟将共同应对这一人口现象，以防其继续恶化和对我们长期的经济前景造成潜在威胁。在解决这一人口问题时，我们应该积极消除“自由西方”思想对东亚长期造成的严重影响。

我们也应创造性地应对争夺自然资源以满足资源密集型工业的第二个趋势。中国和东盟应该尽其所能来发展许多的共同之处：包括合作尽责地管理利用好我们地区的丰富自然资源；共同开采丰富的自然资源来为工业和经济的发展服务；已经认识到治愈、恢复以及最终改善自然环境的重要性，这是我们的一个庄严使命，尤其是对开采区域所进行的治理和改善。在这一点上，我们应共同开发一条新的路径，它不倡导西方及其他一些发达国家殖民主义和重商主义的思想，而是以平等的合作伙伴关系为特征，在共同利用区域内自然资源的同时，又竭力保证环境的可持续发展和改善。我们认为工业的发展是依赖合理地而不是过度地开发和利用自然资源。要对过去的做法做出改变，今后将重点关注和发展经济贫困地区的那些丰富的资源。随着中国与东盟建立更为紧密的关系，双方应该深信是“共同繁荣”这一信念将我们紧密联系在了一起。依据平等和公平的原则，可以合作探索出更多互惠的途径来引领我们在保护环境的前提下，实现经济的可持续增长。

“共同繁荣”将中国和东盟紧密联系这一信念，也应该被用来指导处理第三个关于科技的趋势。东亚的技术革新应用于解决具体工业技术难题。我们应该继续使技术革新保持与世界同步。在一些领域，技术进步使东亚的一些国家尤其是中国跨入了世界强国的行列。这些国家应努力保持自己的这种优势，而且尽可能扩大这种优势的涉及范围；继续利用其在尖端科技领域所取得的进步来发挥他们的竞争优势。要把现有技术创新性地运用到东亚贫困地区的真实需要，与工业和经济活动的中心枢纽地区联系起来，目的都是为了使这些偏远山村更现代化，去发挥它们丰富的能源优势，让成千上万的村庄因有了富有竞争力的企业而富裕起来。

同样的理念也可以被用来解决我们所面临的第四个趋势，即关于在东亚地区开展更为自由和开放的贸易。现代社会供应链已经将我们地区间以及同世界其他地区的工业、经济和商业中心相互联系起来。我们有必要投入大量的时间、精力、灵活性以及各种资源来确保这些供应链的自由和开放性，需要建立并加强中国—东盟的合作关系。在这种形势下，使偏远山村地区不仅能够与其临界地区进行贸易，而且能在一个更广阔的市场如东亚各国市场中竞争，这是我们的首要任务之一。东亚各国都深信互通贸易的益处所在。有了这种信念，我们就应该不遗余力地将注意力更多地聚焦在向偏远山区提供同东亚各国市场进行贸易的机会。要开发利用东亚地区内广阔的市场机遇，要有利用自由贸易优势的思维模式，这种思维模式来源于团结的信念，即深信我们是同一地区，如果能互惠互利，我们都将变得更好。换句话说，团结即意味着深信我们之间的关系是贸易伙伴，而不是竞争对手。为促进东亚合作的心理稳定的形成，需要我们共同倡导促进东亚各国间的贸易往来，不再将贸易对象投向欧洲和北美市场，而是逐渐倾向于东亚国内市场。在接下来的20年内，应该每年在这一方面都能做出一些实质性进展。以区域团结为原则，采取具体措施，最终使东亚各国都能从区内贸易中取得实质性的双赢效益。

团结精神同样也适用于应对第五个趋势带来的挑战，即全球金融系统中不断紧密的区域金融系统联系。东亚各国都已经成为全球金融系统中必不可少的一部分。我们不需要创建自己的区域金融系统，因为现在我们同全球金融系统的联系是区域内金融和经济健全的重要保证，也是确保全球金融和经济能稳定和可持续发展的重要因素。为此目的所制定的各种机制也已准备就绪，东亚的一些国家，特别是中国在执行这些机制中确实扮演了一个极其重要的角色。尽管如此，在东亚范围内，我们可以而且应该采取主动为全球金融系统的巩固和可持续发展贡献自己的一份力量。例如，通过奉行严格的财政稳健政策可以确保我们各自的银行和金融系统保持稳定。我们也应该摸索并建立可行的工作机制，使我们地区日渐增长的资金储备能用来支持可行的基础设施和其他发展项目的建设，并把注意力转移到建立均衡的储备资源同投资需求相适应。我们仍然有巨大的潜力来吸引偏远山区的更多财政资源。如合作社的增多，“乡村银行”概念的出现，网络覆盖的延伸，包括建立小额信贷机构和偏远山区之间的连接。这些机制的形成使我们能更有效地开发利用新兴区域内的储备资源。在可预见的未来，技术的自由交流，并将这种交流运用到机制开发的实践中，将是中国—东盟关系的一个重要特征。我们所能采取的行动还有很多，但要团结一致地应对全球以及区域内银行和金融系统不断加强的相互依赖关系趋势。只要我们以开放和负责的心态来发展我们的团结精神，而这种团结精神应成为中国—东盟关系永恒的标志。

三、结论

在此篇论文里，笔者选择性地突出强调了能帮助我们更好理解未来几十年中国—东盟关系的五种主要趋势。这五种趋势用来定义未来中国—东盟关系可能还不够全面，还可依据个人的见解来提出其他的趋势。

为了应付和解决以上问题，我们必须真诚地准备建立一个基于双边关系的、牢固、进步的东亚共同体，建立“东亚共同体”的口号已存在许久，但直到现在我们还没能实质性地充实和实现它。要基于和平、和谐、公平、平等、团结以及互敬的原则来保证“东亚共同体”的创建，这是我们在双边关系中突出强调的理念。我们要携起手来，振作精神接受挑战，做出改变，加强联系，全力奉献，积极创建一个适应时代要求的双边关系，那么，未来中国—东盟关系的议程内容将十分丰富、极富意义和具有实质性。

（作者系菲律宾企业领导人研究所总裁兼首席执行官、亚洲团结学会主席、菲律宾前任财政部长、亚洲团结协会主席　广西大学外国语学院庞奔奔译　原载《东南亚纵横》2011 年第 11 期）

多边外交与中国—东盟关系

王光厚　张效民

自 1991 年中国与东盟组织建立正式联系以来，中国与东盟关系取得了突飞猛进的发展。2003 年中国与东盟正式确立“面向和平与繁荣的战略伙伴关系”，2010 年中国—东盟自由贸易区（CAFTA）如期建成，这使得中国—东盟关系成为中国“周边外交的一大亮点，也是东盟与所有对话伙伴关系中最具活力和最富成果的一组关系”。后冷战时期，中国与东盟关系的发展固然植根于彼此间广泛的共同利益，但这也与它们之间业已展开的多层次、多样式的多边外交有着密不可分的关系。有关中国与东盟间的共同利益问题国内外学者们已经多有论述，本文的主要目的在于全面阐释中国与东盟积极推进多边外交的动力以及多边外交在中国与东盟关系发展中的作用。

一、开展多边外交是中国与东盟各国的共同需要

所谓多边外交是指 3 个或 3 个以上的国家在某些普遍接受的行为准则的基础上，协调彼此之间关系的制度形式。一般说来，多边外交是多边主义在具体外交实践中的表现，它以多边主义为其基本理论基础。尽管多边形式的外交实践早已存在，但是严格意义上的多边外交则是顺应后冷战时期蓬勃发展的全球化浪潮而兴起的。作为国际协调与各国相互依赖日益加深的一个必然产物，多边外交“在一定程度上弥补了传统的单边外交和双边外交的缺失，适合多数国家扩大沟通的需要，使世界政治更加活跃，也令国际关系格局朝多元化的方向演化”。目前，多边外交已为世界各国所广泛认同，并已成为国际社会最为普遍的外交形式之一。

20 世纪 90 年代之前，中国与东南亚各国关系的发展基本上是在双边外交的形式下进行的。随着冷战的终结，中国与东南亚各国开始顺应国际关系发展的潮流，以多边外交的形式来推动彼此间关系的发展。1991 年 7 月，应东盟常务委员会主席、马来西亚外长巴达维的邀请，中国外交部长钱其琛以贵宾的身份出席了第 24 届东盟外长会议开幕式及东盟外长后继会议。这一事件标志着中国与东盟组织已经建立起正式联系，而中国与东盟国家关系也随之进入一个双边外交与多边外交并行发展的新时期。其后，中国与东盟间的多边外交机制不断完善，迄今已经建立起一个多层级的多边外

交体系。

中国与东盟国家之所以选择多边外交这一全新的外交形式来展开彼此间的关系并对其不断加以丰富和发展，主要是因为多边外交为中国与东盟各国应对共同挑战、深化彼此合作提供一个为各方所普遍接受的平台。

其一，多边外交为中国与东盟各国应对各种全球性和区域性非传统安全问题的挑战提供了重要的合作途径。全球化时代国际关系发展的一大特点是诸如恐怖主义威胁、环境恶化、能源短缺、跨国犯罪等全球性和区域性非传统安全问题日益凸显，“成为影响国际和地区安全的重要的不确定因素”。这些全球性和区域性非传统安全问题形成的根源十分复杂且影响范围十分广泛，因而单靠一个国家的力量是无法得到彻底解决的。在这种情况下，积极开展各种形式的全球性和区域性的多边合作成为各国应对非传统安全问题的必然选择。中国与东盟国家或山水相连、或隔海相望，共同面临着一系列非传统安全问题的挑战。这其中“金三角”地区的毒品生产和贩运、走私、非法移民、南海海盗、恐怖主义威胁等问题表现非常突出。对中国和东盟国家来说，能否消除这些“存在性威胁”，不但关系到整个地区的发展，而且还直接影响到每个国家的长治久安。与一般性的非传统安全问题一样，中国与东盟国家间所存在的这些非传统安全问题大都具有明显的跨国性、隐蔽性和扩散性，因而，必须依靠国际合作才能加以根除。为此，中国与东盟需要积极开展多边外交、不断深化彼此间在非传统安全领域的多边合作。

其二，多边外交为中国与东盟国家加强经济合作、推进经济一体化进程搭建了必要的平台。后冷战时期，传统的以军事为主的国际竞争日益让位于经济上的竞争。对各国来说，能否提高以经济和科技为核心的综合国力直接关系到其在世界民族之林中的位置。中国与东盟各国基本上都属于发展中国家，大都面临着较为严峻的贫困问题，因而发展经济的任务特别紧迫。为改变落后的经济面貌，后冷战时期中国和东盟各国均明确提出了加速经济发展的规划。然而，全球化时代是市场经济盛行的时代，不参与全球经济互动、不开展国际经济合作，任何国家的经济都难以实现持久发展。从这一角度来看，积极开展多边外交并借此深化彼此间的经济合作，是中国与东盟国家应对经济全球化挑战的必然选择。更为重要的是，多边外交还是区域经济一体化赖以展开的重要制度架构，区域经济一体化的推进离不开区域多边外交的完善与深化。中国与东盟诸国同为全球经济互动的积极参与者，都有着开展区域经济一体化建设的强烈愿望，而地理上的便利以及经济上的密切联系则为它们之间展开区域经济一体化建设奠定了坚实的客观基础。对中国和东盟来说，积极推进多边外交可以更好地推进其经济一体化进程。

其三，多边外交为中国与东盟国家增进在政治和传统安全领域的互信与共识，进而共建地区和平提供重要渠道。中国与东盟国家经济发展目标的实现有赖于一个和平的区域环境，因而维护彼此政治、安全关系的稳定并促进其不断发展符合中国与东盟各国的共同利益。然而，受地缘政治、历史记忆、南海问题等因素的影响，特别是受到美国等西方国家的插手干扰，东盟一些国家在安全问题上对中国尚缺乏充分信任，“中国威胁论”在东南亚地区还有一定的市场。这种认识的存在显然有碍于中国与东盟间和平关系的构建。怎样才能消除中国与东盟之间存在的这种不信任感，进而实现彼此间的长久和平呢？建构主义国际关系理论给出了一个明确的答案。该理论认为国际体系既是物质结构又是文化结构，而后者更具决定性，不同的文化结构构成了不同的国际体系。就国际和平而言，该理论认为最好的和平来自于各行为主体间的互信和集体认同。多边外交是参与各方交换立场、互通信息、阐释观点的稳定的制度安排，在推进各参与方增加互信、扩大共识方面起着不可或缺的作用。就此而论，积极推进多边外交将有助于中国与东盟间和平关系的构建。

此外，积极推进多边外交还同中国与东盟对对方的外交战略彼此相互契合。后冷战时期，东盟对中国一直奉行“接触”战略。这一战略意指“使用非强制性方法来改善一个崛起的大国所使用的方式与和平改变地区及全球秩序相一致”。“接触”战略主要是借助各种国际机制和跨国联系，来实现对目标国的“社会化”改造，最终使目标国成为现有国际秩序的遵守者和国际社会负责任的一员。在具体的外交实践中，东盟的对华“接触”战略意在将中国纳入“正常的国际框架及一系列双边和多边联系”之中。这其中就包含着对中国开展多边外交的内容。就中国方面的情况而言，积极开展同东盟国家的多边外交是其融入国际社会外交战略的重要组成部分。中国的改革开放实际上是一个逐步融入国际社会的过程。在这一过程中，中国决策者的“相互依存”意识日益提升，并逐步认识到“全球化的经济需要全球性的合作”且“只有加强国际合作，才能有效应对全球安全挑战”。与此同时，伴随中国综合国力的显著提升，中国“努力成为全球范围内有影响力的、被公认为起建设性作用的国家”的“责任需求”意识日趋强烈。在全球化时代，无论国际合作的深化还是“责任需求”的实现都离不开形式多样的多边外交，因而开展多边外交是中国融入世界的必由之路。就此而论，通过多边外交来深化同东盟的关系，是中国对外战略的必然选择。

总的看来，多边外交不但可以满足中国和东盟的共同利益需求，而且还与彼此对对方的外交战略相互契合。这是中国与东盟共同选择并不断强化多边外交的重要推动力。

二、中国与东盟间的多边外交体系

自1991年中国与东盟首开多边外交的先河至今，中国与东盟间的多边交流与合作已经走过20年的发展历程。在有关方面的共同努力下，今天中国与东盟间业已建立起了以10+1(东盟与中国)机制为核心的覆盖各个领域的金字塔形的多边外交体系。借助这一体系，中国与东盟就双边、区域、跨区域问题进行了广泛的交流与合作。

10+1机制是东盟倡导创立的中国东盟间最重要的多边合作平台，在中国与东盟间的多边外交体系中居于核心位置。这一机制始创于1997年，是由中国与东盟10国领导人非正式会晤、11个部长级会议及5个工作层会议等一系列会议构成的较为完善的对话合作机制。在这一多边外交机制下，中国与东盟每年都会就彼此共同关心的经济、政治、安全、文化等领域的问题进行广泛探讨、共商合作大计。目前，中国与东盟正依托这一机制围绕农业、信息产业、人力资源开发、相互投资、湄公河流域开发、交通、能源、文化、旅游、公共卫生和环保等11大重点领域进行着广泛而深入的合作，并且双方业已签署农业、信息通信、非传统安全、知识产权等12个合作谅解备忘录和合作框架。这意味着10+1业已成为一个多层次、宽领域、全方位的合作网络。由于10+1机制参与主体相对较少、各方利益较易平衡且该机制的组织架构十分完善,所以,相对中国东盟间的其他多边合作机制而言,10+1机制下的合作更容易取得实质性成果。事实上,诸如确立中国东盟战略伙伴关系、建设CAFTA之类的重大合作成果基本上都是在这一多边机制下取得的。

10+3机制是东盟与中国、日本、韩国为共同推进东亚一体化进程而建立的多边外交机制,是实现东亚共同体这一长期目标的主要载体。10+3机制也是由一系列不同层级的会议构成的,这其中包括领导人会议、14个部长级会议、19个高官会议等。自1997年建立以来,10+3机制下的各种合作不断深化。迄今,该机制下的多边合作已经涵盖政治与安全、跨国犯罪、经济、能源、环境、科技等20个领域。尽管在组织架构上10+3机制与10+1机制非常相似,但是由于各参与方利益差异较大,因而除了在区域货币合作、“推动东亚经济增长区”等个别方面取得一些实质性进展外,10+3机制总体成效较为有限。但是,与此同时应当看到,由于10+3机制涵盖东亚主要国家且业已形成较为成熟的制度基础和组织架构,因而该机制是推进东亚一体化进程、构建东亚共同体最为理想的载体。东亚共同体能否从构想变成现实,直接关系到整个东亚在未来世界格局中的地位与作用。因而,不断深化10+3机制下的多边合作,无论对中国还是对东盟来说都具有战略意义。

东盟地区论坛(ARF)始创于1994年,是一个东盟倡导建立的、由东盟10国和包括中国在内的16个对话伙伴国共同组成的亚太地区最重要的官方多边安全对话与合作机制。该机制是由每年在轮值主席国举办的外长会议、高官会、副防长安全政策会议以及诸多的会间会等一系列第一轨道和第二轨道多边外交活动构成的。东盟地区论坛的主要目标,是就共同关心的政治与安全问题举行建设性对话与协商,以维护亚太地区的稳定与安全。东盟地区论坛共有3个阶段性目标:促进建立信任措施、开展预防性外交和寻求解决冲突的方式。目前,该机制正处于从第一个阶段性目标向第二个阶段性目标过渡的阶段。受地缘政治、安全环境等诸多因素的限定,目前,东盟地区论坛如其名称所示基本上依然是一个论坛性质的机制,并没有取得太多实质性进展。但是,作为亚太地区唯一的官方安全对话与合作机制,该论坛存在的价值是不言而喻的。如前所述,增进互信与共识是推动中国东盟政治、安全关系发展的重要途径。中国与东盟在东盟地区论坛框架下所进行的诸如增加国防透明度、反恐、南海问题等方面的对话与合作,在客观上为提升它们之间的互信搭建了重要的平台。

除了上述几个主要机制外,中国与东盟共同参与的区域性多边外交机制还有东亚峰会(EAC)、亚洲合作对话(ACD)、亚太经合组织(APEC)、亚欧会议(ASEM)、东亚—拉美合作论坛(FEALAC)等。借助这些机制,中国和东盟同更多的国家和地区展开了广泛的合作。

综合来看,中国东盟间现有的这些多边外交机制已经初步形成了一个以10+1为塔尖的金字塔形的层级体系。中国与东盟在10+1框架下的多边合作,组织机制最为完善、可操作性最强、利益相关性最为密切,因而对它们关系的发展影响最大,从而居于整个金字塔形多边外交体系的最高位置。10+1机制的发展将在很大程度上影响和制约中国东盟间其他多边外交机制的发展。居于第二层级的是10+3和东盟地区论坛这两个多边外交机制。如前所述,10+3机制是构建东亚共同体的最佳载体。对中国与东盟而言,它们在该机制下合作的未来意义要大于其现实意义。虽然东盟地区论坛至今仍未取得实质性进展,但是由于该机制下的对话与合作主要针对的是影响中国与东盟关系发展的最大不确定因素——安全问题,因而其战略价值十分突出。中国与东盟共同参与的其他区域性多边外交机制则处于金字塔的底端,其重要性稍逊于第二层级。相比较而言,该层级下的多边外交机制覆盖的地理范围更为广泛,因而大多拥有较多的成员。客观地讲,该层级下的多边外交活动为中国与东盟同其他区域的国家建立更为密切的联系创造了必要的条件,因而有利于中国与东盟更好地应对全球化的挑战。目前,该层级下的多边合作基本上都处于对话、协商阶段,其合作力度有待进一步强化、其组织机制有待进一步完善。上述金字塔形多边外交体系的各层次之间是相互支撑的、相互推动的,每一个层次下合作的成效都将影响到其他层次下合作的进行。这一金字塔形多边外交体系的形成不但使得中国与东盟可以就彼此关心的现实问题进行广泛交流与合作,而且还为它们未来关系的构建开拓了广阔空间,必将有力地推动中国东盟关系的发展。

三、多边外交推动中国与东盟关系的发展

中国与东盟间金字塔形多边外交体系的建立在一定程度上弥补了中国与东盟各国间双边外交的缺失,满足了各方应对全球化和区域一体化挑战的需要,有力地推动了中国与东盟关系的健康发展。近年来,依托上述多边外交体系,中国与东盟在各领域的交流与合作都取得突飞猛进的发展。

从政治层面看,中国与东盟依托多边外交所取得的最大成就是它们之间建立起“面向和平与繁荣的战略伙伴关系”。虽然中国与东盟组织早在1991年就建立起正式联系,但是受历史惯性等因素的影响,最初几年其进展并不是特别迅速。1997年亚洲金融危机的发生,使得中国与东盟政治关系“进入新的发展阶段”。在这次危机中,中国方面不但信守了人民币不贬值的政治承诺,而且还向东盟受灾严重的国家提供了力所能及的援助,而东盟国家的传统伙伴美国和日本的表现却差强人意,这使得东盟开始认识到崛起中的中国是保持地区稳定和实现地区繁荣的重要力量。1997年12月,中国与东盟领导人举行了首次非正式会晤,并共同发表了《中华人民共和国与东盟国家首脑会晤联合声明》,“将发展彼此之间的睦邻互信伙伴关系作为中国与东盟在21世纪关系的重要政策目标”。首脑级多边外交机制的建立使得中国与东盟对话与合作的层次及力度显著提升,大大推动了中国东盟关系的发展。进入新千年后,伴随各领域合作的深化,中国与东盟认识到有必要进一步提升彼此关系的层次,给予其以新的定位。为此,2003年10月,在第7次10+1领导人会议上,中国与东盟共同签署并发表了《中华人民共和国与东盟国家领导人联合宣言》,宣布双方一致同意建立“面向和平与繁荣的战略伙伴关系”。这是中国第一次与一个地区组织签署建立战略伙伴关系的文件,而中国也成为东盟的第一个战略伙伴。这一战略伙伴关系是中国与东盟领导人以面向21世纪的战略视野所确立起来的一种“非结盟性、非军事性和非排他性的”,以平等互利、友好合作为主要内涵的“全面和面向未来的关系”。这种关系的确立标志着中国与东盟的政治关系已经实现了质的飞跃。为进一步巩固和提升这一战略伙伴关系,2004 年 11 月第 8 次 10 + 1 领导人会议通过了《落实中国—东盟面向和平与繁荣的战略伙伴关系联合宣言的行动计划》,对 2005 ~ 2010 年彼此间的互利合作进行"总体规划";2006 年 10 月中国和东盟在中国广西南宁成功举办了纪念建立对话关系 15 周年的峰会,东盟 10 国领导人实现首次齐聚中国;2009 年第 12 次 10 + 1 领导人会议上,中国国务院总理温家宝倡议制定 2011 ~ 2015 年《落实中国—东盟面向和平与繁荣的战略伙伴关系联合宣言的行动计划》,以推动中国东盟关系再上新台阶。

从经济层面看,经过数年共同努力,中国—东盟自由贸易区(CAFTA)于 2010 年如期建成。进入 20 世纪 90 年代中期以后,中国与东盟的经贸关系发展十分迅猛。为开创彼此经济全面合作的新纪元,2000 年在第 4 次 10 + 1 领导人会议上中国国务院总理朱镕基提出了建立 CAFTA 的战略构想,引发了东盟国家的广泛兴趣。2002 年,中国与东盟共同签署《中国与东盟全面经济合作框架协议》,该协议为 CAFTA 的建设确立基本架构和法律基础,从而正式拉开了 CAFTA 建设的帷幕。2004 年底,中国与东盟又共同签署《中国—东盟自由贸易区货物贸易协议》以及《中国—东盟自由贸易区争端解决机制协议》,这标志着 CAFTA 的建设已进入实质性执行阶段。根据《中国—东盟自由贸易区货物贸易协议》,CAFTA 建成后,中国与东盟 6 个老成员国间将有 90% 的商品实现零关税,中国对东盟的平均关税将从 9.8% 降到 0.1%,东盟 6 个老成员国对中国的平均关税将从 12.8% 降至 0.6%,而东盟 4 个新成员国也将在 2015 年实现 90% 的商品零关税。为实现这一目标,从 2005 年起中国与东盟开始了全面降税进程,而中国东盟间的贸易也随之驶入快车道。2009 年 8 月,中国与东盟又共同签署《中国—东盟自由贸易区投资协议》,从而结束了建设自由贸易区的主要谈判。2010 年 1 月 1 日,惠及 19 亿人口、涵盖 11 个国家、GDP 高达 6 万亿美元的 CAFTA 正式建成。目前,该自由贸易区已经成为世界上涵盖人口最多的自由贸易区,也是发展中国家间最大的自由贸易区。CAFTA 的建设,大大推动了中国东盟经贸关系的发展。据统计,2008 年中国与东盟贸易总额已经达到 2311 亿美元,同比增长达 13.9%。尽管受全球经济危机的影响,2009 年中国与东盟贸易总额同比下降 7.9%,为 2130 亿美元,但是其降幅远低于同期中国对外贸易下降 13% 的降幅。进入 2010 年后,伴随 CAFTA 的如期建成,中国与东盟贸易又重拾升势,仅上半年贸易总额就达到 1365 亿美元,同比增长高达 54.7%。目前,中国已经成为东盟的第一大贸易伙伴,而东盟也成为中国的第三大贸易伙伴。展望未来,随着 CAFTA 下关税壁垒的清除,中国和东盟企业将获得更加便利的发展平台,而中国与东盟经贸关系将实现进一步发展。

从安全层面看,借助各种多边外交机制,中国与东盟之间的互信显著提升。近年来,为消除彼此间的安全隐患,进而在安全领域构建起互信关系,中国与东盟借助一系列多边外交机制进行了广泛的交流与合作。在 10 + 1 机制下,中国与东盟主要从两方面入手来增加安全互信。一方面,它们在非传统安全领域进行了卓有成效的合作。2002 年 11 月,中国与东盟共同签署并发表《中国与东盟关于非传统安全领域合作联合宣言》,确定它们在非传统安全领域的主要合作措施、方法及重点合作领域。该《宣言》的发表标志着中国与东盟在非传统安全领域的合作全面启动。目前,非传统安全领域已经成为中国东盟安全合作的重点,它们在禁毒等领域的合作已经得到落实,在反恐问题上的对话与合作正在逐步展开之中。另一方面,通过 10 + 1 机制,中国与东盟增进了在南海问题上的互信。2002 年 11 月,中国与东盟签署了有关南海问题的第一份政治文件《南海各方行为宣言》。该《宣言》规定,为维护南海地区的和平与稳定,促进该地区的共同繁荣,各方将通过友好协商和谈判,以和平方式解决南海有关争议,避免诉诸武力。此外,《宣言》还确定了中国与东盟在南海问题上建立互信的途径以及相互合作的主要领域。虽然该《宣言》仅仅是一个"君子协定",但是它是根据一系列全球性和区域性法律文件起草的,因而具有一定的法律约束力。ARF 是中国与东盟增进安全互信的又一个重要的多边外交机制。为实现 ARF"建立信任措施"这一阶段性目标,中国与东盟都采取一系列积极行动。仅从中国方面的情况来看,为增加国防透明度,1998 年中国政府发表首份名为《中国的国防》的白皮书,至今中国已经发表 6 份国防白皮书。此外,中国还积极主办 ARF 机制下的各种会议。例如,2009 年 4 月中国和新加坡在北京共同主办 ARF 武装部队国际救灾行动法律规程建设研讨会,2009 年 7 月中国、新加坡和美国在北京共同举办首届 ARF 防扩散和裁军会间会,等等。与此同时,中国和东盟还借助 ARF 这一多边外交机制就彼此共同关心的安全问题进行积极探讨。以南海问题为例,在 2001 年 7 月的 ARF 会议上,中国与东盟国家就处理南中国海问题的行为规范问题,基本上达成一致,从而为其后它们发表关于南海的行为宣言奠定了基础。除上述两个多边外交机制外,中国和东盟还通过 10 + 3 等机制来增进彼此在安全上的互信。通过这些渠道的安全交流与合作,近年来,中国与东盟在安全领域的互信不断提升,而"中国威胁论"在东南亚地区的影响力日渐式微。

总的来看,近些年来,依托已有的多边外交机制,中国与东盟的关系无论从哪个侧面来分析都取得较大进展。就未来发展趋势来看,伴随中国与东盟间已有多边外交机制的完善和新的多边外交机制的建立,中国与东盟的关系将实现更大发展。

四、结论

作为一种机制化的外交形式,多边外交在后冷战时期为国际社会所普遍采用。顺应这一潮流,中国与东盟组织于 1991 年建立起正式联系,从而开启了中国与东盟间多边外交的先河。对中国与东盟诸国而言,多边外交不但符合它们共同利益的需要,而且与彼此对对方的外交战略相互契合。正是在这种共同利益和愿望的推动下,中国与东盟经过 20 年努力最终构建起了一个金字塔形的多边外交体系。在该体系下,10 + 1 居于核心地位,引领整个体系的发展,而其他层次的多边外交机制亦发挥着其特定的作用。依托这一多边外交体系,中国与东盟在各个领域都进行了密切的合作。无论从政治、经济还是安全层面来评估,中国与东盟在多边外交机制下的合作都取得了巨大成效,从而对近年来中国与东盟关系的快速发展起到积极推动作用。

(王光厚系中国东北师范大学副教授　张效民系中国北京外国语大学副教授　原载《东南亚纵横》2011 年第 1 期)

从中国—东南亚关系的发展看中国睦邻友好政策的演进

马 嫈

中国是世界上拥有邻国最多的国家,陆地边界22000多千米,海岸线18000多千米,周边国家多达29个,其中直接接壤邻国就有15个。这是中国周边环境的一个突出特点。另一方面,中国的和平发展需要周边地区作为战略依托,始终把和周边国家睦邻友好作为重点。在中国四代领导人持续不懈的努力下,中国和周边国家的关系现已达到历史最好水平,同时也创造了中华人民共和国成立以来最好的周边环境。同样,中国是毗邻东南亚的最大国家,也是陆地共同边界线最长和海域相交面最大的国家。中国和东南亚关系的发展,对中国的和平发展有着极为重要的意义。本文以中国—东南亚(东盟)关系的发展为例,阐述中国睦邻友好政策的演进,分析成功的经验,展望未来的发展。

一、与时俱进的睦邻友好

中国始终把和周边国家睦邻友好作为重点,特别是自新中国建立后,中国领导人以前瞻的思维和务实的态度,不断顺应时势,调整战略,睦邻友好政策取得了前所未有的成功。

(一)新中国的贡献:和平共处五项原则

毛泽东同志是中国共产党和中华人民共和国的主要领导人,同时也是现代伟大的外交战略家。早在抗战时期,他就明确支持东南亚国家的抗日斗争,并在阐述中国共产党外交政策的基本原则时指出:“对于南洋各国——缅甸、马来亚、越南、菲律宾,我们希望这些国家的人民在日本侵略者被打败以后,能够得到建立独立的民主的国家制度的权利。”新中国诞生前夕,他又强调:“中国人民愿意同世界各国人民实行友好合作,恢复和发展国际间的通商事业,以利发展生产和繁荣经济。”

中华人民共和国成立伊始,提出了日后举世闻名的处理国家间关系的和平共处五项原则,发展和东南亚国家以及其他邻国的关系。

新中国刚诞生时曾面临东南亚一些国家的猜疑和恐惧,它们担心中国威胁或侵犯自己的利益。缅甸总理吴努就曾写信给印度总理尼赫鲁,表示他十分关注中国在缅甸边界的活动。为打消这些国家的疑虑,与东南亚国家发展友好关系,创造和平稳定的周边环境,作为新中国外交事业的创始人和奠基者之一的周恩来总理,代表中国政府于1953年12月31日第一次正式而完整地提出了处理国家间关系的准则,即和平共处五项原则。在1954年6月周恩来总理访缅期间发表的联合声明中,双方同意以和平共处五项原则作为指导两国关系的准则。毛泽东主席在会见缅甸总理吴努时进一步强调,“五项原则是一个长期方针”,“不论大国小国,互相之间都应该是平等的、民主的、友好的和互助互利的关系,而不是不平等的和互相损害的关系”。和平共处五项原则不仅为中国和东南亚国家关系的发展奠定了基础,也被国际社会所接受,成为世界公认的国际关系准则。这是中国对世界和平与稳定作出的卓越贡献。

中国还从东南亚的实际情况出发,采取相应措施来具体落实和平共处五项原则,其中包括以自愿选择原则处理双重国籍问题和以互谅互让、友好协商原则解决边界问题等。由于中国在处理与东南亚各国关系时严格遵循上述原则,因而赢得了它们的信任和尊重。中国和东南亚国家的关系得到了很大的发展。继越南、缅甸、印尼同中国建交后,柬埔寨和老挝也同中国建立了外交关系,印尼还第一个同中国签订关于解决双重国籍问题的协议。缅甸政府也与中国政府共同努力,率先圆满解决边界问题。

中国在这一时期还积极参与有关东南亚的多边外交活动。以周恩来总理为首的中国代表团在1954年4月召开的日内瓦会议上,促成了恢复印度支那和平协议的签订,结束了8年的印度支那战争。1955年4月,周恩来总理率领中国代表团参加在万隆举行的亚非会议,提出了著名的“求同存异”方针,为会议的成功做出巨大贡献,并促成与会国通过各国“和平相处、友好合作”的十项原则,形成了日后著称于世的“万隆精神”。万隆十项原则实际上是中国倡导的和平共处五项原则的引申和发展。

(二)新时期的创见:“搁置争议、共同开发”

中共十一届三中全会的召开是中国历史的一个重大转折,中国由此进入了改革开放的新时期。而“独立自主的和平外交政策”的确立,开创了中国外交的新局面。尤其是作为中国改革开放总设计师的邓小平同志,高瞻远瞩地提出了“主权在我,搁置争议,共同开发”的和平解决争端方式,对发展中国和东南亚国家的关系具有建设性意义,同时对世界其他国家解决有关争端问题也富有借鉴意义。

东盟成立于1967年,当时中国正处于“文化大革命”时期,由于意识形态的分歧,双方没有往来。与此同时,中国外交受国内“左的”错误干扰出现了一些偏差,致使原本与中国友好的一些东南亚国家也变得疏远。“文革”结束后不久,邓小平同志就访问东盟创始国泰国、马来西亚和新加坡,这是中国领导人对东盟国家的首次访问。他从中国长远的战略考虑出发,在继承建国初期中国发展与东南亚国家关系的原则的基础上,提出了新时期中国对该地区尤其是对东盟的睦邻友好政策。其内容主要包括:从国家利益出发处理国与国之间关系,不以意识形态的异同来定亲疏;奉行党际关系与国家关系分离原则,从国家总体外交出发建立新型党际关系;全面开放,与由发展中国家组成的东盟建立经济合作关系。东南亚学者对此指出:“中国可以称为第一个支持东盟的共产主义国家。”

在邓小平同志的推动下,中国与东南亚国家的关系有了长足发展,并“揭开了中国承认东盟独立的新篇章”。冷战甫一结束,中国已同所有东南亚国家建立或恢复正常友好的外交关系,中国与东盟的来往也日趋增加,双方关系的发展越来越密切:1991年7月,中国同东盟开始对话;1993年7月,中国加入东盟地区论坛;1996年7月,中国成为东盟的全面对话伙伴。中国和东盟还成立多个对话机制,以构成双方对话的总体框架。这些进展标志着双方的合作关系迈上一个新的台阶,为双方在各个领域全面合作提供了新的契机。

随着形势的变化与发展,东南亚一些国家与我国在南沙群岛领土上的争端日益突出。邓小平同志最早提出和平解决的新思路,即“搁置争议、共同开发”。这一倡议给南海问题的解决带来了新的机遇,经过多年共同努力,中国和东盟签署了具有里程碑意义的《南海各方行为宣言》,强调通过友好协商和谈判,以和平方式解决南海有关争议。在争议解决之前，各方承诺保持克制，不采取使争议复杂化和扩大化的行动，并本着合作与谅解的精神，寻求建立相互信任的途径，包括开展海洋环保、搜寻与求助、打击跨国犯罪等合作。《南海各方行为宣言》是中国和东盟签署的第一份有关南海问题的重要政治文件，对保持南海地区和平与稳定，增进中国与东盟的互信有着重要的意义。

（三）后冷战时代的建树：新安全观

冷战结束后，安全威胁发生变化，安全形势变得更加复杂，特别是非传统安全威胁开始发展，并与传统安全威胁相互交织。世界各国对安全范围的关注扩大，安全上的相互依赖增强，冷战时期形成的以军事联盟为基础、以加强军备为手段的安全观念显然已不能适应形势发展的需要，时代呼唤新的安全观。在这样的背景下，我国提出以互信、互利、平等、协作为核心的新安全观，顺应世界潮流，突破传统安全观的旧框架，形成全新的安全合作理念。

中国首次提出新安全观是在1994年7月举行的东盟地区论坛会议上，江泽民总书记随后又在俄罗斯国家杜马和联合国裁军会议等国际场合多次阐述了新安全观。在纪念中国共产党成立80周年的讲话中，江泽民再次阐述新安全观的思想，并把“合作”改为“协作”。美国“9·11”事件发生后，中国进一步加强了与东盟在非传统安全领域的合作。中国在2002年5月召开的东盟地区论坛高官会议上提交《中国关于加强非传统安全领域合作的立场文件》，接着在同年7月举行的东盟地区论坛外长会议上又提交《中国关于新安全观的立场文件》，强调应当共同培育一种新型的安全观念，通过对话增进信任，通过合作促进安全。在中国的建议下，双方发表《中国与东盟关于非传统安全领域合作联合宣言》，将非传统安全合作纳入中国与东盟合作的议题，启动双方在该领域的全面合作。在现实中，1997年亚洲金融危机爆发后，中国顶住压力，坚持人民币不贬值，并向有关国家提供数10亿美元的援助，体现一个负责任大国的风范。新安全观是和平共处五项原则在新形势下的发展，现已成为中国安全战略的指导思想，也是中国睦邻友好政策的重要内容之一。

（四）新世纪的卓识：“与邻为善、以邻为伴”

进入21世纪以来，中国综合国力的提升与国际地位的提高已成为当代国际格局的重要现象，中国的发展趋势也因此成为影响当今国际关系的根本性因素之一。中国怎样实现自己的崛起，为世界各国所密切关注。而中国在崛起过程中如何处理与邻国的关系，更是东盟国家的关切所在。中国在“坚持走和平发展道路”的同时提出了“与邻为善、以邻为伴”的新途径，还进一步强调“积极开展区域合作，共同营造和平稳定、平等互信、合作共赢的地区环境”。

本着这一精神，中国与东盟开展全面合作，成效显著。中国和东盟签署了《全面经济合作框架协议》，中国—东盟自由贸易区于2010年1月1日建成。一年来，中国—东盟自由贸易区发展迅速，根据中国海关总署2011年1月10日的统计数据，2010年中国和东盟的进出口贸易额为2927.77亿美元，其中中国出口到东盟的是1382.07亿美元，从东盟进口的是1545.70亿美元，累计同比进出口增长37.5%，出口增长30.1%，进口增长44.8%。东盟也是中国实施市场多元化战略、“走出去”战略的重点地区，双方相互投资额不断扩大，特别是中国对东盟的投资快速增加。中国还与东盟建立“面向和平与繁荣的战略伙伴关系”，并加入《东南亚友好合作条约》。

在面临国际金融危机的严峻时刻，为将空前的挑战转化为促进共同发展的机遇，中国推出深化和扩大与东盟全面合作的举措：签署中国—东盟自由贸易区《投资协议》；中方决定设立规模100亿美元的中国—东盟投资合作基金，用于双方基础设施、能源资源、信息通信等领域重大投资合作项目；中方向东盟国家提供150亿美元信贷，其中包括17亿美元优惠性质贷款；中方并考虑向东盟欠发达国家——柬埔寨、老挝、缅甸提供总额为2.7亿元人民币的特别援助，中方已向“东盟基金”捐款10万美元，并向“中国—东盟合作基金”增资500万美元。凡此种种，无不显示了中国坚持“与邻为善、以邻为伴”，与东盟共同合作，携手发展，实现“互利共赢”。

中国还积极参与包括东盟+中国、东盟+3、东盟地区论坛、东亚峰会等在内的地区合作机制，扎实推动地区合作向前发展。一方面，中国在地区合作中发挥积极倡导的作用。在东亚合作进程中，中国一直以务实精神推动各项合作方案，并且充分考虑各方的利益和想法。中国积极参与和推动东盟+3合作机制，并逐渐加大了对它的投入，引导了地区合作的发展方向。另一方面，中国作为一个大国，始终支持东盟在东亚合作中发挥主导作用，中国在很多场合一再表示，中国始终支持东盟在东亚合作中发挥主导作用。东盟一直是10+3会议的组织者和协调者，这既是东亚合作的特色，也是各方现实和明智的选择。中国将继续坚定支持东盟在区域合作中发挥主导作用。

二、把握准确的成功之道

在中国政府和领导人一以贯之的努力下，中国的睦邻友好政策成功地应对了各种挑战，积累了丰富的经验，归纳起来主要有以下方面。

（一）国家利益为处理国家间关系准则

现代民族国家之间的关系是利益关系，国家利益因而是主权国家对外政策的基本出发点，只要国际体系中的主要行为体仍然是主权国家，在国家关系中起决定作用的就必定是国家利益。东南亚邻国由于历史和领土争端等原因，与中国的关系存在一定的复杂性和敏感性，因此以自己的国家利益为最高准则来谈问题和处理问题，就能避免出现随意性和局限性。根据这一准则，中国严肃地以国家利益为考虑标准，处理与东南亚国家的问题，包括对待东南亚的华侨、华人等问题，使国家间关系建立在正常基础之上。这种务实的态度受到了东南亚国家的欢迎，认为中国建立这样一个新的信念：即使政治制度不同，但只要有赤诚的意愿，两国就能够和平共处、繁荣昌盛。

中国在强调以国家利益为对外政策出发点的同时，非常尊重他国的利益。中国认为国家利益是平等的利益，即国家不分大小强弱，都有合法的国家利益，不能以损害他国利益为代价来实现自己的利益。着眼于自身长远的战略利益，同时也尊重对方的利益，而不去计较历史的恩怨，不去计较社会制度和意识形态的差别，并且国家不分大小强弱都相互尊重，平等相待。这样，什么问题都可以妥善解决。东南亚邻国都是中小国家，中国在发展和它们的关系时总是考虑其利益和关切。如在“东盟+中国”合作机制中，中国始终从大局出发，在制定和实施有关政策时仔细考虑，顾及对他国可能带来的后果，并有意识地照顾一些发展较为缓慢的国家的利益，积极发起和参加能使它们获益的项目，甚至让利给它们，做到多予少取和先予后取。“早期收获”计划在公布降税计划时，中国对东盟的果蔬出口中国没有提出任何形式的保护条款，却同意越南、老挝和柬埔寨将229种商品列入“例外产品清单”加以保护，不享受税收优惠。“例外产品清单”排除的部分水果属于中国的优势产品，由此也就提高了中国相关产品进入东盟市场的门槛，在一定程度上影响中国果蔬对东盟的出口。尽管如此，为促进东盟经济的一体化发展，中国还是坚持实施“早期收获”计划。

（二）“求同存异”解决国家间的分歧和矛盾

国家利益是现代民族国家的本质属性和固有的正当权益，每个国家都可以根据自身利益来制定对外政策，由此也就决定了各国的国家利益是不同的。但这并不意味着国家之间的利益必然存在冲突，关键是“求同存异”，寻找双方的共同利益，进行协调与合作，在这一过程中力争使分歧和矛盾最小化，共同利益最大化，从而以和平的方式化解分歧和矛盾。在现实中，中国率先垂范，强调以和平的方式，通过平等协商来处理和解决与东南亚国家在南海问题上的争端，使其不影响中国—东盟关系的大局。中国与东盟签署《南海各方行为宣言》，为和平解决南海争端奠定了基础，并对缓和南海局势发挥重要作用。此外，《中越北部湾划界协定》和《渔业合作协定》的签署和生效，特别是《中越北部湾划界协定》作为中国与邻国达成的第一个海上边界协议，意义重大，影响深远。而中、菲、越三国石油公司签署《在南中国海协议区三方联合海洋地震工作协议》，联合考察南海协议区内的石油资源储量，切实迈出了“搁置争议，共同开发”的第一步。

除了寻求共同利益外，“求同存异”还要求在共同的基础上来互相了解和重视彼此的不同见解，最终达成共识。这种方式充分体现了中国的哲学思想。众所周知，地区合作的难点就是建立地区认同，但也只有在此基础上，地区合作才能深入、持久和有效。东南亚的政治、经济、社会和文化呈多样性发展，共识的形成难度更大。中国为此在东盟＋中国、东盟＋3、东盟地区论坛、东亚峰会等各个合作机制，以及从领导人会议到民间往来的各个层面上均加强与东盟及其成员国的对话和交流，增进相互了解和理解，积极协调各国的不同意见，在这一过程中着力倡导和平、发展、合作、宽容、协商、协调等观念，为奠定地区认同和地区共识作出贡献，使中国提出的合作发展、“互利共赢”的理念日益深入人心，有力地促进了地区合作的进一步发展。

（三）合作发展实现互利共赢

冷战结束后，国际关系的主旋律由国际冲突转向国际合作，突出相互之间的共同利益与共同点成为处理国际关系的重点，地区主义由此进入了新一轮的发展高潮。中国顺应时代潮流，以地区合作为抓手，把睦邻友好推向了更新和更高的层次，从主要为自己的发展建立良好的周边环境上升为与东南亚谋求共同发展，目标是营造和平稳定、平等互信、合作共赢的地区环境。中国率先与东盟达成建立自由贸易区的协议，在经济上更大程度地融入东盟，形成共赢局面，使后者切实感受到中国经济发展带来的是机遇，而不是威胁。中国也是第一个加入《东南亚友好合作条约》的非东盟国家，缔约之举表明中国接受东盟的行为准则和价值观念，并将依照规则办事，显示了中国作为负责任大国的诚意。中国还通过签署“面向和平与繁荣的战略伙伴关系”联合宣言，率先与东盟建立战略伙伴关系，这也是中国第一次与一个地区组织建立战略伙伴关系。中国率先在东盟地区论坛提出新安全观，主张地区的安全合作应该平等参与、求同存异、协商一致、循序渐进。中国以地区合作的方式与东盟及其成员国走互利共赢的道路，使后者深刻体会到中国认同地区体系，愿意融入地区秩序，和地区内国家互动。时任东盟秘书长的王景荣先生明确表示，“中国的和平发展对东盟是驱动力，要以战略的眼光看待双边关系”。

合作发展实现互利共赢，还意味着中国开放而不排斥，注意和其他大国的协调。全球化的发展使国家之间相互依存度加深，冷战结束后大国间关系变为既合作又竞争，中小国家的地位也在上升，要求把大国都拉进本地区，形成力量平衡。中国顺应世界潮流，在与东盟的合作中始终持开放态度，乐见东盟和其他大国的合作；同时，中国也加强与其他大国的对话和协商，共推地区合作进程，不断寻求和扩大彼此在地区的利益汇合点，使东南亚成为各方合作共赢的平台。

三、“和谐地区”的美好前景

在和东盟及其成员国的关系上，中国始终坚持“‘平等互信、合作共赢’的方针，相互尊重而不是彼此对立，相互信任而不是彼此猜疑，相互合作而不是恶性竞争，立足共赢而不是此兴彼衰”，双方关系的发展达到了历史最好水平。站在时代的前列，中国又适时提出“和谐世界”与“和谐地区”的理念，将中国的睦邻友好政策提升到一个新的高度。

和谐世界、和谐地区与和谐社会相互贯通。中国从构建国内和谐社会的理想追求，引申到国际上构建和谐世界、和谐地区的目标和设想，将国内政策与对外政策、中国发展与地区合作、中国发展与世界进步联系了起来。过去，对外政策的目标是为中国的现代化营造良好的外部环境，这是完全正确的，但在全球化深入发展的今天看来还不够。因为随着中国综合国力的提升和国际地位的提高，当代中国同世界的关系发生了历史性变化，中国的前途命运日益紧密地同世界的前途命运联系在一起。这一历史性的变化不仅对中国，而且对世界来说都意义重大。在中国的发展已成为世界发展一部分的大背景下，中国不能只从自己发展的需求来营造周边环境，而要从对周边的影响来设计和规划自己的发展，和谐世界、和谐地区因此成为中国外交战略的重要组成部分。

和谐地区还是中国睦邻友好政策的主旨。在和平共处五项原则的基础上，和谐地区把搁置争议、共同开发、新安全观、与邻为善、以邻为伴等新观念和新思想构成一个整体，是对新中国成立以来睦邻友好政策的集中概括和提炼升华，也是对邻国的庄严承诺，受到了包括东南亚在内的周边国家的欢迎。

作为中国对周边发展的理想目标，中国将以行动去实践和谐地区。首先，中国始终不渝走和平发展道路，将继续贯彻与邻为善、以邻为伴的周边外交方针，与邻国在平等的基础上和睦相处，互相尊重，协商共识，合作发展，互利共赢。和谐比和平的目标更高。和平还只是不以武力相向，而且不威胁使用武力，但是和谐却要求在和平共处的基础上，互相扶持，共同前进，最终达到一种人类共同体的境界。其次，中国将更加强调寻求与周边国家的共同利益，始终坚持把中国人民的利益同各国人民的共同利益结合起来,扩大同各方利益的汇合点,维护发展中国家的正当要求和共同利益,为推动睦邻友好奠定更坚实的利益基础。最后,中国将进一步积极开展区域合作,共同营造和平稳定、平等互信、合作共赢的地区环境,通过深入参与地区合作,中国将变为"周边的中国",而不是要周边变为"中国的周边"。在周边国家接受了中国以后,世界就会接受中国,中国的和平发展道路才会实现,和谐世界与和谐地区的目标也才会达到。

"礼为用,和为贵","亲仁善邻,国之宝也",这是中国古代思想家早在两千多年前就提出的思想。睦邻友好的理念非但没有褪色,反而经过几十年的完善和创新愈发显示出灿烂的光辉。今年是中国—东盟建立对话伙伴关系20周年,展望未来,和谐地区展示更加美好的前景,激励着中国与周边国家携手共进。

(作者工作单位系中国上海国际问题研究院　原载《太平洋学报》2001年第10期)

中国对东南亚公共外交的问题与建议

唐　翀

随着全球化、高科技的发展以及国家间交往的深化,国内政治与国际政治的界限逐渐模糊,国家主权正在被"碎片化",大量的非主权行为体在国际政治中扮演着越来越重要的角色。在这样的背景下,以追求实力、均势、权力政治为目标的主权国家之间的传统外交方式正在发生着变化,一种旨在争夺国际公众的态度与观念的外交方式——公共外交在世界政治舞台中的地位正在不断提升,它所追求的目标包括:声誉、国家形象、软实力。罗伯特·基欧汉认为,"一个政府的声誉因此成为说服别国与其达成协议的一项重要资产。……在世界政治中,声誉的重要性作为一种激励因素,促使行为者按照行为标准行事。"彼得·范·海姆在《品牌国家的崛起:形象与声誉的后现代政治学》一文中说道:"形象与声誉是一个国家战略资产的关键部分。……全球化与媒体革命使得每个国家更关注自己,自己的形象、声誉与态度——总之,就是自己的品牌……他们的任务包括为自己的国家寻找到一个品牌,参与市场竞争、确认客户的满意度,总之是要创立品牌的忠诚度。品牌国家之间不仅要相互竞争,他们还要与超国家的品牌如欧盟、CNN、微软以及罗马天主教堂竞争。在这个拥挤的世界中,缺乏品牌资产的国家将难以生存。"

公共外交作为旨在塑造与维持良好形象与声誉的外交手段日益受到各国的重视,典型案例之一是美国在9·11事件之后,日益强调通过对伊斯兰世界开展公共外交,消减穆斯林对美国的敌对情绪。中国在20世纪90年代开始注重对国家形象的塑造,并加入到国际政治舞台公共外交的竞争之中,本文以中国对东南亚地区的公共外交为例,分析中国公共外交的效果以及存在的一些问题。

一、关于公共外交

(一)公共外交的概念

"公共外交"一词最早由美国前外交官埃德蒙·古林在1965年提出,他认为,"公共外交是处理公众态度对政府外交政策的形成和实施所产生的影响。它包含的领域有:超越传统外交的国际关系领域;政府对其他国家舆论的开发;一国私人利益集团与另一国的互动;对外交事务的报道及其对政策的影响;外交使者与国外记者的信息沟通;文化间的交流等。公共外交的核心就是信息和意见的跨国际传播。"

简单讲,公共外交是主权国家通过与别国公众进行信息沟通,来达到维护国家利益,塑造国家形象,有效实现其外交政策目标的手段。公共外交的具体形式包括教育交流、语言推广、文化交流以及对外电视广播等。这些活动通常着眼于改善接受国对本国的舆论环境,并以此来提高国家的形象与声誉。美国学者麦克·昆泽克认为国际公共关系的主要目的就是为了维护和创造积极的国家形象,而国家形象则是由大众媒体、文化信念所构成的。国家形象的维护是通过针对国际公众的一系列公关活动来实现的,这些国际公众包括:其他政府、跨国公司以及非政府组织等。因此,从这个意义上讲,公共外交也是一种国际公共关系活动。

(二)公共外交的核心内容

尼古拉斯·卡尔教授认为,公共外交和软实力一样,都与国家的政策、文化以及社会价值观相联系,它具体包含倾听、倡导、文化外交、交流与国际传播、心理战6个核心内容。

表1　公共外交的核心内容

内　容	含　义
倾听	通过搜集与分析对方的意见与反馈,将之内化到外交政策的形成与解释中
倡导	对政策与信息的直接表述
文化外交	推进文化出口或文化参与,包括体育交流
交流	外交人员的交流活动,特别是学生之间的交流
国际传播	对国际公众进行的传播
心理战	通过与敌对国家公众的交流实现自己的战略目的

公共外交的开展需要通过不同的层面进行,美国学者约瑟夫·奈将公共外交分为3个层次:第一层次是日常沟通,包括政府对内政外交决策背景的解释,危机处理和反攻击所采取的准备活动;第二层则是战略沟通,类似于政治宣传,通过各种事件来传递战略信息;第三层次是通过奖学金、交流、培训、研讨会、会议和媒体渠道来与关键人物发展多年持久的关系。他们都在塑造有吸引力的国家形象上发挥着重要作用,增强了获得预期结果的前景。

国家为推行其外交政策所采取公共外交手段非常多,其对国际公众的影响力也各不相同,有学者根据其所产生的控制效果进行了分类,具体如下表:

表2　公共外交的控制效果

效　果	具体方式
高层次控制	官方声明、新闻发布、记者招待会、广告、国际广播、(政要)演讲、(官方、权威)网络发布
有限控制	媒体关系、市场、公共关系、官员间的接触、国际广播
非常有限控制	流行文化、时尚、电影、音乐、文化外交

资料来源:Anna Tiedeman, *Branding America: An Examina – tion of U.S. Public Diplomacy Efforts after 9.11, 2001*, Master of Arts in Law and Diplomacy Thesis, the Fletcher School, Tufts U – niversity, 2005, P23.

二、中国的公共外交议程

(一)中国对外宣传工作的新发展

1991年1月中国成立国务院新闻办公室,该机构的主要职能之一便是"推动中国媒体向世界说明中国,包括介绍中国的内外方针政策、经济社会发展情况，及中国的历史和中国科技、教育、文化等发展情况。通过指导协调媒体对外报道，召开新闻发布会，提供书籍资料及影视制品等方式对外介绍中国。协助外国记者在中国的采访，推动海外媒体客观、准确地报道中国。广泛开展与各国政府和新闻媒体的交流、合作。与有关部门合作开展对外交流活动。”时任国新办主任的赵启正意识到宣传本身的负面效应，因而提出将“对外宣传”改为“向世界说明中国”。1999 年 2 月，江泽民在全国对外宣传工作会议中强调“要在国际上形成同我国的地位和声望相称的强大宣传舆论力量。”2003 年胡锦涛在宣传工作会议中指出，应该“逐步形成同我国国际地位相适应的对外宣传舆论力量，为全面建设小康社会营造良好的国际舆论环境。”2007 年之后，中国开始重视塑造自己的文化软实力，胡锦涛总书记在十七大报告中明确指出我国文化“软实力”建设的四个目标，包括：第一，建设社会主义核心价值体系，增强社会主义意识形态的吸引力和凝聚力。第二，建设和谐文化，培育文明风尚。第三，弘扬中华文化，建设中华民族共有精神家园。第四，推进文化创新，增强文化发展活力。

中国的公共外交方式主要包括：举办各种新闻发布会，建立新闻发言人制度，发布白皮书，扩大国际传播，与海外媒体建立合作交流机制，文化外交，人员交流，推广汉语及创办孔子学院，举办奥运和世博等世界性活动。这一系列旨在提高中国在世界的影响力并且改变世界对中国的态度与看法的行动，被西方学者称之为“魅力攻势”。

（二）中国对东南亚的公共外交

东南亚地区的战略重要性在于，走向一体化的东盟是一个拥有 5 亿人口的巨大市场；其次，东南亚地区是连接印度洋与太平洋的重要水上枢纽，也是澳大利亚、新西兰通往东北亚地区的必经水路，承载着世界上最为繁忙的两条航线。对于正在崛起的中国，东南亚地区具有以下重要的战略意义：实现中国领土与主权的完整，为国家统一创造条件的重要平台；实现国家能源安全的重要领域；推行国际秩序多极化理念的重要平台；破除中国威胁论、实践和平发展、和谐世界外交理念的舞台。

中国与东盟国家关系在经历了冷战时期的敌对之后，在 20 世纪 90 年代之后进入快速发展时期，双方在经济、政治领域的合作都取得很多成果，具体参见表 3。

表 3　20 世纪 90 年代中国与东盟国家合作成果

领　域	成　果
经　济	双边外贸、投资的增加；中国—东盟自贸区启动
政治、安全	高层互访；中国加入《东南亚友好合作条约》；中国签署《南海行动宣言》

在政治经济合作不断拓展的同时，中国也在加大对东盟国家的公共外交，或者被称为“软实力”外交的活动，这些活动包括：加大与东盟国家在非传统安全领域的合作，如签署《中国与东盟关于非传统安全领域合作联合宣言》；推进对东盟国家的文化外交，如举办孔子学院，扩大留学生交流等。可以说这是一轮持续的对东盟国家“高能见度”、多方位的外交攻势，这种效果如何，问题在哪里？笔者下面用两个案例来加以分析。

三、案例分析

案例一、政策表述与领土纷争：“搁置争议，共同开发”的时效性

中国在中共十二大之后与东盟国家关系迅速改善，其重要原因在于：其一，放弃输出革命的立场。其二，在柬埔寨问题上与东盟合作，支持东盟在地区事务中发挥作用。其三，在南海主权问题上提出“搁置争议、共同开发”原则。

邓小平指出，“有些国际上的领土争端，可以先不谈主权，先进行共同开发……‘共同开发’的设想，最早也是根据我们自己的实际情况提出来的……共同开发的无非是那个岛屿附近的海底石油之类，可以合资经营嘛，共同得利嘛。不用打仗，也不要好多轮谈判。南沙群岛，历来世界地图是划到中国的，属中国，现在除台湾占了一个岛以外，菲律宾占了几个岛，越南占了几个岛，马来西亚占了几个岛。将来怎么办？一个办法是我们用武力统统把这些岛收回来；一个办法是把主权问题搁置起来，共同开发，这就可以消除多年积累下来的问题。”

邓小平的表达方式是回避“主权”，改用“争议”，强调合作。这一政策的调整有效地改变了中国在东盟国家心目中的革命形象，向东盟国家很好地传递了“中国决心同东盟国家保持长期、稳定的合作关系”的真实信息。

这一政策的成功在于中国对周边国家在主权问题立场上发生了一次重大改变，放弃了之前的强硬立场，有效地释放了善意，缓和了关系。但是需要强调的是，这一次的表达并非旨在解决主权问题，它是一次明显地回避问题的表达，由于它让中国的政策发生了改变，因此产生了效果。

然而领土纷争是一个零和博弈，中国在南中国海的政策立场是否强硬同周边国家对中国的态度好坏是成反比的。很明显当领土政策在“搁置争议”上出现倒退，周边国家是很难接受的，而且如果中国对“搁置争议”有进一步的措施的话，这一政策真实性也会被质疑，其效果会随着时间的推移而降低。这样，就可以理解为什么中国在当年提出“搁置争议、共同开发”能够起到良好的效果，而现在的表达，如“自古以来”、“核心利益”却并没有很好的效果，甚至会遭致周边国家强烈的过激反应。

通过这个案例的分析，我们得出两点结论：一是公共外交表达的有效性与其真实性相关，而真实性的政策会随时间推移发生变化；二是如果当公共外交与外交政策相分离时，其效果将更加难以奏效。因此，如果希望在南海问题上做出有效的公共外交活动，笔者的建议是，我们应该继续“搁置争议”的逻辑，提出“预防争议”、“控制争议”、“协调争议”并将之制度化，即在发明公共外交词汇的同时，更要有具体的措施。

案例二、语言推广与外交战略：孔子学院的工具性

语言是信息沟通的载体，语言的使用范围、影响力在一定意义上也是文化实力的一种反应。为了提升中国的大国地位，教育部认为对外汉语教育（TCFL）具有重要的战略意义，它有助于在全球普及汉语及中国文化，以及促进中国与世界其他国家之间的友谊、相互理解以及经济文化合作与交流，并以此来提升中国在国际社会的影响力。新世纪以来中国开始大力推广对外汉语教育，其中一项重要举措就是建立孔子学院。中国官方将孔子学院定义为“中外合作建立的非营利性教育机构”，其目的就是“致力于适应世界各国（地区）

人民对汉语学习的需要，增进世界各国（地区）人民对中国语言文化的了解，加强中国与世界各国教育文化交流合作，发展中国与外国的友好关系，促进世界多元文化发展，构建和谐世界。”

从2004年11月21日全球第一所孔子学院在韩国成立，截至2009年11月，全球已建立282所孔子学院和272个孔子课堂，共计554所，分布在88个国家（地区）。孔子学院设在84国共282所，其中，亚洲27国70所，非洲15国21所，欧洲29国94所，美洲11国87所，大洋洲2国10所。孔子课堂设在28国（缅甸、马里、巴哈马、突尼斯只有孔子课堂，没有孔子学院）共272个，其中，亚洲10国27个，非洲4国4个，欧洲7国34个，美洲6国205个，大洋洲1国2个。其中，东南亚国家的孔子学院设在7国（菲律宾、马来西亚、泰国、新加坡、印尼、柬埔寨、老挝）共21所，孔子学堂设在3国（泰国、新加坡、缅甸）共14个。

然而值得注意的是，语言在一定程度上也仅仅只是一种传播信息的工具与手段。约瑟夫·奈明确地指出，文化吸引力而非语言在塑造软实力。推广汉语如果依照一种“以我为主”的非双向传播，而且不明确语言推广与外交政策之间的层次性关联的话，可能很难达到良好的效果。正如有学者指出，中国在孔子学院项目中所获得的利益并不如想象的那样多，它受到语言学习与别国对中国的态度的限制。

四、结论：正确认识公共外交的作用

从中国的外宣工作实践来看，中国公共外交的逻辑是通过对外部世界阐述我国的成就和政策立场、原则，来增进世界各国对我国的了解，树立我国的良好形象，改善外部舆论环境。然而通过上文的分析，公共外交是有其自身的要求与局限的，对这些问题的把握直接关系到公共外交的执行以及国家战略目标实现的效果。就东南亚的案例来看，中国对东南亚的公共外交存在着3个主要的问题：第一，公共外交与外交政策关联性不明确，公共外交缺乏在战略目标层次中的地位；第二，宣传角度偏重以我为中心，缺乏“双向对称”；第三，缺乏公共外交效果的评价机制。

公共外交作为一种外交手段，它的作用是有限的，因此，在公共外交的推行中需要注意以下问题：

首先，公共外交并不能取代传统外交。公共外交的作用是有战略层次分别的，以软实力为例，新加坡学者盛力军对“软实力”进行了高低两个层次的划分，他认为高层次的“软实力”包括政治、社会系统与意识形态；而低层次的“软实力”包括文化、语言与民族关系。只有高层次的“软实力”才会有助于主权国家之间结成坚固的同盟，中国目前与东南亚国家之间的“软实力”交往仅仅停留在文化、语言的层面上，远远不足以实现其战略杠杆的作用。因此，有必要明确公共外交与所要实现的战略目标之间的关联性。

其次，建立一套具有操作性的针对公共外交的评价机制，这套机制对于公共外交能否有效发挥作用非常关键（比如进行对公共外交预算与战略目标实现之间的关联性分析）。

第三，在真实性基础上构筑有效沟通。公共外交能否有效发挥作用，关键在于所传递信息的“真实性”，即所谓的最好的广告也不能推销出不受欢迎的产品，因此再好的公共外交也无法推行不被接受的外交政策。

（作者系中国暨南大学讲师　原载《东南亚南亚研究》2011年第1期）

中国—东盟自由贸易区成立以来的成绩、问题及对中国—东盟关系的影响

陆建人

2010年1月1日，中国—东盟自由贸易区（CAFTA）按照既定的时间表如期建成，中国与东盟6个老成员国即文莱、印度尼西亚、马来西亚、菲律宾、新加坡和泰国共有超过90%的产品实行零关税，中国对东盟的平均关税已从2009年的9.8%降至0.1%，而东盟6国对中国的平均关税则从12.8%降至0.6%。越南、老挝、柬埔寨和缅甸4个东盟新成员国将在2015年对90%的中国产品实现零关税。

中国—东盟自由贸易区拥有约19亿人口、1400万平方千米土地面积、6万亿美元国内生产总值、4.5万亿美元贸易额，是世界人口最多、面积巨大的自由贸易区。这标志着中国和东盟的经济合作已经从领域合作正式进入经济一体化的阶段。

一、中国—东盟自由贸易区建成以来取得的成绩

中国—东盟自由贸易区建成以来虽仅一年多时间，但成绩显著，主要表现在以下几个方面：

1. 双边贸易创历史新高。尽管全球金融危机的影响尚未消除，但在“零关税”效应的推动下，中国与东盟的双边贸易仍然取得显著进展。据中国海关统计，2010年中国与东盟的双边贸易额已达2927.8亿美元，同比增长37.5%，创历史新高。其中，中国自东盟进口1545.6亿美元，增长44.8%；对东盟出口1382.2亿美元，增长30.1%。

中国与东盟6个老成员国2010年的进出口额合计2557.5亿美元，比上年增长36.5%。其中对马来西亚、新加坡和泰国进出口额分别增长42.8%、19.2%、38.6%；对文莱进出口额增长1.4倍。此外，对东盟4个新成员国（越南、缅甸、柬埔寨和老挝）进出口额合计370.3亿美元，增长44.4%。

2011年1～8月，双边贸易继续扩大，达到2346.11亿美元，同比增长26.6%，中国从东盟的进口增速高于出口。预计全年双边贸易总额稳超3000亿美元。中国已成为东盟第一大贸易伙伴，而东盟则已刚刚超过日本成为中国第三大贸易伙伴。这是东盟在连续多年保持中国第四大贸易伙伴后，首次上升到第三大贸易伙伴的位置。而推动这一位置变化的关键力量就是中国—东盟自由贸易区的建成。

2. 双边投资迅速增长。中国—东盟自由贸易区的《投资协议》实施以来，双方相互投资也增长很快。据不完全统计，2010年1～11月中国对东盟投资达19.6亿美元，至2011年年初累计已达108亿美元，首次超过100亿美元大关。这改变了过去东盟对华投资较多而中国对东盟投资相对较少的局面。中国对东盟大多数成员国都有投资，中国—东盟自由贸易区建立后，东盟已成为中国企业“走出去”的首选地。投资领域分布较广，涉及电力、煤气及水的生产和供应业、制造业、商务服务业、交通运输、仓储业、金融业、采矿业和建筑业等领域。

中国市场巨大，加上中国—东盟自由贸易区的建成使投资壁垒大幅消除，也促进了东盟对华投资额的迅猛增长。2010年东盟对华投资也达到50亿美元，同比增长35%，增长势头强劲。另据中国商务部统计，2010年新加坡对华实际投资达到56.57亿美元，是中国的第三大外资来源国；此外，菲律宾、泰国、马来西亚、印尼也成为中国的重要外资来源国。投资领域包括房地产业、制造业、交通运输业、宾馆、饭店、住

宅、金融、零售、石油化工、旅游、矿产资源开发等行业。

3. 中国—东盟自由贸易区自身建设深入发展。2010年10月29日，中国与东盟签署了《〈中国—东盟全面经济合作框架协议货物贸易协议〉第二议定书》，使双方企业可以更方便地使用原产地规则等自由贸易区优惠政策，获得更多利益。议定书中关于允许使用第三方发票的规定也使中国—东盟自由贸易区能够惠及中国香港等周边地区和经济体，促进跨国产业链的稳定和发展，推进本地区的经济一体化进程。

4. 行业与企业层面的合作加深。中国—东盟自由贸易区的建成，为双方行业和企业合作提供了平台。2010年9月17日，第一届中国—东盟行业合作会议在昆明召开，通过了《第一届中国—东盟行业合作昆明会议主席声明》，双方行业对接与互利合作取得进展。这标志着中国—东盟自由贸易区框架下的中国与东盟合作已从政府层面走向行业和企业层面，其意义重大。因为行业和企业是中国—东盟自由贸易区的执行者，中国与东盟在行业与企业层面的合作将决定中国—东盟自由贸易区的成败。

5. 跨境经济合作区建设取得进展。中国—东盟自由贸易区的建成加快了中国与东盟国家的跨境经济合作区的建设。2010年年底，广西凭祥综合保税区已基本建成，并将于2011年内封关运行。这个面积为8.5平方千米的保税区紧邻中越边境线，与之对接的是越南建设的谅山省同登—谅山口岸经济区。这两个经济区对接后，两国的交通、产业和服务将无缝连接，从而建成共同产业园区。

此外，在中国与缅甸、中国与老挝边境地区的中缅瑞丽—木姐跨境经济合作区、中老磨憨—磨丁跨境经济合作区建设工作也在大力推进。

6. 促进了中国省市对东盟市场的了解。2010年，随着中国—东盟自由贸易区的建成和运行，中国有关省市先后举办了40多场“中国—东盟自由贸易区政策说明会”，其中西部地区的省市最积极。一些地方曾将中国—东盟自由贸易区（CAFTA）和AFTA（东盟自由贸易区）混为一体，通过说明会才弄清楚两者的差别，这大大增加了这些省市对东盟国家和市场的了解。另外，广东、广西、云南等省区与东盟经贸关系密切的省份已将“发展与东盟的贸易和投资合作”列入省级战略，一些地处中部甚至东北的省市也纷纷将开拓东盟市场作为重要的经济发展战略，在中国掀起了一场“东盟热”。

7. 促进次区域经济合作的发展。中国—东盟自由贸易区的建成促进了双方的经济合作。中国正在通过积极推进大湄公河（GMS）、泛北部湾合作、参与东盟东部增长区等次区域经济合作，改善次区域内的基础设施建设，推进次区域内的贸易投资便利化，谋求与东盟尤其是其欠发达国家之间的务实合作与共同发展。当前，大湄公河次区域（GMS）合作和泛北部湾经济合作正在成为中国与东盟经贸合作的两大亮点。

二、存在的问题

中国—东盟自由贸易区建成以来，双方的经济合作取得了巨大的成就，但同时也存在着一些问题，需要引起我们的注意。

1. 贸易不平衡。在过去相当长的一段时间内，双方的贸易是不平衡的，东盟总体处于顺差状态。但随着CAFTA进程的加快，中国对东盟的出口增长较快，东盟的顺差有所缩小。一些东盟国家对此颇有担忧，因为贸易顺差与其国内的就业密切相关。2009年年底，东盟整体对中国仅有4.17亿美元的顺差。为此，中国努力增加对东盟的进口，使2010年东盟的顺差扩大到163.4亿美元，同比增长39倍多。2011年1～8月，东盟的顺差达156.78亿美元，而2010年同期为92.35亿美元。预计2011年全年东盟顺差将超过2010年。不过，应注意的是顺差的大头集中在马来西亚，而逆差集中在越南，呈不均匀状态。这种情况与双方贸易的主要商品——电子产品掌握在跨国公司手中有关。因此，中国不可能单方面控制顺差。今后，东盟顺差再度缩小或变成逆差的可能性依旧很大。

2. 中国企业对中国—东盟自由贸易区仍缺乏了解。迄今为止，中国—东盟自由贸易区进程一直是由双方的政府主导和推动的。而中国—东盟自由贸易区的执行主体是企业，在缺乏自由贸易区常识的中国，出现了“政府推得快，企业跟得慢”的现象。

中国—东盟自由贸易区虽已建成1年多时间了，但许多中国企业至今仍不了解它的原产地规则、敏感产品降税时间表等具体内容，没有享受到自由贸易的好处。它们也不了解东盟国家的市场情况和相关法律、法规。这阻碍了企业“走出去”到东盟国家去投资的步伐。

三、CAFTA对中国和东盟双边关系的影响

进入2011年，中国与东盟建立对话关系已历时20个年头。20年来，中国和东盟的合作已从经济层面扩大到各个领域。双方确定了农业、信息产业、人力资源开发、相互投资、湄公河流域开发、交通、能源、文化、旅游、公共卫生和环保11大重点合作领域。此外，在执法、青年交流、非传统安全等其他20多个领域也开展了广泛合作。而CAFTA是双方经济合作20年来最重要的成果，对双方关系产生了重大影响。它将中国与东盟的经贸关系带入了相互依赖和融合的新阶段——经济一体化阶段。CAFTA的建立，深化了中国与东盟的经济合作，扩大了双方的共同利益，也带动了其他各领域的合作。

中国—东盟自由贸易区使双方迈入了经济一体化的第一阶段，这种紧密的经济关系显然也有利于双方政治关系的发展，有利于“合作共赢”目标的实现，有利于东南亚地区的和平与稳定。

20年来，中国与东盟都做出不懈的努力来建立信任关系。中国在发展与东盟关系的过程中以“增信释疑”为主线，提出了“新安全观”、“睦邻、安邻、富邻”等新思维和创造性的周边外交方针，主动参与到由东盟缔造的多边合作机制之中，并一贯支持东盟的主导作用。但随着中国经济的快速发展与和平崛起，“中国威胁论”仍在一些东盟国家中时隐时现。他们认为，随着零关税的实施，中国商品批量进入东盟市场，威胁到东盟企业的生存，甚至影响就业，心中有抵触情绪。这需要引起双方的重视，因为这会损害双方关系，需要谨慎处理。应当认识到，自由贸易和经济一体化也是一柄双刃剑，在开放市场的过程中，各个成员的福利都会有得有失，但总的福利是在增加的。

展望未来，为保持中国—东盟自由贸易区的发展势头和深化中国—东盟经济一体化进程，双方仍需要继续增强政治互信。中国与东盟20年的伙伴关系历程表明，政治互信决定经济合作的命运。互信在，则合作存，互信毁，则合作亡。随着中国—东盟自由贸易区的建成和经济一体化的加深，中国和东盟双方已经结成了利益和命运共同体，双方都应该像爱护自己的眼睛一样珍惜这个利益命运共同体。

（作者系中国社会科学院研究员　原载《东南亚纵横》2011年第11期）

中国—东盟自由贸易区服务贸易争端解决机制及中国的对策

蒋德翠

《中国—东盟自由贸易区服务贸易协议》(以下简称《服务贸易协议》)是我国在中国—东盟自由贸易区框架下与其他国家和地区签署的第一个关于服务贸易的协议,是继《中国—东盟自由贸易区货物贸易协议》后,中国—东盟自由贸易区建设中取得的又一重大进展。它的签署将有力地促进中国与东盟各国经济的融合,进一步推动双方服务业的开放与发展。然而随着服务贸易的日趋多元化和飞速发展以及可能带来的巨大利益,服务贸易领域的争端会不断增多,并更加复杂化。同时,服务贸易作为贸易争端的一个新战场,它与货物贸易争端有着众多不同之处,因此,对中国—东盟自由贸易区服务贸易争端解决机制做透彻的法律分析,为加快推进中国—东盟自由贸易区服务贸易的进程与发展,具有重大的现实意义和理论意义。

一、中国—东盟自由贸易区服务贸易争端解决机制的内容

中国—东盟服务贸易争端解决机制是对中国—东盟自由贸易区这一多边服务贸易体制提供可靠性和可预见性的一个核心因素,也是成员方维护自己依据《中国—东盟自由贸易区全面经济合作框架协议》(以下简称《框架协议》)所享有权益,纠正其他成员方违反《框架协议》所规定义务行为不可缺少的手段。

《服务贸易协议》第三十条争端解决中规定:《中国—东盟自由贸易区争端解决机制协议》(以下简称《争端解决机制协议》)适用于本协议。《争端解决机制协议》主要包含了18个条款和一个附件,它对争端适用的范围、磋商程序、调停和调解、仲裁庭的设置、职能、组成和程序、仲裁的执行、补偿和中止减让作了一系列的规定。《服务贸易协议》机构条款部分中也包括联络点、审议、争端解决等条款。

二、服务贸易争端解决面临的特殊性问题

就程序上而言,服务贸易争端解决与货物贸易争端解决之间存在的差异是较小的。但是,由于服务贸易在本质上和表现形式上与货物贸易有着很大的不同,因此,在解决服务贸易的争端过程中必然会面临着一些特殊性的问题。

(一)关于最惠国待遇和国民待遇

无论是在货物贸易领域内还是在服务贸易领域内,最惠国待遇义务和国民待遇义务的内容是一个成员国给予任何其他成员国的产品或服务的待遇,应立即无条件地以不低于这样的待遇方式给予任何其他成员国相同的服务或服务提供者(最惠国待遇义务),或者一个成员国给予他国的服务和服务提供者以不低于其所给予国内服务和服务提供者的待遇(国民待遇义务),其根本区别在于货物贸易领域内,受惠对象都是产品(物),而在服务贸易领域内,受惠对象是服务和服务提供者(行为和人)。

正因为此差异,使得在解决货物贸易争端与服务贸易争端有着显然不同的标准。在货物贸易领域的争端实践中,判断争端当事方是否违反了最惠国待遇和国民待遇,往往是要分析受惠的对象——产品,只要争端解决机构确定了受惠的产品为相同的产品,那么判断是否在待遇上存在差异就相对容易了。在这方面,争端解决机构已经从实践中发展出确定相同产品的基本规则,即争端解决机构针对各个争端的具体情况,根据产品在市场的最终用途、不同国家消费者的品味和习惯、产品的特性、本质和质量确定争端产品的相同性;其次,确定相同服务和相同服务提供者对解决服务贸易争端同样是至关重要的,不过,这时争端解决机构审查的对象不仅仅只是两项服务是否一致,还得审查服务提供者。这个程序就比产品之间的同类性分析难多了,服务以行为的方式表现出来,而行为呈现在市场上又不能不考虑提供服务的方式、市场的服务消费情况等的各异。再者,要确定相同的服务者,这更不容易,人都是个体,有着不同的性格和特征,这方面根本没有客观标准可以参照。

另外,在服务贸易中,国民待遇还有着另一方面的特殊性:(1)国民待遇与市场准入密切联系,只有允许外国服务或服务提供者进入的服务领域,才会涉及该成员方是否有义务给予其国民待遇的问题。(2)国民待遇的提供并不是普遍实施的,而是以承诺表的约定为基础的。只要成员对来自其他成员的具体服务没有给予比在减让表中所列更为严格的限制,就不算违反了国民待遇原则。(3)服务贸易领域的国民待遇特别强调实质内容而不拘于形式。只要来自其他成员国的服务或服务提供者能够实际享受到国民待遇,即使形式上与该成员给予其本国国民的待遇不一样,也是允许的。

(二)关于国内法规和市场准入

服务贸易领域与货物贸易领域还存在着一个很大的区别是服务贸易中不存在关税壁垒,各国对本国服务贸易进行保护主要利用本国国内法的限制性法规,这些隐蔽性非关税壁垒可以限制外国服务进入国内市场,以达到限制外国服务与本国服务的竞争。因此,消减非关税壁垒、加强市场准入的法律可靠性是实现服务贸易自由化的关键。《服务贸易协定》专门对影响服务贸易的国内法规作出原则性规定:在作出具体承诺的服务领域,各成员应保证其所有普遍适用的影响服务贸易的措施以合理、客观、公正的方式予以实施;应保证服务提供者及时获得司法救助;为保证有关资格要求和程序、技术标准和许可要求的各项措施不致构成不必要的服务贸易壁垒,各缔约方应按照GATS第六条第四款的规定,共同审议有关这些纪律措施的谈判结果,以将这些措施纳入本协议,等等。

上述的原则性规定中,一些关键的措辞理解起来比较模糊,这必然会使解决争端的仲裁庭面临复杂的条约解释。例如:如何解释"为保证有关资格要求和程序、技术标准和许可要求的各项措施不致构成不必要的服务贸易壁垒"中的"不必要"?这就需要进一步明确解释。

另外,市场准入条款也是仅对成员方做出具体承诺并列入减让表的服务部门适用,成员国以限制数量进入国内市场来保护本国的服务贸易,这对服务贸易的自由化是一个很大的阻碍。为确保有效的市场准入,《服务贸易总协定》第18条规定禁止采取数量限制措施,包括:服务提供方式实现的市场准入,每一缔约方对任何其他方的服务和服务提供者给予的待遇,在条款、限制和条件方面,不得低于其在具体承诺减让表中所同意和列明的内容。此外,第18条还以否定方式列出成员不得采取的6种限制措施,却并没有在该条款中规定明确的指导原则。这样,在争端解决中,仲裁庭就面临着对这些规定的解释问题,由于服务贸易相当复杂,实践中很可能出现与第18条所禁止的措施具有同等效果的类似措施,一旦产生争端,仲裁庭需要进行的解释工作相当棘手。

三、中国—东盟自由贸易区服务贸易争端解决机制的不足及其完善

中国—东盟自由贸易区服务贸易争端解决机制为双方服务贸易争端的解决提供圆满、快捷、高效的法律基础，但是该机制是稚嫩的，还有其不完善之处。其不完善之处不仅是服务贸易争端解决程序所面临的问题，而且是整个中国—东盟自由贸易区争端解决程序所共同面临的问题：

（一）缺失对服务贸易争端解决机制的特别程序规定

如前所述，服务贸易争端与货物贸易争端具有不同的特点，因此，在解决其争端不能“胡子眉毛一把抓”，要针对服务贸易争端的特点，进行一些特殊的规定，如世贸组织中不仅有《争端解决规则和程序的谅解》作为争端解决的一般程序，又有《服务贸易总协定》规定的服务贸易争端解决的特殊程序，这样既有效地防止混乱，又将二者之间的关系作出明文规定，对服务贸易争端的解决提供良好的外部条件。这是中国—东盟自由贸易区服务贸易争端解决机制值得借鉴的地方，专门针对服务贸易争端解决的特殊性做些特别程序规定非常必要。

（二）仲裁庭组成人员的不足及其改进

中国—东盟自由贸易区服务贸易争端解决机制采用以仲裁为核心的方式解决争端，因此，仲裁员的选任适合与否对组建一个仲裁庭为实现解决争端的目的有着很大的关系。该机制规定，被任命的仲裁员或仲裁庭主席，他们应在法律、国际贸易、《框架协议》涵盖的其他事项，或国际贸易协议争端的解决方面具有专门知识或经验。这条规定有一不足之处即只规定仲裁庭主席不应该是任何争端一方的国民，也不应常住于争端国中或在争端国中从业，而对于其他的仲裁员却无此类似的规定。如果能将适用于仲裁庭主席的规则也应适用于其他仲裁员，这样就能更好地使仲裁裁决公正，在此，还应该借鉴WTO争端解决机制中的优点即这些仲裁员都应以个人身份而非以政府代表或任何组织代表身份参与仲裁。

（三）第三方制度的不足及改进

在该争端解决机制中规定，第三方在争端解决中拥有一定的参与权利。例如，可以提交书面陈述，并且其书面陈述应反映在仲裁庭报告中。可以参加第一次实质性会议期间仲裁庭专门安排的会议并作陈述。但该项规定并没有对第三方申请成为第三方的主体资格规定一个明确的时间界限，其弊端在于因为第三方的确定对仲裁庭的组成是有一定影响的，因为仲裁庭的主席不能成为第三方国家中的国民，因此，作为第三方应当尽早确定。在这里可以借鉴WTO中争端解决机制中第三方申请主体资格的惯例做法，即在通过建立仲裁庭的决定后的10天内表示作为第三方的成员才有资格作为第三方。

（四）执行程序的不足及其完善

在该争端解决机制中，虽然对执行程序作了一系列的规定，但与WTO争端解决机制的执行程序相比，它存在着明显的不足之处。如WTO中对于专家组裁决的执行有其自己的一套“跟随执行监督制度”，即将建议与裁决的执行置于DSB监督之下直至问题得以解决。笔者认为，在中国—东盟自由贸易区服务贸易争端解决机制中完全可以借鉴WTO的“跟随执行监督制度”，由于中国—东盟自由贸易区没有一个统一的常设机构，不妨由原仲裁庭代为行使。即使仲裁庭的建议或裁决的执行置于原仲裁庭的监督之下，在此期间任何成员方都可提出质疑，执行方应在每次监督与审议其执行情况的原仲裁庭会议前10天提供执行进展情况的书面报告。通过“跟随执行监督制度”的运行，使执行活动更趋透明化，形成一种强大的道义压力，迫使败诉方执行建议或裁决，最终强化了执行的力度，保证了胜诉方的利益。

四、中国应对中国—东盟自由贸易区服务贸易争端解决机制的策略

（一）增加服务贸易的透明度

根据我国签订《服务贸易协议》的承诺，应当公开各项有关服务贸易的措施，这就要将我国有关服务贸易的政策以法律的形式明确下来，并公布于众。然而，我国服务业的立法一直以来比较落后，直到近年来才有所改善，先后颁布了《保险法》、《商业银行法》、《海商法》、《外资金融机构管理条例》、《律师法》、《民用航空法》等法规。但是，对于我国服务业的立法并没有形成体系，更多规范服务业的规章制度散落在各职能部门或行业内部文件中，有些服务领域甚至还处于立法空白状态。服务贸易立法的不完善，不仅严重影响我国服务贸易市场，而且对国际服务贸易争端的引发是一个潜在隐患。

（二）正确处理最惠国待遇和国民待遇问题

最惠国待遇和国民待遇义务的内容都是一成员国给予他国的服务和服务提供者一种优惠待遇。然而，在我国，对国有企业的特殊待遇及政策倾斜是众所周知的，而这些政策和优惠措施恰恰与中国—东盟自由贸易区中的国民待遇规则相冲突。虽然目前我们给予外资企业也有极大的优惠措施，但这样的优惠措施不利于本国的服务业的发展，使得本国服务业处于不公平的境地，并且影响我国实施最惠国待遇的义务，从而容易引起国际服务贸易争端。

（三）建立服务贸易争端的有效预警机制

随着《服务贸易协议》的实施，中国—东盟自由贸易区的建成，中国与东盟各国服务贸易的发展将呈迅速上升趋势，我国与东盟各国之间的服务贸易也会迅速增长，因此，我国应该建立有效的预警机制，对重要的服务部门和主要的服务业输出（入）国家的增减变化及摩擦状况进行监控，建立有效的防御体系，进而保护已有的服务贸易市场，减少可能爆发的服务贸易争端。

虽然中国—东盟自由贸易区服务贸易争端解决机制有其不足，但随着中国—东盟自由贸易区的不断发展，服务贸易的增多，该服务贸易争端解决机制将会发挥其重要的作用，为中国与东盟各国之间的服务贸易发展提供更加公平、透明、便利的外部条件，进一步推动服务贸易自由化，同时该争端解决机制在实践中会不断得到改进和完善，从而使中国—东盟自由贸易区的发展更为迅速。

（作者系中国广西财经学院讲师　原载《东南亚纵横》2011年第3期）

后自由贸易区时代的中国—东盟合作

曹云华　姚家庆

近20年，中国—东盟关系突飞猛进，从昔日不同的意识形态变成好朋友、好伙伴、好邻居。在经济贸易领域，中国—东盟关系发展尤其迅速，双方原来的经济贸易关系对对方都是无足轻重的，经过20年的演变，双方相互依赖的程度日益加深。推动这个变化的最主要动力是全球化和区域化。中国—东盟领导人顺应全球化和区域化的潮流，继续担当积极的角色，

把中国—东盟区域一体化进程推进到一个新的阶段。

一、回顾:两个10年

在双方的共同努力下,中国—东盟的经济合作正在继续推进,而且为更大范围的地区合作提供了动力,可以分为如下两个发展阶段:

第一阶段,快速扩张(20世纪90年代的10年)。从1991~2001年的10年时间里,东盟与中国的贸易额以平均每年20.4%的速度增长。贸易额从1991年的79亿美元增加至2001年的416亿美元,2002年又增至547亿美元,比上一年增长32%。2003年上半年总额达342亿美元,比上年同期增长45.3%。东盟是中国的第五大贸易伙伴,仅次于日本、美国、欧盟及中国香港。东盟占中国进出口贸易的比重从1991年的5.1%增加至2001年的8.1%。对于东盟而言,中国是东盟的第六大贸易伙伴,贸易比重从1994年的2.1%上升至2000年的3.9%。

第二阶段,深化合作(21世纪前10年)。这个阶段的中国—东盟关系在经历前10年的跨越式发展之后,进入到更加重视质量的阶段。根据东盟秘书处提供的统计资料综合分析,在2005年,中国是东盟的第五大贸易伙伴,与东盟的贸易总额为1134亿美元,占东盟对外贸易总额9.3%。2009年,中国上升为东盟的第二大贸易伙伴,与东盟的贸易总额上升到1782亿美元,占东盟对外贸易总额的11.6%;再看中国在东盟投资的变化情况,虽然中国在东盟的投资总额还远远不如其他国家和地区,但其增长的趋势非常明显,中国在东盟国家的直接投资占东盟吸收外国直接投资总额的比重已经从2005年的1.2%增长至2009年的3.8%。

2010年1月1日,中国—东盟自由贸易区如期建成,中国与东盟之间90%的商品实现“零关税”,据中国海关的统计,2010年中国—东盟贸易额达2927.8亿美元,同比增长37.5%,创历史新高。中国从东盟进口1546亿美元,向东盟出口1382亿美元,东盟对华顺差164亿美元。中国首次成为东盟第一大贸易伙伴,东盟是中国第四大贸易伙伴。更多的东盟产品借自由贸易区进入并分享了中国这个大市场。今后几年,中国—东盟自由贸易区产生的效应还将持续发酵,中国与东盟之间的贸易还有较大的增长空间。

双方的合作从经济领域开始,逐步扩展到其他领域。2010年,中国与东盟国家副总理级以上的访问将近70次。在军事交流方面,中国国务委员兼国防部长梁光烈率团出席了东盟防长扩大会议,中国与东盟国家军队在军事训练、人员培训、装备建设等领域都开展了务实合作。2011年是中国—东盟友好交流年,双方围绕“互利共赢的好伙伴”的主题,确定了30多项庆祝活动,时间贯穿全年,地点遍及中国和东盟各国。双方都希望通过有关活动,增进双方人民之间的了解和友谊,推动务实合作。在2010年10月底的中国—东盟领导人会议上,中国国务院总理温家宝提出力争到2015年双方贸易额达5000亿美元、实现双方人员往来1500万人次、帮助东盟国家培训1.5万名各类技术和管理人员等目标,为双方合作明确了方向。中国外交部表示,中国和东盟下一阶段的任务是继续以维护地区和平稳定、促进共同繁荣发展为主要任务,相互支持、密切配合,保持领导人双边和多边及高层交往势头,落实第二份战略伙伴关系行动计划,建设好中国—东盟自由贸易区,推进基础设施、运输便利化等全方位的互联互通,以及金融、资本市场的开放和融合,加强农业、环保、减灾、卫生等合作,促进社会人文交流。

二、共同获益

促进中国—东盟经济合作顺利发展的一个重要原因,是合作双方能够正确认识与处理合作的获益与成本的问题。

在国家间的经济合作中,有一个谁受益和受益多少以及合作的成本如何分担等问题。一国不仅要享受合作的利益,而且也要承担合作的成本,如何分配合作利益及分担合作成本直接影响和决定了合作能否持久地进行下去。一国从国家间的合作中获得的利益可以分为绝对获益和相对获益两种。绝对获益,是指各国都能够从国家间的合作中分享到各种利益;相对获益是指由于各国大小不同、强弱不同以及在合作中的地位不同,而导致利益的分配也出现差别,有些国家可能从合作中得到更多的利益,有些国家可能得到较少的利益。每一个国家都试图从合作中得到更多的利益,同时又担心伙伴国会获益更多。

那么,中国与东盟之间的经济合作是一种建立在什么样的基础上的合作呢?笔者认为,中国—东盟之间的最重要的合作基础,是在日益加深的相互依存条件下产生的共同利益,正是这种对共同利益的追求,促使中国与东盟坐到一起,促使他们求同存异,促使他们抛开各种纠纷,在各个领域展开合作。在目前乃至今后的相当长一段时间内,中国与东盟将会更多地关注绝对获益,但是,东盟的大多数国家都是小国,他们在与中国合作时,不能不更多地考虑相对获益的问题,中国作为一个地区大国,在与东盟合作时,也一定要照顾到小国的心态,使他们从合作中得到更多的相对获益。作为一个大国,中国宁愿做出一些牺牲,以更多地照顾小国的相对获益为代价,使双方的合作能够持续和稳定地发展。

三、存在的问题

2009年,笔者在一篇题为“论中国—东盟关系的可持续发展”的文章中提到,中国与东盟关系总的来说发展顺利,但是也存在近忧与远虑,我们也必须承认,中国—东盟关系在向各个领域拓展的过程中,也存在一些问题和出现了瓶颈,具体表现为如下几个方面:

1. 中国个别商品的质量问题。有的商家不注意产品质量问题,使一些质量不合格的商品流入东南亚国家市场,影响了中国商品的形象。

2. 政府作用与民间及企业协调不足的问题。近年来,中国—东盟双方高层均高度重视政治关系的发展,广泛加强政府间的合作。然而,在民间与企业的层面,合作仍然较少,积极性也不高。以中国—东盟自由贸易区的建设为例,自由贸易区的建设应该分两步走,第一步是政府间谈判,进行制度建设,签订一系列合作协议和相关法律文件;第二步是民间和企业家紧跟着采取行动,积极开展各种与贸易和投资相关的活动。从目前的情况看,第二步行动显然大大滞后。

3. 东盟各国人民对中国的认识与理解仍然存在一些盲区。笔者在前年曾经接待过东盟10国传媒代表团来访(大部分都是各国主流媒体),交谈中发现,这些媒体对中国的认识仍然是非常肤浅的,偏见不少,西方媒体对东盟各国媒体的影响根深蒂固。

4. 社会文化交流与合作相对滞后。与快速发展的经济关系相比,中国与东盟在社会文化领域的合作要落后得多,远远不能适应经济贸易合作发展的需要。

5. 中国投资企业存在短期行为。近年来,中国对东盟的投资大幅增长,这些投资大多数都产生很好的效应,有力促进双方经贸关系,但也存在一些问题,尤其是中国国内的一些中小企业到东盟国家投资存在一些短期行为,忽视在当地的社会责任,把在国内的一些不良行为也带到外国。中国社会科学院亚太研究所的郭继光博士最近对中国企业在柬埔寨的投资进行了田野调查,他在一份研究报告中这样写道:"少数公司的不规范行为影响了中国公司的整体形象,在柬埔寨的中国企业,正规的国有大中型企业不多,除水电项目之外,绝大多数都是来自地方的中小民营企业。这些企业在中国经济的调整发展中暴富,资金充足,产生了海外投资的冲动,但是他们基本没有什么跨国投资的经验,只是听闻柬埔寨是投资沃土,在利益驱动之下就来到了柬埔寨。这些人在柬埔寨几乎照搬国内的行事作风,以打通政商关系为主,根本不顾什么商业规则,他们很少有长期投资扎根当地的兴趣,追求短期效益,这种急功近利的心态导致其忽视企业社会责任,给中国企业在当地留下负面形象,严重损害中国的形象,也阻碍中国企业在当地的进一步投资"。

6. 一些援建工程存在质量问题。中国对一些东盟国家提供许多援助,尤其是在基础设施建设方面,帮助一些东盟国家修建道路、桥梁、港口等,这些援助建设的基础设施项目对增进双方的了解和友谊发挥重要作用,然而也存在一些问题,尤其是质量问题。无论是在工程的质量或者是在其他方面,这显然与我们提供援助建设的初衷相背离。

四、新的发展方向

笔者认为,今后中国—东盟经贸合作发展的基本思路,应该重视质量和可持续发展。双方领导人都要意识到,中国—东盟经贸关系的"蜜月"期已经过去,今后可能会出现一个较多摩擦的时期。这就需要双方保持冷静与清醒的头脑,清除各种障碍和瓶颈,为中国—东盟经贸关系的新发展提供新的动力和确定新的方向。

这个新的方向在哪里?其实,东盟领导人已经提供了现成的答案,东盟领导人已经达成共识,要在2015年建成东盟共同体,包括政治与安全共同体、经济共同体和社会文化共同体。东盟加快区域一体化步伐的目的,是为了提升整个区域的经济竞争力,尤其是当面对新兴的大国印度和中国加速崛起时,东盟认为,与中国和印度竞争的唯一途径就是加快东盟区域一体化进程。东盟加快区域一体化进程所做出的各种努力给我们提供很好的启示,中国和东盟应共同探讨在更大范围内实现区域经济一体化的问题。中国—东盟自由贸易区建成之后,双方应该考虑建立更加紧密的合作关系,那就是建立中国—东盟经济共同体,朝更高的目标迈进。欧洲从建立欧共体到欧盟用半个多世纪时间,亚洲也许可以用更短一些的时间实现这个飞跃,先实现东盟共同体的目标,然后再过渡到中国—东盟经济共同体,再过渡到实现东亚共同体。

(作者曹云华系中国暨南大学教授　姚家庆为博士研究生　原载《东南亚纵横》2011年第11期)

中国对东盟直接投资区位选择的影响因素

王晓蓓　李　俊

一、相关文献综述

21世纪以来,随着中国对外直接投资的不断增加,中国对外直接投资区位选择问题引起学术界的普遍关注。受对外直接投资区位选择研究传统的影响,学术界主要采用定量分析方法研究有关因素对中国对外直接投资区位选择的影响方向和影响程度。马先仙运用28个国家和地区的数据建立多元线性回归模型,分析了影响中国企业对外直接投资区位选择的因素,结果表明对东道国的出口和东道国的GDP对中国对外直接投资有显著影响,其中出口与中国对外直接投资呈正相关关系,东道国的GDP与中国对外直接投资呈负相关关系。徐雪、谢玉鹏运用2005~2006年相关数据建立中国对外直接投资的计量经济模型,分析影响中国对外直接投资区位选择的因素,得出东道国滞后一期的直接投资流入量和当期出口额是显著的正的决定因素,而东道国当期人均国民收入是负的决定因素。刘凤根选取35个国家2001~2008年间的面板数据,以东道国的市场规模、双边贸易额、东道国劳动力成本以及教育水平等指标,采用固定效应分析方法对我国对外直接投资区位选择的决定因素进行实证检验得出:中国对外直接投资区位选择分别与东道国的GDP、我国对东道国的出口额、东道国工资水平及成人识字率呈负、正、负、正相关关系。周铁军、刘传哲从23个国家在经济、制度和政策三方面选取11个变量,通过对截面数据的逐步回归,得出东道国GDP、外资政策、与中国的贸易联系、与中国的地理距离等因素对中国能源企业对外直接投资有显著影响。张远鹏、杨勇通过偏最小二乘法(PLS)将中国对40个国家或地区2003~2008年直接投资的面板数据进行回归分析显示,在东道国的累计FDI、生产成本、东道国基础设施完备程度以及与东道国的贸易关系等是影响中国对其直接投资的主要因素,地理距离因素在中国对外直接投资中的影响力逐步下降。黄启学利用最新统计数据对我国对外直接投资的决定因素进行实证研究,结果发现东道国市场情况、东道国资源禀赋以及中国与东道国的文化、贸易联系的形式对我国对其直接投资产生决定性的影响。

迄今为止,国内学者对中国对东盟直接投资的研究主要从动因、优劣势、进入模式、投资领域及存在的问题、对策等方面入手,对中国对东盟直接投资区位选择影响因素的分析还不多。姜书竹、陈剑峰认为东道国的工资水平和东道国与欧美的贸易关系是我国纺织服装业投资东盟的重要影响因素。冀廷瑜结合中国企业在东盟直接投资动因的分析以及东盟各国区位因素状况,提出了优化中国企业在东盟直接投资区位选择的思路。邵学言、陈静宁、冯贺喜运用引力模型,对粤商企业对东盟园投资创业的区位选择进行了实证分析,认为经济规模、双边贸易量和空间距离等是影响粤商企业投资东盟国家的重要因素。滕云认为,中国企业应该依据东盟各国的区位因素和企业自身的性质择优选择投资区位。

总之,近年来,国内学界主要运用多元线性回归模型、引力模型、固定效应分析法、截面数据的逐步回归法、偏最小二乘法等实证研究了东道国市场规模、投资环境以及中国与东道国经济联系等因素对中国对外直接投资区位选择的影响。一方面,这些研究得出的结论分歧较大;另一方面,专门针对中国对东盟直接投资区位选择影响因素的实证研究还非常稀少。本文采用面板数据,运用多元线性回归分析法揭示市场规模、经济联系、投资竞争和投资环境与中国对东盟直接投资区位选择的关系,并提出相应的对策建议。

表 1　2003 ~2009 年中国对东盟五国直接投资存量及比例

单位:万美元

国家、项目	2003 年	2004 年	2005 年	2006 年	2007 年	2008 年	2009 年
柬埔寨	5949	8989	7684	10366	16811	39066	63326
印尼	5426	12175	14093	22551	67948	54333	79906
缅甸	1022	2018	2359	16312	26177	49971	92988
新加坡	16483	23309	32548	46801	144393	333477	485732
越南	2873	16032	22918	25363	39699	52173	72850
5 国总计	31753	62523	79602	121393	295028	529020	794802
东盟总计	58695	95570	125615	176338	395317	648699	957142
5 国占比(%)	54.10	65.42	63.37	68.84	74.63	81.55	83.04

资料来源:中华人民共和国商务部网站(http://www.mofcom.gov.cn/)

二、中国对东盟直接投资概况

东盟作为中国的重要邻居,自然资源丰富,与中国在经济上的互补性很强,是中国在发展中国家最大的贸易合作伙伴。随着中国—东盟自由贸易区的建立,中国对东盟的直接投资快速增长,中国对东盟 10 国的直接投资流量,2003 年只有 11932 万美元,2009 年为 269810 万美元,这期间增长 21.61 倍。但是同日本、美国、欧盟、韩国对东盟的直接投资相比,我国对东盟的直接投资相对较少,尚未形成规模效应与集聚效应。东盟统计年鉴数据表明,2000 ~2008 年中国对东盟的直接投资总额仅占世界各国对东盟直接投资总额的 1.5%,远远落后于欧盟(27.3%)、日本(14.1%)和美国(10.2%)。中国对东盟的直接投资主要集中在新加坡、缅甸、印尼、柬埔寨和越南 5 个国家,并且占中国对东盟直接投资存量的比例越来越大,2003 年为 54%,2008 年已经达到 82%(见表 1)。中国对东盟国家的直接投资中,基础设施、制造业、采矿业等产业所占比重较大,对批发零售、金融业、信息服务业等服务业的直接投资保持快速增长(见表 2)。

表 2　2009 年中国对东盟直接投资主要行业分布

单位:万美元,%

行　业	流量	占比	存量	占比
电力/煤气及水的生产和供应业	34932	12.94	185849	19.42
批发和零售业	90995	33.73	163406	17.07
制造业	27511	10.20	148651	15.53
租赁及商业服务业	15207	5.64	105117	10.98
采矿业	46554	17.25	91531	9.56
建筑业	18195	6.74	67552	7.06
交通运输、仓储业、邮政业	6133	2.27	66916	6.99
金融业	14202	5.26	66635	6.96
农、林、牧、渔业	11601	4.30	34054	3.56
科学研究/技术服务和地质勘查业	527	0.20	13139	1.37
房地产业	3548	1.31	5971	0.62
信息运输/计算机服务和软件业	240	0.09	4024	0.42
居民服务和其他服务业	163	0.06	1553	0.16
住宿和餐饮业	40	0.01	1556	0.16
教育	235	0.08	714	0.07
其他行业	267	0.10	474	0.05
合计	269810	100	957142	100

资料来源:中华人民共和国商务部网站(http://www.mofcom.gov.cn/)

三、中国对东盟直接投资影响因素的实证分析

(一)模型的设定及数据说明

1. 变量选取。借鉴已有研究成果,结合中国对东盟直接投资实际及数据的可得性,本文设定市场规模、经济联系程度、投资竞争以及投资环境这四个解释变量。东道国的国内生产总值(GDP)代表市场规模,中国与东道国的双边商品贸易额(BTV)代表经济联系程度,除中国外的其他国家对东道国的直接投资流量(FDII)代表投资竞争,经商难易指数(EBI)代表投资环境。被解释变量 FDI 流量,代表中国对东盟各国的直接投资流量。

2. 数据说明。(1)FDI 流量:数据来源于 ASEAN Statis－tics Yearbook 2008,样本为 2003 ~2008 年中国对东盟各国的直接投资流量。(2)GDP:数据来源于 ASEAN Statistics Yearbook 2008,样本为 2003 ~2008 年东盟各国的 GDP 总量。一国的GDP 越高,市场规模越大,对 FDI 的吸引力就越强。预计 GDP 与 FDI 流量正相关。(3)BTV:数据来源于 2004 ~2009 年《中国统计年鉴》,样本为 2003 ~2008 年中国与东盟各国的货物进出口总额。双边货物进出口总额越大,双边经济联系越密切,相互直接投资的可能性就越大。预计 BTV 与FDI 流量正相关。(4)FDII:数据来源于 ASEAN Statistics Yearbook 2008,样本为 2003 ~2008 年东盟各国的 FDI 流入量(剔除当年中国对东盟各国的直接投资流量)。其他国家对东盟直接投资越多,说明东盟市场越重要,中国企业采取“跟随战略”等进入东盟市场的可能性就越大。预计 FDII 与 FDI 流量正相关。(5)EBI:数据来源于世界银行网站,样本为 2005 ~2009 年东盟各国的经商难易指数。经商难易指数越小,投资环境越优,对 FDI 的吸引力就越强。预计 EBI 与 FDI 流量负相关。

3. 模型建立。本文采用的是面板数据,现建立模型如下:$FDI_{it} = \beta 0 + \beta 1GDP_{it} + \beta 2BTV_{it} + \beta 3FDII_{it} + \beta 4EBI_{it} + \varepsilon_{it}$,下标 i 和 t 分别代表第 i 个东盟国家和第 t 年,ε_{it} 为随机扰动项。

(二)计量分析

1. 模型估计。为了减少由于时期数据造成的异方差及同期相关影响,采用 Eviews5.0 对模型进行加权估计(Peri－od SUR),结果见表 3。

2. 估计结果。估计方程的判定系数 R^2 为 0.971498 接近 1,说明模型的拟合优度较高,且各变量 P 值均小于 5%,说明各解释变量影响显著。结果显示,BTV 与 FDI 流量呈负相关,GDP、FDII、EBI 与 FDI 流量呈正相关,且 EBI 的相关系数最大,其次是 FDII。

表3 模型加权估计结果

解释变量	回归系数	系数标准差	t-检验值	零系数概率
GDP	0.000221	9.76E-05	2.260580	0.0317
BTV	-0.004655	0.001070	-4.352824	0.0002
FDII	0.027820	0.001096	25.39072	0.0000
EBI	0.588438	0.279756	2.103398	0.0445
C	-41.31984	43.66414	-0.946311	0.3521

四、结论与对策建议

(一)结论分析

1. GDP与FDI流量呈正相关,但相关系数较小仅为0.000221,说明近几年GDP已经不是中国对东盟直接投资最重要的影响因素。中国对越南、老挝、柬埔寨等GDP较小国家的直接投资正在增加,究其原因在于这些国家的GDP增速较快,市场前景广阔。2004~2008年东盟各国中GDP年均增长率最高的是老挝,达到19.98%,其次是柬埔寨和越南,分别为19.14%和18.16%。再加上这些国家与中国的经贸关系及政策优惠,吸引大批中国企业前往投资。在柬埔寨分配投资盈利,不管是转移到国外,还是在柬埔寨国内分配,均不征税;在缅甸任何生产型或服务型的企业,从开业的第一年起,连续3年免征所得税;泰国根据不同区域有不同的税收优惠,无论设在何区,对于泰国特别重视的行业,均可获免缴机器进口税以及法人所得税8年。

2. BTV与FDI流量呈负相关,这与我们的预计刚好相反,有可能是因为中国对东盟的投资是为了开拓国外市场,或者是为了获取技术和管理经验。东盟中下游国家与中国存在一定的产业梯度,可以成为中国转移“边际产业”(主要是劳动密集型产业,如纺织、服装、制造业等)的重要场所,加上这些国家劳动力价格低廉,也适于发展劳动密集型投资,因此,许多企业选择在东盟就地建厂生产,这在一定程度上替代了货物贸易。近几年,中国与东盟国家矿产资源和油气资源方面的合作以及服务贸易的增加,都与货物贸易关系不大。如2007年中国对东盟直接投资流量中,主要行业分布依次是制造业,占30%;交通运输、仓储业,占13.5%;批发和零售业,占12.2%;采矿业,占10%;建筑业,占8%;电力/煤气及水的生产和供应业占8%等。

3. FDII与FDI流量呈正相关,说明中国与其他国家对东盟的投资决策相近。根据尼克博克的寡占反应理论,外国直接投资很大程度上取决于竞争者之间的相互的行为约束和反应。他指出,寡头企业采取任何一项活动,其他企业都会效仿,力求缩小差距,降低风险,保持双方力量均衡。为了与领头企业瓜分市场,在领头企业对外直接投资的刺激下,其他竞争企业也会模仿其战略相继到同一市场上进行直接投资。

4. EBI与FDI流量呈正相关,这也与我们的预计刚好相反。EBI越小,经商环境越好,但是FDI流量却越小。有可能是因为中国看重的是东道国未来的市场潜力,即使它现在的经商难度较大,我们有可能会从长远角度考虑,加大投资以争取优先抢占市场,获取“先发优势”。近年来,我国TCL、华旗资讯、厦新手机、华为技术、中兴通信等在内的一批知名企业已经在东盟国家市场占得先机,取得较好业绩。尤其是TCL,几年前就在越南设厂生产彩电,目前在当地的市场占有率超过16%,在菲律宾市场占有7%。相对于东盟中下游国家而言,我国企业在资金、技术、管理等方面具有显著的比较优势,而这些国家也比较容易吸收利用相近的高新技术和支持相应产品的消费,存在着较大的市场潜力。

(二)对策建议

1. 关注东盟GDP增速较快的国家

越南、老挝和柬埔寨为东盟中的经济落后国家,虽然这些国家产业基础薄弱,但是资源丰富,劳动力价格低廉,GDP增长较快。更为重要的是,这些国家处于东南亚经济圈和南亚经济圈的结合部,是中国企业投资东南亚和南亚的必经之路,通过它们向其他东盟国家和西亚拓展都非常便利,具有相当大的地理区位优势和市场开发潜力。另外,欧美发达国家对来自这几个国家的产品限制较为宽松,中国企业可通过在这些国家投资生产线进而将产品打入欧美市场。

2. 加大对东盟边际产业转移力度

目前,中国国内家电、纺织、重化工和轻工等行业已普遍出现生产能力过剩、产品积压、技术设备闲置等问题;人民币的升值使得以“价廉物美”为特点的中国制造的商品在国际市场上的竞争力不断削弱。对于中国经济来说,只有进行产业结构的调整和升级,才能提高自身的竞争力,参与更高层次的国际竞争。中国与东盟在经济上有很大的互补性,通过对其直接投资,一方面可以把传统的“夕阳”产业和一些“朝阳”产业中的“夕阳”环节转移到东盟国家,另一方面也可通过利用国外的科技资源来促进国内产业的结构升级。

3. 鼓励中国企业在东盟投资,缓解经济过“热”现象

目前,中国经济面临着过热的问题,民间资本数目可观。如果能为这些富裕的“资本”找到合适的出路,就可以在一定程度上解决经济过热问题,确保中国经济更健康和谐的发展。此外,国内主要工业品的生产能力过剩,根据第三次全国工业普查资料显示,全国900多种主要工业品生产能力中,半数产品的生产能力利用率低于60%。再加上东盟与中国在产业上的互补性很强,对其投资可以在一定程度上解决经济过热和生产能力过剩问题。

4. 加强能源合作,缓解资源短缺瓶颈

中国经济的快速发展需要大量的资源支持。中国目前面临能源紧缺问题,要解决这些问题,一方面应努力降低能耗,节约使用各种有限的资源;另一方面也可以在资源丰富但自身缺少开发能力的国家进行海外投资或者合作开发来解决能源。总体来说,东盟国家自然资源丰富,其中矿产能源如石油、天然气、铜、铝、钾盐等的开发技术又相对比较落后,存在着很大的合作机会。目前中国企业已经与印尼、缅甸等东盟国家开展能源方面的投资合作。

5. 重视对东盟直接投资的潜在风险

在东盟地区,不稳定的因素依然存在,尤其个别国家社会治安不稳定,构成中国企业前往投资的最大风险。2001年9·11事件以来东南亚地区已成为恐怖袭击的受害区;“中国威胁论”也对东盟国家与中国投资合作产生负面的影响。以上实证分析证明东盟国家经商难易指数与中国的对外直接投资正相关,这也要引起我们的高度重视。虽然这些国家的市场潜力大,但是机遇与风险都是并存的,存在的隐患也不容忽视。

(作者工作单位均系广东商学院 原载《东南亚纵横》2011年第12期)

东盟对华投资现状及投资效应的实证研究

刘志雄

一、引言

对投资效应问题的研究可以追溯到20世纪中叶。1950年，美国经济学家J. 瓦伊纳提出“贸易创造”和“贸易转移”这两个基本概念，用于反映贸易对区域经济一体化的影响。借鉴这两个基本概念，金德尔伯格(1966年)从静态的角度提出区域经济一体化对FDI产生的投资创造效应和投资转移效应。后续学者进一步对投资效应问题展开深入研究。国外学者如Motta和Noman(1996)；Neary(2002)；Galgau和Sekkat(2004)；国内学者如张帆(2002年)；范兆斌等(2006年)；邱立成(2009年)；刘志雄、高歌(2011年)等对投资效应问题进行比较深入的研究。其中，邱立成(2009年)从跨国公司的投资动机出发，对欧盟1996～2006年面板数据的分析发现，区域经济一体化发展对FDI流入有显著的促进作用，成员国的经济发展水平、服务业发展水平等经济初始禀赋条件对投资效应有显著影响。刘志雄、高歌(2011年)研究表明，CAFTA的建立为中国对东盟的直接投资带来了越来越明显的投资创造效应和投资转移效应，并通过实证研究进一步证实了这种效应。总之，国内外学者对投资效应这一问题的研究已经比较深入，研究视角基本上是在区域经济一体化框架下研究区域经济共同体的投资效应，以及考察FDI的内流，所得结论基本上都表明区域经济一体化为区域内的投资带来比较显著的投资效应。

2002年11月4日，中国与东盟10国领导人在金边共同签署《中国—东盟全面经济合作框架协议》，标志着中国—东盟自由贸易区进程的正式启动。CAFTA的建立是否会影响东盟对华投资？此外，经济增长，东盟对华出口、中国与东盟国家之间的地理距离等因素对东盟对华投资又具有怎样的影响？本文首先分析东盟对华投资的现状，进而运用引力模型对东盟对华投资效应进行实证研究，最后提出相应的对策建议。

二、东盟对华投资的现状分析

(一)东盟对华投资的总量分析

东盟对华投资始于20世纪80年代，投资金额逐年增长。一直以来东盟都是中国吸引外资的重要来源地之一，目前东盟已经成为中国第五大外资来源地。从整体上看，东盟对华投资表现出一定的上升趋势(见图1)，从1988年的3917万美元增加到2008年的54.61亿美元，年均增长10.94%。2009年，东盟对华投资总额比2008年略有下降，当年东盟对华投资额为46.78亿美元，投资减少关键在于东盟对华主要投资国如新加坡和泰国大幅度减少对华投资。2010年东盟对华直接投资额达到63.2亿美元，同比增长35.2%。从不同阶段来看，1998年之前，东盟对华投资快速增加；1998～2004年，东盟对华投资比较平稳；2005年之后则变动较大。从累计对华投资数额来看，1988～2010年东盟累计对华投资额达到626.09亿美元，东盟已经成为中国吸引外资的重要来源地之一。

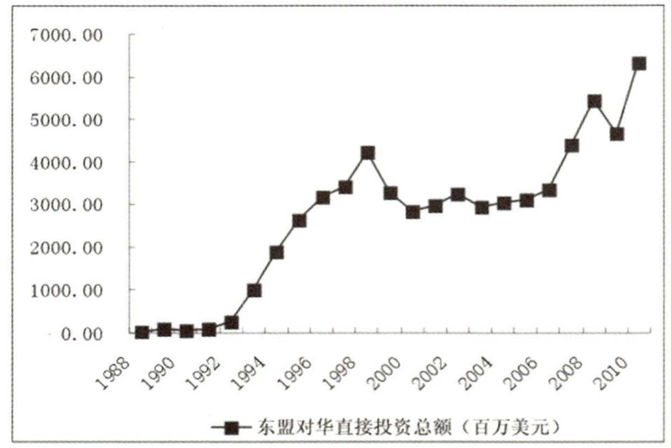

图1 1988～2010年东盟对华直接投资总额

注：原始数据来自于《中国统计年鉴》各期和中华人民共和国商务部网站

(二)东盟对华投资的国别分析

首先，考察东盟国家对华投资占东盟对华投资的比例。从表1可以看出，新加坡对华投资远远高于其他国家对华投资。1996～2010年，新加坡对华投资占东盟对华投资的比例基本上保持在70%左右(2010年为89.51%)，平均为75.78%。马来西亚、泰国、印尼和菲律宾对华投资也占一定的比例，4国对华投资总额占东盟对华投资的比例平均为21.89%，但远少于新加坡的对华投资。柬埔寨、老挝、缅甸和越南等国家，由于经济发展水平比较落后，对华投资则更少，4国对华投资总额占比平均为0.52%。尽管投资比例较少，但对华投资额在不断增加，如2009年柬埔寨对华投资就达到1377万美元。文莱越来越注重对华投资，文莱对华投资占东盟对华投资的比例从1999年的0.01%增加到2006年的8.78%，并超过了当年泰国、印尼和菲律宾等国的对华投资，成为仅次于新加坡和马来西亚的重要对华投资国。可

表1 主要年份东盟国家对华投资占东盟对华投资的比例

单位：%

年份	新加坡	马来西亚	泰国	印尼	菲律宾	文莱	柬埔寨	老挝	缅甸	越南
1996	70.36	14.40	10.28	2.93	1.74	—	0.23	0.00	0.02	0.05
1999	80.35	7.23	4.51	3.93	3.57	0.01	0.08	—	0.33	0.00
2000	76.36	7.13	7.16	5.17	3.91	—	0.07	0.11	0.08	0.02
2005	85.15	5.95	1.58	1.43	3.11	2.64	0.05	—	0.06	0.02
2006	67.45	11.74	4.32	3.00	4.01	8.78	0.06	—	0.22	0.41
2007	72.52	9.05	2.04	3.06	4.45	8.58	0.14	0.07	0.07	0.02
2008	81.22	4.52	2.37	3.06	2.32	6.23	0.05	0.12	0.06	0.04
2009	77.06	9.16	1.04	2.39	2.37	7.44	0.29	0.05	0.07	0.13
2010	89.51	—	—	—	—	—	—	—	—	—

注：东盟10国历年对中国的直接投资数据均来自于《中国统计年鉴》各期。其中，1996～1997年的数据为外商直接投资及其他，其余年份的数据为外商直接投资。文莱1996～1997和2000年，老挝1999、2005～2006年数据缺乏。2010年新加坡对华投资原始数据来源于中国商务部网站

以看出,东盟国家对华投资在很大程度上与本国的经济发展水平相关。

那么,一国的对外投资与本国的经济增长之间具有怎样的关系呢?邓宁在其投资理论中将一国的人均GNP与对外直接投资相联系,总结出一国对外投资和外国直接投资的一般规律(见表2)。他认为,随着经济的发展,一国的人均资本流出额和人均资本流入额都将增加。当人均GNP突破2500美元时,对外投资会形成较大的规模。

表2　经济发展水平与资本流入、流出的关系

单位:美元

人均GNP	4000以上	2500~3999	1000~2499	500~999	400~499	300~399	125~299
人均资本流出额	23	20	3.2	0.4	0.2	0.2	0
人均资本流入额	16.3	15.7	12.9	8.6	7.4	3.2	0.5

注:资料来源于王林生《跨国经营理论与实务》,北京,对外经济贸易大学出版社,1994年

以邓宁的划分为依据考察东盟国家的实际情况。截至2010年,东盟国家中只有文莱、新加坡、马来西亚、泰国和印尼的人均国民总收入超过2500美元(见表3),对外投资已经形成较大规模。事实上,东盟的老成员国(如新加坡、泰国和马来西亚)由于经济起步较早,经济发展水平较高,企业的国际竞争力较强,具备了较强的资本输出能力。相比之下,柬埔寨、老挝和越南等国,经济发展水平相对落后,其对外投资能力也较弱,对华投资较少。

其次,从新加坡对华投资来看,新加坡依然是东盟对华投资的主体。在东盟对华投资中,投资最多的是新加坡、泰国和马来西亚,其次是印度尼西亚和菲律宾。东南亚金融危机后,新加坡进行国内经济转型和经济结构调整,加上中国利用外资政策的调整,新加坡对华投资占东盟对华投资的比例逐年下滑(见表1)。2005年之后,新加坡对华投资回升,对华投资协议额以两位数的速度上升,增长态势良好。截至2010年年底,新加坡对华累计投资额达到498.23亿美元,占东盟对华投资总额的79.58%。

最后,东盟4国也是中国重要的外资来源地。20世纪80年代中后期,东盟4国利用"四小龙"和日本的产业转移,调整经济结构,重点发展劳动密集型出口加工业,尤其是家用电器、电子和汽车零部件等技术含量较高的劳动密集型行业,带动了整体经济的复苏和持续增长。1985年之后,东盟4国对华直接投资表现出4个不同的阶段特征。第一阶段:1985~1990年。这一阶段是东盟4国开始对外直接投资的初始时期,东盟4国对华直接投资相对较少,从1985年的1228万美元增加至1989年的6514万美元,1990年的直接投资有所回落。第二阶段:1991~1996年。这一时期东盟4国对华直接投资迅速增加,尤其是在1992~1993年,由1992年的1.51亿美元增加至1993年的6.26亿美元,增幅达到314.57%。1996年,东盟4国对华直接投资达到历史最大值,为9.36亿美元。第三阶段:1997~1999年。这一时期,东盟4国对华直接投资逐年递减,主要是受到东南亚金融危机的影响。第四阶段:2000年之后。随着东南亚金融危机影响的逐渐远去,东盟4国又开始加大对华直接投资的力度,对华直接投资保持稳定。

(三)东盟对华投资的领域分析

东盟对华投资的领域从早期的农产品加工、纺织、服装、玩具、建筑材料、房地产开发、饭店,到近年来的基础设施、医药卫生、机械制造、金融、电力和海运等行业。20世纪80年代之后,鉴于劳动力成本不断提高,为了节约成本、提高产品在国际市场上的竞争力,东盟国家逐渐将许多劳动密集型产品的制造和组装转移到中国。其中,纺织服装、鞋类、电子电器组装、家具、石化产品、饲料加工等是东盟资本投资比较集中的部门。近年来,第三产业中的饭店、酒店和住宅等房地产开发项目成为东盟对华投资的热点。以新加坡为例,新加坡对华直接投资领域进一步扩大,尤其是在服务业,如银行保险等金融业、交通运输业、旅游业、商业零售业等领域。目前,服务业成为新加坡对华投资的重点行业。新加坡还将大量资本投向饭店餐饮业和房地产业,如新加坡斥巨资创建的苏州高新技术开发区。总之,从投资领域上看,东盟对华投资仍以垂直一体化型直接投资为主,领域主要集中在制造业,多为两头在外的生产加工类项目,产品多为出口。

(四)东盟对华投资的特点和趋势

一直以来东盟都是我国吸引外资的重要来源地,东盟对华投资表现出如下特点和趋势:

1. 东盟对华直接投资。最初主要是利用中国廉价的劳动力和优惠的外商直接投资政策来华投资设厂,就地生产,转口外销,其中一部分也直接销售到中国市场上,属于降低生产成本型和市场占有型直接投资。目前,东盟对华投资已经突破了降低生产成本型和占有市场型等这些基本的直接投资模式,逐渐转向投资目的和投资模式的多样化阶段。

2. 加强对中国西部地区的投资。由于中国扩大了对外开放和加强西部大开发,东盟在华的投资领域由现在的集中于东南沿海地带向内陆和西部地区发展,特别是劳动密集型、资源密集型和当地市场依赖性较强的行业将有较大幅度的增长。

表3　主要年份东盟国家人均国民收入

单位:美元

年份	文莱	新加坡	马来西亚	泰国	印尼	菲律宾	柬埔寨	老挝	越南
1990	12540	11200	2260	1410	590	690	–	190	120
2000	14670	22960	3450	1960	590	1030	300	280	390
2005	22540	27670	5200	2670	1250	1260	460	450	620
2008	32501	34760	6970	2840	2010	1890	600	740	890
2009	35900	36537	6975	3894	2349	1745	667	940	1052
2010	47200	51500	8500	4355	3005	2007	814	1069	1162

资料来源:2008年之前的数据来源于《国际统计年鉴》2009,2009~2010年的数据来源于世界银行数据。其中,2010年的数据为人均GDP

3. 投资的产业分布将由现在的以制造业为主向服务业和高新农业扩展，旅游、证券、商贸、运输、律师及会计师专业服务将会明显增多。

4. 投资方式多样化，东盟国家增加在投资基金、证券融资、参与国企改造和收购金融不良资产等方式的投资将有所增多。

5. 投资的规模和结构更趋合理。长期以来，东盟对华投资的主体集中在新加坡、马来西亚、印尼、泰国和菲律宾5国，而来自文莱、越南等国家的投资将会增多，投资规模由现有的较小规模的以加工贸易和劳动密集型加工产业为主向资金和技术密集型产业发展，投资来源结构更加多元化。

总之，东盟对华投资不断增加，来自东盟的投资主体也发生较大变化。东盟的老成员国由于经济起步早，经济发展水平和企业国际竞争力远远超过4个东盟新成员国，具备了较强的资本输出能力，因而在中国—东盟自由贸易区框架下，东盟的老成员国依然是对中国投资的主力。下面，笔者将利用改进的引力模型，研究东盟对华投资效应。

三、引力模型

现有文献在对贸易和投资进行实证研究时经常使用引力模型，其基本思想来源于物理学上牛顿的万有引力定理。牛顿的万有引力公式为：

$$F_{ij} = k\frac{m_i m_j}{(d_{ij})^2} \qquad (1)$$

其中：F_{ij}表示物体i和物体j之间的引力，m_i和m_j分别表示物体i和物体j各自的质量，d_{ij}表示物体i和物体j之间的距离，k为常数。(1)式表明：引力的大小与物体i和物体j各自的质量成正比，与距离的平方成反比。

在牛顿万有引力公式的基础上，Tinbergen(1962)和Poyhonen(1963)运用引力模型对贸易流量进行计量分析研究。丁伯根建立的贸易引力模型如下：

$$X_{ij} = K\frac{(Y_i)^a(Y_j)^b}{(I+eD_{ij})^f} \qquad (2)$$

其中：X_{ij}表示i国向j国的出口，Y_i和Y_j分别表示i国和j国的GDP，D_{ij}为国i和j国之间的距离，k和e为常数，a和b为参数。(2)式表明：两国之间的贸易量与其经济大小成正比，与两国之间的距离成反比。

四、模型改进、变量选择与数据来源

(一)模型改进

对(2)式两边分别进行对数处理，得到(3)式：

$$1nX_{ij} = 1nK = a1nY_i + b1nY_j - f1n(1+eD_{ij}) \qquad (3)$$

为了进一步简化以及方便进行计量，对距离进行处理可以建立如下模型：

$$1nX_{ij} = \beta_0 + \beta_1 + 1nYi + \beta_2 1nYj + \beta_3 1nD_{ij} + \varepsilon_{ij} \qquad (4)$$

借鉴贸易引力模型的思想，可以运用(4)式来研究投资效应问题，即两国之间的投资与其经济大小成正比，与两国之间的距离成反比。因而从理论上来看，$\beta_1>0$，$\beta_2>0$，$\beta_3>0$。2002年中国—东盟自由贸易区(CAFA)的建立，以及2009年中国—东盟双边《投资协议》的签署，为中国与东盟的双边投资奠定了良好的基础。2002年CAFTA的建立是否会影响东盟对华投资？在此，不妨在模型中设定虚拟变量来加以考察。于是，可以构建如下计量模型：

$$1nFDI_{ij} = \beta_0 + \beta_1 1nY_i + \beta_2 1nY_j + \beta_3 1nD_{ij} + \beta_4 N + \beta_5 1nTrade_{ij} + \varepsilon \qquad (5)$$

其中：FDI_{ij}表示i国向j国的投资，表示虚拟变量，$Trade_{ij}$为国i向j国的总出口。模型(5)中引入贸易这一变量，主要是由于贸易对投资具有重要影响，贸易和投资都是国际经济合作的重要途径。

(二)变量选择

1. 投资。采用东盟对华直接投资来衡量投资。从另一个角度来看，即采用中国吸引来自东盟国家的外商直接投资表示东盟国家对华投资。

2. 经济发展水平。通常情况下，采用GDP来衡量经济发展水平。一般来说，一国经济发展水平越快，创造出良好的投资环境，就越有助于进一步吸引外资。

3. 地理距离。采用两国首都之间的地理距离来衡量。

4. 虚拟变量。选择虚拟变量作为中国—东盟自由贸易区建立与否的变量。从理论上来看，2002年自由贸易区的建立会导致东盟对华投资增加。虚拟变量的设置为2001年之前取0，2002年之后取1。

5. 贸易。发达国家跨国公司经营战略表明，一体化组织的贸易流向对国际直接投资的流向和流量产生影响，产生投资效应。采用东盟对华出口，即中国自东盟国家的进口来衡量贸易。

(三)数据来源

1. 东盟10国对中国直接投资的数据均来自于历年的《中国统计年鉴》。其中，印尼、马来西亚、菲律宾、新加坡和泰国5国的数据为1986～2009年，缺少1987年的数据；老挝、缅甸和越南的数据为1992～2009年；缅甸缺少1995年的数据；老挝缺少1993年、1995年、1999年和2005～2006年数据；文莱的数据为1998～2009年，缺少1995年的数据；柬埔寨的数据为1996～2009年。FDI数据单位统一为万美元。此外，1986年和1992～1997年的数据为外商直接投资及其他，其余年份的数据为外商直接投资。

2. GDP。东盟10国和中国的GDP来自各年度的世界银行《世界数据表》、《世界经济年鉴》、《国际统计年鉴》及《中国统计年鉴》，数据单位统一为亿美元。其中，文莱2007～2009年的GDP数据来源于《世界银行数据库》，文莱1999年，2001～2004年的数据缺乏，在此采用平均1998年和2000年的GDP计算得到1999年的数据，利用2000年和2005年的GDP等差计算得到2001～2004年的GDP。

3. 东盟10国历年对中国的出口数据均来自历年的《中国统计年鉴》。越南对中国的出口数据为1990～2009年，其余9个国家对中国的出口数据均为1985～2009年。数据单位统一为万美元。

4. 东盟10国与中国的地理距离数据无法收集，故采用最简单的办法：测量世界地图(星球地图出版社出版)上北京分别到东盟10国首都的直线距离代表两国之间的地理距离。

五、实证检验及结果分析

在对相关数据进行对数处理之后，利用非平衡面板数据对(5)式进行估计(估计结果略)。由于估计结果中虚拟变量的系数没有通过10%的显著性水平检验，说明CAFTA的建立并不影响东盟对华投资。从东盟对华投资占中国吸引外资的比重来看，1999年后东盟对华投资占中国外资流入的比重一直处于下降态势，在2006年才有所上升。中国外资流入并未因CAFTA的建立而显著增长，这说明至少在短期内，

CAFTA 的建立对于东盟对华投资的促进作用还不是很明显，预计长期内会有所体现。

不考虑虚拟变量，采用 cross - section weights 进行加权，估计得到(6)式：

$\ln FDI = -6.9530 + 0.3447\ln Y_i + 0.2810\ln Y_j + 2.4233\ln D + 0.4254\ln Trade$ (6) (0.0025) (0.07044) (0.0598) (0.0012) (0.0009)

其中：$R^2 = 0.8329$；$F = 78.45$，模型的拟合优度相对较高，模型估计结果比较好。可以看出：首先，贸易增加有助于投资增加。东盟对华出口每增加 1%，将会导致东盟对华投资增加 0.4254%，贸易对投资的作用非常明显，加强中国与东盟的双边贸易，能够拉动东盟对华投资。实际上，CAFTA 的建立，最开始的合作领域便是双边贸易，随着 2009 年双边《投资协议》的签署，投资才越来越备受关注，贸易对投资的拉动作用非常明显。其次，经济增长有助于东盟对华投资。东盟国家经济每增长 1%，将导致东盟对华投资增加 0.3447%；中国经济每增长 1%，将导致东盟对华投资增加 0.2810%。实际上，经济总量的增加不仅表明本国企业实力的增强，也有助于吸引更多的外来资本。经济增长对外商直接投资的作用为正，这与引力模型相符合。最后，地理距离对外商直接投资具有非常明显的正效应。地理距离每增加 1%，东盟对华投资将增加 2.4787%。这一结论与引力模型不相符合，这说明地理距离并未阻碍东盟对华投资。

六、结论与启示

本文研究表明，中国与东盟经济的快速增长和东盟对华出口的增加都有助于东盟对华投资，地理距离并未阻碍东盟对华投资，CAFTA 的建立并不影响东盟对华投资。在中国经济快速增长的宏观背景下，东盟对华投资在迅速增加，东盟对华投资效应非常明显。在东盟对华投资中，东盟的老成员国依然是投资的主力，并且这一特点将在今后相当长一段时期继续存在。如何使得东盟相对落后成员国家增加对华投资？这不仅需要中国与东盟国家加强双边的经济合作，中国也需要为东盟加强对华投资创造更加良好的投资环境。

首先，进一步改善中国的投资环境。近段时间以来，西方企业界和部分媒体大量炒作“中国投资环境恶化论”，在国际上引起了企业界对华投资的普遍担心，中国商务部驳斥了这些论点。改革开放以来，中国政府为外商投资创造了日益完善的投资环境，中国对外商投资的吸引力不断增强。2010 年年初中国美国商会发布的《2010 年商务环境调查报告》显示，2009 年在华的美资企业 71% 实现盈利，82% 的企业对在华业务前景表示乐观，91% 的企业对未来 5 年发展前景表示乐观。当前，面对复杂多变的国际投资者，需要营造良好的投资环境满足其投资需求，为继续加大吸引外资提供良好前提。

其次，加快经济发展的步伐。改革开放以来，中国经济的快速增长举世瞩目，年均增长速度达到 9.8%，在未来一段时间内，中国经济的平稳较快增长仍然能够保持。由于东盟国家经济发展差距较大，如最富的新加坡和经济最落后的老挝二者的经济总量（2009 年）差距达到 1483 倍，因而更应该加快东盟相对落后国家的经济发展。在此，可以采取加快中国对东盟落后国家投资的方式，以投资拉动当地经济增长。从区位优势来看，面对东盟市场，当前我国企业更多地选择直接出口这一国际经营方式，而相对较少直接对东盟进行投资。例如，我国具有比较优势的科技含量和附加值高、产业链长的机电和高新技术产品，更倾向于出口，而不是直接投资（李世泽，2007 年）。事实上，东盟大多数国家在要素禀赋上表现出的区位优势比较明显，东盟国家拥有丰富的原油、天然气、木材、橡胶、煤矿和铁、铝、锡、锰等金属矿产。同时，东盟国家劳动力资源丰富，素质较高，成本低廉。因此，中国必须依据区位优势原则，一方面发挥现有技术优势，扩大对东盟等发展中国家的直接投资；另一方面对一些发展成熟的劳动密集型产业，也可考虑转移到发展中国家。

再次，加快双边贸易的发展。实证结果表明，东盟对华出口增加，有助于东盟对华投资增加，因而可以以贸易拉动投资。事实上，由于东盟国家自然资源丰富，东盟对华出口的产品大多是原材料半成品，技术含量不高，这些产品也是中国经济发展所需要的，东盟对华出口增加有助于中国经济增长。

最后，积极制定措施，合理引导东盟对华投资的投向。在投资领域方面，东盟对华投资的主要领域集中于制造业、饭店酒店业和房地产业。在投资地域方面，尽管近年来部分东盟投资者已开始将目光转向西部地区的四川、重庆等都市，但东盟对华投资仍然集中于东南沿海广东、福建、江浙各省，在投资项目中，东盟对华投资以中小项目为主，70% 的项目投资额在 300 万美元以下。因此，制定相关措施，合理引导东盟对华投资的投向，使中国利用东盟的投资投向更为合理。

（作者系广西民族大学教授　原载《东南亚纵横》2011 年第 10 期）

CAFTA 框架下中国对东盟投资效应的实证研究

刘志雄　高　歌

2009 年 8 月《中国—东盟全面经济合作框架协议投资协议》的签署，标志着中国与东盟成功地完成了自由贸易区协议的主要谈判。那么，随着中国—东盟自由贸易区（CAFTA）的建立，中国对东盟投资的投资效应是否存在？本文将就这一问题进行深入研究。

一、相关文献回顾

早在 20 世纪 50 年代，美国经济学家 J·瓦伊纳（1950 年）就提出“贸易创造”和“贸易转移”这两个概念，用以衡量贸易对区域经济一体化的反映。借鉴这两个基本概念，金德尔伯格（1966 年）从静态的角度提出区域经济一体化对 FDI 产生的两种效应，即投资创造效应和投资转移效应。他认为，区域经济一体化建立后产生的贸易转移使区域外跨国公司的商品进入到区域内更加困难，跨国公司在区域内采取 FDI 方式来代替商品出口，可以实现绕过关税壁垒占领市场的目的，即投资创造效应。同时，区域内已有的跨国公司会利用大市场统一的机会和自身优势，对区域内的生产经营重新布局，以实现规模经济和生产专业化，即投资转移效应。后续学者在金德尔伯格的研究基础上，通过建立各种模型，进一步对投资效应问题展开深入研究。例如，Baldwin et al.（1995 年）通过建立一般均衡模型进行研究，发现在 1992 年欧洲自由贸易区建立后，流入区域内的 FDI 增加 5% 以上，而

表 1　　1995～2008 年中国对东盟的直接投资流量

单位:亿美元

年　份	1995	1996	1997	1998	1999	2000	2001	2002	2003	2004	2005	2006	2007	2008
直接投资	1.37	1.18	0.62	2.91	0.63	-1.33	1.47	-0.81	1.89	2.26	1.58	3.36	9.68	24.84

注:1995～2006 年的数据来源于陈霜华、查贵勇有关文章(2008 年),2007～2008 年的数据来源于 2007 年和 2008 年的中国对外直接投资公报

同期流入区域外国家的 FDI 减少。Bende Nabende(1999 年)对东盟自由贸易区的投资效果进行研究,发现东盟自由贸易区对区域内较发达国家有利,而对不发达国家不利。Neary(2002 年)深入研究一体化对不同类型投资决策的影响。指出:区域经济一体化将促进区外厂商出于逃避关税或出口替代目的进行 FDI,且投资效应会随着区内竞争程度的增强而弱化。Galgau 和 Sekkat(2004 年)采用 1980～1994 年欧盟成员国的 FDI 流入量数据,考虑加入区域经济一体化的虚拟变量,研究发现欧盟区域经济一体化对成员国 FDI 流入量有明显的促进作用。从国内的研究来看,张帆(2002 年)认为,建立中国—东盟自由贸易区(CAFTA)有利于促进区外资金的流入和区内国家间相互投资的增长。范兆斌等(2006 年)借鉴 Neary 模型,对不同区域经济一体化组织进行分析,发现区域经济一体化的投资效应在南南和南北自由贸易区内均显著存在。邱立成(2009 年)从跨国公司的投资动机出发,分析了欧盟 1996～2006 年的面板数据,发现区域经济一体化发展对 FDI 流入有显著促进作用,成员国的经济发展水平、服务业发展水平等经济初始禀赋条件对投资效应有显著影响。邵秀燕(2009 年)研究了东盟区域经济一体化的投资效应及其影响因素。

总之,现有文献表明,国内外对投资效应这一问题的研究已经比较深入,研究的结论基本上都表明区域经济一体化为区域内的投资带来比较显著的投资效应。然而,国内外学者研究的角度基本上是在区域经济一体化框架下研究区域经济共同体的投资效应,以及考察 FDI 的内流。实际上,在区域经济一体化的过程中,不能忽视区域内国家间的相互投资。有鉴于此,本文在 CAFTA 框架下,从创造效应和转移效应两个角度来研究我国对东盟投资的效应。

二、中国对东盟投资的创造效应分析

随着东盟国家投资环境日趋完善和便利以及中国企业实力的不断增强,东盟国家已成为中国进行海外投资的首选地,中国对东盟的直接投资步伐明显加快。从历年中国对东盟直接投资的流量来看(见表 1),2002 年之前,中国对东盟的投资相对较少,甚至在某些年份,对外直接投资出现净流入。2003 年之后,中国对东盟的投资明显增加。2003 年,中国对东盟的投资项目为 65 个,直接投资金额为 1.89 亿美元。从 2007 年开始,中国对东盟的投资呈加速上涨趋势,当年对东盟的投资达到 9.68 亿美元,是 2006 年投资水平的 2.88 倍。2008 年,金融危机席卷全球,造成世界经济下滑,但这并不影响中国对东盟的投资,中国对东盟的投资依然保持强劲的快速增长势头,当年对东盟的投资达到 24.84 亿美元。

从历年中国对东盟直接投资的存量来看(见表 2),存量不断增加。2003 年,我国对东盟的投资存量为 5.87 亿美元,2005 年的投资存量达到 12.56 亿美元,比 2003 年的水平翻了一番。2007 年,中国对东盟的投资存量增加到 39.53 亿美元,是 2005 年投资存量的 3 倍之多。2008 年,尽管受到国际金融危机的影响,但投资存量迅速增加,增至 64.86 亿美元。总之,上述分析表明,在 CAFTA 框架下,中国对东盟的投资迅速增加,对东盟投资的创造效应越来越明显。

表 2　2003～2008 年中国对东盟直接投资存量

单位:万美元

年份	2003	2004	2005	2006	2007	2008
投资存量	58695	95570	125615	176338	395317	648699

资料来源:各年度的中国对外直接投资统计公报

从投资领域来看,中国对东盟投资的领域向深度和广度延伸,涉及制造业,批发和零售业,电力、煤气及水的生产供应业,商务服务业,建筑业,采矿业,交通运输及仓储业,专业技术服务业,农林牧渔业,房地产业,餐饮业等多个领域,投资形式也从直接投资发展到包括技术投资 BOT 等多种形式。2008 年,中国对东盟投资的领域主要集中在以下几个方面:电力/煤气及水的生产和供应业 11.76 亿美元,占 47.3%,主要分布在新加坡、缅甸、老挝、印尼等;交通运输、仓储业和邮政业占 11.3%,主要分布在新加坡;采矿业占 9.7%,制造业占 9.5%,租赁和商务服务业占 6.5%,建筑业占 6.6%,批发和零售业占 3.7%。在矿业领域的投资方面,中国对东盟国家在矿业领域的投资既有区位优势,也具有政策环境优势。东盟国家,尤其是紧邻的越南、老挝和缅甸等国,矿产勘查的程度不高,希望引进中国的资金、技术来推动国内资源开发,促进经济发展,这为中国增加对东盟国家的矿业投资创造了良好条件。

从具体的国别投资来看,中国对东盟国家的投资位居前 3 位的分别是新加坡、越南和泰国。目前,中国在新加坡挂牌上市的中资或含中资的企业已达 100 多家,在泰国累计投资设立非金融类中资企业 278 家,中国也连续多年成为柬埔寨第一大投资国。截至 2008 年年底,中国对缅甸投资累计达 13.31 亿美元。其中,对矿产、电力、油气领域类的投资分别为 8.66、2.81 和 1.24 亿美元,中国已经成为缅甸的第四大投资国。

总之,CAFTA 的建立为中国对东盟的投资提供了巨大便利,中国对东盟的投资创造效应越来越明显。在未来,随着中国与东盟各国经贸合作的进一步发展,中国对东盟的投资创造效应将不断增强。加强对东盟国家的投资,是中国企业实施“走出去”战略的必然选择。

三、中国对东盟投资的转移效应分析

(一)从对外投资的具体构成来看,中国对东盟的投资具有越来越明显的投资转移效应

从中国历年对外投资总额来看(见表 3),1999 年中国企业对外投资额为 19 亿美元,2006 年对外投资额达到 176 亿美元,居世界第 13 位。截至 2008 年底,中国 8500 多家境内企业在全球 174 个国家(地区)设立境外直接投资企业 12000 家,投资覆盖率为 71.9%,对外直接投资累计净额达到 1839.7 亿美元,境外企业资产总额超过 1 万亿美元。2008 年对外直接投资额为 559.07 亿美元,其中非金融类对外直接投资额为 407 亿美元,比 2007 年增长 63.6%;对外承包工程完成营业额 566 亿美元,比 2007 年增长 39.4%;对外劳务合

表 3　　中国对外直接投资以及对东盟的投资占对外投资的比重

单位：亿美元/%

项目＼年份	1995	1996	1997	1998	1999	2000	2001	2002	2003	2004	2005	2006	2007	2008
中国对外直接投资总额	20	21	26	27	19	10	69	27	29	55	123	176	265.06	559.07
中国对东盟直接投资占比	6.85	5.62	2.38	10.78	3.32	-13.30	2.13	-3.00	6.52	4.11	1.28	1.91	3.65	4.44

注：1995~2006 年中国对外直接投资总额来源于陈立敏有关文章（2008 年），2007~2008 年数据来源于 2007 年和 2008 年的中国对外直接投资公报。中国对东盟直接投资占对外投资的比重是根据表 1 和表 3 中的数据计算得到

表 4　　2007~2008 年中国对主要经济体投资情况表

单位：亿美元/%

经济体	2007 年流量		2008 年流量		2007 年末存量		2008 年末存量	
	金额	占比	金额	占比	金额	占比	金额	占比
中国香港	137.3	51.8	386.40	69.1	687.8	58.3	1158.45	63.0
东盟	10.44	3.9	4.67	0.8	29.4	2.5	31.74	1.7
美国	1.96	0.8	4.62	0.8	18.8	1.6	23.90	1.3
澳大利亚	5.3	2.0	18.92	3.4	14.4	1.2	33.55	1.8
俄罗斯联邦	4.8	1.8	3.95	0.7	14.2	1.2	18.38	1.0
东盟	9.7	3.7	24.84	4.4	39.5	3.4	64.87	3.5

注：资料来源于 2007 年和 2008 年中国对外直接投资统计公报

作完成营业额 81 亿美元，增长 19.1%。在中国企业“走出去”步伐进一步加快，对外投资规模不断扩大的同时，尤其是在 2002 年 CAFTA 的建立后，中国对东盟的投资开始呈现上升趋势，占中国对外投资的比重不断提高。从 2005 年开始，中国对东盟的直接投资占中国对外直接投资的比重逐年递增，从 1.28% 增加到 2008 年的 4.44%。因此从总量上来看，中国对外直接投资发生一定程度的转移，我国越来越关注对东盟的投资。

从 2007~2008 年中国对外直接投资地区当年的投资流量来看（见表 4），中国对东盟的投资位于第 2 位，仅次于中国香港特区，但与香港的差距非常明显。另一方面，中国对东盟的投资较大，投资水平超过对澳大利亚的投资，也远超对欧盟、美国等这些世界上最大经济体的直接投资。从存量来看，中国对东盟的投资也较大。从具体的数据来看，中国对东盟的直接投资占比从 2007 年的 3.7% 增加到 4.4%，投资存量也从 2007 年的 3.4% 增加到 2008 年的 3.5%。因此，中国越来越关注对东盟的投资。

由上可以看出，在 CAFTA 框架下，中国对东盟投资具有越来越明显的转移效应，这是由于自由贸易区的建设及不断深入，投资自由化、投资便利化的开展和投资环境的改善，为中国企业到东盟投资提供了制度保证。

（二）从中国对东盟内部的具体投资来看，中国对东盟的投资也具有越来越明显的投资转移效应

首先，从不同成员国的投资流量来看，投资流量的地区分布发生了较大变化。尽管中国对东盟国家的投资逐年增加，但由于东盟内部的经济发展水平存在较大差异，加上长期以来中国与东盟国家存在的经济联系，中国对东盟国家投资的分布是不均衡的。例如，新加坡是中国对东盟投资最多的国家，2006 年之后我国对新加坡投资迅速增加，位居中国对东盟投资的前列。而对于东盟 4 个老成员国（包括印尼、马来西亚、菲律宾和泰国）来说，尽管投资额在逐年增加，但所占比例明显下降，从 2005 年的 59.50% 下降到 2008 年的 14.57%（见表 5）。即使是不考虑 2008 年中国对新加坡的直接投资，所占比例也仅为 38.77%。相比之下，中国对东盟 4 个新成员国（包括越南、老挝、缅甸和柬埔寨）的投资却发生了非常明显的变化（见表 6）。2003 年之后，中国对东盟 4 个新成员国的直接投资迅速增加。2006 年所占比例基本上与东盟 4 个老成员国的所占比例相当。2007 年之后，我国对东盟 4 个新成员国的直接投资就超过了对东盟 4 个老成员国的直接投资。尽管 2008 年的投资比重有所下降，但中国已经越来越注重对东盟 4 个新成员国的直接投资，如对基础设施建设等领域的直接投资，这与中国和东盟 4 个新成员国相邻的地理位置有密切联系。

表 5　中国对东盟 4 个老成员国的投资及其占对东盟投资的比重

单位：万美元/%

年　份	2005	2006	2007	2008
中国对东盟 4 个老成员国的投资总额	9384	11727	18165	36194
中国对东盟 4 个老成员国的投资占对东盟投资的比重	59.50	34.93	18.76	14.57

注：原始数据来源于当年的中国对外直接投资统计公报

表 6　　中国对东盟 4 个新成员国投资占中国对东盟国家投资的比重

单位：%

年　份	1995	1996	1997	1998	1999	2000	2001	2002	2003	2004	2005	2006	2007	2008
比重	8.63	4.83	50.24	2.44	12.96	-22.56	26.75	-79.98	29.75	27.62	36.80	33.96	43.59	25.92

注：1995~2006 年的数据来源于陈霜华、查贵勇有关文章（2008 年），2007~2008 年的原始数据来源于当年的中国对外直接投资统计公报

其次，从投资存量来看（表7），2006年之前，中国对东盟4个老成员国的直接投资存量占比最大，达到38%以上，对东盟4个新成员国的投资存量比重也较高。2007年之后，中国对新加坡的直接投资存量超过了对东盟4个老成员国和东盟4个新成员国的投资，2008年投资比重迅速增加到51.41%。由此可见，从投资存量来看，我国对新加坡的投资增加，对东盟4个老成员国的投资和东盟4个新成员国的投资都下降，但对东盟4个老成员国的投资下降得更快，这说明中国对东盟内部的投资存在一定的转移效应。

再次，从具体的投资国别来看，在2004年我国对外直接投资中，对印尼和新加坡的投资分别排在第8位和第9位。相比之下，2008年，中国对新加坡、缅甸、柬埔寨、印尼和越南的投资分别位居第5、13、15、17和20位，投资情况发生了较为明显的变化。此外，早在2004年，截至当年中国累计对外直接投资净额前20位的国家（地区）中，新加坡、泰国、越南和马来西亚分别位居第8、10、12和20位。可见，从国别来看，中国对东盟的投资也发生了比较明显的投资转移。

由此可见，中国对东盟国家的投资发生了明显的转移效应。随着中国与东盟双方市场的进一步开放，中国与东盟之间的投资壁垒将逐渐消除，相互投资会逐渐增多。中国企业实施“走出去”战略，投资的重点区域从东盟老成员国转向东盟新成员国，即越来越关注周边的越南、老挝、柬埔寨和缅甸等东盟新成员国的市场。

四、模型构建、变量选择与数据来源

（一）模型构建

通过上文的分析可以看出，在CAFTA框架下，无论是从投资创造效应还是从投资转移效应来看，中国对东盟投资的效应都比较明显。下面本文将就中国对东盟的投资效应进行进一步的实证研究。在研究的过程中，关注的核心问题之一是CAFTA的建立是否会带来中国对东盟投资的效应，因此，在模型的构建中，需要设置虚拟变量。此外，投资效应也会受到众多因素的影响，如中国的经济发展水平、劳动力成本、服务业发展水平以及对外贸易。构建的模型如下：

$$OFDI_t = \beta_0 + \beta_1 D + \beta_2 GDP_t + \beta_3 W_t + \beta_4 F_t + \beta_5 TR_t + \varepsilon_t \quad (1)$$

其中，$OFDI_t$、D、GDP_t、W_t、F_t 和 TR_t 分别表示各期中国对东盟的投资、虚拟变量、经济发展水平、劳动力成本、服务业发展水平以及对外贸易。

（二）变量选择

1. 中国对东盟的投资。在研究投资创造效应时，以中国对东盟的直接投资作为被解释变量；而在研究投资转移效应时，以中国对东盟的直接投资占中国对外直接投资的比重作为被解释变量（采用FDB表示）。

2. 虚拟变量。选择虚拟变量D作为中国—东盟自由贸易区建立与否的变量。从理论上来看，自由贸易区的建立会导致中国加大对东盟的投资，即在CAFTA框架下中国对东盟的投资会产生投资创造效应。虚拟变量的设置为1995～2002年取0，2003～2008年取1。

3. 经济发展水平。采用一个国家的GDP来衡量这个国家的经济发展水平。一般来说，一国的经济发展越快，就越有助于对外投资。在研究投资创造效应时，采用中国历年的GDP来衡量经济发展水平；而在研究投资转移效应时，采用中国历年的经济增长率来衡量经济发展水平。

4. 劳动力成本。一国劳动力成本增加，会使得该国发生产业转移，按照小岛清的边际产业扩张论，该国会加大对外投资的力度，即一国的劳动力成本与投资效应正相关。在研究投资创造效应时，采用中国职工工资总额来衡量劳动力成本；而在研究投资转移效应时，采用中国职工工资指数来衡量劳动力成本。

5. 服务业发展水平。《2004年世界投资报告》中指出，外商直接投资转向服务业，服务业外商直接投资已经成为当今跨国公司对外投资的重点。一国服务业的快速发展，能够增加本国的经济产出，进而会加大对外服务业投资力度。在研究投资创造效应时，采用中国第三产业增加值占GDP的比例来衡量服务业发展水平；而在研究投资转移效应时，采用中国第三产业增加值来衡量劳动力成本。

6. 对外贸易。发达国家跨国公司经营战略表明，一体化组织的贸易流向对国际直接投资的流向和流量产生影响，从而产生投资创造效应和投资转移效应。在自由贸易区框架下，双边贸易的加强有可能对双边的投资产生挤出效应。在研究投资创造效应时，采用中国对东盟的贸易总额表示中国与东盟的贸易发展水平；而在研究投资转移效应时，采用中国对东盟的贸易总额占中国GDP的比重表示中国与东盟的贸易发展水平。

（三）数据来源

根据收集到的数据，本文的实证区间为1995～2008年。具体的数据来源如下：1995～2006年中国对东盟直接投资总额来源于陈霜华、查贵勇有关文章（2008年），2007～2008年的数据来源于2007年和2008年的中国对外直接投资统计公报。1995～2006年中国对外直接投资总额来源于陈立敏有关文章（2008年），2007～2008年的数据来源于商务部网站，单位为亿美元。根据原始数据，可以计算得到中国对东盟直接投资占中国对外投资的比重。1995～2008年的GDP及其增长率、职工工资总额及其增长指数、第三产业增加值及第三产业增加值占GDP的比例都来源于《中宏数据库》，中国与东盟的贸易额数据来源于各年的中国统计年鉴。为了统一单位，将以人民币表示的第三产业增加值和职工工资总额

表7　　从投资存量看中国对东盟国家的投资

单位：万美元/%

年份	中国对东盟4个新成员国的投资		中国对东盟4个老成员国的投资		中国对新加坡的直接投资	
	投资额	占比	投资额	占比	投资额	占比
2005	36248	28.86	56629	45.08	32548	25.91
2006	61648	34.96	67699	38.39	46801	26.54
2007	112909	28.56	137577	34.80	144393	36.53
2008	171729	26.47	142842	22.02	333477	51.41

注：原始数据来源于当年的中国对外直接投资统计公报

通过人民币兑美元汇率折算为以亿美元表示，人民币兑美元汇率来自于《中国统计年鉴》(2009)。

五、中国对东盟投资的效应——进一步实证

(一)中国对东盟投资的创造效应

运用OLS方法对(1)式进行估计，并采用Newey-West方法进行加权。在估计过程中，由于GDP的系数没有通过5%的显著性水平检验，因而不考虑这一变量，重新估计得到(2)式。

$$OFDI = -15.2182 + 3.9755D + 0.0290W - 0.0024F - 0.0024TR \quad (2)$$

(0.0000)(0.0056)(0.0000)(0.0137)(0.0001)

其中：$R^2 = 0.09655$；$DW = 2.4108$；$F = 63.03$，模型的拟合优度相对较高，D.W值接近于2，模型估计结果比较好。可以看出，虚拟变量的系数非常显著，系数为3.9755，说明CAFTA的建立为中国对东盟的投资带来了巨大的创造效应。实际上，在CAFTA框架下，中国企业进一步实施“走出去”战略，对东盟国家的投资进一步增加。随着《投资协议》的签署，中国将会进一步增加对东盟的投资，东盟国家也必将成为中国的重要投资伙伴。从其他变量的系数来看，中国劳动力成本上升，会导致中国对东盟投资增加。劳动力成本上升，使得中国产业发生转移，通过对外直接投资将产业转移出去，实现产业结构的优化。中国与东盟贸易的扩大，不利于中国对东盟投资的增加。一方面，贸易一直以来都是我国与东盟经济合作的最重要领域，东盟已经成为中国第四大贸易伙伴国。相比之下，中国对东盟的投资较少，更多的是东盟对中国的投资。另一方面，中国对外投资更多的采取对外经济合作的形式，中国企业真正走出去的步伐较慢。服务业的快速发展也不利于我国对东盟的投资创造效应的发挥，服务业的快速发展，导致我国与东盟的服务贸易越来越多，真正由服务贸易转向服务投资需要相当长时期。

(二)中国对东盟投资的转移效应

采用的估计方法同上。在估计的过程中，由于GDP的系数没有通过5%的显著性水平检验，因而不考虑这一变量，重新估计得到(3)式。

$$OFDI = 19.1607D + 0.3239W - 0.4448F - 6.3618TR \quad (3)$$

(0.0146)(0.0003)(0.0001)(0.0140)

其中：$R^2 = 0.665$；$DW = 2.6530$；$F = 11.81$，模型的拟合优度相对较高，D.W值接近于2，估计结果比较好。可以看出，虚拟变量的系数非常显著，系数为19.1607，说明CAFTA的建立为中国对东盟的投资带来了巨大的转移效应，中国越来越注重对东盟的直接投资。从其他变量的系数来看，中国劳动力成本的上升，会造成中国对外直接投资的地区转移，而东盟的地理位置、经济发展现状正适合中国产业的对外转移。中国对东盟的贸易扩大，非常不利于中国对东盟投资的转移效应。服务业的快速发展，也不利于中国对东盟投资转移效应的提升。

六、结论与启示

本文的研究表明，CAFTA的建立为中国对东盟的直接投资带来了越来越明显的投资创造效应和投资转移效应，实证研究也进一步证实了这种效应。此外，中国劳动力成本的增加有助于对东盟投资的创造效应和转移效应。服务业的发展和与东盟贸易的快速发展不利于投资效应的发挥。

尽管中国对东盟的投资具有明显的投资效应，然而，从区位优势来看，面对东盟市场，当前中国企业更多地选择直接出口这一国际经营方式，而相对较少直接对东盟进行投资。例如，中国具有比较优势的科技含量和附加值高、产业链长的机电和高新技术产品，更倾向于出口，而不是直接投资。事实上，东盟大多数国家在要素禀赋上表现出的区位优势比较明显，东盟国家拥有丰富的原油、天然气、木材、橡胶、煤矿和铁、铝、锡、锰等金属矿产。同时，东盟国家劳动力资源丰富，素质较高，成本低廉。因此，中国必须依据区位优势原则，一方面发挥现有技术优势，扩大对东盟等发展中国家的直接投资；另一方面对一些发展成熟的劳动密集型产业，也可考虑转移到发展中国家。

然而，在中国对东盟国家直接投资的同时，东盟国家一直以来都是中国吸引外资的重要来源地。东盟的老成员国(如新加坡、泰国和马来西亚)由于经济起步较早，经济发展水平较高，企业的国际竞争力较强，具备了较强的资本输出能力，因而东盟的老成员国依然是对中国投资的主力，并且这一特点将在今后相当长一段时期继续存在。据统计，截至2009年年底，东盟对中国投资超过500亿美元，而中国对东盟各国投资也快速增加至60亿美元。可以看出，东盟对中国投资与中国对东盟国家的投资之间仍然存在巨大缺口，这种相互投资的不对称，要求中国企业必须始终坚持“走出去”的战略，加大对东盟的投资力度。

此外，从具体的投资来看，美国的跨国公司是在完全拥有垄断优势之后才开始进行对外直接投资，而发展中国家是在国内经济发展水平提高之后才开始大规模对外直接投资。发展中国家进行对外直接投资应当紧密结合本国的经济发展现状，在不同阶段采取不同的对外投资策略。现阶段，中国要优化产业结构、改变经济增长方式，重要途径就是通过鼓励对外直接投资，将具有比较优势的劳动密集型企业大规模向周边国家转移，这不仅能缓解在国内遇到的发展压力，还可以推进国内的产业升级，提升我国的产业优势。

(作者工作单位均系广西民族大学　原载《东南亚纵横》2011年第1期)

东盟知识产权一体化对中国的影响

吴　奕

一、知识产权发展背景

知识产权(Intellectual Property)是指人们对自己的智力活动创造的成果和经营管理活动中的标记、信誉依法享有的权利。1994年关贸总协定缔约方签订的《与贸易有关的知识产权协定》(即TRIPs协定)划定的知识产权范围包括著作权及其相关权利(即邻接权)、商标权、地理标记权、工业品外观设计权、专利权、集成电器布图设计权、未公开信息专有权(即商业秘密权)、对许可合同中限制竞争行为的控制。

知识产权法律制度产生的时间并不长，第一部专利法是英国于1624年制定的《垄断法规》，1709年制定第一部著作权法《安娜女王法令》，从法国于1857年制定第一部商标法《关于以使用原则和不审查原则为内容的制造标记和商标的法律》起算，知识产权兴起到发展至今只有300多年，但它起到了推动现代化科学技术的创新和传播、拉动国民经济的快速发展的重要作用。100多年前，国际社会开始建立保护知识产权制度。1893年，据《保护工业产权巴黎公约》成立的国际局与《保护文学艺术作品伯尔尼公约》成立的国际局联合起来，组成国际知识产权保护联合局。1967年在斯德哥尔摩成立世界知识产权组织，1974年成为联合国专门机构之一，它的宗旨是通过国际合作与其他国际组织进行协作，以促进在全世界范围内保护知识产权，以及保证各知识产权同盟间的行政合作。此后，知识产权国际保护进入一个新的历史阶段，新的国际经济贸易体制的形成加快了知识产权立法一体化的进程，知识产权国际法在各缔约国之间形成统一的标准，新的科学技术的不断涌现，促进知识产权立法现代化的步伐，知识产权国际保护实施许多重大的制度创新和变革。

东盟国家实行知识产权制度也是由来已久，可以追溯到殖民时代，尽管过去人们认识到的知识产权与现在的概念大相径庭，当时是直接将它们当作商业利益加以保护。另一方面，由于西方国家知识产权保护理念比较先进，所以，东盟国家将其作为外交工具，以此加强与西方世界的联系。比如菲律宾在1833年由西班牙殖民者引入第一部知识产权法令；而作为英国殖民地，1937年新加坡就依照英国相关法律开始对注册商标实行保护，迈开了知识产权保护进程的第一步。随着民族独立和经济的快速发展，殖民时期的知识产权制度在面对不确定的各种现实问题前显得力不从心。在如今变化多端的国际背景下，努力建立适合自身国情的制度、摆脱外来干涉、制定多元化的体制对东盟各国都是迫切要求，也是吸引外资、繁荣地区科技文化的根本需要。近些年来，东盟国家在知识产权立法、制度创新、区域协调和统一等诸多方面都出现新的变化，试图确定东盟在世界上知识产权保护的主要角色地位，而避免被动接受其他国家先定原则和政策的影响和压力，尤其是1995年在曼谷举行的第5次东盟首脑会议上通过的包括《东盟关于知识产权合作的框架协议》在内的数个协议，达成在坚持履行国际义务的前提下，保持承认和尊重各国知识产权保护制度独特性，确立了东盟知识产权合作的6个重要目标，引起世人的关注。

中国知识产权的立法始于清朝末年，虽然北洋政府和国民政府也颁布过关于知识产权保护的法律，但由于社会条件不够成熟并未发挥应有的作用。中华人民共和国成立之后的一段时间内，由于种种客观因素并没进行知识产权法律体系的建设。近20年来，随着世界步入经济全球化时代以及我国经济的飞速发展对于知识产权保护的迫切需求，我国先后颁布一系列知识产权法律法规，取得了举世瞩目的成就。此外，中国还加入《成立世界知识产权组织公约》(1980年)、《保护工业产权巴黎公约》(1985年)、《保护文学艺术作品伯尔尼公约》(1992年)等等。中国是世界上最大的发展中国家，但是知识产权保护起步较晚，中国在知识产权保护方面建立和制定完整的法律制度，得到世界各国的公认，但还存在一些亟待解决的问题。

在经济全球化趋势加快之后，东南亚各国和中国为了更好融入国际社会，加深与其他国家的贸易往来，建立起了知识产权法律体系。由于时间短、经验不足，双方都以西方发达国家已成熟的法律制度为参考，按照自身国情加以适当调整和改动，因此所制定的法律政策比较理论化，没有经过长期的验证和推敲，在复杂的双边或多边经济交流中，往往不能够很好的起到保护作用，容易引起风险和损失。

二、中国在知识产权保护方面面临的挑战

随着中国经济实力增强和国家影响力的上升，加上地缘相近，中国与东盟已从20世纪90年代中期的“磋商伙伴”发展到“全面对话伙伴”关系，贸易合作更为密切。2002年签署的《中国—东盟全面经济合作框架协议》加快了双方合作的进程和范围。中国与东盟各国在资源构成、产业结构和工农业产品等方面各具特色、互补性很强，经贸合作潜力巨大。1991年双方贸易总额约为80亿美元，2001年则超过400亿美元，从1995～2002年，中国与东盟的双边贸易额以年均19.1%的幅度快速增长。2010年1月1日，中国—东盟自由贸易区如期建成后，当年中国与东盟贸易额达2927.8亿美元，创历史新高，比2009年增长37.5%。目前中国已成为东盟第一大贸易伙伴。这种频繁的商业贸易和经济联系将给中国和东盟的知识产权关系带来深刻的影响和挑战。

虽然中国与东盟国家有地理位置上的特殊优势，并且东盟国家受到中华文化的影响，在社会认同感和文化底蕴方面有相似之处。但是自从东盟10国陆续取得民族独立解放、经济显著发展以来，更多呈现和结合的是西方工业文明之后形成的文化特征，形成独具自身特色的价值观和制度设计。更明显的是，2007年的东盟知识产权协会年会上，东盟各国基本达成了严谨且强调执行力的欧盟体系学习共识，由此来看，东盟将会在不久以后通过借鉴欧盟构建一个共同但各具特色的知识产权保护体系。所以，东盟与中国知识产权的制定体系也完全不相同。而知识产权具有地域性，在一国取得后，若想在其他国家也受到法律保护，必须按照该国的法律规定进行注册，这与日益扩大的全球化国际贸易产生巨大冲突和矛盾。特别在原则体系不相同的东盟国家和中国，未必在一国享有专有权就能顺利在其他国家得到注册，经常能看到已被抢注的现象，为双方交易增加重重困难。

其次，随着在欧美国家贸易的多次碰壁和东盟各国经济的发展，中国更多的投资涌入东盟这个具有巨大潜力的市场。一旦东盟知识产权保护一体化进程加速，中国和东盟国家企业之间知识产权纠纷短期内激增的可能性是存在的。比如据中国海关统计，2004年中国与东盟贸易额达到1696亿美元，是1978年的72倍。又如中美贸易美方从1993年开始出现62亿美元的逆差，到2004年上升到803亿美元，11年增长了近12倍；而相应增长的还有中美两国的知识产权争端。1997～2002年，虽然美国对中国知识产权保护尚有不满，但是也对同期中国知识产权保护方面取得的发展表示一些积极的看法。但是从2004年开始，美国商业界对中国在世贸组织框架下对知识产权的保护情况开始流露出更多的不满，美国贸易代表办公室在2005年的特别301报告中国部分(“非常规评估报告”)中决定将中国升格为“重点观察国家”，而且中美两国企业之间知识产权摩擦和争端也频繁发生，不断向WTO提起申诉，严重影响了中国对外贸易的发展。随着中国与东盟各国经贸往来的增加，双方间知识产权保护问题将日益凸现。在中国—东盟自由贸易区建设不断推进的今天，双边贸易量持续增加，贸易结构也有了较大的改善。2005年以来，机电、音箱等制造业产品相互贸易的比重大大增加，均已位居双边进出口贸易的首位，而且双方的贸易领域与知识产权息息相关，很容易引起纠纷。另外，中国和东盟各国的知识产权保护都是从低水平直接达到较高保护水平，缺乏必要的过渡时期，社会各部门包括企业都没有足够准备经验和时间，所建设的知识产权保护体系也不成熟。中国从1982年制定商标法到21世纪就达到知识产权协定的要求，之间仅仅花了10年时间；而东盟大部分国家也只用了20年时间完成体系建设和国际化转变。这种“快速完善”为将来产生纠纷埋下隐患。更何况中国与东盟国家都处于经济上升的关键期,对外贸易和投资必然会造成逆差,双方都可能以惯用的“知识产权”为突破口来保护国内市场,有效发展自身经济,这样的矛盾也会加深发生知识产权争端的可能性。

除此之外,如何应对欧美国家特别是美国的干预和在多国贸易竞争中取得有利位置,占得先机,对于发展中的中国又将是一场严峻考验。东盟知识产权一体化的进程直接影响到其作为世界舞台上的重要角色与欧美国家的经济往来。当西方发达国家面临经济危机的困境和国内市场的萎缩,自然需要为了追求更大的利益和保持经济地位而寻找潜力市场。2006 年 12 月法国作为第一个欧洲国家与东盟签署了友好合作条约;2009 年 7 月美国国务卿希拉里·克林顿与出席东南亚国家联盟外长扩大会议的东盟国家代表签署《东南亚合作条约》。西方国家一改以往忽视东盟的政策,希望通过此类行为施加对于这一地区的影响力,加强同东盟国家的战略合作,并且制约中国对东盟贸易的巨大利益和强大影响力。一方面以美国为代表的西方国家害怕中国经济日益增长对其地位的威胁,所以,支持东盟在经济、贸易、文化等层面的一体化,起到牵制中国的效用;另一方面又惧怕东盟与中国的友好合作关系加深后,联合起来对抗自己。所以,千方百计阻挠中国和东盟的友好关系。国际不确定的势力和因素都深刻影响着中国和东盟之间的正常贸易往来和知识产权争端的解决。

另一方面,作为引领东盟前进的关键力量,新加坡经济发展水平在东盟 10 国中最高,与欧美联系较深,影响力较大。在知识产权保护领域,新加坡连续出台多方位、一系列的法律政策和保护措施形成了以知识产权局和有关政府部门及专业团体等相关机构组成的运行机制,其严肃对待知识产权的态度,被视为全亚洲将创意和发明商业化的最佳地点,对东盟其他国家起到良好示范作用。中国—东盟自由贸易区的主要意义偏重在于打通市场通道,实现制度衔接,减少交易障碍,降低成本。目前东盟内部知识产权保护水准层次不齐,差距很大,中国可以较多较快地进行商品流通,建立多向经济联系,发展多重连接。但随着以新加坡为代表的一部分东盟成员国的发展,必将对于其他东盟国家起到标杆和示范作用,通过在效仿制度建设和措施完善方面相互借鉴,促进整体水准的进步,这将降低未来中国出口贸易的门槛和风险。

三、中国与东盟各国知识产权协调机制的探索

(一)中国国内的改进措施

面对国际局势的纷繁变化和瞬息万变的机遇取舍,中国必须制定一套措施以缓和矛盾,避免发生过多贸易争端而浪费时间和财力。首先国内的知识产权保护体系需要尽快国际化。根据世界贸易组织的规定,TRIPS 保护范围包括:版权及邻接权、商标、外观设计、专利、地理标志、集成电器布图设计、商业秘密等知识产权。虽然中国在这 7 项内容的立法工作上已经取得有目共睹的成就,但是在制度落实上还是困难重重,特别是对于国外企业和商品往往保护不力,而引起接二连三的申诉事件。自 2001 年成为世界贸易组织成员后不到两年的时间里,中国企业被诉侵犯知识产权的重大涉外案件就有 20 余起,引发诉讼赔偿额已达 10 多亿美元。在 2004 年 9 月中美商会和上海美国商会联合发布的《美国企业在中国》报告中,美国商会主席提出中国的知识产权保护问题仍然突出,对侵犯知识产权者的惩罚措施尚不能达到世界贸易组织关于知识产权问题所要求的标准。美国商会就知识产权问题对一些企业进行调查,有 3/4 的受访企业认为它们的企业在中国受到知识产权方面行为的损害。这些事例的发生引起国际社会的巨大反响,造成对中国贸易环境和产品法律保障的怀疑,深刻影响到其他预备和中国进行大规模贸易的国家、组织和地区。所以,中国必须对已在国内颁布的法律加大执行力度,把在出口前的风险降到最低。

另外,据新加坡、泰国、菲律宾、印度尼西亚、马来西亚 6 国的主管部门网站统计,新加坡 2003 年国内申请专利人数仅占总人口的 6.22%,而国外申请人则占 93.87%,其他 5 国情况大致相同。可以说东盟各国是外向型国家,自主创新能力普遍不高,主要接受专利申请和知识产权竞争对象来自外国。中国企业要进行顺利的知识产权注册和避免将来产生不必要的争端,就必须在申请前期对东盟国家的同类产品进行调查,特别是对国际市场的类似产品进行全面研究,包括主要的销售地是哪些区域,有没有进军东盟地区的行动或者打算,是否与自身产品的商标、技术有相似性,等等。东盟内部国家经济发展差距较大,有些国家具备流畅的知识产权审核和公示流程,而有些国家则比较弱。从宏观来看,中国的科研能力普遍比东盟国家高,并且处理与知识产权纠纷的经验也较为丰富,所以处于一定的优势地位,但是目前最为欠缺的是了解东盟市场情况和法律规范的专业知识产权中介代理机构。所以,我们需要建立知识产权信息跟踪和预警机制,这样就会尽可能避免遇到知识产权陷阱,避免不必要的损失。

(二)中国与东盟各国建立的协调机制探索

中国与东盟各国应建立统一协调机制,可以分成立法、注册、争端解决 3 个部分。

欧盟有一套成熟的立法机制,先由欧共体委员会提出立法建议,欧洲议会讨论和“经社委员会”提出意见,再由欧共体委员会根据审议中的意见进行修改,最后由欧洲部长理事会通过,颁布并形成跨国法。另外欧盟于1993 年通过了《共同体商标条例》,并依条例建立了统一的纵贯全欧洲的商标注册制度。意见商标只要经位于西班牙阿利坎特(Alicante)的欧共体“内部市场协调局”(The Office for the Har - monization of the Internal Market)核准注册,就成为共同体商标,可以在整个欧盟范围内有效。中国与东盟建立协调统一机制可以借鉴欧盟的实践经验。可以建立日常的对话机制代替,加强交流,制定行之有效的知识产权保护的政策、步骤和流程,相互培养了解双方法律情况的专家或者政府官员进行交流会谈,在满足条件后提议建立连接双方知识产权协调事务的专业中介代理机构,进行政府负责的咨询、申请服务,这对于推进安全高质的贸易进程是有利的。

在商标注册方面,可以充分考虑欧盟的做法,建立分叉的两种制度。首先按照中国或者东盟国内法律注册,仅在注册国获得专有权;依双方共同认可的法律建设的制度而获得的商标注册,可以在东盟和中国共同获得商标权利。当然建立区域内的法律制度是非常困难的,欧盟的协调机制可供参考:(1)优先注册原则。按照时间接纳申请和审查。在国内获得知识产权或者已经投放进入生产并得到诸国承认的产品,则可以享有优先注册跨国知识产权的权利;(2)如果申请

跨国知识产权失败，不影响其按照一般规定先申请国内知识产权，随后依次申请其他国家的知识产权。

关于争端解决机制基本可以分为司法性、政治性和两者兼容性。欧盟的争端解决机构主要是欧洲法院。欧洲法院建有国际法意义上的国际法院和国内法意义上的宪法法院、行政法院和普通法院的性质，而政治性的争端解决机制主要指以传统的外交调解、斡旋等方式解决经济组织内的争端。笔者认为，未来最适合中国和东盟国家知识产权争端解决机制主要是以权威独立的司法解决机制为主，辅以传统的政治解决机制。另外，2005 年 1 月 1 日生效的《中国—东盟全面经济合作框架协议争端解决机制协议》中并没有涉及到知识产权争端结局机制的详细规定，并且在此协议中只表明争端当事方仅为中国和东盟成员国，并没有考虑到知识产权纠纷的特殊性，将企业和个人排除在规定之外，这对企业和个人维护自身利益和权利造成了很大的阻碍。虽然中国与东盟关于知识产权的争端还没有集中式爆发，但是一旦东盟知识产权一体化环境成熟，也可能像如今中国与欧盟般摩擦和纠纷激增，国家作为争端解决规定的主体没有如此精力处理频繁发生的争端。如果将企业和个人也纳入知识产权申诉的主体范围内也许会缓解不少矛盾。

四、结语

东盟知识产权一体化还有很长的道路要走，其中的改革和调整都会深刻影响中国和东盟的贸易合作。东盟很难像欧盟一般建立有东盟特色的统一的知识产权法律体系，其分散性和多变性都为我国构建知识产权法律体系和制定应对措施造成不小的困难。在这个进程中，中国必须正视以美国为主的西方国家在其中发挥的主导作用和所产生的利益分配影响。在面对困境和应对挑战时，中国更多需要放眼于西方发达国家的成功经验，并总结与欧美国家贸易争端后产生的教训，有条理、有准备地应用在与东盟的经济合作之中，以现行的国际法律体系为标准，充分利用国际社会的政策法律作为保护自身的工具，最终摆脱陷入知识产权纠纷的怪圈，让开放政策运转得更为顺畅。

（作者工作单位系上海师范大学　原载《东南亚纵横》2011 年第 7 期）

中国参与大湄公河次区域经济合作国家报告

中华人民共和国国家发展和改革委员会
中华人民共和国外交部
中华人民共和国财政部
中华人民共和国科学技术部

一、综述

发源于中国青藏高原唐古拉山的湄公河，自北向南流经中国、缅甸、老挝、泰国、柬埔寨、越南六国，全长 4880 千米，是亚洲乃至国际上的一条重要河流。湄公河在中国境内段称为澜沧江。自 20 世纪 90 年代以来，澜沧江—湄公河流域国际区域合作引起国际社会的广泛关注，相关国家和国际组织开展广泛合作，取得了不少有益的成果，有力地推动了该地区经济社会的发展。

1992 年，亚洲开发银行（以下简称“亚行”）在其总部所在地菲律宾马尼拉举行了大湄公河次区域六国首次部长级会议，标志着大湄公河次区域经济合作（GMS）机制的正式启动。目前，GMS 合作范围包括中国（云南省和广西壮族自治区）、柬埔寨、老挝、缅甸、泰国、越南，总面积 256.86 万平方千米，总人口约 3.26 亿。该区域蕴藏着丰富的水资源、生物资源、矿产资源，具有极大的经济潜能和开发前景。GMS 各国历史悠久，风景秀丽，民族文化多姿多彩。长期以来，受多种因素影响，经济和社会发展相对落后。进入新世纪以来，GMS 各国都在进行经济体制改革，调整产业结构，扩大对外开放，加快经济和社会发展已经成为各国的共同目标。

2002 年 11 月，GMS 首次领导人会议在柬埔寨金边举行，批准了《次区域发展未来 10 年（2002 ~ 2012 年）战略框架》，并决定其后每 3 年在成员国轮流举行一次 GMS 领导人会议。GMS 合作开始上升到领导人层级，由此进入全面、快速发展的新阶段。2005 年 7 月，第 2 次领导人会议在中国昆明举行，确立了“相互尊重、平等协商、注重实效、循序渐进”的合作指导原则，批准和签署了交通与贸易便利化、生物多样性保护、信息高速公路建设等多项合作倡议和文件，合作由此迈上新台阶。2008 年 3 月，第 3 次领导人会议在老挝万象举行，通过了《2008 ~ 2012 年次区域发展万象行动计划》，签署了电力贸易路线图、经济走廊均衡与可持续发展等合作文件，合作进一步拓展和深化。在推动 GMS 合作的过程中，3 年一次的领导人会议在确立合作目标、引导合作方向、提出重大举措等方面发挥至关重要的作用。

近 20 年来，在亚行和各成员国共同努力下，GMS 合作稳步推进，成果丰硕，为消除贫困，促进 GMS 各国经济社会发展发挥了积极作用。合作注重以项目为主导，确定交通、能源、电信、环境、农业、人力资源开发、旅游、贸易便利化与投资九大重点领域，并积极为成员国提供资金支持和技术援助。至 2010 年底，GMS 贷款（赠款）项目共 55 个，总投资约 138 亿美元，其中亚行自身提供贷款 50 亿美元，GMS 国家政府配套资金 43 亿美元，联合融资 45 亿美元；技术援助项目 172 个，总额约 2.3 亿美元，其中亚行自身提供贷款 1 亿美元，GMS 国家政府提供配套资金 2000 万美元，联合融资 1.1 亿美元。

2011 年 12 月，第 4 次领导人会议将在缅甸内比都举行，审议确定未来 10 年的合作战略框架是此次会议的重要议题。中国愿与 GMS 各成员国一道落实好各项合作倡议，推动各领域合作向新的深度和广度发展，为实现 GMS 各国的共同发展与繁荣作出积极贡献。

二、中国与 GMS 各国的经济贸易联系

自 2008 年第 3 次 GMS 领导人会议，特别是中国—东盟自由贸易区建成以来，中国与 GMS 国家之间双边贸易呈现出更加良好的发展势头，贸易结构进一步改善，双边投资额也有了较快增长。中国还以合资或独资等方式参与柬埔寨、泰国、越南的经贸合作区开发建设，促进了当地的经济发展。

（一）与柬埔寨的双边贸易和投资

2010 年，中柬双边贸易额为 14.4 亿美元，比 2008 年增长 27.4%。其中，中国对柬埔寨出口 13.5 亿美元，进口 0.9 亿美元，分别比 2008 年增长 23.9% 和 125.0%。从品种来看，中国对柬埔寨主要出口商品是纺织品、机电产品、高新技术产品、服装、钢材、农产品等；自柬埔寨进口主要商品是天然橡胶、服装、锯材、原木、农产品等。截至 2010 年底，柬埔寨累计在华实际投资达 1.2 亿美元；中国对柬埔寨直接投资累计达 11.3 亿美元。

此外，由中、柬企业合资开发建设的柬埔寨西哈努克港经济特区，总规划面积11.08平方千米，主要产业为轻纺服装、机械电子、高新技术。一期规划面积1平方千米，已于2008年底建成；二期规划面积5.28平方千米。截至2011年8月，已有入区企业15家，吸收投资3270万美元，当地雇员3535人。

（二）与老挝的双边贸易和投资

2010年，中老双边贸易额为10.5亿美元，比2008年增长150.0%。其中，中国对老挝出口4.8亿美元，进口5.7亿美元，分别比2008年增长77.8%和280.0%。从品种来看，中国对老挝主要出口商品是机电产品、纺织品、服装、高新技术产品、汽车、摩托车等；自老挝进口主要商品是铜矿、铜材、农产品、锯材、天然橡胶等。截至2010年底，老挝累计在华实际投资达3761万美元；中国对老挝直接投资累计达8.5亿美元。

（三）与缅甸的双边贸易和投资

2010年，中缅双边贸易额为44.4亿美元，比2008年增长68.8%。其中，中国对缅甸出口34.8亿美元，进口9.6亿美元，分别比2008年增长75.8%和47.7%。从品种来看，中国对缅甸主要出口商品是纺织品、高新技术产品、钢材、摩托车、汽车等；自缅甸进口主要商品是农产品、原木等。截至2010年底，缅甸累计在华实际投资达8972万美元；中国对缅甸直接投资累计达19.5亿美元。

（四）与泰国的双边贸易与投资

2010年，中泰双边贸易额为529.5亿美元，比2008年增长28.4%。其中，中国对泰国出口197.5亿美元，进口332.0亿美元，分别比2008年增长26.5%和29.5%。从品种来看，中国对泰国主要出口商品是机电产品、高新技术产品、纺织品、农产品等；自泰国进口主要商品是机电产品、高新技术产品、天然橡胶、农产品等。截至2010年底，泰国累计在华实际投资达32.9亿美元；中国对泰国直接投资累计达10.8亿美元。

由中、泰企业合资建设的罗勇工业园，总规划面积3.5平方千米，包括一般工业区、保税区、物流仓储区和商业生活区，主要产业有汽配、机械、家电等。截至2011年8月，已有入区企业34家，吸收投资3.15亿美元，当地雇员1991人。

（五）与越南的双边贸易与投资

2010年，中越双边贸易额为300.9亿美元，比2008年增长54.6%。其中，中国对越南出口231.1亿美元，进口69.8亿美元，分别比2008年增长52.8%和60.8%。从品种来看，中国对越南主要出口商品是机电产品、纺织品、高新技术产品、钢材、农产品等；自越南进口主要商品是机电产品、煤、高新技术产品、农产品、纺织品、原油、天然橡胶等。截至2010年底，越南累计在华实际投资达1.2亿美元；中国对越南直接投资累计达9.9亿美元。

由中国企业开发建设的越南龙江工业园，规划面积6平方千米，其中工业区5.4平方千米，住宅服务区0.6平方千米。主要产业为纺织轻工、机械电子、建材化工等。截至2011年8月底，已有入区企业11家，企业投资金额6860万美元，当地雇员529人。

三、中国参与GMS合作的新进展

自2008年GMS第3次领导人会议以来，中国政府继续为GMS合作提供力所能及的资金支持，并积极参与交通、电力、电信、环境、农业、人力资源开发、卫生、旅游、贸易便利化和投资、禁毒等领域的合作，取得丰硕成果。

（一）交通

南北经济走廊西线（昆明—老挝—曼谷公路）已于2008年正式通车。该通道上连接老泰两国的跨湄公河第三座大桥（清孔—会晒大桥），由中泰两国政府各提供一半资金共同建设，已于2010年2月正式开工，预计2012年9月建成通车。南北经济走廊中线（昆明—河内—海防）的中国境内段407千米已全部改造成高速公路，越南境内段正在改造之中。由中越两国政府共同出资建设的中越红河界河大桥于2009年9月1日建成。南北经济走廊东线（昆明—南宁—河内）公路通道全长1208千米，中国境内段已基本升级为高速公路，越南境内段为二级路，目前已列入高速公路升级改造计划，并正在组织实施之中。北部走廊（昆明—大理—瑞丽—缅甸）公路通道全长约820千米，自2010年9月以来，中缅双方就该通道项目成立了联合工作组，启动了通道的总体规划工作。

中国与各国密切合作，加入了《次区域便利货物及人员跨境运输协定》（以下简称《便运协定》），完成《便运协定》全部17个附件和3个议定书的谈判和签署工作。与越南分别签署《中越关于在河口—老街实施便运协定的谅解备忘录》和《中越关于在友谊关—友谊出入境站点及昆明—百色—南宁—友谊关—友谊—谅山—河内路线列入协定议定书的谅解备忘录》。与老挝签署《中老关于在磨憨—磨丁实施便运协定的谅解备忘录》，开通13条国际道路运输线路。中方还与老、泰两国就昆曼公路交通运输权益问题达成一致，目前中、老、泰三国正在履行国内法律程序，力争尽早实现昆曼公路的便利化运输。关于中缅运输协定，双方商定于今年在华举行谈判，力争早日达成一致并签署协定，为中缅两国的跨境运输提供制度保障和便利安排。

中国积极参与泛亚铁路合作。泛亚铁路东、中、西三个方案中国境内段的建设都已纳入中国《中长期铁路网规划》，且建设情况良好。其中：在东线，新建玉溪至蒙自铁路已于2005年开工建设，计划2012年建成；蒙自至河口铁路已于2009年底开工建设，计划2013年建成。在中线，昆明至玉溪铁路扩能工程已于2010年开工建设，预计2014年完工。玉溪至磨憨铁路正在开展可行性研究。在西线，昆明至广通铁路扩能工程已于2007年开工建设，计划2013年建成；积极推进广通至大理扩能工程建设前期工作；大理至瑞丽铁路已于2008年开工建设。在大力开展国内段建设的同时，中国也致力于支持泛亚铁路东、中、西三个方案境外段的建设。中国一直积极参与GMS铁路合作有关会议，探讨泛亚铁路规划，倡议GMS国家加快泛亚铁路缺失段建设，争取早日实现GMS国家的铁路联通。根据GMS国家的愿望，中国采取多种方式为泛亚铁路境外段的建设提供协助。2010年，中国出资完成柬埔寨境内巴登—斯诺尔缺失段可行性研究工作；2011年出资完成了老挝境内万象—磨憨缺失段、缅甸境内木姐—腊戍缺失段可行性研究工作。

（二）电力

中国致力于发展与GMS各国的电力合作。一是积极参与GMS电力贸易协调委员会的各项工作，推动GMS各国间的电力合作。中方一直倡导开展的GMS电力发展总体规划于2008年完成第一版，并在2010年完成规划的修编；根据第3次领导人会议上6国政府共同签署的《次区域跨境电力交易行动路线图谅解备忘录》,中方积极配合亚行开展“促进次区域电力贸易及次区域电力基础设施的环境可持续发展”的课题研究;积极配合亚行开展建立GMS电力贸易协调中心(RCC)前期准备工作。二是积极开展与周边国家和地区的电力联网和电力交易。自2004年9月云南河口至越南老街110千伏线路正式送电以来,中国南方电网以目前的3条220千伏、4条110千伏送电通道向越南北部八省送电,2010年向越南北部八省送电55.3亿千瓦时,同比增长24.9%。截至2011年8月底,已累计向越南送电209亿千瓦时。为解决老挝北部日益严重的缺电问题,中老双方开展南方电网以115千伏电压等级向老挝供电项目的合作,该项目已于2009年12月投产,由中国南方电网向老挝北部4省供电。截至2011年8月底,已累计向老挝北部供电1.36亿千瓦时。2008年10月,缅甸目前最大的水电BOT项目—瑞丽江一级水电站6台10万千瓦机组正式并入中国南方电网向中国送电。2010年,中国南方电网从缅甸瑞丽江一级水电站和太平江水电站进口电力17.2亿千瓦时。截至2011年8月底,已累计向缅甸购电达48.68亿千瓦时。中方在GMS电力贸易合作中已从单纯的电力出口,逐步发展为电力进、出口并重,积极推动GMS电力资源优化配置过程,有效地缓解了GMS国家电力供应紧张的局面,为GMS国家经济社会和电力工业发展提供服务。三是积极开展GMS电力项目合作与开发。电网项目方面,2010年6月,中国南方电网公司与老挝计划投资部签订了《南方电网公司投资建设老挝国家电网谅解备忘录》。目前,中方已完成项目的可行性研究、特许权模式研究、项目开发协议等研究报告,并已正式递交老挝有关政府部门,待老挝政府批准后,尽快推进项目开发、建设工作。电源建设方面,中电投、华能、大唐、华电、国电、三峡等众多中国电力企业在GMS国家开发了缅甸孟东项目和伊洛瓦底江上游梯级电站项目等电源项目。

(三)信息通信

大湄公河次区域信息高速公路(GMS IS)一期工程建设已于2008年3月圆满完成,并在第3次领导人会议上举行了竣工仪式。此后,中方参加了在缅甸、泰国和柬埔寨举行的三次GMS IS实施小组和指导小组会议,就GMS IS的运营维护、跨境段使用资费、二期工程的建设及应用业务的开展等议题进行了充分的交流,为提高GMS IS的使用效率和业务合作奠定基础。

2010年9月,中方在上海主办GMS信息通信高官会。2011年6月,中方在陕西西安举办首届GMS信息通信部长级会议,会议就新的GMS IS谅解备忘录的文本达成一致,并通过了《大湄公河次区域信息通信发展战略》及《大湄公河次区域信息通信部长联合声明》,中国工业和信息化部与老挝邮政电信署还在会议期间签署关于继续开展农村通信适用技术示范项目的谅解备忘录。

(四)农业

中国积极推动与GMS国家在粮食安全能力提升、跨境动植物疫病防控、农村可再生能源、农业信息应用和农业科技交流等方面的合作。2008年以来,在中方倡议实施的“粮食综合生产能力提升行动计划”框架下,中国与GMS国家合作开展优质高产农作物示范田建设,并为当地农户提供农业生产实用技术培训。3年共投入950余万元人民币,为GMS国家举办各类农业技术培训班27个,培训技术人员220余人次。继续实施中越、中缅、中老跨境动植物疫病防控合作项目,提升了GMS跨境联防联控水平。邀请GMS国家参加中国—东盟农村可再生能源技术与设备展示周。进一步加强与GMS国家的交流,完善了GMS农业信息网软硬件建设,发挥其作为农业信息交流平台的作用。举办农村生物质能源、农业可持续发展、农作物高产栽培技术等各类培训班。此外,中国积极推动有关省区加强与GMS国家的农业交流与合作。

(五)环境

环境合作是GMS合作的重要组成部分,中国高度重视同GMS国家开展环境合作与交流。一是积极参与推动第一期核心环境项目——“生物多样性走廊计划(CEP - BCI)(2006 ~ 2011)”。该项目主要是通过选定试点区域建立生物多样性保护走廊,恢复和维持现有国家公园和野生生物保护区之间的联系。中国积极推动该项目与合作机制化建设,并将云南省西双版纳和香格里拉德钦地区、广西靖西列为项目执行的重点区域。2011年4月,中国在云南成功举办“大湄公河次区域核心环境项目——生物多样性保护走廊计划一期中方成果推介会”,扩大了中国参与GMS环境合作和生物多样性保护走廊建设的积极影响。二是积极参与CEP - BCI二期框架文件和行动计划(2012 ~ 2016)的研究制订。在GMS各国与亚行的共同努力下,各方对CEP - BCI二期框架文件和行动计划(2012 ~ 2016)基本达成一致。

(六)卫生

2008 ~ 2010年,中国继续执行中缅、中老、中越边境地区艾滋病和疟疾防控合作试点项目,项目内容不断丰富,覆盖地区逐渐增加。2007年9月至2009年9月,中越边境地区结核病防控合作项目成功开展。2010年,中国开始启动中缅、中老、中越边境地区登革热防控项目。通过实施以上卫生合作项目,提高了边境地区人民对上述传染病的知晓率,建立了有关国家在传染病防控、疫情交换、人才培养方面的合作机制,加强了卫生部门之间的联系,提升了边境地区的卫生人员能力,减轻传染病疫情跨境传播压力。

3年来,中国为GMS 5国举办多期培训班,培训一批疟疾防治、人感染高致病性禽流感和甲型H1N1流感监测方面的官员和专家以及跨境卫生合作项目方面的专业管理人才。2009年2月,中国在广西主办第2届GMS公共卫生论坛,围绕食品药品安全及传染病跨境防控合作进行讨论。

(七)旅游

近年来,中国积极推进《次区域旅游发展战略》的实施,致力于将该区域作为统一的旅游目的地进行建设和宣传,重点在实施旅游培训项目、开展旅游规划研究、加强基础设施建设、推进GMS旅游项目等多个方面开展工作,取得良好进展。

中方进一步推动边境旅游发展和旅游便利化措施,包括开展广西崇左市(凭祥)边境旅游异地办证试点工作,不断规范边境游出入境证件签发管理工作。2008年,开通云南腾冲至缅甸密支那4日游边境旅游线路和广西靖西至越南高平4日游边境旅游线路。就合作开发德天瀑布一事与越南进行多次会谈,并取得阶段性进展。加强对出境游市场管理,要求出境游组团旅行社规范经营,诚信服务。与泰国等国旅游部门合作开展诚信旅游活动。

(八)人力资源开发

中国政府高度重视GMS框架下的人力资源开发与合作,

根据各成员国的需求，通过举办高层专题研讨会、干部培训班、进行友好交流等方式，与GMS各成员国进行定期交流和合作。2008年以来，共举办3次人力资源和社会保障领域高层专题研讨会，交流在经济结构调整过程中完善社会保障体系、促进人力资源开发和就业等方面的经验和做法；2008年和2009年，利用设在广西南宁的中国—东盟妇女培训中心分别为老挝和缅甸培训40余名高级妇女干部；向GMS国家妇女机构及妇女组织提供270万元人民币救灾及帮助妇女发展的物资援助，并在老挝和泰国建立中老、中泰妇女培训中心，对当地妇女进行实用技术培训；2008～2010年，每年为GMS国家举办青年干部培训班，到目前为止共有418名来自老挝、越南、缅甸、柬埔寨和泰国的青年干部参加培训。与泰国合作组织了3届澜沧江—湄公河青年交流活动，共有199名青年参加交流活动。加强与GMS国家移民管理机关的交流与合作，与越南、老挝、缅甸等国边检部门坚持定期会晤和遇事相约制度，就便利检查手续、加快通关速度、合作打击违法犯罪活动等问题进行协商，共同采取积极有效措施，加强对出入境人员、交通运输工具的检查管理工作，合作打击违法犯罪活动。同时，积极参与"金边培训计划"，并为其提供资金支持。

（九）贸易与投资

中国积极参与并大力推动GMS经济走廊建设，致力于提高本地区的贸易便利化水平，推动工商界的积极参与。中国总理温家宝在2008年3月召开的GMS第3次领导人会议上提出"大湄公河次区域经济走廊论坛"倡议，获得各方支持。中国于当年在云南成功主办首届论坛，发表部长联合声明——《昆明共识》，通过了《大湄公河次区域经济走廊论坛职权范围》及《南北经济走廊战略行动计划》等成果文件，为推动走廊合作从交通合作逐步扩大到贸易和投资合作，实现向经济走廊的转化提供了机制保证，同时满足地方政府和企业参与GMS合作的需求。2009年6月，中国在云南举办GMS经济走廊活动周，推动发展经济走廊物流，提高本地区贸易流。2010年6月，在云南举办大湄公河次区域项目洽谈会，组织中国企业与GMS国家企业进行项目对接。

此外，中国政府切实落实《大湄公河次区域贸易投资便利化战略行动框架》，建立口岸信息平台，推出各港口实行24小时预约通关服务等6项便利化措施，提高口岸通关效率，完善签证政策，简化签证办理手续，在云南、广西设立口岸签证点，为GMS国家商务人员来华提供便利。为在中越、中老和中老泰相关口岸实施便利运输协定，中国海关积极参与海关过境监管以及相关执法合作的谈判工作，为在上述口岸实现交通和贸易便利化奠定了法律基础。

（十）禁毒与替代种植

多年来，在"大湄公河次区域禁毒合作机制"（MOU）及双边禁毒谅解备忘录和协议框架下，中国与GMS国家开展双边及多边禁毒合作，通过人员互访、年度禁毒合作双边会议、联合执法行动、提供禁毒人员培训（累计为越南、老挝、缅甸、柬埔寨提供24期740人的培训）和物资援助等多种形式，进一步密切和GMS国家的禁毒合作关系，为改善GMS毒情、维护社会稳定、改善人民生活作出积极贡献。

近年来，中国大力开展"境外除源"战略，通过替代农产品返销进口和专项资金支持等方式，鼓励和支持国内企业到缅甸和老挝开展罂粟替代种植，发展替代产业。截至2010年，中国共有180多家企业在缅甸和老挝开展罂粟替代种植，累计种植面积21万公顷（缅甸12万公顷，老挝9万公顷），共涉及橡胶、甘蔗、水稻、玉米、水果等47个品种。替代种植项目为当地民众提供了就业岗位，带动大批烟农弃种罂粟，有效提高了当地人民的生活水平，替代种植企业还在缅、老北部修路架桥、开通水渠，帮助改善当地的基础设施建设。

（十一）科技

中国政府高度重视GMS框架下的科技交流与合作，多年来，在与GMS各成员国双边和多边科技合作协定和谅解备忘录框架下，根据各成员国的需求，以共同支持开展科技交流合作项目、举办培训班、召开学术研讨会、捐赠科研设备等形式，进一步推动和加强与GMS国家的双边和多边合作。2008年以来，在双边科技合作协定框架下，中泰、中越科技主管部门共同支持执行短期交流项目37项，长期合作研究项目36项。2008年至2010年，每年为GMS国家举办科技援外培训班，共有368名学员参加了81个培训班，涉及农业、资源环境、信息技术、生物医药和工程与机械制造等多个领域；此外，中国科技部每年还为越南科技部举办科技管理干部培训班，2008年至2011年共有113名来自越南中央及地方科技管理干部参加该培训班。3年来，中国科技部每年与GMS国家举办一次科技领域专题研讨会，交流在技术转让、科技政策制定和科技发展战略等方面的经验。2009年，向缅甸捐赠价值50万元人民币的科研设备，支持当地科技发展。

四、中国云南省和广西区参与GMS合作情况

云南省和广西壮族自治区地处中国西南边疆，与缅甸、老挝、越南接壤，是我国面向东南亚、南亚开放的重要门户，也是中国参与GMS合作的前沿地带。两省区国土面积共63.07万平方千米，人口总数9755万人。2010年，云南省和广西区的国内生产总值总共达16722.5亿元，其中云南省为7220.1亿元，比2008年增长26.8%；广西区为9502.4亿元，比2008年增长35.3%。2010年，两省区进出口贸易总额达到310.8亿美元，比2008年增长36.1%，其中，两省区对其他GMS 5国的进出口贸易总额为88.3亿美元，比2008年增长60%。

云南省有15个少数民族与周边国家跨境而居，广西是中国少数民族人口最多的自治区，两省区多民族和谐共处，与周边国家关系和睦，与GMS各国经贸往来、文化交流密切。GMS国家是云南省水电开发、矿产、农业、旅游等领域具有相对竞争优势的产业和企业"走出去"参与国际合作的重点市场，广西与GMS国家在交通、能源、旅游、农业等领域实施一批重点合作项目。两省区与GMS国家在环保、卫生、人力资源开发、文化艺术等领域的合作和交流蓬勃发展。中国政府秉持与周边国家共同繁荣富裕的理念，一贯高度重视边疆地区的开发开放。"十二五"规划明确提出把广西建成与东盟合作的新高地，把云南建成向西南开放的重要桥头堡，并将滇中地区和广西北部湾列入重点发展的经济区。上述重大举措必将会对包括两省区在内的次区域注入新的活力，同时，不断深化云南、广西两省区参与GMS合作。

GMS第3次领导人会议以来，在中央政府的支持和指导

下,两省自治区与GMS各国相关地区合作关系不断深化,云南—老北工作组、云南—泰北工作组、滇越五省市经济协商会、滇越边境五省联合工作组、广西与越南边境四省联工委员会等合作机制运行良好,各领域合作稳步推进。

基础设施领域合作成效显著。公路方面,两省区积极推进连接GMS各国的公路网络建设。云南省的昆明—磨憨—万象—曼谷的中老泰公路、昆明—瑞丽—仰光的中缅公路、昆明—河口—河内的中越公路、昆明—腾冲—缅甸密支那—印度雷多的中缅印公路,在云南省境内段已经全部实现高等级化;到2010年底,广西通往越南所有一类口岸的公路也已全部实现高等级化。铁路方面,积极推进玉溪至蒙自至河口铁路、昆明至玉溪铁路扩能工程、昆明至广通扩能工程、大理至瑞丽铁路等项目建设。航运方面,澜沧江—湄公河跨国航运已全面建成澜沧江五级航道体系,通航时间由过去的半年提升到基本可实现全年通航。航空方面,2008年以来,广西开通南宁至胡志明、万象、仰光、金边、曼谷等航线,实现南宁机场与GMS国家的全部通航;云南昆明新国际机场于2011年底启用,新机场设计规模为年旅客吞吐量6500万人次、货邮吞吐量230万吨,是继北京、广州、上海之后第四个国家门户机场,增强了与GMS各国的航空运输能力。电信方面,中国电信云南、广西公司积极与老挝、缅甸、越南在国际通信光缆建设、国际语音业务、互联网业务和跨境转接业务等方面开展合作,业务范围已涵盖所有的GMS国家。

产业合作成效显著。农业科技合作方面,在已运行的中越两个农业科技示范园的基础上,2010年,云南省在老挝、柬埔寨、缅甸又各建设一个农业科技示范园,推广水稻、陆稻、大豆、马铃薯等农业科技成果,取得显著增产示范效果。广西也与越南、老挝、缅甸开展一批农业项目合作,在甘蔗种植加工、剑麻种植、果蔬新品种及杂交玉米试种等方面取得良好效果;同时实施农业部下达的柬埔寨农村户用沼气示范和推广项目。旅游合作方面,云南省分别与越南、老挝等周边国家签订旅游合作协议或备忘录14份,编制完成《金四角旅游区跨国旅游线路规划》和《香格里拉—腾冲—密支那旅游区跨国旅游线路规划》,通过开辟多条旅游线路、开展边境旅游、举办旅游节活动、进行旅游项目投资、旅游管理人员培训等多方面的合作,促进跨国境旅游和边境旅游的发展。广西与越南河内、广宁、谅山3省签署《中越边境旅游管理合作备忘录》,合作开拓越南北部至广西南部跨国旅游市场。2011年3月,广西正式实施公民参团赴越南边境旅游办理出入境通行证即时受理,当天办结工作制。

教育领域合作稳步推进。云南省各高校与周边国家建立长期稳定的交流合作关系,不断扩大留学生招生规模。至2010年,在云南省的GMS国家留学生已达8000人左右。云南、广西高校与泰国、老挝、缅甸、越南等国的高校合作,在相关国家建设了一批孔子学院,加大为周边国家培养汉语人才的力度。广西自2008年以来,每年还派出100多名国际汉语教师志愿者赴泰国教授汉语,广西民族大学和广西师范大学开办了多期教师培训班,对来自GMS国家的100多名汉语教师进行培训。

五、中国参与下一阶段GMS合作的设想

(一)交通

中国将在公路、水运、铁路、民航诸方面进一步推进与GMS各国的合作。积极推动GMS运输通道及相关基础设施建设。加快南北通道国内各路段及相关口岸设施的改建和完善,以尽快形成覆盖GMS国家的公路网络。积极开展包括澜沧江—湄公河在内的国际航运合作。推动全面有效实施《便运协定》及其附件和议定书,早日实现GMS六国之间人员和货物的便捷流动,以促进GMS人员往来、经贸和旅游业的发展。在加快泛亚铁路国内段建设的同时,继续积极参与泛亚铁路项目的国际合作,与GMS各国一道共同推进泛亚铁路建设。以《中国与东盟航空合作框架》为基础,积极探索多边民航合作框架。加强交通领域人力资源开发和能力建设方面的合作。

(二)电力

中国愿意按照《次区域新十年(2012~2022年)战略框架》所确定的能源合作战略目标和任务,在充分注重大湄公河干流生态平衡及环境可持续性发展的基础上,在GMS电网互联和电力贸易日益蓬勃发展的新阶段与GMS各国一道共同致力于推进电力项目的开发建设;致力于实现中国与GMS国家电网互联;致力于构建大湄公河电力贸易协调中心,进一步促进GMS能源资源优化配置,进一步提高能源利用效率,推动能源使用朝着更加节能、低碳、可持续的方向发展。中国愿以其较强的电力技术、资金、人才实力和较丰富的电力规划、建设、运营和管理经验为GMS国家提供广泛的支持与服务,为GMS国家电力及经济发展作出贡献。

(三)信息通信

中国积极推动GMS信息通信领域发展,将根据业已通过的《大湄公河次区域信息通信发展战略》继续深化同GMS各方在该领域的合作。在GMS IS一期工程的基础上,中国将致力于和各国共同在包括网络运营维护、跨境段使用资费的设定和信息化应用项目等方面开展广泛合作,继续推动GMS IS的发展。中国还将在推进农村通信发展、促进宽带网络部署、开展信息通信新技术合作、完善信息通信人力资源开发等方面与其他各国进行深入合作,以提高GMS国家信息通信业整体发展水平。

(四)农业

中国十分重视并愿继续深化与GMS国家在粮食安全、农业基础设施、农业产业投资与农产品贸易、农业科技创新、农业咨询服务、跨境动植物疫病监控与自然资源保护、农村可持续发展等方面的合作,促进农业农村经济全面发展。

今后3年,中国将推动召开第2届GMS农业部长会,商讨未来农业合作重点领域和重点项目,加大国家间和部门间政策协调力度,加快统一农产品检验检疫规则,进一步消除农业投资和贸易障碍。与GMS国家密切合作,积极探索开发经济走廊沿线地区特色农业产业带。推进中国重要农业大省开展与GMS国家的农业合作,充分发挥中小企业的优势,扩大合作领域和范围,提升合作水平。

同时,将与GMS国家共建跨境动植物疫病防控监测站、实验室及农作物优良品种试验站,加强优质高产农作物试验示范,提高粮食安全保障水平。促进农村可再生能源开发与利用合作,鼓励产品创新和技术创新,推动实施一批重点合作项目。继续完善农业信息网建设,充分发挥网站的农业贸易促进和知识分享作用。

未来3年,中国将再为GMS国家在华培训300名农业人才,并派出100名农业专家和技术人员赴GMS国家进行实地指导。

(五)环境

加强环境合作,是保护生态环境,实现GMS国家共同发展的重要前提。作为GMS环境合作的倡导者和积极推动者,中国今后将持续践行环境合作,促进GMS生态环境的保护。结合GMS各国发展阶段不同的特点,中国将在环境合作中恪守“相互帮助、协力推进、共同呵护人类赖以生存的地球家园”的方针,与各国一道打造环境与发展南南合作的典范;积极参与CEP-BCI项目二期,丰富GMS环境合作框架内涵。随着GMS合作不断深化,中国将以CEP-BCI项目为核心,开展生态恢复与扶贫、森林生态系统与生物多样性保护、国际环境公约履约合作,并促进环境管理机构建设和能力建设活动,促进GMS的可持续发展。

(六)人力资源开发

中国政府将一如既往地利用已有的平台和渠道,通过多形式、多层次、多渠道的活动,进一步加强与GMS各国的合作与交流,促进人力资源能力建设。继续加强与GMS国家在妇女发展和性别平等领域的合作,继续为GMS国家妇女组织和机构开展性别平等、妇女参与经济社会发展和女领导人能力建设培训;继续在中国广西国际青年交流学院举办东盟青年干部培训班,每年为GMS五国培训约150名青年干部;继续与泰国合作,开展澜沧江—湄公河青年友好交流活动。中国政府将举办高级研讨会,探讨循序渐进提高社会保险水平、积极稳妥地推进城乡统筹、促进社会经济协调发展的经验和做法,以及新形势下人力资源开发能力建设的模式,并将进一步加强口岸执法部门的交流合作,提高边检人员外语应用、政策执法和检查管理能力。

(七)卫生

中国将继续加强与GMS国家在现有合作机制下的卫生合作,使合作内容更加丰富。继续开展中缅、中老、中越边境地区艾滋病和疟疾防控合作试点项目,并逐步增加项目覆盖地区,深化项目合作内容。推动中缅、中老、中越边境地区登革热防控项目不断发展。继续增进和加强与GMS国家在传染病疫情信息交流与共享机制建设方面的合作,并将合作领域扩大到妇幼卫生、慢性非传染病等领域。中国将积极参加人力资源工作组卫生分组的工作,加强国内各部门之间、各地区之间的协调合作,全方位地提升中国与GMS各国卫生合作水平。

(八)旅游

中国政府将在国家层面上继续支持和推动GMS旅游合作,加强沟通协作。进一步完善合作机制,提高合作效率;加强旅游基础设施建设和人力资源开发;推进各项牵头项目的实施;做好GMS旅游资源和线路的推广营销,积极打造GMS统一旅游目的地;推进GMS旅行便利化,积极研究GMS旅游单一签证制度。支持和指导云南省和广西壮族自治区参与GMS旅游合作和开发。云南省将抓好与“老北”、“越北”、“泰北”以及与缅甸的旅游合作。广西壮族自治区将加快泛北部湾旅游圈开发建设和中越“两廊一圈”旅游合作,推进北海涠洲岛旅游区发展规划的实施。

(九)贸易和投资

中国将结合《大湄公河次区域经济合作新十年战略框架(2012~2022年)》和《交通与贸易便利化行动计划》的实施,与GMS有关国家及亚行一道,全力推动经济走廊建设。中国政府将加强促进GMS各国相互投资的政策协调,争取在口岸协调管理、完善检验检疫体制、制定区域贸易物流战略、强化国家和区域贸易便利化机制等重点领域取得务实成果,推动《大湄公河次区域便利货物及人员跨境运输协定》的全面有效实施,积极推进跨境经济合作区建设,进一步提升GMS经济走廊沿线的贸易便利化水平和吸引投资能力;促进区域内贸易与投资水平的全面提升。同时加强能力建设,为政府官员特别是口岸执法人员提供更多培训机会,与GMS各国分享中国在贸易便利化各领域的经验和做法,并通过组织各类经贸交流活动,推动工商界更深入参与GMS合作。

(十)禁毒与替代种植

中国将进一步加强与GMS各国在禁毒和替代种植与发展领域的合作,进一步完善合作机制,稳步加大对其人员培训和物资援助的支持力度,加强对替代种植的资金和政策支持,继续推进示范项目建设,为推动本区域罂粟替代种植工作持续健康全面发展、减少非法罂粟种植发挥积极作用。

(十一)科技

科技合作是GMS合作的重要领域。中国将继续利用已有的机制和渠道,通过科技合作项目、举办培训班和探讨会等多种形式,进一步加强与GMS各国的科技交流与合作。支持云南建立国际技术转移中心,在清洁能源、提高能效、健康和农业等领域提升向GMS国家的技术转移能力。将于2011年末启动的“中国—东盟科技合作伙伴计划”将把与GMS各成员国的科技合作,作为推动和支持的重点。

(资料来源:新华社北京2011年12月16日电)

泛北部湾经济合作的趋势及前景

吕余生

泛北部湾经济合作是泛北部湾区域相关各方根据本地区的特点,在互利共赢基础上推动的具有创新性质的次区域经济合作。

推动泛北部湾经济合作,其目的是在中国—东盟战略伙伴关系和中国—东盟自由贸易区合作框架下,发挥泛北部湾地缘优势、沿海港口与海运优势、海洋资源优势等,推进中国—东盟海上次区域合作,加速泛北部湾地区的经济发展,共同打造太平洋西岸新的经济增长极和经济新高地,促进泛北部湾国家和地区经济共同繁荣与进步。

泛北部湾经济合作构想提出5年来,相关各方始终围绕这一目的,务实推进合作发展。合作共识不断深化,合作成员不断增加,合作领域不断拓展,必将取得合作共赢的良好效果。

一、泛北部湾经济合作的趋势

1. 合作共识在不断地深化。泛北部湾经济合作构想提出后,得到中国领导人的高度重视与支持,也得到了东盟各国的积极响应和大力支持。

2011年6月2日,在中国广西北海市举行泛北部湾经济合作联合专家组第4次会议,来自中国和东盟10国(新加坡、泰国、印尼、文莱、柬埔寨、老挝、马来西亚、缅甸、菲律宾、越南)以及东盟秘书处、亚洲开发银行的相关官员和专家出席会议。会议讨论并通过了纲领性文件《泛北部湾经济合作可行性研究报告》,并一致同意将这个《报告》提交中国—东盟经济高官会讨论通过。这个可行性研究报告的通过,标志着泛北部湾经济合作取得实质性进展,在泛北部湾经济合作历史以及中国—东盟全面合作进程中具有里程碑意义,也是对2010年10月中国国务院总理温家宝在第13次中国—东盟领导人会议上再次提出"尽快完成泛北部湾经济合作可行性研究"倡议的最终落实。会议还通过了《泛北部湾经济合作联合专家组第四次会议纪要》,就今后泛北部湾经济合作优先合作领域及措施建议等进行讨论,提出包括制定《泛北部湾经济合作行动路线图》等在内的一些行动建议。

2. 合作平台在不断地拓展。泛北部湾经济合作论坛是由中共广西壮族自治区委员会、自治区人民政府倡议,会同中国有关部委和邻近省份,以及东盟相关国家部门在广西举办,旨在搭建一个长期性、开放式的研究、交流和沟通平台。随着各方合作共识的不断深化,泛北部湾经济合作论坛主办单位和泛北部湾合作成员在不断扩大,2008年第3届泛北论坛新增加中国国家发改委、海关总署和海南省人民政府3家主办单位,泰国和海南省作为泛北合作成员首先参加论坛,凸显了"八方合作共赢"的新局面。2009年第4届泛北论坛新增广东省人民政府和泛北国家商务主管部门为主办单位,2010年第5届泛北论坛又增加中国国际经济交流中心为智力支持单位,充分体现论坛的广泛性,也表明论坛正逐步成为泛北国家政府官员、专家学者、企业精英相互交流、共同展望、制订规划、推进泛北合作的场所。泛北部湾经济合作论坛于2006年首次举办,至2010年已成功举办5届,每届论坛均围绕泛北部湾经济合作的具体议题展开研讨,主题日益务实,内容不断深化,已经成为推动泛北部湾经济合作的重要平台。

此外,连续举办7届的中国—东盟博览会和中国—东盟商务与投资峰会也是推进泛北部湾经济合作的重要平台之一。中国—东盟博览会作为具有广泛影响力国际经贸交流盛会,已经成为友好交流、经贸促进和多领域合作的重要平台,泛北部湾经济合作充分重视利用这一平台务实推动合作进程,例如,在第6届中国—东盟博览会期间,就成功召开了第2次泛北部湾经济合作联合专家组会议。

3. 合作机制不断完善。在中国的倡议和东盟各国的大力支持下,2008年7月30日,在第3届泛北部湾经济合作论坛举办期间,应中华人民共和国的邀请,泛北部湾经济区合作联合专家组在广西北海宣告成立并举行第一次工作会议,形成泛北部湾经济合作联合专家组第一次工作会议总结并提交东盟经济高官会及东盟—中国经济磋商机制审议,标志着泛北合作开始在中国—东盟合作框架下着手建立合作机制,2009年在广西成立泛北部湾经济合作中方秘书处,2011年泛北部湾经济合作联合专家组第4次会议讨论并通过了《泛北部湾经济合作可行性研究报告》,并就今后泛北合作优先合作领域及措施建议等进行讨论,提出制定《泛北部湾经济合作行动路线图》等行动建议。泛北部湾经济合作联合专家组作为推动泛北部湾经济合作的重要机制,定期举办专家组会议,研究泛北部湾合作相关议题,为中国—东盟从政府层面推进泛北部湾经济合作提供重要的决策支持。

4. 合作领域不断走向务实。泛北部湾经济合作自提出以来,在中国与东盟逐步达成共识的基础上,开始走向实践,并已在部分领域和具体项目上取得初步成果。

2007年10月28~29日,由中华人民共和国交通部和广西壮族自治区人民政府联合举办的中国—东盟港口发展与合作论坛在南宁举行,中国和东盟各国交通部长出席论坛并达成广泛共识,共同发表《中国—东盟港口与发展合作联合声明》。2007年11月,中国与东盟签署《中华人民共和国政府和东南亚国家联盟成员国政府海运协定》。此外,由中国交通运输部主导编制的《中国—东盟交通合作发展战略规划》于2010年先行在港口领域开始实施,为公路、铁路、航空及其他领域的合作提供示范。

在铁路、公路等基础设施建设方面,目前,南宁—胡志明市、南宁—河内两条高速公路中,中国境内的南宁—友谊关、南宁—防城段已贯通,防城—东兴段也已开工建设。中国广西与越南已达成共识,共同推动修建友谊关—河内、东兴—河内两条高速公路和改造新建南宁—河内、胡志明市的铁路。越南政府已经通过了建立从中国南宁到越南谅山、河内、海防和广宁的经济走廊发展规划。

在贸易方面,近年来,中国与泛北部湾区域东盟6国的贸易额逐年增长,占中国与东盟贸易总额的比重也逐年增加。泛北部湾区域东盟6国与广西的贸易近年来增长较快,已连续10年成为广西第一大贸易伙伴。

在具体合作领域方面,在2010年8月举行的第5届泛北部湾经济合作论坛期间,广西北部湾港务集团与相关港航物流企业签署7项合作项目(项目包括:广西北部湾国际港务集团与海南港航控股有限公司签订广西北部湾港与海南海口港战略合作协议、与广州港集团签订开通内贸集装箱班轮航线合作协议、与中海集装箱运输股份有限公司签订集装箱班轮航线合作协议、与新加坡万邦航运公司签订开通东盟集装箱和散杂货不定期班轮航线合作协议、与泰国RCL宏海箱运公司签订开通东盟集装箱班轮航线合作协议、与柬埔寨西哈努克港签订广西北部湾港和柬埔寨西哈努克港缔结友好港协议、与新加坡裕廊港签订广西北部湾港和新加坡裕廊港缔结友好港协议)。根据协议,广西北部湾国际港务集团将与协议各方合作开发建设旅游、运输基地,加强航线、物流合作;加快开通东盟集装箱不定期班轮等班轮航线,推进泛北部湾区域内港口与航运企业建立长期稳定合作关系。此次7个项目协议的签订,标志着泛北部湾经济合作在具体领域的合作迈出坚实步伐。

二、泛北部湾经济合作前景广阔

1. 泛北部湾经济合作在各方共同努力下,将由单边的地方倡议上升为多边的国家共识,并逐步成为中国—东盟合作框架下的一个新的次区域合作发展战略。区域经济合作的最终目的是促进区域经济社会协调发展,推动区域各方整体实力和竞争力的提升。进入21世纪,在经济全球化进程中,区域经济一体化发展迅速,世界上大多数国家都在加快区域经济合作步伐。泛北部湾区域各方通过合作,不断调整经济结构,整合资源,强化优势,进一步增强本地区的国际竞争力,逐步凸显中国—东盟"合作共赢"理念,必将推动泛北部湾经济合作从单边的地方倡议上升为多边的国家共识。在达成共识的基础上,通过区域各方合作的不断深入,进一步推动本区域经济发展并对周边形成辐射作用,从而逐步成为中国—东盟合作框架下的一个新的次区域合作发展战略。

据世界经济论坛(World Economic Forum)2009年9月公

布的《2009～2010年全球竞争力报告》显示，在全球133个参评经济体中，中国排名第29位，东盟国家中新加坡实力最强，排名第3，马来西亚、文莱、泰国、印度尼西亚、越南、菲律宾、柬埔寨依次排名第24位、第32位、第36位、第54位、第75位、第87位、第110位。从排名可以发现，中国和东盟各国排名在前50位的国家有5个，说明泛北部湾区域已具备较强的整体实力，各方通过务实合作，必将使该区域发展成为世界区域格局中竞争力较强的区域。

目前，在中国—东盟区域范围内已有众多的次区域合作，如由亚洲开发银行主导、多国参与的“大湄公河次区域合作”；东盟主导下的“东盟湄公河流域开发”；东盟区内一国主导、多国参与的“新柔廖增长三角”；东盟区内多国主导、多国参与的中老缅泰“黄金三角”、“湄公河流域可持续发展合作”、“东盟东部增长三角”和“东盟西部增长三角”。泛北部湾经济合作作为一个联系中国与东盟国家的次区域合作，向西可连接湄公河次流域的东盟国家，向东可连接东盟东部增长区，其发展前景十分广阔。

2. 泛北部湾经济合作将成为中国—东盟海上合作的重要力量。泛北部湾经济合作主要着力于海上经济合作，而海洋是中国与泛北部湾区域东盟国家联系的重要通道，通过区域各方的合作，发挥各国的区位优势和港口物流优势，必将带动整个区域的飞速发展，从而成为中国—东盟海上合作的重要力量。目前，GMS已经率先实现中国与东盟在陆上的合作，而泛北部湾经济合作则可以填补中国和东盟进行海上合作的空白。

3. 泛北部湾经济合作必将推进中国—东盟交通基础设施建设步伐，逐步形成中国—东盟互联互通立体交通体系。区域合作，交通先行。推进泛北部湾经济合作，也应实行交通先行战略。在泛北部湾经济合作中，泛北部湾海上交通大动脉的建设和沟通中国华南地区与中南半岛的中国南宁—新加坡经济走廊交通大动脉建设是泛北部湾经济合作的优先合作领域。在海上交通方面，中国—东盟海事磋商机制已经建立，中国和东盟各国交通部长已于2007年10月共同发表《中国—东盟港口与发展合作联合声明》，同年11月，中国与东盟又签署《中华人民共和国政府和东南亚国家联盟成员国政府海运协定》，由中国交通运输部主导编制的《中国—东盟交通合作发展战略规划》已于2010年先行在港口领域开始实施。在陆上交通方面，随着《亚洲公路网政府间协定》和《泛亚铁路网政府间协议》的签署和逐步实施，为沟通中国华南地区与中南半岛的南新走廊公路及铁路通道建设奠定了坚实的基础。

4. 随着泛北部湾经济合作的不断推进，相互间通关将更加便利化，从而促进泛北部湾区域大市场的形成。在中国—东盟自由贸易区框架下，随着市场需求和贸易往来的增长，贸易壁垒进一步清除，通关也将更加便利化，相互间进入对方市场将更加容易，使得原来被分割的市场得以整合，这也为专业化和批量生产提供了有利条件。同时，来自市场扩大所带来的激烈竞争压力也会迫使企业尽力降低成本。区域内的企业把泛北部湾视为统一市场从事经营活动，从而可以在更大范围内以更加低廉的价格获得原材料，零部件和劳动力，有助于泛北部湾区域大市场的形成。

（作者单位系广西社会科学院　原载《泛北部湾合作发展报告（2011）》）

泛北部湾—大湄公河邮轮旅游的前景及SWOT分析研究

蓝　清　郭达越

一、研究背景

湄公河有“东方多瑙河”之美称，流经中国、缅甸、泰国、老挝、柬埔寨和越南等国家。1994年，澜沧江—湄公河次区域旅游合作正式启动。区域6国围绕着举办旅游工作会议和论坛、开展旅游人员培训工作、次区域旅游宣传促销、旅游规划研究、实施旅游开发建设项目、简化旅行手续、搭建旅游合作框架等多个方面开展合作，区域旅游业的发展极为迅速。

泛北部湾区域是北部湾和南海区域周边国家和地区所共同构成的空间区域。近年来，随着中国—东盟自由贸易区的建立，“泛北”各国旅游合作发展势头强劲，成果显著。广西北部湾经济区规划与建设管理委员会相关人士表示：“旅游业在‘泛北’经济合作中的表现和前景使其正在成为次区域经济合作的先行、先导产业和重点领域。”

在这样的大环境下，推动泛北部湾—大湄公河无障碍水上旅游通道建设，引入邮轮旅游这一充满魅力的新兴旅游方式，与湄公河观光旅游相对接，有助于形成区域旅游业新的发展动力，将区域内国际合作推向一个新的层次。

二、国内外邮轮旅游发展现状

（一）全球邮轮旅游产业发展现状

20世纪60年代，在航空客运业的强力冲击下，经由一系列市场重新定位和业务功能转型，邮轮旅游业从原来海上客运业淡季时的补充性业务，成长为规模庞大的现代专业旅游业务活动。经过40多年的发展，全球邮轮产业已经成为国际旅游业中的一项重要业务内容。截至2008年，全球邮轮旅游业的年接待量为1300.5万人次。

（二）中国邮轮旅游产业发展现状

据统计，2001年中国邮轮旅游消费者人数仅为8325人，而到2009年，中国国内邮轮旅游游客规模约为38万人次。2009年以中国沿海城市为出发港的国际邮轮达80个航次，访问中国沿海城市的国际邮轮达76个航次。

国内港口城市对邮轮旅游市场的普遍看好以及国际邮轮巨头的大举进入，也使得国内邮轮旅游开发热潮不断高涨。目前，国内已建成或即将建成的专业邮轮码头有上海国际客运中心、厦门国际邮轮中心、三亚凤凰岛邮轮码头，上海吴淞口邮轮码头、天津港国际邮轮码头等。另外，大连、青岛、宁波、深圳、广州、珠海、汕头等城市也都制定了相关规划。从2006年起，由于中国邮轮市场的巨大潜力，国际邮轮巨头如歌诗达邮轮公司、皇家加勒比游轮公司、丽星邮轮公司等纷纷进入中国市场。

（三）广西邮轮旅游产业发展现状

1. 北海—下龙湾航线。该航线1998年4月30日开始运营，开通以来，邮轮吨位由最初的3000吨发展到上万吨，载客量由300人左右发展到1000人左右，邮轮设施设备由简单运客发展到集吃、住、购、娱、游等功能于一体的设施齐全、舒适豪华的现代化邮轮。2007年，北海至越南海上旅游航线接待游客达12万多人次，为历史最高记录。截至2011年6月，北海至越南海上旅游航线共开航1380多个航（班）次，载客出游近50万人次,直接旅游收入10多亿元。

2. 防城港—下龙湾航线。防城港—下龙湾海上旅游线路于2011年4月12日正式运行,每周开通3趟从防城至下龙湾的旅游船。但据越南《劳动报》2011年8月20日报道:该航线自开通之日起就未实际运营。越南合作方鸿基旅游与服务股份公司总经理梁氏碧表示,暂停活动是由于中方旅行社与中国职能部门尚未就出入境手续达成一致。

三、发展泛北部湾—大湄公河邮轮旅游的前景

(一)经济效益

中国旅游研究院的《中国出境旅游发展年度报告2011》表明,2010年中国出境旅游人数为5739万人次,出境旅游花费480亿美元,人均约840美元,2011年中国出境旅游人数预计将达6500万人次,同比增长13%,出境旅游花费有望突破500亿美元大关,达到550亿美元新高。国家发改委中交协邮轮游艇分会副会长郑炜航表示,2006年乘坐邮轮出境旅游的游客只有5万人次,到2010年已猛增到79万人次,5年间增长近14倍。

笔者预计,到2020年,到境外旅游的中国大陆居民将达到1亿人次。如果有5%的人选择邮轮出行,这个数字将达到500万人次,如果这其中有五分之一的人选择东南亚线路,便有100万人次,按人均消费5000元人民币计算,由此产生的直接经济效益将达到50亿元。按照1:10的相关产业带动率,由中国人出游所带动的东南亚邮轮经济将是一个500亿元的市场。

(二)未来构想

泛北部湾—大湄公河邮轮旅游航线开通后,游客可以在香港(湛江/北海)登上豪华邮轮,享受船上提供的东南亚美食和顶级娱乐项目,经过风景秀丽的海南三亚亚龙湾以及有"海上桂林"之称的越南下龙湾后来到湄公河的入海口——越南胡志明市。在胡志明市,游客可以选择换乘内河游览船,沿着湄公河逆流而上,经过东南亚最大的淡水湖泊——洞里萨湖(柬埔寨首都金边就在湖畔),到举世闻名的世界遗产吴哥窟游览。也可以从北线水路直达老挝首都万象,体验湄公河水上人家的风情。甚至还可以到老挝的琅勃拉邦或者泰国的清迈、清莱府去游玩。结束湄公河腹地游览后,游客可乘飞机到曼谷或者新加坡港,与邮轮会合,进行下一段旅程。

四、泛北部湾—大湄公河区域邮轮旅游发展的SWOT分析

(一)发展优势(Strengths)

1. 北部湾以及湄公河沿岸国家旅游资源丰富。(1)中国北部湾沿岸海岸线漫长,分布着许多港口城市,其中仅广西段海岸线总长就达1595千米,为发展邮轮旅游提供了条件。海岸线沿线有许多著名的旅游景区、景点如北海的银滩、海南的亚龙湾与博鳌等。(2)越南海岸线总长约3260千米,共有大小港口约60个。比较著名的大城市以及旅游景点(如海防、下龙湾、吉婆岛、顺化、清化、占婆岛、芽庄、岘港、金兰湾、胡志明市等,其中下龙湾景区、顺化历史建筑群为世界遗产)都处在邮轮旅游可以到达的范围内。(3)湄公河沿岸国家中老挝、柬埔寨的首都均依湄公河而建,万象和金边也集中了各自文化的精华。另外,老挝朗勃拉邦古城、柬埔寨吴哥窟和柏威夏寺等沿岸的世界遗产每年吸引大量游客。(4)缅甸仰光地处伊洛瓦底江入海口,伊洛瓦底江的通航条件比湄公河更好,实现江海联运的可能性更大。(5)泰国北部湄公河沿岸有清迈、清莱等旅游胜地,南部泰国湾有曼谷、芭提雅等地,是东南亚旅游的必到之地。

2. 北部湾以及湄公河沿岸国家的多元文化尤其是文化中诸多"水"的元素与邮轮旅游相契合。东南亚国家各自的文化特点突出,语言种类多、差异大,在宗教上以佛教与伊斯兰教为主体,历史上很多北部湾以及湄公河沿岸国家曾经是西方国家的殖民地,多种文化交织在一起。通过邮轮旅游将东南亚各国的泼水节、水上社区、妈祖(海神)等文化元素有机串联在一起,形成了独特而不可模仿的旅游吸引力。

(二)制约泛北部湾—大湄公河邮轮旅游发展的因素(Weaknesses)

1. 湄公河水量变化及船只通航能力。湄公河在枯水期和泛滥期水流量差异极大,每年5月份雨季开始,水位上升,9~10月为高峰,最大洪峰流量可达每秒7万立方米左右。泛滥地区主要在湄公河三角洲,洪泛面积约400万公顷,1~2月为枯水期,最小流量为每秒1250立方米。

此外,湄公河上游一段河谷宽广,水流平静(目前云南景洪到泰国清莱段的客货运输已比较成熟)。沙湾拿吉至巴色一段,坡降较陡,多岩礁、浅滩和急流,沿岸砂岩迫近河道,有的地段突入河心,形成岩礁和险滩河床。巴色到柬埔寨的金边长559千米,流经地区为平坦而略为起伏的准平原,海拔不到100米,但部分河段有小丘紧束或横亘河中,构成险滩、急流。

基于以上原因,湄公河航运并不发达,上下游航运不能直通,目前湄公河在老挝琅勃拉邦以南的下游才可通航船只。在湄公河上中游之间的昌盛一段,可分别通小汽艇和小轮船,干流桔井以下可全年通航。至于桔井以上的湄公河,则在大水时可通小汽船,金边以下可通3000~4000吨海轮。通过湄公河委员会的协调,湄公河干流及其若干支流的通航条件现已得到改善,可望成为全线通航河流。

2. 中国邮轮旅游产业起步晚,邮轮旅游经济总量小。尽管从20世纪80年代开始,已经有国际邮轮停靠中国港口,但中国有意识兴建专业邮轮港还不到10年,邮轮旅游产业起步较晚、总量小、不规范,国人对邮轮旅游还很陌生。2007年中国邮轮接待收入约为2.4亿美元,在全国旅游外汇收入的占比不到1%,在世界邮轮产业收入的占比为1.3%。2009年度中国乘坐邮轮出境游人数仅为38万人次(包括在香港、新加坡等地参加邮轮旅游的中国游客),不及美国迈阿密的1/10。

3. 缺乏统一的发展邮轮旅游部门协调机制。邮轮旅游产业的发展涉及部门较多,从产业规划、审批、管理到服务等需要建立一个统一的协调机制。目前,中国在各个层面上缺乏对邮轮旅游的统一领导,不利于快速地解决邮轮旅游发展中出现的问题。中国沿海城市邮轮港口建设存在各自为政的问题,缺乏统一协调,极易产生不良竞争。

4. 缺乏邮轮旅游专业人才。目前,邮轮旅游在中国还处于起步阶段,邮轮旅游人才的培养速度跟不上邮轮旅游产业的发展速度。一艘豪华型邮轮需配备海乘人员1300~1700名,其中又细分为航海、住宿、餐饮、娱乐休闲、医疗等部门,对从业人员的知识水平、专业技能、外语能力要求颇高。目前全国开设邮轮专业的院校主要是上海、北京、广州、天津和海南等7所院校。每年培养的邮轮专业人才远远不够。邮轮上工作劳动强度大、内容枯燥,常年在海上漂泊,导致邮轮上服务人员流动性较大。

东南亚国家也普遍缺乏邮轮专业人才。以越南为例，越南的大学一般都是通才教育，欠缺技术体系的教育。目前，经过培训的越南劳动工人比率仅为30%，学校缺乏邮轮专业科系，熟悉邮轮运作的人才短缺，一旦训练到一定程度，员工就容易跳槽，留不住人才是邮轮公司面临的共同问题。

（三）发展机遇（Opportunities）

1. 中国国民经济持续快速发展，为邮轮旅游产业提供良好的客源条件

根据国际邮轮经济发展规律，当一个国家或地区人均GDP达到6000～8000美元时，邮轮经济便具备了发展条件。

改革开放以来，中国经济持续快速发展，人民生活水平不断提高，国民休闲旅游意识增强。邮轮旅游具有巨大的市场潜力。截至2010年，上海、北京、天津3个直辖市的人均GDP超过6000美元，浙江、江苏等省的人均GDP达到5000美元左右，部分沿海经济发达城市，如大连、宁波、厦门等已接近或超过10000美元。而北部湾沿岸省份中，广东省地区生产总值（GDP）45472亿元，人均GDP近7000美元。广西壮族自治区2010年人均地区生产总值18632元（折约合3000美元），其中防城港人均GDP达到36860元（折合约5800美元），柳州人均GDP为34054元（折合约5320美元）。海南省2010年人均生产总值23644元，约合3500美元，其中三亚市人均GDP达到33672元（折合约5261美元）。

可以说，从现有经济总量以及人均GDP来看，中国北部湾沿海地区和城市已基本具备了发展邮轮产业的条件。

2. 中国出境旅游发展迅速，潜在邮轮客源市场巨大

2003年以来，中国出境人数年平均增长率超过20%，成为全世界发展最快、亚太地区第一大出境旅游市场。中国有其他国家难以比拟的巨大的客源市场。据中国交通运输协会邮轮游艇分会统计，2005年中国搭乘邮轮出境游的游客为1万人次，到2009年度已经发展到38万人次左右，增长近40倍，但仅占同期中国出境旅游人数的0.79%。简而言之，在2010年出境旅游的5739万人中，选择邮轮出游的人每增加1%，便能带来570万的客源以及48亿美元的直接经济收入。

3. 国家鼓励发展邮轮旅游

（1）党和国家领导人重视邮轮旅游产业的发展。2010年春节期间，胡锦涛总书记到厦门国际邮轮中心考察；2010年9月14日，温家宝总理到天津东疆国际邮轮母港考察，对发展邮轮旅游给予鼓励。2007年7月12日，时任上海市委书记习近平在上海国际航运中心调研时指出要大力发展航运服务业。

（2）国家出台一系列鼓励政策。2009年3月25日，国务院常务会议提出“促进和规范邮轮产业发展”；2009年12月，国务院发布《关于加快发展旅游业的意见》，将邮轮游艇作为新时期重点培育的旅游消费热点，提出支持有条件的地区发展邮轮旅游。2008年6月，国家发展和改革委员会下发《关于促进我国邮轮经济发展的指导意见》。

（3）制定相关法规。2009年10月19日，中国交通运输部明确外国籍邮轮可在华开展多点挂靠业务；2009年，公安部出入境管理局出台《邮轮出入境边防检查管理办法》；2011年2月1日，国家旅游局发布《国际邮轮口岸旅游服务规范》，这是中国乃至亚洲第一个国家级邮轮行业标准。这些都为中国邮轮旅游产业的快速健康发展提供了保障。

4. 沿海省份地方政府对发展邮轮旅游积极性高涨。上海、厦门、天津、青岛、大连、三亚等沿海港口城市竞相发展邮轮旅游产业。2011年8月19日，广西壮族自治区旅游局局长陈建军在第6届泛北部湾经济合作论坛——泛北部湾旅游合作峰会上提出：“争取尽快开通广西至越南南部、泰国、马来西亚、新加坡、印尼、文莱、菲律宾海上旅游环形航线”。

5. 旅游部门开展邮轮旅游人才培训。为培育内地旅游新业态，推进邮轮旅游市场的发展，2008年3月，我国教育部公布《2008年度普通高等学校高职高专教育指导性专业目录》，将国际邮轮乘务（海乘）专业列为新增专业。中国首批国际邮轮乘务专业大学生260人已于2010年上岗。

（四）面临的挑战（Thrests）

1. 行业竞争。东南亚各国中，经济发展不平衡的状况十分突出，既有发达的新加坡、马来西亚、文莱和相对较好的泰国、菲律宾、印尼，还有正在发展中的越南，而缅甸、柬埔寨、老挝则明显滞后。各国对于发展邮轮的先天条件以及后天重视程度存在明显差异，先行者为了保持优势，后来者为了迎头赶上，使得竞争往往大于合作，在港口建设上着眼于“求全”而不是“求专”，参与合作分工往往让位于短期竞争的需要。由于邮轮母港在获得经济利益能力上与停靠港存在巨大差异，对于区域邮轮母港的竞争，将更趋白热化。可以预见，新加坡、马来西亚、菲律宾等国将与中国在区域邮轮中心这一地位上有一番争夺。

2. 地方保护。邮轮旅游产业链较长，沿途所涉国家和地区众多，湄公河又是一条流经多国的国际性河流。在出资比例、利益分配、环境影响、人员通关、物资运输等方面相关国家容易相互掣肘。

3. 其他因素。泛北部湾—大湄公河地区的旅游合作还受到其他因素的影响：（1）历史上国与国之间存在的领土、领海争端；（2）民族、文化、宗教的冲突；（3）湄公河沿岸部分地区治安形势不稳定，相关国家中央政府控制力有限，航运安全存在重大隐患，2011年10月在湄公河发生了13名中国船员被害的事件，这是值得该区域各国注意的，安全没有保障就会影响邮轮旅游业的发展。

五、泛北部湾—大湄公河邮轮旅游开发的举措

（一）形成有效的合作机制，设置专门领导机构政府间的合作在国际性跨区域旅游合作中发挥着至关重要的作用。建议在现有“大湄公河次区域旅游工作组”的基础上设立负责领导管理邮轮旅游的专门机构，对旅游圈整体的旅游开发、区域合作以及运作进行统一领导、统一协调和规范化管理。

在统一领导机构的领导下，建立起由沿岸各国政府领导挂帅，沿岸城市政府以及各大邮轮公司参加的定期沟通协调机制，统筹湄公河干支航道发展规划。

尽快形成《湄公河航行沿岸各方行为规范》，统一航道规格，规范湄公河游船航行，理顺跨国航行时各国的快速通关问题。

（二）加大基础设施和接待服务设施的建设力度

1. 交通通道建设。重点是要做到每个游船码头与市区道路无缝联通，有利于游客的快速出入；积极推进“南北经济走廊”泛亚铁路的建设力度；加快实现昆曼高速公路全面通车，并在已通车的路段沿路建设更多的旅行驿站，以方便游客；继续开通各国中心旅游城市之间的航班航线。

2. 换乘服务区建设。在旅客流量相对较大的站点设置换乘服务区,供旅客实现水路与陆路间的换乘,以及不同水域游船的换乘。也可设置浮动码头和岸边停车场等方式方便水陆的衔接。

3. 救援、监管功能区建设。要在河道沿线配备必要的监管、救援设施和必要的人员、技术力量,并制定各种应急方案和快速反应机制,以备不时之需。

4. 各类船舶泊位建设。各港口应划分出专门的大型邮轮的深水泊位、中小型邮船停泊区等。

5. 其他常规旅游设施建设。邮轮母港及停靠港都应大力建设大型手工艺品超市、旅游车船公司、旅游集散中心,以及能够满足国际旅游者需求的高规格、高档次的宾馆饭店、接待服务中心等。

(三)对湄公河航道进行疏浚、提升通航能力

1. 可以在湄公河上游利用水坝库区"清水下泄"来改善中下游河势和航道。上游水坝蓄水后,中下游河道枯水流量显著增加,江水含沙量显著减少,河道通航能力增强。这对湄公河河道总体有利,但是可能会引起沿岸国家人民的不理解和反对。相关国家要尽早做好试验研究工作,加强引导控制,以免造成被动。

2. 湄公河沿岸地方政府和航运主管部门需加大对航道建设的投入力度,广拓资金渠道,充分发挥国际、国内的开发热情,充分利用社会资源优势。

(四)实现船型标准化

当前在北部湾及湄公河行驶的旅游观光船只大多是老旧的木船,航速低、抗风浪性差、船上缺少必要的服务设施,与邮轮旅游的要求相距甚远。邮轮旅游对安全性要求很高,要保证安全,就要淘汰许多现阶段在北部湾、湄公河上航行的没达到相关安全、设施标准的老旧船只。同时,针对不同海域、河段的自然属性,研究合理的营运组织方案,加快船型标准化进程,以实现投资少、回报高的综合效益。

(五)激活邮轮旅游消费市场

1. 加大邮轮旅游宣传力度,转变民众的消费观念。现阶段中国民众对邮轮旅游的认识普遍存在不足,将邮轮当成是旅游的一种交通工具,而不是一种旅游方式。因此,增加民众对邮轮旅游的了解,引导民众消费的需求迫在眉睫。

2. 以人为本,实现旅游产品的差异化供给。在线路设计、日程安排、游船船型方面,要考虑到不同层次游客旅行的不同需要,对于青年游客,可安排观光型邮船进行湄公河探险游,对于怀旧的老年人,可安排演艺娱乐型的游船徜徉在湄公河的夕阳下,对于举家前来的游客,可安排公交型邮船到沿岸的城市、景点观光,既为不同层次的游客提供多项选择的空间,又拓展了经营盈利的途径。

(作者工作单位均系广西东南亚政治与经济研究中心　原载《东南亚纵横》2011 年第 12 期)

如何推进南海共同开发?

——东南亚国家经验的视角

邵建平

1984 年 10 月,邓小平首次提出以"搁置争议、共同开发"的方式处理南沙问题。1988 年,邓小平向到访的菲律宾总统阿基诺正式提出可以先搁置两国在南沙的争议,进行共同开发。然而,共同开发南海从提出到现在已经过去 27 年,仅有的实践只有 2003 年中国海洋石油总公司和菲律宾国家石油公司在马尼拉签署的有关共同开发南海油气资源的协议和 2005 年中国、菲律宾、越南签署的《在南中国海协议区三方联合海洋地震工作协议》。而与此同时,东南亚的部分国家如泰国、越南、马来西亚、印尼、东帝汶却成功地运用共同开发的方式处理了他们相互之间或与区域外国家间除南海之外的海域争端。由此提出的问题是:既然东南亚国家能成功地运用共同开发的方式处理其他海域争端,那么在南海的共同开发却为何难以推进?本文在比较全面地分析东南亚国家共同开发争议海域经验的基础上,深入探讨其对推进南海共同开发的启示。

关于南海的共同开发,国内外学者都给予了较多关注。当然,他们的研究成果主要集中在对南海共同开发涉及的法律问题和南海共同开发面临的困难和挑战、共同开发的前景等问题上,而对于东南亚国家共同开发相互之间或与区域外国家间争议海域的成功实践对推进南海共同开发的启示,仅在少部分论文中被零散地提及,且涉及的案例比较单一,对"启示"的分析不够深入。

一、共同开发的内涵

(一)共同开发的定义

何谓共同开发?其内涵和外延是什么?国内外学术界对此并无完全一致的看法。总的看来,不同定义之间的分歧主要集中在共同开发的主体、对象和范围以及共同开发的时间等问题上。

在开发主体方面,大部分学者都认为共同开发的主体仅指主权国家。如加拿大学者高尔特认为,共同开发是指"两个或者两个以上的国家决定共享他们之间对一特定地区的主权权利,并为勘探和开发近海矿产目的而采取的一些共同管理模式"。日本学者三友认为"共同开发应为政府间协议的形式,不包括政府与石油公司或私有公司之间的合同型合作"。高之国教授认为"共同开发是两个或多个国家基于政府间的国家协议而共同行使主权权利和管辖"。德国基尔大学的国际法教授拉各尼认为共同开发是主权国家间的合作,不包括私法上契约合同性质的合作,如商业性的一体开发。当然也有少部分学者认为,共同开发的主体不只是主权国家,也包括跨国的或非跨国的企业或企业集团。

在开发范围和开发对象方面,有学者认为,共同开发的范围可以是有争议的地区,也可以是没有争议的地区;可以是陆地也可以是海洋;开发的对象可以是生物资源也可以是非生物资源,或者两者皆有。清华大学法学院教授陈德恭认为,广义的共同开发对象除了指石油资源外,还包括渔业资源。而大部分学者倾向于对共同开发的范围和对象做较为严格的限制。世界银行的能源专家史纳塔认为"共同开发是某种搁置整个边界争端问题,因而从一开始就形成一种政治合作的良好开发环境的一种制度"。拉各尼不仅认为共同开发的地区是具有争议的海域,而且认为共同开发的对象也仅仅限于非生物资源。

关于共同开发的时间,不同学者的界定也不尽相同。荷兰戴尔福特大学的石油法教授 Tanerne 从时间上将共同开发分为两类:划界后的国家间一体开发和争议区划界前的国家间共同开发。拉各尼则从开发时间上把共同开发分

为四类:在国家之间未达成划界谈判协议之前,通过协商,作为临时措施达成一项在争议区内的共同开发协议;在已达成划界协议的区域,作为划界协议的一部分,或划界协议达成后,选择某一区域作出共同开发安排;在达成划界协议之前,在边界区域内发现油气构造或油气田,在不影响边界协议的情况下,规定开发油气收益共同分享;在划界协议中,规定今后如发现跨越了海上边界的油田,通过协议共同开发。当然,大部分学者认为,共同开发仅仅指主权国家在最终划界之前对争议地区进行的开发,如高之国、蔡鹏鸿和李国强等国内学者都持这种观点。其中,李国强认为,共同开发是“在分歧或争端目前尚无法达成一致的情况下,有关各方暂时将争议放在一边,经过若干年的共同开发之后,逐步求得共识,而有关领土主权问题的最终解决,仍然取决于在和平共处五项原则的基础上的两国政府间的外交谈判,并以缔结领土条约加以确定和约束”。此外,《联合国海洋法》也将共同开发界定为争端方在没有完全解决争议之前对争议地区制定的临时安排。在《联合国海洋法》有关专属经济区和大陆架划界的条款中,规定“在争议没有完全解决之前,争端方应该本着相互理解和合作的精神,在过渡期间对争议海域制定一个临时性的安排,此临时性的安排对最终划界不构成影响”。其中,“共同开发”就是临时性安排的一种。

本文在分析东南亚国家共同开发争议海域时,采用狭义和广义相结合的定义。在开发主体和开发范围方面,采用较为狭义的概念,即只涉及主权国家间或主权国家授权的行为体间在争议地区的开发。而在开发对象和开发时间方面,采用了较为广义的概念,其中共同开发的对象既包括非生物资源也包括生物资源。在共同开发的时间方面,主要涉及以下三种情况:国家之间在未达成划界协议之前,先达成一项在争议区域内的共同开发协议;在已经达成划界协议的情况下,作为划界协议的一部分,选择在某一区域做出共同开发的安排;在划界协议中,规定今后在发现跨越海上边界的油田构造时,通过协议共同开发。

(二)共同开发的具体管理模式

管理模式是共同开发付诸实践的保证,是相关国家进行共同开发前必须明确的问题,它贯穿于共同开发的全过程。它不仅决定着参与共同开发的各方收益的分配、义务的分摊等事宜,而且还决定着共同开发区域管理机构的权力、合同类型、管辖权、法律适用等问题。因此,共同开发能否取得成功很大程度上取决于具体管理模式的选择。目前,共同开发的管理模式主要有联合经营模式、超国家管理模式和代理制模式。此外,在有些共同开发案例中,开发主体会把争议海域划分为不同区块,分别采用不同的模式实施共同开发。这种模式混合了联合经营模式、超国家管理模式和代理制模式中的某两种或者全部,因此也称“混合管理模式”。

1. 联合经营模式。联合经营模式又称强制合资模式,指主权国家间或被主权国家授权的开发主体间的强制合资制度。在这种模式中,主权国家保留对租让权人颁发勘探和开采许可证、进行宏观指导的权力,租让权人在开发区域享有排他性的勘探开发权,并负责具体经营活动。双方政府可以根据本国的法律和经济方面的考虑核准租让权人的申请,双方的租让权人在两国政府的要求和指导下订立共同经营协议,以合资机构的形式对共同开发区域内的资源进行勘探开发,共同经营协议必须得到两国政府的批准才能生效。租让权人可以根据共同经营协议,共同决定或抽签决定一方租让权人为经营者,负责某一特定分区的开发经营。作为经营者的租让权人在勘探和开发及经营活动中,在这一特定的分区里仅仅适用其授权国的法律和法规,并享有排他性权利。这样,每个分区适用单一的法律制度,便于施行和操作。在具体的运作过程中,两国政府派出数量相等的官员或技术人员组成共同开发联合管理委员会,对共同开发的具体实施提供指导、监督和审查,协调共同开发过程中产生的争端等。该联合委员会不具备颁发许可证、签订和执行协议的权力。联合经营模式具有简单、公正、全面和务实的优点。

2. 超国家管理模式。超国家管理模式是指两国政府委派对等数目的代表组成超国家的管理机构,并同意将本国对共同开发区域的管辖权完全让渡给该机构,由该机构负责包括招标、颁发勘探和开发许可证在内的全部管理工作。超国家管理机构运行产生的费用和所获得的全部税收和利润,由两国政府平摊和共享。在具体的开发过程中,不适用任何一个国家的法律或法规,而是适用该机构通过的、对两国相关法律进行调整和协调而制定的一套共同遵守的新的法律制度。这一管理机构一般是由两国协议建立起来的联合管理局或联合委员会。该机构拥有广泛的权力,拥有独立的法律人格和行为能力。该模式的特点在于:只有一个超国家联合机构,一个发放许可证的机构,一种税收制度,一份工作计划,一份预算和一套法律制度。这些安排有利于提高效率、减少开支,有利于共同开发的推行。在收益分配上,两国平分收益,而不是按照实际划分的区块多少来分,使双方对收益的预期更加确定。当然,这种模式也存在一定的局限性,如由于先存权的存在,在实际操作中,共同开发区域仍有可能被分成若干区块;此外,两国要建立一个超国家机构,就必须就开发制度、法律适用、财政税收等关键问题协调一致,而这种协调不仅耗费大量的人力、物力和时间,而且更需要国家之间做出妥协。

3. 代理制模式。代理制模式是签约双方中的一方代理另外一方,实施或者全面管理整个争议区域的资源勘探和开发活动,并将本国的授予许可和管理机制适用于该区域。该方的义务就是根据共同开发协定的规定将收益按照一定的比例分给另一方。同时,另一方有权对实施开发活动的一方进行监督或者提出建议。这种模式的优点在于,建立和管理起来比较简单易行,因为在共同开发区域只适用一国现存的管理机制,不涉及两国相关法律的协调。但是这一模式的实行需要两个国家之间具有充分的信任,适用于长期友好的国家之间。

二、东南亚国家共同开发争议海域的经验

东南亚国家中的马来西亚、越南、泰国在处理泰国湾海域争端时都采用了共同开发的方式,其中包括马来西亚和泰国之间、马来西亚和越南之间对争议海域进行的共同开发。此外,越南、印尼在处理与区域外国家——中国和澳大利亚——的海域争端时,也采用共同开发方式。东帝汶独立后,沿袭了印尼与澳大利亚在帝汶海域实施的共同开发。不同的共同开发案例在具体实施过程中采用不同的管理模式,体现出不同的特点。

（一）马来西亚和泰国用“超国家管理模式”共同开发泰国湾争议海域

马来西亚和泰国对位于南海西侧、泰国湾约7250平方千米的海域存在争议。由于马泰两国在该地区没有划分边界线，海域的重叠导致争端。1971年，在该地区发现了大量的天然气，引发了两国对该地区的争议。从1972年开始，马来西亚和泰国开始对在泰国湾的海域争端进行谈判。1978年3月，马泰两国共同发表《马泰官员会谈纪要》，主张在和平友好和维护双方安全利益的基础上解决两国海上划界问题。1979年2月，马泰两国签署《关于为开发泰国湾两国大陆架划定区域海床资源而建立联合管理局的谅解备忘录》，决定将泰国湾划界问题搁置50年，共同开发泰国湾重叠区域内的海底资源。从类型来看，马泰共同开发案是属于两国未达成划界协议之前，先达成一项在争议区域内的共同开发协议。从共同开发的管理模式来看，马泰采取的是“超国家管理模式”。马泰两国建立一个由两国代表组成的联合管理局，代表两国政府承担勘探和开发海床和底土的非生物资源的全部权利和责任，拥有特许权发放和管理的权力，并有权授予经营人在特定区域的经营权、确定经营人对资源拥有的所有权份额。马泰《谅解备忘录》里提及将建立一个马泰联合当局，从备忘录生效之日起，在50年之内负责争议区海床和底土非生物自然资源的探测和开发。联合当局设两名主席，两国分别指派1名，并派出相等数量的其他人员。此外，《谅解备忘录》还规定联合管理局在共同开发中产生的任何费用和获得的收益均由双方平摊和平分。对任何由于对《谅解备忘录》条款不同解释和操作过程中产生的分歧和争端，应该本着睦邻友好的精神，采取符合国际法相关规定的措施和平解决。马泰《谅解备忘录》的有效期是50年，假如在50年之内两国仍然没有找到合适的划分两国大陆架的方法，联合管理局将无限期存在下去。马泰《谅解备忘录》还提到“联合当局应该承认双方政府当局在争议区开展渔业活动、航行、水道和海洋调查的权利，并监督共同开发海域海洋污染以及其他事宜”。两国还在争议区划分了刑事管辖权界线——马来西亚和泰国刑事管辖权覆盖的范围分别为930平方千米和1100平方千米。此分界线不是两国在争议海域大陆架的分界线，也不牵涉两国的领土主权。

由于“超国家管理”的共同开发模式要解决一系列的相关问题，因此《谅解备忘录》签订后，马泰两国就联合管理局的有关规章、适用的法律、合同制度及管理局的人选等问题进行了旷日持久的谈判。1990年，马泰两国共同开发联合当局正式成立，双方签订了旨在执行备忘录的《关于建立马泰联合管理局有关章程及其他事项的规定》。1994年，马泰才签署第一份共同开发合同，正式启动在泰国湾争议海域的共同开发工作。总的来说，在协议达成之后，马泰两国在该争议地区的共同开发是比较成功的。

（二）马来西亚和越南用“联合经营模式”共同开发泰国湾争议海域

马来西亚和越南在泰国湾对一块面积达2500平方千米的海域存在争议。为了解决争议，马来西亚和越南于1992年6月5日签署《谅解备忘录》，决定共同勘探和开发该争议区的油气资源。两国将争议区限定在1358平方千米的海域并将之作为共同开发区。

马越共同开发案亦属于两国未达成划界协议之前，先达成一项在争议区域内的共同开发协议。从共同开发的管理模式来看，马越采取的是“联合经营模式”。

马越《谅解备忘录》的第一项条款明确共同开发的区域界限；第三项条款规定马来西亚和越南同意分别指定马来西亚国家石油公司和越南国家石油公司在指定海域实施共同开发。为此，马来西亚国家石油公司和越南国家石油公司应该共同制定一个商业协议，该协议的条款和条件必须得到两国政府的同意。1993年8月25日，上述两家公司按期完成商业协议的起草工作，该协议设想建立一个协调委员会，为在指定海域油气开发的管理提供政策指导，各项政策的实施必须首先得到委员会全票通过。委员会有8名成员，两家石油公司各指派4名，他们拥有平等的权力，委员会的主席每两年在双方成员之间轮换一次。1993年8月，马越两国签署商业协议，建立协调委员会，负责共同开发区的具体开发活动。在协议的具体实施过程中，尽管马越双方原则上仍然在协调委员会指导下平摊支出和平分收益，但是共同开发的具体管理完全由马来西亚国家石油公司在协调委员会指导下实施。马来西亚全权负责日常的运作，最后在去除各种税收和支出后，直接把净利润的一半分给越南国家石油公司。

此外，马越《谅解备忘录》没有规定具体的有效日期。两国石油公司共同制定的商业协议规定“直到谅解备忘录过期；或者双方或者两国政府都同意终止计划；或者马来西亚与外国公司签署的合同到期”才会失效。马越《谅解备忘录》还对“单一石油构造”问题进行了规定：“假如一个油气田的一部分位于指定的共同开发区域内，一部分位于共同开发区域外的马来西亚大陆架或越南大陆架上，双方应该制定出相互都能接受的探测和开发那里的资源的办法。”

总的来说，马越双方对共同开发的管理具有较大的灵活性。协调委员会由两国国家石油公司指派，而不是直接由政府指派，在共同开发中产生的任何争议和矛盾直接由两国国家石油公司在协调委员会指导下协商解决。协调委员会提出的任何解决争端的办法和决定都必须本着友好、谨慎的原则，并符合现代国际石油工业的实践。协调委员会无法解决的争端将被提交给马越两国政府解决。两国政府并不直接干涉商业开采方面的事宜。

（三）印尼和澳大利亚运用“混合管理模式”共同开发帝汶缺口争议海域

澳大利亚和印尼之间的海域边界线涉及两国专属经济区和大陆架的划分。经过多年谈判，两国于1989年12月签署《帝汶缺口条约》，决定对帝汶缺口大陆架的非生物资源进行共同开发。条约的主要内容为：（1）规定争议区内实施共同开发的合作范围，即印尼群岛基线量起的200海里主张线与澳大利亚主张的帝汶海槽最深线之间的海域。协议指出，所建立的区域及其范围，不妨碍两国政府对该区大陆架划界的立场，并且在任何情况下，不影响各方对各自主权的主张。合作区的范围，北部边界为简化了的等距离线，合作区总面积60500平方千米。在此范围内分成A、B、C3个区域。A区的北部边界为简化的1500等深线，南部边界为两国海岸基线的中间线。两国决定在此区域建立一个联合管理局，以管理区域内的石油勘探和开发活动，联合管理局所获收益由两国平分。在两国政府签署建立合作区正式协议之前，为制定适用于 A 区的采矿、税收和法律制度，建立一个由澳大利亚和印尼官员组成的工作组。工作组的指导原则如下：澳大利亚—印尼管理局由部长级理事会和联合管理局组成，负责实施采矿、税收和制定法律制度；所制定的采矿制度应确保公司在石油资源勘探、开发和生产中的有效、安全和环境保护；制定有吸引力的产品分成合同模式，提供石油勘探和生产的有吸引力的投资环境，与此同时，确保两国政府获得适度水平的收益；通过采用现有的澳大利亚或印尼法律制度，包括移民、海关、检疫、雇工、健康和安全、合同关系，以及民法和刑法等，颁布上述有关法律；负责石油设施的安全和监督；制定解决争端程序，重在通过两国政府间协商。因此，印尼和澳大利亚在 A 区采取的是“超国家管理模式”。值得一提的是，澳大利亚和印尼根据《帝汶缺口合作条约》成立了部长理事会，创新性地确立了部长理事会和管理局两层管理机构。部长理事会主要负责把握政策、监督管理局的工作，而管理局则负责共同开发的具体运作。

在 B 区和 C 区，印尼和澳大利亚采用的是“代理制模式”。B 区位于中间线以南，至印尼海岸基线量起 200 海里，为澳大利亚管辖区，区内石油工业活动按照澳大利亚的法律管理。澳大利亚同意印尼分享 10% 的资源收入税。C 区位于 1500 米等深线以北，至简化了的海槽深度轴线，为印尼的管辖区，适用印尼的法律。印尼同意付给澳大利亚 10% 的公司所得税。合作区的最初期限为 40 年，可通过协议延长 20 年，不过，合作区可在任何时期即两国政府达成永久性的海洋划界协议时终止。

(四)东帝汶和澳大利亚运用“超国家管理模式”共同开发帝汶缺口争议海域

随着东帝汶脱离印尼获得独立，印尼和澳大利亚签署的关于两国在帝汶海域的条约成为“非法”条约，因为这些条约完全损害作为主权国家东帝汶的权利，包括领海、毗连区、专属经济区、大陆架的权利，即印尼和澳大利亚两国在帝汶海域的争端变成东帝汶和澳大利亚之间的争端。为缓和争议，澳大利亚和东帝汶于 2001 年 7 月签署《关于帝汶海油气资源开发的谅解备忘录》。与印尼和澳大利亚之间的《帝汶缺口条约》相比，东帝汶和澳大利亚签署的《关于帝汶海油气资源开发的谅解备忘录》的主要不同在于：两国将《帝汶缺口条约》规定的 A 区作为两国的共同开发区域，而原来的 B 区和 C 区则取消共同开发；在石油的分配方式上，将原先印尼和澳大利亚之间的五五分成模式变为东帝汶和澳大利亚之间的 90:10 分成模式，即共同开发区域内 90% 的收益归东帝汶，10% 的收益归澳大利亚。

(五)越南与中国在北部湾的共同开发案

北部湾最大宽度仅为 180 海里，中越两国在北部湾存在海域重叠。为了解决两国在北部湾的界线问题，1974 年，越南首先表示要与中国在北部湾进行划界的愿望。历经27 年，两国最终于 2000 年 12 月 25 日在北京正式签署了《中华人民共和国和越南社会主义共和国关于两国在北部湾领海、专属经济区和大陆架的划界协定》和《中华人民共和国和越南社会主义共和国北部湾渔业合作协定》。北部湾油气资源丰富，地质构造复杂。虽然双方划界时已尽量考虑到了油气储藏区的位置，但划界后不可避免地会出现跨界油气储藏区，并且还有可能会发现新的油气田。为了解决这个问题，中越两国在协议中规定，假如出现“同一地质构造”的油气资源，双方将对之进行共同开发。此外，为了解决北部湾渔业资源的分配问题，中越通过《中华人民共和国和越南社会主义共和国北部湾渔业合作协定》设立“共同渔区”，对区域内渔业资源进行共同开发。

越南和中国对北部湾的划界和签署的协议涉及共同开发的第二和第三种类型，即在已经达成划界协议的情况下，作为划界协议的一部分，选择在某一区域做出共同开发的安排；在划界协议中，规定今后在发现跨海上边界的油田构造时，双方通过协议共同开发。关于前一种情况，主要是越南和中国在北部湾划定一个共同渔区，双方共同开发区内的渔业资源；关于后一种情况，两国在《中华人民共和国和越南社会主义共和国关于两国在北部湾领海、专属经济区和大陆架的划界协定》的第七条中规定，“如果任何石油、天然气单一地质构造或其他矿藏跨越本协定第二条所规定的分界线，缔约双方应通过友好协商就该构造或矿藏的最有效开发以及公平分享开发收益达成协议。”

三、东南亚国家共同开发争端海域对推进南海共同开发的启示

从东南亚国家共同开发争议海域的成功案例来看，其成功实践主要受以下因素的影响：一是争端方要承认相互之间存在争议没有解决，而且争端方要在自己的主张方面有一定的妥协。二是争端国家之间关系的好坏——争端国家之间良好的关系有利于共同开发的实施。三是经济因素的刺激，争端方迫切需要开发争议区的油气资源有利于共同开发的成功实施。例如，在马泰共同开发案中，泰国油气资源的对外依赖性更强，因此，泰国更加迫切地希望与马来西亚在争议海域实施共同开发；在马越开发案中，经济利益的刺激直接促成了共同开发协议的成功达成。四是对争议区潜在矿藏资源的了解程度。如果争端方均认为在争议海域有丰富的资源，会加大共同开发成功实施的难度。五是是否存在主权争端。存在岛屿主权归属争端时，共同开发难度会增加。假如争端方在岛屿是否在海域划界过程中产生效力纠缠不清，会导致共同开发难于达成协议。六是争端方数量的多少。争端方越少，共同开发的实践越容易。东南亚国家共同开发争议海域的经验对推进南海的共同开发具有一定的启示。

(一)在理清“南海共同开发”的内涵和外延基础上积极推进南海共同开发

如上文所述，共同开发的定义多种多样，不同的学者对其有不同的定义，这直接导致不同的国家在使用该定义时总是遵从“实用主义”原则，朝着有利于自己的方向解释。在南海共同开发中，东南亚国家对“共同开发”就具有不同的解释。越南认为共同开发的关键是各方同意在南海哪一个区块进行开发；菲律宾和马来西亚等国则试图以“南极模式”来代替共同开发，以维护其在南沙的既得利益，从而使中国放弃对南沙群岛的主权。而定义决定了共同开发的内涵和外延，包括共同开发的主体、共同开发的范围和对象、进行共同开发的时间等问题。这些问题的不同又决定了共同开发具体管理模式的不同。东南亚国家无论是在共同开发相互之间的争议海域，还是共同开发与区域外国家间的争议海域时，都确定了具体管理模式，间接界定了共同开发的内涵和外延。因此，在推进共同开发南海资源时，中国和相关东南亚国家首先要对南海共同开发的内涵和外延做出清晰的界

定,并取得一致性的意见。

南海共同开发是实实在在的工作,不能只停留在口号和宣传层面。在厘清南海共同开发内涵和外延的基础上,中国应该发挥领导作用,与相关国家积极推进南海共同开发。过去很长一段时间,南海共同开发长期处于"争议未见搁置,开发未见共同"的局面。正因为如此,国外有学者认为,作为南海主权申索国中力量最为强大、亚太地区和世界上的新兴大国,中国应该在南海共同开发中发挥更大的主导作用,与东南亚相关国家一起推进南海共同开发。

(二)遵循先易后难的原则,逐步实施共同开发

先易后难,逐步推进南海争议区的共同开发,主要涉及两方面的内容。

1. 从共同开发渔业资源开始,逐步扩展到非生物资源的共同开发。从东南亚国家共同开发其他争议海域的经验来看,渔业资源具有很强的流动性和可持续性,而且渔业资源共同开发谈判的难度相对较小,加之有中越北部湾渔业资源共同开发的直接经验,所以共同开发争议区内渔业资源比共同开发油气资源要容易。此外,优先对争议海域的渔业资源进行共同开发也可以避免中国在南海相关海域实施禁渔令引发相关国家的不满和抗议,因为实施渔业资源共同开发后,相关国家可以对禁渔令的颁布和实施达成一致性意见。

2. 应该先在仅涉及两个国家的争议海域建立双边共同开发区。在东南亚国家共同开发争议海域的成功案例中,达成共同开发协议的都只是两个国家。从1999年开始,越南、泰国和马来西亚就尝试对3国之间在泰国湾一个达800平方千米的争议海域谋求共同开发的谈判。但是,3方谈判一直没有任何结果,因为3方无法在利益分配、费用分担以及管理机构的设立等方面达成一致。在南海共同开发中,中国、越南和菲律宾曾于2005年3月15日签订《南中国海协议区三方联合海洋地震工作协议》,三方承诺共同收集协议区内定量二维和三维地震数据,期望通过地震和地球物理方法的分析来探测协议涉及海域的地质结构和油气储量,以便确定其是否具有商业开采价值。然而此项协议只停留在前期评估阶段,不涉及后期勘探和开采。而且第一阶段协议在2008年到期后,三方因对协定存在争议并未延续第二阶段的协议。鉴此,要推进南海共同开发,中国首先要坚持双边原则,与相关国家达成双边共同开发协议。使双边共同开发区成为成功的典型,在条件成熟时再扩大到多国的争议区域,实施多边性的共同开发。具体来说,根据南海油气资源分布特征和争端现状,可先与菲律宾就南沙海域东部的礼乐滩实施共同开发;与马来西亚或文莱对南部的文莱沙巴盆地和曾母暗沙盆地共同开发;与越南对万安西盆地共同开发。

(三)灵活选择共同开发的具体管理模式

共同开发有联合经营、超国家管理和代理制三种具体管理模式,各种模式具有不同的特点和优势。在东南亚国家共同开发的成功案例中,泰国和马来西亚采用超国家管理模式;越南和马来西亚采用联合经营模式,在具体实践中又从实际出发开创性地设立协调委员会,共同开发的具体管理完全由马来西亚国家石油公司在协调委员会指导下实施;澳大利亚和印尼之间的共同开发案则采取超国家管理模式和代理制模式相结合的混合模式,并在超国家管理模式中设立部长理事会对共同开发进行具体管理和指导。总的来看,东南亚国家中的泰国、马来西亚、越南和印尼都分别与争端方采用最合适的具体管理模式,成功地实施对争议海域的共同开发。

南海争端涉及"六国七方",错综复杂,加之西方国家石油公司在南海油气资源开发中已经扮演重要角色的既成事实,要简单地运用单一管理模式推进南海共同开发是不现实的,也是不可能的。因此,南海共同开发要从争端和目前开发的现状出发,选择最合适的管理模式。具体来说,对资源开发前景良好,具有重要开发价值的区域,可以优先考虑采用超国家管理模式,由两国组成联合管理局进行勘探开发和管理;对双方分歧比较大,预见在相当长的一段时间内难以就开发制度、法律适用和财政税收等前期关键问题达成一致的争议海域,则可考虑采用联合经营模式,因为这种模式具有公正、全面的优点;对主要接近争端某一方,且该国已经在此进行一定规模开采活动的争议海域,则可以考虑采用代理制模式,由该国继续经营管理,另一国则按照一定的比例获取一定的收益;对于有第三方力量,如西方石油公司介入的开发可优先考虑联合经营模式。

(四)签订具有强制约束力的共同开发协定

签订具有约束力的共同开发协定是共同开发能够成功实施的重要保障。马来西亚和泰国在对泰国湾争议海域实施共同开发时,签署的《马泰谅解备忘录》作为一份政府间协定,具有条约性质,对两国具有一定的约束意义;中越两国签署的《中华人民共和国和越南社会主义共和国关于两国在北部湾领海、专属经济区和大陆架的划界协定》的相关条款也将中越双方在北部湾进行共同开发作为一项实质性的法律义务,对中越双方具有一定的法律约束意义。具有强制约束力的协定从政治和法律上保证泰国和马来西亚、越南和中国在争议海域实施共同开发。对南海共同开发来说,中国要吸取《南海各方行为宣言》缺乏约束力导致无效的教训和东南亚国家签署具有强制约束力协议确保共同开发顺利实施的经验,在推进共同开发战略时,与相关国家签署具有强制约束力的协议。

(五)妥善处理共同开发中的"第三方先存权"问题

"先存权"指共同开发区建立之前,签约一方在原有争议海域地区勘探、开发期间,已经授予第三方所属经营机构勘探开发许可权,允许其参与有争议海域的共同开发活动,由此使第三方对该地区获得某种经营开发的权利。根据现有的共同开发实践,在处理第三方的"先存权"问题时,主要采用明确承认先存权的存在和不承认先存权的存在两种方式。

在泰国湾争议海域的共同开发中,马来西亚和泰国、马来西亚和越南在签署共同开发协议时,都对第三方的"先存权"给予了承认,并对相关事宜做出了详细的规定。1979年的《马泰谅解备忘录》规定"联合委员会的权力和义务不影响或削弱任何一方迄今发出的特许证或执照协议",因此泰国先前向美国的两家公司颁发的石油勘探许可证继续有效。在马越共同开发案中,对于马来西亚之前与外国公司签署的在争议区探测和开发石油的合同,越南出于经济和技术方面的考虑做出了妥协,同意现存的合同承包商可以继续在特定区域施工,但承包商必须定期向马越双方报告工作进展情况,承包合同的任何变化、修改和补充都必须最终得到马越

双方的同意，而且现存的承包合同不能影响马越双方平分经济收益的原则。

从20世纪七八十年代起，越南、马来西亚、菲律宾、印尼和文莱就先后与埃克森美孚、壳牌等200多家石油公司合作开发南海的油气资源。目前，东南亚各国在南海的石油产量分别是：马来西亚64.5万桶/日，越南18万桶/日，印尼4.6万桶/日，各国合计136.7万桶/日。同时，马来西亚在南海海域开采的天然气年产量达1300bcf（1bcf为十亿立方英尺），占南海目前天然气总开采量的一半以上。因此，在推进中国与东南亚相关国家在南海海域的共同开发时，不得不面对数量众多的"第三方"以及如何处理他们在南海海域的"先存权"问题。总的来看，对第三方"先存权"给予承认，并制定相关的协议对之进行详细的规定比较符合南海目前的现状。一方面，对西方诸多石油公司的"先存权"给予承认，会减少中国和东南亚相关国家在南海争议海域推进共同开发的阻力。另一方面，美国、日本、俄罗斯和印度等区域外国家近年来介入南海的程度越来越深，对这些区域外大国的石油公司在南海"既得利益"和"先存权"的承认，可以缓解中国在南海问题上的压力。

（六）明确如何处理共同开发过程中出现的争端和问题

争议海域的共同开发涉及面非常广，在具体实践过程中不可能不出现争端和问题，妥善地和平处理争议海域共同开发实践中出现的争端和问题是共同开发持续推进的重要保障。因此，在共同开发实施之前对如何处理共同开发中出现的争端和问题进行明确的规定十分必要。

从东南亚国家共同开发相互之间和与区域外国家间争议海域的实践看，他们在签署共同开发协议时对如何处理共同开发实施过程中出现的争端和问题进行了比较详细的明确规定。如马来西亚和泰国、马来西亚和越南都分别在双方签署的《共同开发谅解备忘录》中作出了明确规定，"双方应该通过咨询或者谈判的方式和平处理因《谅解备忘录》产生的任何分歧和争议"。马泰签订的《1990年联合开发当局法案》也对如何处理双方在共同开发中产生的争议作出了明确规定，"双方因该订约产生的任何分歧如果不能和平地解决，则应该把争议提交由3名仲裁员组成的仲裁小组仲裁。其中双方各自指派1名仲裁员，第3名仲裁员则由双方共同指派。假如在一定的时间内双方不能就共同指派第3名仲裁员达成一致意见，则应该向联合国国际贸易委员会申请指派1名仲裁员。"

南海共同开发远比上述共同开发案复杂，因此在与东南亚相关国家推进南海共同开发过程中，要做到有备无患，在签署任何有关共同开发的协议时，都要明确规定如何解决共同开发过程中存在的问题及其产生的争议。这样做能最有效地避免在共同开发的具体操作过程中因产生争议而被长期搁置、甚至中断，确保共同开发的可持续性。

此外，从中国目前在南海油气资源的开发现状来看，在共同开发协议无法达成之前，中国有必要加大对南海海域油气资源的开发力度，便于在将来的共同开发谈判中具有一定的基础，占据一定的主动性。具体来说，可以集中国三大石油公司之力，在南海合作开发；调动有实力的私营企业和公司参与南海油气资源开发；同时，国家应该建立相应风险基金，支持国人提升深海勘探开采能力，开发南海油气资源。

（作者系云南大学博士研究生　原载《当代亚太》2011年第6期）

中国—东盟果蔬贸易互补性与竞争性研究

吕建兴　刘建芳　祁春节

一、中国—东盟果蔬贸易现状

自2001年中国与东盟提出建设中国—东盟自由贸易区的构想，到2010年中国—东盟自由贸易区如期建成已有10年。在这10年里，中国—东盟农产品贸易得到了极大的发展。特别是从2005年7月开始，双边相互实施全面降税，中国—东盟农产品贸易发展态势更为迅猛。2000年中国—东盟农产品贸易总额为25.99亿美元，到2005年增长到59.56亿美元，2009年已达到137.30亿美元，年均增长率达到20.31%。果蔬及其制品在中国—东盟农产品贸易中占据重要位置。2000年中国—东盟果蔬及其制品贸易占农产品贸易总额的18.97%，2005年为29.61%，到2009年已上升至32.65%（表1）。

在中国对东盟的出口中，农产品出口大体呈现逐年递增的趋势。由2000年的13.43亿美元，增长到2009年的52.39亿美元，年均增长率为16.33%；果蔬产品的出口也较为迅速，2000年中国出口到东盟的果蔬共计2.98亿美元，占农产品出口的22.19%，2005年共出口9.87亿美元，占农产品出口的41.96%，到2009年果蔬产品出口达到25.48亿美元，占农产品出口的48.64%，是2000年的8.55倍。

表1　2001～2009年中国—东盟农产品及果蔬产品贸易情况　单位：亿美元，%

年份	中国对东盟出口额			中国从东盟进口额			贸易总额		
	农产品	果蔬产品	比例	农产品	果蔬产品	比例	农产品	果蔬产品	比例
2000	13.43	2.98	22.19	12.56	1.95	15.53	25.99	4.93	18.97
2001	12.50	3.50	28.00	14.35	3.57	24.88	26.85	7.08	26.37
2002	18.94	5.09	26.87	17.70	3.65	20.62	36.63	8.75	23.89
2003	22.20	6.44	29.01	25.76	4.50	17.47	47.96	10.94	22.81
2004	20.56	7.92	38.52	36.47	6.61	18.12	57.04	14.53	25.47
2005	23.53	9.87	41.96	36.03	7.76	21.54	59.56	17.64	29.61
2006	29.76	12.74	42.79	48.77	10.31	21.13	78.53	23.04	29.34
2007	38.18	15.45	40.47	69.89	11.80	16.89	108.07	27.25	25.22
2008	44.15	19.81	44.86	89.94	11.70	13.01	134.09	31.51	23.50
2009	52.39	25.48	48.64	84.90	19.35	22.79	137.30	44.83	32.65

数据来源：联合国贸易统计署，果蔬产品包括：蔬菜（HS07）、水果（HS08）以及果蔬制品（HS20）

而近10年中国从东盟进口的农产品也在逐年递增。从2000年的12.56亿美元到2009年的84.9亿美元，年均增长率为23.66%；相应的果蔬产品进口也呈现快速增长的趋势，即2000年中国从东盟进口果蔬及其制品共计1.95亿美元，到2009年达到19.35亿美元，年均增长率为29.04%，但占农产品进口的比重波动较大，从2000年占15.53%，次年迅速上升至24.88%，而后持续下降到2003年的17.47%，2008年的比例最小，仅为13.01%，到2009年有所缓和，占到22.79%。

从具体的果蔬产品上看，在蔬菜贸易中，除2001年和2004年有小幅的逆差，中国处于贸易顺差的地位，而且贸易顺差有加大的趋势，2008年和2009年顺差额分别为3.37亿美元和2.96亿美元；在水果贸易中，2000~2004年中国处于贸易逆差，2005~2007年基本上贸易是平衡的，2008年开始有一定的贸易顺差，达到1.10亿美元，2009年的顺差额为0.15亿美元；在果蔬制品贸易中，中国处于顺差，而且顺差的幅度有加大的趋势，2000年中国出口到东盟的果蔬制品顺差额为0.68亿美元，之后贸易顺差持续拉大，到2008年达到顶峰，顺差为3.64亿美元，2009年的顺差额略微下降，为3.02亿美元。总体上，在中国—东盟的果蔬贸易中，中国是处于顺差地位，而且顺差的幅度有加大的趋势（表2）。

二、中国—东盟果蔬贸易竞争性与互补性分析

（一）相对贸易优势指数（RTA）分析

相对贸易优势指数（RTAia，Relative Trade Ad－vantage）用于描述一国与他国的贸易相对竞争优势，若RTAia＞0，则表示i国在第a种产品上具有相对贸易优势，该数值越大，比较优势越大；反之则表示不具有相对贸易优势，处于相对劣势地位（Scott，1992年；吴凌燕，2006年）。

计算公式为：

$$RTA_{ia}=(X_{ia}/X_{ra})/(X_{in}/X_{rn})-(M_{ia}/M_{ra})/(M_{in}/M_{rn})$$

式中，X_{ia}表示i国出口商品a的价值；X_{in}表示i国出口所有其他商品的价值；X_{ra}表示除i国外其他国家出口商品a的价值；X_{rn}表示除i国外其他国家出口所有其他商品的价值；M_{ia}表示i国进口商品a的价值；M_{in}表示i国进口所有其他商品的价值；M_{ra}表示除a国外其他国家进口商品的价值；M_{rn}表示除i国外其他国家进口所有其他商品的价值。

表3列出了2000~2009年中国及东盟各国果蔬产品的相对贸易指数，观察其结果可以看出：

第一，总体上看，在观察期内中国的蔬菜、水果及果蔬制品的RTA指数都为正，具有比较优势。从产品上看，果蔬制品的比较优势最为突出，其次是蔬菜，而水果的比较优势较小；从时间上看，2000~2008年蔬菜的比较优势下降，最低仅为0.78，到2009年才有所缓和，RTA指数回升至1.13；水果的比较优势呈现先升后降再升的趋势，即2000~2003年水果的比较优势逐渐上升，而2004~2005年又下降，2006~2008年基本不变，2009年比较优势又略有上升，达到0.12；果蔬制品的比较优势在观察期内总体上呈逐年下降趋势，到2006年达到最低，仅1.21，2007年有所回升，2008年继续下跌，到2009年RTA指数为1.15。

第二，东盟的水果及果蔬制品的比较优势较强，而蔬菜基本没有比较优势。在观察期内，东盟的蔬菜在国际贸易中处于相对劣势，而且相对劣势的趋势逐渐加大，到2008年RTA指数达到－7.45；而水果的比较优势大体上处于波动下降趋势，2004~2005年略有缓和，而后继续下降，到2009年仅为0.02，略有比较优势；果蔬制品的比较优势较大且较为稳定，近10年的平均RTA指数为5.43。

第三，马来西亚、新加坡、柬埔寨和文莱等国家的果蔬产品基本没有比较优势，各产品的RTA指数都为负值。其中，马来西亚蔬菜的RTA指数较为稳定，平均为－0.76，而水果和果蔬制品的相对劣势呈加大的趋势，2009年分别为－0.24和－0.21；新加坡果蔬产品的RTA指数在观察期内较为稳定，平均分别为－0.32、－0.24和－0.21，近些年水果及果蔬制品的比较劣势略有下降；柬埔寨由于有些年份的数据缺失，在此仅计算在数据库上公布的数据，从中可以看出，柬埔寨的果蔬制品的比较劣势较大，蔬菜的比较劣势较小些；而文莱仅有3年数据，但可以看出文莱的果蔬产品比较劣势较明显。

第四，泰国和越南两国的果蔬产品具有较强的比较优势，各品种的RTA指数都为正。泰国蔬菜的RTA指数总体上呈上升趋势，水果呈下降趋势，果蔬制品呈先升后降再升的趋势；越南蔬菜的比较优势呈现周期性的波动，并从2002年起，每隔两年RTA指数必下降，水果的比较优势呈波动下降的趋势，果蔬制品的比较优势略有上升趋势。

第五，从2008年横向比较上看，东盟各国蔬菜比较优势较大的是泰国，RTA指数为1.08，其次是越南，RTA指数达到0.85；而比较劣势最大的是马来西亚，RTA指数为－0.65，其次是印度尼西亚，RTA指数为－0.55；水果的比较优势最大的是菲律宾，RTA指数达到3.15，其次是越南3.09，比较劣

表2　2000~2009年中国—东盟果蔬及制品的贸易情况　单位：亿美元

年份	蔬菜（HS07）			水果（HS08）			果蔬制品（HS20）		
	出口额	进口额	贸易差额	出口额	进口额	贸易差额	出口额	进口额	贸易差额
2000	0.88	0.24	0.64	1.36	1.64	－0.28	0.74	0.06	0.68
2001	1.48	1.55	－0.07	1.26	1.98	－0.72	0.76	0.04	0.72
2002	2.29	1.45	0.84	1.77	2.16	－0.39	1.03	0.04	0.99
2003	2.70	1.96	0.74	2.34	2.49	－0.15	1.39	0.05	1.34
2004	3.44	3.49	－0.04	2.88	3.04	－0.16	1.60	0.09	1.52
2005	4.70	4.25	0.45	3.50	3.45	0.05	1.68	0.06	1.61
2006	6.42	6.25	0.17	4.01	3.98	0.03	2.31	0.08	2.23
2007	7.22	6.73	0.49	4.97	4.98	－0.01	3.26	0.09	3.16
2008	7.81	4.44	3.37	8.15	7.05	1.10	3.85	0.21	3.64
2009	11.96	9.00	2.96	10.24	10.10	0.15	3.28	0.25	3.02

数据来源：联合国贸易统计署

表 3　　2000 ~2009 年中国与东盟各国果蔬产品的 RTA 指数

年份	中国			东盟			马来西亚			菲律宾			新加坡		
	蔬菜	水果	果蔬制品	蔬菜	水果	果蔬制品	蔬菜	水果	果蔬制品	蔬菜	水果	果蔬制品	蔬菜	水果	果蔬制品
2000	1.92	0.05	1.62	-2.79	0.34	0.48	-0.72	-0.04	-0.09	-0.08	2.32	1.07	-0.32	-0.27	-0.22
2001	1.65	0.06	1.64	-2.58	0.33	0.56	-0.77	-0.07	-0.13	-0.10	2.62	1.52	-0.36	-0.31	-0.25
2002	1.46	0.11	1.48	-2.77	0.30	0.58	-0.73	-0.06	-0.08	0.01	2.64	1.26	-0.37	-0.28	-0.25
2003	1.21	0.12	1.34	-2.91	0.24	0.55	-0.69	-0.08	-0.08	0.00	2.71	1.41	-0.35	-0.28	-0.26
2004	1.08	0.11	1.28	-3.75	0.27	0.56	-0.75	-0.08	-0.08	-0.03	2.65	1.51	-0.30	-0.23	-0.21
2005	1.03	0.09	1.25	-4.53	0.27	0.55	-0.82	-0.10	-0.09	0.00	2.76	1.74	-0.31	-0.21	-0.19
2006	0.93	0.10	1.21	-5.61	0.22	0.59	-0.85	-0.11	-0.10	-0.13	2.75	1.69	-0.29	-0.20	-0.16
2007	0.78	0.10	1.29	-6.20	0.21	0.48	-0.76	-0.14	-0.16	-0.07	2.75	1.57	-0.30	-0.20	-0.17
2008	0.79	0.10	1.21	-7.45	0.25	0.53	-0.65	-0.22	-0.18	-0.21	3.15	1.50	-0.29	-0.19	-0.19
2009	1.13	0.12	1.15	-6.24	0.02	0.56	-0.86	-0.24	-0.21	-0.16	2.92	2.16	-0.32	-0.20	-0.18

年份	泰国			印尼			越南			柬埔寨			文莱		
	蔬菜	水果	果蔬制品	蔬菜	水果	果蔬制品	蔬菜	水果	果蔬制品	蔬菜	水果	果蔬制品	蔬菜	水果	果蔬制品
2000	1.28	0.62	2.74	-0.54	-0.37	0.45	0.87	4.63	0.43	-0.13	-0.43	-0.21			
2001	1.53	0.46	2.84	-0.57	-0.47	0.51	1.49	4.83	1.28	-0.02	-0.34	na			
2002	1.20	0.49	2.98	-0.57	-0.76	0.44	0.88	3.38	1.35	-0.04	-0.18	-0.13	-1.76	-1.66	-3.00
2003	1.19	0.34	3.09	-0.57	-0.56	0.34	1.02	2.85	0.67	0.01	-0.14	-0.08	-2.14	-1.99	-4.36
2004	1.52	0.35	3.02	-0.44	-0.43	0.36	1.00	3.37	0.83	0.00	-0.22				
2005	1.27	0.37	3.01	-0.42	-0.22	0.42	0.88	3.07	0.60	-0.05	-0.15	-0.14			
2006	1.39	0.32	3.05	-0.76	-0.58	0.31	1.31	2.60	0.97				-2.65	-2.05	-2.11
2007	1.35	0.31	2.53	-0.77	-0.62	0.12	1.30	2.79	0.74			-0.15			
2008	1.08	0.23	2.74	-0.55	-0.21	0.42	0.85	3.09	0.77						
2009	1.50	0.38	2.88	-0.52	-0.60	0.28	na	na	na						

注:数据来源于联合国贸易统计署数据库计算得出;东盟包含其中 6 国:印尼、马来西亚、越南、菲律宾、新加坡、泰国;2009 年东盟的加总数据不包含越南;na 表示数据缺失

势最大的是马来西亚,RTA 指数为 -0.22;其次是印度尼西亚,RTA 指数为 -0.21;果蔬制品比较优势最大的是泰国,RTA 指数为 2.74,其次是菲律宾,RTA 指数达到 1.50;比较劣势最大的是新加坡,RTA 指数达到 -0.19,其次是马来西亚,RTA 指数为 -0.18。

通常根据 RTA 指数的大小可将产品划分为强优势产品、弱优势产品、弱劣势产品和劣势产品 4 类(RTAia ≥ 1,0 ≤ RTAia < 1,-1 ≤ RTAia < 0,RTAia < -1)。从表 4 可以看出,中国、泰国、菲律宾以及越南的果蔬产品贸易表现出较强的竞争优势,特别是中国与泰国、越南的优势产品趋于一致,这说明中国与这几个国家的优势果蔬产品相似度很高,在产业内贸易中竞争激烈。果蔬产品属于劳动力密集型和土地密集型产品,而中国在劳动力和土地资源上拥有比较优势,因此,在蔬菜、果蔬制品及水果上表现出较强的优势,而泰国作为传统农业国,耕地面积占总面积近 40%,土地资源具有比较优势,而且泰国约有 80% 的人口从事农业,劳动力也相对丰富,因此,果蔬产品有较强的优势;越南也是传统农业国家,农业人口占总人口的 75%,耕地及林地占总面积的 60%,因此,果蔬产品有较强的优势。菲律宾在水果和果蔬制品贸易上具有比较优势,而蔬菜上处于劣势,菲律宾以农业和工业为主,食品加工业较为发达,而且诸如香蕉、椰子等热带水果的产量较大,因此,在水果及其果蔬制品上具有比较优势,而蔬菜的种植较少,基本以满足国内需求为主,不具有比较优势。

表 4　2009 年中国—东盟各国优势果蔬产品结构

国　家	强优势产品	弱优势产品	弱劣势产品	劣势产品
中国	蔬菜、果蔬制品	水果	—	—
东盟	—	水果、果蔬制品	—	蔬菜
泰国	蔬菜、果蔬制品	水果	—	—
菲律宾	水果、果蔬制品	—	蔬菜	—
越南	水果	蔬菜、果蔬制品	—	—
印尼	—	水果	蔬菜	—
马来西亚	—	—	蔬菜、果蔬制品	—
新加坡	—	—	蔬菜、果蔬制品	—
柬埔寨	—	—	蔬菜、果蔬制品	—
文莱	—	—	—	蔬菜、果蔬制品

越南和柬埔寨的分类是依据 2008 年的 RTA 数据,文莱的分类是依据 2006 年的 RTA 数据

而印度尼西亚、新加坡、柬埔寨以及文莱在果蔬贸易上不具有较强优势的产品。从各个国家的具体情况来看,印尼和新加坡主要发展旅游和加工业;而马来西亚主要种植橡胶、棕榈、水稻以及可可等农产品,对果蔬产品的种植较少;虽然农业是柬埔寨的第一大支柱产业,但是其主要的经济作物是橡胶、胡椒、棕榈糖以及烟草等;而文莱经济主要依赖石油和天然气,农业发展较慢。

总体上,东盟在水果及其果蔬制品上具有弱比较优势,而蔬菜不具有比较优势,而中国的果蔬产品具有比较优势。

（二）双边贸易综合互补系数（OBC）分析

在相对贸易优势指数的基础上，可以计算双边贸易综合互补系数（OBCij，Overall Bilateral Comple - mentarity），计算公式为：

$$OBC_{ij} = -\frac{COV(RTA_i, RTA_j)}{\sqrt{VAR(RTA_i)} \times \sqrt{VAR(RTA_j)}}$$

式中，RTA_i 和 RTA_j 分别表示 i 国和 j 国的相对贸易优势指数；

$COV(RTA_i, RTA_j)$ 表示 i 国和 j 国相对贸易优势指数的协方差；

$VAR(RTA_i)$ 和 $VAR(RTA_j)$ 分别表示 i 国和 j 国相对贸易优势指数的方差。

若双边贸易综合互补系数为正值，表示两国的贸易互补；反之，两国间的贸易互竞。当两国的产品生产结构或贸易结构具有同质性时，两国间的贸易就会表现出互竞性；当两国产品生产结构或贸易结构存在差别时，就表现出互补性。

表5列出了2000～2009年中国与东盟各国果蔬贸易的OBC指数，从中可以看出：

第一，中国与东盟的果蔬贸易呈互补性。在观察期内，中国—东盟果蔬产品贸易的OBC指数均为正，而且2005年互补性最强，OBC指数达到1.57；随后互补性下降，到2008年互补性最小，OBC指数仅为0.07；2009年回升至0.28。总体上看，中国与东盟果蔬贸易的互补性有下降趋势。

第二，中国与马来西亚、菲律宾、新加坡和越南的果蔬贸易具有互补性。在观察期内，除了个别年份的OBC指数为负外，大多数时期都为正。以2008年为例，中国与越南的互补性最强，OBC指数为0.62，其次是中国与菲律宾，OBC指数达到0.40；中国与马来西亚的果蔬贸易仅在2004年为互竞关系；中国与新加坡2006年的果蔬贸易表现出互竞性。在观察期内，中国与马来西亚、菲律宾和越南的互补性有下降的趋势，与新加坡的互补性有上升趋势。

第三，中国与印度尼西亚、泰国和柬埔寨的果蔬贸易具有互竞性。以2008年为例，中国与泰国的果蔬贸易的竞争性最大，OBC指数达到-0.63，其次是印度尼西亚，OBC指数达到-0.36。中国与印度尼西亚的竞争性呈波动性加大的趋势，2000年的OBC指数为-0.14，2002年加大到-0.42，而到2005年却下降到-0.06，随后又加大，到2009年OBC指数为-0.39；与泰国的竞争性呈先增大后减小的趋势，OBC指数从2000年的-0.42增加到2005年的-1.04，而后一直下降，到2009年为-0.63；2005年以前除个别年份较小外，中国与柬埔寨的竞争性较大，如2000年、2003年和2004年的OBC指数分别为-0.66、-0.66和-0.92，而后竞争性较小，2007年的OBC指数仅为0.00。

三、研究结论及前景展望

（一）研究结论

通过对中国—东盟农产品及果蔬产品贸易的现状分析，得出：

1. 中国—东盟的农产品贸易总额逐年加大，而且中国处于明显的顺差地位，顺差的额度也有扩大的趋势。

2. 中国—东盟果蔬贸易在农产品进口贸易中的比重较为稳定，2009年出现特殊的增长，比重加大；而果蔬出口贸易比重增长速度一直较快。

3. 中国在与东盟果蔬贸易中，蔬菜和果蔬制品基本上处于顺差地位，而且蔬菜的顺差幅度在2007年以后迅速扩大，果蔬制品的顺差幅度有拉大的趋势；在2005年以前，中国在与东盟的水果贸易中处于小额逆差的地位，而后，中国与东盟的水果贸易转为顺差。

4. 与东盟各国相比，中国的蔬菜和果蔬制品拥有较强的比较优势，水果的比较优势不大；东盟的蔬菜完全没有比较优势，而水果和果蔬制品拥有一定的比较优势；泰国在蔬菜、果蔬制品拥有较强的比较优势；菲律宾在水果、果蔬制品上拥有较强的比较优势；越南的水果拥有较强的比较优势，其他东盟国家在果蔬贸易上基本没有比较优势。

5. 通过双边贸易综合互补系数的测算，表明中国与东盟的果蔬贸易呈互补性；中国与马来西亚、菲律宾、新加坡和越南的果蔬贸易呈互补性，与印度尼西亚、泰国和柬埔寨的果蔬贸易呈竞争性。

（二）前景展望

1. 中国与东盟的果蔬贸易互补性大于竞争性，合作领域多于竞争领域。总体上看，中国在蔬菜和果蔬制品上拥有较强的比较优势，而东盟一些国家在热带水果上拥有较强的比较优势。因此，在未来的贸易中，双方应发展各自具有比较优势的产品，优化资源的配置，在双方贸易上实现互补互惠，在世界其他市场上尽量避免竞争。

2. 市场空间广阔，贸易潜力巨大。随着中国—东盟自由贸易区这一全球第三大自由贸易区的建立，届时双边93%的进出口商品将实现“零关税”，将覆盖中国—东盟19亿人口，创造近6万亿美元的GDP，带来4.5万亿美元贸易总额，市场空间广阔。而且由于自然禀赋的不同，双方在不同产品上

表5　2000～2009年中国与东盟各国果蔬贸易的双边贸易综合互补系数（OBC）

年份	东盟	马来西亚	菲律宾	新加坡	越南	印尼	泰国	柬埔寨
2000	0.39	0.45	0.63	0.10	0.65	-0.14	-0.42	-0.66
2001	0.92	0.06	1.01	0.00	2.64	-0.10	-0.78	-0.03
2002	0.28	0.34	0.58	0.16	0.65	-0.42	-0.49	-0.66
2003	0.83	0.03	0.98	0.00	0.91	-0.10	-1.05	0.00
2004	0.61	-2.44	0.96	0.43	1.05	-0.38	-0.79	-0.92
2005	1.57	0.04	0.85	0.00	1.22	-0.06	-1.04	na
2006	0.15	0.18	0.40	-0.03	0.67	-0.38	-0.61	na
2007	0.45	0.01	0.66	0.00	0.74	-0.11	-0.82	0.00
2008	0.07	0.05	0.40	0.08	0.62	-0.36	-0.63	-0.09
2009	0.28	0.30	0.45	0.23	na	-0.39	-0.57	na

据来源：根据联合国贸易统计署数据库计算得出；na表示数据缺失

各具比较优势。自2010年1月起,中国与文莱、印度尼西亚、马来西亚、菲律宾、新加坡和泰国率先建成自由贸易区,双方将有93%的近7000多种贸易产品实现零关税,到2015年,越南、老挝、柬埔寨、缅甸与中国贸易的绝大多数产品亦将实现零关税,随着双方的关税和非关税壁垒不断下降,中国与东盟国家的双边贸易将获得更大的发展,贸易潜力巨大。

3. 机遇与挑战并存,将促进国内果蔬产业升级。中国—东盟自由贸易区的建成意味着贸易更自由、市场更开放,对国内果蔬产业来说,在面临巨大市场机遇的同时,也存在一系列挑战,因此,中国应调整果蔬产品的生产结构,特别是南方的果蔬生产结构,积极发展具有比较优势的产品。就水果贸易而言,中国南方的许多农产品与东盟具有同质性,热带水果生产在地缘上的接近也不可避免地带来竞争,如荔枝、龙眼。而且东盟水果大量进入中国市场对水果产业带来的影响和冲击不容小视。对以生产热带水果为主而受到冲击的南方各省而言,必须尽快调整热带和亚热带大宗和优质农产品生产规划布局,加快建设一批面向东盟市场、具有竞争优势的高标准果蔬基地,把资金重点投向果蔬保鲜、加工和产品开发上,延长产业链,促进中国果蔬产业结构优化;同时应发展果蔬专业合作组织和龙头企业,做大做强果蔬品牌。

(作者工作单位均系中国华中农业大学　原载《东南亚纵横》2011年第2期)

东盟工业品市场未来发展的影响因素及总体走势研究

李　好　陆善勇

受区位优势影响,东盟工业品市场一直是广西企业重要的区域商品市场。尤其是中国—东盟自由贸易区(CAFTA)成立以来,广西与东盟之间的制成品贸易比重稳步提高,广西对东盟出口的机械、电子、纺织品等产品在种类、档次、价格等方面都比较适合东盟国家,因而呈现出较大的发展潜力。同时,近年来东盟工业品市场需求结构也出现明显的变化。因此,研究东盟工业品市场发展的未来走向,是帮助广西企业提高市场占有率,进一步深化与扩展与东盟的贸易合作的重要前提。

一、东盟工业品市场未来发展的影响因素

(一)内部因素

1. 有利条件。(1)拥有一个能支撑工业发展需要的庞大且年轻的潜在消费市场。除新加坡外的其他东南亚国家都呈现出社会人口结构年轻化的趋势,且人口增长速度较快。目前东盟10国总人口已达到5亿多,且34岁以下的人口通常占据总人口的一半以上。其中印尼人口近2亿,且34岁以下人口几乎占到总人口的70%。庞大而年轻的消费结构为东盟工业品市场增长产生积极影响,特别是近10多年来快速增长的经济催生出一支具有较高购买能力和强烈消费倾向的中产阶级队伍,能够有力支撑汽车工业、服装业、化工业、消费性电子业发展的需要。(2)近年来城市化进程加快有利于工业品行业的扩展。随着东盟国家经济的较快增长,在越南、印度尼西亚、泰国等国,城市化进程也出现明显的加速。如今东盟各国约有1/3人口居住在城市,尤其是集中在大城市及其周围。该区域超过百万人口的大城市有10多座,包括雅加达、曼谷、仰光、新加坡、胡志明市、河内、马尼拉、万隆,等等。发展经济学理论认为,城市化进程加快能有效扩大内部需求并缓解工业产品结构性过剩等问题。事实证明,近年来,东盟各国大量农村人口涌入城市,的确刺激了对家庭日用品和各类消费性电子产品需求的迅猛增长,已经出现了一个较为庞大的轻工业消费市场。(3)经济发展水平和产业结构的多样性有利于满足工业品差异化生产。东盟成员国之间经济发展水平和工业化程度迥异,对经济一体化进程形成了障碍,但其多样性又为内部工业品市场的发展提供了有利的环境,避免过度同质化竞争。例如新加坡、文莱、马来西亚、泰国都属于中等收入和高收入国家,经济发展水平较高,但受自然资源贫乏、人均劳工成本较高等因素限制,对劳动密集型制成品的需求则往往需要通过外部进口才能得到满足。印尼、越南、缅甸这些国家拥有丰富的自然资源和廉价的劳动力资源,但受工业化程度不高、基础设施不完善、民众受教育程度低等因素限制,本身供给也不能满足技术密集型产品的需求。因此,东盟经济发展水平和工业化的多样性也促成了工业品市场的多样性。随着东盟共同市场的形成,东盟内部工业品市场的互补性还将得到进一步增强。

2. 制约因素。收入分配不均限制了东盟工业品消费的有效需求和实际购买能力。东南亚的收入分配是极不平均的,贫富悬殊相当大。以印尼为例,占有20%人口比例的最高收入群体拥有几乎一半的国民收入,而占有20%人口比例的最低收入群体只拥有6%左右的国民收入。通过对东盟各国恩格尔系数的考察发现,像马来西亚和泰国这样的中等收入国家,大约仍有50%以上的家庭食物支出在占总支出的比重超过一半或一半以上;印尼、菲律宾等其他低收入国家,这类家庭可能超过70%。这些数据说明东盟一些中低收入国家的大多数家庭的收入大部分用于食物支出,从而购买消费工业品的欲望和能力就变得相对有限了。(2)工业生产结构不合理造成了工业品供给相对过剩与不足现象的并存。绝大多数东盟国家工业化程度都不高,还处于向高技术、高加工度化过渡的阶段,这就造成了技术含量低、劳动密集型程度高的工业制成品生产相对过剩、对国外市场依赖程度较高与生产能力与技术落后,不能支持技术和知识密集型制成品需要,主要依赖进口的双重困境。以印尼2005~2009年5类工业品的平均出口额为例,出口以SITC 6类为主,主要包括轻纺产品、橡胶制品、矿冶产品及其制成品等等,出口额最高达176.09亿美元,占总出口额的35.01%;进口则以SITC 7类和SITC 5类为主,占总进口额的50%左右,这两类商品大多属于资本密集型或技术密集型产品。据印尼海关官方数据统计,2009年印尼进口机械产品达146.23亿美元,占总进口额的18%。其次是电气设备、钢铁以及有机化工品,分别占比12%、7%、6%。这表明了在未来一段相当长的时间内,印尼对SITC 5类和SITC 7类的需求仍主要依靠进口来解决。

(二)外部因素

1. 发展机遇。首先,中国—东盟自由贸易区(CAFTA)建成为东盟工业品市场发展注入极大活力。随着CAFTA如期建成,中国与东盟各国进出口量迅猛增长,CAFTA优势开始凸显,成为世界上最具活力和发展潜力的区域,同时一个拥有世界上最多消费者数量的巨大市场也初步形成。在CAFTA框架下受规模经济效应和产品差异化生产需求的推动,中国与东盟贸易中,SITC5-7类产业内贸易指数相对略有提升,产业内贸易发展速度和贸易结构都出现了可喜的变化。根据CAFTA框架下新的国际分工,东盟国家今后将更

加注重专业化生产，并成为有旺盛进口需求的中国工业最合适的中间产品供应者。此外，CAFTA 也刺激了东盟人力资本积聚效应，为东盟工业品出口能保持长远的竞争优势提供了可能。并且，CAFTA 也为双向投资提供了便利，更推动中国企业大规模地走向东盟市场，带来无限商机。以工程机械类产品为例，为进一步加快东盟一体化建设和区域合作进程，中国政府专门设立了规模达 100 亿美元的“中国—东盟投资合作基金”及 150 亿美元的信贷资金，用于双方基础设施领域重大投资合作项目以及后期对制造业领域的投资，进而刺激东盟市场对工程机械类产品需求，也为广西企业面向东盟的对外投资和承包工程提供便利。其次，东盟亚太区域经济合作战略为工业品市场赢得更大发展空间。近年来，东盟积极参与亚太地区的区域经济合作，与诸多经济体签订自由贸易协定，为其工业品开拓多样化的新兴市场，以降低对传统欧美贸易伙伴的依赖。如今日本、印度、韩国、澳大利亚、新西兰等国都凭借其与东盟国家得天独厚的地缘优势，通过建立自由贸易区或者签订双边投资保护协定的方式发展与东盟国家的良好经贸关系，缓解了东盟工业及基础设施建设所需资金紧张的问题，也显著削减了东盟工业品进入这些市场的关税及非关税壁垒，也为广西企业借助 CAFTA 投资与出口东盟外的新兴市场提供更大的发展空间。

2. 竞争挑战。(1)与新兴工业化国家制成品具有较高出口相似度加剧了出口的竞争。由于东盟经济结构与发展水平与主要新兴经济体相近，制成品出口相似度可能较高而导致在第三方市场有激烈竞争。对此可以借鉴 Glick－Rose(1999)出口相似度指数对东盟与主要新兴经济体出口贸易相似度进行测算。测算数据来自于联合国商品贸易统计数据库，研究样本选定为东盟 5 国与中国。测算公式如下：

$$s(ih,k)=\sum_{l}\left\{\left[\frac{(X_{ik}^{l}/X_{ik})+(X_{hk}^{l}/X_{hk})}{2}\right]\left[1-\left|\frac{(X_{ik}^{l}/X_{ik})-(X_{hk}^{l}/X_{ik})}{(X_{ik}^{l}/X_{ik})+(X_{hk}^{l}/X_{hk})}\right|\right]\right\}\times 100$$

式中 X 代表出口额，它的上标 l 代表第 1 种出口商品，它的两个下标依次代表出口国(i 国或 h 国)和出口目的地(k 国)，X_{lk}^{l}/X_{k}^{i} 代表国出口到 k 国的第 1 种商品占 i 国出口到 k 国所有商品总额的份额，X_{hk}^{l}/X_{hk} 代表 h 国出口到 k 国的第 1 种商品占 h 国出口到 k 国所有商品总额的份额。$0\leqslant S(ih,k)\leqslant 100$，如果 i 国和 h 国出口到 k 国商品的分布完全相同，则指数值为 100；反之，则指数值为 0。如果指数随时间推移而上升，则表明两国的出口结构趋于收敛，同时也意味着这两个国家在第三市场(或世界市场)上的竞争程度愈来愈烈。运用测算公式对 200 多种出口制成品产量进行测算，计算结果如表 1。

表 1　中国与东盟 5 国近年来制成品出口相似度

年份	印度尼西亚	马来西亚	菲律宾	新加坡	泰国
2005	69.34	66.36	55.43	57.6	54.48
2006	65.02	70.97	60.55	60.57	69.87
2007	49.10	73.45	62.38	66.82	76.32
2008	55.97	74.98	60.98	67.55	72.98
2009	54.22	76.32	62.57	68.76	73.35

数据来源：根据联合国贸发数据库基础数据汇编计算而得

如表 1 所示，中国与东盟出口相似指数较高，基本都在 50 以上，这说明两者在第三方市场上都面临着激烈的争夺。印度尼西亚的出口相似度指数总体上都是趋于收敛的，主要是因为两国出口的产品都属于劳动密集型产品，随着中国近几年产业结构的升级和产业梯度转移，与印尼的互补性有所提升。

菲律宾、马来西亚、泰国与新加坡 4 国的出口相似度指数上升明显，说明中国与这 4 国在世界市场上的竞争非常激烈。这主要是因为 4 国在生产水平上与中国属于同一层次，近年来出口都集中在机电设备等技术性产品上。目前，东盟与大多数新兴经济体受生产能力和水平限制，在国际分工中都处于以劳动密集型产品和技术水平不高的制成品、零配件生产的中低端供应链位置。随着贸易自由化程度的加强，东盟在分享贸易伙伴大市场的同时，也必然会承担内部市场接受更严峻竞争和挑战的风险。(2)后危机时期传统贸易伙伴经济的曲折复苏对东盟制造业形成挑战。从目前东盟贸易地区流向看，美国、欧美与日本这三大发达经济体仍然是东盟最大的贸易伙伴，占东盟贸易总量的 40% 以上。世界贸易组织的统计数据显示，2007 年在美、日、欧三大市场上，东盟的工业制成品占有相当的市场份额，其中办公和通信设备(尤其是集成电路和电子元件)产品的市场占有率最高。在美国市场，东盟的工业制成品在美国制成品进口的总体比重为 6.8%。其中，办公和通信设备产品在美国此类产品进口的总体比重为 18%；集成电路和电子元件产品在美国此类产品进口的总体比重为 30.7%，高居首位；纺织品在美国纺织品进口的总体比重为 2.8%；成衣在美国成衣进口的总体比重为 17.2%。在日本市场，东盟的工业制成品在日本制成品进口的总体比重为 9.2%。其中，办公和通信设备产品在日本此类产品进口的总体比重为 19.9%；集成电路和电子元件产品在日本此类产品进口的总体比重为 21.1%；纺织品进口的总体比重为 13%。在欧盟市场，东盟的工业制成品在欧盟制成品进口的总体比重为 2.3%。其中，办公和通信设备产品在欧盟此类产品进口的总体比重为 6.6%；集成电路和电子元件产品在欧盟此类产品进口的总体比重为 13.5%；纺织品进口的总体比重为 1.6%；成衣进口的总体比重为 4.1%。金融危机爆发后，美日欧经济均陷入低迷，对于高度外向型的东盟经济的影响逐渐显现。各国出口贸易急剧下降，企业生产订单减少，银行信贷大幅紧缩，房地产市场陷入低迷，失业人数开始增加。2009 年，东盟主要国家的经济增长率大幅下滑，甚至出现负增长。东盟经济的放缓、外部需求的萎靡也造成了制造业出口受阻。尽管 2009 年第二季度后，欧美日经济有回暖的迹象，但增长非常不稳定，处于曲折复苏的波动期。据 WTO 统计，2009 年，东盟工业制成品在美国制成品进口的总体比重为 4.2%。其中，办公和通信设备产品在美国此类产品进口的总体比重为 10%；集成电路和电子元件产品在美国此类产品进口的总体比重为 20.8%；纺织品在美国纺织品进口的总体比重为 2.3%；成衣在美国成衣进口的总体比重为 14.2%。在日本市场，东盟的工业制成品在日本制成品进口的总体比重为 7.2%。其中，办公和通信设备产品在日本此类产品进口的总体比重为 16.3%；集成电路和电子元件产品在日本此类产品进口的总体比重为 19.8%；纺织品进口的总体比重为 11%。在欧盟市场，东盟的工业制成品在欧盟制成品进口的总体比重为 1.9%。其中，办公和通信设备产品在欧盟此类产品进口的总体比重为 5.6%；集成电路和电子元件产品在欧盟此类产品进口的总体比重为 11.3%；纺织品进口的总体比重为1.4%；成衣进口的总体比重为3.5%。

二、东盟工业品市场发展的总体走势

（一）市场容量扩大

市场容量是指在不考虑产品价格或供应商的策略的前提下，市场在一定时期内能够吸纳某种产品或劳务的单位数目，即国际市场容量实际上就相当于需求量，因此，进口增长的变化往往被看作测度市场容量的重要指标。

表2反映了近年来东盟工业品进口态势。不难发现，除了2008～2009年受国际金融危机的影响出现进口大幅度下滑甚至负增长以外，东盟工业品进口总体基本保持着稳定较快的增长速度。特别是印度尼西亚、越南经济的高速发展催生了对工业制成品进口的巨大需求，年均进口增长率达到20%以上。同时表2显示东盟各国的近年来进口增长波动明显，这也反映出东盟工业品市场的脆弱性和不稳定性。由于东盟国家经济基本依靠出口取得，因而非常容易因外部经济变化而出现市场强烈波动，由此也存在较大的风险。

表2　主要东盟国家工业制品进口总额增长率（以2005年为基年）

国家	2005年	2006年	2007年	2008年	2009年
泰国	100.00%	6.70%	15.09%	15.26%	-21.99%
印度尼西亚	100.00%	2.77%	21.83%	102.92%	-21.36%
马来西亚	100.00%	12.89%	9.57%	-6.94%	-9.80%
菲律宾	100.00%	6.65%	3.85%	-6.46%	-21.22%
越南	100.00%	18.35%	46.36%	22.13%	-
新加坡	100.00%	16.02%	7.36%	8.93%	-20.81%
合计	100.00%	12.11%	12.24%	15.07%	-27.27%

资料来源：根据联合国商品贸易统计数据库相关数据整理计算得出

市场容量是由使用价值需求总量和可支配货币总量两大因素构成的。如前面分析，大多数东盟国家社会人口结构年轻化和蓬勃的城市化趋势决定了市场对工业品使用价值需求必定保持上扬。但与近年来经济高速增长的新兴经济体一样，东盟国家也面临着严重的贫富两极分化和通货膨胀问题，因此，可以预测，仅有使用价值需求而没有可支配货币的贫困消费群体是制约东盟工业品市场容量进一步扩张的最关键因素。如果东盟国家贫富悬殊的两极分化不能得到缓解，消费者人均可支配收入不能得到增加，那么，其工业品市场容量即使在进口增长数据上反映出绝对的提升，事实上也存在较大潜在的相对萎缩的风险和趋势。

不过也应该看到，东盟近年来积极参与区域经济合作，与主要贸易伙伴都建立了FTA的战略伙伴关系，特别是与中国、印度和韩国这3个亚洲最重要的地缘伙伴都建立了自由贸易区，这会推动广义上巨大的市场需求。此外，自由贸易区的启动能鼓励更多东盟企业走出去开拓国外市场，因而也可使东盟内部市场容量腾出空间得以提升。

（二）市场需求变化

近年来，东盟市场对工业制成品保持着强劲的需求，基本保持在总进口的60%以上。而且，除了2008年因金融危机出现波折以外，制成品的进口一直处于上行趋势。因此，可以预计在2010～2015年随着东盟经济的快速恢复与增长以及东盟与主要贸易伙伴贸易环境的改善，东盟对制成品还将保持非常强劲的进口态势。在制成品（SITC5－9类）需求强度上，东盟市场对机械与运输设备（SITC7）的需求最大，基本保持在总进口的40%以上。其次是轻纺产品、橡胶制品、矿冶产品及其制品（STIC6）和化学品及有关产品（SITC5）。

机械与运输设备（SITC7）的大多数产品是资本或技术密集型产品。而东盟大部分国家属于发展中国家，工业刚刚起步，对资本和技术含量较高的机械及运输设备产品有较大的进口需求。比如，从农业机械来看，印度尼西亚整个市场各种型号拖拉机的需求量是16万台，水泵每年还需要进口3.8万台，柴油机进口量为30万台，是整个亚洲除中国外最大的市场；越南每年大约需要进口4万台拖拉机以及数量颇多的打谷机、收割机、烘干机等；此外，马来西亚对棕榈加工机械、拖拉机、农用车等有较大需求，尤其需要防湿热、抗老化、高负荷、低维护的农机产品；菲律宾对椰子产品加工、粮食加工、灌溉等机械和小型冷藏设备有迫切需求；缅甸则需要大量的手扶拖拉机、大型拖拉机、柴油机、播种机、收割机等。

从汽车行业来说，东盟的主要汽车生产国是泰国、印度尼西亚、马来西亚、菲律宾及越南。泰国工业联盟预计，2010年汽车总产量有望增长20%，达到120万辆。同时随着汽车业的复苏，汽车零部件产业充满商机，同样对进口有较大需求；越南正处于经济发展期，用于城市和交通基础设施建设的大吨位重型自卸车、工程车、牵引车、集装箱用车和农用车具有较大需求，而大型豪华旅游车、中型客车和适合小城镇使用的微型客车逐步成为市场新需求。这也在一定程度上反映了为何机械及运输产品的进口占工业品进口额的大部分。同时，总体来看，在未来相当长的一段时间内这个趋势将不会有太大改变。

（三）市场结构升级

东盟国家除新加坡以外，工业化程度并不发达，工业制成品以劳动密集型产品为主。特别是新加入的缅甸、老挝、柬埔寨等国现代工业体系还未建立，主要以初级产品加工为主。表3反映出其市场结构的基本布局：东盟老成员国在未来一段时间内依然由SITC 5－SITC 7类产品占市场主导地位，特别是以电子及通讯设备为代表的SITC 7类制成品发展迅速，成为除印尼外其他东盟老成员国的第一大产业。随着东盟5国与中国、印度、中国香港、中国台湾省等新兴经济体水平型跨境对外直接投资活动的增多，东盟5国工业品产业内贸易会大大的超过产业间贸易而成为推动东盟经济发展的助推器。

表3　2005年东盟主要国家工业品市场的前五大产业概况

国　家	工业品市场前五大产业
新加坡	电子及通信设备、办公设备及计算机、造船及船舶修理、金属制品专用设备
马来西亚	电子及通信设备、化工产品、食品加工设备、交通运输设备
泰国	电子及通信设备、交通运输设备、纺织服装、办公设备和计算机
菲律宾	电子及通信设备、化工产品、食品加工设备、饮料、石油冶炼
印度尼西亚	纺织服装、烟草、交通运输设备、化工产品、电子及通讯设备
越南	制鞋制衣、非金属矿产品、食品加工、纺织
老挝	制衣、木材加工、食品加工、玻璃及其制品、烟草
柬埔寨	制衣、玻璃及其制品、食品加工、木材加工、烟草

资料来源：联合国工业发展组织2008年资料

而东盟新成员国市场则仍然以 SITC 6 为主,SITC 1 类和 SITC 2 类产品也占据重要地位。这样的市场结构在短期内不会有太大改变。因此,东盟新成员国市场对资本密集型和技术密集型产品的需求依然会通过传统的产业间进口贸易来得到满足。不过随着东盟与外部自由贸易化进程的推进,投资壁垒的进一步消除可能会引发大规模的跨国公司的垂直型对外投资活动,由此产业内贸易活动在新成员国也会增多并带动市场结构的升级。例如越南在 2006 ~ 2010 年 5 年计划期间引进了来自 80 个国家和地区的约 8600 个外国直接投资项目,吸收外国直接投资总额达 900 亿美元,主要集中在信息技术、机械制造和基础设施建设等领域,最终有助于扩大越南对主要贸易伙伴在机械产品、电子元件、塑料制品等方面的出口。

(四)市场竞争加剧

国际市场占有率通常可以用来衡量若干类产品在国际市场中竞争力的大小。据 WTO 统计数据显示,2003 ~ 2005 年期间在美、日、欧三大市场上,东盟的工业制成品占据重要的份额,其中以办公和通信设备产品的市场占有率最高。

2005 ~ 2009 年以来,如表 4 所示东盟工业品在三大主要市场占有率总体呈上升趋势,其中在日本市场的上升趋势尤为突出,这主要得益于东盟工业品出口的三大主要产业对日本出口的迅猛增长。这也反映出东盟工业制品在日本市场具有较为明显的竞争优势。东盟工业品在美国、欧盟市场上的表现总体是稳中有升,但应注意到受金融危机影响,东盟成衣在欧美市场占有率出现大幅度下滑,这也反映出以劳动密集型产业和外向型加工产业为主的东盟工业的脆弱性。除此以外,东盟第一大出口工业——办公和通信设备在欧盟市场出现波动,且有进一步下滑的趋势,这一方面是由于东盟在贸易自由化过程中产生的贸易转移效应所致,另一方面也可能与东盟技术密集型产品对欧盟出口的比较优势正在减弱,面临来自中国、印度等强有力对手的竞争有关。

表 4　2005 ~2009 年东盟工业品在美、日、欧市场占有率

单位:%

经济体	年份	制成品	办公通信设备	纺织	成衣
美国	2005	6.6	21.3	3	10.9
	2006	–	–	–	–
	2007	8.6	20.1	8	10.6
	2008	9.2	19	9.3	13
	2009	11.5	18.4	12.4	1.1
日本	2005	12.6	22.2	10.6	2.9
	2006	–	–	–	–
	2007	38.7	75.6	30.8	37.5
	2008	38.3	68	30.9	41.3
	2009	45.2	70.3	35.5	3.2
欧盟	2005	2.2	7.6	1.5	2.3
	2006	–	–	–	–
	2007	3	10.1	2.3	3.8
	2008	3	9.1	2.5	5.9
	2009	3.8	9.9	3.6	0.5

资料来源:根据 WTO International Trade Statistics 2005,2009,2010 的数据计算整理编制

近年来,东盟国家纷纷制定倾斜于高新技术产业发展的政策,西方跨国大公司也带来了先进的经营资源,这些都提升高新技术产品在东盟工业品中的比重,保证了东盟工业品市场竞争优势日趋上升。特别是随着更多产业内贸易的开展,东盟作为技术密集型中间产品和原配件供应商的比较优势日趋上升,东盟高新技术产品外在主要市场上的占有份额不会出现太大波动,但非熟练劳动密集型产品的比较优势正逐渐衰退,面临着越来越激烈的市场竞争。不管怎样,2005 年以来,以越南、菲律宾、印度尼西亚为代表的东盟国家已经成为发展中国家主要的工业制成品出口国,其产品的国际市场上的占有率会逐步提高。2008 年新加坡、马来西亚、泰国和印尼的工业制成品出口规模分别列发展中国家的第 5 ~ 8 位;菲律宾、越南的工业制成品出口列发展中国家的第 11 ~ 12 位,仅次于巴西、印度之后。

三、结语

综上所述,东盟工业品市场在未来几年发展前景明朗,将会出现新一轮的快速增长并由此催生出更多新的商品需求。广西企业应该充分利用中国—东盟自由贸易区(CAFTA)平台,积极整合区内各种优势资源,发挥区位优势,形成进入东盟工业品市场的合力和竞争特色。鉴于东盟工业品市场比较复杂的多样性特征,广西企业应该遵循有差别的推进与有效的区域协调原则,采取“重点市场—重点产品”的策略,循序渐进地提高东盟工业品市场占有率,最终形成市场多元化发展格局。

(作者工作单位均系广西大学　原载《东南亚纵横》2011 年第 8 期)

中国—东盟高等教育交流合作的新发展

高伟浓　何美英

一、3 届中国—东盟教育交流周及其成果

中国—东盟教育交流周是中国与东盟之间重要的教育对话与合作平台。2008 ~ 2010 年,中国—东盟教育交流周已经举办 3 届,取得令人满意的成果。

(一)首届中国—东盟教育交流周

首届中国—东盟教育交流周于 2008 年 7 月 26 日至 8 月 1 日在中国贵阳举行,由中国外交部、教育部和贵州省人民政府联合主办,贵州大学、中国教育国际交流协会和中国教学仪器设备总公司共同承办。中国教育部、外交部和贵州省相关方面负责人、联合国教科文执行局和东盟秘书处高官,以及来自东盟国家和中国的共 66 所大学的校长、副校长等近 400 人出席开幕式。用中国教育部副部长章新胜在开幕式上的话来说,首届教育交流周的目的是“希望双方大学继续加强交流与磋商,推动建立中国—东盟教育合作的长效机制,合作设立联合奖学金,共同培养教育领域人才,并通过开展联合科研为本地区社会经济发展服务。”他认为,中国与东盟在政治、经济、文化等领域的合作取得了较快进展,但教育合作相对滞后。中国与东盟国家都有需要进一步实质化和机制化教育领域的合作。具体活动内容可说丰富多彩,概括起来,主要有三大板块——论坛板块、展览板块、青少年交流板块。每个板块又包括两项内容,总共 6 项内容。

论坛板块包括中国—东盟国家大学校长论坛暨国际学生流动论坛和中国—东盟高教合作圆桌会议两项活动。前一项活动围绕大学间合作与区域经济发展和国际学生流动的主题进行。后一项活动是为了落实此一论坛的成果,进一

步围绕如何深化中国与东盟高校之间的校际交流、开展人才培养、科研合作等务实性项目及教育交流周的未来发展进行研讨,形成共识,谋求共同发展。

展览板块包括中国—东盟国家教育展和中国教学资源展两项活动。前一项活动邀请东盟国家高校、中方院校的优质教育资源参加展览,增进相互了解,促进学生交流;后一项活动的主题为高教 + 职教,补充远程教育内容,由国内著名教学仪器生产企业参展,展示中国教学科研仪器、卫星电视及现代远程教育等先进设备,以及优秀教学课件资料,增加东盟国家对中国教学资源的了解,推动教学资源输出,服务于东盟国家的教育发展,丰富民间教育往来。

青少年交流板块包括中国—东盟青少年夏令营和中国—东盟青少年艺术节两项活动。前一项活动是中国—东盟合作基金项目,已由中国教育国际交流协会成功承办了两届,这一次将之纳入中国—东盟教育交流周。此次夏令营以在北京举办的奥运为主题,在贵州及北京举行赛歌大会、民族体育趣味竞赛、绣染未来及拓展等活动;后一项活动由东盟各国学生代表队和贵州大学为主的贵州高校学生艺术团联合举办艺术节系列活动。

从传媒的报道来看,这届教育交流周是成功的。参加上述 3 个板块 6 项内容的国外来宾十分踊跃,就大学合作与区域经济发展及学生国际流动等问题进行深入探讨,取得一系列务实性成果。据最后统计,有来自东盟国家 27 所高校和联合国教科文组织,东盟秘书处等 13 个机构,以及中国 38 所高校的 400 多名代表参加首届交流周,就大学合作与区域经济发展及学生国际流动等问题进行深入探讨,21 所东盟大学和 16 所中国大学签署 50 多份合作意向,在达成多项合作共识的基础上共同发表了大学校长论坛《贵阳声明》。还开通加强相互间教育信息交流的平台——中国—东盟教育信息网。这些数字说明东盟和中国的高校和教育组织、相关企业对这一领域的合作前景充满期待。这届教育交流周推动了中国与东盟国家之间的教育合作交流向全方位、多领域、高层次发展,特别是促进了中国西南地区与东盟国家高校之间的合作,谋求中国与东盟经济文化交流和共同发展。一般来说,像这样预期以系列性形式举行的大规模国际交流活动,在开始时,如果务虚成分较多而务实成分较少是可以理解的。但是,这次教育交流周表明务实性的成果一开始就很多,有了良好的开端。首届交流周后,中国与东盟的人文交流日益活跃,教育合作的先导性作用在中国与东盟各个领域的合作中得到凸显,教育高层往来频繁。2009 年,中国国务委员刘延东、教育部部长周济、副部长郝平等高级教育官员相继访问一些东盟国家;马来西亚总理纳吉布、越南政府副总理兼教育培训部长阮善仁、新加坡教育部长、泰国教育部长、老挝教育部代部长等东盟国家领导人分别访问中国。双方就加强双边教育领域合作、建立两国留学生交流机制、学历学位互认等问题交换意见,并达成共识。

(二)第 2 届中国—东盟教育交流周

2009 年 8 月 7 日,第 2 届中国—东盟教育交流周在中国贵阳举行,由已被国家教育部批准为“教育援外基地”和中国政府奖学金学校的贵州大学承办。活动内容包括:中国—东盟国家大学校长论坛、中国—东盟教育行政官员研讨会、中国—东盟青少年夏令营、中国—东盟环境教育研修班。有来自东盟各国的 27 所高校和中国的 43 所高校,以及东盟秘书处、东盟大学网络等机构近 300 名代表共聚一堂。与会各位校长、教育专家和官员就如何继续借助交流周这个平台进行广泛探讨和磋商。各方围绕深化中国—东盟务实性教育合作等主题进行广泛探讨和深入磋商。值得注意的是,第 2 届教育交流周的主题是深化中国—东盟务实性教育合作。“务实性”被正式写进主题,引人注目,也发人深思。

这届教育交流周的主要内容是校长论坛。在校长论坛上,与会代表认为,中国和东盟各国都有优秀的教育传统和教育资源,在教育体制、培养模式和优势学科方面各有特色,应该扩大双边和多边合作,增进合作的深度和广度。中国与东盟国家的大学和教育行政部门应充分利用交流周这个平台,在平等、互利、双赢的基础上,开展全方位、多层次和宽领域的交流与合作。来自东盟秘书处、东盟大学网络、东盟 10 国27 所高校和中国 43 所高校的代表及教育行政官员等近 300 名代表对中国与东盟下一步的教育合作提出五点倡议。概括起来包括:进一步拓展交流周合作平台,完善交流与合作机制;建议在第 3 届中国—东盟教育交流周期间举办中国—东盟教育部部长圆桌会议,共同研究和推动中国与东盟教育的战略性合作;积极推进校际学分互认,不断扩大学生流动的规模;与会学校鼓励教师到对方国家攻读博士学位或从事高水平的学术研究和培训,同时,吸纳更多学历背景高、专业修养好的高校教师相互讲学;增加奖学金项目和数量,开展区域性的学生体育交流;通过共同努力,争取实现“2020 年双 10 万学生流动计划”,即在 2020 年实现东盟来华留学生和中国到东盟的留学生都达到 10 万人左右(据悉当前东盟 10 国在华留学生人数已有 3 万多人,中国前往东盟地区留学生人数已超过 6 万人);在中国—东盟青少年交流的框架内,积极开展区域性的学生体育交流等等。中国与东盟国家部分高校在交流周上还签署了一系列大学校际合作协议,为中国和东盟国家的大学间合作规划了未来发展方向。在校长论坛上,云南财经大学校长还建议组建中国—东盟 10 +1高等教育合作组织,共同应对中国和东盟地区教育面临的多元化竞争挑战。根据传媒报道,除了上述内容外,论坛提出的其他务实性建议还包括:加快学历、学位互认的进程,互相间开设语言、文化、历史课程,以增进本地区青少年对各国情况的了解;以中国—东盟教育信息网为平台,为扩大相互间的教育、科研、人员的交流,特别是为中国和东盟寻找学习机会的学生提供有效的信息资源;开展在本地区最为急需领域的科研合作,联合培养博士、硕士,共同举办学术研讨会,以提高本地区大学的学术水平和科学研究能力等等。

(三)中国—东盟教育部长圆桌会议暨第 3 届中国—东盟教育交流周

2010 年 8 月 3 ~ 8 日,第 3 届中国—东盟教育交流周在中国贵阳举行。与以往不同的是,这届教育交流周前面多了一个前缀——中国—东盟教育部长圆桌会议。这是根据第 2 届交流周校长论坛的建议设立的。正如中国国务委员刘延东在这次教育交流周贵阳开幕式上的主旨演讲中所指出的,此次正式启动中国—东盟教育部长圆桌会议,标志着双方教育交流合作进入更高层次和更深领域。中国教育部部长袁贵仁主持开幕式,中共贵州省委书记、省人大常委会主任石宗源致辞,中共贵州省委副书记、省长林树森出席开幕式。出席开幕式的还有中国教育部、外交部、贵州省的高级官员,以及东盟 10 国教育部部长,东盟有关国家驻华大使、总领事等。东盟各国驻华使节、教育专家学者和青少年学生代表等近300人参加开幕式。第3届教育交流周活动内容包括:中国—东盟教育部长圆桌会议、中国—东盟环境教育论坛、中国—东盟人文学术研讨会、中国—东盟青少年夏令营、中国教学资源展、中国—东盟高等职业教育与人力资源发展国际论坛等。

相对于前两届教育交流周,这届教育交流周的一个特点是既延续了既有的重要议题,也通过新议题的确立体现了开拓创新、求真务实的精神。刘延东在开幕式上提出5点倡议:一是创新人文交流合作机制,建立高层磋商机制,推动教科文卫体等人文领域合作并使其制度化;二是发挥"中国—东盟中心"的服务平台功能,深化交流合作,推动民间往来,促进公众认知和相互理解;三是积极落实"双十万学生流动计划",中方将在未来10年内提供1万个政府奖学金名额,推动实现2020年东盟国家来华和中国赴东盟留学生都达到10万人左右;四是启动实施"万名青年交流计划",中方将在未来10年邀请东盟国家1万名青年教师、学者、学生来华参加人文交流活动;五是探讨教育一体化建设的可行性,整合资源,互补协作,推动实现学历学位互认,提高区域内高等教育的全球竞争力,为中国—东盟自由贸易区建设提供人才和智力支持。这五点重要建议无疑是先前已经取得的交流合作成果的进一步发展和深化。

与此同时,相对于前两届教育交流周,第3届教育交流周寻找到一个新的议题——"合作共赢、和谐共生"作为主题。具体来说,是高等教育在环境保护与生态文明建设中的作用。出席教育交流周的东盟国家和中国有关环境教育的官员、专家学者围绕这一主题进行深入广泛的研讨,以图促进中国与东盟国家环境保护工作的开展。这一新主题下的第3届教育交流周,可以看作是业已取得积极成果的第2届中国—东盟教育交流周期间曾举办过的中国—东盟环境研修班的延续和扩展。另外,在这届交流周期间,8月4日下午,中国—东盟高等职业教育与人力资源发展国际论坛在贵阳成功举行。此次国际论坛是作为第3届中国—东盟教育交流周的重要组成部分举行的。来自泰国、印度尼西亚、老挝和新加坡等东盟国家的10余名高职学校院校长、职教专家和50余名中国国家高职示范院校的领导、职教项目专家组成员等参加会议。这也是中国—东盟交流史上首个此类论坛。

审视到目前为止已经举行的3届中国—东盟教育交流周的成效,最重要的是要看其务实性成果。再细分的话,中国—东盟教育交流周的成效可分为两大部分。一是教育交流周举行期间所取得的成果以及已经实现的后续成果;二是未来可望实现的预期成果。

1. 教育交流周期间的成果及后续成果。虽然很多成果是在某一届教育交流周上取得的,但实际上是各届教育交流周的共同成果,而且,大部分成果具有长远性和叠加、累积效应。中国教育部副部长郝平在第2届中国—东盟教育交流周所做的题为"携手共进,务实合作,互利双赢"的主题演讲中,对首届教育交流周举办一年来中国和东盟教育交流做了详细回顾。他在回顾中对过去一年来成绩的概括可以看作是首届中国—东盟教育交流周后中国—东盟教育交流合作所取得的主要成果。从务实合作的角度来看,最值得注意的是郝平副部长所概括的以下几点:

第一,合作协议为教育合作的持续发展奠定基础。2008年以来,中国与东盟国家分别签署了一系列政府间的教育交流合作协议或学历学位互认协议。如2008年12月签署的《中柬教育合作协议》、2009年4月签署的《中新(加坡)教育交流合作协议》、《中越学位学历互认协议》、2009年6月签署的《中泰教育合作协议》,为双方教育合作的持续发展奠定了坚实基础。

第二,学生交流成为教育合作的中心。随着中国和东盟国家高等教育的发展和教育质量的提高,赴对方国留学人数持续增加。到第2次教育交流周举行时,东盟国家的来华学生有34735人,中国在东盟国家的各类留学人员已达到68510人。中国政府为东盟国家提供的政府奖学金数量不断增加,为广大来华留学生不断创造良好的学习条件和生活环境。

第三,语言教学成为教育交流的热点。随着中国与东盟各国各领域交流日趋活跃,越来越多的人,特别是青少年希望学习和了解对方国家的语言、文化和历史。中国已在东盟国家建立18所孔子学院和14个孔子课堂,累计招生6.03万人;向东盟10国派遣汉语教师志愿者5062人。2006~2008年,派出专家为东盟国家培养汉语教师2986人次;共组织东盟国家的2334人次来中国进行汉语培训。截至2008年,向东盟10国提供439名孔子学院奖学金名额。中国十分重视开展东盟国家语言的教学,目前,在北京外国语大学、北京大学、广东外语外贸大学、上海外国语大学、云南民族大学等国内10余所高校开齐了所有东盟成员国语言专业,而且新开设东盟国家语言专业的学校数量还在不断增加。当然,这些成果中,很多是以前已经打下基础的,这届教育交流周后得到了深化和扩展。

第四,人力资源培训成为教育交流的重点。2008年中国教育部为发展中国家举办高级计算机人员培训班、现代远程教育研修班和教育行政官员研讨班等内容丰富、形式多样的研修班,邀请东盟各国的教育行政官员、校长和青年骨干教师参加培训。中国教育部特别委托北京大学和清华大学为发展中国家包括东盟国家举办高级行政人员硕士(MPA)项目。该项目为一年制全英语授课,在中国尚属首创。

第五,青少年交流成为教育合作的亮点。中国与东盟国家政府和领导人高度重视青少年交流。首届中国—东盟教育交流周期间,来自东盟9个国家的36名师生代表及1名东盟秘书处官员,以及中国的22名师生参加第3届中国—东盟青少年夏令营活动。此外,中国—新加坡大、中学生交流,中国—泰国高中生交流等活动,极大地开阔了学生的国际视野,增进了中国与东盟国家青少年间的友谊,拉近彼此间的距离。另外,2009年1月,根据中国国家主席胡锦涛和菲律宾总统阿罗约达成的共识,中国四川地震灾区中学生代表团一行111人访问了菲律宾,这也应是首届中国—东盟教育交流周的后续成果。

所有这些后续成果既是交流周期间成果的合理延伸,也是下一届教育交流周的前期铺垫和更长远的交流合作的必要积蓄。当然,中国—东盟交流合作的上述积极进展,也是与中国本身在教育改革和投入方面加大力度分不开的。2009年是中国自身在教育方面加强改革创新和对外交流的一年。这一年中,中国政府着眼于培养未来新一代合格公民和建立更加适应社会经济发展的现代化教育体制的需要,制订了《国家中长期教育改革和发展规划纲要》,温家宝总理任领导小组组长,组织700多名专家进行研究,并在全国范围内征求了意见。在制订过程中,非常重视学习、借鉴各国包括东盟各国的高等教育发展的思路、战略、措施和成功经验。中国方面希望通过搭建中国—东盟教育交流周这样一个交流平台,使中国和东盟各国可以实现教育的互补协作,资源共享,获得双赢,不断提升双方教育发展的水平。中国与东盟国家部分高校在教育交流周上签署的一系列大学校际合作协议,为中国和东盟的大学间的合作规划未来发展方向。

2. 未来可望实现的预期成果。且仍以中国教育部副部长郝平在第2届中国—东盟教育交流周上的主旨发言中所提供的信息做一概析。当时郝平副部长代表中国教育部所提出的倡议,也是中国政府对未来的郑重承诺。从现在来看,当时提出的未来可望实现的预期成果中,有的可能已经实现,有的可能还在执行的过程中。为方便起见,这里姑且一并置于未来可望实现的预期成果之列。郝平副部长所提供的信息的主要之点有:

(1)未来5年内,中国教育部将为东盟等周边国家增加中国政府奖学金数量。2009~2010学年,计划向东盟国家提供约1200个奖学金名额。郝平这一承诺的重要背景是:2008年9月,中国国务院总理温家宝在联合国千年发展目标高级别会议上宣布:在未来5年内,中国向发展中国家新增10000个来华留学奖学金名额。显然,郝平的承诺也是这一内容的重要组成部分。

(2)期望通过双方的共同努力,争取实现"2020双10万学生流动计划",即在2020年实现东盟来华留学生和中国到东盟的留学生都达到10万人左右。郝平这一承诺同样有重要的背景:其时,中国教育部正在积极制定来华留学工作发展的中长期规划,拟在2020年将来华留学人数提高到50万,其中奖学金人数争取占1/10左右。所以,郝平的承诺同样成了中国教育部中长期计划的内容的重要组成部分。

(3)中国将继续为东盟国家开展人力资源培训,邀请相关人员参加由中国教育部主办的各级各类短期培训项目和MPA项目。2009年9月,邀请250名东盟中小学校长来华参加汉语桥—东盟中小学校长团活动;派专家赴东盟相关国家进行舞蹈、剪纸、国画和传统民俗等方面的培训。

(4)为促进中国与东盟国家学者在彼此语言、文化、历史、教育等领域的研究,今后5年,中国教育部将重点资助中国教育部直属高校和东盟国家高校联合在中国举办高水平国际学术会议,鼓励开设有关东盟国家语言、文化、政治与经济等专业课程,加强国别情况和政策研究。

综上可以看出,目前中国和东盟已经建立起教育领域的全面合作伙伴关系。青少年是中国—东盟交流合作的新亮点。语言教学实现新突破。据说,中国高校已经开齐所有东盟成员国语言专业,在双方国家掀起了语言热。可以想见,语言教学的突破必然会导致文化交流的突破和发展。世界上还没有出现过不促进文化交流或与文化交流不相关的"纯粹"的语言交流。

笔者还认为,对中国方面来说,3届中国—东盟教育交流周在贵阳举行,是颇含中国政府支援正在大力实施的西部大开发战略之意。其中,贵州地方的高校又是最大的受益者。正如在第2届教育交流周上分别与印尼雅加达国立大学、印尼巴顺丹大学签署了《校际合作协议》的六盘水师范学院院长田应洲所说,与东盟国家高校的合作,不仅是汉语言的推广,也是学生互换、教师交流、科研项目的合作,这对快速推动贵州高等教育迈向国际化具有非常重要和务实的意义。具体表现在,3届教育交流周上所签署的很多协议,是东盟国家的高校与中国西部特别是贵州当地高校之间签署的。例如,在第2届教育交流周上,主持合作协议签署仪式的贵州大学校长陈叔平介绍,此次有15所东盟大学和26所中国大学签署80份合作协议,其中有超过半数的是贵州省内各高校与东盟高校之间签订的。事实上,早在2008年7月首届中国—东盟教育交流周在贵阳举行后,贵州省各高校就开展了与东盟国家高校的合作。2008年10月,菲律宾圣语学院来到贵州民族学院,在达成双方共识的情况下,两校签署了合作协议书,拟在教师交流、学生互换、联合研究项目、多文化联合项目、联合举办国际会议等方面开展合作与研究。在贵阳第2届教育交流周上签署的80份校际合作协议当中,有超过半数的是贵州省内各高校与东盟高校之间签订的,如贵州大学与老挝国立大学培养学生的项目;与泰国苏兰拉里理工大学、暹罗大学、博仁大学合作,贵州大学已有近20名教师在苏兰拉里理工大学攻读硕士或博士学位;与菲律宾安吉尔斯大学签署校际合作协议;与越南军事外国语大学、印度尼西亚总统大学、新加坡淡马锡理工学院加强人才培养合作。仅2008年、2009年,贵州大学共招收来自东盟国家的45名政府奖学金生到校攻读学位。另外,贵州民族学院与菲律宾圣语学院签署了合作协议书。贵州财经学院于2009年接收了泰国苏兰拉里大学的6名交换留学生,同时选派5名学生到苏兰拉里大学学习。贵阳医学院与菲律宾的安吉尔斯大学、马来西亚的马来亚大学、泰国马西隆大学以及印度尼西亚两所大学进行合作交流,等等。

如今,中国—东盟教育交流周已成为展示中国良好形象、扩大中华文化传播成果的重要品牌和无形文化资产,成为有效宣传中国教育发展和促进中国—东盟文化教育交流合作的有效载体。有理由相信,只要继续深入挖掘好这个载体,持之以恒地打造好中国—东盟教育交流周这一品牌,就一定能够更加充分展现中国开放的胸襟、发展的风采与日益强劲的实力,进一步扩大中华文化包括西南民族文化、绿色文明的对外影响力和吸引力,不断增强中国—东盟文化教育交流与合作,服务于中国的西部大开发战略。

二、中国—东盟教育合作论坛

就目前所知,中国—东盟教育合作论坛只举办了一届——2009年7月在吉隆坡举行。既然这届论坛称"首届",则以后应有多届,容待继续观察。

首届中国—东盟教育交流周可以看作是中国东盟教育论坛的前导。继2008年的教育交流周之后,2009年7月中国—东盟教育合作论坛在吉隆坡举行。与首届中国—东盟教育交流周的组织者多是官方机构的情况不同,首届中国—东盟教育合作论坛的组织者都是民间组织。分别是:中国人民对外友好协会、中国—东盟友好协会、马中友好协会、新中友好协会。值得一提的是,中国—东盟友好协会于2004年8月3日正式成立,并召开第1届理事会成立大会,会长由时任全国人大常委会副委员长顾秀莲担任。它是由中国人民对外友好协会发起成立的一个具有法人地位的民间组织,其宗旨是以民间和非官方的形式推动中国和东盟各国在政治、文化、经贸、科技、体育、卫生和旅游方面的交流与合作,并通过人员往来、组织研讨会和举办文化活动等方式进一步增进中国和东盟各国人民的相互理解和友谊。此外，东盟各国都有一个与中国东盟友好协会对等的民间组织。它们都是目前中国与东盟间在公共外交领域的重要平台。其中最重要的活动就是在中国和东盟各国间，轮流召开中国—东盟民间友好组织大会。目前，已相继在北京（2006年）、文莱斯里巴加湾（2007年）、印尼雅加达（2008年）、马来西亚吉隆坡（2009年）和新加坡（2010年）举办5届中国东盟民间友好组织大会，大大地促进了中国与东盟各国的民间友好交流，在中国东盟交流的各个领域独领风骚。但在中国—东盟民间友好组织大会中举办教育领域的论坛尚属第一次。该论坛不但被确定为第4届中国—东盟民间友好组织大会的一个重要内容，还将成为中国东盟民间友好组织大会的固定组成部分之一，将每年随着中国东盟民间友好组织大会在中国、东盟各国之间召开，成为一个推动中国—东盟教育合作的长期机制和平台。这对推进双方的教育交流合作无疑是个"利好"消息。

从出席这次教育合作论坛的重要嘉宾来说，都是曾在各国政界叱咤风云。作为中国—东盟友好协会会长的顾秀莲应邀担任名誉主席，马来西亚前总理马哈蒂尔、马来西亚副总理慕尤丁、中国十届全国人大常委会副委员长、中华炎黄文化研究会会长许嘉璐担任论坛主席。清华大学、新加坡南洋理工大学等中国、东盟各国著名高等学府的高级管理者出席论坛并就中国—东盟教育合作发表演讲，与会嘉宾对本次论坛对中国与东盟各国教育合作的推动作用给予了高度评价。中国和东盟各国友好组织领导人及各国教育管理机构代表及专家共150多人出席首届中国—东盟教育合作论坛。论坛上，来自清华大学、台湾成功大学、澳门高等校际学院和新加坡南洋理工大学等中国和东盟各国著名高校的专家就中国—东盟教育合作发表题为"中国东盟教育合作的内容与方向"、"对中国和新加坡教育的一些建议"、"东亚21世纪大学：责任与远景"和"孔子学院在东盟国家的发展与挑战"等重要演讲。代表们的很多思想是富有创意和新意的。例如，清华大学代表提出，中国与东盟的大学已经具备全球最先进的教育体系，需要进一步互动合作交流。新加坡南洋理工大学高等研究所所长兼新中友好协会会长潘国驹教授提出亚洲地区的大学及研究机构必须充分发挥东方文化的力量留住人才。孔子学院院长许福吉教授提出，要让中华文化更好地在东盟国家推广，最大的挑战是如何融入当地文化和生活。中国台湾成功大学副校长冯达旋教授提出，现在已经进入东方教学崛起的时代，东方的教育以其独有特点很快会成为世界教学最高点。马来西亚思特雅大学蓝海策略应用研究中心刘华才教授提出，中国和东盟互认学历学位将对中国—东盟的教育发展有更好的推动作用；马来西亚科学院院士、永久名誉导师，马来西亚发明及创作协会会长王顺福教授建议尽快成立中国东盟大学。以上内容虽然未必都可以实施或马上付诸实践，但都可以看作是未来中国与东盟教育交流合作的重要思想源泉。

三、结语

进入本世纪以来，东南亚各国的经济有了长足的发展，教育的发展步伐也在加快。东南亚各国对教育的需求十分旺盛。就东南亚地区的高等教育来说，便历经不同的发展阶段，同时也正面临着入学人数持续增长、知识爆炸、信息和通讯技术的发展、经济复苏和财政减缩等诸多挑战。所有这些都会给这些国家的高等教育改革带来深刻影响，并产生不同结果。对于东南亚大部分国家来说，迫在眉睫的任务则是要培养具有国际竞争能力、具有可持续发展的高质量毕业生。要应对这些挑战，地区中各国间的密切合作至关重要。1999年世界贸易组织的教育服务报告（WTO，1999）指出，根据推算，到2025年，全球学习者人数将增至1.59亿，其中8700万为亚洲学习者。由于亚洲地区对教育的需求相当庞大，各国政府和私人机构应该更紧密地合作，来应对日益增加的需求。无疑，中国在这场世纪教育竞跑中也不可避免地加入亚洲国家的行列。只有加强合作，取长补短，才能取得真正的"共赢"。

中国—东盟自由贸易区的建成，也促进了中国与东盟在其他领域的合作。近几年来，双方在教育领域的交流合作愈益频繁，成果丰硕，前景喜人。特别是在全球金融危机的背景下，中国—东盟高等教育合作的意义在增加。双方在经济上都要应对全球性的竞争。竞争的核心是技术和人才的竞争，要提高经济竞争力，就必须大力发展教育事业。国际教育交流合作是教育工作的对外延伸，它对开展国际科研合作，学习对方国家的科学技术，具有非常重要的作用。另一方面，经济合作必然导致人文交流。要开创中国—东盟合作的新局面，建设面向21世纪的战略伙伴关系，相当程度上有赖于人文领域交流合作的深度和广度。教育交流是人文交流的重要组成部分，也可以说是人文交流中最为重要的一环。人文交流在增进相互了解和友谊中发挥着基础性和先导性的作用。没有思想的交流和心灵的沟通，一切合作都不是可持续发展的。由于中国和东盟各国同处于经济快速发展的阶段，都将教育发展和人才培养置于优先发展的战略地位，双方在加强校际合作、人才培养、学生流动、语言学习、联合科研等方面的合作都具有相当大的积极性和潜力。

（作者工作单位均系暨南大学　原载《东南亚纵横》2011年第7期）

东盟区域反恐合作机制的演变与发展

周　琳

东南亚地区作为多元文明和多元宗教并存的地区，汉儒文明、印度文明、伊斯兰文明和基督教文明在这里汇合碰撞，佛教、印度教、道教、伊斯兰教、基督教、天主教等交会并存，兼之该地区民族林立，关系错综复杂，因而长期以来，东南亚地区民族分裂主义和宗教极端主义活动猖獗。但由于受到各自社会、经济、民族、宗教等众多问题的制约，另外各国在资金、技术、情报、设备等方面的能力有限，所以在很长的一段时间内，各国对恐怖主义威胁认识及态度的分歧使得东盟国家应对恐怖活动主要依靠本国国内力量。近年来，东南亚的系列爆炸案使东盟各国重新审视反恐、尤其是加强与区域内外国家联合反恐的重要性，恐怖主义活动的猖獗对东盟国家和整个地区的安全、稳定和发展构成现实威胁，东盟开始重视地区整体防范，积极开展多形式、多层次、渐进性的反恐合作，以适应新的反恐形势。

一、开端：反恐宣言——外交合作机制

东盟反恐的外交合作机制的发展可追溯到1992年1月的第4届东盟首脑会议。在该次会议上，地区政治安全问题首次成为会议重要议题，会上通过了《新加坡宣言》，鼓励东盟国家和政府首脑就政治安全事务加强东盟与外界对话的愿望，以此作为与亚太地区国家之间建立合作关系的途径，宣言表明了东盟各国在组织内解决共同关心的政治安全合作问题，为后续建立安全共同体的目标打下基础。专门针对跨国犯罪，东盟打击跨国犯罪的部长级会议在1997年到1998年间分别通过《东盟打击跨国犯罪宣言》和《关于预防和控制跨国犯罪马尼拉宣言》，这为日后合作反恐打下了基础。

到2001年9·11事件后，针对全球的反恐热潮，2001年11月第7届东盟首脑会议上通过了《东盟联合反恐行动宣言》，该宣言是东盟反恐的首个专门性的文件。其中主要内容包括：(1)检查和加强各成员国的反恐机制；(2)呼吁早日签署和批准或加入所有的反恐公约，包括关于打击恐怖主义资助的国际公约；(3)加强一线反恐执法机构的合作；(4)研究有关的国际反恐惯例，并将其纳入东盟的反恐机制；(5)加强有关恐怖分子和组织及其活动和资金的信息和情报的交换，特别是关于恐怖分子和恐怖组织行动、资金以及其他任何所需的信息，以保护生命、财产和一切形式的旅行安全；(6)加强现有部长级会议与东盟其他有关机构在反恐中的合作与协调；(7)提高地区生产力以增强东盟成员国调查、侦察、监控和报告恐怖主义活动的能力；(8)讨论并寻求可行的想法和建议，以加强东盟在国际反恐中的作用，包括区域外的现有框架内的合作伙伴，如东盟10+3、东盟对话伙伴以及东盟地区论坛(ARF)，使反恐斗争真正成为一个地区和全球的共同努力；(9)加强双边、地区和国际反恐斗争中的全面性合作，重申联合国在国际合作中的主要角色。该宣言成为东盟反恐的首个专门性的文件。2002年11月，东盟第8届首脑会议进一步对合作反恐达成了共识，并通过了《关于恐怖主义的宣言》。该宣言重申了东盟反对一切形式的恐怖主义。与会国首脑表示将继续进行区域内和国际间的实质性合作措施，加强各自和集体的努力，共同预防和打击地区内恐怖主义组织的活动，决定由东盟各国相关部门共同召开一系列工作会议，商讨具体的合作措施。

东盟地区论坛(ARF)作为亚太地区最主要的官方多边安全对话与合作渠道，其在反恐问题上也发挥了重要作用。论坛每年与高官会背靠背召开副防长级的安全政策会议，还设有反恐和打击跨国犯罪会间会。2001年10月，东盟地区论坛轮值主席文莱国苏丹代表所有成员国发表反恐声明，严厉谴责恐怖主义对国际安全造成的危害。2001年7月29日，在第9届东盟地区论坛部长级会议召开的前夕，各成员国就以主席宣布的方式发表了《东盟地区论坛关于切断恐怖分子资金供给措施的声明》，会后东盟地区论坛主席再次声明了与会部长们在地区安全、反恐问题上的立场，强调东盟地区论坛有必要在反恐中进一步合作。

东盟的上述反恐宣言表明其反恐的决心，但是这些文件内容往往比较原则笼统，内容相对空泛，缺乏联合反恐的具体措施，同时东盟各国对恐怖主义威胁认识不一，反恐态度也不尽相同，因而单凭宣言并不能形成反恐的有效机制。但值得一提的是，宣言的意义并不仅限于反对恐怖主义本身，其更重要的作用在于它促进东盟逐渐走向建立统一的安全共同体，或至少说明东盟以反恐为基础的安全合作已经排上了议事日程，尽管这种进程可能需要相当长的一段时间。其最好的证明体现在2003年10月，第9届东盟首脑会议通过了《巴厘第二协约宣言》。该宣言表达了东盟国家在经历了36年的成长和发展后，要求建立更加紧密的地区合作联盟的共同呼声。宣言声明，东盟将在2020年前建立包括东盟安全共同体(ASC)、东盟经济共同体(AEC)、东盟社会—文化共同体(ASCC)在内的3个共同体。其重点之一是安全共同体，以加强东盟各国的安全合作，建立共同防线，维护地区的和平与稳定，促进地区经济的可持续发展。

二、发展：反恐公约——立法合作机制

早在2003年8月，东盟就召开了政府反恐立法会议，会议主要讨论东盟国家就恐怖主义活动立法及相互法律之间的协调和衔接，并研究在东盟内部成立专门的反恐行动委员会的可行性，旨在通过立法方式明确反恐地位及模式。最终在2007年第12届东盟首脑会议上，东盟国家签署本地区首份在安全领域有法律拘束力的文件——《东盟反恐公约》。这同时标志着东盟的反恐合作跨入一个新阶段。其主要内容体现在以下几个方面：

第一，公约对恐怖主义犯罪的概念作出明确界定。《东盟反恐公约》首先在第2条认定共计14项国际公约中所列举的恐怖主义行为。恐怖主义犯罪的范围较为广泛，几乎涵盖联合国所有的反恐公约。反映了东盟各国在东盟一体化目标上的趋同认识。但与其他反恐公约不同的是，东盟公约不承认各国国内法界定的恐怖主义犯罪。其中最根本的原因是东盟各国反恐立场不同，反恐在各国国内刑事法治地位有差异，如菲律宾饱受国内阿布沙耶夫组织的恐怖犯罪之害，因此在反恐问题上不仅态度积极，而且采取了许多实质性的措施；印尼、马来西亚、泰国、柬埔寨等国则主要签署一些具有象征意义的声明、协议，尚未采取任何实质性的行动；其他如越南、缅甸、老挝、文莱等受到恐怖主义威胁不明显的国家则在该问题上保持沉默。

第二，公约在第6条用了较大的篇幅较为详尽地规定了缔约国反恐合作的13个领域：(1)采取必要措施预防恐怖主义行为，包括通过交换信息发出预警；(2)防止利用领土针对另一方或者是另一方国民资助、计划、提供便利或者实施恐怖行为；(3)预防和打击资助恐怖行为的行为；(4)通过有效的控制边界、控制旅行证和身份证件的签发，防止伪造、假冒或者欺诈使用旅行证和身份证件的措施，预防恐怖分子或者恐怖组织的流动；(5)增进包括培训、技术合作及举办地区会议在内的能力建设；(6)增强公众意识和努力参与打击恐怖主义，加强彼此信任、内部对话和不同文明之间的对话；(7)加强跨境合作；(8)加强情报交流和信息共享；(9)加强东盟机构内数据库合作；(10)增强处理生化、放射、核恐怖主义、网络恐怖主义以及新形式的恐怖主义的应变能力；(11)进行反恐措施的制定及研究；(12)如果情况适宜，鼓励在法院诉讼中使用视频会议或者远程会议措施；(13)确信任何资助、计划、预备或实施恐怖行为的参与者或者支持恐怖行为的参与者被审判。

第三，公约在第12条和第13条对反恐的刑事司法协助和引渡问题做了详细的规定。就刑事司法协助而言，公约规定各缔约国提供司法协助的法律依据有两个：各缔约国国内法的规定和东盟《刑事司法协助条约》。就引渡而言，它是司法争端的一个方面，引渡涉及到恐怖主义的双重属性：政治性和犯罪性。因为恐怖主义的政治性，几乎所有的恐怖分子都可以在某种程度上被视为政治犯，在国际领域，由于关系到国内政治利益所决定的立场问题，而不是简单的法律问题，恐怖主义的定性问题也仍然没有解决，也不可能解决。

因此,引渡恐怖分子面临着引渡程序的烦琐和政治犯例外原则妨碍引渡执行这两个问题,为此,东盟构建了引渡合作机制。公约要求各缔约国将第2条规定的恐怖主义犯罪作为现行引渡条约中的可引渡罪行;为防止因一些国家坚持条约前置主义而妨碍对恐怖主义犯罪引渡的效果,第13条第3款规定,这些实施条约前置主义的国家可以将公约作为开展引渡合作的法律依据。

与前述东盟签署的反恐宣言相比,公约突破东盟以往发表形式性宣言的性质,《东盟反恐公约》的签署为地区反恐合作确立法律框架,确立诸多联合反恐的具体举措,建立实质性的反恐区域合作机制,有利于东盟加快提升整体实力,维系其在东亚合作中的主导地位,更重要的意义在于有利于推动东盟国家间在安全领域的合作,维护国家和地区的稳定,提升东盟的国际影响力及国际地位。而各成员国也恪守这些机制,具体体现在,东盟各国依据公约精神加大国内反恐力度,出台了一系列新举措。例如菲律宾2007年颁布第一部反恐法(Human Security Act),这一法律给予执法机构和军队在打击恐怖主义方面更大的权限,将判处恐怖分子的刑期提高到40年监禁,以加强菲律宾国内安全。2008年年初,新加坡在原来《制止资助恐怖主义法案》的基础上又颁布了《制止恐怖主义爆炸法案》,2月中旬成立反恐融资协会,以阻断恐怖组织的资金流动。《东盟反恐公约》签署以来,东盟各成员国根据多边或双边反恐协议,逐步建立、健全反恐机构以及情报交流、引渡协议、联手调查恐怖袭击等合作机制,并举行了一系列的多边、双边联合反恐演习,地区反恐合作不断取得进展。

三、补充:双边及多边反恐协定——情报与训练合作机制

东盟各成员国间签署多边或双边反恐协议,通过建立反恐机构、情报交流、联合调查恐怖袭击以及举行一系列多边、双边军事演习等安全合作逐渐深化反恐合作。如2002年5月,在美国的推动下,马来西亚、印度尼西亚和菲律宾签署《情报交换和建立信息处理协议》,协议决定建立地区反恐合作机制。之后柬埔寨、泰国和文莱也陆续加入,同年12月,菲律宾和印度尼西亚签署合作协议,加强两国在安全等领域的合作,协议涉及反恐的多个领域。

在情报合作方面,作为东盟反恐程序的一部分,东盟成员国正在努力建设一个包括有关恐怖主义信息在内的地区性数据库,来便利分享情报和分析重要的情报。这个数据库将提供各国有关应对恐怖主义的法律、法规、双边或多边条约和协议以及有关恐怖分子、恐怖组织及其活动和资金、其他保护各种运输生命、财产和安全所需的信息。2005年5月,在第26届东盟国家警察局长会议期间正式启动了犯罪情报数据库系统,以加强在反恐等领域的情报交流。在数据库系统工作组(ADSWG)与各成员国的共同努力下,该数据库系统(E-ADS)已于2005年开始运作。另外各成员国还可交换可能破坏地区内重大事件的恐怖主义或其他犯罪行为的信息和情报,加强有关恐怖分子、武装人员、激进组织的资料和情报的交换,并提供在东盟地区内活动的恐怖分子名单;各成员国指定国内相关机构或部门和官员作为联络点,由秘书处制作出名单后分发至各成员国,以便利双边和区域性打击恐怖主义的合作与协调,并且由秘书处负责与警察总长会议以及其他反恐国际机构建立联系,以进一步便利东盟与警察总长会议以及其他反恐国际机构之间的情报分享。此外,2008年2月中旬,东盟10国空军总长在新加坡签署《东盟空军合作应付恐怖主义宣言》,承诺将加强技术、情报合作,提高打击恐怖主义的能力。菲律宾和印尼警方还计划设立恐怖分子的DNA数据库,以快速确认被逮捕或击毙的伊斯兰祈祷团成员身份。

在地区反恐培训方面,2003年7月,在马来西亚吉隆坡成立了东南亚反恐中心,该中心的主要任务是分析恐怖活动和发展地区训练程序,指导相关会议促进各成员国现有的调查、情报、监控、侦察、管理和报告能力。训练的内容包括:为执法人员设置的心理战和情报收集课程、炸弹及爆炸物的探测、爆炸后的调查、机场安全、护照的安全和检查等课程。

四、未来:多元化——区域反恐合作机制

东盟是一个在历史、文化、语言、宗教和种族背景各方面有很大差异的区域性组织。各成员在国土面积、人口数量、经济发展水平等方面有巨大差异。印度尼西亚是该地区最大的国家,但它的经济发展却落后于其他国家;新加坡、文莱是东盟中人均收入最高的国家。由于内部存在的巨大差异,该地区还没有发展起可与泛美主义运动相提并论的任何强大的、有历史渊源的地区性运动。在很长的时期内没有形成一个统一的、严密的政治、经济和安全区域性国际协调组织。从成立之初,东盟就是在"区域主义"趋势影响下建立的重要区域国际组织,它是在亚太地区首次由本地区国家在没有区域外势力建立的一个国际组织。其目的完全是出于维护东南亚区域的和平、稳定和发展。但在东西方严重对立的背景下,东盟并非常规的集体防务安排,或是集体安全组织,然而东盟的建立宗旨还是主要在促进本地区的经济增长、社会进步和文化发展,从而增加该地区的稳定。以东盟地区论坛为例,它的突出意义就在于为各国搭建了一个官方层次的安全对话框架,这形成了一种缓和而宽松的环境,有利于维持地区的安全与稳定。因此也有学者认为,东盟国家建立这一组织主要是基于政治的考虑,而不是经济方面的考虑建立的。

随着国际交往的日益发展,各国间相互依存度的加深,区域性合作成为各国发展的需要,而具有共同利益的反恐更是成为了东盟加深区域合作的助推器,搭建官方就共同安全问题积极对话的平台。在打击恐怖主义机制框架下,东盟形成了以外交为基础、以共同立法为保障,以双边或多边协定为补充的层次分明的组织合作体系,为东盟各国合作打击恐怖主义提供有力的机制保障。在这种体系下,各成员国在打击恐怖主义和维护地区安全方面更加团结,成功地预示着建立东南亚地区反恐合作网络的前景,在外交、立法、情报、训练机制建设等方面为内容的地区合作迅速发展,使得该地区在打击恐怖主义行动从"单独行动"或者"双边合作"转变到"区域合作"之中,形成了以东盟为主导的系统的地区合作机制。

2010年10月,以"迈向东盟共同体,从愿景到行动"为主题的第17届东盟峰会及对话伙伴国系列峰会在越南首都河内召开,各国领导人在东盟峰会上重点讨论了加快东盟共同体建设问题,这对东盟快速形成包括反恐在内的系统的区域性协作机制将起到极大的推进作用,但由于东盟运行机制只是各国在建立信任基础上进行安全政策协调与合作,在合作中,它起到的是一种国内政策的协调作用,并不能形成强制效力,其决议的实施也只能依靠各成员国的自觉遵守和执行,因而政治安全的整合较为松散,还没有形成真正意义上的政治共同体,更不是北约一类的军事联盟。具体到打击恐怖主义方面,尽管东盟有反恐公约对恐怖主义及其行为实行

统一的司法界定。但由于没有建立联合行动部队，因此具体实施及效果还十分有限。总的来说，东盟现有框架下的反恐合作与协调缺乏有效的、快速的、协调一致的运作机制，这就需要所有成员国形成以反恐为中心的新安全观，加强反恐问题的地区合作，这也将是东盟在合作打击恐怖主义框架发展的重点领域和目标。

（作者系武汉科技大学讲师　原载《东南亚纵横》2011年第3期）

东盟国家经济与财政收支状况比较分析

王丽娅

经济是财政的基础，财政是经济的体现。财政在一国经济发展中发挥着不可替代的作用，财政与经济的关系是辩证统一的。本文研究对象是东盟10国，通过对东盟国家不同时期的经济发展与财政状况进行比较分析，深入分析财政在经济增长中的作用力，从而找出东盟各国经济发展中的财政问题，并提出相应的对策建议。

一、东盟国家财政的经济环境分析

（一）东盟国家经济增长现状分析

东南亚国家在成立东南亚国家联盟（东盟）之后经济的合作与发展经历了3个阶段：1967～1976年的初期是东盟国家经济“磨合期”、1976～1997年金融危机之前的快速发展时期以及1997年金融危机至今呈现出的以波动为特点的经济复苏时期。

表1　东盟国家人均国内生产总值增长率

单位：%

国家	2004年	2005年	2006年	2007年
文莱	-1.73	-1.79	2.91	—
柬埔寨	8.17	11.55	8.95	8.43
老挝	4.72	5.42	5.78	5.25
马来西亚	4.84	3.11	4.03	3.97
印度尼西亚	3.62	4.27	4.34	5.09
缅甸	2.14	4.12	—	—
菲律宾	4.20	2.76	3.37	5.34
新加坡	7.45	4.14	6.06	3.32
泰国	5.60	3.80	4.38	4.12
越南	6.31	7.04	6.88	7.17

资料来源：根据1990～2009年《国际统计年鉴》整理得出

本文通过人均GDP来说明近几年东盟国家的经济增长状况。自2002年起，东盟国家的经济开始回暖，经济持续增长，经济发展前景不断向好，世界经济也从经济危机中走出来，经济一体化和国际化趋势不断加强，表1显示东盟各国在2004～2009年人均GDP增长率都出现大幅增长并趋于稳定，东盟国家经济的稳定增长为政府财政收入的稳定增长奠定了良好的基础。

（二）东盟国家产业结构现状分析

财政问题是在一个特定发展阶段下的选择，因此对于产业结构的分析是研究各国财政问题的基本前提之一。

从表2中可以看到，由于东盟10国经济发展程度不高，在经济结构总体平均值上也有所体现，10国平均产业结构比从高到低依次是第二产业、第三产业、第一产业，而且第一产业的比重相对较高，这说明东盟国家农业生产依然主导一部分国民经济。不过东盟10国在近几年产业结构也发生了转变，实质上现在东盟10国产业结构正由二三一结构向三二一结构过渡中，经济的转型和过渡时期国家财政的作用显现。

表2　东盟10国三次产业结构比较

单位：%

国家、项目	第一产业		第二产业		第三产业	
	2000年	2008年	2000年	2008年	2000年	2008年
文莱	1	—	63.7	—	35.3	—
柬埔寨	35.9	—	21.9	—	42.2	—
老挝	52.5	—	22.9	—	24.6	—
马来西亚	8.8	8.5	50.7	50.6	40.5	40.9
印度尼西亚	15.6	13.8	45.9	46.7	38.5	39.4
缅甸	57.2	—	9.7	—	33.1	—
菲律宾	15.8	13.5	32.3	31.3	64.3	68.8
新加坡	0.1	0.1	35.6	31.1	64.3	68.8
泰国	9.0	10.8	42	43.8	49	45.3
越南	24.5	—	36.7	—	38.7	—
10国平均值	22.0	9.34	36.14	40.7	41.86	49.96
高收入国家	1.8	—	28	—	7.1	—
低收入国家	30.6	24.8	24.1	27.7	45.3	47
中、低收入国家	12	9.5	35	31.9	53.1	58.6

资料来源：根据1990～2009年《国际统计年鉴》整理得出

（三）东盟国家对外贸易的现状分析

出口是东盟国家经济增长的主动力。本文将从东盟国家的进出口总额、出口货物结构以及出口市场结构三方面进行分析：

1. 进出口总额。衡量一个国家或地区的对外贸易的发达程度首先要看贸易总额，对外贸易总额是判断一个国家是否是一个贸易大国的首要依据。

从表3中可以看出东盟国家2000～2008年对外贸易发展迅速，而外贸依存度在东盟国家中普遍偏高，说明了东盟各国对外贸易对经济增长的重要性，同时也表明了东盟各国对外开放的程度较高。但是金融危机也时刻威胁着该区域经济发展的稳定性，1997年东南亚金融危机以及2008年美国金融危机就是实证。

表3　东盟国家进出口贸易总额

单位：亿美元

国家	2000年	2006年	2007年	2008年	2008年外贸依存度（%）
文莱	50.1	77.4	93.12	97.69	—
柬埔寨	33.28	70.18	82.64	—	96.00
老挝	8.65	14.35	19.42	19.87	48.55
马来西亚	1801.92	2556.05	2918.28	3231.94	160
印度尼西亚	1089.98	1625.29	1838.73	2103.95	48.6
缅甸	40.47	57.40	71.53	95.07	—
菲律宾	768.1	907.4	1014.89	1084.51	70.45
新加坡	2723.49	4296.96	5105.17	5624.27	316
泰国	1309.81	2283.86	2595.26	8938.98	106
越南	301.21	694.2	847.17	1092.17	119

资料来源：根据1990～2009年《国际统计年鉴》整理得出

表 4　　东盟国家出口商品构成

单位:%

国家＼出口商品	农业原材料		食品		燃料		矿物和金属		制成品	
	2005 年	2008 年	2005 年	2008 年	2005 年	2008 年	2005 年	2008 年	2005 年	2008 年
马来西亚	2.5	2.7	6.9	7.0	13.4	13.8	1.2	1.3	74.6	73.7
印度尼西亚	5.0	6.4	11.7	11.7	27.6	27.2	8.5	10.0	47.1	44.7
菲律宾	0.55	0.5	6.1	5.5	1.9	2.3	2.3	4.5	89.1	86.7
新加坡	0.3	0.3	1.6	1.6	12.0	12.9	1.1	1.4	81.1	79.5
泰国	4.5	5.3	11.6	1.1	4.12	25.8	1.2	0.6	76.8	50.2
文莱	2.3	—	22.8	0.1	87.6	96.3	5.7	0.1	12.0	3.3
越南	1.8	2.8	1.1	20.2	20.6	25.8	—	0.6	53.1	50.2
柬埔寨	—	1.8	—	1.1	—	—	0.5	—	97.1	97.1

资料来源:笔者根据 1990～2009 年《国际统计年鉴》整理得出

2. 出口商品结构。本文主要以货物出口结构为样本,分析东盟国家对外出口的商品结构,阐述东盟对外贸易的特点与现状。

二战之后,面对西方国家掠夺廉价原材料和劳动力资源,包括东盟在内的发展中国家开始致力于高附加值产品的生产,注重保护自身的资源和民族工业。表 4 中显示东盟国家以农业原材料和矿产金属等产品为主的原料出口逐渐降低,出口商品以制成品为主,对外贸易商品竞争力得到很大提升。

3. 出口市场结构。研究东盟国家对外出口市场的构成是了解东盟各国对外贸易发展的另一个切入点。

表 5　　2008 年东盟国家对外出口市场构成

单位:%

国家	欧盟	美国	日本	发展中国家
文莱	1.95	7.83	30.85	44.14
柬埔寨	18.23	53.3	0.96	23.39
老挝	10.48	0.7	0.99	64.28
马来西亚	12.78	18.8	8.86	54.87
印度尼西亚	12.22	11.5	19.4	51.97
缅甸	7.44	—	5.16	79.66
菲律宾	18.54	18.3	16.5	44.67
新加坡	11.26	10.2	5.5	67.42
泰国	13.84	15	12.6	51.83
越南	19.78	21.2	12.3	26.59

资料来源:根据 1990～2009 年《国际统计年鉴》整理得出

从表 5 中可以发现东盟国家对发展中国家的市场依赖大大超过欧盟、美国和日本等发达国家,在发展中国家中以中国与东盟的贸易关系最为密切,中国已经成为东盟的第三大贸易伙伴,而 2008 年东盟大多数国家对欧盟、美国和日本的市场依赖都比较平均。

二、东盟国家财政收支状况分析

本文研究财政收支状况主要从财政收入、财政支出、财政作用力三方面入手。

(一)财政收入的状况分析

按国际通行惯例,财政收入可分为税收收入、国有资产收益、国债收入和收费收入以及其他收入等。

1. 财政收入总量。下面首先比较东盟国家 2000～2008 年财政收入总量的状况,以此来了解各国财政现状与特点,并结合各个国家当时的经济发展情况来进一步了解财政与经济的关系问题。

从表 6 中可以看出,从整体上看东盟国家财政收入呈现不断上涨的趋势,财政收入的增长与国家经济的良好发展势头是不可分割的。表中数据显示东盟各国在 2000～2003 年间财政收入也随着经济波动表现出不稳定性,而 2003～2008 年随着东盟各国国内经济形势逐渐回暖,各国的财政收入也呈现稳定的增长趋势。

2. 财政收入结构。本文选取两大税种占财政收入比重这一指标进行分析,见表 7。

《国际统计年鉴》数据显示,2005 年商品流转税占财政收入的比重的世界平均水平接近 34%,并且这一税种呈现出不断增长的态势。从表 7 中可得知大多数东盟国家商品流转税都不及本国的所得税比重大,这一方面说明东盟一些国家国内经济发展落后,商品经济不发达;另一方面所得税的比重偏大,企业和个人的税收负担加重,企业再生产的资金不足,个人消费受到抑制,这同样严重影响各国经济的发展。

表 6　　2000～2008 年东盟国家财政收入比较

单位:亿美元

国家＼年份	2000	2001	2002	2003	2004	2005	2006	2007	2008	2000～2008 年均增速
文莱	30.4	30.5	31.9	34.1	41.7	48.4	49.6	52.0	57.5	8.54%
柬埔寨	3.6	4.0	4.4	5.0	5.9	7.4	8.6	10.4	11.9	16.28%
老挝	2.23	2.2	2.2	3.09	3.3	3.8	4.5	5.3	8.4	19.49%
马来西亚	157.2	162.6	178.0	213.8	241.9	282.6	341.8	393.9	412.9	12.96%
印度尼西亚	220.8	221.7	273.3	385.4	413.4	459.6	612.3	711.8	915.1	20.15%
菲律宾	116.1	114.5	126.4	130.1	141.6	153.6	217.7	246.4	267.3	11.58%
新加坡	277.3	237.7	241.9	246.4	263.4	281.1	310.7	395.2	413.8	5.67%
泰国	185.3	177.9	196.5	219.0	234.2	255.3	265.4	310.5	503.0	14.58%
越南	62.7	65.7	73.7	104.2	118.0	143.4	163.5	193.6	209.6	16.73%

资料来源:根据《亚太统计年鉴 2009》、《国际统计年鉴 2009》整理得出

表 7　　东盟部分国家财政收入主要部分比重

单位:%

国　家	商品流转税				所得税			
	2005 年	2006 年	2007 年	2008 年	2005 年	2006 年	2007 年	2008 年
柬埔寨	36.9	40.2	39.5	41.2	7.1	9.7	10	10.0
印度尼西亚	33.1	32.1	33.2	34.2	29.1	29.9	30.5	28.9
马来西亚	23.3	22.2	25.2	23.3	47.5	48.0	49.5	47.6
菲律宾	23.4	25.1	25.3	24.9	39.6	38.6	38.5	39.1
新加坡	23.4	23.5	24.1	23.9	30.1	29.8	28.9	30.2
泰国	40.1	40.0	39.9	41.0	32.8	36.5	35.6	36.9
缅甸	30.7	29.4	31.3	—	25.2	24.6	25.0	24.9

资料来源:根据《2009 年国际统计年鉴》整理得出

(二)东盟国家财政支出状况分析

按照与国家职能相关的内容分类,分为经济建设支出、国防支出、社会保障支出和社会文教支出。

本文将分别比较东盟国家在财政支出总量和支出结构上的差异。

表 8　　2000～2008 年东盟国家财政支出比较

单位:亿美元

国家	2004 年	2005 年	2006 年	2007 年	2008 年	2000～2008 年均增速
文莱	29.7	25.6	26.9	30.2	28.7	-22.10%
柬埔寨	7.7	9.1	10.6	12.3	12.8	59.19%
老挝	5.0	5.5	6.4	7.4	8.4	7.32%
马来西亚	296.8	329.3	384.1	451.7	504.7	11.44%
印度尼西亚	444.2	519.5	674.3	826.6	919.8	39.22%
菲律宾	158.2	157.9	232.1	255.3	282.4	11.60%
新加坡	284.2	287.8	298.7	313.3	374.5	13.22%
泰国	290.3	317.5	227.3	464.5	454.6	14.26%
越南	122.2	148.7	179.9	212.9	222.5	26.95%

资料来源:根据《亚太统计年鉴 2009》、《国际统计年鉴 2009》整理得出

1. 财政支出总量比较。赤字财政已成为当前世界各国财政发展的一种趋势,从表 8 可知,大多数年份东盟各国的国家财政都是赤字财政,不过赤字规模略显失衡。财政投入是宏观调控的重要手段,成为各国常用的财政工具,积极的财政投入会刺激经济的复苏,从而带动国家经济的发展。纵观世界经济发展现状,2008 年金融危机刚刚过去,积极的财政投入是增加有效需求的重要手段,因此东盟国家保持一定数量的财政赤字是有利于国家经济的恢复和发展的。

表 9　　东盟部分国家财政支出比重

单位:%

指标 / 国家	社会保障支出	教育支出	环境保护支出	卫生保健支出	国防支出
印度尼西亚	5.6	3.9	—	1.4	6.6
马来西亚	1.3	13.3	—	3.4	22.6
新加坡	2.0	21.6	—	5.8	31.0
泰国	9.2	19.6	2.49	8.8	6.3
越南	8.1	13.9	1.1	3.6	—

资料来源:根据 1990～2009 年《国际统计年鉴》整理得出

2. 财政支出结构分析。鉴于数据的可得性,本文选取东盟 10 国中新加坡、印度尼西亚、马来西亚、泰国和越南的数据进行比较分析,通过比较东盟各国在财政投入上的差异与问题,在财政投入上本文重点分析东盟 10 国对于社会保障方面的财政支出情况。

社会保障的投入实际上就是对于社会福利的投入,福利的扩充被看作是社会的进步。现今世界上以美国为代表的发达国家对于社会保障的支出达到财政支出的 30% 左右,在表 9 中经济发展居前的新加坡 2005 年只有 2.0%,泰国最高也只是 9.2%,马来西亚低至 1.3%,不仅东盟整体社会保障投入水平低下,在东盟 10 国内部,保障投入水平也存在较大差距。

与东盟各国对社会保障投入较少相对应,数据也显示东盟国家对于教育的投入比较大,这归因于东盟各国政府对于教育的重视,从而将财政天平倾向于教育领域。除了印尼外,大多数政府把社会保障的 1/6 或 1/4 支出都花在了教育,主要是初等教育上。

(三)东盟国家财政作用力的分析

财政收入占 GDP 的比重,又称为国民经济财政负担率。这一指标必须控制在合理的范围之内,如果比重过高会挤占纳税人的利益,最终影响国民经济的发展和财政收入的增长;如果比重过低将严重影响政府各项职能的正常履行,削弱财政对宏观经济运行和资源优化配置的调控能力。

表 10　东盟部分国家财政收入占 GDP 比重的指标比较

单位:%

国　家	中央财政收入占 GDP 比重						
	1990 年	2003 年	2004 年	2005 年	2006 年	2007 年	2008 年
柬埔寨	9.5	9.9	10.2	10.3	9.54	9.9	9.8
印度尼西亚	18.7	20.6	20.1	17.4	17.3	18.4	18.8
马来西亚	26.4	19.2	25.3	24.5	23.7	22.5	23.3
缅甸	10.5	5.2	4.7	4.96	4.9	7.1	8.0
菲律宾	16.2	15.2	15.4	14.4	14.8	14.6	15.1
新加坡	26.8	26.6	24.7	22.2	20.5	20.1	19.4
泰国	—	16.0	17.6	16.2	19.5	19.6	21.0
越南	—	19.9	20.0	20.1	19.8	18.8	19.5
高收入国家	23.5	24.5	25.3	26.1	27.1	25.1	26.2
低收入国家	14.4	9.5	16.0	15.3	15.0	16.1	17.2

资料来源:根据 1990～2009 年《国际统计年鉴》整理得出

在表 10 中可以看出,新加坡与马来西亚财力集中度高,其次是印度尼西亚、马来西亚、菲律宾、泰国、越南等国财政收入占 GDP 比重也比较高,总体上来看,东盟 10 国的政府财政对经济的调控能力都很强,反映在经济运行中即是 1997 年亚洲金融危机后东盟各国采取积极的财政政策和货币政策,运用国家力量,结合国家政策,刺激经济的复苏,并取得较大成效。

三、东盟国家经济与财政收支存在的问题分析

(一)东盟经济与财政收入形势依然严峻

受次贷危机影响,东盟国家经济速度普遍减缓,国内金融市场波动加剧,未来经济发展的不稳定性凸显,东盟经济发展的不确定性必然影响东盟10国财政收入的增长,导致东盟各国政府对经济运行的调控力下降。东盟宏观经济形势不够稳定,通货膨胀与通货紧缩的风险同时存在,金融危机的影响还未消散,东盟各国经济和财政收入的稳定增长形势严峻。

(二)东盟国家经济增长潜力不足,经济结构呈现不协调态势

东盟国家并未形成完整的工业体系,基础工业发展较慢,资本密集型工业未能实现规模经济,各国产业结构升级乏力,技术进步缓慢,各国自主创新能力低下,主要以引进外国跨国公司的技术为主,电子信息产业多是加工装配行业,拥有自主品牌且有国际竞争力的产品较少,经济发展潜力不足。东盟国家在经济结构方面也存在不协调的问题,尤其服务业发展水平普遍低于同等发展水平国家,除新加坡外,东盟各国的现代化的信息、物流、科技和文化等部门并未真正形成。

(三)东盟国家财政投入的分配不平衡

东盟国家将财政收入的很大一部分投入到教育上,而社会保障事业、环境卫生事业以及国防事业等产业的发展受到一定的限制。加大对国家各项事业发展的财政支持,尤其加大对社会保障事业的投入,建设社会保障机制以及硬件设施,完善社会保障机制,关系到各国社会发展的稳定。东盟10国对于社会保障的财政投入失调正是反映了各国在财政投入的分配上存在不平衡的问题。

(四)财政对于经济发展的作用不足

东盟10国财政负担率呈现出不平衡的态势,部分国家,如马来西亚和新加坡等国财政负担率较大,相应的财政作用力也较大,表明财政调控经济的回旋余地大,但依然落后于世界发达国家;另一方面柬埔寨和缅甸等国政府财政对于经济作用力较小,财政调控经济的余地不足。虽然东盟一些国家在经济运行中不断发挥政府财政的作用,但是两次金融危机表明东盟国家总体上来说财政作用力依然不足。

四、建议

(一)大力发展经济,保持财政收入的稳定增长

东盟各国应发挥自身资源、区位、人力、气候等优势,做大做强优势产业,大力改善各国经济状况,增加财政收入来源,保持财政收入的稳定增长。各国应注意在扩大内需的同时注重发展对外贸易,大力引进外资,保持政府政策的稳定性,发展国民经济,为财政收入的增长奠定基础。紧跟国际经济先进潮流,适时调整产业发展思路、发展重点和政策措施,努力培植新的支柱产业,提高产品附加值,增加国民收入,提高综合国力,从而保障财政收入的稳定增长。

(二)发挥政府财政在经济发展中的积极作用

东盟各国在积极发展国内经济增加财政收入的同时,政府财政应积极参与到经济建设中去,积极扩大财政支出,改善基础设施建设,扩大社会资金的流动,发挥财政引导投资、扩大消费的作用。要规范中央和地方政府的财权、事权的制度安排,解决城市、农村居民困难家庭,完善养老保险、医疗保险、农村基础设施建设等问题。建设财政危机准备金制度,建立健全审计和监督机制。当出现财政危机时,经过规定程序,可以迅速动用准备金及时化解危机。

(三)合理分配财政收支

各国应进行财政分配改革,合理分配财政收支。进一步完善市场经济体制,着力推进政府职能转变。积极创造体制环境,培育市场力量,促进政府职能转变;进一步理顺政府间财政分配关系,完善转移支付体制,构建有效的行政制衡机制。在市场经济条件下,发挥财政投入对产业引导的作用,发展优势产业的同时,注意平衡各产业发展资金的投入,保障产业发展的平衡。加快推进财政法治建设,有效规范财政分配秩序。建立健全财政相关法律体系,有效提升法律层次,提高立法质量,依法规范政府理财行为。通过法律来规范政府财政分配,平衡财政资金在各产业发展中的分配。合理控制财政分配规模,不断优化财政支出结构,调控国民经济积累和消费的比例关系,统筹兼顾。

(四)积极调整产业结构,加强区域合作力度

由于东盟区域内各个国家在经济实力、资源、人口文化以及地理位置的不同,各国应采取不同的产业发展政策,因地制宜,实现经济增长。以柬埔寨、老挝、缅甸、泰国和越南为代表的大陆国家土地资源相对丰富,人口较多,并靠近南亚、东亚等内陆国家,国内第一产业发展优势明显,大力发展第一产业,一方面保证各国的粮食安全,另一方面保障区域内和区域外其他国家的粮食需求。同时菲律宾、马来西亚、印度尼西亚、文莱、新加坡等国应重视国内基础工业建设与发展,积极加强与中国、日本等国家的合作,引进技术和人才,大力发展民族工业,提升核心竞争力。在对外贸易方面,紧跟时代潮流,发展服务贸易。

(作者单位系广东外语外贸大学　原载《东南亚纵横》2011年第5期)

东盟国家失业保障制度研究

冯奕强　黎雄辉

一、东盟各国失业保障制度概述

(一)泰国的失业保障制度

根据《泰国劳动保护法》(1998年)的规定,泰国的失业保障制度分为三个层面:

1. 解雇费。雇主解雇雇员时,必须支付解雇费,解雇费数额与雇员的工作时长与工资相挂钩,具体标准为:服务期超过120天但不足1年的雇员有权领取30天的解雇费。对于服务期在1~3年之间的雇员,解雇费不应少于90天的工资。服务期在3~6年的雇员可获得6个月的工资。

2. 雇员福利基金。由雇主与雇员共同出资,以公司为依托建立,该基金适用于拥有至少10名雇员而无备用基金的公司,主要用于雇员在辞职、被解雇或在服务期间死亡等情况下的补偿。

3. 社会保障金。由雇员与雇主共同出资,由社会保障组织(SSO)进行统筹管理,保障金要求至少拥有10名雇员企业的雇主与雇员按雇员月工资额的比例缴纳,作为缴费比例基数的月工资额不得低于15000泰铢,缴费比例从1999年1月1日至1999年12月31日为2%;从2000年1月1日至2000年12月31日为3%;从2001年1月1日起为4.5%,由企业从雇员每月的薪金中代扣,雇主要与雇员缴纳相等数额的社

会保障金。在雇员失业时，可以申领失业救济金，失业救济金的给付标准参照泰国各地的最低工资标准，从2006年1月1日开始执行的最低工资标准分别为：曼谷、佛统、暖武里、巴吞他尼、普吉、北榄、龙仔厝等府每月5520铢，春武里、万佛寺、清迈、柯叻、攀牙、拉廊等府每月4650～4980铢，其他地区每月4200铢。

泰国与失业有关的福利内含于雇员福利基金与社会保障金两种制度之中，它的解雇费从严格意义上来说不属于失业保险的范畴，只是雇主解雇雇员时承担的一种赔偿责任；它的雇员福利基金只是以公司为单位建立起来的针对于雇员发生意外情况的补偿基金，统筹层次低、没有明确的筹资与给付标准、缺乏统一规范性；相对来说，泰国的社会保障金制度规定了缴费责任主体、缴费标准、给付的程序与标准，更具体与完善，保障作用更强。泰国的失业保险制度具有自身的特点：首先，政府只负责最后保障，不进行直接的财政投入；其次，社会保障金规定缴纳的最低工资，秉承社会保障的互利共济思想，发挥国民收入再分配的作用；第三，泰国的缴费比率是在考虑国内实际情况以及对可能的通货膨胀率进行预计之后确定下来的，其缴费标准比较科学。

（二）越南的失业保险制度

《越南社会保险法》（2007年开始实施）规定10人以上规模企业的劳动者和用工者必须参加失业保险，自2009年1月1日起开始征收失业社会保险税，以员工月工资额为税基，企业和员工各缴纳1%，国家再补贴1%。失业前6个月连续缴纳失业保险金的员工，失业后按月工资额的60%计算，缴费期限达12～36个月、36～72个月、72～144个月以及144个月以上的，可享受的待遇分别为3个月、6个月、9个月、12个月的失业补贴。但是规定失业劳动者需在缴纳失业保险费用满12个月后，才能支取失业保险金。

与东盟其他几个国家不同，越南的失业保险资金是政府以失业保险税的方式进行筹集的，其筹资方式更有效率；失业保险缴费采取三方承担的方式进行，企业与劳动者以及政府缴纳费用的比例分别为劳动者月工资额的1%，责任相对较分散；劳动者缴税期限分为几个等级并与失业保险待遇的享受挂钩，更有助于激发雇员的缴费积极性；但是领取失业保险金的等待期太长，其保障的及时性还有待进一步考证；越南的失业保障比较全面，包括失业补助、技能与学习帮助以及失业期间的医疗补助、免费的就业咨询和工作介绍、帮助找工作和失业补贴等方面，较好地保障劳动者失业之后的生活以及再就业的需求。

（三）印尼的失业保障制度

根据印尼的《劳动法》（2003年），目前印尼失业者的生活保障资金来源采取“一方负担”形式中的企业负担的方式，雇员不缴费，政府亦不予补贴，企业支付给工人失业期间的费用按工人工资与工作时间长度，分为遣散费与工人受雇期间的费用两部分。

1. 遣散费的计算方式。

（1）就业小于1年的支付1个月的工资；（2）就业长于1年短于2年的支付2个月的工资；（3）就业长于2年短于3年的支付3个月的工资；（4）就业长于3年短于4年的支付4个月的工资；（5）就业长于4年短于5年的支付5个月的工资；（6）就业长于5年短于6年的支付6个月的工资；（7）就业长于6年短于7年的支付7个月的工资；（8）就业长于7年短于8年的支付8个月的工资；（9）就业在8年和8年以上的支付9个月的工资。

2. 工人受雇期间费用计算方式。

（1）就业长于3年短于6年的支付2个月的工资；（2）就业长于6年短于9年的支付3个月的工资；（3）就业长于9年短于12年的支付4个月的工资；（4）就业长于12年短于15年的支付5个月的工资；（5）就业长于15年短于18年的支付6个月的工资；（6）就业长于18年短于21年的支付7个月的工资；（7）就业长于21年短于24年的支付8个月的工资；（8）就业长于24年支付10个月的工资。

印尼与失业保障有关的政策可以分为四类：职业技术培训、学徒计划、工作安置以及政府为扩大就业所实施的一些政策，可以看出其实施的是一种就业导向性的措施，对促进就业起到了很好的效果。但是，印尼没有严格意义上的失业保险，是靠雇主支付一定的费用以维护失业者的生活。仅仅依靠雇主单方面支付的费用的方式可能产生两个方面的问题：首先，使得雇主不敢轻易解雇雇员，不利于劳动力的合理流动，从而不利于企业效益的提高；其次，仅靠雇主支付的遣散费与受雇佣期间的费用也难以很好地保障失业人员的生活。

（四）菲律宾的失业保障制度

和东盟大多数国家一样，菲律宾没有严格意义上的失业保险制度，其失业保障由就业服务体系、学徒制度以及失业赔偿等方面构成。菲律宾的就业服务组织结构完善、规章制度齐全、分工明确具体，形成成熟的就业服务体系；同时，形成完善的学徒制度，对学徒资格的确定非常严格、对雇佣学徒的行业要求很高、对学徒的工资作出具体详细的规定、以学徒性格偏好和能力测试结果为依据，制订有针对性的培训计划，并且对负责学徒培训的机构作出具体规定；对学徒计划实施赞助。与泰国、印尼类似，菲律宾也有关于遣散费的规定，根据《菲律宾劳动法》（1974年）规定：假如由于安装节省劳动力的设备或者因为劳动力过剩而裁员，工人受此影响的有资格单独获得至少1个月的薪水或者1个月的年平均薪水，以较高者为准；假如由于紧缩、停业或企业设备停止运转，而企业并没有发生重大商业损失或财政问题的，应单独支付等于1个月的工资，或者至少有一半的年月平均工资，以较高者为准。满6个月的应视为1年进行补偿。

总的来说，菲律宾失业保险待遇中就业培训与就业服务所占的比例相对较大，其就业导向的功能比较明显，但是仅仅有一些劳动者被解雇之后有权要求雇主支付一定比例的赔偿的规定，这种赔偿的数目也非常少。所以，菲律宾就业导向的功能强但是对劳动者失业之后的生活保障的力度弱是其失业保障的一大特点。

（五）老挝的失业保障制度

老挝失业保障包括劳动技能培训、解雇费以及以劳动单位为依托建立的保障基金。

1. 劳动技能培训。老挝政府十分重视对劳动者技能的培训，根据《老挝人民民主共和国劳动法》（2005年）规定，劳动管理部门负责管理，用工单位负有对劳动者进行培训的直接义务，劳动单位必须从单位的收入中提留相当于劳动者年工资的1%的资金用于劳动技能培训，如果单位没有能力进行技能培训的，便将这部分资金列为国家劳动技能培训资金。国家对劳动者进行培训的资金来源于三个方面：第一，每年从政府预算中提留出相当于劳动者月工资的1.5%的资金;第二,没有能力进行技能培训的劳动单位缴纳的相当劳动者年工资1%的资金,且劳动单位不得从劳动者的工资中扣除这部分资金;第三,国内外援助的资金。

2. 劳工解雇费。《老挝人民民主共和国劳动法》(2005年)规定,如果用工单位以合理的理由解雇劳工,那么用工者要按被解雇者的工作年限付给补助费:3年工龄以下,每个月的补助费按解雇前基本工资的10%计;超过3年工龄的按15%计算;领取计件劳动报酬或劳动报酬不固定者,以解雇前最后3个月的劳动报酬的平均数作为被解雇者补助费的计算依据。在用工单位没有充分的解雇理由情况下,被不正确解除劳动合同的劳动者,有权要求按原职或合适的新的职位重新工作,并获得解雇补助费。补助费的计算,3年工龄以下者,每个月得到解除合同前基本工资的15%;3年以上者,按20%计算。

3. 保障基金。老挝劳动法也规定以劳动单位为主体各自建立失业保险基金,由劳动者与用人者按照保险法规定的标准缴纳失业保险费用,老挝的这种以单位统筹的基金制度由于执行性差,覆盖率低实施情况并不理想。

(六)文莱、柬埔寨的失业保障制度

1. 文莱的失业保障制度。与菲律宾、印尼一样,文莱也有学徒系统的学徒计划,包括学徒资格认定、技能培训、学徒计划赞助等方面的内容,从严格意义上讲属于就业培训的范畴;文莱还有一些关于提供就业和就业者信息的规定;就失业补偿来说,文莱仅有一部《海员失业补偿法》对海员失业期间的补偿作出具体规定。总的来说,文莱有关失业保险的制度还没有建立,失业待遇的享受仅限于一些像海员等从事特殊工作的人员,其覆盖范围狭窄。

2. 柬埔寨的失业保障制度。包括学徒制度、就业服务政策以及解雇赔偿。(1)学徒制度。柬埔寨王国也有学徒制度,学徒期合同为:一个工业或商业机构的经理、工匠或手艺人同意提供或受委托向合同另一方提供完全的、系统的、专业的培训,作为回报,该人作为学徒在已同意的条件下为其工作一段时间。该时间段不能超过两年。(2)就业服务政策。柬埔寨王国制定了劳工培训政策,为贫困者和适当人群组织专业的培训,同时规定要与有效益的教育政策相结合;柬埔寨政府制定了系统的政策比如鼓励发展劳动密集型产业,输送劳动力到国外工作,为适龄年轻柬埔寨劳工创造就业机会。(3)解雇赔偿。《柬埔寨王国劳工法》(1997年)规定,如果雇主无理由地单方面地解雇雇员,那么他必须对被解雇的雇员进行赔偿,赔偿标准如下:如工人在企业连续服务6~12个月,赔偿7天的工资和补贴;如工人的服务期超过12个月,则补偿费按照服务年限每年15天的工资和补贴,最高补偿金额不能超过6个月的工资和补贴;如工人的服务期超过1年、6个月或多于6个月但不足1年的按1年计算。

(七)马来西亚的失业保障制度

马来西亚并没有设立专门的失业保险制度,与失业福利有关的制度包括遣散费和贫困救济两个方面:

1. 遣散费。马来西亚的雇主与雇员均认为遣散费是一种与失业有关的福利,根据马来西亚《1955年雇佣法》规定,所有月收入不超过1500林吉特的工人以及所有体力劳动者都可以享有遣散费,马来西亚的遣散费被称为裁员福利或终止雇用及停工福利。有关的遣散费是按以下的比率发放:受雇不足两年的工人,可获每年10天工资的遣散费;受雇不足5年但超过两年的工人,可获每年15天工资的遣散费;受雇5年或以上的工人,可获每年20天工资的遣散费。

人们预计马来西亚的遣散费足以应付一名失业工人重新找到一份新工作之前这段时间的基本需要。

2. 贫困救济。根据《1977年赤贫人法》,家庭收入低于每月460林吉特的家庭会被列为贫困户,因失业的原因导致生活贫困的家庭可根据此计划申领援助。马来西亚的贫困救济不是专门为失业者设立的,但是如果失业者的贫困指数符合失业救济的要求,他也可以申请救济。

(八)新加坡的失业保障制度

新加坡与失业福利有关的制度包括政府或非政府部门为失业者提供的援助(主要是职业培训资助课程费用、辅导服务,以及提供职位空缺数据库服务)以及失业者可以申请的公共援助计划两个方面。

1. 职业培训与就业服务。新加坡政府认为,对于那些失去工作的人而言,政府应该优先协助他们自力更生,方法是为他们提供再培训,让他们掌握市场所需要的技能,并为他们安排就业服务。政府部门或非政府机构为失业者提供的援助,主要是职业培训、资助课程费用、辅导服务以及提供职位空缺数据库服务。这类计划包括由全国职工总会实施的"技能再培训计划"及"教育及培训基金"、由社会发展部实施的"培训及提升技能免息贷款计划"以及由人力部实施的"就业安排援助计划"。

2. 公共援助计划。新加坡公民若因失业而面对经济困难,可向多个由政府资助的社会援助计划申请援助,以解燃眉之急,可申请的计划有:"公共援助计划"、"临时(短期)财政援助计划"、"租金及公用设施费援助计划"及"医疗基金"。这些计划按失业者的需要,为其提供有关方面的财政援助。此外,当地的非政府机构亦提供一些财政援助计划。所有这些计划均旨在为社会上"较不幸的一群"提供援助,受助对象并非单是失业者。公共援助计划由社会发展部负责实施。援助金额的下限为一名成人可每月领取200新加坡元,上限为一个4人住户可每月领取570新加坡元;临时(短期)财政援助计划援助额由每月约140新加坡元至最高每月600新加坡元不等,而领取援助的最长期限则由两个月至1年。

二、东盟国家失业保障制度的特点

(一)失业保险制度发展不平衡

经济发展水平与国内实际情况的差异导致东盟国家失业保障制度的发展差距很大,呈现出多层次的特点,泰国、越南已建立了由雇主、雇员以及政府多方参与的严格意义上的失业保险制度,而东盟其他国家多还停留在失业救助的层面上;新加坡、马来西亚和菲律宾的社会保障制度比较完善,失业率低;老挝、柬埔寨、缅甸企业不够发达,雇工人数不多,经济还没有发展到需要设立失业保险制度的程度;文莱由于国内资源丰富,富裕的政府能够为劳动者提供全方位的社会保障;印尼由于法律目标与财政、体制的不协调、管理和调整能力与法律执行力不协调再加上政府行政执行力不强,其失业保险制度难以建立起来。

(二)把遣散费当作一种失业福利

东盟大多数国家都规定了企业不得随意解雇劳动者,认为雇主应该承担随意解雇劳工的责任并且作出赔偿,他们把这种赔偿称为"遣散费"。赔偿标准各不相同,标准较高的是印尼、泰国;其次为马来西亚、柬埔寨与老挝。遣散费的给付在一定程度上可以保障失业者重新找到工作之前这段时间的生活。但是必须认识到所谓的遣散费只不过是雇主对单方面解雇雇员所承担的一种赔偿责任,它只能保障失业者失业期间短期的生活,其保障能力是有限的,无论从哪方面来说,遣散费制度都不是严格意义上的失业保险制度。

(三)普遍重视就业服务与职业技能培训

新加坡政府认为帮助被裁减的雇员或失业者的最佳办法是协助他们重新寻找工作,政府部门或非政府机构为失业者提供的援助主要是职业培训、资助课程费用、辅导服务以及提供职位空缺数据库服务;印尼、菲律宾、老挝、文莱和柬埔寨都有学徒制度,这种制度实际上更接近于专门的技工培训;此外,大多数国家都有系统的就业服务与就业培训计划。可以说,就业导向性强而对失业者生活救助不够是东盟国家失业保障制度的一个很明显的特征。

(四)学徒制度更多地发挥着职业技能培训的作用

东盟很多国家把传统的学徒制度保存下来,并且用现代法律和制度加以规范,从学徒的年龄、具备招收学徒的行业资格、学徒行业能力测评、学徒培训责任主体、对学徒培训计划的赞助、学徒服务期、学徒工资标准都有详细具体的规定,良好的学徒体制使得东盟国家节约了教育培训成本,提升了劳动力技能素质,同时也为企业节约了成本,简化了招聘程序,提供了大量技术工人,发挥着职业教育所不可替代的作用。

三、东盟国家失业保障制度发展展望

(一)东盟国家失业保障制度发展水平

建立由雇主、雇员以及政府多方缴费的风险共担的失业保险制度是东盟国家失业保障制度发展的大趋势,但在具体实施时要综合考虑国家的生产力水平和经济实力,选择适宜本国的失业保障模式。具体来说有三个可供东盟国家选择的模式,按照水平和层次由低到高分别是:(1)失业救助(强调政府的责任)+就业服务与职业技能培训的模式;(2)失业保险(多方参与、风险分担、专业化运营)+就业服务与职业技能培训的模式;(3)失业保险(多方参与、风险分担、专业化运营)+商业保险(可供自由选择)+就业服务与职业技能培训的模式。

东盟国家除越南、泰国处于第二个层次之外,其他国家的失业保障制度都处于第一个层次或者由第一个层次向第二个层次过渡的阶段。

(二)东盟国家失业保障制度未来发展

对于已经建立起失业保险制度的国家如泰国和越南,可进一步从扩大失业保险的覆盖面、在提高失业保险资金管理的科学性与资金的有效利用率等方面对现有的失业保险制度进行发展与完善;同时适当发展商业保险,重视就业服务和职业技能培训,建立起一种以失业保险制度为主体,商业保险与社会援助为辅助,以保障失业者基本生活、促进就业为最终目的的、多支柱的、就业导向型的失业保障制度。

马来西亚、新加坡、印尼、菲律宾等东盟国家政府在面临全球化挑战的形势下,接受了1995年世界社会论坛在哥本哈根发表的关于建立包括失业保险在内的社会保障制度的宣言。对于发展一种什么形式的失业保险制度,可以参照1998年马来西亚工会设立的一项失业援助计划:雇佣双方每人均须每月供款1林吉特,失业工人须失业超过3个月后才可领取福利,失业工人可领取福利至找到新的工作为止;解雇的工人在获得聘用时一旦拒绝接受新职位,便不可再享有上述福利。

该计划规定雇主与雇员的缴费责任与数额、领取失业福利的等待期、领取失业福利的期限以及享受失业福利资格的取消,是马来西亚制定的一个严格意义上的失业保险政策,虽然后来由于经济复苏,该政策并没有得到真正实行,但是它代表马来西亚、新加坡等东盟国家未来失业保险制度可供选择的一种方式。

老挝、柬埔寨与缅甸大部分劳动力从事农业,其市场经济发展还不够充分,而市场经济条件下失业现象的存在是失业保险制度产生并且得以发展的根本原因,所以,这些国家的失业保障制度更多的是创造就业机会,对失业者生活救助则可以内含于贫困救助制度之中,还不具备建立失业保险制度的条件。国家的社会保障制度覆盖面十分狭窄,仅仅针对于公务员这样的特定人群,而这些国家劳动人口在非正规部门就业的比率超过65%(他们把政府以及和政府有关的部门称为正规部门),可见这些国家仍面临着发展经济,逐步扩大社会保障覆盖面,在具备条件的基础上再建立失业保险制度的重任。

(作者工作单位均系广西民族大学　原载《东南亚纵横》2011年第6期)

中越在中国—东盟合作中的地位和作用

赵明龙

1991年中国与越南恢复关系正常化以来,特别是2010年中国—东盟自由贸易区如期建成以来,中越两国加强合作,成为中国与东盟合作的重要成员和伙伴,在基础设施互联互通、经贸、旅游、文化等方面发挥了重要的作用。本文试就中越在中国—东盟合作中的地位与作用及今后加强两国合作进行一些探讨。

一、中越在中国—东盟合作中的地位与作用

(一)中越充当中国与东盟区域的重要门户和桥梁

中国的广西、广东、海南、云南省区与越南(以下简称桂粤琼滇越)山连山、海连海,不仅是中国与东盟区域各国连接中国大陆的陆路、水路重要门户,也是太平洋国家、印度洋国家连接亚洲大陆的重要水路通道和门户,广西、云南两省区和越南还是中南半岛国家与泛亚铁路、欧亚大陆桥连接的重要陆路通道。

桂粤琼滇地处我国华南经济圈、西南经济圈与东盟经济圈的结合部,与东部、中部和西部三大地区相连,沿江、沿海、沿边,历史上是出海通边的重要门户与通道,也是中国海上丝绸之路始发港和西南陆路丝绸之路的重要驿站和通道,地理位置独特,交通优势明显。陆地:广西、云南现有铁路、公路与中南半岛国家连接;海上:广西北海、钦州、防城港,广东湛江、广州、深圳等港口,海南海口、洋浦、三亚等港,与越南沿海港口和东盟其他沿海国家海上通道连接;内河:云南有澜沧江—湄公河与东盟的缅甸、老挝、泰国、越南和柬埔寨相连,还有红河与越南连接;空中:广州、海口、南宁、桂林、昆明均有机场与东南亚国家主要城市连接。在中国—东盟区域合作中,桂粤琼滇具有不可替代的战略地位和作用。

越南位于中南半岛的东部,北与中国的广西、云南为邻,东北与广东、海南隔海相望,西与老挝、柬埔寨交界,东南临南中国海,西南濒暹罗湾,是中国通往东盟重要的陆路门户及最便捷的陆路通道，也是东盟国家从海路、陆路进入中国大陆必经之路，地理位置十分重要。同时，越南是连接中南半岛国家的重要枢纽，越南中部的“东西走廊”已建成通车，它东起东河，西至缅甸毛淡棉，横跨越南、老挝、泰国和缅甸4国，而A1号公路谅山—河内至胡志明市可连接柬埔寨首都金边，是南北走廊的重要通道，在泛亚铁路、中国与东盟陆路互联互通中将发挥重要作用。

（二）中越拥有中国—东盟区域的重要资源

中越两国是中国与东盟合作的资源富集区。从已探明、查明的自然资源来看，中越两国拥有丰富的矿产资源、水能资源、森林资源和旅游资源等，在中国与东盟区域中占有重要地位，具有极大的经济潜能和合作开发前景。

1. 水能资源。中国水能资源主要分布在西南地区，其装机容量23200万千瓦，年发电量13050亿千瓦小时，年发电量占全国的比重为67.8%。云南省水能理论蕴藏量10439万千瓦，可开发9000多万千瓦；广西水力资源技术可开发量1891.38万千瓦，年发电量811亿千瓦时，居全国第8位。越南有2600多条河流，全国水能资源蕴藏量为3000亿千瓦时，其中可开发的水能资源为820亿千瓦时。从水能资源分布来看，广西、云南两省区和越南水能资源在中国—东盟区域中具有重要的地位，有广阔的合作空间。

2. 矿产资源。中越两国矿产资源丰富，是东亚重要的矿产资源富集区，合作开发前景十分可观。仅从桂滇两省区来看，矿产资源丰富。广西是全国10个重点有色金属产区之一，已发现矿种145种（含亚矿种），占全国探明资源储量矿种的45.7%；探明储量的矿藏有97种，其中储量居全国前10位的64种；居全国第1的12种；居全国第2～6位的25种。广西铝土矿探明储量6.8亿吨，远景储量超10亿吨，且矿藏分布集中、矿石质量佳、易开采；锰矿保有储量2.28亿吨，占全国保有储量的39%；锡、锑、铟保有储量分别占全国的28%、33%和32%；铟产量占全世界产量的1/3。广西石灰岩、高岭土、滑石、膨润土等非金属矿储量均居全国前列。云南矿产资源居中国第6位，其最大特点是保有储量大，已发现矿产资源142种，有92种探明了储量，矿产地1274处，有54种矿产资源保有储量居中国前10位，25种居中国前3位，其中铅、锌、锡居全国首位，铜、镍、钴居第3位。全部有色金属矿产资源保有量占全国保有量的18%。越南矿产资源在东亚具有重要地位。目前已探明煤炭储量约38亿吨，其中优质无烟煤约34亿吨；石油储量为2.5亿吨，前景储量约5亿吨；天然气储量约3000亿立方米，前景储量约9100亿立方米，伴生气储量约1300亿立方米；铁矿储量13亿吨，前景储量约23亿吨；铬矿储量约2000万吨；钛矿储量约2000万吨；铝土矿储量45亿吨，前景储量60亿～70亿吨；锰矿储量约为1200万～1300万吨。总之，桂滇和越南矿产资源丰富，为中越、中国与东盟开展合作、共同繁荣发展提供了基础。

3. 森林资源。2010年，广西全区森林面积为1373万公顷，森林覆盖率超过58%，活立木总蓄积量突破6亿立方米，全区森林生态服务总价值超过8500亿元，居全国第4位。云南全省有林地面积1287.32万公顷，活立木总蓄积达17.12亿立方米，森林蓄积为15.54亿立方米，森林覆盖率为47.5%；海南省现有森林面积为204万公顷，森林覆盖率60.2%，活立木蓄积量增加到1.24亿立方米；广东省森林面积997.8万公顷，森林覆盖率达57%，活立木蓄积量达4.39亿立方米，林业产业总值达2450亿元，继续位居全国第1。越南森林树种资源丰富，全国森林面积为1310万公顷，2010年森林覆盖率为43%。天然林大部分集中在中部高原和东南部、南部沿岸及北部沿岸地区，尤以中部高原地区最为集中，昆嵩、嘉莱及多乐5个省共有天然林284万公顷。

4. 旅游资源。桂滇粤琼四省区和越南的旅游资源十分丰富，在中国—东盟区域中具有重要的地位和作用。广西现有1000多处旅游资源可供开发。其中，历史文化名城有3个，国家风景名胜区3个、自治区风景名胜区30个，国家森林公园31个，自治区自然保护区66处。自然景观主要有热带岩溶地貌峰林景观数百处，岩溶洞穴10万个。还有丰富的人文景观，其中国家重点文物保护单位41处、自治区级重点文物保护单位355处，国家非物质文化遗产名录36个，还有多姿多彩的民族风情。云南特殊的地理气候环境，众多的民族，悠久的历史以及灿烂的文化，造就了云南得天独厚的旅游资源。全省有25个少数民族绚丽多彩的民俗风情。有路南石林、大理、西双版纳、三江并流、昆明滇池、丽江玉龙雪山等国家重点风景名胜区，省级风景名胜区47处、国家级历史文化名城5座、省级历史名城4座、县级以上自然保护区100多个、国家级、省级森林公园22个。广东有历史文化名城15个、国家级文物保护单位45个、主题公园12个、公园11个、园林8个、特色地区5个、自然风光景区16个、特色建筑2个、宗教名胜28处。海南省滨海旅游资源和民族风情旅游资源丰富。自海口至三亚东岸线就有60多处可辟为海滨浴场。环岛沿海有不同类型滨海风光特色的景点——红树林、珊瑚礁等。海南岛有海拔1000米以上的山峰81座，有4个热带原始森林区。有五公祠、苏东坡居琼遗址等10多处名胜古迹等及琼岛民族风情和热带风光。越南旅游资源丰富，主要景点有越南河内升龙皇城、顺化皇城、会安古城、美山寺院4处世界文化遗产和下龙湾、丰芽—格邦国家公园2处世界自然遗产，还有芽庄海湾、头顿、胡志明市、大叻避暑胜地、涂山风景区、富国岛、岘港、金兰湾等，民族旅游资源也很丰富。

（三）中越是中国—东盟区域最大的市场

中国与东盟10国现有总人口19.43亿人，是世界上最大的市场。而中国与越南分别有137053万人和8826万人，两国总人口占中国与东盟总人口的75%。这是一个庞大的就业群体，也是一个庞大的生产群体，还是一个庞大的消费群体。中越不仅是中国与东盟的最大的人力资源市场、生产市场，而且也是中国与东盟最大的消费市场。从20年来的中国与东盟贸易来看，中越是中国—东盟最大的贸易伙伴。从1991～2007年，中国与东盟贸易额从84.08亿美元增长到2025.5亿美元，增长了23倍；2010年中国与东盟贸易额创历史新高，达2927.8亿美元，中国向东盟出口达1382亿美元，增长30.1%；中国从东盟进口1546亿美元，增长44.8%。其中，中越贸易达304亿美元，占中国—东盟贸易总额的10.38%。近年来，越南与东盟其他成员国的双边贸易关系不断发展，东盟成员国一直是越南最大的贸易伙伴。2005～2008年间，越南东盟双边贸易年均增长25.9%。东盟是越南第二大进口市场（排在中国之后）和第三大出口市场（排在美国和欧盟之后）。2005年越南东盟双边贸易额仅为149.1亿美元，2008年达297.7亿美元。受全球经济危机的影响，2009年越南与东盟双边贸易额仍达224.1亿美元。

桂越滇合作也是中国—东盟大市场中不可忽视的小区

域最紧密的市场。2010 年,广西与东盟双边贸易总额为 65.26 亿美元,比上年增长 32%,其中对东盟出口 45.88 亿美元;广西与越南进出口总额 51.28 亿美元,增长 28.7%,东盟连续 10 年保持广西第一大贸易伙伴地位。2010 年,云南省对东盟国家进出口总额 45.75 亿美元,与 2009 年同期同比增长 45.2%,占全省出口总量比重 34.23%。其中,2010 年云南省对东盟国家出口总额 28.99 亿美元,与 2009 年同期同比增长 38.1%,占全省出口总量比重 38%;云南从东盟国家进口 16.76 亿美元,同比增长 59.3%,占全省进口总量比重 29%。其中,滇越双边贸易额为 9.5 亿美元,同比增长 20.2%。2010 年,广东与越南双边贸易总额达 58.31 亿美元,同比增加 31.9%;2011 年上半年,双边贸易总额达 35.65 亿美元,同比增长 40%。2010 年到越南旅游的广东省游客达 10 万人次,增长 40.6%;到广东省旅游的越南游客达 18 万多人次,增长 31.7%。海南对越边贸在海南省与东盟的贸易中起着重要作用。近年,海南和越南边贸发展较快。2010 年,海南省与越南的边贸额为 1.4 亿美元,同比增长 50.5%。上述数据表明,中越经贸在中国—东盟合作中举足轻重。

(四)中越是中国与东盟区域合作的引擎

中越两国参与的中国—东盟区域合作主要有大湄公河次区域合作、中越"两廊一圈"合作和泛北部湾经济合作等,并在这 3 个中国—东盟次区域合作中充当着引擎作用。

1. 大湄公河次区域合作喜结硕果。桂滇和越南是大湄公河次区域合作主要成员之一,区域内人力资源和自然资源十分丰富,在中国与东盟区域合作中具有重要的地位。两国三方在基础设施、旅游、农业、电力等领域的合作取得了实质性进展,在一些领域充当了开路先锋。

2. 中越"两廊一圈"合作携手并进。桂粤琼滇和越南是"两廊一圈"的主要合作者,"两廊"的交通基础设施建设取得明显进展,南友高速公路、昆河高速公路、河内至北江高速公路相继开通,防城—东兴、钦州—崇左、崇左—靖西、百色—靖西—龙邦、靖西—那坡、河内—老街、河内—海防等高速公路相继开工,南宁至友谊关快速铁路也将在 2012 年开工。"两廊"的跨境合作区也有序地推进,中国凭祥—越南同登跨境经济合作区在物流园、口岸通关、凭祥综合保税区、弄怀(浦寨)贸易区、互联互通对接五大方面取得突破;中越共建东兴—芒街跨境经济合作区已达成共识,并积极开展前期工作;龙邦—茶岭跨境合作区、德天—板约、友谊关中越国际旅游合作区前期工作也在加紧进行,这些跨境合作将成为中国与东盟合作的先行先试先导,起到示范作用。"一圈"的合作也拉开了序幕,桂粤琼滇越港口合作初步取得突破,《中越北部湾渔业合作协定》、《关于北部湾油气合作的框架协议》、《中越海军北部湾联合巡逻协议》等相继签约并实施,对实现两国的持久和平有重要意义。

3. 泛北部湾经济合作扬帆起航。广西是泛北部湾经济合作的发起者和主要推动者,桂粤琼越是泛北部湾经济合作的支持者和响应者。泛北部湾经济合作开展 5 年来成效显著,已成为中国—东盟区域合作的新亮点。2011 年,泛北部湾经济合作取得了进展,由中国与文莱、柬埔寨、印尼、老挝、马来西亚、缅甸、菲律宾、新加坡、泰国、越南等东盟 10 国以及东盟秘书处、亚洲开发银行专家组成的泛北部湾经济合作联合专家组,历时近 3 年共同编制的《泛北部湾经济合作可行性研究报告》,已于 2011 年 8 月 12 日在第 10 次中国—东盟经贸部长会议讨论并通过,并将适时提交中国—东盟领导人会议讨论,有望纳入中国—东盟全面合作框架,上升为由各国政府层面共同推动的区域合作项目。2011 年 8 月,泛北部湾成员国智库发表《2011 泛北部湾智库峰会宣言》;泛北部湾国家签订了 18 个合作协议(其中金融合作协议 14 个;亚太旅游协会、广西、海南、越南、印尼等国家和地区旅游组织或企业签订 4 个旅游合作协议);形成一系列促进务实合作的重要共识;中越旅游合作突飞猛进,在巩固北海、海口—下龙湾海上跨国体验游的基础上,海岛游将逐步成为中越泛北旅游合作新的突破口。

二、加强中越在中国—东盟区域合作的建议

中越在中国—东盟区域合作中具有重要的战略地位和作用,在迈向中国—东盟睦邻互信伙伴关系的新时期,中越两国应进一步加强合作,以推进中国—东盟区域合作的发展。

(一)加强沟通,增强互信

1. 保持和加强两党两国高层领导人的互访与会晤。

2. 加强舆论导向,提高两国民众互信。两国媒体应积极致力于增强两国人民相互了解,深化两国人民的友好与合作关系,加强正面宣传,引导两国民众正确看待两国之间存在的分歧和争端,珍惜来之不易的和平环境和传统友谊,避免传播伤害两国人民感情、损害中越两国人民友好和互信的不良信息和言行,维护中越两国友好关系大局。

3. 加强官方和社会团体的交流。进一步加强中越两党交流合作,有效落实《中越两党合作计划(2011 ~ 2015 年)》。办好中越两党理论研讨会,扩大和深化党政干部培训合作,适时举行两党对外部门和宣传部门交流合作机制部长会晤。加强两国青年交流合作,特别是加强有规模的青年团体、大中学生的相互交流联谊活动,为改善两国关系、增进传统友谊注入新的活力。

4. 发挥民间外交作用。中越双方应加强民间交流,加强两国民族民间传统节庆活动、文学艺术、体育赛事及地方各种商贸、旅游节、文化节等交流活动。积极开展各种管道的论坛和研讨,增加交流次数,提高论坛质量,充分发挥两国民间外交作用。

5. 寻找解决两国关系中现存和新出现问题的新思路。面对中越关系发展的新形势、新问题,中越两国应积极开展磋商,成立专门工作组,建立对话机制,寻求解决思路,不让这些问题影响两国友好关系发展大局。

(二)加强合作,共同繁荣

中越两国都是东亚发展中国家,是中国与东盟区域合作的重要战略伙伴,两国都是社会主义国家,应在互利共赢的基础上,加强多领域的合作,并通过合作促发展、促和平。

1. 引导双边企业相互投资。目前,中国在越南投资项目累计总数为 749 个,合同总金额为 31.85 亿美元,在 92 个对越南投资的国家和地区中排第 14 位,仅占越南利用外资合同总额的 1.5% 左右,与中国企业实力不相称。今后中国应有计划地加大对越南的投资,积极引导有实力的企业将先进技术、设备和资金投入越南,重点在旅游、矿产、能源、电力、农业等领域开展合作,扩大中国对越投资项目规模,努力提高投资质量和信誉。同时,引导越南企业到中国投资。

2. 加强海上合作。海上合作是中越在中国—东盟区域合作中的重点,这是由中越"两廊一圈"中的"一圈"所决定,也是泛北部湾经济合作题中应有之义。笔者认为可按照"先易后难、先近后远”的原则,根据《中越北部湾划界协定》、《中越北部湾渔业合作协定》和中越9市共同签署的《北部湾旅游圈旅游合作宣言》,推进两国海上产业合作,并逐步形成南海资源共同开发基本格局。

3. 大力推进互联互通。中国国务院总理温家宝在第8届中国—东盟商务与投资峰会上指出:“实现东盟内部以及中国—东盟的互联互通,是深化经贸合作和人员往来的重要基础,将为缩小地区发展差距、提升地区竞争力、加快东亚一体化进程发挥重要作用。”中越在中国与东盟合作中,应把重点放在基础设施的互联互通,以实现商品、投资、物流、旅游、信息、人员往来便利化。当前,应积极推进中越“两廊一圈”交通、物流基础设施建设合作和中国南宁—河内—新加坡经济走廊建设。为了推进中越及中国与东盟互联互通,当务之急是:(1)把南新经济走廊纳入中国—东盟合作框架。抓紧与其他国家进行南新经济走廊的相关研究,科学评估该经济走廊建设给沿线国家和地区的经济、社会和环境带来的影响,提出经济走廊建设的可行性,并分别向各国政府报告,力争上升为中国—东盟次区域合作项目。(2)通过双边援助贷款、中国—东盟投资合作基金、商业信贷、国际金融组织贷款、民间的资本等多种方式,为越南及相关国家的公路、铁路、通讯、电力等基础设施建设提供金融支撑,推动通关便利和贸易投资自由化。(3)加强交通走廊沿线产业群、城镇群的布局和建设。配合交通走廊同步建成经济走廊,使之辐射到东盟各国、各个方面,造福于民。(4)进一步完善中越通关各种法规及手续,确保互联互通安全。(5)近期尽快推动越南北江至友谊关高速公路建设,使南宁—河内陆路交通走廊率先成为中越互联互通的国际大通道。

4. 加强文化教育合作。积极开展两国文化体育合作,加强两国非物质文化遗产的联合保护、传承与申报,深化各层次的文体合作。扩大两国留学生招生计划,增加越南硕士、博士研究生留学资助名额和资助力度,为越南培养大批高素质人才。同时希望越南也扩大对中国留学生名额,并提供力所能及的助学活动。

5. 加强学术交流与合作。进一步加强两国学界科研合作、学术交流、学者互访等活动,增进两国学者相互了解与合作。为繁荣中越两国哲学社会科学研究,建议设立“中越人文科学研究”专项基金,支持中越重大问题研究,鼓励中越学者合作承担课题,为两国增进友谊、扩大合作、共同发展建言献策。

6. 加强两国边境地区合作。中越边境地区主要居住壮族、侬族、岱族、泰族、苗族、瑶族、京族、彝族等少数民族,是维系中越友好关系的重要纽带。为改善中越边境地区边民生产生活条件,建议中越两国政府加强中越边境地区开发开放合作,在交通、口岸基础设施、旅游、边贸、蔗糖、水电、矿产、农业技术培训等领域开展合作,并扎实推进中越凭祥—同登跨境经济合作区、东兴—芒街跨境经济合作实验区、龙邦—茶岭跨境合作区、德天—板约、友谊关中越国际旅游合作区建设,实现兴边富民、睦邻富邻。

友谊与合作是中越两国关系的主流,中越两国应抓住机遇,携手推进中国与东盟区域合作,在合作中增强互信,在互信中谋发展,在发展中促繁荣,在共同繁荣中促进友谊与和平。

(作者单位系广西社会科学院　原载《东南亚纵横》2011年第11期)

论 文 摘 要

《广西面向中国—东盟自由贸易区物流人才培养分析》　王珍莲(广西财经学院)撰,载《市场论坛》2011年12期。指出随着中国—东盟自由贸易区建成,中国与东盟国家间的贸易额不断增长,为南宁及广西的物流业发展带来契机。文章从中国—东盟自由贸易区的贸易现状出发,对广西建设成为中国与东盟间物流中心的物流人才需求进行分析,对物流人才培养提出一些设想,包括应解决培养物流高端人才的师资问题,以及政府可通过经费投入、激励政策等措施促进各类高端人才参与物流企业和物流公共项目的建设。

《中国—东盟自由贸易区能源贸易制度的法律问题》　谭民(昆明理工大学)撰,载《昆明理工大学学报(社会科学版)》2011年第6期。指出中国—东盟自由贸易区能源贸易制度的主要内容由遵守WTO纪律、贸易自由化和非歧视等基本原则构成,虽然反映了国际贸易的发展趋势,但同时也存在进出口限制约束不足、国有贸易企业垄断专营、过境自由受到限制等法律问题。为此,应当采取消除进出口壁垒、限制垄断专营权、厘定过境自由内涵、单列并扩大开放能源服务部门等应对措施。

《基于产业内贸易理论视阈下的广西与东盟产业深化合作的研究》　官锡强(广西经济管理干部学院)撰,载《学术论坛》2011年第12期。指出随着经济的迅速增长,在差异化产品的供给市场和需求市场的双重推动下,中国与东盟间产业内贸易水平也将逐步提高。广西与东盟产业贸易的特点是进出口商品构成以低附加值产品为主、资源密集型及劳动密集型产业内贸易水平偏低、贸易国别较为集中等特点。双方既存在互补关系,又存在竞争关系,需要通过重点发展资本密集型技术密集型产业,实现产业结构优化升级;建立自主创新机制,提升产业发展质量;利用优势互补,加大广西与东盟的资源合作力度等措施来促进广西与东盟的全面经济合作以及中国—东盟自由贸易区的顺利推进。

《充分发挥昆曼大通道的作用,积极推进与东盟国家的经贸合作》　陈利君(云南省社会科学院)撰,载《中国发展》2011年11期。指出昆曼国际大通道是中国陆路连接东南亚国家的一条重要交通大动脉,也是目前中国云南在桥头堡建设背景下打通的连接东南亚国家的唯一高等级公路。该文论述了昆曼大通道在桥头堡建设中的重要意义,分析了昆曼大通道建设已取得的效益包括成为中国与东盟国家加强基础设施互联互通的典范、推动了中国与东盟国家间的贸易和交通便利化等。就面临的问题与机遇,提出了充分发展昆曼大通道作用的对策建议,包括推进物流平台建设、优化产业布局、深化合作,促进共同发展等。

《从柬泰边境冲突看东盟冲突管理的困境与出路》　朱陆民、董琳(湘潭大学)撰,载《东南亚纵横》2011年第12期。指出东盟自成立以来,在地区管理中逐步形成一套冲突管理机制。这一机制在维护地区和平与稳定中发挥重大作用。但是，柬泰冲突中东盟的无力表现则凸显东盟冲突管理机制的困境。文章提出提高东盟冲突管理能力的途径，包括成立正式的冲突解决机构、东盟应进一步加大对防务问题的关注、加大成员国军事力量的整合等。

《20 年来中国与东盟的经济合作》 陆建人（浙江树人大学）撰，载《创新》2011 年第 4 期。指出自 1991 年中国与东盟建立对话关系以来，双方的经济合作已开展 20 年，形成一整套机制，领域逐步扩大，取得显著成果，包括双方货物贸易大幅度增长、相互投资日益增多、服务贸易发展迅速、中国—东盟博览会成为区域经济合作的新平台等。合作中存在的问题主要有领域全面铺开，但深度不够；合作资金不足，合作模式单一；一些领域内的合作发展不均衡；双方热情不平衡等。展望未来，双方仍要精诚合作，共同推进经济合作的进一步深化。

《从欧洲一体化看东盟发展路径》 王领西（中国人民大学）撰，载《人民论坛》2011 年第 7 期，指出欧盟区域经济一体化的巨大成功为东盟提供参考，但由于历史和现实因素，比如内部领导权问题、无切实可行的区域一体化方案和目标、产业结构问题等，东盟发展困难重重。通过两大区域经济组织的对比分析，欧盟的成功运作可以为东盟自由贸易区的构建与发展提供如下可借鉴的经验：在相互信任和共同利益基础上，谋求各成员国间的合作；寻求利益均衡点，建立核心国，加强区域内的制度安排；缩小地区差距，促进产业内贸易发展。

《东盟 +3 地区金融合作——10 年的成果与今后的课题》 栗原毅（日本）撰，载《南洋资料译丛》2011 年第 4 期。文章回顾了 10 +3 财长会这 10 年的路程，包括有 10 +3 财长会的组织化，清迈倡议实现多边化，区域内经济监督框架的加强，促进亚洲债券市场发展倡议（ABMI）的进展等。今后地区金融合作的课题有地区危机预防功能研究、关于提高 AMRO 法律地位的研究、关于将来地区金融合作可能性等研究。最后，对东盟 +3地区金融合作进行中长期展望。认为考虑到亚洲地区目前的经济状况，今后 10 年在进行地区金融合作时不仅要关注迄今基于亚洲金融危机的经验应对国际收支危机的情况，而且有必要考虑到危机从区域外传播到区域内，以及一旦危机传播时区域内各国间影响加深等新的风险要素。今后在区域内出现某种危机的可能性或发生危机时，其规模并非仅靠区域内各国便可应对，而要与全球性机制合作加以对付。

《服务创新视角的中国—东盟旅游服务贸易研究》 廖万红（广西民族大学）撰，载《广西民族大学学报（哲学社会科学版）》2011 年第 5 期。指出中国—东盟旅游服务贸易迅速发展对区域内各国经济发展具有推动作用。但区域内旅游服务贸易在长期发展中存在发展不平衡、服务贸易壁垒、旅游服务缺乏创新等问题。为促进区域内旅游服务贸易的双赢发展，必须创新区域内合作的方式，削减旅游服务贸易壁垒、吸引外商投资、创新旅游产品和技术，构建中国—东盟旅游电子商务平台、推动可持续发展和创新旅游人才培养模式。

《贸易便利化对中国—东盟贸易影响的实证分析》 谢娟娟、岳静（南开大学）撰，载《世界经济研究》2011 年第 8 期。文章采用口岸效率、海关环境、国内规制环境以及电子商务应用4 个指标对贸易便利化进行测度，利用引力模型定量分析贸易便利化对中国与东盟贸易流量的影响，同时分析不同的关税税率对推进贸易便利化并影响贸易流量的不同作用。最后，针对实证研究结果对贸易便利化改革提出可行性建议，包括提高发展中国家在贸易便利化中的制度建设、加强贸易便利化具体指标的能力建设、积极推进区域贸易便利化的谈判进程等。

《中国—东盟经济关系 20 年：回顾与展望》 王勤（厦门大学），载《南洋问题研究》2011 年第 4 期。指出 2011 年是中国与东盟建立对话伙伴关系 20 周年。随着中国与东盟战略伙伴关系的确立和中国—东盟自由贸易区的全面建成，中国与东盟经济关系呈现出一系列新的格局变化，确立了中国与东盟经济合作框架和机制，双边经贸合作迅速扩大，经济合作领域不断扩展、区域经济一体化程度逐步提高。展望未来，中国与东盟经济关系发展将面临新的机遇和挑战。此外，中国与东盟经济合作仍面临着其他非经济因素等。这些现存的问题和潜在的因素，将会影响和制约未来中国与东盟经济关系的发展。

《中国—东盟建立对话关系 20 年回顾与展望》 吕玉敏（马来西亚）撰，载《东南亚纵横》2011 年第 11 期。指出从 1991 年开始，每 6 ~ 8 年中国与东盟的关系就会达到一个新的里程碑，1991 年，中国—东盟成为对话协商伙伴，2010 年，中国—东盟自由贸易区如期建成。获得的经济成果主要体现在金融、投资与贸易合作方面，政治方面虽然还存在一些边界、海域或领土的争端，但是中国与东盟都愿意通过和平对话，外交谈判来协商，以避免对抗性冲突。中国与东盟当前和未来面临的挑战来自经济、政治、社会以及环境等方面。文章对未来 10 年的展望是：尽管未来充满着很多挑战，但是未来区域对话前景将会是好的。

《中国—东盟区域经济一体化趋势下的税收竞争与中国的政策选择》 范祚军（广西大学）、侯晓（广西大学）撰，载《东南亚纵横》2011 年第 11 期。指出中国—东盟自由贸易区（CAFTA）的全面启动为 10 +1 组合带来大量实惠，但不可否认，关税减免承诺无法抵消在国家利益驱使下的中国与东盟各成员国之间的税收竞争。与东盟国家吸引外资针对性较强、多元化的税收优惠政策相比，中国税收优惠政策缺乏应有的优势，且结构上存在不合理性。面对愈演愈烈的税收竞争，在全面减税活动不可取的情况下，中国只有通过对现行税收优惠政策的优化调整来保持在国际税收竞争中的优势地位，才能在充分保证国家经济利益的同时又避免卷入有害税收竞争的漩涡。

《中国—东盟反恐合作策略探析——兼论“军事反恐”与“刑事反恐”的差异》 王君祥（河南科技大学）撰，载《东南亚研究》2011 年第 3 期。指出从本质上看，中国与东盟存在反恐合作的共同利益，双方应当选择正确的合作策略。中国与东盟应当坚持刑事治理的反恐合作模式，遵守联合国反恐国际刑事政策，制定反恐与打击其他跨国有组织犯罪并举的刑事政策。

《浅析东盟的“人的安全”理念》 王光厚（东北师范大学）撰，载《东南亚研究》2011 年第 4 期。指出“人的安全”是一种将人视作安全主体的全新安全理念。亚洲金融危机后,东盟开始接受“人的安全”的基本理念。东盟试图从广义上来理解“人的安全”并突出其“免于匮乏的自由”的一面,在国家安全与“人的安全”的关系方面东盟强调两者的互补性,在“与人权相关的干涉”等问题上则固守其传统的“东盟方式”。东盟之所以能够接受“人的安全”的基本理念,主要是因为冷战后地区安全环境的转变、地区已有“综合安全”观的积淀、非政府组织的推动等多种因素的共同作用。

《美国重返东南亚的中国因素与中国的战略应对》 罗会钧(中南大学)撰,载《东南亚研究》2011年第5期。指出控制东南亚是冷战后美国亚太战略重要步骤。美国加入《东南亚友好合作条约》并宣布重返东南亚,其主要战略意图是牵制中国。中国在东南亚影响的扩大使美国感到不安,东南亚国家意图借美国力量平衡中国影响力。美国重返东南亚对中国的消极影响大于其积极影响,中国政府必须采取相应的战略对策,包括加强与东南亚国家的关系,推进东亚经济区域合作,建立东亚安全共同体以及加强中美之间的交流、合作与对话,促进中美关系等。

《论东南亚地区秩序》 曹云华(暨南大学)撰,载《东南亚研究》2011年第5期。指出进入21世纪以来,东南亚地区秩序发生重大变化,东南亚的多极化格局已经形成。在这个格局中,中美日3个大国与东盟一起共同发挥作用,维护该地区的和平、稳定与繁荣。文章认为,维护该地区的和平、稳定与繁荣既是中美日3国的共同目标,也是它们的共同利益。东盟是该地区一支重要的、不可替代的力量,东盟的区域一体化取得许多令人瞩目的成就。中美日3国能否在该地区实现合作共赢,在很大程度上取决于东盟的影响和如何发挥作用。

《南海争议现状与区域外大国的介入》 李金明(厦门大学)撰,载《现代国际关系》2011年第7期。指出在南海争议中,中国对西沙群岛、南沙群岛拥有主权的证据确凿,而周边某些东南亚国家对南沙岛礁提出声索的依据是站不住脚的。南海争议源自1951年《旧金山和约》,是美英插手亚太事务留下的祸根。如今美仍未改变冷战思维,继续插手南海问题,只不过其借口已从“遏制共产主义扩张”转变成“维护南海航行自由”。在美国介入南海问题上,中国应坚持反对把南海问题国际化、多边化、扩大化的原则,同时,中国应继续奉行睦邻、友邻、富邻的政策,发展与东盟国家的良好关系。

《浅析东盟地区论坛的信任建立措施》 周士新(上海国际问题研究院)撰,载《东南亚南亚研究》2011年第3期。指出信任建立措施主要指相关国家为解决相互安全不确定因素而采取的冲突预防与解决的政策措施,防止彼此间发生冲突,具有重要的实证意义。东南亚国家为减弱固有的和严重的结构性安全困境,联合地区外部分国家,建立东盟地区论坛,采取诸多建立安全信任措施,促进和维护地区形势的安全与稳定。当前,东盟地区论坛已经成为促进亚太安全信任的重要沟通平台。但东盟地区论坛的安全信任建立措施目前仍存在较强的脆弱性,如东盟缺乏领导核心、力量过于分散,成员国之间过于强调主权独立与领土完整,导致论坛只能维持国家间性质而不能具有超国家功能,体现东盟“多样性团结”的特点。

《中国—东盟服务业产业内贸易现状及影响因素分析》 王娟、韦卓吕(广西大学)撰,载《广西大学学报(哲学社会科学版)》2011年第4期。指出中国—东盟服务业、服务贸易发展迅速,服务贸易已逐步由产业间向产业内贸易模式转变。目前中国、新加坡、马来西亚、泰国、印尼服务贸易的发展呈现产业内贸易的特点,菲律宾服务贸易在向产业内贸易过渡,东盟其他国家的服务贸易则还是产业间贸易类型。而对中国—东盟服务业产业内贸易影响最大的因素是服务业的规模和贸易壁垒的高低,其次是人均GDP和FDI,货物贸易对中国—东盟服务贸易的影响最小。因此,加快中国—东盟服务业产业内贸易的发展,各国要降低国内企业的垄断经营地位,加强服务业的基础设施建设,适度引导外资流向金融、保险、通信等资本和技术密集度较高行业。中国和东盟各国要根据自身服务业发展的特点,协调本国和区域内其他国家在服务业的竞争与合作的关系。

《中国—东盟区域产业内贸易分析及对策研究》 蓝庆新、郑云溪(对外经贸大学)撰,载《亚太经济》2011年第3期。指出产业内贸易是世界贸易发展的主要趋势。作为发展中国家最大的自贸区,中国—东盟区域产业内贸易发展必然带动成员国贸易结构调整,夯实经贸交流基础。目前,双边贸易仍以产业间贸易为主,产业内贸易水平发展较低;在产业内贸易发展过程中,垂直异质型贸易发展较快,且呈现上升趋势,需要进一步采取改善措施。对策包括:积极引进外商直接投资,促进双边投资,优化产业投资结构;加快水平型分工步伐,实现水平型分工和垂直型分工协调发展;加大企业制度创新和技术创新,实现产品的多样化和差异化。

《中国—东盟自由贸易区投资效应研究》 赵玉焕、王帅(北京理工大学)撰,载《北京理工大学学报(社会科学版)》2011年第4期。指出有关静态效应的研究利用1995~2006年的有关数据对投资效应做了定量检验和实证分析。有关动态效应的研究从规模经济效应、政策预期效应、经济增长效应以及技术扩散效应四方面进行分析。研究结果表明,在静态效应中,市场的开放与扩大会促进整个区域对外资的吸引力,而对双方相互投资的增加并不明显,双方在吸引区外投资方面也不存在竞争。在动态效应中,规模经济、政策预期、经济增长三方面的效应总体就CAFTA吸引外资而言是有利因素,但需要长时间才能显现,而技术扩散效应并不明显。

《中国对东盟各国的投资合作研究》 黄薇(中国社会科学院)、陈磊(北京邮电大学)撰,载《亚太经济》2011年第5期。指出中国经济走出去,有助于解决中国经济发展中遭遇的政治、经济以及金融问题,具有十分重要的现实意义。近5年来,中国对外投资开始快速发展,在分析对东盟投资的主要特征基础上,研究指出投资活动中面临的主要问题:整体投资力度偏弱、投资布局不均、投资层次偏低,融资渠道不畅,管理人才资源匮乏以及东道国政局不稳带来的政策风险等。对策建议:政策性金融扶植、政府引导与市场相结合、推动双边乃至多边投资合作协议和以标准促合作，推动低碳经济发展等。

《中国与东盟国家服务贸易互补性的研究》 陈秀莲（广西财经学院）撰，载《财贸经济》2011 年第 6 期。指出服务贸易互补性分为产业间贸易互补性与产业内贸易互补性，并依此测算贸易互补指数。运用该指数，对中国与东盟国家服务贸易的互补类型和互补水平进行实证分析，发现总体上，中国与东盟国家开展服务贸易有一定的互补性，并呈动态上升趋势。从国家来看，中国与东盟发达国家在技术密集型服务贸易上产业间互补度最高，在劳动密集型产业内互补度最高；与东盟新、老成员国互补度最高的都是技术密集型服务贸易，但涉及的服务部门不相同；从服务部门看，在保险、专有权与特许经营部门，中国与东盟国家的服务贸易以产业间互补为主；在运输、旅游、金融等部门服务贸易以产业内互补为主。

《中日韩与东盟自由贸易协定的比较——以货物贸易为例》 黄继炜（福建社会科学院）撰，载《亚太经济》2011 年第 4 期。指出比较 CAFTA 与 JAFTA、KAFTA，从内容上看，中国比日韩更有诚意，也更令各方满意；从成效上看，2000 年以来中国与东盟的贸易量比日韩与东盟增速快得多，占外贸的比例也得到提高。经典引力模型显示 CAFTA 对区内贸易比日韩—东盟自贸区具有更显著的扩大效应。中国与东盟货物贸易协议，比日韩的协议签署得早，内容更加扎实，效果更加显著，初步完成了推进中国—东盟自贸区建设的设想。最后，中国下一步与东盟合作的方向应调整亚洲经济一体化的方向。暂时放弃 10 +3 框架，专注于 10 +1，重点经营中国—东盟自由贸易区。另一方面，创新中日韩 3 国合作机制，不断加强 3 国之间的交流和理解，在适当时机吸收日韩加入中国—东盟自由贸易区，曲线实现 10 +3 的东亚一体化目标。

《CAFTA 发展背景下中国前沿省区与东盟开展国际分工的探讨》 李欣广（广西大学）撰，载《广西大学学报（哲学社会科学版）》2011 年第 2 期。指出中国—东盟自由贸易区建设进程推动了东盟国家与中国面临东盟的前沿省区（广东、广西、云南、海南）的国际分工。前沿 4 省（自治区）总体上分属四个层次的经济发展阶段，其经济互补性有利于区域合作形成梯度转移和交叉互补的模式；而前沿省区与东盟各自都在资源条件与产业状态上有互补性。前沿 4 省区都有与东盟开展分工合作的较好条件。针对东盟国家的发展需求和前沿省区产业现状、可预期在许多领域内，通过资源禀赋差异、生产规模与技术差异及地缘关系，推进双方分工合作。

《从中国—东南亚关系的发展看中国睦邻友好政策的演进》 马嫚（上海国际问题研究院）撰，载《太平洋学报》2011 年第 10 期。指出中国始终把和周边国家睦邻友好作为重点，在中国政府和领导人持续不懈的努力下，中国和周边国家的关系发展达到了历史最好水平，并创造了中华人民共和国成立以来最好的周边环境。本文以中国—东南亚关系的发展为例，阐述中国睦邻友好政策的演进，从和平共处五项原则到新安全观再到“与邻为善、以邻为伴”。在和平共处五项原则的基础上，“和谐地区”把“搁置争议、共同开发”和新安全观“与邻为善、以邻为伴”等新观念和新思想构成一个整体，是对新中国成立以来睦邻友好政策的集中概括和提炼升华，也是对邻国的庄严承诺，受到包括东南亚在内的周边国家的欢迎。展望未来，“和谐地区”展示了更加美好的前景，激励着中国与周边国家携手共进。

《东盟政治安全共同体建设与中美因素》 张雪（广西东南亚经济与政治研究中心）撰，载《和平与发展》2011 年第 2 期。指出东盟政治安全共同体建设以 2009 年东盟首脑会议通过《东盟政治安全共同体蓝图》为标志，开始有了明确的发展目标和具体规定。东南亚地区要真正实现这一构想，还面临许多问题和障碍。从其内部看，有成员国的多样性与差异性及内部矛盾、对安全理念及共同威胁上的认知差异、武装力量难以协调合作、决策机制上弊端等因素；外部因素有：美国根据其战略需要不断调整其在东南亚的政策，中国和平发展战略对东南亚各国的影响也越来越大。未来东盟政治安全共同体的发展不可能是军事同盟，只能是以经济、社会文化和环境及非传统安全为重点的合作，其过程是先易后难、循序渐进、逐步建立的一个多层次安全架构。

《后危机时代中国与东盟的外贸发展趋势及贸易政策选择》 张建中（广西财经学院）撰，载《国际贸易问题》2011 年第 5 期。本文从双边货物贸易量、贸易差额、外贸依存度、双边货物贸易商品结构和产业内贸易对危机前后中国与东盟的外贸发展现状进行对比分析，深入探讨后危机时代中国与东盟外贸的发展趋势，即区域整体产业链分工将进一步细化，电子产品产业内贸易将加速发展，加工贸易生产基地将转向东盟发展，服务贸易将成为中国—东盟区域经济合作新的经济增长点。在后危机时代，中国对东盟贸易政策的选择：实施适度宽松的对外贸易政策、均衡实施出口导向战略和进口替代战略，以稳定外需转变外贸发展方式，建立 CAFTA 为融通的贸易综合管理体系。

《完善中国—东盟自由贸易区（CAFTA）范围内跨境贸易人民币结算探析》 李剑文（中共云南省委党校）撰，载《经济问题探索》2011 年第 3 期。指出随着 CAFTA 的建成和进一步发展，需要稳定的、可信赖的结算币种。人民币长期以来在广大边境地区使用的现实和在美国次贷危机引发的经济危机中的稳定表现，赢得各国的信任，凸显了使用人民币在 CAFTA 范围内进行结算的意义和可行性。但同时也面临着诸多挑战，需要从保持经济持续发展、人民币汇率稳定、健全金融监管机制、完善金融服务、加强与周边国家的沟通合作等多方面加以完善。

《中国与东南亚国家关系的全面改善及其动因》 李文、陈雅慧（中国社会科学院）撰，载《和平与发展》2011 年第 2 期。指出 20 世纪 90 年代以来，中国与所有东南亚国家巩固、恢复和建立了外交关系，政治互信不断增强，经贸往来日渐频繁。中国改革的成功、综合国力的提升和对外战略的调整，是中国与东南亚国家关系出现历史性转折的主要原因。未来，影响中国与东南亚国家关系发展的不利因素依然存在，但双方的关系朝着更加稳定和谐方向发展的大趋势不会改变，因为发展相互关系是双方根本利益之所在。可以预见，未来中国与东南亚国家的关系将朝着更加稳定与和谐的方向发展。

《马六甲海峡海盗活动的趋势与特征——一项统计分析》 薛力(中国社科院)撰,载《国际政治研究》2011 年第 2 期。指出海盗活动被认为是影响马六甲航运安全的一大因素。1998 年马六甲海盗活动快速增加的主要原因是 1997 年的东南亚金融危机,而 2004 年以后减少的主要原因是针对马六甲海盗活动建立起一整套应对机制。马六甲海盗作案的目的主要是为了钱财而非出于政治目的。现有的反海盗措施是有效的,马六甲海盗活动已得到有效控制,海盗活动反弹的可能性不大。在沿岸国领海以外水域中发生的案件,各国都有权进行管制。中国船只受袭击的情况不常见,但在马六甲海峡与新加坡海峡的安全管理上中国应加大参与力度。

《东盟—海合会经贸合作关系:现状、基础及特点》 钮松(上海外国语大学)撰,载《南洋问题研究》2011 年第 1 期。指出东盟与海合会之间从早期的零散经济接触发展到深入的以“粮食换石油”为核心内容框架、多类商品贸易为基础的经贸合作领域;在此过程之中,东盟和海合会内部分别建立自由贸易区和共同市场,并且建立东盟—海合会自由贸易区开始成为双方的共识,新加坡—海合会自由贸易区的建立以及随之而来马来西亚的诉求可以视作渐进式推进东盟与海合会关系发展的具体步骤。东盟与海合会之间的制度建设也取得重大进展,双方部长级会议已经成型,互派大使也将实现。所有这些对于进一步保障东盟和海合会的安全利益有着切实的积极意义。东盟—海合会自由贸易区未来的建立将会成为全球诸多自由贸易区之间相互连接的重要一环。

重要研究成果题录

中国—东盟自由贸易区

“中国和东盟在大湄公河次区域的合作”,周士新撰,载《东南亚纵横》2011 年第 1 期。

“区域贸易协定与中国出口二元扩张:以中国—东盟自由贸易区为例的分析”,李世兰撰,载《东南亚纵横》2011 年第 1 期。

“中国—东盟自由贸易区产业内贸易结构优化分析”,江帆、郑学党撰,载《东南亚纵横》2011 年第 2 期。

“2010 年中国—东盟自贸区:进展与前景”,姜志达撰,载《国际问题研究》2011 年第 2 期。

“中国—东盟自由贸易区建设与江苏省—东盟经济合作研究”,孙健、马为民撰,载《东南亚纵横》2011 年第 3 期。

“‘泛珠三角’区域合作在中国—东盟自由贸易区中的作用”,于志强撰,载《东南亚纵横》2011 年第 6 期。

“政府主导型展会发展路径初探——以中国—东盟博览会为例”,陶程撰,载《东南亚纵横》2011 年第 7 期。

“中国—东盟自由贸易区复合型创业人才的集结式培养模型探索”,范伟撰,载《东南亚纵横》2011 年第 8 期。

“中国—东盟自由贸易区背景下中国与越南高等教育合作对策研究”,李太生撰,载《东南亚纵横》2011 年第 10 期。

“充分发挥中国—东盟博览会服务中国—东盟自由贸易区发展的战略平台作用”,路红艳撰,载《东南亚纵横》2011 年第 10 期。

“CAFTA 框架下广西边境贸易发展存在的问题与对策”,梁妍妍撰,载《东南亚纵横》2011 年第 10 期。

“中国—东盟自由贸易区建成对云南省烟草业发展的影响”,赖石成、钟伟撰,载《东南亚纵横》2011 年第 10 期。

中国与东盟合作

“广西参与中国—东盟无障碍旅游区建设策略与方案探讨”,朱环撰,载《东南亚纵横》2011 年第 1 期。

“全球化背景下的中越双边贸易”,林明华撰,载《东南亚纵横》2011 年第 1 期。

“中国企业投资越南之法律环境 OT 分析——以《越南投资法》与《中国—东盟全面经济合作框架协议投资协议》为视角”,杨阳撰,载《东南亚纵横》2011 年第 1 期。

“中越边境区‘两国共市贸易区’合作模式探析——以中国东兴市为例”,刘朝霞、方冬莉撰,载《东南亚纵横》2011 年第 1 期。

“中越边境地区动物疫情传入风险分析及防控对策”,季英撰,载《东南亚纵横》2011 年第 1 期。

“昆明市构建连接东南亚南亚的国际旅游集散中心研究”,庞英姿撰,载《东南亚南亚研究》2011 年第 1 期。

“东盟中国 10 + 1 关系的全方位发展——纪念中国—东盟建立对话伙伴关系 20 周年”,马嫂撰,载《东南亚纵横》2011 年第 2 期。

“厦门市与东盟国家的经贸合作:新机遇与对策”,何军明撰,载《东南亚纵横》2011 年第 2 期。

“从文化视角看大湄公河次区域合作——评《大湄公河次区域五国文化发展的体制机制研究》”,郭平撰,载《东南亚南亚研究》2011 年第 2 期。

“大湄公河水资源安全:多层治理及中国的政策选择”,郭延军撰,载《外交评论》2011 年第 2 期。

“国际海洋形势背景下的中国海洋安全战略——一种框架性的研究”,载《国际观察》2011 年第 3 期。

“基于产业视角下的云南省与 GMS 五国贸易动因研究”,姚鹏、卢正惠撰,载《东南亚纵横》2011 年第 3 期。

“昆明市建设面向东南亚和南亚地区国际化中心城市的优势与机遇”,陆亚琴撰,载《东南亚纵横》2011 年第 3 期。

“试论中国对东南亚的公共外交”,夏玉清、罗致含撰,载《东南亚纵横》2011 年第 4 期。

“云南省与缅甸贸易竞争性与互补性分析”,熊彬、严海霞撰,载《东南亚纵横》2011 年第 4 期。

“东南亚台商协会的建立及其功能分析”,刘文正撰,载《东南亚纵横》2011 年第 4 期。

“中国与东盟贸易互补性与竞争性分析:2002 ~ 2009 年”,庞卫东撰,载《东南亚纵横》2011 年第 5 期。

“中国—东盟会计协调与欧盟会计协调比较研究”,马婷婷、陈红撰,载《东南亚纵横》2011 年第 5 期。

“中越跨境经济合作区建设的实践与展望”,佘伯明撰,载《东南亚纵横》2011 年第 5 期。

“中国—东盟现代物流业发展人才支撑体系研究”,玉文娟、岑丽阳撰,载《东南亚纵横》2011 年第 6 期。

“泛北部湾经济开发背景下的广西高校人才培养模式改革的思考”,田辉鹏、王立民、蒋海娟撰,载《东南亚纵横》2011

年第 6 期。

“中国与东盟各国间的贸易与 FDI 关系实证研究”，赖石成、钟伟撰，载《东南亚纵横》2011 年第 7 期。

“中国—印度尼西亚油气资源合作研究”，闻武刚撰，载《东南亚纵横》2011 年第 7 期。

“零关税政策下的广西与东盟资源型产业的贸易现状分析与构想”，罗香妹撰，载《东南亚纵横》2011 年第 7 期。

“广东省与越南的经贸合作：现状、机遇、挑战与展望”，黄云静撰，载《东南亚纵横》2011 年第 7 期。

“化解东盟国家对中国崛起疑虑的探讨”，韩发展、王学玉撰，载《东南亚纵横》2011 年第 8 期。

“广西崇左市面向东盟开放与合作研究”，农立夫撰，载《东南亚纵横》2011 年第 8 期。

“面向东盟的广西中小企业电子商务攻略”，梁海跃撰，载《东南亚纵横》2011 年第 8 期。

“10 +3 框架下的人民币区域化推进策略”，范祚军、黄立群撰，载《东南亚纵横》2011 年第 9 期。

“经济外交与中国—东盟区域合作：内涵、实践与效用”，张励撰，载《东南亚纵横》2011 年第 9 期。

“泰中贸易的现状、问题及前景分析——泰国的视角”，黄金贞、卢光盛撰，载《东南亚纵横》2011 年第 9 期。

“从文化角度分析促进中国企业在泰国投资的可持续发展策略”，李仁良撰，载《东南亚纵横》2011 年第 10 期。

“云南省与越南矿产资源开发合作机制研究”，曾军、彭政、严鑫撰，载《东南亚纵横》2011 年第 10 期。

“建立互信，深化合作，进一步发展中国—东盟关系——中国—东盟智库战略对话论坛 · 2011 会议综述”，《东南亚纵横》编辑部撰，载《东南亚纵横》2011 年第 11 期。

“中国—东盟建立对话关系 20 周年与中老关系”，（老挝）坎派（Khamphay Rasmy）撰，载《东南亚纵横》2011 年第 11 期。

“中国—东盟建立对话关系 20 年回顾与展望”，（马来西亚）吕玉敏撰，载《东南亚纵横》2011 年第 11 期。

“巧用中国—东盟自由贸易区原产地规则 扩大中国与东盟的投资合作”，高歌撰，载《东南亚纵横》2011 年第11 期。

“中国第十二个五年计划对东盟经济的影响”，（泰国）郑树成撰，载《东南亚纵横》2011 年第 11 期。

“越南—中国跨境经济合作区”，（越南）阮辉贵撰，载《东南亚纵横》2011 年第 11 期。

“中国与越南经济贸易合作分析”，农立夫撰，载《东南亚纵横》2011 年第 11 期。

“广西经济现状和优势以及广西企业向东盟发展的策略”，金柏松撰，载《东南亚纵横》2011 年第 11 期。

“柬埔寨经济特点与中柬合作的机遇”，高怡松撰，载《东南亚纵横》2011 年第 11 期。

“中国对外援助在柬埔寨”，薛力、肖欢容撰，载《东南亚纵横》2011 年第 12 期。

“浅析中国与东盟刑事司法合作的发展趋势”，蔡霞撰，载《东南亚纵横》2011 年第 12 期。

“中国—东盟争端解决机制之探析”，蒋德翠撰，载《东南亚纵横》2011 年第 12 期。

“云南省与越南进行矿产资源开发的合作优势研究”，曾军、张瑶、侯森森撰，载《东南亚纵横》2011 年第 12 期。

“基于分形理论的东南亚旅华客流空间结构演变研究”，王坤撰，载《东南亚纵横》2011 年第 12 期。

东亚区域合作

“美国因素介入南海争端的用意及影响”，马为民撰，载《东南亚纵横》2011 年第 1 期。

“安全预期、经济收益与东亚安全秩序”，刘丰撰，载《当代亚太》2011 年第 3 期。

“东亚国家加工贸易转型升级的时机把握对中国的新启示”，胡丽华撰，载《东南亚纵横》2011 年第 4 期。

“东亚货币金融合作的深化：从‘清迈倡议’到‘清迈倡议多边化’”，陈凌岚、沈红芳撰，载《东南亚纵横》2011 年第 5 期。

“东亚地区秩序的演变及其展望”，檀跃宇撰，载《东南亚纵横》2011 年第 8 期。

“论国际环境非政府组织（NGO）在大湄公河次区域经济合作（GMS）生物多样性保护中的作用”，刘昌明、段艳文撰，载《东南亚纵横》2011 年第 9 期。

东南亚地区形势回顾与展望

《越南国情报告》，吕余生主编，社会科学文献出版社，2011 年 9 月。

“东南亚形势 2010 ~ 2011 年回顾与展望——专家访谈录”，《东南亚纵横》编辑部撰，载《东南亚纵横》2011 年第 1 期。

“2010 年东南亚政治经济发展概述”，王士录撰，载《东南亚南亚研究》2011 年第 1 期。

“老挝：2010 年回顾与 2011 年展望”，陈定辉撰，载《东南亚纵横》2011 年第 2 期。

“老挝革新开放以来取得的成就及发展前景”，（老挝）坎鲁翁撰，载《东南亚南亚研究》2011 年第 3 期。

“柬埔寨：2010 年回顾与 2011 年展望”，梁薇撰，载《东南亚纵横》2011 年第 2 期。

“建设互联互通东盟　凸显大国平衡外交——东盟 2010 年内外合作分析”，陈文撰，载《东南亚纵横》2011 年第 2 期。

“2010 ~ 2011 年中国—东盟货物贸易数量分析与预测”，李红、方冬莉撰，载《东南亚纵横》2011 年第 3 期。

“文莱：2010 ~ 2011 年回顾与展望”，马静、马金案撰，载《东南亚纵横》2011 年第 3 期。

“印度尼西亚：2010 ~ 2011 年回顾与展望”，杨晓强、韦忠福林撰，载《东南亚纵横》2011 年第 3 期。

“马来西亚：2010 ~ 2011 年回顾与展望”，韦朝晖撰，载《东南亚纵横》2011 年第 3 期。

“菲律宾：2010 ~ 2011 年回顾与展望”，黄耀东、赵树劭撰，载《东南亚纵横》2011 年第 3 期。

“新加坡：2010 ~ 2011 年回顾与展望”，罗梅撰，载《东南亚纵横》2011 年第 3 期。

“泰国：2010 ~ 2011 年回顾与展望”，陈红升撰，载《东南亚纵横》2011 年第 3 期。

“越南：2010 ~ 2011 年回顾与展望”，农立夫撰，载《东南亚纵横》2011 年第 4 期。

“缅甸：2010 ~ 2011 年回顾与展望”，李晨阳撰，载《东南亚纵横》2011 年第 4 期。

东南亚政治、外交

“缅甸新政府面临的挑战与机遇”，肖建明撰，载《东南亚南亚研究》2011 年第 2 期。

“越南共产党第十一次全国代表大会开启越南革新开放新时期”，赵磊撰，载《东南亚纵横》2011 年第 2 期。

“老挝全方位外交政策与老中关系”，方芸撰，载《东南亚南亚研究》2011 年第 2 期。

“老挝公务员制度探析”，陈玲撰，载《东南亚纵横》2011 年第 5 期。

“越南刑事侦查阶段的辩护制度及其启示”，伍光红撰，载《东南亚纵横》2011 年第 5 期。

“缅甸大选及新政府成立对未来政局及中缅关系的影响”，宋清润撰，载《东南亚纵横》2011 年第 7 期。

“马来西亚政府的改革与启示”，耿长娟撰，载《东南亚纵横》2011 年第 8 期。

“马来西亚华人与马来人共生态势初探”，郑一省、叶英撰，载《东南亚南亚研究》2011 年第 2 期。

“越共‘十一大’：坚持社会主义与发展对华关系”，于向东撰，载《东南亚纵横》2011 年第 9 期。

“冷战后老挝外交政策的特点及走向”，黄勇撰，载《东南亚纵横》2011 年第 4 期。

“东盟第二轨道外交智库——东盟战略与国际问题研究所的缘起、成就与挑战”，沈鑫、冯清云撰，载《东南亚纵横》2011 年第 5 期。

“越南到 2020 年文化外交战略”，李碧华译，载《东南亚纵横》2011 年第 8 期。

“东盟安全机制的有效性与局限性”，卢军撰，载《东南亚纵横》2011 年第 9 期。

“印度尼西亚海上安全政策及其实践”，鞠海龙撰，载《世界经济与政治论坛》2011 年第 6 期。

“马来西亚海洋安全政策分析”，龚晓辉撰，载《世界经济与政治论坛》2011 年第 6 期。

“文莱海洋安全政策与实践”，鞠海龙撰，载《世界经济与政治论坛》2011 年第 6 期。

“泰国海洋安全战略分析”，虞群、王维撰，载《世界经济与政治论坛》2011 年第 6 期。

“近年来东南亚政治发展的若干特点——曹云华教授访谈录”，王国平、胡潇文撰，载《东南亚南亚研究》2011 年第 4 期。

“东盟：区域化‘国际社会’的理论与实践——英国学派的视角”，张云撰，载《东南亚纵横》2011 年第 11 期。

东南亚经济

“缅甸外资法律政策研究”，蒋红彬、漆思剑撰，载《东南亚纵横》2011 年第 1 期。

“国外证券投资对越南资本市场影响研究”，滕莉莉、（越南）颜氏燕玲撰，载《东南亚纵横》2011 年第 1 期。

“跨国公司在东南亚国家投资集聚的内在机理研究”，林丽钦撰，载《东南亚南亚研究》2011 年第 1 期。

“浅析东盟五国的对外贸易与产业结构演进”，姜文辉、郑慕强撰，载《东南亚纵横》2011 年第 2 期。

“新加坡生物医药产业竞争力：基于‘钻石模型’的分析”，黄晓茜撰，载《东南亚纵横》2011 年第 2 期。

“越南在促进东亚合作方面的努力及对其的评析”，于向东撰，载《东南亚南亚研究》2011 年第 2 期。

“后危机时代越南金融改革的路径选择”，王莺凤撰，载《东南亚纵横》2011 年第 4 期。

“越南注册会计师行业发展进程及启示”，佘晓燕、郭婧嘉撰，载《东南亚纵横》2011 年第 4 期。

“印度尼西亚汽车工业的发展、政策及前景”，吴崇伯撰，载《东南亚南亚研究》2011 年第 3 期。

“浅析印度尼西亚互联网的发展”，陈扬撰，载《东南亚纵横》2011 年第 4 期。

“新加坡国际国内商事仲裁制度比较研究”，石现明撰，载《东南亚纵横》2011 年第 4 期。

“新加坡对建筑工程质量的管理”，陆彦、陈亮撰，载《东南亚纵横》2011 年第 5 期。

“印度尼西亚工业化进程及其政策演变”，林梅撰，载《东南亚纵横》2011 年第 6 期。

“跨国公司与泰国汽车产业集群的关系研究”，林丽钦撰，载《东南亚纵横》2011 年第 6 期。

“越南互联网发展状况分析”，黄健红、祁广谋撰，载《东南亚纵横》2011 年第 6 期。

“缅甸能源政策目标及其评价”，王登科、陈丙先撰，载《东南亚纵横》2011 年第 7 期。

“泰国水稻生产的发展”，陈才建、何政撰，载《东南亚纵横》2011 年第 7 期。

“旅游业中的奇葩：泰国医疗旅游的经验与启示”，邓文志、闻武刚撰，载《东南亚纵横》2011 年第 9 期。

“泰国财政分权改革探析”，秦强撰，载《东南亚纵横》2011 年第 9 期。

“柬埔寨合伙企业法律制度研究”，黄滢撰，载《东南亚纵横》2011 年第 9 期。

“危中求变：析后金融危机时期越南经济的转型”，蒋玉山撰，载《东南亚纵横》2011 年第 10 期。

“新加坡外籍员工政策的变化及影响”，廖小健撰，载《东南亚纵横》2011 年第 10 期。

“东南亚国家文化资源产业开发探讨”，朱锦程撰，载《东南亚纵横》2011 年第 10 期。

“越南进口贸易与经济增长的互动效应研究：1990 ~ 2010 年”，郑国富撰，载《东南亚纵横》2011 年第 11 期。

“苏西洛执政以来印尼 FDI 流入结构变化及其原因分析”，吴婷撰，载《东南亚纵横》2011 年第 11 期。

“东盟工业合作的动力：政府、私营企业、跨国公司与市场”，林兴龙、何军明撰，载《东南亚纵横》2011 年第 11 期。

“越南私营企业发展的制度因素”，吕亚军撰，载《东南亚纵横》2011 年第 12 期。

“GMS 经济合作机制下的柬埔寨矿业投资环境分析”，邓明翔、刘春学撰，载《东南亚纵横》2011 年第 12 期。

东南亚社会、文化

“新加坡公共住房和人口控制政策”，崔晶、Jon S. T. Quah 撰，载《东南亚纵横》2011 年第 1 期。

"泰国北部美斯乐村华人的生活及经济状况调查分析"，游辉彩、许邱良撰，载《东南亚纵横》2011 年第 1 期。

"新形势下新加坡《联合早报》媒介战略初探"，房芳撰，载《东南亚纵横》2011 年第 1 期。

"浅析《三国演义》在泰国广泛传播的原因"，杨丽周、邓云川撰，载《东南亚纵横》2011 年第 1 期。

"悲剧的人生：越南当代著名军旅作家黎榴的长篇小说《遥远的时代》"，余富兆撰，载《东南亚纵横》2011 年第 2 期。

"越南的社会现代化：现状、问题及发展趋势"，齐欢撰，载《东南亚南亚研究》2011 年第 3 期。

"试析缅甸新商业精英阶层的崛起"，祝湘辉撰，载《东南亚纵横》2011 年第 5 期。

"新加坡法定机构的运营模式及启示"，崔晶撰，载《东南亚纵横》2011 年第 6 期。

"新加坡少年司法制度刍议"，张鸿巍撰，载《东南亚纵横》2011 年第 6 期。

"新加坡儿童文学教育元素与人才培养"，梁卿、黄选明、黄晔明撰，载《东南亚纵横》2011 年第 6 期。

"汉语成语在越南传播的变异研究"，黄敏撰，载《东南亚纵横》2011 年第 7 期。

"菲律宾的非政府组织"，杨超撰，载《东南亚纵横》2011 年第 7 期。

"越南农村地区环境问题：现状及解决措施"，（越南）刘德海著，张成霞、刘羽译，载《东南亚纵横》2011 年第 7 期。

"越南社会保险制度研究"，谢和均、李雅琳撰，载《东南亚纵横》2011 年第 8 期。

"老挝万象市西勐娘娘庙文化特征探析"，谢英撰，载《东南亚纵横》2011 年第 8 期。

"柬埔寨民间故事的分类及特点"，莫源源、黄瑜撰，载《东南亚纵横》2011 年第 8 期。

"跨国佛教组织在新加坡的发展——以新加坡佛光会为例"，张文学撰，载《东南亚纵横》2011 年第 8 期。

"新加坡反腐倡廉的经验及启示"，刘子平撰，载《东南亚纵横》2011 年第 10 期。

"越南广义文化的新发展"，杨然撰，载《东南亚纵横》2011 年第 12 期。

"菲律宾高等教育国际化述评"，柯莉群撰，载《东南亚纵横》2011 年第 9 期。

"试论新加坡政府投资高等教育的特点"，曹惠容撰，载《东南亚纵横》2011 年第 9 期。

"21 世纪初越南教育政策的特点与趋势"，尚紫薇撰，载《东南亚纵横》2011 年第 10 期。

"柬埔寨高等教育发展历程及面临的问题"，张成霞、刘羽撰，载《东南亚纵横》2011 年第 12 期。

北部湾开放开发研究

《广西北部湾经济区开放开发报告》，广西北部湾经济区规划管理领导小组办公室、广西社会科学院、广西北部湾研究院编，社会科学文献出版社，2011 年 5 月。

《泛北部湾合作发展报告》，吕余生主编，社会科学文献出版社，2011 年 8 月。

"广西北部湾经济区建设背景下工商管理专业人才需求特征及对策建议"，唐玉生、武明德撰，载《东南亚纵横》2011 年第 4 期。

"基于广西北部湾经济区战略视角的'飞地经济'构建研究——兼论广西钦州市'飞地经济'发展优势"，王景敏撰，载《东南亚纵横》2011 年第 4 期。

"广西北部湾经济区金融业与产业联动的环境建设分析"，施慧洪撰，载《东南亚纵横》2011 年第 5 期。

"论广西北部湾经济区港口产业集群模块化"，韦晓菡、周新柠撰，载《东南亚纵横》2011 年第 5 期。

"广西北部湾经济区主要产业投资计划及企业资金紧张的对策分析"，施慧洪撰，载《东南亚纵横》2011 年第 6 期。

"广西北部湾经济区主要产业园区的产业投资分析与金融提升"，施慧洪撰，载《东南亚纵横》2011 年第 7 期。

"广西北部湾经济区外向型高层次人才培养策略"，伍梅撰，载《东南亚纵横》2011 年第 7 期。

"论广西北部湾经济区的文化传播"，黄瑛撰，载《东南亚纵横》2011 年第 7 期。

"构建面向东盟的广西北部湾经济区企业文化建设保障体系"，林加全、梁芷铭、官秀成撰，载《东南亚纵横》2011 年第 8 期。

"广西北部湾开放开发的历史发展"，吴小玲撰，载《东南亚纵横》2011 年第 8 期。

华侨华人研究

"印度尼西亚华人及其资本发展现状"，原晶晶、杨晓强撰，载《东南亚纵横》2011 年第 6 期。

"1997 年东南亚金融危机以来新加坡华人企业集团变化发展分析"，黄兴华撰，载《东南亚纵横》2011 年第 7 期。

"东盟国家华文教育研究述评"，李佳、王晋军撰，载《东南亚纵横》2011 年第 8 期。

"新加坡华文旧体诗的作者构成、写作特点及其影响"，赵颖撰，载《东南亚纵横》2011 年第 9 期。

"试析新加坡的中国新移民社团"，黄玲毅、刘文正撰，载《东南亚纵横》2011 年第 11 期。

"战后菲律宾华文教育研究综述"，林羽、姜兴山撰，载《东南亚纵横》2011 年第 12 期。

东南亚历史文化研究

"外来族群影响下的东南亚妇女的经济角色：历史的探源"，阳阳撰，载《东南亚纵横》2011 年第 2 期。

"辛亥革命与越南"，范宏贵撰，载《东南亚南亚研究》2011 年第 3 期。

"从明朝北京城和阮朝顺化城看中越建筑文化交流"，杨春雨撰，载《东南亚纵横》2011 年第 6 期。

"辛亥革命与东南亚：密切关系与巨大影响"，梁志明撰，载《东南亚南亚研究》2011 年第 4 期。

"浅析唐代安南诗人与中原士人的交往"，刘俊涛撰，载《东南亚纵横》2011 年第 10 期。

"亚洲槟榔文化圈探析"，廖建夏撰，载《东南亚纵横》2011 年第 3 期。

投资贸易指南

中华人民共和国在中国—东盟自贸区《服务贸易协议》中的具体承诺减让表

服务提供方式:(1)跨境交付　(2)境外消费　(3)商业存在　(4)自然人移动

部门或分部门	市场准入限制	国民待遇限制	附加承诺
一、水平承诺			
本减让表中包括的所有部门	(3)在中国,外商投资企业包括外资企业(也称为外商独资企业)和合资企业,合资企业有两种类型:股权式合资企业和契约式合资企业 股权式合资企业中的外资比例不得少于该合资企业注册资本的25% 由于关于外国企业分支机构的法律和法规正在制定中,因此对于外国企业在中国设立分支机构不作承诺,除非在具体分部门中另有标明 允许在中国设立外国企业的代表处,但代表处不得从事任何营利性活动,在CPC 861、862、863、865下部门具体承诺中的代表处除外 (a)对于在中华人民共和国领土内已设立代表处、分公司或子公司的—成员的公司的经理、高级管理人员和专家等高级雇员,作为公司内部的调任人员临时调动,应允许其入境首期停留3年 (b)对于被在中华人民共和国领土内的外商投资企业雇佣从事商业活动的WTO成员的公司的经理、高级管理人员和专家等高级雇员,应按有关合同条款规定给予其长期居留许可,或首期居留3年,以时间短者为准 (c)服务销售人员——即不在中华人民共和国领土内常驻、不从在中国境内的来源获得报酬、从事与代表一服务提供者有关的活动、以就销售该提供者的服务进行谈判的人员,如:(a)此类销售不向公众直接进行,且(b)该销售人员不从事该项服务的供应,则该销售人员的入境期限为90天 (d)合同服务提供者——为履行雇主从中国获取的服务合同,进入中国境内提供临时性服务的外国自然人。其雇主为在中国境内无商业存在的其他成员的公司/合伙人/企业。合同服务提供者在外期间报酬由雇主支付。合同服务提供者应具备与所提供服务相关的学历和技术(职业)资格。停留时间以合同期限为准,但最长不超过一年。在中国停留期间不得从事与合同无关的服务活动。合同服务提供者提供的服务仅限于以下部门:①会计服务;②医疗和牙医服务;③建筑设计服务;④工程服务;⑤城市规划服务(城市总体规划服务除外);⑥计算机及其相关服务;⑦建筑及相关工程服务;⑧教育服务:合同服务提供者应具有学士或以上	(3)对于给予视听服务、空运服务和医疗服务部门中的国内服务提供者的所有现有补贴不作承诺 对于中国入世后制定的给予任何新部门的和分部门中的国内服务提供者的所有补贴不作承诺 (4)除与市场准入栏中所指类别的自然人入境和临时居留有关的措施外,不作承诺	

续表

服务提供方式:(1)跨境交付　(2)境外消费　(3)商业存在　(4)自然人移动

部门或分部门	市场准入限制	国民待遇限制	附加承诺
	学位;有相应的专业职称或证书,且具有两年专业工作经验;与其雇主签订合同的中方合同主体应为具有教育服务职能的法人机构;⑨旅游服务 (e)其他类别 机器设备配套维修和安装人员:为机器或工业设备提供配套安装或维修服务的技术人员。服务的提供需建立在机器或设备所有者向制造者支付费用或签有合同的基础上。合同双方均为法人。此类自然人入境停留时间以合同规定期限为准,但最长不得超过3个月。在中国停留期间不得从事与合同无关的服务活动。此类自然人应具备相应的技术(职业)资格		
二、具体承诺			
B. 计算机及其相关服务(服务条款中要求计算机及相关服务作为提供手段的经济活动除外) a. 与计算机硬件安装有关的咨询服务(CPC 841)	(1)没有限制 (2)没有限制 (3)没有限制 (4)除水平承诺中内容外,不作承诺	(1)没有限制 (2)没有限制 (3)没有限制 (4)资格如下:注册工程师,或具有学士(或以上)学位并在该领域有3年工作经验的人员	
b. 软件实施服务(CPC 842) c. 数据处理服务(CPC 843) —输入准备服务 (CPC 8431)	(1)没有限制 (2)没有限制 (3)允许设立外资独资公司 (4)除水平承诺中内容外,不作承诺	(1)没有限制 (2)没有限制 (3)没有限制 (4)资格如下:注册工程师,或具有学士(或以上)学位并在该领域有3年工作经验的人员	
—数据处理和制表服务(CPC 8432) —分时服务(CPC 8433)	(1)没有限制 (2)没有限制 (3)没有限制 (4)除水平承诺中内容外,不作承诺	(1)没有限制 (2)没有限制 (3)没有限制 (4)资格如下:注册工程师,或具有学士(或以上)学位并在该领域有3年工作经验的人员	
D. 房地产服务 a. 涉及自有或租赁资产的房地产服务(CPC 821)	(1)没有限制 (2)没有限制 (3)允许设立外资独资公司 (4)除水平承诺中内容外,不作承诺	(1)没有限制 (2)没有限制 (3)没有限制 (4)除水平承诺中内容外,不作承诺	
b. 以收费或合同为基础的房地产服务(CPC 822)	(1)没有限制 (2)没有限制 (3)允许设立外资独资公司 (4)除水平承诺中内容外,不作承诺	(1)没有限制 (2)没有限制 (3)没有限制 (4)除水平承诺中内容外,不作承诺	
F. 其他商业服务 (b)市场调研服务(CPC 86401,仅限于设计用来获取一组织产品在市场上前景和表现的信息的调查服务)	(1)不作承诺 (2)不作承诺 (3)仅限于合资企业形式,允许外资拥有多数股权,需进行经济需求测试 (4)除水平承诺中内容外,不作承诺。需有商业存在的要求	(1)不作承诺 (2)不作承诺 (3)不作承诺 (4)除水平承诺中内容外,不作承诺	

续表

服务提供方式:(1)跨境交付 (2)境外消费 (3)商业存在 (4)自然人移动

部门或分部门	市场准入限制	国民待遇限制	附加承诺
c. 管理咨询服务(CPC 865)	(1)没有限制 (2)没有限制 (3)允许设立外资独资子公司 (4)除水平承诺中内容外,不作承诺	(1)没有限制 (2)没有限制 (3)没有限制 (4)除水平承诺中内容外,不作承诺	
(d)与管理咨询相关的服务(仅限下列分部门) —除建筑外的项目管理服务(CPC 86601)	(1)没有限制 (2)没有限制 (3)仅限于合资企业形式,允许外资拥有多数股权,需进行经济需求测试 (4)除水平承诺中内容外,不作承诺	(1)不作承诺 (2)不作承诺 (3)不作承诺 (4)除水平承诺中内容外,不作承诺	
(k)人员安置和提供服务(CPC 872,CPC 87209 除外)	(1)不作承诺 (2)不作承诺 (3)仅限于合资企业形式,允许外资拥有多数股权,需进行经济需求测试 (4)除水平承诺中内容外,不作承诺	(1)不作承诺 (2)不作承诺 (3)不作承诺 (4)除水平承诺中内容外,不作承诺	
(o)建筑物清洁服务(CPC 874)	(1)不作承诺 (2)没有限制 (3)允许设立外资独资公司 (4)除水平承诺中内容外,不作承诺	(1)不作承诺 (2)没有限制 (3)没有限制 (4)除水平承诺中内容外,不作承诺	
(p)摄影服务(CPC 875)	(1)没有限制 (2)没有限制 (3)仅限于合资企业形式,允许外资拥有多数股权 (4)除水平承诺中内容外,不作承诺	(1)没有限制 (2)没有限制 (3)没有限制 (4)除水平承诺中内容外,不作承诺	
(r)在费用或合同基础上的印刷与装订服务(仅限包装装潢印刷)	(1)不作承诺 (2)不作承诺 (3)允许设立外资独资公司,需进行经济需求测试 (4)除水平承诺中内容外,不作承诺	(1)不作承诺 (2)不作承诺 (3)不作承诺 (4)除水平承诺中内容外,不作承诺	
(t)笔译和口译服务(CPC 87905)	(1)没有限制 (2)没有限制 (3)允许设立外资独资公司 (4)除水平承诺中内容外,不作承诺	(1)没有限制 (2)没有限制 (3)没有限制 (4)资格如下:3 年笔译或口译工作经验,熟练掌握工作语言(一种或多种)	
3. 建筑及相关工程服务(CPC 511,512,5131,514,515,516,517,5182)	(1)不作承诺 (2)没有限制 (3)合资企业,允许外资拥有多数股权 允许设立外商独资企业 外商独资企业只能承揽下列 4 种类型的建筑项目:①全部由外国投资和/或赠款资助的建设项目。②由国际金融机构资助并通过根据贷款条款进行的国际招标授予的建设项目。③外资等于或超过 50% 的中外联合建设项目;及外资少于 50%、但因技术困难而不能由中国建筑企业独立实施的中外联合建设项目。④由中国投资、但中国建筑企业难以独立实施的建设项目,经省政府批准,可由中外建筑企业联合承揽 (4)除水平承诺中内容外,不作承诺	(1)不作承诺 (2)没有限制 (3)没有限制 (4)除水平承诺中内容外,不作承诺	

续表

服务提供方式:(1)跨境交付 (2)境外消费 (3)商业存在 (4)自然人移动

部门或分部门	市场准入限制	国民待遇限制	附加承诺
6. 环境服务(不包括环境质量监测和污染源检查) A. 排污服务(CPC 9401) B. 固体废物处理服务(CPC 9402) C. 废气清理服务(CPC 9404) D. 降低噪音服务(CPC 9405) E. 自然和风景保护服务(CPC 9406) F. 其他环境保护服务(CPC 9409) G. 卫生服务(CPC 9403)	(1)除环境咨询服务外,不作承诺 (2)没有限制 (3)合资企业,允许外资拥有多数股权 允许设立外商独资企业 (4)除水平承诺中内容外,不作承诺	(1)没有限制 (2)没有限制 (3)没有限制 (4)除水平承诺中内容外,不作承诺	
10. 娱乐文化体育服务(视听服务除外) D. 体育和其他娱乐服务(仅限 CPC 96411,96412,96413)	(1)不作承诺	(1)不作承诺	
11. 运输服务 C. 航空运输服务 d. 航空器的维修服务(CPC 8868)	(1)不作承诺 (2)没有限制 (3)允许外国服务提供者在中国设立合资航空器维修企业。中方应在合资企业中控股或处于支配地位 (4)除水平承诺中内容外,不作承诺	(1)不作承诺 (2)没有限制 (3)中外合资、合作航空器维修企业有承揽国际市场业务的义务 (4)除水平承诺中内容外,不作承诺	
—计算机订座系统(CRS)服务	(1)①外国计算机订座系统,如与中国空运企业和中国计算机订座系统订立协议,则可通过与中国计算机订座系统连接,向中国空运企业和中国航空代理人提供服务。②外国计算机订座系统可向根据双边航空协定有权从事经营的外国空运企业在中国通航城市设立的代表处或营业所提供服务。③中国空运企业和外国空运企业的代理直接进入和使用外国计算机订座系统须经中国民航总局批准 (2)没有限制 (3)允许外国服务提供者在华与中国的 CRS 服务提供者成立合资企业。中方应在合资企业中控股或处于支配地位。设立合资企业的营业许可需进行经营需求测试 (4)除水平承诺中内容外,不作承诺	(1)没有限制 (2)没有限制 (3)不作承诺 (4)除水平承诺中内容外,不作承诺	
F. 公路运输服务 —铁路货运(CPC 7112) —公路卡车和汽车货运(CPC 7123)	(1)没有限制 (2)没有限制 (3)对于公路运输,允许设立外资独资子公司 (4)除水平承诺中内容外,不作承诺	(1)没有限制 (2)没有限制 (3)没有限制 (4)除水平承诺中内容外,不作承诺	
—机动车的保养和修理服务(CPC 61120)	(1)没有限制 (2)没有限制 (3)允许设立外资独资子公司 (4)除水平承诺中内容外,不作承诺	(1)没有限制 (2)没有限制 (3)没有限制 (4)除水平承诺中内容外,不作承诺	

续表

服务提供方式:(1)跨境交付 (2)境外消费 (3)商业存在 (4)自然人移动

部门或分部门	市场准入限制	国民待遇限制	附加承诺
—城市间定期旅客运输(CPC 71213)	(1)不作承诺 (2)不作承诺 (3)仅限于合资企业形式,外资股比不超过49%,需进行经济需求测试 (4)除水平承诺中内容外,不作承诺	(1)不作承诺 (2)不作承诺 (3)没有限制 (4)除水平承诺中内容外,不作承诺	
H. 所有运输方式的辅助服务 —仓储服务(CPC 742)	(1)不作承诺 (2)没有限制 (3)允许设立外资独资子公司 (4)除水平承诺中内容外,不作承诺	(1)不作承诺 (2)没有限制 (3)没有限制 (4)除水平承诺中内容外,不作承诺	
—货物运输代理服务(CPC 748,749,不包括货检服务)	(1)没有限制 (2)没有限制 (3)允许有至少连续3年经验的外国货运代理在中国设立合资货运代理企业。允许外资独资子公司设立合资企业的经营期限不得超过20年 在中国经营1年以后,合资企业可设立分支机构 外国货运代理在其第一家合资企业经营2年后,可设立第二家合资企业 (4)除水平承诺中内容外,不作承诺	(1)没有限制 (2)没有限制 (3)没有限制 (4)除水平承诺中内容外,不作承诺	

文莱在中国—东盟自贸区《服务贸易协议》中的具体承诺减让表

服务提供方式:(1)跨境交付 (2)境外消费 (3)商业存在 (4)自然人移动

部门或分部门	市场准入限制	国民待遇限制	附加承诺
一、水平承诺			
本减让表中包括的所有部门	(3)对已经或者希望以商业存在形式建立的公司中与外资所占股比或收益有关的措施不作承诺 (4)除公司经理、高级管理人员、专家等级别的内部人员调任外,对技术人员的短期流动不作承诺。经理、高级管理人员和专家是指在文莱设有分公司、子公司或附属机构的公司的雇员,在申请赴文莱工作前已经在该公司工作至少1年,并属于以下人员中的一类: (a)经理。在机构中负责指导公司、公司某个部门或分支机构的运作,监督和掌控其他监管、专业技术或管理人员的工作,拥有雇用、解雇或建议雇用、解雇人员及其他人事权利(如升职或离职),并对公司日常的商业运营负责。经理不包括在一线工作的监管人员,除非其负责监管的公司雇员是专业技术人员。经理也不包括对公司的工作提供必要服务的人员 (b)高级管理人员。在机构内主要负责公司的管理工作,并拥有很大的决策权,只接受更高级别的主管人员、董事会或企业股权持有者的一般性监督和指导。高级管理人员不直接从事公司的服务业务或与提供服务有关的实际工作 (c)专家。在机构中拥有高水平的专业知识,深度了解公司的服务、研究设备、技术或管理。(专家包括但不仅限于获得许可的专业人员) 属于公司内部人员调任性质的,首次入境期限为3年,此后可延期2年,即总期限不能超过5年	(3)除已经以商业存在形式建立的公司外,不作承诺:(a)上市公司董事会的半数成员,以及私人公司的半数经理人员必须是文莱公民或居民;(b)所有在文莱国外设立的公司在文莱建立分支机构后,必须指定一家或多家本地代理商,承揽公司的某项或多项服务 (4)除市场准入栏中与自然人有关的措施外,不作承诺	
二、具体部门的承诺			
9. 旅游和与旅游相关的服务			

续表

服务提供方式:(1)跨境交付 (2)境外消费 (3)商业存在 (4)自然人移动

部门或分部门	市场准入限制	国民待遇限制	附加承诺
A. 饭店和餐饮服务(包括外卖服务) 旅馆住宿服务(CPC 64110)	(1)不作承诺 (2)不作承诺 (3)外国投资者必须设立合资企业,合资企业中当地资本所占股比之和不低于30% (4)除水平承诺中的内容外,不作承诺	(1)不作承诺 (2)不作承诺 (3)不作承诺 (4)除水平承诺中的内容外,不作承诺	
11. 交通服务			
A. 海洋运输服务			
(a)旅客运输(CPC 7211)	(1)没有限制 (2)没有限制 (3)不作承诺 (4)除水平承诺中的内容外,没有限制	(1)没有限制 (2)没有限制 (3)不作承诺 (4)除水平承诺中的内容外,没有限制	
(b)货物运输(CPC 7212)	(1)没有限制 (2)没有限制 (3)不作承诺 (4)除水平承诺中的内容外,没有限制	(1)没有限制 (2)没有限制 (3)不作承诺 (4)除水平承诺中的内容外,没有限制	
C. 航空运输服务			
(d)航空器的维护和修理服务(CPC 8868)	(1)没有限制 (2)没有限制 (3)不作承诺 (4)除水平承诺中的内容外,没有限制	(1)没有限制 (2)没有限制 (3)不作承诺 (4)除水平承诺中的内容外,没有限制	

柬埔寨在中国—东盟自贸区《服务贸易协议》中的具体承诺减让表

服务提供方式:(1)跨境交付 (2)境外消费 (3)商业存在 (4)自然人移动

部门或分部门	市场准入限制	国民待遇限制	附加承诺
二、水平承诺			
补贴		(3)(4)对补贴不作承诺,包括与研究和开发有关的补贴	
税收措施		(1)(2)(3)关于税收没有限制	
土地		(3)非柬埔寨籍自然人和法人可以租赁但不能拥有土地	
既得权利	对于设立或审批现有外国服务提供者从事经营或提供服务的许可或其他形式中所列所有权、管理、经营、法律形式和活动范围的条件,将不会使之比柬埔寨加入WTO之日时更具限制性		
投资激励	(3)根据《投资法》规定,寻求激励的投资者有义务为柬埔寨人员提供充分和持续的培训,包括提升至高级职位的机会	(3)没有限制	

续表

服务提供方式:(1)跨境交付 (2)境外消费 (3)商业存在 (4)自然人移动

部门或分部门	市场准入限制	国民待遇限制	附加承诺
自然人移动	(4)除与属下列类别的自然人的入境和临时居留有关的措施外,不作承诺 商务旅行者 具备下列条件的自然人:(a)进入柬埔寨的目的是参加商务会议,签署关于服务销售的商业合同或进行谈判以及其他类似活动;(b)在柬埔寨居留但不从柬埔寨境内获得报酬;(c)未向普通公众直接销售或提供服务 商务旅行者的入境签证有效期为90天,初始居留期限为30天并可延期 负责建立商业存在的人员 从下文定义的实体中获得报酬的高级管理人员或经理,负责为某一成员的服务提供者在柬埔寨通过商业存在形式设立企业,并雇用下列a、b、c类人员。该类人员不受最高居留期限限制 公司内部人员流动 被其他缔约方的法人雇用不少于1年并临时进入其在柬埔寨设立的分支机构、子公司或关联公司提供服务的下列自然人:(a)高级管理人员。不需要进行劳动市场测试,在一个组织内部主要负责指导该组织的管理的人员,在决策中行使较广泛的权利,并只接受上级管理人员、董事会和股东的监督和管理。高级管理人员通常不直接执行与服务的实际提供有关的任务。(b)经理。不需遵守劳动力市场测试,一个法人实体所雇用的自然人,具有某一法人实体的产品、服务、研究、设备、技术或管理等相关的高水平的专业知识或所有权,主要负责领导一个组织或组织中的一个部门;监督和控制其他监管人员、专业技术人员以及管理人员的工作;有雇用或解雇权、建议雇用或解雇权或其他人事权力。不包括一线监管人员,除非被监管雇员为专业人员;也不包括主要执行与服务提供有关的必要职责的雇员。(c)专家。自然人,在一个组织内拥有高水平的专业知识并对该组织的服务、研究、设备、技术或管理拥有特定专业知识的自然人 公司内部人员流动类别下定义的自然人需要提供临时居留和工作许可。许可的年限为2年并可每年进行延期,最高累计年限为5年	(4)除与市场准入栏中所指类别的自然人入境和临时居留有关的措施外,不作承诺	
二、部门具体承诺			
Ⅰ.商业服务			
1.专业服务			
(a)法律服务(CPC 861)	(1)没有限制 (2)没有限制 (3)应与柬埔寨律师事务所进行商业合作,不能直接代表客户出庭 (4)除水平承诺中内容外,不作承诺	(1)没有限制 (2)没有限制 (3)没有限制 (4)除水平承诺中内容外,不作承诺	
服务提供者已获得律师资格的国家的法律咨询(包括母国法律、第三国法律和国际法)	(1)没有限制 (2)没有限制 (3)没有限制 (4)除水平承诺中内容外,不作承诺	(1)没有限制 (2)没有限制 (3)没有限制 (4)除水平承诺中内容外,不作承诺	

续表

服务提供方式:(1)跨境交付 (2)境外消费 (3)商业存在 (4)自然人移动

部门或分部门	市场准入限制	国民待遇限制	附加承诺
(b)会计、审计和簿记(CPC 86211,86212,86220)	(1)没有限制,但提供审计服务必须在柬埔寨设有商业存在 (2)没有限制 (3)没有限制 (4)除水平承诺中内容外,不作承诺	(1)没有限制 (2)没有限制 (3)没有限制 (4)除水平承诺中内容外,不作承诺	
(c)税收服务(CPC 8630)	(1)没有限制 (2)没有限制 (3)没有限制 (4)除水平承诺中内容外,不作承诺	(1)没有限制 (2)没有限制 (3)没有限制 (4)除水平承诺中内容外,不作承诺	
(d)建筑设计服务(咨询、规划或设计服务)(CPC 8671)	(1)没有限制	(1)没有限制	
(e)工程服务(CPC 8672) (f)集中工程服务(CPC 8673) (g)城市规划和园林建筑服务(CPC 8674)	(1)没有限制 (2)没有限制 (3)没有限制 (4)除水平承诺中内容外,不作承诺	(1)没有限制 (2)没有限制 (3)没有限制 (4)除水平承诺中内容外,不作承诺	
(h)专业医疗服务(CPC 93122) 牙医服务(CPC 93123) 上述服务仅限于牙齿矫正服务,口腔外科服务和其他专业牙医服务	(1)不作承诺 (2)没有限制 (3)允许通过与柬埔寨法人建立合资企业提供服务 (4)除水平承诺中内容外,不作承诺	(1)不作承诺 (2)没有限制 (3)没有限制 (4)除水平承诺中内容外,不作承诺	
2. 计算机及相关服务			
(a)与计算机硬件安装有关的咨询服务(CPC 841) (b)软件实施服务(CPC 842) (c)数据处理服务(CPC 843) (d)数据库(CPC 844) (e)其他(CPC 845 +849)	(1)没有限制 (2)没有限制 (3)没有限制 (4)除水平承诺中内容外,不作承诺	(1)没有限制 (2)没有限制 (3)没有限制 (4)除水平承诺中内容外,不作承诺	
5. 无操作人员的租赁服务			
(d)录像设备的租赁服务(CPC 83109)	(1)没有限制 (2)没有限制 (3)没有限制 (4)除水平承诺中内容外,不作承诺	(1)没有限制 (2)没有限制 (3)没有限制 (4)除水平承诺中内容外,不作承诺	
6. 其他商业服务			
(a)广告服务(CPC 871)	(1)(2)(3)2008 年 12 月 31 日前不作承诺 (4)除水平承诺中内容外,不作承诺	(1)(2)(3)2008 年 12 月 31 日前不作承诺 (4)除水平承诺中内容外,不作承诺	柬埔寨最迟不晚于 2009 年 1 月 1 日起履行承诺
(b)市场调研服务(CPC 86401) (c)管理咨询服务(CPC 865) (d)与管理咨询相关的服务(CPC 866) (e)技术测试与分析服务(CPC 8676)	(1)没有限制 (2)没有限制 (3)没有限制 (4)除水平承诺中内容外,不作承诺	(1)没有限制 (2)没有限制 (3)没有限制 (4)除水平承诺中内容外,不作承诺	

续表

服务提供方式:(1)跨境交付　(2)境外消费　(3)商业存在　(4)自然人移动

部门或分部门	市场准入限制	国民待遇限制	附加承诺
(h)与采矿有关的服务(CPC 883)	(1)没有限制	(1)没有限制	
(k)人员供应与定岗服务(CPC 872) (m)相关的科学和技术咨询服务(CPC 8675) (q)包装服务(CPC 876)	(1)没有限制 (2)没有限制 (3)没有限制 (4)除水平承诺中内容外,不作承诺	(1)没有限制 (2)没有限制 (3)没有限制 (4)除水平承诺中内容外,不作承诺	
Ⅱ. 通讯服务			
2. 快递服务			
快递服务(CPC 7512)	(1)没有限制 (2)没有限制 (3)没有限制 (4)除水平承诺中内容外,不作承诺	(1)没有限制 (2)没有限制 (3)没有限制 (4)除水平承诺中内容外,不作承诺	
3. 电信服务			
(a)语音电话服务(CPC 7521) (b)集束切换数据传输服务(CPC 7523) (c)线路切换数据传输服务(CPC 7523) (d)电传服务(CPC 7523) (e)电报服务(CPC 7522) (f)传真服务(CPC 7521 +7529) (g)私有线路租赁服务(CPC 7522 +7523)	(1)只能通过租赁柬埔寨电信的线路提供服务。不迟于2009年1月1日起:没有限制 (2)没有限制 (3)由柬埔寨电信独家服务。不晚于2009年1月1日起:没有限制,但本地股权不得低于49% (4)除水平承诺中内容外,不作承诺	(1)只能通过租赁柬埔寨电信的线路提供服务。不迟于2009年1月1日起:没有限制 (2)没有限制 (3)由柬埔寨电信独家服务。不晚于2009年1月1日起:没有限制 (4)除水平承诺中内容外,不作承诺	柬埔寨履行所附参考文件中规定的义务
(h)电子邮件(CPC 7523) (i)语音邮件(CPC 7523) (j)在线信息和数据检索(CPC 7523) (k)电子数据交换服务(CPC 7523) (l)增值传真服务,包括储存和发送、储存和检索(7523) (m)编码和规程转换服务 (n)在线信息和/或数据处理(包括交易处理)(CPC 843)	(1)没有限制 (2)没有限制 (3)没有限制 (4)除水平承诺中内容外,不作承诺	(1)没有限制 (2)没有限制 (3)没有限制 (4)除水平承诺中内容外,不作承诺	
(o)其他服务: —移动电话服务	(1)没有限制 (2)没有限制 (3)没有限制 (4)除水平承诺中内容外,不作承诺	(1)没有限制 (2)没有限制 (3)没有限制 (4)除水平承诺中内容外,不作承诺	柬埔寨承诺允许获得授权的移动通讯服务提供者在上述服务的提供过程中选择所使用的技术

续表

服务提供方式:(1)跨境交付 (2)境外消费 (3)商业存在 (4)自然人移动

部门或分部门	市场准入限制	国民待遇限制	附加承诺
Ⅲ. 建筑及相关工程服务			
1. 建筑物的总体建筑工作(CPC 512) 2. 民用工程的总体建筑工作(CPC 513) 3. 安装和组装工作(CPC 514;CPC 516) 4. 建筑物的装修工作(CPC 517) 5. 其他(CPC 511,515,518)	(1)不作承诺 (2)没有限制 (3)没有限制 (4)除水平承诺中内容外,不作承诺	(1)不作承诺 (2)没有限制 (3)没有限制 (4)除水平承诺中内容外,不作承诺	
Ⅳ. 分销服务			
1. 佣金代理服务(CPC 621)	(1)(2)(3)2008 年 12 月 31 日前不作承诺,此后,没有限制 (4)除水平承诺中内容外,不作承诺	(1)没有限制 (2)没有限制 (3)没有限制 (4)除水平承诺中内容外,不作承诺	柬埔寨将在不迟于 2009 年 1 月 1 日履行承诺
2. 批发贸易服务	(1)没有限制	(1)没有限制	
3. 零售服务	(1)没有限制	(1)没有限制	
5. 特许经营(CPC 8929)	(1)(2)(3)2008 年 12 月 31 日前不作承诺,此后,没有限制	(1)没有限制	柬埔寨将从不晚于 2009 年 1 月 1 日起执行承诺
6. 其他 —机动车燃料零售服务(CPC 613)	(1)没有限制 (2)没有限制 (3)没有限制 (4)除水平承诺中内容外,不作承诺	(1)没有限制 (2)没有限制 (3)没有限制 (4)除水平承诺中内容外,不作承诺	
Ⅴ. 教育服务			
3. 高等教育(CPC 923) 4. 成人教育(CPC 924) 5. 其他教育服务(CPC 929)	(1)没有限制 (2)没有限制 (3)没有限制 (4)除水平承诺中内容外,不作承诺	(1)没有限制 (2)没有限制 (3)没有限制 (4)除水平承诺中内容外,不作承诺	柬埔寨将根据教育和专业服务市场的需要,努力建立与国际惯例相适应的独立的国家认证程序
Ⅵ. 环境服务			
1. 排污服务(CPC 9401) 2. 固体废物处理服务(CPC 9402) 3. 卫生及类似服务(CPC 9403) 4. 其他服务 —废气净化服务(CPC 9404) —噪音消除服务(CPC 9405) —自然和风景保护服务(CPC 9406) —未另归类的其他环境保护服务(CPC 9409)	(1)没有限制 (2)没有限制 (3)没有限制 (4)除水平承诺中内容外,不作承诺	(1)没有限制 (2)没有限制 (3)没有限制 (4)除水平承诺中内容外,不作承诺	

续表

服务提供方式:(1)跨境交付 (2)境外消费 (3)商业存在 (4)自然人移动

部门或分部门	市场准入限制	国民待遇限制	附加承诺
Ⅶ. 金融服务			
1. 所有保险和与其相关的服务			
(a)人寿险服务(CPC 81211)	(1)自然人或法人只能与在柬埔寨王国注册开展保险业务的保险公司签订合同 (2)没有限制 (3)没有限制 (4)除水平承诺中内容外,不作承诺	(1)没有限制 (2)没有限制 (3)没有限制 (4)除水平承诺中内容外,不作承诺	
(b)非寿险服务(CPC 8129)	(1)对于海上、空中和运输保险,从2009年1月1日起,或相关法律被通过,相关规定到位并且一家本地企业被授权之日起,没有限制。上述条件以时间较早者为准 在满足上述条件后,可由获得授权的保险公司在柬埔寨王国内提供海上、空中和其他运输保险服务 对于所有非寿险服务,自然人或法人只能与被授权在柬埔寨王国开展保险业务的保险公司签订合同 (2)没有限制 (3)没有限制 (4)除水平承诺中内容外,不作承诺	(1)没有限制 (2)没有限制 (3)没有限制 (4)除水平承诺中内容外,不作承诺	
(c)再保险和转分保服务(CPC 81299)	(1)没有限制,但在2008年1月1日前,公司必须对其风险的20%在Cambodia Re公司进行再保险。2008年1月1日前,总金额不超过500000美元的保险合同必须在本地进行再保险。此后,没有限制	(1)没有限制	
(d)保险辅助服务(包括保险经纪、保险代理服务)(CPC 8140)	(1)没有限制 (2)没有限制 (3)没有限制 (4)除水平承诺中内容外,不作承诺	(1)没有限制 (2)没有限制 (3)没有限制 (4)除水平承诺中内容外,不作承诺	
2. 银行及其他金融服务			
分部门(a)、(b)和(d)的承诺只适用于商业银行 (a)接受公众存款和其他需偿还的资金(CPC 81115—81119) (b)所有类型的贷款,包括消费信贷、抵押贷款、保理和商业交易的融资(CPC 8113) (d)所有支付和货币汇送服务,包括借记卡、收费卡和贷记卡、旅行支票和银行汇票(CPC 81339)	(1)没有限制,但来自公众的存款只能在柬埔寨进行再投资 (2)没有限制 (3)没有限制,但只允许通过银行等授权的金融机构 (4)除水平承诺中内容外,不作承诺	(1)没有限制 (2)没有限制 (3)没有限制 (4)除水平承诺中内容外,不作承诺	
分部门(c)和(e)的承诺只适用于商业银行 (c)金融租赁 (e)担保与承兑	(1)不作承诺 (2)没有限制 (3)在相关法律法规制定前不作承诺 (4)除水平承诺中内容外,不作承诺	(1)没有限制 (2)没有限制 (3)没有限制 (4)除水平承诺中内容外,不作承诺	
(f)在交易市场、公开市场或其他场所自行或代客交易	(1)不作承诺	(1)没有限制	

续表

服务提供方式:(1)跨境交付 (2)境外消费 (3)商业存在 (4)自然人移动

部门或分部门	市场准入限制	国民待遇限制	附加承诺
Ⅷ. 与健康有关的社会服务			
1. 医院服务 只限于私立医院和诊所的所有权和管理	(1)没有限制 (2)没有限制 (3)除规定至少一名技术事务管理者必须为柬埔寨人外,没有限制 (4)除水平承诺中内容外,不作承诺	(1)没有限制 (2)没有限制 (3)没有限制 (4)除水平承诺中内容外,不作承诺	
Ⅸ. 旅游及相关服务			
1. 饭店(CPC 64110)	(1)没有限制 (2)没有限制 (3)三星级及以上旅馆没有限制 (4)除水平承诺中内容外,不作承诺	(1)没有限制 (2)没有限制 (3)没有限制 (4)除水平承诺中内容外,不作承诺	
餐馆(CPC 642,643)	(1)不作承诺 (2)没有限制 (3)发放许可时需考虑地区特征 (4)不作承诺	(1)不作承诺 (2)没有限制 (3)不作承诺 (4)不作承诺	
2. 旅行社和旅游经营者服务(CPC 7471)	(1)没有限制 (2)没有限制 (3)没有限制,但旅行社的外资股权不得超过51% (4)除水平承诺中内容外,不作承诺	(1)没有限制 (2)没有限制 (3)没有限制 (4)除水平承诺中内容外,不作承诺	
3. 导游服务(CPC 7472)	(1)没有限制 (2)没有限制 (3)没有限制 (4)除水平承诺中内容外,不作承诺。导游需具有柬埔寨国籍	(1)没有限制 (2)没有限制 (3)没有限制 (4)除水平承诺中内容外,不作承诺	
Ⅹ. 文化、娱乐和体育服务			
—其他娱乐服务(CPC 96199):电影院和剧院服务,包括电影放映服务	(1)没有限制 (2)没有限制 (3)没有限制 (4)除水平承诺中内容外,不作承诺	(1)没有限制 (2)没有限制 (3)没有限制 (4)除水平承诺中内容外,不作承诺	
Ⅺ. 运输服务			
1. 海运服务			
国际运输(货运及客运)(CPC 7211 和 7212),不包括内水运输	(1)不作承诺 (2)不作承诺 (3)不作承诺 (4)不作承诺	(1)不作承诺 (2)不作承诺 (3)不作承诺 (4)不作承诺	即使ⅩⅩⅧ(c)(ii)条款所规定的义务没有涉及,国际海运提供商仍然可以在合理、非歧视的情况下享受以下服务:拖驳服务、燃料和水的供应、垃圾收集与压舱废物处理、紧急修理设备服务、驳船及水上出租服务、船舶代理、海关代理、搬运和终端服务、测量与分类服务

续表

服务提供方式:(1)跨境交付　(2)境外消费　(3)商业存在　(4)自然人移动

部门或分部门	市场准入限制	国民待遇限制	附加承诺
3. 航空运输服务			
—飞机的维修和保养服务(CPC 8868) —航空运输服务的销售 —计算机订座系统服务(CRS)	(1)没有限制 (2)没有限制 (3)没有限制 (4)除水平承诺中内容外,不作承诺	(1)没有限制 (2)没有限制 (3)没有限制 (4)除水平承诺中内容外,不作承诺	
6. 公路运输服务			
(a)客运服务(CPC 7121 +7122) (b)货运服务(CPC 7123) (c)商用车辆和司机的租赁(CPC 7124)	(1)没有限制 (2)没有限制 (3)没有限制 (4)除水平承诺中内容外,不作承诺	(1)没有限制 (2)没有限制 (3)没有限制 (4)除水平承诺中内容外,不作承诺	
(d)公路运输设备的维修和保养服务(CPC 6112 +8867) (e)公路运输的支持服务(CPC 744)	(1)没有限制 (2)没有限制 (3)没有限制 (4)除水平承诺中内容外,不作承诺	(1)没有限制 (2)没有限制 (3)没有限制 (4)除水平承诺中内容外,不作承诺	
7. 管道运输服务			
(a)燃料传输(CPC 7131) (b)其他货物的运输(CPC 7139)	(1)服务的提供必须以国家逐案审批的特许合同为基础 (2)没有限制 (3)服务的提供必须以国家逐案审批的特许合同为基础 (4)除水平承诺中内容外,不作承诺	(1)没有限制 (2)没有限制 (3)没有限制 (4)除水平承诺中内容外,不作承诺	

印度尼西亚在中国—东盟自贸区《服务贸易协议》中的具体承诺减让表

服务提供方式:(1)跨境交付　(2)境外消费　(3)商业存在　(4)自然人移动

部门或分部门	市场准入限制	国民待遇限制	附加承诺
一、水平承诺			
本减让表中包括的所有部门	(3)除另行规定外,外国服务提供者实现商业存在的方式包括设立合资企业和/或代表处 合资企业须满足以下要求:(ⅰ)应为有限责任公司;(ⅱ)外国合伙人在有限责任公司中所占资本比例不能超过49% (4)根据印尼劳工和移民的法律法规,除另有规定外,只有董事、经理和技术专家/顾问允许居留两年,期满后可延长两次,每次两年。其中,经理和技术专家(公司内部流动人员)的入境取决于经济需求测试 商务人员的短期入境和居留期最长为60天,最长可延长到120天	(3)根据印尼《收入税法》,非居民纳税人从印尼获取以下收入时,需代扣20%的所得税:(a)利息;(b)版税;(c)分红;(d)在印尼提供服务的收费所得 土地获得 根据1960年颁布的《土地法》,任何外籍人士(包括法人和自然人)都不允许在印尼拥有土地。但是,合资企业拥有土地使用和建筑权,并可以租赁/承租土地和资产 任何法人和自然人都必须满足职业资格要求 (4)对外籍人士征收的费用:所有在印尼提供服务的外国自然人都应缴纳政府征收的相关费用	

续表

服务提供方式:(1)跨境交付 (2)境外消费 (3)商业存在 (4)自然人移动

部门或分部门	市场准入限制	国民待遇限制	附加承诺
		根据劳工法,所有合资企业和代表处雇用的外国人士,和/或其他类型的法人,以及个体服务提供者都必须持有劳工移民部发放的工作许可证	

定义:

董事:由服务提供主体股东委托的一个或一群人,最终掌控企业的发展方向,并在法庭内和(或)法庭外代表企业承担法律责任

经理:一服务提供者的高级雇佣人员,主要为管理和组织工作提供指导,接受普遍监督,主要接受来自董事会的指令,包括为服务提供者或一个部门或分部门提供指导,监督或控制其他指导人员、专业人员或管理人员,或有权力聘用、解聘或推荐这些或其他人员

技术专家/顾问:一服务提供者的雇佣人员,获得标准、高级或普通的针对某一工种的或有特殊技能知识要求的资格,或拥有有关服务、研究设备、技术或管理的必需的知识

联合经营者:联合经营指由一个或数个外国和印尼企业,不通过印尼法律建立新的法定机构而承担一个或数个暂时性质的工程/任务

合资企业:合资企业是按照印尼法律建立的由外资和印尼资本合作成立的法律主体,在印尼有固定场所

合同管理:合同管理指按照印尼法律订立、印尼资本和外资间具有暂时性质的管理合作合同

商业人员:指以参加商业会议、从事与商业合同相关活动为目的的在印尼居留的自然人,包括参加与服务销售谈判,以及准备在印尼设立建立商业存在的其他类似活动,不从印尼获得报酬或任何其他的直接收入,不从事直销或为公众提供服务

二、具体部门的承诺			
建筑及相关工程服务 A. 建筑物的总体建筑工作 建筑物的建筑工作(CPC 512,不包括 CPC 51210)	(1)不作承诺 (2)没有限制 (3)(a)应以在印尼建立代表处的方式联合经营代表处的许可证有效期为3年,期满后可延期;(b)合资企业的建立应满足水平承诺及《外国投资法》的规定;有限责任企业中,外国合伙人所占的资本份额不能超过55% (4)与水平承诺的具体规定相同	(1)不作承诺 (2)不作承诺 (3)(a)①需缴纳营业执照费;②注册的外国公司应与在建筑服务发展局注册并具有 A/Big 资质的本地合伙企业联合经营 (b)合资企业中的本地合伙人须在建筑服务发展局注册并具有 A/Big 资质 (4)与水平承诺的具体规定相同	
B. 民用工程的总体建筑工作 民用工程的建筑工作(CPC 513)	(1)不作承诺 (2)没有限制 (3)(a)应以建立代表处的方式联合经营代表处的许可证有效期为3年,期满后可延期;(b)合资企业的建立应满足水平承诺及《外国投资法》的规定,有限责任企业中,外国合伙人所占的资本份额不能超过55% (4)与水平承诺的具体规定相同	(1)不作承诺 (2)不作承诺 (3)(a)①需缴纳营业执照费;②注册的外国公司应与在建筑服务发展局注册并具有 A/Big 资质的本地合伙企业联合经营 (b)合资企业中的本地合伙人须在建筑服务发展局注册并具有 A/Big 资质 (4)与水平承诺的具体规定相同	

续表

服务提供方式:(1)跨境交付　(2)境外消费　(3)商业存在　(4)自然人移动

部门或分部门	市场准入限制	国民待遇限制	附加承诺
C. 安装和组装工作 预制构造建筑的安装和组装(CPC 514)	(1)不作承诺 (2)没有限制 (3)(a)应以建立代表处的方式联合经营,代表处的许可证有效期为3年,期满后可延期;(b)合资企业的建立应满足水平承诺及《外国投资法》的规定,有限责任企业中,外国合伙人所占的资本份额不能超过55% (4)与水平承诺的具体规定相同	(1)不作承诺 (2)不作承诺 (3)(a)①需缴纳营业执照费;②注册的外国公司应和在建筑服务发展局注册并具有A/Big资质的本地合伙企业联合经营 (b)合资企业中的本地合伙人须在建筑服务发展局注册并具有A/Big资质 (4)与水平承诺的具体规定相同	
D. 其他建筑服务 —土地平整和地基工作(CPC 511, CPC 51110和51113除外)	(1)不作承诺 (2)没有限制 (3)(a)应以建立代表处的方式联合经营,代表处的许可证有效期为3年,期满后可延期;(b)合资企业的建立应满足水平承诺及《外国投资法》的规定,有限责任企业中,外国合伙人所占的资本份额不能超过55%。 (4)与水平承诺的具体规定相同	(1)不作承诺 (2)不作承诺 (3)(a)①需缴纳营业执照费;②注册的外国公司应和在建筑服务发展局注册并具有A/Big资质的本地合伙企业联合经营 (b)合资企业中的本地合伙人须在建筑服务发展局注册并具有A/Big资质 (4)与水平承诺的具体规定相同	
—钢结构支撑和安装(包括焊接)(CPC 51550)	(1)不作承诺 (2)没有限制 (3)(a)应以建立代表处的方式联合经营,代表处的许可证有效期为3年,期满后可延期;(b)合资企业的建立应满足水平承诺及《外国投资法》的规定,有限责任企业中,外国合伙人所占的资本份额不能超过55% (4)与水平承诺的具体规定相同	(1)不作承诺 (2)不作承诺 (3)(a)①需缴纳营业执照费;②注册的外国公司应与在建筑服务发展局注册并具有A/Big资质的本地合伙企业联合经营 (b)合资企业中的本地合伙人须在建筑服务发展局注册并具有A/Big资质 (4)与水平承诺的具体规定相同	
—与建筑物的建造或拆除,以及民用工程有关的设备出租服务,具备操作员(CPC 518)	(1)不作承诺 (2)没有限制 (3)(a)应以建立代表处的方式联合经营,代表处的许可证有效期为3年,期满后可延期;(b)合资企业的建立应满足水平承诺及《外国投资法》的规定,有限责任企业中,外国合伙人所占的资本份额不能超过55% (4)与水平承诺的具体规定相同	(1)不作承诺 (2)不作承诺 (3)(a)①需缴纳营业执照费;②注册的外国公司应和在建筑服务发展局注册并具有A/Big资质的本地合伙企业联合经营 (b)合资企业中的本地合伙人须在建筑服务发展局注册并具有A/Big资质 (4)与水平承诺的具体规定相同	

续表

服务提供方式:(1)跨境交付 (2)境外消费 (3)商业存在 (4)自然人移动

部门或分部门	市场准入限制	国民待遇限制	附加承诺
—建筑基础工作,包括打桩(CPC 51510)	(1)不作承诺 (2)没有限制 (3)(a)应以建立代表处的方式联合经营,代表处的许可证有效期为3年,期满后可延期;(b)合资企业的建立应满足水平承诺及《外国投资法》的规定,有限责任企业中,外国合伙人所占的资本份额不能超过55% (4)与水平承诺的具体规定相同	(1)不作承诺 (2)不作承诺 (3)(a)①需缴纳营业执照费;②注册的外国公司应与在建筑服务发展局注册并具有A/Big资质的本地合伙企业联合经营 (b)合资企业中的本地合伙人须在建筑服务发展局注册并具有A/Big资质 (4)与水平承诺的具体规定相同	
—燃气供应系统建设(CPC 51630)	(1)不作承诺 (2)没有限制 (3)(a)应以建立代表处的方式联合经营,代表处的许可证有效期为3年,期满后可延期;(b)合资企业的建立应满足水平承诺及《外国投资法》的规定,有限责任企业中,外国合伙人所占的资本份额不能超过55% (4)与水平承诺的具体规定相同	(1)不作承诺 (2)不作承诺 (3)(a)①需缴纳营业执照费;②注册的外国公司应与在建筑服务发展局注册并具有A/Big资质的本地合伙企业联合经营 (b)合资企业中的本地合伙人须在建筑服务发展局注册并具有A/Big资质 (4)与水平承诺的具体规定相同	
—消防系统建设(CPC 51642)	(1)不作承诺 (2)没有限制 (3)(a)应以建立代表处的方式联合经营,代表处的许可证有效期为3年,期满后可延期;(b)合资企业的建立应满足水平承诺及《外国投资法》的规定,有限责任企业中,外国合伙人所占的资本份额不能超过55% (4)与水平承诺的具体规定相同	(1)不作承诺 (2)不作承诺 (3)(a)①需缴纳营业执照费;②注册的外国公司应和在建筑服务发展局注册并具有A/Big资质的本地合伙企业联合经营 (b)合资企业中的本地合伙人须在建筑服务发展局注册并具有A/Big资质 (4)与水平承诺的具体规定相同	
——防盗系统建设(CPC 51643)	(1)不作承诺 (2)没有限制 (3)(a)应以建立代表处的方式联合经营,代表处的许可证有效期为3年,期满后可延期;(b)合资企业的建立应满足水平承诺及《外国投资法》的规定,有限责任企业中,外国合伙人所占的资本份额不能超过55% (4)与水平承诺的具体规定相同	(1)不作承诺 (2)不作承诺 (3)(a)①需缴纳营业执照费;②注册的外国公司应和在建筑服务发展局注册并具有A/Big资质的本地合伙企业联合经营 (b)合资企业中的本地合伙人须在建筑服务发展局注册并具有A/Big资质 (4)与水平承诺的具体规定相同	

续表

服务提供方式:(1)跨境交付 (2)境外消费 (3)商业存在 (4)自然人移动

部门或分部门	市场准入限制	国民待遇限制	附加承诺
—电梯和自动扶梯建设(CPC 51691)	(1)不作承诺 (2)没有限制 (3)(a)应以建立代表处的方式联合经营,代表处的许可证有效期为3年,期满后可延期;(b)合资企业的建立应满足水平承诺及《外国投资法》的规定,有限责任企业中,外国合伙人所占的资本份额不能超过55% (4)与水平承诺的具体规定相同	(1)不作承诺 (2)不作承诺 (3)(a)①需缴纳营业执照费;②注册的外国公司应和在建筑服务发展局注册并具有A/Big资质的本地合伙企业联合经营 (b)合资企业中的本地合伙人须在建筑服务发展局注册并具有A/Big资质 (4)与水平承诺的具体规定相同	
旅馆(CPC 64110)	(1)没有限制 (2)没有限制 (3)在印尼东部的明古鲁、占碑等地区,外国投资者可以拥有100%的股份 (4)除以下人员,不作承诺:(a)旅馆企业的高层管理人员:总经理、餐饮部经理、客房部经理、审计员、市场营销经理 (b)高级专业人员:厨师长、副厨师长、特级厨师	(1)没有限制 (2)没有限制 (3)(a)外国服务提供者的投入资本需高于国内服务提供者。此项规定将于2020年取消;(b)只限于3、4、5星级旅馆 (4)与水平承诺的具体规定相同	
包括全部餐厅服务在内的餐饮服务(CPC 64210)	(1)没有限制 (2)没有限制 (3)除在印尼东部的某些地区(苏拉维西、巴布亚、摩鲁卡斯、努沙登加拉),外国人的持股比例上限为49%,此外不作承诺 (4)除以下人员外,不作承诺:高层管理人员、高级专业人员	(1)没有限制 (2)没有限制 (3)需遵循与《服务贸易协议》XIV(a)条款一致的、当地政府实施的与维护道德和公共秩序有关的法规 (4)与水平承诺的具体规定相同	
旅游咨询服务(CPC 91136)	(1)没有限制 (2)没有限制 (3)必须在印尼司法部注册为印尼公司。在与印尼本国公司合作经营的情况下,需采用合资企业、联合经营和合同管理的方式 (4)不作承诺	(1)没有限制 (2)没有限制 (3)不作承诺 (4)与水平承诺的具体规定相同	
国际酒店经营(CPC 91135)	(1)没有限制 (2)没有限制 (3)必须在印尼司法部注册为印尼公司。在与印尼本国公司合作经营的情况下,需采用合同管理的方式 (4)除以下人员,不作承诺:(a)旅馆企业的高层管理人员:总经理、餐饮部经理、客房部经理、审计员、市场营销经理;(b)高级专业人员:厨师长、副厨师长、特级厨师	(1)没有限制 (2)没有限制 (3)不作承诺 (4)与水平承诺的具体规定相同	
旅游度假地包括: —旅馆(3、4、5星级) —游船码头 —高尔夫球场和其他体育设施	(1)没有限制 (2)没有限制 (3)在印尼东部的明古鲁、占碑等地区,外国投资者可以拥有100%的股份 (4)除度假区经理外,不作承诺	(1)没有限制 (2)没有限制 (3)(a)外国服务提供者投入的资本需高于国内服务提供者,此项规定将于2020年取消;(b)只限于3、4、5星级旅馆 (4)与水平承诺的具体规定相同	

续表

服务提供方式:(1)跨境交付 (2)境外消费 (3)商业存在 (4)自然人移动

部门或分部门	市场准入限制	国民待遇限制	附加承诺
旅行社和旅游经营者服务(TA & TO)(CPC 74710)	(1)没有限制 (2)没有限制 (3)服务提供者的总数不超过 30 家 (4)除技术顾问外,不作承诺	(1)没有限制 (2)没有限制 (3)旅游者经营企业必须是设立在雅加达或巴厘的旅行社 (4)与水平承诺的具体规定相同	
能源服务			
能源服务的一般性规定 —印度尼西亚在能源服务部门所作的具体承诺是基于印尼第二次修改的对能源服务业的分类			
岩心分析和其他实验室测试,仅限于同位素分析(1A. 2. 7. 3)	(1)没有限制 (2)没有限制 (3)通过在印度尼西亚建立的代表处联合经营 (4)除主管人员和技术专家外,不作承诺	(1)没有限制 (2)没有限制 (3)与水平承诺的具体规定相同 (4)与水平承诺的具体规定相同	
为获取地震数据而提供的地质和地球物理服务(1A. 1. 4. 1. 1)	(1)没有限制 (2)没有限制 (3)通过在印度尼西亚建立的代表处联合经营 (4)除主管人员和技术专家外,不作承诺	(1)没有限制 (2)没有限制 (3)与水平承诺的具体规定相同 (4)与水平承诺的具体规定相同	
煤炭的液化和气化 —煤炭的液化(2. 4. 4. 4) —煤炭的气化(2. 4. 4. 5)	(1)没有限制 (2)没有限制 (3)通过在印度尼西亚建立的代表处联合经营 (4)除主管人员和技术专家外,不作承诺	(1)没有限制 (2)没有限制 (3)与水平承诺的具体规定相同 (4)与水平承诺的具体规定相同	

老挝在中国—东盟自贸区《服务贸易协议》中的具体承诺减让表

服务提供方式:(1)跨境交付 (2)境外消费 (3)商业存在 (4)自然人移动

部门或分部门	市场准入限制	国民待遇限制	附加承诺
一、水平承诺			
本减让表中包括的所有部门	(1)银行和企业从境外借款需经老挝银行批准 (2)老挝居民到境外进行直接或间接投资须经相关主管部门的批准。用于海外投资的资金转拨须经老挝银行批准。携带超过 2000 美元的外汇出老挝需要经过老挝银行批准 (3)外国服务提供者的商业存在形式可以有以下几种:(a)—包括一个或多个老挝本国投资者的合资企业;(b)外国独资企业(100% 由外商投资的企业);(c)分支机构或代表处 外国服务提供者的商业存在形式应由相关职能部门批准并由老挝外国投资管理委员会颁发执照 合资企业应按照老挝有关法律法规进行设立和注册。合资企业由一个或多个外国合法投资者/服务提供者与一个或多个老挝国内合法投资者共同拥有和经营 合资各方根据老挝相关法律和法规订立合资企业的合同或合作章程,规范合资各方的行为和关系	(1)和市场准入栏中的内容相同 (2)和市场准入栏中的内容相同 (3)在老挝的外国服务提供者可以在老挝境内租赁土地并可以转移租赁权益;他们可以拥有土地上的附属物(improvements)和其他可移动财产,并转移上述所有权收益 根据老挝外国投资促进和管理法建立的外国企业应根据老挝相关法律和法规的规定缴纳年利润税	

续表

服务提供方式:(1)跨境交付 (2)境外消费 (3)商业存在 (4)自然人移动

部门或分部门	市场准入限制	国民待遇限制	附加承诺
	合资企业中,外国投资者/服务提供者的股权比例不得低于总投资权益的30% 外国独资企业是根据老挝法律和法规注册的外国投资企业/服务提供者。由1个或多个外国合法投资者进行投资,没有老挝本国投资者的参与。在老挝设立的企业既可以是一个新建企业,也可以是一个外国企业的分支机构或代表处。外国投资企业的组成和注册应遵守《老挝企业/商业法》。外商投资企业和商业合作合同的经营期限需根据老挝相关法律和法规在每个投资项目的投资许可中特别注明 外国企业的分支机构或代表处应该订立与相关法律法规及《老挝商业法》相符的合作条款,并应由老挝外国投资管理委员会批准 (4)老挝外国投资促进和管理法以及移民规定对在老挝工作的外国人做出限制。但是,经老挝有关职能部门批准,外国企业在必要时有权雇佣外国技术人员和专家 老挝政府为外国投资者和服务提供者、他们雇佣的外籍人员及上述人员的直系家庭成员在老挝领土出入境、旅游、驻留提供便利。这些人员在老挝境内必须遵守上述法律和相关法规 外国投资者/服务提供者有义务通过国内外培训等方式提高其老挝雇员的技术水平	根据老挝相关法律和法规,外国企业还应缴纳老挝的其他税费 (4)外国服务提供者及其在老挝境内工作的外籍人员应按照10%的统一税率为其在老挝境内获得的收入缴纳老挝政府个人收入所得税	
二、具体承诺			
B. 银行和其他金融服务			
c. 金融租赁(CPC 8112)	(1)没有限制 (2)没有限制 (3)没有限制 (4)除水平承诺中内容外不做承诺	(1)没有限制 (2)没有限制 (3)没有限制 (4)除水平承诺中内容外不做承诺	
d. 所有支付和货币汇送服务(CPC 81339)	(1)没有限制 (2)没有限制 (3)没有限制 (4)除水平承诺中内容外不做承诺	(1)没有限制 (2)没有限制 (3)没有限制 (4)除水平承诺中内容外不做承诺	
f. 在交易市场、公开市场或其他场所自行或代客交易: —货币市场票据(支票,汇票,储蓄凭证等) (CPC 81339) —外汇(CPC 81333) —衍生产品,包括,但不限于期货和期权 (CPC 81339) —汇率和利率契约,包括调期和远期利、汇率协议 (CPC 81339) —可转让证券 (CPC 81321) 其他可转让的票据和金融资产,包括金银条块 (CPC 81339)	(1)没有限制 (2)没有限制 (3)没有限制,但在相关法律法规进一步完善之前,衍生产品包括但不限于期货和期权(CPC 81339)等分部门除外 (4)除水平承诺中内容外不做承诺	(1)没有限制 (2)没有限制 (3)没有限制,但在相关法律法规进一步完善之前,衍生产品包括但不限于期货和期权(CPC 81339)、可转让证券(CPC 81321)等分部门除外 (4)除水平承诺中内容外不做承诺	

续表

服务提供方式:(1)跨境交付　(2)境外消费　(3)商业存在　(4)自然人移动

部门或分部门	市场准入限制	国民待遇限制	附加承诺
A. 保险(寿险及非寿险服务)包括再保险和转分保服务,(不包括年金险、保险经纪和代理服务)	(1)不做承诺 (2)没有限制,但是,根据1990年11月29日颁布的老挝保险法第No.11/90.NA号,关于居住或生活在老挝的个人,或关于在老挝的货物/资产的风险的保险合同,只能与在老挝境内的指定的保险公司签署 (3)没有限制 根据1990年颁布的老挝保险法第No.11/90.NA号,以及1992年1月23日颁布的关于保险法实施细则的第No.01/PM号总理令,在老挝境内的授权保险公司必须是经营保险业务的具有法人资格的公司制企业,包括国营企业,联营企业或私营企业(公开上市公司或有限责任公司),以及外国保险公司的分支机构 根据老挝相关法律法规,国营企业,联营企业或私营企业(公开上市公司或有限责任公司)以及外国保险公司的分支机构必须从老挝有关机构(财政部、计划和投资委员会、老挝银行)获得营业和投资许可 授权保险公司在经营过程中必须遵守老挝的相关法律及法规 根据1992年1月23日颁布的关于保险法实施细则的第No.01/PM号总理令,授权保险公司必须满足最低注册资本和抵押金要求 根据1992年1月23日颁布的关于保险法实施细则的第No.01/PM号总理令,抵押金必须存入在老挝注册的银行 除上述规定外,保险公司还应遵守老挝其他相关法律法规的规定 (4)除下述要求外,不做承诺:只允许高级管理人员和专家。相关自然人进入和移动必须经老挝相关部门的批准	(1)不做承诺 (2)除市场准入限制中的特殊规定外,没有限制 (3)除市场准入限制中的特殊规定外,没有限制 (4)除市场准入限制中的规定外,不做承诺 外国服务提供者及其下属、在老挝工作的外籍工作人员必须按照老挝相关法律和法规的规定计算和缴纳个人收入所得税	

马来西亚在中国—东盟自贸区《服务贸易协议》中的具体承诺减让表

服务提供方式:(1)跨境交付　(2)境外消费　(3)商业存在　(4)自然人移动

部门或分部门	市场准入限制	国民待遇限制	附加承诺
1. 商务服务			
A. 专业服务 建筑设计服务(CPC 8671)	(1)(2)没有限制 (3)仅限自然人提供建筑设计服务 (4)除WTO水平承诺外,不作承诺。仅限外国建筑师作为项目咨询人员与马来西亚职业建筑师合作为独资项目提供咨询服务	(1)(2)仅限在马来西亚有执照的职业建筑师提供建筑设计服务 (3)没有限制 (4)除市场准入项下各类自然人流动外,不作承诺	(4)为获得专业机构注册资格,确认具有提供此类服务能力的资格考试将采用英语进行
工程服务(CPC 8672)	(1)没有限制 (2)没有限制 (3)(a)仅限自然人提供工程服务;(b)对于联合项目(建筑服务、工程服务和/或数量测量),母国注册(马来西亚境外)的专业人员在合资企业内拥有的股份不能超过10%。不允许外方拥有项目的整体主导权 (4)除WTO水平承诺外,不作承诺 服务提供者需临时登记,每次临时登记为期一年。	(1)仅限在马来西亚注册的职业工程师提供工程服务 (2)没有限制 (3)没有限制 (4)仅限在马来西亚注册的职业工程师提供工程服务	(4)为获得专业机构注册资格,确认具有提供此类服务能力的资格考试将采用英语进行。其他要求见"东盟工程师注册体系"(ASEAN Engineer Registry)之规定

续表

服务提供方式:(1)跨境交付 (2)境外消费 (3)商业存在 (4)自然人移动

部门或分部门	市场准入限制	国民待遇限制	附加承诺
医疗特别服务,包括:法医、核医疗、老人病、微脉管外科、神经外科、心脏手术、整形手术、临床免疫、肿瘤学、创伤学、麻醉学、重病护理、儿童精神病和物理治疗等(CPC 93122)	(1)(2)没有限制 (3)仅限自然人提供医疗服务 (4)除 WTO 水平承诺外,不作承诺	(1)(2)没有限制 (3)没有限制 (4)除下列情况外,没有限制:①仅限于在超过70张床位的私人医院执业;②在特定区域执业或更换执业地点需要审批;③不允许个人执业或联合执业	(4)确认具有提供此类服务能力的资格考试将采用英语进行
B. 计算机及相关服务 与计算机硬件设备安装相关的咨询服务(CPC 841)	(1)(2)没有限制 (3)没有限制 (4)除 WTO 水平承诺外,不作承诺	(1)(2)没有限制(3)没有限制(4)除市场准入项下各类自然人流动外,不作承诺	
与软件执行相关的咨询服务,包括定制软件执行和咨询服务(CPC 842)	(1)(2)没有限制 (3)没有限制 (4)除 WTO 水平承诺外,不作承诺	(1)(2)没有限制 (3)没有限制 (4)除市场准入项下各类自然人流动外,不作承诺	
数据处理服务(CPC 843)	(1)(2)没有限制 (3)没有限制 (4)除 WTO 水平承诺外,不作承诺	(1)(2)没有限制 (3)没有限制 (4)除市场准入项下各类自然人流动外,不作承诺	
数据库服务(CPC 8440)	(1)(2)没有限制 (3)没有限制 (4)除 WTO 水平承诺外,不作承诺	(1)(2)没有限制 (3)没有限制 (4)除市场准入项下各类自然人流动外,不作承诺	
2. 通讯服务			
C. 电信服务 基础电信服务 依据国内法律,马来西亚将国内电信服务划分为提供网络设备服务(NFP)、提供网络服务(NSP)和提供应用服务(ASP) 基础性的国内、境内外之间以及国际服务、通过公共电信交换网络提供的服务(无论使用任何一种网络技术),无论采用有线传输方式还是无线传输方式的服务,都被包括在上述三个类别之中 独立许可证(Individual licence): 1. NFP(Ⅰ) 2. NSP(Ⅰ) 3. ASP(Ⅰ)	(1)(2)没有限制 (3)提供 NFP 和 NSP 的服务,须收购现有的已注册 NFP(Ⅰ)和 NSP(Ⅰ)服务提供商的股份 提供 ASP(Ⅰ)的服务,应与马来西亚公民或/和马来西亚控股公司组建本地合资企业,或收购现有的已注册 ASP(Ⅰ)企业或公司的股份 —对于 NFP(Ⅰ)和 NSP(Ⅰ)服务提供商,外资股份最高不能超过30% —对于 ASP(I)服务提供商,外资股份最高不能超过49% (上述公司的经营控制权应掌握在马来西亚公民手中。对于马来西亚电信,外资总股份不能超过30%,任何单一国家外资股份不能超过5%) (4)除 WTO 水平承诺外,不作承诺	(1)(2)没有限制 (3)没有限制 (4)除 WTO 水平承诺外,不作承诺	涉及加强联络和竞争的"促进竞争调整原则"(参考附件1)

续表

服务提供方式:(1)跨境交付 (2)境外消费 (3)商业存在 (4)自然人移动

部门或分部门	市场准入限制	国民待遇限制	附加承诺
增值电信服务 以注册 NFP(Ⅰ)、NSP(Ⅰ)和 ASP(Ⅰ)经营的线路为基础的价值增值服务等级许可证(Class licence): 1. NFP(C) 2. NSP(C) 3. ASP(C)	(1)(2)没有限制 (3)提供 NFP 和 NSP 的服务,须收购现有的已注册 NFP(C)和 NSP(C)服务提供商的股份 提供 ASP 的服务,应与马来西亚公民或/和马来西亚控股公司组建本地合资企业,或收购现有的已注册 ASP(C)企业或公司的股份 —对于 NFP(C)和 NSP(C)服务提供商,外资股份最高不能超过 30% —对于 ASP(C)服务提供商,外资股份最高不能超过 49% (4)除 WTO 水平承诺外,不作承诺	(1)(2)没有限制 (3)没有限制 (4)除 WTO 水平承诺外,不作承诺	
3. 建筑及相关工程服务			
建筑服务(CPC 511、512、513、514、515、516、517)	(1)因缺乏技术可能性,不作承诺 (2)没有限制 (3)(a)仅限代表处、地区办事处、与马来西亚公民或/和马来西亚控股公司成立的本地合资企业,且外资总股份不能超过 30% (b)非马来西亚境内成立的外国建筑公司可以与当地合作者共同完成下列建筑项目:①完全由外国投资资助的建筑项目;②按贷款条件由国际投标贷款资助的建筑项目;③外国投资占 50%(或以上)的项目,且国内专家无法提供相关服务;④全部由马来西亚投资的建筑项目,且国内专家无法提供相关服务 分包业务必须由当地分包商承揽 (4)除 WTO 水平承诺中,不作承诺	(1)因缺乏技术可能性,不作承诺 (2)没有限制 (3)(a)对代表处、地区办事处和当地合资企业,没有限制;(b)对非马来西亚境内成立的外国建筑公司,不作承诺 (4)除市场准入项下各类自然人流动外,不作承诺	
4. 教育服务			
C. 高等教育服务 由私人资金筹建的高等教育机构提供的其他高等教育服务,不包括含有政府股份或接受政府资助的私人高等教育机构(CPC 92390)	(1)除依照外国教育机构与马来西亚教育机构签署特许协定或合作协定外,其他不作承诺 (2)除依照特许和合作协定出国的学生可以境外消费外,其他不作承诺 (3)仅允许设立外资股份不超过 49% 的机构,且必须经过经济需求测试 (4)除 WTO 水平承诺外,不作承诺	(1)不作承诺 (2)不作承诺 (3)不作承诺 (4)除 WTO 水平承诺外,不作承诺	(3)外资股份超过 49% 时,需经过下列额外的经济需求测试:(a)所提供课程对马来西亚来说是关键性课程,例如:医学、牙医、工程、工商、科学和技术;(b)属于研究项目;(c)属于与当地机构合作研究项目;(d)外国学生的比例
5. 金融服务,包括保险			
所有金融部门服务 直接保险公司	(1)(2)除本承诺表特别指出外,不作承诺(缺乏技术可行性) (3)外国保险公司分支机构必须于 1998 年 6 月 30 日之前在马来西亚当地注册成立,且外资股份最高限额为 51% 如果现有外资股东是马来西亚当地保险公司的原始股东,则可以拥有最多 51% 的股份,但外资总股份不能超过 51%	(1)(2)除本承诺表特别指出外,不作承诺(缺乏技术可行性) (3)除金融部门 WTO 水平承诺及各金融服务部门/分部门特别限制外,不作限制	

续表

服务提供方式:(1)跨境交付　(2)境外消费　(3)商业存在　(4)自然人移动

部门或分部门	市场准入限制	国民待遇限制	附加承诺
	仅限于按照外资保险公司参股马来西亚当地保险公司的形式进入马来西亚市场;且外资持有的股份累计不能超过30% 对新许可证不作限制 外资保险公司收购马来西亚当地保险公司超过5%的股份,必须满足下列条件之一:(a)外资保险公司必须有能力为马来西亚贸易提供便利,或有助于马来西亚金融和经济发展;(b)外资保险公司所属国必须与马来西亚有重要的贸易和投资关系;(c)外资保险公司所属国并不在马来西亚保险业占有重要份额(a significant representation);(d)外资保险公司有能力提供有助于马来西亚金融和经济发展的专业知识和技术 下列情况下,外资保险公司不能拥有超过5%的股份:(a)不能拥有另一家从事相同业务的保险公司超过5%的股份;(b)不能在保险经纪公司拥有超过5%的股份 已拥有一家保险公司超过5%股份的个人在下列情况下,不能拥有超过5%的股份:(a)另一家从事相同业务的保险公司;(b)保险经纪公司 (4)除下列情况外,不作承诺:(a)除特别指出外,自然人只能通过商业存在服务在马来西亚短期居留;(b)任何一个外资股份累计超过50%的外资保险公司和当地保险公司可雇佣2名外国高级经理,高级经理是指能够掌握金融服务提供商的公司内部信息、在公司的成立、控制、服务提供等方面拥有较大决策权的人士;(c)每个与以下专业领域相关的机构可雇佣5名专家或专业人士:(ⅰ)特殊等级的业务运作,(ⅱ)信息技术,(ⅲ)保险精算;(d)入境许可最长期限为五年	(4)除商业存在模式下自然人短期居留外,不作承诺	
A. 银行和其他金融服务(不包括保险) 咨询、中介和其他辅助金融服务,包括信用查询及分析,公司收购、重组和战略等方面的投资建议	(1)投资和有价证券咨询服务须通过商业存在模式提供。向马来西亚居民提供投资和有价证券咨询之外的服务只能通过与马来西亚商业银行/商人银行合作的形式 (2)向马来西亚居民提供投资和有价证券咨询之外的服务只能通过与马来西亚商业银行/商人银行合作的形式 (3)以非银行身份提供此类业务,仅限于通过以下方式:(a)通过建立当地合资公司提供此类业务,但外资股份累计不能超过30%。或(b)通过代表处提供服务。代表处(包括商业银行、商人银行和证券公司的代表处)只能提供研究、信息交流和联络服务。证券公司代表处不能在马来西亚公开发表和传播其研究报告 纳闽岛地区(Labuan)的离岸银行、离岸投资银行和离岸公司只能向非居民客户提供此类服务 (4)对银行来说,只能雇佣1名专家或相关专业人士。对非银行来说,只能雇佣1名高级经理和1名专家(或相关专业人士)。对代表处来说,只能雇佣3名外国公民。其中只能有1名外国公民可以担任两个最高职位中的一个,另外2名外国公民可以担任管理层职位。入境许可最长期限为5年	(1)没有限制 (2)没有限制 (3)没有限制 (4)对银行来说,除金融部门水平承诺外,不作承诺。对非银行来说,除所有服务部门WTO水平承诺外,不作承诺	
金融部门运作总部服务,包括:一般性管理和行政管理、商业计划、原材料采购、技术支持、市场控制和促销	(1)(2)不作承诺(缺乏技术可行性) (3)只能通过在当地组建全资外资公司的方式提供此类服务。外资控股公司及外资控股公司的地区代表处将其运作总部移到马来西亚,在马来西亚新建外资控	(1)(2)不作承诺(缺乏技术可行性) (3)没有限制	

续表

服务提供方式:(1)跨境交付 (2)境外消费 (3)商业存在 (4)自然人移动

部门或分部门	市场准入限制	国民待遇限制	附加承诺
计划、培训、人事管理、财务和资金管理服务、研发活动上述活动由马来西亚境内的商业和投资银行机构提供给其马来西亚境外的办事处或相关公司	股公司的地区代表处,以及在马来西亚新建的外资控股公司都被认为相当于提供了此类服务。运作总部必须在马来西亚运作,并满足下列标准:(a)至少执行了3项运作总部的服务活动;(b)在马来西亚境外拥有一定规模的公司网络,包括母公司、总部及相关公司;(c)拥有完整的外资控股公司,该公司在资产和雇员等方面都达到一定规模;(d)拥有公司网络,该网络包括大量的合格的行政主管、专家、技术人员及其他辅助人员;(e)能够独立制定决策,而不需咨询马来西亚境外的总部或母公司;(f)能够通过下列方式对马来西亚经济作出贡献:(ⅰ)使用马来西亚人提供的法律或会计服务,(ⅱ)为马来西亚人创造就业机会,(ⅲ)能够引致更多的外资流入 (4)允许满足下列条件的1名专家或专业人员提供服务:(a)拥有高水平专业知识,高度了解公司新的服务产品和技术、研究设备、技术及管理;(b)入境许可最长期限为5年	(4)没有限制	
6. 与健康相关的服务和社会服务			
医院服务 私人医院服务 (CPC 93110)	(1)(2)没有限制 (3)经济需求测试 须与马来西亚公民或/和马来西亚控股公司成立本地合资企业,且外资总股份不能超过40% 合资运营的医院必须具备100张以上的床位 (4)除WTO水平承诺外,不作承诺	(1)(2)没有限制 (3)禁止建立提供出诊服务的诊所 (4)除市场准入项下各类自然人流动外,不作承诺	
7. 旅游和与旅游相关的服务			
会展中心服务(超过3000人)会展中心应包括:展览会堂,会议室,超过3000个座位的会堂,宴会厅以及能够满足电子会议要求的商务中心。会展中心应能为展览者、参会人员和参观者提供足够的停车位、商店和餐馆/咖啡厅)	(1)因缺乏技术可行性,不作承诺 (2)不作承诺 (3)只能通过建立合资企业的方式提供服务,外资股份累计不能超过30% (4)不作承诺	(1)因缺乏技术可行性,不作承诺 (2)不作承诺 (3)没有限制 (4)除WTO水平承诺外,不作限制	
主题公园 以家庭为主要服务对象的休闲地点或娱乐中心,包括:围绕一个主题或若干主体修建的骑乘轨道、机械或高科技娱乐设施。提供的活动涉及娱乐、教育、冒险和刺激等方面。公园可在室外、室内或两者兼有	(1)因缺乏技术可行性,不作承诺 (2)不作承诺 (3)对本地成立的合资公司有如下限制:(a)合资公司成立最初五年,外资股份可以达到100%(从公司成立之日起);(b)合资公司成立五年后,外资股份累计不能超过51%,即马来西亚人最低控股49% (4)不作承诺	(1)因缺乏技术可行性,不作承诺 (2)不作承诺 (3)没有限制 (4)不作承诺	
8. 运输服务			
海洋运输辅助服务 (包括:代表货主组织管理运输操作,完成运输及相关服务的程序,准备文件和提供商业信息)	(1)(2)没有限制 (3)仅限于通过代表处、地区办事处、与马来西亚公民或/和马来西亚控股公司合资建立的本地合资企业提供服务,且合资企业外资股份累计不能超过49% (4)除WTO水平承诺外,不作承诺	(1)(2)没有限制 (3)没有限制 (4)除市场准入项下各类自然人流动外,不作承诺	

续表

服务提供方式:(1)跨境交付 (2)境外消费 (3)商业存在 (4)自然人移动

部门或分部门	市场准入限制	国民待遇限制	附加承诺
航空运输服务 航空运输服务的销售和营销服务(包括航空承运人应享受的所有商业机会,使其可在市场调研、广告及分销等领域自由销售和营销航空服务。这些活动不包括航空运输服务的定价及定价条件)	(1)没有限制 (2)没有限制 (3)不作承诺 (4)不作承诺	(1)没有限制 (2)没有限制 (3)不作承诺 (4)不作承诺	
计算机订座系统服务 (由计算机系统提供的服务,包括航空承运人航班信息、机票价格及定价规则,通过该系统可以订票或签发机票)	(1)没有限制 (2)没有限制 (3)不作承诺 (4)不作承诺	(1)没有限制 (2)没有限制 (3)不作承诺 (4)不作承诺	

缅甸在中国—东盟自贸区《服务贸易协议》中的具体承诺减让表

服务提供方式:(1)跨境交付 (2)境外消费 (3)商业存在 (4)自然人移动

部门或分部门	市场准入限制	国民待遇限制	附加承诺
航空运输服务 航空器维修和保养服务	(1)没有限制 (2)没有限制 (3)(a)允许外国服务提供商根据1988年颁布的《缅甸外商投资法》和1914年颁布的《缅甸公司法》以商业存在模式提供服务。(b)根据1988年颁布的《缅甸外商投资法》,允许建立100%外商投资公司;在与缅甸公民或缅甸公司建立的合资公司中,外资股权比例下限为35%。服务类企业的外商投资额不低于30万美元。公司性质可以为单独经营、合作经营或有限责任公司。(c)不包括国有企业股份的企业须遵守1914年颁布的《缅甸公司法》。服务类公司及其分支机构的最低外资资本金要求(现金)为相当于30万美元的缅甸货币(按现行官方汇率)。(d)如果投资涉及国有企业,该公司须遵守1950年颁布的《特别公司法》和1914年颁布的《缅甸公司法》 (4)(a)根据《缅甸外商投资法》、《缅甸劳工法》和《移民法》的相关条款,外国经理、专家和技术人员可以在缅甸居留1年,并可延长。(b)只有经理级人员可以在缅甸提供此类服务	(1)(2)没有限制 (3)1974年颁布的《收入税法》规定了非居民(外国人)须遵守的扣缴税税率: 收入类别 / 非居民应缴税率 —利息 15% —许可证、商标和专利权使用费 20% —政府组织、多边机构和社团向承包商支付的佣金 3.5% —外国雇员的工资支付 3% 外国人不允许在缅甸拥有土地。但是,根据具体情况,可以通过长期租赁的方式获得土地 (4)(a)任职于合资企业、代表处或其他类型法人组织的外国人和/或个人服务提供者都需要获得缅甸相关主管部门的审批。(b)外国人进入缅甸后,应遵守移民法的规定和程序。(c)进入缅甸的外国人应遵守缅甸的法律、法规和规定,且不能干预缅甸的国内事务。(d)经各相关机关批准提供服务的外国个人服务提供商应在缅甸劳动部备案登记	

续表

服务提供方式:(1)跨境交付 (2)境外消费 (3)商业存在 (4)自然人移动

部门或分部门	市场准入限制	国民待遇限制	附加承诺
航空运输服务 航空运输服务的销售与营销	(1)没有限制 (2)没有限制 (3)(a)允许外国服务提供商根据1988年颁布的《缅甸外商投资法》和1914年颁布的《缅甸公司法》以商业存在模式提供服务。(b)根据1988年颁布的《缅甸外商投资法》,允许建立100%外商投资公司;在与缅甸公民或缅甸公司建立的合资公司中,外资股权比例下限为35%。服务类企业的外商投资额不低于30万美元。公司性质可以为单独经营、合作经营或有限责任公司。(c)不包括国有企业股份的企业须遵守1914年颁布的《缅甸公司法》。服务类公司及其分支机构的最低外资资本金要求(现金)为相当于30万美元的缅甸货币(按现行官方汇率)。(d)如果投资涉及国有企业,该公司须遵守1950年颁布的《特别公司法》和1914年颁布的《缅甸公司法》 (4)(a)根据《缅甸外商投资法》、《缅甸劳工法》和《移民法》的相关条款,外国经理、专家和技术人员可以在缅甸居留1年,并可延长。(b)只有经理级人员可以在缅甸提供此类服务	(1)没有限制 (2)没有限制 (3)1974年颁布的《收入税法》规定了非居民(外国人)须遵守的扣缴税税率: 收入类别 非居民应缴税率 —利息 15% —许可证、商标和专利权使用费 20% —政府组织、多边机构和社团向承包商支付的佣金 3.5% —向外国承包商支付的款项 3% 外国人不允许在缅甸拥有土地。然而,根据具体情况,可以通过长期租赁的方式获得土地 (4)(a)任职于合资企业、代表处或其他类型法人组织的外国人和/或个人服务提供者都需要获得缅甸相关主管部门的审批。(b)外国人进入缅甸后,应遵守移民法的规定和程序。(c)进入缅甸的外国人应遵守缅甸的法律、法规和规定,且不能干预缅甸的国内事务。(d)经各相关机关批准提供服务的外国个人服务提供商应在缅甸劳动部备案登记	
航空运输服务 计算机订座系统服务	(1)除服务提供商必须在缅甸国家电信管理机关监管下,根据已制定的规定和法规使用公共电信网络外,没有限制 (2)只能通过与被许可的运营商签订商业协议的形式提供服务 (3)不作承诺 (4)不作承诺	(1)不作承诺 (2)没有限制 (3)不作承诺 (4)不作承诺	
商业服务			
广告服务(CPC 871)	(1)不作承诺 (2)没有限制 (3)不作承诺 (4)不作承诺	(1)不作承诺 (2)没有限制 (3)不作承诺 (4)不作承诺	
—印刷和出版服务(CPC 89)	(1)不作承诺 (2)没有限制 (3)不作承诺 (4)不作承诺	(1)不作承诺 (2)没有限制 (3)不作承诺 (4)不作承诺	
通讯服务			

续表

服务提供方式:(1)跨境交付 (2)境外消费 (3)商业存在 (4)自然人移动

部门或分部门	市场准入限制	国民待遇限制	附加承诺
视听服务 —电影和录像的制作服务(CPC 96121)	(1)不作承诺 (2)没有限制 (3)外国服务提供商只能与缅甸国内服务提供商合作制作电影。根据合同或持股比例由缅甸国内控股的合资电影制作公司可以建立现代电影制作工作室和制片基地 —允许外国服务提供商和制片商根据1988年颁布的《缅甸外商投资法》以商业存在模式提供服务。根据该部法律,与缅甸公民或缅甸公司合资成立的公司中,外资股权比例下限为35%。有限责任公司的组建必须遵守1914年颁布的《缅甸公司法》 —外国公司或个人不允许在缅甸拥有土地。但是,可以通过长期租赁的方式从缅甸政府获得土地使用权 (4)根据《缅甸外商投资法》、《缅甸劳工法》和《移民法》的相关条款,外国经理、专家和技术人员可以在缅甸居留1年,并可延长(遵循国内法规)。如果外国人希望居留的时间超过最初的有效期限,可以根据相关法规申请延期,但延长期最长为1年	(1)不作承诺 (2)没有限制 (3)不作承诺 (4)须遵守缅甸国内法律法规对各类自然人的市场准入规定 按缅甸货币计算的净利润标准收入税率为30%,按外国货币计算的净利润标准收入税率为2%	
—影院服务和电影放映服务(CPC 9615)	(1)不作承诺 (2)没有限制 (3)不作承诺 (4)不作承诺	(1)不作承诺 (2)没有限制 (3)不作承诺 (4)不作承诺	
金融服务			
保险精算服务	(1)没有限制 (2)没有限制 (3)不作承诺 (4)不作承诺	(1)(2)遵守如下现有法律和法规:《缅甸外商投资法》(1988),《缅甸公司法》(1914),《缅甸保险法》(1993)和《缅甸商业法》(1996) (3)不作承诺 (4)不作承诺	
海洋运输			
国际客运(不包括沿海运输)	(1)不作承诺 (2)没有限制 (3)不作承诺 (4)不作承诺	(1)不作承诺 (2)没有限制 (3)不作承诺 (4)不作承诺	
国际货运(不包括沿海运输)	(1)没有限制 (2)没有限制 (3)(a)允许外国服务提供商根据1988年颁布的《缅甸外商投资法》和1914年颁布的《缅甸公司法》以商业存在模式提供服务。根据这些法律,必须满足如下条件:(ⅰ)100%外商投资;或(ⅱ)与缅甸公民或缅甸公司合资成立的公司中,外资股权比例下限为35%。服务类企业的外商投资额不低于30万美元。公司性质可以为合作经营或有限责任公司。(b)不包括国有企业股份的企业须遵守1914年颁布的《缅甸公司法》。服务类公司及其分支机构的最低外资资本金要求(现金)为相当于30万美元的缅甸货币(按现行官方汇率)。如果投资涉及国有企业,该公司须遵守1950年颁布的《特别公司法》和1914年颁布的《缅甸公司法》。(c)外国组织或个人不允许在缅甸拥有土地。但是,根据具体情况,可以通过长期租赁的方式获得土地。(d)根据《缅甸外商投资法》、《缅甸劳工法》和《移民法》,除特别规定外,外国经理、专家和技术人员可以在缅甸居留1年,并可延长 (4)只有经理级人员可以在缅甸提供此类服务	(1)没有限制 (2)没有限制 (3)不作承诺 (4)不作承诺	

续表

服务提供方式:(1)跨境交付 (2)境外消费 (3)商业存在 (4)自然人移动

部门或分部门	市场准入限制	国民待遇限制	附加承诺
海运货物装卸服务	(1)因缺乏技术可行性,不作承诺 (2)没有限制 (3)(a)允许外国服务提供商根据1988年颁布的《缅甸外商投资法》和1914年颁布的《缅甸公司法》以商业存在模式提供服务。根据这些法律,必须满足如下条件:(ⅰ)100%外商投资;或(ⅱ)与缅甸公民或缅甸公司合资成立的公司中,外资股权比例下限为35%。公司性质可以为单独经营、合作经营或有限责任公司。(b)不包括国有企业股份的企业须遵守1914年颁布的《缅甸公司法》。服务类公司及其分支机构的最低外资资本金要求(现金)为相当于30万美元的缅甸货币(按现行官方汇率)。如果投资涉及国有企业,该公司须遵守1950年颁布的《特别公司法》和1914年颁布的《缅甸公司法》。(c)外国组织或个人不允许在缅甸拥有土地。但是,根据具体情况,可以通过长期租赁的方式获得土地。(d)根据《缅甸外商投资法》、《缅甸劳工法》和《移民法》,除特别规定外,外国经理、专家和技术人员可以在缅甸居留1年,并可延长 (4)经理、专家和技术人员可以在缅甸提供此类服务	(1)不作承诺 (2)没有限制 (3)1974年颁布的《收入税法》规定了非居民(外国人)须遵守的扣缴税税率: 收入类别 非居民应缴税率 —利息 15% —许可证、商标和专利权使用费 20% —政府组织、多边机构和社团向承包商支付的佣金 3.5% —外国雇员的工资支付 3% 外国人不允许在缅甸拥有土地。但是,根据具体情况,可以通过长期租赁的方式获得土地 外国法人组织可以在缅甸为其客户提供服务,但不能在缅甸法庭出庭 (4)(a)任职于合资企业、代表处或其他类型法人组织的外国人和/或个人服务提供者都需要获得缅甸相关主管部门的审批。(b)外国人进入缅甸后,应遵守移民法的规定和程序。(c)进入缅甸的外国人应遵守缅甸的法律、法规和规定,且不能干预缅甸的国内事务。(d)经各相关机关批准提供服务的外国个人服务提供商应在缅甸劳动部备案登记	

菲律宾在中国—东盟自贸区《服务贸易协议》中的具体承诺减让表

服务提供方式:(1)跨境交付 (2)境外消费 (3)商业存在 (4)自然人移动

部门或分部门	市场准入限制	国民待遇限制	附加承诺
一、水平承诺			
本承诺表中所有部门	(3)根据"法定专属菲律宾公民的经营行为"(即外资限定于少数股份)规定: 在参与法定专属菲律宾公民的企业经营活动时,外国投资者的管理权限应限于其在该企业实体中所占的股比份额 全部主管及管理人员必须是菲律宾公民 申请用地 全部公共领土归国家所有。只允许菲律宾公民或菲律宾公民所持资本比例不少于60%的公司或协会可以拥有公共土地外的其他土地,并通过租赁获得公共土地,外国投资者只能租赁私有土地 (4)服务提供自然人的进入与临时居留	(3)获得国内信贷 从事非制造业活动的外国公司,出于自身需要借入比索,应遵守资产/负债比例为50:50的规定。外国公司包括: —合伙:40%以上的资本由非菲律宾公民所有 —公司:40%以上的股份资本由非菲律宾公民所有 这一规定不适用于银行和非银行金融中介机构	

续表

服务提供方式:(1)跨境交付 (2)境外消费 (3)商业存在 (4)自然人移动

部门或分部门	市场准入限制	国民待遇限制	附加承诺
	允许国外非居民到菲律宾提供服务,条件是申请之时没有菲居民与之竞争、能够或愿意提供此类服务 (1)(2)(3)(4)所有由政府单位采取的措施不作承诺	禁止银行向非居民提供比索贷款 (1)(2)(3)(4)所有由政府单位采取的措施不作承诺	
二、具体部门的承诺			
1. 商业服务			
F. 其他商业服务			
h. 与采矿有关的服务(883) 石油和天然气的勘探与开发	(1)不作承诺 (2)没有限制 (3)若得到总统许可,外资可以100%控股 宪法允许总统与外资控股公司就技术、金融或其他援助形式(包括大规模勘探、开发和能源资源的利用)签订服务合同协议 水平承诺中所列的限制性规定同样适用 (4)关于外国专业人员的雇用:与水平承诺中关于专业服务的规定相同,水平承诺中所列的限制性规定同样适用	(1)不作承诺 (2)没有限制 (3)没有限制 (4)不作承诺	
地热的勘探与开发	(1)不作承诺 (2)没有限制 (3)允许外资参股最高比例为40% 水平承诺中所列的限制性规定同样适用 (4)关于外国专业人员的雇用:与水平承诺中关于专业服务的规定相同,水平承诺中所列的限制性规定同样适用	(1)不作承诺 (2)没有限制 (3)没有限制 (4)不作承诺	
煤炭的勘探与开发	(1)不作承诺 (2)没有限制 (3)允许外资参股最高比例为40% 水平承诺中所列的限制性规定同样适用 (4)关于外国专业人员的雇用:与水平承诺中关于专业服务的规定相同,水平承诺中所列的限制性规定同样适用	(1)不作承诺 (2)没有限制 (3)没有限制 (4)不作承诺	
j. 与能源分销有关的服务(887) 传输管道、天然气分销和供应以及电力传输与分销线等能源分销网络	(1)不作承诺 (2)没有限制 (3)允许外资参股最高比例为40% (4)不作承诺	(1)不作承诺 (2)没有限制 (3)没有限制 (4)不作承诺	
2. 通讯服务			
A./B. 邮政/快递服务 a. 国内邮政服务 ·平信 ·挂号信 ·特快专递 ·国内包裹	(1)需要有商业存在才能提供 (2)没有限制 (3)进入条件如下:A. 外资比例最高为40%;并且B. 私营特快专递和/或信件服务须经菲律宾政府授权	(1)没有限制 (2)没有限制 (3)市场准入应满足以下条件和要求:A. 某一实体的董事会中的非菲籍公民的人数应与该实体外资股权份额呈比例;并且B. 所有的经理和管理人员必须是菲籍公民	

续表

服务提供方式:(1)跨境交付 (2)境外消费 (3)商业存在 (4)自然人移动

部门或分部门	市场准入限制	国民待遇限制	附加承诺
商业信函印刷品 b. 国际邮政服务 · 平信 · 挂号信 · 特快专递 · 印刷品 · 国际包裹 c. 邮政汇票服务(国内和国际)	(4)邮政/快递服务只能由菲律宾公民提供	(4)邮政/快递服务只能由菲律宾公民提供	
C. 电信服务			
下列服务的提供是在设备基础上,为了公共使用的目的,应用除有线电视(CATV)外的有线和无线技术 a. 语音电话服务(7521) · 本地服务 · 长途通讯服务 · 国内 · 国际 b. 集束切换数据传输服务(7523)	(1)不作承诺 (2)没有限制 (3)市场准入须满足如下要求和条件: A. 菲律宾议会的特许 B. 国家电信委员会颁发的公共便利与必需证书(CPC N) C. 外资比例不超过为40% D. 不允许私有租赁线路的转售 E. 不得将私营租赁线路连接至公共网络(PSTN) F. 不授权回电、回拨及导致相同操作的类似行为 G. 受限于无线电频率的可用性和有效使用 H. 卫星空间分割服务提供者必须是特许或认证的电信、广播和/或有线电视实体	(1)没有限制 (2)没有限制 (3)市场准入应满足以下条件和要求: A. 某一实体董事会中非菲籍公民的人数应与该实体中外资股权份额呈比例;并且 B. 所有的经理和管理人员必须是菲籍公民	将根据法律法规的发展情况对《规定原则参考文件》进行修订
c. 线路切换数据传输服务(7523) d. 电传服务(7523) e. 电报服务(7522) f. 传真服务(7521 +7529) g. 私人租用电路服务(7522 +7523) · 蜂窝移动电话服务(75213) · 卫星服务	I. 在平等考虑全部因素的前提下,应给予菲律宾卫星经营者制定特许经济企业空间段要求的优先权 J. 在菲律宾的卫星空间分割服务的提供应以互惠安排为基础 (4)服务提供者必须是菲律宾公民	(4)服务提供者必须是菲律宾公民	
数据和信息传输服务 · 数据网络服务(75231) · 电子信息服务(75232)	(1)不作承诺 (2)没有限制 (3)市场准入应满足如下条件: A. 菲律宾议会的特许 B. 国家电信委员会颁发的公共便利与必需证书(CPC N) C. 外资比例不超过40% D. 不允许私有租赁线路的转售 E. 不得将私营租赁线路连接至公共网络(PSTN) F. 不授权回电、回拨及导致相同操作的类似行为 G. 受限于无线电频率的可用性和有效使用 H. 卫星空间段服务提供者必须是特许或获得认证的电信、广播和/或有线电视实体 I. 在平等考虑全部因素的前提下,应给予菲律宾卫星经营者制定特许经济企业空间段要求的优先权 J. 在菲律宾提供的卫星空间段服务应以互惠安排为基础 (4)服务提供者必须是菲律宾公民	(1)没有限制 (2)没有限制 (3)市场准入应满足以下条件和要求: A. 某一实体董事会中菲籍公民的人数应与该实体中外资股权份额呈比例 B. 所有的经理和管理人员必须是菲籍公民 (4)服务提供者必须是菲律宾公民	

续表

服务提供方式:(1)跨境交付 (2)境外消费 (3)商业存在 (4)自然人移动

部门或分部门	市场准入限制	国民待遇限制	附加承诺
3. 建筑及相关工程服务			
采矿和制造业建筑服务(5136) 为融资和技术援助合同(FTAA)下的大规模采矿发展项目提供的建筑服务	(1)不作承诺 (2)没有限制 (3)如果满足菲律宾矿业法(RA 7942)下FTAA的要求,可以允许外资持有100%的股份。但是,从事建筑活动需持有"专门承包商许可证"(Special Contractor's License) (4)不作承诺	(1)不作承诺 (2)没有限制 (3)从事建筑活动要求持有PCAB颁发的"承包商许可证"(普通或特别许可证)。普通许可证只保留或发放给完全由菲律宾人所有的、或者菲律宾人持股60%以上的,严格遵照菲律宾法律建立和存在的合伙制企业/公司。特别许可证将在项目逐一审查的基础上发放给外国公司 (4)不作承诺	
6. 环境服务			
排污服务(9401)	(1)不作承诺 (2)没有限制 (3)参与公共和/或私人排污服务的外资股权比例上限为40% 参与大马尼拉市的公共和/或私人排污服务,应与特许权获得者(马尼拉水务公司和迈尼拉德水业公司)商谈并签订协议,同时要得到"城市供水与污水系统公司"(MWSS)的批准和管理。如果各方同意(即MWSS和以上两个特许权获得者),应签订准入协议备忘录 对于大马尼拉市以外的地区,进入公共和/或私人排污服务应符合下列条件:a. 有"当地水资源管辖区"(LWDs)存在的地区,参与或进入排污服务应采取合伙制企业或公司的形式,以BOT或其他类似方案、或者与LWDs订立合同协议/安排的方式提供服务。b. 没有LWDs存在的地区,参与或进入排污服务应采取合伙制企业或公司的形式,但是其合同协定的方式应符合当地政府部门的要求 (4)不作承诺	(1)不作承诺 (2)没有限制 (3)没有限制 (4)不作承诺	
9. 旅游及相关服务			
饭店住宿服务(64110)	(1)没有限制 (2)没有限制 (3)除水平承诺外,没有限制 (4)除水平承诺外,没有限制	(1)没有限制 (2)没有限制 (3)除水平承诺外,没有限制 (4)没有限制	
餐馆(CPC 6421－64310)	(1)不作承诺 (2)没有限制 (3)外国公民单独经营一家餐馆的最低投资额为250万美元;此外,还应依据相应的政府部门的要求,对设立餐馆的资格进行预先审批 外国公民在菲律宾建立任一餐馆分店的最低投资额为83万美元 水平承诺的限制同样适用	(1)不作承诺 (2)没有限制 (3)外国公民单独经营一家餐馆的最低投资额为250万美元,停止经营需预先通知 外国公民在菲律宾可建立其他餐馆分店,最低投资额为83万美元 开设或关闭餐馆分店需预先通知	

续表

服务提供方式:(1)跨境交付 (2)境外消费 (3)商业存在 (4)自然人移动

部门或分部门	市场准入限制	国民待遇限制	附加承诺
	(4)除水平承诺外,没有限制	此外,还要求餐馆保持30%的本地库存,在某些情况下必须公开报价,并禁止从事某些形式的餐馆经营行为 任何注册的外国餐馆须向贸易产业部提交下列报告:a. 按规定格式提交的总体情况表,说明餐馆有多少家特许经营店,以及餐馆的经营状况;b. 经审计的财政状况和收入税回执;c. 除非外国投资者已通知菲律宾证券交易委员会(SEC)和贸工部(DTI)准备将资本汇回本国并终止在菲律宾的经营,否则公司的相关负责人员须提交企业最低投资额的证书 经批准的外国餐馆不允许在其授权分号外,利用销售代表处、门到门销售,以及其他相似的方式从事特定的零售活动 水平承诺的限制同样适用 (4)没有限制	
旅行社(74710)	(1)没有限制 (2)没有限制 (3)除专业服务水平承诺外,没有限制 (4)除水平承诺外,没有限制	(1)没有限制 (2)没有限制 (3)除水平承诺外,没有限制 (4)没有限制	
专业会议组织	(1)没有限制 (2)没有限制 (3)允许外资控股最高比例为60% (4)参照水平承诺	(1)没有限制 (2)没有限制 (3)没有限制 (4)没有限制	
12. 其他			
能源服务			
与能源生产有关的服务			
电厂的建设和运营(在BOT方式下)			
电厂的建设	(1)不作承诺 (2)没有限制 (3)在BOT方式下允许外资持有100%的股份。但是,从事建筑活动需持有"专门承包商许可证" (4)不作承诺	(1)不作承诺 (2)没有限制 (3)从事建筑活动要求持有PCAB颁发的"承包商许可证"(普通或特别许可证)。普通许可证只保留或发放给完全由菲律宾人所有的、或者菲律宾人持股60%以上的,严格遵照菲律宾法律建立和存在的合伙制企业/公司。特别许可证将在项目逐一审查的基础上发放给外国公司,如BOT方式 (4)不作承诺	

续表

服务提供方式:(1)跨境交付　(2)境外消费　(3)商业存在　(4)自然人移动

部门或分部门	市场准入限制	国民待遇限制	附加承诺
能源工厂的运营	(1)不作承诺 (2)没有限制 (3)除电力合作运营只限于菲律宾人外,没有限制 (4)不作承诺	(1)不作承诺 (2)没有限制 (3)没有限制 (4)不作承诺	
与能源供给有关的服务			
石油精炼厂	(1)不作承诺 (2)没有限制 (3)石油精炼厂上市首次公开发行股票(IPO)的10%可以是普通股 (4)不作承诺	(1)不作承诺 (2)没有限制 (3)没有限制 (4)不作承诺	
石油码头/储油库	(1)不作承诺 (2)没有限制 (3)没有限制 (4)不作承诺	(1)不作承诺 (2)没有限制 (3)没有限制 (4)不作承诺	

中国—东盟自贸区《服务贸易协议》例外清单(菲律宾)

部门或分部门	与服务贸易协议条款不一致的措施描述	期限	产生例外需要的条件
所有部门			
提供服务的自然人进入和临时停留	向与菲律宾签订有贸易和投资者进入权利条约国家的贸易和投资者提供特别种类签证 对持有特别种类签证的人员免于劳动力市场测试,并提供简化的进入程序	贸易和投资者进入权利双边条约的失效和中止日	在互惠基础上,为出于贸易、投资以及相关活动目的而进入菲律宾的外国人提供便利
金融服务			
商业银行	向外国金融服务提供者授权在菲律宾建立商业存在,或扩展其商业银行现有的经营,应遵照互惠标准	不确定	确保菲律宾金融服务提供者在外国金融市场获得完全市场准入和国民待遇
金融公司	向外国金融服务提供者授权在商业银行建立商业存在,应遵照互惠标准	不确定	确保菲律宾金融服务提供者在外国金融市场获得完全市场准入和国民待遇
投资公司	菲律宾的相关主管部门只有在确认本国公民在申请人所在国家能够享有同样或类似权利的情况下,才能批准外资建立合资投资公司的申请	不确定	确保菲律宾金融服务提供者在外国金融市场获得完全市场准入和国民待遇
海洋运输服务			
班轮货物贸易	根据菲律宾的789号法令,菲方与《联合国班轮行为准则公约》的缔约方达成优惠的货载分摊安排 在上述优惠安排中,严格执行公约的缔约方可以在与菲律宾的双边班轮货物进出口贸易中获得至少40%的货载分摊	不确定	确保菲律宾的远洋船队有效参与本国的班轮货物贸易

新加坡在中国—东盟自贸区《服务贸易协议》中的具体承诺减让表

服务提供方式:(1)跨境交付　(2)境外消费　(3)商业存在　(4)自然人移动

部门或分部门	市场准入限制	国民待遇限制	附加承诺
一、水平承诺			
本减让表中包括的所有部门			
	(4)除公司内部人员调任外(见下文),在自然人流动方面不作承诺	(4)不作承诺	
	(4)除公司经理、高级管理人员、专家等内部人员调任外,对技术人员的短期流动不作承诺。公司内部调任人员是指公司的经理、高级管理人员和专家,他们作为公司雇员在新加坡的分公司、子公司或附属机构提供服务,并且在赴新加坡工作之前已经在该公司工作了至少一年。经理、高级管理人员和专家的定义如下:(a)经理—负责指导公司、公司某个部门或分支机构的运作,监督和掌控其他监管、专业技术或管理人员的工作,拥有雇用、解雇或建议雇用、解雇人员及其他人事权利(如升职或离职),并对公司日常的商业运营负责。经理不包括在一线工作的监管人员(一线经理),除非其负责监管的公司雇员是专业技术人员。经理也不包括对公司的工作提供必要服务的人员。(b)高级管理人员—主要负责公司的管理工作,并拥有很大的决策权,只接受更高级别的主管人员、董事会或企业股权持有者的一般性监督和指导。高级管理人员不直接从事公司的服务业务或与提供服务有关的实际工作。(c)专家—拥有高水平的专业知识,高度了解公司的服务、研究设备、技术或管理。(专家包括但不仅仅包括获得许可的专业人员) 属于公司内部人员调任性质的首期入境期限为两年,此后每次可延期3年,但总的居留期不能超过8年	(3)商业存在、法人的设立和变更应符合以下规定:(a)外国人注册的公司必须有1名本地经理,即该经理是新加坡公民、新加坡永久居民或新加坡工作证持有者(但是,如果这个外国人本人是新加坡永久居民或新加坡工作证持有者,则无需雇用本地经理)。(b)公司至少有1名董事必需是本地居民。(c)所有在新加坡注册的外国公司的分公司必须雇用至少两名本地居民为代理人(所谓本地居民是指新加坡公民、新加坡永久居民或持有新加坡工作证的人)(4)	
		(3)商业存在,其设立的权利和法人行动的权利须遵守如下条款:(a)希望注册商业企业的外国人必须雇佣1名新加坡公民、新加坡永久居民或新加坡就业许可证持有者为经理(新加坡永久居民或新加坡就业许可证持有者设立商业企业时不必如此)。(b)至少1名公司主管是本地居民。(c)在新加坡登记的所有外国公司的分支机构必须至少有两名本地居民做代理(本地居民包括新加坡公民、新加坡永久居民或新加坡就业许可证持有者)	
	(1)(2)(3)(4)任何部门或分部门中关于市场准入的具体承诺,无论采取何种服务提供方式,都不能逾越金融部门设立的限制性规定		

服务提供方式:(1)跨境交付 (2)境外消费 (3)商业存在 (4)自然人移动

部门或分部门	市场准入限制	国民待遇限制	附加承诺
二、具体部门的承诺			
1. 商务服务			
A. 专业服务			
c. 税收服务			
税收服务,不包括其他和税收有关的服务 (CPC 863)	(1)没有限制 (2)没有限制 (3)没有限制 (4)除水平承诺中内容外,不作承诺	(1)没有限制 (2)没有限制 (3)没有限制 (4)不作承诺	
e. 工程服务(CPC 8672) 包括以下部门: (a)民用工程服务 (b)生产工程服务 (c)机械工程服务 (d)电气工程服务 (e)电子工程服务 (f)航空工程服务 (g)海洋工程服务 (h)造船工程服务 (i)工业工程服务	(1)没有限制 (2)没有限制 (3)以下措施也是国民待遇的限制措施: (a)有限责任公司: —公司中不少于80%的董事必须为注册专业工程师或与之有合作关系的专业人员(注册建筑设计师或土地测绘师) —公司各类股权中不少于2/3的部分或国家发展部长就某个公司规定的略低比例的部分应由注册专业工程师或与之有合作关系的专业人员拥有,并以其名字进行登记 —在新加坡进行的专业工程项目必须处于一名董事的控制和管理下,该董事必须拥有该公司至少一份股权,为新加坡常驻居民,身为注册专业工程师并拥有有效证书 (b)无限责任公司 —公司的董事必须是注册专业工程师或与之有合作关系的专业人员(注册建筑设计师或土地测绘师) —公司的章程应规定任何非注册专业工程师、非有合作关系的专业人员、或者任何由这些人员提名的人员或者不是该公司的董事、经理或雇员的人员,不能登记成为该公司的成员 —该公司与专业工程有关的业务,必须处于公司1名董事的控制和管理之下,该董事需是:1名通常居住于新加坡的注册专业工程师;拥有有效的许可授权,且从事此类专业工程;该公司的1名成员或该公司至少1个股份的登记股东 合伙制企业: —合伙人必须是拥有有效执业证书的注册专业工程师或与其有合作关系的专业人员 —在新加坡进行的各种专业工程项目必须在一个合伙人的控制和管理下,该合伙人必须是相关的领域的注册专业工程师,通常居住在新加坡并拥有有效的执业证书 (4)除水平承诺外,不作承诺	(1)除工程师需在新加坡有效居住外,没有限制 (2)没有限制 (3)没有限制	
g. 园林建筑服务 (CPC 86742)	(1)没有限制 (2)没有限制 (3)没有限制 (4)除水平承诺中内容外,不作承诺	(1)没有限制 (2)没有限制 (3)没有限制 (4)不作承诺	
B. 研究和开发服务			
c. 由教育机构从事的边缘学科的研究和开发服务 (CPC 853)	(1)没有限制 (2)没有限制 (3)没有限制 (4)除水平承诺中内容外,不作承诺	(1)没有限制 (2)没有限制 (3)没有限制 (4)不作承诺	

续表

服务提供方式:(1)跨境交付 (2)境外消费 (3)商业存在 (4)自然人移动

部门或分部门	市场准入限制	国民待遇限制	附加承诺
D. 房地产服务			
a. 基于收费或合同的居住或非居住房地产管理服务(CPC 82201,82202)	(1)只有圣陶沙开发公司(Sentosa Development Corporation)被允许从事圣陶沙岛度假地、航道以及新加坡南部岛屿的开发和管理,除此之外没有限制 (2)没有限制 (3)只有圣陶沙开发公司被允许从事圣陶沙岛度假地、航道以及新加坡南部岛屿的开发和管理,除此之外没有限制 (4)除水平承诺中内容外,不作承诺	(1)只有圣陶沙开发公司被允许从事圣陶沙岛度假地和航道,以及新加坡南部岛屿的开发和管理,除此之外没有限制 (2)没有限制 (3)只有圣陶沙开发公司被允许从事圣陶沙岛度假地和航道,以及新加坡南部岛屿的开发和管理,除此之外没有限制 (4)不作承诺	
E. 无操作人员的租赁服务			
a. 船舶租赁(CPC 83103)	(1)没有限制 (2)没有限制 (3)没有限制 (4)除水平承诺中内容外,不作承诺	(1)没有限制 (2)没有限制 (3)没有限制 (4)不作承诺	
b. 航空器租赁(CPC 83104)	(1)没有限制 (2)没有限制 (3)没有限制 (4)除水平承诺中内容外,不作承诺	(1)没有限制 (2)没有限制 (3)没有限制 (4)不作承诺	
c. 机动车租赁(CPC 831)	(1)除禁止新加坡居民以在新加坡使用为目的租赁此类车辆外,没有限制 (2)没有限制 (3)没有限制 (4)除水平承诺中内容外,不作承诺	(1)除禁止新加坡居民以在新加坡使用为目的租赁此类车辆外,没有限制 (2)没有限制 (3)没有限制 (4)不作承诺	
F. 其他商业服务			
a. 广告服务(8711,8712,8719)	(1)没有限制 (2)没有限制 (3)没有限制 (4)除水平承诺中内容外,不作承诺	(1)没有限制 (2)没有限制 (3)没有限制 (4)不作承诺	
d. 与管理咨询相关的服务(CPC 866)	(1)没有限制 (2)没有限制 (3)没有限制 (4)除水平承诺中内容外,不作承诺	(1)没有限制 (2)没有限制 (3)没有限制 (4)不作承诺	
e. 技术测试和分析服务			
机动车技术测试和分析服务(CPC 8676)	(1)不作承诺 (2)没有限制 (3)没有限制 (4)除水平承诺中内容外,不作承诺	(1)不作承诺 (2)没有限制 (3)没有限制 (4)不作承诺	
技术测试和分析服务,不包括机动车技术测试和分析服务(CPC 8676)	(1)没有限制 (2)没有限制 (3)没有限制 (4)除水平承诺中内容外,不作承诺	(1)没有限制 (2)没有限制 (3)没有限制 (4)不作承诺	

续表

服务提供方式:(1)跨境交付 (2)境外消费 (3)商业存在 (4)自然人移动

部门或分部门	市场准入限制	国民待遇限制	附加承诺
k. 人员提供与安排服务(CPC 872)	(1)没有限制 (2)没有限制 (3)没有限制 (4)除水平承诺中内容外,不作承诺	(1)没有限制 (2)没有限制 (3)没有限制 (4)不作承诺	
l. 调查与保安服务			
保安咨询服务(CPC 87302)	(1)没有限制 (2)没有限制 (3)没有限制 (4)除水平承诺中内容外,不作承诺	(1)没有限制 (2)没有限制 (3)没有限制 (4)不作承诺	
监视报警服务(CPC 87303)	(1)没有限制 (2)没有限制 (3)没有限制 (4)除水平承诺中内容外,不作承诺	(1)没有限制 (2)没有限制 (3)没有限制 (4)不作承诺	
非武装保安服务(87305)	在市场准入和国民待遇限制方面的水平限制: 本部门所有的承诺必须遵循新加坡"私人调查和安全代理法案"(Cap. 249),该法案规定: ·允许外国人设立代理机构提供非武装保安服务,但必须注册一个由本地人参与的公司。公司至少一名经理必须是新加坡公民或新加坡永久居民 ·公司的外国经理必须提供由其母国出具的无犯罪记录证明,或者对当地行政长官作出的遵纪守法声明 ·外国人不允许担任保安人员,但可以参与公司的管理 (1)不作承诺 (2)没有限制 (3)没有限制 (4)除水平承诺中内容外,不作承诺	(1)不作承诺 (2)没有限制 (3)没有限制 (4)不作承诺	
n. 设备的维修和保养服务(不包括海运船舶、航空器或其他运输设备)	(1)没有限制 (2)没有限制 (3)没有限制 (4)除水平承诺中内容外,不作承诺	(1)没有限制 (2)没有限制 (3)没有限制 (4)不作承诺	
p. 摄影服务(CPC 875)	(1)没有限制 (2)没有限制 (3)没有限制 (4)除水平承诺中内容外,不作承诺	(1)没有限制 (2)没有限制 (3)没有限制 (4)不作承诺	
q. 包装服务(CPC 876)	(1)没有限制 (2)没有限制 (3)没有限制 (4)除水平承诺中内容外,不作承诺	(1)没有限制 (2)没有限制 (3)没有限制 (4)不作承诺	
C. 电信服务 一般条款 本部门的承诺需符合以下规定:(a)由于线路和无线电频率等资源的稀缺性,许可证的发放数量可能受到限制。(b)电信服务不包括《广播法》(Broadcasting Act)所规定的服务			
①基础电信服务 (a)全组交换数据传输业务(国内和国际) (b)电路交换数据传输业务(国内和国际)	(1)依照与授权服务商签订的商业安排 (2)没有限制 (3)外资股份累计不得超过73.99%,其中直接投资上限为49%,间接投资上限为24.99% (4)除水平承诺中内容外,不作承诺	(1)没有限制 (2)没有限制 (3)没有限制 (4)除水平承诺中内容外,不作承诺	

续表

服务提供方式：(1)跨境交付 (2)境外消费 (3)商业存在 (4)自然人移动

部门或分部门	市场准入限制	国民待遇限制	附加承诺
②移动通信服务 (a)公共移动数据服务(PMDS) (b)公共长途无线电服务(PTRS) (c)公共无线电呼叫服务(PRPS) (d)公共蜂窝移动电话服务(PCMTS)	(1)依照与授权服务商签订的商业安排 (2)没有限制 (3)外资股份累计不得超过73.99%，其中直接投资上限为49%，间接投资上限为24.99% (4)除水平承诺中内容外，不作承诺	(1)没有限制 (2)没有限制 (3)没有限制 (4)除水平承诺中内容外，不作承诺	
③转售服务 (a)公共交换服务(国内和国际)(不包括和公共交换网络连接的出租专线服务) (b)出租专线服务(国内和国际)(未与公共交换网络连接) (c)公共蜂窝移动电话服务 (d)公共无线电呼叫服务	(1)没有限制 (2)没有限制 (3)没有限制 (4)除水平承诺中内容外，不作承诺	(1)没有限制 (2)没有限制 (3)没有限制 (4)除水平承诺中内容外，不作承诺	
④网络增值服务(VAN) 包括以下服务： ·电子邮件 ·语音邮件 ·网上信息和数据库查询 ·电子数据交换 ·网上信息和/或数据处理 ·储存转发(S&F) ·存转加值网络服务(S&R)	(1)提供网络增值服务(VAN)必须获得新加坡咨讯通信发展管理局(IDA)的许可 (2)没有限制 (3)和模式(1)的规定相同 (4)除水平承诺中内容外，不作承诺	(1)没有限制 (2)没有限制 (3)没有限制 (4)不作承诺	
4. 分销服务			
市场准入和国民待遇的水平限制：(a)除另行说明，否则以下和分销服务有关的承诺不包括任何禁止进口和受非自动进口许可管理的产品；(b)新加坡保留对本国相关法规和措施所列明的禁止进口和受非自动进口许可管理产品清单进行修改和/或增加的权利和灵活性			
A. 佣金代理服务			
佣金代理服务，不包括药品、医疗商品和化妆品(CPC 621，不包括CPC 62117)	(1)没有限制 (2)没有限制 (3)没有限制 (4)除水平承诺中内容外，不作承诺	(1)没有限制 (2)没有限制 (3)没有限制 (4)不作承诺	
在新加坡市场上的药品和医疗商品的有偿或合同销售服务	(1)不作承诺 (2)没有限制 (3)没有限制 (4)除水平承诺中内容外，不作承诺	(1)不作承诺 (2)没有限制 (3)没有限制 (4)不作承诺	
B. 批发服务			
批发服务，不包括药品、医疗商品、手术和整形外科设备(CPC 622)	(1)没有限制 (2)没有限制 (3)没有限制 (4)除水平承诺中内容外，不作承诺	(1)没有限制 (2)没有限制 (3)没有限制 (4)不作承诺	
药品、医疗商品、手术和整形外科设备的批发服务(CPC 62251 & 62252)	(1)不作承诺 (2)没有限制 (3)没有限制 (4)除水平承诺中内容外，不作承诺	(1)不作承诺 (2)没有限制 (3)没有限制 (4)不作承诺	

续表

服务提供方式:(1)跨境交付 (2)境外消费 (3)商业存在 (4)自然人移动

部门或分部门	市场准入限制	国民待遇限制	附加承诺
C. 零售服务			
药品、医疗和整形外科商品的零售服务(CPC 63211)	(1)不作承诺 (2)没有限制 (3)没有限制 (4)除水平承诺中内容外,不作承诺	(1)不作承诺 (2)没有限制 (3)没有限制 (4)不作承诺	
D. 特许经营			
特许经营服务(CPC 8929)	(1)没有限制 (2)没有限制 (3)没有限制 (4)除水平承诺中内容外,不作承诺	(1)没有限制 (2)没有限制 (3)没有限制 (4)不作承诺	
5. 教育服务			
关于市场准入和国民待遇的任何服务提供方式的具体承诺,都不适用于以获得在新加坡职业工作许可、注册或资格为目的的大学学历认证			
D. 成人教育服务(CPC 924 n. e. c.)	(1)没有限制 (2)没有限制 (3)没有限制 (4)除水平承诺中内容外,不作承诺	(1)没有限制 (2)没有限制 (3)没有限制 (4)不作承诺	
E. 短期培训服务,包括语言培训(CPC 92900)	(1)没有限制 (2)没有限制 (3)没有限制 (4)除水平承诺中内容外,不作承诺	(1)没有限制 (2)没有限制 (3)没有限制 (4)不作承诺	
6. 环境服务			
C. 卫生服务(CPC 9403)	(1)不作承诺 (2)没有限制 (3)没有限制 (4)除水平承诺中内容外,不作承诺	(1)不作承诺 (2)没有限制 (3)没有限制 (4)不作承诺	
D. 废气清理服务(CPC 9404)	(1)不作承诺 (2)没有限制 (3)没有限制 (4)除水平承诺中内容外,不作承诺	(1)不作承诺 (2)没有限制 (3)没有限制 (4)不作承诺	
D. 降低噪音服务(CPC 9405)	(1)不作承诺 (2)没有限制 (3)没有限制 (4)除水平承诺中内容外,不作承诺	(1)不作承诺 (2)没有限制 (3)没有限制 (4)不作承诺	
7. 金融服务			
A. 保险及保险相关服务 本部分的所有承诺都遵循新加坡在《服务贸易总协定》(《服务贸易总协定》)中所作的具体承诺。本部分的所有承诺同样遵循新加坡金融管理局或其他相关主管机构制定的准入要求、国内法律、指导原则、标准和规定以及运营条件,并与《服务贸易总协定》第六款和金融服务业附录的第二段保持一致			
(a)人寿险服务(包括年金险、伤残收入险、意外险和健康险服务)	(1)不作承诺 (2)没有限制 (3)以下措施也是对国民待遇的限制措施:外国投资方在本地企业中的股权比例上限为49%,而且任何一个外国投资方都不能是该企业最大的股权持有者;保险公司必须作为分支机构或子公司设立;不应使用和通过投资使用任何来自社会安全、公共退休和法定储蓄规划的资金。除以上外没有限制 (4)除水平承诺中内容外,不作承诺	(1)不作承诺 (2)没有限制 (3)没有限制 (4)除水平承诺中内容外,不作承诺	

续表

服务提供方式:(1)跨境交付 (2)境外消费 (3)商业存在 (4)自然人移动

部门或分部门	市场准入限制	国民待遇限制	附加承诺
(b)非人寿保险服务(包括伤残收入险、意外险、健康险服务和忠实保险契约、履约保证金或类似保证合同)	(1)不作承诺 (2)除机动车第三者责任险和妇女赔偿金等强制性保险必须从获得许可的新加坡保险公司购买外,没有限制 (3)外国投资方在本地企业中的股权比例上限为49%,而且任何一个外国投资方都不能是该企业最大的股权持有者;保险公司必须作为分支机构或子公司设立;除以上外没有限制 (4)除水平承诺中内容外,不作承诺	(1)不作承诺 (2)没有限制 (3)没有限制 (4)除水平承诺中内容外,不作承诺	
(c)再保险	(1)没有限制 (2)没有限制 (3)除再保险公司只能设立分支机构或子公司外,没有限制。 (4)除水平承诺中内容外,不作承诺	(1)没有限制 (2)没有限制 (3)没有限制 (4)除水平承诺中内容外,不作承诺	
(d)保险辅助服务(包括保险经纪、保险代理服务)	(1)不作承诺 (2)以下措施也是对国民待遇的限制措施:没有许可证的代理商不能从事保险服务。除由船舶保赔协会投保的与海洋船舶所有权有关的风险保险和再保险之外,保险经纪人在国外对新加坡国内的风险进行安排和处置必须经过新加坡金融管理局(MAS)的批准 (3)以下措施也是对国民待遇的限制措施:除允许一般保险人和再保险经纪人作为本地注册公司开展业务外,不作承诺 (4)除水平承诺中内容外,不作承诺	(1)不作承诺 (2)没有限制 (3)不作承诺 (4)除水平承诺中内容外,不作承诺	
(e)保险附属服务	(1)没有限制 (2)没有限制 (3)没有限制 (4)除水平承诺中内容外,不作承诺	(1)没有限制 (2)没有限制 (3)没有限制 (4)除水平承诺中内容外,不作承诺	
B. 银行及其他金融服务 本部分的所有承诺都遵循新加坡在《服务贸易总协定》中所作的具体承诺。本部分的所有承诺同样遵循新加坡金融管理局或其他相关主管机构制定的准入要求、国内法律、指导原则、标准和规定以及运营条件,并与《服务贸易总协定》第六款和金融服务业附录的第二段保持一致			
(a)接受公众存款和其他应付公众资金	(1)不作承诺 (2)没有限制 (3)以下措施也是对国民待遇的限制措施: 只有得到许可的银行、商人银行和金融公司等金融机构才能接受公众的存款 如果某家外国金融机构根据其国内法律,在财务清算和清盘程序方面对其母国存款人实行优于国外分支机构存款人的待遇,新加坡金融管理局就可以对该外国金融机构设在新加坡的分支机构采取适当的差别措施,以保证新加坡存款者的利益。新加坡金融管理局可以要求外资银行按照新法律进行合并 外资银行、商人银行和金融公司的设立和运营除了必须满足B(a)~B(l)所作出的限制性规定外,还必须符合以下规定: 商业银行 不允许设立新的全功能的批发业银行。新的外国银行只能以海外支行或代表处的形式设立。代表处不能开展业务或担当代理机构	(1)不作承诺 (2)没有限制 (3)商业银行: 外国银行只能在一个办公地点开展业务(不包括后勤业务),而且不能设立银行外部的自动柜员机和自动柜员机网络,也不能设立新的支行。对提供所有的电子银行服务不作承诺。银行和分支机构的选址或重新选址都需要事先获得金融管理局的许可 批发银行只能从事外币定期存款,以及本地居民或非本地居民的现金账户业务。对于新加坡元存款业务,批发银行只能接受每	

续表

服务提供方式:(1)跨境交付 (2)境外消费 (3)商业存在 (4)自然人移动

部门或分部门	市场准入限制	国民待遇限制	附加承诺
	获得新加坡金融管理局的许可后,银行只能从事针对非本地居民的外币现金存款账户业务。一名或一群有关联的外国股权持有者在一家本地银行的持股比例上限为5% 商人银行/投资银行 外国银行和商人银行可以在新加坡设立商业银行的分行或法人机构 金融公司 不允许设立新的金融公司 任何外国人都不允许单独或与他人协作试图控制任何一家金融公司。外国人是指:(a)非新加坡公民的自然人;(b)非新加坡公民控股的公司 某人(或与其相关的人一起)购买一家金融公司的股份比例达到或超过5%、12%和20%,或实际获得这家金融公司的投票控制权之前,必须得到新加坡金融管理局的许可。在审批超过上述股比限制的购买申请时,新加坡金融管理局将把各种必要因素考虑在内,以防止不正当的控制行为,确保公众利益和金融体系的完整性。 所有的金融公司,不论是本地的还是外国所属的,都只能开展新加坡元业务。但在事先获得新加坡金融管理局许可的情况下,合格的金融公司也可以从事外币、黄金或其他贵金属业务,获取外币存款、股票或债务/可交换有价证券 (4)除水平承诺中内容外,不作承诺	笔不少于250000元的新加坡元定期存款 离岸银行可以接受本地居民或非本地居民的外币定期存款。但在新加坡元存款业务方面,离岸银行只能接受非本地居民的定期存款,而且每笔存款的金额不能少于250000新加坡元。在新加坡注册的银行的大多数董事应该是新加坡公民或新加坡永久居民 商人银行/投资银行 商人银行只能在一个办公地点开展业务(不包括后勤业务)。商人银行的选址或重新选址都需要事先获得金融管理局的许可 在新加坡金融管理局的授权下,商人银行可以在本地居民和非本地居民中筹集外币基金,经营针对非本地居民的外币存款账户业务,也可以在其股权持有者中、由其股权持有者控股的公司、银行、其他商人银行和金融公司中筹集新加坡元基金 金融公司 金融公司的选址或重新选址都需要事先获得金融管理局的许可。外国金融公司不能设立自动柜员机和自动柜员机网络,也不能设立新的分支机构 (4)除水平承诺中内容外,不作承诺	
(b)所有类型的贷款,包括消费信贷、抵押信贷、商业交易的代理和融资	(1)不作承诺。限制措施也是对国民待遇的限制措施 (2)没有限制 (3)以下措施也是对国民待遇的限制措施:(ⅰ)除了内部信用卡之外,获得新加坡金融管理局许可的银行卡发行者还可以发行信用卡和赊账卡。(ⅱ)金融机构向非本地信贷机构发放每笔超过500万新加坡元的信用贷款,或者为非本地居民处理新加坡元股票和债券业务时,应该确保这些新加坡元信贷在新加坡以外使用时可以被兑换为外币,或者在汇出新加坡之前就已被兑换为外币。如果有理由证明新加坡元贷款收入可能被某些非本地金融机构用来从事新加坡元的投机,金融部门就不能为这些非本地金融机构提供新加坡元信贷。(ⅲ)允许设立所从事业务无需新加坡金融管理局批准的信用公司 (4)除水平承诺中内容外,不作承诺	(1)没有限制 (2)没有限制 (3)每家离岸银行对新加坡居民的贷款总和不应超过5亿新元 离岸银行不应借与其相关的商人银行规避5亿新元贷款总额的限制 对信用卡和赊账卡发卡方设立离岸银行柜员机不作承诺 (4)除水平承诺中内容外,不作承诺	

续表

服务提供方式:(1)跨境交付 (2)境外消费 (3)商业存在 (4)自然人移动

部门或分部门	市场准入限制	国民待遇限制	附加承诺
(c)金融租赁	(1)没有限制 (2)没有限制 (3)除以上B(b)所指出的行为外,没有限制 (4)除水平承诺中内容外,不作承诺	(1)没有限制 (2)没有限制 (3)除B(b)所指的活动外,没有限制 (4)除水平承诺中内容外,不作承诺	
(d)所有支付和汇划服务,包括信用卡、赊账卡和贷记卡、旅行支票和银行汇票	(1)不作承诺 (2)没有限制 (3)以下措施也是对国民待遇的限制措施: 除汇款商店的汇款业务由银行或商业银行执行外,该汇款商店还必须由新加坡公民持有多数股份 银行汇票必须由银行出具 多用途的储值卡必须由得到新加坡金融管理局许可的、设在新加坡的银行发行 B.(b)(3)中列出的限制性规定同样适用于B.d中所列举的行为 (4)除水平承诺中内容外,不作承诺	(1)不作承诺 (2)没有限制 (3)没有限制 (4)除水平承诺中内容外,不作承诺	
(e)担保和承诺	(1)除A.(b)中关于保险公司提供忠诚保险契约、履行保证金或类似担保合同的限制性规定外,没有限制 (2)没有限制 (3)除A.(b)中关于保险公司提供忠诚保险契约、履行保证金或类似担保合同的限制性规定,以及B.b)(3)(ⅱ)的相关规定外,没有限制 (4)除水平承诺中内容外,不作承诺	(1)没有限制 (2)没有限制 (3)没有限制 (4)除水平承诺中内容外,不作承诺	
(f)在交易市场、公开市场或其他场所自行或代客交易: ·货币市场工具/票据(包括支票、汇票和存款证明) ·外汇 ·衍生产品,包括但不限于期货和期权 ·汇率和利率契约,包括掉期和远期利、汇率协议 ·可转让证券 ·其他可转让的票据和金融资产,包括金银条块	(1)除为自身目的而进行的B.(f)中所列产品的交易外,不作承诺 只能和金融机构开展货币市场工具、外汇、汇率和利息率工具的交易活动 (2)没有限制 (3)银行和商业银行必须设立独立的子公司才能为顾客提供金融期货交易服务。金融期货经纪人可以设立分支或法人机构 本地和外国金融机构提供衍生产品需满足以下条件:(a)该金融机构曾在其他国际著名的金融中心提供过这些金融产品,而且获得了金融中心相关监管机构的同意。(b)该金融机构的监管方和总部必须知道并且不反对在新加坡的分支/附属机构提供这些金融产品。(c)新加坡金融管理局对该机构在从事这些金融产品的交易过程中表现出的长期稳定的金融实力、有效的内部监管和风险管理能力表示满意 提供涉及新加坡元的衍生金融产品需要遵循Bb)3)(ⅱ)所作出的规定。除银行和商业银行提供的货币兑换业务之外,其他从事货币兑换业务的机构必须由新加坡公民占有大多数股份 (4)除水平承诺中内容外,不作承诺	(1)没有限制 (2)没有限制 (3)除B(b)所指的活动外,没有限制 (4)除水平承诺中内容外,不作承诺	
(g)参与各类证券的发行,包括作为证券包销或处置代理人并提供相关服务	(1)除参与本公司证券的发行,或通过在新加坡设立的证券经纪公司、银行或商业银行进行证券包销或处置外,不作承诺	(1)没有限制	
(h)货币经纪	(1)不作承诺 (2)没有限制 (3)对新的货币经纪人不作承诺 限制措施也是对国民待遇的限制措施 (4)除水平承诺中内容外,不作承诺	(1)不作承诺 (2)没有限制 (3)没有限制 (4)除水平承诺中内容外,不作承诺	

续表

服务提供方式:(1)跨境交付 (2)境外消费 (3)商业存在 (4)自然人移动

部门或分部门	市场准入限制	国民待遇限制	附加承诺
(i)资产管理,例如现金或有价证券管理、各种形式的共同投资管理、养老基金管理、有价证券的保管、受托和信托服务	(1)不作承诺 (2)没有限制 (3)以下措施也是对国民待遇的限制措施:资产管理公司、资产保管受托机构和信用服务公司只能以分公司、附属机构或合资企业的形式设立;只有中央存管处有限公司(CentralDepositary Pte Ltd)被授权在无纸贸易形式下提供有价证券的保管受托服务;涉及使用、包括通过投资使用任何社保、公共退休或法定储蓄计划的活动 (4)除水平承诺中内容外,不作承诺	(1)不作承诺 (2)没有限制 (3)没有限制 (4)除水平承诺中内容外,不作承诺	
(j)金融资产的结算和清算,包括证券、衍生产品和其他可转让票据	(1)除允许为海外证券交易所上市的金融资产提供结算和清算服务外,不作承诺 (2)没有限制 (3)只允许中央存管处有限公司和新加坡衍生商品交易所为在证券交易所进行交易的有价证券和金融期货提供结算和清算服务。只有一家依照新加坡《银行法案》设立的票据交易所可以提供新加坡元支票和银行间资金转让的清算服务 (4)除水平承诺中内容外,不作承诺	(1)不作承诺 (2)没有限制 (3)不作承诺 (4)除水平承诺中内容外,不作承诺	
(k)咨询和其他辅助金融服务,包括信用参考和分析、投资和有价证券研究和咨询、并购和公司重组战略咨询	(1)对提供投资和有价证券研究和咨询服务者要求商业存在模式 (2)没有限制 (3)允许金融咨询服务提供者以分公司、子公司或代表处的形式设立。但代表处不能开展业务或担当代理机构 (4)除水平承诺中内容外,不作承诺	(1)没有限制 (2)没有限制 (3)没有限制 (4)除水平承诺中内容外,不作承诺	
(l)提供和传输其他金融服务提供者提供的金融信息、金融数据处理和相关的软件	(1)除允许路透社、彭博咨询等机构提供金融信息服务外,不作承诺 在实行适当控制和保持数据/信息的完整性和私密性的情况下,外国银行在新加坡的分行可以向总行和联行传输数据以供分析,而且允许新加坡金融管理局在数据/信息处理的发生地获取这些数据/信息 (2)只有路透社、彭博咨询等机构被允许提供金融信息服务 (3)允许路透社、彭博咨询等机构提供金融信息服务。对银行和商业银行提供的数据处理服务需要遵循相关的国内法律,以保证银行和商业银行顾客信息的私密性 (4)除水平承诺中内容外,不作承诺	(1)对路透社、彭博咨询等机构提供金融信息服务没有限制 (2)没有限制 (3)没有限制 (4)除水平承诺中内容外,不作承诺	
8. 与健康相关的服务和社会服务	本减让表所附法定监护服务除外		
B. 由《私人医院和医疗诊所法案》定义的、实行商业运行的诊疗医院、护理中心和恢复医院(CPC 93193)	(1)不作承诺 (2)没有限制 (3)没有限制 (4)除水平承诺中内容外,不作承诺	(1)不作承诺 (2)没有限制 (3)没有限制 (4)不作承诺	
C. 由本地机构提供的针对老年人和残疾人的社会服务(CPC 93311)	(1)不作承诺 (2)除新加坡保留是否允许非本地居住的服务提供者开展业务或积极的市场开发的权利外,没有限制	(1)不作承诺 (2)除新加坡保留是否允许非本地居住的服务提供者开展业务或积极的市场开发的权利外,没有限制	

续表

服务提供方式:(1)跨境交付　(2)境外消费　(3)商业存在　(4)自然人移动

部门或分部门	市场准入限制	国民待遇限制	附加承诺
	(3)没有限制,但是对部分或全部依靠国家资金支持的非赢利性服务机构及其提供的相关服务不作承诺 (4)除水平承诺中内容外,不作承诺	(3)没有限制,但是对部分或全部依靠国家资金支持的非赢利性服务机构及其提供的相关服务不作承诺 (4)不作承诺	
C. 日间儿童看护服务,包括残疾人的日间看护服务(CPC 93321)	(1)不作承诺 (2)除新加坡保留是否允许非本地居住的服务提供者开展业务或积极的市场开发的权利外,没有限制 (3)除对部分或全部依靠国家资金支持的非赢利性服务机构及其提供的相关服务不作承诺外,没有限制 (4)除水平承诺中内容外,不作承诺	(1)不作承诺 (2)除新加坡保留是否允许非本地居住的服务提供者开展业务或积极的市场开发的权利外,没有限制 (3)除对部分或全部依靠国家资金支持的非赢利性服务机构及其提供的相关服务不作承诺外,没有限制 (4)不作承诺	
C. 未列明的儿童的指导和咨询服务(CPC 93322)	(1)不作承诺 (2)除对寻求在新加坡开展业务或积极的市场开发的非本地注册公司不作承诺外,没有限制 (3)除对部分或全部依靠国家资金支持的非赢利性服务机构及其提供的相关服务不作承诺,没有限制 (4)除水平承诺中内容外,不作承诺	(1)不作承诺 (2)除对寻求在新加坡开展业务或积极的市场开发的非本地注册公司不作承诺外,没有限制 (3)除对部分或全部依靠国家资金支持的非赢利性服务机构及其提供的相关服务不作承诺外,没有限制 (4)不作承诺	
C. 非本地机构提供的福利服务(CPC 93323)	(1)不作承诺 (2)除对寻求在新加坡开展业务或积极的市场开发的非本地注册公司不作承诺外,没有限制 (3)除对部分或全部依靠国家资金支持的非赢利性服务机构及其提供的相关服务不作承诺,没有限制 (4)除水平承诺中内容外,不作承诺	(1)不作承诺 (2)除对寻求在新加坡开展业务或积极的市场开发的非本地注册公司不作承诺外,没有限制 (3)除对部分或全部依靠国家资金支持的非赢利性服务机构及其提供的相关服务不作承诺外,没有限制 (4)不作承诺	
C. 其他不包括食宿的社会服务(CPC 93329)	(1)不作承诺 (2)除对寻求在新加坡开展业务或积极的市场开发的非本地注册公司不作承诺外,没有限制 (3)除对部分或全部依靠国家资金支持的非赢利性服务机构及其提供的相关服务不作承诺,没有限制 (4)除水平承诺中内容外,不作承诺	(1)不作承诺 (2)除对寻求在新加坡开展业务或积极的市场开发的非本地注册公司不作承诺外,没有限制 (3)除对部分或全部依靠国家资金支持的非赢利性服务机构及其提供的相关服务不作承诺外,没有限制 (4)不作承诺	

续表

服务提供方式:(1)跨境交付 (2)境外消费 (3)商业存在 (4)自然人移动

部门或分部门	市场准入限制	国民待遇限制	附加承诺
9. 旅游和与旅游相关的服务			
b. 旅行社和旅游经营者服务(CPC 7471)	(1)没有限制 (2)没有限制 (3)没有限制 (4)除水平承诺中内容外,不作承诺	(1)没有限制 (2)没有限制 (3)没有限制 (4)不作承诺	
c. 导游服务(CPC 7472)	(1)没有限制 (2)没有限制 (3)没有限制 (4)除水平承诺中内容外,不作承诺	(1)没有限制 (2)没有限制 (3)没有限制 (4)不作承诺	
10. 娱乐、文化和体育服务(视听服务除外)			
A. 娱乐服务(包括剧场、现场乐队和马戏团服务)(CPC 9619)	(1)没有限制 (2)没有限制 (3)没有限制 (4)除水平承诺中内容外,不作承诺	(1)没有限制 (2)没有限制 (3)没有限制 (4)不作承诺	
C. 档案服务,不包括《国家文物局法案》中所规定的服务	(1)没有限制 (2)没有限制 (3)没有限制 (4)除水平承诺中内容外,不作承诺	(1)没有限制 (2)没有限制 (3)没有限制 (4)不作承诺	
公园服务,不包括国家公园、自然保护区和《国家公园法》中所规定的公园用地(CPC 9633)	(1)没有限制 (2)没有限制 (3)没有限制 (4)除水平承诺中内容外,不作承诺	(1)没有限制 (2)没有限制 (3)没有限制 (4)不作承诺	
D. 体育和休闲服务,不包括博彩服务(CPC 964)	(1)没有限制 (2)没有限制 (3)没有限制 (4)除水平承诺中内容外,不作承诺	(1)没有限制 (2)没有限制 (3)没有限制 (4)不作承诺	
11. 运输服务			
A. 海洋运输服务			
国际海运服务(货运和客运),不包括沿海运输(CPC 7211,7212)	(1)没有限制 (2)没有限制 (3)没有限制 (4)除水平承诺中内容外,不作承诺;对公司内部的船只和船员调配不作承诺	(1)没有限制 (2)没有限制 (3)没有限制 (4)不作承诺	即使根据《WTO服务贸易总协定》28条(c)(ⅱ)条款所规定的义务没有涉及,国际海运提供商仍然可以在合理、非歧视的情况下享受以下服务:领航、拖带协助、加注燃料和水、垃圾收集(压舱物和废弃物处理)、紧急导航援助、提供维修设备、锚地停泊、其他和船务有关的岸上服务(包括通讯、水、电供应等)

续表

服务提供方式:(1)跨境交付 (2)境外消费 (3)商业存在 (4)自然人移动

部门或分部门	市场准入限制	国民待遇限制	附加承诺
海洋运输辅助服务 国际拖带	(1)没有限制 (2)没有限制 (3)没有限制 (4)除水平承诺中内容外,不作承诺	(1)没有限制 (2)没有限制 (3)没有限制 (4)不作承诺	
海洋运输辅助服务 船级社,但不包括对悬挂新加坡国旗船舶的法定服务	(1)没有限制 (2)没有限制 (3)没有限制 (4)除水平承诺中内容外,不作承诺	(1)没有限制 (2)没有限制 (3)没有限制 (4)不作承诺	
D. 航空运输服务			
航空运输服务的销售和营销	(1)没有限制 (2)没有限制 (3)不作承诺 (4)除水平承诺中内容外,不作承诺	(1)没有限制 (2)没有限制 (3)不作承诺 (4)不作承诺	
F. 公路运输服务			
有操作人员的汽车租赁服务(CPC 71222) 有操作人员的公共汽车和四轮马车租赁服务(CPC 71223) 有操作人员的商用货运机动车租赁服务(CPC 71240)	(1)不作承诺 (2)没有限制 (3)没有限制 (4)除水平承诺中内容外,不作承诺	(1)不作承诺 (2)没有限制 (3)没有限制 (4)不作承诺	
以下种类商品的运输 (a)冷冻商品(CPC 71231) (b)液体或气体(CPC 71232) (c)集装箱装运的货物(CPC 71233) (d)家具(CPC 71234)	(1)不作承诺 (2)没有限制 (3)没有限制 (4)除水平承诺中内容外,不作承诺	(1)不作承诺 (2)没有限制 (3)没有限制 (4)不作承诺	
机动车的维护和修理服务(CPC 61120) 机动车零部件的维护和修理服务(CPC 88)	(1)没有限制 (2)没有限制 (3)没有限制 (4)除水平承诺中内容外,不作承诺	(1)没有限制 (2)没有限制 (3)没有限制 (4)不作承诺	
停车服务(CPC 74430)	(1)没有限制 (2)没有限制 (3)没有限制 (4)除水平承诺中内容外,不作承诺	(1)没有限制 (2)没有限制 (3)没有限制 (4)不作承诺	
12. 其他未列明的服务			
洗涤、清洁和染色服务(CPC 9701)	(1)不作承诺 (2)没有限制 (3)没有限制 (4)除水平承诺中内容外,不作承诺	(1)不作承诺 (2)没有限制 (3)没有限制 (4)不作承诺	
美发和其他美容服务(CPC 9702)	(1)不作承诺 (2)没有限制 (3)没有限制 (4)除水平承诺中内容外,不作承诺	(1)不作承诺 (2)没有限制 (3)没有限制 (4)不作承诺	

续表

服务提供方式:(1)跨境交付 (2)境外消费 (3)商业存在 (4)自然人移动

部门或分部门	市场准入限制	国民待遇限制	附加承诺
葬礼、火化及相关服务,不包括公墓、坟墓和墓地的维护服务(CPC 97030)	(1)不作承诺 (2)没有限制 (3)没有限制 (4)除水平承诺中内容外,不作承诺	(1)不作承诺 (2)没有限制 (3)没有限制 (4)不作承诺	

泰国在中国—东盟自贸区《服务贸易协议》中的具体承诺减让表

服务提供方式:(1)跨境交付 (2)境外消费 (3)商业存在 (4)自然人移动

部门或分部门	市场准入限制	国民待遇限制	附加承诺
一、水平承诺			
本减让表中包括的所有部门	(3)对于通过商业存在提供的服务,只有一缔约方自然人拥有或控制的另一缔约方法人才可以受益于泰国所做承诺 除在具体部门另行规定外,本减让表中各个部门或分部门的商业存在只能通过在泰国注册成立有限责任公司的方式实现,同时还需满足以下条件:(a)外资股份在公司的注册资本中所占比例不能超过49%。(b)外国股东的人数必须少于公司股东总数的一半 (4)除具体部门另行规定及以下类别人员外,对于自然人临时流动不作承诺: Ⅰ. 商务访问者(BV) (a)服务销售人员:即作为一服务提供者的代表进入并临时在泰国居留、不从泰国境内的商品或服务销售活动获得报酬、或就销售该提供者的服务达成协议的人员 (b)负责设立商业存在机构的人员:即作为一服务提供者的代表,出于以下目的进入并临时在泰国居留的人员:①参加商务会议或合同签署;②访问商业机构或其他类似活动;③在一服务提供者未在泰国设立商业存在的情况下,进入泰国并设法设立商业存在 条件:服务提供者的代表或法人的雇员不能直接向公众进行销售,或亲自提供服务 居留期限:允许商务访问者临时在泰国居留,经申请可获得工作许可,最初的入境期限为90天 在符合移民局和劳工部就业厅规定的相关标准的前提下,(b)类商务访问者的入境期限可以延长至一年 Ⅱ. 公司内部调动人员(ICT)设立在某一成员领土内的公司的雇员,作为公司内部的临时调任人员,为该公司在泰国的商业存在提供服务 此类人员包括经理、高级管理人员和专家,具体定义如下: 经理:(manager)在机构内负责指导公司、公司某个部门或分支机构的运作,监督和掌控其他监管、专业技术或管理人员的工作,拥有雇用、解雇或建议雇用、解雇人员及其他人事权利(如升职或离职),并对公司日常的商业运营负责。经理不包括在一线工作的监管人员,除非其负责监管的公司雇员是专业技术人员。经理也不包括对公司的工作提供必要服务的人员 高级管理人员:(executive)在机构内主要负责公司的管理工作,并拥有很大的决策权,只接受更高级别的主管人员、董事会或企业股权持有者的一般性监督和指导。高级管理人员不直接从事公司的服务业务或与提供服务有关的实际工作 专家:(specialist)在机构内拥有高水平的专业知识,深度了解公司的服务、研究设备、技术或管理	(3)对于通过商业存在提供的服务,只有一缔约方自然人拥有或控制的另一缔约方法人才可以受益于泰国所做承诺 除在具体部门另行规定外,对遵照泰国法规注册的、外资股份在注册资本中所占比例不超过49%的商业实体,没有限制 对包括补贴在内的其他国民待遇不作承诺 (4)除市场准入栏中的内容外,不作承诺	

续表

服务提供方式:(1)跨境交付 (2)境外消费 (3)商业存在 (4)自然人移动

部门或分部门	市场准入限制	国民待遇限制	附加承诺
	条件:上述雇员在提出入境申请时,必须已在泰国境外为该公司工作了至少一年;符合泰国移民局提出的相关标准,并持有非移民签证;同时还应符合泰国劳工部就业厅根据管理需要提出的相关标准 入境期限:允许上述类别的雇员临时在泰国居留,经申请可获得工作许可,首期入境期限为一年。在获得最初的雇主对雇员任职时间的证实,并符合泰国相关法律规定的情况下,可以对雇员的入境期限进行三次延期,每次延期不得超过1年 (3)(4)收购和使用土地:根据泰国的《土地法》,外国公民或视为外国所属的本国公司不允许在泰国购买或拥有土地,但可以租用土地并拥有建筑物。此外,根据泰国关于共有所有权的法律规定,外国人也可以拥有共管单元的部分所有权	(3)(4)收购和使用土地:除市场准入栏中的内容外,不作承诺	
Ⅱ. 具体部门的承诺			
1. 商务服务 A. 专业服务 (b)会计、审计和簿记服务(CPC 862)	(1)没有限制 (2)没有限制 (3)没有限制 (4)不作承诺	(1)不作承诺 (2)没有限制 (3)没有限制 (4)不作承诺	
(d)建筑设计服务(CPC 8671)	(1)没有限制 (2)没有限制 (3)商业存在的实现方式仅限于设立有限责任公司、有限合伙公司或总部设在泰国的普通注册合伙公司,同时还须满足以下条件:(a)外资股份在公司的注册资本中所占比例不能超过49%;(b)有限责任公司的总经理,或至少半数经理必须是泰国公民,并持有泰国建筑师协会(Architects Council)颁发的执照;有限合伙或普通合伙注册公司(c)主管合伙人或经理必须是泰国公民;并且(d)主管合伙人,或至少半数的合伙人必须是泰国公民,并持有泰国建筑师协会颁发的执照 (4)不作承诺	(1)不作承诺 (2)没有限制 (3)没有限制 (4)不作承诺	
(e)工程服务(CPC 8672)	(1)没有限制 (2)没有限制 (3)商业存在的实现方式仅限于设立有限责任公司、有限合伙公司或总部设在泰国的注册普通合伙公司,同时还须满足以下条件:(a)外资股份在公司的注册资本中所占比例不能超过49%;(b)有限责任公司的总经理,或至少半数经理必须是泰国公民,并持有泰国建筑师协会颁发的执照;(c)有限合伙或普通合伙注册公司主管合伙人或经理必须是泰国公民;并且(d)主管合伙人,或至少半数的合伙人必须是泰国公民,并持有泰国建筑师协会颁发的执照 (4)(a)与水平承诺的内容相同;(b)对土木工程师不作承诺	(1)不作承诺 (2)没有限制 (3)没有限制 (4)除水平承诺中内容外,不作承诺	
(g)园林建筑服务(CPC 86742)	(1)没有限制 (2)没有限制 (3)商业存在的实现方式仅限于设立有限责任公司、有限合伙公司或总部设在泰国的注册普通合伙公司,同时还须满足以下条件:(a)外资股份在公司的注册资本中所占比例不能超过49%;(b)有限责任公司的总经理,或至少半数经理必须是泰国公民,并持有泰国建筑师协会颁发的执照;(c)有限合伙或普通合伙注册公司主管合伙人或经理必须是泰国公民;(d)主管	(1)不作承诺 (2)没有限制 (3)没有限制	

续表

服务提供方式:(1)跨境交付 (2)境外消费 (3)商业存在 (4)自然人移动

部门或分部门	市场准入限制	国民待遇限制	附加承诺
	合伙人,或至少半数的合伙人必须是泰国公民,并持有泰国建筑师协会颁发的执照 (4)不作承诺	(4)不作承诺	
5. 教育服务 B. 中等教育服务 国际和国内的学校教育服务,不包括成人和其他教育服务(CPC 9221,9222)	(1)不作承诺 (2)没有限制 (3)没有限制 (4)外国的自然人可以在泰国提供教育服务,但须满足以下条件:(a)外国自然人受到在泰国合法设立并注册的教育机构的邀请或雇用;(b)外国自然人具备相关教育机构所要求的资格和工作经验,在适当情况下,还应符合泰国教育部设定的其他相关标准 首次入境的期限为一年或与聘用期相同,以较短者为准,可能获得延长 其他要求与水平承诺的内容相同	(1)不作承诺 (2)没有限制 (3)没有限制 (4)除水平承诺部分提出的以外,不作承诺。申请许可经营的人必须在泰国有住所	
技术和职业教育服务 (CPC 9223,9224)	(1)没有限制 (2)没有限制 (3)没有限制 (4)外国的自然人可以在泰国提供教育服务,但须满足以下条件:(a)外国自然人受到在泰国合法设立并注册的教育机构的邀请或雇用;(b)外国自然人具备相关教育机构所要求的资格和工作经验,在适当情况下,还应符合泰国教育部设定的其他相关标准 首次入境的期限为一年或与聘用期相同,以较短者为准,可能获得延长 其他要求与水平承诺的内容相同	(1)没有限制 (2)没有限制 (3)没有限制 (4)除水平承诺部分提出的以外,不作承诺	
C. 高等教育服务 (CPC 923)	(1)不作承诺 (2)没有限制 (3)不作承诺 (4)外国的自然人可以在泰国提供教育服务,但须满足以下条件:(a)外国自然人受到在泰国合法设立并注册的教育机构的邀请或雇用;(b)外国自然人具备相关教育机构所要求的资格和工作经验,在适当情况下,还应符合泰国教育部设定的其他相关标准 首次入境的期限为一年或与聘用期相同,以较短者为准,可能获得延长 其他要求与水平承诺的内容相同	(1)不作承诺 (2)没有限制 (3)不作承诺 (4)不作承诺	
E. 其他教育服务 中文讲授服务(CPC 92900的一部分)	(1)不作承诺 (2)没有限制 (3)不作承诺 (4)外国的自然人可以在泰国提供中文教学服务,但须满足以下条件:(a)外国自然人受到在泰国合法设立并注册的教育机构的邀请或雇用;(b)外国自然人具备相关教育机构所要求的资格和工作经验,在适当情况下,还应符合泰国教育部设定的其他相关标准 首次入境的期限为一年或与聘用期相同,以较短者为准,可能获得延长 其他要求与水平承诺的内容相同	(1)不作承诺 (2)没有限制 (3)不作承诺 (4)不作承诺	
9. 旅游和与旅游相关的服务			
A. 旅馆住宿服务 (CPC 64110)	(1)没有限制 (2)没有限制 (3)没有限制 (4)与水平承诺的内容相同	(1)没有限制 (2)没有限制 (3)没有限制 (4)除水平承诺中内容外,不作承诺	

续表

服务提供方式:(1)跨境交付 (2)境外消费 (3)商业存在 (4)自然人移动

部门或分部门	市场准入限制	国民待遇限制	附加承诺
餐饮服务(CPC 64210)	(1)没有限制 (2)没有限制 (3)没有限制 (4)与水平承诺的内容相同	(1)没有限制 (2)没有限制 (3)没有限制 (4)除水平承诺中内容外,不作承诺	
外卖服务(CPC 64230)	(1)不作承诺 (2)没有限制 (3)没有限制 (4)与水平承诺的内容相同	(1)不作承诺 (2)没有限制 (3)没有限制 (4)除水平承诺中内容外,不作承诺	
B. 旅行社和旅游经营者服务(CPC 7471)	(1)不作承诺 (2)没有限制 (3)除水平承诺中的规定外,公司不少于一半的董事会成员须为泰国公民 (4)与水平承诺的内容相同	(1)不作承诺 (2)没有限制 (3)没有限制 (4)除水平承诺中内容外,不作承诺	
D. 其他旅馆管理服务	(1)没有限制 (2)没有限制 (3)没有限制 (4)与水平承诺的内容相同	(1)没有限制 (2)没有限制 (3)没有限制 (4)除水平承诺中内容外,不作承诺	
11. 运输服务 A. 海洋运输服务 海运货物装卸服务	(1)不作承诺 (2)没有限制 (3)在泰国港务局所管辖的地区从事海洋货运服务,须符合港务局在 B. E. 2494 法案中所规定的相关条件 (4)与水平承诺的内容相同	(1)不作承诺 (2)没有限制 (3)没有限制 (4)除水平承诺中内容外,不作承诺	

越南在中国—东盟自贸区《服务贸易协议》中的具体承诺减让表

服务提供方式:(1)跨境交付 (2)境外消费 (3)商业存在 (4)自然人移动

部门或分部门	市场准入限制	国民待遇限制	附加承诺
一、水平承诺			
本承诺表中的所有部门	(3)除下列情况外,没有限制: 除各服务部门和分部门特别指出外,外国服务提供商可以在《外商投资法》许可范围内,建立如下形式的商业存在:业务合作合同;合资企业;100%外商独资公司企业 允许建立外国服务提供商的代表处。代表处不能从事任何直接盈利的经济活动 除各服务部门和分部门特别指出外,对外国服务提供商建立分支机构不作承诺 本协定生效前已经实施的、涉及外国服务提供商在越南组建公司、运作经营或提供服务的许可法规或相关协议所规定的控股条件、企业运作和业务范围等限制不应比本协定生效时的限制条件更为严格 经主管当局许可,外资企业可以租赁土地以运作其投资项目。土地租赁期必须与该企业的运作期限一致,并在投资许可证中注明允许外国服务提供商通过购买越南企业股份的形式持股。在此种情况下,任一企业中外国投资者拥有的总股份不能超过注册资本的30%,只有经越南法律许可或经越南主管当局批准,允许例外	(3)除下列情况外,没有限制: 获得补贴的资格仅限于授予越南服务提供商,即在越南境内设立的法人,或其中一部分。以促进或保证公平为目的的一次性补贴不违背本承诺。对研究和开发领域的补贴,不作承诺。对健康、教育和视听部门的补贴,不作承诺。对致力于促进少数民族/种族福利及就业的补贴,不作承诺	

续表

服务提供方式:(1)跨境交付 (2)境外消费 (3)商业存在 (4)自然人移动

部门或分部门	市场准入限制	国民待遇限制	附加承诺
	本协定生效1年后,外国投资者持有越南企业股份不能超过30%的限制将被取消,但通过购买合资商业银行股份的出资方式,以及本承诺表未涉及的部门除外对本承诺表中的其他部门或分部门,外国投资者持有越南企业股份的限制将按照特定部门的规定执行,包括适用的过渡期限制 (a)外资公司(已在越南境内建立商业存在模式)管理工作、只接受董事会或公司股东一般监督或指导的人员,包括负责公司成立或某具体部门/分支机构成立的人员、监督或管理其他监管部门、专业部门或管理部门雇员工作的人员、拥有单独雇佣(解雇)或建议雇佣(解雇及其他人事活动)权力的人员、以及不直接参与公司实际服务提供的人员 专家或专业人员是指受雇于某组织且拥有高级专业知识及该组织服务、研究设备、技术和管理等方面特殊知识的自然人 对专业知识的评估,不仅考虑是否是该商业存在组织所特别需要的知识,也考虑该人员是否拥有此类特殊知识相关的高级技能和资格。专家包括但不限于职业注册机构的成员 (b)其他人员 (c)在越南无收入来源,并代表某特定服务提供商从事服务销售谈判工作的人员。(ⅰ)其涉及的服务不能直接提供给一般公众;(ⅱ)服务销售人员不能直接提供此类服务。服务销售人员的居留时限为90天 (d)负责设立商业存在的人员 受雇于本协定其他缔约伙伴的服务提供商,负责在越南以商业存在模式筹建法人公司的经理和执行主管(如(a)中所定义的)可以在越南短期居留90天,但必须满足下列条件:(ⅰ)这些人员不从事直接的服务销售和服务提供;(ⅱ)该服务提供商主要在越南以外的其他缔约伙伴国境内进行商业活动,且在越南没有其他的商业存在模式		
二、具体部门的承诺			
1. 商务服务			
A. 专业服务			
(a)法律服务(CPC 861),但不包括:作为辩护律师或委托代理人参与正式的法律诉讼或在越南法庭出庭;涉及越南法律的法律文件起草及认证服务	(1)没有限制 (2)没有限制 (3)外国律师组织只能以下列形式在越南建立商业存在:(a)—外国律师组织的分支机构;(b)—外国律师组织的附属机构;(c)外国律师事务所;(d)外国律师组织和越南律所建立的合伙组织 外国律师组织通过商业存在模式提供越南法律的咨询服务须满足下列条件:咨询律师已从越南法律大学毕业并已达到对类似越南法律从业人员的要求 (4)除水平承诺外,不作承诺	(1)没有限制 (2)没有限制 (3)没有限制 (4)除水平承诺外,不作承诺	
(b)会计、审计和簿记服务(CPC 862)	(1)没有限制 (2)没有限制 (3)没有限制 (4)除水平承诺外,不作承诺	(1)没有限制 (2)没有限制 (3)没有限制 (4)除水平承诺外,不作承诺	

续表

服务提供方式:(1)跨境交付 (2)境外消费 (3)商业存在 (4)自然人移动

部门或分部门	市场准入限制	国民待遇限制	附加承诺
(c)税收服务(CPC 863)	(1)没有限制 (2)没有限制 (3)除下列条件外,没有限制:(a)本协议生效之日起1年之内,许可证的发放将采取个案处理的方式,且服务提供商的数量将由财政部根据越南市场需求及发展规模予以控制。(b)本协议生效之日起1年之内,仅允许外国投资公司向越南境内的外资企业和外资项目提供税收服务 (4)除水平承诺外,不作承诺	(1)没有限制 (2)没有限制 (3)没有限制 (4)除水平承诺外,不作承诺	
(d)建筑设计服务(CPC 8671)	(1)没有限制 (2)没有限制 (3)除下列条件外,没有限制:(a)本协议生效之日起两年之内,100%外商投资公司仅被允许向越南境内的外资公司提供服务。(b)外资公司必须是其他缔约方的法人企业 (4)除水平承诺外,不作承诺	(1)没有限制 (2)没有限制 (3)没有限制 (4)除水平承诺外,不作承诺	
(e)工程服务(CPC 8672) (f)集中工程服务(CPC 8673)	(1)没有限制 (2)没有限制 (3)除下列条件外,没有限制:(a)本协议生效之日起两年之内,100%外商独资公司仅被允许向越南境内的外资公司提供服务。(b)外资公司必须是其他缔约伙伴国的法人公司 (4)除水平承诺外,不作承诺	(1)没有限制 (2)没有限制 (3)除下列条件外,没有限制:提供有关地形、地球勘测、水文地质和环境调研以及城乡发展规划和部门发展规划的技术调研等方面的工程服务,须经越南政府的批准。 (4)除水平承诺外,不作承诺	
(g)城市规划和园林建筑服务(CPC 8674)	(1)没有限制 (2)没有限制 (3)除下列条件外,没有限制:(a)本协定生效两年之后,允许成立100%外商独资公司。(b)本协定生效两年之内,100%外商独资公司仅被允许向越南境内的外资公司提供服务。(c)外资公司必须是其他缔约伙伴国的法人公司 (4)除水平承诺外,不作承诺	(1)该类服务只能由拥有许可证书的建筑师提供,该建筑师必须为拥有越南法人资格的建筑设计公司服务,提供该类服务必须遵守其他现有越南法律。除上述限制外,没有限制 (2)没有限制 (3)受雇于外资公司的外国建筑师必须拥有越南政府授予/或认可的职业资格。除上述限制外,没有限制 在某些领域,出于国家安全和社会稳定的考虑,根据越南政府的规定,外国服务提供商不能提供此类服务 (4)除水平承诺外,不作承诺	
(i)兽医服务(CPC 932)	(1)没有限制 (2)没有限制 (3)提供此类服务的自然人,其个人从业经验须经专门评估,且需兽医主管部门批准 (4)除水平承诺外,不作承诺	(1)没有限制 (2)没有限制 (3)没有限制 (4)除水平承诺外,不作承诺	

续表

服务提供方式:(1)跨境交付 (2)境外消费 (3)商业存在 (4)自然人移动

部门或分部门	市场准入限制	国民待遇限制	附加承诺
B 计算机及相关服务(CPC 841 –845,CPC 849)			
	(1)没有限制 (2)没有限制 (3)除下列条件外,没有限制:(a)本协议生效之日起两年之内,100%外商投资公司仅被允许向越南境内的外资公司提供服务。(b)本协议生效之日3年之后,允许成立分支机构 (4)除水平承诺外,不作承诺	(1)没有限制 (2)没有限制 (3)除分支机构主管必须是越南居民外,没有限制 (4)除水平承诺外,不作承诺	
C 研究和开发服务			
(a)自然科学的研究和开发服务(CPC 851)	(1)没有限制 (2)没有限制 (3)没有限制 (4)除水平承诺外,不作承诺	(1)没有限制 (2)没有限制 (3)没有限制 (4)除水平承诺外,不作承诺	
E 无操作人员的租赁服务(干租服务)			
(b)航空器租赁(CPC 83104)	(1)没有限制 (2)没有限制 (3)没有限制 (4)除水平承诺外,不作承诺	(1)没有限制 (2)没有限制 (3)没有限制 (4)除水平承诺外,不作承诺	
(d)其他机械设备租赁(CPC 83109)	(1)除工业机械和设备不作承诺外,没有限制 (2)没有限制 (3)不作承诺 (4)除水平承诺外,不作承诺	(1)除工业机械和设备不作承诺外,没有限制 (2)没有限制 (3)不作承诺 (4)除水平承诺外,不作承诺	
F 其他商务服务			
(a)广告服务(CPC 871,不包括香烟广告)	(1)没有限制 (2)没有限制 (3)除下列条件外,没有限制:(a)本协定生效之日起,允许外国服务提供商与获准提供广告服务的越南合作伙伴建立合资企业或达成商业合作合同。(b)本协定生效之日起,允许成立外资控股比例不超过51%的合资企业。2009年1月1日后,取消所有针对合资企业外资股权比例的限制 (4)除水平承诺外,不作承诺	(1)没有限制 (2)没有限制 (3)没有限制 (4)除水平承诺外,不作承诺	在非歧视的基础上,葡萄酒和烈性酒的广告应遵守越南的国家法规
(b)市场调研服务(CPC 864,不包括86402)	(1)没有限制 (2)没有限制 (3)除下列条件外,没有限制:本协定生效之日起,允许成立外资控股比例不超过51%的合资企业。2009年1月1日后,允许成立100%外商独资公司 (4)除水平承诺外,不作承诺	(1)没有限制 (2)没有限制 (3)没有限制 (4)除水平承诺外,不作承诺	
(c)管理咨询服务(CPC 865)	(1)没有限制 (2)没有限制 (3)没有限制 本协议生效之日3年之后,允许成立分支机构 (4)除水平承诺外,不作承诺	(1)没有限制 (2)没有限制 (3)除分支机构主管必须是越南居民外,没有限制 (4)除水平承诺外,不作承诺	

续表

服务提供方式:(1)跨境交付 (2)境外消费 (3)商业存在 (4)自然人移动

部门或分部门	市场准入限制	国民待遇限制	附加承诺
(d)与管理咨询相关的服务 · CPC 866,除 CPC 86602 之外 · 企业之间的商业纠纷的仲裁和调解服务(CPC 86602)	(1)没有限制 (2)没有限制 (3)除下列条件外,没有限制:(a)本协议生效之日3年之后,允许成立分支机构。(b)对于除 CPC 86602 之外的 CPC 866 项下服务,本协定生效之日起一年之内,只能通过合资企业或商业合作合同的形式提供服务。除此之外,没有限制。(c)对于企业之间的商业纠纷的仲裁和调解服务(CPC 86602),本协定生效之日起3年之内,不作承诺。除此之外,没有限制 (4)除水平承诺外,不作承诺	(1)没有限制 (2)没有限制 (3)除分支机构主管必须是越南居民外,没有限制 (4)除水平承诺外,不作承诺	
(e)技术测试和分析服务(CPC 8676,不包括运输工具的一致性测试和认证服务)	(1)不作承诺 (2)没有限制 (3)越南正在向私人服务提供者开放一些原来由政府部门专营,禁止私人部门参与竞争的领域。在这些部门向私人服务提供者开放3年后,将取消对于合资企业外资控股比例的限制。在这些部门向私人服务提供者开放5年后,取消所有限制。除此之外,没有限制 基于国家安全原因,进入特定的地理区域将会受到限制 (4)除水平承诺外,不作承诺	(1)没有限制 (2)没有限制 (3)没有限制 (4)除水平承诺外,不作承诺	
(f)与农业、狩猎和林业有关的服务(CPC 881)	(1)没有限制 (2)没有限制 (3)除下列条件外,没有限制:只能以合资企业或商业合作合同的形式提供服务。合资企业外资股权比例上限为法定资本的51%。 (4)除水平承诺外,不作承诺	(1)没有限制 (2)没有限制 (3)除下列条件外,没有限制:进入特定地理区域将受到限制 (4)除水平承诺外,不作承诺	

(h)与采矿业有关的服务(CPC 883)

1. 下文承诺不包括以下活动:提供设备、原料和化学制品,提供基础服务,近海或海上支援船只,住宿和给养,直升机服务
2. 下文承诺不能限制越南政府在与《服务贸易总协定》所规定的权利及义务保持一致的前提下,通过制定必要的规则和程序来管理其境内或辖区内的与石油和天然气有关的活动的权利

部门或分部门	市场准入限制	国民待遇限制	附加承诺
	(1)除下列条件外,没有限制:尚未建立商业存在的外国公司必须向越南政府主管当局申请注册,且遵守越南相关法律 (2)没有限制 (3)除下列条件外,没有限制:本协定生效之日起,允许建立外资股权份额不超过49%的合资企业。本协定生效3年之后,外资股权份额上限为51%。本协定生效5年之后,允许建立100%外商独资公司。 (4)除水平承诺外,不作承诺	(1)除市场准入栏中的内容外,没有限制 (2)没有限制 (3)除市场准入栏中的内容外,没有限制 (4)除水平承诺外,不作承诺	
(i)与制造业有关的服务(CPC 884 和 885)	(1)没有限制 (2)没有限制 (3)除下列条件外,没有限制:本协定生效3年之后,允许成立外资股权份额不超过50%的合资企业。本协定生效5年之后,允许建立100%外商独资公司 (4)除水平承诺外,不作承诺	(1)没有限制 (2)没有限制 (3)不作承诺 (4)除水平承诺外,不作承诺	
(m)相关的科学和技术咨询服务(只包括 CPC 86751,86752 和 86753)	(1)除下列条件外,没有限制:尚未建立商业存在的外国公司必须向越南政府主管部门申请注册,且遵守越南相关法律 (2)没有限制	(1)除市场准入栏中的内容外,没有限制 (2)没有限制	

续表

服务提供方式:(1)跨境交付　(2)境外消费　(3)商业存在　(4)自然人移动

部门或分部门	市场准入限制	国民待遇限制	附加承诺
	(3)除下列条件外,没有限制:本协定生效之日起,允许建立外资股权份额不超过49%的合资企业。本协定生效两年之后,外资股权份额上限为51%。本协定生效4年之后,允许建立100%外商独资公司 (4)除水平承诺外,不作承诺	(3)除市场准入栏中的内容外,没有限制 (4)除水平承诺外,不作承诺	
(n)设备的维修与保养服务(CPC 633 不包括海运船只、航空器或其他运输设备)	(1)没有限制 (2)没有限制 (3)除下列条件外,没有限制:本协定生效之日起,允许建立外资股权份额不超过49%的合资企业。本协定生效3年之后,外资股权份额上限为51%。本协定生效5年之后,允许建立100%外商独资公司 (4)除水平承诺外,不作承诺	(1)没有限制 (2)没有限制 (3)除市场准入栏中的内容外,没有限制 (4)除水平承诺外,不作承诺	
2. 通讯服务			
B 速递服务(CPC 7512) · 快递服务,即包括收件、分类、运送、送达等在内的服务,无论目的地是国内还是国外 (a)任何物理媒介的纸质信件,包括:混合邮递服务;直接邮递 不包括低于以下价格的纸质邮寄品的快递服务:国内邮寄的优先标准信函处理费用的10倍;国际运输价格为9美元,前提是此类邮寄品的总质量低于2000克 (b)包裹和其他货物 · 处理无地址包裹	(1)没有限制 (2)没有限制 (3)除下列条件外,没有限制:本协议生效之日起5年之内,合资企业外资股权比例上限为51% 本协定生效5年之后,允许建立100%外商独资公司 (4)除水平承诺外,不作承诺	(1)没有限制 (2)没有限制 (3)没有限制 (4)除水平承诺外,不作承诺	服务和任何其他缔约伙伴国的服务提供商将被给予至少与越南邮局及其子公司相同的待遇,以确保竞争
C 电信服务 本承诺根据《关于编制基础电信服务承诺减让表的说明》(S/GBT/W/2/REV1)以及《关于频谱可获性的市场准入限制》(S/GBT/W/3)作出。根据本承诺,"无设备服务提供商"是指服务提供商不拥有传输能力,但已通过缔约获得该能力,包括海底电缆能力,包括长期从设备提供商那里获得的能力。无设备服务提供商并不排除拥有电信设备并公共服务设备硬件			
基础电信 a. 语音电话服务(CPC 7521) b. 集束切换数据传输服务(CPC 7523) c. 线路切换数据传输服务(CPC 7523) d. 电传服务(CPC 7523) e. 电报服务(CPC 7523) f. 传真服务(CPC 7521 +7529) g. 私人租赁线路服务(CPC 7522 +7523) o. 其他服务	(1)除下列条件外,没有限制:(a)有线服务以及移动陆地服务:只能通过与在越南成立的、且获得提供国际电信服务许可的实体签订商业协议的方式提供服务 (b)卫星服务:除下列卫星服务外,只能通过与已注册的越南国际卫星服务提供商签订商业协议的方式提供服务:(i)本协定生效之日起,已被许可使用卫星地面站的近海/海上商业客户、政府机构、设备服务提供商、广播和电视广播、官方国际组织代表处、外交代表和领事、高科技和软件开发园区等;(ii)本协定生效3年之后,已被许可使用卫星地面站的跨国公司 以设施为基础的服务:本协定生效之日起,允许在越南注册成立合资电信服务提供商。合资企业外资股份上限为法定资本的49% 51%的股权份额意味着合资企业的管理控制权 在电信部门,商业合作合同的外国投资者将拥有重新签订协议或转换其在企业中地位的可能性,地位的转换不会使其享受的待遇降低 (4)除水平承诺外,不作承诺	(1)没有限制 (4)除水平承诺外,不作承诺	越南将遵守本减让表所附的参考文件中的相关义务

续表

服务提供方式:(1)跨境交付 (2)境外消费 (3)商业存在 (4)自然人移动

部门或分部门	市场准入限制	国民待遇限制	附加承诺
基础电信服务	(1)除下列条件外,没有限制:(a)有线服务以及移动陆地服务。只能通过与在越南成立的、且获得提供国际电信服务许可的实体签订商业协议的方式提供服务。(b)卫星服务。除下列卫星服务外,只能通过与已注册的越南国际卫星服务提供商签订商业协议的方式提供服务:本协定生效之日起,已被许可使用卫星地面站的近海/海上商业客户、政府机构、设备服务提供商、广播和电视广播、官方国际组织代表处、外交代表和领事、高科技和软件开发园区等 (2)没有限制 (3)除下列条件外,没有限制:(a)以非设施为基础的服务。本协定生效之日起,取消对合资公司合作伙伴的限制。合资企业外资股份上限为法定资本的70%。(b)以设施为基础的服务。本协定生效之日起,允许通过商业合作合同或在越南注册成立电信服务提供商合资公司。合资企业外资股份上限为法定资本的49% (4)除水平承诺外,不作承诺	(1)没有限制 (2)没有限制 (3)没有限制 (4)除水平承诺外,不作承诺	越南将遵守本减让表所附的参考文件中的相关义务
增值电信服务 (h)电子邮件服务(CPC 7523) (I)语音邮件服务(CPC 7523) (j)在线信息和数据调用服务(CPC 7523) (k)电子数据交换服务(EDI)(CPC 7523) (l)增值传真服务,包括储存和发送、储存和调用服务(CPC 7523) (m)编码和规程转换服务 (n)在线信息和数据处理服务(CPC 843)	(1)除下列条件外,没有限制:(a)有线服务以及移动陆地服务。只能通过与在越南成立的、且获得提供国际电信服务许可的实体签订商业协议的方式提供服务。(b)卫星服务。除下列卫星服务外,只能通过与已注册的越南国际卫星服务提供商签定商业协议的方式提供服务:(i)本协定生效之日起,已被许可使用卫星地面站的近海/海上商业客户、政府机构、设备服务提供商、广播和电视广播、官方国际组织代表处、外交代表和领事、高科技和软件开发园区等。(ii)本协定生效3年之后,已被许可使用卫星地面站的跨国公司 (2)没有限制 (3)除下列条件外,没有限制:(a)以非设施为基础的服务。本协定生效之日起,允许通过商业合作合同或合资公司的形式提供服务合资企业外资股份上限为法定资本的51%。本协定生效3年之后,合资企业外资股份上限为法定资本的65%。(b)以设施为基础的服务。本协定生效之日起,允许通过商业合作合同或在越南注册成立电信服务提供商合资公司。合资企业外资股份上限为法定资本的50%;51%的股权份额意味着合资企业的管理控制权。(c)在电信部门,商业合作合同的外国投资者将拥有重新签订协议或转换其在企业中地位的可能性,地位的转换不会使其享受的待遇降低 (4)除水平承诺外,不作承诺	(1)没有限制 (2)没有限制 (3)没有限制 (4)除水平承诺外,不作承诺	越南将遵守本减让表所附的参考文件中的相关义务
增值电信服务 (o)其他服务 · 网络接入服务IAS	(1)有线服务以及移动陆地服务。除下列条件外,没有限制,只能通过与在越南成立的、且获得提供国际电信服务许可的实体签订商业协议的方式提供服务 卫星服务。除下列卫星服务外,只能通过与已注册的越南国际卫星服务提供商签订商业协议的方式提供服务:(i)本协定生效之日起,已被许可使用卫星地面站的近海/海上商业客户、政府机构、设备服务提供商、广播和电视广播、官方国际组织代表处、外交代表和领事、高科技和软件开发园区等;(ii)本协定生效3年之后,已被许可使用卫星地面站的跨国公司 (2)没有限制	(1)没有限制 (2)没有限制	越南将遵守本减让表所附的参考文件中的相关义务

续表

服务提供方式:(1)跨境交付 (2)境外消费 (3)商业存在 (4)自然人移动

部门或分部门	市场准入限制	国民待遇限制	附加承诺
	(3)以非设施为基础的服务。本协定生效之日起,允许在越南注册成立电信服务提供商合资公司。合资企业外资股份上限为法定资本的51%。本协定生效3年之后,取消对合资企业合作伙伴的限制,合资企业外资股份上限为法定资本的65% 以设施为基础的服务:本协定生效之日起,允许在越南注册成立电信服务提供商合资公司。合资企业外资股份上限为法定资本的50% (4)除水平承诺外,不作承诺	(3)没有限制 (4)除水平承诺外,不作承诺	
D 视听服务			
(a)电影制作(CPC 96112,不包括录像带)	(1)不作承诺 (2)不作承诺 (3)只允许通过合资公司或商业合作合同的形式与已获授权批准在越南境内提供此类服务的越南合作伙伴合作提供服务。合资企业的外资股权份额上限为法定资本的51% (4)除水平承诺外,不作承诺	(1)不作承诺 (2)不作承诺 (3)没有限制 (4)除水平承诺外,不作承诺	
·电影发行(CPC 96113,不包括录像带)	(1)不作承诺 (2)没有限制 (3)只允许通过合资公司或商业合作合同的形式与已获授权批准在越南境内提供此类服务的越南合作伙伴合作提供服务。合资企业的外资股权份额上限为法定资本的51% (4)除水平承诺外,不作承诺	(1)不作承诺 (2)没有限制 (3)没有限制 (4)除水平承诺外,不作承诺	
(b)电影放映服务(CPC 96121)	(1)不作承诺 (2)没有限制 (3)只允许通过合资公司或商业合作合同的形式与已获授权批准在越南境内提供此类服务的越南合作伙伴合作提供服务。合资企业的外资股权份额上限为法定资本的51% 不允许越南文化剧场、电影院、公共电影院社团以及移动电影放映队与外国服务提供商达成商业合作合同或组建合资公司 (4)除水平承诺外,不作承诺	(1)不作承诺 (2)没有限制 (3)没有限制 (4)除水平承诺外,不作承诺	
(e)录音服务	(1)不作承诺 (2)没有限制 (3)不作承诺 (4)除水平承诺外,不作承诺	(1)不作承诺 (2)没有限制 (3)不作承诺 (4)除水平承诺外,不作承诺	
3. 建筑及相关工程服务			
A 建筑物的总体建筑工作(CPC 512) B 民用工程的总体建筑工作(CPC 513) C 安装和组装工作(CPC 514,516) D 建筑物的装修工作(CPC 517) E 其他(CPC 511,515,518)	(1)不作承诺 (2)没有限制 (3)除以下规定外,没有限制:(a)本协定生效后的两年之内,100%外商独资的企业只能向设立在越南的其他外商投资企业或外资项目提供服务。(b)外商投资企业必须是本协定某一缔约方的法人。(c)本协定生效三年之后,允许外商投资企业设立分支机构 (4)除水平承诺中的内容外,不作承诺	(1)不作承诺 (2)没有限制 (3)除分支机构的主管必须是越南居民外,没有限制 (4)除水平承诺中的内容外,不作承诺	

续表

服务提供方式:(1)跨境交付 (2)境外消费 (3)商业存在 (4)自然人移动

部门或分部门	市场准入限制	国民待遇限制	附加承诺
4. 分销服务			
适用于分销服务所有分部门的措施: 本部门的承诺不包括香烟和雪茄、报纸和杂志、任何媒质的音像制品、稀有金属和石材、药品和药剂、爆炸品、加工石油和原油、大米、蔗糖和甜菜糖等商品			
A 佣金代理服务(CPC 621,61111,6113,6121) B 批发服务(CPC 622,61111,6113,6121) C 零售服务(CPC 631+632,61112,6113,6121)	(1)除对以下商品没有限制外,不作承诺:(a)供个人使用的商品分销;(b)供个人和商业使用的合法的计算机软件的分销 (2)没有限制 (3)除以下规定外,没有限制:(a)外商必须与越南合伙人组建合资企业,外商出资比例不能超过49%。上述出资比例限制将从2008年1月1日起取消。从2009年1月1日起,取消所有限制规定。(b)自本协定生效之日起,允许外商投资的分销服务公司从事各种合法进口商品和国产商品的佣金代理、批发和零售服务,但以下商品除外:水泥和水泥烧块;轮胎(不包括飞机轮胎);纸;拖拉机;机动车;轿车和摩托车;铁和钢;视听设备;葡萄酒和烈性酒;肥料。(c)从2009年1月1日起,允许外商投资的分销服务公司从事拖拉机、机动车、轿车和摩托车的佣金代理、批发和零售服务,本协定生效后的三年内,将允许外商投资的分销服务公司从事所有合法进口商品和国产商品的佣金代理、批发和零售服务。零售商店(一家以上)的设立需基于"经济需求测试"(ENT) (4)除水平承诺中的内容外,不作承诺	(1)除市场准入栏中与模式(1)相关的承诺外,不作承诺 (2)没有限制 (3)没有限制 (4)除水平承诺中的内容外,不作承诺	
D 特许经营服务(CPC 8929)	(1)(2)没有限制 (3)除外商必须与越南合伙人组建合资企业,外商出资比例不能超过49%外,没有限制。该出资比例限制将从2008年1月1日起取消。从2009年1月1日起,取消所有限制规定。本协定生效3年之后,允许外商投资企业设立分支机构 (4)除水平承诺中的内容外,不作承诺	(1)(2)没有限制 (3)除分支机构的主管必须是越南居民外,没有限制 (4)除水平承诺中的内容外,不作承诺	
5. 教育服务 本承诺表只涉及技术和技能、自然科学和技术、商务管理和研究、经济学、会计学、国际法和语言培训等领域的教育服务 在下表所列的(C),(D),(E)等3个分部门中,相关教育内容必须实现得到越南教育和培训部的审批			
B 中等教育服务(CPC 922)	(1)不作承诺 (2)没有限制 (3)不作承诺 (2)除水平承诺中的内容外,不作承诺	(1)不作承诺 (2)没有限制 (3)不作承诺 (4)除水平承诺中的内容外,不作承诺	
C 高等教育服务(CPC 923) D 成人教育服务(CPC 924) E 其他教育服务(CPC 929,包括外语培训服务)	(1)不作承诺 (2)没有限制 (3)除以下规定外,没有限制:(a)自本协定生效之日起,只允许外国服务提供者在越南设立合资企业,但外方可以在合资企业中占多数股权。从2009年1月1日起,允许设立100%外商投资的教育实体。(b)本协定生效3年之后,取消所有限制性规定 (4)除水平承诺中的内容外,不作承诺	(1)不作承诺 (2)没有限制 (3)在外商投资学校任职的外国教师必须有至少五年的执教经验,并获得权威主管部门的资质认可 (4)除水平承诺中的内容外,不作承诺	

续表

服务提供方式:(1)跨境交付 (2)境外消费 (3)商业存在 (4)自然人移动

部门或分部门	市场准入限制	国民待遇限制	附加承诺
6. 环境服务			
A 排污服务(CPC 9401)	(1)除有关的咨询服务外,不作承诺 (2)没有限制 (3)除以下规定外,没有限制:应明确条款I:3(c)中所规定的由政府机构提供的服务可以是政府专营或授权私人企业专营的服务。本协定生效后的4年内,允许外商设立合资企业,外商出资比例上限为51%。期满后,没有限制 (4)除水平承诺中的内容外,不作承诺	(1)除有关的咨询服务外,不作承诺 (2)没有限制 (3)没有限制 (4)除水平承诺中的内容外,不作承诺	允许外国公司在越南以BOT和BTO的方式开展业务
B 固体废物处理服务(CPC 9402)	(1)除有关的咨询服务外,不作承诺 (2)没有限制 (3)除以下规定外,没有限制:应明确条款I:3(c)中所规定的由政府机构提供的服务可以是政府专营或授权私人企业专营的服务。本协定生效后的4年内,允许外商设立合资企业,外商出资比例上限为51%。期满后,没有限制。为确保公共利益,外商投资企业只能直接从家庭住户收集固体废弃物,并且只能在当地省市政府指定的废弃物收集地点提供服务 (4)除水平承诺中的内容外,不作承诺	(1)没有限制 (2)没有限制 (3)没有限制 (4)除水平承诺中的内容外,不作承诺	允许外国公司在越南以BOT和BTO的方式开展业务
D 其他服务 —废气清理服务(CPC 94040)和降低噪音服务(CPC 94050)	(1)除有关的咨询服务外,不作承诺 (2)没有限制 (3)除以下规定外,没有限制:应明确条款1:3(c)中所规定的由政府机构提供的服务可以是政府专营或授权私人企业专营的服务。本协定生效后的4年内,允许外商设立合资企业,外商出资比例上限为51%。期满后,没有限制 (4)除水平承诺中的内容外,不作承诺	(1)除有关的咨询服务外,不作承诺 (2)没有限制 (3)没有限制 (4)除水平承诺中的内容外,不作承诺	
—环境影响评价服务(CPC 94090)	(1)没有限制 (2)没有限制 (3)除以下规定外,没有限制:本协定生效后的4年内,外商在合资企业中的出资比例上限为51%。期满后,没有限制 (4)除水平承诺中的内容外,不作承诺	(1)没有限制 (2)没有限制 (3)没有限制 (4)除水平承诺中的内容外,不作承诺	
7. 金融服务			
A 所有保险及其相关服务 a 直接保险 (ⅰ)寿险服务,不包括健康保险服务 (ⅱ)非寿险服务 b 再保险服务 c 保险辅助服务(包括保险经纪、保险代理服务) d 保险附属服务(例如保险咨询、精算、风险评估和理赔服务)	(1)对以下服务没有限制:(a)为外商投资企业和在越南工作的外国人提供的保险服务。(b)再保险服务。(c)与国际运输有关的保险服务,包括以下风险保险。(ⅰ)国际海洋运输或国际商业航空服务中所涉及的一种或多种保险标的,例如:运输的货物、货物运输工具,以及因该项服务而产生的任何责任;(ⅱ)国际过境商品。(d)保险经纪和再保险经纪服务。(e)咨询、精算、风险评估和理赔服务 (2)没有限制 (3)除以下规定外,没有限制:不允许100%外商独资的保险企业从事法定的保险业务,包括机动车第三者保险、建筑和安装工程的保险、油气工程项目的保险,以及对公共安全和环境有高度危险的项目和建筑工作的保险。此项限制规定将从2008年1月1日起取消。本协定生效5年后,依据相关法规,允许外国的保险企业设立非寿险分支机构 (4)除水平承诺中的内容外,不作承诺	(1)没有限制 (2)没有限制 (3)没有限制 (4)除水平承诺中的内容外,不作承诺	

续表

服务提供方式:(1)跨境交付　(2)境外消费　(3)商业存在　(4)自然人移动

部门或分部门	市场准入限制	国民待遇限制	附加承诺
B 银行和其他金融服务			
(a)接受公众存款和其他应付公众资金 (b)所有类型的贷款,包括消费信贷、抵押信贷、商业交易的代理和融资 (c)金融租赁 (d)所有支付和汇划服务,包括信用卡、赊账卡和贷记卡、旅行支票和银行汇票 (e)担保和承诺 (f)在交易市场、公开市场或其他场所自行或代客交易:货币市场票据(包括支票、帐单和存款证明等);外汇;汇率和利率契约,包括调期和远期利率、汇率协议;金银条块 (h)货币经纪 (i)资产管理,例如现金或有价证券管理、各种形式的共同投资管理、养老基金管理、有价证券的保管、受托和信托服务 (j)金融资产的结算和清算,包括证券、衍生产品和其他可转让票据 (k)提供和传输其他金融服务提供者提供的金融信息、金融数据处理和相关的软件 (l)咨询和其他辅助金融服务,包括信用参考和分析、投资和有价证券研究和咨询、并购和公司重组战略咨询	(1)除了B(k)和B(l)外,不作承诺 (2)没有限制 (3)除以下规定外,没有限制: (a)外国信用机构只能在越南设立以下形式的商业存在:(ⅰ)对于外国商业银行,允许设立代表处、外国商业银行的分行、外商出资比例不超过50%的合资商业银行、100%外商独资的金融租赁公司、合资金融公司和100%外商独资的金融公司。从2007年4月1日起,允许设立100%外商独资的银行。(ⅱ)对于外国金融公司:允许设立代表处、合资金融公司、100%外商独资的金融公司、合资金融租赁公司和100%外商独资的金融租赁公司 (ⅲ)对于外国金融租赁公司:允许设立代表处、合资金融租赁公司和100%外商独资的金融租赁公司 (b)在本协定生5年内,如果外国银行的分行不能实现以下时间表所规定的已缴清资本额与信用额的比例关系,越南将对该分行接受越南自然人的越南盾存款业务的权利进行限制:2007年1月1日,已缴清资本的650%;2008年1月1日,已缴清资本的800%;2009年1月1日,已缴清资本的900%;2010年1月1日,已缴清资本的1000%;2011年1月1日,完全的国民待遇 (c)股权参与 (d)外国商业银行的分行	(1)除了B(k)和B(l)外,不作承诺 (2)没有限制 (3)除以下规定外,没有限制:(a)在越南设立外国商业银行的分行的条件是:在提出申请的前一年年底,该外资银行的母行的总资产超过200亿美元 (b)在越南设立合资银行或100%外商独资银行的条件是:在提出申请的前1年年底,该外资银行的母行的总资产超过100亿美元 (c)在越南设立100%外商独资的金融公司或合资的金融公司,以及100%外商独资的金融租赁公司或合资的金融租赁公司的条件是:在提出申请的前1年年底,该公司的总资产超过100亿美元	
C 证券 相关的辅助服务,包括信用参考和分析、投资和有价证券研究和咨询、并购和公司重组战略咨询(本部门的其他服务可参照银行部门的(l)项)	(1)除C(k)和C(l)外,不作承诺	(1)不作承诺	
8. 与健康相关的服务和社会服务			
A 医院服务(CPC 9311) B 医疗和牙医服务 (CPC 9312)	(1)没有限制 (2)没有限制 (3)允许外国服务提供者以设立100%独资的医院、与越南合伙人设立合资企业,或者签订商业合作合同的方式提供服务 对于在越南设立的医院服务的商业存在,医院的最低投资额为2000万美元,门诊部的最低投资额为200万美元,专科诊所的最低投资额为20万美元 (4)除水平承诺中的内容外,不作承诺	(1)没有限制 (2)没有限制 (3)没有限制 (4)除水平承诺中的内容外,不作承诺	

续表

服务提供方式:(1)跨境交付　(2)境外消费　(3)商业存在　(4)自然人移动

部门或分部门	市场准入限制	国民待遇限制	附加承诺
9. 旅游和与旅游相关的服务			
A 旅馆和餐饮服务 —住宿服务(CPC 64110) —外卖服务(CPC 642)和饮料服务(CPC 643)	(1)没有限制 (2)没有限制 (3)除以下规定外,没有限制:自本协定生效后的8年内,本部门的相关服务需与旅馆建造、翻新、修复或并购等方面的投资活动并行提供。期满后取消上述限制 (4)除水平承诺中的内容外,不作承诺	(1)没有限制 (2)没有限制 (3)没有限制 (4)除水平承诺中的内容外,不作承诺	
B 旅行社和旅游经营者服务(CPC 7471)	(1)没有限制 (2)没有限制 (3)允许外国服务提供者与越南的合伙人设立合资企业,对外方的出资比例没有限制。除此之外,没有限制 (4)除水平承诺中的内容外,不作承诺	(1)没有限制 (2)没有限制 (3)除以下规定外,没有限制:(a)外商投资企业中的导游必须是越南公民。(b)外商投资企业只能从事境内旅游服务,或者作为境内旅游一部分的入境游客的国内旅游服务 (4)除水平承诺中的内容外,不作承诺	
10. 娱乐、文化和体育服务			
A 娱乐服务(包括剧场、现场乐队和马戏团服务)(CPC 9619)	(1)不作承诺 (2)没有限制 (3)本协定生效五年后,允许外商在越南设立合资企业,但外商出资比例不能超过49%。除此之外,不作承诺 (4)除水平承诺中的内容外,不作承诺	(1)不作承诺 (2)没有限制 (3)没有限制 (4)除水平承诺中的内容外,不作承诺	
D 其他 —电子游戏业务(CPC 964)	(1)不作承诺 (2)没有限制 (3)必须通过签订商业合作合同或与经过专门授权的越南合伙人设立合资企业,才能提供此项服务。外商在合资企业中的出资比例不能超过49% (4)除水平承诺中的内容外,不作承诺	(1)不作承诺 (2)没有限制 (3)没有限制 (4)除水平承诺中的内容外,不作承诺	
11. 运输服务			
A 海洋运输服务 (a)旅客运输,包括少量沿海运输(CPC 7211) (b)货物运输,包括少量沿海运输(CPC 7212)	(1)除国际货运服务没有限制外,不作承诺 (2)没有限制 (3)(a)以经营悬挂越南国旗的船队为目的而注册成立的公司,本协定生效两年后,允许外国服务提供者设立合资企业,但外商出资比例不能超过49%。允许合资企业所属的悬挂越南国旗(或在越南注册)的船只雇用外国海员,但不能超过船员总数的1/3。船长或大副必须是越南公民 (b)提供国际海洋运输服务的其他商业存在形式:协定生效5年之后,允许外国服务提供者提供以下服务:(ⅰ)代表公司组织船舶的停靠或在需要的情况下收取货物;(ⅱ)谈判并签订与公司运输货物有关的公路、铁路和内陆水道运输合同 自本协定生效之日起,只允许设立5家合资船运公司。此后,每过两年允许增设3家合资船运公司。协定生效5年后,取消对合资船运公司的数量限制 (4)除水平承诺中的内容外,不作承诺	(1)除国际货运服务没有限制外,不作承诺 (2)没有限制 (3)没有限制 (4)除水平承诺中的内容外,不作承诺	以下港口服务将在合理和非歧视的条件下提供给国际海运服务提供者:领航;拖带协助;加注燃料和水;垃圾收集、压舱物和废弃物处理;驻港船长/港监服务;导航援助;船舶运营所必需的岸基服务,包括通信和水、电供应;紧急维修设施;锚地、泊位和靠泊服务;海运代理联系服务

续表

服务提供方式:(1)跨境交付 (2)境外消费 (3)商业存在 (4)自然人移动

部门或分部门	市场准入限制	国民待遇限制	附加承诺
海洋运输辅助服务 —集装箱装卸服务 (CPC 7411)	(1)不作承诺 (2)没有限制 (3)本协定生效后,允许外商设立合资企业,但外商出资比例不能超过50%。除此之外,没有限制 (4)除水平承诺中的内容外,不作承诺	(1)不作承诺 (2)没有限制 (3)没有限制 (4)除水平承诺中的内容外,不作承诺	
通关服务	(1)不作承诺 (2)没有限制 (3)本协定生效后,允许外商设立合资企业,但外商出资比例不能超过51%。协定生效5年以后,对外商出资比例没有限制。除此之外,没有限制 (4)除水平承诺中的内容外,不作承诺	(1)不作承诺 (2)没有限制 (3)没有限制 (4)除水平承诺中的内容外,不作承诺	
集装箱场堆服务	(1)不作承诺 (2)没有限制 (3)本协定生效后,允许外商设立合资企业,但外商出资比例不能超过51%。协定生效七年以后,对外商出资比例没有限制。除此之外,没有限制 (4)除水平承诺中的内容外,不作承诺	(1)不作承诺 (2)没有限制 (3)没有限制 (4)除水平承诺中的内容外,不作承诺	
B 内陆水路运输 (a)旅客运输(CPC 7221) (b)货物运输(CPC 7222)	(1)不作承诺 (2)没有限制 (3)本协定生效后,外国服务提供者只能通过与越南合伙人设立合资企业的方式提供服务,外商在合资企业中的出资比例不能超过49% (4)除水平承诺中的内容外,不作承诺	(1)不作承诺 (2)没有限制 (3)没有限制 (4)除水平承诺中的内容外,不作承诺	
C 航空运输服务 (a)航空运输服务的销售和营销	(1)没有限制 (2)没有限制 (3)允许航空公司通过在越南设立的售票处或代理商提供相关服务 (4)除水平承诺中的内容外,不作承诺	(1)没有限制 (2)没有限制 (3)没有限制 (4)除水平承诺中的内容外,不作承诺	
(b)计算机定座系统服务	(1)除外国服务提供者必须使用由越南电信部门管理的公共电信网络外,没有限制 (2)除模式(1)中的规定外,没有限制 (3)除模式(1)中的规定外,没有限制 (4)除水平承诺中的内容外,不作承诺	(1)没有限制 (2)没有限制 (3)没有限制 (4)除水平承诺中的内容外,不作承诺	
(c)航空器的维护和修理服务(CPC 8868)	(1)没有限制 (2)没有限制 (3)本协定生效后,允许设立外商出资比例不超过51%的合资企业。协定生效5年后,允许设立100%外商独资的企业 (4)除水平承诺中的内容外,不作承诺	(1)没有限制 (2)没有限制 (3)没有限制 (4)除水平承诺中的内容外,不作承诺	
E 铁路运输服务 (a)旅客运输(CPC 7111) (b)货物运输(CPC 7112)	(1)不作承诺 (2)没有限制 (3)允许外国服务提供者与越南合伙人设立合资企业,外商在合资企业中的出资比例不能超过49%。除此之外,不作承诺。 (4)除水平承诺中的内容外,不作承诺	(1)不作承诺 (2)没有限制 (3)不作承诺 (4)除水平承诺中的内容外,不作承诺	
F 公路运输服务 (a)旅客运输 (CPC 7121 +7122) (b)货物运输(CPC 7123)	(1)不作承诺 (2)没有限制 (3)除以下规定外,没有限制:(a)本协定生效后,外国服务提供者可以通过签订商业合作合同或设立合资企业的方式提供旅客和货物运输服务,但外商在合资企	(1)不作承诺 (2)没有限制 (3)没有限制	

续表

服务提供方式:(1)跨境交付　(2)境外消费　(3)商业存在　(4)自然人移动

部门或分部门	市场准入限制	国民待遇限制	附加承诺
	业中的出资比例不能超过49%。(b)本协定生效3年后,根据市场需要,允许设立外商出资比例不超过51%的合资企业,并提供货物运输服务。(c)合资企业的司机必须100%是越南公民 (4)除水平承诺中的内容外,不作承诺	(4)除水平承诺中的内容外,不作承诺	
H所有运输方式的辅助服务 (a)集装箱装卸服务,不包括在机场提供的此项服务(CPC 7411的部分服务)	(1)不作承诺 (2)没有限制 (3)本协定生效后,外国服务提供者只能通过与越南合伙人设立合资企业的方式提供服务,外商在合资企业中的出资比例不能超过50% (4)除水平承诺中的内容外,不作承诺	(1)不作承诺 (2)没有限制 (3)没有限制 (4)除水平承诺中的内容外,不作承诺	
(b)仓储服务(CPC 742) (c)货运代理服务(CPC 748)	(1)不作承诺 (2)没有限制 (3)本协定生效后,允许外商设立合资企业,但外商出资比例不能超过51%。协定生效七年以后,对外商出资比例没有限制。除此之外,没有限制 (4)除水平承诺中的内容外,不作承诺	(1)不作承诺 (2)没有限制 (3)没有限制 (4)除水平承诺中的内容外,不作承诺	
(d)其他(CPC 749中的部分服务)	(1)本协定生效5年后,对货运经纪服务没有限制,除此之外不作承诺 (2)没有限制 (3)自本协定生效之日起,外国服务提供者只能通过与越南合伙人设立合资企业的方式提供服务,外商在合资企业中的出资比例不能超过49%。协定生效3年后,外商在合资企业中的出资比例可以提高为51%。协定生效4年后,取消外商的出资比例限制 (4)除水平承诺中的内容外,不作承诺	(1)本协定生效五年后,对货运经纪服务没有限制,除此之外不作承诺 (2)没有限制 (3)没有限制 (4)除水平承诺中的内容外,不作承诺	

中国—东盟自贸区《服务贸易协议》的例外清单(越南)

部门或分部门	适用于各部门的例外措施描述(表明其与第II部分的差异)	适用措施的国家	期限	产生例外需要的条件
所有部门				
商业存在	超越优惠待遇的措施将依照双边投资协议执行	所有已与越南达成双边投资协议的缔约伙伴国	不确定	鼓励在越南的投资
视听服务 ·电视节目和电影产品的制作、发行和放映	依据视听产品联合制作协议的措施执行,上述协议将给予本协定涉及的视听产品国民待遇	已经或即将达成双边或多边协议的缔约伙伴国	不确定	协议的目的为促进相关国家间的文化联系
视听服务 ·电视节目和电影产品的制作和发行	依据视听产品支持计划的措施执行,这些产品的供应商应满足原产地标准	在文化合作领域已达成双边或多边协议的缔约伙伴国	不确定	支持计划的目的为促进与越南保持长期文化联系的国家的文化特征
视听服务 ·通过广播方式向大众传播的视听产品的制作和发行	将国民待遇扩展到满足广播传输原产地标准的视听产品的措施	在文化合作领域已达成双边或诸边协议的缔约伙伴国	不确定	措施的目标是在本部门内提升越南、其他国家以及本地区的文化价值
海洋运输	依据涉及外国船运公司全资子公司的正常商业运作协议的措施执行	所有海洋运输合作的潜在合作伙伴	5年	双边协议
远洋运输服务 ·国内陆路卡车运输 ·货物存储和贮藏;以及 ·集装箱码头	3个分部门将依据越南与新加坡海运协议的优惠待遇执行	新加坡	10年	双边协议

统 计 资 料

中国国民经济主要指标

指　　标	单　位	2010 年	2011 年	2011 年比 2010 年增减(%)
一、年末总人口	万人	133972.49	134735	—
二、国内生产总值	亿元人民币	401202	471564	9.2
第一产业增加值	亿元人民币	40534	47712	4.5
第二产业增加值	亿元人民币	187581	220592	10.6
工业增加值	亿元人民币	173087	188572	10.7
第三产业增加值	亿元人民币	171005	203260	8.9
三、人民币对美元汇价	元人民币/1 美元	6.6227	6.3009	5.1
四、城镇登记失业率	%	4.1	4.1	0
五、工业				
原煤产量	亿吨	32.4	35.2	8.7
原油产量	亿吨	2.03	2.04	0.3
发电量	亿千瓦时	42065.4	47000.7	11.7
钢产量	万吨	62695.9	68388.3	7.3
十种有色金属产量	万吨	3092.6	3434	10
六、农业				
粮食产量	万吨	54641	57121	4.5
油料产量	万吨	3239	3279	1.5
糖料产量	万吨	12045	12520	4.3
茶叶产量	万吨	145	162	9.9
烤烟产量	万吨	271	287	5.1
棉花产量	万吨	597	660	10.7
七、交通运输业				
货物周转量	亿吨千米	137329	159014	12.1
旅客周转量	亿人千米	27779.2	30935.8	10.9
港口完成货物吞吐量	亿吨	80.2	90.7	11.9
八、旅游业				
国内旅游总收入	亿元人民币	12580	19306	23.6
国际旅游外汇收入	亿美元	458	485	5.8
入境人数	万人次	13376	13542	1.2
入境过夜人数	万人次	5566	5758	3.4
出境人数	万人次	5739	7025	22.4
因私出境人数	万人次	5151	6412	24.5
十、财政、金融				
财政收入	亿元	83080	103740	24.8
年末各项存款余额	亿元人民币	733382	826701	13.5
年末各项贷款余额	亿元人民币	509226	581893	15.9
十一、对外贸易				
年末国家外汇储备	亿美元	28473	31811	11.7
进出口总额	亿美元	29728	36421	22.5
出口额	亿美元	15779	18986	20.3
进口额	亿美元	13948	17435	24.9
十二、外资直接投资				
实际利用金额	亿美元	1057	1160	9.7
十三、全社会固定资产投资	亿元人民币	278140	311022	23.6

资料来源：国家统计局《中国 2011 年国民经济和社会发展统计公报》、第六次人口普查公布数据

文莱国民经济主要指标

指　　标	单　位	2010 年	2011 年	2011 年比 2010 年增减(%)
一、年末总人口	万人	41.7	42.77	2.6
二、国内生产总值	亿美元	118	121	2.5
人均国内生产总值	美元	—	3652	—
三、文莱元对美元汇价	文莱元/1 美元	1.36	1.25※	—
四、通货膨胀率	%	0.9	2	122
五、失业率	%	4	—	—
六、工业				
工业总产值	亿美元	—	—	—
石油日产量	万桶	约 20	—	—
天然气日产量	万立方米	3440.52	—	—
油气收入	亿文莱元	40.8	40.5	-0.5
油气出口总量	亿美元	—	—	—
原油出口	亿文莱元	61	79.6	30.5
天然气出口	亿文莱元	111.61	—	—
七、农业				
农业总产值	亿美元	—	—	—
蔬菜产量	吨	—	—	—
水果产量	吨	—	—	—
大米产量	吨	—	2.43	—
八、旅游业				
旅游入境人数	万人次	—	—	—
旅游收入	亿文莱元	—	16.9	—
九、财政、金融				
财政收入	亿文莱元	91.66	117.75	64.5
财政支出	亿文莱元	40.6	39	-3.9
外汇储备	亿美元	—	—	—
十、对外贸易				
进出口总额	亿美元	108.9	124.55	14.37
出口总额	亿美元	85.2	98.49	15.6
进口总额	亿美元	23.7	26.06	1
十一、引进外资总额	亿美元	6	10.7	78.3

资料来源：文莱首相署经济计划发展局，2012 年文莱统计公报

注：※为 2011 年前 3 季度数据

柬埔寨国民经济主要指标

指　　标	单　位	2010 年	2011 年	2011 年比 2010 年增减(%)
一、年末总人口	万人	1440	1470	—
二、国内生产总值	亿美元	114.4	129.37	6.9
人均国内生产总值	美元	792	909	14.8
三、柬埔寨瑞尔对美元汇价	瑞尔/1 美元	4000	4065	1.6
四、通货膨胀率	%	3.1	5.5	77.4
五、失业率	%	—	—	—
六、工业				
工业总产值	亿美元	24.02	—	14.1
服装业出口额	亿美元	30	33	10
服装业占出口额比重	%	84	67.7	-19.4
七、农业				
农业总产值	亿美元	38.32	38.86	1.4
林业种植面积	万公顷	—	3.4	—
水稻种植面积	万公顷	276.3	297	7.5
稻谷产量	万吨	799	841.7	5.3
天然橡胶产量	万吨	4.6	4.9	6.5
渔业产量	万吨	55	59.8	8.7
八、旅游业				
旅游入境人数	万人	250	288	15.2
旅游收入	亿美元	17.9	18	5
九、财政、金融				
财政收入	亿美元	14.45	71750 (亿瑞尔)	—
财政支出	亿美元	20.51	100040 (亿瑞尔)	—
外汇储备	亿美元	25.5	30	17.6
十、对外贸易				
进出口总额	亿美元	104.72	114.78	9.6
出口总额	亿美元	43.63	48.76	11.76
进口总额	亿美元	61.09	66.22	8.4
十一、引进外资总额	亿美元	29.43	70.1	138

资料来源：柬埔寨发展理事会、中国驻柬埔寨王国大使馆经济商务参赞处

印度尼西亚国民经济主要指标

指　　标	单　位	2010 年	2011 年	2011 年比 2010 年增减(%)
一、年末总人口	万人	23764	—	—
二、国内生产总值	万亿盾	6436	7427	6.5
人均国内生产总值	美元	3005	3543	17.9
三、印尼盾对美元汇价	盾/1 美元	8900	8776	-1.4
四、通货膨胀率	%	6.96	3.79	-45.5
五、公开失业率	%	3.5	3.2	-8.6
六、工业				
工业总产值	万亿印尼盾	1596	1803	—
七、农业				
农业总产值	万亿印尼盾	985	1093	—
稻谷产量	万吨	6645	6574	-1.0
玉米产量	万吨	1833	1763	-3.8
大豆产量	万吨	91	84	-7.7
木薯产量	万吨	—	—	—
绿豆产量	万吨	34	—	—
花生产量	万吨	—	—	—
红薯产量	万吨	—	—	—
水产品产量	万吨	538	—	—
八、旅游业				
旅游入境人数	万人次	700	800	14.3
旅游收入	亿美元	76	87	14.5
九、财政、金融				
财政收入	万亿盾	990	877.6	-11.4
财政支出	万亿盾	781	878.7	12.5
外汇储备	亿美元	962	1246.4	29.6
十、对外贸易				
进出口总额	亿美元	2934.3	3809.2	29.8
出口总额	亿美元	1577.7	2036.2	29
进口总额	亿美元	1356.6	1773	30.7
十一、引进外资				
引进外资实际金额	亿美元	155	175.3	13.1

资料来源：印尼中央统计局，印尼中央银行，印尼财政部

老挝国民经济主要指标

指　　标	单　位	2010 年	2011 年	2011 年比 2010 年增减(%)
一、年末总人口	万人	626	—	—
二、国内生产总值	亿美元	68	73.5	8.1 *
人均国内生产总值	美元	1088	—	
三、老挝基普对美元汇价	基普/1 美元	8264	8100	-2
四、通货膨胀率	%	5	7.58	51.6
五、工业				
工业总产值	亿美元	18.1	—	—
从业人数	万人	—	—	—
水电产值	亿美元	—	—	—
胶合板产量	万张	365	—	—
盐产量	万吨	3.2	—	—
卷烟产量	百万盒	211.8	—	—
啤酒产量	万升	239	—	—
布匹产量	万米	288.6	—	—
水泥产量	万吨	170	—	—
七、农业				
农林业总产值	亿美元	19.8	—	—
耕地面积	万公顷	85.5	—	—
粮食总产量	万吨	307	—	—
玉米产量	万吨	102	—	—
薯类产量	万吨	111	—	—
蔬菜产量	万吨	94.8	—	—
花生产量	万吨	5	—	—
烟叶产量	万吨	8	—	—
棉花产量	万吨	0.16	—	—
咖啡产量	万吨	4.6	—	—
七、服务业产值	亿美元	27.4	—	—
八、交通运输业				
公路总长	千米	39568	—	—
公路客运量	万人次	3916	—	—
公路货运量	万吨	371	—	—
水运客运量	万人次	181	—	—
水运货运量	万吨	96	—	—
空运客运量	万人次	32	—	—
空运货运量	万吨	0.04	—	—
九、旅游业				
旅游入境人数	万人次	251	—	—
旅游收入	亿美元	2.96	—	—
十、财政、金融				
财政收入	亿美元	12	10.7※	-10.8
财政支出	亿基普	—	11※	—
外汇储备	亿美元	5.12	5.95	16.2
十一、对外贸易				
进出口贸易总额	亿美元	34.6	43.02	24.3
出口总额	亿美元	17.89	19.77	10.5
进口总额	亿美元	16.71	23.25	39.1
十二、引进外资总额	亿美元	18.9	19.2	—

资料来源:《东南亚纵横》,新加坡东南亚研究所《东南亚 2011 ~2012》

注:※为 2010 ~2011 年财政年度前 10 个月统计。“ * ”为公布的国内生产总值增长率

马来西亚国民经济主要指标

指　　标	单　位	2010 年	2011 年	2011 年比 2010 年增减(%)
一、年末总人口	万人	2854.14	2934	2.8
二、国内生产总值	亿林吉特	7659.66	—	—
人均国内生产总值	林吉特	27113	—	—
三、马来西亚林吉特对美元汇价	林吉特/1 美元	3.08	3.02	-1.9
四、通货膨胀率	%	1.7	3.2	88
五、失业率	%	3.2	3.1	-3.1
六、工业				
工业总产值	亿林吉特	649.38	—	—
石油产量	万吨	3065	—	—
液化天然气产量	亿吨	21.6	—	—
七、农业				
农业增加值	亿林吉特	811	—	—
水稻产量	万吨	246	—	—
原木产量	千立方米	17313	—	—
棕榈油产量	万吨	6428	—	—
渔业产量	万吨	201	—	—
八、服务业增加值	亿林吉特	3739.77	—	—
九、旅游业				
旅游入境人数	万人次	2460	2470	0.4
旅游收入	亿林吉特	565	583	3.2
十、财政、金融				
财政收入	亿林吉特	1621	1870	15.4
财政支出	亿林吉特	2055	—	—
外汇储备	亿美元	1065	1202.21	12.9
十一、对外贸易				
进出口总额	亿林吉特	11700	12690	8.5
进口总额	亿林吉特	5291.95	5742.3	8.5
出口总额	亿林吉特	6394.28	6945.5	8.6
十二、引进外资总额	亿林吉特	298.4	264.5	-11.4

资料来源：马来西亚财政部，马来西亚统计局

缅甸国民经济主要指标

指　　标	单　位	2010 年	2011 年	2011 年比 2010 年增减(%)
一、年末总人口	万人	—	6038	—
二、国内生产总值	亿美元	429.5	529.6	6※
人均国内生产总值	美元	702	877	24.9
三、缅甸元对美元汇价				
官方汇价	缅元/1 美元	5.6	5.3	5.4
市场汇价	缅元/1 美元	842	810	3.8
四、通货膨胀率	%	7.26	8.3	14.3
五、工业				
工业总产值	亿美元	—	—	—
从业人数	万人	—	—	—
六、农业				
农业总产值	亿美元	—	—	—
从业人数	万人	—	—	—
水稻耕种面积	万公顷	806.89	—	—
稻谷产量	万吨	3160	—	—
棉花种植面积	英亩	—	—	—
棉花产量	万吨	—	—	—
七、交通运输业				
公路总长	千米	222100	—	—
铁路总长	千米	5800	—	—
陆上输油管道	千米	110	—	—
天然气管道	千米	2200	—	—
八、旅游业				
旅游入境人数	万人次	—	40	—
旅游收入	亿美元	—	—	—
九、财政金融				
财政收入	亿缅元	24068.9	—	—
财政支出	亿缅元	40114.7	—	—
外汇储备	亿美元	37	39	5.4
十、对外贸易				
进出口总额	亿美元	117.8	181.5	54
出口总额	亿美元	76	90.9	19.6
进口总额	亿美元	41.8	90.53	116.6
十一、吸引外资总额(历年累计)	亿美元	319	404	26.6

资料来源:缅甸农业与灌溉部,缅甸政府统计

注:※为公布的国内生产总值增长率

菲律宾国民经济主要指标

指　　标	单　位	2010 年	2011 年	2011 年比 2010 年增减(%)
一、年末总人口	万人	9401	—	—
二、国内生产总值	亿美元	1891	8527.34（亿林吉特）	—
人均国内生产总值	美元	—	9782	—
三、菲律宾比索对美元汇价	比索/1 美元	45.11	43.94	2.6
四、通货膨胀率	%	3.8	4.5	18.4
五、失业率	%	7.3	7.2	-1.4
六、工业				
工业总产值	亿美元	—	—	—
采矿业产值	亿比索	—	—	—
制造业产值	亿比索	—	—	—
建筑业产值	亿比索	17651	—	—
电、气、水产值	亿比索	—	—	—
七、农业				
农林渔业总产值	亿比索	3628	—	—
稻谷产量	万吨	1577	—	—
棉花产量	万吨	637.7	—	—
渔业产量	万吨	516	—	—
家禽肉类产量	万吨	181	—	—
牲畜肉类产量	万吨	239	—	—
八、服务业				
服务业总产值	亿比索	5590.62	—	—
九、旅游业				
旅游入境人数	万人次	—	2471.14	—
旅游总收入	亿美元	24.9	583（亿林吉特）	—
十、财政、金融				
财政收入	亿比索	—	—	—
财政支出	亿比索	—	—	—
外债总额	亿美元	554.16	—	—
外汇储备	亿美元	624	639	2.4
十一、对外贸易				
进出口贸易总额	亿美元	1032.95	1088.01	5.3
进口总额	亿美元	513.9	604.96	17.8
出口总额	亿美元	519.05	483.05	-6.9
十二、引进外资总额	亿美元	17	—	—

资料来源：菲律宾国家统计局，《2012 年菲律宾统计数字》

新加坡国民经济主要指标

指　　标	单　位	2010 年	2011 年	2011 年比 2010 年增减(%)
一、年末总人口	万人	507.6	518.4	2.1
常住人口	万人	377	379	0.5
新加坡公民	万人	323	326	0.9
永久居民	万人	54.1	53.2	-1.7
非常住人口	万人	130.6	139.4	6.7
二、国内生产总值	亿美元	2266.1	2996.2	4.9 *
人均国内生产总值	美元	43867	50123	14.3
三、新加坡元对美元汇价	新元/1 美元	1.3635	1.2579	-7.7
四、通货膨胀率	%	2.8	5.2	85.7
五、失业率	%	2.2	2.0	-9.1
六、工业总产值	亿新元	2704.95	2854.54	5.5
七、农业总产值	亿新元	—	—	—
八、服务业总产值	亿新元	1932.2	2210.4	14.4
九、旅游业				
旅客入境人数(不含从陆地入境的马来公民)	万人次	1164	1317	13.1
旅游收入	亿新元	165.06	222	34.5
十、交通运输业				
公路总长	千米	3377	—	—
港口处理货物总量	亿吨	5.03	5.312	5.6
空运客运量	万人次	4092	—	—
空运货物量	万吨	181.4	186.53	2.8
十一、财政金融				
财政收入	亿新元	445.8	—	—
财政支出	亿新元	327.5	—	—
外汇储备	亿美元	2889.54	3084	6.7
十二、对外贸易				
进出口总额	亿新元	9020	9744	8
出口总额	亿新元	4788	5147	7.5
进口总额	亿新元	4232	4597	8.6
十三、外资净流入	亿新元	107.84	118.6	10.0

资料来源：新加坡统计局、《新加坡 2012 年统计年鉴》

注：* 为公布的国内生产总值增长率

泰国国民经济主要指标

指　　标	单　位	2010 年	2011 年	2011 年比 2010 年增减(%)
一、年末总人口	万人	6731.3	—	—
二、国内生产总值	亿铢	101029.86	106625.31	6 *
人均国内生产总值	铢	143612.5	—	—
三、泰铢对美元汇价	铢/1 美元	30.10	30.5	1.3
四、通货膨胀率	%	3.05	3.8	24.6
五、失业率	%	1.04	—	—
六、工业总产值	亿铢	40155.06	—	—
七、农业				
农业总产值	亿铢	7875.21	—	—
木薯产量	万吨	—	—	—
棕榈油产量	万吨	—	—	—
橡胶产量	万吨	—	—	—
稻谷产量	万吨	—	—	—
肉鸡出栏量	亿只	—	—	—
八、交通运输业				
公路总长	万千米	—	—	—
铁路总长	千米	—	—	—
九、旅游业				
旅游入境人数	万人次	1584	1923	21.4
旅游收入	亿铢	5982	7782	30.94
十、财政、金融				
财政收入	亿铢	26004	28227	8.5
财政支出	亿铢	26531	30303	14.2
外汇储备	亿美元	1721	1912	11.1
十一、对外贸易				
对外贸易总额	亿美元	3777.18	4573.16	21.1
出口总额	亿美元	1953.11	2288.25	17.2
进口总额	亿美元	1824.07	2284.91	25.3
十二、引进外资				
日本投资总额	亿铢	1030	1877.5	82.3
欧盟投资总额	亿铢	—	—	—
中国香港投资总额	亿铢	—	132.6	—
中国台湾投资总额	亿铢	—	—	—
新加坡投资总额	亿铢	—	237	—

资料来源：泰国央行，泰国投资局

注：* 为公布国内生产总值增长率

越南国民经济主要指标

指　　标	单　位	2010 年	2011 年	2011 年比 2010 年增减(%)
一、年末总人口	万人	8693	8784	1.0
二、国内生产总值	亿美元	1029	1207	5.89 *
人均国内生产总值	美元	1200	1374	14.5
三、越南盾对美元汇价	越盾/1 美元	19238	21000	9.2
四、通货膨胀率	%	9.4	18.58	9.18
五、失业率	%	2.88	2.27	-0.61
六、工业				
工业总产值	万亿越盾	454.9	485.9	6.8
原油产量	万吨	1501.5	1518	1.1
发电量	百万度	91.67	101.3	10.5
七、农业				
农业渔业总产值	万亿越盾	232.7	244.8	5.20
林业产值	万亿越盾	7.4	7.82	5.67
渔业产值	万亿越盾	56.9	60.37	6.10
稻谷产量	万吨	4000	4230	5.75
茶叶产量	万吨	85.31	90.86	6.5
橡胶产量	万吨	76.78	82.92	8.0
胡椒产量	万吨	10.88	11.29	3.77
甘蔗产量	万吨	1553.85	—	—
黄豆产量	万吨	29.53	—	—
红薯产量	万吨	131.35	—	—
水产产量	万吨	512.76	543.29	5.95
八、商业、服务业				
邮电通信业产值	万亿越盾	140.07	167.1	19.3
商业和服务业总收入	万亿越盾	—	—	—
新增电话用户	户	1354.77	1180	-12.9
互联网用户	户	2672	3260	22
九、交通运输业				
客运量	亿人次	23	26.36	14.6
货运量	亿吨	8.02	8.99	12.1
空运客运量	万人	1227	1362	11
十、旅游业				
旅游入境人数	万人次	500	601.4	20.28
旅游收入	万亿越盾	44.5	—	—
十一、财政、金融				
财政收入	万亿越盾	559.17	674.5	20.63
财政支出	万亿越盾	—	796	—
外汇储备	亿美元	123.82	150	21.14
十二、对外贸易				
进出口总额	亿美元	1556	2036.6	29.7
出口总额	亿美元	716	969.1	34.2
进口总额	亿美元	840	1067.5	25.8
十二、引进外资				
实际利用外资	亿美元	185.9	146.96	-21

资料来源:越南国家统计总局;越南海关总局

注:* 为公布的 GDP 增长率

文莱部分经济指标（2008～2012年）

指标	单位	2008年	2009年	2010年	2011年(E)	2012年(F)
GDP(不变价格)	10亿文莱元	11.754	11.546	11.846	12.174	12.439
GDP(不变价格)	%	-1.938	-1.765	2.598	2.768	2.171
GDP(当年价)	10亿文莱元	20.398	15.611	16.867	19.311	19.34
GDP(当年价)	10亿美元	14.417	10.733	12.371	15.599	15.635
人均GDP(不变价格)	文莱元	29532.41	28425.41	28417.39	28502.46	28436.42
人均GDP(当年价格)	文莱元	51250.75	38432.79	40461.87	45211.32	44214.92
人均GDP(当年价格)	美元	36223.18	26423.10	29674.82	36520.66	35743.15
通货膨胀率(平均消费价格)	指数	103.306	104.383	104.75	106.675	107.955
通货膨胀率(平均消费价格)	%	2.085	1.043	0.351	1.838	1.2
失业率	%	3.748	3.748	3.748	3.7	3.7
人口	百万	0.398	0.406	0.417	0.427	0.437
财政收入	10亿文莱元	12.209	6.651	8.18	11.775	11.537
财政收入(占GDP比重)	%	59.856	42.606	48.494	60.974	59.653
财政支出	10亿文莱元	6.146	6.038	6.757	7.069	7.412
财政支出(占GDP比重)	%	30.13	38.676	40.061	36.606	38.323
当前账户平衡	10亿美元	7.835	4.318	5.573	7.56	7.338
当前账户平衡(占GDP比重)	%	54.345	40.23	45.049	48.467	46.932

资料来源：新加坡东南亚研究所《东南亚2012～2013》

注：E表示估计数据，F表示预测数据（下同）

柬埔寨部分经济指标（2008～2012年）

指标	单位	2008年	2009年	2010年	2011年	2012年
GDP增长率(IMF)	%	6.7	-2.0	6.0	6.7	6.5
GDP增长率(WB)	%	6.7	-2.0	4.9	6.0	6.5
GDP增长率(ADB)	%	6.7	0.1	6.3	6.8	6.5
GDP增长率(EIU)	%	6.7E	-1.5E	4.7	6.5	6.3
农业部门增长率	%	5.7E	4.9E	4.4	5	6
工业部门增长率	%	4.1E	-15.0E	8	7.5	5
服务部门增长率	%	8.9E	2.9E	3.3	6.9	7.1
出口额	百万美元	4708	4302	5538	6541	7027
进口额	百万美元	-6509	-5876	-7421	-9136	-9685
贸易差额	百万美元	-1800	-1574	-1883	-2595	-2658
财政收支差额占GDP比重	%	-2.8E	-8.1E	-5.9	-5.7	-6
偿债率(IMF)	%	-6.2	-5.2E	-4.1	-9.3	-6.7
通货膨胀率(IMF)	%	25.0	-0.7	4.0	6.4	5.6
通货膨胀率(ADB)	%	25.0	-0.7	4.0	5.5	5.5
M2货币增长率	%	5.4	35.6	21.3	14.9	18
债务总额	百万美元	4215	4364	4433	4787	4937
外汇储备	百万美元	2641	3288	3802	4121	4180
汇率	瑞尔/美元	4077	4165	4051	4146	4196

资料来源：新加坡东南亚研究所《东南亚2012～2013》

印度尼西亚部分经济指标(2008～2012年)

指　标	单　位	2008年	2009年	2010年	2011年(F)	2012年(F)
出口额	10亿美元	139.6	119.5	157.9	198.9	248.6
进口额	10亿美元	116.1	84.3	119.7	157.3	204.5
偿债率	%	0.1	2.0	0.9	0.2	0.1
通货膨胀率	%	11.1	2.8	7.0	4.0	4.9
财政收支差额占GDP比重	%	-1.0	-1.6	-1.0	-1.4	-1.8
外债占GDP比重	%	33.0	28.8	26.5	25.0	24.0
外汇储备	10亿美元	52.1	66.1	96.2	130.0	150.0
汇率	印尼盾/1美元	10950	9403	8991	8700	8600

资料来源:新加坡东南亚研究所《东南亚2012～2013》

注:F表示预测数据

老挝部分经济指标(2007～2011年)

指　标	单　位	2007年	2008年	2009年	2010年	2011年
国土总面积	万平方千米	23.68	23.68	23.68	23.68	23.68
年末总人口	万人	—	576.3	592	—	—
GDP增长率	%	7.9	7.9	7.6	7.9	8.1
人均国内生产总值	美元	656	900	969.6	1030	—
对美元汇价	基普/1美元	9341	8466	8400	—	8100
通货膨胀率	%	5.6	8	3.3	5	7.58
工业总产值	万亿基普	—	15	4	5.18	—
农业总产值	万亿基普	—	16	18.98	19.76	—
旅游入境人数	万人次	162.39	200.48	130.37	203	—
旅游收入	亿美元	—	—	2.9	2.96	—
财政收支差额占GDP比重	%	-2.9	-2.0	-6.6	-4.9	-2.4
外汇储备	亿美元	5.36	7	5.36	5.12	5.95
进出口总额	亿美元	19.84	25.02	22.93	34.6	24.7886
出口总额	亿美元	6.63	8.63	10	17.89	12.2973
进口总额	亿美元	13.21	16.39	12.93	16.71	12.2913
引进外资总额	亿美元	—	—	—	16.41	—

资料来源:新加坡东南亚研究所《东南亚2012～2013》

马来西亚部分经济指标（2007～2011年）

指　标	单　位	2007年	2008年	2009年	2010年	2011年
国土总面积	万平方千米	33.0257	33.0257	33.0434	33.0434	33.0434
年末总人口	万人	2717	2772	2789	2825	—
国内生产总值	亿林吉特	6414.9	7407.21	6919.27	5583.82	8527.34
人均国内生产总值	林吉特	23610.2	26711.9	24272	27786.8	9782
对美元汇价	林吉特	3.31	3.46	3.56	3.08	3.02
通货膨胀率	%	2.027	5.4	-0.1	1.7	3.2
失业率	%	3.2	3.3	3.9	3.2	3.1
工业总产值	亿林吉特	1927.75	—	—	649.38	—
农业总产值	亿林吉特	240.39	—	—	—	—
旅游入境人数	万人次	2070	2250	2364	2457.7	—
旅游收入	亿林吉特	140	440	—	183.44	—
财政收入	亿林吉特	1417.9	—	1621	—	1870
外汇储备	亿美元	1109	960	959.54	1065	1202.21
进出口总额	亿林吉特	11097	11850	10394	3794.23	12690
出口总额	亿林吉特	6051	6635	5572	2076.06	6945.5
进口总额	亿林吉特	5045.7	5215	4822	1718.17	5742.3
引进外资总额	亿林吉特	—	—	—	94.48	264.5

资料来源：新加坡东南亚研究所《东南亚2012～2013》

缅甸部分经济指标（2007～2012年）

指　标	单　位	2007/2008财年	2008/2009财年	2009/2010财年	2010/2011财年	2011/2012财年
国土总面积	万平方千米	67.65	67.65	67.65	67.65	67.65
年末总人口	万人	5650	5750	5953	—	—
GDP增长率	%	11.9	10.8	10.1	12	8.8
人均国内生产总值	美元	278	446	403.5	648	—
对美元汇价	缅元	5.6	5.4	5.5	5.6	5.3
通货膨胀率	%	32.9	22.5	7.5	8.5	8.3
失业率	%	—	—	—	1.7	—
农业总产值	亿美元	—	—	—	3.2	—
旅游入境人数	万人次	73.21	66.08	76.25	—	—
财政赤字占GDP比重	%	-3.0	-3.5	-4.8	-5.1	-5.2
外汇储备	亿美元	32.40	34	35	37	39
进出口总额	亿美元	98	100.11	117.87	130	—
出口总额	亿美元	—	63.59	76.05	80	—
进口总额	亿美元	—	36.52	41.81	50	—
引进外资总额	亿美元	—	157.07	160.5	—	—

资料来源：新加坡东南亚研究所《东南亚2012～2013》

菲律宾部分经济指标（2007～2011 年）

指　标	单　位	2007 年	2008 年	2009 年	2010 年	2011 年
国土总面积	万平方千米	29.97	29.97	30.00	30.00	30.00
年末总人口	万人	8870	9080	9035	9234	9234
GDP 增长率	%	7.1	3.84	1.1	7.3	3.7
人均 GDP	美元	1640	1866	1747	1840	—
汇率	比索/1 美元	41.40	48.09	46.5	44.20	42.9
通货膨胀率	%	2.8	9.3	3.2	3.8	4.5
失业率	%	11.1	7.4	7.5	7.3	7.2
工业总产值	亿美元	320	—	0.9	12.1	—
农业总产值	亿美元	146.9	261.78	258.06	256.77	—
旅游入境人数	万人次	309	314	—	352	391.7
旅游收入	亿美元	48	104	—	24.9	—
财政收支差额占 GDP 比重	%	0.2	-0.8	3.1	-3.7	-2.6
外汇储备	亿美元	338	376	442	624	549
进出口总额	亿美元	1059.8	1058.24	813.38	1032.95	1088.01
出口总额	亿美元	504.64	490.78	383.35	513.9	483.05
进口总额	亿美元	555.16	567.46	430.03	519.05	604.96
引进外资总额	亿美元	25	38.96	20	17	—

资料来源：新加坡东南亚研究所《东南亚 2012～2013》

新加坡部分经济指标（2007～2011 年）

指　标	单　位	2007 年	2008 年	2009 年	2010 年	2011 年
国土总面积	万平方千米	0.0699	0.0707	0.0710	0.0712	0.0712
年末总人口	万人	458	483.90	498.76	508	518
GDP 增长率	%	7.7	1.1	-2.0	14.8	4.9
人均国内生产总值	美元	38700	39255	37220	44790	50123
汇率	新元/美元	1.5071	1.415	1.454	1.3635	1.239
通货膨胀率	%	2.1	6.6	0.6	2.8	5.2
失业率	%	2.1	2.2	3.3	2.2	2.0
工业总产值	亿新元	706.9	—	2136.99	2704.95	2854.54
服务业增长率	%	1.87	—	—	—	4.4
旅游入境人数	万人次	1028.5	1010	968.1	1163	1320
旅游收入	亿新元	124.7	148	—	165.06	222
财政收入	亿新元	396.5	—	—	—	—
外汇储备	亿美元	1440.56	1770	2639.55	2889.54	—
进出口总额	亿新元	8466.1	9276.5	7474.17	9020	9744
出口总额	亿新元	4506.28	3369.8	3911.18	4788	5147
进口总额	亿新元	3959.8	3187	3562.99	4232	4597
外资净流入	亿美元	169.92	194.48	136.32	107.84	—

资料来源：新加坡东南亚研究所《东南亚 2012～2013》

泰国部分经济指标（2007～2011年）

指　标	单　位	2007年	2008年	2009年	2010年	2011年
国土总面积	万平方千米	51.3115	51.3115	51.3115	51.3115	—
年末总人口	万人	6304	6339	6595	—	—
GDP增长率	%	4.9	2.5	-2.3	7.8	0.1
人均国内生产总值	美元	3737	4116	3949	—	—
对美元汇价	铢	34.56	33.40	34.5	30.10	30.5
通货膨胀率	%	2.2	5.5	-1.2	3.3	3.8
失业率	%	1.4	1.4	1.5	1.0	—
旅游入境人数	万人次	1446	1459	1410	1580	—
旅游收入	亿铢	5477	5738	5270	—	7345.9
财政收入	亿铢	—	23093	21800	25942	—
外汇储备	亿美元	874	1110	1424	1721	1912
进出口总额	亿美元	2924.9	3503.58	2711.90	3760.69	4573.16
出口总额	亿美元	1524.8	1752.98	1454.97	1936.63	2288.25
进口总额	亿美元	1400.1	1750.60	1256.93	1824.06	2284.91

资料来源：新加坡东南亚研究所《东南亚2012～2013》

越南部分经济指标（2007～2011年）

指　标	单　位	2007年	2008年	2009年	2010年	2011年
国土总面积	万平方千米	33.12	33.12	33.12	33.12	33.12
年末总人口	万人	8515	8512	8602	8693	—
国内生产总值	亿美元	713	890	905	966.36	1023.28
GDP增长率	%	8.5	6.23	5.32	6.78	5.89
人均国内生产总值	美元	820	1024	1104.2	1200	—
对美元汇价	越盾	16000	16245	17875	19238	21000
通货膨胀率	%	12.4	23	6.9	9.4	18.58
失业率	%	—	4.6	6.5	2.88	—
工业总产值	万亿越盾	247	650	—	14	6.8
农业总产值	万亿越盾	108.5	—	222.25	232.7	244.8
旅游入境人数	万人次	430	430	380	500	601.4
旅游收入	万亿越盾	—	13	—	44.5	—
财政收入	万亿越盾	288	321.4	390.6	570.29	674.5
外汇储备	亿美元	237	242	216	123.82	150
进出口总额	亿美元	1092.17	1428	1260	1556	2036.6
出口总额	亿美元	483.87	629	570	716	969.1
进口总额	亿美元	608.3	799.2	690	840	1067.5
引进外资总额	亿美元	292	115	100	198.86	146.96

资料来源：新加坡东南亚研究所《东南亚2012～2013》

中国对东盟国家贸易统计(2011 年)

国别 地区	进出口 金额(亿美元)	进出口 比上年增减(%)	出口 金额(亿美元)	出口 比上年增减(%)	进口 金额(亿美元)	进口 比上年增减(%)
马来西亚	900.3	21.3	278.9	17.2	621.4	23.2
泰国	647.4	22.3	257.0	30.2	390.4	17.6
新加坡	634.8	11.2	355.7	10.0	279.1	12.9
印尼	605.2	41.6	292.2	33.1	313.0	50.5
越南	402.1	33.6	290.9	25.9	111.2	59.1
菲律宾	322.5	16.2	142.5	23.5	180.0	11.0
缅甸	65.0	46.3	48.2	38.7	16.8	73.6
柬埔寨	25.0	73.5	23.2	71.8	1.8	96.8
文莱	13.1	27.1	7.4	102.5	5.7	14.7
老挝	13.1	20.4	4.8	-1.5	8.3	37.9
东盟合计	3628.5	23.9	1700.8	23.1	1927.7	24.7

资料来源:中国海关总署

印度尼西亚与主要贸易伙伴进出口情况(2011 年)

进口 国家和地区	金额(百万美元)	比上年增减(%)	占比重(%)	出口 国家和地区	金额(百万美元)	比上年增减(%)	占比重(%)
总值	177436	30.8	100.0	总值	203497	29.0	100.0
中国	26212	28.3	14.8	日本	33715	30.8	16.6
新加坡	25965	28.3	14.6	中国	22941	46.2	11.3
日本	19437	14.6	11.0	新加坡	18444	34.4	9.1
韩国	13000	68.8	7.3	美国	16459	15.4	8.1
美国	10813	15.0	6.1	韩国	16389	30.3	8.1
泰国	10405	39.3	5.9	印度	13336	34.5	6.6
马来西亚	10405	20.3	5.9	马来西亚	10996	17.5	5.4
沙特阿拉伯	5427	24.4	3.1	中国台湾省	6585	36.1	3.2
澳大利亚	5177	26.3	2.9	泰国	5897	29.1	2.9
印度	4322	31.2	2.4	澳大利亚	5583	31.5	2.7
中国台湾省	4260	31.4	2.4	荷兰	5132	37.9	2.5
德国	3394	12.9	1.9	菲律宾	3699	16.3	1.8
中国香港	2465	32.5	1.4	德国	3305	10.7	1.6
越南	2383	108.6	1.3	中国香港	3215	28.5	1.6
加拿大	2016	81.9	1.1	意大利	3168	33.7	1.6

资料来源:中国商务部网站

马来西亚与主要贸易伙伴进出口情况(2011 年)

进口				出口			
国家和地区	金额(百万美元)	比上年增减(%)	占比重(%)	国家和地区	金额(百万美元)	比上年增减(%)	占比重(%)
总值	187828	14.0	100.0	总值	227192	14.3	100.0
中国	24716	19.5	13.2	中国	29853	19.8	13.1
新加坡	24060	28.2	12.8	新加坡	28831	8.6	12.7
日本	21369	3.1	11.4	日本	26129	25.7	11.5
美国	18137	3.5	9.7	美国	18840	-0.6	8.3
印度尼西亚	11481	25.5	6.1	泰国	11703	10.5	5.2
泰国	11295	10.1	6.0	中国香港	10225	1.4	4.5
中国台湾省	8863	19.4	4.7	印度	9222	41.5	4.1
韩国	7585	-15.1	4.0	韩国	8446	11.8	3.7
德国	7180	8.0	3.8	澳大利亚	8209	9.9	3.6
中国香港	4441	12.6	2.4	中国台湾省	7426	17.9	3.3
澳大利亚	4188	31.5	2.2	印度尼西亚	6806	21.2	3.0
法国	3468	77.3	1.9	荷兰	6311	0.5	2.8
越南	3378	29.2	1.8	德国	6031	11.6	2.7
印度	3327	33.9	1.8	阿联酋	4206	10.8	1.9
沙特阿拉伯	2767	36.2	1.5	越南	3819	7.7	1.7

资料来源:中国商务部网站

新加坡与主要贸易伙伴进出口情况(2011 年)

进口				出口			
国家和地区	金额(百万美元)	比上年增减(%)	占比重(%)	国家和地区	金额(百万美元)	比上年增减(%)	占比重(%)
总值	365961	17.7	100.0	总值	409722	16.4	100.0
马来西亚	39149	7.7	10.7	马来西亚	50034	19.3	12.2
美国	39020	11.8	10.7	中国香港	45174	9.5	11.0
中国	38003	12.9	10.4	印度尼西亚	42818	29.5	10.5
日本	26244	7.3	7.2	中国	42685	17.3	10.4
韩国	21753	20.7	5.9	美国	21996	-3.3	5.4
中国台湾省	21743	17.4	5.9	日本	18390	12.0	4.5
印度尼西亚	19309	14.5	5.3	澳大利亚	16047	27.4	3.9
沙特阿拉伯	17630	56.7	4.8	韩国	15478	7.8	3.8
印度	14149	53.2	3.9	中国台湾省	14618	14.0	3.6
阿联酋	11639	82.6	3.2	印度	14063	5.7	3.4
泰国	11382	10.7	3.1	泰国	14055	10.7	3.4
德国	10410	16.9	2.9	巴拿马	11443	52.6	2.8
法国	8490	13.7	2.3	越南	10208	38.4	2.5
卡塔尔	7439	35.2	2.0	荷兰	7560	22.4	1.9
荷兰	6971	30.4	1.9	菲律宾	6767	-5.6	1.7

资料来源:中国商务部网站

泰国与主要贸易伙伴进出口情况(2011 年)

进口				出口			
国家和地区	金额(百万美元)	比上年增减(%)	占比重(%)	国家和地区	金额(百万美元)	比上年增减(%)	占比重(%)
总值	229036	24.1	100.0	总值	227010	16.2	100.0
日本	42267	10.3	18.5	中国	27132	26.4	12.0
中国	30656	25.0	13.4	日本	24240	18.7	10.7
阿联酋	14509	65.8	6.3	美国	21639	7.1	9.5
美国	13337	23.5	5.8	中国香港	16312	24.2	7.2
马来西亚	12358	14.1	5.4	马来西亚	12274	16.2	5.4
韩国	9224	13.1	4.0	新加坡	11335	25.7	5.0
瑞士	8857	70.0	3.9	印度尼西亚	9979	35.9	4.4
澳大利亚	7954	33.2	3.5	澳大利亚	7922	-15.4	3.5
新加坡	7809	22.7	3.4	越南	6990	19.6	3.1
中国台湾省	7521	9.1	3.3	印度	5132	16.8	2.3
沙特阿拉伯	7407	30.0	3.2	瑞士	4718	15.1	2.1
印度尼西亚	7406	29.0	3.2	菲律宾	4602	-5.8	2.0
德国	5404	15.4	2.4	韩国	4531	25.6	2.0
俄罗斯	4533	39.2	2.0	荷兰	4524	24.2	2.0
缅甸	3275	15.0	1.4	中国台湾省	3859	19.5	1.7

资料来源:中国商务部网站

印度尼西亚自中国进口主要商品构成(2010~2011 年)

金额单位:百万美元

商品类别	2010 年	2011 年	2011 年比上年增减(%)	2011 年占比重(%)
总值	20424	26212	28.3	100.0
核反应堆、锅炉、机械器具及零件	4655	6065	30.3	23.1
电机、电气、音像设备及其零附件	4876	5814	19.2	22.2
钢铁	690	990	43.4	3.8
钢铁制品	842	890	5.7	3.4
有机化学品	666	887	33.1	3.4
矿物燃料、矿物油及其产品;沥青等	753	772	2.5	2.9
塑料及其制品	489	693	41.6	2.7
棉花	520	652	25.4	2.5
车辆及其零附件,但铁道车辆除外	367	543	48.2	2.1
无机化学品;贵金属等的化合物	376	519	38.3	2.0
铝及其制品	270	439	62.5	1.7
船舶及浮动结构体	331	428	29.5	1.6
化学纤维长丝	274	421	53.4	1.6
食用水果及坚果;甜瓜等水果的果皮	370	412	11.4	1.6
肥料	162	394	142.8	1.5
化学纤维短纤	187	370	98.0	1.4
食用蔬菜、根及块茎	291	343	18.0	1.3
鞣料;着色料;涂料;油灰;墨水等	234	321	37.3	1.2

续表

商品类别	2010年	2011年	2011年比上年增减(%)	2011年占比重(%)
光学、照相、医疗等设备及零附件	207	320	54.3	1.2
杂项化学产品	215	280	30.4	1.1
针织物及钩编织物	246	279	13.4	1.1
家具;寝具等;灯具;活动房	181	261	44.3	1.0
烟草、烟草及烟草代用品的制品	194	246	27.1	0.9
贱金属杂项制品	173	222	27.9	0.9
纸及纸板;纸浆、纸或纸板制品	120	210	75.6	0.8
橡胶及其制品	149	202	35.5	0.8
杂项食品	135	179	32.1	0.7
鞋靴、护腿和类似品及其零件	140	175	25.2	0.7
陶瓷产品	111	167	50.2	0.6
玩具、游戏或运动用品及其零附件	122	151	23.9	0.6
以上合计	18346	23645	28.9	90.2

资料来源:中国商务部网站

印度尼西亚对中国出口主要商品构成(2010~2011年)

金额单位:百万美元

商品类别	2010年	2011年	2011年比上年增减(%)	2011年占比重(%)
总值	15693	22941	46.2	100.0
矿物燃料、矿物油及其产品;沥青等	6023	8923	48.1	38.9
动、植物油、脂、蜡;精制食用油脂	2446	3102	26.8	13.5
矿砂、矿渣及矿灰	1387	2828	103.9	12.3
橡胶及其制品	1416	2007	41.7	8.8
有机化学品	840	1495	78.0	6.5
木浆等纤维状纤维素浆;废纸及纸板	659	804	21.9	3.5
电机、电气、音像设备及其零附件	411	453	10.0	2.0
杂项化学产品	228	426	87.4	1.9
木及木制品;木炭	266	421	58.0	1.8
铜及其制品	318	374	17.6	1.6
塑料及其制品	216	290	33.9	1.3
纸及纸板;纸浆、纸或纸板制品	194	196	1.4	0.9
核反应堆、锅炉、机械器具及零件	144	174	20.6	0.8
化学纤维短纤	91	143	57.8	0.6
鱼及其他水生无脊椎动物	74	129	74.6	0.6
可可及可可制品	62	111	80.2	0.5
油籽;子仁;工业或药用植物;饲料	77	92	18.7	0.4
鞋靴、护腿和类似品及其零件	56	87	55.9	0.4
棉花	85	78	-8.5	0.3
洗涤剂、润滑剂、人造蜡、塑型膏等	41	67	62.1	0.3
车辆及其零附件,但铁道车辆除外	38	53	38.2	0.2
化学纤维长丝	50	43	-13.2	0.2
钢铁制品	62	41	-33.4	0.2
非针织或非钩编的服装及衣着附件	21	37	75.6	0.2
无机化学品;贵金属等的化合物	40	36	-9.2	0.2
鞣料;着色料;涂料;油灰;墨水等	31	36	16.1	0.2
编结用植物材料;其他植物产品	27	35	29.0	0.2
乐器及其零件、附件	16	31	87.5	0.1
谷物粉、淀粉等或乳的制品;糕饼	16	28	82.4	0.1
盐;硫磺;土及石料;石灰及水泥等	24	26	10.0	0.1
以上合计	15359	22566	46.9	98.4

资料来源:中国商务部网站

马来西亚自中国进口主要商品构成(2010～2011年)

金额单位:百万美元

商品类别	2010年	2011年	2011年比上年增减(%)	2011年占比重(%)
总值	20682	24716	19.5	100.0
电机、电气、音像设备及其零附件	6889	8142	18.2	32.9
核反应堆、锅炉、机械器具及零件	4903	5432	10.8	22.0
钢铁	711	870	22.3	3.5
塑料及其制品	535	771	44.1	3.1
钢铁制品	617	741	20.2	3.0
光学、照相、医疗等设备及零附件	599	675	12.8	2.7
有机化学品	456	517	13.2	2.1
铝及其制品	375	498	32.8	2.0
无机化学品;贵金属等的化合物	365	452	23.8	1.8
车辆及其零附件,但铁道车辆除外	295	452	53.2	1.8
食用蔬菜、根及块茎	360	354	-1.6	1.4
纸及纸板;纸浆、纸或纸板制品	222	283	27.6	1.2
鱼及其他水生无脊椎动物	223	273	22.8	1.1
家具;寝具等;灯具;活动房	201	243	20.7	1.0
杂项化学产品	158	241	53.1	1.0
船舶及浮动结构体	294	238	-18.9	1.0
铜及其制品	164	228	38.9	0.9
肥料	184	217	17.8	0.9
玻璃及其制品	117	197	68.8	0.8
橡胶及其制品	115	196	69.8	0.8
玩具、游戏或运动用品及其零附件	145	176	21.1	0.7
非针织或非钩编的服装及衣着附件	90	162	79.8	0.7
铁道车辆;轨道装置;信号设备	16	152	841.7	0.6
鞋靴、护腿和类似品及其零件	128	143	11.9	0.6
棉花	79	132	65.7	0.5
针织或钩编的服装及衣着附件	69	121	75.8	0.5
皮革制品;旅行箱包;动物肠线制品	79	120	52.1	0.5
鞣料;着色料;涂料;油灰;墨水等	92	119	29.2	0.5
贱金属杂项制品	102	119	16.9	0.5
木及木制品;木炭	104	115	11.3	0.5
以上合计	18687	22379	19.8	90.6

资料来源:中国商务部网站

马来西亚对中国出口主要商品构成(2010～2011年)

金额单位:百万美元

商品类别	2010年	2011年	2011年比上年增减(%)	2011年占比重(%)
总值	24912	29853	19.8	100.0
电机、电气、音像设备及其零附件	7865	9954	26.6	33.3
动、植物油、脂、蜡;精制食用油脂	2992	4657	55.6	15.6
核反应堆、锅炉、机械器具及零件	5310	4083	-23.1	13.7
橡胶及其制品	2374	3399	43.2	11.4
矿物燃料、矿物油及其产品;沥青等	1626	1874	15.3	6.3
有机化学品	834	1125	34.9	3.8
塑料及其制品	947	1042	10.0	3.5
光学、照相、医疗等设备及零附件	594	522	-12.1	1.8
杂项化学产品	328	446	35.8	1.5
铜及其制品	186	297	59.9	1.0
矿砂、矿渣及矿灰	137	288	109.6	1.0
木及木制品;木炭	239	235	-1.8	0.8
棉花	33	213	542.8	0.7
锡及其制品	27	136	402.4	0.5
车辆及其零附件,但铁道车辆除外	165	123	-25.6	0.4
钢铁	129	117	-9.3	0.4

续表

商品类别	2010年	2011年	2011年比上年增减(%)	2011年占比重(%)
洗涤剂、润滑剂、人造蜡、塑型膏等	97	115	17.9	0.4
可可及可可制品	82	104	27.2	0.4
玻璃及其制品	70	74	5.9	0.3
钢铁制品	48	72	47.9	0.2
铝及其制品	70	68	-3.6	0.2
盐;硫磺;土及石料;石灰及水泥等	58	65	12.6	0.2
鞣料;着色料;涂料;油灰;墨水等	59	61	4.1	0.2
化学纤维长丝	56	52	-6.1	0.2
杂项食品	47	51	10.2	0.2
家具;寝具等;灯具;活动房	16	42	155.0	0.1
纸及纸板;纸浆、纸或纸板制品	26	40	53.4	0.1
谷物粉、淀粉等或乳的制品;糕饼	19	40	109.2	0.1
贱金属器具、利口器、餐具及零件	31	38	20.3	0.1
编结用植物材料;其他植物产品	22	35	64.7	0.1
以上合计	24487	29368	19.9	98.4

资料来源:中国商务部网站

新加坡自中国进口主要商品构成(2010~2011年)

金额单位:百万美元

商品类别	2010年	2011年	2011年比上年增减(%)	2011年占比重(%)
总值	33673	38003	12.9	100.0
电机、电气、音像设备及其零附件	12113	13777	13.7	36.3
核反应堆、锅炉、机械器具及零件	8344	9493	13.8	25.0
矿物燃料、矿物油及其产品;沥青等	3845	3066	-20.3	8.1
钢铁制品	734	1057	44.1	2.8
钢铁	617	1024	65.8	2.7
光学、照相、医疗等设备及零附件	754	794	5.3	2.1
有机化学品	439	620	41.3	1.6
塑料及其制品	455	513	12.8	1.4
家具;寝具等;灯具;活动房	331	399	20.6	1.1
非针织或非钩编的服装及衣着附件	308	377	22.3	1.0
玩具、游戏或运动用品及其零附件	411	349	-15.1	0.9
铝及其制品	308	342	11.2	0.9
船舶及浮动结构体	390	329	-15.7	0.9
针织或钩编的服装及衣着附件	274	321	17.1	0.8
皮革制品;旅行箱包;动物肠线制品	244	317	29.7	0.8
杂项化学产品	188	243	29.3	0.6
鞋靴、护腿和类似品及其零件	200	231	15.8	0.6
珠宝、贵金属及制品;仿首饰;硬币	148	229	54.7	0.6
纸及纸板;纸浆、纸或纸板制品	192	225	16.9	0.6
铁道车辆;轨道装置;信号设备	5	216	3854.5	0.6
车辆及其零附件,但铁道车辆除外	152	210	38.2	0.6
橡胶及其制品	175	209	19.7	0.6
精油及香膏;香料制品及化妆盥洗品	126	188	48.7	0.5
无机化学品;贵金属等的化合物	129	186	43.5	0.5
锡及其制品	116	171	47.1	0.5
玻璃及其制品	140	150	7.0	0.4
贱金属器具、利口器、餐具及零件	128	149	15.7	0.4
贱金属杂项制品	116	138	18.9	0.4
食用蔬菜、根及块茎	131	137	4.3	0.4
烟草、烟草及烟草代用品的制品	70	128	83.6	0.3
以上合计	31583	35588	12.7	93.6

资料来源:中国商务部网站

新加坡对中国出口主要商品构成(2010～2011年)

金额单位:百万美元

商品类别	2010年	2011年	2011年比上年增减(%)	2011年占比重(%)
总值	36384	42685	17.3	100.0
电机、电气、音像设备及其零附件	15632	16469	5.4	38.6
矿物燃料、矿物油及其产品;沥青等	5455	7671	40.6	18.0
核反应堆、锅炉、机械器具及零件	4958	5568	12.3	13.1
塑料及其制品	2902	3474	19.7	8.1
有机化学品	2215	2933	32.4	6.9
光学、照相、医疗等设备及零附件	726	915	26.1	2.1
杂项化学产品	627	720	14.8	1.7
铜及其制品	183	484	164.5	1.1
航空器、航天器及其零件	373	394	5.7	0.9
谷物粉、淀粉等或乳的制品;糕饼	366	342	-6.7	0.8
橡胶及其制品	251	325	29.4	0.8
饮料、酒及醋	208	288	38.3	0.7
贱金属器具、利口器、餐具及零件	259	270	3.9	0.6
精油及香膏;香料制品及化妆盥洗品	148	252	70.2	0.6
车辆及其零附件,但铁道车辆除外	244	247	1.1	0.6
锡及其制品	63	220	247.2	0.5
钢铁	180	166	-7.9	0.4
镍及其制品	120	163	35.6	0.4
鞣料;着色料;涂料;油灰;墨水等	101	122	21.0	0.3
钢铁制品	80	114	43.6	0.3
洗涤剂、润滑剂、人造蜡、塑型膏等	79	112	42.3	0.3
印刷品;手稿、打字稿及设计图纸	69	106	52.9	0.3
珠宝、贵金属及制品;仿首饰;硬币	88	98	10.3	0.2
钟表及其零件	24	56	133.8	0.1
铝及其制品	46	53	16.1	0.1
可可及可可制品	42	51	19.8	0.1
纸及纸板;纸浆、纸或纸板制品	28	48	70.2	0.1
杂项食品	30	40	34.5	0.1
生皮(毛皮除外)及皮革	9	37	325.1	0.1
无机化学品;贵金属等的化合物	25	36	42.8	0.1
以上合计	35531	41774	17.6	97.9

资料来源:中国商务部网站

泰国自中国进口主要商品构成(2010～2011年)

金额单位:百万美元

商品类别	2010年	2011年	2011年比上年增减(%)	2011年占比重(%)
总值	24519	30656	25.0	100.0
电机、电气、音像设备及其零附件	7311	9064	24.0	29.6
核反应堆、锅炉、机械器具及零件	5507	6682	21.3	21.8
钢铁	1014	1559	53.6	5.1
钢铁制品	915	1190	30.1	3.9
塑料及其制品	844	1038	22.9	3.4
有机化学品	620	798	28.8	2.6
无机化学品;贵金属等的化合物	492	705	43.1	2.3
杂项化学产品	451	599	32.7	2.0
光学、照相、医疗等设备及零附件	460	582	26.6	1.9
车辆及其零附件,但铁道车辆除外	345	543	57.3	1.8
珠宝、贵金属及制品;仿首饰;硬币	416	481	15.8	1.6
铝及其制品	379	465	22.7	1.5
肥料	303	374	23.5	1.2

续表

商品类别	2010年	2011年	2011年比上年增减(%)	2011年占比重(%)
纸及纸板;纸浆、纸或纸板制品	201	310	54.1	1.0
铜及其制品	199	279	40.2	0.9
家具;寝具等;灯具;活动房	206	270	31.2	0.9
食用水果及坚果;甜瓜等水果的果皮	209	270	29.4	0.9
棉花	268	251	-6.4	0.8
陶瓷产品	219	244	11.6	0.8
橡胶及其制品	195	236	21.1	0.8
鞣料;着色料;涂料;油灰;墨水等	201	234	16.3	0.8
化学纤维短纤	192	212	10.3	0.7
鞋靴、护腿和类似品及其零件	181	199	10.0	0.7
浸、包或层压织物;工业用纺织制品	154	193	24.9	0.6
玻璃及其制品	178	189	6.0	0.6
食用蔬菜、根及块茎	141	181	28.0	0.6
化学纤维长丝	147	178	20.6	0.6
皮革制品;旅行箱包;动物肠线制品	122	172	41.3	0.6
贱金属杂项制品	139	164	18.0	0.5
针织物及钩编织物	147	159	8.0	0.5
以上合计	22156	27821	25.6	91

资料来源:中国商务部网站

泰国对中国出口主要商品构成(2010~2011年)

金额单位:百万美元

商品类别	2010年	2011年	2011年比上年增减(%)	2011年占比重(%)
总值	21471	27132	26.4	100.0
橡胶及其制品	3945	6912	75.2	25.5
核反应堆、锅炉、机械器具及零件	5586	4865	-12.9	17.9
电机、电气、音像设备及其零附件	2570	2810	9.3	10.4
塑料及其制品	1827	2609	42.8	9.6
有机化学品	1580	2442	54.6	9.0
矿物燃料、矿物油及其产品;沥青等	1394	1112	-20.3	4.1
食用蔬菜、根及块茎	802	963	20.0	3.6
木及木制品;木炭	643	904	40.7	3.3
纸及纸板;纸浆、纸或纸板制品	45	747	1544.8	2.8
食用水果及坚果;甜瓜等水果的果皮	205	458	123.1	1.7
光学、照相、医疗等设备及零附件	369	384	3.9	1.4
制粉工业产品;麦芽;淀粉等;面筋	252	260	3.3	1.0
谷物	223	233	4.7	0.9
车辆及其零附件,但铁道车辆除外	71	163	130.4	0.6
糖及糖食	12	161	1231.3	0.6
化学纤维短纤	81	121	49.9	0.5
杂项化学产品	138	116	-15.7	0.4
航空器、航天器及其零件	93	114	23.0	0.4
蛋白类物质;改性淀粉;胶;酶	85	114	35.0	0.4
化学纤维长丝	103	108	4.6	0.4
鱼及其他水生无脊椎动物	122	107	-12.3	0.4
铜及其制品	56	104	87.4	0.4
生皮(毛皮除外)及皮革	76	102	34.2	0.4
钢铁制品	155	84	-45.6	0.3
棉花	64	80	24.0	0.3
矿砂、矿渣及矿灰	115	71	-38.3	0.3
木浆等纤维状纤维素浆;废纸及纸板	45	64	41.7	0.2
珠宝、贵金属及制品;仿首饰;硬币	24	56	133.8	0.2
鞣料;着色料;涂料;油灰;墨水等	46	55	18.4	0.2
玻璃及其制品	34	45	29.1	0.2
以上合计	20761	26364	27.0	97.4

资料来源:中国商务部网站

附　　录

中国驻东南亚各国大使馆

（名称/大使/地址/电话/电子邮箱）

驻文莱达鲁萨兰国大使馆/郑祥林(Zheng Xianglin)/NO. 1, 3,5 SIMPANG 462, KAMPUNG SUNGAI HANCHING BARU, JALAN MUARA, BC 2115, BANDAR SERI BEGAWAN, BRUNEI DARUSSALAM/00673 - 2 - 334163,00673 - 2 - 335710(传真)/EMBPROC@ BRUNET. BN

驻柬埔寨王国大使馆/潘广学(Pan Guangxue)/No. 156, Blvd Mao Tsetung, Phnom Penh, Cambodia/ 00855 - 12810928(值班手机),00855 - 12901923(值班手机),00855 - 23 - 364738(传真)/chinaemb_kh@ mfa. gov. cn

驻印度尼西亚共和国大使馆/刘建超(Liu Jianchao)/JL. MEGA KUNINGAN NO. 2 JAKARTA SELATAN 12950 INDONESIA/0062 - 21 - 5761037,5761038(传真)/administrative@ chnemb. or. id

驻老挝人民民主共和国大使馆/布建国(女)(Bu Jianguo)/WAT NAK ROAD, SISATTANAK, VIENTIANE, LAO P. D. R./00856 - 21 - 315100,00856 - 21 - 315104(传真)/chinaemb_la@ mfa. gov. cn

驻马来西亚大使馆/柴玺(Chai Xi)/229, JALAN AMPANG, 50450 KUALA LUMPUR, MALAYSIA/0060 - 3 - 21428495, 21416732,(012)3720197(电话), 0060 - 3 - 21414552, 21453924(传真)/CHINAEMBMY@ MFA. GOV. CN

驻缅甸联邦大使馆/李军华(Li Junhua)/NO. 1 PYIDAUNGSU YEIKTHA ROAD, YANGON, UNION OF MYANMAR/0095 - 1 - 221280,221281,0095 - 1 - 227019(传真)/chinaemb_mm@ mfa. gov. cn

驻菲律宾共和国大使馆/马克卿(Ma Keqing)/4896 Pasay Road, Dasmarinas Village, Makati, Metro Manila, the Philippines/(0063 - 2)8443148, 8437715, 8452465(传真)/chinaemb_ph@ mfa. gov. cn

驻新加坡共和国大使馆/魏苇(Wei Wei)/东陵路 150 号新加坡 247969 邮区/0065 - 64180252,67344737,64793250(传真)/chinaemb_sg@ mfa. gov. cn

驻泰王国大使馆/管木(Guan Mu)/57 RACHADAPISAKE ROAD HUAY KWANG, BANGKOK 10310, THAILAND/0066 - 2 - 2457044,0066 - 2 - 2468247(传真)/chinaemb_th@ mfa. gov. cn

驻越南社会主义共和国大使馆/孔铉佑(Kong Xuanyou)/46 HOANG DIEU ROAD, HANOI, VIETNAM/0084 - 4 - 8453736, 0084 - 4 - 8232826(传真)/chinaemb_vn@ mfa. gov. cn

驻东帝汶民主共和国大使馆/田广凤(Tian Guangfeng)/东帝汶帝力市灯塔区塞尔帕·罗莎总督路(RUA GOVERNADOR SERPA ROSA, FAROL, DILI, EAST TIMOR)/00670 - 3325168,7231918(手机),3325166(传真)/chinaemb_tp@ mfa. gov. cn

东南亚各国驻中国外交机构

（名称/大使/地址/电话/电子邮箱）

文莱达鲁萨兰国大使馆/张慈祥(TEO CHEE SIONG Magdalene)/北京市朝阳区亮马桥北街 1 号/(010)65329773, 65329776,65324093,65324097(传真)

柬埔寨王国大使馆/凯·西索达(Khek Sysoda)/北京市朝阳区东直门外大街 9 号/(010)65321889,65323507(传真)/cambassy@ public2. bta. net. cn

印度尼西亚共和国大使馆/易慕龙(Imron Cotan)/北京市朝阳区东直门外大街 4 号/(010)65325485 - 88,65325368(传真)/set. indonesia. kbri@ deplu. go. id

老挝人民民主共和国大使馆/宋迪·本库(Somdy Bounkhoum)/北京市朝阳区三里屯东四街 11 号/(010)65321224, 65326748(传真)

马来西亚大使馆/伊斯甘达·萨鲁丁(Iskandar Sarndin)/北京市朝阳区亮马桥北街 2 号/(010)65322531,65325032(传真)/mwbjing@ 95777. com

缅甸联邦大使馆/吴丁乌(Tin Oo)/北京市东直门外大街 6 号/

(010)65320359,65320408(传真)/info@ myanmarembassy. com

菲律宾共和国大使馆/蔡福炯(Mr. Alex G. China, Mcnoster)/北京市朝阳区建国门外秀水北街 23 号/(010)65322794,65321872,65323761(传真)/Philemb_beijing@ yahoo. com

新加坡共和国大使馆/陈燮荣(Chin Siatyoon)/北京市朝阳区建国门外秀水北街 1 号/(010)65321115,65329405(传真)

泰王国大使馆/王逸生(Warawudh chu wirnch)/北京市朝阳区光华路 40 号/(010)65321749,65321748(传真)/thaibej@ public. bta. net. cn

越南社会主义共和国大使馆/阮文诗/北京市建国门外光华路 32 号/(010)65321125,65321155,65326521(传真)

东帝汶民主共和国大使馆/张芬霞(Vicky Fun Ha Tchong, Ambassador Extraordinary and Plenipotentiary)/北京市朝阳区霄云路 18 号京润水上花园别墅雅趣园 D 区 15 号/(010)64681316,64684360(传真)/rdtlemb_beijing04@ yahoo. com

中国驻东南亚各国总领事馆

(名称/总领事/地址/电话/电子邮箱)

驻泗水总领事馆(印度尼西亚)/王华根(Wang Huagen)/Jalan Mayjend. Sungkono Kav. B1/105, Surabaya, Jalan Paris Argosari V D - 3, Surabaya(签证厅)/0062 - 31 - 5687225, 5674667(传真)/chinaconsul_sur@ mfa. gov. cn

驻古晋总领事馆(马来西亚)/谢福根(Xie Fugen)/马来西亚沙捞越州古晋市王长水路 10 段 276 号/0060 - 82 - 240344, 0060 - 82 - 232344(传真)/ZHICUN@ TM. NET. MY

驻曼德勒总领事馆(缅甸)/郁伯仁(Yu Boren)/YADANAR LANE, YANGYI AUNG ROAD/00952 - 34457, 34458, 35937,35944(传真)/ chinaconsul_man_mm@ mfa. gov. cn

驻宿务总领事馆(菲律宾)/张卫国(Zhang Weiguo)/Cebu Fil - Chinese Volunteers Fire Brigade Building, Don Julio Llorente Street, Barangay Capitol Site, Cebu City 6000, Philippines/0063 - 32 - 2563422,2563455,2563499(传真)/chinaconsul_cb_ph@ mail. mfa. gov. cn

驻拉瓦格总领事馆(菲律宾)/田其祥(Tian Qixiang)/菲律宾北伊罗戈省圣尼古拉斯县三蕃镇一区国道 216 号(No 216 National Highway, Brgy. 1, San Francisco San Nicolas, Ilocos Norte 2901, Philippines)/0063 - 77 - 7721874,6706338(传真)/Chinaconsul_lg_ph@ mfa. gov. cn

驻清迈总领事馆(泰国)/祝伟敏(Zhu Weimin)/泰国清迈昌罗路 111 号。(No. 111, CHANGLO ROAD, CHIANGMAI 50000, THAILAND)/(6653) 276125,274614(传真)

驻宋卡总领事馆(泰国)/许明亮(Xu Mingliang)/NO. 9, SADAO ROAD, AMPUR MUANG, SONGKHLA /0066 - 74 - 322034,323772(传真)/chinaconsul_skh_th@ mfa. gov. cn

驻胡志明市总领事馆(越南)/翟雷鸣(Zhai Leiming)/39 NGUYEN THI MINH KHAI STREET, DISTRICT 1, HO CHI MINH CITY, VIETNAM/00848 - 8292457,8295009,8231142(传真)/chinaconsul_hcm_vn@ mfa. gov. cn

(据中华人民共和国外交部网站)

中国和东南亚各国简况

国　家	国名全称	首　都	主要语言	主要宗教	货币	省级行政区(个)	人口(万人)	民族(个)
中国	中华人民共和国	北京	汉语	佛教	人民币	34	134735	56
文莱	文莱达鲁萨兰国	斯里巴加湾	马来语	伊斯兰教	文莱元	4	39.32	20
柬埔寨	柬埔寨王国	金边	高棉语	佛教	瑞尔	24	1470	20多
印度尼西亚	印度尼西亚共和国	雅加达	印尼语	伊斯兰教	印尼盾	30	23000	100多
老挝	老挝人民民主共和国	万象	老挝语	佛教	基普	18	626(2010年)	68
马来西亚	马来西亚联邦	吉隆坡	马来语	伊斯兰教	林吉特	16	2854.14	30多
缅甸	缅甸联邦共和国	内比都	缅甸语	佛教	缅元	14	5913(2009年)	135
菲律宾	菲律宾共和国	大马尼拉	菲律宾语	天主教	比索	15	10377.5(2011年)	约90
新加坡	新加坡共和国	新加坡	马来语		新加坡元	6	507.6(2010年)	
泰国	泰王国	曼谷	泰语	佛教	铢	76	6408(2011年)	30多
越南	越南社会主义共和国	河内	越南语		越南盾	64	8693(2010年)	54
东帝汶	东帝汶民主共和国	帝力	德顿语	天主教	美元	13	107	

注:根据《中国—东盟自由贸易区与广西》(广西社会科学院编)有关资料编制

中国和东南亚各国首都简况

国　家	首　都	面　积（平方千米）	人口（万）	年平均气温（°C）	行政区划	主　要　景　点
中国	北京	16410.54	2018.6（2011年初）	13	辖14个区和2个县	故宫、天坛、北海公园、颐和园、长城等
文莱	斯里巴加湾	15.8	约6	28		努鲁尔·阿里·赛义夫汀清真寺、水上村落——艾尔村、丘吉尔纪念馆、腾云殿、文莱博物馆等
柬埔寨	金边	290	约102	27	辖7个区和76个社区	皇宫、银寺、国家博物馆、塔山、杀人场等
印度尼西亚	雅加达	650.4	916	27		独立广场公园、印度尼西亚缩影公园、安佐尔梦幻公园、千岛群岛、伊斯蒂赫拉尔清真寺、中央博物馆等
老挝	万象	3920	76.9（2010年）	22.6～31.7		塔銮、瓦帕娇寺、瓦细刹吉寺、瓦翁第寺、凯旋门、塔当塔、尤鲁纪念碑等
马来西亚	吉隆坡	243.65	172.25	27.5	辖13个州	王宫、国会大厦、国立博物馆、国家回教堂、黑风洞、云顶高原等
缅甸	内比都	725	92.36	26.9	3个镇区	彬马那、累韦、德光
菲律宾	大马尼拉	626.58	2000	28	辖4个市和13个自治市	千岛缩影、黎刹公园、国立博物馆、西班牙古城、唐人街、马拉坎阑宫、柯里基多岛、美军纪念公墓等
新加坡	新加坡	712.4（2010年）	507.6（2010年）	24～27	辖6个地区	圣淘沙、鱼尾狮公园、知新馆、苏丹回教堂、裕廊飞禽公园等
泰国	曼谷	1568	800	24～30	24个县、150个区	大皇宫、金佛寺、云石寺、四面佛、玉佛寺、郑皇庙、水上市场等
越南	河内	3344.6（2010年）	656.2（2010年）	23.4	7个郡5个县	巴亭广场、胡志明陵墓、独柱寺、文庙、还剑湖、西湖等
东帝汶	帝力		23.4	26	辖13个地区	联合国沙滩等

中国和东南亚各国自然状况简表

国　家	陆地国土总面积（万平方千米）	气　候	年平均气温（℃）	海岸线长度（千米）	主　要　资　源
中国	960	热带、亚热带、温带季风		32000	石油、天然气、煤炭、铁矿、锰矿、铬矿、铜矿、铅锌矿、铝矿、镍矿、钨矿、锡矿、金矿、银矿、森林、水力、动植物等
文莱	0.5765	热带雨林	28	约161	石油、天然气、金矿、煤炭、锑矿、铝矿、矾土等
柬埔寨	18.1035	热带季风	27	460	金矿、磷酸盐、宝石、石油、铁矿、煤炭、森林、渔业等
印度尼西亚	190.44	热带雨林	25～27	54716	石油、天然气、煤炭、锡矿、铝矾土、镍矿、金矿、银矿、森林等
老挝	23.6800	热带、亚热带季风	20～30		锡矿、铅矿、钾矿、铜矿、铁矿、金矿、石膏、煤炭、盐、森林等
马来西亚	33.0257	热带海洋	25～30	4192	石油、天然气、锡矿、铁矿、金矿、钨矿、铝土、锰矿、森林等
缅甸	67.6578	热带季风	27	3200	石油、天然气、锡矿、钨矿、锌矿、铝矿、锑矿、锰矿、金矿、银矿、宝石、玉石、森林、水力等
菲律宾	29.9700	热带海洋	26.6	18533	铜矿、金矿、银矿、铁矿、铬矿、镍矿、地热、石油、渔业等
新加坡	0.0710	热带海洋	24～27	193	植物
泰国	51.3115	热带季风	27	2616.4	钾盐、锡矿、褐煤、油页岩、天然气、锌矿、铅矿、钨矿、铁矿、铬矿、重晶石、宝石、石油、森林等
越南	32.9556	热带季风	23～25	3260	煤炭、铁矿、锰矿、铬矿、铝矿、锡矿、磷矿、水产、森林等
东帝汶	1.4874	热带雨林	26	735	石油、天然气、金矿、锰矿、铬矿、锡矿、铜矿、咖啡、橡胶、紫檀木等

注：根据《中国—东盟自由贸易区与广西》（广西社会科学院编），外交部网站等有关资料编制

中国与东南亚各国货币名称

国家、地区	货币名称		货币符号		辅币进位制
	中文	英文	原有旧符号	标准符号	
中国	人民币	Renminbi	RMB ¥	CNY	1CNY = 10 jiao(角)　1jiao = 10 fen(分)
文莱	文莱元	Brunei Dollar	B $	BND	1BND = 100cents(分)
柬埔寨	瑞尔	Cambodian Riel	CR.;J Ri.	KHR	1KHR = 100 sen(仙)
印度尼西亚	印尼盾	Indonesian Rupiah	Rps.	IDR	1IDR = 100 cents(分)
老挝	基普	Laotian Kip	K.	LAK	1LAK 1LAK = 100 ats(阿特)
马来西亚	林吉特	Malaysian Dollar	M. $;Mal. $	MYR	1MYR = 100 cents(分)
缅甸	缅元	Burmese Kyat	K.	BUK	1BUK = 100 pyas
菲律宾	比索	Philippine Peso	Ph. Pes.; Phil. P.	PHP	1PHP = 100 centavos(分)
新加坡	新加坡元	Ssingapore Dollar	S. $	SGD	1SGD = 100 cents(分)
泰国	铢	Thai Baht (Thai Tical)	BT.;Tc.	THP	1THP = 100 satang(萨当)
越南	越南盾	Vietnamese Dong	D.	VND	1VND = 10 角 = 100 分

中国与东南亚国家或地区通信代码与区号

Countries and Regions	国家或地区	国际域名缩写	电话代码	与中国北京时间时差
China	中　国	CN	86	0
Brunei	文　莱	BN	673	0
Burma	缅　甸	MM	95	-1.3
Philippines	菲律宾	PH	63	0
Malaysia	马来西亚	MY	60	-0.5
Singapore	新加坡	SG	65	+0.3
Thailand	泰　国	TH	66	-1
Laos	老　挝	LA	856	-1
Vietnam	越　南	VN	84	-1
Kampuchea (Cambodia)	柬埔寨	KH	855	-1
Indonesia	印度尼西亚	ID	62	-0.3
Hongkong	中国香港	HK	852	0
Taiwan	中国台湾	TW	886	0

东南亚国家独立时间及与中国建立外交关系时间一览表

国　家	独立前的宗主国	独立时间	与中国建交时间
文莱	英国	1984年1月1日	1991年9月30日
柬埔寨	法国	1953年11月9日	1958年7月19日
印度尼西亚	荷兰	1945年8月17日	1950年4月13日
老挝	法国	1945年10月12日	1961年4月25日
马来西亚	英国	1957年8月31日	1974年5月31日
缅甸	英国	1948年1月4日	1950年6月8日
菲律宾	美国	1946年7月4日	1975年6月9日
新加坡	英国	1965年8月9日	1990年10月3日
泰国			1975年7月1日
越南	法国	1945年9月2日	1950年1月18日
东帝汶	印度尼西亚	1999年8月30日	2002年5月20日

注:根据《中国—东盟自由贸易区与广西》(广西社会科学院编)有关资料编制

历次中国—东盟领导人会议简况

会议名称	时　间	地　点	出席会议的中国领导人
第 1 次领导人非正式会晤	1997 年 12 月 16 日	马来西亚吉隆坡	江泽民主席
第 2 次领导人非正式会晤	1998 年 12 月 16 日	越南河内	胡锦涛副主席
第 3 次领导人非正式会晤	1999 年 11 月 28 日	菲律宾马尼拉	朱镕基总理
第 4 次领导人会议	2000 年 11 月 25 日	新加坡	朱镕基总理
第 5 次领导人会议	2001 年 11 月 5 日	文莱斯里巴加湾	朱镕基总理
第 6 次领导人会议	2002 年 11 月 4 日	柬埔寨金边	朱镕基总理
第 7 次领导人会议	2003 年 10 月 8 日	印尼巴厘岛	温家宝总理
第 8 次领导人会议	2004 年 11 月 29 日	老挝万象	温家宝总理
第 9 次领导人会议	2005 年 12 月 12 日	马来西亚吉隆坡	温家宝总理
第 10 次领导人会议	2007 年 1 月 14 日	菲律宾宿务	温家宝总理
第 11 次领导人会议	2007 年 11 月 20 日	新加坡	温家宝总理
第 12 次领导人会议	2009 年 10 月 24 日	泰国华欣	温家宝总理
第 13 次领导人会议	2010 年 10 月 29 日	越南河内	温家宝总理
第 14 次领导人会议	2011 年 11 月 18 日	印尼巴厘岛	温家宝总理

中国—东盟领导人特别会议

会议名称	时　间	地　点	出席会议的中国领导人
中国—东盟领导人非典问题特别会议	2003 年 4 月 29 日	泰国曼谷	温家宝总理
东盟地震和海啸灾后问题领导人特别会议	2005 年 1 月 6 日	印尼雅加达	温家宝总理

注：资料来自中华人民共和国外交部

中国—东盟自由贸易区部分关税削减时间表

起始时间	关　税　税　率	覆盖关税条目	参与的国家
2000 年	对所有东盟成员国 0～5%	85% 的 CEPT 条目	原东盟 6 国
2002 年 1 月 1 日	对所有东盟成员国 0～5%	全部 CEPT 条目	原东盟 6 国
2003 年 7 月 1 日	WTO 最惠国关税税率	全部	中国与东盟 10 国
2003 年 10 月 1 日	中国与泰国果蔬关税降至 0	中泰水果蔬菜	中国、泰国
2004 年 1 月 1 日	农产品关税开始下调	农产品	中国与东盟 10 国
2005 年 1 月	对所有成员开始削减关税	全部	中国与东盟 10 国
2006 年	农产品关税降至 0	农产品	中国与东盟 10 国
2010 年	对所有东盟成员国 0	全部减税产品	原东盟 6 国
2010 年	关税降至 0	全部产品（部分敏感产品除外）	中国与原东盟 6 国
2015 年	对所有东盟成员国 0	全部产品（部分敏感产品除外）	东盟新成员国
2015 年	对中国—东盟自由贸易区成员国关税降至 0	全部产品（部分敏感产品除外）	东盟新成员国
2018 年	对东盟自由贸易区和中国—东盟自由贸易区所有成员国 0	剩余的部分敏感产品	东盟新成员国

注：资料来自 2002 年 11 月签署的《中国与东盟全面经济合作框架协议》

东盟、欧盟、北美自由贸易区简况

名称	成立时间	成立文件	成员国	人口和面积	生产总值和贸易额	宗旨和特点	组织机构
北美自由贸易区	1994年1月1日	《北美自由贸易协定》	美国、墨西哥、加拿大	人口4.2亿，面积2130多万平方千米	国民生产总值11.4万亿美元(2006年)，年贸易总额1.37亿美元	宗旨是取消贸易壁垒，创造公平竞争的条件，增加投资机会，对知识产权提供适当的保护，建立执行协定和解决争端的有效程序，促进三边的、地区的以及多边的合作。特点是大国主导型、经济互补型、战略过渡型	贸易委员会(秘书处、辅助组织等)、环境合作委员会(理事会、秘书处、联合咨询委员会)、劳工委员会(理事会、秘书处、国别行政办公室)
欧盟(欧洲联盟)	1993年11月	《欧洲联盟条约》(又称《马斯特里赫特条约》)	德国、法国、意大利、荷兰、比利时、卢森堡、英国、丹麦、爱尔兰、希腊、西班牙、葡萄牙、奥地利、芬兰、瑞典、波兰、匈牙利、捷克、斯洛伐克、斯洛文尼亚、马耳他、塞浦路斯、爱沙尼亚、拉脱维亚、立陶宛、罗马尼亚、保加利亚	人口4.8亿，面积400多万平方千米	国民生产总值12.5万亿美元(2008年)	通过建立无内部边界的空间，促进经济、社会的协调发展和建立最终实现统一货币的经济货币联盟，促进经济和社会的均衡、持久进步，并通过实行最终包括共同防务政策的共同外交和安全政策，在国际舞台上弘扬联盟的个性	理事会、委员会、欧洲议会、欧洲法院、欧洲审计院、经社委员会、地区委员会、欧洲中央银行等。现任欧盟委员会主席巴罗佐
东盟(东南亚国家联盟)	1967年8月	《东南亚国家联盟成立宣言》(也称《曼谷宣言》)	印度尼西亚、马来西亚、菲律宾、泰国、新加坡、文莱、越南、老挝、缅甸、柬埔寨	人口5.6亿，面积450万平方千米	国民生产总值7000亿美元，对外贸易总额达到近1万亿美元	宗旨是以平等协作精神，共同努力促进本地区的经济增长、社会进步和文化发展；遵循正义、国家关系准则和《联合国宪章》，促进本地区的和平与稳定；同国际和地区组织进行紧密和互利的合作。特点是以经济合作为基础的政治、经济、安全一体化合作组织	首脑会议、外长会议、常务委员会、经济部长会议、其他部长会议、秘书处、专门委员会以及民间和半官方机构。现任东盟秘书长素林

中国和东南亚各国主要港口及国际航空港名录

国家	主要港口	国际航空港(机场)
中国	海港：大连、营口、秦皇岛、天津、烟台、青岛、日照、连云港、上海、宁波、厦门、汕头、广州、湛江、北海、钦州、防城港、海口、香港、澳门、基隆、高雄 河港：重庆、万州、武汉、芜湖、南京、扬州、常州、张家港、南通、广州、梧州、贵港	北京首都、广州白云、上海浦东、上海虹桥、深圳宝安、昆明巫家坝、成都双流、西安咸阳、厦门高崎、重庆江北、天津滨海、大连周水子、杭州萧山、福州长乐、南京禄口、沈阳桃仙、桂林两江、南宁吴圩、哈尔滨阎家岗、台北桃园、高雄、香港、澳门
文莱	海港：穆阿拉、斯里巴加湾、马来亦、卢穆	斯里巴加湾
柬埔寨	海港：西哈努克	金边、暹粒
印度尼西亚	海港：丹戎不碌、泗水(丹戎佩拉)、三宝垄、勿拉湾	巴厘岛登帕萨、雅加达苏加诺—哈达
老挝	河港：沙湾拿吉	琅勃拉邦、万象瓦岱、巴色
马来西亚	海港：巴生港、槟城、关丹、新山、纳闽(拉布安)、哥打基纳巴卢。河港：古晋	吉隆坡、槟城、兰卡威、哥打基纳巴卢、古晋
缅甸	海港：仰光。河港：勃生	仰光敏加拉洞、曼德勒
菲律宾	海港：宿务、马尼拉、怡朗、三宝颜	马尼拉阿基诺、宿务马克丹、达沃、苏比克、克拉克、拉瓦格
新加坡	海港：新加坡	新加坡樟宜
泰国	海港：宋卡、普吉。河港：曼谷	曼谷素旺那普、清迈、普吉、合艾
越南	海港：海防、岘港、金兰湾、广宁、炉门、归仁、义安、芽庄、西贡	河内内排、岘港、胡志明市新山一
东帝汶	帝力、欧库西	帝力

注：根据《中国—东盟自由贸易区与广西》(广西社会科学院编)、新华网、凤凰网有关资料编制

中国和东南亚各国重点风景名胜区名录

国家	景区名称
中国	八达岭—十三陵、承德避暑山庄、外八庙、秦皇岛北戴河、五台山、恒山、鞍山千山、镜泊湖、五大连池、太湖、南京钟山、杭州西湖、富春江—新安江、雁荡山、普陀山、黄山、九华山、天柱山、武夷山、庐山、井冈山、泰山、青岛崂山、鸡公山、洛阳龙门、嵩山、武汉东湖、武当山、衡山、肇庆星湖、桂林漓江、峨眉山、长江三峡、黄龙寺、九寨沟、重庆缙云山、青城山—都江堰、剑门蜀道、黄果树瀑布、云南石林、大理、西双版纳、华山、临潼骊山、麦积山、天山天池、野三坡、苍岩山、黄河壶口瀑布、鸭绿江、金石滩、兴城海滨、大连海滨—旅顺口、松花湖、八大部—净月潭、云台山、蜀岗瘦西湖、楠溪江、琅邪山、清源山、鼓浪屿—万石山、太姥山、三清山、龙虎山、胶东半岛海滨、大洪山、武陵源、岳阳楼—洞庭湖、西樵山、丹霞山、桂平西山、花山、贡嘎山、金佛山、蜀南竹海、织金洞、红枫湖、龙宫、三江并流、昆明滇池、丽江玉龙雪山、雅隆江、西夏王陵等
文莱	水村、王室陈列馆、赛福鼎清真寺、杰鲁东公园等
柬埔寨	吴哥古迹、金边、西哈努克港、马德望、荔枝山等
印度尼西亚	巴厘岛、婆罗浮屠佛塔、“美丽的印度尼西亚”缩影公园、日惹苏丹王宫、多巴湖等
老挝	琅勃拉邦古城、巴色瓦普寺、万象塔銮、玉佛寺、占巴色孔埠瀑布、琅勃拉邦光西瀑布、万荣、石缸平原、沙湾拿吉的伊准塔等
马来西亚	吉隆坡、云顶、槟城、马六甲、兰卡威岛、刁曼岛、乐浪岛、邦咯岛、国家清真寺、大汉山国家公园等
缅甸	仰光大金塔、文化古都曼德勒、万塔之城蒲甘、额不里海滩等
菲律宾	百胜滩、蓝色港湾、碧瑶市、马荣火山、伊富高省巴纳韦高山梯田等
新加坡	圣淘沙岛、植物园、夜间动物园、天福宫、虎豹别墅等
泰国	曼谷、普吉、清迈、巴堤雅、清莱、华欣、苏梅岛等
越南	还剑湖、胡志明陵墓、文庙、巴亭广场、统一宫、古芝地道、下龙湾、芽庄等

注：中国的重点风景名胜区为1982年11月8日和1988年8月1日公布的第一、第二批名单

中国和东南亚国家世界文化遗产、世界自然遗产、世界文化和自然双重遗产名录

国家	世界文化遗产	世界自然遗产、世界文化和自然双重遗产
中国	北京故宫(1987)，长城(1987)，周口店北京猿人遗址(1987)，陕西秦始皇陵及兵马俑(1987)，甘肃敦煌莫高窟(1987)，西藏布达拉宫(1994)，河北承德避暑山庄及周围寺庙(1994)，山东曲阜孔庙、孔府、孔林(1994)，湖北武当山古建筑群(1994)，江西庐山风景名胜区(1996)，山西平遥古城(1997)，江苏苏州古典园林(1997)，云南丽江古城(1997)，北京天坛(1998)，北京颐和园(1998)，重庆大足石刻(1999)，皖南古村落—西递、宏村(2000)，明清皇室陵寝(2000)，河南龙门石窟(2000)，四川青城山—都江堰(2000)，山西云冈石窟(2000)，中国高句丽王城、王陵及贵族墓葬(2004)，沈阳故宫、盛京二陵(2004)，澳门历史城区(2005)，安阳殷墟(2006)，广东开平碉楼与村落(2007)，福建土楼(2008)，登封“天地之中”历史建筑群(2010)，杭州西湖文化景观(2011)	世界自然遗产：四川九寨沟风景名胜区(1992)，四川黄龙风景名胜区(1992)，湖南武陵源风景名胜区(1992)，云南三江并流保护区(2003)，四川大熊猫栖息地(2006)，中国南方喀斯特(2007)，江西三清山(2008) 世界文化和自然双重遗产：山东泰山风景名胜区(1987)，安徽黄山风景名胜区(1990)，四川峨眉山—乐山风景名胜区(1996)，福建武夷山风景名胜区(1999)，中国丹霞[贵州赤水、福建泰宁、湖南崀山、广东丹霞山、江西龙虎山(包含龟峰)、浙江江郎山](2010) 文化景观：庐山(1996)，山西五台山(2009)
柬埔寨	吴哥窟区(1992)，柏威夏古庙(2007)	
印度尼西亚	婆罗浮屠寺庙群(1991)，普兰班南寺庙群(1991)，桑义兰早期人类遗址(1996)	世界自然遗产：乌绒库伦国家公园(1991)，科莫多国家公园(1991)，洛伦茨国家公园(1999)，苏门答腊热带雨林(2004,2011年列为《世界濒危遗产名录》)

国　家	世　界　文　化　遗　产	世界自然遗产、世界文化和自然双重遗产
老挝	琅勃拉邦古城(1995),占巴塞文化风景区(2001)	
马来西亚	马六甲市,槟城乔治市(2008)	世界自然遗产:基纳巴卢山公园(2000),穆鲁山国家公园(2000)
菲律宾	菲律宾巴洛克教堂(1993),菲律宾巴纳韦高山梯田(1995),维甘历史古城(1999)	世界自然遗产:图巴塔哈礁群公园(1993),普林塞萨港地下河国家公园(1999),延申扩充Tubbataha Reef National Park(2009)
泰国	素可泰历史城镇及相关历史城镇(1991),阿育他亚(大城)历史城镇及相关城镇(1991),班清阿考古遗址(1992)	世界自然遗产:童·艾·纳雷松野生生物保护区(1991)
越南	顺化历史建筑群(1993),美山遗址(1999),会安古镇(1999),升龙皇城中心区(2010),胡朝时期的城堡(2011)	世界自然遗产:下龙湾(1994),丰芽格邦国家公园(2003)

注:括号中数字为列入《世界遗产名录》的年份

东南亚国家主要报纸

国　家	本国文报纸	华　文　报　纸	英文(其他语文)报纸
文莱	《婆罗洲公报》、《文莱灯塔》	《文莱美里日报》、《文莱诗华日报》	《婆罗洲公报》
柬埔寨	《柬埔寨之光报》、《人民报》、《和平岛报》、《柬埔寨日报》、《柬埔寨时报》	《华商日报》、《柬华日报》、《星洲日报》、《大众日报》、《新时代日报》	《柬埔寨日报》、《金边邮报》、《柬埔寨时报》
印度尼西亚	《罗盘报》、《专业之声报》、《印尼媒体报》、《共和国日报》、《革新之声报》、《印尼商报》、《华文邮报》	《印度尼西亚日报》、《华文邮报》、《国际日报》、《世界日报》、《商报》、《新生日报》、《和平日报》、《龙阳日报》、《广告日报》、《千岛日报》	《雅加达邮报》、《印尼观察家报》
老挝	《人民报》、《新万象报》、《人民军报》、《青年报》		《VINTIANETIMES》(英文报)、《LE RENOVATEUR》(法文报)
马来西亚	《马来西亚使者报》、《每日新闻》、《祖国报》	《南洋商报》、《星洲日报》、《中国报》等	《新海峡时报》、《星报》、《马来邮报》
缅甸	《缅甸之光》、《镜报》、《首都报》、《曼德勒报》、《雅德那崩报》	《缅甸华报》	《缅甸新光》
菲律宾	《消息报》、《菲律宾快报》	《世界日报》、《商报》、《菲华时报》、《联合日报》、《环球日报》	《马尼拉公报》、《菲律宾星报》、《菲律宾每日询问日报》、《自由报》、《马尼拉时报》、《马尼拉纪事报》
新加坡	《每日新闻》、《泰米尔日报》	《联合早报》、《联合晚报》、《新明日报》	《海峡时报》、《商业时报》、《新报》
泰国	《泰叻报》、《民意报》、《每日新闻》、《国家报》、《沙炎叻报》、《经理报》等	《新中原报》、《中华日报》、《星暹日报》、《亚洲日报》、《京华中原日报》、《世界日报》等	《曼谷邮报》、《民族报》等
越南	《人民报》、《人民军队报》、《大团结报》、《西贡解放日报》	《西贡解放日报》	《西贡时报》
东帝汶	《国家日报》、《帝汶邮报》、《东帝汶之声》		

中国和东南亚各国主要通讯社、电台、电视台

国　家	通　讯　社	电　　台	电　视　台
中国	新华通讯社、中国新闻社	中央人民广播电台、中国国家广播电台(1949年12月5日正式开播)、中国国际广播电台(中国唯一以外国语言向全世界广播的电台)	中国中央电视台(1958年9月2日正式开播)
文莱	文莱新闻社	文莱广播电视台(创建于1957年5月)	文莱广播电视台(从1975年起开设彩色电视频道)
柬埔寨	柬新社(成立于1980年)	FM96(国家台)	国家电视台(以柬语广播为主)、仙女11台(人民党资产)、第9台(私人台)、第5台(军队台)、首都第3台(官方台)、巴戎台(私人台)
印度尼西亚	安塔拉通讯社(官方)、印尼民族通讯社(私营)、武装部队新闻社(国防安全部)	印尼共和国广播电台(成立于1945年9月)	印尼共和国电视台、印尼鹰记电视台、太阳电视台、教育电视台、美都电视台等11家电视台
老挝	巴特寮通讯社(1968年1月成立,国营)	老挝国家广播电台、老挝人民军广播电台	老挝国家电视台(建于1983年12月)
马来西亚	马来西亚国家新闻社(简称马新社,半官方)	马来西亚广播电台(建于1946年)、马来西亚之声电台(建于1963年)	马来西亚电视台(建于1963年)、第三电视台(TV3)、城市电视台(METRO VISION)、国民电视台(NTV)、ASTRO卫星有线电视频道
缅甸	缅甸通讯社	缅甸之声(建于1937年)	缅甸电视台(建于1980年)、妙瓦底电视台(创办于1995年3月27日)
菲律宾	菲律宾通讯社(成立于1973年)	菲律宾广播台	人民电视台
新加坡		新加坡广播电台(于1936年开播)	新加坡电视台
泰国	泰国通讯社	泰国国家广播电台	泰国国家电视台
越南	越南通讯社(1945年成立,1976年越南南方解放通讯社与之合并)	越南之声广播电台(成立于1954年)	越南中央电视台(成立于1971年)
东帝汶	尚未成立通讯社,主要葡语新闻来源于葡萄牙卢萨社(LUSA,又名葡通社)	东帝汶国家电台(RNTL)、东帝汶民族解放军电台—希望之声(RADIO FALINTIL－VOZ DAESPERANCA)	东帝汶电视台(TVTL)

注:根据中国网、新华网有关资料编制

东南亚国家贸促机构与商协会通讯录

国家	机构名称	地　　址	电话、传真
文莱	文莱国际工会	Post Box 2246,1922 Bandar Seri Beganoan	Tel:00673 -2 -2236601
	中华商会	Dowan Pernigaan Tionghua,P. O. 1. Box 281,B. S. Begawan 1902,Negara	
柬埔寨	商业部	20A,borlevard Norodom	Tel:00855-23-210365 Fax:00855-23-217353
	柬埔寨总商会/金边总商会	Building No. 7B, the corner of Road No. 81&109, Sangkat Boeung Raing, Khan Daun Penh, Phnom Penh,Kingdom of Cambodia	Tel:00855 -23 -212265 Fax:00855 -23 -212270
印度尼西亚	工贸部国家出口发展局	8,JI. Gajah Mada,P. O. Box 443/JKT	Tel:0062-21-6341082 Fax:0062-21-6338360
	中华工业委员会	20,M. H. Thamrin,Jakarta	
	印度尼西亚商工会	Chandra Builoling,20 Jalan M. N. Thamrin, Jakarta 10350	
老挝	老挝商工会	Rue Ponexay Post Box 4596 Vieentiane	Tel:00856-21-414383 Fax:00856-21-414383
马来西亚	国际贸易工业部	Blick 10, Gov. Building Complex, Jalan Data 50622	Tel:0060 -3 -6200033 Fax:0060 -3 -62031303
	马来西亚中华商工会	Office Tower, 8 th floor,Plaza Berjaya -12, Jalan Imb, 55100 Kuala Lumpur	Tel:0060 -3 -2452503 Fax:0060 -3 -2452562
	马来西亚商会	Plaza Pekeliling, 17 th floor 2, Jalan Tun Razak, 50400 Kuala Lumpar	Tel:0060 -3 -4427664 Fax:0060 -3 -4414502
缅甸	缅甸工商联合会	No. 29, Min Ye Kyawswa Road, Lanmadaw Township, Yangon, Myanmar.	Tel:0095 -1 -214344/214345 Fax:0095 -1 -214484
菲律宾	菲律宾商工会	14th floor, 6805 Ayala Avenue Makati City	Tel:0063-2-8433374 Fax:0063-2-8434102
	菲华商联总会	6th Floor, Federation Center, Muelle De Binondo St. Manila, Philippines.	Tel:0063 -2 -2419201 Fax:0063 -2 -2422361
新加坡	贸易工业部	Znfo Centre 100, High Street NO. 04 -01 The Treasary	Tel 0065 -3327258 Fax:0065 -3327634
	中小企业协会	Information and Doc. Centre 141, Market Street, Internat. Factor Buliding 04 -03/04	Tel:0065 -2240868 Fax:0065 -2241507
	太平洋经济合作委员会	4,Nassim Road	Tel:0065 -7379823 Fax:0065 -7379824
	新加坡工业联合会	20,Orchard Rock 23883 Singapore	Tel:0065 -3388787 Fax:0065 -3383358
	新加坡商业工业联合会	47 Hill Street # 03 -1,Chimese Chamber of Commerce Bulidtng 179365 Singapore	Tel:0065 -3389761 Fax:0065 -3395630
	新加坡中华机械进出口商协会	6001 Beach Road, No, 1101, Golden Mile Tower, Songapore 0719	
	新加坡中华总商会	47 Hill Street #09 -00, Singapore 179365	Tel:(65)63378381 Fax:(65)63390605
	新加坡工商联合总会	19 Tanglin Shopping Centre, Singapore 247909	Tel:(65)68276828 Fax:(65)68276807
泰国	泰国贸易局	150, Rajorpit Road, 10200 Bang KoK Thailand	Tel:0066 -22211827 Fax:0066 -22219350
	泰国商会	150 Rajopit Road, BangKoK 10200	Tel:0066 -26221860 Fax:0066 -22253372
	国际贸易经济合作处	1.22 Ac. Pilyuain St. ,2,2 Vnited Natians Buliding, Rajadnmnern Avenue, Bangkok 10i	
	泰国中华总商会	No. 889 Thai C. C. Tower, 9th Floor, Sathorn Road. Bangkok 10120, Thailand	Tel:0066 -26758574 -84 Fax:0066 -22123917
	泰国投资促进委员会	555 Vibhavadi -Rangsit RD,Chatuchak, Bangkok, 10900, Thailand	Tel:0066 -25378111 Fax:0066 -25378177
越南	越南商工会	9 Dao Duy Anh Street 10000 Dong Da Hanoi	Tel:0084-4-5742162 Fax:0084-4-5742020
	越南计划投资部外国投资局	河内市(Hoang Van Thu -Ha Noi)	Tel:0084 -4 -7343759 Fax:0084 -4 -7343769
	越南计划投资部南方外国投资中心	胡志明市(178, Nguyen Dinh Trieu, Tp. HoChi Minh)	Tel:0084 -8 -9303287 Fax:0084 -4 -9305413
	胡志明市企业家协会	胡志明市第一郡边章阳路51号(51 Ben Chuong Duong st. ,Dist. 1, HOCHIMINH City,Vietnam)	Tel:0084 -8 -8293389 Fax:0084 -8 -8215448

索　　引

说　明

一，本索引是《中国—东盟年鉴·2012》的内容分析索引。正文（包括条目、文献、资料、图片和表格）中凡具有独立检索意义的完整资料，都可以通过本索引进行检索。

二，索引按汉语拼音字母（同音字按声调）顺序排列。类目、分目作索引款目用黑体字排印，其余款目用宋体字排印。表格、图片在其款目后分别注明"表"、"图"。

三，索引款目后的数字表示内容所在的页码，数字后的拉丁字母（a、b）表示栏别（即版面的1、2栏）。

四，空两字起排的款目为上一主题的"附见"。同一主题的"参见"，只标页码。内容有交叉的款目，为便于读者检索，在本索引中重复出现。

A

B

C

D

F

G

H

J

K

L

M

N

O

P

Q

R

S

T

X

Y

Z

广西投资集团有限公司借助中国—东盟博览会加快“走出去”步伐

广西投资集团有限公司

GUANGXI INVESTMENT GEOUP CO.,LTD.

勇 创 千 亿

广西投资集团董事长、党委书记：管跃庆

广西投资集团总裁、党委副书记：冯柳江

广西投资集团有限公司成立于1988年6月，注册资本41.97亿元，是广西壮族自治区重要的投融资主体和国有资产经营实体，肩负着参与自治区重点项目建设，培育发展资源优势产业，壮大国有资本，创造价值、服务社会、成就员工的光荣使命。

24年来，集团按照自治区经济建设和社会发展的战略部署，积极履行投融资主体职能，服务广西发展大局，在资源开发利用、重点项目建设、产业布局、结构调整、节能减排、履行社会责任等方面，积极发挥导向、引领和生力军作用，为广西经济社会发展做出重要贡献。

24年来，集团励精图治，追求卓越，实现跨越式发展。2011年底，集团参控股企业90家，其中全资和控股企业55家，职工1.8万人，总资产541亿元，净资产143亿元。集团的投融资能力、资产管理能力、经济效益、综合实力、品牌效应大大增强，连续6年跨入广西10强企业，连续5年进入中国500强企业，现排303位，2012年4月获“全国五一劳动奖状”称号。

当前，广西投资集团正在以科学发展观为统领，抓住调结构、转方式主线，加快推进企业转型升级，致力于构建广西最大的铝、电产业集团。力争到“十二五”末，总资产达到1300亿元，净资产450亿元，营业收入1200亿元，利润总额100亿元，跨入中国企业100强行列，为进入世界企业500强做准备、打基础。

③

④

元 企 业

⑤

创造价值、服务社会、成就员工是我们的光荣使命；再造一个广投，勇创千亿元企业，使我们的追求；我们为此努力奋斗！感谢各级领导、各界人士给予的关心和帮助！广投集团全体员工将时刻保持不怕困难、勇往直前的拼搏精神，以更加开阔的视野、更加务实的作风、更加有力的措施，在转型升级的挑战中谱写集团发展的新篇章，为建设具有国际竞争力的企业集团而努力奋斗！

① 集团连续八年支持办好中国—东盟博览会，累计支持资金 2600 万元
② 广西投资集团投资大厦
③ 集团控股的国海证券上市，成为 A 股第 16 家上市券商
④ 集团江西广银铝业 45 万吨铝加工项目举行奠基仪式
⑤ 集团控股的贵州黔桂发电有限责任公司已发展为集发电、煤焦化、水泥建材、房地产开发、贸易一体化多元发展的产业集群
⑥ 集团占股 39% 的广西防城港核电项目正在稳步推进中。图为如火如荼的建设场面
⑦ 集团在全国布局发展铝加工产业，坚定走新型铝产业发展道路。图为立式氧化车间生产现场
⑧ 集团独立投资建设的桥巩水电站
⑨ 集团全资企业来宾电厂
⑩ 集团投资建设的龙象谷项目规划图，总规划面积约 100 平方千米，将建成集生态文化园、自然博物馆、风情小镇等于一体、积聚人口约 30 万～ 50 万的国际生态文化旅游城
⑪ 集团投资建设的铝工业园项目规划图：规划建设 10 多个生态型循环经济铝工业园，在全国各地承接原铝资源，按每个工业园覆盖 400 ～ 800 平方千米布局

⑥

⑦

⑧

⑨

⑩

⑪

广西壮族自治区地图

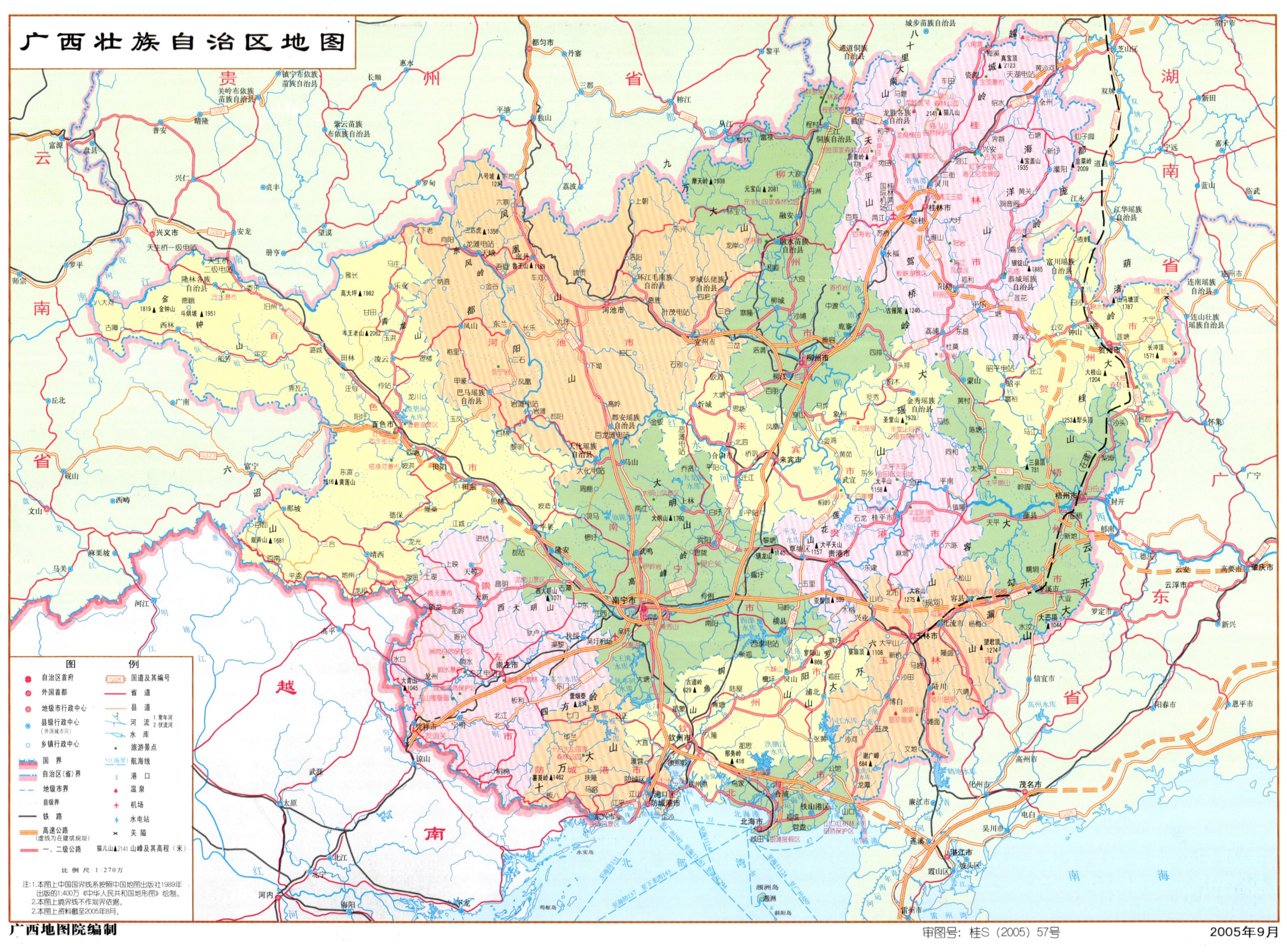

广西地图院编制

审图号：桂S（2005）57号

2005年9月